DICTIONNAIRE
DES NOMS DE RUES

Bernard Stéphane

DICTIONNAIRE DES NOMS DE RUES

Origine et signification du nom de votre rue
et de plus de 5000 autres

Nouvelle édition
révisée et augmentée

Mengès

6, rue du Mail - 75002 Paris
ISBN : 2-8562-0454-6

AVANT-PROPOS

Écrire ce dictionnaire fut pour moi, au fil des mois puis des années, un passionnant travail.

Il renferme, pour qui saura le lire, la petite et la grande Histoire de Paris et même de la France. Mon objet n'est point, en effet, de m'enfoncer dans le labyrinthe de l'histoire des rues de Paris *mais bien au contraire de fureter parmi les curiosités et les joyeusetés* de la biographie *des « grands hommes » qui ont laissé leur nom sur nos plaques bleues. Je ne prétends pas avoir su tout dire, tant il est vrai que la vie de beaucoup de ces personnalités mérite des volumes entiers. Mais je crois que ce dictionnaire apporte, sur* l'étymologie de chaque rue, *des renseignements substantiels et parfois absents des livres d'histoire, sinon de nos mémoires... Pour le rédiger, j'ai bien entendu suivi la liste alphabétique utilisée dans tous les plans de Paris.*

Mes renseignements ont été puisés aussi bien dans les encyclopédies existantes ou certaines rares éditions anciennes, que dans l'excellent dictionnaire historique de M. Hillairet (Éditions de Minuit) et dans de nombreux traités consacrés depuis des siècles à notre capitale. Mais certains personnages ont, durant des mois, résisté à toutes mes investigations (parmi les plus « réfractaires » je ne citerai que Lepic, Monttessuy...). Pour les cerner, l'aide de Mme Carcy du Syndicat d'initiative de Versailles, Mme Lamy-Lassalle, Mme Paulard du Racing-Club de France, de Jean-Paul Caracalla, Jo Dona, Olivier Hussenot et Joël Le Tac me fut précieuse. Mes remerciements vont également à Ondine Cheltiel qui effectua de multiples et longues recherches dans différentes bibliothèques, sans oublier Patricia Bouet sans qui l'idée même de ce livre n'aurait pas germé.

Les lecteurs les plus assidus découvriront peut-être certaines erreurs ou omissions qui leur paraîtront flagrantes dans la mesure où elles touchent à « leur » rue... Je leur suis par avance reconnaissant de leur indulgence et, pourquoi pas, de leur courrier pour me les signaler.

Les lecteurs de province et nos amis des pays francophones découvriront que cet ouvrage ne s'adresse pas aux seuls Parisiens : beaucoup d'artères de leur propre ville sont en effet sœurs de celles de la capitale et portent le même nom ; un très grand nombre de voies parisiennes doivent d'autre part leur appellation à des « parrains » qui, venus des quatre coins de France ou d'Europe, surent se faire un nom dans la « Ville lumière » ; et puis, à tout prendre, les provinciaux et les étrangers étant, comme chacun sait, moins chauvins que les Parisiens, sont curieux de tout savoir des personnalités qui se cachent derrière toutes ces plaques.

À leur adresse, je signale qu'en musardant au gré des pages de ce livre, ils tomberont sans doute sur une rue « bien à eux », qu'elle se nomme rue de Lille, rue de Marseille, boulevard de Strasbourg… Ils y apprendront peut-être quelque trait méconnu sur leur cité, glané au cours d'une de mes escapades « hors-les-murs ».

Puis-je formuler le souhait que grâce à ce dictionnaire, ceux qui le posséderont auront désormais le privilège de ne plus marcher ni rouler dans leur cité (ne serait-ce qu'en imagination) en compagnie d'inconnus ?

B. S.

INTRODUCTION

Les quartiers

Au XIIIe siècle, Paris était divisé en trois parties : Cité, outre Grand-Pont, outre Petit-Pont. C'était là un partage naturel, créé par le cours de la Seine. Mais la division administrative est moins facile à déterminer. On croit que Paris fut, de très bonne heure, fractionné en quatre quartiers : la Cité, Saint-Jacques-la-Boucherie, la Grève et la Verrerie. Les « tailles » (impôts) de 1292 et de 1313 étaient divisées par paroisses, et l'on en comptait trente-cinq. Il semble pourtant que Paris possédait alors huit quartiers, soit les quatre précédents, plus les suivants : Sainte-Opportune, Saint-Germain-l'Auxerrois, place Maubert et Saint-André-des-Arcs. Sous Charles V, ce nombre fut porté à seize ; à savoir, les huit déjà nommés, auxquels vinrent s'ajouter Saint-Antoine, Saint-Gervais, Sainte-Avoye, Saint-Martin, Saint-Denis, les Halles, Saint-Eustache, Saint-Honoré. En 1642, le faubourg Saint-Germain constitua un dix-septième quartier.

La Déclaration du 14 janvier 1702 substitua à ces dix-sept quartiers une division nouvelle, en vingt quartiers ; citons-les : la Cité, Saint-Jacques-la-Boucherie, Sainte-Opportune, Louvre, Palais-Royal, Montmartre, Saint-Eustache, les Halles, Saint-Denis, Saint-Martin, la Grève, Saint-Paul, Sainte-Avoye, le Temple, Saint-Antoine, Place Maubert, Saint-Benoît, Saint-André-des-Arts, Luxembourg, Saint-Germain-des-Prés. À ces vingt quartiers s'adjoignirent deux villages : Roule et Chaillot.

En 1789, pour les électeurs aux états généraux, le bureau de la Ville partagea Paris en soixante districts, remplacés, en 1790, par quarante-huit sections. Puis, la loi du 11 octobre 1795 établit douze arrondissements, dont chacun comprenait quatre anciennes sections.

Enfin, en 1860, quand Paris annexa des communes limitrophes, il fut divisé en vingt arrondissements. Ce sont ceux que nous connaissons.

Les rues

C'est à partir du XIIIe siècle que certaines rues de Paris reçurent un nom; on recensait en effet alors les chemins Vert, aux Vaches, des Pâtures, des Meuniers, des Saussaies, le chemin qui va à Montmartre, le chemin qui va aux Augustins, la rue qui va à la Seine, etc. Mais bientôt il y eut beaucoup de chemins verts ou de rues où passaient les vaches... et on éprouva le besoin d'être plus précis!

Depuis la fin du XIIe siècle, chaque maison était pourvue d'une enseigne, dont elle portait le nom; ces enseignes étaient tantôt incrustées dans la pierre, tantôt peintes sur une planche de bois ou une plaque de métal; la plupart d'entre elles, suspendues par des anneaux à une potence de fer, formaient saillie jusqu'au milieu de la rue.

Dans la nécessité de précision notée plus haut, on donna à certaines rues, dès 1282, le nom de l'enseigne la plus originale ou la plus apparente.

D'autres voies empruntèrent leur nom soit au fief, clos ou hameau sur le territoire duquel elles avaient été ouvertes (rues Beaubourg, du Bourg-l'Abbé, du Bourg-Thibout), soit à un édifice: église, couvent, collège, palais, hôtel (rues de l'Abbaye, Notre-Dame, du Temple, des Blancs-Manteaux, du Roi-de-Sicile), soit à la fonction principale qui y était représentée ou au commerce qui y était exercé – car pendant plusieurs siècles chaque métier se centralisait dans une même rue – (des Prêtres, des Ménétriers, au Maire, des Cordeliers), soit au plus opulent ou au plus notable propriétaire (Aubry le Boucher, Bertin-Poirée, Barbette), soit à la nation ou à la religion de ses habitants (rues des Irlandais, des Anglais, des Lyonnais, des Bourguignons, de Pologne, des Juifs), soit, enfin, à une particularité quelconque (rues Neuve, Vieille, Basse, Haute, des Fossés, du Rempart, du Gros-Caillou, du Grand-Chantier).

Les rues portaient donc un nom, mais celui-ci n'était connu que par tradition orale.

Pensez qu'en 1728, alors que Louis XV régnait depuis treize ans, si Paris couvrait une superficie d'environ 1 340 hectares divisés en plus de 900 rues renfermant à peu près 800 000 habitants distribués dans 22 000 maisons, il n'existait encore aucune marque indicative pour distinguer, officiellement, les rues les unes des autres, aucun numéro qui permît de désigner avec certitude une demeure.

Le lieutenant général de police René Hérault fit alors poser sur la première et dernière maison de chaque rue une plaque de métal portant en gros caractères noirs le nom que l'usage avait consacré. Cette opération, commencée au mois de janvier 1728, fut terminée en mars. Chaque plaque, en dessous du nom de la rue, portait aussi le numéro du quartier dont elle dépendait – vingt à l'époque. Parfois, ce numéro était accompagné d'un ou plusieurs « C », lesquels indiquaient le nombre de carrosses qui pouvaient passer de front dans la rue, les essieux étant tous supposés longs de six pieds.

La sanction administrative donnée aux noms des rues avait fait disparaître une foule de noms bizarres, étranges, voire obscènes; on conserva cependant le mot cul-de-sac, malgré les protestations de Voltaire, qui écrivit en 1760 : « J'appelle impasse ce que vous appelez cul-de-sac. Je trouve qu'une rue ne ressemble ni à un cul, ni à un sac. Je vous prie de vous servir du mot impasse qui est noble, sonore, intelligent, nécessaire. »

Au cours de ce XVIIIe siècle, de nombreuses rues nouvelles furent ouvertes et il fallut leur donner un nom. Certaines prirent celui du propriétaire du terrain sur lequel elles avaient été construites; d'autres reçurent des noms empruntés à des princes, des membres de la famille royale et de hauts fonctionnaires. D'autre part, des prévôts, des marchands, des lieutenants de police, des échevins, des greffiers, etc., se décernèrent l'honneur de voir figurer leur nom sur une plaque de rue. Ce procédé émut l'opinion publique et, en 1779, quand fut bâtie la salle du Théâtre-Français, on attribua aux rues avoisinantes, au grand dam des édiles parisiens, des noms d'auteurs célèbres : Corneille, Racine, Molière, etc.

À la Révolution, le nom des rues fut laissé à la merci d'initiatives individuelles; c'est ainsi qu'en avril 1791, le jour des obsèques de Mirabeau, le marquis de Villette écrivit aux Jacobins : « Frères et amis, j'ai pris la liberté d'effacer à l'angle de ma maison (angle rue de Beaune et quai Malaquais) cette inscription des Théatins (religieux appelés de Rome en 1644 par Mazarin qui avaient leur couvent sur le quai Malaquais, lequel prit leur nom entre la rue des Saints-Pères et la rue du Bac, et où Voltaire mourut) et je viens d'y substituer quai Voltaire. Nous aurons toujours un Voltaire et nous n'aurons plus jamais de Théatins. J'invite les bons patriotes de la rue Plâtrière à mettre le nom de Jean-Jacques Rousseau aux encoignures de leurs maisons. Il importe aux cœurs sensibles, aux âmes ardentes, de songer, en traversant cette rue, que Rousseau y habitait au troisième étage, et il n'im porte guère de savoir que, jadis, on y faisait du plâtre. »

En octobre 1793, le procureur de la Commune, informé qu'au mépris d'une loi de 1789 il existait encore, dans plusieurs rues de Paris, des souvenirs du fanatisme et de la famille royale, obtint un arrêté qui bannissait « tous les monuments susceptibles d'alimenter les préjugés religieux et de rappeler la mémoire exécrable des rois ». Signalons qu'alors, outre l'appellation des rues, certains noms patronymiques changèrent, les Leroi, Leduc et Lecomte se faisant appeler Dix-Août, Égalité ou La Montagne.

Le 6 janvier 1794, la Convention proposa d'attribuer, officiellement, des noms nouveaux aux voies parisiennes. Le député Grégoire, évêque constitutionnel de Blois, fut chargé d'étudier un projet embrassant la débaptisation générale des rues; le rapport qu'il présenta mérite d'être transcrit textuellement : « Un très grand nombre de rues avaient pris des noms d'enseignes connues dans le voisinage; et remarquez que la plupart de ces enseignes étaient Au Chariot d'or, Au Lieu d'or, Au Soleil d'or, Aux Trois Rois, Au grand Monarque, etc., en sorte qu'elles offraient partout l'empreinte de la cupidité et du despotisme... L'histoire dépose que, dans tous les siècles, on a vu d'un côté les peuples se quereller, s'égorger pour des mots, et de l'autre des mots enfanter des actions héroïques : ainsi la dénomination de Carmagnole, que porte une de nos frégates, ajoute à la gaieté et au courage des marins qui la montent. Quand on reconstruit un gouvernement à neuf, aucun abus ne doit échapper à la faux réformatrice. Le patriotisme commande un changement de dénominations, et beaucoup de citoyens appellent vos regards sur cet objet. Pourquoi le législateur ne saisirait-il pas cette occasion d'établir un système de nomenclatures républicaines dont l'histoire d'aucun peuple n'offre le modèle? Dans les faits immortels de notre Révolution, nous trouverons des sujets pour embellir toutes les places. Leurs dénominations, combinées avec celles des rues adjacentes, formeront un abrégé historique. Pourquoi la place des Piques ne serait-elle pas avoisinée par la rue du Patriotisme, du Courage, du Dix-Août, du Jeu-de-Paume? N'est-il pas naturel que de la place de la Constitution on aborde à celle du Bonheur? Je voudrais que tout ce que la nature, les vertus et la liberté ont de plus grand, de plus sublime, servît à dénommer les rues par lesquelles on arriverait à la place de la Souveraineté ou à celle des Sans-Culottes. »

Ce rapport fut, en partie, suivi et les changements qu'il apporta firent si bien que l'on n'arrivait plus du tout à se reconnaître au milieu des foules de noms commémorant les grandes idées et les grands hommes de l'époque. Et il fallut plusieurs années avant de s'y retrouver un peu...

Sous l'Empire, des rues reçurent les noms des principales victoires napoléoniennes; la Restauration rétablit certaines prérogatives royales.

Ce fut en 1844 qu'apparurent, pour la première fois, les plaques de rues que nous connaissons aujourd'hui : lettres blanches sur fond bleu.

Sous le second Empire, les nombreuses voies ouvertes prirent des noms de victoires (Magenta, Turbigo), d'hommes célèbres (Copernic, d'Alembert), de la famille impériale (Roi de Rome, de l'Impératrice).

En 1860, l'annexion de communes fut cause d'une profonde perturbation, à cause de l'affluence de rues portant le même nom (de la Mairie, de l'Église, etc.). Le re-baptême de ces rues ne se termina qu'en 1867; on leur donna, souvent, le nom de l'un de leurs habitants.

Depuis lors, on attribua aux voies nouvelles presque toujours des noms de personnes, sans se soucier de savoir (mais comment l'eût-on su?) si la célébrité que celles-ci avaient pu connaître au moment de leur mort pour rait être durable

Le numérotage

Si, à partir de 1728, les rues reçurent un nom, les maisons, par contre, continuèrent à ne connaître aucun état civil. On garde, de 1654, une adresse ainsi libellée :

> « À Mademoiselle Louison
> demeurant chez Alizon
> Justement au cinquième étage
> près du cabaret de la cage
> dans une chambre à deux châssis
> proche Saint-Pierre des Assis. »

Rédigée en 1654, elle eût tout aussi bien pu l'être près d'un siècle plus tard.

Notons cependant que la première tentative faite pour attribuer un numéro spécial à chaque immeuble remonte au XVe siècle et c'est le pont Notre-Dame qui en bénéficia : les hautes maisons qui le bordaient avaient été numérotées en chiffres romains, mais les nombres se répétaient à droite et à gauche, de sorte qu'il fallait indiquer, outre le numéro, le côté du pont : aval ou amont. Un orfèvre de l'époque, Raoullant Tauppe, qui demeurait sur ce pont, déclarait habiter « deux maisons séans sur le pont Notre-Dame, du costé de l'aval l'eaue, signées en nombre XIII et XIIII ».

En 1740 et 1765, après une tentative infructueuse en 1726, ordre fut donné de numéroter les maisons sises dans les faubourgs et ayant porte cochère ou charretière. Mais les numéros inscrits à cette époque étaient peu visibles et mal placés. Ainsi, en 1788, Sébastien Mercier – dont une rue de Paris porte aujourd'hui le nom – pouvait écrire : « La plupart des bourgeois ignorent le numéro de leur maison, tant il est peu apparent. »

De toute façon, 1789 vint interrompre le numérotage des maisons; interruption fort brève, puisque dès 1790 on le déclara obligatoire afin de faciliter le recensement des citoyens, l'établissement des rôles de la garde nationale et la répartition de l'impôt. La mise en pratique fut confiée aux districts, puis aux comités de section. Chacun d'eux agit sans entente préalable avec les comités limitrophes, de sorte que deux systèmes furent appliqués simultanément : certains comités divisèrent leur section en îlots de maisons qui reçurent chacun un numérotage particulier; d'autres employèrent une seule série de numéros qui partait d'un point quelconque de la section – d'un édifice, par exemple – et se développait le long des rues ou portions de rues composant la section, pour aboutir au point de départ.

Quoi qu'il en soit, en 1792 l'opération numérotage était terminée, ou presque. Mais à cause du manque de coordination entre comités, des surprises attendaient le quidam désireux de rendre visite à quelqu'un... Citons cette anecdote parue dans les « Semaines critiques ou gestes de l'an V » (1797) et due à la plume du marquis de Bois-Robert, plus connu sous le pseudonyme de Joseph Lavallée : « Deux amis partent à la recherche d'un M. Charles qui demeurait rue Saint-Martin, n° 16. Ils entrent dans la rue Saint-Martin par le commencement. Un premier numéro 16 s'offre à eux, mais c'est celui de la section : le vrai numéro de la maison qui le porte est le numéro 297. Ils poursuivent leur route et aperçoivent un second numéro 16, mais c'est celui de l'arrondissement (ou quartier) : le vrai numéro de la maison qui le porte est le numéro 1206. Avançant toujours, les deux amis rencontrent un troisième numéro 16, mais c'est celui qu'avait apposé l'ancienne administration de la voirie : le vrai numéro de la maison qui le porte est le numéro 132! Ils renoncent enfin à ce voyage d'exploration, après avoir encore échoué devant un 16 bis.»

Le temps approchait toutefois où l'administration allait enfin pouvoir généraliser l'idée conçue et appliquée trois siècles auparavant au pont Notre-Dame, puisque le 15 pluviôse an XIII (4 février 1805) parut un décret que nous reproduisons en entier :

Article Ier. Il sera procédé, dans le délai de trois mois, au numérotage des maisons de Paris.

Article II. Ce numérotage sera établi par une suite de numéros pour la même rue, lors même qu'elle dépendrait de plusieurs arrondissements, et par un seul numéro, qui sera placé sur la porte principale de l'habitation. Ce numéro pourra être répété sur les autres portes de la même maison lorsqu'elles ouvriront sur la même rue que la porte principale. Dans le cas où elles ouvriraient sur une rue différente, elles prendront le numéro de la série appartenant à cette rue.

Article III. Les rues dites des faubourgs, quoique formant continuation à une rue du même nom, prendront une nouvelle suite de numéros.
Article IV. La série des numéros sera formée des nombres pairs pour le côté droit de la rue et des nombres impairs pour le côté gauche.
Article V. Le côté droit d'une rue sera déterminé, dans les rues perpendiculaires ou obliques au cours de la Seine, par la droite du passant se dirigeant vers la rivière, et dans celles parallèles par la droite du passant marchant dans le sens du cours de la rivière.
Article VI. Dans les îles, le grand canal de la rivière coulant au nord déterminera seul la position des rues.
Article VII. Le premier numéro de la série, soit paire, soit impaire, commencera, dans les rues perpendiculaires ou obliques au cours de la Seine, à l'entrée de la rue prise au point le plus rapproché de la rivière, et, dans les rues parallèles, à l'entrée prise en remontant le cours de la rivière; de manière que, dans les premières, les nombres croissent en s'éloignant de la rivière, et dans les secondes en la descendant.
Article VIII. Dans les rues perpendiculaires ou obliques au cours de la rivière, le numérotage sera exécuté en noir sur fond ocre; dans les rues parallèles, il le sera en rouge sur le même fond.
Article IX. Le numérotage sera exécuté à l'huile et, pour la première fois, à la charge de la commune de Paris.
Article X. À cet effet, il sera passé, par-devant le préfet de la Seine, une adjudication au rabais de l'entreprise du numérotage, exécuté à l'huile à tant par numéro, de grandeur, de forme et de couleur déterminées par le cahier des charges.
Article XI. L'entretien du numérotage est à la charge des propriétaires. Ils pourront, en conséquence, le faire exécuter à leurs frais, d'une manière plus durable, soit en tôle vernissée, soit en faïence ou terre à poêle émaillée, en se conformant aux autres dispositions du présent décret, sur la couleur des numéros et la hauteur à laquelle ils doivent être placés.

On apporta à ce décret quelques changements, notamment concernant la première partie de l'article V sur la détermination de la droite d'une rue perpendiculaire ou oblique au cours de la Seine pour laquelle il semble que l'on ait plutôt choisi la droite du passant s'éloignant de la rivière. D'autre part, l'article XI péchait par le manque d'unité dans le choix des plaques; cela, ajouté à la multiplication des constructions nouvelles, finit par rendre indispensable un remaniement général. Le 28 janvier 1847, M. de Rambuteau prescrivit donc le renouvellement complet du numérotage; la Ville en fit encore les frais; mais cette fois, elle adopta l'emploi uniforme et exclusif de plaques en porcelaine émaillée, à numéros blancs sur un fond bleu, sans varier la couleur d'après la direction des rues. En cette matière, rien n'a changé depuis lors.

Les enceintes

Au cours des siècles, différentes enceintes furent construites autour de Paris. Citons-les.
L'enceinte gallo-romaine. Elle était simplement constituée par la grève qui fut le berceau de Lutèce, la Seine formant un fossé idéal.

L'enceinte d'Hugues Capet. Son existence est controversée ; il n'en reste nulle trace. Nous pouvons quand même jalonner son tracé sur la rive droite par l'église Saint-Germain-l'Auxerrois, la rue des Fossés-Saint-Germain, les abords de l'église Saint-Merri, la place Baudoyer et la rue des Barres ; sur la rive gauche par la rue de Bièvre, la place Maubert, les rues Du Sommerard et des Grands-Augustins. Il est également possible que cette enceinte n'ait été qu'une simple palissade destinée à la protection et à la défense d'îlots, comme celui de Saint-Gervais.

L'enceinte de Philippe Auguste. Avant de partir en Croisade, prudemment Philippe Auguste décida de mettre Paris à l'abri des invasions ; il fit donc construire une enceinte qui, commencée en 1190, fut terminée en 1213.

L'enceinte de Charles V. Commencée en 1357 par Étienne Marcel désireux de protéger Paris des Anglais, cette enceinte, continuée sous Charles V, fut effectivement terminée en 1383, sous Charles VI.

L'enceinte de Louis XIII. Construite de 1633 à 1636, elle fut dite des « fossés jaunes », vraisemblablement à cause de la couleur de la terre remuée. Contrairement aux précédentes, elle n'était pas constituée par une muraille crénelée et hérissée de tours, mais par une suite de bastions, reliés par des courtines.

Le mur des fermiers généraux. Quand les différents remparts des enceintes précédentes eurent été démolis, les limites de Paris furent fixées par des bornages ; c'est à hauteur de ceux-ci que l'on payait les taxes sur les marchandises entrant dans la capitale. Les fermiers généraux installèrent des bureaux en planches où se tenaient les receveurs chargés d'encaisser ces taxes. Mais les fraudes s'avérèrent nombreuses et, pour les éviter, les fermiers généraux obtinrent de Louis XVI la construction d'une muraille continue. Commencée en 1784, elle fut terminée en 1787. Ce n'était pas une enceinte fortifiée, mais un simple mur d'octroi, percé d'ouvertures où se tenaient les receveurs.

Enceinte fortifiée de Thiers. Le mur des fermiers généraux n'était qu'une enceinte fiscale et Paris, militairement, n'était pas protégé. Le souvenir cuisant des invasions de 1814 et 1815 donna l'idée, sous Louis-Philippe, de faire de notre capitale une place forte. Le 1er août 1841, Thiers déposa un projet de loi pour la construction d'un rempart. Adopté malgré l'opposition de Lamartine qui prévoyait son inutilité, ce projet fut mis à exécution immédiatement et, en 1844, l'enceinte de Thiers était terminée. Cinquante-deux entrées y furent aménagées, non compris les passages des chemins de fer.

A

ABBAYE Cette rue, baptisée en 1815, doit son nom à l'abbaye de Saint-Germain sur une partie des terrains de laquelle elle fut ouverte. L'abbaye de Saint-Germain fut construite en 1586 par Charles Ier de Bourbon, qui fut roi de France pendant deux mois, entre Henri III et Henri IV. En 1790, l'abbaye devint propriété de l'État et de nos jours ce qui demeure du palais abbatial est occupé par des sœurs de Saint-Vincent-de-Paul.

ABBÉ BASSET (1899-1943). Cet ecclésiastique exerça son ministère à l'église Saint-Étienne-du-Mont, proche de la place qui en 1981 a reçu son nom. Pendant la Seconde Guerre mondiale, lors de la captivité qu'il subit, l'abbé Basset fit montre, envers ses compagnons d'infortune, d'un esprit empreint de tant de bonté et de charité qu'il était tout à fait normal de perpétuer son souvenir.

ABBÉ CARTON (1813-1887). Cet abbé a laissé son nom comme fondateur de l'hospice Notre-Dame-de-Bon-Secours. Une rue porte son nom depuis 1954.

ABBÉ DE L'ÉPÉE (1712-1789). Sa rencontre avec deux jeunes filles sourdes et muettes l'amena à fonder la première école pour sourds-muets qui ait existé en France. Il avait cette formule : « L'éducation des sourds et muets consiste à faire rentrer par les yeux dans leur esprit ce qui est entré dans le nôtre par les oreilles. » Pour l'aider dans son entreprise, Louis XVI fit à l'abbé de L'Épée une pension sur sa cassette personnelle. Deux ans après sa mort l'Assemblée nationale décréta que son nom devait être inscrit parmi ceux des bienfaiteurs de l'humanité. Il a écrit « Institution des sourds-muets par la voie des signes méthodiques ». On donna son nom à une rue en 1846.

ABBÉ ESQUERRÉ Ce square rend hommage à un ecclésiastique qui officia à l'église Saint-François-Xavier toute proche.

ABBÉ FRANZ-STOCK (1904-1948). Prêtre allemand qui était aumônier des ressortissants allemands de Paris en 1934 et, dès 1940, des prisons militaires de Fresnes, de la Santé et du Cherche-Midi. À ce titre il trouva le courage d'accompagner et de soutenir devant la mort, au mont Valérien, plus de 2000 condamnés. Une place porte son nom depuis 1994.

ABBÉ GEORGES HÉNOCQUE L'abbé Georges Hénocque exerçait, durant la Seconde Guerre mondiale, son apostolat dans le XIIIe arrondissement. Résistant, il se conduisit comme un véritable patriote durant toutes les hostilités. On donna son nom à une rue en 1968.

ABBÉ GILLET (1878-1938). L'abbé Gillet fut vice-président des Anciens Combattants du XVIe arrondissement. C'est à ce titre qu'on donna son nom à une rue en 1938.

ABBÉ GRÉGOIRE (1750-1831). Cet évêque constitutionnel siégea aux états généraux où il proposa l'abolition du fameux droit d'aînesse. Il obtint l'abolition de l'esclavage en 1794, contribua à la fondation de l'Institut et du Conservatoire des arts et métiers. Il fut membre du Sénat sous l'Empire, sans être un fanatique de Napoléon; cependant la Restauration lui coupa les vivres et le chassa de l'Institut. Ses obsèques furent le prétexte à une manifestation politique : ayant en effet été élu en 1819 député de l'Isère, son élection fut annulée par des manœuvres plus ou moins « normales »; l'abbé Grégoire avait, jusqu'à sa mort, continué à militer, contre l'avis même de ses supérieurs ecclésiastiques.

ABBÉ GROULT (1760-1843). Vrai nom : Groult d'Arcy. Ce fut un abbé bénédictin, fondateur de la Maison d'Éducation de l'ordre royal et militaire de Saint-Louis.

ABBÉ JEAN LEBEUF (1687-1760). Né à Auxerre, mort à Paris, cet abbé – d'abord chanoine de sa ville natale – fut chargé d'établir dans notre capitale, à partir de 1735, le nouveau chant liturgique. Il est aussi l'auteur d'une « Histoire de la Ville et de tout le diocèse de Paris ». Une place porte son nom depuis 1986.

ABBÉ MIGNE (1800-1875). Né à Saint-Flour, Jacques-Paul Migne fut, hors sa vocation religieuse, un publiciste doublé d'un érudit. Détenteur d'un brevet d'imprimeur, il put éditer un fabuleux ouvrage, dont il était l'auteur : une encyclopédie théologique d'un millier de volumes : « Patrologie latine » (1844-1855) et « Patrologie grecque » (1857-1866); il donna là au clergé des instruments de travail précieux. Il édita dans le quartier du Petit-Montrouge; c'est bien entendu pour cela qu'une rue porte son nom, depuis 1978, dans ce secteur.

ABBÉ PATUREAU (1853-1930). Ancien curé de Saint-Pierre de Montmartre. On donna son nom à une rue en 1933.

ABBÉ ROGER DERRY Aumônier militaire entré dans la Résistance, l'abbé Roger Derry fut décapité par les Allemands, à Cologne, en 1943. On donna son nom à une rue en 1958.

ABBÉ ROUSSEL (1825-1897). Cet abbé est connu pour avoir créé l'œuvre célèbre des Apprentis d'Auteuil. À ce titre on donna son nom à une rue en 1969.

ABBÉ ROUSSELOT (1848-1924). Connu par ses études et travaux sur la phonétique, il fut professeur au Collège de France. Une rue porte son nom depuis 1929.

ABBÉ SOULANGE-BODIN (1861-1925). Il consacra passionnément toute sa vie au service des populations ouvrières déshéritées et fut un des instigateurs de la construction, entre 1899 et 1901, de l'église « Notre-Dame-de-Travail-de-Plaisance », qui se trouve rue Vercingétorix, à Paris. Une rue porte son nom depuis 1985.

ABBESSES Référence aux anciennes abbesses de Montmartre. Il y avait trois catégories d'abbesse : l'abbesse triennale, dont les fonctions duraient trois ans; l'abbesse perpétuelle, nommée à vie; l'abbesse générale, dont l'autorité s'étendait sur plusieurs abbayes. Le nom d'abbesse se donnait aussi à la supérieure d'un chapitre de dames et conférait à la détentrice, sinon une autorité, du moins une considération dans le monde. Des familles puissantes et même souveraines tinrent à ce qu'une de leurs filles prît le titre d'abbesse. Insignes de l'abbesse : croix abbatiale, anneau et crosse. À Fontevrault, c'est une abbesse qui était la supérieure non seulement des religieuses, mais aussi des moines. Cas rarissime, l'Église s'étant montrée d'ordinaire plutôt misogyne.

ABBEVILLE Nom d'une ville, chef-lieu d'arrondissement de la Somme, dont la charte communale date de 1184. Patrie de l'amiral Courbet. Aux États-Unis plusieurs villes por tent le nom d'Abbeville (prière de prononcer à l'anglaise. .)

ABEL (1802-1829). Mathématicien norvégien mort méconnu et dans la misère. Pour se faire pardonner, l'État norvégien publia ensuite lui-même tous ses travaux. Abel partagea avec Jacobi le grand prix de mathématiques de l'Institut de France.

ABEL FERRY (1881-1918). Rue ouverte en 1928. Abel Ferry, qui fut député, n'a aucun lien de parenté avec Jules Ferry.

ABEL GANCE (1889-1981). Réalisateur de films, né et mort à Paris. Dès la fin de la guerre 14-18, il apporta beaucoup au cinéma encore bien jeune. C'est lui qui utilisa le premier la polyvision, la perspective sonore, la stéréophonie et la pictographie; il utilisa beaucoup la surimpression et le mouvement des caméras et l'ensemble de son œuvre explose de lyrisme et de démesure bien venues. Parmi ses films : « Mater Dolorosa », « J'accuse », « la Roue », « Napoléon », « la Dixième Symphonie », « le Roman d'un jeune homme pauvre », « Lucrèce Borgia », « le Paradis perdu », « la Tour de Nesle », « Austerlitz ». Son dernier film, tourné pour la télévision en 1966, est « Marie Tudor ». Cinéaste hors du commun, il garda dans ses tiroirs beaucoup de projets que le manque de moyens l'empêcha de réaliser. La rue Abel-Gance existe depuis 1993.

ABEL HOVELACQUE (1843-1896). Professeur d'anthropologie (qu'est-ce que l'anthropologie? Réponse : c'est l'histoire naturelle du genre humain) et de linguistique; mais aussi – quelle activité! – député et président du conseil municipal.

ABEL LEBLANC Ce cher M. Leblanc était un riche minotier de la Brie, propriétaire du terrain sur lequel on ouvrit cette rue

ABEL RABAUD Nom du propriétaire du terrain sur lequel cette rue fut ouverte en 1892

ABEL TRUCHET (1857-1918). Peintre qui habita cette rue alors qu'elle ne s'appelait encore que « passage Caroline ». Elle devint « Truchet » en 1928.

ABOUKIR Bourgade d'Égypte, à 20 km d'Alexandrie. Trois batailles importantes s'y déroulèrent sous la Ire République et le Consulat. À l'issue de deux d'entre elles (1er août 1798 et 8 mars 1801) nous fûmes défaits par les Anglais. En revanche, nous remportâmes la troisième, qui eut lieu le 25 juillet 1799, contre les Turcs. La rue d'Aboukir fut baptisée en 1848, en souvenir de la victoire, évidemment.

ABREUVOIR Jadis des bœufs empruntaient cette rue, qui n'était alors qu'un chemin, pour se rendre à un abreuvoir, disparu de nos jours. Actuellement, un abreuvoir est un café et les bœufs n'y sont pas admis. On connaît cette voie depuis 1672.

ACACIAS Jusqu'en 1877 de nombreux acacias bordaient cette rue. À cette date ils disparurent... et ne furent jamais retrouvés! On n'en replanta point. La rue des Acacias existe depuis 1820.

ACADIE C'est le nom d'un pays du Canada, à l'est du Québec, qui correspond aujourd'hui aux provinces maritimes de la Nouvelle-Écosse et du Nouveau-Brunswick. Les Français y fondèrent Port-Royal en 1604 et s'étendirent vers l'ouest, mais perdirent la Nouvelle-Écosse au traité d'Utrecht en 1713. En 1755, les 10000 Acadiens français ayant refusé de faire allégeance à l'Angleterre furent déportés et se réfugièrent, pour la plupart, en Louisiane; c'est ce que l'on appela « le Grand Dérangement ». L'Acadie tout entière tomba définitivement aux mains des Anglais en 1763. La place d'Acadie date de 1984.

ACHILLE Ouverte en 1812, cette rue porte le nom du propriétaire du terrain sur lequel on la construisit.

ACHILLE LUCHAIRE (1846-1908). Professeur et historien né à Paris. En 1889 il enseigna, à la Sorbonne, l'histoire du Moyen Âge, en remplacement de Fustel de Coulanges. Il écrivit « Alain le Grand, sire d'Albret » et « Études sur les actes de Louis VII ». Une rue porte son nom depuis 1932.

ACHILLE MARTINET (1806-1877). Graveur né et mort à Paris. Prix de Rome en 1830, ses gravures les plus réussies sont : « la Vierge à l'oiseau », « la Vierge au palmier », « le Sommeil de Jésus » d'après Raphaël, la « Statue équestre de Napoléon III » d'après Horace Vernet. Il est aussi l'auteur de quelques aquarelles. La rue Achille-Martinet existe depuis 1881.

ADANSON (1727-1806). Michel Adanson, botaniste né à Aix-en-Provence, mort à Paris. Dédaignant les livres qu'il jugeait incomplets, il fit à ses frais un voyage au Sénégal, qui dura cinq ans. Il fut admis à l'Académie des sciences en 1759 et s'apprêtait à rédiger un ouvrage dans lequel seraient décrits méthodiquement « tous les êtres connus, suivant leur série naturelle indiquée par l'ensemble de leurs rapports », quand la Révolution survint. Réduit à la misère, lorsque l'Académie reconstituée le convoqua, il répondit qu'il n'avait pas de souliers pour venir... Le Directoire lui versa une pension, reconduite plus tard, qui mit sa vieillesse à l'abri... et lui permit d'acheter des souliers. Patriote, il refusa de quitter la France malgré les offres alléchantes qui lui furent faites par Catherine II et le roi d'Espagne. Il a écrit « Histoire naturelle du Sénégal ». Adanson donna son nom à un genre de baobab qu'on appelle « adansonie ». C'est en 1962 qu'on donna son patronyme à un square.

ADJUDANT RÉAU Ce militaire se trouvait à bord du dirigeable « République » qui s'écrasa au sol le 25 septembre 1909. L'adjudant Réau fut parmi les victimes.

ADJUDANT VINCENOT Cet adjudant est également une victime de la catastrophe survenue au dirigeable « République ».

ADOLPHE ADAM (1803-1856). Compositeur qui fut l'élève de Boieldieu. Il écrivit surtout pour l'opéra-comique, genre qui le passionnait. Ses œuvres les plus connues sont « la Marquise », « le Roi d'Yvetot », « le Toréador », « Orfa » et « le Corsaire ». Adam composa aussi de nombreux ballets dont un demeure très célèbre : « Giselle ». Il est également l'auteur d'un très beau « Noël ». Adam eut la malencontreuse idée de prendre la direction de l'Opéra national, qui devint la Gaîté-Lyrique, puisqu'à ce poste il se ruina complètement. La rue Adolphe-Adam fut baptisée en 1864.

ADOLPHE CHÉRIOUX (1857-1934). C'est en 1935 qu'on donna à une rue le nom d'Adolphe Chérioux qui avait été conseiller municipal du XVe arrondissement.

ADOLPHE FOCILLON (1823-1890). Professeur et naturaliste, né à Paris. Après avoir été professeur au Collège de France et au lycée Louis-le-Grand, Focillon dirigea pendant vingt ans l'école supérieure Colbert. Ce disciple et collaborateur de Le Play écrivit : « les Grandes Inventions des temps modernes » et « le Spectacle du Ciel ». La rue Adolphe-Focillon existe depuis 1899.

ADOLPHE JULLIEN (1803-1873). Ingénieur de la Compagnie des chemins de fer de l'Ouest qui contribua beaucoup à l'implantation de ce moyen de locomotion en France. Une rue porte son nom depuis 1903. Ne pas confondre avec un autre Adolphe Jullien, né en 1845, qui fut un musicographe très réputé, écrivant notamment : « la Musique et les philosophes », « Weber à Paris » en 1826 et « Hector Berlioz »

ADOLPHE MAX (1869-1939). Bourgmestre de Bruxelles en 1914 qui fut nommé citoyen d'honneur de Paris. Cette rue porte son nom depuis 1940.

ADOLPHE MILLE (1812-1894). Apôtre de l'épuration agricole des eaux d'égout. Il était ingénieur – ingénieux – de la Ville de Paris.

ADOLPHE PINARD (1844-1934). Ce brave docteur fonda une école de puériculture à la Faculté de médecine. Puis, la puériculture menant à tout, fut aussi député de Paris.

ADOLPHE YVON (1817-1893). Cet Adolphe-là était peintre. Spécialisé dans les tableaux historiques, il peignit, entre autres, « le Premier Consul descendant le Grand Saint-Bernard », « le Maréchal Ney à la retraite de Russie », etc.

ADOUR (villa). Fleuve de France (335 km) qui prend sa source près du pic du Midi de Bigorre. Passe à Tarbes, fait un petit tour dans le Gers puis dans les Landes (Dax) et traverse une bonne partie du Pays basque. En passant à Aire-sur-l'Adour, danse et chante en même temps qu'une des « bandas » les plus célèbres de la région, issue de cette ville. L'Adour se jette dans l'Atlantique entre Anglet et Le Boucau, mais depuis 1578 seulement; auparavant il s'y jetait en face du Gouf de Cap-Breton, puis ensuite à Vieux-Boucau. Semble ne plus devoir changer d'avis maintenant. L'Adour est un torrent, navigable cependant sur 134 km.

ADRIEN HÉBRARD (1833-1914). Journaliste et homme politique Dirigea le journal « le Temps ».

ADRIEN OUDIN (1873-1934). Ancien conseiller municipal du IXe arrondissement de Paris.

ADRIENNE (cité et villa). Il était une fois le propriétaire d'un terrain sur lequel on ouvrit une voie. Et ce propriétaire avait une fille prénommée Adrienne...

ADRIENNE LECOUVREUR (1692-1730). Tragédienne française née à Damery, près d'Épernay. Trop vite arrachée à l'affection des siens, elle fut l'actrice la plus célèbre de son temps. Joua Corneille, Racine et Voltaire. Fut sociétaire de la Comédie-Française.

ADRIENNE SIMON Les propriétaires de la villa qui porte ce nom la baptisèrent eux-mêmes. Adrienne Simon devait être une de leurs bonnes amies.

AFFRE (1793-1848). Archevêque de Paris. Le 25 juin 1848, désirant arrêter l'effusion de sang, il se rendit à 16 heures devant la barricade dressée à l'entrée du faubourg Saint-Antoine. Frappé aux reins par une balle dite « perdue », il tomba dans les bras des insurgés qu'il exhortait. Il mourut le 27 juin en disant : « Que mon sang soit le dernier versé. Le bon pasteur donne sa vie pour ses brebis. »

AGAR (1832-1891). Pseudonyme d'une actrice née à Sedan, morte à Mustapha (Algérie), de son véritable nom Marie-Léonide Charvin. « Majestueuse beauté, maintien sculptural, regard plein d'expression », voici comment on la décrivait de son temps. Joua à l'Odéon, l'Ambigu, à la Porte-Saint-Martin, etc. Créa, en compagnie de Sarah Bernhardt, « le Passant ». Entra à la Comédie-Française en 1877, mais en repartit en décembre 1878 parce qu'on ne l'avait pas nommée sociétaire. Après maintes pérégrinations, y revint fort diminuée sur le plan de ses qualités, en 1885. Fut frappée de paralysie partielle en jouant au théâtre des Gobelins et mourut en Algérie où elle s'était rendue afin d'assister à une représentation donnée à son bénéfice en 1889, deux ans après cette manifestation de solidarité des artistes.

AGENT BAILLY (1871-1901). L'agent de la police fluviale Bailly mourut en tentant de sauver une femme qui s'était jetée dans la Seine depuis le pont Marie.

AGRIPPA D'AUBIGNÉ (1552-1630). Poète, guerrier, historien, grand-père de Mme de Maintenon. À 10 ans, lisait le latin, le grec et l'hébreu. Calviniste, il avait juré à 8 ans, après être passé devant une potence où étaient suspendues des têtes de ses coreligionnaires, de vouer sa vie à la cause de ces martyrs. Ne déposa l'épée qu'à l'avènement de Henri IV, qu'il servit toujours fidèlement. Il en fut d'ailleurs mal récompensé... Fait prisonnier en 1585 par Saint-Luc, gouverneur de Saintonge, il obtint sur parole la permission d'aller passer quelques jours à La Rochelle. Avant son retour, il fut prévenu que s'il revenait Catherine de Médicis le ferait exécuter. Mais il revint cependant et dit à Saint-Luc : « Je sais que ma mort est résolue, mais à Dieu ne plaise que j'achète la vie au prix d'un parjure. » Devant tant de loyauté on ne le tua point. Écrivit « la Confession du sieur de Sancy », des « Lettres » et « Œuvres mêlées » et, d'une manière anonyme, un roman non dépourvu de crudité : « les Aventures du baron de Foeneste ».

AGUESSEAU (d') (1679-1744). Conseiller honoraire au Parlement, à qui appartenait le terrain sur lequel une rue fut construite. Était le frère puîné du chancelier.

AIGRETTES Les aigrettes sont des oiseaux du genre héron qui sont fiers – à juste titre! – de leurs plumes effilées aux barbes espacées. Par extension, « aigrette » désigne aussi le faisceau de plumes surmontant la tête de certains oiseaux, comme le paon, ou un ornement fait d'un bouquet de plumes. La villa des Aigrettes existe depuis 1996.

AIMÉ LAVY (1850-1921). Cet homme, qui dut avoir plus de peine que les autres en quittant le monde des vivants, était le conseiller municipal du quartier de la Goutte-d'Or.

AIMÉ MAILLARD (1817-1871). Compositeur français qui vit le jour à Montpellier. Écrivit principalement « les Dragons de Villars ».

AIMÉ MOROT (1850-1913). Cet Aimé-ci fut peintre historique et portraitiste. Né à Nancy, il peignit des toiles dont les plus célèbres sont « Reichshoffen » et « Rezonville ».

AISNE Rivière qui prend sa source dans un massif de coteaux de l'Argonne et se jette dans l'Oise. Baigne Sainte-Menehould, Rethel, Soissons. Longue de 280 km.

AIX (Aix-en-Provence). Ancienne ville gauloise à laquelle C. Sextius Calvinus substitua une ville romaine en 123 av. J.-C. Subit une invasion sarrasine au XIIIe siècle, puis devint dès le siècle suivant la capitale du comté de Provence.

Rattachée à la France en 1487, fut assiégée deux fois par les Impériaux et lutta contre les protestants au XVIe siècle. Vers 1720 fut durement atteinte par la peste dite « de Marseille ». Y naquirent Vauvenargues, le botaniste Tournefort et les peintres Vanloo et Granet. Actuellement le cours Mirabeau est un rendez-vous de beauté pour les touristes et les nombreux étudiants qui refont le monde à la terrasse de ses cafés. Elle possède des eaux thermales qui soignent les paralysés, les luxations, les affections cutanées, les douleurs rhumatismales, les affections scrofuleuses, l'anémie, la chlorose, etc. Si on les boit – au lieu de s'y baigner – elles sont efficaces contre l'ictère et la leucorrhée.

ALAIN (1868-1951). Philosophe et essayiste français qui enseigna à Paris comme en province et dont un des buts était de rendre à la philosophie son sens premier, c'est-à-dire capable de conduire l'homme vers la sagesse, à une maîtrise des passions, des désordres des sens, de l'imagination et du cœur par l'esprit. Il voulait être un maître à penser et un éducateur. Ouvrages principaux : « Éléments d'une doctrine radicale », « Propos sur le bonheur », « Idées » et « les Dieux ». Il a dit : « Tout plaisir est vil qui fleurit sur la Mort », « Aucun possible n'est beau; le réel seul est beau », « Une idée que j'ai, il faut que je la nie; c'est ma manière de l'essayer » et « Un peu de catholicisme ne nuit pas ». La rue Alain existe depuis 1985.

ALAIN CHARTIER (1385-1433). Poète qui fut secrétaire particulier – n'y rien voir de tendancieux – de Charles VI et Charles VII. Spécialiste de la poésie courtoise et patriotique, il fut un fort excellent orateur politique. Adjurait, principalement, la chevalerie, le clergé et le peuple de France de s'unir afin de sauver notre si beau pays...

ALAIN-FOURNIER (1886-1914). Henri Alban Fournier, dit Alain-Fournier, auteur de ce livre admirable, « le Grand Meaulnes », qui retrace merveilleusement les premiers émois amoureux de l'adolescence au sein de la province française du début de ce siècle. Gabriel Albicocco a récemment tourné un film d'après cette œuvre. Alain-Fournier disait : « Hélas! Ne plus apprendre! Penser! » Le square Alain-Fournier existe depuis 1973.

ALASSEUR C'était le propriétaire du terrain. Rue ouverte en 1889.

ALBAN SATRAGNE (1887-1954). Conseiller municipal du Xe arrondissement de 1937 à 1954, c'est à ce titre qu'en 1963 on donna son nom à un square de Paris.

ALBÉRIC MAGNARD (1865-1914). Compositeur de musique, tué par les Allemands dans l'Aisne. Adepte de Wagner mais également influencé par Beethoven, il écrivit 4 symphonies, 2 hymnes, de la musique de chambre et 3 ouvrages lyriques, dont les plus connus sont « Guercœur » et « Bérénice. »

ALBERT (1815-1895). Pseudonyme d'Alexandre Martin, ouvrier mécanicien qui se distingua en politique, d'abord en aidant à la fondation du journal « l'Atelier », puis en participant, en qualité de membre en titre, au gouvernement provisoire après la révolution de février 1848. Il représenta ensuite le peuple à l'Assemblée constituante. Arrêté pour avoir simplement adressé quelques mots aimables à la foule qui envahissait l'Assemblée le 15 mai, jugé par la Haute Cour de Bourges, il refusa de se défendre et fut condamné à la déportation dont il accomplit dix années avant d'être amnistié en 1859. Il reprit alors les simples fonctions d'employé à la Compagnie parisienne du gaz.

ALBERT Ier (1875-1934). Roi des Belges. L'histoire regorge d'Albert portant différents numéros dont un « Dénaturé » et un « Belliqueux », mais le cours Albert-Ier est dédié à la mémoire du monarque de nos voisins, qui mourut dans un accident de montagne à Marche-les-Dames. Il avait refusé aux Allemands de violer la neutralité belge en 1914 et lutta ensuite vaillamment à la tête de ses troupes.

ALBERT Ier DE MONACO (1848-1922). Épousa en 1869 la fille du duc d'Hamilton dont il eut un fils. Ce mariage fut dissous par le pape et il se remaria en octobre 1889 avec la duchesse de Richelieu. Engagé pendant la guerre 1870 dans la marine française avec le grade de lieutenant de vaisseau à titre auxiliaire, il voyagea ensuite beaucoup à bord de sa goélette« l'Hirondelle » ou de son yacht « la Princesse Alice ». Fut correspondant de l'Académie des sciences dès 1891. Prince de Monaco en succédant à son père en 1889, il fonda dans sa principauté le célèbre Musée océanographique et, à Paris, celui d'océanographie et de paléontologie.

ALBERT BARTHOLOMÉ (1848-1928). Peintre et sculpteur. Très ami avec le peintre Degas. Principales œuvres de peintre : « Repas des vieillards à l'asile » et « la Récréation ». En sculpture, en dehors du « Groupe de deux figures » et « Jeune Fille priant », un projet de « monument aux Morts » que la Ville de Paris, après l'avoir considérablement agrandi, fit ériger au cimetière du Père-Lachaise, dans l'avenue centrale qui conduit à la chapelle.

ALBERT BAYET (1880-1961). Sociologue et journaliste qui se montra également, durant la Seconde Guerre mondiale, un résistant au grand courage. C'est en 1970 qu'on donna son nom à une rue.

ALBERT CAMUS (1913-1960). Écrivain et auteur dramatique français né à Mondovi (Algérie), il perdit son père, ouvrier agricole, pendant la guerre 14-18 et fut élevé pauvrement par sa mère dans un quartier d'Alger. Adulte, il devient journaliste en 1937 et, en 1938, écrit « Noces », qui forme un total de 4 essais. Durant la Seconde Guerre mondiale, il s'engage dans la Résistance et, à partir d'août 44, dirige le journal « Combat ». Mais le romancier continue à s'exprimer : « le Mythe de Sisyphe », « le Malentendu », « la Peste », « l'État de siège », « la Chute », « les Justes », « l'Étranger », ainsi que l'homme de théâtre : « Caligula », « les Esprits », « la Dévotion à la Croix ». Il meurt dans un accident d'automobile, lui qui avait dit, recevant le prix Nobel de littérature en 1957 : « Mon œuvre est encore en chantier. » Il a dit aussi : « Le monde est beau et hors de lui point de salut », « La liberté est un bagne aussi longtemps qu'un seul homme est asservi sur la terre » et « Tout accomplissement est une servitude. Il oblige à un accomplissement plus haut ». La rue Albert-Camus existe depuis 1984.

ALBERT COHEN (1895-1981). Écrivain suisse d'expression française, né à Corfou, mort à Genève, auteur entre autres de « Mange-clous », « le Livre de ma mère », « Solal », « les Valeureux», « Ô vous, frères humains » et « Belle du Seigneur ». Outre ses activités épistolaires, il fut aussi haut fonctionnaire international à la S.D.N. (« Société des Nations »), puis à l'O.N.U. (« Organisation des Nations unies »). Une place porte son nom depuis 1994.

ALBERT DE LAPPARENT (1839-1908). Vrai nom : Albert Cochon de Lapparent. Ingénieur et géologue, connu pour ses travaux de minéralogie, de géologie, mais surtout pour ses leçons de géographie physique donnant une excellente connaissance de la genèse des formes géographiques.

ALBERT DE MUN (1841-1914). Homme politique représentant le catholicisme social. D'abord partisan du corporatisme social, devint ensuite un énergique propagandiste d'une collaboration des classes dans le cadre de syndicats mixtes patrons-ouvriers, sous le contrôle de l'État. Monarchiste républicain (c'est possible, eh oui!), fut élu député.

ALBERT KAHN (1860-1940). Financier qui se montra un philanthrope d'une grande générosité auprès de différentes œuvres. C'est à ce titre qu'on donna son nom à une place en 1965.

ALBERT LONDRES (1884-1932). Journaliste, il fut un des premiers à réaliser des reportages internationaux et écrivit, notamment, pour « l'Excelsior », « le Petit Journal » et « le Journal ». Il mourut dans l'océan Indien, dans l'incendie du navire « Georges-Philippar ». Il est aussi l'auteur de nombreux livres, dont « le Bagne » dans lequel il dénonçait le régime pénitentiaire en Guyane. Il a laissé son nom à un prix réservé aux journalistes et fondé l'année de sa mort. La place Albert-Londres existe depuis 1984.

ALBERT MALET C'est en 1933 qu'on donna à cette rue le nom de l'historien Albert Malet, auteur d'ouvrages très complets, parmi lesquels des manuels scolaires, qui mourut au champ d'honneur en 1914.

ALBERT MARQUET Peintre et dessinateur français, né à Bordeaux en 1875, mort à Paris en 1947. Il s'établit dans la capitale dès 1890 et étudia aux Arts décoratifs, puis aux Beaux-Arts. En 1905, il exposa avec les « fauves ». Il voyagea beaucoup (Hambourg, Naples, Algérie, Maroc). Il avait le don précieux de savoir saisir un mouvement, immobiliser une attitude. Il employait relativement peu de couleurs vives, recherchant plutôt l'harmonie tonale. Il peignit beaucoup les quais de la Seine, à Paris (« Pont-Neuf », « Quai Conti en hiver »). Une rue fut baptisée à son nom en 1988.

ALBERT ROBIDA (1848-1926). Dessinateur, graveur, lithographe et littérateur né à Compiègne. En 1871, il entra à « la Vie parisienne » et ne cessa pas d'en être un des principaux collaborateurs tout le temps qu'il exerça ses talents de dessinateur et de littérateur. En 1875, il fonda le journal « la Caricature ». Lors de l'Exposition de 1900, c'est d'après ses cartons que furent reconstitués plusieurs quartiers du Moyen Âge, époque que Robida connaissait parfaitement et qu'il aimait. Plein d'humour, aussi bien dans ses caricatures que dans ses écrits, il nous a laissé « Voyages très extraordinaires de Saturnin Farandoul », « les Peines de cœur d'Adrien Fontenille » et « le Portefeuille d'un très vieux garçon ». La villa Albert-Robida existe depuis 1961.

ALBERT ROUSSEL Compositeur français né à Tourcoing en 1869 et mort à Royan en 1937. On lui doit, notamment, en 1904, sa première œuvre symphonique, «Le Poème de la forêt», en 1920, un poème symphonique, «Pour une fête de printemps», puis «Les Joueurs de flûte», «Bacchus» (ballet), «Troisième et Quatrième Symphonie» et un «Trio à cordes» qui fut sa dernière composition importante. Il mourut d'une angine de poitrine. Une rue porte son nom depuis 2003.

ALBERT SAMAIN (1859-1900). Né à Lille, ce poète fut un ardent admirateur de Verlaine et Baudelaire. Ses œuvres principales sont « Au jardin de l'Infante », « Contes » et un drame lyrique, « Polyphème » (fils de Neptune, rappelons-le).

ALBERT SCHWEITZER (1875-1965). Pasteur, théologien, organiste, musicologue et médecin, né à Kaysersberg. C'est au Gabon, précisément à Lambaréné, qu'il fonda un hôpital où il soignait les lépreux, vivant au milieu d'eux dans l'inconfort le plus total. Cet Alsacien était aussi un grand organiste qui a laissé de très beaux enregistrements de la musique de Bach. Albert Schweitzer disait : « Il ne faut pas croire ce qu'on nous dit de ceux qui ne pensent pas comme nous » et « Le monde est inexplicablement mystérieux et plein de souffrance ». Le square Albert-Schweitzer existe depuis 1972.

ALBERT SOREL (1842-1906). Historien né à Honfleur. Rédigea un ouvrage capital sur « l'Europe et la Révolution française ». Entré au ministère des Affaires étrangères en 1866, il fut professeur d'histoire diplomatique à l'École des sciences politiques avant de devenir secrétaire général de la Présidence du Sénat. En somme, une belle carrière...

ALBERT THOMAS (1878-1932). Homme politique né à Champigny-sur-Marne. Député socialiste, il fut ministre de l'Armement de 1916 à 1917 et président du Bureau international du travail de 1920 à 1932.

ALBERT TOURNAIRE (1862-1958). Ce brillant architecte établit les plans et dirigea la restauration des fouilles de Delphes de 1892 à 1901. Nommé architecte en chef de l'Exposition coloniale qui se tint à Vincennes en 1931, il construisit, en outre, les nouveaux bâtiments du Palais de justice de Paris ainsi que la maison d'Edmond Rostand à Cambo. Baptisé en 1979, le square qui porte son nom est situé en bordure de l'Institut médico-légal qu'il eut le privilège de construire en 1914 pour remplacer la triste morgue alors sise quai de l'Archevêché.

ALBERT WILLEMETZ (1887-1964). Auteur d'opérettes et de nombreuses chansons. Parmi ses opérettes, citons : « Florestan Ier », « Là-haut », « Phi-Phi », « Dédé », « la Bande à Bouboule », « Il est charmant », « Trois jeunes filles nues », « Ta bouche ». Parmi ses chansons à succès, notons principalement : « Mon homme », « J'en ai marre », « Dites-moi ma mère », « le Pot-pourri d'Alain Gerbault », « Cache ton piano », « Quand on est deux ce n'est pas la même chose », etc. Il dirigea le théâtre des Bouffes-Parisiens et fut président d'honneur de la S.A.C.E.M. De « là-haut » peut-être s'inquiète-t-il de l'anglophilie – ou « folie » – qui gagne la chanson hexagonale qu'il sera bientôt impossible de qualifier de française... La rue Albert-Willemetz existe depuis 1978.

ALBIN CACHOT Un des fondateurs de « la France mutualiste ». C'est tout. C'est déjà beaucoup. On donna son nom à une rue en 1932.

ALBIN HALLER (1849-1925). Chimiste français né à Felleringen (Haut-Rhin), auteur de nombreuses recherches en chimie organique, sur le camphre, le menthol, les corps gras. Ne pas confondre avec le général polonais Joseph Haller qui organisa les forces polonaises qui combattirent en France en 1918, lequel, né en 1873, mourut en 1960.

ALBINONI (1671-1750). Compositeur italien, prénommé Tomaso, né et mort à Venise. Il est l'auteur de sonates, de concertos et d'une cinquantaine d'opéras, parmi lesquels « Zénobia », « Engelberta » et « la Statiza ». Bach l'appréciait et composa deux fugues pour orgue à partir de thèmes à lui. Le fameux « Adagio d'Albinoni », qui a mis en vedette le nom de ce compositeur, n'est sans doute pas de sa main, et ne serait qu'un pastiche écrit dans la première moitié du XXe siècle. Mais le principal n'est-il pas que la musique soit bonne? Et peut-être qu'Albinoni, s'il avait vécu au XXe siècle, l'aurait composé lui-même! Il a sa rue depuis 1991.

ALBONI (1823-1894). Cantatrice italienne née en Romagne à Cesena, décédée à Ville-d'Avray. Contralto, débuta à la Scala de Milan en 1843. Avec la quarantaine, un embonpoint particulièrement important la fit se résigner à prendre sa retraite fort jeune encore. (Sous la pression des premiers ténors qui s'épuisaient à vouloir la tenir dans leurs bras. L'expression « sous la pression... » est donc parfaitement justifiée.) Légua sa fortune à la Ville de Paris (alors qu'un soupirant éventuel eût pu faire son propre bonheur des 46 000 francs de rente que représentait le legs).

ALEMBERT (d') (1717-1783). Nom complet : Jean Le Rond d'Alembert. Fils naturel, « exposé » dès sa naissance sur les marches de la chapelle Saint-Jean-de-Rond, près de Notre-Dame, il fut élevé par la femme d'un pauvre vitrier. Philosophe, mathématicien, il collabora avec Diderot à la fondation de « l'Encyclopédie », dont il écrivit le Discours préliminaire. Principal ouvrage : un « Traité de dynamique », dont est extrait le théorème connu sous le nom de « principe de D'Alembert » et que voici : « Si l'on considère un système de points matériels liés entre eux de manière que leurs masses acquièrent des vitesses respectives différentes, selon qu'elles se meuvent librement ou solidairement, les quantités de mouvement gagnées ou perdues dans le système sont égales. » (En doutiez-vous?) Il fut ce que l'on appelle un « philosophe sceptique »

ALENÇON Chef-lieu de l'Orne, situé au confluent de la Sarthe et de la Briante. Fabriques de dentelles et de toiles, dites « points et toiles d'Alençon ». Son église Notre-Dame, de style ogival, comporte d'admirables verrières du XVIe siècle. Pris deux fois par les Anglais durant la guerre de Cent Ans (1417-1444), Alençon devint au XVIe siècle le siège de la cour de Marguerite d'Angoulême, sœur de François Ier, qui y laissa s'installer le protestantisme. À cause de cela mais beaucoup plus tard, Cadoudal ravagea ses environs (1793).

ALÉSIA Place forte de la Gaule où César vainquit Vercingétorix parce que Astérix était absent ce jour-là. Située au-dessus du village d'Alise-Sainte-Reine, sur les monts d'Auxois, en Bourgogne. César alignait 80 000 hommes d'infanterie et 15 000 cavaliers. Quand Vercingétorix fut bloqué, la Gaule envoya 240 000 fantassins et 80 000 cavaliers. Mais César avait fait construire un rempart, huit rangs de fossés de trois pieds, une tranchée profonde de huit pieds et des quantités de chausse-trapes. Ce n'était pas « du jeu » et les Gaulois, après s'être battus avec acharnement – comme tous leurs descendants depuis lors –, furent finalement vaincus. Par cette victoire survenue en 52 av. J.-C., César acheva de conquérir totalement notre beau pays.

ALEXANDRE Rien à voir avec le coiffeur du Tout-Paris célèbre dans les années 1970... Ce M. Alexandre dont la rue porte le nom glorieux était propriétaire du terrain, en 1840.

ALEXANDRE III (1845-1894). Empereur de Russie né à Saint-Pétersbourg. Essentiellement pacifique, voulut une Russie « russe », organisée d'après les traditions nationales. Fit construire le chemin de fer transcaspien et commencer le transsibérien. Ayant eu des petits problèmes, à cause de la Bulgarie, avec l'Autriche-Hongrie, il s'allia fort étroitement avec la France en partie pour des questions d'argent (que nous donnions, bien sûr). Cette politique amicale fut concrétisée par la réception des marins français à Cronstadt, puis celle des marins russes à Paris, port célèbre.

ALEXANDRE CABANEL (1823-1889). Peintre très académique, que Napoléon III combla d'honneurs en même temps que de commandes officielles. Exécuta « la Vie de Saint Louis », qui se trouve au Panthéon, ainsi que, dans un tout autre genre, des nus féminins. Pour les habitants de Montpellier qui seraient chauvins, rappelons qu'il est né dans cette ville.

ALEXANDRE CHARPENTIER (1856-1909). Cet homme était fort occupé puisqu'il était sculpteur, graveur et médailliste.

ALEXANDRE DE HUMBOLDT (1769-1859). Baron allemand, naturaliste et voyageur qui, notamment, explora l'Amérique, avant d'entreprendre, pour le compte du tsar Nicolas Ier, un long voyage en Asie d'où il ramena « Fragments de géologie et de climatologie asiatiques ». Il contribua, de cette façon, aux progrès de la climatologie, de l'océanographie et de la géologie. Il a aussi écrit : « Kosmos ou Description physique du monde ». Il a sa rue depuis 1988.

ALEXANDRE DUMAS (1803-1870). De son vrai nom : Alexandre Davy de La Pailleterie. Romancier et auteur dramatique, né à Villers-Cotterêts. Laissé sans fortune, se plaça comme clerc de notaire, mais, par protection (celle du général Foy), devint commis du secrétariat du duc d'Orléans à 1200 francs. C'est en voyant jouer une pièce de Shakespeare qu'il eut la révélation de sa vocation dramatique. Dumas fut un dramaturge romantique extrêmement fécond; on lui doit « Antony », « la Tour de Nesle », « Richard Darlington », « Térésa », « Kean », etc., drames représentés au théâtre. Mais d'autres pièces furent tirées de ses romans : « les Trois Mousquetaires », « la Reine Margot », « le Chevalier de Maison-Rouge », « la Dame de Montsoreau ». La Télévision française lui doit donc beaucoup... De 1830 à 1832 il fit de la politique en tant que libéral, puis changea son fusil d'épaule et se réconcilia avec le roi, qui, de joie, le décora. Fut atteint par le choléra en 1832 et, pour guérir, dut voyager. Il en profita, avec un admirable sens de l'à-propos, pour écrire ses excellentes « Impressions de voyage ». N'oublions pas de citer aussi : « les Compagnons de Jéhu », « les Mohicans de Paris » et « Joseph Balsamo », mais arrêtons-nous. Il fut tellement prolifique ! Ajoutons simplement qu'à ses moments perdus il écrivait des contes pour enfants, dont « la Bouillie de la comtesse Berthe ». Dumas eut un fils (1824-1895), prénommé également Alexandre, auteur surtout de pièces de théâtre dont la plus célèbre est « la Dame aux camélias ».

ALEXANDRE ET RENÉ PARODI Alexandre Parodi (1901-1979), né et mort à Paris, a fait partie, durant la Seconde Guerre mondiale, des quatre experts du Comité général d'études constitué par Jean Moulin et fut nommé au poste de commissaire délégué à l'administration des territoires occupés, avant d'être fait, par le général de Gaulle lui-même, délégué général en France occupée du Comité français de libération nationale. Après la guerre, il fut ministre du Travail de septembre 1944 à novembre 1945, puis, nommé ambassadeur, il représenta la France au Conseil de sécurité des Nations unies. Il présida aussi le Conseil d'État et appartint à l'Académie des sciences morales et politiques. Quant à René Parodi

(1904-1942), né à Rouen, mort à Fresnes, c'était un magistrat spécialisé dans la défense de l'enfance délinquante. Au début de la Seconde Guerre mondiale, il fonda le réseau « Libération Nord », organisme de résistance à l'occupant allemand et de lutte contre le gouvernement de Vichy. Arrêté et emprisonné à Fresnes, il fut trouvé mort dans sa cellule. On le nomma Compagnon de la Libération à titre posthume en 1946 et on le cita à l'ordre de la Nation en 1947. Le square Alexandre-et-René-Parodi existe depuis 1997.

ALEXANDRE L'ÉCUYER Propriétaire du terrain.

ALEXANDRE PARODI (1840-1901). Littérateur et auteur dramatique d'origine grecque (Dominique-Alexandre Parodi). Plus tard, son fils, prénommé également Alexandre, prendra une place importante dans la politique française.

ALEXANDRE RIBOT (1842-1923). Homme politique né à Saint-Omer. Un des chefs du parti républicain modéré, maintes fois ministre des Finances, des Affaires étrangères ou, au mieux de sa forme, président du Conseil de 1892 à 1917. Fut reçu à l'Académie française. N.B. Le lait ribot, connu en Bretagne, n'a rien à voir avec lui.

ALEXANDRE TANSMAN Compositeur polonais né à Lodz (Pologne) en 1897 et mort à Paris en 1986. On lui doit «Intermezzo sinfonico», «Danse de la sorcière», une «Symphonie concertante», un ballet «La Grande Ville», un opéra, «La Nuit kurde», etc. Il composa aussi la musique du film «Poil de carotte». Venu en France en 1919, il y vécut, la plupart du temps, dans le XVIe arrondissement de Paris. Une villa porte son nom depuis 1999.

ALEXANDRE VIALATTE Romancier et chroniqueur né à Magnac-Laval (Haute-Vienne) en 1901, mort à Paris en 1971. Il traduisit, notamment, Nietszche et Kafka, et fut l'auteur de romans tels «Battling le Ténébreux», «Le Fidèle Berger», «Les Fruits du Congo». Il rédigea de très nombreuses chroniques (principalement pour le journal «La Montagne»); elles ont été réunies, après sa mort, dans plusieurs recueils: «Dernières nouvelles de l'homme», «Et c'est ainsi qu'Allah est grand», «L'Almanach des quatre saisons», «L'Auvergne absolue». Il vécut et écrivit toujours en se tenant à l'écart des modes culturelles. Une allée porte son nom depuis 2000.

ALEXANDRIE Le 2 juillet 1798, Bonaparte s'empara de cette ville égyptienne. C'est à cette date que l'on donna son nom à une rue de Paris. Alexandrie fut fondée par Alexandre le Grand en 330 av. J.-C. sur l'emplacement de l'ancienne Racondah des pharaons et de la Rhâcotis des Grecs. Alexandrie est située sur la langue de terre qui sépare le lac Maryouth de la Méditerranée.

ALEXANDRINE Encore un papa qui possédait un terrain sur lequel on traça cette rue et qui avait une fille chérie prénommée Alexandrine. (Après l'avoir affublée d'un prénom pareil, il lui devait bien cette consolation...) Cette rue date de 1865.

ALEX BISCARRE Cet ancien conseiller municipal de Paris, décédé en 1977, se vit – s'il regardait de l'Au-Delà – dédier un square en 1978.

ALFRED BRUNEAU (1857-1934). Compositeur. Ami de Zola et des écrivains du groupe de Médan (ville des Yvelines où se trouve la maison de Zola). Renouvela le drame lyrique sous l'influence de l'esthétique naturaliste. Œuvres principales : « le Rêve », « l'Attaque du moulin » et « Messidor »

Également critique musical (mais il ne critiquait pas ses propres compositions) et essayiste, il publia des études sur Fauré et Massenet.

ALFRED CAPUS (1858-1922). Auteur dramatique, romancier et journaliste, né à Aix. Auteur de « la Veine », « les Deux Écoles », etc. D'une philosophie souriante non dépourvue de cynisme et d'une lucidité désabusée, mais compréhensive, sur les gens et les événements de son temps.

ALFRED CORNU (1841-1902). Savant, professeur de physique à l'École polytechnique, membre de l'Académie des sciences, président de la Société française pour l'avancement des sciences. Se préoccupa surtout d'études sur la lumière et particulièrement sur la vitesse de celle-ci. Il écrivit un ouvrage couronné en 1878 par le prix Lacaze : « Détermination de la vitesse de la lumière d'après les expériences exécutées en 1874 entre l'Observatoire et Montlhéry ».

ALFRED DEHODENCQ (1822-1882). Peintre né à Paris. Compte parmi les plus originaux orientalistes. Gabriel Séailles écrivit sur lui un ouvrage fort insolite. Ses tableaux principaux : « Matinée d'octobre au Luxembourg », « Fête juive à Tanger », « l'Adieu du roi Boabdil à Grenade ».

ALFRED DE VIGNY (1797-1863). Écrivain, poète, né à Loches. Étudie d'abord les mathématiques et entre, en 1814, dans le corps des « gendarmes rouges » avec le grade de sous-lieutenant. Est interné pendant les Cent-Jours, puis rejoint son unité. Ne quittera définitivement l'armée que le 5 septembre 1827. Devient ami de Sainte-Beuve et se liera avec Hugo. Souffrit énormément de sa rupture avec l'actrice Marie Dorval. (Qui a dit : « On ne souffre que par les femmes »?) Ses écrits principaux sont « Poèmes antiques et modernes », « Chatterton », « Servitude et grandeur militaires », etc. Après plusieurs échecs, est enfin reçu à l'Académie française le 29 janvier 1846. Se présente à la députation en Charente, mais n'obtient que quelques voix.

ALFRED DREYFUS Officier français né à Mulhouse en 1859 et mort à Paris (7 rue des Renaudes) en 1935. De confession israélite, il a été accusé et condamné à tort pour espionnage en 1894. Gracié en 1899, on le réhabilita en 1906 après une longue campagne de révision. C'est pour lui qu'Émile Zola publia dans le journal «L'Aurore», le 13 janvier 1898, son célèbre « J'accuse ». Une place porte son nom depuis 2000.

ALFRED DURAND-CLAYE (1841-1888). Chargé d'étudier la question des eaux d'égout et de l'assainissement de la Seine. Partisan du tout-à-l'égout, fit faire des travaux d'épandage à Gennevilliers. Écrivit; son plus intéressant ouvrage, à condition d'être passionné de la chose, est sans conteste « Situation de la question des eaux d'égout et de leur emploi agricole en France et à l'étranger ». Le sculpteur Boucher fit de lui une statue érigée à Asnières, non pas dans les égouts, mais sur un terre-plein.

ALFRED FOUILLÉE (1838-1912). Philosophe. Son positivisme spiritualiste a pour thème central la notion de force qui, appliquée à la nature et à l'activité de l'esprit, lui semble offrir la possibilité d'affirmer les conditions positives de la connaissance tout en sauvegardant les valeurs spirituelles. Œuvres : « Évolutionnisme des idées-forces », « Morale des idées-forces ».

ALFRED KASTLER (1902-1984). Physicien français né à Guebwiller, mort à Bandol, qui reçut le prix Nobel de sa spécialité en 1966.

Spécialiste de l'optique physique, il a conçu le procédé de « pompage optique » qui a trouvé un très grand nombre d'applications dans les lasers et les masers. Il fut directeur de recherche au C.N.R.S., membre de l'Académie des sciences et grand officier de la Légion d'honneur et de l'ordre national du Mérite. Une place porte son nom depuis 1996

ALFRED ROLL (1846-1919). Peintre français de « genre » et d'« histoire » né à Paris. C'était un homme de bon genre qui ne faisait jamais d'histoires.

ALFRED SAUVY (1898-1990). Sociologue et démographe français, né dans les Pyrénées-Orientales, à Villeneuve-de-la-Raho. Directeur de l'Institut national de démographie de 1945 à 1962, il représenta aussi la France à la Commission de la population à l'O.N.U. Il est l'auteur d'importantes études économiques et démographiques : « Théorie générale de la population » et « la Nature sociale ». Il a dit : « Tout pays où la diminution du nombre paraîtrait favorable en soi se trouve donc pris dans le dilemme : croître ou vieillir. » Une place porte son nom depuis 1995

ALFRED STEVENS (1828-1906). Peintre belge propriétaire du terrain sur lequel cette rue fut construite. Fut l'élève de Navez (information à l'usage de ceux qui savent qui était Navez; prononcer le « z ») et sa peinture se situa entre celle dite de « genre » et le naturalisme. Quelques œuvres : « Chez soi », « la Consolation » et « Dame en rose ».

ALGER Nom donné en souvenir de la prise d'Alger en 1830. La ville d'Alger est construite en amphithéâtre sur le flanc de hautes collines. Au temps des Turcs, elle avait la forme d'un triangle dont le sommet était la Kasbah (118 m) et la base les rochers plongeant dans la mer. Alger correspond à la ville romaine d'Icosium. À la fin du xe siècle une autre ville s'éleva sur son emplacement et prit le nom de Djezaïr Beni-Mezrhanna. Alger eut ses dynasties locales, d'abord indépendantes, puis tributaires des espagnoles au xvie siècle. Avec la venue des Barberousse, elle fut la vassale du Padischâh jusqu'au 5 juillet 1830, date de sa prise par les Français. Aujourd'hui c'est la capitale d'un pays indépendant depuis 1962. Alger, à juste titre encore, est surnommée « Alger la Blanche ».

ALGÉRIE La structure orographique de ce pays est déterminée par deux séries de plissements montagneux qui font partie du massif de l'Atlas. Elle ne possède pas de cours d'eau importants, les principaux étant la Macta et le Chelif. État indépendant depuis le 1er juillet 1962, l'Algérie eut pour premier chef de gouvernement Ben Bella. En 1965, à la suite d'un coup d'État, Boumédienne prit le pouvoir ; le colonel Chadli lui succéda, poursuivant une politique de non-alignement. Depuis les années 90, le pays est confronté à des problèmes intérieurs

ALIBERT (1764-1837). Médecin de Louis XVIII et de Charles X. Né à Villefranche (Aveyron), médecin en chef de l'hôpital Saint-Louis. S'occupa surtout des maladies de peau.

ALICE Terrain ayant appartenu à une Mme Pelletier, qui se prénommait peut-être Alice, mais ce n'est pas certain.

ALIGRE (1592-1677). Étienne d'Aligre, fils d'un autre Étienne né en 1550, fut, comme son père, chancelier. Il se fit une réputation de magistrat intègre et éclairé. Mais le nom d'Aligre fut donné à une place et à une rue en l'honneur de sa femme qui fonda l'hospice des Enfants-Trouvés. (Ah! la brave femme!)

ALISCAMPS Voie célèbre d'Arles, imitant la « voie sacrée », où l'on a groupé les tombeaux de la voie Aurélienne et de la plus célèbre nécropole du Moyen Âge.

ALLARD (1785-1839). Général français, devint généralissime des troupes de Lahore (Inde) où il mourut. Il disciplina ses troupes à l'européenne et leur donna le drapeau tricolore. Louis-Philippe le nomma son chargé d'affaires auprès du rajah.

ALLENDY Nom du propriétaire du terrain.

ALLENT (1773-1837). Général né à Saint-Omer. Contribua à la défense de Paris en 1814, fut nommé député, puis pair de France sous la Restauration, bien qu'ayant participé aux guerres de la Révolution et de l'Empire. Sut donc aussi se « restaurer »

ALLERAY (1716-1794). Denis François Angand d'Alleray, dernier seigneur de Vaugirard. (Quand les abattoirs furent construits à Vaugirard apparurent les « saigneurs » Aucun rapport en principe.)

ALLIER Rivière, sœur jumelle de la Loire. Prend sa source au Mourre de la Gardille, au hameau de Chabalier. Longue de 410 km, elle arrose Langogne, Langeac, Brioude, Issoire, Vichy et Moulins, principalement.

ALMA Nom donné en souvenir de la victoire d'Alma remportée le 20 septembre 1854 par le maréchal Saint-Arnaud et lord Raglan à cause de l'imprudence – ou l'incompétence – du général russe, le prince Menchikov, qui dédaigna l'offensive de l'aile droite de l'armée française. L'Alma est un fleuve côtier de Crimée long de 70 km.

ALOMBERT Nom du propriétaire du terrain. Rue ouverte en 1847.

ALOUETTES Construite à l'emplacement d'un champ dit « des alouettes ». Actuellement s'y trouvent des studios de télévision. Le chant des « hit-parades » couvre celui des alouettes.

ALPES Chaîne de montagnes qui se développe de la Méditerranée jusqu'au Danube entre 43 et 48° nord, 3 et 14° est de Paris. Alpe vient du mot alpage : pâturage. C'est un système montagneux si connu qu'il a donné son nom à d'autres. Ainsi les Alpes de Transylvanie, néo-zélandaises, etc. Les Alpes forment l'épine dorsale de l'Europe centrale. Limites : au sud, l'Adriatique, la plaine du Pô, le col d'Altare qui les sépare des Apennins ; à l'ouest, le Rhône, le Jura ; au nord, le Rhin, les plateaux de Souabe et de Bavière ; à l'est, une ligne peu régulière de Vienne à la Save et de la Save à Trieste. Point culminant : le mont Blanc (4 807 m).

ALPHAND (1817-1891). Inspecteur général des Ponts et Chaussées, directeur des travaux de Paris. C'est Haussmann qui fit appel à lui en le nommant « ingénieur en chef des embellissements » (beau titre !). Créa des squares, transforma en parcs les bois de Boulogne et de Vincennes, ainsi que les Buttes-Chaumont. Dessina les parterres des Champs-Élysées et de Monceau. Prit part aux travaux des Expositions universelles de 1878 et 1889.

ALPHONSE XIII (1886-1941). Roi d'Espagne jusqu'en 1931. D'abord sous la régence de sa mère Marie-Christine, monta sur le trône en 1902 et conclut l'entente franco-espagnole relative au Maroc. Assuma une monarchie constitutionnelle, puis accepta la dictature de Primo de Rivera de 1923 à 1930. Abdiqua en 1931 en faveur de son fils Don Juan de Barcelone après la victoire électorale des républicains.

ALPHONSE ALLAIS (1854-1905). Écrivain et journaliste, né à Honfleur, mort à Paris et doté d'une verve humoristique ravageuse. Venu à Paris très jeune, il fit vite partie des clubs les plus farfelus des années 1880 : « les Hydropathes », « les Fumistes », « les Hirsutes »; il fréquenta le cabaret « le Chat noir » et devint rédacteur en chef de la revue du même nom, donnant aussi dans « le Journal » une chronique intitulée « la Vie drôle ». En 1899, il dirigea « le Sourire », écrivant chaque semaine un conte jusqu'au moment de sa mort. Parmi ses œuvres éditées, citons : « À se tordre », « Vive la vie », « On n'est pas des bœufs », « l'Affaire Blaireau », etc. Il a dit : « Il faut vous dire qu'à la suite d'une chute de cheval, j'ai perdu tout sens moral », « Je vous le demande : toutes les fois qu'on a l'occasion de réaliser une métaphore, doit-on hésiter un seul instant? », « Dieu a sagement agi en plaçant la naissance avant la mort; sans cela que saurions-nous de la vie? », « La misère a cela de bon qu'elle supprime la crainte des voleurs », « La logique mène à tout à condition d'en sortir » et n'oublions pas que c'est lui qui a proposé que l'on construise les villes à la campagne... Une rue porte son nom depuis 1990.

ALPHONSE AULARD (1849-1928). Professeur et historien né à Montbron. Travaux sur la Révolution française, enseigna, entre autres, au lycée Janson-de-Sailly. Ouvrage principal, en dehors d'œuvres sur la Révolution : « Sur les idées philosophiques et l'inspiration poétique de Léopardi ».

ALPHONSE BAUDIN (1811-1855). Médecin et homme politique né à Nantua, M. Baudin fut élu député à l'Assemblée législative de 1849. Adversaire de Napoléon III, il essaya de soulever les ouvriers parisiens contre le coup d'État du 2 décembre 1851. Mal lui en prit... Il fut mortellement blessé, le 3 décembre, sur une barricade dressée boulevard Saint-Antoine. Une rue porte son nom depuis 1978.

ALPHONSE BERTILLON (1841-1914). Créateur de l'anthropométrie. Médecin, démographe et statisticien, il contribua à la création de l'école d'anthropologie de Paris. Fut maire socialiste du Ve arrondissement. S'intéressa aussi (c'était lui-même un homme fort intéressant) à la démographie et à la géographie médicale.

ALPHONSE DAUDET (1840-1897). Littérateur né à Nîmes, écrivit d'abord dans des journaux et pour le théâtre. Œuvres principales : « le Petit Chose », « Tartarin de Tarascon », « Contes du lundi », « Sapho » et « les Lettres de mon moulin ». Écrivit une pièce célèbre : « l'Arlésienne » (celle qu'on ne voit jamais). Appartint à l'école réaliste, mais le nom qui lui convient sans doute le mieux est celui d'impressionniste.

ALPHONSE DE NEUVILLE (1836-1885). Peintre militaire né à Saint-Omer. Auteur des « Dernières cartouches » et du « Cimetière de Saint-Privat ». (Tout ça n'est pas gai.)

ALPHONSE DEVILLE (1856-1932). Fut conseiller municipal de Paris.

ALPHONSE HUMBERT (1844-1922). Président du conseil municipal et député de Paris.

ALPHONSE KARR (1808-1890). Écrivain, journaliste et directeur du « Figaro » en 1839. Publia une revue satirique mensuelle, « les Guêpes ». Se retira sur la Côte d'Azur après le coup d'État de 1851 dont vous entendîtes tous parler, et s'y adonna à l'horticulture. C'était un homme plein d'humour qui publia en 1832 un roman, « Sous les tilleuls ».

ALPHONSE LAVERAN (1845-1922). Docteur qui effectua des travaux célèbres sur le paludisme.

ALPHONSE PÉNAUD (1850-1880). Précurseur de l'aviation; ingénieur, inventeur de modèles d'aéroplanes. Envisagea l'aile en flèche, le train d'atterrissage escamotable et le manche à balai. Fit breveter en 1876 un appareil à hélice capable de s'élever avec un homme à bord. Mais ayant vainement cherché de l'argent pour le construire, il se suicida.

ALQUIER-DEBROUSSE C'est en 2000 qu'une allée fut ouverte à l'endroit où se trouve l'hospice Alquier-Debrousse (26 rue des Balkans, XXe). Cet hospice porte le nom de la baronne Alquier-Debrousse et de Jean Debrousse, qui léguèrent à la ville de Paris le terrain sur lequel il fut construit.

ALSACE Province qui après maintes vicissitudes semble être assurée de rester française. Villes principales : Strasbourg, Colmar, Mulhouse. Aux premiers rangs parmi les contrées industrielles françaises, gardant cependant encore une forte vocation agricole. Il est notoire que les Alsaciens forment une race énergique et active. Comprend les départements du Haut et du Bas-Rhin.

ALSACE-LORRAINE En 1871 la France perdit ces deux provinces par le traité de Francfort, mais les recouvra en 1918. Air célèbre : « Vous n'aurez pas l'Alsace et la Lorraine... »

AMADOU HAMPÂTÉ BÂ (1900-1991). Écrivain, historien, ethnologue, conteur, poète, penseur et homme de dialogue religieux, de nationalité malienne, né à Bandiagara, mort à Abidjan. Il se rendit célèbre grâce à une lettre adressée à l'UNESCO dans laquelle il réclamait la réhabilitation des traditions orales africaines. Un square porte son nom depuis 1997.

AMALIA C'est le prénom de la fille du propriétaire qui se nommait Ravel. Rien à voir avec le compositeur. Cette rue existe depuis 1892.

AMANDIERS Dans le temps – oh il y a bien longtemps ! – existait un terrain sur lequel des amandiers poussaient, d'ailleurs plus ou moins bien étant donné la latitude. La rue fut construite sur ce terrain qui était déjà dit « des amandiers ».

AMBOISE Chef-lieu de canton d'Indre-et-Loire. Magnifique château – ce n'est pas celui qu'y édifièrent les Romains, mais celui que reconstruisirent Louis XII et François Ier. Charles VIII y naquit et y mourut. Léonard de Vinci, qui résida à Amboise, mourut au château de Cloux appelé aussi « Clos Lucé », tout près de la ville. C'est à Amboise que Louis XI institua l'ordre de Saint-Michel. Patrie aussi de Saint-Martin, dit « le Philosophe inconnu ». La forêt d'Amboise est magnifique et recèle une curiosité : la Pagode de Chanteloup.

AMBROISE PARÉ (1517-1590). Devint barbier-chirurgien en 1536, puis successivement chirurgien de Henri II, François II, Charles IX et Henri III. Inventa la méthode de ligature des artères, qu'il substitua à la cautérisation pratiquée jusqu'alors à la suite des amputations. Est considéré comme le père de la chirurgie moderne.

AMBROISE RENDU (1778-1860). Inspecteur général d'Université.

AMBROISE THOMAS (1811-1896). Compositeur qui fut directeur du

Conservatoire. Né à Metz, composa « le Caïd », « Songe d'une nuit d'été », mais son œuvre la plus connue est « Mignon ». Les dictionnaires classiques le qualifient d'auteur aimable, à la forme pure et correcte. Laissons-lui ces qualificatifs.

AMBROISIE Selon les Grecs de l'Antiquité, l'ambroisie était un liquide procurant l'éternité à ceux qui le buvaient. Si vous en possédez la recette, à la vôtre! La rue de l'Ambroisie existe depuis 1993.

AMÉDÉE GORDINI Constructeur de voitures monoplaces de sport né à Bazzano (Italie) en 1899, mort à Paris en 1979. Il collabora avec la firme Renault pour mettre au point la célèbre Renault-Gordini (4 places) qu'un grand nombre d'amateurs de voitures « nerveuses » rêva de conduire. Une place porte son nom depuis 1999.

AMÉLIE Prénom de la fille de M. Pihan de Laforêt, propriétaire du terrain. Enlevée à l'affection des siens à l'âge de 15 ans, Amélie réunissait, dit-on, toutes les vertus chrétiennes. Ce sont les meilleures qui partent les premières.

AMELOT Amelot fut en 1777 ministre et secrétaire d'État au département de Paris.

AMÉRIQUE LATINE Ensemble des pays qui furent, avant d'acquérir leur indépendance, des colonies espagnoles ou portugaises. Elle comprend tous les pays de l'Amérique du Sud et de l'Amérique centrale, plus le Mexique. Ce square lui doit son nom.

AMEUBLEMENT Les propriétaires riverains baptisèrent ainsi cette cité en 1930, car c'était à l'époque une voie encombrée de fabriques de meubles.

AMICIE LEBAUDY Cette dame au prénom rare et charmant fut l'initiatrice de la Fondation de madame Jules Lebaudy, à l'origine du mouvement qui créa le logement social en France. Le square Amicie-Lebaudy existe depuis 2000.

AMIENS Préfecture de la Somme. Très belle cathédrale (Notre-Dame) du XIIIe siècle, sauf les deux tours, construite d'après les plans de Robert de Luzarches. Amiens s'appela Samarobriva au temps de la conquête de la Gaule par César. En 1802 y fut signé le traité de paix d'Amiens entre l'Anglais lord Cornwallis et Joseph, frère de Bonaparte, alors Premier consul. Patrie de Pierre l'Ermite, de Choderlos de Laclos entre autres.

AMIRAL BRUIX (1759-1805). Amiral français né à Saint-Domingue, ministre de la Marine, organisateur du camp de Boulogne.

AMIRAL CLOUÉ (1817-1889). Ministre de la Marine dans le cabinet Jules Ferry. Fut membre titulaire du Bureau des longitudes. Écrivit plusieurs ouvrages, dont « Pilote de Terre-Neuve ».

AMIRAL COURBET (1827-1885). Fut gouverneur de la Nouvelle-Calédonie, puis commandant de la division navale du Tonkin. Œuvra pour l'établissement du protectorat français sur l'Annam et la conquête du Tonkin. Mourut deux jours après la signature de la paix du 9 juin 1885, à bord de son navire le « Bayard ».

AMIRAL DE COLIGNY (1519-1572). Gaspard de Coligny, amiral né à Châtillon-sur-Loing, mort à Paris. Il s'illustra dans des entreprises de colonisation – 1552 vers le Brésil; 1562 et 1565 vers la Floride – et fut un très valeureux soldat. Entre deux expéditions coloniales, il eut à défendre Saint-Quentin, en 1557, contre les Espagnols. Sa résistance permit au reste de notre pays de s'armer, mais il fut fait prisonnier et le demeura deux ans, jusqu'à la signature du traité de Cateau-Cambrésis (3 avril 1559). C'est pendant ces deux années qu'il se tourna vers la Réforme et se fit protestant. Chef de cette Réforme, il s'apprêtait à faire entrer le roi dans une guerre contre l'Espagne quand, le 22 août 1572, il fut blessé d'un coup d'arquebuse, au sortir du Louvre. Le roi jura de le venger, mais deux jours plus tard se déclencha la Saint-Barthélemy ; au cours de cette journée sanglante l'amiral de Coligny fut tué dans son hôtel de Ponthieu par le Tchèque Besme, un spadassin des Guise. Une rue porte le nom de l'amiral de Coligny depuis 1972.

AMIRAL DE GRASSE (1722-1788). François Joseph Paul, marquis de Grasse-Tilly et comte de Grasse, naquit au Bar (Provence) et mourut à Paris. Ce marin français est principalement connu pour avoir participé (1780-1781) à la guerre d'Indépendance des États-Unis. Fait prisonnier par les Anglais en 1782, on le traduisit devant un conseil de guerre à son retour en France, accusé qu'il était de s'être laissé trop facilement surprendre par l'ennemi... Mais il fut acquitté. Une place porte son nom depuis 1978.

AMIRAL D'ESTAING (1729-1794). Prit part à la guerre de l'Indépendance des États-Unis d'Amérique. Naquit au château de Ravel, en Auvergne (tiens tiens...) et mourut décapité

AMIRAL HAMELIN *Voir rue Hamelin.*

AMIRAL LA RONCIÈRE LE NOURY (1813-1881). Commandait la division de l'armée navale qui défendit les forts de Paris pendant la guerre de 1870.

AMIRAL MOUCHEZ (1821-1892). Amiral et astronome, directeur de l'Observatoire de Paris. (Il voguait dans les étoiles.)

AMIRAL ROUSSIN (1781-1854). Marin né loin de la mer : à Dijon.

AMIRAUX Un certain nombre d'amiraux participèrent à la bataille du Bourget, le 23 décembre 1870, qui fut particulièrement sanglante.

AMODION Le terrain sur lequel fut construite la rue était dit ainsi. Précisons qu'elle existe depuis 1930.

AMPÈRE (1775-1836). Mathématicien et philosophe. Nombreuses découvertes dans le domaine de l'électromagnétisme et de l'électrodynamisme. Inventa le galvanomètre, le télégraphe électrique et, avec son copain Arago, l'électroaimant. N'oublions rien (ou presque) : on lui doit une règle simple aux yeux des bons esprits pour déterminer le sens de la déviation de l'aiguille aimantée par rapport à un observateur couché dans le sens du courant. Il est né à Lyon et mort à Marseille.

AMPHITHÉÂTRE L'amphithéâtre, qui du temps des Romains servit d'abord aux combats de gladiateurs, se destina ensuite à toutes sortes de spectacles, dont les courses de taureaux. C'est un édifice circulaire à gradins étagés, avec, au centre, une arène. La place de l'Amphithéâtre existe depuis 1987

AMSTERDAM Capitale des Pays-Bas, à l'embouchure de l'Amstel. Surnommée la Venise du Nord parce qu'au début bâtie sur pilotis et toujours traversée de nombreux canaux. Grand commerce de diamants et, présentement, de haschisch (mais il ne faut pas le dire). Au XIIe siècle ce n'était qu'un simple village de pêcheurs. Patrie de Spinoza et de nombreux peintres célèbres, dont Van de Velde. Vieux souvenir : elle fut réunie à l'Empire français de 1810 à 1814.

AMYOT (1513-1593). Écrivain, évêque d'Auxerre. Précepteur des enfants de Henri II, puis aumônier de France. Traduisit les « Œuvres morales » et « Vies des hommes illustres ou vies parallèles » d'un autre regretté : Plutarque.

ANATOLE DE LA FORGE (1821-1892). Publiciste et homme politique qui, en qualité de préfet de l'Aisne, organisa la défense de Saint-Quentin en 1870.

ANATOLE FRANCE (1844-1924). De son vrai nom : Anatole-François Thibault. Né à Paris. D'un certain scepticisme sur la race humaine (lui aussi), sensible à la souffrance d'autrui, fut un écrivain remarquable. Rédigea principalement « la Rôtisserie de la reine Pédauque », « le Lys rouge », « Les dieux ont soif » et « le Crime de Sylvestre Bonnard ».

ANCIENNE-COMÉDIE L'hôtel des Comédiens-Français se trouvait dans cette rue dans le temps, auparavant, autrefois, jadis.

ANCRE Voici bien longtemps, messieurs-dames, il y avait une enseigne figurant une ancre, dans cette rue. Ancre : pièce en fer forgé, de forme variable et lourde, servant à tenir les bateaux fixés sur le fond.

ANDIGNÉ (d') (1821-1895). Marquis. Général. Pair de France. Sénateur. Tout ça, tout ça, tout ça.

ANDRÉ ANTOINE (1858-1943). Connu sous le nom d'Antoine tout court : acteur très célèbre, créateur du Théâtre-Libre, se réclamant tout d'abord de Zola et du naturalisme. Son goût pour la vérité le fit choisir, parmi les auteurs de son temps, ceux qui témoignaient du souci de reproduire sur scène la réalité de la vie quotidienne. Fut directeur de l'Odéon. Aujourd'hui le théâtre Antoine porte ce nom en sa mémoire.

ANDRÉ BARSACQ (1908-1973). Décorateur, metteur en scène et directeur de théâtre, né à Théodosie (Crimée), mort à Paris. Assistant de Jacques Copeau au Mai florentin de 1935, il dirigea le théâtre de l'Atelier à partir de 1940, y montant, principalement, des œuvres d'Anouilh, de Marcel Aymé et de Félicien Marceau (« l'Œuf »). Il fut un maître dans son art. Une rue lui fut dédiée en 1978.

ANDRÉ BRETON Écrivain français né à Tinchebray (Orne) en 1896, mort à Paris en 1966. Il commença des études de médecine avant de s'adonner à la poésie. En 1917, il fréquenta Guillaume Apollinaire, puis devint l'ami de Philippe Soupault et Louis Aragon. Avec eux, il fonda la revue « Littérature ». Avec Soupault, il rédigea le premier texte surréaliste « les Champs magnétiques ». Ensuite, avec Tristan Tzara et ses amis il adhéra au dadaïsme, avec lequel il rompit bientôt. Surnommé le « pape du surréalisme » il tendit à une transformation de la poésie par l'exploration du subconscient (sommeil hypnotique) et à l'acquisition d'un nouveau langage par l'entremise du rêve et de l'écriture automatique. Poète de la femme, il voyait la transformation de l'homme par l'amour. Ouvrages : « Premier manifeste du surréalisme » (1924), « les Vases communicants », « Union libre », « Amour fou », etc. L'allée André-Breton, dans le nouveau quartier des Halles, existe depuis 1984.

ANDRÉ CHAMSON Écrivain et résistant né à Nîmes en 1900 et mort à Paris en 1983. On lui doit «Roux le Bandit», «Les Hommes de la route», «L'Année des vaincus», «Nos Ancêtres les Gaulois», «Le Rendez-vous des espérances», «La Tour de Constance», «Sans peur», «Il faut vivre mieux» (Mémoires publiés à titre posthume), etc. Membre de l'Académie française et directeur des Archives de France, il a dit: « Il ne faut jamais faire confiance à l'avenir. Il ne le mérite pas. » Une esplanade porte son nom depuis 2001.

ANDRÉ CITROËN (1878-1935). Ingénieur et industriel français né et mort à Paris. En 1915, il construisit, quai de Javel (c'est ce quai qui a pris son nom en 1968), une usine d'armement qui produisit jusqu'à 55 000 obus par jour pour la guerre de 14-18; après celle-ci il entreprit la fabrication en série d'une voiture dont le premier exemplaire sortit en 1919; il ouvrit ensuite de nouvelles usines automobiles à Clichy, Saint-Ouen et Levallois et instaura le travail à la chaîne. S'intéressant aux transports, il renouvela la totalité des taxis parisiens, mit sur pied un réseau de transports par car et organisa les célèbres croisières « noire » (Afrique) et « jaune » (Asie) en 1924-25 et 1931-32. C'est en 1934 qu'il lança la célèbre « traction avant ». L'usine Citroën du quai Citroën a laissé la place à un très important complexe immobilier dans lequel on a créé en 1989 le parc André-Citroën.

ANDRÉ COLLEDEBŒUF Propriétaire du terrain, adjoint au maire du XVIe arrondissement. Rue ouverte en 1930.

ANDRÉ DERAIN (1880-1954). Peintre, dessinateur et sculpteur français né à Chatou, mort à Chambourcy. Grand « exaltateur » du pouvoir émotionnel des couleurs, il fut considéré comme un des « fauves » les plus audacieux. Au fil du temps, ses inspirations novatrices revinrent vers une certaine forme de tradition. On lui doit « le Bal des soldats », « London Bridge », « Baigneuse ». Il fit des portraits, des natures mortes, des compositions fantastiques, des décors de théâtre, des illustrations de livres et s'adonna à la sculpture surtout après 1939. Il a sa rue depuis 1987.

ANDRÉ DEL SARTE (1488-1530). De son vrai nom Andrea Vanucci. Peintre dont le père était tailleur. François Ier le combla d'honneurs. Influencé par Léonard de Vinci et Raphaël, il fut le représentant parfait du classicisme florentin de la haute Renaissance. Peignit « la Vie de saint Jean-Baptiste », « Tribut à César », « l'Annonciation », etc. (Fouillez vos greniers; si vous trouvez un de ses tableaux, vous êtes riche.) Une rue porte son nom depuis 1880.

ANDRÉ DUBOIS (1849-1922). Depuis 1935, ce M. Dubois, qui fut député du XIXe arrondissement, a donné son nom à la rue.

ANDRÉ GIDE Écrivain français, né à Paris en 1869, mort en 1951. Très jeune, orphelin de père, il fut élevé très rigidement par une mère sévère. En 1895, il se maria avec sa cousine Madeleine; en 1897, il publie « les Nourritures terrestres », livre qui contient cette phrase : « Nathanaël, je voudrais te donner une joie que personne ne t'a jamais donnée » et dans lequel Gide prescrit à un jeune homme nommé Nathanaël d'abandonner toute règle morale et toute banalisation de la pensée afin de jouir totalement de la vie. Cette œuvre eut une influence considérable sur la jeunesse d'alors. Autres ouvrages : « Prométhée mal enchaîné », « l'Immoraliste », « la Porte étroite », « les Caves du Vatican », « la Symphonie pastorale », « les Faux-monnayeurs » et « Corydon » qui est une magnification de l'homosexualité masculine. André Gide a dit : « Il n'y a pas de problèmes; il n'y a que des solutions. » L'esprit de l'homme invente ensuite le problème. Il voit des problèmes partout. « L'homme est plus intéressant que les hommes; c'est toi et non pas eux que Dieu a fait à son image » et « Il est bon de suivre sa pente, pourvu que ce soit en montant! ». La rue André-Gide fut baptisée en 1987.

ANDRÉ GILL (1840-1885). Caricaturiste dont le vrai nom est Louis André Gosset de Guines. Collabora du crayon à une œuvre intitulée « Histoire du sire de Franc-Boisy », puis dessina pour des journaux, dont « le Hanneton », qui publia ses « Binettes rimées ». Mais ce furent ses dessins dans « la Lune », puis dans « l'Éclipse », qui assurèrent son succès. Peignit aussi des tableaux, dont les plus connus sont « Petit Homme », « le Capitaine », « Nouveau-né » et « le Fou ». Tableau qui dut être prémonitoire, car à la suite d'une déception consécutive à un projet grandiose qui ne se réalisa pas, il perdit la raison. Atteint de monomanie des grandeurs, il fut interné à Charenton où il mourut.

ANDRÉ LEFEBVRE (1894-1964). Né à Louvres, mort à L'Étang-la-Ville, il sortit ingénieur de l'École supérieure d'aéronautique et, s'intéressant à l'automobile, il inventa la système de traction avant; c'est lui qui conçut la célèbre Citroën traction avant en 1934, la 2 CV dès 1936 et la DS en 1955. Il a sa rue, à l'emplacement de l'ancienne usine Citroën, depuis 1990.

ANDRÉ LEFÈVRE. Né à Provins en 1834, ce fut un poète et érudit français de renom. Devint professeur (car tout homme se doit d'avoir une occupation sérieuse) à l'école d'anthropologie de Paris.

ANDRÉ MALRAUX (1901-1976). Écrivain et homme politique, né et mort à Paris. Tout jeune, Malraux fut habité par l'esprit d'aventure; c'est ainsi qu'il partit pour l'Indochine; où il épousa Clara. Peu fortunés, les jeunes mariés y vécurent parfois d'expédients; André Malraux fit même de la prison pour avoir dérobé et tenté de vendre des objets provenant du fameux temple d'Angkor. Les idées révolutionnaires de l'écrivain trouvèrent à s'épanouir en Chine où il se rendit dans les années 1925-1927. Il écrivit alors « la Condition humaine », qui obtint le prix Goncourt en 1933 et dont il tira lui-même un film. Malraux prônait que seule l'action peut révéler l'homme et il fut sans conteste, pour sa part, un véritable homme d'action. Durant la guerre d'Espagne il combattit auprès des républicains; quand survint la Seconde Guerre mondiale, il rejoignit très tôt la France libre et occupa dans la Résistance, sous le nom de colonel Berger, une place importante. La rencontre entre le général de Gaulle et Malraux fut déterminante pour ce dernier; il s'attacha à l'homme d'État français en qui il voyait un « homme de destin ». Il sembla alors faire abstraction de ses idées purement révolutionnaires pour suivre le Général et ses thèses. De 1959 à 1969, l'écrivain fut ministre d'État chargé des Affaires culturelles; il quitta son poste quand le général de Gaulle se retira. Durant ces années, Louise de Vilmorin et André Malraux se lièrent d'une grande amitié, brisée trop tôt par le décès de l'exquise femme de lettres dans la propriété de laquelle, à Verrières-le-Buisson, Malraux vécut ses dernières heures. Principaux ouvrages : « les Conquérants », « la Voie royale », « la Condition humaine », « l'Espoir », « les Voix du silence », « Antimémoires », « le Temps du mépris » et « Les chênes qu'on abat » (qui relate ses dernières conversations avec de Gaulle). Malraux disait : « Il est difficile d'être un homme », « Le monde aurait pu être simple comme le ciel et la mer », « Une vie ne vaut rien, mais rien ne vaut une vie » et « Le seul domaine où le divin est visible, c'est l'art ». La place André-Malraux date de 1976.

ANDRÉ MASSON (1896-1987). Peintre, dessinateur, graveur et décorateur français né à Balagnysur-Thérain, mort à Paris. C'est un pionnier en même temps qu'un maître du surréalisme (bien qu'il ait été exclu du cercle des surréalistes en 1929) et il est certain que son séjour aux États-Unis, entre 1941 et 1945, influença grandement l'école américaine qui créa, notamment avec Pollock, l'expressionnisme abstrait. Parmi ses toiles : « la Terre », « Massacre », « la Poursuite » et parmi ses décors de théâtre : « Numance », « la Faim », « Hamlet », etc. Les spécialistes ont dit de lui que « c'était un peintre du tragique à la facture occidentale ». Une place lui est dédiée depuis 1995.

ANDRÉ MAUROIS (1885-1967). Écrivain français, de son vrai nom Émile Herzog, né à Elbeuf, mort à Neuilly-sur-Seine. Licencié de philosophie, il devint, lors de la Première Guerre mondiale, agent de liaison de l'armée britannique – il relatera cette expérience dans « les Cahiers du colonel Bramble » (1918). Ses ouvrages, récits romanesques et contes philosophiques, sont empreints d'une espèce de sagesse désillusionnée. Élu à l'Académie française en 1938, ses œuvres principales sont « Climats » (1928), « l'Instinct du bonheur » (1934), « la Machine à lire les pensées » (1943), « Olympio ou la vie de Victor Hugo » (1945). Il a dit : « L'homme d'action est avant tout un poète » et « Les gouvernements ont l'âge de leurs finances comme les hommes ont l'âge de leurs artères ! ». Le boulevard André-Maurois existe depuis 1978.

ANDRÉ MAZET *Voir Mazet ; nouvelle dénomination en 1994.*

ANDRÉ MESSAGER (1853-1929). Rue ouverte en 1929. André Messager, compositeur, directeur de l'Opéra-Comique, puis de l'Opéra où il monta la « Tétralogie » de Wagner. En sa qualité de chef d'orchestre de la Société des concerts du Conservatoire, il dirigea les Ballets russes. Parmi ses œuvres les plus connues : « Véronique », Monsieur Beaucaire » et « Coups de roulis ». Il naquit à Montluçon et fut un compositeur au style raffiné et élégant.

ANDRÉ PASCAL Pseudonyme littéraire d'un membre de la famille Rothschild. S'agit-il d'Arthur, né en 1851 ? Si ce n'est lui, c'est donc son frère...

ANDRÉ PIEYRE DE MANDIARGUES Écrivain et poète français né à Paris en 1909 et mort en 1991. Intéressé par le romantisme allemand et les conteurs libertins du XVIIIe siècle, il eut des affinités avec le mouvement surréaliste sans y adhérer totalement. Avec des ouvrages tels « Le Musée noir », « Soleil des loups », « Sous la lame », il inventa une forme nouvelle de fantastique marqué par le quotidien et très imprégné par la féminité envoûtante et le dessin des corps. En poésie, on lui doit « Cartolines et dédicaces », « Ruisseau des solitudes », « L'Ivre œil ». Pour le théâtre il écrivit « Isabella Morra », « La Nuit séculaire », « Arsène et Cléopâtre ». Il a dit : « Caresser est plus merveilleux que se souvenir. » Une rue porte son nom depuis 1999.

ANDRÉ RIVOIRE (1872-1930). Poète qui écrivit « Berthe aux grands pieds » (poème en alexandrins de douze pieds...) et une pièce, « la Peur de souffrir ». Une rue porte son nom depuis 1932.

ANDRÉ SUARÈS (1866-1948). Écrivain français né à Marseille, mort à Saint-Maur-des-Fossés. Son œuvre, d'un abord pouvant paraître difficile et qui s'incline vers le mysticisme et un esthétisme intellectuel, est très annonciatrice du genre de l'essai qui fleurit après lui. Ses principaux essais sont « Tolstoï vivant », « Voici l'homme », « Amour », « Trois hommes : Pascal, Ibsen, Dostoïevski », « Goethe le grand Européen ». Sa « Correspondance avec le peintre

Georges Rouault », éditée après sa mort, est remarquable. Il a dit : « Sors de l'espèce si tu veux être homme », « Aimer pour toujours être trahi : si tu ne l'es pas par l'objet de ton amour, tu l'es par la vie » et « L'art est le lieu de la liberté parfaite ». Il a sa rue depuis 1992.

ANDRÉ TARDIEU (1876-1945). Homme politique né à Paris, mort à Menton. Secrétaire de Waldeck-Rousseau en 1902, il œuvra toute sa vie avec une vision des choses optimiste, mais parfois onéreuse. Député de 1914 à 1924, puis de 1926 à 1936, il fut maintes fois ministre (Travaux publics, Intérieur, Agriculture, Guerre, tout cela prouvant qu'il n'était pas sectaire...) et président du Conseil (novembre 1929-décembre 1930 et février à mai 1932 – trois petits tours et puis s'en vont...). Il s'ingénia, en qualité de président du Conseil, à rétablir la confiance ébranlée – le mot est faible – par la grande crise économique d'alors; il généralisa les assurances sociales, rendit gratuit l'enseignement secondaire et accorda une retraite aux Anciens Combattants (ces trois points justifient, convenez-en, la présence de l'adjectif « onéreux » au début de cette mini-biographie). Républicain de gauche et créateur du Centre républicain, André Tardieu fut aussi, ne l'oublions pas, un des proches collaborateurs de Georges Clemenceau. Il a écrit : « la Paix » et « Sur la pente ». Il se retira de la vie politique en 1936. Devinette : Quand la place qui porte son nom fut-elle baptisée? En 1979.

ANDRÉ THEURIET (1833-1907). Il était fonctionnaire au ministère des Finances. Comme maint fonctionnaire, il bénéficiait de temps libre, ce qui lui permit d'écrire une œuvre abondante. Ce fut un romancier dont les écrits sont tous empreints du délicat sentiment de la nature. Il était né à Marly-le-Roi d'une famille dont l'origine est lorraine. L'Académie française l'accueillit en 1896. Prit sa retraite avec le grade de chef de bureau aux Finances. Œuvres : « Raymonde », « Villa tranquille » et cent autres.

ANDRÉ TOLLET Syndicaliste – dès l'âge de quinze ans – et résistant, né et mort à Paris (1913-2001). Il joua un rôle très important dans la Libération de Paris et fut l'un des dirigeants nationaux de la CGT et de l'Union confédérale des retraités CGT. Un square porte son nom depuis 2004.

ANDRÉ TRANNOY Né et mort à Paris (1907-1994), il fut le fondateur et président de l'Association des Paralysés de France (APF). Une place porte son nom depuis 2003.

ANDRÉ VOGUET (1913-1986). Instituteur et résistant français né à Chaumont, mort à Paris. Il fut, pendant la Seconde Guerre mondiale, secrétaire du Front national universitaire clandestin. Après la Libération, il représenta, à partir de 1947, le XIIIe arrondissement aux deux Assemblées parisiennes et son mandat municipal se poursuivit, au Conseil de Paris, jusqu'en 1983. Une rue porte son nom depuis 1997.

ANDRIEUX (1759-1833). Poète né à Strasbourg. Membre du Conseil des Cinq-Cents en 1798, il était farouchement opposé à Bonaparte, ce qui le contraignit à quitter le Conseil et le Tribunat dont il était président, en 1802. C'est lui qui répondit au Premier consul se plaignant des « résistances » du Tribunat : « On ne s'appuie que sur ce qui résiste. » Très jeune, écrivit une comédie, « les Étourdis », puis, plus tard, « le Vieux Fat », « la Comédienne », « le Meunier de Sans-Souci ».

ANDROUET Célèbre famille d'architecte, plus connue sous le nom d'Androuet Du Cerceau, à cause d'une enseigne accrochée au-dessus de leur maison. Le premier membre de cette famille se prénommait Jacques ; c'est aussi le plus renommé des Du Cerceau ; né en 1515, mort en 1592, ce fut un théoricien du classicisme ; il construisit le château de Verneuil-sur-Oise et publia « Leçons de perspective » et « Les plus excellents monuments de France », ouvrages agrémentés de gravures. Deux autres Du Cerceau sont passés à la postérité : Baptiste (1544-1590), premier fils du précédent, qui commença la construction du Pont-Neuf, et Jacques II (1550-1614), second fils du premier nommé, qui édifia la deuxième moitié de la grande galerie du Louvre. La rue Androuet fut baptisée en 1864.

ANGÉLIQUE COMPOINT Ouverte en 1860, cette rue porte le nom de la femme ou de la fille du propriétaire du terrain sur lequel on la construisit.

ANGERS Jusqu'en 1857, cette impasse s'appelait Danger, du nom d'un de ses propriétaires-résidents de l'époque. Elle est devenue d'Angers, par corruption, au fil des ans et n'a, par conséquent, rien à voir avec la cité angevine, ancienne capitale de l'Anjou, située sur la Maine, qui possède un magnifique château, commencé sous Philippe Auguste, terminé sous Saint Louis, abritant aujourd'hui un musée de tapisseries, parmi lesquelles la célèbre « Apocalypse ».

ANGLAIS Aux alentours du XIVe siècle, des étudiants anglais venaient à Paris, attirés par la qualité de l'enseignement dispensé à l'Université de notre capitale. Et ils logeaient nombreux dans cette rue.

ANGOULÊME Chef-lieu de la Charente. Dominée d'abord par les Wisigoths, puis les Francs. Les Anglais l'occupèrent, mais, sous Charles V, Angoulême les chassa. Le roi, à qui ce genre de choses faisait très plaisir, lui octroya des privilèges. Plus tard, François Ier – comte d'Angoulême avant son accession au trône – l'érigea en duché. Le fils de Charles X porta le titre de duc d'Angoulême. C'est aussi la patrie de Marguerite d'Angoulême, de Montalembert et, n'ayons pas peur de tout dire, du régicide Ravaillac.

ANJOU (quai). Louis XIII avait un frère nommé Gaston, duc d'Anjou, d'Alençon et d'Orléans. Ce quai porte son nom depuis 1780.

ANJOU (rue). Cet Anjou-là est le cinquième fils de Henri II et, par conséquent, le frère de Henri III. Pas patriote pour un sou, mais ambitieux, ô combien, il prit la tête des « politiques ». Ne dut de rentrer en grâce qu'à la facilité avec laquelle il sacrifia son favori La Mole. Homme versatile et faible, peut être considéré comme le spécialiste des entreprises avortées.

ANNA DE NOAILLES Square ouvert en 1934 en souvenir de Anna-Élisabeth Brancovan, comtesse de Noailles, poétesse et romancière qui écrivit, entre autres, « le Cœur innombrable » et « l'Ombre des jours ». Née en 1876, elle mourut en 1933.

ANNAM Reçut ce nom en 1877. L'Annam est une partie de l'ancienne Union française. Pays fort montagneux où la mousson est très humide. Fait actuellement partie du Viet nam réunifié. Ses principales villes sont Hué et Da-Nang (ancienne Tourane). Vous connaissez la chanson ? « Je suis toqué d'une petite/C'est une Anna, c'est une Anna, une Annamite... » La chanter maintenant au Vietnam vous ferait prendre pour un être un tantinet réactionnaire. Mal vu par conséquent.

ANNE DE BEAUJEU (1460-1522). Anne de France, dite de Beaujeu, fille aînée de Louis XI et de Charlotte de Savoie. Mariée en 1474 à Pierre de Bourbon, seigneur de Beaujeu, elle assuma en sa compagnie, de 1483 à 1491, la régence de son frère Charles VIII. Elle gouverna avec fermeté et remporta, en 1488, une victoire importante, celle de Saint-Aubin-du-Cormier (Ille-et-Vilaine). Elle fit prisonnier le duc d'Orléans qui, libéré, se rallia à Charles VIII avant de lui succéder sous le nom de Louis XII en 1498. L'allée Anne-de-Beaujeu existe depuis 1977

ANNELETS Nom reçu en 1881. Lieu dit signifiant soit « petits anneaux » soit « agnelets » soit encore « âne lets » Au choix

ANNIBAL Cette cité est ainsi nommée depuis 1877. Annibal, comme nul ne l'ignorera plus à la ligne suivante, était un général carthaginois né en 247 et mort en 183, le tout avant Jésus-Christ. Il fut surnommé Barca, c'est-à-dire « l'éclair ». S'orthographie aussi « Hannibal ». Dès sa neuvième année, il voua une haine farouche aux Romains. Son seul but fut l'anéantissement de la puissance romaine. Sur la fin de sa vie, les Romains commandèrent qu'on le tuât, tant il leur inspirait de crainte. Mais le vieillard s'empoisonna en disant : « Je m'empoisonne pour délivrer Rome et les Romains de la terreur que leur inspire un vieil homme dont ils n'osent même pas attendre la mort. »

ANNONCIATION Son nom actuel date de 1867. Simplement parce qu'elle conduit à l'église du même nom. L'Annonciation, c'est le message que l'ange Gabriel apporta à Marie et dans lequel il lui révélait le mystère de l'Incarnation. Léonard de Vinci a peint un fort beau tableau baptisé « l'Annonciation »

ANSELME PAYEN (1795-1871). Chimiste né et mort à Paris. De 1825 à 1838, il dirigea une fabrique de sucre créée par son père. En sa qualité de chimiste, il fit faire de grands progrès à la fabrication du sucre de betterave, implantée en France sous Napoléon Ier à cause du blocus continental. Anselme Payen, qui professa la chimie à l'École centrale à partir de 1835 et qui devint membre de l'Académie des sciences en 1842, analysa aussi de nombreuses substances alimentaires, en particulier le grain de blé. Il a écrit « Traité de la pomme de terre » et « Résumé du cours pratique de fabrication du sucre indigène ». La raffinerie qu'il dirigea se trouvait dans le quartier où une rue porte son nom depuis 1936; cette rue n'était, auparavant, qu'un passage

ANTILLES L'impasse doit son nom à ce vaste archipel situé entre les deux Amériques. Il y a les Grandes Antilles : Cuba, Haïti, Jamaïque, Porto Rico; et les petites Antilles : îles Sous-le-Vent, îles du Vent, Bahamas.

ANTIN (1665-1736). Louis Antoine de Pardaillan de Gondrin. Fils légitime (ce qui sous-entendrait qu'il y en eut d'illégitimes...) du marquis et de la marquise de Montespan. Il n'avait que 6 ans lorsque sa mère devint la maîtresse de Louis XIV. Plus tard, il devint duc, pair et membre du Conseil de Régence. Donna l'exemple du courtisan parfait. Ainsi, il fit abattre en une nuit toute une allée de marronniers de son parc parce qu'elle avait été critiquée, la veille, par Louis XIV. La duchesse de Bourgogne s'écria, après que le roi, non satisfait de la simple suppression des marronniers, eut obtenu du duc d'Antin l'abattage de la forêt tout entière : « Ah Mesdames! si le roi avait demandé nos têtes, M. d'Antin eût été capable de les faire tomber de même. »

ANTOINE ARNAULD (1612-1694). Théologien et philosophe janséniste. Exclu de la Sorbonne en 1656, il s'exila et documenta Pascal pour « les Provinciales ». Fut surnommé le « Grand Arnauld ». La destinée de toute sa famille est liée à l'histoire du jansénisme et de Port-Royal. Il mourut en exil en Flandre. Les Jésuites perdirent là leur plus terrible ennemi.

ANTOINE BLONDIN (1922-1991). Écrivain français né et mort à Paris dont le premier livre « l'Europe buissonnière » paru en 1949 reçut le prix des « Deux-Magots ». Autres ouvrages : « les Enfants du Bon Dieu », « Un singe en hiver » (dont on fit un film avec Jean Gabin et Jean-Paul Belmondo), « l'Humeur vagabonde », « Monsieur Jadis », etc. Son talent se régala aussi dans l'écriture journalistique sportive, notamment sur le cyclisme, dans le journal « l'Équipe » où ses papiers au moment des « Tours de France » faisaient merveille; sur ce chapitre sportif on lui doit « Sur le Tour de France » et « les Joies de la bicyclette ». Il disait que « le sport était le seul esperanto qui soit ». Un square lui est dédié depuis 1997

ANTOINE BOURDELLE (1861-1929). Sculpteur et peintre né à Montauban. Bien qu'il fût gai de caractère, il réalisa le monument aux morts de Montauban. Puis, également, « Tête d'Apollon », « Héraclès archer » et le « monument au général Alvear » à Buenos Aires. Il contribua à libérer la sculpture de son aspect strictement naturaliste.

ANTOINE CARÊME (1784-1833). Célèbre cuisinier et gastronome. (Aimer la bonne cuisine en s'appelant Carême, c'est, théologiquement parlant, une belle forme d'outrecuidance.) Fut chef de bouche du prince de Talleyrand et de George IV d'Angleterre, ainsi que des empereurs de Russie et d'Autriche. Acquit une énorme notoriété en cuisinant pour le Congrès d'Aix-la-Chapelle. Nombreux ouvrages sur la cuisine : « les Déjeuners de l'empereur Napoléon » et « Parallèle de la cuisine ancienne et moderne », etc. Un reproche lui fut fait, celui d'avoir appauvri les traditions culinaires françaises par l'observance de règles trop strictes.

ANTOINE CHANTIN Brave horticulteur propriétaire du terrain.

ANTOINE DUBOIS (1756-1837). Chirurgien. Accoucheur surtout, né à Gramat, dans le Lot. C'est lui qui, en 1811, accoucha l'impératrice Marie-Louise; cela lui valut le titre de baron

ANTOINE-JULIEN HÉNARD *Voir Hénard.*

ANTOINE ROUCHER (1745-1794). Poète natif de Montpellier. Composa un fort beau poème à l'occasion du mariage de Marie-Antoinette avec le dauphin. Fut exécuté sous la Révolution, le 7 thermidor 1794. On prétend qu'en se rendant à l'échafaud il voyagea dans la même charrette qu'André Chénier et que celui-ci lui récita alors les quatre premiers vers d'« Andromaque ». Œuvre principale : un poème didactique intitulé « Mois ».

ANTOINE VOLLON (1833-1900). Peintre né à Lyon. Peignit surtout des natures mortes, mais chacune pourvue de couleur et de générosité singulières. Œuvres célèbres : « Pêcheur du Tréport », « le Chaudron », « Poissons de mer »

ANTOINETTE C'est le propriétaire du terrain qui donna ce nom, sans qu'on sache s'il s'agit là du prénom de sa femme, de sa fille ou de son aïeule.

ANTONIN MERCIÉ (1845-1916). Sculpteur et peintre. Obtint le prix de Rome en 1868 et fut alors un des premiers sculpteurs officiels de la IIIe République.

ANVERS Le 22 décembre 1832 les Français prirent la ville à la suite d'une rude bataille. C'est en souvenir de cet exploit qu'une rue et une place de Paris portent ce nom. Anvers est un grand port sur la rive droite de l'Escaut ; Napoléon, qui disait beaucoup de choses, avait eu cette boutade à son propos : « C'est un pistolet que je tiens sur la gorge de l'Angleterre. » (Apparemment le pistolet n'était pas chargé...) Cathédrale remarquable du XVe siècle. À l'intérieur – et à moins que des voleurs se soient présentés récemment – se trouvent deux tableaux célèbres de Rubens : « l'Érection de la croix » et « Descente de croix ». Le musée de la ville est, d'autre part, un des plus renommés du monde. C'est la patrie de P.P. Rubens, Van Dyck, David Teniers (le Vieux et le Jeune), Seghers, Snyders, etc

APENNINS Chaîne de montagnes qui traverse l'Italie dans toute sa longueur. Point culminant · Gran Sasso (2 921 m)

AQUEDUC Cette rue fut construite au-dessus de l'aqueduc de ceinture des eaux du canal de l'Ourcq.

ARAGO (1786-1853). Illustre savant né à Estagel, dans les Pyrénées-Orientales. Entré à l'Académie des sciences à 23 ans ; directeur de l'Observatoire, il donna des cours d'astronomie restés célèbres par leur admirable clarté. En 1830, il devint secrétaire perpétuel de l'Académie pour les sciences mathématiques. Il s'intéressa surtout à l'optique et adopta et propagea la « théorie des ondulations ». Député de son département d'origine, il siégea à l'extrême gauche. En 1848, il fut, par acclamation populaire, nommé ministre de la Marine et de la Guerre. Après avoir refusé de prêter serment, en 1852, à un gouvernement qui venait d'être formé, il quitta presque complètement la politique avant de mourir l'année suivante. Quand il était ministre, Arago contribua à l'abolition de l'esclavage aux colonies.

ARBALÈTE Deux possibilités pour le nom de cette rue : il y avait effectivement un tir à l'arbalète sur son emplacement ; ou bien elle doit cette appellation à une enseigne. En France, dans les temps lointains, chaque commune avait une milice bourgeoise constamment exercée au tir à l'arbalète. Aujourd'hui, officiellement, les milices sont interdites.

ARBRE SEC C'est une auberge qui naguère portait cette enseigne. Ce nom était parfaitement choisi car, dès 1300, cette auberge servait de gîte aux pèlerins de la Terre sainte et l'« arbre sec » est un arbre de Palestine, planté tout près d'Ebron qui, après avoir toujours été vert et feuillu – et ce depuis le commencement du monde –, perdit son feuillage irrémédiablement le jour où le Christ mourut en croix.

ARBUSTES Ouverte en 1880. À l'origine de petits arbres la bordaient.

ARCADE Nom dû à une arcade séparant les jardins d'une communauté de religieuses.

ARC DE TRIOMPHE À Paris, l'Arc de triomphe s'élève sur une éminence qui termine les Champs-Élysées. C'est Napoléon qui, après la bataille d'Austerlitz, décréta son érection le 12 février 1806. Fut construit selon le plan de l'architecte Chalgrin. Hauteur : 49,55 m ; largeur : 44,82 m ; épaisseur : 22,10 m. Des décorations superbes l'ornent, principalement les figures de « la Renommée » par Pradier, « le Départ » de Rude, « le Triomphe » de Cortot, « la Résistance » et « la Paix » d'Étex, etc. Il porte inscrits les noms des 386 généraux ayant figuré dans les guerres de la République et de l'Empire.

ARC-EN-CIEL Cette rue située au niveau - 3 du Forum central des Halles a été baptisée en 1996. Les véritables arcs-en-ciel – ceux qui présentent les couleurs du spectre – n'y sont guère visibles, mais le rêve et l'imagination suppléent à bien des choses...

ARCHEREAU (1819-1893). Ingénieur et physicien français né à Saint-Hilaire-de-Vouhis, en Vendée. Doué d'un esprit extraordinairement inventif, il mourut pourtant dans la misère. On lui doit notamment : la vidange atmosphérique (!), le ciment agglomérateur pour la production des pierres artificielles et la fabrication du charbon artificiel.

ARCHEVÊCHÉ (quai et pont). L'ancien archevêché est proche de ce pont. Un archevêché est une province ecclésiastique placée sous le contrôle d'un évêque. Paris devint archevêché en 1622. C'est en 1697 que le cardinal de Noailles fit construire un superbe palais épiscopal si grand que l'Assemblée constituante put s'y réunir en 1789.

ARCHIVES Cette voie longe les bâtiments des Archives nationales. C'est l'Assemblée constituante qui les créa. Un décret du 25 février 1897 classe les archives en trois catégories : 1) archives législatives et administrations modernes; 2) archives des juridictions et administrations de l'Ancien Régime; 3) trésor des chartes, collection de la section historique, titres domaniaux et fonds ecclésiastiques antérieurs à 1790. Une salle est ouverte au public, mais nul papier n'en sort que par autorisation ou ordre du ministre.

ARCOLE (pont et rue d'). Le 28 juillet 1830, un jeune homme, faisant partie d'une colonne d'insurgés, fut tué sur le pont de Grève, drapeau à la main, en criant « Rappelez-vous que je m'appelle Arcole ». Quand on construisit le pont qui nous intéresse, en 1855, on lui donna le nom que cria ce jeune homme. Notons, pour la vérité historique, que sur la liste des morts des Trois Glorieuses, dont le 28 juillet 1830 fait partie, ne figure aucun Arcole. On peut alors imaginer que notre jeune homme prononça ce nom en souvenir de l'action d'éclat de Bonaparte qui franchit le pont de la ville d'Arcole, en novembre 1796, à la tête de ses troupes, le drapeau à la main. La rue, baptisée en 1857, doit son appellation à la proximité du pont.

ARCUEIL Cette rue est l'ancien chemin qui menait à Arcueil. C'est une commune située sur la Bièvre qui doit son nom à un aqueduc qui conduisait les eaux de la source de Rungis, petit affluent de la Bièvre, aux thermes de Julien, à Paris.

ARDENNES Région forestière s'étendant en partie sur la France et en partie sur la Belgique. C'est la plus vaste et plus célèbre forêt du temps de la Gaule. Au Moyen Âge, des paysans croyaient y entendre sonner le cor du grand saint Hubert.

ARÈNES Nom donné à cause du voisinage des arènes de Lutèce. Il s'agit d'un amphithéâtre romain. En 1883, l'Académie des inscriptions, après que le percement de la rue Monge eut mis au jour les premiers vestiges, décida le conseil municipal de Paris à faire l'acquisition de 7000 mètres de terrain qui cachaient le reste des arènes. Il est certain que ce lieu servit à des combats de gladiateurs, mais aussi à des représentations théâtrales.

ARGENSON (d') Famille qui a donné à la France plusieurs administrateurs et hommes d'État, notamment Marc-René de Voyer marquis d'Argenson (1652-1721), lieutenant général de la police et ministre d'État; René-Louis d'Argenson (1694-1757), ministre des Affaires étrangères; Marc-Pierre comte d'Argenson (1696-1764), ministre de la Guerre. Les d'Argenson sont originaires de Touraine.

ARGENTEUIL Voie qui menait auparavant à Argenteuil, commune traversée par la Seine. Voici moins d'un siècle, de nombreux vignobles y donnaient un petit vin apprécié. C'est à Argenteuil que fut fondée une maison de « filles » où se retira Héloïse, amante d'Abélard, fuyant le ressentiment de son oncle. C'est dans l'église d'Argenteuil que, paraît-il, se trouve la tunique sans couture de Jésus-Christ.

ARGENTINE État d'Amérique du Sud. Superficie : 2 780 000 km^2. En 1515 le pilote espagnol Juan Diaz de Solis découvrit l'estuaire du rio de la Plata, mais c'est Sébastien Cabot qui, en 1527, entreprit la reconnaissance du pays. Buenos Aires, la capitale, fut fondée en 1537. Autres villes principales : Santa Fe, Cordoba, Rosario et La Plata.

ARGONNE Plateau boisé situé au nord-est de la France dont l'altitude moyenne est de 350 mètres. En 1792, fut un point stratégique lorsque Dumouriez se porta à l'aide de Kellermann pour stopper Brunswick et remporter la bataille de Valmy. Vive la France!

ARGOUT (d') (1782-1858). Homme politique, ministre et gouverneur de la Banque de France. Sous le gouvernement de Louis-Philippe, le nez de M. d'Argout, tant il était long, donna naissance à l'expression « un nez à la d'Argout ».

ARIOSTE (l') (1474-1533). De son vrai nom Ludovico Ariosto. Poète italien né à Reggio. Attaché d'abord au cardinal Hippolyte d'Este, puis ensuite au frère de celui-ci, le duc Hercule Ier de Ferrare. Il écrivit « Roland furieux » que des comédiens italiens jouent encore aujourd'hui.

ARISTIDE BRIAND (1862-1932). Homme politique remarquable; orateur de tout premier ordre qui fut onze fois président du Conseil.

ARISTIDE BRUANT (1851-1925). Poète-chansonnier. Chanta au cabaret du Chat-Noir où il se fit principalement connaître. Employait un langage argotique merveilleux (il rédigea d'ailleurs un dictionnaire d'argot) et nombre de ses chansons demeurent sur les lèvres : « Rue Saint-Vincent », « À la Bastille », « À Saint-Lazare », etc.

ARISTIDE MAILLOL Peintre, sculpteur et dessinateur français, né à Banyuls en 1861, mort à Perpignan en 1944. Étudiant à Perpignan, puis Paris, il admira Gauguin, Puvis de Chavannes et Maurice Denis et se lia avec les nabis (groupe fondé en 1888 et influencé à la fois par l'école de Pont-Aven, le japonisme et Gustave Moreau). Il est surtout connu comme sculpteur et, dans ce mode d'expression, s'attacha à peu près exclusivement au nu féminin. On connaît de lui « les Trois Nymphes », « l'Harmonie », etc. En vous promenant aux Tuileries, à Paris, vous croiserez une des femmes pulpeuses qu'il aimait sculpter. Une rue porte son nom depuis 1984.

ARMAILLÉ (d') Rue ouverte en 1840. Porte le nom du marquis d'Armaillé, à qui appartenait le terrain.

ARMAND Également propriétaire du terrain. Mais pas marquis comme le précédent. Ni l'amant de la Dame aux camélias.

ARMAND CARREL (1800-1836). Publiciste et homme politique, né à Rouen. Il fonda « le National » et combattit la monarchie de Juillet. Eut la catastrophique idée de se battre en duel avec Émile de Girardin qui le tua.

ARMAND GAUTHIER Architecte qui créa cette rue. Ne pas confondre avec Armand Gautier (sans « h »), médecin et chimiste né à Narbonne en 1837, est-il besoin de le rappeler.

ARMAND MOISANT Propriétaire du terrain. Rue ouverte en 1906.

ARMAND ROUSSEAU (1835-1896). Gouverneur général de l'Indochine, né à Tréflez (Finistère). Député à l'Assemblée nationale, il siégea à la gauche républicaine. Il mourut à Hanoi d'un surcroît de travail (fait absolument authentique).

ARMÉE D'ORIENT Cette rue remplace, depuis 1978, la rue d'Orient; ceci afin de rendre hommage à tous les combattants français ayant appartenu à cette armée lors de la Première Guerre mondiale.

ARMORIQUE Ancien nom de la Bretagne. En gaélique, signifie bord de mer. Au temps de la Gaule, l'Armorique s'étendait jusqu'à Troyes, Auxerre et Orléans. Ce n'est qu'au ve siècle que ses limites se restreignirent jusqu'à ce que Clovis l'unît à son royaume.

ARPAJON Ville au confluent de l'Orge et de la Remarde. Jusqu'en 1720, elle s'appela Châtres-sous-Montlhéry. Ses haricots sont célèbres, grâce à la Foire qui s'y tient chaque année.

ARQUEBUSIERS Nom donné à cause du voisinage de l'ancien jardin des arquebusiers. C'est au début du XVIe siècle que les arquebusiers apparurent dans les armées et c'est principalement grâce à eux que Charles Quint remporta la bataille de Pavie. Les porteurs d'arquebuse à cheval s'appelaient des « carabins », d'où le nom de carabine donné plus tard à certains fusils.

ARRAS En 1332 on construisit dans cette rue le collège d'Arras, sous l'impulsion de Nicolas Le Canderlier, abbé de Saint-Vaast d'Arras, pour qu'en bénéficient les pauvres écoliers de cette ville C'était gentil.

ARRIVÉE Ouverte en 1869 par la Compagnie des chemins de fer de l'Ouest, cette voie longeait l'ancienne gare Montparnasse, côté arrivée cela va de soi.

ARSENAL Voie qui fut ouverte dans l'enclos de l'ancien arsenal. S'y trouvaient un très bel hôtel et de nombreux emplacements servant de dépôts d'armes et de munitions.

ARSÈNE HOUSSAYE (1815-1896). De son vrai nom Housset. Écrivain né à Bruyères, près de Laon. En 1849, grâce à l'appui de la comédienne Rachel, il fut nommé administrateur de la Comédie-Française. Il aborda tous les genres littéraires. Sa fécondité épistolaire fut énorme. Citons simplement « les Onze Maîtresses délaissées », « la Pantoufle de Cendrillon », « les Femmes du Diable » et « le Roi Voltaire ». La rue qui porte son nom fut ouverte sur un terrain lui appartenant.

ARSONVAL (d') (1851-1940). Physicien né à Laborie (Haute-Vienne), membre de l'Académie de médecine, puis des sciences. On lui doit des appareils très ingénieux comme le bec à gaz multiple, le téléphone magnéto-électrique et, tenez-vous bien, le galvanomètre apériodique, ainsi que des recherches sur l'élasticité pulmonaire, la chaleur animale, l'extrait testiculaire concentré, etc.

ARTAGNAN (d') Ce personnage des « Trois Mousquetaires » d'Alexandre Dumas exista bel et bien; il s'appelait en réalité Charles de Batz, comte de Montesquiou, seigneur d'Artagnan. Capitaine des mousquetaires, c'est lui qui fut chargé de l'arrestation de Fouquet, à Nantes en 1661. Né en 1611, il mourut, aide de camp, au siège de Maestricht. Une rue porte son nom depuis 1982.

ARTHUR BRIÈRE (1860-1906). Nom du directeur d'un groupe scolaire Félix Pécaut, théologien protestant.

ARTHUR RANC (1831-1908). Écrivain, homme politique. Républicain déporté à Lambessa pour sa participation à plusieurs complots contre le second Empire. Il s'évada et revint en France lors de l'amnistie de 1859. Nommé directeur de la Sûreté générale par Gambetta en 1870, il fit partie de la Commune de Paris. Entra à la rédaction de la « République française ». Élu député du Rhône en 1873, le gouvernement du 18-Mai le fit condamner à mort par contumace (entre-temps il avait fait ses bagages pour la Belgique) pour sa participation à la Commune. Il revint en 1879 et siégea à la Chambre des députés en 1881 à 1885, puis au Sénat. Anima la presse radicale. Écrivit « Une évasion de Lambèse, souvenirs d'un excursionniste malgré lui ».

ARTHUR RIMBAUD *Voir à Rimbaud.*

ARTHUR ROZIER (1870-1919). M. Rozier fut député de Paris. Ceux qui ont voté pour lui s'en souviennent encore. Ce sont presque les seuls et ils sont de moins en moins nombreux.

ARTISTES Cette rue servit de résidence à un grand nombre d'artistes. Si l'un d'eux avait été véritablement célèbre, c'est son nom que porterait la rue.

ARTOIS Nom donné en mémoire du comte d'Artois dont les écuries se trouvaient à cet emplacement. Ce comte d'Artois est un des frères de Louis XVI qui porta ce nom avant de régner sous celui de Charles X.

ARTS (rue). Les propriétaires de ce terrain baptisèrent eux-mêmes cette voie ainsi. Pas d'autre explication. Savez-vous ce que La Fontaine disait des arts? « Les arts sont les enfants de la nécessité. »

ARTS (pont). Situé près du Louvre, ce pont s'appelait au début du XIXe siècle « palais des Arts »

ASILE Ce passage existe depuis 1834. Le terrain appartenait à M. Mouffle, ancien maire du VIIIe arrondissement. Tout près se trouvait un asile pour pauvres.

ASILE POPINCOURT L'asile Popincourt fut créé par la Ville de Paris avant l'apparition des écoles maternelles, pour une activité similaire. D'autre part, signalons que M. Jean de Popincourt, mort en 1414, était le premier président du quartier de la Folie-Méricourt lorsque celui-ci engloba le hameau Popincourt.

ASSAS (1733-1760). Chevalier né au Vigan. Fut capitaine dans les chasseurs du régiment d'Auvergne. Il devint célèbre grâce à cette histoire, fort controversée depuis : dans la nuit du 15 au 16 octobre 1760, il entre seul dans un bois pour le fouiller (c'était ambitieux). Il est tout à coup environné de soldats ennemis qui le menacent de mort s'il crie. N'écoutant que son patriotisme, d'Assas se sacrifia pour sauver son armée en poussant le cri fameux : « À moi, Auvergne, ce sont les ennemis ! » La vérité vraie est un peu différente, car elle dit que le chevalier d'Assas, à la tête d'une compagnie au sein de cette forêt, trompé par l'obscurité, tira sur les soldats d'une seconde compagnie française et ce n'est qu'en se ruant vers cette compagnie qu'il « tomba » fortuitement sur des baïonnettes ennemies. Néanmoins il se battit courageusement avant d'être touché à mort. S'il ne mérite donc pas tout à fait que Le Vigan, sa ville natale, lui ait dressé une statue et Paris dédié une rue, il n'est sans doute pas le seul dans ce cas...

ASSELINE (1829-1878). Littérateur, maire du XIVe arrondissement de novembre 1870 à mars 1871. Né à Versailles, il fonda en 1866 deux organes des doctrines matérialistes : « la Libre-Pensée » et « la Pensée nouvelle ». Une rue porte son nom depuis 1904.

ASSOMMOIR Cette place a été baptisée en 1995 en souvenir du café « L'Assommoir » qui se trouvait à proximité au XIXe siècle et dont Émile Zola a emprunté le nom pour baptiser un roman – parmi ses plus célèbres – publié en 1877.

ASSOMPTION Jusqu'en 1854, s'appelait rue des Tombereaux. S'appela ensuite de l'Assomption à cause d'un couvent construit par la congrégation des Augustines de l'Assomption, fondée en 1846 par Eugène Meilleret de Bron. Elles firent alors du château de la Tuilerie – qui se trouvait dans cette rue – un pensionnat de jeunes filles de grande famille (bien entendu) où fut élève, entre autres, la future première femme d'Alphonse XII, la reine Mercédès.

ASTORG Rue percée en 1774 sur d'anciens marais appartenant, pour partie, au lieutenant général d'Astorg d'Aubarède, marquis de Roquépine. La rue d'Astorg existe depuis 1770.

ASTROLABE Nom du navire français qui servit, en 1826-1829 et 1837-1840, aux deux expéditions scientifiques conduites par Dumont d'Urville autour du monde. Lors de ces deux expéditions, on retrouva à Vanikoro les restes de l'expédition de La Pérouse et on découvrit la terre Adélie (1840). Dumont d'Urville eût mieux fait de ne jamais quitter la mer, car il mourut d'un accident de chemin de fer à Saint-Germain-en-Laye. Rappelons aussi que l'astrolabe est l'instrument dont on se servait jadis pour observer la position des astres et déterminer leur hauteur au-dessus de l'horizon.

ATHÈNES Capitale de la Grèce moderne, mais auparavant capitale de l'Attique et ville la plus importante de la Grèce ancienne. Centre principal de la civilisation hellénique. L'Acropole, qui était la ville haute, la citadelle des antiques cités grecques, porte encore de très nombreux monuments que l'on s'ingénie depuis longtemps à préserver. Dans l'Antiquité, Athènes était divisée en cinq quartiers : Kydathenaion, Mélite, Céramique, Kollytos et Scambonides. Les premiers jeux Olympiques modernes eurent lieu à Athènes en 1896.

ATLANTIQUE Ce jardin doit son nom au fait que l'océan Atlantique est le point d'aboutissement des lignes partant de la gare Montparnasse près de laquelle on l'ouvrit en 1997.

ATLAS Chaîne de montagnes du nord-est de l'Afrique : 2 500 km de long sur 500 de large. Les Anciens s'en faisaient une idée exagérée quant à son élévation et la légende en fit un Titan qui supportait le monde.

AUBÉPINE Arbrisseau de la famille des rosacées à rameaux épineux, doté de fleurs blanches odorantes et de fruits rouges. Le nom « savant » est Crataegus oxyacantha. (Se place mal lors d'une promenade bucolique avec la femme que l'on courtise.)

AUBER (1782-1871). Naquit à Caen et se prénommait Daniel-François-Esprit. (Tous ses petits camarades à l'école faisaient toujours semblant de le chercher pour pouvoir crier « Esprit es-tu là ? » Authentique.) C'est un compositeur dont les œuvres les plus connues sont « Fra Diavolo », « la Marquise de Brinvilliers », « Manon Lescaut », « Rêves d'Amour », « la Sirène ».. Auber se complut dans les œuvres enjouées et faciles; son inspiration courut vers les petits airs, les traits d'esprit musicaux. Dès 1830 il était directeur des concerts de la Cour et succéda à Cherubini, en 1842, comme directeur du Conservatoire. Un monument funéraire lui a été élevé au cimetière du Père-Lachaise. Travailla beaucoup avec M. Scribe qui, comme son nom l'indique, s'occupait des textes.

AUBERVILLIERS Commune de la banlieue parisienne qui s'appelait autrefois Notre-Dame-des-Vertus. Était alors un lieu de pèlerinage. Henri IV y séjourna durant le siège de Paris. En 1814, lieu d'une rude bataille. Aujourd'hui, si Henri IV revenait, il trouverait difficilement l'hôtel où il dormit, et si beaucoup de gens entrent et sortent chaque jour de la ville, ce ne sont plus des pèlerins, mais les travailleurs albertivilliariens.

AUBLET Ouverte en 1862, porte le nom du propriétaire du terrain. Peut-être appartenait-il, ce propriétaire, à la famille Aublet qui compta un botaniste célèbre, né à Salon en 1720 et mort à Paris en 1778; il séjourna, pour s'y intéresser à la flore, à l'île Maurice et en Guyane.

AUBRAC Nom d'un haut plateau volcanique du sud de l'Auvergne, entre les gorges de la Truyère et la vallée du Lot, culminant à 1 471 mètres au Signal de Mailhebieau. On donna son nom à une rue en 1993.

AUBRIOT Naquit à Dijon, sans que la date soit précisément connue, et mourut en 1382. Prévôt de Paris, nommé par Charles V surintendant des Finances et capitaine de Paris en 1364. C'est lui qui posa la première pierre de la Bastille. Fit aussi construire les premiers égouts voûtés. Eut des problèmes après la mort de Charles V car on l'accusa d'impiété et d'hérésie. La Cour ne le soutenant pas, il dut se soumettre à la sentence suivante : une pénitence perpétuelle dans une fosse avec pain de tristesse et eau de douleur. C'est d'ailleurs dans les cachots de la Bastille qu'il purgea cette peine qui, finalement, ne dura qu'une année (1381) car il fut délivré par les maillottins (nom donné à des insurgés armés de maillets) qui le voulaient à leur tête – avec un gros maillet. Il refusa cependant, se réfugia en Bourgogne où il mourut. Sa statue figure à la façade de l'Hôtel de Ville à Paris.

AUBRY Cette cité doit son nom au propriétaire du terrain.

AUBRY LE BOUCHER Depuis 1273 porte le nom de M. Aubry, qui était boucher.

AUDE Rivière qui arrose les Pyrénées-Orientales, l'Ariège et l'Aude. Longueur : 223 km. Prend sa source dans les Pyrénées. Traverse, entre autres, Carcassonne.

AUDRAN Famille d'artistes célèbres dont quatorze membres, au moins, furent graveurs, peintres, sculpteurs ou tapissiers. Le plus connu est Gérard, né à Lyon en 1640 et mort à Paris en 1703. Il fut reçu académicien en 1674 et grava les « Batailles d'Alexandre »

AUDUBON (1785-1851). Naturaliste américain d'origine française, né à Saint-Domingue, mort à New York et prénommé John James. Passionné par la flore et la faune d'Amérique du Nord, il passa son temps à observer l'une et l'autre et à dessiner, admirablement, les oiseaux qu'il voyait. On lui doit, d'ailleurs, un livre illustré par lui, « Oiseaux d'Amérique ». On a donné son nom à une rue en 1990.

AUGER (1809-1859). Général français né à La Charité-sur-Loire. Officier d'artillerie, il se distingua en Crimée et en Algérie. Nommé général de brigade en 1857, il mourut à l'issue de la bataille de Solférino au cours de laquelle un boulet ennemi (encore heureux que ce ne fût pas un des nôtres...) lui enleva le bras gauche. Il fut promu général de division sur le champ de bataille même. Comme c'était son rêve, il mourut heureux.

AUGEREAU (1757-1816). Maréchal et pair de France, duc de Castiglione. Fruit de l'union d'un domestique et d'une fruitière, il servit dans les troupes napolitaines jusqu'en 1787 et exerça à Naples la profession de maître d'armes. Engagé dans les troupes françaises en 1792, il fut si brillant que dès 1793 il était nommé général. Partagea avec Bonaparte la gloire de la victoire d'Arcole. Commanda ensuite l'armée de Hollande et se vit décerner, lors de la proclamation de l'Empire, en plus des titres de maréchal et duc, celui de grand aigle de la Légion d'honneur. Avant les Cent-Jours, il se soumit à Louis XVIII et fut nommé pair. Au bref retour de Napoléon, il tenta de se rapprocher de l'empereur qui refusa. Quand les Bourbons revinrent, ils refusèrent eux aussi ses services. Ce brave maréchal ne fut donc pas toujours sans reproches et même durant sa gloire on critiquait parfois son penchant pour les dilapidations; à ce propos on parlait beaucoup des « fourgons d'Augereau ».

AUGUSTE BARBIER (1805-1882). Poète qui écrivit principalement les « Iambes », œuvre un tantinet crue.

AUGUSTE BARON Ingénieur français qui, en 1898, construisit le premier appareil permettant une parfaite synchronisation des images et du son : le graphoscope; il fit, dans d'autres domaines, un certain nombre d'inventions dont il ne tira d'ailleurs pas parti (Dieu merci, d'autres, sans doute, s'en chargèrent pour lui...). Une place porte son nom depuis 1978.

AUGUSTE BARTHOLDI (1834-1904). Sculpteur né à Colmar. Deux œuvres, au moins, conservent son nom célèbre : « la Liberté éclairant le monde », qui se trouve à l'entrée du port de New York et date de 1886, puis le Lion de Belfort, que l'on considère comme sa meilleure œuvre. Signalons qu'une copie de la « Liberté » de New York se trouve à Paris, au pont de Grenelle.

AUGUSTE BLANQUI (1805-1881). Socialiste révolutionnaire né à Puget-Théniers. Il fut un des principaux chefs de la révolution de 1848. Avait déjà été condamné à mort en 1839, mais la peine fut commuée en emprisonnement au Mont-Saint-Michel d'où, malgré de nombreuses tentatives, il ne put s'évader. Sa femme mourut tandis qu'il s'y trouvait. Mais revenons à 1848, qui le vit très actif et à nouveau condamné, après l'échec de l'insurrection, à dix ans de détention qu'il purgea en partie à Belle-Ile. Libéré en 1859, il fut réemprisonné en 1861. Pas découragé, il s'insurgea encore le 14 août 1870. Condamné une autre fois après la Commune, Blanqui subit une nouvelle peine de prison à Clairvaux. Libéré à la suite d'une campagne nationale, il fonda le journal « Ni Dieu, ni maître ». Une statue en bronze se trouve sur son tombeau au Père-Lachaise. Après avoir passé la plus grande partie de sa vie enfermé, sans doute doit-il encore plus que d'autres regretter de passer l'éternité emmuré...

AUGUSTE CAIN (1822-1894). Statuaire animalier dont des œuvres figurent aux Tuileries et à l'Hôtel de Ville. Sachez aussi que le « Bœuf » de la cascade du Trocadéro est de lui.

AUGUSTE CHABRIÈRES (1854-1904). Cet Auguste fut le premier président de la Compagnie du chemin de fer parisien souterrain Nord-Sud. C'est cette compagnie qui, en 1908, ouvrit cette rue et la baptisa ainsi.

AUGUSTE CHAPUIS (1858-1933). Compositeur français. Rue ainsi dénommée en 1935.

AUGUSTE COMTE (1798-1857). Philosophe et mathématicien, fondateur de l'école positiviste. Le positivisme est une philosophie qui prétend que l'esprit humain doit renoncer à connaître l'être même des choses pour se contenter des vérités tirées de l'observation et de l'expérience des phénomènes. Saint Thomas ne l'eût donc pas désavoué.

AUGUSTE DORCHAIN (1857-1930). Auteur dramatique que maints bons esprits ont complètement oublié. Une rue reçut son nom en 1932.

AUGUSTE LANÇON (1836-1886). Peintre, sculpteur et graveur né à Saint-Claude. Ce sont surtout ses eaux-fortes qui lui valent une certaine notoriété. Peignit beaucoup de fauves; à preuve, le nom de quelques-unes de ses œuvres : « Arabe terrassé par une lionne » (on ne sait s'il fit poser), « Tigre buvant », « Tigre dévorant un chevreuil », etc.

AUGUSTE LAURENT (1807-1853). Chimiste français qui, avec Gerhardt, fut le fondateur de la doctrine atomique. Ses découvertes les plus importantes portent sur l'action des réactifs sur les composés organiques. Une rue porte son nom depuis 1904.

AUGUSTE MAQUET (1813-1888). Littérateur et auteur dramatique. Pendant qu'il était professeur au lycée Charlemagne, il écrivit, en 1839, un drame : « Bathilde »; Alexandre Dumas remania l'ouvrage et, dès lors, Maquet devint le collaborateur du célèbre écrivain. Participa particulièrement à la rédaction des « Trois Mousquetaires » et de « Monte-Cristo ». Mais, tout seul, comme un grand, écrivit « Histoire de la Bastille », « Paris sous Louis XV », etc.

AUGUSTE MÉTIVIER (1827-1893). Médecin qui était conseiller municipal du XXe arrondissement. Une rue porte son nom depuis 1910.

AUGUSTE MIÉ Imprimeur républicain qui en juillet 1830 mit son imprimerie à la disposition de ceux qui contestaient les ordonnances de Charles X. Ces ordonnances du 25 juillet dissolvaient la Chambre, modifiaient la loi électorale et supprimaient la liberté de la presse. Ce fut une des plus mauvaises idées de Charles X, puisqu'elle lui coûta son trône.

AUGUSTE VACQUERIE (1819-1895). Auteur dramatique et journaliste qui avait l'inspiration plutôt romantique. À l'époque, rien d'étonnant. Son frère Charles épousa la fille aînée de Victor Hugo, Léopoldine.

AUGUSTE VITU (1823-1891). Littérateur et publiciste né à Meudon. Fonda « l'Étendard » et le quitta avant qu'il ne fût interdit par les tribunaux. En 1870, il fut rédacteur en chef du « Peuple français ». Écrivit « le Bilan de l'Empire », « Contes à dormir debout » et, curieusement sous le nom de Vidocq, « les Chauffeurs du Nord ».

AUGUSTIN THIERRY (1795-1856). Historien français né à Blois, disciple et collaborateur de Saint-Simon. Se détacha cependant de celui-ci en 1817 et écrivit dans « le Courrier français ». La hardiesse de ses articles le fit renvoyer de ce journal en 1821. Il se consacra alors exclusivement aux études historiques. Ouvrages notables : « Lettres sur l'histoire de France », « Essai sur le tiers état (1850) ». Une rue porte son nom depuis 1894; auparavant elle s'appelait Thierry tout court, du nom du propriétaire du terrain sur lequel elle fut construite.

AUMALE (1822-1897). Duc d'Aumale, général et historien né à Paris, quatrième fils de Louis-Philippe. Gouverneur de l'Algérie, il s'y distingua, en 1843, en prenant la smala d'Abd el-Kader. En 1848 il s'exila en Angleterre. En 1870, demanda en vain à être employé dans l'armée active. Élu député de l'Oise en 1871, il ne put siéger qu'après l'abrogation des lois d'exil (8 juin 1871). Le 8 décembre 1871, il fut admis à l'Académie française et en mars 1872 réintégré général de division d'active (mais la guerre était finie). Présida le conseil chargé de juger Bazaine. Fit don, à sa mort, du château de Chantilly à l'Institut. Il publia « les Institutions militaires de la France » et « Histoire des princes de Condé ».

AUMONT Nom d'un des propriétaires du terrain. Ouverte en 1894.

AUMONT-THIÉVILLE Propriétaire du terrain. Nom porté depuis 1907.

AURELLE DE PALADINES (1804-1877). Général né en Lozère, à Malzieu. Commandant la Ire armée de la Loire, il vainquit les Bavarois à Coulmiers en 1870. Député de l'Allier en février 1871, il prit le commandement, après avoir voté pour la paix, de la garde nationale de la Seine, à la demande de Thiers. Élu en 1875 sénateur inamovible, serait encore au Sénat si la mort ne l'avait emporté. Écrivit un livre : « la Ire Armée de la Loire ».

AURÈS Passage qui doit son nom au massif montagneux de l'Algérie méridionale dont le point culminant est le djebel Chelia (2328 m). Pendant longtemps ce fut le refuge des populations berbères, appelées « chaouïas ».

AURIFÈRE Malgré des recherches tenaces, je n'ai trouvé nulle trace d'un filon d'or dans cette cité. Peut-être ce nom est-il dû au fait qu'auparavant certains de ses habitants étaient cousus d'or...

AUSTERLITZ Ville autrichienne sur la Littawa. Le 2 décembre 1805, Napoléon y remporta une victoire particulièrement fameuse sur les Austro-Russes. Au soir de la bataille, l'empereur adressa à ses soldats une proclamation, demeurée célèbre, qui se terminait ainsi : « Mon peuple vous reverra avec joie, et il suffira de dire : J'étais à la bataille d'Austerlitz, pour que l'on vous réponde : Voilà un brave. » Un certain nombre d'hommes, dans un camp comme dans l'autre, n'eurent cependant plus le loisir d'adresser la parole à qui que ce soit, la bataille ayant fait 15 000 morts chez l'ennemi et 7000 chez les Français. Les soldats avaient appelé cette bataille la « bataille des Trois Empereurs », mais Napoléon voulut qu'elle s'appelât « d'Austerlitz ».

AUSTRALIE C'est en 2000 que l'on donna ce nom à une promenade de Paris, en hommage aux nombreux volontaires australiens morts sur le sol français durant la Première Guerre mondiale.

AUTEUIL Ancienne commune du département de la Seine, rattachée à Paris en 1860. Ses eaux froides ferrugineuses étaient fort appréciées. Auteuil était le lieu de séjour favori de La Fontaine, d'Aguesseau, Boileau, Molière, Condorcet, etc. Auteuil est aussi le nom d'un champ de courses créé en 1873.

AVE MARIA Nom donné, depuis 1867, en souvenir d'un couvent portant ce nom qui fut occupé de 1258 à 1480 par une communauté de béguines, filles dévotes mais non cloîtrées (rien à voir par conséquent avec le rempart) que Saint Louis avait fait venir des Flandres. Louis XI les remplaça par des cloîtrées soumises (et non des « filles soumises ») à la règle de saint François (règle qui ne permettait pas de plaisanter souvent). C'est lui, Louis XI, qui donna au couvent le nom d'Ave Maria. Une communauté de clarisses renforça, dès 1484, cette communauté. Le couvent fut démoli en 1874.

AVENIR L'impasse, la cité et la rue de l'Avenir, trois voies privées, furent respectivement ouvertes en 1862, 1864 et 1893.

AVENUE DU BOIS Nom donné en 1925 à ce square à cause de la proximité de l'ex-avenue du Bois, devenue avenue Foch.

AVEYRON Du nom de la rivière française. L'Aveyron prend sa source dans le causse de Sauveterre, passe gentiment à Rodez et Villefranche-de-Rouergue (bien rrrouler les « r » en prononçant) et rejoint le Tarn, qui lui avait donné rendez-vous au nord de Montauban. Longueur : 250 km.

AVIATION Rue ouverte en 1930. Voici la définition de l'aviation : système de locomotion aérienne, fondé sur l'emploi d'un véhicule plus lourd que l'air, en imitant en cela le vol de l'oiseau. Inaugurera-t-on bientôt la place du Concorde?

AVRE Rivière du Perche et du Thimerais, affluent de l'Eure, longue de 72 km. Une partie de ses eaux est captée pour alimenter Paris.

AVRON Petit plateau séparé par la vallée de la Marne d'une série de hauteurs à l'est de Rosny-sous-Bois et au sud-ouest de Villemomble. Ce plateau a joué un grand rôle dans la défense de Paris lors de la guerre de 1870

AZAÏS (1766-1845). Pierre Azaïs est l'auteur d'un système philosophique dit de compensation : les biens et les maux seraient également compensés et produiraient en somme, pour tous les hommes, un état équivalent. (En abrégé, cela peut se dire ainsi : tel qui rit vendredi dimanche pleurera.) Pierre Azaïs, qui fut d'abord favorable à la révolution de 1789, changea bientôt d'avis. Changement qui lui causa bien des tracas... Réfugié à Tarbes, à l'hôpital des sœurs de la charité, il ne revint à Paris qu'en 1806. Professeur au prytanée de Saint-Cyr, Azaïs eut une autre mauvaise idée, en 1815, celle de publier un livre plein d'admiration pour Napoléon. La plupart de ses protecteurs le « lâchèrent » et durant plusieurs années il vécut dans le dénuement. Mais bientôt, grâce à de puissantes influences (les femmes, mon cher, les femmes...) il obtint une pension de 6000 francs et s'en trouva conforté dans sa pensée philosophique basée sur la compensation

B

BABYLONE Nom donné en 1673 en souvenir de Bernard de Sainte-Thérèse, évêque de Babylone (ville de l'ancienne Basse Égypte, au nord de Memphis) fondateur des Missions étrangères. Il était bien brave, ce Bernard de Sainte-Thérèse dont le vrai nom était Jean Duval de Clamecy : le 16 mars 1663 il fit don de tous ses biens à condition que dans la rue qui porte maintenant son nom, et rue du Bac, on édifie un séminaire pour les étudiants ecclésiastiques. Cependant, comme il faut tout de même vivre, il se réserva une rente de 3 000 francs et la jouissance d'un logement.

BAC En 1550 fut établi sur la Seine un bac qui servait en 1564 au transport de blocs de pierre destinés à la construction du château des Tuileries

BACHAUMONT Porte ce nom depuis 1900. Louis Petit de Bachaumont (1690-1771) est un littérateur qui écrivit un certain nombre d'ouvrages dont l'intérêt reste à démontrer : « Vers sur l'achèvement du Louvre », « Essai sur la peinture, la sculpture et l'architecture »... Habitué pendant quarante ans d'un des plus célèbres salons de Paris, celui de Mme Doublet, il y rencontra tout ce que la capitale comptait comme personnalités; il narra ses rencontres dans des « Mémoires » fort intéressants. À propos de ces « Mémoires », on a d'ailleurs pu dire : « Qui les a lus peut se dire qu'il a vécu pendant quelques heures la vie intime de Voltaire et de Louis XV. »

BACHELET Rue ouverte sur un terrain appartenant au propriétaire.

BADUEL Littérateur né à Nîmes à la fin du XVe siècle et décédé à Genève en 1561. Professeur à l'Université de Paris, il embrassa le calvinisme et se réfugia donc en Suisse où il devint ministre. Laissa, entre autres ouvrages, un « Éloge du mariage », ce qui le rend à d'aucuns fort suspect.

BAGNOLET Commune de la banlieue parisienne où, avant la culture d'énormes champignons de béton, on récoltait d'excellentes pêches Possédait – et possède encore – des carrières de plâtre

BAIGNEUR En 1853 on fonda dans cette rue un établissement de bains qui ne disparut qu'en 1960. La rue porte ce nom depuis 1930

BAILLET Argentier de Charles V quand celui-ci n'était encore que dauphin. Il périt assassiné le 4 janvier 1358 par un bourgeois (à qui se fier?), Perrin-Macé. La rue porte son nom depuis 1360.

BAILLEUL De son prénom Robert. Fut président il y a si longtemps qu'on ne sait plus de quoi – au XIVe ou XVe siècle. On donna son nom à une rue en 1423.

BAILLOU Nom du propriétaire. Peut-être un parent éloigné – dans le temps – du célèbre médecin français qui, au XVIe siècle, fit revivre la médecine d'observation et connaître la nature du croup.

BAILLY Vient du mot « bailli », ancien officier d'épée ou de robe salarié et révocable à qui, pour la première fois en 1190, Philippe Auguste assigna un rôle précis : celui de représenter la royauté et de rendre la justice au nom du roi ou d'un seigneur.

BALARD (1802-1876). Chimiste français né à Montpellier qui découvrit le brome, liquide rouge foncé analogue au chlore, bouillant vers 60° C et donnant des vapeurs très denses, rouges et suffocantes. D'autre part, Antoine Jérôme Balard tira, de l'eau de mer, le sulfate de sodium.

BALEINE Le propriétaire de ce terrain était fabricant de baleines pour corsets.

BALKANS Balkans – mot signifiant « montagnes boisées » – est le nom d'une chaîne de montagnes qui sépare le bas Danube du bassin de la rivière Maritza. Le point culminant se trouve au Iumruktchal (2 385 m). La rue porte ce nom depuis 1877

BALLU (1817-1885). Théodore Ballu est un architecte né à Paris qui reçut le prix de Rome en 1840. Participa comme inspecteur (non pas des travaux finis, mais des travaux en cours) à ceux concernant l'église Sainte-Clotilde de Paris, sous la direction de M. Gau qu'il remplaça en 1854. C'est lui qui reconstruisit l'Hôtel de Ville, incendié lors de la Commune.

BALMY d'AVRICOURT (1849-1873). Marin français né à Noyon. Commandait la canonnière « Espingole » pendant la mission Francis Garnier envoyée à Hanoi en 1873 pour régler les différends survenus entre Dupuis et les autorités annamites. Balny d'Avricourt occupa Phu-Li et Haï-Dzuong mais fut tué près de Hanoi pendant un combat contre les « Pavillons noirs »

BALTARD (1805-1874). Architecte et dessinateur qui fut directeur des travaux de Paris. Il construisit les bâtiments annexes de l'Hôtel de Ville, les Halles centrales et le nouvel hôtel du Timbre. Dirigea les fêtes et cérémonies du second Empire, notamment pour le mariage de Napoléon III. La preuve que c'était un grand architecte, c'est que la destruction de ses Halles, en 1974, laissera longtemps comme un grand vide...

BALZAC (1799-1850). Tourangeau qui, malgré ses prétentions à l'aristocratie, était en fait fils de roturiers, petits-bourgeois. Jusqu'à l'âge de 30 ans il eut, à Paris, une vie plutôt mouvementée et agitée. S'essaya, sans succès, aux métiers d'imprimeur, d'éditeur et de fondeur (ne réussit qu'à faire fondre son pécule). Eut raison, alors, de se consacrer uniquement à la littérature. C'est un exceptionnel peintre des mœurs de son temps. Comme c'était un grand admirateur des femmes, Balzac fut un merveilleux chroniqueur de la gent féminine, particulièrement des femmes du monde, dont il savait, habilement, se concilier les grâces... Œuvres principales : « le Colonel Chabert », « le Médecin de campagne », « Eugénie Grandet », « la Duchesse de Langeais », « la Femme de trente ans », « César Birotteau », « les Illusions perdues », « Splendeurs et misères des courtisanes », « Vautrin », « la Cousine Bette », « le Lys dans la vallée », « le Père Goriot », etc. De septembre

1841 à février 1847, Balzac habita dans un pavillon situé au 47 de la rue Raynouard.

BANQUE Cette rue commence devant la Banque de France. D'où son nom.

BANQUIER Au XVIe siècle le banquier Patouillet, parent d'un autre Patouillet, membre de la Compagnie de Jésus, possédait ce terrain.

BAPTISTE RENARD Ordonnance du général Dumouriez qui s'illustra personnellement lors de la bataille de Jemmapes, le 6 novembre 1792, qui vit la défaite des Autrichiens, alliés de la Prusse.

BARBANÈGRE (1772-1830). Baron et général né à Pontacq (Pyrénées-Atlantiques). Colonel à Austerlitz, général de brigade à Wagram, il dut principalement sa réputation à sa résistance héroïque à Huningue durant les Cent-Jours. (Avec une garnison de 135 hommes il défendit cette ville contre 30000 Autrichiens. Quand il fut contraint de capituler, il sortit de la place avec les honneurs de la guerre.)

BARBÈS (1809-1870). Homme politique qui tenta de constituer un gouvernement insurrectionnel en mai 1839. Condamné à mort, à la requête de Victor Hugo sa peine fut commuée en détention perpétuelle. Il sortit cependant de prison en 1848, mais y retourna en 1849. Enfermé à Belle-Ile-en-Mer, pendant la guerre de Crimée, il écrivit à un ami une lettre vibrante d'un fervent patriotisme; cet ami fit lire la lettre à Napoléon III et celui-ci, devant la teneur de la missive, grâcia Armand Barbès. Notre homme politique, que cette grâce ne comblait pas, car il détestait l'empereur, se condamna lui-même à un exil volontaire. Il mourut quinze jours avant la déclaration de la guerre de 1870. Né à la Guadeloupe, c'est à La Haye qu'il mourut. Proudhon, qui ne disait pas n'importe quoi, l'avait surnommé « le Bayard de la Démocratie ».

BARBET DE JOUY (1812-1896). Littérateur né à Canteleu, près de Rouen. Attaché à l'administration des musées de l'État, il fut élu en 1880 membre de l'Académie des beaux-arts. Également archéologue, on lui doit les ouvrages suivants « les Della Robbia, sculptures en terre émaillée » et « les Mosaïques chrétiennes des basiliques et des églises de Rome ». La rue portant son nom fut percée en 1838 sur un terrain lui appartenant.

BARBETTE Aucun rapport avec la femelle du barbet, espèce d'épagneul à poils longs et frisés. Aucun rapport non plus avec la guimpe entourant la face des veuves aux XIVe et XVe siècles. Rien à voir avec les plates-formes sur lesquelles on place les pièces d'artillerie pendant les guerres. La rue porte ce nom à cause de l'hôtel Barbette qui s'y trouvait.

BARBEY d'AUREVILLY (1808-1889). Écrivain né à Saint-Sauveur-le-Vicomte, dans la Manche. Son écriture dénote un curieux mélange de catholicisme, de dandysme et de satanisme (lisez, vous verrez...). Mais sa perversion apparente ne dissimule pas complètement une sorte d'ingénuité enfantine. (J.-J. Rousseau avait bien raison : c'est la société qui nous rend mauvais et à plus forte raison pervers.) Son talent est un mélange de brutalité et de grâce, de violence et de délicatesse, d'amertume et de raffinement. Vous mettez tout cela dans un encrier, vous agitez soigneusement et vous avez : « le Chevalier Des Touches », « Une vieille maîtresse », « l'Ensorcelée », « les Diaboliques »...

BARCELONE Ville d'Espagne, capitale de la Catalogne, province à laquelle une certaine autonomie a été rendue en 1979. Créée – dit-on – par des Phocéens sous le nom de « Laie », Barcelone devint Barcino sous les Carthaginois. Située près de l'embouchure de Llobregat, elle fut, pendant la fratricide guerre d'Espagne, un important centre de résistance des républicains et Franco dut attendre l'année 1939 pour la soumettre. Les touristes peuvent admirer l'église de la Sagrada Familia, de Gaudi (1883) ainsi qu'une cathédrale et un cloître du XIVe siècle, visiter un musée où l'art catalan est richement repré senté, fréquenter les célèbres « remblas » avant d'aller sur le port saluer Christophe Colomb, infati gablement debout au sommet d'une colonne. Ville mouvante, bruyante, grouillante, Barcelone possède aujourd'hui de nombreuses indus tries (textiles et automobiles, prin cipalement). C'est en 1962 que Paris dédia une de ses places à la ville catalane dont Cervantès, qui ne parlait pas à la légère, a dit qu'elle était « unique par son cadre et sa beauté ».

BARDINET Nom du propriétaire du terrain. Rue baptisée en 1899.

BARDOU Si ce nom s'écrivait avec un « x » à la fin, je vous parlerais d'Agénor Bardoux, homme politique français né en 1829 et mort en 1897. Comme il n'y a pas de « x », celui-là fut sans doute le propriétaire du terrain où fut tracée cette impasse

BARENTIN Honoré de Barentin fut seigneur de Charonne de 1622 à 1639

BARGUE Bienfaiteur de la commune de Vaugirard et propriétaire du terrain

BARON Encore un propriétaire de terrain. Celui-ci était adjoint au maire du XVIIe arrondissement. Regrettable qu'à Paris aucune rue ne porte le nom d'un autre Baron, comédien célèbre et auteur dramatique né et mort à Paris (1653-1729).

BARON LE ROY (1890-1967). Pierre Le Roy de Boiseaumarié est le créateur du système français d'appellation contrôlée appliqué aux vins ; c'est pour cela qu'on lui a dédié une rue à l'emplacement des anciens entrepôts de Bercy, disparus dans les années 1970, qui ne se consa craient qu'à des activités vinicoles

BARRAULT Nom de l'ancien pro priétaire des sols. Le passage Barrault porte ce nom depuis 1873 la rue elle-même depuis 1877

BARRELET DE RICOU Financier qui dirigea à une certaine époque la Lloyds Bank Rue ouverte en 1928

BARREME (1640-1703). Arithméticien, comme il s'appelait lui-même, né à Lyon. Fut professeur de mathématiques du roi.

BARRES Nom donné en raison des barrières établies en bordure de la Seine, dès 1152. On construisit même plus tard, en 1250, un « Hôtel des Barres », abréviation de « barrières ».

BARRIAS (1841-1905). Statuaire, prix de Rome en 1865, membre de l'Académie des beaux-arts en 1884. Ses œuvres principales « le Serment de Spartacus », « les Premières Funérailles » représen tant Adam et Ève emportant le corps d'Abel, « la Fortune et l'Amour » (il s'agit en effet de deux choses différentes...) et des statues de Palissy, Mozart et autres

BARRIER Nom du propriétaire du terrain sur lequel cette impasse fut tracée

BARRIÈRE BLANCHE Cette rue, ainsi dénommée en 2001, doit son nom aux anciennes plâtrières qui firent appeler, jusqu'en 1864, la place Blanche toute proche place « de la Barrière blanche ». Il s'agit ici, en quelque sorte, d'une réhabilitation de la « barrière blanche ».

BARROIS Également du nom du propriétaire.

BARTHÉLEMY « Vous en avez là un beau terrain, sieur Barthélemy. Vous le donnez qu'on y ouvre un passage? » « D'accord, répondit Barthélemy Mais vous lui donnerez mon nom. »

BARYE (1795-1875). Statuaire animalier né à Paris. Se consacra d'abord à l'orfèvrerie. Entra à l'Académie des beaux-arts en 1868. Œuvres principales : « le Lion et le serpent », « Thésée et le Minotaure » et « le Lion assis ». Aujourd'hui – et pour longtemps – sa place est marquée au Louvre et un monument, reproduisant plusieurs de ses œuvres maîtresses, est érigé, pour lui faire honneur, entre deux bras de la Seine, non loin du Muséum. Curiosité : bien que s'appelant Barye, il ne semble pas avoir sculpté d'éléphants.

BASFOUR Ce nom est dû à l'ancienne proximité des fours des plâtrières de la Croix-Verte. Plâtrières qui, entre parenthèses, servirent de cimetière à l'hôpital de la Trinité. (Nous rejoignîmes là les civilisations extrême-orientales pour lesquelles la couleur blanche est celle que l'on porte pour le décès d'un proche.)

BASFROI Nom d'un lieu-dit près duquel la rue fut ouverte. À l'origine, s'appelait « Bas-Fert ». Semble venir du mot « ferretier » ou « fertier ». ancien nom du « maréchal-ferrant »

BAS-MEUDON Cette porte donne accès au Bas-Meudon. commune de la banlieue de Paris.

BASSANO (1763-1839). De son nom précis : Hugues Maret. duc de Bassano. Homme politique né à Dijon, il fut ministre des Affaires étrangères et secrétaire d'État durant les Cent-Jours. Profondément fidèle à l'empereur, il dut quitter la France après Waterloo. Il y revint en 1820 et fut nommé en 1831 pair de France par Louis-Philippe, qui n'était pas rancunier. Appartint à l'Académie française dès 1808.

BASSE La rue et la place « Basse », baptisées en 1996, sont situées au niveau - 3 (d'où leur nom) du Forum central des Halles

BASSE DES CARMES Rue percée en 1818 sur l'emplacement de l'ancien couvent des Carmes. L'ordre des Carmes fut créé sur le mont Carmel par le patriarche de Jérusalem en 1112. Règle très sévère : silence, travail manuel et jeûnes rigoureux.

BASSOMPIERRE (1579-1646). Maréchal de France et diplomate né au château d'Haroué, en Lorraine. Le connétable de Montmorency, bien que Bassompierre passât, à juste titre, pour un homme à qui les femmes ne manquaient pas puisqu'il en courtisait plusieurs à la fois sans rougir, lui offrit cependant sa fille en mariage. La cérémonie allait avoir lieu quand le roi Henri IV intervint car il aimait la fille du connétable. Il pria Bassompierre de renoncer à ce mariage; celui-ci, qui n'en était pas à une femme près, accepta de se désister. Impliqué, bien après l'assassinat d'Henri IV, dans le complot de la journée des Dupes, il fut emprisonné douze années à la Bastille. Il mourut peu après sa libération, à Provins

BASTILLE La première pierre de la Bastille fut posée le 22 avril 1370 par Hugues Aubriot, prévôt des marchands. À l'origine, construite pour renforcer les défenses de Paris, elle ne devint prison que sous le règne de Charles VI, en 1388. C'est Richelieu qui en fit vraiment une prison d'État. C'était une prison aristocratique où le roi faisait enfermer les plus grands seigneurs, des gens de lettres, mais pas du tout des gens du peuple. Elle pouvait contenir 42 prisonniers, logés séparément et nourris au moins aussi bien que les gens très riches d'aujourd'hui, mais ne fut jamais pleine. Ainsi, entre le 1er janvier et le 14 juillet 1789, elle n'avait accueilli qu'un seul prisonnier nouveau, un nommé Réveillon, fabricant de papiers peints, qui s'y réfugia de son plein gré parce que le peuple avait saccagé sa maison. La Bastille coûtait extrêmement cher au gouvernement à cause du confort dans lequel vivaient les prisonniers. Sa prise eut lieu à 5 heures du soir; les insurgés croyaient y trouver un dépôt d'armes. Sept prisonniers s'y trouvaient alors enfermés. La prise se fit sans grande résistance, dit-on; il n'empêche que les assiégeants eurent 98 morts et 60 blessés; parmi les assiégés, un seul homme, le lieutenant du roi Du Puget, garda la vie.

BASTION Reçut ce nom en 1877 à cause du voisinage de l'un des bastions de l'enceinte voulue par Thiers.

BATAILLE DE STALINGRAD *Remplace, depuis 1993, « Stalingrad » qui se trouve déjà dans ce dictionnaire.*

BATAILLON DU PACIFIQUE Bataillon composé de volontaires originaires de Tahiti et de la Nouvelle-Calédonie, qui firent montre d'une grande bravoure durant la Seconde Guerre mondiale, notamment à Bir-Hakeim en mai et juin 1942. La place existe depuis 1985

BATAILLON FRANÇAIS DE L'O.N.U EN CORÉE Ce bataillon, créé en août 1950 par le gouvernement français, était composé de volontaires, presque tous anciens de la Seconde Guerre mondiale ou de la guerre d'Indochine. Il s'illustra brillamment durant la guerre de Corée (1950-1953). C'est en 1984 qu'on lui a dédié une place.

BATIGNOLLES Ancienne commune que Paris annexa. Fut d'abord signalée sous le nom de Batillolles, et c'était alors un endroit où poussait la vigne. En 1814 c'est un hameau aux nombreuses guinguettes. À cette date, lors de la résistance des Parisiens contre l'armée russe, le père Lathuille s'y distingua particulièrement. Fait partie de Paris depuis 1860.

BAUCHES Nom d'un lieu-dit. En matière de construction, la bauche est une sorte de mortier, mais il n'est pas certain que ce lieu-dit ait un rapport avec ce nom.

BAUDELIQUE Propriétaire du terrain. Nom reçu en 1872

BAUDOIN Propriétaire du terrain. La rue porte son nom depuis 1883.

BAUDOT (1845-1903). Ingénieur né à Magneux (Haute-Marne). Très exactement, il fut télégraphiste – mais pas de ceux qui sonnent à votre porte; il créa divers systèmes de relais et inventa un nouveau télégraphe qui fut adopté en 1877. Cet appareil est basé sur le synchronisme de mouvements d'horlogerie disposés aux deux extrémités d'un fil et fournissant en caractères typographiques le texte des télégrammes transmis. On n'arrête pas le progrès.

BAUDOYER Nom d'une porte de l'enceinte primitive qui existait au XIe siècle. Cela ne nous rajeunit pas

BAUDRAN Propriétaire du terrain

BAUDRICOURT Robert de Baudricourt, bailli de Chaumont et capitaine de Vaucouleurs. C'est lui qui envoya Jeanne d'Arc à Charles VII. Eut un fils (mais pas avec Jeanne d'Arc), Jean, maréchal de France en 1486.

BAUDRY L'histoire, la littérature regorgent de Baudry. Ce Baudry-là c'est Paul Jacques Aimé, peintre né à La Roche-sur-Yon en 1828 et mort en 1886. Sa statue figure dans cette ville. Principales œuvres : « Léda », « Zénobie trouvée sur les bords de l'Araxe » (ignoriez-vous qu'elle se fût perdue?), tableau qui lui valut le prix de Rome en 1850...

BAUER Encore le nom d'un propriétaire, un brave Français père de famille qui voulut marquer de son patronyme la plaque d'une rue.

BAULANT Nom donné en 1875, le terrain appartenant à M. Baulant.

BAUSSET (1748-1824). Évêque et écrivain. Était à l'archevêché d'Alais quand la Révolution éclata. Né à Pondichéry, il mourut à Paris. En 1815 on le nomma pair de France. Entra à l'Académie française en 1816 et fut fait cardinal en 1817 (l'année 1818 dut lui paraître « creuse »). Écrivit principalement « Histoire de Bossuet » et « Histoire de Fénelon ».

BAYARD (1476-1524). Pierre Terrail, seigneur de Bayard, dit le Chevalier sans peur et sans reproche. Il naquit près de Grenoble et se couvrit de gloire sous Charles VIII, Louis XII et François Ier. Combattit, entre autres, au siège de Canossa, où il défendit le pont du Garigliano en 1502, à Agnadel en 1509, à Brescia en 1512 et à Ravenne et Mézières en 1521. Après la bataille de Marignan (1515) François Ier voulut que ce soit Bayard qui le nomme chevalier. Après la bataille de Mézières il fut déclaré « sauveur de la France ». Il mourut en Italie, près d'un village nommé Rebecco, proche de Milan, en traversant la rivière Sesia. Il reçut dans le côté une pierre lancée par une arquebuse à crocs. L'épine dorsale brisée, on l'allongea sous un arbre, visage tourné vers l'ennemi, car même en mourant il voulait faire face. Juste avant qu'il meure le connétable de Bourbon, qui se battait contre le roi de France, passa devant lui et s'apitoya sur son sort. Bayard lui dit alors : « Monsieur, je ne suis point à plaindre car je meurs en homme de bien; mais j'ai pitié de vous qui combattez contre votre roi, votre patrie et votre serment. »

BAYEN (1725-1798). Chimiste-pharmacien né à Châlons-sur-Marne. Son principal titre de gloire est d'avoir, avant Lavoisier, attaqué la théorie du phlogistique Stahl (théorie selon laquelle l'âme étant le principe même de la vie, il n'était pas nécessaire pour guérir d'étudier l'anatomie, la physique et la chimie). Bayen vérifia aussi que l'étain augmentait le poids en se transformant en chaux par absorption d'un élément de l'air. (C'est exact; je viens de faire l'expérience afin de n'écrire que des choses vérifiées par moi-même.)

BAYVET Nom du propriétaire du terrain. Cette cité existe depuis 1891.

BAZEILLES Bazeilles est une commune des Ardennes où Français et Prussiens se livrèrent bataille (31 août et 1er septembre 1870) juste avant la capitulation de Sedan. En souvenir, une rue reçut ce nom en 1897. Signalons aussi que Turenne, enfant, résida au château de Bazeilles.

BÉARN Ce nom fut donné à une rue en l'honneur du grand Béarnais Henri IV, en 1867. Le Béarn est une province dont la capitale est Pau. C'est Louis XIII qui la réunit à la France en 1620, en créant toutefois à Pau le parlement de Navarre qui gouverna la Basse-Navarre et le Béarn jusqu'en 1791.

BEATRIX DUSSANE (1888-1969). Actrice et femme de lettres, elle obtint, en 1903, le premier prix d'interprétation au Conservatoire d'art dramatique de Paris. Entrée à la

Comédie-Française, elle y excella d'abord dans les rôles de soubrette du théâtre classique et y tint, excellemment, plusieurs rôles dans des pièces contemporaines. Elle se fit particulièrement remarquer dans « Madame Sans-Gêne », la célèbre comédie de Victorien Sardou. Plus tard, alors qu'elle avait presque complètement quitté les scènes de théâtre, elle se révéla une brillante conférencière. En outre, elle sut admirablement enseigner son art. Une rue porte son nom depuis 1979.

BEAUBOURG Jadis on appelait « beau bourg » un hameau situé à cet endroit. Mais la preuve que les Français sont le peuple le plus spirituel de la terre, c'est que ce « beau bourg » était un lieu absolument abominable et très mal fréquenté. Le plateau du même nom est désormais dominé – certains esprits critiques disent écrasé – par le Centre d'art contemporain Georges-Pompidou.

BEAUCE La Beauce – morne plaine – comprend le Pays chartrain, le Dunois, le Vendômois, le Mantois et le Hurepoix. Cultures céréalières extrêmement importantes. Le fleuron de la Beauce est sans conteste Chartres dont les tours de la cathédrale, en ce pays inlassablement plat, sont visibles à plusieurs dizaines de kilomètres pour quiconque n'est pas atteint de myopie

BEAUCOUR M. Beaucour avait un beau terrain, etc

BEAUFILS Il avait économisé, M. Beaufils, pour s'acheter un gentil petit coin de terre dont on fit une rue.

BEAUGRENELLE Nom d'un ancien lotissement de la plaine de Grenelle.

BEAUHARNAIS Cette cité évoque le prince Eugène de Beauharnais (1781-1824), prince d'Eichstadt, vice-roi d'Italie. Après une enfance durant laquelle sa famille connut bien des malheurs, sa fortune fut rapidement faite dès qu'il eut l'occasion de faire connaître sa mère, Joséphine, à Bonaparte. Après la chute de Napoléon – son beau-père – il se réfugia auprès de son autre beau-père, Maximilien Ier, roi de Bavière, dont il avait épousé la fille. Fut, sous Napoléon, un homme valeureux et très courageux. Mourut tranquillement à Munich où il se consacrait à l'éducation de ses enfants.

BEAUJOLAIS Le nom de cette rue ne se rapporte pas à la région productrice du vin bien connu. Ce Beaujolais-là était Louis-Charles d'Orléans, comte de Beaujolais, le plus jeune fils de Philippe Égalité. Né en 1779, il fut arrêté en 1793 (triste adolescence...) et enfermé à Marseille jusqu'en 1796. On lui permit de partir en Amérique. Il séjourna aussi en Angleterre et mourut tuberculeux à Malte en 1808.

BEAUJON (1708-1786). Financier qui fut banquier de la Cour, conseiller d'État, receveur général des Finances de la généralité de Rouen et trésorier de l'ordre de Saint-Louis. Sans enfants, il décida de faire un noble usage de sa fortune en construisant – plus exactement « en faisant construire », car ce n'était pas un manuel –, dans le faubourg du Roule, un hospice pour 24 orphelins. Il légua, de plus, 3 millions (à l'époque cela faisait des sous...) à diverses institutions de bienfaisance. La rue qui porte son nom se trouve sur un terrain qui lui appartint.

BEAULIEU Propriétaire du terrain

BEAUMARCHAIS (1732-1799). Pierre Augustin Caron de Beaumarchais ; écrivain, aventurier et... libertin. Célèbre pour ses spéculations un tantinet hasardeuses et ses nombreux procès. Fonda, vers 1774, une compagnie chargée de fournir des armes aux Américains. Ses œuvres les plus connues, « le Barbier de Séville » et « le Mariage de Figaro », sont une critique hardie, mais spirituelle, de la société française dans laquelle il vivait. Il contribua à la préparation de la Révolution française et ce sont ses démêlés judiciaires avec le conseiller Goëzman qui lui fournirent l'essentiel des mémoires qu'il écrivit. Il mourut victime d'une apoplexie. Auparavant il avait été enfermé à l'Abbaye, puis s'était exilé en Angleterre ainsi qu'à Hambourg, à la suite d'une sombre histoire de fusils achetés en Hollande pour le gouvernement français.

BEAUNE (1601-1652). Mathématicien, né à Blois, commentateur de la géométrie de Descartes qui laissa son nom à un problème sur les courbes et inventa divers instruments d'astronomie.

BEAUNIER Était intendant militaire sous le premier Empire.

BEAUREGARD Cette rue occupe le sommet de l'ancien mont Superbus, ou mont Orgueilleux. De cet endroit on avait une vue magnifique sur les alentours. De nos jours, les immeubles empêchent le regard de porter bien loin.

BEAUREPAIRE (1740-1792). Lieutenant-colonel, brillant défenseur de Verdun où il fut trouvé, la tête fracassée par un coup de pistolet qu'on entendit à 3 heures du matin; deux armes se trouvaient à ses côtés. On fait deux suppositions sur cette mort : 1) il fut assassiné par des royalistes irrités par la résistance qu'il opposait à leurs desseins de livrer la ville; 2) il se suicida pour éviter la honte d'une capitulation. La rue François-Beaurepaire existe depuis 1879

BEAUSÉJOUR Boulevard ouvert en 1853. Qui se souvient encore du parc de Beauséjour à l'intérieur duquel des pavillons charmants abritaient des instants de bonheur? Ils remplaçaient les anciennes écuries royales.

BEAUTREILLIS Rien à voir avec la tenue du soldat. Ce nom fut donné parce que de très belles treilles couraient sur les murs de l'hôtel Saint-Pol situé non loin de là.

BEAUVAU Ancienne famille originaire d'Anjou. Le plus célèbre est peut-être Charles, maréchal de France, à propos duquel voici une anecdote : nommé gouverneur du Languedoc en 1763, il apprit que quatorze femmes étaient enfermées dans la tour de Constance pour n'avoir pas voulu abjurer le protestantisme. Le prince de Beauvau les mit immédiatement en liberté et assura leur subsistance. Le roi lui donna bientôt l'ordre de réintégrer dix des femmes en prison, sous peine de perdre son commandement. Il répondit : « Le roi est le maître de m'enlever le gouvernement qu'il m'a confié, mais non de m'empêcher d'en remplir les devoirs selon ma conscience et mon honneur. » Devant cette belle résis tance, la Cour n'insista pas

BEAUX-ARTS L'École des beaux arts de Paris fut fondée en 1648, mais portait alors le nom d'École académique. Elle ne prit son nom actuel qu'en 1793. Elle comprend trois sections : peinture et gravure en taille-douce; sculpture et gravure en médailles et sur pierres fines; architecture. Beaucoup de ses élèves sont aptes à postuler ensuite pour le grand prix de Rome

BECCARIA (1738-1794). Italien, pu bliciste, économiste et écrivain. Fut rédacteur d'un journal nommé « le Café » qui cherchait à répandre en Italie les « idées nouvelles » (on sait à présent que toute idée nouvelle n'est qu'une vieille idée mise au goût du jour). S'intéressa de près aux iniquités de la justice criminelle et publia, à ce propos, un livre qui modifia le droit en cette matière et obtint un énorme succès : « Traité des délits et des peines ». Ce livre fut annoté par Diderot et commenté par Voltaire. Beccaria, dont le nom exact est César Bonesana, marquis de Beccaria, vint à Paris en 1766 et on l'accueillit fort bien. C'est à Milan, où il était retourné, qu'il mourut.

BECQUEREL (1788-1878). Physicien auteur de travaux sur les piles (pile à courant constant) et l'électro-chimie. En travaillant sur les actions électriques lentes, il obtint l'aluminium, le silicium, le glucium, le soufre, les sulfures, les phosphates, etc. Il fit également faire de grands progrès à la télégraphie. Fut admis à l'Académie des sciences en 1829.

BEETHOVEN (1770-1827). Nous n'apprendrons rien à personne en disant de lui que ce fut un compositeur allemand. Auteur de 32 sonates pour piano, 17 quatuors, 9 symphonies, 5 concertos pour piano et un pour violon. On lui doit également « Fidélio », un opéra, une messe en ré (« Missa solemnis »). Parmi ses symphonies, citons la « Pastorale » et l'« Héroïque ». Le nom de génie peut lui être appliqué sans réticences. Très fécond, il ne composa pas moins de 300 œuvres. Atteint assez jeune de surdité, il continua cependant à écrire. Il mourut d'hydropisie.

BÉLA BARTOK (1881-1945). Compositeur hongrois né à Nagysent-Miklos, mort à New York. Étudiant la musique à Bratislava, puis à Budapest, il fut, dans cette dernière ville, professeur de musique jusqu'en 1935. Admirateur de Debussy, il fait de nombreux voyages d'études en Europe centrale et en Afrique. Il recueille ainsi des milliers de chants folkloriques. Parallèlement, il fait des tournées en tant que pianiste. Anti-naziste, il s'exile lorsque son pays pactise avec Hitler et se réfugie définitivement aux États-Unis à partir de 1940. Son art, à la fois savant et populaire, est fait de lyrisme, de contrepoint à la polytonalité souvent complexe. Il écrivit de nombreuses œuvres vocales (« Vingt chansons populaires hongroises », 1911 ; « le Mandarin merveilleux », 1919), des compositions pour piano « Allegro barbaro », 1911 ; « Sonatine », 1915), des sonates, des concertos, etc. Son œuvre la plus connue est le « Concerto pour orchestre » qui date de 1943. Le square Béla-Bartok fut baptisé en 1981.

BEL-AIR Provient du nom d'un lieu-dit. Signalons cependant – pourquoi garder cela pour soi – qu'eut lieu le 16 décembre 1870 une bataille dite « combat de Bel-Air » entre Vendôme et Le Mans ; les troupes du général Chanzy (en retraite) y combattirent les Prussiens. Elles tentèrent de dégager une batterie d'artillerie embourbée dans un chemin creux. Malgré leur courage, les Français n'y parvinrent pas, car les Prussiens étaient trop nombreux. L'avenue du Bel-Air fut baptisée en 1844.

BELFORT Belfort est une ville située sur une rivière, la Savoureuse. Elle doit son nom à un château fort construit au XIIe siècle sur un rocher à pic. Au XIVe, la ville appartint à l'Autriche, mais revint aux Français durant la guerre de Trente Ans. À nouveau autrichienne elle nous revint encore grâce au traité de Westphalie de 1648. Vauban en fit une forteresse de premier ordre. Mais si une rue de Paris porte le nom de Belfort depuis 1872, c'est en souvenir des trois sièges qu'elle subit durant la guerre de 1870-1871 et de la magnifique défense de Denfert-Rochereau qui lui permit de demeurer française. À l'époque, l'ennemi baptisa la ville « Todtenfabrik », c'est-à-dire « fabrique de morts »

BELGRADE Nom donné en 1907. Belgrade est la capitale de la Yougoslavie, au confluent du Danube et de la Save. Sous le règne de Soliman le Magnifique (1512) les Turcs l'occupèrent, mais cette possession leur fut très longtemps disputée par la maison d'Autriche. Le prince Eugène la prit d'ailleurs en 1717. Elle redevint turque de 1812 à 1878, date à laquelle le Congrès de Berlin en fit la capitale du royaume de Serbie.

> **BELGRADE :** Sur une portion de terrain attenante au Kalemegdan, la forteresse de la capitale yougoslave, se dresse la statue monumentale d'un homme nu, placé face au Danube, de telle sorte que si sa partie postérieure est visible de près, l'autre côté ne peut être regardé qu'à une très longue distance. Ce n'est pas sans raison. Initialement, cette statue, qui ne cache rien de la virilité masculine, devait être placée sur la place centrale de la ville; mais les femmes s'offusquèrent et on dut placer la statue où elle se trouve aujourd'hui, afin que nul œil chaste ne découvre les attributs agressifs. Néanmoins, avec une longue-vue – pour ne pas dire une paire de jumelles – on peut admirer, depuis les rives du Danube, ce qui choqua les femmes du début de notre siècle.
>
> *
>
> Curieusement, l'ambassade de France à Belgrade est de pur style mauresque. Cela peut paraître étonnant. Voici l'explication. Sa construction fut décidée en même temps que celle de Tunis; deux plans bien distincts furent dessinés, mais on se trompa dans leur acheminement et celui destiné à Tunis échoua à Belgrade. Quand on s'aperçut de la confusion, les deux ambassades étaient construites...

BELGRAND (1810-1878). Inspecteur général des Ponts et Chaussées. Paris lui doit sa canalisation et l'immense bassin de Montsouris. Une rue porte son nom depuis 1879.

BELHOMME M. Belhomme (dont l'épouse s'appelait également ainsi, ce qui lui attirait bien des quolibets...) fut maire de Montmartre. Le terrain sur lequel la rue fut construite lui appartenait.

BELIDOR (1697-1761). De son vrai nom : Bernard Forest de Bélidor. Ingénieur hydrographe qui travailla au prolongement de la méridienne de Paris, côté nord. Il démontra que, contrairement à la croyance répandue, la portée d'un boulet de canon n'est nullement proportionnelle à la quantité de poudre employée pour la charge. Publia plusieurs ouvrages, dont un « Traité des fortifications » en 1735.

BELLARD (1761-1826). Magistrat qui fut nommé procureur général après la seconde Restauration et qui occupa cette fonction jusqu'à sa mort. La rigueur dont il fit preuve peut être jugée excessive, notamment lors du procès du maréchal Ney. Mais sans doute ne serait-il point demeuré procureur général jusqu'à son décès si sa rigueur avait été moindre. Et quand on a une bonne place autant la garder... M. Bellard fut également président du Conseil général de la Seine.

BELLECHASSE Cette rue fut construite en 1085 à travers un terrain où se trouvait le couvent des « Dames de Bellechasse » (Bellechasse étant le nom de l'enclos), occupé par des chanoinesses augustines du Saint-Sépulcre, ordre fondé en Palestine à la fin du XIe siècle.

BELLEFOND (1658-1717). Marie Gigault de Bellefond fut abbesse de Montmartre de 1700 à 1717. C'était la fille du marquis Gigault de Bellefonds (à l'origine le nom comportait un « s », mais le temps nous fait toujours perdre quelque chose), qui fut maréchal de France. La rue porte son nom depuis 1721.

BELLES-FEUILLES Cette rue, qui existe depuis 1825, doit son nom à un lieu-dit. Jadis, en effet, un bouquet de grands arbres, sans doute des catalpas, qui possèdent de très grandes feuilles magnifiques, se dressait à l'endroit où cette rue fut construite.

BELLEVILLE Ancienne commune qui fut finalement rattachée à Paris. S'appela, antérieurement, Portronville. Cette commune se situait au sommet d'un plateau élevé; ses habitants étaient des paysans, des jardiniers, des vignerons. Servait aussi de lieu de villégiature aux Parisiens attirés par la verdure de ce lieu champêtre. Aujourd'hui, si vous voyez une étendue de verdure à Belleville, c'est un mirage.

BELLEVUE Cette rue doit son nom à son emplacement au sommet de la butte de Beauregard, d'où la vue était bien jolie quand on baptisa cette voie en 1805.

BELLIARD (1769-1838). Général né à Fontenay-le-Comte, mort à Bruxelles. Il fut chef d'état-major de Dumouriez, à Jemmapes; quand son général sera destitué pour trahison, Belliard le sera aussi. Il se réengagea alors comme volontaire et reconquit tous ses galons. Général de brigade à Arcole en 1796, il participa ensuite à toutes les campagnes de l'Empire. En 1814, il se rallia à Louis XVIII qui le fit pair et major général de l'Armée. Mais Belliard ayant suivi Napoléon pendant les Cent-Jours, la seconde Restauration l'arrêta et le révoqua. Pourtant, en 1819, il fut pardonné, réintégré à la Chambre des pairs et nommé ambassadeur à Bruxelles où s'écoula le reste de sa vie. La rue Belliard existe depuis 1838 et la « villa » depuis 1907

BELLIER-DEDOUVRE Depuis son ouverture en 1927, cette rue porte le nom du propriétaire du terrain sur lequel on la construisit

BELLIÈVRE (1529-1607). Pomponne de Bellièvre seigneur de Grignon, né à Lyon, mort à Paris. En avril 1564, en sa qualité d'ambassadeur de Charles IX près la République des Grisons, il parvint à retenir celle-ci dans l'alliance française. Ami du duc d'Anjou, il le suivit quand il devint roi de Pologne en avril 1573. De retour en France, il occupa la présidence du parlement de Paris en 1576. Sous Henri IV on l'éleva au poste de chancelier de France, en 1599, et jusqu'à sa mort il resta chef du Conseil privé du roi. La rue Bellièvre fut baptisée en 1819.

BELLINI (1802-1835). Vincenzo Bellini, compositeur italien, né à Catane, mort à Puteaux. Il obtint son premier grand succès en 1827, à la Scala de Milan, avec « le Pirate ». Ce furent ensuite « Zaira » (1829), « Capuleti et Montecchi » (1830), puis, surtout, son chef-d'œuvre : « le Somnambule » (1831). En 1833, grâce à l'appui de Rossini, Bellini se vit commander un opéra par le Théâtre-Italien de Paris; il s'installa à Puteaux et composa « i Puritani ». Le succès fut éclatant, mais l'auteur mourut quelques jours après. La rue Bellini existe depuis 1864.

BELLOT (1826-1853). René Bellot, marin français né à Paris, mort dans les mers polaires dans des circonstances assez dramatiques. En mai 1851 il se joignit à une expédition anglaise, commandée par le capitaine Kennedy, pour aller à la recherche de John Franklin. Cette première expédition, terminée en octobre 1852, échoua, mais son capitaine ne tarit pas d'éloges sur le marin français. Aussi, quand une seconde expédition fut décidée, l'année suivante, son chef, le capitaine Inglefield, n'hésita pas un instant à accepter René Bellot. Et c'est pendant ce second voyage que le drame arriva : engagé sur des glaces flottantes, notre marin fut précipité dans une crevasse par un violent coup de vent et se noya. La ville de Rochefort, dont sa famille était originaire, lui éleva un monument, tout comme Greenwich, port anglais d'où Bellot s'embarqua pour la dernière fois, à bord du « Phœnix ». La rue Bellot existe depuis 1864.

BELLOY (1709-1808). Jean-Baptiste de Belloy, prélat français né à Beaumont-sur-Oise, fut archevêque de Paris en 1802 et devint cardinal en 1803.

BELVÉDÈRE C'est une des rues situées le plus haut dans Paris, d'où son nom.

BELZUNCE (1671-1755). Évêque de Marseille qui se distingua par son attitude charitable et courageuse pendant la grande peste qui ravagea la ville en 1720 et 1721. La rue Belzunce fut baptisée en 1844.

BEN AÏAD Nom du propriétaire du terrain. Peut-être un des Arabes qui ne fut pas stoppé à Poitiers...

BÉNARD Encore un propriétaire terrien.

BENJAMIN BAGNOL Il s'agit du fils d'un syndic de la Ville de Paris, mort pour la France en 1918.

BENJAMIN CONSTANT (1767-1830). Écrivain et homme politique dont le nom complet est Benjamin Constant de Rebecque. Tendre ami de Mme de Staël, il fut très influent au sein du parti libéral sous la Restauration. Son œuvre la plus connue est un roman psychologique, « Adolphe », qui mit pour la première fois le prénom à la mode. De son temps, Benjamin Constant fut surtout renommé pour ses très brillants talents d'orateur. Élu député de la Sarthe en 1819, il fut aussi et pourtant un joueur invétéré et sa santé subit les dégâts causés par une vie trop consacrée aux plaisirs.

BENJAMIN GODARD (1849-1895). Compositeur né à Paris, célèbre surtout grâce à deux opéras : « Jocelyn » et « la Vivandière ».

BENOÎT FRACHON Syndicaliste né au Chambon-Feugerolles (Loire) en 1983, mort aux Bordes (Loiret) en 1979. Il fut secrétaire général de la CGT de 1936 à 1939, puis de 1944 à 1967 ; il présida ensuite cette même CGT jusqu'à son décès. On donna son nom à une avenue en 2004.

BENOÎT MALON (1841-1893). Peut être considéré comme le précurseur du socialisme. C'était un ouvrier teinturier, mais il ne changea jamais de couleur politique. Autodidacte, il s'affilia à la Ire Internationale et fut délégué aux congrès de Genève et Bâle (1866 et 1868). Membre de la Commune de Paris en 1871, il trouva refuge en Suisse après la trop fameuse Semaine Sanglante (22 au 28 mai 1871). Amnistié en 1880, il rentra en France pour diriger la « Revue socialiste ». Partisan d'un socialisme humaniste, il influença sans doute Jaurès.

BÉNOUVILLE (1821-1859). François-Léon Bénouville, peintre né et mort à Paris, débuta au Salon de 1838 avec un tableau intitulé « Mercure et Argus ». Mais son œuvre la plus remarquable, qui se trouve au Louvre, est « Saint François d'Assise transporté mourant à Sainte-Marie-des-Anges, bénissant la ville d'Assise ». (Rien qu'avec le titre, on voit très bien le tableau, inutile de se rendre au musée...) Une rue porte le nom de François-Léon Bénouville depuis 1875. Signalons que François-Léon avait un frère, Jean-Achille (1815-1891), peintre aussi, qui vécut surtout à Rome d'où il adressait régulièrement des vues d'Italie – vous avez compris que c'était un peintre paysagiste.

BÉRANGER (1780-1857). Jean de Béranger, chansonnier né à Paris. Il reçut plus l'éducation de la rue que celle de l'école ; à 13 ans déjà il était typographe, ensuite associé de son père dans une banque aux affaires malheureuses. Mais à 18 ans il se retrouva dans le « grenier » misérable qu'il chanta plus tard. Il commença à écrire des couplets qui le firent assez rapidement remarquer. En 1815 l'invasion exalte son patriotisme, mais l'arrivée des Bourbons contrarie son libéralisme. Il sort ses premiers recueils, qui lui valent trois mois de prison en 1821. D'autres textes parus en 1828 le renvoient neuf mois sous les verrous. Quand Charles X fut détrôné en 1830, on détrôna en même temps les chansons de Béranger dont ce roi était la principale tête de Turc. Les dernières œuvres du chansonnier ne parurent qu'après sa mort, en 1857. Béranger fut élu député en 1848, mais à l'arrivée du second Empire il démissionna et ne sortit plus de sa retraite. Il disait : « Le peuple, c'est ma muse », et « L'âge rendit peu à peu plus grave ma muse, et l'esprit de l'époque aussi ». La rue existe depuis 1864.

BÉRARD Cette cour porte le nom de l'homme qui la fit construire.

BERBIER DU METS (1626-1709). Ce fut le premier garde général du mobilier de la Couronne. À ce titre il était chargé du recensement et de l'affectation de ce mobilier dans les différentes propriétés et demeures appartenant à la Couronne de France. C'est en 1935 que la rue Berbier-du-Mets fut baptisée.

BERCY Ancienne commune de la Seine rattachée à Paris en 1859. Jusqu'en 1861 Bercy possédait un très beau château, construit par Louis Le Vau sur des dessins de François Mansart, pour un nommé Le Malon qui était président au parlement de Paris. À la date précitée, on détruisit le château pour laisser la place au champ de foire de Vincennes. Le boulevard de Bercy existe depuis 1864 ; le pont de Bercy actuel fut construit en 1863 et 1864 ; le quai et la rue étaient connus avant 1800. À partir de 1819, les entrepôts de Bercy représentèrent, jusqu'au début des années 80, le plus grand marché des vins en Europe. Aujourd'hui le site, totalement réhabilité, a gardé un petit nombre de pavillons anciens et s'est surtout ouvert à des sociétés commerciales. Il accueille aussi bon nombre d'activités artistiques (Centre des arts forains) et un espace vert.

BERGAME Ville italienne, chef-lieu de province, au pied des Alpes. Bergame est divisée entre la basse et la haute ville.

BERGER (1791-1859). Préfet de la Seine, prédécesseur d'Haussmann.

BERGÈRE Avertissement : si vous êtes roi, n'y allez pas dans le but de rencontrer une bergère. Car le nom de cette rue est une déformation de Bergier, brave homme qui était teinturier dans les parages.

BERGÈRE D'IVRY Cette place, baptisée en 2002, rappelle Aimée Millot, dite « la bergère d'Ivry » qui, le 25 mai 1827, fut victime d'un crime passionnel commis par Honoré Ulbach, dont elle avait rejeté l'amour à la demande de sa patronne.

BERGERS Avertissement : si vous êtes reine, vous pouvez aller y faire un tour. Ce nom provient d'un lieu-dit où, dans le temps, des bergers vaquaient à leurs occupations. Si vous en croisez encore un, chère reine, il sera simplement très, très, très vieux... ou menteur.

BERGES HENNEQUINES Cette rue, datant de 2001, rappelle l'ancien lieu-dit « les Berges hennequines ». Hennequine et Hennequin évoquent des esprits de défunts hantant les berges de la Bièvre et implorant les vivants de prier pour leur repos éternel.

BERGHEN Propriétaire du terrain lors de la construction de la rue.

BERGSON (1859-1941). Philosophe français né à Paris. Sa philosophie est basée sur l'intuition conçue comme seul moyen de connaissance de la vie. Il fut membre de l'Académie française et reçut le prix Nobel en 1927. Œuvres principales : « Essai sur les données immédiates de la conscience », « les Deux Sources de la morale et de la religion », et, bien sûr « le Rire ». Bergson prononça cette phrase superbe : « L'idée est un arrêt de la pensée »...

BÉRITE Quand les Phéniciens étaient en pleine gloire, la ville de Beyrouth s'appelait Bérite. De Bérite à Beyrouth il n'y a qu'un pas. Beyrouth est construite sur une petite presqu'île et c'est la capitale du Liban. Elle fut prise par Baudoin (pas le Belge) et ses Croisés en 1110, reprise par Saladin en 1187, puis tomba sous l'emprise des émirs druses. En 1831 Ibrahim-Pacha la conquit. Beyrouth devint capitale du Liban quand celui-ci fut constitué dans ses frontières actuelles en 1920, sous mandat français. Le Liban ne devint effectivement indépendant que le 1er janvier 1944, mais n'était plus sous mandat français depuis 1926. De 1975 jusqu'au début des années 90, Beyrouth supporta des conflits qui la détruisirent en grande partie. Sa reconstruction est actuellement (1999) en cours.

BERLIOZ (1803-1869). Compositeur né à La Côte-Saint-André, en Isère. Son père, médecin, rêvait qu'il le devînt aussi et entrava de toutes ses forces la carrière musicale de son fils. Hector, venu à Paris pour étudier avec les futurs disciples d'Hippocrate, se précipita au Conservatoire. Obligé de gagner sa vie pour poursuivre ses études, il donna des leçons et fut choriste au théâtre des Nouveautés. Obtint le prix de Rome en 1830 avec « Sardanapale », après trois échecs consécutifs. Deux ans plus tard, il rencontra une jeune actrice anglaise, Miss Smithson, qu'il épousa malgré l'opposition des deux familles. Berlioz gagnait peu d'argent avec sa musique car celle-ci était en opposition avec les formes musicales de son temps. Il fit donc du journalisme pour subsister avant de se rendre compte que ce métier pouvait aussi l'aider à propager ses conceptions. Son tempérament batailleur et son mépris de l'opinion d'autrui causèrent un grand tort à sa carrière. Parmi ses œuvres, citons « les Troyens », « la Damnation de Faust », « le Roi Lear », « le Carnaval romain », « Benvenuto Cellini » et un « Te Deum ». Une statue de lui, érigée par le sculpteur Lenoir, se trouve square Vintimille, à Paris.

BERNARD DE CLAIRVAUX Rue baptisée en 1977. Pour sa biographie, voir à « Saint-Bernard ».

BERNARD DE VENTADOUR (1150?-1200). Fils de boulanger et troubadour, il prit le nom de son protecteur, le vicomte Eblé de Ventadour. Il attira l'intérêt d'Aliénor d'Aquitaine et du comte de Toulouse, Raymond V. L'amour courtois fut son unique discours. (Qui ne l'en féliciterait?) Extrait : « Ah! Je prie Dieu qu'il m'aime tant/Que ni jour, ni mois, je ne vive/Si j'ennuie ou s'il m'arrive/D'oublier d'amour le talent. » Une rue à son nom existe depuis 1986.

BERNARD DIMEY (1931-1981). Poète et auteur de chansons né à Nogent-en-Bassigny, mort à Paris. Il étudia pour devenir instituteur et le fut effectivement, mais seulement une demi-journée, préférant, très vite, se consacrer à la poésie et à l'écriture de couplets-refrains que chantèrent, entre autres, Mouloudji, Juliette Gréco, Yves Montand, Henri Salvador. Il se produisit lui-même sur scène pour y dire des poèmes, style populiste, remarquables. Parmi ses chansons : « Syracuse », « Mon truc en plumes », « Mémère » (chanté par Michel Simon). Une rue porte son nom depuis 1992.

BERNARD HALPERN C'était un médecin français qui naquit à Tarnov en 1904 et mourut à Paris en 1978. On le connaît pour ses travaux sur la physiopathologie (étude des troubles fonctionnels qui perturbent les fonctions physiologiques et sont responsables des signes pathologiques...). Il travailla aussi sur la thérapeutique des maladies allergiques et sur le système réticulo-endothélial (endothélial : relatif au tissu formé de cellules plates qui tapisse les vaisseaux, les cavités internes...). Il entra à l'Académie des sciences en 1964. Une place porte son nom depuis 1984.

BERNARDINS Le collège des Bernardins se trouvait à proximité de cette rue. Il avait été fondé en 1244 par Étienne de Lexington, religieux de Cîteaux et abbé de Clairvaux. L'abbé Étienne créa ce collège afin de développer l'instruction des religieux de son abbaye et son établissement fonctionna durant une centaine d'années.

BERNARD LAFAY (1903-1977). Docteur en médecine et membre de l'Académie de médecine, il fut aussi, et surtout, conseiller municipal du XVIIe arrondissement, député, sénateur, ministre et trois fois président du Conseil de Paris. Il fut aussi un fervent défenseur d'un urbanisme à l'échelle humaine, concrétisé par une loi portant son nom. Une promenade porte son nom depuis 1991.

BERNARD LECACHE (1895-1968). Journaliste et écrivain, médaillé de la Résistance. Son œuvre traite principalement de l'antiracisme ; il fut d'ailleurs président de la Ligue internationale contre le racisme et l'antisémitisme (L.I.C.R.A.). On donna son nom à une rue en 1978.

BERNARD PALISSY (1510-1589 ou 90). Peintre, verrier, écrivain et savant. Issu d'une famille paysanne, dans sa prime jeunesse il parcourut la France en exerçant le métier d'arpenteur. Assez rapidement il devint un des protégés de Catherine de Médicis. Il se maria, à Saintes, avec une femme dont il est dit qu'« elle était acariâtre » et le fait qu'un jour Palissy brûla ses meubles pour réaliser ses expériences ne dut pas arranger son caractère... Palissy, qui était protestant, eut à en souffrir et si, au moment de la Saint-Barthélemy, il put se réfugier à Sedan, il n'en fut pas moins embastillé, malgré les protections dont il jouissait, pour avoir refusé d'abjurer sa foi. C'est en prison, où il semble avoir été à partir de 1587 ou 1588, qu'il mourut. Palissy écrivit « Discours admirables » et son œuvre céramique comprend, d'une part, les « Rustiques figulines » c'est-à-dire des poteries décorées de plantes, de fruits et de petits animaux, et d'autre part des poteries décorées de figurines, bas-reliefs, arabesques et de divers ornements. Sur le plan scientifique, en plus du livre cité plus haut, il est aussi l'auteur d'un ouvrage intitulé « Recette véritable par laquelle tous les hommes de France pourront apprendre à multiplier et à augmenter leurs trésors ». La rue Bernard-Palissy fut baptisée en 1864.

BERNE Capitale de la Suisse, située sur un plateau dominant le cours de l'Aar. Il faut y voir la cathédrale, commencée en 1421 et terminée seulement en 1894 par l'adjonction d'une tour de 100 mètres. Notons aussi l'Hôtel de Ville, qui date du XVe siècle. La rue de Berne existe depuis 1884.

BERNOUILLI (1667-1748). Jean Bernouilli, mathématicien suisse né à Bâle, avait un frère, Jacques, également mathématicien. Publia principalement des travaux importants sur le calcul exponentiel (qui se dit d'une quantité dont l'exposant est variable ou inconnu). Il trouva aussi la solution au problème dit « de la plus courte descente ». (N'en déplaise aux parachutistes, il ne s'agit pas de la chute libre...) La rue porte le nom de Bernouilli depuis 1873

BERNOULLI *Voir Bernouilli. Nouvelle dénomination en 1994, mais les deux orthographes s'acceptent.*

BERRI Le nom de cette rue, qui s'orthographie aussi avec « y », a été attribué en souvenir du duc de Berry, un des deux fils du comte d'Artois, né à Versailles en 1778 et assassiné par un nommé Louvel, le 13 février 1820, au moment où il sortait de l'Opéra. La musique adoucissant les mœurs, il est dommage que ce Louvel, qui était une sorte d'illuminé, n'ait pas lui-même assisté à la représentation.

BERRYER (1790-1868). Avocat et homme politique né à Sainte-Menehould. Orateur du parti légitimiste, ce fut un farouche adversaire du second Empire. Fut député du Puy en 1830, mais finit sa vie comme député de Marseille. Sa statue se trouve d'ailleurs dans cette ville.

BERTELOTTE Ce nom a été donné en 2004 à une allée, en référence à un ancien chantier agricole dit « de la Bertelotte » qui faisait partie des anciens chantiers cultivés, développés naguère dans le XVe arrondissement de Paris.

BERTHAUD Ce Berthaud était un charmant jeune homme, partisan de la civilisation des loisirs et qui installa, tout près de cet endroit, en 1577, un jeu de paume.

BERTHE Prénom poétique de la fille du propriétaire du terrain.

BERTHIER (1753-1815). Maréchal de France, prince de Neuchâtel et de Wagram, major général de la Grande Armée; le tout par la grâce de Napoléon Bonaparte, dont il fut un des favoris. Cela n'empêcha point Berthier de signer l'acte de déchéance de l'empereur en 1814. Au moment des Cent-Jours il se réfugia à Bamberg, en Bavière. C'est là que le 1er juin 1815 il se tua en tombant d'une fenêtre à travers laquelle il s'était précipité. Avait-il eu un accès de fièvre chaude, comme on disait en ce temps-là, ou bien fut-il assassiné par six hommes masqués qui voulurent se venger des persécutions qu'il avait fait subir à certaines sociétés secrètes lors des années précédentes? La question n'a pas encore trouvé de réponse. Et comme il y a de moins en moins de témoins de l'affaire, l'enquête devient difficile...

BERTHOLLET (1748-1822). Nom donné en 1864 en souvenir du comte de Berthollet, chimiste français à qui l'on doit la découverte des propriétés décolorantes du chlore et leur application au blanchiment des toiles. Il s'aperçut aussi que le charbon pouvait purifier l'eau et énonça la loi sur la double décomposition des sels. Après avoir un certain temps « refusé » Lavoisier, il se rallia à celui-ci en 1785. Fut sénateur de Montpellier et mourut sans fortune.

BERTIE ALBRECHT (1893-1943). Nom donné en 1944 à la mémoire de cette femme morte à la prison de Fresnes où les Allemands l'avaient enfermée pour faits de résistance.

BERTIN-POIRÉE Ce nom existe depuis 1240. Bertin-Poirée semble avoir été un des habitants de cette rue, sans qu'aucun titre de gloire ne nous soit venu de lui.

BERTON (1727-1780). Pierre Montan-Berton, musicien français qui commença sa carrière comme chanteur, entra à l'Opéra comme chef d'orchestre en 1755 avant d'en devenir le directeur. Eut un fils, Henri, également musicien (1767-1844). Le père et le fils écrivirent un grand nombre d'œuvres qui, bien qu'oubliées, marquèrent assez fortement leur époque. Du fils : « les Deux Mousquetaires », « Montano et Stéphanie »... Et du père : « Érosine » ou « Adèle de Ponthieu ».

BERTRAND Du nom de Guillaume Bertrand, ancien propriétaire du terrain sur lequel cette cité fut ouverte en 1920.

BERTRAND (1773-1844). Général français né à Châteauroux. Napoléon l'avait remarqué. Demeuré fidèle à l'empereur – ce qui le distingue de beaucoup d'autres – il le suivit à l'île d'Elbe, puis à Sainte-Hélène, jusqu'en 1821. En 1830 il devint député. La rue Bertrand existe depuis 1847, mais depuis 1963 elle est devenue « rue du Général-Bertrand ».

BERVIC (1756-1822). Graveur en taille-douce, Clément Balvay, dit Bervic, dut sa réputation à un portrait de Louis XVI, mais son œuvre la plus importante est « Laocoon ». Membre de l'Institut en 1803. Une rue porte son nom depuis 1868.

BERZÉLIUS (1779-1848). Chimiste suédois considéré comme un des créateurs de la chimie moderne. Il institua la notation chimique par symboles, détermina avec précision les équivalents d'un grand nombre de corps, isola le sélénium et étudia l'électrolyse. Vint en France en 1819 pour y rencontrer les savants de notre pays et quand il rentra en Suède, quelques années plus tard, son roi lui conféra des titres de noblesse et ses concitoyens l'élurent député à la Diète.

BESLAY Porte depuis 1907 le nom du propriétaire du lieu.

BESNARD Autre nom d'un propriétaire.

BESSIÈRES (1768-1813). Duc d'Istries, maréchal de France, un des meilleurs « lieutenants » de Napoléon. Il fut tué d'un coup de canon la veille de la bataille de Lützen (1er mai 1813) dans le défilé de Rippach en allant reconnaître les positions de l'ennemi.

BESSIN C'est un ancien petit pays de France, dans la province de Normandie. La capitale en est Bayeux. Se répartit actuellement entre les départements du Calvados et de la Manche.

BÉTHUNE Ce nom n'a pas été donné à un quai en souvenir de la ville de Béthune, mais pour glorifier le nom de Maximilien de Béthune, duc de Sully, qui vécut de 1560 à 1641 (ce qui à l'époque faisait beaucoup). Protestant, il devint conseiller et ministre de Henri IV après avoir combattu à ses côtés. Il administra les finances et protégea l'agriculture, dota le pays de routes, de canaux et fut le grand maître de l'artillerie. D'autre part, c'est lui qui empêcha Henri IV de se marier avec Gabrielle d'Estrées et l'inclina à épouser Marie de Médicis. Vous savez tous maintenant que ce Maximilien de Béthune est beaucoup plus connu sous le simple nom de Sully (ville où il résida dans ses vieux jours, menant grande vie au château lui appartenant). C'est lui qui disait : « Labourage et pâturage, voilà les deux mamelles de la France, les vraies mines et trésors du Pérou » (version exacte et complète).

BEUDANT (1787-1850). Sulpice Beudant est un minéralogiste et un physicien. Il exposa les principes selon lesquels certaines substances minérales se combinent entre elles pour former des cristaux. Membre de l'Académie des sciences depuis 1824. À sa mort, il était inspecteur général de l'Université.

BEYROUTH Capitale de l'État du Liban proclamée en 1941 et située au bord de la Méditerranée. Elle compte plus de 1500000 habitants, musulmans ou chrétiens. Ravagée par la guerre, à partir de 1975, elle est aujourd'hui (1999), la paix étant revenue, en pleine reconstruction. Elle était déjà mentionnée, sous les noms de « Béryte » ou « Bérytos », au IIe millénaire avant J.-C. La place de Beyrouth existe depuis 1998.

BEZOUT (1730-1783). Mathématicien né à Nemours. Membre de l'Académie des sciences dès 1758, devint examinateur des gardes de la marine, puis de l'artillerie. C'est dans son livre « Théorie générale des équations algébriques » que se trouve le théorème relatif à l'élimination, qui immortalise son nom. Une rue porte son patronyme depuis 1867.

BICHAT (1771-1802). Anatomiste né à Thoirette, dans le Jura. Il est le véritable fondateur de l'anatomie et, par suite, de l'histologie qui s'en est dégagée. C'était aussi un physiologiste qui proclama sa théorie des propriétés vitales dans la formule suivante : « La vie est l'ensemble des fonctions qui résistent à la mort. » Cela semble simple, mais il fallait y penser... Signalons aussi que ce fut un homme de cœur puisqu'à la mort de son maître, le chirurgien Desault, il prit en charge la veuve et le fils de ce dernier.

BIDASSOA Petit fleuve qui sépare la France de l'Espagne sur 12 km. La Bidassoa fut témoin de la délivrance de François Ier qui avait été fait prisonnier à Pavie. Cette libération, survenue le 17 mars 1726, permit au roi de prononcer une phrase célèbre qu'il avait trouvée quelques semaines plus tôt : « Me voici roi derechef » (ce n'est pas extraordinaire, mais son état de prisonnier l'avait sans doute fatigué...). C'est dans l'île des Faisans, située à l'embouchure du fleuve, que fut signé le traité des Pyrénées, qui prévoyait entre autres le mariage entre Louis XIV et l'infante d'Espagne.

BIDAULT Propriétaire du terrain. Rien à voir avec Georges.

BIENAIMÉ Les propriétaires du terrain s'appelaient Compoint; mais un des représentants de cette famille était surnommé « Bienaimé ».

BIENFAISANCE Aux alentours de l'année 1800, un brave médecin alsacien décida de venir exercer ses talents à Paris. Et, dans notre capitale, il se montra si gentil, si efficace, si bienfaisant, que les Parisiens, gens reconnaissants, baptisèrent une rue « Bienfaisance » en guise de gratitude pour lui. Ce médecin alsacien se nommait Goetz.

BIENVENÜE (1852-1936). M. Bienvenüe, Fulgence pour les intimes, est né à Uzel. C'est le papa du métro. C'est lui, en effet, qui le conçut et le réalisa. Une place porte son nom depuis 1933. Il partage en outre une station de métro avec Montparnasse.

BIÈVRE Vers 1150, on creusa un canal pour amener l'eau de la Bièvre (petite rivière de 40 km qui voit le jour près de Saint-Cyr-l'École et rejoint les égouts de Paris – triste fin) dans les jardins de l'abbaye Saint-Victor.

BIGNON (1771-1841). Homme d'État et historien né à La Meilleraye (Seine-Maritime). Après Iéna, Napoléon lui confia l'administration des domaines et des finances de la Prusse (de 1806 à 1808). Fut ensuite ambassadeur à Varsovie. Durant les Cent-Jours il reçut le portefeuille des Affaires étrangères; c'est donc lui qui, le 3 juillet 1815, signa la convention livrant Paris aux Alliés. Il siégea comme député à la Chambre de

1817 à 1837, puis obtint un siège à la pairie. Écrivit une œuvre assez importante : « Histoire de la France depuis le 18-Brumaire jusqu'en 1812 ». C'était un orateur fort renommé dont les vues étaient très libérales.

BIGORRE La Bigorre est une région de Gascogne dont elle était, au Moyen Âge, un des fiefs les plus importants. C'est un contrefort des Pyrénées dont la capitale est Tarbes. L'avènement de Henri IV la rattacha à la France, après qu'elle eut appartenu aux maisons de Foix et d'Albret

BIGOT Ce nom a sans doute été donné pour sauver le souvenir de Marie Kiéné, épouse Bigot, pianiste née à Colmar en 1786 et morte à Paris en 1820. Haydn, Beethoven admiraient beaucoup son talent.

BILLON Le billon est la monnaie divisionnaire de bronze ou d'argent. Et le « haut billon » une ancienne monnaie qui contenait autant d'ar gent que de cuivre

BIOT (1774-1862). Savant né à Paris. Travailla avec Arago et Gay Lussac. Il fut reçu à l'Académie française en 1856. Entre autres choses, il s'intéressa aux pouvoirs réfringents des gaz, aux phéno mènes de coloration produits par la lumière polarisée et à la pola risation lamellaire. Il eut un fils – Édouard-Constant, tandis que lui se prénommait Jean-Baptiste – qui fut un sinologue réputé.

BIRAGUE (1507-1583). René de Birague fut cardinal et homme d'État. Né à Milan, il dut, avec toute sa famille, quitter cette ville après la défaite de François Ier à Pavie, car on le savait attaché au monarque français. Il se réfugia en France où François Ier, puis Henri II le protégèrent. Il devint président au parlement de Paris, garde des Sceaux, puis chancelier (Quitter Milan fut donc véritablement une bonne idée.) Il fut fait car dinal en 1578 et, en 1579, nommé commandeur de l'ordre du Saint-Esprit. Les huguenots cherchèrent en vain à se débarrasser de lui car il joua un rôle important dans le conseil du roi Henri III. Une rue porte son nom depuis 1864

BIR-HAKEIM Ce pont-viaduc doit son nom à la localité de Libye dans laquelle les Français, commandés par le général Kœnig, résistèrent seize jours aux Allemands de Rommel dont ils rompirent finalement l'encerclement en juin 1942.

BIRON De 1843 à 1848, ce M. Biron fut maire de Montmartre.

BISCORNET Au XIIIe siècle, si vous aviez perdu vos clefs, vous pouviez faire appel au sieur Biscornet qui était serrurier. Comme il était très doué et qu'il n'habitait pas loin, on lui demanda même de fabriquer les serrures et les ferrures des trois portails de la façade de Notre-Dame. On donna son nom à une rue en 1864

BISSON (1796-1827). Marin né à Guéméné (Morbihan). Pendant la guerre de 1827 contre les Turcs, il commandait le brick « Panayotz »; il le fit sauter avec tout l'équipage et lui-même, en face de l'île Stampalia, plutôt que de le laisser aux mains des pirates qui l'attaquaient. On ne sait pas ce qu'eut le temps d'en penser l'équipage sacrifié. La rue Bisson existe depuis 1867.

BITCHE Ville lorraine à 34 km de Sarreguemines. Place de guerre réputée, à juste titre, inexpugnable. En effet, elle résista efficacement et à plusieurs reprises aux assauts ennemis. D'abord face aux Autrichiens en 1744. Ensuite face aux Prussiens dans la nuit du 15 octobre

1793 grâce au courage d'un nommé Belmont, et à nouveau face aux Autrichiens le 17 novembre de la même année. Enfin, investie par les Allemands en novembre 1870, elle ne se rendit que le 11 mars 1871 C'est la patrie du général Bizot.

BIXIO (1836-1908). Un passionné de voitures, Bixio. Tellement qu'il devint directeur général de la Compagnie générale des voitures de Paris. On donna son nom à une rue où se trouvait un dépôt de cette compagnie. Il était également conseiller municipal de Paris.

BIZERTE Ville côtière de Tunisie à 55 km de Tunis. Fondée par les Phéniciens, elle s'appelait en ce temps Hippo-Zaritos. Les marins français l'occupèrent en 1881. La France l'utilisa de 1882 à 1963 en tant que port de guerre. La rue qui porte son nom (depuis 1908) le doit au fait que l'architecte d'un immeuble de cette rue était originaire de Bizerte; et on dut être content de lui..

BLAINVILLE (1777-1850). Ducrotay de Blainville est un naturaliste qui vit le jour à Arques. Élève de Cuvier, il en combattit cependant les idées. Ses travaux ont embrassé l'anatomie comparée, la physiologie générale et la paléontologie. Il pensait que c'est par suite de causes naturelles que certaines espèces se sont éteintes et ne croyait pas, pour expliquer ces extinctions, à des cataclysmes. Écri vit, entre autres, « Manuel de mala cologie et de conchyliologie »

BLAISE CENDRARS Frédéric Sauser dit Blaise Cendrars. D'origine suisse, il naquit à La Chaux-de-Fonds en 1887 et mourut à Paris en 1961. Écrivain, il fit, dès sa prime jeunesse (17 ans), de nombreux voyages lointains; il dut alors exercer divers métiers et fit mille rencontres : tout cela nourrit son œuvre à l'écriture inventive et directe. Engagé dans la Légion étrangère durant la Première Guerre mon diale, il y perdit un bras. Ses romans sont souvent l'exaltation d'une vie dangereuse et vécue au « maxi mum »... Principaux romans « l'Homme foudroyé », « Bourlinguer », « Moravagine », « Dan Yack », « Pâques à New York ». Il a dit : « Écrire ce n'est pas vivre, c'est peut-être se survivre », « Le seul fait d'exister est un véritable bonheur », « Pour être désespéré, il faut avoir vécu et aimer encore le monde » L'allée Blaise-Cendrars, dans le nouveau quartier des Halles, existe depuis 1984.

BLAISE DESGOFFES (1830-1901). Peintre, élève de Flandrin. S'intéressa beaucoup aux bijoux, coupes, armes, coffrets de la Renaissance. Peignit « Deux coupes d'agate orientale », « Vase d'améthyste du XVIe », etc. Les objets précieux qui lui servirent de modèles appartiennent presque tous aux trésors nationaux français. Une rue porte son nom depuis 1908

BLANCHARD (1753-1809). Aéro naute né aux Andelys et mort à Paris un an après avoir été victime d'une crise d'apoplexie dans son ballon qui chuta près de La Haye. Traversa la Manche et inventa le parachute Sa femme, Marie Armant, égale ment aéronaute, mourut à Paris le 6 juillet 1819, lors de sa 67e ascension, son ballon ayant pris feu au contact des fusées qu'elle lançait Cela se passait au jardin du Tivoli; elle fut précipitée sur une maison de la rue de Provence et succomba.

BLANCHE (cité). Prénom de la fille d'un des propriétaires du terrain. Nom donné en 1856.

BLANCHE (place). Son appellation vient de la proximité de la « barrière blanche » du mur des Fermiers généraux. Jusqu'en 1864 elle s'appela d'ailleurs place de la Barrière-Blanche.

BLANCHE (rue). Plus que par sa situation auprès de la place Blanche, elle doit sans doute son nom au passage fréquent, au XVIIe siècle, des tombereaux transportant du plâtre extrait des carrières de Montmartre.

BLANCHE-ANTOINETTE M. Blanche-Antoinette – c'était bien un Monsieur – avait fait lui-même construire cette voie

BLANCS-MANTEAUX Doit son nom, reçu dès 1289, à la présence du couvent proche abritant des religieux dits « blancs-manteaux ». Un blanc-manteau est un religieux appartenant à l'ordre des services de la Vierge, fondé à Marseille en 1252. Il s'agissait d'un ordre mendiant qui s'installa à Paris en 1258. Les ordres mendiants ayant été presque tous supprimés en 1274, ils furent remplacés, dans le couvent qui nous intéresse, par les guillemites de Montrouge qui, eux, portaient un manteau noir, mais le premier surnom fut conservé

BLAYE Ville sur la Gironde, dotée d'une citadelle de Vauban et située au cœur même d'excellents vignobles.

BLEUE Ce sont ses habitants qui, en 1789, demandèrent que cette rue s'appelle ainsi. Ils pensaient alors que le nom de leur rue se retiendrait facilement, parce que, tout près, existait déjà une rue Verte. Certains historiens de Paris ont pensé longtemps que la dénomination de cette voie était due à la présence d'une fabrique d'indigo; ils se trompaient, puisque cette fabrique ne s'installa que sous l'Empire.

BLEUET DE FRANCE Historique : à la fin de la guerre 14-18 deux jeunes femmes, l'infirmière Suzanne Lenhart et la fille du commandant de l'hôtel des Invalides, Charlotte Malterre, marquées par les souffrances des blessés de cette guerre, décidèrent de leur venir en aide; dans ce but, elles firent fabriquer des fleurs en tissu par des mutilés soignés à l'hôpital et les vendirent, d'abord « à la sauvette », pour récolter des fonds. Elles choisirent le bleuet en souvenir des jeunes soldats surnommés « les Bleuets » à cause de la couleur de leur uniforme. Aujourd'hui, la mission de « l'Œuvre nationale du bleuet de France » consiste, d'une part, à poursuivre les activités liées au bleuet de France, symbole de solidarité et d'espoir, d'autre part à assurer la promotion des valeurs de civisme et de mémoire auprès des jeunes générations, à aider financièrement les anciens combattants et les victimes de guerre en détresse et à organiser, le 8 mai et le 11 novembre de chaque année, les collectes nationales dont les fonds recueillis sont destinés à l'action sociale de proximité assurée par l'Office national des anciens combattants et victimes de guerre. Le rond-point du Bleuet-de-France existe depuis 1998

BLEUETS À son emplacement se trouvait, avant 1906, date à laquelle on lui donna son nom, la cité des Bleuets. Le bleuet, ou bluet, est une centaurée à fleurs bleues. Il disparaît de plus en plus des champs de blé qu'il poétisait

BLOMET Nom donné définitivement en 1863. Auparavant, et successivement, s'appela Blaumet, Blomay, Plomet, Plumet. Au XVIIIe siècle, M. Blaumet possédait une maison dans cette rue; si l'orthographe de son nom n'est pas respectée aujourd'hui, la phonétique doit le satisfaire.

BLONDEL (1617-1686). Seigneur des Croisettes et de Gallardon, architecte, né à Ribemont (Aisne). Entré à l'Académie d'architecture en 1871, il construisit l'arc de triomphe de la porte de Saint-Denis et écrivit : « Nouvelle manière de fortifier les places ». On donna son nom à une rue en 1864.

BLOTTIÈRE La rue doit son nom à l'un de ses premiers propriétaires-résidents. Le passage fut baptisé à cause de son voisinage avec la rue.

BOBILLOT (1860-1885). Écrivain, plus connu sous le nom de Sergent Bobillot. Il mourut à Hanoi après avoir été blessé lors de la défense de Tuyen-Quan. Il avait, auparavant, écrit quelques romans et des pièces de théâtre, dont « Une de ces dames » et « Jacques Fayan ». Une statue lui a été édifiée à Paris en 1888.

BOCAGE Doit son nom au Bocage normand. Le bocage est un petit bois ou un lieu agréablement ombragé. La capitale du Bocage normand est Vire. Il existe aussi un Bocage vendéen.

BOCCADOR Nom donné en 1883. Domenico de Cortone, dit le Boccador, est un architecte italien né à Cortone et mort en 1549 à Paris. Il dessina un des premiers plans du château de Chambord et l'Hôtel de Ville de Paris. Travailla aussi aux fortifications de la capitale.

BOCHART DE SARON (1730-1794). Mathématicien et astronome, membre de l'Académie des sciences. Comme il avait protesté contre la suppression du Parlement, il fut guillotiné en 1794.

BOCQUET Nom du propriétaire du terrain.

BOERS (Prononcer « bours », évidemment.) Colons de l'Afrique australe habitant le Transvaal et l'État d'Orange. En 1902 furent vaincus par les Anglais après deux ans et demi de résistance opiniâtre.

BŒUF Cette impasse existe depuis 1722. Auparavant s'appelait Bouvetins.

BŒUFS Au Moyen Âge, les bouchers du quartier avaient leurs étables à l'emplacement de cette impasse. Le bœuf est un taureau que l'on a châtré pour le rendre plus doux et le priver d'une des joies principales de la vie..

BOIELDIEU (1775-1832). Compositeur français, né à Rouen, mort à Jarcy. Auteur, principalement, de « la Dame blanche », « le Calife de Bagdad », « Jean de Paris ».. Pendant huit ans il fut, à Saint-Pétersbourg, maître de chapelle du tsar (1803-1811). Fut reçu à l'Académie des beaux-arts en 1818. Boieldieu est un des maîtres incontestés de l'opéra-comique.

BOILEAU (1636-1711). Une rue porte ce nom depuis 1792. Nicolas Boileau-Despréaux est né et mort à Paris. Son deuxième nom venait d'un pré que possédait son père à Crosne (Essonne). Boileau passa une partie de sa vie dans sa maison d'Auteuil qu'il devait au roi Louis XIV. Toutes les célébrités du temps s'y retrouvaient : Corneille, Molière, Racine, La Fontaine. Boileau, dont les écrits étaient souvent agressifs, avait une grande bonté de cœur. Mme de Sévigné ne dit-elle pas de lui : « Il n'était cruel qu'en vers. » Boileau eut une vieillesse triste. Marqué par la perte de ses amis, notamment de Racine, et par ses propres infirmités, il se retira chez son confesseur, au cloître Notre-Dame, et y mourut. Œuvres principales : « l'Art poétique », « le Lutrin », et de nombreuses satires et épîtres.

BOINOD (1756-1842). Nom d'un intendant militaire. Son nom fut donné à cette rue en 1867.

BOIS Nom donné en 1837 pour rappeler l'ancien emplacement du bois des Rigones qui existait au XIVe siècle.

BOIS DE BOULOGNE Le bois de Boulogne s'est longtemps appelé forêt de Rouvray, à cause des chênes rouvres qui le constituaient en grande partie. N'acquit sa dénomination actuelle qu'au XIVe siècle. Napoléon en fit un des lieux de promenades les plus agréables des environs de Paris, mais en 1815 les troupes étrangères le saccagèrent littéralement. Il a été concédé à la Ville de Paris en 1852. Autrefois, le bois renfermait le château de Madrid, construit par François Ier, ainsi que le château de la Muette, rendez-vous de chasse où Charles IX venait avant qu'il n'appartienne à Louis XIII, puis à la duchesse de Berry et à Marie-Antoinette. Rappelons l'existence de Bagatelle, demeure construite en soixante-quatre jours sous les ordres du comte d'Artois et qui s'appela aussi « Folie d'Artois ». Parlons encore du Ranelagh, qui était un bal champêtre, et du Pré-Catelan, ainsi nommé, injustement d'ailleurs, à cause du nom d'un troubadour qui s'y serait fait assassiner. La principale attraction du bois de Boulogne est aujourd'hui sa faune, très particulière.

BOIS DES CAURES Nom donné en 1932 pour que l'on se souvienne de ce lieu qui fut témoin de combats violents lors de la bataille de Verdun en 1916-1917 et où s'illustra, avant d'y mourir, l'officier Driant (1855-1916, né à Neufchâtel-sur-Aisne), gendre du général Boulanger

BOIS D'ORME Cette villa, ainsi nommée en 2000, a pris le nom d'un ancien lieu-dit. L'orme est un arbre (ulmacées) pouvant atteindre vingt à trente mètres de haut, à feuilles dentelées, au bois dur et lourd. L'expression « Attendez-moi sous l'orme » signifie « Vous m'attendrez en vain… »

BOIS LE PRÊTRE Le bois Le Prêtre se situe en Meurthe-et-Moselle. De durs combats s'y déroulèrent durant la guerre de 14-18. Nom donné en 1932.

BOIS LE VENT Le vent fripon passe sur le bois de Boulogne avant de venir caresser le macadam de cette rue. D'où son nom, qui devrait être exactement « Bois sous le vent ».

BOISSIÈRE Nom reçu en 1868. C'était celui d'une croix à laquelle, jadis, l'usage commandait de suspendre du buis, le jour des Rameaux. Ce nom ne fut donc pas attribué en l'honneur de Jean Boissière (1806-1885), grammairien et lexicographe.

BOISSIEU (1736-1810). Peintre et graveur, né et mort à Lyon. Fit de remarquables eaux-fortes d'après les sites et monuments italiens. Le Louvre possède un (pas deux) de ses tableaux.

BOISSONADE (1774-1857). Helléniste dont le vrai nom, gascon, est Boissonade de Fontarabie. D'abord dans l'administration, il la quitta vite pour ne se consacrer qu'à l'écriture. Fut professeur à la Faculté de lettres à Paris. Il contribua beaucoup, à son époque, à remettre à l'honneur les études grecques. Œuvres principales : « Philostrati Heroïca », « Lettres inédites de Diogène le Cynique », « Lettres de Cratès le Cynique », « Fables de Babrius », « Œuvres de Parny », etc.

BOISSY D'ANGLAS (1756-1826). Homme politique né à Saint-Jean-de-la-Chambre, près d'Annonay (Ardèche), mort à Paris. Avocat au parlement de Paris avant la Révolution, siégea ensuite aux états généraux parmi les constitutionnels modérés. Fut élu député de l'Ardèche sous la Convention et vota la mort du roi. Membre du Comité de salut public du 5 décembre 1794, il présidait la Convention quand celle-ci fut envahie par le peuple le 20 mai 1795. Proscrit le 18-Fructidor, il revint le 18-Brumaire (disons qu'il est parti aux fraises et revenu aux nèfles et fut comte d'Empire et sénateur). Pendant les Cent-Jours, il accepta encore une mission de Napoléon, mais se tourna contre lui – il n'avait plus rien à en craindre – après Waterloo. Fut réintégré dans la Chambre des pairs à la seconde Restauration où il fut remarqué comme un orateur libéral. (Que voilà une carrière bien conduite!)

BOITON Nom du propriétaire.

BOLÉRO Cette villa a été créée en 1997 dans le cadre du lotissement « le Parc des musiciens ». Le boléro est une danse d'origine espagnole à trois temps, au tempo modéré. (On connaît aussi le boléro, veste droite non boutonnée s'arrêtant à la taille, mais ce n'est pas lui qui a donné son nom à cette villa.)

BOLIVAR (1783-1830). Né à Caracas; surnommé d'abord le Washington de l'Amérique espagnole. Fit ses études en Espagne, puis voyagea en Allemagne, en Angleterre, en France, où il suivit les cours de l'École polytechnique. De retour au Venezuela en 1810, il devint en 1812 général en chef des troupes à la tête desquelles, en trois mois et 15 combats, il écrasa et évinça les Espagnols de son pays. En 1813, il fit son entrée à Caracas, sur un char tiré par 12 jeunes filles (le M.L.F. n'existant pas, personne ne protesta). Il reçut alors le surnom de « Libertador ». Mais les Espagnols revinrent en grand nombre et il dut fuir à Haïti en 1815. Quelques mois plus tard il entama la grande guerre d'indépendance qui devait amener, non seulement la libération du Venezuela, mais aussi celle du Pérou, de la Nouvelle-Grenade, qu'il érigea avec l'Équateur en république, sous le nom de Grande-Colombie. En 1830 il fut accusé de penser à l'empire et contraint de déposer le pouvoir. Il mourut sept mois plus tard, désespéré de laisser son pays dans l'anarchie la plus complète.

BOLIVIE La Bolivie, État d'Amérique du Sud, doit son nom au conquistador Simon Bolivar (voir ce nom). Elle fait 1 100 000 km² et compte 7 600 000 habitants. L'est appartient à l'Amazonie forestière, l'ouest est une région de hauts plateaux. Capitale : La Paz. Langue : espagnole. Monnaie : le boliviano. La place de la Bolivie se trouve à proximité de l'ambassade de ce pays (12, avenue du Président-Kennedy).

BONAPARTE (1769-1821). Napoléon Bonaparte, né à Ajaccio, deuxième fils de Charles Bonaparte et Laetitia Ramolino, qui eurent treize enfants. C'est une famille originaire de Toscane, établie en Corse au XVIe siècle. Napoléon fit son éducation militaire à Brienne, se distingua comme capitaine d'artillerie à Toulon en 1793 et comme général de brigade en 1794 lors de la campagne d'Italie. Il tomba en disgrâce après le 9-Thermidor, mais put cependant réprimer l'émeute du 13 vendémiaire et obtenir, avec l'aide de Barras, le commandement de l'armée d'Italie en 1796. Victorieux à Arcole, Rivoli, Lodi, Mondovi..., il fut ensuite un des représentants de la France au congrès de Rastatt en 1797. Partit vaincre les Anglais en Égypte (1798-1799), quoique sa flotte fut détruite à Aboukir. Revint en France pour accomplir le fameux coup d'État du 18-Brumaire an VIII (9 novembre 1799); devint Premier consul, puis se fit nommer consul à vie en 1802. Il rattacha l'Église à l'État par le Concordat et rédigea le Code civil. Ne fuit jamais; sauf devant l'amour, mais en disant que c'était, en ce domaine, la seule victoire possible, ce qui prouve qu'outre bien des connaissances, il en avait une parfaite des femmes. On sait tout de ses instants de gloire; rappelons donc simplement quelques détails sur sa fin : de retour à Paris après la défaite de Waterloo (18 juin 1815) il ne put reconstituer une armée; il se rendit à Rochefort et se livra au commandant du vaisseau anglais le « Bellérophon ». Après quatorze années de guerre, il laissait 2 millions de morts derrière lui. Il mourut le 5 mai 1821 à la suite de violentes douleurs stomacales dont il souffrait depuis longtemps. Cette rue s'appela autrefois « des Petits-Augustins ».

BONHOURE Nom du propriétaire du terrain.

BONNARD Nom du propriétaire.

BONNE Alors que vous n'étiez pas encore né, il y avait une fontaine appelée « la bonne eau », puis « bonne fée » et enfin « bonne fontaine ». On n'a gardé que le qualificatif.

BONNE GRAINE C'est simple : un commerce de grains se tenait dans cette rue, jusqu'en 1778.

BONNE-NOUVELLE Nom donné à cause de la proximité de l'église Notre-Dame de Bonne-Nouvelle, qui doit son origine à une ancienne chapelle fondée en 1551 sous le vocable Saint-Louis-et-Sainte-Barbe. Elle remplaça cette chapelle et prit son nom actuel en 1628. La révolution la détruisit, mais elle fut reconstruite de 1825 à 1830, par l'architecte Godde.

BONNET (1720-1793). Naturaliste né à Genève. Assez jeune (en 1745) il écrivit un premier ouvrage, « Traité d'insectologie », puis un autre sur la botanique, en 1754 : « De l'usage des feuilles ». Mais la fatigue du travail au microscope l'obligea à renoncer à ce genre de recherches et il se mit à méditer. Fruits de ses méditations : en 1762 « Considérations sur les corps organisés » et en 1764 « Contemplation de la nature ».

BON-SECOURS Ainsi nommé en souvenir du couvent Notre-Dame de Bon-Secours, prieuré de bénédictines fondé en septembre 1648 par Claude de Bouchavane, veuve du directeur des Finances Viguier – qui lui avait laissé un peu d'argent. Ces bénédictines prenaient en pension des femmes enfermées à la requête de leurs maris... C'était vraiment le bon temps !

BONS-ENFANTS Ce nom existe depuis le XIVe siècle; il était dû à la proximité du collège des Bons-Enfants, créé en 1208 par Rénold Chérein et Étienne Belot pour 13 pauvres écoliers autorisés à quêter dans la ville; en contrepartie, ces braves petits étaient tenus d'être les enfants de chœur de la chapelle du palais du Louvre.

BONS VIVANTS Cette rue, baptisée en 1996 et située au niveau - 3 du secteur Forum central des Halles, rappelle que dans le secteur, au temps des Halles de Baltard, on faisait souvent ripaille. Il vaut mieux rappeler les bons souvenirs que les autres !

BORDA (1733-1799). Mathématicien et physicien né à Dax. Fit des études au collège de La Flèche, avant d'entrer dans le génie militaire et dans les chevau-légers. Écrivit en 1756 un « Mémoire sur le mouvement des projectiles » qui lui valut d'être attaché à l'Académie des sciences comme membre associé. En 1767 il entra dans la marine. Comme il fallait bien l'occuper, on le chargea alors de mesurer la lon gueur d'un arc de méridien.

BORDEAUX Préfecture du département de la Gironde. Fut, dans l'Antiquité, capitale de la nation des Bituriges. Charles VII, quand il devint maître de Bordeaux, réduisit les nombreuses libertés communales dont jouissait la ville, mais Louis XI les rétablit. En 1548, les Bordelais, qui trouvaient la gabelle trop lourde, se révoltèrent. Sous la Convention, Bordeaux prit fait et cause pour les

Girondins, ce qui semble logique. L'Empire ruina la ville en fermant la mer à ses navires. Le 12 mars 1814 le duc d'Angoulême y fit une entrée triomphale. Le 9 décembre 1870, Bordeaux devint le siège de la délégation du gouvernement provisoire; le 12 février 1872, l'Assemblée s'y réunit pour désigner, cinq jours après, Adolphe Thiers président de la République. Bordeaux est la patrie du poète Ausone, de saint Paulin, du peintre Rosa Bonheur et du chanteur Garat, Dominique, né en 1764.

BORDEAUX : Pendant la Seconde Guerre mondiale, les Allemands construisirent dans la ville une immense base de sous-marins; deux cent cinquante submersibles pouvaient s'y abriter. Les Anglais tentèrent de la détruire. D'abord, ils la bombardèrent, mais les bombes les plus grosses écornèrent à peine les murs de béton épais de plusieurs mètres. Ensuite, ils débarquèrent, dans trois canoës, six spécialistes qui parvinrent à miner le port de Bordeaux et la base : le port sauta, tous les bateaux qu'il abritait coulèrent, mais la base ne souffrit aucun dommage; cependant, la sortie du port étant bouchée, les sous-marins demeurèrent inutilisables. Aujourd'hui la base est devenue un dépôt de marchandises et un bassin de carénage. Le commando anglais avait coulé deux cents bateaux, tous n'ont pas été renfloués et des épaves continuent à gêner la sortie du port de Bordeaux.

La rue Causse-rouge : cette voie s'appelle ainsi depuis la Saint-Barthélemy, car la nuit de ce massacre (23 août 1572), le sang des protestants, sur une hauteur de quelque vingt centimètres, rougissait les chausses des passants... À Bordeaux, plus qu'ailleurs sans doute, on eût préféré voir le vin rouge couler ainsi à flots.

*

La magnifique place des Quinconces a été dessinée par Le Nôtre.

*

On peut trouver, à Bordeaux, les vestiges de huit fortifications successives.

BORIS VIAN (1920-1959). Admirable touche-à-tout, il était ingénieur sorti de Centrale, trompettiste, romancier, auteur de poèmes et de chansons, humoriste, directeur artistique. Membre éminent du « collège de pataphysique », il a écrit les chansons « le Déserteur », « le Blues du dentiste »; les romans « l'Écume des jours », « J'irai cracher sur vos tombes » (sous le pseudonyme de Vernon Sullivan), « l'Herbe rouge », « l'Arrache-cœur »; des poésies : « Cantilènes en gelée », « Je voudrais pas crever »; des pièces de théâtre : « les Bâtisseurs d'Empire ou le Schmurz », « le Goûter des généraux ». Il a dit : « Tout ce qui n'est ni une couleur, ni un parfum, ni une musique, c'est de l'enfantillage », « Sexuellement, c'est-à-dire avec mon âme... », « Je me demande si je ne suis pas en train de jouer avec les mots. Et si les mots étaient faits pour ça? ». Une rue porte son nom depuis 1992.

BORRÉGO Nom donné en 1864 à la suite de la campagne du Mexique, qui permit l'installation de l'empereur Maximilien. Borrégo est une ville de ce pays d'Amérique latine.

BORROMÉE (1538-1584). Saint Charles Borromée, un des héros de la charité chrétienne. Issu d'une famille lombarde, il naquit au château d'Arone, sur les rives du lac Majeur. C'était le neveu du pape Pie IV, qui le fit archevêque de Milan. Le fit aussi cardinal, puis lui abandonna une grande partie des affaires générales de l'Église, alors qu'il n'avait encore que 22 ans. Ne fut ordonné prêtre qu'en 1562. Travailla désormais sans relâche à la régénération ecclésiastique. En 1576, quand la peste s'abattit sur Milan, Borromée s'illustra par l'héroïsme dont il fit preuve dans sa charité. Ses nombreux travaux et un excès d'austérité l'ayant épuisé, il mourut prématurément à l'âge de 46 ans. (S'il avait un peu moins travaillé et vécu dans une austérité moins rigoureuse, il aurait pu exercer sa charité plus longtemps...) Le pape Paul V (qui n'était pas le fils de Paul IV) le canonisa en 1610. En 1697 on éleva de lui une statue de 22 mètres de haut sur un tertre dominant le lac Majeur.

BOSIO (1768-1815). Statuaire né à Monaco, mort à Paris. Napoléon, Charles X et Louis-Philippe le comblèrent de distinctions et de faveurs. Fut nommé membre de l'Institut et premier sculpteur du roi. Charles X lui donna le titre de baron. Œuvres : « l'Amour séduisant l'Innocence », « le Roi de Rome », « Mort de Louis XVI » « La Nymphe Salmacis », etc

BOSQUET (1810-1861). Maréchal de France né et mort à Mont-de-Marsan. Se distingua surtout en Algérie lors de la campagne de 1843. En 1848, est nommé général de brigade chargé du commandement de Mostaganem. Rentre en France en 1853 et en 1854 reçoit le commandement de l'armée de Crimée. C'est lui qui assura la victoire de l'Alma et, à Inkerman, sauva l'armée anglaise alliée (pour une fois...) en faisant subir de grosses pertes aux Russes. Fut nommé maréchal en même temps que sénateur (preuve qu'un bonheur n'arrive jamais seul) en 1856.

BOSSUET (1627-1704). Prélat né à Dijon, mort à Paris. Après des études chez les Jésuites, il fut ordonné prêtre en 1652. Archidiacre à Metz, son génie oratoire commence à éclater. Revient à Paris de 1659 à 1669 pour s'y consacrer à la prédication. Évêque de Condom en 1669, il devient en 1670 précepteur du dauphin. L'éducation de celui-ci terminée, en 1682 Bossuet est évêque de Meaux. Lui qu'on nommait le petit abbé dans sa jeunesse devint l'Aigle de Meaux. Petite anecdote : il fit son premier sermon, improvisé, à l'hôtel de Rambouillet, un soir à 11 heures, âgé seulement de 15 ans ; ce qui permit à Voiture de faire ce « mot » : « Je n'ai jamais entendu prêcher ni de si bonne heure, ni si tard. » Son sermon le plus célèbre est peut-être celui concernant l'unité de l'Église, en 1682. Bossuet, premier aumônier de la duchesse de Bourgogne, conseiller d'État, fut principalement, et avant tout, le rigide gardien de l'orthodoxie catholique.

BOTHA (1862-1919). C'est un général et homme d'État sud-africain, né à Greytown, dans le Natal (les seuls hommes pouvant se convaincre d'avoir vraiment un pays natal sont ceux nés là-bas). Louis Botha réorganisa l'armée boer et lutta contre les Anglais. Bien que ceux-ci vainquirent en 1902, il devint en 1907 Premier ministre du Transvaal, puis de l'Union sud-africaine en 1910

BOTZARIS (1788-1823). Marc Botzaris est un patriote grec, héros de la guerre d'Indépendance, né à Souli. Son père avait été massacré par les ordres d'Ali, pacha de Janina. Cela lui laissa, évidemment, un certain ressentiment... S'engagea d'abord dans la légion albanaise et, en 1820, débarqua en Épire pour prendre la tête d'une guérilla qui le fit devenir la terreur des Arabes, lesquels mirent sa tête à prix. Cela le rendit populaire, jusqu'en France où Victor Hugo parla de lui dans ses « Orientales ». Au printemps 1821 il remporta une série de victoires ; puis les revers survinrent. Il mourut d'une balle au front alors qu'à Carpénitzé il avait pénétré dans le camp des Turcs et fait un véritable carnage avec seulement 300 hommes ; il allait atteindre la tente du pacha quand une balle le frappa. Il avait un surnom : « l'aigle de Selléide ». On donna son nom à une rue en 1880.

BOUCHARDON (1698-1762). Sculpteur né à Chaumont. Il demeura assez longtemps – dix années – à Rome où il réalisa, entre autres, le buste de Clément XII. Mais le roi le rappela en France et il travailla à Versailles, puis à d'autres résidences. Œuvres : « le Roi et le dauphin », « Saint Charles Borromée », « Louis XV »...

BOUCHER Il ne s'agit pas du peintre François Boucher (1703-1770), ni du sculpteur né en 1850 et prénommé Alfred, pas du tout non plus du curé Jean Boucher (1548-1641); et encore moins d'Hélène Boucher (1908-1934), aviatrice. Alors, voyons, qui est ce Boucher-là? C'est Pierre, écuyer, échevin de Paris de 1773 à 1778. On donna son nom à cette rue en 1776

BOUCHET Propriétaire du terrain.

BOUCHUT (1818-1891). Eugène Bouchut, médecin à l'hôpital des Enfants-Malades. Nom donné en 1900.

BOUCICAUT Nom de l'hôpital créé grâce à la fortune laissée en 1897 à sa mort par Mme Boucicaut, veuve d'Aristide Boucicaut, créateur du magasin « Au bon marché », qui fut, au début, un très modeste établissement commercial. En mourant, Mme Boucicaut légua aussi le fonds de commerce et ses immeubles à ses employés.

BOUCRY Nom donné en 1877; c'est celui du propriétaire du terrain.

BOUDIN Également le nom du propriétaire. Aucun rapport avec Eugène Boudin (1824-1898), peintre précurseur de l'impressionnisme, né à Honfleur. Il peignit des marines et des paysages. Un de ses tableaux les plus remarquables est « Sur la plage de Trouville ».

BOUDON Dans le temps, comme il y avait peu de rues, on disait aux gens : « Construisez-en une, on lui donnera votre nom. » « Très bien, se dit le sieur Boudon, moi, je vais faire une avenue... L'avenue Boudon, ça fera joli sur une plaque. »

BOUDREAU Si vous aviez vécu en 1780, vous auriez connu M. Boudreau, qui était alors greffier de la Ville de Paris.

BOUFFLERS Il s'agit des dames Boufflers qui possédèrent une propriété à Auteuil. Les dames Boufflers, dont le souvenir est parvenu jusqu'à nous, sont les suivantes : tout d'abord Marie-Françoise de Beauvau-Craon (1711-1787), une femme fort spirituelle, amie de Voltaire; ses mœurs faciles l'avaient fait surnommer « Dame de Volupté ». Il y eut ensuite Marie-Charlotte Boufflers-Rouvrel (1725-1800), sur nommée « la Minerve savante », qui était dame d'honneur de la duchesse d'Orléans, en même temps que maîtresse du frère de celle-ci, le prince de Conti. Quand cet homme mourut, Marie-Charlotte retourna en son château avec sa belle-fille Amélie de Boufflers. Les habitués de son salon du Temple (poètes, financiers, philosophes) l'y suivirent; elle donnait, trois fois par semaine, à souper à une quinzaine de personnes, parmi lesquelles certaines venaient pour la belle-fille – il serait malhonnête de le nier..

BOUGAINVILLE (1729-1811). Louis-Antoine de Bougainville, navigateur qui naquit à Paris. Très jeune, en 1754, il publia son « Traité de calcul intégral ». Puis il céda à la vocation militaire et devint tour à tour aide de camp de Chevert et secrétaire d'ambassade à Londres où on le reçut comme membre de la Société royale. En 1756, Bougainville suivit Montcalm au Canada. En 1763, devenu capitaine de vaisseau, il fonda une colonie aux îles Malouines (Falkland pour les Anglais). C'est en 1766 qu'il entreprit l'expédition scientifique autour du monde qui allait le rendre célèbre et lui permit d'explorer les îles Tahitiennes, les Grandes Cyclades et les îles Commerson. En 1779, Bougainville participa, comme chef d'escadre, à la guerre d'Indépendance des États-Unis. Nommé en 1790 commandant de la flotte de Brest, il dut donner sa démission à la suite de certains troubles qu'il ne sut point apaiser. Plus tard il entra à l'Institut et au bureau des longitudes, devint sénateur et fut fait comte par Napoléon Ier. La rue Bougainville existe depuis 1864.

BOUILLOUX-LAFONT Depuis 1932 cette rue porte le nom de l'homme qui l'ouvrit

BOULAINVILLIERS C'est le nom d'un château, qu'on appela aussi de Passy, et qui existait, à hauteur du croisement rue de Boulainvilliers-rue de Passy, depuis 1381. Mais ce château n'acquit une certaine importance que lorsque Claude Chahu, seigneur de Passy, en prit possession en 1658 et le transforma de 1660 à 1668. Initialement, le château et ses dépendances s'étendaient sur 8 hectares et possédaient des jardins dessinés par Le Nôtre. Il fut morcelé en 1827. La rue de Boulainvilliers, sous l'appellation d'avenue, est connue depuis 1730.

BOULANGERS Depuis 1844 cette rue porte ce nom à cause des nombreux boulangers qui s'y étaient installés.

BOULARD Michel Boulard était un tapissier connu pour sa philanthropie. Il fut d'abord attaché au service de Marie-Antoinette et, sous l'Empire, devint le tapissier de la Cour. Cette position lui permit d'acquérir une fortune considérable dont il consacra une grande partie à des œuvres de bienfaisance. Par exemple, il légua 1 million pour la création d'un hospice à Saint-Mandé destiné à recevoir 12 vieillards nécessiteux. La rue Boulard existe depuis 1838.

BOULAY M. Boulay était propriétaire du terrain sur lequel cette rue fut ouverte.

BOULEAUX Cette avenue fut ouverte en 1932 dans un endroit, fort champêtre alors, où poussaient de nombreux bouleaux qui ne sont plus guère visibles aujourd'hui... Le bouleau est un arbre de la famille des cupulifères. On distingue le bouleau blanc, qui pousse dans nos régions ; le bouleau noir, qui se plaît en Amérique du Sud ; le bouleau pubescent, dont les jeunes pousses se recouvrent d'une matière séreuse. Petite curiosité · au XIXe siècle, les Finlandais employaient les feuilles de bouleau en guise de thé

BOULE BLANCHE Ce passage fut ouvert en 1700 à l'emplacement d'une ancienne maison portant pour enseigne une boule blanche, d'où le nom qui lui fut attribué.

BOULE ROUGE Connue au XVIIe siècle sous l'appellation de « passage », cette rue doit son nom à la présence d'une ancienne enseigne marquant, sans doute, l'entrée d'un cabaret. C'est en 1816 que le passage devint rue.

BOULETS Pendant la guerre civile de 1545 - il y en eut d'autres au XVIe siècle – de nombreux boulets s'abattirent à cet endroit, le faisant bientôt appeler « lieu-dit des boulets ». C'est ce lieu-dit qui donna son nom à cette rue en 1868.

BOULITTE Créée en 1894, cette rue porte, depuis, le nom d'un des propriétaires.

BOULLE (1642-1732). Charles Boulle, ébéniste, né et mort à Paris. Il donna à l'ébénisterie ses lettres de noblesse et se tailla une réputation extraordinaire pour ses meubles enrichis de bronze, de mosaïques, d'or, de cuivre, d'écaille ou d'ivoire.

Il imitait sur ses productions toutes les variétés d'animaux, fleurs ou fruits. Louis XIV lui donna un logement au Louvre et le nomma, en 1672, graveur ordinaire des sceaux royaux. Boulle utilisait souvent des bois venus de l'Inde et du Brésil. Aujourd'hui, les meubles portant sa griffe ont une valeur considérable et, si vous en avez un, ne le perdez pas (ne perdez pas le Boulle). La rue Boulle existe depuis 1868.

BOULNOIS (1773-1833). François Boulnois, lieutenant-général et baron, fit ouvrir lui-même cette place, en 1828, sur un terrain lui appartenant. Aujourd'hui un arbre magnifique se dresse en son centre. Cette place prit le nom de son créateur en 1848.

BOULOI Dès le XVIe siècle on signale, à l'emplacement de cette rue, l'existence d'un jeu de boules; c'est lui qui fit donner sa dénomination actuelle à cette voie au milieu du XVIIe siècle.

BOUQUET DE LONGCHAMP Cette ruelle, devenue rue en 1808, doit son nom à une plantation d'arbres magnifiques poussant sur les terrains de l'abbaye de Longchamp.

BOURBON La famille royale de Bourbon est originaire de Bourbon-l'Archambault. Elle fut célèbre, dès le XIIIe siècle, grâce à Robert de Clermont, sixième enfant qu'eut Saint Louis avec Béatrix, la fille unique d'Agnès de Bourbon et de Jean de Bourgogne. La maison de Bourbon, depuis cette époque, a compté plus de 600 personnages ayant joué, dans un domaine ou dans un autre, un rôle prépondérant. La maison royale de France, qui remplaça les Capétiens Valois, compte parmi ses membres Henri IV, Louis XIII, Louis XIV, Louis XV, Louis XVI, Louis XVIII et Charles X. Le quai de Bourbon fut construit en 1614. De 1792 à 1814, il s'appela successivement « de la République » et « d'Alençon », puis reprit sa dénomination première.

BOURBON-LE-CHÂTEAU Cette rue fut ouverte, en 1610, sur un terrain appartenant à François de Bourbon, prince de Conti, abbé de l'abbaye de Saint-Germain-des-Prés. D'abord appelée « de Bourbon-Guise » parce que, bien qu'abbé, le prince de Conti avait épousé Louise-Marguerite de Guise, la rue prit son nom actuel en 1748.

BOURDALOUE (1632-1704). Louis Bourdaloue, prédicateur né à Bourges, mort à Paris. Élève chez les Jésuites, il fut professeur en province pendant une vingtaine d'années à sa sortie du noviciat. Il commença à prêcher en 1666. Ses sermons, s'attachant surtout à la morale et moins au dogme, qu'il suppose à l'abri du doute, s'adressent essentiellement à l'esprit et ne prétendent qu'instruire et convaincre sans artifices « sentimentaux ». Il fut le prédicateur ordinaire de Louis XIV. Petite anecdote : ses sermons étaient fort longs et, tout en l'écoutant, les dames de son temps avaient parfois du mal à refréner des envies toutes naturelles; on eut alors l'idée de confectionner des objets en faïence pouvant se dissimuler sous les jupes et permettant de sacrifier à la nature. Ces objets s'appellent des « bourdalous ». Certains antiquaires en possèdent encore. La rue Bourdaloue fut baptisée en 1824.

BOURDIN Cette impasse, ouverte en 1805, porte le nom d'un propriétaire.

BOURDON Colonel des dragons qui fut tué à Austerlitz. Une rue reçut son nom en 1806.

BOURDONNAIS Il était une fois – au XIIIe siècle – trois frères : Adam Bourdon, Guillaume Bourdon et Sire-Guillaume Bourdon. Une rue portait alors leurs trois prénoms et nom réunis. En 1852, quand Haussmann fit fusionner leur rue avec trois autres, on baptisa la nouvelle voie créée « rue des Bourdonnais », en souvenir de ces trois frères, notables bourgeois.

BOURET Ouverte en 1844, cette rue porte le nom d'un propriétaire.

BOURGEOIS Existe depuis 1885; porta le nom du propriétaire du Bon Marché – c'est-à-dire Boucicaut – jusqu'en 1937, date où elle change de nom pour prendre celui de Léon Bourgeois, administrateur et homme politique né en 1851, président du Conseil en novembre 1895. Son cabinet tomba en avril suivant et il deviendra alors ministre de l'Instruction publique. S'occupa beaucoup des cours pour adultes. Prix Nobel de la Paix en 1920, il mourut en 1925. Ce fut un des promoteurs de la Société des Nations.

BOURG-L'ABBÉ C'était, au XIe siècle, le nom d'un hameau dépendant d'une abbaye proche, celle de Saint-Magloire. La rue du Bourg-l'Abbé existe depuis 1881.

BOURGOGNE (1682-1712). Louis, duc de Bourgogne, petit-fils de Louis XIV, fut le père de Louis XV. D'humeur violente et très orgueilleux dans sa prime jeunesse, on le confia à l'éducation de Fénelon et du duc de Beauvillier qui en firent un modèle de patience, de vertu, de douceur et de piété. En 1697 il épousa Marie Adélaïde de Savoie, fille du roi de Sardaigne. Louis XIV donna à son petit-fils le commandement de l'armée de Flandre en 1702 et en 1703 le nomma généralissime de l'armée d'Allemagne. Lorsque son père, le Grand Dauphin de France, mourut, il devint à son tour dauphin et fut appelé aux Conseils du Roi-Soleil, à qui il dit un jour, à Marly pour être précis : « Un roi est fait pour ses sujets et non les sujets pour le roi. » Après ces belles paroles, une maladie infectieuse l'emporta moins d'un an après son père. Quant à sa femme, elle était décédée six jours auparavant d'une rougeole.

BOURGOIN L'impasse Bourgoin porte le nom du propriétaire du terrain sur lequel elle fut ouverte. Le passage Bourgoin doit son nom au même propriétaire.

BOURG-TIBOURG C'est l'ancienne rue principale d'un hameau du XIIIe siècle, situé entre les actuelles rues de la Verrerie et Sainte-Croix-de-la-Bretonnerie. Il s'orthographiait « bourg Tibourd ». La rue Bourg-Tibourg fut ouverte en 1868.

BOURNISIEN Ce passage porte le nom d'un de ses propriétaires initiaux.

BOURSAULT (1752-1842). Jean-François Boursault, dit Boursault-Malherbe, acteur, directeur de théâtre et auteur dramatique né à Paris. C'est lui qui, au début de la Révolution, fit construire, près de la rue Quincampoix, le Théâtre-Molière. Élu membre suppléant à la Convention, il remplit diverses missions politiques, puis reprit la direction de son théâtre qui était devenu le Théâtre des variétés nationales et étrangères. Il y fit alors jouer des adaptations de Lope de Vega, Calderon et Schiller. Comme auteur, il écrivit principalement « l'École des épouses » et « le Bon Tourangeau ». La rue Boursault fut baptisée en 1868.

BOURSE La Bourse de Paris fut construite d'après des plans et sous la direction de Brongniart, auquel succéda Labarre. On commença la construction en 1808 et on l'acheva en 1827. La Bourse est bâtie sur une partie des terrains qui appartenaient jusqu'en 1790 au couvent des Filles de Saint-Thomas d'Aquin. Elle fut édifiée sur un modèle de temple païen; aux quatre angles se dressent des statues imposantes : « la Justice », par Cortot; « la Fortune », par Pradier; « l'Abondance », par Petitot; « la Prudence », par Roman. La place de la Bourse fut formée en 1809 et la rue de la Bourse a été baptisée en 1833.

BOURSE DE COMMERCE Une Bourse de commerce existe à Paris depuis 1304, mais on ne la reconnut officiellement qu'en 1724. Fermée en 1793, elle rouvrit très peu de temps après. En l'an X et XI de la Ire République, son fonctionnement fut réglementé. La première Bourse de commerce qui fut reconnue officiellement en France est celle de Lyon (1548), juste avant celle de Toulouse (1549).

BOURSEUL (1829-1912). Charles Bourseul, savant français né à Bruxelles. Employé à l'administration des Postes, Télégraphes et Téléphones, c'est lui qui réalisa les premiers essais de téléphonie. À propos des P.T.T., signalons que les Postes et Télégraphes fusionnèrent en 1877 et que le téléphone se joignit à eux en 1889. La rue Bourseul fut ouverte par les P.T.T. eux-mêmes en 1935 et porte depuis cette date son nom actuel.

BOUSSINGAULT (1802-1887). Jean-Baptiste Dieudonné Boussingault, chimiste et agronome né et mort à Paris. Après des études à l'école des mineurs de Saint-Étienne, il partit en Nouvelle-Grenade pour y diriger l'exploitation d'une mine. Attaché à l'état-major de Bolivar, il le suivit dans ses campagnes contre les Espagnols. Il en ramena des observations géologiques et météorologiques qui attirèrent l'attention sur lui. On lui confia la chaire d'agriculture au Conservatoire des arts et métiers en 1829. En 1854 il fonda l'Institut national agronomique. Surnommé « le Père de l'agronomie » Boussingault travailla beaucoup sur la composition des engrais et sur la valeur nutritive des fourrages. C'est dans des « Mémoires » que le savant divulgua ses découvertes, mais il écrivit également un excellent « Traité d'économie rurale ». La rue Boussingault existe depuis 1865.

BOUTAREL C'est le nom du propriétaire du terrain sur lequel cette rue fut construite en 1846. M. Boutarel était capitaine de la garde nationale, dans le IVe arrondissement, et teinturier.

BOUTEBRIE Au XIIIe siècle un des habitants de cette rue s'appelait Erembourg en Brie. Et voilà ce que le temps a fait de son nom. Tout juste s'il n'est pas devenu « bout de brie ».

BOUTIN Propriétaire qui possédait là un chantier de bois.

BOUTRON Nom du propriétaire du terrain.

BOUTROUX (1845-1921). Philosophe né à Montrouge. Sa doctrine repose sur une analyse profonde de la nécessité logique et de la nécessité causale et sur la distinction du point de vue de la qualité et du point de vue de la quantité. Fut membre de l'Académie française. Œuvre principale : « De la contingence des lois de la nature ».

BOUVART Depuis 1880, porte le nom d'un des propriétaires demeurant dans cette impasse.

BOUVIER Nom du propriétaire du terrain. Aucun rapport avec la famille de l'épouse d'Onassis, ex-épouse Kennedy

BOUVINES Victoire remportée le 27 juillet 1214 par Philippe Auguste sur les forces coalisées d'Allemagne, d'Angleterre et de Flandre. Les forces allemandes étaient commandées par Othon IV et les forces anglaises et flamandes par le comte de Salisbury et Renaud de Boulogne. Les Français étaient directement commandés par Philippe Auguste. Et c'est en grande partie à cette unité de commandement que les Français doivent la victoire. C'est un historien allemand qui tira la meilleur leçon de la victoire de Bouvines pour les Français, en écrivant : « Cette victoire a eu pour la France le mérite d'éveiller le sentiment national, de renforcer le sentiment d'une solidarité commune, au point qu'il est permis de dire que la France moderne est sortie de cet événement » (cet historien s'appelait G. Köhler). Le village de Bouvines se situe dans le Nord à 11 km de Lille. Un obélisque de 6 mètres est érigé sur la commune pour commémorer cette bataille. Une rue de Paris porte ce nom depuis 1864.

BOY ZELENSKY Écrivain polonais, né à Varsovie en 1874, mort à Lvov en 1941. De son vrai nom Tadeusz Zélensky, il fut surtout connu sous le pseudonyme de Boy; étudiant en médecine à Cracovie, puis Paris, il se tourna vite vers la littérature, traduisit dans sa langue natale « la Physiologie du mariage » de Balzac et fut l'auteur de livres critiques, notamment « Études et esquisses de la littérature française » et « Molière ». Rue baptisée en 1982.

BOYER (1802-1858). Philippe Boyer était un médecin fort apprécié de son temps. On donna son nom à une rue en 1876.

BOYER-BARRET Nom du propriétaire du terrain. Rue ouverte en 1894.

BRADY C'est M. Brady lui-même qui ouvrit ce passage en avril 1828. Comme il l'avait demandé poliment, on accepta de donner son nom à cet endroit. Une des premières chansons interprétées par Yves Montand, « les Grands Boulevards », disait à un moment : « Quand j'ai une gosse à bécotter, l'passage Brady est très utile, c'est chaud l'hiver, c'est frais l'été, c'est calme et c'est tranquille. »

BRAHMS (1833-1897). Compositeur allemand prénommé Johannes, né à Hambourg, mort à Vienne. Auteur de nombreux lieder qui le rendirent rapidement célèbre, il ne le fut pas moins pour sa musique de chambre, ses œuvres pour piano, ses quatre symphonies, ses ouvertures, ses concertos et un remarquable « Requiem allemand ». Une rue porte son nom depuis 1991.

BRANCION (1803-1855). Adolphe de Brancion, né à Condé, est un colonel français tué à Malakoff, en Crimée, le 7 juillet 1855 lors de l'attaque du « Mamelon Vert ». (Dieu merci l'attaque de certains mamelons est moins dangereuse). Il avait brillamment servi en Afrique de 1844 à 1846.

BRANLY (1844-1940). Édouard Branly est né à Amiens. C'est, incontestablement, grâce à son « cohéreur » que la T.S.F. (télégraphie sans fil) est entrée dans le domaine de la pratique. Physicien et chimiste, son nom fut donné à un quai en 1941.

BRANTÔME (1540-1614). Pierre de Bourdeille, seigneur de Brantôme (ville du Périgord). Abbé séculier qui ne passa jamais dans les ordres, Brantôme est un chroniqueur. Il voyagea beaucoup (Italie, Écosse, Angleterre, côtes d'Afrique, Espagne, Portugal). Il participa aux guerres de Religion et fut gentilhomme à la Cour, mais tomba en disgrâce et se retira dans ses terres. Malheureusement, une chute en suivant toujours une autre, il tomba de cheval et fut réduit à la réclusion

Il passa donc le reste de son temps à raconter les événements auxquels il fut mêlé. Mais il semble qu'il ne faille pas accorder une confiance aveugle à ses écrits, car il a tendance à expliquer des grands faits historiques par de simples anecdotes anodines. À dire vrai, une seule chose l'intéressait : la vie, qu'elle s'exerce dans le vice ou la vertu. Pour cette tolérance c'était donc déjà un homme remarquable, mais son œuvre tout entière est, malgré ces restrictions, un tableau très exact de son siècle. Œuvres principales : « Vie des hommes illustres et des grands capitaines étrangers », « Vie des dames illustres, des dames galantes », etc.

BRAQUE Aucun rapport avec le peintre contemporain. Il s'agit là d'une famille de Braque qui donna son nom à cette rue dès 1824. L'un de ses membres créa un hôpital (l'hôpital de Braque); un autre, Nicolas, fut conseiller de Charles V et VI ; un troisième, Germain, échevin sous Charles VII.

BRAZZAVILLE Capitale de la république du Congo (l'indépendance complète du pays date de 1960), sur le fleuve du même nom. La ville fut fondée, en 1880, par Savorgnan de Brazza (1852-1905), explorateur français d'origine italienne. À partir de 1910, Brazzaville fut la capitale de l'A.É.F. (Afrique-Équatoriale française). Le 30 janvier 1944 une conférence – réunie à l'initiative du général de Gaulle – rassembla tous les représentants de l'Empire français (comme on disait naguère !) ; on y posa les bases de l'Union française dont les principes visaient à l'intégration graduelle et non à l'indépendance finalement acquise. La place de Brazzaville existe depuis 1980.

BRÉA (1790-1848). Jean-Baptiste Bréa, général assassiné le 25 juin 1848, en même temps que le capitaine Mangin, par les insurgés de la barrière de Fontainebleau avec lesquels il était venu parlementer. On donna son nom à une rue en 1850.

BRÈCHE-AUX-LOUPS Cette voie est connue depuis le XIIIe siècle et elle devait déjà son nom à un lieu-dit. Au tout début de ce XIIIe siècle, ce qui forme le XIIe arrondissement de Paris était considéré par les habitants de l'île de la Cité comme une bien lointaine et dangereuse campagne. Quelques fermes y avaient été bâties et le locataire de l'une d'elles élevait des moutons qu'il groupait dans un champ ressemblant à une véritable enceinte fortifiée afin que les loups, nombreux alors, ne puissent venir croquer les gentils petits agneaux. Ce champ paraissait si sûr que d'autres paysans demandèrent la permission d'y parquer leurs moutons les nuits d'été. Et c'est alors que plusieurs dizaines de moutons se trouvaient réunis là, qu'une troupe de loups parvint à se tailler une brèche et à décimer le pauvre troupeau bêlant. La brèche aux loups était née.

BREGUET (1747-1823). Célèbre horloger mécanicien né à Neuchâtel d'une famille française réfugiée en Suisse depuis la révocation de l'Édit de Nantes. Placé à 15 ans chez un horloger de Versailles, Abraham Breguet fit tout de suite preuve de talents qui étonnèrent. Dès 1780, il plaça l'horlogerie française au premier rang par des perfectionnements apportés dans les montres perpétuelles. Ses travaux enrichirent aussi la science de la mesure du temps appliquée à la navigation, l'astronomie, la physique.
Deux autres Breguet se firent connaître après lui : ses petit-fils et arrière-petit-fils Louis (1803-1883) et Antoine (1851-1882), tous deux physiciens. Citons enfin un autre Breguet, se prénommant Louis également (1880-1955), pionnier de l'aviation.

BRÉMONTIER (1738-1809). Inspecteur général des Ponts et Chaussées, Nicolas Brémontier naquit à Quevilly, près de Rouen. C'est lui qui, par leur boisement, principalement en pins maritimes, réussit à « fixer » les dunes, parfois hautes de 80 mètres, du golfe de Gascogne. L'idée lui en vint après qu'il eut décelé sur place les vestiges d'une ancienne forêt. Pour aider au développement de ses premiers plants, il eut recours à des crochets profondément enfoncés dans le sol, ou à des clayonnages disposés en damier. Quand Brémontier mourut, il avait déjà ensemencé 3 700 hectares de dunes. Pratiqua donc lui aussi la multiplication des pins.

BRÉSIL Le Brésil groupe 26 États, 4 territoires et un district fédéral. Superficie : 8512000 km². Population : 164400000 âmes. C'est le Portugais Cabral qui, en 1500, atteignit le premier le Brésil. Le régent du Portugal, chassé de chez lui en 1808, s'établit au Brésil jusqu'en 1820. Devenu royaume en 1815, le Brésil proclama son indépendance en 1822 avec Pierre Ier comme empereur constitutionnel. La république fut proclamée en 1889. Pays neuf, aux ressources colossales, il est appelé à jouer, dans peu de décennies, un rôle très important sur le plan mondial. Mais il lui faut d'abord réduire les inégalités qui existent entre ses riches États du Sud et ceux, gravement sous-développés, du Nord et du Nord-Est

BRESSE Province située sur la rive gauche de la Saône, terre bénie pour l'élevage du bétail et les volailles. C'est Henri IV qui acquit la Bresse en 1601. Petite anecdote : à cette époque, les mariniers de la Saône qui halaient leurs bateaux vers la rive gauche, donc vers la Bresse, criaient « en empire »; tandis que lorsqu'ils se dirigeaient vers la rive droite, ils clamaient « en royaume ». C'était un souvenir du temps où la rive gauche de la Saône était encore territoire d'Empire et la rive droite royaume de France. Mais Henri IV mit fin à cette pratique en échangeant la Bresse contre le marquisat de Saluces, ville italienne.

BRETAGNE C'est en 1532 que la Bretagne s'unit à la France, après que plus ou moins contrainte la duchesse Anne eut épousé le roi de France Charles VIII, en 1491. Climat océanique (mimosas, camélias y viennent fort bien) elle est formée de deux lignes de hauteur : monts d'Arrée et du Mené au nord; Montagne Noire et landes de Lanvaux au sud. Pays bien entendu de vie maritime intense. L'intérieur, longtemps exclusivement agricole, se développe enfin industriellement, principalement par la prise de conscience des jeunes Bretons de leur identité et par leur refus de poursuivre l'émigration vers Paris qui avait saigné « à blanc » cette province. S'il fut de bon ton, à une certaine époque, de se gausser des habitants de la Bretagne (le personnage de Bécassine n'a pas servi à relever leur image de marque...) cela est dépassé aujourd'hui, tant les Bretons sont devenus des gens actifs, modernes et créateurs. C'est Henri IV qui voulut donner à une rue le nom de cette région quand il décida que les voies parisiennes devraient porter le nom des provinces françaises; ces voies étaient sensées rayonner de la « place de France »; mais ce projet ne vit pas le jour, et ce n'est qu'en 1851, en souvenir tout de même de l'idée de Henri IV, qu'on donna le nom de Bretagne à une rue de notre capitale

BRETEUIL (1730-1807). Baron Louis le Tonnelier de Breteuil, né à Azay-le-Ferron, dans l'Indre. Diplomate qui représenta la France à Copenhague, Stockholm, Vienne, Naples. En 1783 Louis XVI le nomme ministre de la maison du roi, au département des lettres de cachet. À ce poste il fut plutôt libéral. C'est lui qui, par la circulaire de 1785, mit virtuellement fin au régime des lettres de cachet (ce qui procédait d'un généreux élan puisqu'il risquait de se priver ainsi de son ministère) et qui supprima la tour de Caen, tristement réputée pour être la prison la plus sévère. Il fit aussi fermer le donjon de Vincennes – succursale de la Bastille – et envisagea même la suppression de la Bastille elle-même. Il avait quitté son ministère en 1788, mais il y revint, le 12 juillet 1789; cela fut le prétexte au soulèvement populaire entraînant la prise de la célèbre prison. Il émigra sagement sous la Terreur et rentra en France en 1802.

BRETONNEAU (1778-1862). Médecin né à Saint-Georges-sur-Cher (Loir-et-Cher). Fit des recherches sur la fièvre typhoïde, qu'il compara à la variole, et sur l'angine couenneuse à laquelle il donna le non moins angoissant – mais à peine – de diphtérie. Il a fondé, en thérapeutique, la doctrine des médications spécifiques. Une rue porte son nom depuis 1875.

BRETONS Cette cour privée s'appela d'abord de Bretagne, puis des Bretons, puis de Bretagne, puis des Bretons. Pour l'instant, on en est là

BRETONVILLIERS Par cette rue, ouverte en 1642, on accédait à l'hôtel de Claude Le Ragois de Bretonvilliers, magnifique demeure bâtie par Jean Du Cerceau en 1640. Ce Du Cerceau appartenait à la célèbre famille d'architectes dont le véritable nom était Androuet (Voir ce nom.)

BRÈVE Cette rue baptisée, avec à-propos, « Brève », en 1996, parce qu'elle ne fait que 25 m de longueur, se trouve au niveau - 3 du secteur du Forum central des Halles.

BREY (1795-1875). Architecte qui fut adjoint au maire de Neuilly.

BRÉZIN (1758-1828). Industriel philanthrope (comme quoi tout peut arriver) qui, durant la Révolution, fut chargé de la fourniture des canons de bronze. Devint ensuite maître de forges en Normandie. Il consacra sa fortune à la fondation d'une maison de refuge, appelée hospice de la Reconnaissance, à Garches. Y étaient admis les ou vriers âgés appartenant aux catégo ries professionnelles suivantes mécaniciens, serruriers, forgerons, fondeurs.

BRIARE M. Briare, un entrepreneur, possédait une maison dans cette impasse quand elle fut baptisée en 1805.

BRIDAINE (1701-1767). Né à Chusclan, dans le Gard, mort près d'Avignon, à Roquemaure, l'abbé Jacques Bridaine fut un prédicateur renommé. Il prononça 256 sermons, dans lesquels il tomba parfois dans le trivial, ce qui ne faisait pas leur moindre charme. La Cour tout entière l'écoutait et Louis XV, à qui, hors d'un sermon, il s'adressait, lui répondit : « J'aime bien entendre des sermons, mais je n'aime pas qu'on m'en fasse. »

BRIE Région naturelle du Bassin parisien. C'est un riche plateau renommé pour son blé, ses pâturages, son beurre et ses fromages. Elle s'étend, en arc de cercle, de Nogent-sur-Seine à Épernay

BRIGNOLE (1812-1888). Mme de Brignole-Sale était l'épouse du financier italien Galliera. Elle naquit à Gênes et mourut à Paris. Elle se distingua par son esprit charitable. Elle consacra 24 millions à la fondation et l'entretien de l'orphelinat Saint-Philippe et à une maison de retraite des frères des écoles chrétiennes à Meudon; puis 11 millions pour créer l'hôpital de Clamart, 2 millions pour bâtir des maisons pour les ouvriers, etc. Elle dispensa ainsi toute son immense fortune, car son fils avait décidé de ne rien garder pour lui (un bravo pour le jeune homme). Le musée Galliera est un don de cette dame de Brignole-Sale, à la Ville de Paris. Elle fut si gentille que c'est avec honte pour ce manque de galanterie que l'on signalera que « brignole » désigne une prune séchée, originaire de Brignoles et ses environs, en Provence.

BRILLAT-SAVARIN (1755-1826). Magistrat, littérateur et surtout gastronome né à Belley. Fut avocat avant d'être élu député à l'Assemblée constituante. À la Terreur il se réfugia à l'étranger (Suisse et Amérique) et ne revint en France qu'en 1796. Finit conseiller à la Cour de cassation. Les révolutions politiques diverses ne troublèrent jamais sa digestion, ainsi qu'il se plaisait à le dire. C'était avant tout un épicurien. Il écrivit un livre intitulé « Physiologie du goût » qui parut anonymement en 1825, portant cette épigraphe : « Dis-moi ce que tu manges, je te dirai qui tu es. »

BRINDEAU Ce mot, sans surprise, désignait, jadis, un mince filet d'eau, un ru en quelque sorte. Et dans les temps anciens, un brindeau – sinon plusieurs – serpentait dans ce quartier. D'où – pour ne pas oublier le passé – cette allée baptisée en 1997

BRIQUET Nom du propriétaire du terrain.

BRIQUETERIE Tout simple : il y avait une fabrique de briques dans cette rue, au XIXe siècle.

BRISE-MICHE Rien de graveleux là-dedans ; au contraire... Au Moyen Âge, des chanoines distribuaient du pain aux nécessiteux dans cette rue. Mais, finalement on peut quand même, en cherchant bien, et surtout en remontant le temps, trouver le côté graveleux ; le voici : avant qu'elle s'appelle Brise-Miche, cette rue, qui s'appelait Baillehoë, était fréquentée par des ribaudes. Elle prit son nom actuel en 1517.

BRISSAC (1550-1621). Charles Cossé, duc de Brissac. Élément d'une forte lignée. C'est lui qui, après bien des atermoiements et de multiples revirements, ouvrit finalement les portes de Paris à Henri IV, le 22 mars 1594. Cela lui valut, disons-le en passant, la distinction de maréchal. Lui et ses descendants furent ensuite fidèles aux rois et l'un d'eux, Louis Hercule, son petit-fils, fut massacré en 1792 à cause de son attachement à Louis XVI, qui ne lui en demandait peut-être pas tant.

BRIZEUX (1806-1858). Poète breton né à Lorient ou à Scaër et mort à Montpellier. Il ne chanta que son pays natal, « la terre de granit recouverte de chênes ». Publia : « Marie », « les Ternaires », « la Fleur d'or », etc.

BROCA (1824-1880). Chirurgien qui naquit à Sainte-Foy-la-Grande (Gironde). Son sujet de prédilection, surtout dans ses dernières années, fut le cerveau. Il mourut alors qu'il travaillait à un ouvrage complet sur la morphologie de cet organe. Il est considéré comme le père de l'anthropologie moderne. En tout cas c'est ce que l'on disait de son vivant. Voici quelques titres joyeux parmi ses ouvrages : « De l'étranglement dans les hernies abdominales », « Traité des tumeurs », « Des anévrismes et leur traitement », etc. Ce dernier livre ne devait d'ailleurs pas être complet, car il mourut, au Sénat – puisqu'il était devenu sénateur –, d'une rupture d'anévrisme. Une statue de lui, faite par un sculpteur sourd-muet, qui n'a donc jamais su si la ressemblance était criante, se trouve près de la Faculté de médecine.

BROCHANT (1773-1840). Brochant de Villiers, géologue, minéralogiste; né et mort à Paris. Fut directeur de la Manufacture de glaces de Saint-Gobain et membre de l'Académie des sciences. Œuvre capitale : « Carte géologique de la France ».

BRONGNIART (1739-1813). L'architecte Alexandre Brongniart naquit et mourut à Paris. Se destinait d'abord à la médecine. Construisit, vers 1773, le petit palais du duc d'Orléans et l'hôtel de la princesse de Monaco. C'est lui qui dessina le cimetière du Père-Lachaise, les grandes avenues entourant les Invalides et l'École militaire dont il fut aussi architecte durant dix ans. Son œuvre principale reste évidemment la Bourse, dont il posa la première pierre en 1808. Il mourut avant qu'elle soit achevée.

BROSSE Doit son nom à Jacques de Brosse, architecte, dit-on, de la façade de l'église Saint-Gervais. Mais ce Jacques se prénommait en réalité Salomon et, de plus, il semble que ce ne soit pas du tout lui qui ait été l'architecte de cette façade, mais plutôt Clément Métezeau, mort à Dreux en 1556, qui aida Philibert Delorme à construire les Tuileries et qui édifia, avec Guillaume Marchant et Jean Petit, le Pont-Neuf. Pour en revenir à de Brosse, ajoutons que son nom s'écrivait en un seul mot (Debrosse), et décidément vous vous direz qu'autour de cette rue flotte le mensonge. Salomon Debrosse, qui naquit à Verneuil et mourut à Paris en 1627, était le neveu de Jacques Androuet Du Cerceau. C'est lui qui construisit le Luxembourg pour Marie de Médicis. En ce qui concerne l'église Saint-Gervais, s'il ne s'occupa pas de toute la façade, il semble cependant qu'on ne puisse tout à fait nier qu'il soit l'auteur du portail qui servit de « type » durant les deux siècles suivants.

BROUILLARDS Le nom de cette allée vient d'un ancien moulin dit moulin du Vin, ou moulin des Brouillards, qui, à une certaine époque, était habité par un homme fabriquant un vin assez exécrable... Le château des Brouillards doit lui-même son nom à ce moulin. Ce château fut construit en 1772 par le marquis Lefranc de Pompignan.

BROUSSAIS (1772-1838). Médecin né à Saint-Malo, qui, engagé volontaire dans l'armée, se distingua contre l'insurrection vendéenne. Comme il en revint malade, cela lui donna l'idée d'étudier la médecine. Reçu docteur à l'âge de 31 ans, il put se faire nommer médecin aide-major dans l'armée des côtes de l'océan. Étudia surtout la phtisie pulmonaire; découvrit la tuberculisation du poumon, mais se trompa sur la cause de la maladie (nul n'est parfait). Devint médecin en chef de l'armée d'Espagne et commença à répandre ses idées dont le principe, connu sous le nom de système de Broussais, procède de la notion de l'irritabilité des tissus. Broussais ne reconnaissait à la matière vivante qu'une seule propriété : la contractilité. Grand partisan de la saignée, il faillit en être lui-même victime (ainsi se serait réalisée avant la lettre la proposition de Ionesco qui, dans « la Cantatrice chauve », demande que le médecin meure avec son malade). Malheureusement pour Broussais, sa médecine physiologique ne résista pas à l'épidémie de choléra qui survint en 1832. Ses cendres et une statue de lui demeurent au Val-de-Grâce, à Paris.

BROWN-SEQUARD (1817-1894). Médecin physiologiste né à l'île Maurice et mort à Sceaux. Fils d'un Américain et d'une Française, s'occupa beaucoup des maladies nerveuses. Après avoir été reçu docteur à Paris, il séjourna quelque temps en Amérique du Nord et à Londres où il s'occupa de paralytiques. Fut ensuite professeur agrégé à l'École de médecine de Paris. Succéda à Claude Bernard au Collège de France et, après être entré à l'Académie des sciences en 1886, devint président de la Société de biologie. S'intéressa à la composition du sang, aux maladies de la moelle épinière, à la chaleur animale et aux ganglions lymphatiques.

BRUANT (1637-1697). Prénom : Libéral. C'était un architecte qui fonda, avec des collègues, l'Académie d'architecture. Il construisit l'hôtel des Invalides. Aida Nicolas de l'Espine à agrandir le Châtelet. Cette rue porte son nom depuis 1819.

BRULLER Nom du propriétaire du terrain. Rue baptisée en 1931.

BRULON Nom du propriétaire.

BRUNE (1763-1815). Guillaume Brune, né à Brive-la-Gaillarde, mort assassiné à Avignon. Ouvrier typographe et journaliste, il se lia avec Danton qui le chargea, en 1792, de la réquisition de chevaux et voitures pour l'armée. Général dans l'armée d'Italie, puis en Hollande où il remporta la bataille de Bergen en 1799. Il pacifia ensuite la Vendée en 1801. Nommé maréchal en 1804, il s'empara de Stralsund, en Poméranie (1807). On l'accusa de concussion – sans doute à tort – et il tomba en disgrâce. Pendant les Cent-Jours il commanda cependant l'armée du Var. Après la chute de Napoléon, c'est en se rendant à Paris pour être entendu du roi qu'il fut tué, à Avignon où régnait la Terreur blanche, à coups de carabines par des individus l'accusant d'avoir porté au bout d'une pique la tête de Mme de Lamballe. Après sa mort, ces gens ne furent même pas poursuivis.

BRUNEL (1769-1849). Ingénieur né à Hacqueville (Eure) et mort à Londres. En 1793 il émigra et c'est aux États-Unis qu'il devint ingénieur. Il construisit le canal d'Albany et le théâtre de New York, puis habita Londres. C'est lui qui fit creuser le célèbre tunnel qui passe sous la Tamise (1824-1842). Fut nommé baronnet en 1841. Son fils, ingénieur, eut également la nationalité anglaise.

BRUNESSEAU (1751-1819). Les rats doivent beaucoup à M. Emmanuel Brunesseau : c'est lui qui créa le Service des égouts de Paris. On donna son nom à une rue en 1946.

BRUNETIÈRE (1849-1906). Critique et professeur né à Toulon. Débuta comme critique à la « Revue bleue », puis, en 1875, entra à la « Revue des Deux Mondes ». Ferdinand Brunetière était un homme d'autorité qui cherchait, en tout, la discipline. Il réagit contre l'école de Taine, en distinguant nettement la critique littéraire de l'histoire. Il fut élu à l'Académie française en 1893 et, comble d'honneur, fut reçu deux fois par le pape Léon XIII. Ouvrages : « le Roman naturaliste », « Évolution de la poésie lyrique », etc.

BRUNOY Nom du propriétaire du terrain. Rien à voir, par conséquent, avec la ville de la banlieue parisienne dont Wellington fut nommé marquis, après Waterloo, par Louis XVIII en signe de reconnaissance...

BRUXELLES Capitale de la Belgique. C'est à partir du VIIe siècle que le nom de Bruxelles se fait connaître. Au XIVe siècle, Bruxelles était déjà la plus grande ville du duché de Brabant, mais Louvain était encore sa capitale. Ce n'est qu'après la réunion du Brabant aux autres possessions du duc de Bourgogne, Philippe le Bon, en 1430, que Bruxelles devint la capitale virtuelle. Pendant les guerres de Louis XIV, la ville fut bombardée par le maréchal de Villeroi et 1 400 maisons et édifices furent détruits. Mais la célèbre Grand-Place sortit plus belle de ses ruines. Au XVIIIe siècle, sous le règne de Marie-Thérèse, fut créée la magnifique place Royale. Bruxelles fut française de 1794 à 1815. Résidence du roi des Pays-Bas de 1815 à 1830, ce n'est qu'en 1830 qu'elle devint capitale du royaume de Belgique. Bruxelles est aujourd'hui le siège de plusieurs organisations européennes. Ce fut la patrie des peintres Breughel, Van Orley, Van der Meulen et du sculpteur Duquesnoy. Parmi les monuments de la ville, citons surtout l'Hôtel de Ville, qui date de la première moitié du XVe siècle, la maison du Roi et, autour de la Grand-Place, les maisons des Corporations.

BRUYÈRES Vient du celte « brug », buisson. On dit aussi que bruyère vient de bruire. Avez-vous entendu bruire les fleurs de bruyères agitées par le vent? Tendez bien l'oreille, habitant de la rue des Bruyères, car il faudra que vous ayez l'ouïe diablement fine pour entendre ce bruissement depuis votre balcon. C'est en 1932 que l'on donna ce nom à cette rue.

BUCAREST En roumain Bucuresti. Capitale de la Roumanie, située sur une plaine à égale distance du Danube et des Balkans, au bord d'une rivière, la Dimbovitza. 2064474 habitants, qui ont très chaud l'été et très froid l'hiver, ce qui est tout à fait logique sous ce climat continental. La Roumanie, république populaire depuis 1947, est devenue socialiste en 1965 et, depuis 1996, l'opposition démocratique y a pris le pouvoir.

BÛCHERIE Avant le gaz, avant le fuel, avant le charbon, à quoi se chauffait le Parisien frileux? Hé oui : au bois. Et ce bois, quand il venait par bateaux, était déchargé au « port aux bûches » situé à l'emplacement de cette rue qui fut appelée « de la bûcherie » dès le début du XIVe siècle. Beaucoup d'étudiants ou apparentés la fréquentent aujourd'hui, mais ne sont pas tous des bûcheurs...

BUCI C'est en 1523 qu'on donna ce nom à cette rue. Pourquoi? Parce qu'en 1352 y vivait Simon de Buci, à ce moment premier président du Parlement.

BUDAPEST Capitale de la Hongrie, au bord du Danube, au sortir du défilé de Gran. Il y avait, initialement, deux villes : Buda et Pest. Pest est la ville basse. C'est en 1873 que l'on réunit le nom des deux villes. Buda fut occupée par les Turcs de 1526 à 1686 – c'est Charles de Lorraine qui mit fin à cette occupation. Le Parlement de Budapest est un édifice remarquable. La Hongrie est république depuis 1946.

BUDÉ (1467-1540). Guillaume Budé est un philologue. Voyez comme les bonnes actions sont – parfois – récompensées : il avait recueilli un Grec chez lui et se découvrit alors une passion pour la langue d'Homère. Il devint le plus grand helléniste de son temps et fut tour à tour secrétaire du roi, maître de requêtes, maître de la librairie (bibliothécaire du roi), prévôt des marchands, ambassadeur près de Léon X, etc. Bien vu par François Ier, il en profita pour le déterminer à fonder le Collège de France.

BUENOS AIRES Capitale de la république Argentine; ville fondée en 1535 par Mendoza, qui l'appela Puerto de Santa-Maria de Buenos-Ayres. Située sur la rive droite du rio de la Plata. Une rue porte son nom depuis 1890.

BUFFAULT Jean-Baptiste Buffault, vivant au XVIIIe siècle, avait une femme qui possédait un magasin de modes à l'enseigne des « Traits Galants »; et dans ce magasin, la comtesse du Barry, à l'époque où elle s'appelait encore Jeanne Bécu, travaillait comme trottin, c'est-à-dire comme ouvrière employée aux courses. Quand Mlle Bécu devint la favorite de Louis XV, elle fit donner à M. Buffault la direction de l'Académie nationale de musique. Cette gentillesse ne fut pas récompensée, car Jeanne Bécu, comtesse du Barry, mourut décapitée sous la Terreur, en 1793, à l'âge de 50 ans.

BUFFON (1707-1788). Georges-Louis Leclerc, comte de Buffon, né à Montbard. Ce naturaliste considérait l'homme comme le roi de la nature. Petit à petit, Buffon devint plus philosophe que naturaliste. Sur la statue qui fut élevée de son vivant, on a inscrit, en latin, « majestati naturae par ingenium », ce que vous avez justement traduit par « Génie égal à la majesté de la nature ». Il entra à l'Académie française en 1753 et pensa que c'était là une bonne occasion pour prononcer une phrase célèbre : « Le style est l'homme même. » Deux titres parmi ses œuvres : « Théorie de la Terre » et « Époques de la nature ». Une rue porte son nom depuis 1765.

BUGEAUD (1784-1849). Thomas Bugeaud de La Piconnerie, duc d'Isly, naquit à Limoges et entra à 20 ans comme grenadier aux vélites de la garde impériale. Sous-lieutenant en 1806, il fit les campagnes de Pologne et de Prusse, puis se battit en Espagne, aux sièges de Saragosse et Pampelune. En 1814 il se rallia aux Bourbons, en le faisant bruyamment savoir, mais, changeant très vite de casquette, il rejoignit Napoléon à Auxerre; celui-ci l'envoya à l'armée des Alpes avec laquelle, à la tête de 1 700 hommes, il culbuta toute une division autrichienne. Tenu à l'écart pendant la seconde Restauration (cela se comprend...) il se retira dans son domaine de la Durantie, en Périgord. Il devint le « soldat laboureur » dont la devise était « Ense et aratro ». Après 1830, reprit de l'activité militaire et fut élu député de Dordogne en 1831. Son grand « zèle » gouvernemental fit qu'on le chargea de garder prisonnière, au fort de Blaye, la duchesse de Berry, alors enceinte. Il la conduisit à Palerme, en 1833, après avoir fait une publicité éhontée à son accouchement. En 1834, le député Dulong lui en ayant fait le reproche, Bugeaud le provoqua en duel et le tua. Il devint franchement impopulaire en réprimant très cruellement l'insurrection d'avril 1834. Envoyé en Algérie en 1836, il déblaya, c'est le mot exact, toute la région d'Oran et signa, en 1837, avec Abd el-Kader, le traité de la Tafna. Nommé gouverneur de l'Algérie en 1840, il étendit la domination française jusqu'à la frontière saharienne, avant de transformer ses soldats en ouvriers et colons; ses compagnons d'armes, pour lesquels il avait beaucoup de sollicitude, le surnommèrent alors « le Père Bugeaud ». Nommé maréchal en 1843, il mourut à Paris, emporté par le choléra.

BUIS À cet emplacement se trouvait une croix que l'on garnissait de buis, le jour des Rameaux.

BUISSON SAINT-LOUIS Ce lieu était fort champêtre, d'où le mot « buisson ». Et, à la fin du XVIe siècle on construisit, tout près, l'hôpital Saint-Louis. Voilà, rien de plus simple.

BULLANT (1515-1578). Sculpteur et architecte qui reçut sa formation en Italie. Son chef-d'œuvre, commencé en 1540, est le château d'Écouen – ville où il mourut. Bullant, prénommé Jean, construisit aussi, pour Catherine de Médicis, le château de Soissons. Attention : il y a un autre Jean Bullant, maître maçon et architecte, qui vivait à Amiens entre 1532 et 1575; ce n'est pas le « bon », aussi inutile de le complimenter pour la construction de l'hôtel Carnavalet, car c'est le premier cité qui en est le constructeur. Comment distinguer l'un de l'autre? Le premier, qui fit des études en Italie, a un léger accent... Une rue porte son nom depuis 1875.

BULLIT C'est presque le titre d'un film américain, « Bullitt », mais il est évident que cela n'a aucun rapport avec le nom de cette rue tout à fait française... Bullit est peut-être une légère altération de « bulliste », nom que l'on donnait autrefois aux membres d'une congrégation de Saint-François, appelés d'ailleurs plus communément des « observants ».

BULLOURDE Nom du propriétaire du terrain.

BUOT Encore un heureux propriétaire dont on classa la rue dans la voirie parisienne en 1935.

BUREAU Tout près se trouvait un bureau d'octroi. Rue baptisée en 1877.

BURNOUF (1801-1852). Eugène Burnouf était un orientaliste – aucun rapport toutefois avec l'expression « faire suer le burnouf ». Il débuta en 1826 par un « Essai sur le pali », mais acquit une certaine notoriété en rendant compréhensible la langue zen, dont on avait perdu l'entendement. Eugène Burnouf révéla aussi à l'Europe le bouddhisme dans son « Introduction à l'histoire du bouddhisme », ainsi que dans « le Lotus de la bonne loi ». Il mourut au moment où l'Académie des inscriptions venait de le nommer son secrétaire perpétuel... Une rue porte son nom depuis 1884.

BURQ Ce mot, qui ressemble à une onomatopée pour bandes dessinées, était le nom d'un homme propriétaire du terrain.

BUTTE-AUX-CAILLES Évidemment ce nom provient d'un lieu-dit où les cailles se trouvaient nombreuses; mais ce qu'il est également intéressant de savoir, c'est que le 21 octobre 1783, vers 15 heures, une montgolfière, pour la première fois, transporta dans les airs deux personnes sur une distance de 8,5 km avant de se poser Butte-aux-Cailles; les deux voyageurs étaient le marquis d'Arlandes et le chimiste Pilâtre de Rozier.

BUTTES-CHAUMONT Le nom de Buttes-Chaumont se retrouve déjà dans un écrit de 1216, sous l'appellation suivante : « in territorio dicto Calvo monte », qui signifiait, sans aucun doute, « mont chauve ». Ces buttes chauves furent utilisées pour l'implantation de moulins à vent. Les Buttes-Chaumont sont situées à l'endroit où la chaîne de collines qui sépare la Seine de la Marne s'interrompt brusquement. Le 30 mars 1814, une poignée de soldats résistèrent, aux Buttes, à l'armée des Alliés, durant toute une journée. C'est en 1863 que le gouvernement impérial fit transformer les monticules « chauves » en un magnifique parc anglais de 25 hectares. Un pont, menant à la reproduction du temple de la Sibylle et haut de 67 mètres, sert de temps en temps de tremplin idéal pour un suicide.

BUZELIN Nom du propriétaire du terrain; cette rue porte son nom depuis 1863.

BUZENVAL Ancien hameau de la commune de Rueil. Un combat s'y déroula le 19 janvier 1871 entre Français et Prussiens, autour du château de Buzenval, devenu le centre de la bataille de Montretout, ultime sursaut pour tenter de briser le cercle de fer et de feu qui entourait Paris. Vain effort puisque nous perdîmes cette bataille au cours de laquelle le peintre Henri Regnault, le marquis de Coriolis et le colonel de Rochebrune trouvèrent la mort.

C

CABANIS (1757-1808). Médecin et philosophe né à Cosnac, en Corrèze. Il appartenait à l'école « sensualiste » Il pensait, en matière de philosophie, que tout devait se rapporter aux sens et à l'expérience physique. De ce fait, détestait Platon. Dans sa jeunesse, fit des tentatives d'écriture poétique, mais Voltaire lui ayant fait comprendre qu'il avait sans doute mieux à faire, il n'insista point et devint médecin. En 1791, il fut accusé, à tort dit-on aujourd'hui, d'avoir empoisonné Mirabeau avec qui il était très lié. En tout cas, il s'intéressait aux poisons, puisqu'il en fournit à un autre ami (sic), Condorcet, une dose adéquate afin qu'il se suicide. Il recueillit les écrits du défunt et épousa sa belle-sœur, Charlotte Grouchy. Il soutint le Directoire, puis Bonaparte qui, gentiment, le fit sénateur. Il vivait tranquillement à Auteuil lorsque, en 1807, il fut frappé d'apoplexie; il en mourut l'année suivante Une rue porte son nom depuis 1867

CACHEUX Nom du propriétaire du terrain. Rue ouverte en 1883

CADET Vient du nom d'une famille de jardiniers vivant dans une propriété dite « clos Cadet », d'après leur patronyme. La rue porte ce nom depuis 1853

CADETS DE LA FRANCE LIBRE Cette rue fut baptisée en 2001 en hommage aux 280 (environ) jeunes Français accueillis en Angleterre, entre 1940 et 1944, dans les rangs de l'École militaire des Cadets de la France libre; 55 d'entre eux sont morts pour la France

CADIX Ville espagnole, chef-lieu de la province du même nom. Située au bord de l'Atlantique, dans l'île de Léon, face à l'embouchure du Guadalète. Les Carthaginois l'occupèrent jusqu'au IIIe siècle, époque à laquelle arrivèrent les Romains qui la baptisèrent Gadès, puis Julia Augusta Gaditana. Mais la notoriété de Cadix vient de la découverte de l'Amérique; c'est en effet de ce port que partaient, vers le Nouveau Monde, les bateaux qui revenaient ensuite chargés d'or. Cadix fut prise par les Français en 1823. Nous la rendîmes dès 1824. Depuis quelques années, nous l'envahissons à nouveau chaque été, mais aux premiers jours de septembre nous levons le siège

CADRAN Avant que l'on invente la montre à quartz – oh bien avant! – les hommes regardaient sagement l'heure à un cadran solaire. Il y en avait un au Moyen Âge au fond de cette impasse

CAFFARELLI (1756-1799). Général du génie, de son prénom Louis-Marie, né à Falga (Haute-Garonne), issu d'une famille italienne fixée en France depuis Louis XIII. Il eut quatre frères, dont il fut le tuteur et à qui il abandonna son droit d'aînesse. En 1792 il protesta contre la déchéance de Louis XVI et fut destitué – il était alors officier – et emprisonné. En 1795, on le réintégra et il combattit sous Kléber et Marceau ; un boulet lui emporta une jambe... et ne la ramena jamais. Cela ne l'empêcha pas, clopin-clopant, de participer à la campagne d'Égypte. Il devint l'ami de Napoléon, idole des soldats français et des Arabes. Mais c'est en commandant les travaux préparatoires au siège de Saint-Jean-d'Acre qu'il mourut d'une balle qui l'atteignit au bras

CAFFIERI Cette rue doit depuis 1933 son nom aux Caffieri, famille de sculpteurs et ciseleurs-fondeurs, dont les six membres suivants acquirent une certaine renommée : Philippe, né à Rome en 1634, mort à Paris en 1716 ; Mazarin l'avait « appelé » et Colbert lui confia des travaux dans les mai sons royales. – François-Charles, fils aîné du précédent, né en 1667, mort en 1729, à Brest. Il était sculpteur des vaisseaux du Roi. – Jacques (1678-1755), sixième enfant du premier cité, sculpta de fort beaux bustes. – Charles-Philippe (1695-1766), fils de François-Charles, succéda à son père comme sculpteur de bateaux. – Charles-Marie (né en 1736), fils de Charles-Philippe, devint ingénieur géographe. – Jean-Jacques, fils de Jacques (on s'y perd un peu...), fut sans doute le plus connu. Né en 1725, mort en 1792, il appartint à l'Académie royale et fit des statues de Pierre et Thomas Corneille et de Molière.

CAHORS Chef-lieu du département du Lot. S'appela Cadurcorum Civitas. Ses habitants se nomment les Cadurciens. Le Lot traverse la ville où l'on peut voir l'église Saint-Étienne et le palais de Jean XXII. Mais son monument le plus célèbre est le pont Valentré, magnifique pont fortifié datant du Moyen Âge. Au XVIe siècle, la ville appartint aux souverains du Béarn. C'est la patrie de Clément Marot et de Léon Gambetta. Le vin de Cahors est justement renommé, mais si vous voulez boire du « nec plus ultra », ne commandez que des bouteilles marquées « vieux Cahors ».

CAIL (1804-1871). Industriel né à Chef-Boutonne, mort près de Ruffec. Simple ouvrier chaudronnier à ses débuts, il finit comme associé du directeur de l'usine qui l'avait embauché, tout cela sans avoir épousé la fille du patron, le chimiste Derosne. Cail construisit du matériel pour chemins de fer, des canons, des mitrailleuses et des chaloupes canonnières. Bizarrement, il publia avec Derosne un livre intitulé : « De la fabrication du sucre aux colonies et des nouveaux appareils propres à améliorer cette fabrication ». Une rue de Paris porte le nom de Jean François Cail depuis 1868

CAILLARD (1734-1776). Jurisconsulte, avocat à Paris, surnommé « Moule à affaires ».

CAILLAUX Nom du propriétaire du terrain. Rue ouverte en 1863. Rien à voir avec Eugène Caillaux (1822-1896), ingénieur et homme politique qui fut ministre des Travaux publics et des Finances

CAILLETET (1832-1913). Physicien et industriel né à Châtillon-sur-Seine. Auteur de recherches sur la liquéfaction des gaz : azote, oxygène, etc. Élu en 1884 membre de l'Académie des sciences. Rue baptisée en 1931.

CAILLIÉ (1799-1838). Grand voyageur. En son temps, il était difficile de se rendre à Tombouctou, mais encore plus difficile d'en revenir. René Caillié est le premier Européen qui réalisa cet exploit, en 1828. Il décrivit ce qu'il avait vu et personne n'aurait pu alors le contredire.

CAIRE On donna à une rue de Paris le nom de la capitale égyptienne, en souvenir de la prise de celle-ci par les Français, le 28 juillet 1798. Le Caire est situé dans la Basse-Égypte, sur la rive droite du Nil. Il fut bâti par les sultans fatimides du Maghreb qui l'appelèrent El-Kahira, c'est-à-dire « la Victorieuse », que l'on déforma bientôt en « Le Caire ». On trouve dans cette capitale plus de 400 mosquées.

CALAIS Ville du Pas-de-Calais, à l'embouchure des canaux de Saint-Omer et de la Rivière-Neuve. Calais fut pris par les Anglais en 1347 et ne redevint français qu'en 1558 grâce à François de Guise. En 1595 les Espagnols prirent la ville, mais la rendirent, dès 1598. L'histoire des bourgeois de Calais date de la prise de la ville par les Anglais, en 1347. Jean de Vienne, le gouverneur, après onze mois de siège, dut capituler. Édouard III exigea que les Calaisiens fussent « à sa merci, pour les rançonner ou les mettre à mort, selon son bon plaisir ». Ses chevaliers, trouvant ses propos un peu trop cruels, l'amenèrent à composer un peu et il réclama seulement que six notables bourgeois se livrent « la hart au col et les clefs de la ville en leurs mains ». Eustache de Saint-Pierre et cinq autres se dévouèrent; en les voyant Édouard III ordonna qu'on leur coupât la tête; ce n'est qu'à la prière de sa femme, Philippine de Hainaut, qu'il les renvoya sains et saufs. La ville fut une « porte ouverte à l'étranger », jusqu'à ce que le duc de Guise l'ait reprise en huit jours, en 1558. Marie Tudor ne s'en consola pas, qui disait : « Si l'on ouvrait mon cœur, on y trouverait gravé le nom de Calais. » Elle prononça ces mots en mourant. L'autopsie ne fut pas pratiquée...

CALMELS Ancien propriétaire du terrain; rue baptisée en 1880.

CALVAIRE Vers 1670, en haut de ce chemin se trouvait un calvaire. La rue fut nommée ainsi en 1844.

CAMBACÉRÈS (1753-1824). Le duc de Cambacérès est né à Montpellier. Représentant l'Hérault lors de la Convention, il se tint le plus possible hors de la mêlée politique. Il prononça la culpabilité de Louis XVI, mais se montra fort évasif sur l'application de la peine, ne votant la mort qu'en cas d'invasion de la France. À cette époque, Cambacérès rédigea un très bon projet de Code civil. Devenu président de la Convention en 1794, puis membre du Comité de salut public, il dut le sien à de savants louvoiements entre les partis. Après le 18-Brumaire, c'est lui qui choisit Bonaparte comme deuxième consul et sous l'Empire il fut le conseiller et l'instrument docile de Napoléon. En 1814 il renia pourtant l'empereur, mais il se rallia à lui pendant les Cent-Jours. Cela décida la seconde Restauration à l'exiler en 1816, comme régicide. Son exil fut bref, puisqu'il rentra en 1818, mais il s'abstint dès lors de toute activité politique. La rue Cambacérès existe depuis 1865.

CAMBO Commune des Pyrénées-Atlantiques, près de la Nive. Depuis le XVIe siècle on connaît ses eaux ferrugineuses et sulfureuses. Cette ville fut chère à Edmond Rostand, l'auteur de « Cyrano de Bergerac ». Si les eaux ferrugineuses ne séduisent pas vos papilles gustatives, sachez que l'on fabrique de l'excellent chocolat à Cambo, qui donna son nom à une rue en 1911.

CAMBODGE Capitale Phnom Penh. Superficie : 181 000 km². La population khmère compte 10 530 000 habitants. Pays chaud et humide recouvert de forêts. Le royaume d'Angkor, fondé en 802, fut le point de départ d'une grande civilisation. Le Cambodge fut placé sous protectorat français de 1863 à 1953. La république fut proclamée à Phnom Penh en octobre 1970. En 1970, un gouvernement d'essence communiste prit le pouvoir ; sous son gouvernement, le pays sombra dans une quasi-« terreur ». La monarchie se réinstalla à la fin des années 80 et, aujourd'hui (1999), c'est un gouvernement de coalition qui mène le Cambodge dont une rue de Paris porte le nom depuis 1877.

CAMBON (1754-1820). Joseph Cambon, célèbre Conventionnel, né à Montpellier, mort à Bruxelles. Son titre de gloire est d'avoir, le premier, proposé la création d'un grand livre pour l'inscription de la dette publique. Il mourut en exil et on donna son nom à une rue en 1879.

CAMBRAI Ville du Nord, sur l'Escaut canalisé. Très ancienne puisque Clodion s'y installa en 445. Ce Clodion surnommé « le chevelu » est peut-être le père de Mérovée. Sachez que c'est à Cambrai que Clovis occit Ragnacaire, le chef des Francs de la contrée. Cette ville nordiste n'appartient à la France que depuis 1677. C'est la patrie de Dumouriez, du musicien Josquin Des Prés et de l'écrivain Berthoud. Une spécialité gourmande : les bêtises. Une information : Fénelon fut évêque de la ville.

CAMBRONNE (1770-1842). Général né à Saint-Sébastien (Loire-Atlantique) et mort à Nantes. Colonel à Iéna, il fut nommé baron, en 1810, après Wagram. Il reçut, en plus du grade de général, plusieurs blessures durant la campagne de France. Il suivit Napoléon à l'île d'Elbe. Cambronne s'est surtout rendu célèbre par son comportement à Waterloo où, vers la fin de la journée, à la tête d'un bataillon de la vieille garde, le « dernier carré », il tint longtemps tête aux ultimes assauts de l'ennemi. C'est là qu'il prononça un mot qui, s'il ne renversa pas le sort de la bataille, contribua à l'excellent renom de la langue française, par ailleurs si diplomatique. Il fut fait prisonnier et transporté mourant en Angleterre ; quand il revint en France il fut écroué par ordre de Louis XVIII ; grâce à un plaidoyer superbe de Berryer il fut acquitté et nommé commandant de la place de Lille. À propos du mot de Cambronne, il apparaît que ce n'est que la tradition qui le lui attribue et qu'il ait seulement dit : « La Garde meurt et ne se rend pas. »

CAMÉLIAS En 1880, cette rue fut percée sur l'emplacement de jardins ; les propriétaires de ces jardins, qui baptisèrent eux-mêmes la rue, lui donnèrent, poétiquement, le nom de cet arbre sur lequel viennent de si jolies fleurs, mais qui pousse difficilement à Paris.

CAMILLE BLAISOT (1881-1945). C'est le nom d'un parlementaire qui entra dans la Résistance et que les Allemands déportèrent à Buchenwald où il mourut. On donna son nom à une rue en 1956.

CAMILLE BOMBOIS (1882-1969 ou 1970). Peintre français autodidacte qui, avant d'être « reconnu », s'adonna à divers métiers : gardien de troupeaux, valet de ferme, hercule de foire, terrassier, typographe. Il fait partie des « naïfs » et la plupart de ses tableaux, tous remarquables, expriment une sorte d'érotisme tranquille et un populisme paisible. On donna son nom à une rue en 1994.

CAMILLE CLAUDEL (1864-1943). Sculpteur (sculptrice?) française née à Fère-en-Tardenois, morte à Montdevergues. Sœur cadette de l'écrivain Paul Claudel, elle fut l'élève, la collaboratrice et l'amie du sculpteur Auguste Rodin dans l'ombre duquel elle vécut un peu, avant de tenter d'exprimer, sans influence extérieure, son propre talent qui était grand. Un film, baptisé de son nom, a été réalisé par Bruno Nuytten en 1988, avec Isabelle Adjani dans le rôle titre et Gérard Depardieu dans celui de Rodin. La place Camille-Claudel existe depuis 1992.

CAMILLE DESMOULINS (1760-1794). Avocat et journaliste né à Guise, mort à Paris. Il prépara l'attaque contre la Bastille et prit ensuite le nom significatif de « procureur général de la Lanterne ». Desmoulins créa « le Journal des révolutions de France et de Brabant », qui connut un grand succès. Vers la fin de 1793, peut-être pris de remords, il devint partisan d'une certaine clémence. On l'arrêta immédiatement pour cause de mollesse et on l'envoya sur l'échafaud, tenir compagnie à Danton, le 5 avril 1794. Sa femme, à qui cela avait profondément déplu, écrivit une lettre courroucée à Robespierre; celui-ci, qui détestait les lettres d'injures, la fit exécuter à son tour. Elle se nommait Lucile Duplessis. La rue Camille-Desmoulins existe depuis 1885.

CAMILLE FLAMMARION (1842-1925). Astronome né à Montigny-le-Roi. En 1858 il devint élève astronome à l'Observatoire de Paris. Quatre ans plus tard, quittant l'Observatoire, il publia « la Pluralité des mondes habités ». Cette même année (1862), il commença à collaborer activement à la revue « Cosmos ». En 1865, il s'occupa de la chronique scientifique du « Siècle » et donna sur l'astronomie populaire des conférences que le public goûta fort. En 1868, il accomplit plusieurs ascensions aérostatiques pour étudier la direction des courants aériens et l'état hygrométrique de l'air. En 1870, il réalisa un important travail sur la rotation des corps célestes. Flammarion, vulgarisateur de l'astronomie, a écrit « les Mondes imaginaires et les mondes réels », « les Merveilles célestes » et « le Monde avant la création de l'homme ». La rue Camille-Flammarion existe depuis 1927.

CAMILLE JULLIAN (1859-1933). Historien, né à Marseille. Les histoires marseillaises ne lui paraissant pas suffisamment passionnantes, il rédigea un livre remarquable, « Histoire de la Gaule ». L'Académie française l'accueillit en son sein et une place porte son nom depuis 1935.

CAMILLE PISSARO *Voir Pissaro.*

CAMILLE TAHAN Depuis sa création en 1897 cette rue porte le nom du propriétaire du terrain sur lequel elle fut ouverte.

CAMOËNS (1525-1580). Louis de Camoëns, poète portugais, né et mort à Lisbonne. Issu d'une famille de gentilshommes pauvres, il fit ses études à l'université de Coïmbra et passa ensuite plusieurs années à la Cour. Malheureusement pour lui, il adressa alors des vers trop passionnés à une dame du palais, Catherine d'Atayde; dans sa condition de gentilhomme pauvre cela ne se faisait pas : on l'exila. Pour rompre cet exil, il demanda à faire partie, en qualité de simple soldat, d'une expédition au Maroc. Malheureusement encore, il perdit un œil pendant un combat naval. Après un bref séjour à Lisbonne, Camoëns repartit, toujours simple soldat, cette fois pour Goa. Malheureusement une fois de plus, trop franc et ne sachant pas dissimuler ses sentiments, il s'attira là-bas le courroux du vice-roi qui l'exila aux îles Moluques. Heureusement – enfin! – quand dom Constantin de Bragance remplaça ce vice-roi, il donna à Camoëns une charge lucrative à Macao. Malheureusement une autre fois, repassant par Goa afin de s'y embarquer pour le Portugal, il fut à tort accusé de concussion et emprisonné jusqu'en 1569, c'est-à-dire deux ans. Heureusement à nouveau, rentré à Lisbonne, il plut au jeune roi Sébastien. Malheureusement enfin, quand ce jeune roi trouva prématurément la mort en combattant les Maures, Camoëns tomba en disgrâce et dans un dénuement total. Il écrivit : « les Lusiades », « Philodème » et « Rimas ». L'avenue Camoëns existe depuis 1904

CAMOU (1792-1868). Jacques Camou était général de division, ce qui est mieux que général de brigade, mais moins bien que général en chef de toutes les armées. L'année de sa mort on donna son nom à une rue, et en 1967 cette rue devint « du Général-Camou ».

CAMPAGNE-PREMIÈRE Le général Taponier était un sentimental gardant un souvenir ému de sa « première campagne » faite à Wissembourg en 1793. Comme il était propriétaire du terrain sur lequel on ouvrit cette rue en 1797, on lui accorda de la baptiser à sa convenance. Ce qu'il fit.

CAMPO-FORMIO Ville d'Italie, dans la Vénétie, où fut signé le 17 octobre 1797 un traité de paix, entre la France et l'Autriche, couronnement de la campagne de Bonaparte en Italie. Ce traité donnait à la France : les Pays-Bas et la rive gauche du Rhin, plus Corfou et les îles Ioniennes. C'est en souvenir de ce traité que l'on baptisa ainsi cette rue en 1851.

CAMULOGÈNE Exactement Camulogénus, chef gaulois de la nation aulerque, élu par les Parisii et autres tribus confédérées de la Seine, au moment de la révolte de Vercingétorix. Il défendit Lutèce contre Labienus, lieutenant de César. Bien que son nom signifiât en langue celtique « dieu de la guerre », il dut avoit un moment de relâchement, car son armée fut écrasée et il périt dans cette bataille, en 52 av. J.-C.

CANADA Le Canada s'étend entre l'océan Atlantique, le golfe du Saint-Laurent et le Labrador à l'est; la baie d'Hudson et l'océan Glacial arctique au nord; le territoire d'Alaska et le Pacifique à l'ouest; au sud il est limité par les États-Unis. Sa superficie est de 9975000 km². Le Français Jacques Cartier occupa le Canada, qui ne devint cependant colonie française qu'avec Champlain, en 1608, par la création de Québec. Les Anglais ne tardèrent pas à attaquer les colons français qui, abandonnés par la métropole, furent écrasés sous le nombre et passèrent sous domination anglaise, notifiée par le traité de Paris de 1863. Rappelons que c'est Cabot qui en 1497 découvrit le Canada, lequel s'appela tout d'abord Nouvelle-France. La loi constitutionnelle actuelle du Canada date de 1982.

CANAL Allée baptisée ainsi en 1994, avec un à-propos implacable, parce qu'elle est voisine d'un canal, celui de Saint-Martin.

CANAL DE L'OURCQ Ce canal, construit sous Napoléon par des prisonniers russes, relie l'Ourcq, affluent de la rive droite de la Marne, à la Seine. Il naît près de Villers-Cotterêts et finit à Paris, au bassin de la Villette. Il mesure 107 km, sa profondeur ne dépassant guère 1,50 m, et ses eaux contribuent à l'alimentation de la capitale.

CANAL SAINT-DENIS Quand le canal de l'Ourcq arrive au bassin de la Villette, se forment alors le canal Saint-Denis et le canal Saint-Martin. Le canal Saint-Denis, comme son compère Saint-Martin, se jette dans la Seine. Il s'agit avant tout d'un bief construit pour éviter aux bateaux la traversée complète de Paris.

CANART Nom du propriétaire du terrain.

CANDIE C'est le nom qui fut attribué au XVIIIe siècle à l'île de Crète. Voici plusieurs millénaires, la Crète était un foyer de civilisation; le déclin de l'île commença environ 1 500 ans av. J.-C. Les Romains la prirent en 67 av. J.-C., les musulmans en 826 ap. J.-C., puis Byzance au Xe siècle et les Turcs au XVIIe. Autrement dit, l'île de Crète a toujours attiré les touristes de tous genres... Devenue autonome en 1898, elle fut rattachée à la Grèce en 1913.

CANDOLLE (1778-1841). Pyramus (c'est son prénom, ne riez pas) de Candolle était botaniste et naquit puis mourut à Genève. Il descendait d'une famille noble provençale qui se fixa dans cette ville après avoir adopté le protestantisme. Candolle vint à Paris où il étudia la botanique. Il devint docteur en médecine; sa thèse s'intitulait « Sur les propriétés médicinales des plantes ». En 1808 il devint professeur de botanique à Montpellier où il fit triompher les principes, édictés par Jussieu, de la méthode naturelle. Au moment de la seconde Restauration, il rejoignit Genève qui s'agrégeait à la Confédération helvétique. On fut tout content de l'accueillir et on créa, pour lui tout seul, une chaire d'histoire naturelle et un jardin botanique. Grâce à lui, Genève fut, durant plusieurs années, le foyer des études botaniques. Il eut un fils, Alphonse (1806-1893), qui lui succéda dans sa chaire. Cet Alphonse eut lui-même un fils, Casimir, qui naquit en 1836 et fut aussi botaniste. L'expression « tel père, tel fils » ne fut jamais mieux vérifiée. C'est en 1869 qu'on donna le nom de Candolle à une rue de Paris.

CANNEBIÈRE Vient du mot provençal « canèbe », qui signifie « chanvre ». La plus célèbre Cannebière (on peut l'écrire avec un seul « n ») se trouve, bien entendu, à Marseille et c'est là-bas une voie tracée à l'emplacement d'une ancienne chènevière, c'est-à-dire un champ où l'on cultivait le chanvre. Elle commence au Vieux-Port et longe la Bourse. À Paris, la rue Cannebière a été classée officiellement en 1920.

CANETTES Le mot canette désigne, sur un blason, une petite cane représentée de profil et les ailes serrées Dans la rue qui nous intéresse, c'est sur une enseigne que l'on pouvait voir quatre canes nageant. Le nom de la rue date de 1676. Le nombre de débits de boisson sis désormais rue des Canettes pourrait laisser croire à un béotien que ce sont les bouteilles de bière qui ont donné le nom à la rue. Ce serait, et il faut le crier très fort, une erreur.

CANIVET Au Moyen Âge, le mot canivet servait à désigner un canif. Mais un canivet, c'est aussi un grand perroquet des Antilles. Et pour mettre un comble à notre hésitation quant à l'origine du nom de cette rue, il semblerait qu'un certain Jean Canivet ait habité les parages dans le passé. Pour que tout soit clair, convenons donc de la chose suivante : M. Canivet ne sortait jamais sans son canif en poche et il était bavard comme un perroquet des Antilles. Cette rue existait déjà en 1550.

CANROBERT (1809-1895). Maréchal de France et sénateur, né à Saint-Céré. Envoyé en Algérie en 1835, François Canrobert y fit preuve de bravoure, principalement lors de l'assaut de Zaatcha. Il avait une opulente coiffure qui débordait de son képi et le rendait aussi célèbre que Bugeaud et sa casquette. Lors du coup d'État du 2 décembre, il était en France et le prince-président le chargea de « balayer » les Grands Boulevards, à la tête d'une brigade de l'armée de Paris. Il n'hésita pas à faire donner le canon, boulevard Poissonnière; ce qui occasionna la mort de très nombreux innocents. Mais Canrobert nia toujours avoir donné l'ordre de tirer. En 1870-71 il défendit brillamment Saint-Privat, mais, enfermé dans Metz avec Bazaine, il fut fait prisonnier et conduit en Allemagne. Après son retour en France, il fut sénateur du Lot en 1876, puis de la Charente en 1879 et 1885.

CANTAGREL (1810-1885). Écrivain et député de Paris dont on donna le nom à une rue en 1899.

CANTAL Cette cour doit son nom au fait qu'elle fut originairement habitée par des Cantalous. Le département du Cantal a pris son nom à un massif de montagne dont le Plomb du Cantal est le point culminant. Le chef-lieu en est Aurillac.

CANTATE La cantate est une composition musicale à un ou plusieurs personnages avec accompagnement. La villa Cantate, située au sein d'un lotissement dit « Parc des musiciens », existe depuis 1997.

CAPITAINE DRONNE (1908-1991). Raymond Dronne, docteur en droit, était administrateur en chef de la France d'outre-mer en 1939. Durant la Seconde Guerre mondiale, il commanda le premier détachement de la 2e D.B. qui entra, le premier, dans Paris encore occupé, par la porte de Gentilly, le 24 août 1944. Après la guerre il fut successivement sénateur, puis député de la Sarthe. Une allée porte son nom depuis 1994.

CAPITAINE FERBER (1862-1909). C'était un aviateur qui trouva la mort dans l'exercice de ses fonctions. On donna son nom à une rue en 1915.

CAPITAINE LAGACHE Aviateur victime du devoir. On baptisa une rue de son nom en 1931.

CAPITAINE MADON (1892-1924). Aux commandes de son avion, il fut un des héros de la Première Guerre mondiale. En hommage, on donna son nom à une rue en 1947.

CAPITAINE MARCHAL Ce capitaine était aéronaute. En compagnie de beaucoup d'autres il monta à bord du dirigeable « République » le 25 septembre 1909. Mal lui en prit : le « République » s'écrasa au sol et le capitaine Marchal fit partie des victimes. Rue baptisée en 1915

CAPITAINE MÉNARD (1861-1892). Officier et explorateur né à Lunel et mort à Séguala, dans la boucle du Niger. En 1890 on le chargea de remonter, depuis Grand-Bassam, vers le Gourma et le Moussi, puis de gagner le haut Niger. Il réussit la première partie de sa mission, mais en traversant les États de Samory il fut assassiné par les Sofas. Lunel lui a dressé un monument.

CAPITAINE OLCHANSKI Né en janvier 1891, à Paris, le capitaine Jacques (ou Jack) Olchanski est mort au combat de Vrigny, près de Reims, le 6 juin 1918, durant la Première Guerre mondiale.

CAPITAINE SCOTT (1868-1912). Explorateur anglais. Il dirigea deux expéditions dans l'Antarctique, la première de 1901 à 1904; la seconde de 1910 à 1912. Il trouva la mort juste après avoir atteint le pôle Sud. Mais Amundsen l'avait atteint peu de temps avant lui. Robert Falcon Scott était né à Devonport.

CAPITAINE TARRON Dans ses débuts, l'aviation fit beaucoup de victimes. Le capitaine Tarron, aviateur qui périt le 18 avril 1911, en fut une.

CAPITAN Dans les anciennes comédies italiennes, le capitan représentait un personnage ridicule et fanfaron qui ne parlait que de tuer et massacrer, mais finissait toujours par recevoir une correction. Il ne s'agit pas du tout de cela ici; Capitan s'avère avoir été le nom d'un résident du quartier où fut tracé ce square.

CAPLAT Depuis 1863 cette rue porte

le nom du propriétaire du terrain.

CAPORAL PEUGEOT Le caporal Peugeot est tristement célèbre pour avoir été la première victime connue de la Première Guerre mondiale. On donna son nom à une rue en 1930.

CAPRI Cette île de la baie de Naples a une circonférence d'une douzaine de kilomètres. L'empereur Tibère, en son temps, s'y livra à toutes les folies. Le nom de Capri fait rêver les amoureux qui s'imaginent, main dans la main, visitant la fameuse grotte d'Azur, ascensionnant les 618 mètres du monte Solaro ou s'aimant sur les plages noyées de soleil sous l'œil des pêcheurs locaux. Auparavant, Capri s'appelait Caprée et son nom vient sans doute des troupeaux de chèvres sauvages qui s'y étaient multipliées.

CAPRON Nom du propriétaire du terrain. Rue ouverte en 1825.

CAPUCINES Ce nom, pour le boulevard comme pour la rue, est dû à la proximité d'un couvent de Capucines qui subsista jusqu'à la Révolution. Les capucines sont des religieuses qui suivaient la règle franciscaine. Leur ordre a été fondé en 1528, à Naples, par une veuve, Marie-Laurentie Longa. On les appelait aussi « filles de la Passion »! C'est la duchesse de Mercœur qui les fit venir à Paris, pour exécuter les décisions testamentaires de sa sœur, Louise de Lorraine, veuve de Henri III. Mais c'est Louis XIV – qui devait avoir quelque chose à se faire pardonner – qui les installa à ses frais dans le couvent susnommé. Louvois et la marquise de Pompadour furent enterrés dans la chapelle de ce couvent. En 1790, ce lieu saint fut transformé en hôtel des Monnaies et l'on y fabriqua les assignats. Le boulevard existe depuis 1685 et la rue depuis 1700.

CARAN-D'ACHE (1858-1909). De son vrai nom Emmanuel Poiré. C'est un dessinateur-caricaturiste français qui naquit à Moscou. Caran-d'Ache – si vous prononcez correctement – est un mot russe signifiant crayon. Caran-d'Ache vint à Paris à l'époque de son service militaire et ses premiers dessins parurent dans « la Chronique parisienne ». Il collabora ensuite à « la Vie parisienne », au « Chat Noir », etc. Caran-d'Ache excella dans les histoires dessinées sans légendes. Il imagina même une pantomime sur Napoléon, « l'Épopée », qui fit un triomphe au cabaret du Chat-Noir

CARCEL (1750-1812). Guillaume Carcel était un simple ouvrier horloger qui en 1800 inventa une lampe à huile qui porte son nom. Le mot « carcel » désigne une unité d'intensité lumineuse, représentée par une lampe Carcel dont le bec a 12 mm de diamètre et qui consomme 42 grammes d'huile de colza épurée à l'heure! Jusqu'à sa mort, M. Carcel tâcha de perfectionner son invention.

CARDAN (1501-1576). Jérôme Cardan fut un mathématicien, un médecin et un philosophe italien qui naquit à Pavie et mourut à Rome. Cardan était un peu bizarre : très vaniteux, il croyait aux songes, aux amulettes, aux gris-gris. Mais il avait également d'extraordinaires crises d'ascétisme. Cependant on ne peut nier qu'il possédait une science sûre. On lui attribue la découverte de la formule permettant la résolution des équations du troisième degré. Et quand les automobiles possèdent un cardan, elles le doivent à cet Italien. Jérôme Cardan eut un fils, Jean-Baptiste, qui fut médecin, mais qui se fit surtout remarquer en empoisonnant sa femme; du coup, à 26 ans, il eut la tête tranchée.

CARDEURS Les cardeurs peignaient et démêlaient la laine avec une machine appelée carde, garnie de chardons ou de pointes métalliques. Il y en eut moult, voici déjà quelque temps, dans le quartier où ce square fut baptisé en 1980.

CARDINAL AMETTE (1850-1920). Léon Amette fut cardinal-archevêque de Paris de 1908 à 1920. Une rue porte son nom depuis 1924.

CARDINAL DUBOIS (1856-1929). Ce cardinal succéda à Léon Amette et fut cardinal-archevêque de Paris jus qu'en 1929. Rue baptisée en 1930.

CARDINAL GUIBERT (1802-1886). Cardinal et archevêque né à Aix, mort à Paris. Évêque de Viviers en 1841, il se signala par sa grande charité lors de l'épidémie de choléra de 1854 et des inondations de 1855. Thiers, après la Commune, le nomma à l'Archevêché de Paris, en 1871. Pie IX le fit cardinal en 1873. Sous son apostolat, on érigea une université libre qui devint l'Institut catholique de Paris, ainsi que la basilique de Montmartre, c'est-à-dire le Sacré-Cœur, dont il posa la première pierre le 16 juin 1875. Dans la crypte de cet édifice se trouvent une statue et les restes du cardinal Guibert.

CARDINAL LAVIGERIE (1825-1892). Prélat né à Bayonne, directeur des écoles d'Orient et fondateur des « Pères blancs ». Il fut primat d'Afrique. Bien qu'en général il bût peu, c'est à l'occasion d'un « toast » célèbre qu'il prôna le ralliement des catholiques à la république en 1890.

CARDINAL LEMOINE (1250-1313). Ce cardinal naquit à Crécy-en-Ponthieu et mourut à Avignon. C'est le pape Boniface VIII qui le nomma et l'envoya en France comme légat en 1302. À cette époque il fonda à Paris un collège qui porta longtemps son nom, dans l'actuelle rue du Cardinal-Lemoine, qui s'appelait en ce temps-là rue Saint-Victor. Ce collège cessa d'exister en 1790. Pour le construire, le cardinal Jean Lemoine fut financièrement aidé par son frère André, évêque de Noyon. Tous deux sont ensevelis dans la chapelle qui était contiguë au collège. La rue fut baptisée Lemoine en 1868.

CARDINAL MERCIER (1851-1926). Cardinal belge, archevêque de Mâlines. Son attitude, pendant la Première Guerre mondiale, fut particulièrement remarquable. Une rue porte son nom depuis 1926

CARDINALE Rue ouverte en 1699, à l'instigation de Guillaume Egon, comte de Furstenberg, que Louis XIV nomma cardinal en 1686. Bien qu'issu d'une famille princière allemande, il se montra dévoué aux affaires de la France. Cette rue fut baptisée ainsi car elle fut construite par ce cardinal à l'intérieur de l'abbaye de Saint-Germain-des-Prés, que Louis XIV lui avait octroyée. Guillaume de Furstenberg, né en 1629, mourut dans cette abbaye en 1704.

CARDINET M. Cardinet, propriétaire des terrains, descendait d'un marguillier, c'est-à-dire d'une personne chargée d'administrer les biens d'une paroisse; en l'occurrence celle de la chapelle de Monceaux, vers 1250.

CARDINOUX Cette allée a été baptisée en 1998 pour rappeler l'existence, dans le quartier, au XVIIIe siècle, d'un lieu-dit portant peut-être le nom de son propriétaire d'alors.

CARDUCCI (1836-1907). Poète et critique italien né à Val di Castello, près de Pietrasanta. Presque toutes ses œuvres sont antireligieuses. Ce n'est pas le titre de l'une d'elles, « l'Hymne à Satan », qui nous contredira. Il fit d'ailleurs paraître ce livre sous le pseudonyme de Enotrio Romano, pseudonyme qu'il garda pour toutes ses œuvres d'imagination, ne signant de son véritable nom que ce qu'il publiait en qualité de professeur ou de critique. Il refusa, bien qu'on l'en ait nommé titulaire, la chaire d'un enseignement spécial, créé à l'université de Rome en 1887, pour expliquer l'œuvre de Dante et tenter de prouver que le célèbre écrivain était un ennemi de la papauté et du pouvoir temporel; Carducci refusait en effet de cautionner ce qu'il appelait « un mensonge historique ». Sa carrière fut couronnée par un siège de sénateur en 1890.

CARLO SARRABEZOLLES (1888-1971). Sculpteur, graveur et statuaire, il obtint le second prix de Rome en 1914. On lui doit la sculpture d'ensembles monumentaux de nombreuses églises. La rue qui porte son nom fut baptisée en 1978.

CARMES Un couvent avait son entrée dans cette rue qui fut baptisée ainsi vers 1320. L'ordre des Carmes fut créé sur le mont Carmel, où se trouvent une église dédiée au prophète Élie et une grotte appelée « École des prophètes ». L'ordre des Carmes fut fondé (à la suite du vœu d'un croisé calabrais, nommé Berthold, retiré au mont Carmel) par le patriarche de Jérusalem, Albert de Verceil, qui rédigea une première règle, approuvée en 1224 par le pape Honorius III; mais la règle définitive fut confirmée seulement en 1245 par un autre pape, Innocent IV. Quant au couvent des Carmes, sis à Paris, il fut ouvert d'abord au port Saint-Paul, par Saint Louis qui avait ramené six religieux du mont Carmel. Mais comme le couvent était trop souvent inondé, la communauté obtint du roi Philippe le Bel une maison au pied de la montagne Sainte-Geneviève. Pleins d'argent – grâce à la générosité de Jeanne d'Évreux – et de ferveur chrétienne, les carmes firent édifier une magnifique église qui devint manufacture d'armes en 1790. Le marché Maubert la remplaça en 1811.

CARNOT (1753-1823). Général, homme d'État, né à Nolay (Côte-d'Or) et mort à Magdebourg. Issu d'une des plus grandes familles de la Bourgogne, Lazare Carnot fut surnommé le Grand Carnot. Représentant du Pas-de-Calais à l'Assemblée législative, il vota la mort du roi Louis XVI. Entré au Comité de salut public, on le chargea de l'organisation des armées. Il créa donc 14 armées de la République, ce qui le fit appeler « l'organisateur de la Victoire », et fut président de la Convention en 1794, avant d'entrer au Directoire. Comme il était perspicace, il « distingua » Napoléon, l'aida et prépara avec lui la campagne d'Italie. Du coup, notre futur empereur le nomma inspecteur général aux revues, puis, encore mieux, ministre de la Guerre en 1800. Mais Lazare Carnot démissionna bientôt de ce poste et se retira jusqu'en 1814. Il reprit alors du service pour repousser la « coalition » et pendant les Cent-Jours fut ministre de l'Intérieur. Proscrit après Waterloo, il s'exila d'abord à Varsovie, puis à Magdebourg. Une avenue porte son nom depuis 1880. Bien qu'il y ait d'autres Carnot connus en France – par exemple Sadi Carnot – l'avenue, le boulevard et la villa Carnot sont dédiés à Lazare Carnot.

CAROLINE Prénom de la femme du propriétaire du terrain. (L'amour, mon cher, l'amour...) Rue ouverte en 1850.

CAROLUS DURAN (1837-1917). Charles Durand, dit Carolus Duran, est un peintre né à Lille. Auteur, principalement, de nombreux portraits mondains. Une rue porte son nom depuis 1929.

CARON Ce Caron-là, car il y en a bien d'autres dans notre histoire (ne serait-ce que Caron de Beaumarchais), est un des plus anonymes et même des plus malchanceux. Auteur, en qualité de maître général des bâtiments du roi à la fin du XVIIIe siècle, d'un projet chargé de remplacer le couvent Sainte-Catherine par le marché Sainte-Catherine, ses idées jugées trop coûteuses ne furent pas retenues.

CARPEAUX (1827-1875). Sculpteur né à Valenciennes, mort au château de Bécon, près de Courbevoie. Il fut élève de Rude et obtint le prix de Rome en 1854. Son œuvre la plus connue est, sans conteste, le groupe de « la Danse » qui, depuis 1869, orne la façade de l'Opéra de Paris. Il fit aussi, la même année, le buste en bronze de l'architecte de ce même Opéra, Charles Garnier. Il sculpta également « les Quatre Parties du monde », groupe en plâtre, coulé ensuite en bronze pour la fontaine du Luxembourg, qui représente quatre femmes figurant les races terrestres portant un monde qui les entraîne dans son mouvement. Autres œuvres : « Jeune pêcheur napolitain » et un buste d'Alexandre Dumas.

CARRIER-BELLEUSE (1824-1887). Sculpteur né à Anizy-le-Château, dans l'Aisne, et décédé à Sèvres. Fut l'élève de David D'Angers. Doit surtout sa renommée aux travaux qu'il effectua pour l'industrie d'art : cheminées, torchères, pendules, vases, etc. Il fut attaché à la manufacture de Sèvres comme directeur des travaux d'art. Il eut deux fils qui furent peintres, Louis-Robert et Pierre. Une rue porte son nom depuis 1897.

CARRIÈRE DE PASSY On connaît depuis longtemps cette impasse qui doit son nom à une rue dite « des Carrières » – devenue rue Nicolo – se trouvant à proximité et, bien sûr, à l'existence, jadis, de carrières.

CARRIÈRE MAINGUET Cette impasse porte le nom de deux anciens propriétaires-résidents.

CARRIÈRES D'AMÉRIQUE Devrait, logiquement, se nommer « Carrières pour l'Amérique » car cette rue rappelle une ancienne immense carrière de plâtre à ciel ouvert dont la majorité du produit extrait partait pour l'Amérique.

CARROUSEL La place du Carrousel prit ce nom après que Louis XIV eut, à cet endroit, organisé un tournoi, ou « carrousel », particulièrement brillant. L'arc de triomphe qui s'y trouve fut construit de 1806 à 1808 sur les plans des architectes Percier et Fontaine et dédié à la Grande Armée. Il rappelle l'arc de Septime Sévère à Rome et des statues en marbre y représentent les corps d'armée qui se trouvaient à Austerlitz.

CARTELLIER (1757-1831). Prénom : Pierre. Profession : sculpteur. Né et mort à Paris. Jeunesse difficile, mais il eut la chance – ou le talent – de plaire à Chalgrin, architecte du Luxembourg, grâce à une petite figure en terre cuite exposée au Salon de 1796. Chalgrin lui commanda alors deux grandes figures pour la façade méridionale du Luxembourg. Ce sont « la Vigilance » et « la Guerre ». Cette dernière, exposée au Salon de 1800, eut un énorme succès (la guerre était en vogue à cette époque). Dès lors, la carrière de Pierre Cartellier se déroula sans problèmes : une figure par-ci, une figure par-là. Sur l'arc de triomphe du Carrousel il réalisa « la Reddition de la ville d'Ulm » et, à la porte des Invalides, le bas-relief « Louis XIV à cheval ». Une rue porte son nom depuis 1930.

CASABLANCA Rue ouverte en 1913 et portant depuis le nom du port marocain sur l'Atlantique. Les Arabes l'appellent Dar el-Beïda. Ville cosmopolite qui ne représente pas véritablement le « climat » marocain. Lors du débarquement allié, en 1942, de violents combats s'y déroulèrent.

CASADESUS Casadesus est le nom d'une famille de quatre frères, tous musiciens . Francis (1870-1954) compositeur et chef d'orchestre; Robert (1878-1840) compositeur; Henri (1879-1947) virtuose de l'alto et de la viole d'amour; Marcel, violoncelliste, mort au début de la guerre 14-18. La place Casadesus – qui remplace celle des « Quatre Frères-Casadesus » – date de 1995

CASCADES Cette rue, baptisée ainsi en 1867, le fut à cause des chutes qui avaient été aménagées dans ses alentours pour recueillir les eaux de Belleville dans le regard Saint-Martin. La voie concernée aurait donc dû s'appeler « rue des Chutes », mais la terre entière étant superstitieuse, personne ne se serait risqué alors à l'emprunter ou à l'habiter.

CASIMIR DELAVIGNE (1793-1843). Auteur dramatique né au Havre, mort à Lyon. Fils d'armateur, il sut très vite naviguer dans le monde de la littérature. En 1815 il publia trois « messéniennes » : « Waterloo », « Sur la dévastation du Musée », et « Sur le besoin de s'unir après le départ des étrangers ». Renseignement pris, les messéniennes développent toujours des idées de patriotisme et portent ce nom par allusion à l'oppression des Messéniens (habitants du Péloponnèse) par les Spartiates. Casimir Delavigne fut considéré, un certain temps, comme poète national, au même titre que Béranger. Il rédigea 12 messéniennes. Dès 1818, il écrivit pour le théâtre des pièces qui obtinrent un succès certain : « Vêpres siciliennes », « les Comédiens », « la Fille du Cid »... Entré en 1825 à l'Académie française, il était doté d'un esprit libéral et, au moment des luttes romantiques, servit souvent de médiateur.

CASIMIR PÉRIER (1777-1832). Homme politique né à Grenoble, mort à Paris. En 1801, avec son frère Scipion, il fonda une banque qui fut vite prospère. Devint régent de la Banque de France, puis député de Paris en 1817. C'est lui qui, au titre de président de la Chambre des députés, donna lecture au duc d'Orléans de la déclaration qui le faisait roi, après le mouvement révolutionnaire de 1830 qu'il n'apprécia guère. Le roi lui demanda de former un ministère en 1831, après la chute de Laffitte; Périer garda pour lui le ministère de l'Intérieur Indépendant vis-à-vis du roi, il réunissait le Conseil des ministres à son domicile et refusait au monarque la permission d'y assister. Sa politique fut appelée celle du « juste milieu ». Il mourut d'une fièvre contractée en visitant des hôpitaux pendant le choléra. Un monument funéraire lui a été élevé au Père-Lachaise.

CASPIENNE Cette impasse fut habitée, entre autres, par une personne née sur les bords de la Caspienne. Cette mer est aujourd'hui un immense bassin fermé, mais en des temps fort reculés elle communiquait avec la mer d'Azov et la mer Noire à l'ouest, avec la mer d'Aral à l'est, et peut-être bien aussi avec l'océan Glacial arctique.

CASSETTE Ce nom vient d'une déformation de Cassel, nom d'un hôtel où cette rue menait. Elle porte ce nom depuis 1570

CASSINI Les Cassini, qui habitèrent cette rue – d'où son nom, reçu en 1790 –, furent une famille qui, de père en fils, dirigea l'Observatoire. Le premier, Jean-Dominique, né en 1625 à Périnaldo, dans le comté de Nice, et mort en 1712 à Paris, cherchait surtout à trouver dans le ciel des phénomènes propres à frapper l'imagination populaire. Louis XIV le nomma à l'Académie et en 1669 il fut donc le premier de sa lignée à diriger l'Observatoire de Paris par la permission du pape. Il découvrit les satellites de Saturne – sans sa permission, cette fois. Les autres

Cassini se prénommèrent Jacques (1677-1756), César-François (1714-1784), Jacques-Dominique (1748-1845) et Alexandre (1784-1832)

CASTAGNARY (1830-1888). Critique d'art né à Saintes, mort à Paris. Fut président du conseil municipal de Paris en 1879 et conseiller d'État la même année, chargé de la direction des cultes. Il démissionna de ce poste trois ans plus tard. L'année de cette démission (1882) il organisa à l'École des beaux-arts une exposition des œuvres de Courbet et publia en 1883, toujours à propos de Courbet, une notice démontrant que l'artiste n'avait pas participé au renversement de la colonne Vendôme. En 1887, Jules Castagnary fut nommé directeur des Beaux-Arts, mais la mort l'empêcha d'exercer cette fonction bien longtemps.

CASTEGGIO Ville de Lombardie près de laquelle, en juin 1800, se livra le combat de Montebello, prélude à la bataille de Marengo où Lannes, avec 8 000 Français, battit 20 000 Autrichiens. Avant 1877, date de son appellation actuelle, cette impasse porta d'ailleurs le nom de Montebello.

CASTELLANE (1788-1862). Le comte Esprit de Castellane – et dont le troisième prénom était Élisabeth – s'engagea à 16 ans comme soldat et participa aux campagnes d'Espagne et d'Allemagne, de Russie et de France. Il descendait d'une famille noble provençale. À la chute de Napoléon, il était colonel de hussards et fut nommé maréchal en 1852, par Louis-Napoléon, pour avoir su, à la tête de l'armée de Lyon qu'il commandait – et commandera jusqu'à sa mort –, empêcher toute insurrection républicaine après le 2 décembre. C'était un homme excessivement sévère en matière de discipline qui écrivit ses souvenirs, parus en 1897, sous le titre « Journal du maréchal de Castellane ».

CASTEX Pierre Castex était colonel au 13e régiment d'infanterie légère; à ce titre il eut le droit de mourir, en 1805, à la bataille d'Austerlitz. Il avait 45 ans

CASTIGLIONE Nom donné en 1802 en souvenir de la victoire remportée par Bonaparte sur les Autrichiens le 5 août 1796 à Castiglione, en Lombardie. Augereau, qui participait à cette victoire, reçut plus tard le titre de duc de Castiglione

CATALOGNE Province espagnole formée des provinces de Barcelone, Lérida, Gérone et Tarragone. En espagnol : Cataluña, en catalan : Catalunya. 32100 km²; 6008245 habitants. Capitale : Barcelone. Occupée par les Arabes (717-718), reconquise par Charlemagne (801), elle s'étendait, des Xe au XIIe siècles, sur le midi de la France où, du côté de Perpignan, on se sent toujours terriblement catalan, même si le Roussillon n'appartient plus officiellement à la Catalogne depuis 1659. La place de Catalogne date de 1985.

CATINAT Maréchal de France né à Paris en 1637, mort à Saint-Gratien en 1712. Il commanda l'armée d'Italie de 1690 à 1696 et prit Nice en 1691. En marchant sur Turin, en 1696, il contraignit le duc de Savoie à implorer la paix. En 1693 Catinat obtint son bâton de maréchal. Ses soldats l'avaient surnommé « le Père la Pensée » ; il est vrai qu'il s'occupait d'eux avec beaucoup de sollicitude. Une rue porte son nom depuis 1847

CATULLE MENDÈS (1841-1909). Littérateur né à Bordeaux qui fonda en 1859 la « Revue fantaisiste ». En 1866, il épousa la fille de Théophile Gautier, Judith; mais la vie à deux étant difficile, il s'en sépara bientôt. Catulle Mendès menait de front la prose et la poésie. Mais sa prose semble moins bonne que ses vers parnassiens. Œuvres principales :

« la Femme de Tabarin », « Médée », etc., et des ouvrages plus que pervers : « Pour lire au couvent », « l'Incestueuse aventure de Zo'har », « l'Homme tout nu »... J'en passe et des meilleures.

CAUCHOIS Nom du propriétaire du terrain.

CAUCHY (1789-1857). Auguste Cauchy, mathématicien né à Paris, mort à Sceaux. Élève à Polytechnique, devint ingénieur des travaux au port de Cherbourg. Fut admis en 1816 à l'Académie des sciences, ce qui lui permit de devenir professeur d'algèbre à la Faculté des sciences, de physique mathématique au Collège de France et de mécanique à l'École polytechnique; le tout en même temps. Mais il perdit toutes ses fonctions pour n'avoir pas voulu prêter serment après la révolution de 1830. On créa alors, exprès pour lui, une chaire de mathématiques à Turin; en 1832 il fut chargé, à Prague, de l'éducation du duc de Bordeaux. Revint à Paris en 1838 pour enseigner dans des établissements tenu par le clergé. En 1848, Cauchy obtint une chaire d'astronomie mathématique à la Faculté des sciences, mais en 1852, ayant à nouveau refusé de prêter serment, cette fois au gouvernement issu du coup d'État du 2 décembre, il perdit cette fonction qui lui fut cependant redonnée, sans qu'il prête serment, en 1854. Moralité : tout est bien qui finit bien. Écrivit, entre autres, « Mémoire sur la dispersion de la lumière »

CAULAINCOURT Qui était Caulaincourt? Un général, duc de Vicence, qui naquit en 1772 à Caulaincourt, village de l'Aisne, et mourut en 1827. Capitaine d'état-major, aide de camp de son père, le général marquis de Caulaincourt, au moment de la Révolution, il accepta, après avoir été destitué de ses titres de noblesse, de servir comme simple soldat. Hoche lui rendit son grade dès 1795. Chargé de mission en Russie en 1801, il plut beaucoup au tsar; du coup, à son retour à Paris, en 1802, Bonaparte le fit général. Il fut même aide de camp du Premier consul. En 1807, on l'envoya comme ambassadeur à Saint-Pétersbourg. Mais les choses avaient un peu changé entre la Russie et la France; il fit beaucoup d'efforts pour dissuader Napoléon d'entreprendre la campagne de Russie. L'histoire nous apprend qu'il n'y parvint pas. Il rejoignit l'empereur quand celui-ci fut à Moscou et rentra sagement avec lui à Paris. En 1808 il fut fait duc de Vicence, en 1813 sénateur, puis, la même année, ministre des Relations extérieures. Il n'abandonna jamais Napoléon et fut mis sur la liste des proscrits au retour des Bourbons. Mais son bon ami le tsar Alexandre l'en fit rayer. Sagement, Caulaincourt vécut alors en retraite jusqu'à ce que la mort nous le prenne.

CAUMARTIN Antoine Louis Le Fèvre de Caumartin, prévôt des marchands de Paris de 1778 à 1784, avait fait en 1779 prolonger cette rue qui prit son nom en 1849.

CAVALERIE Confidence : cette rue porte ce nom, depuis 1877, parce qu'elle se trouvait à proximité de ce qui était, auparavant, le quartier de cavalerie de l'École militaire.

CAVALLOTTI (1842-1898). Auteur dramatique et homme politique italien né à Milan et mort à Rome au cours d'un duel. En 1860, il fit partie de ceux que l'on a nommés les « Mille de Garibaldi ». C'était un poète révolutionnaire que ses écrits contraignirent à un exil volontaire de deux ans, puis à la prison – non volontaire – en 1870. En 1871 il fut nommé député et devint un des chefs du parti « avancé », ce qui ne l'empêcha nullement de poursuivre sa carrière d'auteur. Son chef-d'œuvre est certainement « Alcibiade ».

CAVÉ (1794-1875). Un bel exemple de promotion sociale par l'effort et le travail, le courage et la ténacité. Simple ouvrier mécanicien à ses débuts, il parvint à fonder des ateliers de constructions modèles. Une rue porte son nom depuis 1841.

CAVELIER DE LA SALLE Cet explorateur français naquit à Rouen en 1643 et mourut, assassiné par un de ses compagnons, en 1687, en Louisiane. Parti pour le Canada où il obtint une concession en amont de Montréal, il explora successivement, à partir de 1669, le cours de l'Ohio, puis les grands lacs Érié, Ontario, Huron, Michigan avant de descendre le cours du Mississippi jusqu'au golfe du Mexique. Il est considéré comme le fondateur de la Louisiane. C'est en 1983 qu'on affecta à un jardin de Paris le nom de Robert Cavelier de La Salle.

CAVENDISH (1731-1810). Henry Cavendish, physicien et chimiste anglais né à Nice, mort près de Londres, à Clapham-Common. Second fils de lord Cavendish, duc du Devonshire, c'est lui qui donna la composition exacte de l'air atmosphérique, ainsi que de l'eau et de l'acide nitrique, et qui détermina la densité moyenne du globe. Il vivait très simplement et l'héritage fabuleux qu'il reçut d'un oncle ne changea en rien ses habitudes. Fut membre de l'Académie des sciences de Paris. Une rue porte son nom depuis 1885.

CAZOTTE (1720-1792). Littérateur né à Dijon, mort à Paris. Il fut, quand elle éclata, contre la Révolution. Ce qui était son droit, mais qui était aussi maladroit. Il fut enfermé à la prison de l'Abbaye avec sa fille qui lui sauva la vie, lors des massacres de Septembre, en se jetant entre lui et les égorgeurs, ce qui permit à papa de s'échapper. Mais il fut repris et on le décapita. Avant la Révolution, son imagination vive et un tantinet bizarre lui avait permis d'écrire : « le Diable amoureux », « la Brunette anglaise », « Mille et Une Fadaises », etc. Un autre livre, intitulé « Prophétie de Cazotte sur la Révolution », qu'on lui attribue, est un faux. C'est un nommé Laharpe qui fabriqua ce livre de toutes pièces. Une rue porte le nom de Jacques Cazotte depuis 1900.

CÉLESTIN Ouverte en 1845, cette impasse porte le prénom de la fille du propriétaire du terrain, Célestine, que l'on mit au masculin. Le propriétaire était M. Krier.

CÉLESTINS Quai ainsi nommé en 1868 en souvenir de l'ancien couvent des Célestins, fondé en 1352 sous Charles V sur l'emplacement d'un couvent des Carmes. Dans la chapelle, construite en 1386 par Louis d'Orléans, furent inhumés la plupart de ses descendants jusqu'à Louis XII. Après la Révolution, le couvent devint une caserne de la Garde de Paris. L'ordre des Célestins avait été créé en 1251 par Pierre Angélerier, qui devint pape sous le nom de Célestin V le 5 juillet 1294 – il abdiqua d'ailleurs le 13 décembre de la même année.

CELS (1743-1806). Jacques Cels est un botaniste qui vit le jour à Versailles. Il se rendit célèbre en constituant une magnifique pépinière près de Montrouge et par le nombre considérable de plantes exotiques qu'il naturalisa. Il donna son nom à un mode de greffe. Membre de l'Institut, il prit part à la rédaction du Code rural. Jacques Cels fut le premier d'une longue dynastie d'horticulteurs. Une rue porte son nom depuis 1850.

CENDRIERS Reçut ce nom en 1851, sans doute parce que devait y habiter un cendrier, c'est-à-dire une personne vendant des cendres dont on se servait autrefois pour la lessive.

CENSIER Vient du vieux français « sans chief », qui signifiait « sans tête ». N'amènerait aucune réflexion particulière si on n'avait créé la faculté Censier : « faculté sans tête », vous vous rendez compte?

CENTENAIRE Rue ainsi nommée en 1930. Un chêne centenaire – l'adolescence pour une telle essence – s'y dressait.

CÉPRÉ Propriétaire du terrain. On donna son nom à la rue en 1935.

CERISAIE Vous entendîtes tous parler de l'hôtel d'Étampes qui jouxtait le couvent des Célestins. Sur le terrain entourant cet hôtel avait été tracée une allée bordée de cerisiers.

CÉRISOLES Ville italienne du Piémont où le 14 avril 1544 les Français, au nombre de 17 000, placés sous les ordres du duc d'Enghien, attaquèrent les 22 000 hommes du marquis Del Guasto, lieutenant de Charles Quint. Cela commença d'abord mal pour nous, car les lansquenets ennemis nous faisaient bien des misères, mais bientôt les Gascons et les Suisses entrèrent en action et Del Guasto prit la fuite. Ses troupes, poursuivies alors par notre cavalerie, perdirent 12 000 hommes. La rue de Cérisoles fut baptisée en 1886.

CERNUSCHI (1821-1896). Homme politique, prénommé Henri, né à Milan, mort à Menton. En 1848, il participa à la révolution lombarde cherchant à secouer le joug autrichien et, en 1849, il fit partie du parlement de Rome qui proclama la République romaine. Obligé de s'exiler à la chute de cette république, il vint en France et publia, au « Siècle », de nombreux articles d'économie. Au moment du plébiscite de mai 1870 pour une révision de la Constitution, il donna 100 000 francs aux ennemis de Napoléon III; celui-ci l'apprit et l'expulsa illico de France. Il revint chez nous en 1871 et demanda sa naturalisation. En tant qu'économiste, Cernuschi a laissé de nombreux travaux sur le rôle du billet de banque. En mourant, il laissa à la France les collections d'objets japonais et chinois qu'il conservait dans son hôtel de l'avenue Vélasquez; cet hôtel devint, le 7 octobre 1898, le musée Cernuschi. La rue Cernuschi existe depuis 1897.

CERVANTÈS (1547-1616). Miguel de Cervantès Saavedra, écrivain espagnol né à Alcala de Henarès, mort à Madrid. Ses parents, très pauvres, lui permirent quand même de faire des études fort complètes avec le savant maître Juan Lopez de Hoyos, qui publia ses premiers poèmes, en 1569. Cervantès s'engagea ensuite comme simple soldat dans la flotte commandée par Don Juan d'Autriche. Il assista à la glorieuse bataille de Lépante du 7 octobre 1571, mais comme toute médaille a son revers, un coup d'arquebuse, et plus encore l'incompétence des chirurgiens, lui firent perdre l'usage de la main gauche. En 1575, des pirates prirent la galère sur laquelle il se trouvait et il fut emmené en captivité et accablé de fort mauvais traitements. Pour 600 ducats – grosse somme à l'époque – les religieux de la Trinité le rachetèrent. Il avait été prisonnier cinq ans; à son retour il redevint soldat. Ce n'est qu'ensuite, retrouvant la vie civile, que sa passion pour la littérature s'éveilla réellement. Il écrivit alors « Galatée » (1584), « la Vie d'Alger » (souvenir de son triste séjour en esclavage) et « Numance ». En 1604, alors qu'il n'était guère connu, il publia la première partie de « Don Quichotte », dont 30 000 exemplaires se vendirent en quelques années et qui fut traduit dans toutes les langues. Ce n'est pourtant que dix ans plus tard que Cervantès termina ce livre, et encore uniquement, semble-t-il, parce qu'un imposteur signant Avellaneda avait sorti une fausse fin de « Don Quichotte ».

CÉSAR CAIRE (1861-1930). Fut avocat et président du conseil municipal de Paris. Son nom fut donné à cette rue en 1933.

CÉSAR FRANCK (1822-1890). Compositeur et organiste français né à Liège, mort à Paris. Fut nommé en 1858 organiste à Sainte-Clotilde et devint professeur d'orgue au Conservatoire en 1872. Son nom servit de porte-drapeau à une nouvelle école. Œuvres : « les Béatitudes », « les Éloïdes », « Rébecca », « Psyché », etc.

CESSELIN Nom du propriétaire du terrain.

CÉVENNES Chaîne de montagnes du centre de la France formant, à l'est et au sud, le rebord le plus saillant du Massif central. Le point culminant des Cévennes se situe dans les monts du Vivarais, à Mézenc (1 754 m). On ne saurait parler des Cévennes sans citer le célèbre plateau des Causses et le mont Gerbier-de-Jonc, où la Loire prend sa source. Constituées de plateaux granitiques et de longues crêtes schisteuses, appelées « serres », allongées entre des vallées profondes, les Cévennes forment un pays rude, mais extrêmement attachant. La rue des Cévennes fut baptisée en 1877

CHABANAIS Ce nom vient de la présence, jusqu'en 1775, de l'hôtel de Chabanais, nom d'une famille de Charente où se trouve la ville de Chabanais. Cette famille, les d'Eschivat, était propriétaire de la seigneurie de cette ville depuis le XIIe siècle. La rue Chabanais se fit une mauvaise réputation (ou une bonne, cela dépend de l'esprit de tolérance que l'on a) à cause de la présence, au numéro 12 précisément, d'une maison de rendez-vous fort célèbre jusqu'à sa fermeture, en 1947, à cause de la loi Marthe Richard. Il est d'ailleurs devenu courant de désigner une de ces maisons par le mot de chabanais.

CHABLIS Chef-lieu de canton de l'Yonne. Sur le territoire de ce canton on produit un petit vin blanc sec qui, comme d'autres crus, permet aux hommes d'oublier leurs soucis. Si vous êtes gourmet dégustez un jour des écrevisses chablisiennes...

CHABROL (1773-1843). Le comte Gilbert Chabrol de Volvic naquit à Riom (Puy-de-Dôme). Préfet de Montenotte (Italie) en 1806, il devint en 1812 préfet de la Seine et conserva ce poste sous la Restauration. Il fut aussi député de Paris et de Riom. Une rue porte son nom depuis 1822

CHAFFAULT (1708-1794). Marin français, Louis Chaffault de Besné s'empara, au commandement de l'« Atalante », en 1753, près de la Martinique, d'un vaisseau anglais de 74 canons, le « Warwick ». Participa glorieusement à un grand nombre de batailles ou d'expéditions et prit sa retraite, en 1790, à la suite d'une blessure à l'épaule. En 1793, bien que fort âgé, il fut emprisonné puis exécuté à Nantes, quelques mois après.

CHAILLOT Cette rue se trouve là où existait auparavant le village de Chaillot. En 1659 ce village fut transformé en faubourg de Paris, sous le nom de « faubourg de la Conférence », en mémoire des conférences où fut décidée la paix des Pyrénées. En 1786, quand on construisit le mur d'octroi autour de Paris, il fut inclus dans l'enceinte parisienne. Certaines expressions populaires parlaient volontiers, jadis, d'« ahuri de Chaillot » pour désigner un imbécile, un niais (ce qui prouve que Giraudoux, avec « la Folle de Chaillot », était dans le ton). Une autre expression « envoyer quelqu'un à Chaillot » signifiant « envoyer promener »

CHAISE Ce nom fut attribué à cause d'une enseigne « À la petite chaise », située à côté, rue de Grenelle, au numéro 36. Nom attribué en 1588.

CHALABRE Nom du propriétaire du terrain.

CHALET Nom dû, bien entendu, à la présence d'une petite maisonnette, style chalet, sise dans cette rue. Appellation donnée en 1877.

CHALETS Explication identique à celle qui précède; mettre simplement « petite maisonnette » au pluriel. À propos de chalets, Chateaubriand ne les appréciait sans doute qu'à moitié, car il disait « Chantez les chalets, mais ne les habitez pas ».

CHALGRIN (1739-1811). Architecte né à Paris qui obtint le prix de Rome en 1758, puis devint successivement membre de l'Académie d'architecture en 1770, architecte de Monsieur (qui deviendra Louis XVIII), membre de l'Institut en 1799 et architecte du palais du Luxembourg. Chalgrin était passionné d'architecture grecque, mais pas toujours très très heureux dans ses imitations. Il construisit l'église Saint-Philippe-du-Roule et le Collège de France, ainsi qu'un fort bel escalier au Luxembourg. Chargé d'ériger l'Arc de triomphe de l'Étoile, il mourut alors que ce monument ne s'élevait encore qu'à quelques mètres. Par la suite – les absents ont toujours tort – cette construction fut poursuivie selon d'autres plans. Son nom fut donné à la rue en 1865.

CHALIGNY Célèbre famille de fondeurs lorrains du XVIe siècle. L'un d'eux, Jean (1529-1615), fondit la couleuvrine – ancien canon – longue de 22 pieds, que Louis XIV fit conduire à Paris après la prise de Nancy en 1670. Ses deux fils, David et Antoine, fondirent pour leur part la statue équestre de Charles III, duc de Lorraine.

CHALON Ville de Saône-et-Loire qui fut, quand elle s'appelait Cabillonum, capitale de la puissante tribu des Éduens. Jules César s'en empara; saint Marcel y prêcha avant d'y être martyrisé en 179. Quand Charles le Téméraire mourut, les Chalonnais prirent parti pour Marie de Bourgogne; du coup La Trémoille en fit le siège et s'en rendit maître au bout de plusieurs mois. Dix conciles se tinrent à Chalon-sur-Saône, dont une rue porte le nom depuis 1850.

CHAMBERTIN Célèbre vignoble de la Côte-d'Or. Le nom de Chambertin viendrait de celui d'un paysan appelé Bertin qui possédait une vigne dont le vin était fort prisé; ce vin, dans la région, était désigné comme venant du « champ de Bertin »

CHAMBÉRY Ville de Savoie au confluent de l'Albane et de la Leysse. Très belle cathédrale du XVe siècle avec une crypte du XIe. Citons également le château des ducs de Savoie, qui avaient acheté la ville au XIIIe siècle pour en faire leur capitale. En 1792, les Chambériens appelèrent spontanément la France, mais la ville revint à la maison de Savoie en 1814. Ce n'est que le 2 avril 1860 que Chambéry fut réunie définitivement à la France.

CHAMBIGES Il y eut plusieurs Chambiges connus. Celui dont la rue porte le nom, c'est Pierre, un des architectes préférés de François Ier. On connaît mal sa date de naissance, mais on sait qu'il mourut en 1544. Il travailla à Fontainebleau pour la cour du Cheval blanc, aux châteaux de la Muette, de Challeau ou Saint-Ange, ainsi que de Saint-Germain-en-Laye. L'ancien Hôtel de Ville de Paris lui dut aussi beaucoup. Une rue porte son nom depuis 1884

CHAMFORT Littérateur né à Clermont, en Auvergne, en 1741, et mort à Paris en 1794. Son vrai nom était Nicolas Roch. Sa première œuvre s'intitulait « la Jeune Indienne ». En 1769 il écrivit un « Éloge à Molière ». Une de ses tragédies, « Mustapha et Zéangir », fut jouée à Fontainebleau devant Marie-Antoinette en 1778. Chamfort devint alors lecteur du comte d'Artois et fut reçu à l'Académie française en 1781. D'abord partisan de la Révolution, il s'en éloigna ensuite petit à petit et combattit âprement les Jacobins. Menacé d'arrestation, il préféra se suicider. Chamfort peut, à juste titre, être considéré comme l'un des hommes les plus spirituels de son temps. Son ouvrage capital est « Pensées, maximes et anecdotes ». Une rue porte son nom depuis 1894.

CHAMPAGNE M. Champagne n'était pas propriétaire d'un terrain, mais simplement locataire dans la cité qui porte son nom.

CHAMPAGNE Nom donné à cette rue pour glorifier le célèbre produit français. C'est Dom Pérignon, moine à l'abbaye bénédictine de Hautvillers, qui, à la fin du XVIIe siècle, découvrit le procédé de fabrication du champagne tel qu'on le boit aujourd'hui. Ce brave dom fit don de son secret dans un ouvrage intitulé (respirez un grand coup) « Mémoires sur la manière de choisir des plants de vignes convenables au sol, sur la façon de les provigner, de les tailler, de mélanger les raisins, d'en faire la cueillette et de gouverner les vins ». Il était né à Sainte-Ménehould en 1638 et mourut dans son abbaye de Hautvillers, où on l'avait chargé du soin des vignes, en 1715.

CHAMPAGNE Terrasse créée en 1993 à l'emplacement des ex-entrepôts viticoles de Bercy où le champagne devait, en dehors d'autres breuvages vineux, couler à flots.

CHAMPAGNY (1756-1834). De son nom complet : Jean-Baptiste Nompère de Champagny, duc de Cadore, né à Roanne, mort à Paris. Fut député de la noblesse du Forez aux états généraux et vécut dans une retraite prudente de 1791 à 1800. Mais après le 18-Brumaire, les choses lui semblant s'éclaircir, il vint faire un tour à Paris et fut nommé conseiller d'État, puis ambassadeur à Vienne. Napoléon, qu'il aimait passionnément, n'ayons pas peur des mots, le rappela en 1804 pour lui confier l'Intérieur, puis les Affaires étrangères de 1807 à 1811. C'est lui qui négocia le mariage entre Napoléon et Marie-Louise. En 1814, il se rallia à Louis XVIII, puis à Napoléon durant les Cent-Jours et fit tout (?) pour rentrer en grâce auprès de la seconde restauration. Il y parvint, puisqu'en 1819 il obtint un siège à la Chambre des pairs et l'occupa jusqu'à sa mort. Une rue garde son souvenir depuis 1844.

CHAMPAUBERT Commune de la Marne où Napoléon (encore lui) remporta une victoire (encore une) sur le Russe Olsoufiev, le 10 février 1814. Un chiffre précis : 909 Russes furent tués et 2 000 faits prisonniers. Cette victoire menaça Blücher dans sa ligne de retraite.

CHAMP DE L'ALOUETTE L'alouette, ici, ne devrait pas s'écrire avec une apostrophe : la rue fut en effet appelée ainsi à cause de la présence, jadis, d'un champ appartenant à un M. Lalouette.

CHAMP DE MARS La plaine de Grenelle, jusqu'à la fin du règne de Louis XV, était réservée à la culture des légumes. Quand on fonda l'École militaire, on décida d'empiéter sur ces cultures afin de donner un terrain d'exercice aux élèves. Long d'un kilomètre et large de 500 mètres, on lui attribua le nom de Champ-de-Mars par analogie avec le Champ de Mars romain où, à l'origine, n'avaient lieu que des exercices militaires. De grands événements eurent lieu au Champ-de-Mars : le 14 juillet 1790 on y célébra, dans un enthousiasme délirant, la première commémoration de la prise de la Bastille, dans une fête dite de la Fédération; le 17 juillet 1791 la garde nationale y tua 500 personnes (Mars, le dieu de la Guerre, dut être content); le 10 nivôse an II eut lieu une fête en l'honneur de l'abolition de l'esclavage; le 3 novembre 1804 on y distribua des aigles impériales; en 1867 il fut choisi comme lieu de l'Exposition universelle. Et puis, bien sûr, c'est sur son dos que l'on construisit la tour Eiffel.

CHAMPFLEURY (1821-1889). Jules Husson, dit Fleury, ou encore Champfleury. Romancier né à Laon, mort à Paris, auteur de « Chien-Caillou », « Confessions de Sylvius », « les Aventures de Mariette », « les Sensations de Josquin », « Fanny Minoret », etc. Ami de Baudelaire, Henri Murger, Théodore de Banville, Courbet et Nadar, Champfleury fut le chef de l'école réaliste. S'il mena la vie de bohème avec ses amis, sur la fin de son existence il fut cependant conservateur du musée de Sèvres, puis administrateur de la manufacture du même nom. C'est en 1907 qu'on donna à une rue le nom de Champfleury.

CHAMPIONNET (1762-1800). Général né à Valence, mort à Antibes. Embrassa les idées révolutionnaires et le métier des armes. Ce fils de fonctionnaire fut nommé général de brigade à l'armée du Rhin, puis, sur le champ de bataille même, à Worms, général de division par Hoche. Il s'empara de Cologne et Düsseldorf. Plus tard, il prit aussi Capoue et Naples où il organisa la république Parthénopéenne, fit cesser les abus et vida les prisons. Le commissaire du Directoire français, Faypoult, voulant s'attribuer des biens particuliers, Championnet fit comprendre qu'il n'était pas d'accord et fut arrêté; mais le tribunal de Grenoble, chargé de le juger, l'acquitta et lui confia l'armée des Alpes. Sans forces suffisantes, Championnet dut céder devant les Autrichiens et reculer jusqu'à Nice après avoir été blessé. Une épidémie décima alors son armée et lui-même en fut victime. Une statue lui a été élevée à Valence. Une rue célèbre son nom depuis 1867

CHAMPLAIN (1567-1635). Colonisateur né à Brouage, en Saintonge, qui, parti de Honfleur en 1603, mouilla à Tadoussac, au confluent du Saint-Laurent et du Saguenay, au Canada. Remontant le fleuve, il noua d'excellentes relations avec les autochtones. Quand il revint en France, il sut convaincre Henri IV de fonder une colonie au Canada. Champlain retourna donc vers l'Amérique, et au cours de son troisième voyage, il créa la ville de Québec. En 1610 il chercha, par le nord de l'Amérique, une route vers la Chine. Vainement. En 1620 il reçut le titre de lieutenant-général au Canada. En 1628 il résista aux Anglais dans Québec, mais il dut battre en retraite en 1629. Quand la ville fut restituée à la France par le traité de Saint-Germain-en-Laye de 1632, Champlain y repartit comme gouverneur et y mourut après avoir travaillé au développement de la ville.

CHAMP-MARIE Nom d'un ancien lieu-dit, ainsi nommé à cause du prénom de la fille du propriétaire d'un champ.

CHAMPOLLION (1790-1832). Orientaliste né à Figeac, prénom : Jean-François; fut dit « le Jeune » car il avait un frère, connu sous le nom de Champollion-Figeac, savant archéologue. Jean-François étudia l'hébreu, le chaldéen, le syriaque, l'éthiopien, l'arabe et le copte, sans professeurs. Vint à Paris en 1807 et repartit pour Grenoble, à l'âge de 19 ans, avec le titre de professeur adjoint d'histoire à la Faculté. C'est évidemment son déchiffrage des hiéroglyphes qui le garde célèbre de nos jours. En 1822 il lut à l'Académie sa « Lettre à M. Dacier sur les hiéroglyphes phonétiques ». Dans ce document, il définissait les principes du déchiffrement, de manière définitive – c'est par conséquent grâce à lui que vous et moi lisons à pierre ouverte sur les monuments égyptiens. Il obtint une chaire d'archéologie au Collège de France. Ouvrage principal : « Précis du système hiéroglyphique des anciens Égyptiens ». Champollion mourut victime d'une crise d'apoplexie.

CHAMPS-ÉLYSÉES En mythologie, les champs Élysées étaient une partie des Enfers où héros et hommes vertueux se retrouvaient, après la mort, pour vivre une existence proche de celle qu'ils avaient menée sur Terre. Virgile et Plutarque plaçaient les champs Élysées au centre de la Terre, Platon les voyait aux antipodes. Nos Champs-Élysées parisiens doivent leur nom à la Révolution. En 1670, cette avenue se nommait le « Grand Cours ». C'est une loi du 28 août 1828 qui céda la propriété des Champs-Élysées à la Ville de Paris. Haussmann y disposa des parterres et des pelouses au milieu desquels s'ouvrirent des cafés-concerts, des cirques, des restaurants... Les Champs-Élysées mesurent 1 880 mètres de longueur. À peu près en leur milieu se trouve le rond-point des Champs-Élysées, qui fut tracé par Le Nôtre.

CHAMPS-ÉLYSÉES-MARCEL DASSAULT (1892-1986). Industriel français, constructeur d'avions, né à Paris, mort à Neuilly-sur-Seine. Après avoir été déporté à Buchenwald pendant la Seconde Guerre mondiale, il créa, après celle-ci, une importante société de constructions aéronautiques, portant son nom, qui a conçu et construit un grands nombres de types d'avions, notamment militaires. S'intéressant à la politique, il fut député des Alpes-Maritimes (1951-1955), sénateur de l'Oise (1957-1958), puis député de l'Oise de 1958 à sa mort. Doyen de l'Assemblée nationale, il fut aussi producteur de films et le propriétaire de l'hebdomadaire « Jours de France ». On a ajouté, en 1991, son nom à celui du « Rond-Point des Champs-Élysées », car ses bureaux donnaient sur ce rond-point.

CHANALEILLES Rue ouverte en 1844, qui doit son nom à l'ex-proximité de l'hôtel de Chanaleilles, appartenant initialement au duc du Maine. Vers 1770 il fut la propriété de Du Prat, marquis de Barbançon; en 1799 le financier Ouvrard l'offrit à Mme Tallien.

CHANDON Nom du propriétaire du terrain.

CHANEZ (1746-1828). M. Chanez, il fallait lui donner du « monsieur le Baron », ou bien « mon général ». Ou les deux en même temps. En tout cas, son nom fut attribué à une rue en 1868.

CHANGARNIER (1793-1877). Général et homme politique né à Autun, mort à Paris. Prit part à l'expédition d'Espagne et à la campagne d'Algérie. En 1847, il commanda d'ailleurs la division d'Alger. Il fut même nommé gouverneur de l'Algérie, mais dut quitter ce poste à cause d'élections qui l'envoyèrent à la Constituante de 1848. Il commanda les troupes de Paris, mais en 1851 le prince-président lui ôta ce commandement et l'expulsa de France jusqu'à l'amnistie de 1859. Député à la Législative en 1873, il signa la fameuse interpellation des « 300 », du 24 mai, qui provoqua la chute de Thiers. Élu sénateur inamovible en 1875, il lutta inlassablement, mais sans succès, contre les institutions républicaines, qui lui offrirent quand même de grandioses obsèques aux Invalides.

CHANGE Le pont au Change remplaça le pont aux Changeurs et le Pont-Marchand en 1647, et fut construit d'après des dessins d'Androuet Du Cerceau. Doit son nom au premier des deux ponts cités : en ce temps-là il y avait des habitations sur les ponts et des changeurs (anciens trésoriers du domaine dont la charge fut supprimée en 1543) y demeuraient.

CHANOINESSE On dit bien « rue Chanoinesse » et non « rue de la Chanoinesse ». Elle porte en effet ce nom du fait que de nombreux chanoines appartenant au cloître Notre-Dame l'habitaient; et non pas à cause d'une chanoinesse – femme qui, sans faire de vœux, pouvait vivre en communauté et réciter l'office.

CHANTEMESSE (1851-1919). Bactériologiste né au Puy-en-Velay. Il effectua de nombreux travaux sur les venins et, en 1889, en compagnie de Fernand Widal, il découvrit la vaccination contre la typhoïde. Une rue porte son nom depuis 1932.

CHANTIER Quand on voulait du bois pour mettre dans sa cheminée, aux temps anciens, on allait en chercher au chantier de bois à brûler qui se trouvait dans ce passage.

CHANTIERS Même explication, mais à mettre au pluriel : des chantiers de bois se trouvaient dans cette rue.

CHANTILLY Ville de l'Oise, au célèbre château. Jusqu'au milieu du XIVe siècle, ce château n'était à vrai dire qu'une forteresse, appartenant aux sires de Bouteiller. Il fut ensuite la propriété des d'Orgemont. En 1484, Guillaume de Montmorency devint seigneur de Chantilly, dès lors, l'histoire de Chantilly fut liée à celle des Montmorency et des Condé. Le château se transforme et Henri IV y aura son appartement et son jardin. Après l'exécution du dernier Montmorency, Louis XIII « séquestra » Chantilly. Mais Anne d'Autriche, brave femme, le rendit en 1643 à la mère du Grand Condé. Après d'autres transformations entre 1720 et 1789, le château subit une dernière restauration de 1876 à 1882 : il en avait besoin, la Révolution avait rasé le « grand » château, dévasté le « petit », fait disparaître l'orangerie, le temple de Vénus et la ménagerie.

CHANTRES Porte ce nom tout simplement parce que des chantres, vers le milieu du XVIe siècle particulièrement, l'habitaient.

CHANVIN Porte depuis 1888 le nom du propriétaire du terrain.

CHANZY (1823-1883). Général et sénateur né à Nouart, mort à Châlons-sur-Marne. Fut tout d'abord sous-lieutenant aux zouaves et chef du bureau arabe de Tlemcen. En 1856, prit part à l'expédition de Syrie et occupa Rome. Puis il retourna en Afrique jusqu'en 1870. Pendant la guerre de 1870 il commanda l'armée de la Loire et tint tête à trois corps d'armée allemands, d'abord à Vendôme (15 décembre 1870) et à Montoire (27 décembre). Après l'armistice, Chanzy fut élu député des Ardennes. Arrêté pendant la Commune, il fut rapidement libéré et siégea à nouveau à la Chambre tout en réorganisant l'armée. En 1879, des supporters de droite auraient voulu le voir élu président de la République, en place de Mac-Mahon. Enfin, il fut un court laps de temps ambassadeur en Russie, puis revint en France prendre le commandement d'un corps d'armée, peu avant sa mort. Une rue porte son nom depuis 1890.

CHAPELLE (avenue). Cette voie, qui se trouve villa des Ternes, doit son nom à une chapelle que les habitants de cet endroit avaient construite sous un hangar.

CHAPELLE (boulevard). Doit son nom à l'ancienne présence du village de La Chapelle-Saint-Denis, réuni à Paris par décret impérial en 1860. La cité, l'impasse, la place et la rue de La Chapelle doivent toutes leur nom à cet ancien village de La Chapelle-Saint-Denis.

CHAPON Déformation de « capon », mot signifiant, entre autres, pour parler d'un homme, qu'il semble dépourvu des attributs de la virilité. Sous Philippe le Bel, – honni soit qui mal y pense – on appelait capon toute personne appartenant à la communauté juive, la « societas caponum ».

CHAPPE (1763-1805). Ingénieur et physicien né à Brûlon (Sarthe) et mort à Paris. Son œuvre capitale est la télégraphie aérienne. La première liaison télégraphique entre Lille et Paris eut lieu en 1794 à l'occasion d'un événement important : la reprise de Condé aux Autrichiens. Du coup, l'Assemblée fit donner à Chappe le titre d'« ingénieur télégraphe ». Chargé d'établir de nouvelles lignes, l'inventeur, à qui deux hommes, Breguet et Béthancourt, contestaient la paternité de son invention, sombra dans une véritable crise de mélancolie; à tel point qu'il se suicida en se jetant dans un puits de la maison où se trouvait l'atelier du télégraphe. Une statue de lui se trouve à Paris, à l'intersection des boulevards Saint-Germain et Raspail et de la rue du Bac.

CHAPTAL (1756-1832). Jean-Antoine de Chanteloup, chimiste né à Nogaret (Lozère), mort à Paris. En 1781 il créa une usine de produits chimiques qui donna au commerce français l'acide sulfurique et l'alun artificiel. Sollicité par l'étranger, il refusa, même contre des sommes importantes, de livrer ses procédés hors des frontières françaises. En 1793, on le plaça à la tête des ateliers de Grenelle qui fabriquaient de la poudre. Après le coup d'État du 18-Brumaire, il devint ministre de l'Intérieur et le resta quatre ans. Il établit des Chambres de commerce, réorganisa les monts-de-piété, créa le réseau des canaux français et commença les rues de Rivoli et de Castiglione. Napoléon le fit sénateur, grand officier de la Légion d'honneur et comte d'Empire. Sous la Restauration il fit partie de la Chambre des pairs. Son nom est passé à la postérité avec la création du mot « chaptalisation », d'après un procédé qu'il inventa pour améliorer le goût du vin en le sucrant. On doit aussi à Chaptal la « naturalisation » de la teinture du coton par le rouge d'Andrinople, la culture du pastel et sa substitution à l'indigo. Une rue porte son nom depuis 1825.

CHAPU (1833-1891). Sculpteur né au Mée (Seine-et-Marne), mort à Paris. Remporta en 1855 le premier grand prix de sculpture; sa popularité date de 1870 avec « Jeanne d'Arc écoutant les voix ». Son œuvre la plus importante est le tombeau de Mgr Dupanloup. Henri Chapu, qui entra à l'Institut en 1880, a aussi sculpté « la Jeunesse », « la Pensée », et la statue funéraire de la duchesse d'Orléans.

CHARBONNEL Propriétaire du terrain.

CHARBONNIÈRE Nom d'un lieu-dit, ainsi appelé parce que, naguère, on y procédait à la fabrication du charbon de bois. Cette rue existe depuis 1842.

CHARBONNIERS Beaucoup de marchands de charbon étaient établis à proximité de cette rue. À propos de charbonnier, citons l'anecdote qui créa le dicton « charbonnier est maître chez lui » : François Ier, s'étant égaré à la chasse, entra, le soir venu, dans la cabane d'un charbonnier; celui-ci permit au roi de rester, mais s'octroya la meilleure place et le meilleur siège en disant : « J'agis ainsi puisque je suis chez moi. » Le lendemain matin la suite du roi le retrouva et le charbonnier, découvrant seulement qui il avait abrité chez lui, se crut perdu. Pas du tout : François Ier paya généreusement l'hospitalité et accorda au charbonnier, à perpétuité, le droit de chasse.

CHARCOT (1825-1893). Jean Charcot, médecin né à Paris, mort au lac des Settons (Nièvre). Professeur de pathologie et membre de l'Académie des sciences. Connu surtout par ses études sur le système nerveux et le traitement des névroses. Les leçons qu'il donna à l'hôpital de la Salpêtrière, où il était médecin, lui valurent une notoriété mondiale et furent traduites dans un grand nombre de langues. D'ailleurs un monument à sa mémoire se trouve sur l'esplanade de la Salpêtrière.
Son fils, également prénommé Jean (1867-1936), dirigea des campagnes et des travaux océanographiques polaires. Il mourut à bord de son navire le « Pourquoi pas? »

CHARDIN (1699-1779). Jean-Baptiste Chardin, né et mort à Paris, n'avait que 28 ans quand il fut admis à l'Académie de peinture. Voici dans quelles circonstances : le jour de la Fête-Dieu, il était de coutume que les peintres n'appartenant pas à l'Académie exposent leurs œuvres place Dauphine. Des académiciens y admirèrent ses peintures et le firent entrer, presque aussitôt, en leur sein. Chardin peignit, avec un don évident de l'observation naïve, beaucoup de scènes d'intérieur. La bourgeoisie du XVIIIe siècle trouva en lui le peintre de sa vie intime. Œuvre la plus connue : « le Bénédicité ». Une rue porte le nom de Chardin depuis 1877

CHARDON-LAGACHE Il s'agit de M. et Mme Chardon-Lagache, couple de commerçants fortunés qui décidèrent, par philanthropie, de créer, en 1857, une maison de retraite pour hommes et femmes de plus de 60 ans. Cette maison de retraite existe toujours et se trouve au numéro 1 de la rue qui nous intéresse. À l'origine, cet établissement pouvait recevoir 150 personnes; il peut, aujourd'hui, en admettre environ 200. La rue Chardon-Lagache fut baptisée en 1894.

CHARENTE Rivière qui donna son nom à deux départements : la Charente et la Charente-Maritime. Elle prend sa source dans un pré situé sur le territoire de la commune de Chéronnac (Haute-Vienne). La Charente baigne, principalement, Ruffec, Angoulême, Saintes et Cognac. Elle se jette dans l'océan Atlantique à Fort-Madame, près de Rochefort. Son cours est long de 335 km. La rue de la Charente existe depuis 1863.

CHARENTON Ville de la banlieue parisienne, sur la Marne. Ce ne fut pas toujours une ville de tout repos; jugez-en : sous Charles VII, les Anglais s'en emparèrent; sous Louis XI, on s'y battit; au moment de la Ligue, elle dut résister à Henri IV qui l'assiégeait; pendant la Fronde, Condé s'en empara, en 1648, après de durs combats; enfin, en 1814, elle dut lutter contre l'armée des Coalisés. L'hôpital pour aliénés fut créé en 1641 par Sébastien Leblanc, 14 malades pouvaient alors y être accueillis, tous désignés par le roi. Sur son tracé actuel la rue de Charenton existe depuis 1785. Signalons que de 1800 à 1815 elle s'appela rue de Marengo, car c'était par cette voie que Bonaparte, alors Premier consul, avait fait son entrée dans Paris après la victoire qu'il avait remportée dans la ville piémontaise.

CHARLEMAGNE (742-814). Charlemagne (Carolus Magnus, en latin), roi des Francs et empereur d'Occident, né en Neustrie, mort à Aix-la-Chapelle, était le fils aîné de Pépin le Bref et de Bertrade, fille du comte de Laon. Tout au long de son règne il se battit contre à peu près tout le monde : les habitants d'Italie et d'Espagne, les Saxons, particulièrement Ostphaliens et Westphaliens, les Bavarois et les Avares, peuple originaire de l'Asie centrale. Dans ses luttes, Charlemagne eut toujours l'appui de la papauté, que ce soit par l'entremise du pape Adrien Ier ou par celle de Léon III. C'est ce pape-ci qui posa sur le front de Charlemagne la couronne d'empereur, le 25 décembre 800, dans la basilique Saint-Pierre de Rome. Chaque printemps, Charlemagne convoquait, aux « Assemblées de mai » ou « Champs de mai », tous les grands du royaume; on préparait alors et surtout les expéditions guerrières. Au sens propre du terme, l'empereur d'Occident ne gouvernait pas; il se contentait d'exercer une suprématie militaire et religieuse. Ce grand homme eut, successivement, cinq femmes et, pas toujours successivement, un nombre très important de maîtresses. Toutes ces amours lui donnèrent beaucoup d'enfants, dont vingt seulement nous sont connus. On sait que son fils Louis, son successeur, fut mis au monde par Hildegarde, femme d'origine souabe, son épouse légitime de 771 à 783. Sous le règne de Charlemagne les arts et les lettres prospérèrent. C'est dans son propre palais que l'empereur ouvrit une école et, à ce propos, le texte d'un de ses capitulaires (actes législatifs divisés en chapitres) disait : « Tout père de famille doit envoyer son fils à l'école et l'y laisser jusqu'à ce qu'il soit bien instruit. » À la mort de Charlemagne on s'étonna de la rapidité avec laquelle toute son œuvre se disloqua; c'est que cette œuvre était toute de surface et qu'elle n'était que le pouvoir simple d'un chef militaire. Le passage Charlemagne existe depuis 1825 et la rue depuis 1844.

CHARLES V (1337-1380). Roi de France, dit « le Sage », né à Vincennes, mort au château de Beauté, situé sur la ville actuelle de Nogent-sur-Marne. Charles V était le fils du roi Jean le Bon et de Bonne de Luxembourg. Il régna de 1364 à sa mort, mais possédait la lieutenance du royaume depuis 1356, son père ayant été pris cette année-là par le Prince Noir, après la bataille de Poitiers. Monté sur le trône, Charles V eut à subir les vilenies de Charles le Mauvais, roi de Navarre, à qui il parvint cependant à imposer la paix après la victoire de Du Guesclin à Cocherel en 1364. Tout au long de son règne il lutta contre les Anglais et parvint à les expulser presque complètement de notre territoire. D'autre part, avec l'aide ô combien efficace de Du Guesclin, il débarrassa la France des Grandes Compagnies qui l'infestaient. En revanche, il échoua dans sa tentative pour unir la Bretagne (guerre des Deux Jeanne – Jeanne de Penthièvre et Jeanne de Flandre). Malgré cela, quand Charles V mourut, il laissait à son fils Charles VI, dit « le Fou », un État prospère et pacifié. C'est sous son règne que fut commencée la construction du Louvre. La rue Charles-V existe depuis 1864.

CHARLES ALBERT Ce passage porte le nom du propriétaire du terrain sur lequel il fut construit.

CHARLES BAUDELAIRE (1821-1867). Poète, né à Paris. Baudelaire publia un seul recueil de poésies – mais quel recueil! – « les Fleurs du mal ». La parution de ces poèmes lui valut de nombreux procès pour « dépravation »; ils étaient pourtant l'annonce de la naissance d'une nouvelle sensibilité poétique. Baudelaire se passionna pour l'œuvre d'Edgar Poe dont il traduisit la plupart des ouvrages, notamment « Histoires extraordinaires » et « Nouvelles Histoires extraordinaires ». Charles Baudelaire a dit : « Homme libre, toujours tu chériras la mer », « Le beau est toujours bizarre », « Je sais que la douleur est la noblesse unique » et « C'est la mort qui console, hélas! et qui fait vivre ». La rue Charles-Baudelaire existe depuis 1904.

CHARLES BÉNARD (1807-1898). Écrivain né à Sainte-Foy (Seine-Maritime). Il professa la philosophie en province, puis à Paris aux lycées Bonaparte et Charlemagne. Il a écrit « Cours d'esthétique de Hegel analysé et traduit » et « Philosophie ancienne, histoire générale de ses systèmes ».

CHARLES BERNARD Député du XVIIIe arrondissement, mort en 1927, dont on donna le nom à une place en 1934.

CHARLES BERTHEAU C'est depuis 1877 que cette rue porte le nom du propriétaire du terrain sur lequel elle fut construite

CHARLES BOSSUT (1730-1814). Mathématicien et abbé né à Tartaras (Loire). Ses talents précoces lui valurent la protection de d'Alembert qui se l'associera pour la partie mathématique de « l'Encyclopédie ». En 1752, Bossut fut professeur à l'école du Génie, installée à Mézières, et la même année on le choisit comme membre correspondant de l'Académie des sciences à la suite de la publication de son ouvrage « Usage de la différenciation des paramètres ». Sous l'Empire, Charles Bossut devint membre de l'Institut et examinateur à l'École polytechnique. La rue Charles-Bossut existe depuis 1897.

CHARLES CAZIN (1841-1901). Peintre né à Samer (Pas-de-Calais), mort au Lavandou (Var). De 1871 à 1875, il voyagea en Angleterre, en Italie et en Hollande. Venu ensuite à Paris, il s'ingénia à restaurer l'art de la peinture à la cire. (La peinture à la cire consiste à incorporer de la cire, rendue miscible à l'eau par adjonction de chaux, à un mélange de couleurs précédemment préparé.) Par ce procédé, Cazin peignit « le Chantier », « la Fuite en Égypte » et « le Voyage de Tobie ». On lui doit aussi des panneaux décoratifs pour l'Hôtel de Ville de Paris. Sa femme Marie Guillet était peintre et sculpteur. La rue portant son nom existe depuis 1899.

CHARLES CROS (1842-1888). Poète et savant né à Fabrezan (Aude), mort à Paris. Il fit des études de médecine et de philologie, puis orienta sa vie vers d'autres directions puisqu'il découvrit d'abord un procédé de photographie en couleurs (1867), ensuite le principe du phonographe (1877) – dont il eut donc l'idée avant Edison qui ne déposa son projet qu'en 1878. Sur un autre plan, Charles Cros rédigea, en 1869, une brochure sur « les Moyens de communications entre planètes ». Comme poète, il fit preuve d'un humour très particulier et son poème « le Hareng saur » – celui qui est « sec, sec, sec » – n'en est pas le moindre exemple. Charles Cros a aussi écrit « le Bilboquet », « l'Obsession », « le Coffret de santal » et « le Fleuve ». D'autre part, on a créé une académie Charles-Cros qui, chaque année, dans diverses catégories, décerne des prix à des œuvres discographiques. La rue Charles-Cros existe depuis 1932.

CHARLES DALLERY (1754-1835). Facteur d'orgues né à Amiens, mort à Jouy-en-Josas. Apporta des améliorations dans la facture des orgues et perfectionna la harpe et le clavecin. D'autre part, il songea à l'application de l'hélice pour la navigation à vapeur. À cette époque, vous savez que Fulton réalisait des expériences sur la Seine, avec un bateau à roues. Dallery fit les siennes à Bercy en 1803, mais les premiers résultats ne furent guère probants. Le gouvernement refusant de l'encourager financièrement, notre facteur, qui avait épuisé ses ressources, n'en eut d'autres que de briser son bateau et déchirer son brevet... Dix ans après sa mort, le 17 mars 1845, on lui rendit justice; mais bien tard. Il est pourtant indiscutable que c'est lui qui, le premier, proposa l'emploi de l'hélice immergée comme moyen de propulsion et de direction des bâtiments à vapeur. Une rue porte son nom depuis 1877.

CHARLES DE FOUCAULD (1853-1916). Le vicomte Charles de Foucauld, dit « le père de Foucauld », missionnaire et explorateur, naquit à Strasbourg et mourut au Sahara. Orphelin à l'âge de 5 ans, il fuit l'Alsace avec ses grands-parents au moment de la guerre de 1870 et se rend à Nancy où il fera ses études. Élevé chrétiennement, il perd la foi à 16 ans et se destine à la carrière militaire en entrant bientôt à Saint-Cyr, puis à Saumur, où il côtoiera le futur maréchal Pétain. En 1881, il brisa irrémédiablement cette carrière militaire en refusant de rompre, malgré l'ordre qui lui en était donné, une liaison trop voyante qu'il avait avec une femme de Sétif où il se trouvait en garnison. De 1883 à 1884, il entreprend au Maroc une expédition extrêmement périlleuse à l'issue de laquelle tous les géographes notoires le reconnurent comme un des leurs. Rentré à Paris, il écrit le récit de cette expédition qui paraîtra en 1888 sous le titre « Reconnaissance au Maroc ». À Paris, Charles de Foucauld réfléchit beaucoup et cherche Dieu en passant de longs moments dans des églises. « Dieu, dira-t-il, si vous existez, faites-vous connaître. » En 1886, il rencontre l'abbé Huvelin, avec qui il aura de longues conversations, et il se convertit en disant : « Je ne veux plus vivre que pour Dieu. » Il entre au couvent trappiste Notre-Dame-des-Neiges, en Ardèche, et passe ensuite plusieurs mois dans un autre établissement trappiste en Syrie. Puis, rompant ses liens avec cet ordre, il demeure en Syrie six années, domestique chez des clarisses, vivant dans une simple cabane. Le 9 juin 1901, Charles de Foucauld est ordonné prêtre et s'installe dans le Sud algérien, à Beni-Abbès, ermite ouvrant sa porte et son cœur à tous, amis ou ennemis. Il lutte contre l'esclavage et se lie d'amitié avec le général Laperrine qui commande dans la région. En 1905, il va plus vers le sud, jusqu'à Tamanrasset où il recherchera un contact fraternel avec les Touareg. Il écrira d'ailleurs un dictionnaire français-touareg. Il passe dix années là-bas, mais en 1916 un groupe de « razzieurs » le tue. Le père de Foucauld meurt seul, abandonné de tous, sans personne pour lui succéder. Une avenue porte son nom depuis 1935

CHARLES DE GAULLE (1890-1970). Général et homme d'État, né à Lille, mort à Colombey-les-Deux-Églises (Haute-Marne), en sa propriété de La Boisserie. Lors de la Seconde Guerre mondiale, il commandait une division cuirassée. Quand survint l'armistice de 1940, il se rendit à Londres pour y prendre la tête de la résistance française. L'Appel du 18 juin 1940 demeurera longtemps célèbre. À la fin de la guerre, le général de Gaulle sera d'abord chef du gouvernement provisoire à Alger, avant d'être porté au pouvoir à Paris, jusqu'en 1946. À cette date il se retira et fonda, en 1947, un parti politique, le Rassemblement du peuple français (R.P.F.). Mais en 1953 il quitta la vie politique. Les événements d'Algérie le ramenèrent au pouvoir en mai 1958; il fit alors, par référendum, approuver une nouvelle Constitution, qui créait la Ve République, et devint le premier président de cette République en 1959, élu au suffrage universel. Il sera réélu en 1965. Pourtant, la nation ayant repoussé son projet de réforme du Sénat et de régionalisation, le général de Gaulle démissionna de ses fonctions le 28 avril 1969. En dehors de ses qualités d'homme d'État, le général de Gaulle se révéla un excellent écrivain, notamment avec ses « Mémoires » et « Mémoires d'espoir ». C'est l'année même de sa mort, en 1970, que le conseil municipal de Paris décida de donner à la place de l'Étoile le nom du général de Gaulle. (Voir également « Étoile-Charles de Gaulle ».)

CHARLES DELESCLUZE (1809-1871). Homme politique né à Dreux, mort à Paris. Sa vie ne fut qu'une suite d'avatars, tous dus à sa foi révolutionnaire et républicaine. Delescluze prit activement part à la révolution de 1830, mais fut contraint de quitter la France de 1836 à 1840. En 1848, on le nomma commissaire de la République pour le Nord et le Pas-de-Calais. L'ardeur anti-napoléonienne dont il fit preuve ensuite l'obligea à se réfugier à Londres. Venu secrètement – du moins il le croyait – à Paris, on l'y arrêta pour l'envoyer à Cayenne. Une grâce survint en 1859 qui lui permit de rentrer dans notre capitale et d'y fonder un journal, « le Réveil », qui fut presque immédiatement interdit... Obligé de quitter à nouveau la France, Delescluze s'exila, cette fois, en Belgique. Il y resta jusqu'à la chute de Napoléon III et fut alors élu député de la Seine. Membre de la Commune de 1871 et délégué civil à la guerre, il mourut sur une barricade, en luttant contre l'armée régulière, le 25 mai 1871. La rue Charles-Delescluze existe depuis 1924

CHARLES DICKENS (1812-1870). Écrivain anglais né à Landport, mort à Gad's Hill. Dans sa jeunesse, il ne reçut qu'une instruction rudimentaire qu'il dut parfaire plus tard, en étudiant seul, le soir. En 1828, Dickens travailla dans une étude d'avoué et devint en 1831 reporter parlementaire. Il fit cette même année ses débuts de romancier, dans « Monthly Magazine », sous le pseudonyme de Boz. C'est en 1836 que Dickens publia « les Aventures de M. Pickwick »; ces « aventures » lui valurent une notoriété immédiate. Par la suite, il écrira principalement « Olivier Twist », « David Copperfield » et « les Grandes Espérances », sans oublier des livres moins connus comme « Nicolas Nickleby », « le Magasin d'antiquités », « les Temps difficiles » et « la Petite Dorrit ». Dickens, qui fonda le journal « Daily News » en 1846, disait : « Ma confiance dans le peuple gouvernant est infinitésimale; ma confiance dans le peuple gouverné est infinie »; « Toute mémoire humaine est chargée de chagrins et de troubles » et « Si j'avais le pouvoir d'oublier, j'oublierais ». Dans ses romans Dickens chercha à combattre l'hypocrisie qui caractérisa le long règne de la reine Victoria. La rue Charles-Dickens existe depuis 1931 et le square depuis 1936.

CHARLES DIVRY M. Charles Divry fut maire du XIVe arrondissement avant 1890, date à laquelle on donna son nom à cette rue.

CHARLES DULLIN (1885-1949). Acteur, metteur en scène et directeur de théâtre, né à Yenne, mort à Paris. Il fit ses débuts véritables au célèbre cabaret du « Lapin agile » où il disait des poèmes; en 1913, il se joignit à la troupe que Jacques Copeau constituait au théâtre du Vieux-Colombier. Créant, en 1921, l'École nouvelle du comédien, il fonda, l'année suivante, son propre théâtre : l'Atelier, qui s'ouvre, depuis 1975, sur la place Charles-Dullin. Il y créa et mit en scène quantité de pièces qui marquèrent pour la plupart une date importante dans l'art théâtral;

n'en citons que quelques-unes « l'Avare » de Molière, « les Oiseaux » d'Aristophane, « Voulez-vous jouer avec moâ » de Marcel Achard, « Richard III » de Shakespeare, « le Faiseur » de Balzac, « Volpone » de Ben Jonson dont fut tiré un film dans lequel il se montre inoubliable. Durant sept années, de 1940 à 1947, il dirigea le théâtre Sarah-Bernhardt (devenu, depuis, le théâtre de la Ville). N'oublions pas de signaler qu'en 1926 il avait créé le « cartel des quatre » en compagnie de Gaston Baty, Georges Pitoëff et Louis Jouvet. Professeur remarquable, il forma et influença un nombre considérable d'excellents comédiens et metteurs en scène (je ne citerai que Jean Vilar et Jean-Louis Barrault). Il a écrit sur son métier et j'extrais cette phrase de « Souvenirs et notes de travail d'un acteur » : « Avant de mâcher les mots, je mange les idées! »

CHARLES ET ROBERT Deux bons amis. Inséparables et que la postérité a réunis. Charles est né à Beaugency en 1746 et mort à Paris en 1822. Il fit mieux connaître en France les découvertes de l'Américain Franklin et des frères Montgolfier. Franklin, qui n'avait pas l'admiration facile, appréciait ses leçons et expériences sur l'électricité. Charles substitua l'hydrogène à l'air dilaté pour le gonflement des ballons. Il accomplit des ascensions qui soulevèrent un enthousiasme extraordinaire. Louis XVI lui octroya 2000 livres de rente. Anecdote : l'Elvire d'un célèbre poème de Lamartine était son épouse. De Robert on sait beaucoup moins de choses, sinon qu'il accompagna Charles, le 27 août 1783, lors de sa première ascension libre dans un ballon gonflé à l'hydrogène. Une rue réunit leurs noms depuis 1932.

CHARLES FILLION (1883-1917). M. Charles Fillion, qui était conseiller municipal, mourut pendant la guerre 14-18, victime de celle-ci. Une rue porte son nom depuis 1919.

CHARLES FLOQUET (1828-1896). Avocat et homme politique né à Saint-Jean-Pied-de-Port, mort à Paris. Fut hostile au second Empire et le fit comprendre dans sa colla boration au « Temps », au « Courrier de Paris » ou à la barre. En septembre 1870 il fut nommé adjoint au maire de Paris et en février 1871 élu à l'Assemblée nationale comme député du IIe arrondissement. Il présida aussi le conseil municipal et fut préfet de la Seine en 1882. Ce n'est pas tout : de 1885 à 1888 il présidera la Chambre des députés et, couronnement, le 31 mars 1888, il deviendra président du Conseil et ministre de l'Intérieur. Termina cette belle carrière par un poste de sénateur. Petite anecdote pour définir la personnalité de cet homme : en juin 1867, on accueillit au Palais de Justice l'hôte de Napoléon III, l'empereur de Russie Alexandre II. Quand celui-ci entra, Floquet cria : « Vive la Pologne! » Ces mots jetèrent comme un froid...

CHARLES FOURIER (1772-1837). Sociologue né à Besançon, mort à Paris (c'est effrayant comme on peut mourir à Paris...). Son père était marchand de drap et il servit comme commis au magasin. Cette expérience lui inspira une forte haine du système économique de son époque. Il n'était d'ailleurs, semble-t-il, pas très doué pour l'économie, car ayant fondé à Lyon, en 1793, avec l'argent paternel, une épicerie, il s'y ruina. Commença à écrire et rédigea en 1808 « Théorie des quatre mouvements et des destinées générales », qui contient sa théorie cosmogonique. Sa grande idée fut l'idée phalanstérienne qui devait, selon lui, assurer le bonheur de l'humanité; mais il attendit, en vain, qu'un mécène l'aide. Un phalanstère, vaste maison d'habitation, devra être occupé par une phalange de 1 600 personnes, unité sociale, selon Fourier, de la société future. Chacun ne travaillera qu'en fonction de ses goûts ou prédispositions; ainsi devenu attrayant, le travail deviendra plus fructueux. Chaque phalanstérien devra avoir droit à un minimum de bien-être. Le chiffre de 1 600 n'est pas dû au hasard : selon Fourier, les passions de l'homme, qu'il ne faut pas réprimer systématiquement, sont au nombre de 12 et peuvent se grouper en 810 caractères différents. Doublez ce nombre et vous avez la certitude d'avoir tous les spécimens possibles de caractère. Fourier fut en quelque sorte un des précurseurs du socialisme. En 1830, un phalanstère fut créé par deux disciples de Charles Fourier à Condé-sur-Vesgre.

CHARLES-FRANÇOIS DUPUIS Philosophe, écrivain et homme politique français né à Trye-Château (Oise) en 1742 et mort à Is-sur-Tille (Côte-d'Or) en 1809. Professeur d'éloquence au Collège royal en 1787, il fut ensuite député de la Convention puis membre des Cinq-Cents, et participa à l'organisation des écoles centrales. On lui doit «Origine de tous les cultes ou Religion universelle», ouvrage destiné, notamment, à lutter contre les superstitions. Un autre de ses livres, «L'Abrégé» (1822), plut aux anticléricaux. Une rue porte son nom depuis 2003.

CHARLES FRIEDEL (1832-1899). Chimiste et minéralogiste né à Strasbourg, mort à Paris. Reçut une chaire de minéralogie en 1876 à la Faculté des sciences et, en 1884, une chaire de chimie organique. Était aussi conservateur des collections minéralogiques à l'École nationale des mines; il fut nommé en 1878 membre de l'Académie des sciences. Une rue porte son nom depuis 1905.

CHARLES GARNIER (1825-1898). Architecte né et mort à Paris. Dans sa jeunesse Garnier voyagea beaucoup : Italie, Grèce, s'arrêtant longuement dans des villes comme Naples, Venise ou Athènes. Durant ces voyages, il adressa à Paris de nombreuses études : « le Forum de Trajan », « le Temple de Jupiter Sérapis », « Projet pour une école de dessin », etc. De retour en France, on le nomma, en 1860, architecte de la Ville de Paris. En 1861, on ouvrit un concours pour la construction d'une nouvelle salle d'opéra à Paris; Charles Garnier adressa un projet qui fut retenu à l'unanimité. Il se mit immédiatement au travail et en 1867 le public put déjà voir l'admirable façade que l'on connaît; l'édifice fut totalement terminé et inauguré en 1875; Charles Garnier y avait consacré quatorze années de sa vie. Les autres œuvres de Charles Garnier, qui entra à l'Institut en 1874, sont la chapelle funèbre des Luynes, au château de Dampierre; une villa fort originale, près de Menton; le plan du théâtre de Monaco. La rue Charles-Garnier existe depuis 1903.

CHARLES GERHARDT (1816-1856). Chimiste né et mort à Strasbourg. S'ingénia surtout à apporter des simplifications dans l'enseignement de sa spécialité.

CHARLES GIRAULT (1851-1932). Charles Girault était un architecte assez en vogue au début de ce siècle; bon nombre de maisons dites « bourgeoises » de cette époque portent sa signature. On donna son nom à une avenue en 1939.

CHARLES HERMITE (1822-1901). Mathématicien né à Dieuzé (Moselle), mort à Paris. Fut professeur à l'École polytechnique – où il avait été élève – et membre de l'Académie des sciences. Dans son domaine, Hermite fut un des plus profonds analystes de son époque

On lui doit la résolution de l'équation du 5e degré qu'il ramena à la division d'un arc d'ellipse. Ses travaux sur les fonctions elliptiques et la théorie des nombres ont beaucoup apporté à la science. Une rue porte son nom depuis 1930.

CHARLES LAMOUREUX (1834-1899). Chef d'orchestre né à Bordeaux, mort à Paris. Élève au Conservatoire, il remporta le premier prix de violon en 1854. Devint premier violon à l'orchestre de l'Opéra, puis fonda une société de quatuors dont les concerts étaient fort prisés. En 1875 il fut nommé chef d'orchestre de l'Opéra-Comique, et en 1877 de l'Opéra. Enfin il fonda une entreprise de grands concerts symphoniques, les fameux Concerts Lamoureux, et aida à populariser Wagner en France.

CHARLES LAURENT (1856-1939). Administrateur, né à Paris. D'abord élève de Polytechnique, il entreprit une carrière dans la diplomatie et fut ambassadeur de France, puis président honoraire de la Cour des comptes et grand-croix de la Légion d'honneur. On le chargea de préparer les statuts du Crédit national, qu'il fonda en novembre 1919. Cet établissement, semi-public, fut créé pour payer les dommages de guerre; d'ailleurs, le premier nom du Crédit national était « Crédit pour faciliter les réparations des dommages de guerre ». Il paya les dommages de la Première Guerre mondiale et de la Seconde. Depuis 1960, le Crédit national accorde des prêts, à moyen terme, mais uniquement aux commerçants et industriels. La rue Charles-Laurent fut ouverte en 1930.

CHARLES LAUTH (1836-1913). Chimiste qui naquit à Strasbourg. Placé à la tête de la Manufacture de Sèvres en 1879, il y demeura jusqu'en 1887. Il inventa une fabrication nouvelle de la porcelaine et une matière colorante très utile : le violet Lauth. Ce violet est le « type » de toute une série de colorants sulfurés, dans la classe des « thiazines », dont certains, tel le bleu de méthylène, sont l'objet de nombreuses applications. Lauth créa aussi une école pour les décorateurs et les artistes de la Manufacture de Sèvres.

CHARLES LECOCQ (1832-1918). Compositeur né à Paris, auteur d'un très grand nombre d'opérettes. La première fut écrite à l'occasion d'un concours ouvert en 1856 par Offenbach pour les Bouffes-Parisiens : Lecocq composa « le Docteur Miracle ». Ce furent ensuite « Fleur d'été » à l'Athénée, puis « les Cent Vierges » aux Variétés. Mais son succès le plus fameux fut, bien sûr, « la Fille de Madame Angot ». Il fut très fécond, produisant parfois plusieurs opérettes par an. Quelques autres titres : « le Baiser à la porte », « Testament de M. de Crac », « le Petit Duc », « Ali-Baba », « Ninette », etc. Une rue porte son nom depuis 1928.

CHARLES LE GOFFIC (1863-1932). Écrivain né à Lannion, fils d'un imprimeur. Fonda avec Jules Tellier et Maurice Barrès une revue : « les Chroniques ». Bourget disait de lui que ses écrits reflétaient « une impression de grâce triste et souffrante ». Principaux ouvrages : « Amour breton », « le Bois dormant », « Crucifié de Kéralès », ce dernier couronné par l'Académie française.

CHARLES LEROY (1844-1895). Publiciste né et mort à Paris. Créa un personnage fort célèbre à son époque : le colonel Ramollot. Il y a un autre Charles Leroy (1780-1854) qui lui, en sa qualité de mathématicien, fut maître de conférences à l'École normale. C'est le publiciste qui donna son nom à la rue en 1929.

CHARLES LUIZET Originaire du Rhône, né le 10 novembre 1903, mort en 1947, ce compagnon de la

Libération devint, après la Seconde Guerre mondiale, préfet de Corse, puis de police, à Paris. Ancien élève de l'École militaire de Saint-Cyr, il fut également sous-préfet de Tiaret et de Bône, ainsi que gouverneur général de l'Afrique-Équatoriale française (A.É.F.). Une rue lui a été dédiée en 1980.

CHARLES MARIE WIDOR (1844-1937). Compositeur qui naquit à Lyon. Il fut titulaire de l'orgue de Saint-François dans cette ville et écrivit beaucoup de symphonies pour son instrument. En 1869 devint organiste de Saint-Sulpice, à Paris. Il succéda à César Franck à la classe d'orgue du Conservatoire de la rue de Madrid. Son nom fut donné à une rue en 1946.

CHARLES MICHELS (1903-1941). Ce député fut fusillé par les Allemands, qui l'avaient pris comme otage, le 22 octobre 1941. On donna son nom à une place dès 1944.

CHARLES MONSELET (1825-1888). Écrivain né à Nantes. À 19 ans, il fit représenter une petite pièce, « le Carreau brisé ». Vint ensuite à Paris pour s'y consacrer surtout au journalisme, discipline qui semblait particulièrement convenir à sa forme de talent; il collabora à « l'Artiste » et au « Pays ». Écrivit cependant des livres : « Monsieur de Cupidon », « la Franc-Maçonnerie des femmes », « les Chemises rouges ». D'autre part, il se fit une solide réputation de gastronome, poussant sa passion jusqu'à écrire « l'Almanach des gourmands » et « Cuisinière poétique »

CHARLES MOUREU (1863-1929). Chimiste, membre de l'Institut et de l'Académie de médecine, qui effectua des travaux touchant, principalement, à la chimie organique. Une rue porte son nom depuis 1950.

CHARLES NICOLLE (1866-1936). Ce bactériologiste, né à Rouen, dirigea, de 1903 à 1936, l'Institut Pasteur de Tunis. Également professeur au Collège de France, on lui doit la découverte du mode de transmission du typhus exanthématique ou, si vous préférez, exanthémateux... (1909). Il travailla également sur la fièvre de Malte. Prix Nobel de médecine en 1928, une rue porte son nom depuis 1978.

CHARLES NODIER (1780-1844). Littérateur né à Besançon, mort à Paris. Son père, avocat, l'éleva dans des sentiments révolutionnaires. Ce ne furent sans doute pas ces sentiments qui guidèrent son imagination pour un de ses premiers ouvrages, plutôt licencieux, « le Dernier Chapitre de mon roman », paru en 1803. Mais il changea vite de genre et eut de gros ennuis avec la police impériale à cause d'un roman satirique intitulé « la Napoléone ». Il dut s'exiler. Après l'Empire, il revint à Paris et put en toute quiétude afficher ses opinions royalistes (preuve supplémentaire que l'on n'écoute jamais ce que disent les parents...). Charles Nodier rédigea bientôt toute une série de contes, parmi lesquels « Jean Sbogar », « Thérèse Aubert » et « les Vampires », qui obtinrent beaucoup de succès. En 1823, on le nomma bibliothécaire à l'Arsenal. Il se trouva alors au cœur du mouvement romantique et organisa de nombreuses soirées littéraires auxquelles participèrent Victor Hugo, Sainte-Beuve, Lamartine, Alfred de Vigny et Alexandre Dumas. Entré à l'Académie française en 1833, Charles Nodier a encore écrit : « le Dernier Banquet des Girondins », « la Fée aux Miettes » et « le Chien de Brisquet ». Une rue porte son nom depuis 1875.

CHARLES PÉGUY (1873-1914). Écrivain et poète français né à Orléans, mort à Villeroy. Très mystique, il défendit d'abord une forme de socialisme avant de revenir à la foi catholique et d'effectuer, par exemple, de nombreux pèlerinages pédestres à la cathédrale de Chartres. Fondateur, en 1900, des « Cahiers de la quinzaine », il avait été, auparavant, un « dreyfusard » convaincu. Il fut tué, au début de la guerre 14-18, sur le front de la Marne. Parmi ses œuvres : « l'Argent », « le Mystère de la charité de Jeanne d'Arc », « le Porche du mystère de la deuxième vertu », etc. Il a dit : « Heureux ceux qui sont morts pour des cités charnelles/Car elles sont le corps de la Cité de Dieu », « La seule force, la seule valeur, la seule dignité de tout, c'est d'être aimé », « Quarante ans est un âge terrible » (il est mort à 41 ans!), « Heureux ceux qui sont morts dans une juste guerre/Heureux les épis mûrs et les blés moissonnés ». Un square porte son nom depuis 1990.

CHARLES PETIT Nom du proprié taire du terrain

CHARLES RENOUVIER (1815-1903). Philosophe qui vit le jour à Montpellier. Après avoir « fait » Poly technique, il abandonna les mathé matiques pour se consacrer à la philosophie. Publia en 1842 « Manuel de la philosophie moderne » et en 1844 « Manuel de la philosophie ancienne ». Sa philosophie prolonge, tout en la modifiant, celle de Kant niant la métaphysique en tant que science, il fut contre le positivisme, qu'il trouvait sensuellement grossier. Il reconnaissait au « moi » la liberté. Renouvier entra à l'Institut en 1900.

CHARLES RISLER (1848-1923). Quand on est maire d'un arrondissement, il arrive parfois, après la mort, que des conseillers municipaux décident de donner votre nom à une rue. Ce n'est pas ce qui s'est passé là, car on donna le nom de Risler à une rue en 1907 c'est-à-dire de son vivant.

CHARLES ROBIN (1821-1885). Anatomiste né et mort à Jasseron (Ain). Docteur en 1845 et agrégé en 1847, il ouvrit un cours d'anatomie pathologique et fonda un laboratoire d'anatomie comparée. En 1862, la Faculté créa pour lui une chaire d'histologie. Entra à l'Académie des sciences en 1866 et au Sénat comme représentant de l'Ain, en 1876. Une rue porte son nom depuis 1893.

CHARLES TELLIER (1828-1913). Ingénieur né à Amiens. Il étudia les applications du froid et introduisit, dans cette industrie, deux produits nouveaux : l'éther méthylique et la triméthylamine. C'est lui qui le premier, sur un bateau frigorifique, parvint à transporter de la viande congelée, de Paris à Buenos Aires. Tellier est, à juste titre, considéré comme l'inventeur du froid artificiel pour la conservation des denrées alimentaires. Il s'intéressa également à l'économie politique et écrivit, notamment, « l'Impôt unique et ses conséquences ». La rue Charles-Tellier existe depuis 1926.

CHARLES TILLON Né en 1897 à Rennes, mort à Marseille en 1993, Charles Tillon fut chef des Francs-tireurs et Partisans français en 1941 Après la guerre, il devint ministre de l'Air (1944-1945), de l'Armement (1945-1946) et de la Reconstruction (1947). Une place porte son nom depuis 2003

CHARLES TOURNEMIRE (1870-1939). Organiste et compositeur français, né à Bordeaux, mort à Arcachon. En 1898, il prend possession des orgues de Sainte-Clotilde et en 1919, il devient professeur de la classe d'ensemble du Conservatoire de Paris, puis mène une belle carrière de concertiste international, réputé, notamment, pour son don de l'improvisation. Compositeur d'opéras (« Les dieux sont morts ». « Nittetis ») et de musiques chorales, l'essentiel de son œuvre est évidemment consacrée à l'orgue (« Ite missa est », « l'Orgue mystique », « Petites Fleurs musicales », etc.). Une rue lui est dédiée depuis 1987.

CHARLES WEISS Propriétaire du terrain.

CHARLOT Cette rue ne porte pas le nom de Charlot en hommage à Charlie Chaplin; et pour cause : on la nomma ainsi dès 1626. Charlot était alors le nom de son lotisseur. Information : savez-vous de qui on parlait quand on disait « soubrettes de Charlot »? Il s'agissait des aides du bourreau, surnommé « Charlot » en général, en souvenir d'un vrai M. Charlot, le bourreau qui exécuta Damiens. (Donc, si dans une rubrique « employé de maison » quelqu'un se propose comme soubrette de Charlot, soyez très méfiant...)

CHARMILLES De nombreux jardinets existaient là et des charmilles les bordaient. Les charmilles sont constituées de petits charmes ou, par extension, d'arbustes touffus.

CHAROLAIS Le Charolais est une ancienne province du sud-est de la France dont la capitale était Charolles. En 1316, la famille d'Armagnac céda le Charolais pour 60000 écus à Philippe le Hardi, duc de Bourgogne. Quand Charles le Téméraire mourut, le Charolais revint à Charles VIII, qui le donna en 1493 à la maison d'Autriche, laquelle le conserva jusqu'en 1684. À cette date, Condé, créancier du roi d'Espagne, fit saisir cette province par arrêt du parlement de Dijon. Ce n'est qu'en 1771 que le Charolais fut réuni à la couronne de France. Quant aux bœufs charolais, justement réputés, inutile de vanter la qualité de leur viande.

CHARONNE Ancien village de la banlieue de Paris, annexé à la capitale en 1860. C'est sur son territoire qu'au XVIIe siècle fut créé « l'enclos de Mont-Louis », qui deviendra plus tard le cimetière du Père-Lachaise. Au XVIIIe siècle, les ducs d'Orléans possédèrent un château dans ce village. De 1789 à 1860 Charonne forma une commune de l'arrondissement de Saint-Denis.

CHARRAS (1810-1865). Militaire et homme politique né à Phalsbourg, mort à Bâle. Polytechnicien, il combattit sur les barricades en 1830. Lieutenant d'artillerie en 1833, on l'envoie peu après en Algérie où sa bravoure le fait remarquer par Bugeaud et le duc d'Aumale. En 1848, il est lieutenant-colonel et élu pour représenter le Puy-de-Dôme à la Constituante. Ministre intérimaire de la Guerre pendant six jours, il aida Cavaignac à réprimer l'émeute de juin. Au fameux 2 Décembre il fut emprisonné, expulsé à Bruxelles puis rayé de l'armée en 1852. Exilé en Suisse, après l'avoir été en Belgique il y mourut. Durant cet exil, Charras écrivit un livre tendant à démontrer que la décadence du génie napoléonien entraîna de fantastiques désastres pour la France. On donna le nom de Jean Charras à une rue en 1879.

CHARRIÈRE Porte ce nom depuis 1928; c'est une déformation de « charrier », transporteur sur chariot ou charrette. Une vieille expression familière disait « charrier droit »; elle signifiait « se bien tenir, veiller sur ses paroles et ses actions ». Philippe de Commines, chroniqueur de l'époque, disait : « Louis XI était un maître avec lequel il fallait charrier droit. »

CHARTIÈRE Contraction d'Emmeline La Charretière, propriétaire, au XIIIe siècle, de plusieurs maisons dans cette rue. Emmeline – charmant prénom féminin tombé en désuétude – fit don de ses maisons au collège des Bons-Enfants.

CHARTRAN (1849-1907). Prénom : Théobald. Peintre, né à Besançon, qui remporta le prix de Rome en 1877. Se tailla une réputation comme portraitiste et peintre historique. Citons quelques-uns de ses tableaux : « le Cierge », « la Vision de saint François d'Assise », « Vincent de Beauvais » et « Saint François d'Assise chantant au labour ». Une rue porte le nom de Théobald Chartran depuis 1931.

CHARTRES (galerie et péristyle). Ferdinand Louis Charles Philippe Henri, duc d'Orléans, puis duc de Chartres, fils aîné du roi Louis-Philippe, né en 1810 à Palerme, mort en 1842 à Neuilly-sur-Seine. À sa sortie de Polytechnique, en 1824, il devint colonel des hussards et, en 1830, quand éclata la révolution, son régiment arbora, sur son ordre, la cocarde tricolore. Quand son père fut proclamé roi (1830), lui-même reçut le titre de prince royal. En 1832, sa conduite, pendant l'épidémie de choléra, enthousiasma les Parisiens. En 1835, il accompagna le général Clauzel en Algérie et se distingua à la prise de Mascara. Le 30 mai 1837 il épousa Hélène Louise Élisabeth de Mecklembourg. Il retourna en Algérie en 1839 et y commanda l'attaque de Médéa et de Mouzaïa en 1840. En 1842, il organisa les bataillons de chasseurs à pied, qui furent dits « chasseurs d'Orléans ». Il mourut accidentellement : les chevaux qui tiraient la voiture dans laquelle il avait pris place s'emballèrent à hauteur de la porte Maillot, à Neuilly-sur-Seine, et il se brisa la colonne vertébrale en sautant de cette voiture. Sa popularité était très grande et sa mort fut une véritable catastrophe pour la dynastie orléaniste.

CHARTRES (rue). Robert d'Orléans (1840-1910), duc de Chartres, second fils du prince royal mort en 1842 et, par conséquent, petit-fils de Louis-Philippe. Robert d'Orléans fut élevé en Allemagne, à Eisenach, et en 1858 entra à l'école militaire de Turin. Parti pour les États-Unis, il y participa à la guerre de Sécession, dans l'armée fédérale. En 1870, rentré en France, il se battit vaillamment, aux côtés du général Chanzy, sous le pseudonyme de Robert le Fort. Quand la loi d'exil fut abrogée il put servir régulièrement dans l'armée française et fut promu colonel en 1878. Cependant, en 1886, on le raya des cadres de l'armée, à la suite d'un décret rendu contre tous les membres de sa famille. Auparavant, en 1863, il avait épousé sa cousine, la princesse Françoise Marie Amélie d'Orléans. Il publia des « Souvenirs de voyages ».

CHARTREUX Nom donné en 1877 à cause de l'ancienne présence du couvent des Chartreux, supprimé en 1790. L'ordre des Chartreux avait été fondé en 1086 par saint Bruno, selon des règles proches de celles édictées par saint Benoît. Dans un couvent de Chartreux, l'abbé représente le père et tous les membres sont unis par d'étroits liens de respect. Les Chartreux ne possèdent rien en propre. La communauté est totalement isolée du monde, mais les lois de l'hospitalité y sont très pratiquées. Le couvent des Chartreux de Paris fut fondé par Saint Louis qui en posa la première pierre en 1260. La principale richesse du couvent était la suite, en vingt-deux tableaux, de la « Vie de saint Bruno », par Le Sueur.

CHASSAIGNE-GUYON (1856-1936). Conseiller municipal, puis député du VIIIe arrondissement, dont on donna le nom à une rue en 1937.

CHASSELOUP-LAUBAT (1754-1833). Général du génie, né à Saint-Sernin (Charente-Maritime). De 1792 à 1814, fit carrière comme ingénieur militaire. Fut ensuite un des plus prompts à se déclarer contre Napoléon; follement reconnaissant, Louis XVIII l'éleva alors à la pairie. Une rue porte le nom du comte François de Chasseloup-Laubat depuis 1896.

CHASSEURS Cette rue se situe sur le territoire de l'ancienne campagne de Monceaux, campagne qui était particulièrement giboyeuse et dotée de nombreuses remises à gibier.

CHÂTEAU Cette rue menait, auparavant, au château du Maine. Ce château et le domaine attenant furent vendus en 1898 à la Compagnie des tramways du Sud, qui rasa parc et château. À la place, elle construisit des dépôts et des ateliers.

CHATEAUBRIAND (1768-1848). Écrivain et homme politique, né à Saint-Malo, mort à Paris. Tenté par l'aventure, François-René, vicomte de Chateaubriand, part pour l'Amérique, en 1791, aiguillonné par les écrits de Jean-Jacques Rousseau sur la vie sauvage. En 1797, de retour en Europe, il publie « Essai historique, politique et moral sur les révolutions anciennes et modernes, considérées dans leurs rapports avec la Révolution française » (un tel titre et le livre est déjà presque achevé...). Il n'a, à cette époque, aucune croyance, mais bientôt, la mort de sa mère et celle de sa sœur le convertissent. Il dit : « J'ai pleuré et j'ai cru », et entreprend une apologie du chris tianisme. « Atala », qui paraît alors, peut être considéré comme un roman chrétien. En 1802, il publie « le Génie du christianisme ». Durant toute cette période, il se trouve en Angleterre et ne revient en France qu'après s'être rallié au Consulat. Ce ralliement lui permet d'être quelque temps attaché d'ambassade à Rome. Mais l'exécution du duc d'Enghien lui fait donner sa démission. En 1809, il publie « les Martyrs » et deux ans plus tard « Itinéraire de Paris à Jérusalem ». Pendant la Restauration, il est tour à tour ambassadeur, ministre ou polémiste; parfois pour le gouvernement, parfois pour l'opposition... Chateaubriand est, avec Mme de Staël, le promoteur de la renaissance littéraire qui marque le début du XIXe siècle. Un superbe portrait de lui, peint par Girodet, se trouve au musée de Saint-Malo, tandis qu'une statue en marbre, par Duret, figure au musée de Versailles. Après sa mort on publia « Mémoires d'outre-tombe ». Une rue porte son nom depuis 1852.

CHÂTEAU-D'EAU Nom donné à cause de la proximité de la place de la République qui, jusqu'en 1789, s'appelait place du Château-d'Eau. Une fontaine s'y dressait, dite du « Château-d'Eau », œuvre de Girard, qui se trouve actuellement place Félix-Éboué, dans le XIIe arrondissement. La rue du Château-d'Eau porte ce nom depuis 1851.

CHÂTEAU DES RENTIERS Il y avait effectivement, dans cette rue, jadis, un « château des Rentiers ». Le mot rentier doit sans doute être pris dans son sens ancien : personne qui versait des rentes à un seigneur. Ce château fut-il bâti grâce à l'apport de ces rentes? On ne sait. Coïncidence : au début du XIXe siècle, il appartint à une dame nommée Vieillard, qui vivait de rentes confortables.. Cette rue existe depuis 1672

CHÂTEAUDUN Le 18 octobre 1870, Châteaudun, ville d'Eure-et-Loir, résista vaillamment aux Prussiens. 1300 gardes nationaux de la ville, commandés par Testanières et Li powski, secondés par la population, disputèrent la ville, pendant dix heures, à 10 000 ennemis pourvus de 30 canons. Châteaudun perdit 225 maisons. Le gouvernement français autorisa, pour ce fait, la ville de Châteaudun à faire figurer la Légion d'honneur dans ses armes. Et dès 1870 on donna à une rue de Paris le nom de Châteaudun.

CHÂTEAU-LANDON Sous Louis XIV, le « Château-Landon » était le nom d'une résidence portant le nom de son propriétaire. Plus tard, les Lazaristes – congrégation fondée en 1625 par saint Vincent de Paul pour former des missionnaires en firent leur maison de campagne.

CHÂTEAU-ROUGE Le « château Rouge » fut édifié en 1780 par un subdélégué de l'intendance de Paris. Construit moitié en pierres, moitié en briques – d'où son nom – le château aurait, selon une légende, abrité les amours d'Henri IV et de Gabrielle d'Estrée. Ce qui est un non-sens si l'on se réfère à sa date de construction... Une vérité, par contre, c'est qu'en 1845 le sieur Bobœuf installa dans la partie principale du château un bal, dit « du Château Rouge » ou « du Nouveau Tivoli », qui fut très couru de 1848 à 1864. Ce bal ferma en 1882 et on lottit son emplacement. La place du Château-Rouge existe depuis 1847.

CHÂTELET (place). À cet emplacement se trouvait autrefois le Grand Châtelet, ancien château de Paris où l'on rendait la justice et qui devint ensuite une prison. Le Grand Châtelet fut démoli en 1802. Il existait un Petit Châtelet qui se réduisait à une simple porte surmontée d'un logis et qui, lui, fut démoli en 1782. Jusqu'à la Révolution, le Châtelet fut le siège de la justice royale de Paris; c'est Louis XIV qui avait fait du Grand Châtelet une prison pour criminels de droit commun.

CHÂTILLON (avenue et rue). Voies menant à Châtillon-sous-Bagneux, village initialement construit sur le plateau de Châtillon. Avant que les maisons-champignons y poussent, on y faisait de la culture maraîchère, et la vigne n'y était pas rare.

CHAT-QUI-PÊCHE Cette rue, connue depuis 1540, doit son nom à une enseigne qui ornait une de ses maisons. Située au bord de la Seine, cette voie devait abriter soit un débit de boissons, soit un marchand d'articles pour pêcheurs à l'enseigne du « Chat qui pêche ».

CHAUCHAT Vers 1775, date de création de cette voie, M. Jacques Chauchat était un échevin assez connu. L'échevin était un magistrat, un magistrat chargé, pour un certain temps, de la direction de la police et des affaires d'une commune ou d'un quartier.

CHAUDEY (1817-1871). Magistrat et homme politique né à Vesoul et mort, fusillé par les insurgés, lors de la Commune à Paris. Il fut d'abord avocat, puis s'adonna au journalisme. Exilé en Suisse après le 2 Décembre, il rentre en France en 1853, se fait inscrire au barreau de Paris et devient maire du VIIe arrondissement le 4 septembre 1870. Représentant l'autorité municipale, à l'Hôtel de Ville, le 22 janvier 1871, ce fut lui qui donna l'ordre de tirer sur la foule qui se pressait, à la suite de députés venus exposer leurs griefs. Après le 18 mars, on l'arrêta pour ce motif et on le conduisit à Mazas, puis à Sainte-Pélagie. Le 23 mai, le procureur de la Commune, Raoul Rigault, le fit fusiller. Une rue porte le nom d'Ange Chaudey depuis 1936

CHAUDRON On donna le nom de Joseph Chaudron à cette rue en 1718 Pourquoi? Parce que M. Chaudron, habitant du voisinage, était un fort gentil boucher qui avait fait construire une fontaine à l'angle du faubourg Saint-Martin. Cette fontaine a disparu en 1861, quand on aménagea la rue La Fayette

CHAUFOURNIERS Un chaufournier est un ouvrier travaillant aux fours à chaux. Dans les carrières des Buttes-Chaumont, proches, ces fours à chaux étaient nombreux. C'est en 1867 que cette rue reçut son nom.

CHAUMONT Nom donné en 1922, simplement à cause de la proximité des Buttes-Chaumont.

CHAURÉ Beaucoup de militaires périrent lors de la catastrophe du dirigeable « République ». Le lieutenant Jean Chauré, né en 1881, était dans le dirigeable quand celui-ci s'abattit, en 1909.

CHAUSSÉE D'ANTIN Rue baptisée ainsi en 1712 à cause de la proximité de l'hôtel du duc d'Antin, l'homme qui n'hésita pas, pour plaire à Louis XIV qui avait exprimé une opinion défavorable quant à la beauté d'un bois lui appartenant, à le faire « raser » complètement.

CHAUSSIN Nom du propriétaire du terrain sur lequel ce passage fut ouvert en 1844.

CHAUSSON Également propriétaire du terrain.

CHAUVEAU-LAGARDE (1756-1841). Avocat et magistrat né à Chartres, mort à Paris. C'est lui qui, devant le Tribunal révolutionnaire, défendit Miranda, Charlotte Corday et Marie-Antoinette. On doit lui reconnaître le courage d'avoir choisi des causes qui étaient loin d'être gagnées d'avance. D'ailleurs, son zèle, lors du procès de Marie-Antoinette, ayant été jugé excessif, on l'arrêta, en compagnie d'un collègue, Tronçon-Ducoudray. Relâché, il fut à nouveau arrêté après sa défense de Charlotte Corday; il retrouva la liberté au moment du 9-Thermidor. En 1828, fut nommé conseiller à la Cour de cassation. Une rue porte son nom depuis 1824.

CHAUVELOT Nom d'un lotisseur du XIXe siècle qui créa, entre autres, un lotissement baptisé « village de l'Avenir ». C'est en 1884 qu'on attribua son nom à une rue.

CHAZELLES Les terrains sur lesquels cette rue fut ouverte appartinrent d'abord à Lavoisier. Sa femme, remariée avec un M. Rumfort, avait pour neveu un garçon charmant, nommé Chazelles. C'est à lui que revinrent ces terrains, d'où le nom porté par la rue. Signalons qu'encore récemment la rue Chazelles défraya un tantinet la chronique à cause d'un certain hôtel abritant des soirées qui, quoique réunissant parfois des gens du « monde », n'avaient rien de mondain. Cet hôtel existe encore.

CHEF D'ESCADRON DE GUILLEBON (1909-1985). Général français, prénommé Jacques, qui fut chef d'état-major du général Leclerc et, ainsi, participa aux Libérations de Paris et de Strasbourg à la fin de la Seconde Guerre mondiale. Il fut ensuite directeur de l'École polytechnique, puis de l'Institut des hautes études de défense nationale, de l'Enseignement militaire supérieur et du Centre des hautes études militaires. Une allée porte son nom depuis 1994.

CHEMIN DE FER Il y a deux rues du Chemin de fer. L'une, située dans le XIVe arrondissement, appartenait, jusqu'en 1925, à la commune de Malakoff et conduisait à la gare de cette ville. L'autre, située dans le XIXe arrondissement, faisait partie, jusqu'en 1930, de la commune de Pantin et menait, pareillement, à la gare de cette commune, en longeant, comme sa « sœur » du XIVe, la voie ferrée.

CHEMINETS Nom donné en 1932. « Cheminets », nom d'un lieu-dit, est peut-être la légère déformation de « cheminel », variété de poires, impropres à la consommation à cause de leur âcreté, dont on fait le poiré

CHEMIN-VERT (rue et place). Rue connue depuis 1667. Elle traversait, jadis, des jardins maraîchers, d'où son nom. À une certaine époque, il y avait même des amandiers qui poussaient là.

CHÊNE VERT (cour). En 1840 on abattit un splendide chêne qui se trouvait ici; il avait, durant des dizaines d'années, servi d'« ombrelle », durant l'été, aux dames du quartier.

CHÉNIER (1762-1794). Le poète André Chénier, qui naquit à Constantinople, vint en France à l'âge de 2 ans. En 1787, il fut nommé attaché d'ambassade en Angleterre. Rentré en France vers 1790, tout en étant partisan des idées nouvelles il protesta très énergiquement contre le régime de la Terreur. Arrêté en mars 1794, incarcéré à Saint-Lazare, il périt sur l'échafaud, le 7 thermidor. Par ses œuvres – poèmes, élégies, iambes, hymnes, etc. – Chénier est à la fois considéré comme le premier des romantiques et le dernier des classiques. Et ce vers de lui exprime bien cette classification : « Sur des pensers nouveaux, faisons des vers antiques. » Une rue porte le nom du poète depuis 1864.

CHENU (1808-1879). Naturaliste français, né à Metz, mort à Paris. Entré dans le corps de santé de l'armée, il participa à la guerre d'Orient. Chargé plus tard de garder la collection conchyliologique de Benjamin Delessert, il se prit de goût pour les sciences naturelles. Son œuvre capitale est : « Encyclopédie d'histoire naturelle ».

CHER Affluent de la Loire, long de 350 km, qui prend sa source à 717 mètres d'altitude, à 23 km d'Aubusson, non loin des sources de la Sioule. Arrose, principalement, Montluçon.

CHERBOURG Port situé à l'extrémité nord du Cotentin, dans une baie, à l'embouchure de la Divette. Si cette ville se rappela, voici quelque temps, au souvenir des Français, par le film « les Parapluies de Cherbourg », elle avait déjà, lors de la guerre de Cent Ans, intéressé beaucoup les Anglais qui l'incendièrent et l'occupèrent maintes fois ; mais Cherbourg garda toujours le cœur français. Vauban considéra Cherbourg comme une ville ayant une « position audacieuse ». Malheureusement, le manque d'argent l'empêcha de réaliser tous ses projets, mais il eut tout de même assez de crédits pour faire assécher des marais sur l'emplacement desquels des maisons purent être construites. On donna le nom de Cherbourg à une rue en 1935.

CHERBULIEZ (1829-1899). Littérateur suisse, né à Genève, mort à Combs-la-Ville, en Seine-et-Marne. Il fut naturalisé français en 1880 et fut élu à l'Académie française en 1881. Il excella dans la description des mœurs un peu cosmopolites de son temps. Parmi ses œuvres, « le Comte Kostia », « la Bête », « la Vocation du comte Ghislain » et « Jacquine Vanesse ». Collabora à la « Revue des Deux Mondes » sous le pseudonyme de G. Valbert.

CHERCHE-MIDI Existait déjà en 1595 ; doit peut-être son nom à une enseigne représentant un astronome grec qui, à l'aide d'un compas, mesure les degrés d'un cadran. Mais cette explication est contestée, à juste raison semble-t-il, puisque cette enseigne fut posée postérieurement à l'existence de cette rue sous son nom actuel. Peut-être l'explication suivante est-elle plus admissible : « cherche-midi » était le nom sous lequel on désignait, aux XVIe et XVIIe siècles, les parasites – comme il en existe encore... – qui arrivaient à midi chez quelqu'un dans le but de se faire inviter à dîner (à l'époque, le dîner était le repas de midi).

CHÉREAU Depuis 1933, elle porte le nom du propriétaire des terrains sur lesquels elle fut construite.

CHERNOVITZ Rue ouverte en 1906. Le propriétaire du terrain lui a donné son nom.

CHÉROY Chef-lieu de canton de l'Yonne, à 24 km de Sens. La rue porte le nom de cette localité parce qu'un nommé Puteaux, un des créateurs du village des Batignolles, y naquit. Longtemps, on orthographia mal le nom, en écrivant « Cherroy »

CHERUBINI (1760-1842). Cherubini, compositeur né à Florence, possédait cinq prénoms, tous plus beaux les uns que les autres : Marie Louis Charles Zénobi Salvador. À 17 ans, il avait déjà écrit des messes, des motets et des cantates. À 20 ans, il fit représenter son premier opéra, « il Quinto Fabio » à Alexandrie. En 1787, on lui confia, à Paris, les fonctions de directeur de la musique au théâtre de Monsieur. Il y donna toute sa mesure. Il écrivit de nombreux morceaux nouveaux pour les opéras qu'on y donnait; puis, quand le théâtre de Monsieur devint le théâtre Feydeau, il y fit représenter une partie de ses chefs-d'œuvre : « Médée », « la Punition » et « les Deux Journées ». Son dernier ouvrage, qu'il donna à l'Opéra, sera « Ali Baba ». En 1816, il devint surintendant de la Musique et maître de la chapelle du roi, puis, en 1822, directeur du Conservatoire. Il se consacra, dès lors, presque exclusivement à la composition religieuse. La « messe du Sacre » est la plus connue de cette période. Il eut pour élèves Halévy, Auber et Boieldieu. Cherubini avait été naturalisé français au moment de la Révolution. On donna son nom à une rue en 1844

CHEVAL BLANC Elle doit son nom à une ancienne enseigne. S'agissait-il du fameux cheval blanc d'Henri IV?

CHEVALERET Connu depuis 1730, Chevaleret était un lieu-dit ainsi nommé à cause d'un champ appartenant à un M. Chevaleret

CHEVALIER DE LA BARRE (1747-1766). Lefèvre, chevalier de La Barre, naquit et mourut à Abbeville. Alors qu'il se destinait à la carrière militaire, il fut victime d'une odieuse machination. Voici l'histoire : en 1765, un crucifix de bois, situé sur le pont d'Abbeville, fut mutilé. Un juge, Duval de Saucourt, désigna La Barre responsable. Ce juge voulait ainsi se venger de Mme de Brou dont il était rival et qui était la tante du chevalier. On arrêta donc La Barre et, bien qu'aucune preuve n'ait pu être relevée contre lui, il fut condamné, dans l'ordre, à avoir la langue et la main coupées, puis à être brûlé vif. La Barre en appela au parlement de Paris, qui confirma la sentence, accordant seulement qu'on décapite le chevalier avant de le brûler vif. La Barre subit son supplice très courageusement, au milieu de l'indignation générale. Voltaire tenta, en vain, d'obtenir sa réhabilitation, qui fut finalement l'œuvre de la Convention, le 25 brumaire, an II.

CHEVALIER DE SAINT-GEORGE Compositeur et violoniste, de son vrai nom Joseph Boulogne, né à Basse-Terre (Guadeloupe) d'un père ex-conseiller au Parlement de Metz et d'une Guadeloupéenne, mort en 1799 à Paris. Arrivé dans notre capitale dès l'âge de dix ans il y devint rapidement un habile escrimeur, dont la réputation ne se démentit jamais. S'étant mis au violon, il donna son premier concert public en 1772, puis en 1773 prit la direction du Concert des amateurs. À la même époque, il composa beaucoup, et la plupart de ses œuvres (concertos, symphonies, symphonies concertantes) furent écrites entre 1772 et 1779. Il vécut à Londres de 1785 à 1787, ainsi que, pour quelques mois, à partir de décembre 1789. Son destin le fit ensuite (1791) capitaine de la Garde nationale à Lille avant qu'il n'aille vivre à Saint-Domingue. Il rentra à Paris en 1797. Une rue porte son nom depuis 2002.

CHEVALIERS Cette impasse doit son nom à une enseigne représentant un « chevalier à l'arc »

CHEVERT (1695-1769). Général français né à Versailles, mort à Paris.

Il prit part à toutes les campagnes importantes de Louis XV. Désigné pour le commandement des grenadiers à l'attaque de Prague en 1741, il réunit alors ses sergents et leur dit : « Mes amis, vous êtes tous des braves, mais il me faut un brave à trois poils. » S'adressant, ensuite, à un sergent nommé Pascal : « Le voilà, ce brave... Monte le premier, je te suivrai ! – Oui, mon colonel ! – Quand tu seras sur le mur, la sentinelle ennemie criera : Vardo (Qui va-là ?). Tu ne répondras pas. – Oui, mon colonel ! répondit Pascal. – Elle tirera un coup de fusil et te manquera. – Oui, mon colonel ! continua Pascal, au vocabulaire succinct. – Toi, tu la tueras. – Oui, mon colonel. » Le plus extraordinaire, c'est que tout se passa comme prévu... Chevert s'illustra aussi à la bataille d'Hastenbeck, gagnée, le 24 juillet 1757, par le maréchal d'Estrées. Ce jour-là, Chevert décida du sort de la bataille en enlevant le mont Nimerin. En 1769, on publia un « Éloge de M. Chevert » (Vallier de Saussay).

CHEVERUS (1768-1836). Jean Louis Madeleine Lefebvre de Cheverus, cardinal français né à Mayenne. Curé de Mayenne, en 1790, il refusa de prêter serment à la Constitution civile et s'enfuit en Angleterre. En 1795, il se rendit aux États-Unis et s'occupa de missions. Il habita longtemps Boston, dont il fut nommé évêque en 1810. De retour en France en 1823, il fut nommé à Montauban, puis à Bordeaux en 1826 en qualité d'archevêque. Devint ensuite pair de France et reçut le chapeau de cardinal en 1836.

CHEVET Cette rue longe le fond de la grande nef de l'église Saint-Joseph. Cette partie d'une église s'appelle le chevet. La rue reçut donc ce nom en 1877

CHEVREUL Chimiste né à Angers en 1786, mort à Paris en 1889. En 1824, il était directeur des teintureries à la Manufacture des Gobelins. En 1826, on l'admit à l'Académie des sciences et, en 1830, il succéda à Vauquelin, au Muséum, à la chaire de chimie. En 1864, il dirigea ce même Muséum et garda cette direction jusqu'en 1879. C'était un travailleur infatigable qui disait : « L'homme doit se considérer toute sa vie comme un écolier et chercher à devenir plus capable, meilleur. Et c'est pourquoi j'ai toujours surtout tenu au titre, qui est le plus beau de mes titres », « doyen des étudiants ». Son centenaire fut solennellement fêté. Principaux ouvrages : « Leçon de chimie appliquée à la teinture », « Considérations générales sur les méthodes scientifiques » et « Sur l'affinité capillaire ». On donna son nom à une rue en 1884.

CHEVREUSE Chef-lieu de canton, aux portes de Paris, sur l'Yvette. S'appela, à l'époque romaine, Caprosia. La baronnie de Chevreuse fut érigée en duché-pairie par François Ier en faveur du duc et de la duchesse d'Étampes. La vallée de Chevreuse, que les ruines de l'ancien château dominent, est admirable.

CHEYSSON Nom du propriétaire du terrain.

CHIENS Jadis, les chiens aimaient bien se retrouver entre eux dans cette impasse

CHIFFLART (1825-1901). Nicolas François Chifflart est un peintre et graveur né à Saint-Omer, mort à Paris. Élève de Cogniet, il remporta le prix de Rome en 1851. Ses principales œuvres : « Persée ayant coupé la tête de Méduse », « Surprise » – deux gravures – et « Ville conquise », « Roméo et Juliette » et « Sappho » – trois peintures. Une rue porte son nom depuis 1932.

CHINE Au XVIIIe siècle, un amoureux de la Chine avait fait construire dans cette rue une maison de style chinois; c'est pourquoi, au début du XIXe, on donna le nom de « Chine » à cette rue, ainsi qu'à une impasse attenante.

CHODERLOS DE LACLOS (1741-1803). Pierre Choderlos de Laclos, officier et écrivain français né à Amiens, mort à Tarente. D'abord militaire, il se montra assez brillant pendant la Révolution, mais la vie de « caserne » ne l'enchantait guère et il préféra – sans que ses supérieurs en soient attristés! – se consacrer à l'écriture. Il rédigea d'abord des ouvrages de stratégie, des poé sies et même un livre sur « l'Éducation des femmes », avant de donner son chef-d'œuvre, « les Liaisons dangereuses » (1782) dans lequel sa façon de magnifier, d'une certaine façon, la sensualité perverse et intellectuelle autant que physique, fit – et fait encore – grand bruit. En tout cas, cette œuvre, en dehors de son contenu, montre une construction, une analyse psychologique et une rigueur d'écriture qui influencèrent la littérature romanesque des XIXe et XXe siècles. Il a dit : « Que nous sommes heureux que les femmes se défendent si mal! Nous ne serions auprès d'elles que de timides esclaves », « Quel Dieu osait-elle invoquer? En est-il d'assez puissant contre l'amour? » et « Il ne faut se permettre d'excès qu'avec les gens qu'on veut quitter bientôt ». Il a sa rue depuis 1993

CHOISEUL Le Choiseul qui donna son nom à cette rue n'est pas le ministre grâce auquel la Corse devint française. Celui qui nous intéresse – et qui appartient aussi à la célèbre famille de Choiseul, qui tire son nom du village de Choiseul-en-Bassigny, dans la Haute-Marne – est Marie Gabriel Auguste Choiseul-Gouffier, né à Paris en 1752 et mort en 1817. Érudit, explorateur et diplomate, il entra à l'Académie française en 1783. Fut ambassadeur à Constantinople de 1784 à 1792, puis se rendit en Russie où Paul Ier lui confia la surveillance de toutes ses bibliothèques. Revint en France en 1802, siégea à l'Institut et, sous la Restauration, fut ministre d'État. Titre d'un de ses principaux ouvrages : « Voyage pittoresque en Grèce ». Sa mère, la comtesse douairière de Choiseul-Beaupré, et lui obtinrent l'autorisation, en 1776, d'ouvrir, sur leur terrain, une impasse qui deviendra rue en 1779; elle fut prolongée en 1825 par le passage Choiseul, construit par un architecte nommé Tavernier, sur des terrains apparte nant aux banquiers Mallet

CHOISY Rue connue depuis 1672 et qui menait à Choisy-le-Roi, d'où son nom. La commune de Choisy-le-Roi, qui n'était alors qu'un petit hameau, commença à faire parler d'elle au XVIIe siècle, lorsque Mlle de Montpensier y fit construire un château, qu'elle légua au Grand Dauphin, fils de Louis XIV (un « cadeau royal »...). Choisy-le-Roi s'appela bien longtemps Choisy-Mademoiselle, en souvenir de la Grande Mademoiselle. Louis XV fit de ce château une résidence royale. Mais les orgies qui s'y déroulèrent attirèrent la vindicte révolutionnaire en 1789 et aujourd'hui il ne reste plus rien de lui. Ni des orgies, d'ailleurs. Rouget de Lisle, auteur d'un hymne connu, a eu son tombeau à Choisy-le-Roi, ainsi qu'un monument, élevé en 1882

CHOMEL Cette rue porte le nom de deux médecins : Jean-Baptiste Chomel, né en 1671, mort en 1740, et un de ses descendants, Auguste Chomel, qui vécut de 1788 à 1858. On attribua leur nom à une rue en 1868.

CHOPIN (1810-1849). Frédéric François Chopin, musicien né à Zelazowa-Wola, en Pologne, et mort à Paris. Il était le fils d'un Français et d'une Polonaise. Se fit d'abord connaître à Vienne, mais la révolution polonaise de 1830 le poussa à venir à Paris. Il y donna tout d'abord un concert au Théâtre-Italien, qui n'eut guère de succès ; il décida alors de ne jouer que pour des intimes. La « colonie » polonaise lui fournit de nombreux élèves, qui se répandirent en éloges sur lui. Dans toutes ses œuvres – mazurkas, nocturnes, polonaises, concertos, ballades, préludes, scherzos et valses – il s'écarte des doctrines classiques. Ses compositions les plus originales sont, sans doute, la « Valse en mi bémol », la « 8e Polonaise », la « Fantaisie, impromptu », les « Nocturnes », le « Concerto en mi mineur », les « Préludes » et la « Marche funèbre ». Parler de son amitié pour George Sand est un délicat euphémisme. On donna le nom de Chopin à une rue en 1897. En mourant, Frédéric Chopin prononça ces paroles : « Maintenant, je suis à la source du bonheur. »

CHOQUET Nom du propriétaire du terrain. Aucune parenté avec Choquet de Lindu (1712-1790), ingénieur qui effectua des travaux importants à Brest, sa ville natale.

CHORON (1772-1834). Un hebdomadaire satirique a créé un personnage, appelé « professeur Choron » ; ce n'est bien entendu pas lui qui donna son nom à la rue qui nous intéresse ; pourtant, coïncidence (?), Alexandre Choron était aussi professeur. De musique. Il naquit à Caen, mourut à Paris. Il avait tout d'abord pris une autre « direction » que la musique, puisqu'il étudia à Polytechnique. Dans le domaine de la musique, il commença par s'attirer beaucoup d'inimitiés en « s'attaquant » au Conservatoire. Nommé directeur de l'Opéra en 1816, il ne put y rester qu'une année et fonda alors l'École de musique classique et religieuse. C'est dans les concerts donnés au sein de cette école que l'on entendit pour la première fois à Paris les œuvres de Bach, Haendel et Palestrina. Il voulait introduire en France l'enseignement des « masses vocales » tel qu'il existait en Allemagne. La révolution de 1830 interrompit son œuvre et il en eut tant de chagrin qu'il ne s'en remit pas. Il publia un dictionnaire historique des musiciens. Une rue porte son nom depuis 1868.

CHRÉTIEN DE TROYES (vers 1135-vers 1190). Poète français considéré comme le premier auteur dit de « chevalerie ». Il écrivit essentiellement entre 1162 et 1182, et on connaît « Erec et Enide », « Cligès », « Perceval ou le Conte de Graal » et « Yvain ou le Chevalier au lion » où l'on trouve : « De fil d'or et de soie œuvraient/Chacune au mieux qu'elle savait./Mais telle pauvreté avaient/Que aux coudes et aux mamelles/Leurs robes étaient en dentelle/Et les chemises au dos sale/Les cous grêles, visages pâles/De faim et de malaise avaient. » La place Chrétien-de-Troyes existe depuis 1988.

CHRISTI Rue ouverte en 1881 sur un terrain dont M. Christi était propriétaire.

CHRISTIAN DEWET (1854-1922). Général boer, né à Leeuwkop, dans l'État libre d'Orange de l'Union sud-africaine. C'est lui qui, en 1902, signa la paix avec les Anglais après s'être très vaillamment battu contre eux. La rue Christian-Dewet existe depuis 1901.

CHRISTIAN PINEAU Syndicaliste, résistant et homme politique né en 1904 à Chaumont-en-Bassigny et mort à Paris en 1995. Il fut plusieurs fois ministre, ainsi que diplomate et président du Conseil. Une allée porte son nom depuis 2000.

CHRISTIANI Lors de l'invasion de Montmartre en 1814 (à cette époque, il ne s'agissait pas de touristes...) le général Christiani se fit remarquer par sa hardiesse et son courage. C'est en 1864 que l'on donna son nom à cette rue

CHRISTINE (1606-1663). Cette rue porte le nom de Christine de France, seconde fille de Henri IV et de Marie de Médicis. En 1637, après la mort de son mari, Victor-Amédée Ier, duc de Savoie, qu'elle avait épousé en 1619, elle devint régente au nom de son fils aîné, François-Hyacinthe, puis de son second fils, Charles-Emmanuel II, quand le premier mourut en 1638. Ses mœurs, assez dissolues, donnèrent lieu aux reproches les plus violents qui soient. Mais elle défendit très énergiquement les droits de son fils, aussi bien contre Richelieu que contre ses deux beaux-frères, le cardinal Maurice et le prince Thomas, soutenu par l'Espagne. Elle triompha de deux complots : l'un de l'ambassadeur de France, Émery; l'autre du cardinal Maurice. Christine de France, qui était, sans doute faut-il le rappeler, duchesse de Savoie, fut chassée de Turin en 1639 après une forte résistance. Elle se réfugia alors en France, mais ne livra jamais ses places fortes – ce qui, pour une femme aux mœurs dites légères, peut passer pour une contradiction. Rétablie par les Français, elle se réconcilia avec ses beaux-frères en 1642, et Mazarin, en 1645, lui fit rendre ses forteresses. De son vivant, cette rue portait déjà son nom

CHRISTINE DE PISAN (1364-vers1430). On lui attribue la gloire d'être la première femme de lettres de notre littérature. Fille d'un naturaliste italien, astrologue et philosophe, attaché au service de Charles V, elle se maria à 15 ans et resta veuve à 25, avec trois enfants qu'elle nourrit grâce à sa plume. Son œuvre la plus connue est « Trésor de la Cité des Dames ». Un de ses poèmes commence ainsi : « À qui dira-t-elle sa peine/La fille qui n'a point d'ami?/La fille qui n'a point d'ami/Comment vit-elle?/Elle ne dort jour ni demi/Mais toujours veille/Ce fait amour qui la réveille/Et qui la garde de dormir. » Une rue porte son nom depuis 1985.

CHRISTOPHE COLOMB Le découvreur du Nouveau Monde naquit peut-être en 1436, peut-être en 1441, peut-être en 1446, dans l'État de Gênes, et mourut en 1506 (on n'est pas non plus très certain de cette date) à Valladolid. Il se fit marin à 14 ans et navigua pendant vingt-huit ans. En 1480, il épousa la fille d'un navigateur portugais, nommé Perestrello. Les premiers voyages qu'effectua Colomb eurent lieu en mer du Nord, jusqu'en Islande. Ensuite, il se rendit en Guinée. Désireux, après cela, d'effectuer un voyage d'est en ouest, à travers l'Atlantique, il se vit opposer un refus par le Portugal. Décidé à mener son projet à terme, il se tourna vers l'Espagne qui, après la paix de Grenade, lui apporta son aide. Le 3 août 1492, Colomb partit de Palos avec ses trois caravelles : la « Santa Maria », la « Nina » et la « Pinta ». Dans la nuit du 11 au 12 octobre, après avoir traversé les Sargasses et avoir découvert (déjà!) la variation magnétique, il arriva en vue d'une petite île de l'archipel des Bahamas, qu'il baptisa San Salvador. Il se croyait sur les côtes orientales de l'Asie. Il passa près de Cuba, qu'il crut être la Chine, et, arrivant à Haïti, prit non seulement possession des terres, mais construisit une forteresse. Après avoir longé le littoral d'Hispaniola jusqu'au cap Samana, il prit le chemin du retour et revint à Palos le 15 mars 1493. Il fut accueilli avec enthousiasme et nommé amiral et vice-roi. Il fit deux autres voyages; un qui débuta le 23 septembre 1493 et au terme duquel il avait exploré Porto Rico, la Guadeloupe et la Jamaïque; un autre, qui débuta en 1498, au cours duquel il longea les côtes du continent américain, et découvrit les îles de la Trinité et de Grenade. C'est au cours de ce voyage que l'amiral Bobadilla, chargé par les souverains espagnols d'aller rétablir la paix à Haïti, fit mettre Colomb aux fers et le renvoya en Espagne. Indignés, Ferdinand et Isabelle d'Espagne rappelèrent Bobadilla qui vécut, dès lors, en pleine disgrâce; mais ils ne rendirent cependant pas son commandement à Colomb et, bizarrement, celui-ci perdit tout son crédit auprès d'eux. À force de sollicitations et de ténacité, il repartit néanmoins en 1502, reconnut les Antilles et les côtes de l'Amérique centrale, mais à son retour, en 1504, la reine Isabelle étant morte, on le négligea totalement et il mourut pauvre et délaissé. Signalons qu'en 1873 une instance en béatification de Christophe Colomb fut introduite par les soins de l'archevêque de Bordeaux, Mgr Donnet, mais la congrégation de la Cour de Rome se prononça contre. Une rue porte son nom depuis 1865.

CICÉ (1735-1810). Prélat et homme d'État, né à Rennes, mort à Aix. Après avoir été évêque de Rodez, puis archevêque de Bordeaux, il fut un des députés du clergé envoyés aux états généraux de 1789 et fut nommé garde des Sceaux pour une période allant du 4 août 1789 au 16 novembre 1790. Mais il refusa de prêter serment à la Constitution civile du clergé et, de ce fait, dut émigrer. Il revint en 1801 et fut nommé archevêque d'Aix en 1802. Son nom complet est Jérôme Marie Champion de Cicé. Une rue porte la moitié de son nom depuis 1877

CIMAROSA (1749-1801). Compositeur italien né à Aversa, mort à Venise. Première œuvre : « le Stravaganze del Conte », opéra créé à Naples en 1772. Suivirent de nombreuses autres : « Cajo Mario », « l'Ero Cinese », « Gli Amanti Comici », « il Fanatico burlato », etc. En tout, plus de 60 opéras. En 1789, l'impératrice Catherine II de Russie l'incita à venir dans son pays; comme Cimarosa ne savait rien refuser à une femme, surtout si elle était impératrice, il accepta et remplaça Paisiello comme maître de la chapelle impériale. Il resta en Russie trois années et, en dehors de quelques opéras, il y composa plus de 500 morceaux. Il rentra en Italie, mais en cours de route fit une petite halte d'une année à Vienne, sur les instances de l'empereur Léopold. C'est là qu'il écrivit « Matrimonio segreto », œuvre qui plut tellement à l'empereur qu'il réclama qu'on la lui jouât deux fois de suite. Cimarosa revint enfin en Italie pour y mourir, à Venise, dans des conditions qui, si elles sont parfois contestées, sont surtout très bizarres : il avait embrassé la cause de la révolution napolitaine lors de l'invasion du royaume de Naples par l'armée française et l'on a prétendu qu'après la Restauration la reine Caroline l'aurait fait emprisonner et qu'il aurait succombé aux mauvais traitements subis dans sa prison; on chuchote même qu'il serait mort d'empoisonnement. Cimarosa fut sans doute le plus grand musicien italien du XVIIIe siècle. On donna son nom à une rue de Paris en 1864.

CIMETIÈRE DES BATIGNOLLES (avenue). Voie qui conduit au cimetière des Batignolles dans lequel sont, entre autres, inhumés Verlaine (1896) et le chanteur Chaliapine (1938).

CINO DEL DUCA Philanthrope, éditeur et mécène. Son action dans la Résistance durant la Seconde Guerre mondiale lui vaudra, après la Libération, la croix de guerre 39-45. Plus tard, on le fit officier de la Légion d'honneur. L'après-guerre le vit se consacrer, outre à la création de nombreux hebdomadaires (« Télépoche » avec ses 2 300 000 exemplaires, « Intimité », « Nous Deux », « Modes de Paris », « Modes et Travaux »...) et à celle d'un quotidien aujourd'hui disparu, « Paris-Jour », aux arts en général et à la littérature en particulier. C'est ainsi qu'il créa, à Paris, outre sa maison d'édition qui comptait dans son fonds Maurice Druon, Edmonde Charles-Roux, Paul Vialar, John Steinbeck, Robert Merle, Jean Hougron, etc., une fondation littéraire, portant son nom, qui par l'octroi de bourses à des écrivains de langue française leur permet de poursuivre leur œuvre dans des conditions d'indépendance matérielle. Sa veuve poursuivit son œuvre. Tout cela méritait bien qu'en 1976 la Ville de Paris lui accorde l'honneur d'une rue.

CINQ-DIAMANTS Inutile de vous précipiter, il n'y a pas de diamants dissimulés dans cette rue. Son nom n'est dû qu'à l'ancienne présence d'une enseigne.

CINQ MARTYRS DU LYCÉE BUFFON Jean Artus, Jacques Baudry, Pierre Benoît, Pierre Grelot et Lucien Legros furent fusillés par les Allemands le 8 février 1943. Tous cinq étaient élèves du lycée Buffon et appartenaient à la Résistance. Ils furent, à titre posthume, décorés de la Légion d'honneur, de la croix de guerre et de la médaille de la Résistance; on les cita à l'ordre de la Nation. Une lettre pour exalter leur sacrifice fut lue, voici quelques années, dans tous les établissements d'enseignement secondaire, à l'instigation de M. Naegelen, alors ministre de l'Éducation nationale. Un pont, devenu place, perpétue, à juste titre, leur souvenir depuis 1957.

CIRQUE De 1841 à 1902 existait le cirque des Champs-Élysées et cette rue, qui reçut son nom en 1849, y conduisait. Ce cirque connut trois dénominations : d'abord cirque National, puis cirque de l'Impératrice et, enfin, cirque d'Été. Il est amusant de savoir, si l'on pense à la proximité de l'Élysée, que, dans ce cirque d'Été, un clown nommé Auriol eut longtemps beaucoup de succès. Ce cirque, où avaient débuté la Belle Otéro et Émilienne d'Alençon, fut démoli en 1899. Les enfants jouent maintenant sur son emplacement.

CISEAUX Rue connue depuis 1429 et qui doit vraisemblablement son nom à la présence d'une enseigne.

CITÉ Rue qui traverse l'île de la Cité, berceau de Paris. La tribu gauloise des Parisii l'avait appelée Lutèce. En 1711, des fouilles permirent de découvrir un autel que les « nautes » avaient élevé en l'honneur des divinités païennes. C'est surtout à la fin du XIIe siècle, lorsque la cathédrale Notre-Dame y fut construite, que l'île de la Cité se couvrit de maisons. Beaucoup de ruelles étroites et assez sordides ne disparurent que sous l'Empire – le second – pour faire place à des voies plus spacieuses qui bordent Notre-Dame, le Palais de Justice ou la Sainte-Chapelle. Quelques rues conservent cependant leur image d'antan, dans la partie est de l'île : citons la rue Chanoinesse, la rue des Ursins et la rue des Chantres.

CÎTEAUX Nom donné en 1861 à cause de la proximité de l'abbaye Saint-Antoine, qui fut habitée par des sœurs appartenant à l'ordre de Cîteaux. Cet ordre doit son nom à Robert, abbé de Molesme, qui, désirant, en 1098, rétablir les règles de saint Benoît dans toute leur austérité, se retira dans un hameau nommé Cîteaux, proche de Dijon. Il y fonda un monastère où l'on afflua, surtout quand saint Bernard y prit l'habit monastique. L'ordre de Cîteaux prospéra rapidement et, en 1151, il y avait déjà 600 abbayes cisterciennes. Au XVIe siècle, l'ordre comptait plus de 1800 monastères. Il avait fourni quatre papes à l'Église : Eugène III, Grégoire VIII, Célestin IV et Benoît XII. Certaines réformes donnèrent naissance aux feuillants et aux trappistes. Les moines de Cîteaux cultivaient la vigne et c'est eux qui créèrent les vignobles du clos Vougeot et de Romanée.

CITÉ UNIVERSITAIRE Nom donné en 1924 et qui s'explique par la proximité de la Cité universitaire, qui abrite les pavillons de tous les pays dont des étudiants fréquentent les universités parisiennes. De plus, la Cité, « internationale » pour son nom de théâtre, a actuellement trois salles où des auteurs et metteurs en scène, français ou étrangers, font représenter des pièces sortant, la plupart du temps, des sentiers battus.

CIVIALE (1792-1867). Jean Civiale est un médecin français né à Thiézac (Cantal), mort à Paris. Il soigna la maladie de la « pierre ». Après avoir cherché vainement un dissolvant, il opta pour le broiement, à la lithotritie, et fit sa première intervention en 1823. Cette opération prit le nom de « Civiale », dès cette époque. Il soigna, à l'hôpital Necker, tous les malades atteints de la « pierre ». Par testament, il constitua, à perpétuité, un traitement de 1 500 francs aux chirurgiens qui seraient chargés, après lui, de soigner les gens atteints de calculs. On donna le nom de Civiale à une rue en 1882.

CIVRY Village qui, le 18 octobre 1870, opposa une vive résistance à l'ennemi. On donna son nom à une rue en 1875.

CLAIRAUT (1713-1765). Géomètre né à Paris. En 1742, il se rendit en Laponie pour y déterminer la longueur d'un degré du méridien. En 1743, il publia « Théorie de la figure de la Terre ». Pour qu'elle ne soit pas jalouse, il publia aussi une « Théorie de la Lune » qui fut couronnée, en 1752, par l'Académie de Saint-Pétersbourg. C'est Clairaut qui fixa, par des calculs précis, l'époque du passage de la comète de Haley au périhélie (point le plus rapproché du Soleil). Il tomba juste, à un demi-mois près, ce qui, pour ce genre de prédiction, et à cette époque, était remarquable. Les dernières années de la vie de Clairaut furent assombries par une querelle tenace avec d'Alembert, à propos, justement, de cette prédiction. Une rue perpétue le nom d'Alexis-Claude Clairaut depuis 1869.

CLAIRVAUX Cette impasse doit son nom au fait qu'au XIIIe siècle, s'y trouvait une maison appartenant à l'abbaye de Clairvaux. Dans cette ville de l'Aube, 20 religieux, conduits par saint Bernard et âgés de moins de 25 ans, édifièrent en 1114, au lieu-dit Val d'Absinthe, un monastère sur la demande d'Hugues de Champagne. Ce Val d'Absinthe devint « l'Illustre Vallée » et saint Bernard y gouverna, pendant trente-huit ans, 700 religieux qui pratiquaient la pauvreté, le jeûne et l'étude. Le nom de « bernardins » fut donné aux religieux cisterciens qui suivaient, ainsi, la réforme de saint Bernard. L'abbaye fut convertie – terme osé – en une prison, sous la Restauration.

CLAPEYRON (1799-1864). Ingénieur né à Paris. Il passa plusieurs années en Russie, en qualité d'ingénieur des mines, et revint en France en 1831. Il fut alors nommé ingénieur en chef des Ponts et Chaussées et devint membre de l'Académie des sciences en 1858. On lui doit la construction du chemin de fer de Versailles et de Saint-Germain-en-Laye. C'est en 1867 que l'on donna le nom de Benoît Clapeyron à une artère parisienne.

CLAUDE BERNARD (1813-1878). Physiologiste qui naquit à Saint-Julien, dans le Rhône. Il démontra le rôle du pancréas dans la digestion des corps gras et la fonction glycogénique du foie. D'autre part, il prouva l'existence de centres nerveux indépendants du grand centre cérébro-spinal. Il fut reçu à l'Académie française et son ouvrage « Introduction à l'étude de la médecine expérimentale », qui date de 1865, pose les principes mêmes de toute recherche scientifique. C'est en 1881 qu'une rue de Paris reçut le nom de Claude Bernard.

CLAUDE BOURDET Résistant (dans le mouvement « Combat »), journaliste et homme politique né et mort à Paris (1909-1996). En 1950 il fonda l'hebdomadaire « L'Observateur », devenu plus tard le « Nouvel Observateur ». Il fut, en outre, conseiller municipal du XIIIe arrondissement de 1959 à 1971.

CLAUDE CHAHU Mort en 1670, Claude Chahu était seigneur de Passy. En 1658 il acquit le château de Passy, qui s'appelait alors de Boulainvilliers, et, l'ayant fait refaire entre 1660 et 1668, il lui donna un grand éclat. La rue Claude-Chahu existe depuis 1894.

CLAUDE DEBUSSY (1862-1918). Ce compositeur français naquit à Saint-Germain-en-Laye. On peut dire de lui qu'il renouvela complètement le langage musical. Ses principales compositions portent les titres suivants : « Prélude à l'après-midi d'un faune », « Pelléas et Mélisande », « la Mer » et « le Martyre de saint Sébastien ». Une rue porte le nom de Debussy depuis 1926.

CLAUDE DECAEN (1811-1870). Général de division qui mourut à Borny, en Moselle, au cours d'une bataille dans laquelle s'affrontèrent nos troupes et celles des Prussiens, le 14 août 1870. La rue Claude-Decaen fut baptisée en 1875.

CLAUDE FRANÇOIS (1939-1978). Auteur, compositeur et interprète de variétés, né à Ismaïlia (Égypte), mort à Paris. Venu en France en 1956, il s'y intègre, vers 1960, comme batteur, dans l'orchestre d'Aimé Barelli (qui joue à Monaco), puis dans celui qui accompagne le chanteur Olivier Despax et, en 1961, il fait un premier disque sous le nom de « Koko » avec une chanson en arabe, « Nabout twist », mais c'est l'échec. Il remet ça en 1962 et obtient là, sous le nom sous lequel on le connaît, un triomphe avec « Belles, belles, belles ». Dès lors, plus de problèmes, Claude François vole de « tube » en « tube », « enflammant les adolescents, garçons ou filles ». Il crée une maison de disques : « Flèche », un magazine « Podium » et une agence de mannequins. Il meurt électrocuté dans sa baignoire, en tentant de redresser une applique électrique, le 11 mars 1978. Principaux succès : « Marche tout droit », « Si j'avais un marteau », « le Jouet extraordinaire », « C'est la même chanson », « Magnolias for ever » et, surtout « Comme d'habitude », chanson qu'il a coécrite et qui, traduite en anglais sous le titre de « My Way » par Paul Anka, va faire le tour du monde et est devenue un « standard » de la chanson dans le monde entier. On a donné son nom à une place en 1999.

CLAUDE GARAMOND (1499-1561). Graveur et fondeur de caractères – et peut-être de caractère ! – né à Paris. Pour le roi François Ier, il fit les « grecs du Roi » ainsi que des types romains et italiques – base de la typographie classique – qui portent son nom. Une rue lui fut dédiée en 1980.

CLAUDE LORRAIN (1600-1682). Claude Gelée, dit le Lorrain. Ce peintre naquit au château de Chamagne, près de Mirecourt, et mourut à Rome. Troisième enfant d'une famille pauvre, il fut orphelin à l'âge de 12 ans. Aida d'abord son frère, graveur sur bois à Fribourg, puis suivit un parent à Rome où il étudia, seul, les chefs-d'œuvre de Michel-Ange et de Raphaël. Toujours pauvre, il dut se placer comme domestique chez un vieux peintre, Agosino Tassi. Ayant quitté Rome en 1625, il y revint en 1627 et s'y lia avec Poussin. Là, ses affaires s'arrangèrent, puisque le roi d'Espagne lui commanda huit paysages et marines. À partir de ce moment, il fut comblé d'honneurs et de richesses, mais travailla cependant jusqu'à sa mort. Primitivement inhumé à La Trinité-du-Mont, ses restes furent, en 1840, transportés à l'église Saint-Louis-des-Français. Citons quelques-uns de ses tableaux : « Port de mer au soleil couchant », « la Fête villageoise », « Siège de La Rochelle par Louis XIII » et « le Pas de Suse forcé par Louis XIII »

CLAUDE MONET (1840-1926). Le peintre Claude Monet naquit à Paris. C'est un de ses tableaux, intitulé « Impression, soleil levant », peint en 1874, qui donna le nom d'impressionnisme à toute une école dont il demeure le représentant le plus typique. Il peignit aussi, entre autres, « Femmes au jardin » et « Nymphéas ». Une villa porte le nom de Claude Monet depuis 1928

CLAUDE-NICOLAS LEDOUX (1736 1806). Architecte né à Dormans, mort à Paris. Il édifia un grand nombre de bâtiments dont, malheureusement, Paris garde bien peu de traces; il ne reste en effet, visibles de lui, que quelques hôtels particuliers, dont celui d'Hallwyl, dans le Marais. Il avait fait les pavillons des portes de l'enceinte des Fermiers généraux, presque tous détruits à l'annexion des communes suburbaines. Précurseur du fonctionnalisme, on lui doit également le théâtre de Besançon et les magnifiques salines d'Arc-et-Senans. Un square porte son nom depuis 1979.

CLAUDE POUILLET (1790-1868). Physicien français, né à Cusance, qui établit les lois des courants et inventa la boussole des tangentes. En 1849, il perdit sa place de directeur du Conservatoire des arts et métiers pour cause de mollesse devant l'insurrection, mais il se justifia dans un « mémoire ». En 1851, il refusa de prêter le serment réclamé aux fonctionnaires. On donna cependant son nom à une rue en 1869.

CLAUDE TERRASSE (1867-1923). Compositeur français, né à L'Arbresle. Écrivit, principalement, des opérettes à la musique d'allure spirituelle (au sens non religieux du terme). Deux œuvres majeures : « les Travaux d'Hercule » et « le Sire de Vergy ».

CLAUDE TILLIER (1801-1844). Pamphlétaire né à Clamecy, mort à Nevers. Se fit connaître par des articles virulents dans un journal de Clamecy, « l'Indépendant ». On lui doit aussi un roman retraçant les mœurs provinciales de son époque, « Mon oncle Benjamin ». Écrivit également « Belle Plante et Cornélius » et « Comment le chanoine eut peur ». On donna son nom à une rue en 1892

CLAUDE VELLEFAUX M. Vellefaux était architecte; c'est lui qui, en 1607, construisit l'hôpital Saint-Louis. Une rue porte son nom depuis 1825

CLAUZEL (ou CLAUSEL) Maréchal de France né à Mirepoix, dans l'Ariège, mort à Secourrieu (Haute-Garonne). Il se distingua à Saint-Domingue en 1802 et aux armées de Naples et de Dalmatie. Participa glorieusement, sous Junot et Masséna, aux campagnes du Portugal. Durant les Cent-Jours, c'est lui qui commanda les troupes contre le duc d'Angoulême, réfugiés à Bordeaux. Il dut partir en exil en 1815, mais revint en 1820 et fut député en 1827. Louis-Philippe le nomma maréchal et lui confia le gouvernement de l'Algérie en 1830. Commandant en chef des armées d'Afrique en 1835, il perdit ce commandement en 1836, à cause de son échec devant Constantine. Il vécut alors paisiblement, faisant admirer son bâton de maréchal à qui voulait

CLAVEL (1773-1843). Général qui défendit énergiquement les Buttes-Chaumont en 1814. La patrie lui en fut reconnaissante puisqu'on donna son nom à une rue en 1868.

CLEF Nom attribué en 1868 et qui s'explique par la présence d'une ancienne enseigne.

CLEMENCEAU (1841-1929). Homme politique né à Mouilleron-en-Pareds, en Vendée. Député dès 1875, il fut d'abord surnommé « le Tombeur de ministères » avant de recevoir un autre surnom, « le Tigre ». Il était le chef de la gauche radicale, mais rompit avec les socialistes quand il fut président du Conseil, de 1906 à 1909. De nouveau au pouvoir en 1917, il devint extrêmement populaire après la victoire. Il appartint à l'Académie française, mais ne parvint pas à se faire élire président de la République. Homme doté d'un esprit fort brillant, c'est lui qui, entre autres choses, affirmait que « la guerre est une chose trop grave pour la confier aux militaires ». Il disait aussi que « le meilleur moment, en amour, c'est quand on monte l'escalier ». Une place porte son nom depuis 1930.

CLÉMENCE ROYER (1830-1902). Mlle Clémence Royer, philosophe et femme de science, naquit à Nantes et mourut à Neuilly-sur-Seine. C'est elle qui publia la première traduction de « l'Origine des espèces », de Darwin. Elle s'attacha à faire connaître en France les doctrines transformistes. Écrivit « Origine de l'homme et des sociétés », « le Feu chez les peuplades primitives », « la Question religieuse », etc. Elle fut nommée chevalier de la Légion d'honneur. Une rue l'immortalise depuis 1904.

CLÉMENT (1714-1793). L'Histoire regorge de Clément. Celui qui donna son nom à cette rue, en 1817, est le savant historien bénédictin dom François Clément. Il était né à Bèze (Côte-d'Or) et mourut à Paris. En 1770 il « remania » « l'Art de vérifier les dates », ouvrage précédemment écrit par dom Clémencet. Et comme, apparemment, il aimait compléter le travail des autres, il termina un livre commencé par dom Bouquet, « Recueil des historiens des Gaules et de la France ». Et si vous voulez tout savoir sur dom Clément, sachez qu'il entra à l'Académie des inscriptions en 1785.

CLÉMENT ADER (1841-1925). On considère à juste titre Clément Ader comme le père de l'aviation. De son temps, on nommait les avions « les plus lourds que l'air ». C'est en 1890 qu'il parvint, pour la première fois, à quitter le sol. Cet ingénieur français était né à Muret. Une rue porte son nom depuis 1949

CLÉMENT MAROT (1495-1544). Poète né à Cahors, mort à Turin. Son père, également poète, se nommait Desmaretz et Marot est un diminutif de ce nom. Clément Marot commença à Paris des études de droit, mais les abandonna pour devenir page chez Villeroy, puis, en 1518, valet de chambre chez Marguerite d'Alençon, sœur de François Ier. Enfin, il remplit cette même fonction auprès du roi, son père ayant laissé la place vacante en mourant. En 1524, il assista à la défaite de Pavie. Fait prisonnier, on le relâcha vite. De 1526 à 1532, il fut en butte à des accusations d'hérésie; arrêté, il ne dut sa délivrance qu'à une puissante protection, celle de Marguerite de Navarre. Réfugié d'abord auprès d'elle, il aboutit ensuite à Ferrare chez Renée de France, sœur de Louis XII, qui avait embrassé le protestantisme. Bientôt, il obtint l'autorisation de revenir en France; mais un prêtre de Beauvais, Sagon, écrivit contre lui un pamphlet qui déchaîna durant une année une véritable guerre épistolaire. Ayant traduit en vers des psaumes accueillis avec enthousiasme par les protestants, mais censurés par la Sorbonne, il prit peur et se retira à Turin où il mourut peu après. Ouvrages de Marot : « le Temple de Cupido », « l'Enfer », « Épigrammes », « Ballades », « Étrennes », « Sermon du Bon Pasteur et du Mauvais » et, en traduction, les deux premiers livres des « Métamorphoses » d'Ovide. Boileau qualifie l'œuvre de Marot d'« élégant badinage ». Voici un quatrain du poète :

Plaise au roi de me donner cent livres
Pour acheter livres et vivres.
De livres je me passerais
Mais de vivres je ne saurais.

C'est en 1883 qu'on donna son nom à une rue.

CLÉMENT MYIONNET (1812-1886). Cofondateur de la Congrégation des religieux (pères et frères) de Saint-Vincent-de-Paul, on a donné son nom à une rue en 1987.

CLER (1814-1859). Gustave Cler était un général, mort à la bataille de Magenta qui vit la victoire des Français, commandés par Mac-Mahon, sur les Autrichiens. Le nom de Clerc fut attribué à une rue en 1864.

CLÉRY (rue et passage). Nom dû à l'ancienne présence (1540) de l'hôtel de Cléry. La ville de Cléry, dans le Loiret, posséda dans son église le tombeau de Louis XI, qui fut profané par les protestants en 1562. Plus tard des fouilles permirent de découvrir le tombeau de Dunois. Une légende prétend que c'est près de Cléry, à Mézières, que se trouve la tombe d'Attila.

CLICHY (rue, avenue, boulevard, passage et place). Nom dû au fait que toutes ces voies menaient vers Clichy, ou, pour le boulevard, qu'il aboutissait place Clichy. La ville de Clichy doit son origine à une villa construite par les Mérovingiens et qui fut une des résidences favorites du roi Dagobert. Saint Vincent de Paul fut curé de Clichy au XVIIe siècle, plusieurs conciles se tinrent dans cette ville. La place Clichy, quant à elle, est située sur le lieu de l'ancienne barrière de Clichy où eut lieu, le 30 mars 1814, un vif engagement entre les défenseurs de Paris et les Alliés. La garde nationale, commandée par le maréchal Moncey, opposa une vive résistance et la barrière de Clichy fut la dernière de Paris à céder. Pendant la bataille, c'est au cabaret du « Père Lathuille » que se tint Moncey avec son état-major.

CLIGNANCOURT Ancien hameau de Montmartre, annexé à Paris en 1860 pour devenir le XVIIIe arrondissement. Localité fort ancienne, à l'origine romaine si l'on en croit son premier nom : Clenini Curtis. Les seigneurs de Turquam et de Liger vécurent à Clignancourt et leurs demeures seigneuriales s'apercevaient encore, en 1830, à l'angle des rues Marcadet et du Mont-Cenis.

CLISSON (1336-1407). Olivier de Clisson, connétable, né au château de Clisson, mort au château de Josselin. Son père ayant été décapité sur l'ordre de Philippe VI, Olivier suivit d'abord le parti anglais, pendant la guerre de Succession de Bretagne. Il combattit Du Guesclin à Auray. Mais en 1370 Clisson se brouilla avec Jean de Montfort; se ralliant alors à la cause du roi de France, il devint le frère d'armes du connétable Du Guesclin. Olivier de Clisson se couvrit de gloire pendant les guerres de Charles V contre les Anglais et fut nommé connétable de France, le 28 octobre 1380, par Charles VI. Chef du parti des Marmousets (appelés aussi « Hommes de peu » et qui étaient les anciens conseillers de Charles V), Clisson avait beaucoup d'autorité sur le nouveau roi, Charles VI; mais lorsque celui-ci fut frappé de folie et écarté du trône, Clisson fut éloigné du pouvoir par le duc de Bourgogne, condamné au bannissement et à une amende de 100000 marcs. Retiré en Bretagne, il y mourut. Une rue porte son nom depuis 1865.

CLOCHE Nom dû à l'ancienne pré sence d'une fondrière, appelée « la cloche à l'eau », au XVIIIe siècle.

CLOCHE-PERCE Nom donné en 1638 à cause d'une enseigne représentant une cloche de couleur perse (entre le vert et le bleu).

CLODION (1738-1814). Sculpteur né à Nancy, mort à Paris. De son vrai nom Claude Michel, dit Clodion. Ses figures représentent souvent des jeunes filles jouant avec des oiseaux. Il n'y a bien entendu rien de libidineux dans ces représentations... Ses figurines en terre cuite sont fort prisées. Parmi ses meilleurs ouvrages : « Nymphe rattachant sa chaussure », « Jeune fille cherchant à saisir un papillon » et, dans ses œuvres de grandes proportions, moins goûtées que les autres, citons « le Déluge » et une statue représentant Montesquieu.

CLOÎTRE NOTRE-DAME Cette rue traversait, autrefois, le cloître Notre-Dame qui était une véritable cité comprenant rues, jardins, maisons. Il était habité par les chanoines de Notre-Dame. Sur son tracé actuel, la rue du Cloître Notre-Dame existe depuis 1846

CLOÎTRE SAINT-MERRI Le cloître Saint-Merri fut habité par les chanoines de l'église Saint-Merri, toute proche. Cette rue est célèbre depuis que, les 5 et 6 juin 1832, s'y déroula un combat à la suite des funérailles du général Lamarque. Victor Hugo dramatisa un peu les faits dans « les Misérables », mais les rendit cependant d'une façon remarquable. Voici l'histoire : le chef des insurgés se nommait Jeanne; ce n'était pas une fillette, mais un homme décoré de Juillet. Derrière des barricades, la résistance dura deux jours et fit de nombreuses victimes. Finalement, Jeanne fut condamné à la déportation, cinq autres insurgés à la réclusion et seize furent acquittés, parmi lesquels une jeune fille qui, d'une fenêtre, avait prévenu les combattants de l'arrivée des soldats (brave petit cœur !)

CLOS Déformation de « ruelle à Colot ». Peut-être désignait-on par Colot une famille de chirurgiens français qui garda pour elle, jalousement, pendant plus d'un siècle, le secret de l'opération de la « taille » (ouverture de la vessie pour en extraire les calculs) par une méthode dite de « haut appareil ». Le plus connu de cette famille est Laurent Colot, chirurgien de Henri II en 1556. C'est en 1844 que cette ruelle à Colot devint rue du Clos.

CLOS BRUNEAU Le clos Bruneau était, jadis, un petit vignoble appartenant, sans nul doute, à un M. Bruneau. C'est en 1838 qu'on donna ce nom à une rue.

CLOS DE MALEVART Cette villa, baptisée en 1999, doit son nom à un ancien lieu-dit connu dès le XIIe siècle; il bordait un chemin champêtre qui servit plus tard de tracé à la rue du Faubourg-du-Temple, proche de notre villa d'aujourd'hui.

CLOS FEUQUIÈRES Nom donné en souvenir du château du marquis de Feuquières (ville située à 31 km de Beauvais), qui fut capitale du marquisat de Feuquières, et dans le parc duquel cette rue fut ouverte. Trois Feuquières ont quelque peu marqué l'histoire de France : Isaac De Pas, marquis de Feuquières, général né à Saumur, mort devant l'ennemi à Thionville; un autre Isaac, fils aîné du précédent, qui fut vice-roi en Amérique (1660), ambassadeur en Allemagne, en Suède et à Madrid où il mourut en 1688; enfin Antoine, fils du précédent, qui se signala par sa haute capacité en matière militaire

CLOS LAMOTHE Provient du nom d'un champ ayant appartenu à un

M. Lamothe. Rue devenue parisienne en 1930. Elle garda le nom qu'elle portait quand elle appartenait à la commune du Pré-Saint-Gervais.

CLOTAIRE (497-561). Clotaire Ier, le plus jeune fils de Clovis et de Clotilde, fut un roi franc. Il possédait la région comprise entre la Seine, l'Oise et le Rhin, avec Soissons pour capitale. Il eut beaucoup d'ennuis de famille. D'abord, son frère Thierry tenta de le faire assassiner. Mais de son côté, avec Childebert, il massacra les enfants de son autre frère, Clodomir. Quand Childebert mourut, Clotaire se retrouva à la tête de toute la monarchie franque. Cependant les problèmes familiaux continuèrent, puisque son fils Chramne – à qui se fier? – se révolta contre lui, appuyé par les Gallo-Romains d'Aquitaine. Clotaire vint à bout de cette révolte. Son règne fut aussi marqué par la première expédition des Francs contre les Bretons. À sa mort, quatre de ses fils, Caribert, Gontran, Chilpéric et Sigebert, se partagèrent ses États. Cette rue fut ouverte en 1832.

CLOTILDE Sainte Clotilde, reine des Francs, femme de Clovis, née vers 475, morte en 545 à Tours. C'était la fille de Chilpéric, roi des Burgondes que son frère Gondebaud assassina. Clotilde, qui était enfermée avec sa sœur Chrona dans un monastère de Genève, fut alors demandée en mariage par Clovis. Elle s'efforça de convertir son roi de mari au catholicisme. Devenu veuve, elle retourna dans un monastère, cette fois à Tours, où elle mourut. Le pape Pélage la canonisa; son corps fut transporté, peu de temps après sa mort, auprès de celui de Clovis, dans la basilique des Saints-Apôtres, lieu ou s'élève aujourd'hui le Panthéon.

CLOTILDE DE VAUX (1815-1846). C'est la grande inspiratrice d'Auguste Comte (1798-1857), père du positivisme. Elle le rencontra en 1844 et leur amour demeura platonique. Sous l'influence de Clotilde, la philosophie de Comte s'orienta vers un positivisme religieux. Signalons d'ailleurs que l'Église positiviste du Brésil créa, à la mémoire de Mlle de Vaux, le temple de la Religion de l'Humanité, rue Payenne, à Paris. Une rue porte son nom depuis 1978.

CLÔTURE Nom provenant du lieudit « clôture de Rouvray »; ce dernier mot vient de « rouvre », qui désigne une variété de chêne. (Le bois de Boulogne s'appela, antérieurement, forêt de Rouvray.)

CLOUET Nom donné en 1936 en souvenir des peintres du XVIe siècle Jehan et François Clouet. Il y eut deux Jehan : le premier, qui naquit à Bruxelles dans la première moitié du XVe siècle, est la souche de cette famille de peintres; le second Jehan, fils du précédent (1485-1545), se fit connaître par ses portraits du roi, des princes et des grands seigneurs de la Cour. Quant à François Clouet, c'est le fils du second Jehan cité; il naquit en 1510 et mourut en 1572. Il n'avait que 35 ans quand il succéda à son père comme valet de chambre et peintre ordinaire du roi. Son œuvre est très importante, mais il ne signa qu'un petit nombre de toiles. On admire surtout de lui, au musée d'Anvers, un portrait de François II enfant et, au Louvre, des portraits d'Élisabeth d'Autriche et de Charles IX.

CLOVIS Clovis Ier, roi des Francs (466-511), fils du roi des Francs Childéric. Clovis vainquit Syagrius, un Romain, à Soissons, et le fit mettre à mort. En 493, Clovis épousa Clotilde, fille de Chilpéric. C'est elle qui amena Clovis au christianisme. On rapporte que c'est sur le champ de bataille de Tolbiac, où il vainquit les Alamans, qu'il se décida à cette conversion; il se fit baptiser avec 3000 de ses soldats. Cela eut l'avantage d'amener l'union entre les Francs et les Gallo-Romains. En 500, Clovis vainquit Gondebaud, roi des Burgondes, assassin du père de Clotilde; puis il attaqua les Wisigoths et les battit à Vouillé, près de Poitiers. La fin du règne de Clovis fut moins honorable, car pour demeurer le maître unique il dut perpétrer un grand nombre d'assassinats de petits chefs francs. Il fut enterré à la basilique des Saints-Apôtres (emplacement du Panthéon actuel) qu'il avait fait construire. C'est en 1807 qu'on donna le nom de Clovis à une rue.

CLOVIS HUGUES (1851-1907). Poète et homme politique né à Ménerbes, dans le Vaucluse. Débuta dans la presse marseillaise, au journal anti-impérialiste « le Peuple ». Il prit part au mouvement communard de Marseille en 1871 et fut condamné pour délit de presse; il ne recouvra la liberté qu'en 1875. Son mariage, en 1877, avec la fille d'un ex-proscrit, Mlle Royannez, lui valut un duel contre le rédacteur du journal bonapartiste « l'Aigle », qu'il tua. Député de Marseille jusqu'en 1889, il prit part au mouvement boulangiste. C'est l'auteur de poésies vibrantes : « les Soirs de bataille », « Les Jours de combat » et « la Chanson de Jeanne d'Arc », que l'Académie française couronna. Ses poésies provençales l'ont fait nommer félibre majoral. Une rue porte son nom depuis 1938.

CLOŸS Au XVIIIe siècle, la rue s'appelait « sentier des Cloÿs », d'après un lieu-dit planté de vignes. Montmartre eut longtemps un vignoble relativement important et encore aujourd'hui quelques pieds de vigne servent de prétexte à des vendanges plutôt folkloriques, mais fort sympathiques. Quant au vin recueilli, il n'empêche pas de dormir les viticulteurs du Bordelais.

CLUNY Rue baptisée en 1879 à cause de l'ancien voisinage de l'hôtel de Cluny. Cet hôtel, bâti par Pierre de Chaslus, abbé de Cluny, date du milieu du XIVe siècle. Il fut, à la fin du XVe, entièrement réédifié par Jacques d'Amboise, frère d'un ministre de Louis XII. L'hôtel de Cluny devint propriété nationale en 1790, puis fut vendu et appartint à des particuliers jusqu'en 1836; à cette date, son propriétaire, Du Sommerard, conseiller à la Cour des comptes, y installa un musée pour sa collection d'objets du Moyen Âge et de la Renaissance. À sa mort, la Ville de Paris acheta l'hôtel et le musée et les remit à l'État en 1843, en même temps que les ruines romaines des Thermes de Julien que l'on peut voir, à travers des grilles, à l'angle des boulevards Saint-Michel et Saint-Germain.

COCHIN (1789-1851). Jean-Denis Marie Cochin, jurisconsulte et philanthrope, né et mort à Paris. Il fut maire du XIIe arrondissement de 1820 à 1831 et député de 1837 à 1841. Il tenta de propager l'instruction dans le peuple et fut le premier à créer des salles d'asile. L'hôpital Cochin ne lui est pas dû, puisque nous en sommes redevables à l'abbé Jacques-Denis Cochin – de la même famille que Jean-Denis – qui le fonda en 1780. L'abbé Cochin fut curé de Saint-Jacques-du-Haut-Pas.

COËTLOGON (1646-1730). Alain-Emmanuel, marquis de Coëtlogon, vice-amiral et maréchal de France, entra dans la marine en 1670 et fit la campagne de Hollande sous Duquesne, avant de se distinguer à la bataille de Palerme. En 1693, il prit une grande part à la défense de Saint-Malo, que les Anglais menaçaient de bombardement. Quand commença la guerre de Succession d'Espagne, il fut envoyé au secours de Philippe V et s'empara d'un convoi hollandais escorté par cinq navires de guerre et ravitailla les colonies espagnoles d'Amérique. Il mourut dans une maison tenue par des jésuites, dans laquelle il s'était retiré, à Paris, en 1724. Une rue porte son nom depuis 1869.

CŒUR DE VEY Il avait un joli nom, M. Cœur de Vey. C'est sur ses terrains qu'on ouvrit cette voie.

COGNACQ-JAY (1839-1928). M. Cognacq épousa Mlle Jay. Tous deux fondèrent le grand magasin de la Samaritaine. Si vous postulez un emploi dans ce magasin, on vous recevra dans une salle dont le mur principal s'orne du médaillon de M. et Mme Cognacq-Jay. Ce couple philanthrope, qui décida de récompenser la famille française ayant le plus d'enfants, était propriétaire des terrains sur lesquels fut ouverte la rue qui porte son nom, depuis 1928.

COLAS Rue qui, depuis 1932, doit son nom au propriétaire du terrain.

COLBERT (1619-1683). Jean-Baptiste Colbert, ministre de Louis XIV, né à Reims, mort à Paris. Très jeune, grâce à des protections solides, Colbert devint conseiller d'État et fut chargé par Mazarin de gérer les propres affaires du cardinal. Il s'acquitta de cette tâche avec beaucoup de probité, mais quand Mazarin mourut, Colbert, afin de s'attirer les bonnes grâces du roi, lui révéla l'existence d'une somme de 15 millions que le défunt avait dissimulée dans des forteresses. Du vivant de Mazarin, Colbert avait signalé les malversations de Fouquet; à présent, il les démontra à Louis XIV, qui se décida à agir violemment contre le surintendant des Finances. La place était libre pour Colbert qui dirigea, de fait, toute l'administration. Il supprima les trésoriers de l'épargne, les contrôleurs généraux et les directeurs des finances. Ensuite il abolit, en matière d'imposition, les exemptions injustes; puis, persuadé que la consommation s'accroît en fonction de l'abaissement des droits, il réduisit de 33% l'impôt perçu par les aides et les fermes. Colbert s'attacha aussi à développer l'industrie de notre pays : il protégea la draperie, les lainages et la tapisserie, et créa des dentelleries et des ateliers d'articles de luxe. Il ne négligea pas non plus l'agriculture, même si le commerce des grains lui causa quelques soucis. Colbert ne laissa aucun domaine hors de sa compétence puisque, ne l'oublions pas, il développa considérablement la flotte française, institua l'Inscription maritime, fonda ou agrandit les ports de Rochefort, Brest et Cherbourg, créa des écoles de canonniers. Il créa aussi l'Académie des sciences, celles de peinture et de sculpture, l'École de Rome et l'Observatoire. Anecdote : assistant, un jour, à une séance de l'Académie française, dont il était membre, Colbert vit un « immortel » entrer, porteur d'un fauteuil. Aussitôt, il en fit quérir trente-neuf autres. C'est là l'origine des quarante fauteuils de l'Académie. Les dépenses exagérées de Louis XIV, vers la fin de son règne, entraînèrent une disgrâce relative de Colbert. Il mourut chargé de malédictions et on l'enterra de nuit, à Saint-Eustache, aux flambeaux, parce qu'on craignait un mouvement de population. Le tombeau de Colbert, œuvre de Girardon, se trouve toujours à Saint-Eustache. Colbert s'était fait construire un très bel hôtel, face à celui de Mazarin, à l'angle des rues des Petits-Champs et de Vivienne. La porte d'entrée portait ses armes : d'or à la couleuvre d'azur posée en pal, accompagnée de deux lionnes pour supports, et pour cimier une main tenant une branche d'olivier, avec la devise « Perite et recte » (habilement et bien).

COLETTE (1873-1954). Sidonie Gabrielle, dite Colette, romancière née à Saint-Sauveur-en-Puisaye. Après une jeunesse où elle se consacra en partie au music-hall – son apparition, nue, déclencha même un certain scandale à l'époque – elle commença à publier des romans exaltant l'émancipation féminine. On lui doit principalement : « Chéri », « Sido », « la Chatte », « Gigi », « le Blé en herbe » et toute la série des « Claudine ». Colette disait : « Je ne suis capable de fantaisie que dans l'ordre » et « L'amour, ce n'est pas un sentiment honorable ». La place Colette existe depuis 1966.

COLISÉE Nom donné à cette rue en 1770 à cause d'une construction proche, portant ce nom. Le Colisée de Paris était un très grand établissement de plaisirs qui, construit à la fin du XVIIIe siècle, connut une vogue éphémère. On lui donna le nom de Colisée en raison de sa ressemblance avec le Colisée de Vespasien, amphithéâtre de Rome. Le Colisée de Paris, dont la construction débuta en 1769, fut officiellement ouvert en 1771 ; on y donnait des bals, des feux d'artifice, des courses de chevaux, etc. Il ferma en 1778. Il avait coûté 2 675 000 livres et pouvait contenir presque 40 000 personnes. C'est l'architecte Le Camus qui le construisit. Il fut démoli en 1780.

COLLÉGIALE Doit son nom à l'emplacement, dans le voisinage, de l'église collégiale Saint-Marcel. Une église collégiale est une église qui possède un « chapitre » sans avoir un siège épiscopal, et un chapitre collégial est un chapitre de chanoines établi dans une église qui n'a pas de siège épiscopal. Cette rue reçut son nom en 1864.

COLLET Nom d'un des propriétaires résidant dans cette villa.

COLLETTE C'est le nom d'un employé de la Compagnie des chemins de fer de l'Ouest qui perdit la vie en sauvant celle d'un voyageur. On donna son nom à cette rue en 1894 ; son acte courageux avait eu lieu l'année précédente.

COLLIN Ce passage emprunte son nom à un des propriétaires-résidents.

COLMAR Chef-lieu du département du Haut-Rhin, sur la Lauch et la Fecht. Sous les Mérovingiens, Colmar possédait un château qu'Othon Ier, bien aimable, donna au duc Rodolphe III de Bourgogne. Celui-ci, à son tour, en fit don au monastère de Payerne. Plus tard, Frédéric II fit de Colmar une ville impériale. La Réforme fut introduite dans la ville en 1575 et la guerre de Trente Ans l'éprouva beaucoup. En 1632, les Suédois la prirent, puis les Français en 1634. C'est en 1790 que Colmar devint chef-lieu de département. Enfin – ou presque – en 1871, le traité de Francfort l'arracha à la France. Elle nous revint après la guerre 14-18. C'est en 1881 que l'on donna à une rue de Paris le nom de cette ville alsacienne.

COLOMBE Nom dû à la présence – ancienne – d'une enseigne. On peut dire « ancienne », car la rue portait déjà son nom actuel en 1216.

COLOMBIE (place). La Colombie, qui s'appela Nouvelle-Grenade, a une superficie de 1 140 000 km^2 et compte très approximativement 35 700 000 habitants. Elle est bordée à la fois par le Pacifique et l'Atlantique. Alonso de Hojeda atteignit les côtes de Colombie en 1499 et Colomb en 1502. Jimenez de Quesada conquit le pays de 1536 à 1539. Bolivar triompha des Espagnols en 1819 et fonda les États Unis de Colombie. Ces États constituaient avec l'Équateur, Panama et le Venezuela, la Grande-Colombie jusqu'en 1830. Aujourd'hui séparés, ces États forment cependant, depuis 1948, une Union économique.

COLONEL BONNET Le colonel Bonnet fut tué à Soissons le 14 novembre 1914. On donna son nom à cette rue en 1931.

COLONEL BOURGOIN (1907-1970). Durant la Seconde Guerre mondiale, le colonel Bourgoin, qui était entré dans la Résistance, y déploya une activité extraordinaire. On donna son nom à une place en 1972.

COLONEL COLONNA-D'ORNANO (1895-1941). Ce militaire se distingua durant la Première Guerre mondiale, puis, plus tard, en août 1940, lorsqu'il opéra le ralliement du Tchad à la France libre. C'est sous les ordres du maréchal Leclerc qu'il entreprit un raid audacieux de 700 km dans le Fezzan, au cours duquel il fut mortellement blessé. Une rue porte son nom depuis 1978.

COLONEL COMBES (1787-1837). Officier né à Feurs (Loire) qui se distingua lors des campagnes de l'Empire à partir de 1803. Il s'exila après Waterloo, mais, passé la révolution de 1830, il reprit du service actif et s'empara d'Ancône en 1832. Il fut désavoué, et envoyé en Afrique du Nord. Successivement colonel de la Ire Légion étrangère et du 47e régiment de ligne, il fut blessé à mort pendant le siège de Constantine. Une rue célèbre sa mémoire depuis 1864.

COLONEL DOMINÉ (1848-1921). Officier français qui participa aux combats de la Loire en 1870, s'illustra durant la conquête du Tonkin, notamment à Tuyen-Quang en 1885 et qui, à 66 ans, reprit les armes pendant la guerre 14-18. Il a sa rue depuis 1987.

COLONEL DRIANT (1855-1916). Émile Driant était le gendre du général Boulanger. Né à Neufchâtel-sur-Aisne, il mourut en héros au bois des Caures, près de Verdun, après s'être particulièrement illustré dans la défense de la ville. Une rue porte son nom depuis 1926. Le colonel Driant était également romancier.

COLONEL FABIEN Pierre Georges, alias Fabien dans la Résistance, colonel F.F.I., fut tué par les Allemands en 1944. On donna son nom à cette place en 1945.

COLONEL HENRI ROL-TANGUY Henri Tanguy, dit « Rol-Tanguy », résistant qui naquit à Morlaix en 1908 et mourut à Paris en 2002. En 1944, il fut fait colonel en même temps que chef régional des FFI (Forces françaises de l'intérieur) de la région parisienne. À ce titre, le 19 août 1944, de son poste de commandement situé dans les catacombes de la place Denfert-Rochereau, il dirigea l'insurrection des citoyens de Paris et c'est lui qui reçut la reddition du général allemand von Choltiz le 25 août 1944. Il était Compagnon de la Résistance, médaillé de la Résistance, porteur de la Croix de guerre 1939-1945, de la Medal for Freedom et Grand-Croix de la Légion d'honneur. Une avenue porte son nom depuis 2004.

COLONEL MANHÈS (1889-1959). Le colonel Manhès, qui appartint à la Résistance, pendant la Seconde Guerre mondiale, fonda ensuite la Fédération nationale des déportés, internés, résistants et patriotes. On donna son nom à une rue en 1965.

COLONEL MOLL Le colonel Moll, qui gouvernait le Tchad, y mourut en 1910. Une rue porte son nom depuis 1911.

COLONEL MONTEIL (1855-1925). Ce colonel était surtout explorateur et vécut longtemps en Afrique. On le connaît en tant qu'auteur du projet de chemin de fer entre Dakar et le Niger.

COLONEL OUDOT (1758-1814). C'est en 1885 qu'on donna à cette rue le nom du colonel Oudot, tué en 1814 pendant la défense de Paris.

COLONEL ROZANOFF (1905-1954). Aviateur surtout connu pour avoir été un de nos meilleurs pilotes d'essai. On donna son nom à une rue en 1971.

COLONELS RENARD Nom donné en souvenir des deux frères Renard, Charles et Paul. Le premier, Charles, est le plus connu; né à Damblain (Vosges) en 1847 et mort en 1905, c'est lui qui construisit le premier ballon dirigeable qui soit parvenu à faire un parcours en circuit fermé (1884). Sur un autre plan, cet officier et ingénieur imagina une série de nombres qui devint une des bases de la normalisation. Le second frère Renard était, lui, lieutenant-colonel et mourut en 1939.

COLONIE Rien de colonialiste ni de conquérant dans le nom de cette rue. Inutile de vouloir la débaptiser au nom de l'émancipation des peuples. Son nom n'est dû qu'à l'ancienne présence, en son sein, d'une colonie de chiffonniers.

COLONNES Quand cette rue fut ouverte, on demanda à ceux qui avaient décidé de la construire d'élever de chaque côté des maisons de style uniforme et – voilà qui nous intéresse – de la border par des galeries à colonnes, éclairées. D'où son nom qu'elle porta dès sa construction, en 1791. Originellement, ce n'était d'ailleurs qu'un passage.

COLONNES DU TRÔNE Projetées en 1670, les colonnes du Trône furent achevées seulement sous Louis-Philippe! Initialement, elles devaient être accompagnées d'un arc de triomphe que l'on ébaucha, mais qui disparut dès 1716. Les colonnes, qui sont deux, ont à leur sommet les statues colossales, en bronze, de Philippe Auguste, par Dumont, et de Saint Louis, par Étex.

COLUCHE Humoriste et comédien, de son vrai nom Michel Colucci, né à Paris en 1944, mort à Opio (Alpes-Maritimes) dans un accident de moto le 19 juin 1986. Il débuta en 1968 au sein de la troupe du « Café de la Gare » créée par Romain Bouteille, mais fonda rapidement sa propre troupe, « Le vrai chic parisien », et donna des spectacles et des one-man-show dans lesquels il campa des personnages divers: un rocker débile, un zonard bébête, un philosophe de la dive bouteille, etc. En 1979, alors qu'il était en plein succès, il abandonna le music-hall pour se consacrer plus spécifiquement au cinéma, dont il connaissait déjà les rouages, ayant tourné, entre 1969 et 1979, dans des films tels «Le Pistonné», «L'Aile ou la cuisse», «Vous n'aurez pas l'Alsace et la Lorraine», où il était essentiellement fait appel à ses talents de comique; il démontra, en 1983, avec «Tchao Pantin» qu'il pouvait aussi faire montre d'une grande capacité dramatique (il reçut d'ailleurs un César pour ce long métrage). Après 1979, il se consacra aussi beaucoup à la télévision et à la radio. En 1981 il annonça son intention de se présenter à la présidence de la République, mais ne le fit pas... Homme de cœur, il créa, en 1985, les « Restos du cœur », qui chaque hiver viennent en aide aux démunis.

COMBATTANTS D'INDOCHINE Ce square, baptisé en 1987, rend hommage à tous les soldats français qui se sont battus en Indochine, entre 1945 et 1954.

COMBATTANTS EN AFRIQUE DU NORD Cette place, baptisée en 1984, est dédiée à tous les Français qui se battirent en Afrique du Nord, plus particulièrement durant la Seconde Guerre mondiale.

COMÈTE En 1763, les astronomes du monde entier furent fort intrigués, disons même inquiétés, par une comète dont la trajectoire semblait pouvoir devenir dangereuse. Dieu merci, la comète suivit son petit bonhomme de chemin sans troubler l'orbite de notre chère planète, mais en 1785, quand on construisit cette rue, on l'appela « de la Comète » en souvenir de l'astre errant de 1763.

COMMAILLE Cette voie privée doit son nom au fait qu'elle fut ouverte, en 1881, sur l'emplacement de l'ex-hôtel de Commaille. Hôtel qui ne porta pas bonheur à un petit-cousin de la reine Hortense que la Révolution décapita, alors qu'il l'habitait.

COMMANDANT CHARLES MARTEL Le commandant Charles Martel était un officier de marine qui vécut de 1867 à 1924. Sincèrement, il ne semble pas qu'il puisse être considéré comme un descendant direct de l'autre Martel, Charles, maire du palais, qui écrasa les Arabes à Poitiers en 732.

COMMANDANT GUILBAUD En 1928, le dirigeable italien « Italia » disparut ; le commandant d'aviation Guilbaud, parti à sa recherche, en hydravion, disparut également. On donna son nom à une rue en 1929.

COMMANDANT LAMY (1858-1900). Explorateur qui, en 1889, commanda à El-Goléa le premier peloton de méharistes sahariens. Il fut, en 1896, commandant à la maison militaire de l'Élysée. Plus tard, il prit le commandement de l'escorte accompagnant la mission Foureau dans son périple de la Méditerranée au Tchad. Au cours de ce trajet, on apprit que le chef musulman Rabah s'était rendu seul maître du Sahara central, après avoir exterminé la mission sise à Behagle. Le commandant Lamy attaqua le chef musulman et le battit totalement à Koussouri, au sud du Tchad. Malheureusement il fut tué, à l'issue de cette victoire, dans un dernier retour offensif de l'ennemi. Une rue porte son nom depuis l'année de sa mort, c'est-à-dire 1900.

COMMANDANT LÉANDRI C'est en l'honneur du commandant Léandri, grand mutilé de la guerre 14-18, que cette rue existe depuis 1927.

COMMANDANT L'HERMINIER (1902-1953). Cet officier de marine est célèbre pour avoir accompli, à bord de son sous-marin « Casabianca », de nombreuses missions secrètes le long des côtes françaises. Un film fut tourné, relatant ses exploits, qui avait pour titre le nom du sous-marin. La rue du Commandant-l'Herminier fut baptisée en 1963.

COMMANDANT MARCHAND (1863-1934). Jean-Baptiste Marchand, explorateur né à Thoissey, dans l'Ain. Le gouvernement le chargea, en 1893, de trouver la meilleure voie d'accès du golfe de Guinée, dans le bassin du Niger. Sa mission accomplie et de retour en France, il reçut cette fois l'ordre d'aller renforcer la mission se trouvant dans le pays des sources de l'Oubangui et du Bahr el-Gazal. Il partit en 1896. Après des difficultés nombreuses, il atteignit Fachoda, au Soudan, où il établit un fort derrière lequel il résista aux attaques des Derviches (qui tournaient pour l'encercler) le 10 juillet 1898. Quand les Anglais et leur chef Kitchener eurent conquis toute la région, Marchand dut, après être resté à Fachoda encore quelque temps, évacuer la ville. Il fut accueilli en France comme un héros et, merveilleuse récompense, la Société de géographie lui remit sa médaille d'or. La rue qui porte le nom du commandant Marchand depuis 1901 fut habitée par lui quand il rentra de Fachoda.

COMMANDANT MORTENOL (1859-1930). Il fut le premier homme de race noire à être admis à l'École polytechnique. Il servit d'abord dans la marine nationale, puis, durant la guerre 14-18, et à la demande du général Galliéni, il organisa brillamment la défense aérienne de Paris. Il a sa rue depuis 1984.

COMMANDANT RAYNAL Officier français qui défendit héroïquement le fort de Vaux, près de Verdun, ne se rendant aux Allemands, le 7 juin 1916, qu'après six jours de siège et de terribles combats. On a donné son nom à une allée en 1998.

COMMANDANT RENÉ MOUCHOTTE Aviateur qui, dès le début de la Seconde Guerre mondiale, rejoignit les Forces françaises libres. Pilote audacieux et particulièrement téméraire, René Mouchotte, as de notre aviation, fut abattu au cours d'une mission en 1943. On donna son nom à une rue en 1966.

COMMANDANT RIVIÈRE (1827-1883). C'est un marin, doublé d'un écrivain, qui naquit à Paris. Il est mort dans une embuscade, au Tonkin. Mais, auparavant, il avait pris Hanoi. Une rue porte son nom depuis 1883.

COMMANDANT SCHLOESING (1919-1944). Aviateur qui avait reçu, au sein des Forces françaises libres, le commandement de l'escadrille « Paris ». Il fut tué en combat aérien. En 1964 on donna son nom à une rue.

COMMANDERIE Nom dû à l'ancienne présence d'une commanderie de Saint-Jean de Latran. La commanderie était composée d'un bâtiment principal, dit « tête », et d'un certain nombre de domaines s'y rattachant. Une commanderie était le « bénéfice » accordé aux dignitaires de certains ordres (Saint-Jean de Latran, Saint-Jean de Jérusalem, etc.). La Révolution supprima toutes les commanderies.

COMMANDEUR Cette rue doit son nom à la commanderie de Saint-Jean de Latran, qui possédait les terrains de la Tombe-Issoire, ainsi que de Montsouris, et sur lesquels elle fut ouverte.

COMMERCE S'appelle ainsi tout simplement parce que, lorsque la commune de Grenelle existait encore, cette rue était la plus commerçante. Cela ne s'est pas démenti de nos jours. L'impasse et la place du Commerce doivent leur nom à la proximité de la rue qui fut définitivement baptisée ainsi en 1877.

COMMERCE SAINT-ANDRÉ Primitivement, ce fut un passage que l'on appela « cour du Commerce » à cause des très nombreuses boutiques qui s'y trouvaient. Plus tard, c'est-à-dire en 1877, la proximité de la rue Saint-André-des-Arts la fit nommer « cour du Commerce-Saint-André ».

COMMINES (1445-1509). Philippe de la Clyte, sire de Commines (ou Commines), né au château de Commines (Nord), mort au château d'Argenton (Deux-Sèvres). Il entra au service de Charles le Téméraire en 1464, mais en 1468, lors de l'entrevue de Péronne, Commines eut une sorte d'illumination qui lui fit voir que Louis XI était le maître qui convenait à son esprit... Il semble en effet que tous deux étaient faits pour se compléter. Le roi trouva en Commines le conseiller et le confident qu'il souhaitait, et le combla de faveurs et de dons; il le fit même sénéchal de Poitou. Quand Louis XI mourut, en 1483, Commines fut nommé membre du Conseil de régence durant la minorité de Charles VIII; mais, ayant eu la mauvaise idée de prendre le parti des princes ligués contre Anne de Beaujeu, il fut arrêté en 1486 et emprisonné à Loches. Comme c'était un homme de grande valeur, Charles VIII le rappela cependant près de lui. Il prit alors part au traité de Senlis (1493) et prépara l'expédition d'Italie. Mais bientôt il retomba, et cette fois irrémédiablement, en disgrâce. Il se retira au château d'Argenton que sa femme Hélène de Chambes, de la maison des comtes de Montsoreau, lui avait apporté en dot. Une rue porte le nom de Commines depuis 1864.

COMMUNE DE PARIS Cette place, baptisée en 1999, commémore l'insurrection de la Commune de Paris, en 1871.

COMPANS (1769-1845). Jean Dominique Compans, comte et général né à Saliès (Haute-Garonne). Combattit sous les ordres de Suchet dans l'armée d'Italie en 1799. Commanda la province de Coni après la paix de Lunéville et fut blessé à Austerlitz. Fit toutes les campagnes, jusqu'à Waterloo, et, auparavant, défendit Belleville, en 1814. Il fut fait pair de France par Louis-Philippe. Une rue porte son nom depuis 1864.

COMPIÈGNE Ville de l'Oise, sur la rivière du même nom. Compiègne date de l'époque gallo-romaine et fut mentionnée pour la première fois en 557 par Childebert Ier. Dans ses murs, Louis le Débonnaire fut « déposé » par ses fils en 832. Charles le Chauve agrandit la ville, dont il peut être considéré comme le second fondateur. Ses milices communales ayant combattu à Bouvines, Compiègne reçut de Philippe Auguste, pour récompense, la devise « Regi et regno fidelissima ». Charles V, fuyant Paris soulevé par Étienne Marcel, tint à Compiègne des états généraux en 1358, et Jeanne d'Arc y fut capturée le 24 mai 1430 lors d'une sortie contre les Bourguignons. Quant au château, construit sous Louis XV, il a vu les fêtes des mariages de Louis XVI avec Marie-Antoinette et de Napoléon avec Marie-Louise d'Autriche.

COMPOINT Nom d'une famille propriétaire du terrain.

COMTAT VENAISSIN C'est le nom d'un ancien pays du sud de la France qui était limité par le Rhône, la Durance et le mont Ventoux. Il doit son nom à Venasque, petite commune du Vaucluse qui en fut longtemps la capitale. La place du Comtat-Venaissin existe depuis 1997.

COMTESSE DE SÉGUR (1799-1874). Cette femme de lettres était la fille du comte Rostopchine, ministre du tsar Paul Ier. Elle vit le jour à Saint-Pétersbourg et cessa de le voir à Paris. Quand son père tomba en disgrâce – pauvre papa ! – elle vint à Paris avec lui et y épousa, deux ans plus tard (1819), le comte Eugène de Ségur. Celui-ci ne lui accordant pas une attention démesurée, elle passa le plus clair de son temps seule dans une propriété de l'Orne (les Nouettes). Ce temps libre lui laissa toute faculté pour écrire ce que, non péjorativement, il faut tout de même bien appeler des « nigauderies » à l'usage de ses petits-enfants (la présence de petits-enfants tendant à prouver que son mari sut quand même lui accorder quelques visites...). Ses ouvrages, que des psychanalystes n'hésitent pas à qualifier de « sado-masochistes », pullulent de châtiments corporels et d'actions cruelles envers les animaux, ces derniers forfaits étant accomplis par d'adorables et charmants enfants... Elle a dit : « Je peux raccommoder le chagrin que j'ai fait et je ne peux pas empêcher la punition que j'ai méritée » (« les Bons Enfants »), « Un âne à deux pieds peut devenir général et rester âne » (« Général Dourakine »). Autres ouvrages : « les Malheurs de Sophie », « les Mémoires d'un âne », « les Petites Filles modèles ». L'allée portant son nom existe depuis 1978.

CONARD (impasse). Ne nous méprenons pas : du XVe au XVIIe siècle, un conard était le membre d'une société joyeuse qui fêtait mardi gras, à Rouen, en faisant toutes sortes de bouffonneries.

CONCORDE La place de la Concorde date de 1748. Louis XV ayant été malade, les Parisiens voulurent élever une statue équestre le représentant, pour fêter son rétablissement. Pour édifier cette statue, le roi concéda, mais seulement en 1757, le terrain situé à l'extrémité des Tuileries. La statue, commencée par Bouchardon, terminée par Pigalle, fut inaugurée le 20 juin 1763. Le meilleur architecte de l'époque, Gabriel, compléta la décoration de la place, qui s'appelait alors place Louis-XV. Mais le 12 août 1792 la statue du roi fut abattue et remplacée par une image de la Liberté. La place devint « de la Révolution ». Pendant la Terreur, un échafaud s'y dressa en permanence. Louis XVI et Marie-Antoinette, parmi d'autres, périrent sur cet échafaud. Le 26 octobre 1796, une loi donna à la place son nom actuel. C'est sous Louis-Philippe qu'elle reçut son aspect d'aujourd'hui, sur le plan de la décoration : l'obélisque de Louqsor fut installé en 1836, en même temps que les deux fontaines et les huit statues des villes de Lyon, Marseille, Bordeaux, Rouen, Nantes, Lille, Strasbourg et Brest. Chacune de ces statues est placée dans l'axe de la direction exacte où se trouve la ville, par rapport à Paris. À l'entrée des Champs-Élysées se dressent les « Chevaux de Marly », faisant face aux « Chevaux ailés » placés à l'entrée des Tuileries.

CONCORDE (pont). Sa construction fut ordonnée le 7 septembre 1786 et entreprise, début 1787, sur des plans de Perronnet. Les travaux de fondation prirent toute l'année 1787 et c'est en 1788 qu'on posa la première pierre, au cours de grandes cérémonies. On le nomma alors « pont Louis XVI ». Il fut achevé en 1793 et appelé « pont de la Concorde » en 1795. Il était, à l'époque, décoré par douze statues d'hommes célèbres qui, ayant été jugées trop massives, furent transportées dans la grande cour du château de Versailles.

CONDÉ Il y a, dans l'histoire de France, beaucoup de Condé. Parmi lesquels, surtout, le Grand Condé (1621-1686). Mais ce n'est pas lui qui donna son nom à cette rue. Le Condé qui nous intéresse est son père : Henri II de Bourbon, duc d'Enghien, prince de Condé, qui naquit à Saint-Jean-d'Angély en 1588 et mourut à Paris en 1646. La rue Condé porte son nom depuis 1612 parce qu'à cette date il y établit sa résidence. Henri II de Condé eut pour parrain Henri IV qui le fit élever dans le catholicisme et lui fit épouser, en 1609, Charlotte-Marguerite de Montmorency, bien que lui-même, le Vert Galant, en fût épris. Afin de soustraire sa femme aux désirs pressants du roi, Condé s'enfuit à l'étranger et ne revint qu'après la mort de son parrain. Son ambition et ses nombreuses intrigues contrarièrent les premières années du règne de Louis XIII. La régente finit d'ailleurs par faire enfermer Condé, pendant trois années, à Vincennes. Richelieu sut ensuite le « discipliner » et il se montra un courtisan idéal... Amateur d'argent et d'honneurs, il avait accepté pour son fils, le futur Grand Condé, la main d'une nièce du cardinal.

CONDILLAC (1715-1780). Étienne Bonnot de Condillac, né à Grenoble, mort à l'abbaye de Flux, abbé et philosophe. Fut ami de Jean-Jacques Rousseau et de Diderot. Admettait deux sources de connaissance : la sensation et la réflexion. Sa réputation de philosophe fit qu'on le choisit comme précepteur du prince de Parme, pour l'éducation duquel il composa un cours d'études (1769 à 1773). Ce cours comprend la grammaire, l'art d'écrire, l'art de raisonner, l'art de penser, l'histoire générale. Les quatre premiers volumes contiennent la « logique » de Condillac pour qui « nos sensations sont les signes des choses et nous les représentons elles-mêmes par des représentations plus subtiles, comme les mots ». Condillac fut élu à l'Académie française en 1768 et une rue porte son nom depuis 1885.

CONDORCET (1743-1794). Marie Jean Caritat, marquis de Condorcet, philosophe, mathématicien et homme politique qui vit le jour à Ribemont, dans l'Aisne, et mourut à Bourg-la-Reine. À 17 ans, il dédia à Turgot un opuscule intitulé « Une profession de foi »; dès lors, il entretint d'excellentes relations avec ce ministre, qui, en 1774, le nomma inspecteur général des Monnaies. En 1777, Condorcet obtint le prix de l'Académie de Berlin pour « Théorie des comètes ». En 1782 il entra à l'Académie française et, sous le pseudonyme de Schwartz, fit paraître « Réflexions sur l'esclavage des nègres ». Il fut député et secrétaire à l'Assemblée législative de 1791, puis président de cette Assemblée en 1792. Sa perte fut d'avoir préfacé, avec des idées de la Gironde, un projet de Constitution élaboré par la Convention; la Montagne le fit accuser, comme Girondin. Des amis de sa femme – sœur du général Grouchy – lui permirent de se dérober huit mois aux recherches. Finalement arrêté à Clamart et transféré à Bourg-la-Reine, il absorba le poison contenu dans le chaton d'une bague que lui avait donné... son beau-frère, Cabanis. Avant de s'empoisonner, il écrivit son dernier ouvrage : « Esquisse d'un tableau historique des progrès de l'esprit humain ».

CONFÉRENCE Le quai et le port doivent leur nom à la conférence qui, au mois d'avril 1593, réunit Henri IV et les ligueurs pour mettre fin à la guerre civile et préparer l'entrée du roi à Paris.

CONFIANCE Notons, en passant, que c'est une impasse... Ce sont les propriétaires de cette voie qui la baptisèrent ainsi en 1877.

CONGO C'est en 1884 qu'on donna à cette rue le nom du grand fleuve africain (plus de 4000 km). En 1871, Livingstone explora son cours supérieur, ainsi que Cameron en 1874, mais c'est Stanley qui, le premier, le descendit jusqu'à la mer et en dressa une carte.

CONSEILLER COLLIGNON (1856-1916). M. Collignon, en effet, était conseiller. Conseiller d'État, précisément. Il est mort au champ d'honneur et on donna son nom à cette rue en 1923.

CONSERVATOIRE Le 1er avril 1784, la maison du roi, sur l'initiative du baron de Breteuil, fit édifier dans cette rue une « École royale de chant et de déclamation ». Elle subsista jusqu'en 1791. Le 3 août 1795, la Convention décida d'ouvrir un Conservatoire de musique. Sarrette, qui avait formé la musique de la garde nationale, fut chargé d'organiser ce Conservatoire, inauguré officiellement le 22 octobre 1796. Sous la Restauration, ce Conservatoire devint « École royale de musique », mais le 1er avril 1822 il reprit sa précédente dénomination et fut dirigé par Cherubini, puis par Auber (1842). Le Conservatoire quitta les locaux de cette rue pour s'installer en 1913 rue de Madrid, où il se trouve actuellement.

CONSTANCE Prénom de la fille d'un des propriétaires, baptisée ainsi (la rue) en 1867.

CONSTANT BERTHAULT (1847-1918). M. Constant Berthault fut conseiller municipal du XXe arrondissement. Cette rue reçut son nom en 1926.

CONSTANT COQUELIN (1841-1909). Acteur français né à Boulogne-sur-Mer. Créa « Gringoire », « l'Étrangère », « Jean Dacier », etc. Sociétaire de la Comédie-Française, il donna sa démission en 1886 et fit des tournées en Europe et en Amérique de 1886 à 1889. À cette date, il revint à la Comédie-Française pour y jouer « Thermidor » et « la Mégère apprivoisée », mais quitta définitivement la maison de Molière en 1892. Engagé en 1895 au théâtre de la Renaissance, la Comédie-Française lui fit un procès et il fut condamné à verser, pour chaque représentation qu'il donnerait à Paris, la somme de 1 000 francs. Il n'en continua pas moins à jouer... En 1897, il devint administrateur du théâtre de la Porte-Saint-Martin et c'est lui qui créa, dans ce théâtre, la pièce d'Edmond Rostand « Cyrano de Bergerac ». Il joua aussi Napoléon dans « Plus que reine ». Constant Coquelin avait un frère, Coquelin cadet – également comédien, qui publia quelques livres amusants sous le pseudonyme de « Pirouette » – et un fils, Jean Coquelin, qui devint aussi acteur. Une rue porte le nom de Constant Coquelin, dit Coquelin Aîné, depuis 1911

CONSTANTIN BRANCUSI (1876-1957). Sculpteur français d'origine roumaine, Constantin Brancusi, autodidacte, eut constamment la volonté de ramener tout à des formes primordiales jouant, pour lui, comme des symboles, ce qui le conduisit à s'exprimer par la création d'œuvres souvent ovoïdes ou fusiformes. Il avait aussi la volonté constante d'épurer la matière et polissait avec un soin extrême le marbre ou le bronze qu'il utilisait afin de révéler leurs spécificités plastiques. Parmi ses œuvres : « la Sorcière », « la Chimère » et des sculptures monumentales pour la ville de Tirgujiu. Il préluda, sans aucun doute, à la sculpture moderne. Une place porte son nom depuis 1997.

CONSTANTINE Ville d'Algérie, au-dessus du Rummel. Dans l'Antiquité, ce fut la Cirta des Romains. Le point culminant de Constantine est la Casbah : 654 mètres. Le général Clausel tenta vainement de s'emparer de la ville en 1836 et c'est finalement un autre général, Valée, qui y parvint, en 1837, le lendemain du jour où il remplaça le général Damrémont, qui avait été tué. C'est pour commémorer cette prise qu'on donna le nom de Constantine à une rue de Paris en 1880.

CONSTANTINOPLE Istanbul, c'est Constantinople, comme l'a dit une chanson. Ce fut l'empereur Constantin qui baptisa ainsi l'ancienne Byzance et ce furent les Turcs qui, plus tard, l'appelèrent Istanbul. Constantin la créa en 324 et la ville devint résidence impériale dès le Ve siècle. Ce sera très vite la capitale politique, intellectuelle et religieuse de l'Empire byzantin. La ville, fortifiée, dut subir les assauts des Arabes, des Barbares, et même des Russes ; elle résista à tous, sauf aux Turcs ottomans qui s'en emparèrent le 29 mai 1453 et en firent leur capitale. L'ex-Constantinople est située sur la mer de Marmara

CONSTANTIN PECQUEUR (1801-1887). Économiste français né à Arleux (Nord). Il tenta, toute sa vie, de dénoncer les conséquences de la propriété privée, ainsi que de la trop grande concentration industrielle. Une place reçut son nom en 1899. Signalons que dans les romans de Simenon, le commissaire Maigret est sensé habiter place Constantin-Pecqueur.

CONTÉ (1755-1805). Jacques Conté est un chimiste et mécanicien né près de Sées, dans l'Orne qui, venu très jeune à Paris, y fit preuve d'un génie inventif très fécond. Il inventa une machine hydraulique et eut, le premier, l'idée d'utiliser des aérostats pour les opérations militaires. Il fut subséquemment nommé commandant des aérostiers après la bataille de Fleurus. Lors d'une expérience sur l'aérostation, un matras – vase de verre à long col – rempli d'oxygène explosa et Jacques Conté eut l'œil gauche crevé. La plombagine – graphite – manquant en France, il inventa la plombagine artificielle et fonda une société qui fabriqua les crayons Conté. Pendant l'expédition d'Égypte, il créa des moulins, des arsenaux et des fabriques. Une rue porte le nom de Jacques Conté depuis 1817.

CONTI Ce quai doit son nom à l'ancien hôtel Conti, dont des vestiges existent encore à l'intérieur de l'enclave de l'hôtel des Monnaies. Ces vestiges ne sont d'ailleurs que ceux du « petit hôtel Conti », car l'hôtel Conti lui-même, antérieur, est l'ancien hôtel Guénégaud qui fut cédé, en 1670, à la veuve d'Armand de Bourbon, prince de Conti, en échange d'un hôtel qu'elle possédait quai Malaquais. C'est quai de Conti que se trouve l'Institut, palais à la célèbre coupole, construit par Le Vau de 1663 à 1672, et dans lequel siègent les cinq Académies : celle des inscriptions et belles-lettres, celle des sciences, celles des beaux-arts et des sciences morales et politiques et la plus connue, l'Académie française.

CONTRESCARPE La contrescarpe est, dans un ouvrage de fortification, le talus qui se trouve à l'extérieur. La place de la Contrescarpe doit son nom à une ancienne rue, appelée « Contrescarpe Saint-Marcel ». Cette place a été formée en 1852.

CONVENTION Assemblée qui siégea de 1792 à 1795. C'est elle qui proclama, le 21 septembre 1792, l'abolition de la royauté, puis proclama la république. Elle était formée de plusieurs groupes : les Girondins (Condorcet, Vergniaud), qui formaient une majorité et étaient opposés aux Hébertistes (Collot d'Herbois) et, surtout, aux Montagnards (Marat, Danton, Robespierre). Un autre groupe, la Plaine, oscillait entre la Gironde et la Montagne. Les Girondins commencèrent à perdre leur popularité quand éclatèrent les guerres civiles de Vendée et de Bretagne. La Convention, sous l'impulsion de Danton, décida d'abord, le 10 mars 1793, la création du Tribunal révolutionnaire, puis, après que Dumouriez eut trahi, celle du Comité de salut public. Les Girondins, vaincus, virent leurs principaux chefs arrêtés le 2 juin 1793. La Convention parvint à vaincre les Vendéens et remporta aussi, à l'extérieur, des batailles significatives, comme Fleurus, le 18 juin 1794. Toutefois, à l'intérieur la Terreur régnait. La Constitution de 1793 ne fut jamais appliquée et après l'assassinat de Marat des mesures extrêmes furent prises : procès de Marie-Antoinette, loi des « suspects », arrestation de 74 députés protestant contre le « 2 juin », exécution de 21 chefs girondins (21 octobre 1793). Robespierre, qui s'était débarrassé, d'Hébert et de Danton, put se croire le seul maître. Une loi qu'il édicta, le 22 prairial, et qui donnait pleins pouvoirs au Tribunal révolutionnaire, le perdit. Il fut renversé le 9 thermidor (27 juillet 1794) et les pouvoirs des tribunaux révolutionnaires furent atténués ; mais le peuple, hostile à cette atténuation, envahit deux fois la Convention, les 1er avril et 20 mai 1795, réclamant l'application de la Constitution de 1793 et le fonctionnement normal du Tribunal révolutionnaire. Peine perdue : début juin, le Tribunal fut supprimé en même temps qu'étaient exécutés les derniers Montagnards. La Convention, quant à elle, se sépara définitivement, le 4 brumaire an IV (26 octobre 1795). On peut faire le bilan de ses activités : elle abolit l'esclavage dans les colonies, supprima les redevances et droits féodaux, décréta le partage des biens nationaux et la séparation de l'Église et de l'État. Elle organisa l'instruction secondaire et primaire et fonda de grandes écoles, telles Normale et Polytechnique. C'est en 1893 qu'on donna à une rue de Paris le nom de Convention.

CONVENTIONNEL CHIAPPE (1766-1826). Ange Chiappe appartint à l'Assemblée de la Convention. On donna son nom à une rue en 1932.

COPE Nom du propriétaire du terrain.

COPENHAGUE Capitale du Danemark sur la côte méridionale de l'île de Seeland. Fut assiégée par les Anglais en 1801 et 1807. L'assaut de 1807 survint en pleine paix, sans aucune déclaration de guerre, motivé par la crainte de voir la flotte danoise se ranger aux côtés de Napoléon. Parmi les monuments de Copenhague, citons le palais de Charlottenborg, ancien Palais royal, où se trouve aujourd'hui l'Académie des beaux-arts. Signalons aussi la statue équestre du roi Christian V, le musée Thorwaldsen, du nom d'un sculpteur danois, et, bien entendu, la célèbre « Sirène », œuvre d'Eriksen, languissamment assise sur un rocher, dans le port de la capitale danoise. La rue de Copenhague existe depuis 1868.

COPERNIC (1473-1543). Astronome polonais né à Thorn, mort à Frauenburg. Inscrit à l'université de Bologne en 1496, il aida Dominique de Ferrare dans ses observations astronomiques; en 1500, il se rendit à Rome pour enseigner les mathématiques. En 1501, il vint à Padoue pour y étudier la médecine et quitta l'Italie en 1505 afin d'aller vivre auprès de son oncle au château de Heilsberg. Quand ce dernier mourut, en 1512, il résida à Frauenburg. Là, il établit un observatoire, appelé « Curia Copernica ». L'instrument parallactique dont il se servit, composé de trois morceaux de bois, avec des divisions à l'encre, devint une précieuse relique. Copernic est célèbre pour son « système », conception nouvelle de l'univers : le mouvement de rotation de la Terre rend illusoire le mouvement diurne de toutes les étoiles et, si l'on attribue un mouvement convenable à l'axe de la Terre, on explique la précession des équinoxes en supprimant aux étoiles un mouvement commun autour de l'axe de l'écliptique. Ainsi disparaissent pour toujours la moitié des cercles imaginés par Ptolémée pour expliquer le mouvement des planètes. En soumettant son système à l'expérience, Copernic put constater qu'il expliquait fort simplement les phénomènes que d'autres compliquaient à loisir. Il fut cependant en butte à toutes les critiques qui ne furent réfutées qu'en 1610, lorsque Galilée, inventant la lunette astronomique, constata que Copernic avait vu juste, sans lunette... Par exemple, la lunette découvrit que Vénus avait des phases : Copernic l'avait dit. Depuis Newton, tous les géomètres n'ont cessé de développer les conséquences des hypothèses primordiales de l'astronome polonais. La rue Copernic existe depuis 1864.

COPREAUX C'est depuis la fin du XVIe siècle que cette rue porte le nom d'un propriétaire.

COQ (avenue). Nom d'un ancien château ayant appartenu, à la fin du XIVe siècle, à Jean Cocq, seigneur d'Égrenay.

COQ (cour). Cette cour porte le surnom attribué à un des propriétaires du lieu.

COQ-HÉRON Connue depuis le XIIIe siècle, elle doit son nom à une enseigne.

COQUILLIÈRE Pierre Coquillier, connu vers 1280, était membre d'une famille bourgeoise fort riche, propriétaire des terrains sur lesquels cette rue fut construite.

CORBERA Cette avenue reçut en 1931 le nom d'un des propriétaires des terrains sur lesquels elle fut ouverte.

CORBINEAU (1776-1848). Jean-Baptiste Juvénal, comte de Corbineau, général de cavalerie né à

Marchiennes, dans le Nord. Il fit toutes les campagnes de la Révolution et de l'Empire, se distinguant particulièrement durant la campagne de Russie. Mis à la retraite pendant la Restauration, il reprit du service en 1830 et fut nommé pair de France. En 1840, c'est lui qui arrêta le prince Louis-Napoléon à Boulogne.

CORBON (1808-1891). Homme politique né à Corbigny-sous-Varennes (Haute-Marne) d'une famille de simples cultivateurs. En 1840, associé à 200 ouvriers, il fonda un journal, « l'Atelier ». En 1848, Paris l'élut pour représenter le peuple. Quand survint le coup d'État du 2 décembre, il se retira et publia « le Secret du peuple de Paris ». Après la chute de l'Empire, il devint maire du XVe arrondissement et fut élu, en 1871, à l'Assemblée nationale, où il soutint Thiers. En 1875, il fut élu sénateur inamovible. Une rue porte son nom depuis 1894.

CORDELIÈRES Rue construite à travers les terrains de l'ancien couvent des Cordelières, religieuses de l'ordre de saint François d'Assise. Ce sont, aujourd'hui, des religieuses franciscaines, ou clarisses. Elles s'installèrent à Paris en 1289.

CORDERIE Le nom de cette rue, attribué en 1885, est dû à la présence d'anciennes corderies.

CORDON-BOUSSART Impasse ouverte – si l'on peut dire – en 1914 et qui porte le nom d'un des propriétaire du terrain.

CORENTIN CARIOU (1898-1942). Il s'agit d'un conseiller municipal qui, à titre d'otage, fut fusillé par les Allemands.

CORIOLIS (1792-1843). Mathématicien né à Paris, qui fut répétiteur d'analyse et de mécanique à Polytechnique avant d'y devenir, en 1838, directeur des études à la place de Dulong. Il est connu pour un théorème qui porte son nom : il fit voir que l'accélération totale d'un mouvement composé, à un instant quelconque, est la résultante de l'accélération, à cet instant, du mouvement relatif du point matériel, de celle du mouvement d'entraînement du point géométrique où se trouve alors le mobile, et d'une troisième accélération complémentaire, représentée par le double du produit de la vitesse angulaire du mouvement du système des repères, autour de son axe instantané de rotation et de glissement, par la projection de la vitesse relative sur un plan perpendiculaire à cet axe. (À relire plusieurs fois, lentement...) Le théorème de Coriolis ramène ainsi à des questions de mouvements absolus toutes les questions qui se rapportent aux mouvements observés à la surface de la Terre. Une rue porte le nom de Gaspard Gustave de Coriolis depuis 1889.

CORNEILLE (1606-1684). Auteur dramatique né à Rouen, mort à Paris. Élève chez les jésuites, il étudia le droit. Sa première pièce fut « Mélite », écrite en 1629. En 1633, Corneille fut présenté à Richelieu qui en fit un des « cinq auteurs » que le cardinal chargeait d'exécuter les pièces dont il avait lui-même fait le plan. Mais il fut congédié pour « manque d'esprit de suite »... C'est en 1635 que parut sa première grande tragédie, « Médée ». Intéressé alors par le théâtre espagnol, il écrivit « l'Illusion comique », et surtout « le Cid », dont le sujet lui avait été fourni par Guilhem de Castro. Cette pièce, accueillie avec enthousiasme par le public, n'eut, par contre, pas du tout l'heur de plaire aux critiques et poètes de l'époque, qui se tournèrent contre Corneille. Et la fameuse « querelle du Cid » n'est pas une vaine expression... On lui reprochait de ne pas être assez assujetti aux règles de la dramaturgie. Cette « querelle » le découragea un temps. Puis il se remit à l'ouvrage et donna « Horace » et « Cinna » en 1640, « Polyeucte » et « la Mort de Pompée » en 1643, « Rodogune » en 1646 et « Héraclius » en 1647. En 1643, il avait écrit une comédie, « le Menteur ». En 1656 parut, en vers, une traduction qu'il avait faite de « l'Imitation du Christ ». On peut dire de Corneille qu'il créa véritablement la tragédie classique française. Sa dernière œuvre fut « Suréna »; il vécut encore dix ans après cette pièce, dans un complet dénuement. De plus, sa vieillesse fut attristée par la mort de deux fils et une certaine moquerie venant de la génération nouvelle. Quand il mourut il avait 78 ans et 3 mois. La rue Corneille existe depuis 1779.

COROT (1796-1875). Jean-Baptiste Camille Corot, peintre né à Paris. Sa famille le destinait au commerce. Malgré quelques séjours en Italie, on peut dire que la plus grande partie de sa vie s'écoula dans la forêt de Fontainebleau ou les bois de Ville-d'Avray. Corot est aujourd'hui un peintre dont les œuvres sont extrêmement recherchées, mais de son vivant il se heurta à la routine et à une certaine incompréhension. Ses tableaux les plus connus sont « la Toilette », « le Baptême de Jésus-Christ », « le Matin et le Soir », « Effet de matin », « Nymphe jouant avec l'amour », « Souvenir de Ville-d'Avray » et « les Plaisirs du soir ». Une rue porte son nom depuis 1879.

CORRÈZE Nom donné pour rappeler la rivière Corrèze, qui se trouve dans le département du même nom et qui est située sur le revers méridional du plateau de Millevaches. Elle baigne la ville de Corrèze et Tulle, où elle s'adjoint la Solane, avant de se fondre à la Vézère, en aval de Brive. On donna son nom à une rue en 1934.

CORSE La Corse a 183 km de longueur et de 10 à 84 km de largeur. On ignore si ses premiers habitants furent des Ibères, des Ligures ou des Africains. Ces « ténèbres » se dispersent un peu ensuite, puisque l'on sait que Kirnos – ancien nom de l'île – reçut des Phocéens, fondateurs d'Aléria, des Phéniciens, des Étrusques et des Carthaginois. Ces peuples s'en disputaient les magnifiques forêts, mais les Romains mirent bientôt tout le monde d'accord... Cependant, ils eurent du mal à soumettre la population, « inhabile au joug », comme ils le disaient eux-mêmes. Il leur fallut cent ans pour en venir à bout... Plus tard vinrent les Vandales, les Byzantins, les Goths, les Sarrasins, puis les Italiens. D'abord ceux de Pise, en 1077; ensuite ceux de Gênes, en 1347. La domination de ces derniers fut très cruelle et les Corses allèrent de rébellion en rébellion, qui finirent par tant lasser les Génois qu'ils vendirent l'île à Louis XV en 1768. Une courte lutte s'instaura avant que la Corse ne revînt totalement à la France; le héros de cette lutte fut Paoli, qui combattit avec l'énergie du désespoir en 1769. Les Anglais, un peu plus tard, tentèrent de conquérir la Corse qu'ils envahirent (1793-1796). Nous ne pouvons pas parler de l'île de Beauté sans rappeler que Napoléon y naquit, à Ajaccio, en 1769. Le quai de la Corse, à Paris, existe depuis 1929.

CORTAMBERT (1805-1881). Géographe français né à Toulouse, mort à Paris. Il vulgarisa, en France, les études géographiques, en publiant une série de livres. Il fut bibliothécaire au département des cartes et plans de la Bibliothèque nationale. Une rue porte son nom depuis 1891. Le géographe, Pierre Cortambert, avait un frère, Louis (1808-1881), qui fut à New York un très brillant représentant de la presse française. Il eut également un fils, Richard, géographe comme lui, dont la femme, sous le pseudonyme de Charlotte de Latour, publia « le Langage des fleurs ».

CORTOT (1787-1843). Statuaire né et mort à Paris. Obtint le prix de Rome en 1809 et adressa, de la Villa Médicis, un « Narcisse couché » que l'on peut voir au musée d'Angers. Également auteur de « Pandore » et d'une statue de Louis XVIII. Quand la révolution de 1830 éclata, Jean-Pierre Cortot venait d'achever les modèles de cinq statues destinées à orner un monument élevé place de la Concorde, en l'honneur de Louis XVI. Elles se trouvaient chez le fondeur, mais la Révolution vint empêcher leur achèvement. L'œuvre la plus importante du statuaire, parue au Salon de 1834, est le « Soldat de Marathon annonçant la victoire ». Elle se trouve au jardin des Tuileries. L'Arc de triomphe de l'Étoile s'orne d'une œuvre de Cortot : « Apothéose de Napoléon ». C'est aussi lui qui réalisa le fronton de la Chambre des députés. Une rue porte son nom depuis 1864.

CORVETTO (1756-1821). Homme d'État, né et mort à Gênes. Fut en 1797 un des directeurs élus succédant au doge et, durant le siège de Gênes, commissaire auprès de Masséna. Devint conseiller d'État français et participa à la rédaction du Code de commerce, puis, en 1815, succéda au baron Louis comme ministre des Finances. Il fonda le Crédit de France. Quand il se retira, il fut nommé ministre d'État et membre du Conseil privé. On donna à une rue le nom de Louis-Emmanuel, comte de Corvetto, en 1867.

CORVISART (1775-1821). Corvisart des Marets est un médecin né à Dricourt (Ardennes), mort à Paris. Son père le destinant au barreau, c'est sans aide qu'il étudia la médecine. Il se rendit célèbre dès 1795 en exerçant à l'hôpital de la Charité, et en occupant la chaire de professeur de clinique interne. Il vulgarisa et compléta la méthode de la « percussion » dans les affections de la poitrine, particulièrement du cœur. Écrivit, entre autres, « Essai sur les maladies et lésions organiques du cœur ». Une rue reçut son nom en 1867

COSSONNERIE Cossonnerie vient du mot « cosson » qui désignait, autrefois, particulièrement dans l'est de la France, les intermédiaires qui servaient de liaison entre les dentellières et les marchands. Naguère, dans les Halles, le mot « cosson » s'appliquait, dans un sens plus large, à toute une catégorie de revendeurs. Cette rue existe depuis le XIIe siècle.

COTENTIN Province de la basse Normandie divisée au sud en coteaux et plateaux schisteux, au centre en prairies réputées, au nord en une presqu'île. Profusion de ruisseaux, climat humide – c'est peu de le dire –, beauté des paysages. Le Cotentin produit une race bovine, très réputée. Cette province possède 330 km de plages, souvent de sable.

COTHENET Nom d'un des propriétaires des terrains.

COTTAGES Des anglophiles bâtirent ici des petites maisons de campagne que les Anglais nomment ainsi.

COTTE Sous Louis XVI, Jules de Cotte était président honoraire de la Chambre des requêtes. Une rue reçut son nom en 1851.

COTTIN Nom du propriétaire du terrain.

COUCHE (1832-1889). M. Couche, dont on donna le nom à une rue en 1890, fut ingénieur en chef du Service des eaux de Paris.

COUDREAU La famille de Coudreau possédait, aux XIIe et XIIIe siècles, le fief d'Aubervilliers. C'est afin qu'on ne les oublie pas que l'on donna leur nom à une rue en 1930. Il existe aussi un Henri Coudreau, mort à

Para, au Brésil, en 1859, qui était explorateur. Il remonta les affluents de la rive droite de l'Amazone.

COULMIERS Coulmiers est une commune du Loiret, à 18 km d'Orléans, où eut lieu, le 9 novembre 1870, une bataille qui mit aux prises l'armée de la Loire, commandée par le général d'Aurelle de Paladines, et des troupes bavaroises, commandées par le général von der Thann. Nous vainquîmes... À la suite de cette victoire, les Allemands évacuèrent Orléans. Un monument commémoratif s'élève à Coulmiers depuis le 30 juillet 1876. Quant à la date à laquelle on donna le nom de cette commune à une rue de Paris, c'est 1884.

COULON C'est en 1936 qu'on donna à cette impasse le nom d'un propriétaire des terrains sur lesquels elle avait été ouverte.

COURAT S'orthographia naguère « Coura »; sans doute par référence à une ville du Portugal. Elle est connue sous ce nom depuis 1760.

COURBATON On savait rire dans le temps... Cette rue provient, en effet, d'un jeu de mots : elle fut habitée par un homme appelé Chardeporc, et, en vieux français, vous savez que porc se disait bacon; on nomma donc la rue « Col de Bacon »; ensuite, par déformation, cela devint « Coup de Bâton » et, enfin, « Courbaton ».

COURBET (1827-1885). Amédée Anatole Prosper Courbet, amiral né à Abbeville. Fut élève à Polytechnique. Se rend en 1883 en Indochine pour prendre le commandement des forces navales réunies sur les côtes de l'Annam. Il enlève les forts qui commandent l'entrée de la rivière de Hué; trois jours plus tard, la capitale annamite était aux mains des Français. Courbet est alors nommé commandant en chef des armées de terre et de mer au Tonkin et il conquiert Sontay où le chef des Pavillons-Noirs, Lu Vinh-phuoc, avait concentré ses troupes. Après cette victoire, bien que remplacé par le général Millot, il est nommé grand officier de la Légion d'honneur. Lorsque les Chinois eurent violé le traité de Tien-tsin, Courbet commanda les forces navales qui bombardèrent l'arsenal de Fou-tchéou et détruisirent la plupart des bateaux et les forts ennemis sans perdre une seule unité. Courbet poursuivit alors la dernière escadre chinoise et la vainquit à l'entrée du fleuve Bleu, le 14 février 1885; sur sa lancée, il occupa les Pescadores. C'est en rentrant en France, après que la paix fut signée, qu'il mourut à bord du « Bayard », épuisé par les fatigues de cette terrible campagne, le 11 juin 1885. Une rue de Paris porte son nom depuis 1880. Le peintre Courbet donna aussi son nom à une rue. (Voir « Gustave Courbet ».)

COURCELLES Courcelles était le nom d'un petit hameau qui fut absorbé par la commune de Levallois et auquel cette rue conduisait. Pour la petite histoire, signalons l'existence, au XVIIe siècle, d'une Marie-Sidonia de Lenoncourt, marquise de Courcelles, connue pour ses nombreuses amours et que Sainte-Beuve avait surnommée « la Manon Lescaut de son siècle ». Le boulevard de Courcelles reçut ce nom à cause de la proximité de la rue.

COUR DES FONTAINES Ce passage est situé près de l'ancienne cour des Fontaines – devenue place de Valois – qui devait son nom à la présence de réservoirs alimentant les bassins du jardin du Palais-Royal.

COUR DES NOUES Une noue, dans le langage des Ponts et Chaussées, est une partie de chaussée faite de pavés triangulaires composés de deux revers au milieu desquels s'écoule un ruisseau. Il s'agit, ici, des ruisselets provenant des sources de Ménilmontant qui allaient se perdre, en chantonnant, dans le parc du château de Bagnolet.

COUR D'HONNEUR Galerie située dans le Palais-Royal et qui doit son nom au fait qu'elle longe la cour d'honneur du palais.

COURNOT (1801-1877). Antoine Augustin Cournot, mathématicien et philosophe, né à Gray, mort à Paris. Chassé de l'École normale une année après y être entré, Cournot fut « chômeur » jusqu'à la fin de la Restauration. Retrouva une fonction de professeur en 1834 à la faculté de Lyon, avant d'être recteur à Grenoble (1835) et à Dijon (1854). Ses principales recherches mathématiques concernent le calcul des probabilités. Il publia « Principe de la théorie des richesses » et « Matérialisme, vitalisme et rationalisme ». Une rue porte le nom de Cournot depuis 1933.

COURONNES Ce nom provient d'un ancien lieu-dit, les Couronnes de Savies; Savies étant un des anciens noms de Belleville, qui s'appela également Portronville.

COURS LA REINE C'est, semble-t-il, Marie de Médicis qui, tandis que Concini s'occupait des « grandes » affaires, fit aménager un ancien chemin, dit de Chaillot, en une promenade superbe; cela en 1618. Que cette promenade rappelât qu'une reine lui avait donné le jour était la moindre des choses.

COURTALON Nom du propriétaire de plusieurs maisons d'habitation, dans une autre rue, toute proche, celle des Lavandières-Sainte-Opportune. Cette rue reçut son nom en 1428.

COURTELINE (1860-1929). Georges Moinaux, dit Georges Courteline, est né à Tours. Après un bref passage en caserne, il entra dans l'administration et, disposant de pas mal de temps libre, il commença à écrire. Il fit bien... La plupart de ses pièces sont savoureuses et célèbres. Citons seulement « Monsieur Badin », « les Gaîtés de l'escadron », « le Train de 8 heures 47 », « Messieurs les ronds-de-cuir », « Boubouroche » et « la Paix du ménage ». Voici une appréciation de Courteline sur les femmes : « Les femmes sont tellement menteuses qu'on ne peut croire le contraire de ce qu'elles disent » et une autre sur l'amour : « Il est évidemment bien dur de ne plus être aimé quand on aime, mais cela n'est pas comparable à l'être encore quand on n'aime plus... » C'est en 1930 qu'on donna à une avenue de Paris le nom de Courteline.

COURTOIS Nom du propriétaire du terrain.

COURTY Rue qui fut tracée, à la fin du XVIIIe siècle, à travers des terrains appartenant à un M. Courty de Romange. Cette rue n'a par conséquent rien à voir avec Amédée Courty, chirurgien en chef des hôpitaux de Montpellier, où il naquit et mourut (1819-1886).

COUSTOU (1677-1746). Guillaume Coustou, statuaire né à Lyon, mort à Paris. Travailla avec Coysevox et obtint le prix de Rome en 1697. Son frère, Nicolas, également statuaire (1658-1733), membre de l'Académie et qui fit la « Descente de Croix » de Notre-Dame de Paris, l'aida énormément en lui faisant confier des travaux pour les bâtiments du roi. Guillaume rejoignit son frère à l'Académie en 1704. Son chef-d'œuvre est, sans conteste, les Chevaux de Marly, que l'on plaça, au début du XIXe siècle, à l'entrée des Champs-Élysées, mais qui, auparavant, et depuis 1745, ornaient la terrasse du château de Marly-le-Roi. Une rue porte le nom de Coustou – qui eut un fils, Guillaume II Coustou, sculpteur également réputé – depuis 1864.

COUTELLERIE Au XVIe siècle, un grand nombre de couteliers s'établirent dans cette rue qui, tout naturellement, prit alors son nom actuel.

COUTURES SAINT-GERVAIS « Coutures », dans l'ancien temps, désignait des terrains consacrés à la grande culture. La rue des Coutures-Saint-Gervais fut percée, vers 1620, à travers des terrains de culture appartenant aux religieuses hospitalières de Saint-Gervais.

COUVENT Le couvent dont il s'agit est celui de Notre-Dame-de-Bon-Secours, fondé en 1648 pour des bénédictines qui prenaient en « pension » des femmes enfermées à la demande de leurs chers maris... La cité du Couvent existe depuis 1926.

COYPEL Coypel est le nom d'une famille célèbre de peintres. On connaît quatre Coypel... D'abord, Noël (1628-1707), né et mort à Paris ; il décora l'oratoire et la chambre du Roi au Louvre et exécuta des peintures pour les appartements de Mazarin ; à l'occasion du mariage de Louis XIV, il peignit, aux Tuileries, les boiseries du Cabinet de Louis XIV. Il entra à l'Académie royale de peinture en 1663, et en 1672 le roi le nomma directeur de l'Académie de France à Rome. Il fit deux mariages, le premier avec Madeleine Hérault, dont il eut un fils, Antoine ; son second mariage fut avec Anne Françoise Perrin, qui lui donna trois filles et un garçon, Noël Nicolas.
Le premier fils, Antoine (1661-1722), fut le plus renommé de la famille ; à 19 ans, il peignit une « Assomption de la Vierge » et dès l'année suivante entra à l'Académie royale de peinture pour un tableau intitulé « Louis XIV au sein de la Gloire ». En 1688 il se maria avec Marie Jeanne Bideau, riche héritière. Le duc d'Orléans fit d'Antoine Coypel son peintre personnel. C'est encore Antoine Coypel qui fut chargé de dessiner les médailles que le roi faisait frapper pour célébrer tous les événements de son règne ; l'Académie des inscriptions et belles-lettres s'empressa alors d'accueillir Antoine en son sein. Quand le duc d'Orléans voulut décorer le Palais-Royal, Antoine Coypel exécuta, pour la grande galerie, divers épisodes de « l'Énéide ». En 1714, il fut nommé directeur de l'Académie et, deux ans plus tard, le régent lui conféra le titre de premier peintre du royaume.
Parlons à présent du troisième Coypel, Charles Antoine (1694-1752), fils d'Antoine, réputé pour avoir été le plus doué de la famille. Il entra à l'Académie à 20 ans, grâce à un tableau intitulé « Médée », assez médiocre, qu'il remplaça plus tard par « Abraham embrassant son fils Isaac au moment où l'ange lui apparaît ». Il fit de nombreux dessins pour les comédies de Molière et 25 tableaux tirés de « Don Quichotte ». À la mort de son père (1722), Charles Antoine le remplaça comme peintre du duc d'Orléans et, en 1747, il devint, à son tour, premier peintre du roi et directeur de l'Académie.
Citons enfin Noël Nicolas Coypel (1690-1734), second fils de Noël, le premier nommé, qui, à 21 ans, peignit pour l'église Saint-Nicolas-du-Chardonnet « Moïse qui frappe le rocher » et « la Manne dans le désert ». Son véritable domaine semble cependant avoir été la mythologie et c'est avec « Triomphe de Galatée » qu'il fut reçu à l'Académie en 1720. Noël Nicolas fut le seul de sa famille qui vécut dans une certaine gêne, dénué qu'il était d'esprit d'intrigue. Une rue célèbre collectivement les Coypel depuis 1867.

COYSEVOX (1640-1720). Antoine Coysevox, sculpteur né à Lyon, mort à Paris. Son père était un menuisier d'origine espagnole. Ses premières œuvres furent pour le palais du cardinal de Furstenberg à Saverne. Il fut rapidement reçu à l'Académie de peinture et se vit confier d'importants travaux à Versailles (« Justice », la « Force », « Louis XIV couronné par deux renommées »). Sculpta des bustes de Le Brun, de Bossuet et de la mère du peintre Rigaud. Une rue de Paris porte son nom depuis 1889.

CRAYONS Ce passage, baptisé en 2004, rappelle le nom de l'ancien lieu-dit où il se trouve actuellement.

CRÉBILLON (1674-1762). Prosper Jolyot, sieur de Crais-Billon, poète et auteur dramatique qui naquit à Dijon. Son père, notaire royal – une belle situation –, le destinait au barreau, mais sa vocation poétique l'emporta bien vite et Crébillon se mit à écrire des tragédies (9), dont plusieurs furent de grands succès : « Idoménée », « Atrée et Thyeste », « Électre » et « Rhadamiste et Zénobie », considérée comme son chef-d'œuvre. Crébillon semble avoir été un homme bizarre, insouciant, prodigue et désordonné ; défauts compensés par beaucoup de modestie et de bienveillance. Il fut admis à l'Académie en 1731. Le principal ressort dramatique de ses tragédies était la terreur... Il avait d'ailleurs coutume de dire : « Corneille a pris le Ciel ; Racine la terre ; il ne me reste plus que l'enfer... » Voltaire était un tantinet jaloux de Crébillon auquel on l'opposait. Prosper Crébillon eut un fils, Claude (1707-1777), qui se fit, de son côté, une grande réputation en écrivant des contes licencieux, comme « Lettres de la marquise de... au comte de... », « Ah ! Quel conte ! », « la Nuit et le moment », etc. Une rue porte le nom de Crébillon depuis 1779.

CRÈCHE Rue ouverte à l'intérieur d'un immeuble situé rue de Saussure, qui menait, originellement, à une crèche. Baptisée en 1984.

CRÉDIT LYONNAIS Impasse qui doit son nom au fait que la banque du même nom y possède un immeuble. Le Crédit lyonnais fut fondé à Lyon, le 6 juillet 1863, au capital de 20 millions de francs.

CRÉMIEUX (1796-1880). Isaac Moïse, dit Adolphe Crémieux, avocat et homme politique né à Nîmes, mort à Paris. Se fit d'abord remarquer au barreau de Nîmes avant de devenir, en 1830, avocat à la Cour de cassation. Fut élu député de Chinon en 1842 ; en 1848, il contribua à la chute de Guizot. Ensuite, quand il estima que la royauté n'était plus viable, il réclama la constitution d'un gouvernement provisoire, dont il fut élu ministre de la Justice. Il soutint, plus tard, la candidature de Louis Bonaparte, tout en continuant de voter avec l'extrême gauche. D'ailleurs, dès le début de 1849, il se détacha de Napoléon III et, le 2 décembre 1851, il fut emprisonné. Libéré, il se consacra à sa profession d'avocat jusqu'en 1869 et fut élu député de Paris, au cours de cette même année. Au 4 septembre 1870, il redevint ministre de la Justice et, comme représentant du gouvernement à Tours, il fit de vains efforts pour réunir une armée derrière la Loire. C'est Crémieux qui proposa d'ouvrir une souscription nationale pour couvrir la rançon de 5 milliards réclamée par les Prussiens – lui-même s'inscrivit pour 100000 francs. En octobre 1871, il fut élu député d'Alger et, en 1875, sénateur inamovible. Le « décret Crémieux », fort connu, du 24 octobre 1870, conféra la nationalité française aux juifs d'Algérie. Une rue de Paris porte le nom d'Adolphe Crémieux depuis 1897, pour célébrer une vie et une carrière bien remplies.

CRESPIN DU GAST S'appela d'abord simplement Crespin – sans doute du nom d'une ville nordiste – avant qu'on ajoute, en 1928, le nom d'un des propriétaires de cette rue.

CRÉTET (1747-1809). Emmanuel Crétet, comte de Champmol.

Homme d'État né à Pont-de-Beauvoisin (Savoie), mort à Auteuil. Le négoce lui rapporta beaucoup d'argent avant qu'il se lance dans la politique et qu'il soit élu député au Conseil des Cinq-Cents par la Côte-d'Or en 1795. Après le 18-Brumaire, il sera conseiller d'État, directeur des Ponts et Chaussées, puis gouverneur de la Banque de France, en 1806, avant de devenir ministre de l'Intérieur en 1807. Napoléon le fit comte de Champmol. Une rue porte son nom depuis 1821.

CREVAUX (1847-1882). Jules Crevaux, médecin de la marine et explorateur né à Lorquin (Meurthe-et-Moselle), mort assassiné par les Indiens Tobas, au bord de la rivière Pilcomayo (Bolivie), en même temps que de nombreux compagnons. De 1876 à 1879, Crevaux explora le Tumuc-Humac et divers affluents de l'Amazone. En 1880, il remonta le rio Magdalena et franchit la cordillère des Andes. Une rue porte son nom depuis 1882.

CRILLON (1543-1615). Louis Balbis de Berton de Crillon, homme de guerre – comme on disait alors –, naquit à Murs et mourut en Avignon. Il suivit Henri III à Blois quand le roi s'y réfugia, mais refusa d'assassiner le duc de Guise, ce qui ne sauva point ce dernier... Il participa à de très nombreuses batailles et fut plusieurs fois blessé : à La Fère en 1580, à La Réole en 1586, et une autre fois en défendant le pont de Tours, contre Mayenne, en 1589. Ces blessures l'empêchèrent de participer à la bataille d'Arques, ce qui fit dire bien sévèrement à Henri IV, qui d'autre part avait surnommé Crillon « le brave des braves » : « Pends-toi, brave Crillon; nous avons combattu à Arques et tu n'y étais pas. » En 1600, Crillon commanda, avec Sully, l'armée de Savoie, mais peu après l'épuisement provoqué par ses nombreuses blessures le contraignit à prendre sa retraite. Une rue porte son nom depuis 1853.

CRIMÉE (passage et rue). Presqu'île de l'Ukraine. La guerre de Crimée (1853-1856) mit aux prises les Russes du tsar Nicolas et les Français et Anglais, alliés des Turcs. L'armée française était forte de 50000 hommes, commandés par le maréchal Saint-Arnaud, tandis que l'armée anglaise, commandée par lord Raglan, comprenait 25000 combattants. L'armée franco-anglaise fut, devant Dobroutcha, décimée par le typhus et le choléra. Le siège de Sébastopol commença le 21 septembre 1854, après que les Russes eurent été chassés des hauteurs de l'Alma. Cette guerre s'acheva le 30 mars 1856 par la signature du traité de Paris, au terme de discussions qui avaient commencé le 25 février. La reine Victoria fit graver une médaille commémorative, dit « médaille de Crimée », remise aux combattants de tous grades ayant participé à cette guerre.

CRINS Cette impasse doit son nom à l'ancienne présence d'un établissement qui récupérait le crin de cheval pour les matelas.

CROCÉ-SPINELLI (1843-1875). Joseph Crocé-Spinelli, aéronaute français né à Monbazillac, mort par asphyxie le 15 avril 1875 dans le ballon « le Zénith ». Avant de s'intéresser à la navigation aérienne, il avait inventé le vélocipède nautique (s'agirait-il d'un ancêtre utilitaire de notre ludique pédalo?) et les plans roulants électriques. Une rue porte son nom depuis 1896.

CROISIC Ce square doit son nom à la ville de la Loire-Atlantique qui possédait au XVe siècle un fort beau château que Henri IV fit raser. Sur son emplacement se trouve aujourd'hui l'hôtel de ville. Le Croisic s'illustra par la résistance qu'il opposa en 1759 aux Anglais, vainqueurs dans la guerre de Sept Ans. La pointe du Croisic, quant à elle, est un promontoire situé au nord de l'embouchure de la Loire.

CROISSANT C'est depuis 1612 que cette rue porte son nom, dû à une enseigne que l'on peut encore voir au numéro 18. Elle représente un croissant de lune entouré de feuilles d'or. Elle devait faire partie d'un ancien dessus-de-porte en fer forgé.

CROIX DES PETITS-CHAMPS Cette rue s'appela, primitivement, « des Petits-Champs », parce que, justement, elle traversait un ensemble de petits champs. En 1420, un échevin, Étienne de Bonpuis, fit ériger, au coin des rues des Petits-Champs et du Bouloi, une croix qui fut, en 1633, déplacée devant le numéro 14 de la rue. La voie prit, peu après cette date, son nom actuel.

CROIX FAUBIN La croix Faubin, qui n'existe plus, fut érigée jadis à l'angle de la rue des Boulets et de la rue de Charonne par un sieur Faubin. C'est en 1904 qu'on donna ce nom à cette rue, en souvenir de la croix.

CROIX JARRY Un personnage nommé Jarry fut assassiné dans cette rue, voici bien longtemps, en 1430. L'année suivante on érigea une croix à l'endroit où son corps fut trouvé et on lui donna son nom. Cette croix n'est plus visible.

CROIX MOREAU Il y avait jadis près d'ici, et appartenant à un sieur Moreau, un champ à l'angle duquel une croix avait été plantée; l'endroit prit le nom de « croix Moreau » que l'on donna, en souvenir, à une rue en 1989.

CROIX NIVERT Nivert était, jadis, le nom du propriétaire des terrains sur lesquels un chemin fut ouvert. Quand on plaça une croix sur ce chemin, vers 1780, on lui donna le nom de cet homme.

CROIX ROUGE En 1514, le porche de l'abbaye de Saint-Germain-des-Prés s'ornait d'une croix rouge; à cette date, l'abbé de Saint-Germain, Briçonnet, fit transporter la croix au centre du carrefour qui nous intéresse et qui prit dès lors le nom de carrefour de la Croix-Rouge. Cette croix fut enlevée en 1651.

CROIX SAINT-SIMON La croix Saint-Siméon, puis Saint-Simon, était, vers 1730, un calvaire planté au milieu de vignes. Les vignes ont disparu, la croix aussi, à la fin du XIXe siècle.

CRONSTADT Port russe au fond du golfe de Finlande dans lequel le tsar Alexandre III accueillit, en 1891, une escadre française; cet « accueil » préluda à l'établissement de l'alliance franco-russe. En 1895 on donna le nom de ce port à une rue de Paris. Il existe une « villa Cronstadt » qui, elle, toujours pour commémorer l'accueil de la flotte française, porte ce nom depuis 1893.

CROULEBARBE Croulebarbe est le nom d'une famille dont le fief se situait à l'endroit où cette rue fut ouverte. Il exista un moulin, dit « de Croulebarbe », qui se trouvait là, au bord de la Bièvre, au XIIIe siècle.

CROZATIER (1795-1855). Charles Crozatier, qui naquit au Puy-en-Velay et mourut à Paris, était un très habile fondeur qui, après avoir étudié les alliages en Italie, fut chargé, en France, de la fonte d'un très grand nombre de statues. C'est notamment lui qui fondit le « Napoléon » de la place Vendôme et la statue équestre de Louis XIV de la cour du château de Versailles. Une rue porte son nom depuis 1864.

CRUSSOL Cette rue fut ouverte, en 1783, à travers des terrains que possédait le grand prieuré du Temple dont, à l'époque, le bailli se nommait Emmanuel de Crussol. Il appartenait, sans nul doute, à la famille des Crussol, issue du village du même nom, en Ardèche, qui donna de vaillants guerriers. Les ruines du château de Crussol, véritable nid d'aigle, sont encore visibles pour ceux qui descendent la vallée du Rhône.

CUGNOT (1725-1804). Ingénieur militaire et mécanicien né à Void (Lorraine). Il inventa un fusil et, surtout, une voiture à vapeur en 1771. Cette voiture fut déposée au Conservatoire des arts et métiers. Une rue porte le nom de Nicolas Cugnot depuis 1864.

CUJAS (1522-1590). Jurisconsulte, dont le vrai nom était Cujaus, qui naquit à Toulouse et mourut à Bourges. Son père était un simple tondeur de drap. Il put cependant étudier le droit et acquérir une solide instruction. Quittant Toulouse en 1554, après y avoir créé, en 1547, un cours d'« institutes », il enseigna successivement à Cahors, Bourges, Valence, Turin, puis à nouveau Valence et Bourges qu'il ne quitta plus, sauf pour un court séjour parisien en 1576. Cujas chercha à reconstituer les doctrines juridiques des diverses époques de Rome. Ses principales œuvres sont « Observationes », « Paratitla » et « Recitationes ». Une rue porte son nom depuis 1865.

CULTURES Allée qui fut ouverte, au XIXe siècle, au milieu de cultures maraîchères et florales.

CUNIN-GRIDAINE (1778-1859). Laurent Cunin, dit Cunin-Gridaine, est né à Sedan. D'abord simple ouvrier, il devint un puissant industriel. Élu député libéral en 1827, il fut un des 221 députés qui couronnèrent Louis-Philippe en 1830. Nommé ministre de l'Agriculture et du Commerce en 1837, il conserva ce poste, quasiment sans interruption, jusqu'à la révolution de 1848. Une rue porte son nom depuis 1868.

CURE Cette rue doit son nom au fait qu'elle fut ouverte, au XVIIIe siècle, sur un terrain qui longeait une propriété appartenant à la cure de l'église d'Auteuil.

CURÉ Cette impasse doit également son nom à la proximité de terrains appartenant à la cure d'une église, sans doute celle de l'ancienne commune de La Chapelle. Cette impasse est connue depuis 1650.

CURIAL (1774-1829). Le comte Philibert-Joseph Curial est né à Saint-Pierre-d'Albigny, en Savoie, et est mort à Paris. Engagé volontaire dans la légion des Allobroges, en 1793, il se distingua en Italie, en Égypte et durant les campagnes de l'Empire. Il collabora un temps au gouvernement de Louis XVIII, mais rejoignit Napoléon pendant les Cent-Jours et combattit à Waterloo. Cela n'empêcha pas qu'à la seconde Restauration il put siéger à la Chambre des pairs. Il prit part à la guerre d'Espagne en 1823, mais mourut d'une chute qu'il fit lors du sacre de Charles X. Il eut un fils (1809-1861), qui était filleul de l'empereur et se prénommait, par conséquent, Napoléon. C'est en 1865 qu'on donna à une rue de Paris le nom du général Curial.

CURNONSKY De son vrai nom Maurice-Edmond Sailland, est surtout connu comme gastronome, dont il fut nommé « prince » en 1927. C'est Alphonse Allais qui lui inventa son pseudonyme au temps de l'alliance franco-russe, « Cur non sky » signifiant « pourquoi pas sky? »! Il est l'auteur d'ouvrages culinaires, mais aussi de romans, certains signés Willy, du nom du premier mari de Colette, dont il fut un des nombreux « nègres »... Il vécut de 1872 à 1956. La rue Curnonsky existe depuis 1973.

CUSTINE (1740-1793). Adam Philippe, comte de Custine, général né à Metz, mort à Paris. À 8 ans, il accompagnait le maréchal de Saxe dans la campagne des Pays-Bas. En 1762, il devint colonel du régiment de dragons qui porta son nom. En 1780, il combattit les Anglais, dans le Nouveau Monde, pendant la guerre d'Indépendance, et se distingua à Yorktown. À son retour en France, il gouverna Toulon. Après la Révolution, il commanda l'armée du Rhin et fit capituler Mayence et Francfort-sur-le-Main. Devint ensuite commandant en chef de l'armée du Nord où il fut très mal secondé. La reddition de la ville de Condé lui fut imputée; les journaux de la « tendance Marat » l'accusèrent de trahison et comme en ce temps-là on ne réfléchissait pas longtemps avant de condamner un homme à mort, il périt sur l'échafaud peu après. Une rue porte son nom depuis 1867. Le général Custine a dit : « Ma Patrie à moi est partout où j'admire. »

CUVIER (1769-1832). Le baron Georges Dagobert Cuvier, naturaliste fort célèbre, naquit à Montbéliard et décéda à Paris atteint par le choléra. Grâce à de très sérieuses études qu'il fît dans sa jeunesse, il sut s'exprimer dans une langue infiniment claire, qui contrastait avec celle généralement employée par les autres savants. En 1794, ses travaux sur les mollusques lui firent obtenir le poste de suppléant à la chaire d'anatomie au Jardin des Plantes. En 1799, il fut reçu au collège de France et, en 1802, au Muséum. Napoléon Ier lui conféra toutes les dignités possibles et Louis XVIII, pour ne pas être en reste, en créa de nouvelles pour lui, notamment en le nommant chancelier de l'Université. Il le fit aussi baron, tandis que Louis-Philippe, plus tard, l'élèvera à la dignité de pair de France. Anatomie, physiologie, zoologie et paléontologie : Cuvier toucha à tout avec une maîtrise égale. N'oublions pas de signaler qu'il appartint à l'Académie française. Ouvrages principaux : « Leçons d'anatomie comparée », « Recherches sur les ossements fossiles », « le Règne animal distribué d'après son organisation ». La rue Cuvier porte ce nom depuis 1838.

CYGNE Nom provenant d'une enseigne qui existait au XIIIe siècle.

CYGNES Digue séparant la Seine en deux, qui doit son nom à l'ancienne île aux Cygnes qui se trouvait entre la tour Eiffel et l'actuelle rue Jean-Nicot. L'île aux Cygnes reçut son nom en 1676 quand Louis XIV y fit venir de Suède un certain nombre de ces palmipèdes, de la famille des lamellirostres. Elle s'appelait auparavant île Maquerelle, abréviation de « mâlequerelle », car on y livrait de nombreux duels. L'île aux Cygnes, située au milieu d'un bras étroit de la Seine, disparut et fut incorporée au quartier du Gros-Caillou à partir de 1773, date à laquelle on commença à combler le bras de Seine où elle se trouvait. Quant à l'allée aux Cygnes, elle fut créée en 1825.

CYRANO DE BERGERAC (1619-1655). Savinien de Cyrano de Bergerac est un poète français né et mort à Paris. D'abord militaire, il reçut dès 1640, devant Arras, un terrible coup à la gorge qui stoppa là sa frénésie guerrière. Il suivit alors les cours de l'astronome Gassendi dont la philosophie eut pour résultat de faire de Cyrano un libertin. En 1653, il entra au service du duc d'Arpajon qui le logea dans son hôtel du Marais; malheureusement, notre poète reçut, sur la tête, une pièce de bois, détachée de la toiture. C'est de ce choc qu'il mourut, mais seulement quatorze mois plus tard. Il passa ces mois chez le grand prévôt de Bourgogne et d'Auvergne, Tanneguy Regnault des Bois-Clairs, qui lui avait offert l'hospitalité. Ce n'est pourtant pas chez ce prévôt qu'il décéda, puisque cinq jours avant d'expirer il s'était fait transporter chez un de ses propres cousins, prénommé Pierre. Tous les ouvrages de Cyrano de Bergerac sont frappés des tendances propres au groupe des « libertins » et ne manquent jamais d'intérêt. Ses « Lettres » sont particulièrement remarquables – Savinien de Cyrano de Bergerac a écrit : « Il y a beaucoup de gens dont la facilité de parler ne vient que de l'impuissance de se taire » – et sa comédie « le Pédant joué » introduit, sur les scènes, le théâtre paysan. Enfin, son « Autre monde » est un voyage imaginaire dans les régions lunaires, solaires et dans le royaume des Oiseaux. La pièce d'Edmond Rostand sur Cyrano de Bergerac, créée au théâtre de la Porte-Saint-Martin le 28 décembre 1897, travestit un peu la vérité historique, ne serait-ce qu'en faisant de Cyrano un Gascon, alors qu'il était parisien ; mais cela ne lui enlève pas sa grande qualité et son étincelance, comme dans les « couplets du nez » ou la « ballade des cadets ». C'est l'année de la création de cette pièce de Rostand qu'on donna à une rue de Paris le nom de Cyrano de Bergerac.

D

DAGORNO (passage). Ouvert en 1870, ce passage porte le nom de Jean-François Dagorno, un cultivateur qui y possédait une maison.

DAGORNO (rue). Ouverte en 1880, cette rue porte le nom des propriétaires du terrain sur lequel on la construisit. Ces Dagorno étaient, semble-t-il, les héritiers de Jean-François Dagorno cité ci-dessus.

DAGUERRE (1789-1851). Louis Daguerre est né à Cormeilles-en-Parisis, et mort à Bry-sur-Marne (Val-de-Marne). Il inventa le « diorama » et, avec Niepce, la photographie. Dans sa jeunesse, il fut décorateur à l'Opéra de Paris et s'y fit remarquer avec les décors de « la Forêt de Sénart », « le Belvédère », « le Songe »... Pour reproduire les tableaux dont il se servait dans son « diorama » – établissement public ouvert le 1er juillet 1822 – il se servait d'une chambre noire; cela lui donna l'idée de rechercher la fixation des images. En 1826 il rencontra Nicéphore Niepce qui, depuis 1814, s'attaquait au même problème, mais ils ne se mirent d'accord pour mettre leurs recherches en commun que trois années plus tard... En 1833, Daguerre découvrit définitivement le moyen de fixer les images de la chambre noire, mais il n'eut pas le temps de communiquer son renseignement à Niepce, qui mourut d'une congestion cérébrale le 5 juillet 1833. Le 30 juillet 1839, l'État français achetait à Daguerre son procédé, moyennant deux pensions viagères, chacune de 6000 francs, l'une pour Daguerre, l'autre pour le fils de Niepce. Maints pays étrangers avaient fait des offres alléchantes à Daguerre qui préféra laisser sa découverte à la France. Une rue porte son nom depuis 1867.

DAHOMEY République de l'Afrique occidentale qui porte aujourd'hui le nom de Bénin, sur la côte nord du golfe de Guinée. Elle s'étend sur 113000 km² pour environ 5600000 habitants. La capitale est Porto-Novo, mais la principale ville est le port de Cotonou. Le royaume du Dahomey fut conquis par les Français (1892-1893), commandés par le colonel Dodds; le roi dahoméen de l'époque s'appelait Béhanzin. Le Dahomey ou Bénin devint une république indépendante en 1960. C'est en 1894 qu'on donna le nom de ce pays à une rue de Paris.

DALAYRAC (1753-1809). Compositeur français né à Muret, mort à Paris. Issu d'une famille noble de province, Nicolas d'Alayrac était destiné au barreau. Son père, qui désespéra vite d'en faire un avocat, le laissa exprimer son penchant pour la musique, tout en l'envoyant à Paris comme garde du corps du comte d'Artois. Dalayrac commença par composer deux petits opéras-comiques, « le Petit souper » et « le Chevalier à la mode », qu'il fit représenter devant la reine et une partie de la Cour. Dès lors, Dalayrac se consacra entièrement au théâtre et, en l'espace de vingt-cinq ans, il fit jouer, à la Comédie-Italienne ou à l'Opéra-Comique, plus de cinquante pièces. Il était, dans ses œuvres, le spécialiste des jolies romances. Citons de lui : « l'Éclipse totale », « le Corsaire », « Nina », « Azéma », « Raoul de Créqui », etc. Une rue porte son nom depuis 1829.

DALIDA (1933-1987). Chanteuse française d'origine calabraise, de son vrai nom Iolanda Gigliotti, née au Caire, morte à Paris. Arrivée à Paris à l'âge de 22 ans, elle y débute comme chanteuse au cabaret « la Villa d'Este » (rue Arsène-Houssaye); à 23 ans (1956) elle est « lancée » grâce à une chanson au succès éclatant : « Bambino »; viendront ensuite d'autres aussi grands « tubes » : « Gondolier », « Ciao ciao bambina », « Itsi bitsi petit bikini », « Dirladada » dans lesquels le texte ne prime pas... Le temps passant, elle accordera, justement, de plus en plus d'attention aux paroles de ses chansons et cela donnera, par exemple, « Il venait d'avoir 18 ans », « Une jeunesse », « Gigi l'Amoroso », etc. Elle rêvait d'être comédienne à l'écran, l'occasion lui en est donnée, en 1986, par le réalisateur égyptien Youssef Chahine qui lui donne le rôle principal dans son film « le Sixième Jour ». Elle se suicide en mai 1987, après déjà deux tentatives pour mettre fin à ses jours en 1967 et 1977. Une place porte son nom depuis 1996.

DALLOZ (1795-1869). Victor Dalloz, avocat et homme politique né à Septmoncel (Jura), mort à Paris. Il se mit en évidence en plaidant dans l'affaire des quatre sergents de La Rochelle. Élu député de Saint-Claude en 1837, il siégea aux bancs de la majorité jusqu'en 1848. Avec son frère Armand (1797-1867) il rédigea un célèbre « Répertoire de législation, de doctrine et de jurisprudence ». Une rue porte le nom de Victor Dalloz depuis 1832.

DALOU (1838-1902). Sculpteur né et mort à Paris, Jules Dalou débuta par une statuette, « Dame romaine jouant aux osselets » en 1861. Pendant la Commune, Dalou, sous-délégué au Louvre, contribua à la garde des collections, avec Barbet de Jouy. Il fut néanmoins obligé de fuir Paris à l'entrée des troupes régulières et s'exila à Londres où la vie lui fut pénible. Mais dès 1873 il revint en France et reprit, avec talent, son œuvre dont il faut citer « la Gardeuse d'enfant », « le Triomphe de la République » (haut-relief), « Victor Noir » (au Père-Lachaise) et le bas-relief de la statue de la République (place de la République). Dalou fut un des promoteurs du Salon des dissidents qui s'ouvrit au Champ-de-Mars en 1890. Une rue porte son nom depuis 1942

DAMES Ancien chemin qui menait de Monceaux à l'abbaye des Dames de Montmartre, d'où son nom. Cette abbaye, qui existait déjà en 1672, était occupée par des bénédictines. Le chemin des Dames, ainsi baptisé depuis l'édification de l'abbaye, devint plus tard une rue qui possède exactement le même tracé. La Première Guerre mondiale rendit célèbre un autre chemin des Dames : il s'agissait d'une route située sur les crêtes du département de l'Aisne, entre les rivières Aisne et Ailette, où des combats terribles eurent lieu pendant quatre ans.

DAMESME (1807-1848). Jeune général tué en attaquant une barricade. On donna son nom à une rue en 1868.

DAMIETTE Ville d'Égypte (en arabe, Doumiât) sur la rive droite du grand bras oriental du Nil, à 15 km de l'embouchure de ce fleuve.

S'appelait Thamiatis à l'époque gréco-romaine. Au temps des croisades c'était un port important et les rois latins de Jérusalem l'attaquèrent plusieurs fois. Saint Louis la prit en 1249, mais elle fut restituée aux Sarrasins l'année suivante. Ils la détruisirent, la jugeant trop exposée aux coups des chrétiens, mais elle fut reconstruite en 1251. Damiette a conservé un aspect médiéval très agréable. C'est en 1800 qu'une rue de Paris prit le nom de cette ville égyptienne.

DAMOYE C'est M. Damoye lui-même qui fit ouvrir cette cour en 1780.

DAMPIERRE (1756-1793). Auguste Picot, marquis de Dampierre, général né à Paris, mort à Valenciennes. Son attachement aux idées révolutionnaires et sa conduite superbe au combat de Quiévrain en avril 1792 lui valurent le grade de maréchal de camp et le commandement d'une division qu'il conduisit à la bataille à Valmy et à Jemappes. En 1793, il reçut le commandement de l'armée de Belgique, après la désertion de Dumouriez, et fut tué en tentant de débloquer la place de Condé le 8 mai. Un de ses petits-fils, également militaire, fut tué à Bagneux le 13 octobre 1870. Une rue porte le nom d'Auguste Dampierre depuis 1868.

DAMRÉMONT (1783-1837). Le comte Charles Damrémont, général né à Chaumont, périt d'un coup de canon, devant Constantine, au moment où les troupes qu'il commandait s'apprêtaient à donner l'assaut à la ville. Une rue porte son nom depuis 1858.

DANCOURT (1661-1725). Florent Carton, sieur d'Ancourt, dit Dancourt, acteur et auteur dramatique né à Fontainebleau. Il demeura trente-trois ans à la Comédie-Française (1685-1718). Il s'y fit applaudir dans des rôles comiques, devint l'orateur de la troupe et fut très en faveur auprès du roi. En tant qu'auteur, il excellait à représenter les hommes de son temps avec leurs vices et leurs manies. Il ne chercha point à rivaliser avec Molière dans l'étude de caractère. Ses principales pièces sont « le Chevalier à la mode », dont Dalayrac fera un opéra-comique, « la Maison de campagne » et « les Bourgeoises de qualité ». De sa femme, qu'il enleva avant de l'épouser, il eut deux filles, Manon (1684-1745) et Mimi (1685-1779), qui furent des comédiennes de qualité, tant par leur beauté que par leur talent. C'est en 1869 que la rue Dancourt prit le nom de l'auteur dramatique. Quant à la villa Dancourt, ainsi dénommée en 1933, elle s'appelait auparavant cité des Bains, à cause d'un établissement de bains – évidemment – qui y existait depuis 1852.

DANGEAU (1638-1720). Philippe de Courcillon, marquis de Dangeau, historien attaché à la personne même du roi Louis XIV, qu'il suivit dans toutes ses campagnes. Le fait qu'il savait s'exprimer dans la langue des deux reines, Anne d'Autriche, puis Marie-Thérèse, lui valut leur intérêt. De plus, c'était un fort habile trousseur... de vers. Au temps de la passion du roi pour Mme de Montespan, il fut le confident de leur correspondance. Il protégea les débuts de Boileau et, en 1668, fut reçu à l'Académie française. Épousa d'abord Françoise Morin, fille du seigneur de Châteauneuf; quand elle mourut, il convola, en 1686, avec la comtesse de Lœvenstein. Lorsque Louis XIV, en 1707, lança son « appel patriotique », Dangeau offrit tous ses biens sans arrière-pensée. Après la mort du roi, il se retira des affaires. Il a laissé un ouvrage excellent, « Mémoires du marquis de Dangeau », également intitulé « Journal de la Cour de Louis XIV ». Une rue porte son nom depuis 1864.

DANIELLE CASANOVA (1909-1943). Résistante qui périt en déportation et dont on donna le nom à une rue en 1944.

DANIEL LESUEUR (1860-1921). Jeanne Loiseau, dite Daniel Lesueur, est une femme de lettres née à Paris. L'Académie française récompensa ses deux premières œuvres : « Fleurs d'avril » (poésies) et « le Mariage de Gabrielle » (roman). Elle fut collaboratrice du « Figaro » et du « Temps ». Chargée, lors de l'Exposition de 1900, d'établir un rapport sur l'évolution féminine, elle fit adopter des « conclusions » qui peuvent être considérées comme le préambule d'une doctrine féministe. Parmi ses romans, citons « Amour d'aujourd'hui », « Lèvres closes » et « l'Honneur d'une femme ». Elle fit jouer deux pièces, l'une à l'Odéon, « Fiancée », l'autre au Théâtre féministe, « Hors du mariage ». C'est, bien entendu, un drame. Une rue de Paris porte le nom de Mme Daniel Lesueur depuis 1911.

DANIEL STERN (1805-1876). Daniel semble être un prénom qu'affectionnaient les femmes de lettres du XIXe siècle, en quête d'un pseudonyme. Daniel Stern est celui de Marie de Flavigny, comtesse d'Agoult, née à Francfort-sur-Main, morte à Paris. C'est en 1827 qu'elle épousa le comte d'Agoult. Femme douée d'une grande intelligence, elle aborda le roman, l'art, la politique, l'histoire ou la philosophie avec un égal talent. Des liens très intimes se nouèrent entre elle et Franz Liszt. Ses œuvres principales sont : « Lettres républicaines », « Trois Journées de la vie de Marie Stuart », « Dante et Goethe ». Elle est inhumée au Père-Lachaise où son tombeau est une des plus belles œuvres du statuaire Chapu. Il existe une rue Daniel-Stern à Paris depuis 1907.

DANTE (1265-1321). Durante Alighieri, dit Dante, peut-être le plus grand poète italien, naquit à Florence et mourut à Ravenne. Il étudia avec Brunetto Latini, savant et homme d'État. Adolescent, il avait rencontré la fille de Folco Portinari, Béatrix, à qui il voua un amour passionné et idéal; quand cette jeune fille mourut, en 1290, cet amour se transforma en une vénération mystique et religieuse, d'une nature très particulière, qui influença toute la vie de Dante. Lors des dissensions florentines, Dante joua un rôle assez important qui lui valut, en 1301, d'être condamné à l'exil et à une forte amende. On rasa sa maison et on confisqua ses biens. Un peu plus tard, un décret le condamna à mort et il dut se résigner à vivre en proscrit, ce qui le contraignit à de pénibles pérégrinations à travers l'Italie : Vérone, Padoue, puis à nouveau Vérone, où, malgré une hospitalité grandiose, Dante ne put s'empêcher de dire : « Tu éprouveras combien est amer le pain d'autrui, et combien c'est un pénible chemin que de gravir et descendre l'escalier d'autrui. » Ses dernières années d'exil (1316 à 1318), les plus pénibles, le virent errer au Tyrol, au Frioul et à Gubbio. En 1319, il vint à la cour de Guido da Polenta, à Ravenne, qui le reçut avec beaucoup d'égards; il y resta jusqu'à sa mort. À l'exception de « Vita nuova », où il explique son amour pour Béatrix, toute l'œuvre de Dante fut composée en exil. La « Divine Comédie » ne fut achevée que quelque temps avant sa mort. Notons, pour l'anecdote, qu'à l'époque du grand Dante vivait en Italie un autre poète nommé Dante qui jouissait d'une grande réputation. C'est en 1897 qu'on donna à une rue de Paris le nom de Dante.

DANTON (1759-1794). Georges Jacques Danton est né à Arcis-sur-Aube et mort à Paris. Son père était procureur. Il vint à Paris en 1780 et fut reçu avocat au Conseil du roi; il conserva cette charge jusqu'en

1791. Pendant la Révolution, il fonda en 1790 le club des Cordeliers; mais c'est surtout à partir de 1791, quand il provoqua la déchéance du roi, après l'« évasion » de celui-ci, que Danton commença à jouer un rôle politique prépondérant. Ayant été poursuivi judiciairement pour incitation à la déchéance royale, il alla passer six semaines en Angleterre; quand il revint, en novembre 1791, il se fit nommer substitut du procureur de la Commune. À ce poste, il organisa l'attaque des Tuileries, le 10 août 1792; cela lui valut le ministère de la Justice. C'est le 2 septembre qu'il prononça, à l'Assemblée législative, sa harangue célèbre, avec la fameuse phrase : « Pour vaincre les ennemis, il nous faut de l'audace, encore de l'audace, toujours de l'audace, et la France est sauvée! » Le 8 septembre il fut élu à la Convention. Il siégea à la Montagne, pressa le jugement et la mort de Louis XVI, puis se consacra exclusivement à la défense de la France contre l'Europe. En avril 1793, il fit lever 300000 hommes. Puis il institua le Tribunal révolutionnaire et la dictature du Comité de salut public, en septembre 1793. Mais, dès novembre, une coalition d'hébertistes et de robespierristes se forma contre lui; on l'arrêta le 31 mars 1794, sur l'ordre de Robespierre : il fut inculpé de conspiration contre la République et condamné à mort. Au moment de mettre sa tête sous le couperet, il dit au bourreau : « Tu montreras ma tête au peuple, elle en vaut bien la peine. » Une statue de Danton, œuvre du sculpteur Pâris, fut inaugurée boulevard Saint-Germain en 1891. Une rue porte son nom depuis 1888.

DANTZIG Ville polonaise, aujourd'hui appelée Gdansk, sur la rive gauche du bras occidental de la Vistule. Du XIVe au XVIIIe siècle, sous les rois polonais, Dantzig posséda une autonomie quasi totale. Mais tout changea en 1793 avec les Prussiens qui l'envahirent, juste avant les Français en 1807. Tout de suite après notre arrivée, la ville retrouva son autonomie jusqu'en 1814, date à laquelle les Prussiens s'en emparèrent à nouveau, et cette fois jusqu'en 1919. Dantzig fut alors proclamée « ville libre »; elle le resta jusqu'en 1939, où elle fut rattachée au IIIe Reich. C'est d'ailleurs l'occupation du couloir de Dantzig, à cette date, qui causa le déclenchement de la Seconde Guerre mondiale. En 1945, Dantzig fut rendue à la Pologne. Rappelons aussi que la ville eut à subir quatre sièges d'importance, en 1734, 1793, 1807 et 1813, c'est-à-dire, à part 1734, à des dates qui marquèrent un changement dans son appartenance. Souvenons-nous également que Napoléon avait fait le maréchal Lefebvre duc de Dantzig. La rue de Dantzig actuelle existe depuis 1865 et le passage depuis 1878.

DANUBE Le Danube prend sa source au pied de la Forêt-Noire, dans la province de Bade; il va se jeter dans la mer Noire, après un parcours de 2860 km. Traverse l'Allemagne, l'Autriche, la Slovaquie, la Hongrie, la Croatie, la Yougoslavie, la Roumanie, la Bulgarie et l'Ukraine. Il arrose notamment Vienne, Budapest et Belgrade. C'est en 1923 qu'on donna à la « villa du Danube » le nom de ce grand fleuve, à cause de la proximité de la place du Danube, devenue aujourd'hui place Rhin-et-Danube.

DANVILLE (1697-1782). Jean-Baptiste Bourguignon d'Anville, géographe né et mort à Paris. À 22 ans, il obtint le brevet de géographe du roi; entra ensuite à l'Académie des inscriptions et devint membre de l'Académie des sciences en 1773. Il fit plus de 200 cartes qui permirent aux sciences géographiques de progresser. Une rue de Paris porte son nom depuis 1864.

DANY Impasse tracée en 1821 sur des terrains appartenant à M. Dany.

DARBOY (1813-1871). Georges Darboy, archevêque de Paris, né à Fayl-Billot (Haute-Marne), mort à Paris. Napoléon III le nomma sénateur, mais le pape Pie IX refusa de lui donner le chapeau de cardinal en lui reprochant ses tendances libérales. Pendant la guerre de 1870, et surtout durant le siège de Paris, il se consacra exclusivement aux blessés. Quand la Commune éclata, on l'incarcéra, à titre d'otage, dans la prison de Mazas; on négocia, en vain, pour l'échanger contre Blanqui et le 24 mai au matin on le transféra à la Roquette où il fut fusillé le soir même. Après la défaite de la Commune on exhuma ses restes pour lui faire des funérailles solennelles aux frais de l'État. C'est en 1875 qu'on donna le nom de Darboy à une rue de Paris.

DARCET Nom porté par deux chimistes, Jean et Jean-Pierre, le père et le fils. Jean Darcet, le père, naquit à Doazit, dans les Landes, en 1725, et mourut à Paris en 1801. Il fut précepteur du fils de Montesquieu en 1742. En 1762, il fut reçu docteur régent de la Faculté de médecine de Paris et, en 1774, professeur au Collège de France. Il donna, le premier, ses cours en français. Il dirigea la Manufacture de Sèvres. Tous ses travaux tendirent à l'application de la chimie aux arts et à l'industrie. C'est lui qui eut l'idée d'extraire la gélatine des os et la soude du sol marin; il démontra, avant Lavoisier, l'entière combustibilité du diamant. Quand la Révolution éclata, Jean Darcet l'accueillit chaleureusement et plus tard fit partie du Sénat. Son fils, Jean-Pierre (1777-1844), fut un très éminent chimiste à qui l'on doit l'art de tremper l'alliage de cuivre et d'étain pour la fabrication des cymbales, l'invention des pastilles de Vichy, la fabrication de l'écaille artificielle, etc. Il fut nommé en 1823 membre de l'Académie des sciences. Une rue porte le nom des Darcet depuis 1873.

DARCY Patrice Darcy fut un physicien qui vécut de 1725 à 1779. On donna son nom à une rue de Paris en 1868.

DARDANELLES Le détroit des Dardanelles est situé entre la péninsule des Balkans et l'Anatolie. Il fut rendu célèbre par ce que l'on appelle « l'expédition des Dardanelles », de mars à octobre 1915, expédition organisée par la France et l'Angleterre contre la Turquie. La première action échoua; une seconde n'eut pas plus de succès et le corps expéditionnaire franco-anglais s'usa en combats violents et sporadiques. La France et l'Angleterre se replièrent en janvier 1916.

DAREAU (rue et passage). Cette rue, qui appartenait autrefois à la commune de Montrouge, porte le nom d'un maire de cette localité; ce sont les concitoyens de M. Dareau qui donnèrent son nom à cette voie, en 1858, date à laquelle il était encore en fonctions à la mairie.

DARIUS MILHAUD (1892-1974). Compositeur français membre du « groupe des Six » (avec, notamment, Georges Auric et Arthur Honegger) qui employa longtemps la polytonalité et s'inspira aussi bien du folklore sud-américain que de la métrique des chœurs grecs. Artiste prolifique (plus de 400 numéros d'opus), on lui doit des opéras : « Médée », « les Euménides », « Bolivar », « Christophe Colomb », des ballets : « le Bœuf sur le toit », « la Création du monde », des musiques de scène : « l'Annonce faite à Marie », « Protée », une musique de film : « l'Espoir » d'André Malraux, des symphonies, des pièces pour piano, etc. Une allée porte son nom depuis 1990.

DARMESTETER Les Darmesteter étaient deux frères; tout d'abord Arsène, né à Château-Salins en 1846, mort à Paris en 1888, qui fut un philologue réputé. Professeur de langues et de littérature française du Moyen Âge à la Faculté de Paris, il publia « Traité de la formation des mots composés dans la langue française » et « Gloses et glossaires hébreux-français ». Le second Darmesteter, James, naquit à Château-Salins en 1849 et mourut à Maisons-Laffitte en 1894. Cet orientaliste fut secrétaire de la Société asiatique en remplacement d'Ernest Renan et professa au Collège de France. Il publia, parmi d'autres ouvrages, « Ormazd et Ahriman, origines et histoire » et « Études iraniennes ». C'est en 1932 qu'on donna à une rue le nom de Darmesteter.

DARU (1767-1829). Pierre Bruno Daru, comte, homme d'État et littérateur né à Montpellier, mort à Meulan. Il fut emprisonné un an sous la Terreur, puis fut nommé au ministère de la Guerre en 1797 et commissaire ordonnateur de l'armée du Rhin en 1799. Après le 18-Brumaire, il suivit fidèlement Napoléon, qui le fit secrétaire d'État au ministère de la Guerre (1800), membre du Tribunat (1802) et intendant général de la Grande Armée dans les provinces conquises d'Autriche et de Prusse. En 1811, en sa qualité de secrétaire d'État, c'est lui qui prépara les approvisionnements pour la campagne de Russie. À la chute de l'empereur, Louis XVIII l'accueillit plutôt fraîchement. Daru reprit du service auprès de Napoléon durant les Cent-Jours; cela lui valut, bien entendu, une disgrâce après Waterloo, disgrâce qui ne finit qu'en 1819, date à laquelle il entra à la Chambre des pairs – Dieu qu'il fut difficile d'être bien avec tout le monde durant cette période troublée! En tant que littérateur il publia divers ouvrages historiques et des traductions en vers – celle d'Horace, en particulier – qui lui permirent d'entrer à l'Académie française. Une rue de Paris porte son nom depuis 1867.

DARWIN (1809-1882). Charles Darwin, naturaliste anglais, né à Shrewsbury, fils du poète Erasme Darwin. En 1831, il participa à l'expédition Fitzroy qui l'emmena, pendant cinq ans, en Amérique du Sud et dans les îles du Pacifique. De 1840 à 1843, il publia ses notes de voyages, « Zoology of the Voyage of the Beagle »; puis en 1859 son célèbre « De l'origine des espèces par voie de sélection naturelle », qui faisait revivre le « transformisme » en l'étayant sur des bases nouvelles. D'après Darwin, tout se passe comme si, entre les produits variés d'une génération, la nature intelligente effectuait un choix, une sélection, d'où l'expression « sélection naturelle ». Toujours selon Darwin, cette « sélection naturelle » guide la variation dans la voie du progrès et de l'adaptation progressive. Darwin attribuait au hasard l'apparition de la plupart des « caractères » utiles, mais il ne niait pas la possibilité de la fixation, dans une espèce, de « caractères » acquis par les individus sous l'influence directe des conditions de « milieu ». Darwin fut toujours discuté et longtemps mal compris. Une rue porte son nom depuis 1884.

DAUBENTON (1716-1799). Louis d'Aubenton, dit Daubenton, naturaliste né à Montbard, mort à Paris. Issu d'une noble famille bourguignonne, il se disposait à entrer dans les ordres, mais Buffon, né dans la même ville que lui, l'appela à Paris où il fut nommé « démonstrateur » au Jardin du roi. Il se consacra rapidement à l'enseignement pratique de l'agriculture et de l'acclimatation. Il fut titulaire de la chaire de zoologie générale au Collège de France (1778) et professeur de minéralogie au Muséum (1793).

Nommé sénateur en 1799, il ne siégea qu'une seule fois, puisqu'il fut frappé d'apoplexie lors de sa première incursion parmi ses nouveaux collègues. Daubenton s'occupa beaucoup de l'élevage des chevaux et des moutons mérinos. Il laissa même sur ce dernier sujet des textes comportant des instructions précises pour les bergers. Une rue porte son nom depuis 1864.

DAUBIGNY (1817-1878). Charles Daubigny, peintre paysagiste, né à Paris, fils d'un autre paysagiste, Edme Daubigny, dit Daubigny l'aîné (1793-1842). Charles Daubigny fit d'abord des dessins pour des publications illustrées, puis mena de front le paysage et l'eau-forte. Principaux tableaux : « Soleil couché », « Entrée d'un village », « Mare au bord de la mer » et « Maison de la mère Bazot ». Une rue porte son nom depuis 1881.

DAUMESNIL (1776-1832). Yrieix Pierre Daumesnil, né à Périgueux, mort à Vincennes. Fut nommé général de brigade pour avoir perdu une jambe à Wagram. De ce fait, fut aussi promu commandeur de la Légion d'honneur et gouverneur de Vincennes. Il s'y distingua une première fois en 1814, contre les Coalisés, en leur lançant un vigoureux et logique : « Je rendrai Vincennes quand on me rendra ma jambe ! » et une autre fois, lors de la seconde Restauration, quand il refusa fièrement 3 millions, que Blücher lui proposait pour la reddition de Vincennes. Mis à la retraite, il fut à nouveau nommé gouverneur après la révolution de juillet 1830, bien qu'affublé, au total, de 83 blessures. Il mourut du choléra deux ans plus tard. Deux statues lui ont été érigées : l'une à Vincennes, l'autre à Périgueux. Une rue porte son nom depuis 1864.

DAUMIER (1808-1879). Honoré Daumier, caricaturiste né à Marseille, mort à Valmondois. En 1832, un de ses dessins dans le journal « la Caricature », qui représentait Gargantua comme un roi avalant de gros budgets, lui valut six mois de prison. Il reproduisit les traits des inamovibles : ministres, députés, etc., sous des vocables fort peu aimables : « gras », « membre de la Chambre prostituée » (j'en passe...). Il signait ces caricatures de son pseudonyme, Rogelin. Il s'agissait jusque-là de masques; en 1833, il passe aux portraits en buste, dont beaucoup furent publiés par « le Charivari ». Enfin, il représenta, en pied, les familiers de la « cour citoyenne ». Au-delà de ses caricatures féroces et satiriques, Daumier fut aussi un très bon paysagiste, témoin son tableau « Convoi funèbre au Père-Lachaise ». Devenu aveugle en 1875, Daumier dut cesser son activité et demander une pension à l'État. Sa rue fut baptisée en 1886.

DAUNAY Propriétaire du terrain. Rue ouverte en 1900.

DAUNOU (1761-1840). Homme politique, Pierre Claude François Daunou naquit à Boulogne-sur-Mer et mourut à Paris. Entré dans les ordres (Oratoriens) sans conviction religieuse, la Révolution, en supprimant les ordres religieux, le délivra de ses vœux. Il accepta pourtant un poste dans le diocèse de Paris. Élu à la Convention de 1792, il siégea parmi les modérés et ne vota pas la mort de Louis XVI. Emprisonné pour avoir protesté contre le procès des Girondins, il fut libéré au 9 Thermidor, reprit sa place à la Convention et y joua un rôle important. Il organisa l'Institut – où il entrera très logiquement en 1795 –, collabora à la Constitution de l'an III et appartiendra au Conseil des Cinq-Cents. Membre du Tribunat, il en fut exclu en 1802, mais deviendra néanmoins « archiviste de l'empereur ». Destitué en 1815, il retrouva pourtant ce poste, en devenant « archiviste... du royaume », en 1830. Il fut à nouveau député de 1818 à 1834 et devint pair de France en 1839. On garde de lui : « De l'influence de Boileau sur la littérature française » et « Essai sur l'instruction publique ». Une rue porte son nom depuis 1881.

DAUPHINE (place). Elle fut construite en 1607 et doit son nom au dauphin, qui deviendra Louis XIII. Son caractère initial a été assez considérablement modifié par la suppression de la rue de Harlay et l'enlèvement d'une fontaine monumentale, ornée du buste de Desaix, qu'on avait érigée en 1803. Mme Roland, célèbre pour s'être écriée, au moment d'être guillotinée en 1793 : « Ô Liberté ! Que de crimes on commet en ton nom », habita la maison qui fait angle avec le quai de l'Horloge.

DAUPHINE (rue et passage). La rue, ouverte au début du XVIIe siècle, et le passage eurent le même parrainage et doivent leur nom au futur Louis XIII, fils de Henri IV et de Marie de Médicis. Il monta sur le trône en 1610, à l'âge de 9 ans, lorsque son père mourut. C'est alors que, contrairement aux vœux testamentaires de Henri IV, Marie de Médicis se proclama régente et s'attacha Concini, que le jeune Louis XIII, poussé par de Luynes, fit assassiner en 1617 afin de gouverner seul. En réalité, ce furent d'abord de Luynes jusqu'à sa mort (1621), puis surtout Richelieu qui gouvernèrent la France sous son règne. Et quand Richelieu mourut, en décembre 1642, Louis XIII appellera Mazarin, que son prédécesseur avait lui-même désigné avant de mourir. Marié à Anne d'Autriche, Louis XIII en eut deux enfants : Louis, dit Dieudonné, qui deviendra Louis XIV, et Philippe, duc d'Orléans.

DAUTANCOURT Général qui s'illustra particulièrement dans la défense de cette partie du XVIIe arrondissement, lors de la lutte contre les « Coalisés » en 1814. C'est en 1868 qu'on donna son nom à cette rue.

DAVAL Cette rue, ouverte en 1780, porte le nom d'un homme qui fut échevin de Paris de 1777 à 1780.

DAVID-D'ANGERS (1788-1856). Sculpteur né à Angers, mort à Paris. Il obtint le Prix de Rome en 1811, avec « la Mort d'Epaminondas ». On a de lui : la statue de Condé, à Versailles ; le monument du général Foy, au Père-Lachaise ; les statues du roi René, à Aix ; la statue de Fénelon, à Cambrai, etc. En l'espace de 18 ans, il fit 40 statues, 75 bas-reliefs, 120 bustes, 38 statuettes, 30 médaillons de proportion colossale et 500 portraits modelés dans des médaillons de taille moyenne. Entre autres bustes, il fit celui de Victor Hugo, de Goethe et de Lamartine. La Révolution de 1848 le lança dans la politique et il fut nommé membre de l'Assemblée constituante. Le pouvoir issu du coup du 2 décembre lui ordonna de partir en exil et il se rendit en Belgique, puis en Grèce. Quand il revint en France, grâce aux efforts de ses amis auprès des autorités, il était très malade et ne tarda pas à mourir. Une rue porte son nom depuis 1877.

DAVID WEILL (1871-1952). Banquier et protecteur des arts, né à San-Francisco. Sa famille, originaire de Phalsbourg (Moselle), émigra aux États-Unis au début de la guerre de 1870. David Weill vint en France à 14 ans ; il étudia au lycée Condorcet où un de ses condisciples s'appelait Marcel Proust. Weill participa, comme capitaine, à la Première Guerre mondiale. Il devint président du conseil des Musées nationaux en 1931 et en 1934 entra à l'Académie des beaux-arts. Grand officier de la Légion d'honneur, il fut le vice-président fondateur de la

Cité universitaire, pour la construction de laquelle il acheta les terrains nécessaires. David Weill, qui était un des associés de la célèbre banque Lazard, fit don de nombreuses œuvres d'art au musée du Louvre. C'est en 1960 qu'une avenue de Paris prit son nom.

DAVIEL (1693-1762). Jacques Daviel est un oculiste français, né à La Barre, près d'Évreux, mort à Genève. Il se consacra aux maladies des yeux à partir de 1728. C'est lui qui, le premier, traça les règles exactes de l'extraction de la cataracte, et sa gloire tient essentiellement à son extrême habileté dans cette opération. Une statue de lui se trouve à Bernay (Eure). Une rue honore sa mémoire depuis 1894.

DAVIOUD (1823-1881). Gabriel Jean Antoine Davioud, architecte né à Paris. Sa première œuvre fut le théâtre d'Étampes. Plus tard, le bois de Boulogne lui devra les pavillons des Gardes, le kiosque de l'île, le Pré-Catelan, la restauration du Moulin de Longchamp, le Jardin d'acclimatation, etc. C'est lui qui construisit la fontaine de la place Saint-Michel et le théâtre du Châtelet. Avec Bourdais, on lui doit le palais du Trocadéro, pour l'Exposition de 1878. Une rue porte son nom depuis 1896.

DAVOUT (1770-1823). Louis Nicolas Davout, duc d'Auerstaedt, prince d'Eckmühl et maréchal de France, né à Annoux (Yonne), mort à Paris. Partisan de la Révolution, il fut chef d'un bataillon de volontaires de l'Yonne en 1792. Il devint général de division en 1800 et maréchal en 1804. C'est principalement lors des campagnes d'Autriche et de Prusse (1806) qu'il se distingua. La première Restauration l'évinça, mais pendant les Cent-Jours il occupa le poste de ministre de la Guerre. La seconde Restauration ne pouvait faire autrement que de le disgracier; magnanime, elle le réhabilita en 1819 et permit même à Davout d'entrer à la Chambre des pairs cette même année. Il n'est pas abusif de dire que Davout fut un des meilleurs lieutenants de Napoléon. La rue Davout existe depuis 1864.

DAVY (1778-1829). Sir Humphrey Davy, chimiste anglais né à Penzance, dans le comté de Cornouailles, mort à Genève. Il contesta la théorie de Lavoisier sur la chaleur et la lumière, et travailla sur la respiration des plantes marines. En 1800, il découvrit les propriétés « exhilarantes » (qui porte à la gaieté, bien sûr!) du protoxyde d'azote. Il fut nommé membre de la Société royale en 1803. Dès 1801, il construisit une pile très puissante, mais différente de celle de Volta. Il inventa aussi la lampe de sûreté des mineurs, qui porte son nom. Il passa les hivers 1827 et 1828 à s'occuper des fouilles d'Herculanum, en Italie. Il publia « Salmonia » et « les Consolations en voyage ». Une rue porte son nom depuis 1864.

DÉBARCADÈRE Nom donné en 1863 à cause de la proximité d'une station du chemin de fer d'Auteuil. Autrefois, en effet, on employait le mot « débarcadère » pour désigner une gare. Étymologiquement, un débarcadère est un « lieu préparé pour opérer le chargement et le déchargement des voitures de chemin de fer ».

DEBELLEYME (1787-1862). Le magistrat Debelleyme fut préfet de police sous Charles X. Il habita longtemps le IIIe arrondissement et on donna son nom à une rue en 1865.

DEBERGUE La cité Debergue porte le nom d'un des propriétaires qui l'habita à son ouverture.

DEBIDOUR (1847-1917). Élie Marc, dit Antonin Debidour, historien né à Nontron (Dordogne). Il fut inspecteur général de l'Instruction publique en 1890. Conférencier et publiciste, on lui doit « Histoire de Du Guesclin », « Études critiques sur la Révolution, l'Empire et la période contemporaine » (la sienne) et « l'Impératrice Théodora ». Une rue porte son nom depuis 1932.

DEBILLE (cour). C'est également le nom d'un des anciens propriétaires de cette cour, ouverte en 1855. Aucun rapport avec le Debille précédent.

DEBILLE (passage). Porte le nom d'un ancien propriétaire des terrains sur lesquels il fut ouvert.

DEBILLY (passerelle). Il s'agit du général Debilly (1763-1806), qui fut tué lors de la bataille d'Iéna. La passerelle fut construite pour l'Exposition universelle de 1900.

DEBROUSSE Nom du propriétaire du terrain; rue ouverte en 1901.

DEBUCOURT (1755-1832). Philibert Louis Debucourt, peintre et graveur, né à Paris, mort à Belleville. Reçu à l'Académie de peinture en 1782, nommé peintre du roi l'année suivante, il cessa de peindre en 1785 afin de s'adonner à la gravure. Principaux tableaux : « Annette et Lubin », « Promenade au Palais-Royal » et « le Retour de la chasse ». Principales gravures : « le Menuet de la mariée », « Noce de village » et « Cheval effrayé par des lions ». Une rue porte son nom depuis 1930.

DECAMPS (1803-1860). Alexandre Decamps, peintre né à Paris, mort à Fontainebleau. Dans sa jeunesse, il peignit la vie pittoresque des rues de Paris et fit des copies de Murillo, Rembrandt, Poussin. C'est Decamps qui découvrit le premier, en tant que peintre, les mœurs exotiques; sa passion de la lumière et de la couleur put alors s'épanouir. Principaux tableaux : « Soldat de la garde d'un vizir », « Patrouille turque », « Chasse au héron », « Paysage turc », « l'Histoire de Samson » et « le Supplice des crochets ». Une rue porte le nom de Decamps depuis 1864.

DECHAMBRE Nom du propriétaire du terrain sur lequel ce passage fut ouvert en 1885.

DÉCHARGEURS C'est à cause de la proximité des anciennes Halles de Paris, aujourd'hui à Rungis, qu'on donna à cette rue le nom qu'elle porte actuellement. Elle fut baptisée ainsi dès le XVe siècle.

DECRÈS (1762-1820). Le duc Denis Decrès était un marin, né à Châteauvillain (Haute-Marne). Il fit la guerre d'Indépendance américaine sous les ordres du comte de Grasse. Capitaine de vaisseau en 1791, il fut destitué à cause de ses titres de noblesse, puis arrêté quand il rentra à Paris, mais on le relâcha rapidement en lui rendant son grade. Mieux, en 1798, il deviendra contre-amiral. Il prit part à la bataille d'Aboukir et, en 1800, tenta de forcer le blocus anglais autour de l'île de Malte, mais n'y parvint pas et dut se rendre. À son retour en France, Bonaparte le nomma au ministère de la Marine. On lui doit des travaux au port de Cherbourg et des améliorations maritimes depuis l'Adriatique jusqu'à la Baltique. Il organisa aussi l'expédition de Saint-Domingue. La seconde Restauration le mit à la retraite et il mourut, cinq ans plus tard, des suites d'une tentative d'assassinat. Une rue porte le nom de Decrès depuis 1863.

DÉFENSE (impasse). Nom donné, en 1877, en souvenir de la défense acharnée de la barrière de Clichy, toute proche, en 1814.

DEGAS (1834-1917). Edgard Degas, peintre et graveur né à Paris. Fit découvrir, aux expositions des impressionnistes, ses intérieurs de théâtre, ses foyers d'opéras, ses vues de cirque et, surtout, ses études de danseuses et ballerines. Il peignit aussi plusieurs portraits de Manet.

DEGRÉS C'est la rue la plus courte de Paris : aucune porte de maison ne s'y ouvre; elle n'est faite que de marches – quatorze – d'où son nom. Elle existe depuis le milieu du XVIIe siècle.

DEGUERRY (1797-1871). L'abbé Gaspard Deguerry, qui naquit à Lyon, fut fusillé comme otage de la Commune en 1871. Prédicateur très estimé, il fut curé de Saint-Eustache et de la Madeleine; un monument, du statuaire Oliva, lui a d'ailleurs été élevé dans les sous-sols de cette église. Une rue porte son nom depuis 1875.

DEGUINGAND Rue construite sur des terrains appartenant à une famille nommée Deguingand.

DEJEAN Depuis le XVIIe siècle cette rue porte le nom d'un propriétaire qui fut maire de la commune de Montmartre avant qu'elle soit annexée par Paris en 1860.

DELAIZEMENT Le premier maire de la ville de Neuilly-sur-Seine fut nommé en 1790. Il était boucher et s'appelait ainsi. Une rue Delaizement existe d'ailleurs à Neuilly et celle qui se trouve à Paris n'en est que le prolongement; elle ne devint parisienne qu'en 1929, date à laquelle on la rattacha à la capitale.

DELAMBRE (1749-1822). Jean-Baptiste Joseph Delambre, astronome né à Amiens, mort à Paris. Ne commença à étudier l'astronomie qu'à l'âge de 36 ans. Ses « tables d'Uranus » lui valurent en 1790 le prix de l'Académie des sciences. En 1792, cette même Académie le reçut à l'unanimité. Delambre, avec Méchain, mesura un arc de méridien pour servir à l'établissement du système métrique, en 1799. Cuvier disait de lui que « sa probité scientifique n'avait d'égale que sa modestie ». Delambre a écrit : « Tables de Jupiter et de Saturne », « Base du système métrique décimal », « Traité complet d'astronomie théorique et pratique » et « Astronomie moderne ». Une rue porte son nom depuis 1844.

DELANOS Cette voie privée porte le nom d'un des propriétaires des terrains sur lesquels elle fut construite.

DELAUNAY (cité). Nom du propriétaire du terrain sur lequel cette voie fut ouverte.

DELAUNAY (impasse). Nom d'un autre propriétaire, différent du précédent, puisque son nom exact était Mordant-Delaunay.

DELBET Le docteur Delbet était administrateur des terrains sur lesquels cette rue fut ouverte en 1883.

DELCASSÉ (1852-1923). Théophile Delcassé, homme politique né à Pamiers. Il collabora plusieurs années à la rédaction du journal « la République française ». Fut député de Foix et devint ministre des Colonies en 1894. En 1898, il deviendra ministre des Affaires étrangères et, à ce titre, il resserra l'alliance franco-russe en 1900 et sera l'artisan de « l'entente cordiale » avec les Anglais en 1904. Une rue porte son nom depuis 1934.

DELÉCOURT Créée en 1844, cette avenue doit son nom au fait qu'elle conduisait à un pensionnat tenu par M. Delécourt.

DELÉPINE La cour et l'impasse portent toutes deux le nom d'un M. Delépine qui possédait une maison dans l'impasse.

DELESSERT (boulevard). Benjamin Delessert (1773-1847), financier et philanthrope, né à Lyon, mort à

Paris. Il fonda, à Passy, la première filature de coton (1801) et créa une usine pour la fabrication du sucre de betteraves. Rien que pour cela – mais c'était à l'époque du Blocus – Napoléon le fit baron. C'est Delessert qui eut l'idée de la Caisse d'épargne. Passionné de botanique, il réunit d'autre part dans des herbiers plus de 85000 plantes. Écrivit deux livres édifiants : « Des avantages de la Caisse d'épargne » et « Guide du bonheur ». Son nom figure sur une plaque bleue depuis 1876.

DELESSERT (passage). Aucun rapport avec le Delessert précédent; celui-ci était seulement propriétaire du terrain sur lequel ce passage fut ouvert, en 1891. Il faut faire plaisir à tout le monde!

DELESSEUX Le « passage Delesseux » ne fut promu au grade de « rue » qu'en 1942. Delesseux est le nom du propriétaire du terrain.

DELIGNY Ce M. Deligny était le propriétaire du terrain. Il ne s'agit pas d'Eugène Deligny (1816-1881), auteur dramatique parisien qui fut secrétaire général de l'Opéra de 1856 à 1864 et qui écrivit, entre autres, « Hermann l'ivrogne » et « Une fille terrible ». Il en fut donc bien mal récompensé.

DELODER Ouverte en 1914, la « villa Deloder » porte le nom d'un de ses propriétaires.

DELOUVAIN En 1790, le propriétaire de la mairie de la commune de Belleville était M. Delouvain. En 1840 on donna son nom à une rue.

DELTA Le 4 mai 1818 s'ouvrirent les « Promenades égyptiennes »; on y trouvait beaucoup de distractions (danses, courses de chars, nombreuses attractions), un très beau jardin et, surtout, une grande salle décorée « à l'égyptienne ». Dès l'année suivante, les « Promenades égyptiennes » devinrent « le Jardin du Delta » – le delta du Nil, sans doute – qui exista jusqu'en 1824. À cette date on perça une rue au milieu de ce « jardin » et, quand elle fut terminée, en 1825, on lui donna tout naturellement le nom de rue du Delta.

DEMARQUAY (1814-1875). Chirurgien français né à Longueval, dans la Somme. Son habileté opératoire et, surtout, son dévouement lors de la guerre de 1870 lui valurent un grand renom. Il écrivit « Traité des tumeurs de l'orbite » et, dans un tout autre domaine, « Traité clinique des maladies de l'utérus ». Une rue porte le nom de Jean-Nicolas Demarquay depuis 1882.

DENAIN Le nom de cette ville a été donné en 1847 pour commémorer la victoire remportée, le 24 juillet 1712, par le maréchal de Villars sur les Impériaux commandés par le prince Eugène de Savoie. Celui-ci se retira après avoir perdu 8000 hommes et laissé 60 drapeaux aux mains de Villars. Cette victoire obligea l'ennemi à quitter la Flandre.

DENFERT-ROCHEREAU (1823-1878). Pierre Marie Philippe Aristide Denfert-Rochereau, colonel du génie, né à Saint-Maixent, mort à Versailles. Sorti de Polytechnique en 1843, il se distingua au siège de Rome en 1849, à l'assaut de Malakoff en 1855 et en Algérie de 1860 à 1864. Cette même année il fut nommé gouverneur de Belfort, qu'il défendit énergiquement et dont il ne partit que sur un ordre exprès de la Défense nationale, le 18 février 1871. Élu député du Haut-Rhin, puis de la Charente-Maritime, il siégea au parti de l'Union républicaine. Réélu en 1877, comme député du VIe arrondissement de Paris, il siégea cette fois à gauche, avec les partisans de Gambetta. On lui a élevé deux statues : l'une qui se trouve à Saint-Maixent, l'autre à Montbéliard.

Signalons que l'avenue Denfert-Rochereau, baptisée ainsi en 1879, s'appelait auparavant rue d'Enfer. De d'Enfer à Denfert-Rochereau il n'y eut que quelques syllabes, faciles à franchir. La place Denfert-Rochereau s'appelait également « d'Enfer » jusqu'en 1879. Elle est surtout célèbre par le « Lion de Belfort », œuvre du sculpteur Bartholdi, qui se trouve en son centre depuis 1880.

DENIS POISSON (1781-1840). Siméon Denis Poisson, géomètre et analyste né à Pithiviers, mort à Sceaux. Il s'occupa principalement de physique mathématique et de mécanique rationnelle. Cependant, ce sont ses travaux sur l'invariabilité des grands axes des planètes, sur les phénomènes capillaires et sur la théorie mathématique de la chaleur qui perpétuent son nom car ils permirent des perfectionnements notables en matière d'analyse. Il écrivit « Traité de mécanique » et « Théorie du calcul des probabilités ». On attendit quand même 1907 pour donner son nom à une rue.

DENIS POULOT (1832-1905). Ancien président de la Société des ingénieurs des Arts et Métiers, membre du Conseil supérieur du travail et maire, de 1879 à 1882, du XIe arrondissement où un jardin porte son nom depuis 1981.

DENOYEZ La taverne Denoyez, sise rue de Belleville, était un haut lieu de divertissement dans les années 1830. Elle se trouvait dans la fameuse « descente de la Courtille », lieu-dit où l'on s'amusait ferme au XVIIIe siècle, jusqu'à la Révolution, et qui redevint en vogue sous la Restauration. La descente de la Courtille occupait la rue du Faubourg-du-Temple et le bas de la rue de Belleville. La rue Denoyez existe depuis 1837.

DENYS COCHIN (1851-1922). Avocat, homme politique et écrivain né à Paris. Député, siégeant à droite, il protesta contre la laïcisation de l'enseignement. Il fit également partie du conseil municipal de la capitale dès 1881. Une rue porte son nom depuis 1930.

DÉODAT DE SÉVERAC (1873-1921). Compositeur né à Saint-Félix-de-Caraman. Il s'inspira beaucoup du folklore – par exemple, son opéra « le Cœur du moulin ». Il composa aussi un grand nombre de pièces pour piano : « En Languedoc » et « Cerdana ». Une rue porte son nom depuis 1938.

DEPAQUIT Jules Depaquit, peintre, fut le premier maire de la « commune libre de Montmartre ». C'est en 1932 qu'on donna son nom à ce passage.

DEPARCIEUX (1703-1768). Antoine Deparcieux, mathématicien et physicien né près d'Uzès, mort à Paris. Il s'intéressa beaucoup aux cadrans solaires et fit des recherches théoriques sur l'emploi de l'eau comme élément moteur. Il inventa une machine pour l'élévation des eaux. Outre ces problèmes hydrauliques, Deparcieux s'intéressa vivement à une autre question, toute résumée dans le titre d'un de ses livres : « Essai sur les probabilités de la durée de la vie humaine ». Il existe un autre Antoine Deparcieux (1753-1799), neveu du précédent, et mathématicien. Mais c'est en souvenir du premier nommé qu'une rue s'appelle Deparcieux depuis 1864.

DÉPART (rue et passage). Cette rue fut construite en 1849 et doit son nom au fait qu'elle longeait le côté « départ » de l'ancienne gare Montparnasse, qui était d'ailleurs la deuxième construite. La première se situait, en 1840, à l'angle de l'avenue du Maine. La gare Montparnasse actuelle est donc la troisième.

DÉPARTEMENT Elle devrait s'appeler « rue du département de la Seine », puisqu'elle fut baptisée en 1842 en l'honneur de ce département.

DESAIX (1768-1800). Louis Charles Antoine Desaix de Veygoux, général né à Saint-Hilaire-d'Ayat, près de Riom, mort à Marengo. Fit deux mois de prison en 1792 pour avoir protesté contre la suspension du roi. Carnot le remit en liberté et l'envoya à l'armée du Rhin. Il fut nommé général de brigade le 11 septembre 1793. Général de division en 1794, il commanda alors le centre de l'armée de Rhin-et-Moselle. Il défendit Kehl pendant deux mois, immobilisant l'armée autrichienne. Bonaparte lui donna ensuite le commandement de l'avant-garde de l'armée d'Orient. Il prit une grande part à la bataille des Pyramides, repoussa le chef Mourad-Bey dans le désert et organisa si bien ses territoires conquis qu'on le surnomma « le sultan juste ». En rentrant en France, il fut fait prisonnier sur mer par les Anglais; relâché, il rejoignit Bonaparte en Italie. Là, à la tête de deux divisions de réserve, marchant au canon, il décida de la victoire de Marengo. Il mourut cependant le jour même (14 juin 1800) d'une balle reçue en plein cœur. Bonaparte lui fit rendre des honneurs extraordinaires. Une rue porte le nom du général Desaix depuis 1802.

DESARGUES (1593-1662). Gérard ou Gaspart Desargues, géomètre et ingénieur, né à Lyon. D'abord militaire, il se lia avec Descartes au siège de La Rochelle. Revint ensuite à la vie civile et s'occupa de géométrie. Un théorème porte son nom; en voici l'énoncé : « Le produit des segments compris sur la transversale, entre un point de la conique et deux côtés opposés du quadrilatère, est au produit des segments, compris entre le même point et les deux autres côtés, dans un rapport égal à celui des produits analogues des segments correspondants au second point de rencontre de la transversale avec la conique » (c'est simple, mais il fallait y penser...). Il paraît aussi – mais méfions-nous des on-dit – que Desargues inventa les épicycloïdes (courbe engendrée par un point lié à un cercle mobile qui roule sans glisser sur un cercle fixe) et leur mise en usage. Quoi qu'il en soit, une rue porte son nom depuis 1946.

DÉSAUGIERS (1772-1827). Marc Désaugiers, chansonnier et vaudevilliste né à Fréjus, mort à Paris. Avant de s'adonner aux lettres et à la musique, il faillit entrer dans les ordres. Pendant la Révolution, il s'expatria à Saint-Domingue, puis à Philadelphie, où il donnait des leçons de clavecin. Il revint en France en 1797 et commença à « fournir » différents théâtres à la mode. Il aida même les débuts d'un confrère, Béranger. Au retour des Bourbons, en 1815, il fut nommé directeur du théâtre du Vaudeville. C'était un épicurien d'une gaieté inaltérable. Voici quelques titres, parmi une œuvre prolifique : « Panpan », « Paris à cinq heures du matin » (thème remis à la mode récemment, et inspiré de sa chanson), « Monsieur et Madame Denis » et celui-ci, signe d'un esprit fort observateur : « Quand on est mort, c'est pour longtemps ». Une rue porte son nom depuis 1864. Voici quelques vers de sa chanson « Paris à cinq heures du matin » :

L'ombre s'évapore
Et déjà l'aurore
De ses rayons dore
Les toits d'alentour;
Les lampes pâlissent
Les maisons blanchissent
Les marchés s'emplissent,
On a vu le jour.

DESAULT (1744-1795). Pierre Joseph Desault, chirurgien né au Magny-Vernois (Haute-Saône). Il fut chirurgien à l'Hôtel-Dieu et y fonda la première clinique chirurgicale qu'il y eut en France. Il inventa de nouveaux bandages pour les fractures, notamment celles de la clavicule, et perfectionna les méthodes d'incision de la fistule anale. Bichat fut son élève et le défendit quand on accusa Desault d'avoir hâté la mort de Louis XVII. Une rue porte son nom depuis 1930.

DESBORDES-VALMORE (1785-1859). Marcelline Desbordes-Valmore, poétesse et célèbre élégiaque, née à Douai, morte à Paris. La Révolution porta la misère au foyer paternel (son père était peintre en armoiries). On l'envoya à la Guadeloupe pour y recueillir un héritage, mais elle en revint plus pauvre qu'à son départ et commença une vie errante. Après avoir connu un grand amour romantique qui se termina bien mal, elle épousa, à Bruxelles, en 1817, M. Lanchantin, dit Valmore. Elle fut bonne épouse et mère exemplaire, mais le destin ne l'en récompensa point, car elle continua à subir les rigueurs de l'infortune : gêne matérielle, deuils divers, etc. Pourtant des hommes comme Victor Hugo, Alexandre Dumas et Balzac la considéraient comme parente d'esprit. En 1896, on édifia une statue à sa mémoire à Douai. Sur le portrait de David d'Angers, Marcelline Desbordes-Valmore écrivit ces vers :

Je ne demande rien à la foule qui passe
Il faut au cœur blessé peu de bruit
Et de mon lit profond dont nul sanglot ne sort
Je me console enfin dans les bras de la mort.

Mais son poème le plus connu est sans doute « Qu'en avez-vous fait ? » qui commence ainsi :

Vous aviez mon cœur,
Moi, j'avais le vôtre :
Un cœur pour un cœur ;
Bonheur pour bonheur !
Le vôtre est rendu,
Je n'en ai plus d'autre,
Le vôtre est rendu,
Le mien est perdu.

Une rue de Paris porte prosaïquement son nom depuis 1864.

DESCARTES (1596-1650). René Descartes, philosophe né à La Haye, en Indre-et-Loire (appelée aujourd'hui La Haye-Descartes), mort à Stockholm. Descartes disait que, « mécontent des docteurs et des livres », il avait résolu de ne plus chercher la vérité « qu'en lui-même et dans le grand livre du monde ». Il tentait de découvrir, en tout, des idées simples et évidentes et disait : « Il y a deux moyens pour s'élever à la connaissance de la vérité sans crainte de se tromper : l'intuition et la déduction. » Voici quelques-unes de ses conceptions : « Il ne faut affirmer que ce qui est tellement évident qu'on n'ait aucune occasion de le mettre en doute » ; « Toutes les idées claires sont vraies » ; « Les idées claires s'entre-suivent et on peut remonter du connu à l'inconnu, du simple au composé, de telle sorte que, si on garde toujours l'ordre qu'il faut entre les vérités, il ne peut y en avoir de si éloignées auxquelles enfin on ne parvienne, ni de si cachées qu'on ne découvre ». Descartes proclamait aussi : « Donnez-moi de l'étendue et du mouvement, et je vous construirai le monde. » Tout le cartésianisme est contenu dans ses ouvrages : « Discours de la méthode », « Méditations métaphysiques », « Traité de l'homme » et « Traité des passions ». Une rue porte le nom de Descartes depuis 1809 seulement.

DESCHAMPS Passage empruntant son nom au propriétaire des terrains.

DESCOMBES Depuis 1857, année de sa création, cette rue porte le nom d'un des propriétaires qui l'occupa.

DESCOS Cette rue, ouverte en 1874 en même temps que l'on construisait la mairie du XIIe arrondissement, porte depuis 1907 le nom d'un ingénieur habitant, semble-t-il, le quartier à l'époque.

DESGENETTES (1762-1837). Nicolas René Dufriche, baron Desgenettes, né à Alençon, mort à Paris, était un médecin militaire. Il prit part à l'expédition d'Égypte au cours de laquelle la peste sévit; pour redonner alors confiance aux soldats, Desgenettes s'inocula derechef, à l'aisselle et à l'aine, le pus d'un bubon; une autre fois, il but dans le même verre qu'un pestiféré le reste d'une potion qu'il lui avait donnée. Il fut fait prisonnier lors de la campagne de Russie, mais le tsar le relâcha; fait à nouveau prisonnier à Leipzig, il ne revint en France qu'en 1814. Il assista à la défaite de Waterloo. En 1830, après une certaine disgrâce, il fut nommé médecin en chef des Invalides. Une rue porte son nom depuis 1873.

DESGRAIS C'est la famille Desgrais qui fit ouvrir ce passage sur un terrain lui appartenant.

DESHAYES Rue ouverte en 1880, qui porte le nom d'un propriétaire.

DÉSIR (passage). En 1789, il n'y avait pas que la Révolution. L'amour avait aussi droit de cité. J'ai écrit « amour » avec un petit « a ». En effet, ce sont les habitants du passage qui, en 1789, baptisèrent eux-mêmes leur rue, à cause de la présence d'un hôtel garni. Garni de présences féminines, bien entendu...

DÉSIRÉE (rue). Nom d'un des propriétaires du terrain sur lequel elle fut ouverte en 1887.

DÉSIRÉE (villa). Également le nom d'un propriétaire, M. Désirée, différent des précédents.

DÉSIRÉ RUGGIERI Désiré Ruggieri fait partie de la célèbre famille d'artificiers, originaire de Bologne, qui continue à illuminer de merveilleux feux d'artifice les ciels d'été de France et de Navarre. C'est en 1896 qu'on donna à une rue de Paris le nom de Ruggieri.

DESNOUETTES (1773-1822). Le général Lefebvre-Desnouettes, comte de son état, naquit à Paris. Il devint général de brigade en 1807. Partit en Espagne, mais y fut fait prisonnier à Benavente; il s'évada et suivit la Grande Armée en Russie. Il servit la première Restauration, mais quand il apprit le débarquement de Napoléon à Golfe-Juan, il tenta de s'emparer de l'arsenal de La Fère. L'empereur le récompensa en le faisant pair de France. Il se battit à Waterloo. La seconde Restauration le condamna à mort par contumace et il se réfugia en Amérique. C'est lors de son retour en France qu'il périt dans le naufrage du navire sur lequel il se trouvait, l'« Albion ». (Il aurait pourtant dû apprendre à se méfier de tout ce qui avait, de près ou de loin, un rapport avec « La Perfide »... Il est vrai que le nom de ce bateau avait peut-être moins de rapport avec l'Angleterre qu'avec le plateau du sud-est de la France, près du mont Ventoux, qui est aujourd'hui une base de missiles.) Une rue porte le nom de Desnouettes depuis 1864.

DESPRÉAUX Cette rue, comprise dans le hameau Boileau, porte le nom véritable du grand écrivain. Elle fut ouverte vers 1840.

DESPREZ Depuis 1863 cette rue porte le nom d'un propriétaire.

DES RENAUDES Longtemps, on écrivit « Desrenaudes ». Mais des protestations nombreuses s'élevèrent : en effet, elle fut construite, en 1855, sur des terrains appartenant à M. Renaudes, et non Desrenaudes. On rectifia en 1897... Mais phonétiquement, rien n'est changé.

DESSOUS-DES-BERGES Nous ne sommes pas très loin de la Seine et Dessous-des-Berges était le nom d'un lieu-dit, existant à proximité, depuis le XVIe siècle. Jusqu'en 1897, cette rue n'avait droit qu'à l'appellation de sentier.

DEUX ANGES Ces deux anges sont ceux de « l'échelle de Jacob » (avant 1839 cette impasse était une rue qui reliait la rue Saint-Benoît à la rue Jacob). Le patriarche hébreu Jacob fit un rêve dans lequel il vit une échelle que des anges montaient et descendaient. En langage philosophique, le sommet de l'échelle représente l'idéal que l'on atteint après avoir franchi les échelons inférieurs. Jadis, deux statues d'anges se trouvaient à hauteur du numéro 45 de la rue Jacob.

DEUX AVENUES Rue ainsi dénommée parce qu'elle relie l'avenue de Choisy à l'avenue d'Italie. Elle fut baptisée en 1927.

DEUX BOULES Doit son nom à l'ancienne présence d'une enseigne. Au milieu du XVIe siècle, elle s'appelait « Guillaume Porée, dite des Deux Boules ». Porée était le nom d'un de ses habitants au XIIIe siècle. Elle prit son nom actuel au début du XVIIIe siècle.

DEUX COUSINS Cette impasse s'appelle ainsi tout simplement parce que lors de sa construction, comme voie privée, elle appartenait à deux cousins.

DEUX ÉCUS Cette place, baptisée en 1912, est le dernier souvenir de la rue des Deux-Écus, disparue entre 1860 et 1888 quand on ouvrit les rues Berger et du Louvre. Cette rue, qui devait son nom à une enseigne, était déjà connue en 1325.

DEUX GARES Cette rue doit son nom à la proximité de la gare de l'Est et de la gare du Nord. Elle existe depuis 1869.

DEUXIÈME D.B. La 2e D.B. (division blindée), commandée par le général Philippe Marie de Hauteclocque, dit Leclerc (1902-1947) – fait maréchal de France à titre posthume en 1952 –, fut la seule grande unité française à participer au débarquement à la fin de la Seconde Guerre mondiale. C'est elle qui entra la première à Paris au moment de la Libération, permettant à Leclerc de recevoir la capitulation de la garnison allemande le 25 août 1944. L'allée de la Deuxième-D.-B. existe depuis 1994.

DEUX NÉTHES La Néthe est une rivière de Belgique formée par la réunion de la Petite Néthe et de la Grande Néthe. Sous l'Empire, ces deux rivières donnèrent leurs noms à un département français, dont le chef-lieu était Anvers et qui s'appelait « des Deux-Néthes ». Ce département exista de 1801 à 1815. D'où le nom de cette impasse, baptisée ainsi en 1877.

DEUX PAVILLONS Ce passage doit son nom à la présence de deux petits pavillons carrés qui se trouvent à son entrée. Il a été créé en 1819.

DEUX PONTS Rue ainsi nommée depuis 1614 parce qu'elle relie deux ponts : le pont Marie à celui de la Tournelle.

DEUX PORTES Jadis, cette voie privée possédait à chaque extrémité une porte que l'on fermait la nuit. D'où son nom.

DEUX SŒURS Les sœurs Deveau, qui étaient deux, bien entendu, possédaient en 1815, date où le passage reçut son nom actuel, les terrains sur lesquels cette voie privée avait été construite en 1780 sous le nom de cour des Chiens.

DEVÉRIA (1800-1857). Achille Devéria, dessinateur, graveur et lithographe né à Paris. Il représenta Descartes, Mme de Sévigné, Racine et Corneille. Il peignit aussi des « costumes », qui demeurent des documents pour l'histoire du goût romantique. Fit également de fort belles aquarelles, dont « Périclès chez Aspasie » et une « Descente de croix ». Cessa de peindre dès 1849, quand il fut nommé conservateur du cabinet des Estampes. Une rue porte son nom depuis 1936. Il avait un frère, Eugène (1805-1865), peintre lui aussi, qui peignit « Naissance de Henri IV » et « la Mort de Jane Seymour », puis travailla aux plafonds du Louvre lors de la restauration de ce palais.

DHÉRON Nom d'un des propriétaires de cette voie privée, en impasse.

DHUIS La Dhuis – ou Dhouys – est une petite rivière champenoise, sous-affluent de la Marne. Elle jaillit près de Pargny, dans l'Aisne. Un aqueduc amène ses eaux au réservoir de Ménilmontant ; il mesure 131 km de longueur avec une déclivité de 20 mètres. Le réservoir, plein des eaux de la Dhuis, se trouve au voisinage de cette rue ; d'où son nom, qui lui fut donné en 1904.

DIAGHILEV (1872-1929). Serge de Diaghilev, mécène russe né à la caserne Selistchev, dans la province de Novgorod. Passionné d'art chorégraphique, il dirigea plusieurs troupes avant de créer la célèbre compagnie des Ballets russes en 1911. À la tête de cette compagnie, il réalisa « Pétrouchka », « le Sacre du printemps » et « l'Oiseau de feu ». La place Diaghilev existe depuis 1964.

DIAPASON Les musiciens pour accorder leurs instruments ont besoin d'un diapason qui donne le « la ». Le square du Diapason, ouvert en 1990, se trouve à proximité de la Cité de la Musique qui renferme le Conservatoire national de musique.

DIARD Cette rue menait, jadis, aux carrières Diard, du nom de leur propriétaire. On la connaît officiellement sous ce nom depuis 1890 mais elle existait déjà auparavant.

DIDEROT (1713-1784). Denis Diderot, philosophe né à Langres, mort à Paris. Son père, coutelier, l'envoya au collège des Jésuites de sa ville natale. Après ses études, il mena, durant dix années, une vie toute de privations et de travail, approfondissant les mathématiques et les langues vivantes. Marié, il ne fut pas toujours fidèle et succomba aux charmes, entre autres, de Mme de Puisieux et de Sophie Volland. « l'Encyclopédie » – écrite avec d'Alembert – eut pour origine une traduction qu'il devait faire de l'encyclopédie anglaise d'Héphraïm Chambers ; il eut alors l'idée d'entreprendre une œuvre nouvelle. C'est « l'Encyclopédie » dont le premier tome parut en 1751 et qui fut suspendue deux fois, en 1752 et 1759. Ces suspensions découragèrent d'Alembert, et Diderot poursuivit seul l'œuvre dont le dernier volume parut en 1772. En 1773, il se rendit en Russie pour remercier l'impératrice Catherine II d'avoir acheté sa bibliothèque qu'il avait vendue pour doter sa fille. De retour en France, il écrivit « Jacques le Fataliste », « la Religieuse », « le Neveu de Rameau » et « Essai sur les règnes de Claude et de Néron ». D'autre part, il parla si bien de peinture aux Salons de 1765, 1766 et 1767, qu'on peut le considérer comme le premier critique d'art. Diderot a dit : « La nature n'a fait ni serviteurs ni maîtres, je ne veux donner ni recevoir de lois. » Il a dit aussi : « Il ne suffit pas de faire le bien, il faut encore le bien faire » et « Je voudrais être mort : c'est un souhait fréquent qui prouve, du moins quelques fois, qu'il y a des choses plus précieuses que la vie. » Un boulevard de Paris porte le nom de Diderot depuis 1879.

DIDOT Célèbre famille de libraires et imprimeurs parisiens dont le premier membre, François Didot (1689-1759), devint libraire en 1713. À l'enseigne de « la Bible d'or », c'est lui qui édita l'abbé Prévost. Les autres Didot ont porté les prénoms suivants : François Ambroise, Pierre François, Henri, Ambroise Firmin, etc. Il y eut aussi un Didot Saint-Léger et un Didot Jeune. Le plus connu fut Ambroise Firmin (1790-1876) qui se fit une solide réputation comme savant helléniste. Une rue porte le nom de la famille Didot depuis 1875.

DIÉMER (square). Louis Diémer (1843-1919), pianiste et compositeur qui fut professeur au Conservatoire. Il écrivit deux trios pour piano et cordes, des morceaux de genre pour piano et un recueil de mélodies vocales.

DIETZ-MONNIN (1826-1896). Charles Dietz-Monnin, industriel et homme politique né à Barr (Bas-Rhin). Élu député en 1871, il soutint la politique de Thiers. En 1878, il fut nommé directeur de la section française de l'Exposition universelle. Fut également président de la Chambre de commerce de Paris. Une villa porte son nom depuis 1937.

DIEU (passage). Ce passage porte, depuis 1901, le nom d'un propriétaire.

DIEU (rue). Cette rue porte le nom du général Dieu qui mourut des suites de blessures reçues lors de la bataille de Solférino, le 24 juin 1859 contre les Autrichiens. La rue Dieu existe depuis 1867.

DIEUDONNÉ COSTES (1892-1973). Aviateur né à Septfonds, dans le Tarn-et-Garonne. Breveté dès 1912, il participa à la Première Guerre mondiale, puis, devenu pilote de ligne, accomplit de nombreux raids et réussit en 1930, en compagnie de Bellonte, la première liaison sans escale Paris-New York. Auparavant (octobre 1927-avril 1928), avec J. Le Brix (1899-1931), il fit un tour du monde. Une rue porte son nom depuis 1978.

DIEULAFOY (1840-1911). Georges Dieulafoy, médecin né à Toulouse. Il inventa un « aspirateur », dit « aspirateur de Dieulafoy », composé d'un récipient dans lequel on a fait le vide et armé d'une aiguille creuse; son application sert dans le diagnostic et le traitement de la pleurésie, par la thoracenthèse. Dieulafoy fit également des travaux importants sur la tuberculose et sur l'appendicite qui, selon lui, devait être opérée sitôt décelée. Une rue porte son nom depuis 1912.

DIJON Chef-lieu de la Côte-d'Or, au confluent du Suzon et de l'Ouche et sur le canal de Bourgogne. Dijon est une ville fort ancienne; Grégoire de Tours la nommait Castrum Divionense. En l'an 500, c'est devant ses murs que Clovis battit Gondebaud. En 1015, la ville fut donnée au roi Robert le Pieux avec le duché de Bourgogne et depuis lors son histoire se confond avec celle du duché même. Elle revint à la couronne de France après la mort de Charles le Téméraire. En 1513, Dijon se défendit héroïquement contre 30000 Suisses. Parmi les monuments de la ville, citons : la cathédrale Saint-Bénigne, qui renferme les restes de Philippe le Hardi, de Jean sans Peur et de sa fille Anne de Bourgogne; le palais des ducs de Bourgogne, avec sa tour de 46 mètres (tour de la Terrasse). Une rue de Paris porte le nom de la cité bourguignonne depuis 1877.

DIVISION LECLERC C'est en 1946 qu'on donna son nom actuel à cette rue, en l'honneur de la division blindée du maréchal Leclerc – la fameuse 2e D.B. – qui, le 25 août 1944, fut la première à pénétrer dans Paris.

DIX-HUIT JUIN Le 18 juin 1940, depuis Londres, le général de Gaulle lança son appel célèbre. La place du Dix-Huit-Juin existe depuis 1951.

DIXMUDE Ville belge, sur l'Yser. De furieux combats s'y déroulèrent en 1914 et 1918. C'est surtout en souvenir de ceux de 1914, au cours desquels les fusiliers-marins de l'amiral Ronarc'h résistèrent vaillamment à l'invasion allemande, qu'on donna le nom de Dixmude à une rue de Paris en 1931.

DIX-NEUF MARS 1962 Cette place, baptisée en 2003, rappelle la date officielle du cessez-le-feu de la guerre d'Algérie.

DOBROPOL Dobropol (ou Dobropoljé) est une longue « croupe » centrale de la péninsule des Balkans. Du 15 au 18 septembre 1918, une bataille s'y déroula qui vit une brillante victoire des armées franco-serbes contre le front bulgare. C'est à la suite de cette défaite de son armée que la Bulgarie demanda l'armistice. La rue Dobropol existe depuis 1928.

DOCTEUR ALFRED FOURNIER (1832-1914). Médecin français, né à Paris, qui se consacra à l'étude des maladies syphilitiques. Exerça à l'Hôtel-Dieu et à Saint-Louis ; fut professeur à la Faculté de médecine et membre de l'Académie de médecine. Il a écrit « Recherches sur la contagion du chancre ». Une rue porte son nom depuis 1932.

DOCTEUR ANTOINE BÉCLÈRE (1856-1939). Électroradiologiste réputé qui donna son nom à une rue en 1970.

DOCTEUR ARNOLD NETTER (1855-1936). Professeur à la Faculté de médecine de Paris, il étudia beaucoup les pneumocoques et les différentes formes de méningite. On donna son nom à une rue en 1962.

DOCTEUR BABINSKI (1857-1932). Le docteur Joseph Babinski se fit une grande réputation de neurologue. On donna son nom à une rue en 1965.

DOCTEUR BLANCHE (1820-1893). Le docteur Esprit Blanche était un médecin aliéniste qui naquit et mourut à Paris. Il écrivit cet ouvrage, au titre insolite : « Du cathétérisme œsophagien chez les aliénés ». La rue qui porte son nom, depuis 1894, se trouve au voisinage d'une maison de santé qu'il dirigea à partir de 1847.

DOCTEUR BOURNEVILLE (1840-1909). Désiré Magloire Bourneville, médecin né à Garancières (Eure), s'occupa surtout des maladies nerveuses et mentales. Conseiller municipal de Paris (1876-1883), député (1883-1889), il contribua beaucoup à la laïcisation des hôpitaux. Il dirigea aussi le service des aliénés de Bicêtre. Écrivit « Localisation dans les maladies du cerveau » et « Manuel pratique de la garde-malade et de l'infirmière ». Une rue porte son nom depuis 1936.

DOCTEUR BROUARDEL (1837-1906). Paul Brouardel, médecin né à Saint-Quentin. Nommé professeur de médecine légale en 1879, il sera successivement membre de l'Académie de médecine, président de la Société de médecine légale, directeur du laboratoire de la Morgue, enfin, doyen de la Faculté de médecin de Paris. Il écrivit des mémoires contre le tout-à-l'égout et publia « Hygiène des ouvriers employés dans les fabriques d'allumettes chimiques ». Une rue porte son nom depuis 1911.

DOCTEUR CALMETTE (1863-1933). Albert Calmette, médecin et bactériologiste, vit le jour à Nice. En compagnie de Guérin, il est l'inventeur du vaccin antituberculeux dit B.C.G. Un square porte son nom depuis 1936.

DOCTEUR CHARLES RICHET (1850-1935). Médecin physiologiste, né à

Paris. Devint professeur de physiologie à la Faculté de médecine en 1887. Il a écrit « les Poisons de l'intelligence », « Structures des circonvolutions cérébrales » et « la Chaleur animale ». En 1913, il reçut le prix Nobel. Une rue porte son nom depuis 1936.

DOCTEUR FÉLIX LOBLIGEOIS (1874-1942). Le docteur Lobligeois était un radiologue réputé qui mourut de l'exercice de sa profession. On donna son nom à une rue en 1945.

DOCTEUR FINLAY (1833-1915). Le docteur Finlay, prénommé Carlos, était cubain. C'est lui qui découvrit le mode de transmission de la fièvre jaune par les moustiques. Une rue porte son nom depuis 1934.

DOCTEUR GERMAIN SÉE (1818-1896). Médecin né à Ribeauvillé (Haut-Rhin), mort à Paris. Spécialiste de biologie. Alors qu'il était professeur de thérapeutique à la Faculté de médecine, en 1868, une pétition adressée au Sénat par des cléricaux dénonçant ses doctrines scientifiques lui valut d'éclatantes ovations d'encouragement de la part de ses étudiants. Il devint professeur de pathologie interne en 1869 et professeur de clinique médicale en 1876. Il a écrit « l'Épilepsie et le bromure » et « Maladies simples des poumons ». Une rue porte son nom depuis 1938.

DOCTEUR GLEY (1857-1930). Émile Gley, physiologiste et philosophe, né à Épinal. Ses principales recherches ont porté sur le système nerveux, la physiologie des glandes, en particulier la thyroïde et les séminales. Outre ses travaux scientifiques, il a écrit « Essais de philosophie et d'histoire de la biologie ». Il fut professeur à la Faculté de médecine et au Collège de France. Une rue porte son nom depuis 1932.

DOCTEUR GOUJON (1839-1907). Le docteur Étienne Goujon, lui, est surtout connu pour avoir été sénateur, ainsi que maire du XIIe arrondissement de Paris. On donna son nom à une rue en 1926.

DOCTEUR GRANCHER (1843-1907). Jacques Joseph Grancher s'occupa beaucoup des maladies spécifiques à l'enfance, mais aussi de la tuberculose. Il fut membre de l'Académie de médecine. Il a écrit « Traité des maladies de l'enfance » et « la Vaccination antituberculeuse ».

DOCTEUR HAYEM (1841-1933). Georges Hayem, médecin né à Paris. On lui doit d'importants travaux anatomo-pathologiques et des recherches sur l'anatomie et la pathologie du sang ainsi que sur le traitement des maladies d'estomac. Professeur de clinique médicale et de thérapeutique, il fut membre de l'Académie de médecine dès 1886. Une rue porte son nom depuis 1935.

DOCTEUR HEULIN (1869-1926). Le docteur Vincent Heulin donna son nom à une rue de Paris en 1927.

DOCTEUR JACQUEMAIRE-CLEMENCEAU (1894-1931). De son vrai nom Jacquemaire, dit Jacquemaire-Clemenceau. C'était un radiologue dont on donna le nom à une rue en 1932.

DOCTEUR JACQUES BERTILLON (1851-1922). Le docteur Jacques Bertillon, directeur des services des « statistiques médico-chirurgicales » de l'Armée, habita cette impasse. On lui donna son nom en 1966.

DOCTEUR LABBÉ (1832-1916). Léon Labbé, chirurgien né à Merlerault (Orne) qui devint membre de l'Académie de médecine en 1876. Dans l'opération dite « de la fourchette », il fit de la gastrectomie (taille stomacale) une opération bien « réglée », c'est-à-dire parfaitement au point, de telle façon que tous les chirurgiens la pratiquèrent à sa suite sans véritables difficultés. Léon Labbé s'occupa aussi de politique et fut élu sénateur de l'Orne, en 1892 et 1900. À la fin de sa vie, il présida l'Académie de médecine. Une rue porte son nom depuis 1926.

DOCTEUR LANCEREAUX (1829-1910). Étienne Lancereaux fut médecin des hôpitaux et membre de l'Académie de médecine. On donna son nom à une rue en 1934.

DOCTEUR LANDOUZY (1845-1917). Louis Landouzy est un médecin qui naquit à Reims. Pendant le siège de Paris (1870-1871), il fut aide-major au Val-de-Grâce. En 1893, il deviendra professeur de thérapeutique en même temps que membre de l'Académie de médecine. Il a écrit « Sur les paralysies dans les maladies aiguës ». C'est en 1933 qu'on donna son nom à une rue de Paris.

DOCTEUR LANNELONGUE (1840-1911). Marc Odilon Lannelongue est un chirurgien qui naquit à Castera-Verduza (Gers). En 1867 il fut reçu agrégé de la Faculté de médecine et médecin des hôpitaux. En 1883, il fut admis à l'Académie de médecine, section de pathologie chirurgicale, et en 1884 il devint professeur de pathologie externe à l'hôpital des Enfants-Malades. Attiré par la politique, il fut élu député du Gers en 1893. On lui doit des travaux sur la tuberculose osseuse. Une rue porte son nom depuis 1934.

DOCTEUR LAURENT (1857-1929). Excellent médecin, le docteur Laurent se fit surtout apprécier pour sa philanthropie proverbiale. C'est en 1929 qu'on donna son nom à une rue.

DOCTEUR LECÈNE (1878-1929). Le docteur Paul Lecène était chirurgien des hôpitaux. Une rue porte son nom depuis 1934.

DOCTEUR LERAY Adolphe Leray est un médecin qui mourut victime du devoir. On donna son nom à une rue en 1917.

DOCTEUR LUCAS-CHAMPIONNIÈRE (1843-1910). Just Lucas-Championnière est né à Saint-Léonard, dans l'Oise. Membre de l'Académie de médecine, il prit une part très importante à l'introduction et à l'extension, en France, des méthodes antiseptiques. Il fabriqua une poudre, dite « de Lucas-Championnière », composée – formule donnée à l'intention des bricoleurs – d'iodoforme, de quinquina, de benjoin, de carbonate de magnésie, qui fut employée dans le traitement des escarres. Il a écrit « Chirurgie antiseptique ». Une rue porte son nom depuis 1927.

DOCTEUR MAGNAN (1835-1905). Valentin Magnan naquit à Perpignan. Il se fit remarquer par son enseignement à l'hôpital psychiatrique de Sainte-Anne et par un grand nombre de travaux sur les maladies mentales. Il fut membre de l'Académie de médecine. Une rue porte son nom depuis 1936.

DOCTEUR NAVARRE (1853-1921). C'est en 1923 qu'on donna à cette place le nom du docteur Louis Navarre, ancien conseiller municipal du XIIIe arrondissement.

DOCTEUR PAQUELIN (1836-1905). André Paquelin est un médecin qui naquit en Avignon. Il est surtout connu pour avoir inventé le « thermocautère » (élément en platine pour brûler les chairs, maintenu incandescent par un courant d'air carburé). Il utilisa d'abord son invention pour des cautérisations médicales, mais ensuite, sous d'autres noms (pyrophore, pyrographe, etc.), il la fit utiliser dans l'industrie. La rue dédiée à la mémoire d'André Paquelin existe depuis 1910.

DOCTEUR PAUL BROUSSE (1844-1908). Le docteur Paul Brousse fut président du conseil municipal de Paris et député du XVIIe arrondissement. Signalons qu'avant de recevoir, en 1924, le nom du docteur Brousse, cette rue s'appelait « du Docteur »; ce nom avait été donné en souvenir d'un docteur Pigeaux, estimé dans le quartier, au XIXe siècle.

DOCTEUR PAUL MICHAUX (1854-1923). Ce docteur est surtout connu pour avoir fondé la Fédération gymnique des patronages de France. Une rue porte son nom depuis 1934.

DOCTEUR POTAIN (1825-1901). Édouard Potain, né et mort à Paris, médecin des hôpitaux en 1859, professeur de pathologie interne en 1876, professeur de clinique médicale en 1877. Il se spécialisa dans le traitement des maladies du cœur et des poumons. Il inventa un appareil « aspirateur » pour les épanchements pleurétiques et ascitiques (sérosité dans la cavité péritonéale). Une rue porte son nom depuis 1935.

DOCTEUR ROUX (1853-1933). Le docteur Émile Roux fut un disciple de Pasteur. Il naquit à Confolens; c'est lui qui inventa le traitement de la diphtérie par le sérum de cheval. Il effectua aussi de nombreux travaux sur les toxines. Une rue porte son nom depuis 1934. Pour l'Institut Pasteur, situé dans cette rue et qui doit beaucoup au docteur Roux, voir, plus loin, à « Pasteur ».

DOCTEURS DÉJÈRINE (1849-1917). Jules Déjèrine, né à Genève de parents français, fit de brillantes études de médecine et ne tarda pas à devenir professeur à l'hôpital Necker. Admis à l'Académie de médecine en 1908, il est l'auteur de nombreux travaux sur le système nerveux, accomplis avec son épouse, Augusta, qui fut la première femme, en France, interne des Hôpitaux de Paris. Le docteur Déjèrine a écrit un traité sur « les maladies de la moelle épinière ». La rue des Docteurs-Déjèrine, qui unit sur une plaque bleue ce couple de médecins, existe depuis 1935.

DOCTEUR TUFFIER (1857-1929). Théodore Tuffier, né à Bellême (Orne), fut un grand initiateur en matière de chirurgie expérimentale et l'instigateur de l'anesthésie rachidienne. Professeur agrégé à la Faculté de médecine et membre de l'Académie du même nom, il eut le mérite d'être un des premiers chirurgiens des poumons, du cœur et des vaisseaux. La rue du Docteur-Tuffier existe depuis 1931.

DOCTEUR VICTOR HUTINEL (1849-1933). Né à Châtillon-sur-Seine (Côte-d'Or), mort à Paris, il devint médecin des hôpitaux en 1879, agrégé de médecine en 1883, professeur de pathologie médicale en 1897, membre de l'Académie de médecine en 1899 et, enfin, professeur de clinique infantile en 1907. Il effectua de nombreux travaux sur la pédiatrie et toutes les maladies des enfants. Une rue porte son nom depuis 1936.

DOCTEUR YERSIN (1863-1943). Fut surtout connu à cause de ses recherches sur la peste. On donna son nom à une rue en 1956. En l'absence de docteur Z..., c'est donc lui qui clôt cette longue liste.

DODE DE LA BRUNERIE (1775-1851). Le vicomte Guillaume Dode de la Brunerie, pair et maréchal de France, naquit à Saint-Geoire (Isère) et mourut à Paris. Il se rendit célèbre par sa superbe défense de la ville de Glogau, en Silésie, en 1813. Ce n'est qu'en 1814 qu'il rendit la place, sur l'ordre impératif de Louis XVIII qui venait d'arriver au pouvoir. Dode de La Brunerie continua à servir sous la Restauration, même après les Cent-Jours, et il suivit le duc d'Angoulême lors de l'expédition d'Espagne, en 1823.

En 1840, on le chargea de construire les fortifications de Paris et le bâton de maréchal lui fut remis en 1847. La rue se fit attendre jusqu'en 1932.

DOISY Ce passage porte le nom d'un propriétaire de l'endroit.

DOLOMIEU (1750-1802). Déodat Gratet de Dolomieu, géologue et minéralogiste, né à Dolomieu (Isère), mort à Châteauneuf (Saône-et-Loire). Dès son berceau, il fut admis à l'ordre de Malte et fit son noviciat sur les galères des chevaliers de son ordre. À l'âge de 18 ans il tua en duel un de ses camarades. On le condamna à mort, mais le grand maître de l'ordre le gracia. Dès lors, Dolomieu se consacra aux sciences. En 1784, il publia des études sur les tremblements de terre (1784), puis sur le basalte et sur un genre de pierres calcaires que depuis on appelle « dolomie » (1789). En l'an III il fut nommé professeur de géologie et entra à l'Institut. Dolomieu fit partie, plus tard, de l'expédition d'Égypte et, détail fort peu connu, c'est grâce à son intervention auprès des membres de son ordre, fixés dans l'île, que Bonaparte put, sans coup férir, prendre possession de Malte. Après deux ans passés en Égypte, il rentrait en France quand son bateau fut poussé par une tempête dans le golfe de Tarente; Dolomieu fut alors fait prisonnier, soumis à la juridiction de son ordre – qui avait mal admis l'affaire de la prise de Malte – et envoyé à Messine où il subit les plus durs traitements. Il ne fut libéré qu'après la bataille de Marengo (1800). Pendant sa captivité, il put cependant écrire son « Introduction à la philosophie minéralogique », un ouvrage qui parut en 1802. Dolomieu mourut, peu de temps après cette date, au retour d'un séjour de travail qu'il venait de faire dans les Alpes. On donna son nom à une rue en 1881.

DOMAT (1625-1696). Jean Domat (ou Daumat), jurisconsulte né à Clermont-Ferrand, mort à Paris. Il fit des études sous la conduite de son grand-oncle, le jésuite Sirmond, confesseur de Louis XIII. Il se lia avec Pascal qui, en mourant, lui confia ses papiers les plus secrets. Pendant trente années, Domat fut avocat du roi au présidial (tribunaux civils établis par Henri II en 1551 et supprimés en 1792) de Clermont. Quand il fut vieux, Domat reçut du roi une gentille pension et vint s'établir à Paris. Il fut sans doute le plus grand jurisconsulte du XVIIe siècle; son œuvre capitale est « les Lois civiles dans leur ordre naturel » (1689-1694). Une rue porte son nom depuis 1864.

DOMBASLE (1777-1843). Mathieu de Dombasle, agronome né à Nancy. Aida beaucoup au développement de l'agriculture scientifique. Pendant le Blocus continental, il monta une fabrique de sucre de betterave et une autre d'eau-de-vie de mélasse... Mais les événements politiques le ruinèrent. Point découragé, Dombasle se tourna totalement vers l'agriculture et, en 1822, à la tête de l'Institut agricole de Roville, il transforma le domaine, attirant des élèves, et reconstitua une partie de sa fortune. Dombasle a inventé une charrue qui porte son nom et révélé l'importance du chaulage (passer le blé à l'eau de chaux avant de le semer ou amender un terrain avec de la chaux). Il a écrit, principalement, « Calendrier du bon cultivateur » et « Annales de Roville ». Une rue reçut son nom en 1864. Le passage Dombasle existe depuis 1873 et l'impasse depuis 1888.

DÔME Quand cette rue fut ouverte, en 1825, le dôme des Invalides formait sa perspective. L'aménagement du quartier changea quelque peu cette perspective, mais pas le nom de la rue.

DOMINIQUE PADO (1922-1989). Journaliste de grande réputation, qui fut aussi conseiller municipal du XVIIIe arrondissement, puis du

XVe arrondissement, avant d'être adjoint au maire de Paris à partir de 1983. Une rue porte son nom depuis 1995.

DOMRÉMY Domrémy, dans les Vosges, est aussi appelé Domrémy-la-Pucelle, à cause de qui vous savez... Situé au pied de collines boisées, le village est traversé par la Meuse. Jacques d'Arc, le père de Jeanne, était venu s'y fixer en 1410. La maison de Jeanne d'Arc, achetée par l'État en 1818, comprend trois pièces ; la porte est surmontée de trois écussons, avec cette inscription datant de 1481 : « Vive Labeur ! Vive le Roy Loys ! » Le roi Louis XVIII fit bâtir une école de filles, contiguë à la maison, ainsi qu'une fontaine sur laquelle s'élève une statue de la Pucelle. Devant la maison se trouve une autre statue, œuvre du sculpteur Mercié. Enfin, à 2 km de Domrémy, se dresse, depuis 1890, une basilique construite à l'emplacement de la chapelle Sainte-Catherine où Jeanne allait souvent prier. La rue Domrémy existe depuis 1867.

DONIZETTI (1797-1848). Gaetano Donizetti, compositeur italien né et mort à Bergame. Engagé dans un régiment cantonné à Venise, il fit, en 1818, représenter dans cette ville « Enrico di Borgogna » et en 1819 « il Felemagne di Livonia ». Le succès de ce début lui valut des protections lui permettant d'obtenir son congé du service militaire. Pendant les trente années qui suivirent, il composa plus de 60 ouvrages. Parmi les principaux, je citerai « Lucrezia Borgia », « il Furioso », « Lucia di Lammermoor », « la Fille du régiment » (représenté en France vers 1838), « Don Pasquale ». Donizetti était un travailleur infatigable, mais il abusait également beaucoup des plaisirs. Est-ce à cause du travail ou des plaisirs, ou des deux à la fois ? En tout cas, lorsqu'il mourut, il était à peu près complètement dément... Une rue porte son nom depuis 1864.

DONON Ce square doit de s'appeler ainsi au Donon, ou « Grand-Donon », montagne des Vosges, près de la frontière française, séparant les vallées de la Moselle et du Rhin. Le Donon passa longtemps, avec ses 1 010 mètres, pour le point culminant des Vosges. Mais en mesurant mieux on s'aperçut qu'il n'arrivait qu'en quatrième position, après le ballon de Guebwiller (1 424 m) le Hohneck (1 366 m) et le ballon d'Alsace (1 250 m).

DORDOGNE Rivière qui prend sa source au puy de Sancy. Elle mesure 471 km et rejoint la Garonne à 25 km de Bordeaux, au bec d'Ambès. Avant cela, elle passe au Mont-Dore, à La Bourboule, à Bort-les-Orgues, à Argentat, à Bergerac, avant de recevoir, poliment, l'Isle à Libourne. Le square de la Dordogne existe depuis 1932.

DORÉ Vers 1820, M. Doré, fonctionnaire à l'École polytechnique, acheta un établissement appelé « Brasserie écossaise » qui périclitait. Il le transforma en une propriété, plantée d'arbres tout autour. Pendant la révolution de 1848, la clôture fut abattue et le parc servit de lieu de réunion à des ouvriers. Ulcéré, M. Doré se résigna à diviser sa propriété en parcelles qu'il donna comme terrains à bâtir. Ce fut la « cité Doré », plutôt mal famée (à l'époque...).

DORÉES En vénerie, les dorées sont les fumées jaunes du cerf, fumées désignant là les fientes de l'animal. La sente des Dorées est le nom d'un ancien lieu-dit qui fut sans doute, voilà bien longtemps, fréquenté par les cerfs et les biches.

DORIAN (1814-1873). Frédéric Dorian, homme politique né à Montbéliard, mort à Paris. Fut élu député de la Loire en 1863. Après 1870, il fut ministre des Travaux publics. Les Travaux publics de l'époque consistaient à fabriquer des armes et des munitions ! Dorian s'employa avec ardeur à cette tâche. C'est lui qui entra le premier en négociation avec Bismarck au sujet de la capitulation de Paris. Une rue porte son nom depuis 1881.

DOSNE C'est la famille Dosne qui, en 1827, possédait le terrain sur lequel cette rue fut ouverte.

DOUAI Ville du Nord, sur la Scarpe, à 33 km de Lille. Jusqu'en 1889, Douai était une place forte. Toujours en 1889, elle fut le chef-lieu d'une Académie universitaire, aujourd'hui déplacée à Lille. L'origine de Douai remonte à l'époque de la domination romaine. Au cours de son histoire, elle appartint soit aux Français, soit aux Espagnols. Elle subit plusieurs sièges, mais sa plus brillante résistance date de 1710 ; cette année-là, elle ne fut prise qu'après deux mois de siège. Villars la reconquit en 1712 et c'est le traité d'Utrecht (1713) qui donna définitivement Douai à la France. Une rue porte le nom de cette ville depuis 1846.

DOUANE Cette rue doit son nom, reçu en 1844, au fait qu'elle longeait un entrepôt de la Douane.

DOUANIER Quand cette rue fut construite, en 1927, un douanier était propriétaire d'une partie des terrains.

DOUANIER ROUSSEAU (1844-1910). Henri Rousseau, dit le Douanier Rousseau (car, effectivement, il fut douanier), naquit à Laval. Ses tableaux, qui mêlent le style naïf à des couleurs très harmonieuses, dégagent une étrange poésie. Un de ses tableaux les plus connus s'appelle « la Promenade » et représente une femme dans une forêt. Citons aussi « la Charmeuse de serpents », « Bohémienne endormie », « la Noce », « la Carriole de M. Juniet » et « Guillaume Apollinaire et sa muse ». La rue du Douanier-Rousseau existe depuis 1949.

DOUAUMONT Commune de la Meuse, théâtre de combats d'une extrême violence en 1916. On y édifia, en 1932, un ossuaire qui contient les restes d'au moins 300000 soldats français morts à Verdun. Le boulevard de Douaumont fut baptisé en 1931.

DOUBLE (pont au). Ce pont s'appela ainsi, dès 1634, c'est-à-dire huit ans après sa création, parce que, pour le franchir, les habitants du quartier devaient verser à un péage, et au bénéfice de l'Hôtel-Dieu où il aboutissait, la somme de deux deniers (un double).

DOUDEAUVILLE Cette rue doit son nom à Ambroise Polycarpe de La Rochefoucauld, duc de Doudeauville, homme politique né à Paris en 1765, mort à Montmirail (Sarthe) en 1841. Il émigra en 1792, mais revint en France sous le Consulat. Il fut pair de France sous la Restauration, ministre de la Maison du roi en 1824 et créa l'école d'agriculture de Grignon. Après la révolution de juillet 1830, il fut rayé de la Chambre des pairs. Une rue porte son nom depuis 1826.

DRAGON La rue et la cour du Dragon doivent leur nom à sainte Marguerite ; on avait sculpté le dragon qui lui était apparu, comme représentation du diable, au-dessus de l'entrée de la cour. La rue du Dragon fut baptisée en 1808.

DRANEM (1869-1935). Armand Ménard, dit Dranem (Ménard, à l'envers), fut un chanteur très connu, à la Belle Époque. C'est lui qui créa « Ah ! les p'tits pois, les p'tits pois, les p'tits pois ». En outre, il fonda la maison de retraite des artistes de Ris-Orangis. Une rue porte son nom depuis 1961.

DREUX Ville d'Eure-et-Loir, sur la Blaise, capitale de l'ancienne peuplade gauloise des Durocasses. Dreux fut érigé en comté par

Louis VI pour son fils (encore un enfant gâté) Robert. Une des plus grandes batailles des guerres de Religion se déroula à Dreux en 1562; la ville ayant pris parti pour la Ligue, Henri IV l'assiégea et démantela le château. La chapelle Saint-Louis, bâtie en 1816 pour servir de sépulture à la famille d'Orléans, renferme les corps de Louis-Philippe depuis 1876, de la reine Marie-Amélie et de plusieurs de leurs enfants et petits-enfants. Le duc d'Aumale y fut également inhumé en 1896. Les habitants de Dreux s'appellent des Drouais et des Drouaises. C'est en 1930 qu'on donna le nom de cette ville normande à une rue de Paris.

DREVET (1664-1738). Pierre Drevet, graveur, né à Sainte-Colombe (Isère), mort à Paris. Il grava des portraits de Louis XIV, Louis XV, du prince de Conti, du duc du Maine, de la duchesse de Nemours, etc. Il fut élu membre de l'Académie des beaux-arts en 1707. Il eut un fils, Pierre Louis (1697-1739), graveur aussi, dont les portraits sont des chefs-d'œuvre de technique. Une rue porte le nom de Pierre Drevet depuis 1867.

DRIANCOURT Depuis 1935 ce passage porte le nom d'un propriétaire des terrains environnants.

DROUOT (1774-1847). Comte Antoine Drouot, général et pair de France, né à Nancy. Fils d'un boulanger, cet autodidacte devint, en 1808, colonel-major de l'artillerie à pied de la garde impériale, et contribua aux victoires de Wagram et de la Moskowa. En 1813, il devint général de division et aide de camp de l'empereur. Pendant la retraite de Russie, Drouot fit preuve d'une énergie extraordinaire. Il avait mérité le surnom de « Sage de la Grande Armée ». Il suivit Napoléon à l'île d'Elbe, dont il fut gouverneur. À Waterloo, il combattit avec intrépidité. Il passa en conseil de guerre sous Louis XVIII, mais fut acquitté. Il se retira alors dans sa ville natale, Nancy, où, en 1851, on lui éleva une statue, œuvre de David d'Angers. Une rue porte son nom, à Paris, depuis 1847.

DRUINOT Nom d'un des propriétaires des terrains.

DUBAIL M. Dubail, dont le nom fut donné à ce passage en 1872, fut maire de ce quartier (X^e^ arrondissement) quand, avant 1860 et depuis 1795, il formait le Ve arrondissement de Paris. (Voir explications sur les divisions administratives de Paris au début du dictionnaire.)

DUBAN (1797-1870). Félix Louis Jacques Duban, architecte, membre de l'Institut, naquit à Paris et mourut à Bordeaux. En 1834 il devint directeur des travaux de l'École des beaux-arts. En 1845, on le chargea de restaurer le château de Blois et, en 1848, on le nomma architecte du Louvre, responsable des travaux d'embellissement qui devaient y être pratiqués. C'est lui qui fit reconstituer la galerie d'Apollon, mais on critiqua sa restauration et, en 1854, Duban démissionna. Pourtant, l'année suivante, il reçut la grande médaille d'honneur pour différents dessins, parmi lesquels « Études du château de Blois » et « Tombeau étrusque ». Un monument lui a été élevé au cimetière du Montparnasse. Une rue porte son nom depuis 1879.

DUBLIN Capitale et port de la république d'Irlande dont le nom signifie « la mare noire ». Elle compte quelque 600000 habitants. Elle est la patrie de James Joyce, George Bernard Shaw, Jonathan Swift, Wellington, Oscar Wilde, etc. Elle est capitale depuis 1922. Située dans le quartier dit « de l'Europe », à Paris, la place de Dublin existe depuis 1987.

DUBOIS M. Dubois était propriétaire des terrains sur lesquels ce passage fut construit.

DUBOURG Depuis son ouverture, en 1897, cette cité porte le nom d'un propriétaire.

DUBRUNFAUT (1797-1881). Auguste Pierre Dubrunfaut, industriel né à Lille, mort à Paris. Fit de nombreuses découvertes scientifiques relatives à la distillation de l'alcool. C'est à lui que l'on doit l'emploi de l'acide sulfurique dans l'eau pour hâter la fermentation des moûts de betteraves. Il écrivit beaucoup; citons parmi ses ouvrages : « Mémoires sur la fabrication des eaux-de-vie de grain » et « Traité complet de l'art de la distillation ». Une rue porte son nom depuis 1844.

DUC (1802-1879). Louis Duc, architecte, né à Paris, qui entra à l'École des beaux-arts à 19 ans et en sortit, avec le premier prix, à 23 ans. Avec Alavoine, il s'occupa de faire ériger la colonne de Juillet, place de la Bastille. Éclectique, en 1850 il restaura l'horloge du Palais de Justice de Paris et, en 1856, il se rendit à Marseille, avec Vaudoyer, autre architecte, pour restaurer la cathédrale. De retour à Paris, il se consacra, durant douze années, au Palais de Justice. Napoléon III le récompensera d'une manière fort subtile : il institua un prix de 100 000 francs afin que Duc en fût le premier bénéficiaire... Mais ce fut de l'argent bien employé, puisque Duc en consacra à son tour la plus grande partie à la création d'un « prix », celui des Hautes Études d'architecture. Une rue porte son nom depuis 1897.

DU CANGE (1610-1688). Charles Du Fresne, sieur Du Cange, fut qualifié d'érudit, à son époque. Né à Amiens, il mourut à Paris. Tous ses ouvrages sont, c'est vrai, des modèles d'érudition. Bien qu'affublé d'une fort nombreuse famille, il rédigea des ouvrages jusqu'à sa mort, sans se laisser distraire par ses charges familiales accablantes. Citons quelques-uns de ses livres · « Histoire de l'empire de Constantinople sous les empereurs français », « Illyricum vetus et novum » et « Histoire de l'état de la ville d'Amiens ». La rue Du Cange existe depuis 1875.

DUCHEFDELAVILLE Un tel nom ouvre la porte à toutes les imaginations; mais la vérité oblige à dire que Duchefdelaville n'est que le nom du propriétaire du terrain sur lequel cette rue, qui fut d'abord « voie privée », a été construite. Son appellation officielle date de 1931; auparavant c'était le passage Duchefdelaville. Quant à l'impasse Duchefdelaville, proche, elle doit son nom à la proximité de la rue.

DUCOUËDIC (1740-1780). Charles Louis Ducouëdic de Kergoualer, chevalier qui naquit au château du Kerguélénen (Finistère) et qui mourut à Brest. Pendant la guerre d'Indépendance américaine, on lui avait confié le commandement d'une frégate de 36 canons, la « Surveillante ». Il rencontra un navire anglais de même force, le « Québec ». Après un combat acharné il le fit sauter. Mais, dans la bataille, 150 marins français sur 270 périrent. Quant à Ducouëdic, blessé lors de l'engagement, il mourut à Brest, quelques jours après son retour en vainqueur. Une rue porte son nom depuis 1864.

DUDOUY Nom d'un propriétaire, qui résidait dans ce passage lors de son ouverture.

DUÉE Au XVIe siècle une source jaillissait, joyeusement, à l'emplacement de cette rue. Et, à cette époque, une source jaillissante s'appelait une « duée ». Voilà; vous savez tout.

DUFRÉNOY (1792-1857). Pierre Petit-Dufrénoy avait également comme prénom Ours. Cela ne s'invente pas... Dufrénoy fut un géologue et minéralogiste qui vit le jour à Sevran et rendit l'âme à Paris. Il parcourut à pied la France, l'Angle terre et le nord de l'Espagne, afin d'établir une « carte géologique » fort complète. Pour ne pas s'ennuyer, il fit ces marches avec Élie de Beaumont. Ses « voyages » durèrent treize ans, de 1823 à 1836. Leur relation parut en 1841. Pierre Dufrénoy était le fils d'Adélaïde Billet, épouse Dufrénoy, femme de lettres qui écrivit « Mort de Bayard » (poème) et « la Petite Ménagère ou l'éducation maternelle », « la Jeune Héritière ». Une rue porte le nom de Pierre Dufrénoy depuis 1867.

DUFRESNE (1815-1871). Germain Sommeiller, puis Dufresne-Sommeiller, ingénieur né en Haute-Savoie, à Saint-Jeoire-de-Faucigny. Il s'occupa des études relatives au percement du mont Cenis; ses plans furent adoptés et il inventa la perforatrice dont on se servit au début des travaux d'excavation du tunnel. À Annecy se dresse, depuis 1884, une statue de Dufresne-Sommeiller, œuvre du sculpteur Becquet. La villa Dufresne, pour sa part, existe à Paris depuis 1885.

DUGOMMIER (1738-1794). François Dugommier, général né à Basse-Terre (Guadeloupe). Il entra dans l'armée à l'âge de 13 ans. Pendant la Révolution, en 1790, il fut nommé commandant des gardes nationales de la Martinique. En 1792, on l'élira membre de la Convention. Mais il préféra servir sur les champs de bataille et, en 1793, il fut nommé général de brigade dans l'armée d'Italie. C'est à ce poste qu'il reprit Toulon aux Anglais, ayant alors sous ses ordres un jeune commandant d'artillerie nommé Bonaparte. En 1794, on plaça Dugommier à la tête de l'armée des Pyrénées-Orientales; il remporta une série de victoires sur les Espagnols, les rejeta en Catalogne et les contraignit à une action décisive, qui eut lieu aux environs de Figueras, sur la sierra Negra. Après deux jours de bataille, Dugommier allait l'emporter quand un éclat d'obus lui fracassa le crâne. Une rue porte son nom depuis 1867.

DUGUAY-TROUIN (1673-1736). René Duguay-Trouin, marin né à Saint-Malo, mort à Paris, fils d'un capitaine et armateur, Luc Trouin de La Barbinais. Le nom Duguay provenait d'une propriété de famille. Jeune, Duguay-Trouin mena une vie assez dissolue. Puis son frère aîné l'embarqua sur un de ses navires « corsaires » et il y fit preuve, immédiatement, d'une bravoure extraordinaire. On lui confia un vaisseau, le « Danycan », et ce fut alors par dizaines qu'il captura les vaisseaux de commerce et de guerre anglais ou hollandais. En 1696, le roi voulut le rencontrer. En 1698, il fut admis dans la marine royale avec le grade de capitaine de frégate. La paix de Ryswick le contraignit au repos jusqu'en 1702, début de la guerre de Succession d'Espagne, pendant laquelle il causa de nouvelles pertes aux Anglais et Hollandais, particulièrement en 1704 en amarinant (faire baisser pavillon) d'un seul coup sept bâtiments ennemis, dont cinq frégates anglaises. Cet exploit lui valut le grade de capitaine de vaisseau. De 1707 à 1710, de nouvelles victoires lui permirent de recevoir des lettres de noblesse. Duguay-Trouin couronna sa carrière par la prise de Rio de Janeiro en 1711 (prise à l'issue de laquelle il força les habitants à racheter leur ville...). Il termina sa vie au commandement de la Marine, à Brest, avec le grade de lieutenant général. Une statue de Duguay-Trouin, œuvre de Dupasquier, primitivement prévue pour être installée sur le pont Louis XVI (pont de la Concorde), se trouve finalement dans la cour d'honneur du château de Versailles. C'est en 1807 qu'on donna son nom à une rue.

DU GUESCLIN (1320-1380). Bertrand Du Guesclin, connétable de France, né à Broons, près de Dinan, mort devant Châteauneuf-de-Randon (Lozère). Ses parents n'étaient guère fortunés et Bertrand, laid et balourd, eut une enfance hargneuse et brutale. Mais sa vaillance se fit rapidement remarquer dans la guerre de Bretagne. Jusqu'en 1350, il mena la vie de chef de partisans, au service de Charles de Blois. Puis il passa au service du roi Jean II et se distingua si brillamment en défendant Rennes contre le duc de Lancastre (1356-1357) que Charles de Blois le fit chevalier illico et que le dauphin, enthousiasmé et prodigue, lui donna le titre de « capitaine de Pontorson » et une rente de 200 livres tournois. La fortune de Du Guesclin était faite... Lieutenant du roi en Normandie, il reçut le comté de Longueville en 1364. Pendant la bataille d'Auray, il se fit prendre : Charles V paya sa rançon et le chargea de débarrasser le pays des Grandes Compagnies. Dans ce but, Du Guesclin fit deux « campagnes » en Espagne : dans la première (1367), il fut à nouveau pris et Charles V dut à nouveau ouvrir son escarcelle pour payer la rançon... En 1370, après la seconde « campagne », qui s'était déroulée victorieusement, Charles V fit Du Guesclin « connétable de France ». Dès lors, il commença une série de campagnes victorieuses contre les Anglais. Cependant, c'est devant ceux-ci qu'il mourut en assiégeant Châteauneuf-de-Randon. Reconnaissant la valeur de leur ennemi, les Anglais vinrent déposer sur son cercueil les clefs de la ville... Du Guesclin fut enterré à Saint-Denis. Il excella dans les embuscades, les attaques surprises. Rude et généreux à la fois, mais peu économe, il mourut criblé de dettes. Une rue porte son nom depuis 1816.

DUHESME (1766-1815). Guillaume Duhesme, comte et général, né au Bourgneuf, près de Châlon-sur-Saône, mort à Genappe. Général de brigade en 1793 et de division en 1794, il servit en Vendée et à l'armée du Rhin, fit la campagne de Naples en 1799, celle du Piémont en 1800, et devint gouverneur de Lyon en 1802. Commandant de la Catalogne en 1808, il fut révoqué, pour abus dans son administration, en 1810, et ne reprit du service qu'en 1814, sous Louis XVIII qui le nomma pair de France. Il n'en accepta pas moins, au moment des Cent-Jours, le commandement de la jeune garde avec laquelle il combattit à Waterloo... Après cette bataille, il fut massacré, dans une ferme de Genappe, proche du champ des combats, par des hussards prussiens. Une rue porte son nom depuis 1868.

DULAC M. Dulac, en 1847, fit ouvrir cette rue, laquelle, à l'époque, n'était qualifiée que de « passage ». C'est en 1909 qu'elle devint « rue ».

DULAURE (1755-1835). Antoine Dulaure, Conventionnel et historien, né à Clermont-Ferrand, mort à Paris. Député du Puy-de-Dôme à la Convention, il siégea avec les Girondins. Obligé de fuir en Suisse, il fut rappelé le 18 frimaire an III et chargé de mission en Corrèze et en Dordogne. Membre du Conseil des Cinq-Cents, il s'occupa de l'instruction publique. Après le 18-Brumaire, il quitta la politique. La rue Dulaure existe depuis 1929.

DULCIE SEPTEMBER (1936-1988). Militante anti-apartheid, responsable, notamment, du bureau d'information de l'A.N.C. (African National Congress) qui fut assassinée à Paris.

DULONG (1785-1838). Louis Dulong, physicien et chimiste, né à Rouen, mort à Paris. Il sortit de Polytechnique en désirant se consacrer à la carrière médicale... Bientôt il découvrit le chlorure d'azote, mais perdit un œil et deux doigts au cours de ses recherches... Il trouva aussi l'acide hypophosphoreux. À partir de 1818, ses recherches portèrent essentiellement sur la théorie de la chaleur. Un mémoire, qu'il fit à cette époque, sur les lois du refroidissement, fut couronné par l'Académie des sciences. Au cours des années suivantes, Dulong inventa le cathétomètre (instrument servant à évaluer la différence de niveau de deux points) et le thermomètre à poids. En 1832, il devint secrétaire perpétuel de l'Académie des sciences et directeur des études à l'École polytechnique. Une rue porte son nom depuis 1864.

DUMAS Le passage Dumas, ainsi appelé depuis 1877, doit son nom à la proximité de la rue Alexandre-Dumas.

DUMÉRIL (1774-1860). Constant Duméril, médecin et zoologiste né à Amiens, mort à Paris. Il fut professeur d'anatomie à la Faculté de médecine, devint collaborateur de Cuvier et appartint à l'Académie des sciences en 1816 avant de succéder à Lacépède comme professeur d'erpétologie et d'ichtyologie au Muséum. Il a écrit « Erpétologie générale » (l'erpétologie est la science qui traite des reptiles) et « Ichtyologie analytique » (l'ichtyologie est la partie de la science naturelle qui traite des poissons). Une rue porte son nom depuis 1865.

DUMONT D'URVILLE (1790-1842). César Dumont d'Urville, navigateur qui naquit à Condé-sur-Noireau et mourut à Bellevue. En 1819-1820 il participa aux deux campagnes hydrographiques de la « Chevrette », en mer Noire, et c'est lui qui signala au gouvernement français la découverte de la Vénus de Milo, que l'on amena au Louvre. Plus tard, nommé capitaine de frégate, Dumont d'Urville explora les différentes parties de la Polynésie et rechercha les traces de La Pérouse. Parti en 1826 de Toulon sur l'« Astrolabe », il revint en 1829 avec beaucoup de nouvelles données scientifiques et des reliques de La Pérouse, recueillies à Vanikoro. Quand Charles X et sa famille furent chassés de France par la révolution de juillet 1830, c'est Dumont d'Urville qui les conduisit en Angleterre. En 1836, Louis-Philippe lui confia une mission vers les terres australes; il partit, en 1837, toujours sur l'« Astrolabe » et un autre navire, la « Zélée », et découvrit, entre autres, la terre Adélie. Dumont d'Urville trouva la mort, bizarrement pour un navigateur, dans une catastrophe de chemin de fer, le 8 mai 1842, entre Paris et Versailles. Il avait le titre de contre-amiral. Il écrivit : « Voyages et découvertes autour du monde et à la recherche de La Pérouse ». On donna son nom à une rue en 1864.

DUNES Nom donné en 1877 en souvenir de la bataille des Dunes, gagnée par Turenne, le 14 juin 1658, sur les Espagnols. Elle eut lieu sur les dunes situées entre Nieuport et Dunkerque.

DUNKERQUE Ville du département du Nord, sur la mer du même nom. Son nom, « Düne Kerke », signifie « église des dunes ». Cette église aurait été bâtie, au VIIe siècle, par saint Éloi. Dunkerque appartint successivement aux comtes de Flandre, aux ducs de Bourgogne, aux maisons d'Autriche et d'Espagne, et devint vite une place forte. Les Français la prirent pour la première fois en 1646. Elle fut rendue aux Espagnols en 1653, mais reprise par les Français en 1658, grâce à la victoire des Dunes, remportée par Turenne. Peu de temps après, elle fut livrée aux Anglais auxquels Louis XIV la racheta en 1662 pour en confier les fortifications à Vauban (bien entendu...). Elle résista à nouveau aux Anglais qui l'assiégèrent en 1793. Dunkerque, où existe un monument commémoratif de la levée de ce siège, est la patrie de Jean Bart. La rue de Dunkerque existe depuis 1847.

DUNOIS (1403-1468). Jean Dunois, dit « le Bâtard d'Orléans », comte de

Dunois et de Longueville, fils naturel de Louis d'Orléans et de cette chère Mariette d'Enghien. Il naquit à Paris et mourut au château de l'Hay. À 15 ans il débuta dans la carrière des armes et, en 1421, fut attaché à la personne du dauphin, (le futur Charles VII). Une de ses principales particularités est d'être demeuré toujours fidèle, dévoué et soumis à Jeanne d'Arc, qu'il seconda de tout son courage. Après une brouille avec le roi Louis XI au début de son règne, il se réconcilia rapidement avec lui et bénéficia alors d'un crédit égal à celui qu'il possédait auprès de Charles VII. Il fut toujours mêlé aux affaires, qu'elles soient diplomatiques ou militaires. Une rue porte son nom depuis 1864.

DUPERRÉ (1775-1846). Le baron Victor Guy Duperré, amiral et pair de France, naquit à La Rochelle et mourut à Paris. Enseigne de vaisseau en 1795, les Anglais le retinrent prisonnier de 1796 à 1800. En septembre 1806, il fut nommé capitaine de frégate et, avec son bateau, la « Sirène », commença à se couvrir de gloire, notamment le 22 mars 1808 où, attaqué par cinq navires de guerre anglais, il parvint à leur échapper et à rentrer dans le port de Lorient qui subissait pourtant un blocus. Ce haut fait le fit nommer capitaine de vaisseau. Il reçut le titre de baron en 1810 et prit la tête de la flotte française d'Adriatique. Pendant les Cent-Jours il fut préfet de Toulon. Il servit sous la Restauration et, en 1823, commanda une escadre affectée au blocus de Cadix. En juillet 1830, devenu vice-amiral, il mena sa flotte devant Alger. Bientôt amiral, puis pair de France, il deviendra aussi ministre de la Marine et des Colonies, alternativement, entre 1834 et 1843. La ville de La Rochelle lui érigea un monument. Une rue porte son nom depuis 1849.

DUPETIT-THOUARS (1760-1798). Aristide Aubert Dupetit-Thouars, capitaine de vaisseau, né près de Saumur, au château de Boumois, mort le 3 août 1798, à Aboukir, pendant l'expédition d'Égypte. Ce jour-là, commandant le « Tonnant » il força le « Bellérophon » (c'est au capitaine de ce navire que Napoléon se rendra après Waterloo) à amener son pavillon et coula le « Majestic ». Mais le « Tonnant » fut lui-même écrasé sous le feu des navires anglais ; Dupetit-Thouars eut successivement le bras droit, le bras gauche et une jambe emportés par la mitraille... Avant d'expirer, il eut la force de commander que l'on cloue son pavillon au mât. Une rue porte son nom depuis 1809.

DUPHOT (1770-1798). Léonard Duphot, général né à Lyon, mort à Rome. Sous-officier au début de la Révolution, il devint adjudant-général de l'armée des Pyrénées-Orientales en 1794. Pendant la campagne d'Italie, il commanda l'avant-garde d'Augereau. Fin 1797, il suivit Joseph Bonaparte, nommé ambassadeur à Rome. C'est à ses côtés, le 28 décembre 1798, qu'il fut tué par une décharge tirée par les soldats pontificaux au moment où il intervenait auprès de ceux-ci pour les empêcher de tirer sur la foule. La rue Léonard-Duphot existe depuis 1807.

DUPIN (1783-1865). André Marie Dupin, dit Dupin aîné, homme politique et magistrat né à Varzy (Nièvre), mort à Paris. Sa popularité date de 1818, lorsqu'il plaida au procès du maréchal Ney. Il devint l'avocat en titre de l'opposition. Député de Mamers, en 1827, il combattit ardemment Charles X et contribua pour une grande part à la révolution de 1830. Plus tard, ami et conseiller de Louis-Philippe, il deviendra procureur général de la Cour de cassation. En 1832, député de Clamecy, il présidera la chambre jusqu'en 1839. Plus tard encore, il admit la République, malgré ses amitiés orléanistes, et devint député à la Constituante, puis à la

Législative. Il se rangea du côté du prince-président et conserva toutes ses fonctions après le coup d'État de Napoléon III, en 1852. Une statue lui a été élevée dans sa ville natale. La rue Dupin existe depuis 1864.

DUPLAN N'avez-vous point connu M. Duplan? C'était un des propriétaires de cette « cité ». Elle porte son nom depuis 1903.

DUPLEIX (1697-1763). Le marquis Joseph Dupleix, gouverneur général des établissements français aux Indes, naquit à Landrecies et mourut à Paris. Son père, directeur de la Compagnie des Indes, le fit envoyer à Pondichéry, en 1720, comme commissaire des guerres et membre du Conseil supérieur. Là-bas, Dupleix se distingua; en 1730 il dirigea le comptoir de Chandernagor dont il fit une ville importante. Grâce à lui, surtout à partir du moment où il fut nommé gouverneur général des possessions françaises des Indes en 1742, le commerce français prospéra au détriment de l'anglais. Ce sont les revers qu'il subit en combattant les rajahs de Tanjore et de Mysore, aidés par les Anglais, qui amenèrent sa déchéance, la puissante Compagnie des Indes ne le soutenant plus. Il rentra en France ruiné et ne put obtenir du gouvernement les sommes énormes qu'il avait avancées pour le service de l'État... Il mourut en 1764 misérable et en voyant l'Inde abandonnée aux Anglais. Ceux-ci, avant même que les Français y aient songé, firent ériger une statue en son honneur... La rue Dupleix existe depuis 1815, ainsi que la place du même nom.

DUPONT La cité et la villa portent chacune le nom d'un propriétaire différent, nommé Dupont. Il est assez étonnant qu'il n'y ait que deux artères de Paris pour porter ce nom si répandu... Il y a bien deux autres Dupont qui suivent, mais ils enjolivèrent leur patronyme.

DUPONT DE L'EURE (1767-1855). Charles Dupont de l'Eure, homme politique qui, cela va sans dire, naquit dans l'Eure, à Neubourg, et y mourut également, à Rouge-Perriers. Président du gouvernement provisoire de 1848 fut son principal titre de gloire; mais ajoutons tout de même qu'auparavant il fut ministre de la Justice en 1830. Nommé par la suite président de l'Assemblée provisoire, son âge avancé ne lui permit pas d'y jouer un bien grand rôle. La rue Dupont-de-l'Eure existe depuis 1893.

DUPONT DES LOGES (1804-1886). Marie Dupont des Loges, évêque, né à Rennes, mort à Metz. D'abord aumônier dans des couvents, on le nomma évêque de Metz en 1844. Après la guerre de 1870 et l'annexion de l'Alsace et de la Lorraine, son cœur resta attaché à la France et il portait ostensiblement la Légion d'honneur que Thiers lui avait adressée en 1871. Membre du Reichstag de 1874 à 1877, il fut au premier rang du parti de la « protestation ». Le séminaire de Montigny ainsi que plusieurs églises furent bâtis à ses frais. La rue Dupont-des-Loges existe depuis 1896.

DUPUIS (1742-1809). François Dupuis, philosophe né à Trie-Château (Oise), mort à Is-sur-Tille (Côte-d'Or). Son premier ouvrage, paru en 1781 sous le titre « Mémoire sur l'origine des constellations », surprit par sa hardiesse et souleva maintes critiques. En 1787, il devint professeur d'éloquence latine au Collège de France. Élu ensuite député à la Convention, par le département de Seine-et-Oise, il vota pour la détention de Louis XVI. Quand il fit partie du Conseil des Cinq-Cents, il s'occupa de l'organisation des écoles centrales. Il siégea aussi au Tribunat, du 18-Brumaire jusqu'en 1802. Il a écrit « Religion universelle » et, avec Volney, un livre très antireligieux, « Ruines ». La rue Dupuis existe depuis 1809.

DUPUY Depuis 1880, cette impasse porte le nom d'un propriétaire de l'endroit.

DUPUY DE LÔME (1816-1885). Laurent Dupuy de Lôme, ingénieur de la marine né à Soye, près de Ploemeur (Morbihan), mort à Paris. Il fut chargé de la construction des deux premiers bateaux français en fer : le « Caton » et l'« Ariel ». En 1848, il présenta au gouvernement les plans d'un navire propulsé par une hélice : c'était le « Napoléon », qui verra le jour en 1850. Ce bateau montrera, pendant la guerre de Crimée, une telle supériorité sur les bâtiments à voiles que Dupuy de Lôme fut nommé directeur des constructions navales. Il fit immédiatement construire trois frégates cuirassées : « Gloire », « Invincible » et « Normandie ». Membre du Comité de défense de Paris en 1870, il s'occupa d'aérostats et fit sortir 60 ballons de la capitale. Déjà député du Morbihan depuis 1869, il fut nommé sénateur inamovible en 1877 et s'occupa, dès lors, de marine marchande. La rue Dupuy-de-Lôme existe depuis 1932.

DUPUYTREN (1777-1835). Guillaume Dupuytren, chirurgien né à Pierre-Buffière, mort à Paris. En 1815, il était chirurgien en chef de l'Hôtel-Dieu et professeur de clinique chirurgicale. En 1823 Louis XVIII le choisit pour chirurgien; il sera aussi celui de Charles X. On le fit baron et on le nomma membre de l'Académie de médecine et de l'Institut. Sa gloire, avec Laënnec et Bayle, est d'avoir remis en honneur l'anatomie pathologique, dont il fit la base de ses études chirurgicales. Il devint fort renommé en opérant des fistules lacrymales et en implantant avec succès des anus artificiels. Il légua à la Faculté une somme de 200 000 francs qui servit à créer un musée d'anatomie portant son nom. Il a écrit « Sur les étranglements des hernies ». La rue Dupuytren existe depuis 1851.

DUQUESNE (1610-1688). Le marquis Abraham Duquesne naquit à Dieppe et mourut à Paris. Il fut lieutenant général des armées navales. La série de ses exploits de marin commença en 1627 par la prise d'un navire hollandais, le « Berger ». En 1635, il commanda le « Neptune » et reprit aux Espagnols les îles de Lérins. À la bataille de Santona, il eut la mâchoire brisée. Il reçut une autre blessure pendant l'expédition maritime contre l'Italie, en 1647, à Telamone. Cette année le vit nommé chef d'escadre. En 1666 il reçut sa nomination de lieutenant général. Parmi ses nombreuses victoires, celle de Palerme, en 1676, contre les Hollandais et les Espagnols, fut particulièrement brillante. Louis XIV lui refusa pourtant le bâton de maréchal, sous prétexte qu'il était calviniste. Duquesne n'abjura pas et n'eut pour récompense de sa bravoure que la terre du Bouchet, près d'Étampes, érigée en marquisat du Quesne en 1681. À la révocation de l'édit de Nantes, en 1685, seul de tous les protestants Duquesne échappa à la proscription : il conserva ses grades, ses honneurs et demeura en France. Mais ses enfants n'ayant pas bénéficié de la même faveur, le chagrin de la séparation – c'était un marin au cœur tendre – le conduisit à la mort. L'avenue Duquesne existe depuis 1864.

DURANCE La Durance, avant qu'on la domestiquât, fut le plus long des torrents de France. Son cours mesure 350 km. Elle naît au mont Genèvre, arrose Briançon, Sisteron, Digne. Elle côtoie les monts du Luberon, frôle Cavaillon et se marie au Rhône à 5 km d'Avignon. Jean Giono a écrit des pages admirables sur la Durance dont on donna le nom à une rue en 1877.

DURANTI (1534-1589). Jean Étienne Durant, dit Duranti, magistrat né et mort à Toulouse. Élu capitoul (nom des anciens magistrats municipaux de Toulouse) en 1563, puis avocat général par Charles IX aux environs de 1568, il obtint la présidence du parlement de Toulouse, en 1581, du roi Henri III. Les agitateurs de la Ligue, à qui il déplaisait, tentèrent plusieurs fois de l'assassiner. Finalement, leurs tentatives furent couronnées de succès et Duranti fut tué, mutilé et mis au pilori avec le portrait du roi placardé dans le dos... La rue Duranti existe depuis 1864.

DURANTIN Cette rue a été ouverte en 1881 et porte le nom d'un propriétaire. Il ne semble pas qu'il se soit agi d'Armand Durantin (1818-1891), auteur dramatique qui débuta sous le pseudonyme de Villeret et à qui l'on doit, entre autres, « Héloïse Paranquet » (comédie que refit Alexandre Dumas), « le Déshonneur posthume » et « les Spéculateurs ».

DURANTON Explorateur français qui mourut à Bakel, au Sénégal, en 1840. Bakel, village situé au bord du fleuve Sénégal, se trouve à 900 km de Saint-Louis. En 1820, les Français y édifièrent un fort à l'intérieur duquel l'explorateur Duranton mourut des fièvres. La rue Duranton existe depuis 1875.

DURAS (1684-1770). Jean-Baptiste de Durfort, duc de Duras, maréchal de France qui mourut à Paris. Son père, Jacques Henry (1625-1704), était déjà maréchal. Jean-Baptiste se battit en Allemagne, en Flandre et en Espagne, et fut nommé gouverneur de la Franche-Comté en 1755. La rue porte son nom depuis 1723, car en 1719 il s'était rendu acquéreur, pour la bagatelle de 126000 livres, d'un bel hôtel situé à proximité, rue du Faubourg-Saint-Honoré.

DURCHON Cette impasse porte le nom d'un propriétaire.

DUREL La cité Durel porte, depuis 1856, le nom d'un propriétaire qui l'habita.

DURET (1804-1865). François-Joseph, dit Francisque-Joseph Duret, statuaire né et mort à Paris. Il remporta le prix de Rome en 1823. Il sculpta notamment : Philippe de France, Dunois, le cardinal de Richelieu, un Christ pour l'église de la Madeleine et, pour le fronton du Louvre, « la France protégeant ses enfants ». Une coïncidence, qui n'en n'est d'ailleurs absolument pas une, veut que François-Joseph ait eu un père portant le même prénom que lui, également statuaire de talent. Ce père vécut de 1732 à 1816 et on lui doit « l'Empereur Napoléon », « Sapho inspirée par l'amour » et « Esculape rendant Hippolyte à la vie ». C'est donc pour se distinguer de son père que François-Joseph se fit appeler Francisque-Joseph. Quoi qu'il en soit, la rue Duret existe depuis 1868. Et il semble bien que ce soit en souvenir du fils qu'elle fut baptisée ainsi.

DURIS M. Duris avait une originalité : il n'était pas propriétaire des terrains sur lesquels cette rue fut ouverte en 1832, mais d'autres, situés à proximité.

DURMAR Le propriétaire du terrain a donné son nom à cette cité.

DUROC (1772-1813). Michel Duroc, duc de Frioul, général né à Pont-à-Mousson. Sorti de Brienne en 1792, il se lia avec Bonaparte à Toulon et le suivit dans sa première guerre d'Italie en 1796. Général de brigade après le 18-Brumaire, il fit la campagne de Marengo. À l'avènement de l'Empire (1804), Duroc fut promu général de division et grand maréchal du palais. Napoléon avait en lui une grande confiance. Il combattit encore à Austerlitz, Essling et Wagram. Il se trouvait auprès de l'empereur, à l'entrée du village de Markersdorf, quand un boulet, que l'on qualifia de « perdu », le frappa mortellement. Napoléon ne l'oublia jamais et, depuis Sainte-Hélène, il fit à la famille de Duroc un legs considérable. Louis-Philippe fit déposer les restes de Duroc aux Invalides, près de Napoléon. La rue Duroc existe depuis 1847.

DUROUCHOUX Le colonel Durouchoux, de la garde nationale, fut tué, au mois de mai 1871, lors des combats livrés contre la Commune. On donna son nom à une rue en 1875.

DURY Cette impasse porte le nom d'un des propriétaires du terrain.

DURY-VASSELON (1860-1924). Mme Dury-Vasselon était peintre et c'est sur des terrains appartenant à sa famille que cette villa fut ouverte en 1930.

DU SOMMERARD (1779-1842). Alexandre Du Sommerard, archéologue, né à Bar-sur-Aube. Nommé membre de la Cour des comptes en 1807, il s'y prononça, en 1814, pour la déchéance de Napoléon. On lui attribua la paternité d'une chanson qui circula pendant les Cent-Jours et intitulée « Rendez-nous notre père de Gand » (!). En 1831 il devint conseiller maître à la Cour des comptes. À partir de cette époque, et jusqu'à sa mort, il ne cessa de rassembler les objets les plus curieux et les plus parfaits qu'ait produits l'art du Moyen Âge et de la Renaissance. En 1832, il loua l'hôtel de Cluny pour y loger ses collections. Après sa mort, l'État racheta ces « trésors », en août 1843. Du Sommerard est donc, à juste titre, considéré comme le créateur du musée de Cluny. Une rue porte son nom depuis 1867.

DUSSOUBS (1818-1851). Denis Dussoubs, qui protestait contre le coup d'État organisé par Napoléon III, périt sur une barricade, rue Montorgueil, le 4 décembre 1851. On donna son nom à une rue en 1881.

DUTHY La villa Duthy fut ouverte en 1884 sur des terrains appartenant à M. Duthy.

DUTOT Nom d'un des propriétaires du terrain quand elle fut créée en 1876.

DUTUIT (1812-1902). Auguste Dutuit, collectionneur philanthrope qui fit don de toutes ses collections artistiques au Petit Palais. Une rue reçut son nom en 1922. Ne pas confondre Auguste Dutuit avec Eugène Dutuit, écrivain, né à Marseille (1806), mort à Rouen (1886), qui écrivit « Manuel de l'amateur d'estampes » et « Œuvre complet de Rembrandt » et qui fut aussi un amateur éclairé d'objets artistiques.

DUVERGIER (1792-1877). Jean-Baptiste Marie Duvergier, jurisconsulte, né et mort à Bordeaux. Il entra au Conseil d'État en 1855, fut garde des Sceaux du 17 juillet 1869 au 2 janvier 1870, puis devint sénateur. Une rue porte son nom depuis 1899.

DUVIVIER (1794-1848). Fleurus Duvivier, général né à Rouen, mort à Paris. En 1814, avec ses camarades de Polytechnique, il défendit Paris. Il fut envoyé à Tunis en 1825, mais c'est en Algérie, à partir de 1830, qu'il fit la plus grande partie de sa carrière militaire. Entre autres, il défendit héroïquement Médéa contre Abd el-Kader en 1840. Rentré en France et élu député à la Constituante de 1848, on le nommera, cette même année, général de division et commandant en chef de la garde mobile. Il périt en défendant l'Hôtel de Ville contre les insurgés de juin. Une rue porte le nom de Duvivier depuis 1860.

E

EAUX En 1650, quand on ouvrit cette rue, on découvrit l'existence des eaux minérales de Passy. Si vous creusez au Moyen-Orient, vous faites jaillir le pétrole ; en France, ce sont des eaux que l'on fait surgir... Les habitants de la rue susnommée, avec une logique non critiquable, décidèrent que cette nouvelle rue s'appellerait « des Eaux ». La source, cependant, n'existe plus depuis la fin du XVIIIe siècle.

EAUX-DE-VIE Ancienne rue de la Halle aux Vins. Elle fut supprimée quand on construisit la nouvelle Faculté des sciences. L'alcool est l'ennemi du Savoir.

EAUX VIVES Ce passage, réservé aux piétons, doit son nom à une vasque de laquelle débordent les eaux d'une fontaine. Il existe depuis 1974.

EBELMEN (1814-1852). Joseph Ebelmen, chimiste né à Baumes-les-Dames, mort à Paris. Il fut administrateur de la Manufacture de Sèvres, à laquelle il fit faire de notables progrès, artistiques et techniques. Il y remplaça le bois par le charbon, pour la cuisson des pâtes, ce qui permit d'obtenir des porcelaines plus fines et de réaliser des économies. La rue Ebelmen existe depuis 1885.

ÉBLÉ (1758-1812). Jean-Baptiste Éblé, général, né à Saint-Jean Rohrbach (Moselle), mort à Kœnigsberg. À l'âge de 9 ans, il fut admis dans le régiment où servait son père. Devenu général de brigade en 1793, il prit part à la conquête de la Hollande, puis, avec l'armée du Rhin, s'empara de plusieurs villes. Il fut nommé gouverneur de Magdebourg et, en 1808, ministre de la Guerre du roi Jérôme, frère de Napoléon, en Westphalie. Il rentra en France en 1809. Il servit ensuite en Russie où, au cours de la retraite, Napoléon l'avait chargé de faire sauter les ponts de la Bérézina ; il retarda l'heure prescrite par l'empereur et permit ainsi à un grand nombre de soldats d'être sauvés. Napoléon ne lui reprocha pas cette petite désobéissance et, au contraire, le combla d'honneurs. Malheureusement, Éblé mourut, en Prusse, au moment où l'empereur le nommait inspecteur général de l'artillerie : l'épuisement causé par ses campagnes successives avait eu raison du général, dont une rue porte le nom depuis 1851.

ÈBRE Fleuve de l'Espagne, long de 900 km. Né en Castille près de Reynosa, à 847 mètres d'altitude, il continue sa route en Navarre, en Aragon et finit sa promenade en Catalogne. Entre autres villes, il arrose Miranda et Saragosse. Prenant sa source à 45 km de l'Atlantique, il se jette pourtant dans les bras de la Méditerranée, qui doit lui plaire davantage. La rue de l'Èbre existe depuis 1877.

ÉCHAUDÉ Le mot « échaudé » semble être une déformation d'un autre mot, «échauguette». L'échauguette était une sorte de guérite, munie d'ouvertures permettant de voir de tous côtés. Elle faisait partie des fortifications du Moyen Âge et était construite en encorbellement sur certains points des murailles des places fortes. Ce fut le cas ici, à la fin du XIVe siècle, quand on construisit des remparts pour protéger l'abbaye de Saint-Germain. La rue de l'Échaudé est connue, sous ce nom, depuis 1612.

ÉCHELLE C'est d'une échelle « patibulaire », c'est-à-dire une échelle d'un gibet, ou de la représentation symbolique de celui-ci, qu'il s'agit. Elle a une petite histoire : en 1649, plusieurs « débauchés », qui se nommaient Brissac, Candalle et Rouville, une nuit d'hiver, brûlèrent cette échelle patibulaire qui se trouvait au coin de la rue du Temple et de celle des Vieilles-Haudrières. Cette échelle était l'insigne du droit de haute justice de la commanderie du Temple. Cet acte audacieux fit grand bruit et fut même chanté dans une complainte. Dans l'incendie, l'échelle du Temple ne perdit qu'un de ses deux montants ; le second existait encore en 1783. Le nom de rue « de l'Échelle » est antérieur à cette anecdote, puisqu'il existe depuis 1633.

ÉCHIQUIER C'est en 1772 que M. Delamichodière, secrétaire d'État et prévôt des marchands de Paris, reçut la mission d'ouvrir trois rues près du boulevard de Bonne-Nouvelle. Il s'acquitta parfaitement de sa tâche et l'une de ces rues fut baptisée « de l'Échiquier » parce que c'est sur le terrain du fief de l'Échiquier qu'on la construisit. En fait, il semble qu'une petite erreur ait existé au départ : la troisième de ces rues ne fut ouverte qu'en 1779 et elle devait s'appeler « rue d'Enghien » ; mais des religieuses du prieuré des Filles-Dieu réclamèrent alors que la rue de l'Échiquier primitivement construite soit débaptisée pour prendre le nom d'Enghien et que la dernière rue ouverte prenne le nom d'Échiquier, car c'était précédemment sur son emplacement que se trouvait la « maison de l'Échiquier », qui fut toujours le chef-lieu de leur fief. Il y eut donc permutation.

ÉCLUSES SAINT-MARTIN On connaît cette rue depuis 1610. Son nom est dû à la proximité des écluses du canal Saint-Martin.

ÉCOLE (place). Au XIVe siècle, il existait sur la berge de la Seine, proche, un point d'accostage ou échelle de navigation, qui s'appelait « scala » (latin). Par déformation, on en arriva à dire « schola » (école), d'où le nom de cette place, depuis 1413.

ÉCOLE (impasse). Nom dû à une école qui était située dans cette impasse au XIXe siècle.

ÉCOLE DE JOINVILLE Cette avenue fut baptisée en 1978 afin de perpétuer le souvenir de la fameuse école dont le berceau – au chevet duquel devaient veiller toutes les fées guerrières – se trouvait à la redoute de la Faisanderie, sise dans le bois de Vincennes.

ÉCOLE DE MÉDECINE C'est depuis 1790 que cette rue porte ce nom, dû, bien entendu, au voisinage de l'École de médecine. Cependant, elle changea deux fois de nom : d'abord, de 1793 à 1796 elle devint rue Marat ; ensuite, de 1796 à 1799 elle s'appela rue de l'École-de-Santé. La Faculté de médecine, située au 12 de cette rue, comporte deux « époques » : une première partie bâtie en 1774, une seconde partie construite de 1878 à 1900.

ÉCOLE MILITAIRE (place). L'École militaire fut construite de 1752 à 1757. Elle ne recevait que les jeunes nobles. En 1776, on projeta de la vendre et les élèves durent essaimer dans diverses provinces, mais la vente ne se fit pas ; en 1777, on y installa un corps de cadets. Cette École militaire, située maintenant face au Champ-de-Mars, qui lui servit d'ailleurs de terrain d'exercice, fut primitivement installée à Vincennes, par Louis XV. La place de l'École-Militaire existe depuis 1812.

ÉCOLE POLYTECHNIQUE Cette école fut créée en 1794 ; elle donne des connaissances étendues dans les sciences mathématiques, physiques et chimiques. Elle recrute des sujets, aussi bien pour les domaines civils (mines, ponts et chaussées, manufactures de l'État, etc.) que militaires. La rue de l'École-Polytechnique existe depuis 1844.

ÉCOLES (cité). Nom dû à la proximité d'écoles du XXe arrondissement.

ÉCOLES (rue). Depuis le Moyen Âge, c'est là le quartier des écoles. La plus ancienne est peut-être le collège des Bons-Enfants, qui date de 1254. La rue des Écoles fut baptisée en 1852.

ÉCOLIERS C'est en 1877 que l'on baptisa ainsi ce passage, à cause des écoles qu'il abritait – comme, actuellement encore, un centre d'enseignement de la Croix-Rouge – ou auxquelles il conduisait.

ÉCONOME Cette rue, qui fait partie de Paris depuis 1930, était auparavant située sur le territoire de la commune des Lilas. Sans que ce soit une certitude absolue, ce nom proviendrait du mot populaire dont on affublait jadis le charmant animal appelé « campagnol ».

ÉCOSSE Pendant trois cents ans – de 1300 à 1600 – des écoliers écossais résidèrent dans cette rue. D'où son nom. L'Écosse (Scotland) occupe la partie septentrionale de l'île de Grande-Bretagne. Elle est divisée en Basses-Terres (Lowlands) et en Hautes-Terres (Highlands). Sa surface est de 70 000 km² (78 800 avec les îles côtières). Si le littoral occidental est très humide, celui de l'est est relativement sec. L'Écosse, qui compte 33 comtés, a pour capitale Édimbourg. La rue de l'Écosse existe depuis le début du XVIIe siècle.

ÉCOUFFES Au Moyen Âge, le milan, oiseau de proie, était appelé « écoufle ». Ce volatile servait d'enseigne aux prêteurs sur gage. Une de ces enseignes se trouvait dans cette rue et, de déformation en déformation, « écoufle » devint « écouffes ». Cette rue est connue depuis le XIIIe siècle, et plus précisément depuis 1233.

ÉCRIVAINS COMBATTANTS MORTS POUR LA FRANCE C'est en 1929 que ce square fut ouvert en hommage aux écrivains morts au champ d'honneur pendant la guerre 14-18.

ÉCUYERS Tout près de là se trouve l'impasse des Chevaliers ; quand un chevalier est quelque part, son écuyer n'est pas loin. Ce sentier, dans sa portion actuelle, existe depuis 1929.

EDGAR FAURE (1908-1988). Avocat et homme politique français, né à Béziers, mort à Paris. Député radical-socialiste entre 1946 et 1958, il fit partie de plusieurs gouvernements de la IVe République, comme ministre ou président du Conseil. Après mai 1958, il se rallia au général de Gaulle et s'occupa, officieusement, de l'établissement des relations diplomatiques entre notre pays et la Chine (1963). Puis, en tant que « gaulliste de gauche », il dirigea le ministère de l'Agriculture dans le cabinet Georges Pompidou de 1966. Après les mouvements de « Mai 68 », on le chargea de l'Éducation nationale (ce qui n'était pas un cadeau) et il fit adopter une loi d'orientation pour la réorganisation de l'enseignement, surtout des universités. Enfin, il fut président de l'Assemblée nationale de 1973 à 1978. Auteur d'un certain nombre d'ouvrages, dont « Philosophie d'une réforme », il entra à l'Académie française en 1978. Il a dit : « La France n'a pas deux jeunesses. Pour une jeunesse aurons-nous deux âmes? » Il a sa rue depuis 1994.

EDGAR POE (1809-1849). Edgar Allan Poe, écrivain américain, né à Baltimore. Ses parents, comédiens pauvres, le laissèrent dans la misère et il fut recueilli par un riche planteur, John Allan, qui lui fit donner une excellente instruction. Mais, à cause d'une conduite que le qualificatif de « mauvaise » n'évoque qu'imparfaitement, Edgar Poe, malgré une vive intelligence, ne put, adolescent, demeurer plus d'un an à l'université de Charlottesville. Son protecteur le fit alors travailler dans ses bureaux, mais Poe ne s'y plut guère et s'enfuit... Reçu à l'école militaire de West Point, son inconduite, toujours, l'en fit chasser promptement, en 1831. Il tenta alors fortune à New York et publia de splendides poèmes qui passèrent inaperçus. Il se rendit à Richmond, gagna deux prix de 100 dollars dans un concours littéraire et, d'emblée, devint directeur du « Southern Literary Messenger ». Période euphorique, puisqu'en 1836, il se maria avec Virginie Clemm. Mais, dès ce mariage, sans qu'on puisse en tirer des conclusions de cause à effet, une vie de travail, mais surtout de misère, commença pour Edgar Poe. Il chercha dès lors dans l'alcool l'oubli du réel et l'inspiration. Apparemment, celle-ci lui vint, car il a écrit ces chefs-d'œuvre que tout le monde connaît : « Tales of the Grotesque and the Arabesque », recueil de contes dans lequel Baudelaire, son traducteur, a pris les « Histoires extraordinaires ». Citons encore, de Poe, « les Aventures d'Arthur Gordon Pym », traduites aussi par Baudelaire. Mentionnons également ses poésies, parmi lesquelles un poème fort étrange, « the Raven » (« le Corbeau »), traduit en prose par Baudelaire et Mallarmé. Revenons à la vie d'Edgar Poe pour dire qu'accueilli partout, d'abord avec enthousiasme pour son talent, il se faisait ensuite chasser très rapidement pour son intempérance. Sa femme mourut en 1847. Il devint sujet à des attaques de delirium tremens, mais sembla vouloir se reprendre et fut sur le point d'épouser une vieille dame très riche. Pourtant on le trouva mourant, un matin, devant la porte d'une taverne de Baltimore où il avait passé la nuit. Les écrits de Poe « hantent les lieux infernaux », et qui le lit est assuré de connaître des nuits de cauchemars. Une rue porte son nom depuis 1928.

EDGAR QUINET (1803-1875) Écrivain, philosophe et homme politique né à Bourg-en-Bresse, mort à Paris. Entre autres ouvrages, il écrivit, en 1831, « le Système politique de l'Allemagne » dans lequel il prévoyait l'hégémonie future de la Prusse. Dans les salons de Mme Récamier, qu'il fréquentait, il rencontra Mina Doré qu'il épousa en 1834. En 1842, on lui confia la chaire de littérature française au Collège de France. Mais il choqua le clergé par ses leçons sur les Jésuites (1834) et l'ultramontanisme (1844), si bien que Guizot interdit ses cours. En 1848, Edgar Quinet fut élu député à la Constituante par son département natal, l'Ain. Siégeant à gauche, le coup d'État napoléonien du 2 décembre 1851 le força à l'exil. Il s'installa à Bruxelles. Son éloignement de la patrie ne fut pas trop pénible puisqu'il lui permit de convoler, en secondes noces, avec la fille d'un patriote roumain, Georges Asaky. Son séjour bruxellois fut aussi très prolifique dans le domaine littéraire : « les Révolutions d'Italie », « les Esclaves », « Histoires de mes idées », etc. En 1858, Quinet partit pour la Suisse, à Veytaux, et publia « Merlin l'Enchanteur », « Mort de la conscience humaine », « Lettres politiques », et en 1870, « la Création », inspirée de Darwin. Lors du 4 septembre 1870 il revint en France, se fit réélire à l'Assemblée nationale, puis publia un important ouvrage, « l'Esprit nouveau », en 1874. Le boulevard Edgar-Quinet existe depuis 1879.

EDGAR VARÈSE (1883-1965). Compositeur américain d'origine française qui peut être considéré comme un de ceux ayant le plus profondément marqué, musicalement parlant, le passage du XIXe au XXe siècle. Né à Paris, mort à New York, son œuvre est, en quelque sorte, d'anticipation; il disait d'ailleurs : « La musique de demain sera spatiale, les sons donneront l'impression de décrire des trajectoires dans l'espace, de se situer dans un univers sonore en relief. » Il concrétisa cela notamment dans « Poème électronique ». Autres œuvres : « Densité 21,5 », « Procession de Vergès », « Arcana », etc. Il a dit aussi : « Mourir est le privilège de ceux qui sont épuisés. Les compositeurs d'aujourd'hui refusent de mourir. » Une rue lui est dédiée depuis 1987

ÉDIMBOURG Capitale de l'Écosse, sur le Leith, à 3 km du golfe de Forth, Édimbourg aurait été fondée au VIIe siècle par Edwin, roi de Northumbrie. En 1633, Charles Ier lui conféra le titre de cité. Jusqu'au XVIIIe siècle la ville n'occupait qu'une colline située au sud ; le XIXe vit l'autre colline, celle du nord, se couvrir d'habitations. Célèbre pour ses établissements scientifiques et littéraires, Édimbourg fut, à une époque, surnommée « la nouvelle Athènes ». Les joyaux de la couronne d'Angleterre sont conservés dans le château de la ville. Édimbourg est la patrie du financier Law et du romancier Walter Scott. Quoi de plus normal donc qu'une rue de Paris porte le nom de la capitale écossaise, et ce, depuis 1877.

EDISON (1847-1931). Thomas Edison, inventeur américain, né à Milan (Ohio). Dans sa jeunesse, employé d'une compagnie de chemin de fer, il édita seul un journal qu'il vendait aux voyageurs. En 1862 Edison entra au bureau télégraphique de Port-Huron et, en 1864, inventa son télégraphe « duplex » permettant de faire passer simultanément sur un fil unique deux dépêches en sens inverse. En 1868, il alla à Boston et y fonda, en 1869, un atelier de construction d'instruments télégraphiques. En 1870, il est l'ingénieur de plusieurs sociétés et ses inventions prospèrent. Cela ne l'empêche pas de poursuivre ses recherches. En 1877, il trouve le « microtéléphone », qui simplifie le téléphone de Bell et le rend facilement utilisable. Toujours en 1877, il invente le phonographe – que les Français attribuent plus volontiers à Charles Cros – et en 1878 il apporte de nombreuses améliorations à la lampe à incandescence. En tout, Edison réalisa au moins 600 inventions. Une rue porte son nom depuis 1932.

ÉDIT DE NANTES Édit de pacification religieuse signé par Henri IV le 13 avril 1598, pour mettre fin aux guerres civiles qui opposaient, en France, catholiques et protestants et qui accorda, sur le plan politique et religieux, des garanties aux protestants. Sa Révocation, signée par Louis XIV en 1685, entraîna le départ à l'étranger de plus de 200 000 protestants. La place de l'Édit-de-Nantes existe depuis 1998.

ÉDITH PIAF (1915-1963). Giovanna Gassion, dite Édith Piaf, chanteuse française née et morte à Paris. Elle débuta en 1936 au cabaret Guerny's sous le nom de « môme Piaf » (surnom donné par Louis Leplée – l'homme qui l'a découverte – pour concurrencer une autre chanteuse de l'époque, appelée « môme Moineau »). Bientôt, Jacques Canetti (découvreur, plus tard, de Brassens, Béart, Devos, etc.) l'engage à la radio et lui trouve une marque de disques, Polydor. Elle connaît, en 1938, son premier succès en reprenant une chanson créée par Marie Dubas, « Mon légionnaire » de Raymond Asso. Dès lors, sa popularité ne se démentira plus et le monde entier l'accueillera. Sa voix, aux accents dramatiques et déchirants, était absolument extraordinaire. Non contente d'être adulée par le public, elle aida les débuts de nombreux artistes (Meurisse, les Compagnons de la Chanson, Montand, Moustaki, Marten, Théo Sarapo – avec qui elle se maria à la fin de sa vie). Petite anecdote : on sait qu'elle aima beaucoup le boxeur Marcel Cerdan, disparu dans un accident d'avion; adepte du spiritisme, elle demanda, quelque temps après le drame, à une de ses amies de monter à l'étage de l'appartement qu'elle occupait boulevard Lannes, à Paris, pour y quérir un guéridon. En descendant le meuble, l'amie chuta et se releva avec un œil en piteux état. « Tu vois, lui dit Édith Piaf en faisant allusion à Cerdan, il a encore une sacrée droite ! »... Tous ceux qui ont aimé Piaf lui vouent toujours un culte fervent. Elle a chanté : « la Vie en rose », « Hymne à l'amour » (deux chansons dont elle rédigea les paroles), « Non, je ne regrette rien », « Milord », etc. Une place porte son nom depuis 1978.

EDMOND ABOUT (1828-1885). Né à Dieuze (Moselle) et mort à Paris, cet écrivain, après avoir tenté sa chance au théâtre (« Gaëtana ») sans succès, se consacra aux ouvrages purement romanesques. On lui doit « les Mariages de Paris », « le Roi des montagnes » que l'on distribuait gentiment aux bons élèves lors des distributions des prix des années 50, « l'Homme à l'oreille cassée », « le Nez d'un notaire » et « le Roman d'un brave homme ». About, qui fut aussi journaliste, écrivait dans un style fantaisiste et malicieux. Élu à l'Académie française en 1884, il rendit le dernier soupir avant d'avoir pu prononcer son discours de réception. La rue Edmond-About existe depuis 1894.

EDMOND FLAMANT (1853-1915). Mutualiste, fonda l'Orphelinat des chemins de fer. C'est à ce titre qu'on donna son nom à une rue en 1938.

EDMOND FRÉMY (1814-1894). Chimiste né à Versailles, mort à Paris. Fut nommé président de l'Académie des sciences en 1875. On lui doit la découverte de l'acide ferrique, de la fermentation lactique et pectique, la production artificielle de pierres précieuses, etc. En chimie organique et physiologique, il a étudié l'acide tartrique, la cellulose, la chlorophylle, la composition des os, de l'albumine, etc. Parmi ses ouvrages, citons « De la composition chimique du cerveau », « Métal à canon » et « Recherches sur la betterave à sucre ». Une rue porte son nom depuis 1932.

EDMOND GONDINET (1828-1888). Qui se souvient de M. Gondinet, auteur dramatique, né à Laurière (Haute-Vienne), mort à Neuilly-sur-Seine ? Qui se souvient qu'employé au ministère des Finances, il en donna sa démission après ses premiers succès littéraires ? Qui a gardé en mémoire le titre de ses pièces : « le Homard » (1874), « les Convictions de papa » (1877), « Gavaud, Minard et Cie », et « le Plus Heureux de trois » ? Qui sait qu'il alliait une observation légère, rapide, tant soit peu superficielle, à une fantaisie aimable et discrète ? Qui subodorait qu'une rue portait son nom depuis 1899 ?

EDMOND GUILLOUT Propriétaire des terrains sur lesquels cette rue fut ouverte en 1883.

EDMOND MICHELET (1899-1970). Homme d'État et militant chrétien, il s'engagea, dès 1940, dans la Résistance; cela lui valut, en 1943, la déportation à Dachau. Après la guerre il entra dans la politique active; il fut, entre autres, et durant quelques mois, ministre de la Culture; cela lui permit d'affirmer – ou à peu près – que la pauvreté n'était nullement nocive à la création. Peut-être mal comprise, cette « sortie » déclencha la mauvaise humeur d'un certain nombre d'artistes. En 1978, on attribua son nom à une place.

EDMOND ROGER Rue ouverte en 1927 ; elle porte le nom du propriétaire du terrain.

EDMOND ROSTAND (1868-1918) Écrivain, né à Marseille, fils d'un littérateur et économiste. Sa première pièce, en vers, fut « les Romanesques » (1894). En 1895, il donne « Princesse lointaine » et, deux ans après, « la Samaritaine », évangile en trois tableaux. Son œuvre capitale, « Cyrano de Bergerac », date de 1897. En 1900, Rostand donna « l'Aiglon » et, en 1910, « Chantecler ». Il entra à l'Académie française en 1902. Il eut un fils, également membre de l'Académie française, biologiste, né en 1894, dont les travaux sur la parthénogenèse expérimentale sont essentiels. La place Edmond-Rostand existe depuis 1924.

EDMOND ROUSSE (1817-1906). Avocat qui naquit à Paris. Après 1871, Jules Simon, ministre de l'Instruction publique, le nomma membre de la commission chargée de préparer la réorganisation de l'enseignement du droit. Edmond Rousse, qui a écrit « Consultations sur les décrets du 29 mars 1881 », « Discours académiques » et « Avocats et magistrats », fut élu à l'Académie française en 1881. Une rue porte son nom depuis 1925.

EDMOND VALENTIN (1823-1879). Préfet et sénateur, né à Strasbourg, mort à Paris. Engagé volontaire dans les chasseurs à pied en 1842, vite connu pour ses opinions républicaines, il fut élu, dès 1850, représentant du Bas-Rhin à l'Assemblée législative. Proscrit après le 2 décembre 1851, il partit en Angleterre et ne la quitta qu'en 1870. Après la chute de l'Empire, il fut nommé préfet du Bas-Rhin et put pénétrer dans Strasbourg en traversant les fossés à la nage et en escaladant les fortifications. Après la capitulation, il fut fait prisonnier et emmené en Allemagne, dans la forteresse d'Ehrenbreitstein. Sitôt libéré, en février 1871, Thiers le nomma préfet du Rhône ; il eut à réprimer le soulèvement de la Guillotière, à Lyon, en avril de cette année il y sera blessé d'une balle à l'épaule en s'emparant d'un drapeau rouge. En 1875, il fut élu député de Seine-et-Oise et, en 1876, sénateur du Rhône. Sa mort semble devoir être imputée à un suicide. Une rue porte le nom d'Edmond Valentin depuis 1896.

ÉDOUARD VII (1841-1910). Roi d'Angleterre, né à Londres, fils de la reine Victoria. Il accéda au trône en 1901. Son règne vit la fin de la guerre du Transvaal. Édouard VII est l'initiateur de l'Entente cordiale. C'était un fort bel homme, doté de barbe et moustache. Une rue porte son nom depuis 1912. La place Édouard-VII existe depuis la même année.

ÉDOUARD COLONNE (1838-1910). Naquit à Bordeaux, fut violoniste et chef d'orchestre. En 1871 il créa le Concert national, qui aujourd'hui porte son nom. La rue Édouard-Colonne existe depuis 1912.

ÉDOUARD DETAILLE (1848-1912). Peintre né à Paris, élève de Meissonier, qui se spécialisa dans la reproduction des scènes de la vie militaire. On lui doit « Une halte », « Repos pendant la manœuvre au camp de Saint-Maur », « les Vainqueurs », « En reconnaissance » et « Salut aux blessés ». Il fut nommé membre de l'Académie des beaux-arts en 1892. La rue Édouard-Detaille existe depuis cette même année.

ÉDOUARD FOURNIER (1819-1880). Écrivain né à Orléans, qui consacra beaucoup de ses ouvrages à l'histoire de Paris. Il écrivit, par exemple, « Énigmes des rues de Paris », « Histoire du Pont-Neuf », « Histoire de la butte des Moulins » et « Histoire des enseignes de Paris ». Sur un autre plan, rappelons que nous lui devons deux pièces de théâtre : « la Farce de Maître Pathelin » et « Gutenberg ». La rue Édouard-Fournier existe depuis 1905.

ÉDOUARD JACQUES (1828-1900). Quand M. Édouard Jacques mourut, on donna son nom à une rue du XIVe arrondissement dont il fut maire.

ÉDOUARD LOCKROY (1838-1913). Édouard Lockroy, de son vrai nom Édouard Simon, naquit à Paris. C'est un homme politique qui s'adonna d'abord à la peinture. Il prit part à l'expédition de Garibaldi en Sicile (1860) et accompagna Ernest Renan en Judée. Puis il devint journaliste au « Figaro » et au « Rappel ». En 1871, député extrême gauche de la Seine, il tenta d'empêcher la guerre civile, démissionna le 2 avril et fut emprisonné jusqu'en juin. En 1873, il est élu député des Bouches-du-Rhône et sera réélu à Aix en 1877. Ministre du Commerce et de l'Industrie le 7 janvier 1886, il gardera son portefeuille jusqu'en mai 1887. Il sera ensuite, de 1888 à 1889, ministre de l'Instruction publique. Plus tard enfin, il deviendra ministre de la Marine, ce qui prouve son éclectisme... La rue Édouard-Lockroy existe depuis 1933.

ÉDOUARD MANET (1832-1883). Peintre et graveur, né et mort à Paris. Engagé comme mousse en 1850, il partit pour le Brésil. Dès qu'il revint en France, il se consacra à la peinture. Il fit un séjour en Italie, puis un autre en Hollande. Sa peinture inclina d'abord vers l'école réaliste, mais il ne fut pas immédiatement admis – un de ses tableaux, « Déjeuner sur l'herbe », fut accueilli par des risées. Petit à petit, cependant, il parvint à s'imposer, et son œuvre inspira certains autres peintres précurseurs des impressionnistes. Lui-même doit être considéré comme le chef de cette école, avec les toiles suivantes : « les Baigneuses », « le Déjeuner dans l'atelier », « Portraits en plein air ». Comme graveur, Manet fit des portraits de Baudelaire, Poe et de l'infante Marguerite, d'après Vélasquez. La rue Édouard-Manet existe depuis 1904.

ÉDOUARD PAILLERON (1834-1899). Littérateur né et mort à Paris. D'abord avocat, il débuta dans les lettres par une pièce donnée à l'Odéon en 1860 : « le Parasite ». Cette première pièce était en vers, mais c'est dans la prose qu'on l'apprécia, avec « Dernier quartier », « le Monde où l'on s'amuse » et « le Monde où l'on s'ennuie », joué à la Comédie-Française et considéré comme son chef-d'œuvre. Si vous voulez connaître la vie privée d'Édouard Pailleron, sachez qu'il épousa, en 1863, la fille de François Buloz et qu'il y a un lien certain entre ce mariage et le fait que quelque temps après il devint propriétaire – en tout cas un des propriétaires – de la « Revue des Deux Mondes ». Pailleron, à l'imagination légère et déliée, fut surtout un satirique très percutant. Une rue porte son nom depuis 1899.

ÉDOUARD QUENU (1852-1933). Fut un chirurgien réputé, membre de l'Académie de médecine et de l'Institut. Une rue porte son nom depuis 1938.

ÉDOUARD RENARD (1883-1935). Gouverneur de l'Afrique occidentale française et préfet de la Seine. Une place porte son nom depuis 1932, c'est-à-dire l'année qui suivit l'Exposition coloniale du bois de Vincennes, à la lisière duquel cette place se trouve.

ÉDOUARD ROBERT Quand vous étiez enfant, bûtes-vous à un biberon Robert ? Si oui, sachez que Robert était le patronyme du fabricant de ces biberons qui se prénommait Édouard. C'est lui qui, en 1921, propriétaire d'un immeuble dans cette rue qu'on venait d'ouvrir, la baptisa, avec un sens évident de la publicité, rue Biberon-Robert. Cinq ans plus tard, on remplaça le mot « biberon » par son prénom.

ÉDOUARD VAILLANT (1840-1915). Homme politique, né à Vierzon, membre de la Commune de Paris. Docteur ès sciences en 1865, Vaillant se rendit alors en Allemagne, à l'université d'Heidelberg, afin de s'y perfectionner en médecine. Là-bas il s'affilia à l'Internationale et, lorsqu'il revint en France en 1870, il s'ingénia à en répandre les doctrines. Il est notoire que la propagande collectiviste de l'Internationale prédisposa grandement à la naissance de la Commune, dont les causes principales furent la misère du peuple de Paris et la crainte d'une restauration royaliste. Édouard Vaillant fut député de la Commune qui commença le 18 mars 1871 et se termina le 28 mai de la même année. La Commune de Paris s'avéra extrêmement sanglante, notamment la dernière semaine, qu'on appela la « rouge semaine ». Beaucoup de bâtiments furent incendiés par les communards, notamment les Tuileries et l'Hôtel de Ville. C'est Mac-Mahon qui, avec 100000 hommes, rue par rue, barricade par barricade, reprit la capitale aux fédérés, qui étaient 200000. Après le 28 mai, 11000 fédérés passèrent en conseil de guerre, beaucoup furent fusillés, d'autres subirent la déportation en Nouvelle-Calédonie. Édouard Vaillant, quant à lui, put fuir en Angleterre ; on le condamna à mort par contumace. Il revint en France après l'amnistie du 14 juillet 1880, s'adonna à nouveau à la politique et fut élu, en 1884, conseiller municipal de Paris. Il se déclara contre le boulangisme et, en 1888, dirigea « l'Homme libre ». Enfin, en 1893, Édouard Vaillant fut élu député socialiste de la Seine. La rue qui porte son nom fut détachée en 1930 de la commune de Boulogne-Billancourt, où une autre portion de cette voie existe encore.

EDWARD TUCK (1842-1938). Mr. Edward Tuck était un Américain, philanthrope et collectionneur, que les édiles parisiens nommèrent « citoyen de Paris ». On donna son nom à une rue l'année de sa mort.

EDWIGE FEUILLÈRE Actrice, de son vrai nom Edwige Caroline Cunati, née à Vesoul - où un théâtre porte son nom - en 1907, morte en 1998. Après avoir passé une grande partie de son enfance en Italie, elle étudia au Conservatoire de Paris à partir de 1928, épousa Pierre Feuillère, interpréta de petits rôles sous le nom, d'abord, de Cora Lynn et fut membre de la Comédie-Française de 1931 à 1933. À partir de la seconde partie des années 30, elle se partagea entre théâtre et cinéma quasiment jusqu'à son décès. Sur scène, elle obtint ses plus grands succès dans «La Dame aux camélias» (1937), «Sodome et Gomorrhe» (1943), «Pour Lucrèce» (1953), «L'Aigle à deux têtes» (1946), porté à l'écran en 1947, «La Folle de Chaillot», «La Visite de la vieille dame», etc. Au cinéma on la vit notamment dans «Le Cordon bleu» (premier film en 1931), «Mam'zelle Nitouche» (1931), «Ces messieurs de la Santé» (1934), «Marthe Richard, au service de la France» (1937), «L'Idiot» (1945), «Adorables créatures» (1952), «Quand la femme s'en mêle» (1957), «La Chair de l'orchidée» (1974), etc. Elle a publié ses souvenirs, en 1977, sous le titre «Les

Feux de la mémoire». Jean Cocteau (1889-1963) la surnommait «la reine des neiges, du sang, de la volupté et de la mort». Une place porte son nom depuis 2004.

ÉGALITÉ Cette rue fut ouverte en 1889, en même temps que deux autres tout près d'elle : la rue de la Fraternité et la rue de la Liberté. Alors voilà : Liberté, Égalité, Fraternité, faites le tour.

EGINHARD (770-840). Eginhard ou Einhard, chroniqueur de l'époque carolingienne, né à Maingau, dans le bassin du Main. Venu à la cour de Charlemagne, il ne tarda pas à s'y faire remarquer pour l'étendue de ses connaissances. Il est l'auteur d'une « Vie de Charlemagne », écrite en latin, qui est le document le plus important sur la vie du grand empereur. Cette chronique fut rédigée un peu après la mort de Charlemagne, en 814. Eginhard, qui avait toute la confiance de « l'empereur à la barbe fleurie », garda celle de son successeur, Robert le Pieux, dont il écrivit partiellement la vie. Eginhard s'était marié avec une femme prénommée Imma, qui mourut en 836. Il fonda le monastère de Mülheim-sur-le-Main, où sont conservées les reliques de saint Marcellin. La rue Eginhard existe depuis 1864.

ÉGLANTIERS Cette rue fut baptisée ainsi en 1873. Auparavant elle s'appelait « des Rosiers ». Peut-être la rebaptisa-t-on parce que, mal entretenus, les beaux rosiers qui s'y trouvaient en 1838 devinrent sauvages.

ÉGLISE (impasse). Nom dû au voisinage de l'église Saint-Jean-Baptiste.

ÉGLISE (rue). L'église Saint-Jean-Baptiste de Grenelle fut construite en 1828. Cette rue aussi et elle conduisait à l'édifice religieux, d'où son nom.

ÉGLISE D'AUTEUIL Ex-place d'Auteuil rebaptisée en 1996 à cause de la proximité de l'église Notre-Dame-d'Auteuil construite en 1319 et agrandie deux fois aux XVe et XVIIe siècles.

ÉGLISE DE L'ASSOMPTION Cette place, qui a reçu son nom en 1954, le doit au voisinage de l'église Notre-Dame-de-l'Assomption.

EIDERS Les eiders sont des oiseaux proches du canard; on les trouve – si on les cherche – sur les côtes scandinaves. Leur duvet – doux, doux, doux... – fait le bonheur des fabricants d'édredons. Du bec à la queue, un eider en bonne santé mesure environ 65 cm. L'allée des Eiders existe depuis 1977.

ELGÉ Nom du propriétaire du terrain où fut construite cette cité.

ÉLIE Cette cité a également emprunté le nom du propriétaire des terrains.

ÉLIE DE BEAUMONT (1798-1894). Géologue né et mort à Canon (Calvados), qui fut secrétaire perpétuel de l'Académie des sciences à la mort d'Arago en 1853. Avec Dufresnoy, il établit la « Carte géologique de la France ». Il révisa la théorie du soulèvement des montagnes et s'en expliqua dans « Recherches sur quelques-unes des révolutions de la surface du globe » et dans « Notice sur les systèmes de montagnes ». Une rue porte le nom d'Élie de Beaumont depuis 1931.

ÉLIE FAURE (1873-1937). Historien qui vit le jour à Sainte-Foy-la-Grande. On lui doit principalement deux ouvrages : « Histoire de l'art » et « l'Esprit des formes ». La rue Élie-Faure, baptisée en 1961, remplace la rue du Colonel-Dominé, dont nous avons cependant tenu à parler précédemment.

ÉLISA BOREY Créée en 1883, cette rue porte le nom de la personne propriétaire du terrain sur lequel elle fut ouverte.

ÉLISA LEMONNIER (1805-1865). Élisa Grimailh, épouse Lemonnier, naquit à Sorèze et mourut à Paris. Son titre de gloire est d'avoir fondé des écoles professionnelles pour jeunes filles. En 1848, elle ouvrit un atelier de couture et fut frappée par l'ignorance de ses ouvrières. Elle fonda donc d'abord, en 1856, une société de protection maternelle qui prit le nom, en 1862, de Société pour l'enseignement professionnel des femmes. Cette même année, elle ouvrit à Paris la première des écoles devant porter son nom. La rue Élisa-Lemonnier existe depuis 1884.

ÉLISABETH C'était le prénom de la fille du propriétaire du terrain sur lequel on ouvrit cette impasse.

ÉLISÉE RECLUS (1830-1905). Écrivain et géographe né à Sainte-Foy-la-Grande, comme l'historien d'art Élie Faure. Ses idées républicaines le contraignirent à quitter la France en 1851 et il voyagea en Amérique, en Europe, et séjourna plusieurs années en Nouvelle-Grenade (Colombie). Il revint à Paris en 1857 et écrivit, dans la « Revue des Deux Mondes », des articles consacrés à la guerre de Sécession. Plus tard, il s'affilia à l'Internationale et, pendant la guerre de 1870, servit dans la compagnie d'aérostiers de Nadar. Il participa aussi à la Commune, fut fait prisonnier au plateau de Gravelle et envoyé en déportation. Condamné au bannissement en 1872, c'est à l'étranger qu'Élisée Reclus commença à écrire sa magistrale « Géographie universelle ». En 1892, il professa à l'Université nouvelle de Bruxelles. La rue Élisée-Reclus, réputée pour posséder les plus beaux marronniers de Paris, en tout cas ceux qui fleurissent les premiers, existe depuis 1907.

EL SALVADOR République d'Amérique centrale, dont la capitale est San Salvador. Elle compte 6 500 000 habitants pour une superficie de 21 000 km^2. On y parle l'espagnol – ce fut d'ailleurs une colonie de l'Espagne jusqu'en 1821, date de son indépendance. Le climat y est tropical. La place El-Salvador existe depuis 1965.

ELSA MORANTE Femme de lettres italienne née et morte à Rome (1912-1985). Dès son premier recueil de récits («Il Gioco segreto», 1941) elle se différencie des écrivains de sa génération en s'inscrivant dans une sorte de réalisme onirique qui trouve son inspiration dans le côté mystérieux presque toujours présent dans la vie d'un être humain. Ses romans suivants («Mensonge et sortilège», 1948, «L'Île d'Arturo», 1957, «La Storia», 1974) font d'elle une romancière majeure. Une rue porte son nom depuis 2003.

ÉLYSÉE C'est Napoléon III qui fit ouvrir cette rue, vers 1852, afin d'isoler le palais de l'Élysée sur son côté est. Elle s'appela rue de la Reine-Hortense un certain temps. Quant au palais de l'Élysée lui-même, il fut construit en 1718 par Molet, architecte, pour Henri de La Tour d'Auvergne, comte d'Évreux. Mme de La Pompadour y habita, ainsi que son frère, avant de le vendre à Louis XV qui y entreposa les meubles de la Couronne. En 1773, l'hôtel d'Évreux – c'était le premier nom de l'Élysée – appartenait au banquier Nicolas Beaujon. Le roi le lui fit racheter pour en faire la demeure des princesses et princes étrangers ou des ambassadeurs extraordinaires. En 1790, la duchesse de Bourbon l'acquit et le nomma l'Élysée-Bourbon. Devenu bien national à la Révolution, il servit d'asile à l'Imprimerie nationale (1792), avant de devenir un lieu public où l'on dansait (1797). En 1806 Murat l'acheta et en fit don à l'empereur en devenant roi de Naples. Napoléon y résida de temps en temps et, en tout cas, c'est là qu'il signa son abdication, le 22 juin 1815. Ensuite, Louis XVIII le donna au duc de Berry qui l'habita jusqu'à son assassinat. En 1848, la IIe République décida que l'Élysée deviendrait la résidence du président de la République et Louis-Napoléon Bonaparte ne le quitta que lorsqu'il fut empereur, pour aller résider aux Tuileries. L'Élysée redevint alors une résidence pour souverains étrangers. En 1873, il recouvra sa qualité de demeure des présidents de la République.

ÉLYSÉE-MÉNILMONTANT Cette voie privée fut construite, vers 1875, sur l'emplacement d'un ancien bal public portant ce nom. Ce bal avait disparu peu avant la guerre de 1870.

ELZÉVIR Elzévir ou Elsevier, célèbre famille de libraires et imprimeurs hollandais, dont le premier membre, Louis Ier, naquit à Louvain en 1541. En 1580 il alla s'établir à Leyde et ouvrit une boutique de librairie, qui prospéra rapidement. Sa famille prospéra aussi, puisque, quand il mourut, il laissait neuf enfants, dont sept fils, qui à l'exception de deux – un marin et un peintre paysagiste – se consacrèrent tous à la même profession que leur père. Le nom commun « elzévir » désigne un volume imprimé ou publié par un des membres de cette famille. On désigne aussi sous le nom d'elzévirs une collection d'ouvrages imprimés en Hollande, de 1593 à 1680 ; le format in-12 est le spécimen de la collection elzévirienne. Les Elzévir donnèrent aussi leur nom à un caractère typographique maigre. La rue Elzévir existe depuis 1867.

ÉMÉLIE M. Lambert adorait son épouse. Cela arrive. Ou arrivait. Cette épouse se prénommait Émélie et quand on construisit cette impasse, en 1850, sur un terrain appartenant à ce M. Lambert, il lui fit donner le prénom de sa femme. Quelle belle histoire d'amour.

ÉMERIAU (1762-1845). Le comte Maurice Émeriau, vice-amiral et pair de France, naquit à Carhaix (Finistère) et mourut à Toulon. Il prit part à la guerre d'Indépendance américaine. Pendant l'expédition d'Égypte, c'est lui qui, sur son vaisseau, entra le premier dans le port de Malte. Blessé lors de la première bataille d'Aboukir, il rendit son épée à Nelson en personne. Il fut promu contre-amiral en 1802. En 1804 il fut nommé préfet de Toulon et sut toujours protéger la ville contre les attaques des escadres ennemies. Fait pair de France pendant les Cent-Jours, la seconde Restauration le disgracia. Mais en 1821 Louis-Philippe l'appela à la Chambre des pairs. Ainsi, tout est bien qui finit bien. La rue Émeriau existe depuis 1864.

ÉMILE ACOLLAS (1820-1891). Professeur de droit et homme politique, né à La Châtre, mort à Asnières. Au Congrès de Genève de 1867, il prononça un important discours dans lequel il exprimait les idées républicaines les plus avancées qui soient. La même année, à Paris, il fut condamné à un an de prison pour avoir tenté de provoquer un mouvement populaire. En 1870, il occupait à Berne une chaire de droit ; cette année-là, la Commune de Paris le nomma doyen de la Faculté de droit de Paris, mais Émile Acollas préféra demeurer en Suisse jusqu'en septembre 1871, date à laquelle il rentra en France pour se voir refuser l'autorisation d'ouvrir un cours de droit politique pour les ouvriers. En 1878 il fonda la revue « la Science politique». En 1880 on le nomma inspecteur des prisons. Il a écrit « Nécessité de refondre l'ensemble de nos codes », « les Enfants naturels » et « le Droit mis à la portée de tout le monde ». La rue Émile-Acollas existe depuis 1927

ÉMILE ALLEZ Depuis 1907, cette rue porte le nom d'un de ses propriétaires immobiliers.

ÉMILE AUGIER (1820-1889). Auteur dramatique et poète né à Valence, mort à Paris. Dans sa jeunesse, il fut le bibliothécaire du duc d'Aumale. Sa première comédie, « Gabrielle », jouée en 1849, annonçait déjà un certain renouveau de notre théâtre. Il abandonna vite les problèmes du triangle classique : mari, femme et amant, pour écrire des pièces attaquant plus ou moins la bourgeoisie de son temps ou débattant des plus graves questions relatives à la société. Ses œuvres les plus connues sont « le Gendre de M. Poirier », « Maître Guérin », « le Fils de Giboyer », « Un beau mariage », « Jean de Thommeray » et « Lions et renards ». Certains le considérèrent comme un successeur de Molière. La rue Émile-Augier existe depuis 1893.

ÉMILE BERGERAT (1845-1923). Auteur dramatique né à Paris. Bergerat fut d'abord journaliste à « la Vie moderne » et au « Figaro », dans lequel, sous le pseudonyme de Caliban, il rédigea des articles fort remarqués. Son œuvre théâtrale comprend « Manon Roland », « le Premier Baiser » et « Bébé et compagnie ». Tous ses ouvrages sont empreints d'un humour fort caustique. Émile Bergerat prononça cette docte sentence : « Rien n'est plus heureux qu'un homme qui part, si ce n'est un homme qui revient. » Une rue porte son nom depuis 1928.

ÉMILE BERTIN (1840-1924). Ingénieur né à Nancy. C'est lui qui créa la marine militaire du Japon. En France, il fut directeur de l'École du génie maritime et, en 1865, directeur des constructions navales. Il est l'inventeur de l'oscillographe double, qui étudie le roulis et le tangage. Il écrivit « Chaudières marines » et « la Marine à vapeur de guerre et de commerce ». La rue Émile-Bertin existe depuis 1934.

ÉMILE BLÉMONT (1839-1927). Émile Petitdidier, dit Émile Blémont, écrivain né à Paris. D'abord avocat, il ne tarda pas à publier des poèmes, nouvelles et articles dans différents journaux. Parmi ses poésies, notons « Poèmes d'Italie » et « Pommiers en fleur ». Dans ses œuvres en prose, citons « le Barbier de Pézenas » et « la Soubrette de Molière ». La rue Émile-Blémont existe depuis 1929.

ÉMILE BOREL (1871-1956). Mathématicien et homme politique, principalement connu pour ses recherches sur le calcul des probabilités. La rue Émile-Borel existe depuis 1961.

ÉMILE CHAINE Depuis 1912, cette voie privée porte le nom d'un propriétaire.

ÉMILE COHL (square). Émile Courtet (1857-1938), dit Émile Cohl, cinéaste né à Paris. Le dessin animé fut inventé par lui. Dès les années 10, il réalisa, le premier, des films d'animation. Il est dommage que l'on puisse penser que le dessin animé fut inventé aux États-Unis. Pas du tout, Messieurs-Dames, c'est une invention bien de chez nous. Vive la France !

ÉMILE DESCHANEL (1819-1904). Littérateur né à Paris à qui l'on doit « Le mal qu'on a dit des femmes », « Le bien qu'on a dit des femmes », « Le mal qu'on a dit de l'amour », « Le bien qu'on a dit de l'amour », etc. Il fut professeur de rhétorique aux lycées Charlemagne, Bonaparte et Louis-le-Grand. Après le 2 décembre (1851), il fut mis en prison, puis exilé en Belgique. L'amnistie de 1859 lui permit de rentrer en France et il devint rédacteur au « Journal des débats » ainsi qu'au « National ». Député de la Seine en 1876, sénateur inamovible à partir de 1881. C'est pendant son exil belge qu'il eut un fils, Paul Deschanel, qui se fit surtout remarquer en tombant d'un train alors qu'il était président de la République française et en se présentant, en chemise, au garde-barrière le plus proche qui eut du mal à croire qu'il avait affaire au premier personnage de l'État. Paul Deschanel, qui adorait aussi grimper aux arbres du parc de l'Élysée, ne resta président de la République que sept mois, du 18 février 1920 au 21 septembre de la même année. Lui, dont la raison vacilla quelque peu, a écrit : « L'esprit français, c'est la raison en étincelles. » La rue Émile-Deschanel, papa de Paul, existe depuis 1912.

ÉMILE DESLANDRES (1866-1935). Conseiller municipal à Paris, c'est à ce titre qu'une rue fut baptisée à son nom en 1936. Si Émile Deslandres s'était prénommé Henri, il eût été l'astronome, inventeur du spectrohéliographe, qui vécut de 1853 à 1948.

ÉMILE DESVAUX (1866-1935). C'est en 1936 que l'on donna à une rue le nom de ce conseiller municipal de Paris.

ÉMILE DEUTSCH DE LA MEURTHE (1847-1924). Fondateur de la Cité universitaire, on donna son nom à une rue l'année même de sa mort. Ne pas confondre avec Henri Deutsch de la Meurthe (1846-1919), industriel et philanthrope, fondateur de l'Aéro-Club de France et créateur de l'Institut aéronautique à Saint-Cyr en 1909.

ÉMILE DUBOIS (1853-1904). Ce médecin fut aussi conseiller municipal et député du XIVe arrondissement. On donna son nom à une rue en 1912.

ÉMILE DUCLAUX (1840-1904). Savant né à Aurillac qui, en 1885, fut nommé professeur de biologie chimique à la Sorbonne, puis membre de l'Académie des sciences en 1888. Quand Pasteur mourut, en 1895, Émile Duclaux, qui était un des élèves favoris du grand savant, lui succéda à la direction de l'Institut Pasteur. En témoignage d'admiration pour son maître, Duclaux écrivit d'ailleurs en 1896 « Pasteur, histoire d'un esprit ». La rue Émile-Duclaux existe depuis 1934.

ÉMILE DUPLOYÉ (1833-1912). L'abbé Émile Duployé naquit à Notre-Dame-de-Liesse, dans l'Aisne. Un certain nombre de sténographes émérites connaissent très certainement la « méthode Duployé ». Eh bien, cette méthode d'apprentissage de la sténographie est due à notre abbé qui, pour s'adonner à sa passion sténographique, abandonna très tôt ses fonctions ecclésiastiques. Il a fondé une bibliothèque sténographique et l'Institut sténographique des Deux Mondes. Cet institut, situé à Paris, édita, à partir de 1869, un hebdomadaire intitulé – je vous le donne en mille – « le Sténographe ». La rue Émile-Duployé existe depuis 1931.

ÉMILE DURKHEIM (1858-1917). Sociologue français né à Épinal, mort à Paris. C'est un des fondateurs de la sociologie, à travers laquelle il ramène les faits moraux aux faits sociaux qu'il dit être indépendants des consciences individuelles. Il a écrit « De la division du travail social » et « Règles de la méthode sociologique ». La première règle et la plus fondamentale est de considérer les faits sociaux comme des choses. Il a sa rue depuis 1994.

ÉMILE ET ARMAND MASSARD Cette avenue, baptisée en 1977, remplace – ou complète – la rue Émile-Massard (1857-1932, conseiller municipal du quartier de la Plaine-Monceau) qui existait depuis 1933. Armand Massard, fils du précédent, naquit en 1884 pour disparaître en 1971 ; il fut champion olympique avant, comme papa, d'être élu de Paris.

ÉMILE FAGUET (1847-1916). Écrivain et critique né à La Roche-sur-Yon. À partir de 1883, il fut professeur de lettres aux lycées Charlemagne, puis Janson-de-Sailly. En 1897, il devint professeur de poésie française à la Faculté des lettres. En 1900, il fut élu à l'Académie française. Il collabora à la « Revue des Deux Mondes », à la « Revue encyclopédique » et au « Journal des débats ». Pour définir Voltaire, Émile Faguet disait : « Ce grand esprit, c'est un chaos d'idées claires... » Faguet a écrit « les Grands Maîtres du XVIIe siècle », « Notes sur le théâtre contemporain », « Flaubert » et « Histoire de la littérature française ». C'est Faguet qui disait : « J'apprends chaque jour pour enseigner le lendemain. » La rue Émile-Faguet existe depuis 1929.

ÉMILE GILBERT (1793-1874). Architecte, né et mort à Paris. En 1822, il remporta le grand prix d'architecture. On lui doit l'École vétérinaire de Maisons-Alfort, l'hospice de Charenton, l'hôtel de la Préfecture de police et surtout la prison de Mazas, qui se trouvait, avant qu'on la démolisse en 1898, à l'emplacement de cette rue qui fut ouverte en 1899 et porta, à partir de 1904, le nom d'Émile Gilbert.

ÉMILE GOUDEAU (1849-1906). Poète et romancier né à Périgueux. Il a écrit des poèmes dénotant une certaine recherche du paradoxe, mais surtout des romans, dont voici quelques titres : « la Vache enragée », « les Billets bleus », « Voyages de découvertes du célèbre A'Kempis à travers les États-Unis de Paris » et « Dix Ans de bohème ». Émile Goudeau fréquenta assidûment la butte Montmartre, et c'est sans doute cette fréquentation qui lui donna l'idée de fonder le « Club des hydropathes »... Une rue porte son nom depuis 1911.

ÉMILE LANDRIN (1841-1914). M. Émile Landrin, dont on donna le nom à cette place en 1921, était conseiller municipal du XXe arrondissement.

ÉMILE LAURENT (1852-1930). Émile Laurent fut préfet de police. C'est en 1932 qu'on donna son nom à une avenue.

ÉMILE LEPEU Depuis 1932, cette rue porte le nom du fils d'un propriétaire.

ÉMILE LEVASSOR (1842-1897). Fut, sans conteste, un des promoteurs de l'automobile. Son nom, accolé à celui d'un autre précurseur, Panhard, figura longtemps sur la calandre d'automobiles conduites, d'abord, par des messieurs en peau de bique et grosses lunettes. Si vous possédez encore une Panhard et Levassor, sachez que vous avez quelque chose que bien des collectionneurs aimeraient acquérir. La rue Émile-Levassor existe depuis 1932.

ÉMILE LEVEL (1839-1905). Cet ingénieur fut maire du XVIIe arrondissement. Une rue porte son nom depuis 1934.

ÉMILE LOUBET (1838-1929). Natif de Marsanne, dans la Drôme, Émile Loubet fut président de la République de 1899 à 1906, après avoir été président du Sénat en 1896. Docteur en droit, il commença sa carrière politique à Montélimar, où il était avocat, en se faisant élire député de cette ville en 1876. Il deviendra ensuite, successivement, et jusqu'à son élection à la présidence de la République, ministre des Travaux publics, ministre de l'Intérieur, et plusieurs fois président du Conseil. Pendant son septennat eurent lieu la révision du procès Dreyfus, l'Exposition universelle de 1900, l'expédition de Chine en 1901 et, la même année, une expédition navale contre les Turcs. Émile Loubet prit l'initiative du voyage en France du tsar Nicolas II. La villa Émile-Loubet existe depuis 1930.

ÉMILE MÂLE (1862-1954). Natif de Commentry, Émile Mâle fut historien d'art. Il s'intéressa particulièrement à l'art français du Moyen Âge, utilisant pour cela une méthode originale tenant à l'étude minutieuse de l'iconographie religieuse s'attachant surtout aux richesses historiques et morales qu'elle contient. L'Académie française lui tendit un fauteuil en 1927. Une rue fut baptisée de son nom en 1978.

ÉMILE MENIER C'est le nom du propriétaire du terrain sur lequel cette rue fut construite en 1899.

ÉMILE MEYER D'abord un passage portant le même nom, cette voie privée, devenue « villa » en 1937, porte le nom d'un des propriétaires de l'endroit.

ÉMILE-PIERRE CASEL C'est depuis 1933 que cette rue porte le nom du propriétaire du terrain.

ÉMILE POUVILLON (1840-1906). Écrivain né à Montauban. Il chercha surtout à décrire les mœurs champêtres dans ses œuvres dont on peut citer : « Césette » (que l'Académie française couronna), « Jean-de-Jeanne », « Bernadette de Lourdes » et « Vœu d'une chaste ». Au théâtre, il donna « le Roi de Rome » et « les Antibel », deux pièces écrites en collaboration avec un M. Dartois. La rue Émile-Pouvillon existe depuis 1910.

ÉMILE REYNAUD (1844-1918). Inventeur né à Montreuil-sous-Bois. Il créa le « praxinoscope » – instrument aussi appelé « phénakitiscope », visible à la cinémathèque du palais de Chaillot – et le « théâtre optique ». Tout comme Émile Cohl, ce fut un des pionniers du dessin animé. La rue Émile-Reynaud existe depuis 1946.

ÉMILE RICHARD (1843-1890). M. Émile Richard fut président du conseil municipal de Paris et c'est en 1890 qu'on donna son nom à cette rue ; cependant, de 1897 à 1905, elle changea d'appellation et fut baptisée rue Gassendi. En 1905, on lui rendit son nom de 1890 et la rue Gassendi forma son prolongement.

ÉMILE ROSTAN Nom d'un propriétaire dont on donna le nom à la rue en 1935.

ÉMILE ZOLA (1840-1902). Romancier, né et mort à Paris. Son père était un ingénieur italien. Très jeune, Émile Zola fut employé à la librairie Hachette. Ses premiers livres passèrent quasiment inaperçus. C'est en 1865 qu'un de ses romans, « la Confession de Claude », commença à attirer l'attention sur lui. Vint ensuite en 1867 « Thérèse Raquin », mais c'est surtout à partir de 1871 que Zola acquit une solide réputation, tout en suscitant de nombreuses critiques ayant parfois fort peu de rapport avec la littérature. Voici donc quelques ouvrages parus alors : « la Fortune des Rougon » (1871) – 20 volumes seront d'ailleurs consacrés aux Rougon-Macquart – « la Curée » (1872), « le Ventre de Paris » (1873), « la Faute de l'abbé Mouret » (1875), « l'Assommoir » (1877), « Nana » (1880), « Pot-Bouille » (1882), « Au bonheur des Dames » (1883), « Germinal » (1885), « la Bête humaine » (1890), « la Débâcle » (1892) et, enfin, « le Docteur Pascal » (1893), qui contient l'arbre généalogique des Rougon-Macquart. Mais on ne pourrait parler de Zola sans signaler son célèbre article, paru en janvier 1898 dans « l'Aurore », intitulé « J'accuse », dans lequel il prenait véhémentement parti pour Dreyfus. Cet article valut à Zola d'être poursuivi et, à l'issue d'un procès retentissant, il se vit condamner à un an de prison et à 3 000 francs d'amende. Il s'exila alors en Angleterre et ne revint en France qu'en juin 1899, quand la révision du procès de Dreyfus fut décidée. Zola fut de son vivant, et demeure encore, un des romanciers français les plus lus. Il mourut, bizarrement, d'asphyxie causée par des émanations provenant d'une cheminée défectueuse. C'est à propos de l'affaire Dreyfus que Zola a écrit cette phrase : « La vérité est en marche, rien ne l'arrêtera plus ! » L'avenue Émile-Zola existe depuis 1907.

EMILIO CASTELAR (1832-1899). Écrivain et homme politique espagnol, né à Cadix, mort à San Pedro de Pinatar. Il obtint, en 1857, la chaire d'histoire à « l'Athénée » de Madrid et commença à prendre des positions politiques, principalement dans un ouvrage intitulé « Idées démocratiques : la formule du progrès ». Il collabora, toujours à cette époque, à un journal républicain, « la Discussion ». Cette attitude d'opposition au régime le contraignit à quitter sa chaire d'histoire en 1861. Il prit part à la révolution du 22 juin 1866, qui sera sévèrement réprimée par le général Serrano. Condamné à mort, Emilio Castelar se réfugia alors à Paris, mais il revint en Espagne en 1868, après la révolution qui détrôna la reine Isabelle. Nommé aux Cortès constituantes de 1869, il s'opposa en vain à la proclamation du duc d'Aoste comme roi d'Espagne sous le nom d'Amédée Ier, le 19 octobre 1870. Mais le 11 février 1873, Amédée Ier abdiqua pour laisser la place à la république ; Castelar deviendra aussitôt président du Conseil. Il le sera jusqu'en janvier 1874. La monarchie restaurée avec l'avènement d'Alphonse XII, Castelar, comprenant que son idéal politique ne se réaliserait pas, abandonna presque totalement la politique. Cette retraite lui permit de devenir un écrivain plus prolifique ; voici quelques titres parmi ses ouvrages : « Histoire du mouvement républicain en Europe », « le Déclin de la Liberté » et « les Deux Capitales ». La rue Emilio-Castelar existe depuis 1904.

EMMANUEL CHABRIER (1842-1893). Compositeur né à Ambert, mort à Paris. C'est en 1877 qu'il fit représenter, aux Bouffes-Parisiens, sa première opérette, « l'Étoile », et qu'il devint chef des chœurs aux concerts Lamoureux. Son talent de compositeur éclata en 1883, dans une œuvre symphonique, « España ». En 1887, Chabrier donnait à l'Opéra-Comique « le Roi malgré lui ». Il écrivit aussi « Habanera », « Suite pastorale » et « Marche des cipayes ». La maladie, puis la mort, empêchèrent Emmanuel Chabrier d'achever plusieurs œuvres qu'il avait commencées : « Briséis », « les Muscadins » et « le Sabbat ». Le square qui porte son nom existe depuis 1936.

EMMANUEL CHAUVIÈRE (1850-1894). Conseiller municipal du XVe arrondissement et député de la circonscription. Une rue porte son nom depuis 1924.

EMMERY (1789-1842). Charles Emmery de Sept-Fontaines, ingénieur né à Calais, mort à Paris. On lui doit la construction du canal de Saint-Maur, la mise en place de plus de 80 km d'égouts dans Paris et le forage d'un puits artésien à Grenelle. Une rue porte son nom depuis 1867.

EMPEREUR JULIEN Flavius Claudius Julianus, dit Julien l'Apostat, né en 331 à Constantinople, mort en 363 en Mésopotamie, fut empereur romain de 361 à sa mort. D'abord initié à la doctrine des philosophes néoplatoniciens, il se révéla ensuite excellent chef d'armée, écrasant, notamment, les Alamans, à Strasbourg, en 357. Dès le début de son règne, il instaura la tolérance religieuse; après avoir lui-même rejeté le christianisme, il se fit le restaurateur d'une religion païenne servant un culte solaire. On donna son nom à une rue en 2001, en se souvenant qu'il fut, dans ses écrits, l'un des premiers à vanter le charme de l'ancienne Lutèce.

EMPEREUR VALENTINIEN Flavius Valentinianus, empereur sous le nom de Valentinien Ier, naquit à Cibalis, en Pannonie (ancienne région d'Europe centrale) en 321 et mourut brutalement, durant une campagne militaire, à Brigetio, en Pannonie, en 375. Il tenta, notamment, en 364, d'imposer des limites à la puissance des riches, en créant la charge de « défenseur de la plèbe ». Une rue porte son nom depuis 2001 en souvenir des deux années qu'il passa à Paris (365-366) pour y préparer une campagne contre les Barbares.

ENCHEVAL Primitivement, cette rue était celle du « Longcheval », à cause d'un lieu-dit où elle menait. Quelques petites déformations en ont fait la rue Encheval. Quoi qu'il en soit, elle est connue sous ce nom depuis 1812.

ENFANT-JÉSUS L'hôpital des Enfants-Malades fut ouvert en 1802 et remplaça la « Maison de l'Enfant-Jésus », fondée au XVIIIe siècle par Languet de Gergy, curé de Saint-Sulpice. Cette « maison » reçut d'abord des jeunes filles nobles, mais indigentes, puis des orphelines, enfin des enfants atteints d'affections aiguës. L'impasse de l'Enfant-Jésus existe depuis la fondation de cette maison et fut ouverte à proximité, d'où son nom.

ENFER Avant 1887, le boulevard où finit le passage de l'Enfer s'appelait boulevard d'Enfer. C'est ce boulevard qui lui donna son nom. Pour savoir quand et comment le boulevard d'Enfer fut débaptisé, voir à « Denfert-Rochereau ».

ENGHIEN (1772-1804). Louis de Bourbon-Condé, duc d'Enghien, né à Chantilly, mort, fusillé, à Vincennes. M. Delamichodière, constructeur de cette rue, en sa qualité de prévôt de Paris, décida de lui donner le nom du jeune duc le jour même où celui-ci naquit. Cependant, la rue d'Enghien ne sera effectivement baptisée que treize ans plus tard, c'est-à-dire quand elle existera réellement... Rappelons aussi que la rue d'Enghien actuelle devait initialement s'appeler « de l'Échiquier » et qu'une permutation eut lieu entre ces deux rues. Mais revenons au duc d'Enghien, le dernier et le plus infortuné de ceux qui portèrent ce nom illustre, pour narrer les circonstances de sa mort. Le 15 mars 1804, à la suite d'un conseil tenu par Bonaparte, Fouché et Talleyrand, le duc d'Enghien fut enlevé sur territoire neutre et amené à Strasbourg, puis à Vincennes où on le jugea et condamna à mort. Cette condamnation fut en fait une méprise, car on avait cru, à tort, que le jeune duc était en relations avec Dumouriez. Il fut exécuté malgré un recours suprême au Premier consul. La rue d'Enghien, après son échange de nom avec la rue de l'Échiquier, existe depuis 1814.

ENTREPÔTS Cette rue, jusqu'en 1930, appartenait à la ville de Saint-Ouen. Son nom est dû, évidemment, à l'ancienne présence d'entrepôts assez importants.

ENTREPRENEURS Cette rue fut baptisée en 1845 en hommage aux entrepreneurs de la commune de Grenelle, sur le territoire de laquelle elle fut construite avant que cette commune soit rattachée à Paris. C'est en 1823 qu'une société de promoteurs ou entrepreneurs décida de créer un village dans ce que l'on appelait alors « le désert de la plaine de Grenelle », qui servait surtout pour les exécutions militaires. Cette entreprise fut couronnée de succès et, en 1830, Grenelle devint une véritable commune, rapidement peuplée, que Paris annexa en 1859.

ENVIERGES Comment d'un lieu-dit « de la Vierge » – à cause d'une statue qui s'y dressa – en vint-on, par déformation, à Envierges ? C'est ainsi qu'évolue le langage, dit-on... La rue Envierges est connue officiellement depuis 1937.

ÉPARGNE La Société immobilière de l'Épargne possédait une grande partie des immeubles qui se trouvaient dans cette rue, quand on la baptisa, en 1934.

ÉPÉE DE BOIS Cette rue fut ouverte vers 1560 et elle doit son nom à l'ancienne présence d'une enseigne.

ÉPERON C'est depuis 1636 que cette rue porte son nom, dû à une enseigne qui s'y trouvait à cette date.

ÉPINETTES Le quartier des Épinettes fut loti en 1860 et son nom vient d'un lieu-dit connu depuis 1639. Le mot « épinette » ne désigne pas ici l'instrument de musique, appartenant à la famille des clavecins, et qui date du XVe siècle. Il faut plutôt penser en termes de viticulture et se souvenir que l'épinette blanche est un cépage, plus connu de nos jours sous le nom de pinot blanc. On l'appelle aussi « auxerrois ». Nul doute que jadis le lieudit qui nous intéresse était planté de cette variété de cépage.

ÉQUERRE C'est très simple : cette rue fut tracée en équerre. Il était inutile de lui chercher un autre nom quand on la baptisa en 1877.

ÉQUERRE D'ARGENT Cette rue – comme celle de « l'équerre » qui se trouve dans le XVIe – épouse la forme d'une équerre; on lui a ajouté « d'argent » dans le but principal de ne pas les confondre. Elle est située au niveau - 3 du secteur Forum central des Halles et existe depuis 1996.

ÉRARD (1752-1831). Sébastien Érard, facteur d'instruments de musique, né à Strasbourg, mort à Paris. Venu dans la capitale à l'âge de 16 ans, il construisit un piano mécanique chef-d'œuvre d'invention, qui fit sensation dans le monde musical. Avec son frère, Jean-Baptiste, il fonda un établissement, rue de Bourbon. La reine Marie-Antoinette lui commanda un piano, de ceux qu'il fabriquait alors, dits « pianos organisés », car ils possédaient deux claviers, l'un pour le piano, l'autre pour l'orgue. Comme Marie-Antoinette n'avait pas une voix d'une grande tessiture et trouvait tous les morceaux trop hauts pour elle, Érard imagina un clavier mobile, qu'on pouvait faire descendre à volonté d'un demi-ton, d'un ton ou d'un ton et demi. Avant la Révolution, il apporta certains perfectionnements à la harpe. Pendant la Révolution, Érard se rendit en Angleterre et fonda à Londres un nouvel établissement. Il revint à Paris en 1896 et connut un très grand succès avec les pianos à queue qu'il confectionna alors. En 1811, il inventa la harpe à double mouvement. Une rue porte son nom depuis 1864.

ÉRASME (1467-1536). Didier Érasme, littérateur hollandais, né à Rotterdam, mort à Bâle. C'était un enfant naturel dont les tuteurs dilapidèrent le maigre avoir et lui firent revêtir l'habit religieux. Mais il quitta rapidement cet habit et devint le précepteur d'enfants de familles nobles. Son travail le mena dans divers pays d'Europe, notamment à Paris et en Angleterre où il écrivit, en 1501, « l'Éloge de la folie ». Il vécut aussi beaucoup en Italie, où il obtint, à Bologne, le grade de docteur ès arts, en 1506. Après un autre séjour en Angleterre, il retourna dans sa patrie, vers 1515 ; là, Charles Quint lui donna le titre de conseiller, ainsi qu'une rente de 200 florins. Mais en 1512 Érasme alla se fixer définitivement à Bâle. Auparavant, en 1518, il avait publié ses « Colloques ». Sa philosophie se rapproche beaucoup de celle des épicuriens. La rue Érasme existe depuis 1937.

ERCKMANN-CHATRIAN Émile Erckmann (1822-1899, né à Phalsbourg) et Alexandre Chatrian (1826-1890, né à Soldatenthal), deux romanciers français qui collaborèrent dès 1847. Cependant, leur premier succès date seulement de 1859 : « l'Illustre Docteur Mathéus ». Vient alors une longue série de livres : « Contes des bords du Rhin », « l'Ami Fritz », « le Fou Yégof », « Madame Thérèse », « Histoire d'un homme du peuple », etc. Erckmann et Chatrian se séparèrent en 1889, pour des raisons d'où l'intérêt n'était pas absent... Erckmann mourut à Lunéville et Chatrian à Villemomble. Une rue porte leurs noms depuis 1904.

ERIK SATIE (1866-1925). Compositeur né à Honfleur, mort à Paris qui apporta à beaucoup de ses compositions un dépouillement et une simplicité, symboles de la quête de tout artiste (sachant que faire simple, c'est le plus compliqué...). Il donna souvent à ses œuvres des titres pleins d'humour, démontrant qu'il ne se prenait guère au sérieux : « Morceaux en forme de poire », « Trois Valses distinguées du précieux dégoûté », « Embryons desséchés », etc. Mais ses compositions les plus célèbres sont ses « Trois Gymnopédies » et les « Six Gnossiennes ». Il a aussi composé un superbe ballet, « Parade », dont l'argument était de Jean Cocteau, les décors et les costumes de Pablo Picasso. Décidément humoriste, il fonda – pour rire – une « Église métropolitaine d'Art de Jésus conducteur » dont il fut le seul adepte et pour laquelle il rédigeait un bulletin paroissial ne manquant pas de sel. Il a dit « Je suis aussi reconnaissant que reconnaissable » et « Désormais j'ai confiance en vous, vous vous feriez certainement tuer pour moi, et sans en jamais parler à personne ». La rue Erik-Satie existe depuis 1990.

À signaler que le plus petit musée du monde est le « musée Erik-Satie » qui se tient dans une pièce de 3 mètres sur 3 dans laquelle le musicien vécut, au 2e étage du 6 de la rue Cortot, à Paris !

ERLANGER M. Erlanger était un banquier, propriétaire du château du Coq à travers les jardins duquel il fit ouvrir cette rue en 1862. C'est lui-même qui décida de donner son nom à la rue. Ne pas confondre le banquier Erlanger avec le compositeur Camille Erlanger, né à Paris en 1865, auteur de « Saint-Jean l'Hospitalier » et de « Kermaria » ; ni avec Joseph Erlanger, physiologiste américain, né à San Francisco, qui obtint le prix Nobel en 1944.

ERMITAGE (avenue). Cette avenue doit son nom au fait qu'elle conduit à un kiosque dit « de l'Ermitage ». Ce kiosque fut sans doute baptisé ainsi parce qu'il a été construit à un endroit qui fut solitaire et écarté.

ERMITAGE (rue et villa). Il semble qu'en des temps fort anciens un couvent de religieux ermites ait existé à proximité. Mais il est difficile de l'affirmer. En tout cas, la rue et la villa de l'Ermitage nous sont connues depuis 1812.

ERNEST CHAUSSON (1855-1899). Compositeur né à Paris, mort à Limay, il fut l'élève de Jules Massenet et de César Franck. Il composa, entre autres, « Poème de l'Amour et de la Mer », une « Symphonie en si bémol », « la Chanson perpétuelle », un drame lyrique, « le Roi Arthur », beaucoup de musique de chambre et des mélodies. Il peut être considéré comme un observateur et un acteur privilégié de la sensibilité artistique de son temps. Il mourut, près de Mantes-la-Jolie, dans un accident de bicyclette.

ERNEST CRESSON (1824-1902). M. Cresson fut préfet de police à Paris. Une rue porte son nom depuis 1907.

ERNEST DENIS (1849-1921). Historien qui fonda l'Institut des études slaves. On donna son nom à une rue en 1930.

ERNEST ET HENRI ROUSSELLE Ernest Rousselle (1836-1896) fut président du conseil municipal de Paris ; son fils, Henri (1866-1925), a été président du conseil général de la Seine. La rue fut d'abord baptisée « Ernest-Rousselle » en 1910, puis reçut son nom actuel – il n'y a pas de petites économies – en 1930.

ERNEST GOUIN (1815-1885). Ingénieur, conseiller municipal de Paris. Il fonda les anciens Ateliers des Batignolles. Une rue porte son nom depuis 1933.

ERNEST HÉBERT (1817-1908). Peintre qui naquit à Grenoble. Il fut le peintre officiel de la IIIe République, mais était déjà célèbre sous Napoléon III. Il obtint le prix de Rome en 1839. Il fit les portraits de Pauline de Metternich, Mme Jules Ferry, Napoléon III et du prince Louis-Napoléon. La princesse de Caraman Chimay ne fut pas une de ses moindres admiratrices et protectrices, tout comme la comtesse de Pourtalès et Marie Delessert. Le tableau le plus célèbre d'Ernest Hébert se trouve au Louvre ; il s'intitule « la Malaria » et représente une barque qui glisse sous un ciel sombre. Théophile Gautier, qui avait aimé des portraits d'Italiennes peints par le peintre, a écrit : « Il sait exprimer cette mélancolie de chaleur, de spleen de soleil, cette tristesse de sphinx qui donnent tant de caractère à ces belles têtes méridionales. » Après un passage au « purgatoire », commun à la plupart des artistes, Ernest Hébert semble avoir retrouvé la place qu'il mérite. On vient d'ouvrir un musée à son nom, rue du Cherche-Midi, à Paris. Citons parmi ses tableaux : « Pâtre italien », « Adam et Ève chassés du Paradis », « les Filles d'Alvito », « la Lavandia » et « Nymphe au bois ». Ernest Hébert, dont une rue porte le nom depuis 1927, fut membre de l'Institut.

ERNEST HEMINGWAY (1899-1961). Écrivain américain né à Oak Park, dans l'Illinois, mort à Ketchum, dans l'Idaho. Refusant l'Université, il fut, très jeune, reporter au « Kansas City Star ». La guerre 14-18 le vit ambulancier sur le front italien, puis il s'installa à Paris comme correspondant du « Star » de Toronto. C'est dans notre capitale que sa vocation de romancier s'éveilla et il publia, en 1923, « Trois Histoires et dix poèmes ». Vinrent ensuite des réussites incontestables (« Le soleil se lève aussi », « l'Adieu aux armes ») qui marquèrent le genre romanesque en lui insufflant une vraie modernité, grâce, sans doute, à son expérience journalistique « sans truquage, ni tricherie » lui faisant traduire le comportement de ses personnages, sans chercher à s'immiscer dans leurs pensées. Autres romans : « Mort dans l'après-midi » (où la corrida, qui le passionnait, est l'élément principal), « Pour qui sonne le glas », « le Vieil Homme et la mer ». La plupart de ses livres ont été adaptés pour le cinéma. Chef de file de la « génération perdue », il vécut en affirmant souvent : « la mort, inévitable réalité, la seule chose dont un homme puisse être sûr, la seule certitude ». Il reçut le prix Nobel de littérature en 1954. Sa mort – qui pour certains ressemble à un suicide – survint, comme il avait vécu, dans une atmosphère d'aventure. Une rue porte son nom depuis 1994.

ERNESTINE C'est – vous l'aviez deviné – le prénom de la femme du propriétaire du terrain sur lequel cette rue fut ouverte en 1863.

ERNEST LACOSTE Nom du propriétaire du terrain. Cette rue existe depuis 1914.

ERNEST LAVISSE (1842-1922). Historien né à Nouvion-en-Thiérache. Précepteur du prince impérial, il enseigna ensuite au lycée Henri-IV (1868) avant d'être professeur d'histoire à la Faculté de Paris en 1888. En 1894, il dirigea la « Revue de Paris ». Il a écrit « Études sur l'histoire de Prusse », « Trois Empereurs d'Allemagne : Guillaume Ier, Frédéric III et Guillaume II » et « la Jeunesse du grand Frédéric ». Une rue porte le nom d'Ernest Lavisse depuis 1933.

ERNEST LEFÉBURE (1835-1913). M. Ernest Lefébure était dentellier. Il aimait couvrir les femmes de dentelles. On donna son nom à une rue en 1933.

ERNEST LEFÈVRE (1833-1889). Fut président du conseil municipal de Paris, ainsi que député de la capitale. Une rue porte son nom depuis 1899.

ERNEST PSICHARI (1883-1914). Cet écrivain était le petit-fils d'un autre écrivain, Ernest Renan. Il est mort au champ d'honneur au début de la Première Guerre mondiale. Une rue porte son nom depuis 1934.

ERNEST RENAN (1823-1892). Écrivain et philosophe né à Tréguier, mort à Paris. Son père était capitaine au long cours ; il mourut quand Ernest n'avait encore que cinq ans. Sa mère et sa sœur Henriette élevèrent alors l'enfant ; l'influence d'Henriette sera considérable sur la vie de l'écrivain. Renan se prépara d'abord au sacerdoce et entra au séminaire, à Paris, en 1838. Mais en 1845, ayant perdu la foi, il quitta le séminaire et partit huit mois en Italie. En 1856 il épousa la fille du peintre Ary Scheffer. En 1860-1861 il accomplit une mission archéologique en Phénicie où il perdit sa sœur Henriette. En 1862, on le nomma professeur d'hébreu au Collège de France, mais dès sa première leçon, et jusqu'en 1870, son cours sera supprimé, car il avait appelé Jésus « un *homme* incomparable ». En 1879, il fut admis à l'Académie française. Principaux ouvrages de Renan : « la Vie de Jésus », « Réforme intellectuelle et morale », « Ma sœur Henriette » et « l'Antéchrist ». Renan disait : « Un bon écrivain est obligé de ne dire à peu près que la moitié de ce qu'il pense » et « Il se pourrait que la vérité fût triste ». La rue Ernest-Renan existe depuis 1892.

ERNEST REYER (1823-1909). Ernest Rey, dit Reyer, compositeur et critique musical, né à Marseille. Il composa « Maître Wolfram », « Sacountala », « Erostrate » et « Salammbô ». Comme critique, il collabora à la « Revue française » et au « Moniteur universel » et réunit la plupart de ses articles dans « Notes de musique ». Une rue porte son nom depuis 1926.

ERNEST ROCHE (1850-1914). C'est en 1927 qu'on donna à cette rue le nom d'Ernest Roche, qui fut conseiller municipal du XVIIe arrondissement de Paris.

ESCADRILLE NORMANDIE-NIÉMEN Cette place fut ouverte en 1990 en souvenir de la formation française aérienne de chasse qui participa à de nombreuses opérations durant la Seconde Guerre mondiale sur le front de la Russie blanche et qui fut intégrée à la 303e division aérienne soviétique de 1942 à 1945. (Le Niémen est un fleuve qui prend sa source en Biélorussie et se jette dans la mer Baltique.) Un film, intitulé « Normandie-Niémen » et réalisé en 1960 par Jean Dréville, raconte l'épopée valeureuse de cette escadrille.

ESCAUT Fleuve de France et de Belgique, long de 400 km, dont 120 sur le territoire français. L'Escaut jaillit aux environs du Catelet et il arrose, en France, Cambrai, Valenciennes et Condé ; en Belgique : Tournai, Rupelmonde et Anvers. La rue de l'Escaut existe depuis 1877.

ESCLANGON (1876-1954). Ernest Benjamin Esclangon, astronome né à Mison (Basses-Alpes). C'est lui qui, en 1932, réalisa la première horloge parlante. Une rue porte son nom depuis 1965.

ESCOFFIER (1846-1935). Raoul Escoffier fut un très célèbre cuisinier. Une rue porte son nom depuis 1954.

ESPÉRANCE C'est en 1845 que cette rue fut créée. Nulle explication précise sur la raison de sa belle appellation. Mais, en parlant d'espérance, en connaissez-vous les définitions suivantes ? D'abord de Joubert : « L'espérance est un emprunt fait au bonheur. » Puis de Shakespeare : « L'espérance vertueuse va vite ; elle possède les ailes de l'hirondelle. » Enfin de Dante, dans son « Enfer » : « Vous qui entrez, laissez toute espérance. »

ESQUIROL (1772-1840). Dominique Esquirol, médecin né à Toulouse, mort à Paris. S'intéressa très tôt aux maladies mentales et écrivit, à ce propos, « les Passions considérées comme causes, symptômes et moyens curatifs de l'aliénation mentale ». Cet ouvrage fit sensation à l'époque. Esquirol dirigea l'hôpital de la Salpêtrière et fut aussi médecin en chef de l'hospice de Charenton. Il contribua beaucoup à l'amélioration du sort des aliénés. La rue Esquirol existe depuis 1864.

ESSAI A la fin du XVIIe siècle, il y avait près de cet endroit un marché aux chevaux. A côté de ce marché, se trouvait un terrain sur lequel on « essayait » ces quadrupèdes ; c'est au voisinage de ce terrain qu'on ouvrit cette rue en 1806, d'où son nom.

EST Prenez une boussole et rendez-vous rue de l'Est ; vous constaterez qu'elle est orientée plein est. Et vous comprendrez l'origine de son appellation, qui date au moins de 1780.

ESTE C'est en souvenir des campagnes italiennes de Masséna, nommé gouverneur des États romains en février 1798, que l'on baptisa cette voie du nom d'une des plus belles villas de la Renaissance italienne, qui se trouve à Tivoli, près de Rome, et dont les jardins sont également remarquables. La villa d'Este existe, à Paris, depuis 1972.

ESTEREL Massif littoral des départements du Var et des Alpes-Maritimes. Il se termine, près de la Méditerranée, par des promontoires de porphyre et de grès rouge. L'Esterel n'a aucun lien géologique avec les Alpes, mais doit plutôt être rattaché aux montagnes corses et sardes. Son point culminant est le « Vinaigre », à 616 mètres. Esterel vient du nom d'une antique peuplade ligure, celle des Sueltri. Le square de l'Esterel existe depuis 1932.

ESTIENNE D'ORVES (1901-1941). Honoré d'Estienne d'Orves, officier de marine qui naquit à Verrières-le-Buisson. Considéré comme un des pionniers de la Résistance, les Allemands l'arrêtèrent et le fusillèrent au mont Valérien. La place d'Estienne-d'Orves existe depuis 1944.

ESTRAPADE L'estrapade est un supplice consistant à hisser quelqu'un au haut d'un mât ou d'une potence, les mains liées derrière le dos, et à le laisser retomber près de terre, au bout d'une corde. Ce supplice disloquait bras et jambes... Sur la place de l'Estrapade, on parvint à un certain raffinement dans l'exercice de ce supplice : sous François Ier, on attachait le condamné au sommet d'un poteau vertical, on le plongeait dans les flammes d'un bûcher, puis on le retirait aussitôt, de manière qu'il brûle moins vite... Plusieurs calvinistes furent exécutés de cette manière, ainsi que les militaires condamnés à mort. La place de l'Estrapade existe depuis 1515 et la rue de l'Estrapade depuis 1881, mais de 1740 à 1881 elle s'appelait « de la Vieille-Estrapade ». La guillotine était alors plus à la mode..

ESTRÉES (1624-1707). Le comte Jean d'Estrées, vice-amiral et maréchal de France qui mourut à Paris, prit part aux guerres civiles de la Fronde et servit dans l'armée royale. En 1667, il accompagna Louis XIV et Turenne dans la campagne des Flandres. Il prit ensuite la mer pour, en Amérique, s'opposer aux tentatives anglaises sur les colonies françaises. En 1670, c'est vers les côtes africaines qu'on l'envoya, avec Duquesne pour second. En 1674, il fut chargé d'aller combattre, près des côtes d'Amérique, le vice-amiral hollandais Binkes. Il prit les îles de Cayenne, d'Arguin et de Gorée. Il voulut alors s'emparer de Curaçao, mais les 17 vaisseaux de son escadre heurtèrent des récifs et 5 bâtiments seulement échappèrent au naufrage. Malgré ce léger incident, Jean d'Estrées fut nommé, en 1681, maréchal de France. Promu ensuite vice-roi d'Amérique, il termina sa vie comme gouverneur de Bretagne. La rue Jean-d'Estrées existe depuis 1819.

ÉTATS-UNIS C'est en 1881 qu'on donna ce nom à cette place à cause d'une assez nombreuse colonie américaine qui vivait à son pourtour. Les États-Unis d'Amérique – ils sont aujourd'hui composés de 50 États – existent depuis le 4 juillet 1776, jour où 13 colonies anglaises d'Amérique proclamèrent leur indépendance. Ce fut le début d'une guerre contre les Anglais qui se termina par le traité de Versailles du 3 septembre 1783.

ÉTEX (1808-1888). Antoine Étex, sculpteur et littérateur né à Paris, mort à Chaville. En 1829, il remporta le deuxième prix de Rome avec un « Hyacinthe mourant ». Plus tard, c'est lui qui représenta, sur la face postérieure de l'Arc de triomphe de l'Étoile, « la Résistance » et « la Paix ». Son œuvre la plus remarquable est certainement « Caïn et sa race, maudits de Dieu » qui se trouve à Lyon. Il sculpta aussi la statue de Charlemagne, au Sénat, le monument de Vauban, à l'hôtel des Invalides, et une statue équestre de François Ier, à Cognac, ainsi que la statue du général Fabert à Metz. Comme littérateur, il a laissé « Cours élémentaire de dessin » et « Études et ouvrages sur la vie d'Ary Scheffer ». La rue Étex fut baptisée en 1890. Quant à la villa Étex, elle existe depuis 1911.

ÉTIENNE DELAUNAY Nom du propriétaire des terrains sur lesquels ce passage fut ouvert.

ÉTIENNE DOLET (1509-1546). Imprimeur né à Orléans, mort à Paris. Ce fut l'un des plus brillants représentants de la renaissance intellectuelle française au XVIe siècle. Il vint à Paris à l'âge de 12 ans, puis vécut en Italie, trois ans à Padoue, un an à Venise. Il revint ensuite en France, à Toulouse, pour y faire des études de droit. Tout cela grâce à l'appui financier de riches protecteurs qu'on ne connaît pas. Dès ses premiers écrits, il s'attira des ennemis irréductibles. Il fut chassé de Toulouse à cause d'une harangue véhémente contre le fanatisme des étudiants et se réfugia à Lyon. C'est là qu'il imprima, en 1536, le premier tome d'un ouvrage remarquable dont il est l'auteur : « Commentari linguae latinae ». En 1539, il donnait « Formulae latinarum locutionum ». Il s'établit imprimeur, à Lyon, rue Mercière, à l'enseigne de « la Doulouère d'or ». Outre ses propres ouvrages, il publia des satires, dont certaines de son ami Rabelais, qui augmentèrent le nombre de ses ennemis. Bientôt, il fut accusé d'hérésie et d'athéisme et l'« official » de Lyon le condamna à mort en 1542 ; mais François Ier lui fournit des lettres de « rémission ». Ce fut une courte rémission, car en 1544 il fut repris, pour avoir traduit un extrait de Platon niant l'existence de l'âme, et condamné à être brûlé vif à Paris, place Maubert, à l'endroit précis où se trouve aujourd'hui sa statue, œuvre de Guilbert. La rue Étienne-Dolet existe depuis 1879.

ÉTIENNE JODELLE (1532-1573). Étienne Jodelle, sieur de Limodin, poète qui, au sein de la Pléiade, se chargea de la poésie dramatique. Son ouvrage « Cléopâtre captive », représenté dans la cour de l'hôtel de Reims en 1652, marque une date importante dans l'histoire littéraire française. C'est en effet la fin des « mystères » et le début, encore maladroit, de la tragédie classique. Le roi Henri II aima beaucoup Jodelle à qui il garda toujours sa faveur. Le poète a aussi écrit « Didon se sacrifiant », « Eugène » et « l'Hyménée du roi Charles IX ». Si Henri II lui garda toujours ses faveurs, ce ne fut pas le cas de Ronsard qui, après l'avoir apprécié, critiqua ensuite sa versification peu régulière. La rue Étienne-Jodelle existe depuis 1907.

ÉTIENNE MARCEL (1310-1358). Prévôt des marchands de Paris à partir de 1355, appartenait à une famille de drapiers. Aux états généraux de 1355, il était député et l'un des chefs du tiers état. Les armées anglaises nous vainquirent à Poitiers en 1356 et firent prisonnier le roi Jean le Bon. Le dauphin, Charles, ne faisant preuve d'aucune autorité, Étienne Marcel, maître véritable de Paris, fit fortifier la ville et organiser militairement la bourgeoisie et le peuple, pour résister à une éventuelle attaque des Anglais. Quand les états généraux de 1357 s'ouvrirent, Étienne Marcel avait levé une véritable armée et il eut assez de poids pour établir les bases d'un véritable gouvernement parlementaire et d'un contrôle des finances royales. Dictateur de Paris, Étienne Marcel quitta bientôt la légalité : devant le dauphin il fit assassiner les maréchaux de Champagne et de Normandie. En même temps il offrait sa protection au futur roi ; mais celui-ci, considérant cette protection comme une tutelle, quitta Paris en ralliant à lui les députés de province. Étienne Marcel n'était plus, dès lors, que le chef d'une ville rebelle. Son alliance avec la jacquerie excita contre lui la noblesse, et ses liens avec Charles le Mauvais lui attirèrent l'inimitié des Parisiens. Dans la nuit du 31 juillet 1358, sous l'impulsion du dauphin Charles, l'échevin Maillart le tua d'un coup de hache. La rue Étienne-Marcel existe depuis 1881.

ÉTIENNE MAREY (1830-1904). Médecin et physiologiste né à Beaune. En perfectionnant les appareils graphiques pour l'étude des phénomènes physiologiques, il put étudier les mouvements du cœur, la contraction musculaire et... le vol des oiseaux. Il fut membre de l'Académie de médecine en 1872 et de l'Académie des sciences en 1878. Il a écrit « Physiologie médicale de la circulation du sang » et « le Mouvement ». La rue Marey existe depuis 1915 et la villa depuis 1933.

ÉTIENNE PERNET (1824-1899). C'est le fondateur de la congrégation des Petites Sœurs de l'Assomption. Place baptisée en 1964.

ÉTOILE-CHARLES DE GAULLE. Déjà en 1730 le mot « étoile » était attribué à cette place, puisqu'elle s'appelait « Étoile de Chaillot », simplement parce que plusieurs voies s'y croisaient. L'Étoile date de 1863. Douze avenues rayonnent depuis cette place, d'une façon rigoureusement géométrique; elle a 24 mètres de diamètre, et si vous montez au sommet de l'Arc de triomphe qui se dresse en son centre, vous constaterez que les pavés qui la recouvrent, et qui sont de deux couleurs différentes, forment le dessin d'une étoile. (Voir également « Charles de Gaulle ».)

ÉTOILE (rue). Cette rue doit son nom au voisinage de la place de l'Étoile.

ÉTOILE D'OR Le nom de cette cour provient d'une enseigne qui devait se situer au 73 du faubourg Saint-Antoine et représentait une étoile au milieu d'une couronne de pampres. Elle marquait l'entrée d'un cabaret. La cour de l'Étoile-d'Or existe depuis le XVIIIe siècle.

ÉTUVES SAINT-MARTIN Étuve est le mot qui désignait, autrefois, les établissements de bains. Jusqu'au XVIIe siècle, des étuves pour femmes existaient au numéro 2 de cette rue, qui prit son appellation actuelle en 1881.

EUGÈNE ATGET (1857-1927). C'est le « photographe de Paris ». Des lieux historiques en passant par les endroits dits mal famés, son œuvre constitue un témoignage inappréciable de son époque. Une rue porte son nom depuis 1978.

EUGÈNE BEAUDOIN (1898-1983). Architecte et urbaniste français qui réalisa, par exemple (avec Marcel Lods – 1891-1978), la « Cité du champ des oiseaux » à Bagneux et l'école de plein air de Suresnes. On lui doit aussi la résidence universitaire d'Antony et, en collaboration, le plan d'ensemble du « Maine-Montparnasse ». Le passage, qui porte son nom depuis 1985, abritait ses bureaux, de son vivant.

EUGÈNE BRIEUX (1858-1932). Auteur dramatique et journaliste qui naquit à Paris. Il collabora au « Figaro » et au « Gaulois ». Ses deux premières pièces furent « Bernard Palissy » et « le Bureau des divorces ». Il écrivit ensuite « Ménages d'artistes », « l'Évasion » (représentée à la Comédie-Française), « les Trois Filles de M. Dupont » et « l'École des belles-mères ». Une rue porte le nom d'Eugène Brieux depuis 1935.

EUGÈNE CARRIÈRE (1849-1906). Peintre né à Gournay. D'abord élève de Cabanel, il se dégagea vite de l'influence de toute école. Il sut particulièrement bien traduire les grâces mélancoliques de l'enfance. Parmi ses tableaux, nous citerons « la Jeune Mère », « l'Enfant malade », « la Maternité » et « les Dévideuses ». Il exécuta des décorations à l'Hôtel de Ville. Une rue porte son nom depuis 1907.

EUGÈNE CLAUDIUS-PETIT Résistant et homme politique, de son vrai nom Eugène Petit, né à Angers en 1907, mort à Paris en 1989. Il participa à la fondation du Conseil national de la Résistance et exerça des fonctions politiques de 1946 à 1978. Il était Commandeur de la Légion d'honneur, Compagnon de la Libération, Croix de guerre 1939-1945 (avec deux citations), médaillé de la Résistance avec rosette et Commandeur du Mérite social. Une place porte son nom depuis 2004.

EUGÈNE DELACROIX (1799-1863). Peintre né à Saint-Maurice, mort à Paris. Il se montra toujours rebelle à l'enseignement académique et fut, par contre, très influencé par Géricault. Son premier tableau, en 1822, « Dante et Virgile traversant le lac qui entoure la ville infernale de Dité », fit scandale. Puis ses tableaux suivants, parmi lesquels « Marino Faliero » et « la Mort de Sardanapale », le firent proclamer chef de l'école coloriste. Il participa ensuite au mouvement romantique, avec des tableaux comme « la Liberté sur les barricades » et « Raphaël dans son atelier ». Du Maroc, où il s'était rendu, il rapporta « Femmes d'Alger » (il avait l'esprit de contradiction). Delacroix connut toujours un très vif succès ; ses principales qualités sont sans doute la passion et la puissance dramatique. Un monument lui a été érigé dans le jardin du Luxembourg. La rue Eugène-Delacroix existe depuis 1868.

EUGÈNE FLACHAT (1802-1873). Ingénieur qui, avec son frère Stéphane, construisit le premier chemin de fer français, de Paris à Saint-Germain. De 1840 à 1842, il dirigea la construction de la voie ferrée Paris-Rouen, puis Rouen-Le Havre. Enfin, jusqu'en 1857, il occupa les fonctions d'ingénieur en chef de la Compagnie de l'Ouest. D'autre part, durant le siège de Paris, en 1870, Eugène Flachat dirigea le corps auxiliaire du génie civil. Il a écrit « Guide du mécanicien, constructeur et conducteur des machines locomotives ». Une rue porte son nom depuis 1879.

EUGÈNE FOURNIÈRE (1857-1914). Écrivain et homme politique né à Paris. Il fut d'abord ouvrier bijoutier, et correcteur d'imprimerie. Puis, avec Benoît Malon, il fonda la « Revue socialiste ». Conseiller municipal de Paris de 1894 à 1898, il fut ensuite député de Vervins. En qualité d'écrivain, il a donné « la Patronne », « l'Âme de demain », et « l'Idéalisme social ». La rue Eugène-Fournière existe depuis 1927.

EUGÈNE GIBEZ C'est le nom d'un des propriétaires de cette rue, ouverte en 1883.

EUGÈNE HATTON Cofondateur de la Fondation de madame Jules Lebaudy qui est à l'origine de la création du logement social. Eugène Hatton vécut de 1851 à 1918.

EUGÈNE JUMIN Nom d'un propriétaire des terrains sur lesquels cette rue fut construite en 1911.

EUGÈNE LABICHE (1815-1888). Auteur dramatique né et mort à Paris. Il débuta en 1838 par un vaudeville écrit en collaboration avec Marc Michel, « Monsieur de Coislin ou l'Homme infiniment poli ». Labiche, auteur à la bouffonnerie parfois excentrique, inventa une langue nouvelle qui fit rire tout Paris. Il fut reçu à l'Académie française en 1880. Parmi toutes ses pièces, citons : « Embrassons-nous, Folleville », « le Voyage de M. Perrichon », « le Chapeau de paille d'Italie », « la Poudre aux yeux », « les Trente Millions de Gladiator » et « la Main leste », ainsi que « l'Affaire de la rue de Lourcine ». Eugène Labiche a dit : « Il y a des circonstances où le mensonge est le plus saint des devoirs » et « Les hommes ne s'attachent point à nous en raison des services que nous leur rendons, mais en raison de ceux qu'ils nous rendent ». La rue Eugène-Labiche existe depuis 1894.

EUGÈNE LÉAUTEY Nom d'un propriétaire de cette cour privée lorsqu'elle fut ouverte.

EUGÈNE LEBLANC Nom d'un propriétaire à l'époque de l'ouverture de cette « villa », en 1913.

EUGÈNE MANUEL (1823-1901). Écrivain né et mort à Paris. Professeur, on le choisit, après le 4 septembre 1870, comme chef de cabinet de Jules Simon, ministre de l'Instruction publique. En 1872 il sera nommé inspecteur de l'Académie de Paris et, en 1878, inspecteur général. En 1865, l'Académie française couronna un de ses ouvrages, « Pages intimes ». En 1870, il fit jouer une pièce sociale, « les Ouvriers ». D'autres œuvres d'Eugène Manuel : « Poésies du foyer et de l'école », « l'Absent » et « À nos hôtes ». Une rue porte son nom depuis 1904. La villa Eugène-Manuel existe depuis 1929.

EUGÈNE MILLON (1812-1867). Chimiste né à Châlons-sur-Marne, mort à Saint-Seine (Côte-d'Or). Médecin militaire, il professa la chimie au Val-de-Grâce (1841), puis à l'hôpital militaire de Lille (1848). Ensuite, ses opinions républicaines l'amenèrent à quitter la France pour aller vivre à Alger. Il mourut au moment précis où il rentrait en France. Il a écrit « Traité de chimie organique » et « Annuaire de chimie ». La rue Eugène-Millon existe depuis 1908.

EUGÈNE OUDINÉ (1810-1887). Sculpteur et graveur en médailles, né et mort à Paris. En 1837, il fit sensation en exposant « le Gladiateur blessé ». Il travailla, peu de temps après, comme graveur, d'abord au Timbre, puis à la Monnaie de Paris. Parmi ses sculptures, citons la reine Berthe (jardin du Luxembourg), le roi Louis VIII (Versailles) et Buffon (Louvre). Parmi ses médailles : le duc d'Orléans, « Bataille d'Inkermann » et « Avènement de Napoléon III ». La rue Eugène-Oudiné existe depuis 1934.

EUGÈNE PELLETAN (1813-1884). Écrivain et homme politique né à Saint-Palais-sur-Mer, mort à Paris. Il collabora à divers journaux, dont « le Bien public », fondé par Lamartine. Sous le second Empire, il écrivit dans des journaux d'opposition. Il devint député de la Seine en 1864 et rédacteur de la « Tribune française ». Après la chute de Napoléon III, il fut membre du gouvernement. En 1871, député des Bouches-du-Rhône, il soutint Thiers, puis rentra à nouveau dans l'opposition avant d'être élu sénateur inamovible en 1884. Comme écrivain il a publié « la Profession de foi du XIXe siècle » (considéré comme son ouvrage capital), « Nouvelles Heures de travail » et « le 4-Septembre devant l'enquête ». La rue Eugène-Pelletan existe depuis 1894.

EUGÈNE POUBELLE (1831-1907). Administrateur, né à Caen. Engagé volontaire en 1870, décoré de la médaille militaire, il entra dans l'administration départementale et fut successivement préfet de la Charente, de l'Isère et de Corse (1873). Quand Thiers dut se retirer, Poubelle donna sa démission pour prendre une chaire de professeur à la Faculté de droit. Mais en 1878 on le rappela comme préfet du Doubs, puis des Bouches-du-Rhône. Enfin, de 1883 à 1896, il sera préfet de Paris, avant de devenir, de 1896 à 1898, ambassadeur auprès du Saint-Siège. Eugène Poubelle a laissé son nom aux boîtes destinées à recevoir les ordures ménagères dont il imposa l'usage aux Parisiens quand il fut préfet de la capitale. Comme quoi les desseins de la notoriété peuvent, aussi, être qualifiés d'impénétrables... La rue Eugène-Poubelle existe depuis 1933.

EUGÈNE REISZ (1863-1921). M. Eugène Reisz, dont on donna le nom à une rue en 1929, fit partie du conseil municipal du XXe arrondissement.

EUGÈNE SPULLER (1835-1896). Homme politique né à Seurre (Côte-d'Or), mort à Sombernon. Son père était boucher, mais il ne lui succéda pas devant l'étal. En 1862, Spuller s'inscrivit au barreau de Paris et s'y lia avec Gambetta, qu'il assista et avec qui il coopéra pour la fondation du journal « la République française », en 1871. Spuller devint député de la Seine en 1876, avant de représenter la Côte-d'Or en 1885 et d'entrer au Sénat en 1892. Au cours de sa carrière politique, il fut ministre de l'Instruction publique (1887 et 1893-1894), ministre des Affaires étrangères (1889-1890). Partisan de l'État laïc, il prôna cependant la tolérance et la liberté, et parla de l'« esprit nouveau » qui devait régir les rapports Église-État. Ce qui le fit accuser de cléricalisme. La rue Eugène-Spuller fut baptisée en 1910.

EUGÈNE SUE (1804-1857). Romancier né à Paris, mort à Annecy. Il était le filleul du prince Eugène de Beauharnais et de l'impératrice Joséphine. Beau départ dans la vie... À 21 ans, son père le fit embarquer comme chirurgien en chef sur un vaisseau de l'État. Sue chargea alors ses aides d'assurer ses fonctions et, pendant six ans de navigation, il emplit sa mémoire de souvenirs et d'impressions. En 1829, il considéra qu'il était décent de cesser de ne rien faire et il donna sa démission pour écrire. Il commença par des romans, dits « mondains », qui eurent pour résultat, outre leur succès, de lui faire rompre les liens qu'il avait avec la société élégante dont il divulguait par trop les petits secrets. Son inspiration trouva ensuite refuge dans la description des hontes, des misères et des plaies de l'humanité. Citons de lui : « Mathilde » (source de sa rupture avec la « gentry »), « les Mystères de Paris » (parus d'abord en feuilleton dans « le Journal des débats »), « Thérèse Dunoyer », « Paula Monti » et « les Mystères du peuple ». La rue Eugène-Sue existe depuis 1885.

EUGÈNE VARLIN (1839-1871). Eugène Varlin, dont la profession était relieur, fut un des membres de la Commune. On donna son nom à une rue en 1910. Il est aussi le dernier de cette longue liste d'Eugène, prénom fort à la mode au XIXe siècle.

EUGÉNIE COTTON En 1976 on donna à une rue le nom de cette militante – très efficiente – de la promotion féminine.

EUGÉNIE ÉBOUÉ Connue pour son action au sein de la Résistance, cette femme donna son nom à une rue en 1977.

EUGÉNIE LEGRAND (1898-1933). Cette infirmière mourut, victime du devoir. On donna son nom à une rue en 1934.

EULER (1707-1783). Léonard Euler, géomètre suisse, né à Bâle, mort à Saint-Pétersbourg. Il commença par étudier les mathématiques puis, reçu maître ès arts en 1723, s'adonna pendant un temps à la théologie et aux langues orientales. Mais bientôt il se consacra totalement à la géométrie. Quelques années plus tard il suivra cependant des cours de médecine, preuve de son éclectisme. En 1726, il rédigea une thèse sur la propagation du son. Vers 1729 il se rendit à Saint-Pétersbourg ; travailleur acharné, il y fut victime en 1735 d'une congestion cérébrale qui lui fit perdre l'usage de l'œil gauche ; il se contenta de dire : « J'aurai moins de distractions »... En 1741, il publia un « Traité complet de mécanique ». Sa réputation devint immense et Frédéric II l'attira à Berlin. Désireux de fonder une Académie des sciences, l'empereur voulut placer Euler à sa tête. En 1746, notre géomètre suisse donna sa « Théorie nouvelle de la lumière ». À l'avènement de Catherine II, il retourna à Saint-Pétersbourg ; mais le climat ne devait guère lui convenir, car il perdit son second œil ; pourtant il continua à travailler. En 1773, on l'opéra de la cataracte, et il recouvra très provisoirement la vue ; c'est pendant cette courte période qu'il fit ses principales recherches sur l'hydrodynamique. Finalement, Léonard Euler mourut d'une attaque d'apoplexie. Il est l'auteur de fort nombreux ouvrages, parmi lesquels il faut citer « Lettres à une princesse d'Allemagne » et « Théorie nouvelle sur la Lune » (car Euler s'intéressa aussi beaucoup à l'astronomie). Une rue porte son nom depuis 1867.

EUPATORIA. En russe, Yevpatoria. Ville de Crimée dont les Français s'emparèrent en 1854 lors de l'expédition de Crimée et qu'ils occupèrent jusqu'à la conclusion de la paix. La rue fut baptisée en 1864 et le passage en 1877.

EURE Un des propriétaires de cette voie privée était originaire de ce département qui tire son nom de la rivière qui coule d'une des forêts du Perche, à 230 mètres d'altitude. Elle mesure 225 km et baigne Chartres, Maintenon, Nogent-le-Roi, Pacy et Louviers. Le chef-lieu du département est Évreux ; autres villes importantes : Bernay, Pont-Audemer, Les Andelys. La rue fut baptisée en 1895.

EUROPE Cette place, à laquelle aboutissent une demi-douzaine de rues portant le nom de capitales européennes, fut ouverte en 1826.

EURYALE-DEHAYNIN Nom du propriétaire du terrain sur lequel cette voie fut créée en 1907.

ÉVANGILE En 1868, on réalisa la fusion de la rue d'Aubervilliers et du chemin de la Croix-de-l'Évangile dont on garda une partie du nom. Rappelons que l'Évangile est l'ensemble des livres qui contiennent la loi et la doctrine de Jésus-Christ. L'Église reconnaît quatre évangiles : ceux de saint Matthieu, saint Luc, saint Marc et saint Jean.

ÉVARISTE GALOIS (1811-1832). Ce mathématicien de génie – n'ayons pas peur des mots – naquit à Bourg-la-Reine. Son concept « groupe d'opérations » est le point de départ de la théorie actuelle des fonctions algébriques. Il mourut lors d'un duel. La malchance fut sa grande compagne. Jugez : chassé de l'École normale pour activités politiques après juillet 1830, il vit ses trois mémoires, exposant l'ensemble de ses travaux, « égarés »... En effet, ils demeurèrent très longtemps ignorés à cause du décès prématuré de la personne à qui il les avait confiés; quand on les découvrit, ils parurent incompréhensibles! La nuit qui précéda sa mort, il rédigea un testament mathématique, contenu dans une lettre à Auguste Chevalier, où il résuma toutes ses théories. Une rue porte son nom depuis 1979.

ÉVEILLARD Le sieur Éveillard était l'un des propriétaires de cette impasse.

ÉVETTE Ce commerçant fut adjoint au maire du Xe arrondissement de Paris. La rue fut ouverte en 1863.

EXELMANS (1775-1852). Le comte Isidore Exelmans, qui naquit à Bar-le-Duc, fut maréchal et pair de France. Engagé volontaire en 1791, il fut fait colonel à Austerlitz (1805) et général de brigade à Eylau (1807), avant d'être nommé chef d'état-major de Murat en Espagne (1808). Cette même année il fut pris par les Anglais et ne parvint à s'évader qu'en 1811. En 1812, après la bataille de la Moskova, on le fit général de division. Il fut grièvement blessé à Wilna. Sous la première Restauration, on lui donna le titre de comte, mais ayant adressé une lettre de félicitations à Murat, il fut traduit devant un conseil de guerre, qui l'acquitta... Pendant les Cent-Jours, il fut nommé pair de France. Au début de la seconde Restauration, il se réfugia en Allemagne. De retour en France en 1819, il dut se maintenir à l'écart jusqu'en 1828, date à laquelle il devint inspecteur de la cavalerie. En 1830, il se signala en défendant avec ardeur la mémoire du maréchal Ney. Sous la République de 1848, il rallia le prince-président qui le nomma, en 1849, grand chancelier de la Légion d'honneur, puis maréchal de France en 1851. Il mourut des suites d'une chute de cheval. Le boulevard Exelmans a été baptisé en 1867.

EXPERT Cette voie privée, dont une partie se trouve à Levallois-Perret, fut annexée par Paris en 1930. Peut-être fut-elle baptisée ainsi parce qu'y résida un « expert » de la franc-maçonnerie (c'est l'officier d'une loge chargé de « tuiler » les visiteurs et de s'assurer de leurs qualités de « frères »).

EXPOSITION C'est en 1867 que la rue reçut ce nom du fait de l'Exposition universelle qui se tint cette année-là, à Paris.

EYLAU Ville de la Prusse. Les 7 et 8 février 1807, les troupes de Napoléon, avec Augereau et Soult, ainsi que Davout et Murat, y remportèrent une brillante victoire sur les Russes. 40000 hommes y laissèrent la vie, dont 18000 Français. L'avenue d'Eylau existe depuis 1885.

F

FABERT (1599-1662). Abraham de Fabert, maréchal de France, un des grands hommes de guerre du XVIIIe siècle, naquit à Metz et mourut à Sedan. Protégé du duc d'Épernon, il put, dès l'âge de 14 ans, entrer comme cadet dans une compagnie des gardes-françaises de Metz. Fait prisonnier en 1634, à Thionville, le roi lui-même intercéda afin qu'il fût libéré. Très fidèle à son souverain, il refusa de tremper dans la conspiration de Cinq-Mars. En 1650 il reçut le bâton de maréchal. En plus de ses qualités de guerrier, il fut un excellent administrateur de la Champagne, longtemps ravagée par la guerre. C'est lui qui, installé à Sedan, y organisa la fabrication de draps fins, jusqu'ici monopolisée par la Flandre et les Pays-Bas. N'ayant que deux quartiers de noblesse, au lieu des quatre nécessaires, il refusa le grand cordon du Saint-Esprit que Louis XIV lui proposait; ce refus le grandit dans l'estime du roi. En 1841, le sculpteur Étex (voir ce nom) éleva une statue du maréchal Fabert sur la place de la cathédrale de Metz; on peut y lire ces mots du maréchal : « Si, pour empêcher qu'une place que le roi m'a confiée ne tombât au pouvoir de l'ennemi, il fallait mettre à la brèche ma personne, ma famille et mon bien, je ne balancerais pas un instant à le faire. » La rue Fabert existe depuis 1864.

FABRE D'ÉGLANTINE (1750-1794). Philippe Fabre, dit Fabre d'Églantine, poète et révolutionnaire, né à Carcassonne, mort à Paris. C'est parce qu'il avait gagné une églantine d'or à des jeux floraux qu'il ajouta ce mot à son nom. Après une jeunesse tumultueuse, il courut le monde comme acteur et, en 1787, arriva à Paris. Sa carrière d'auteur fut courte, mais féconde : en sept ans, il composa 17 pièces, dont la plus remarquable est « la Suite du Misanthrope ». Fabre d'Églantine accueillit les idées révolutionnaires avec enthousiasme; ami de Danton et de Camille Desmoulins, il joua un grand rôle au club des Cordeliers. Député à la Convention, il vota la mort du roi. C'est lui qui réalisa la substitution du calendrier républicain au calendrier grégorien. La nomenclature des jours et des mois lui est due. Mais – car il y a toujours un mais, surtout en période révolutionnaire – Robespierre le trouva un tantinet « modérantiste » et ses ennemis l'ayant accusé, à tort, de corruption, il fut condamné à mort et guillotiné, le même jour que Danton et Desmoulins. Pour finir sur une note plus gaie, rappelons qu'il est l'auteur de cette charmante bluette : « Il pleut, bergère ». La rue Fabre-d'Églantine existe depuis 1885.

FABRIQUES Cette impasse doit son nom au fait qu'elle se trouvait au cœur d'un quartier fort industriel.

FAGON (1638-1718). Gui Crescent Fagon, botaniste et médecin de Louis XIV, né et mort à Paris. Il fut directeur du jardin botanique du roi et membre honoraire de l'Académie des sciences. Il découvrit les vertus des eaux de Barèges (maladies de la peau et rhumatismes). Contrairement aux croyances de son temps, il soutint la thèse de la circulation du sang. Il a écrit « Traité sur les vertus du quinquina ». La rue Fagon existe depuis 1867

FAIDHERBE (1818-1889). Louis Faidherbe, général né à Lille, mort à Paris. Servit dans la province d'Oran, en Guadeloupe, puis à nouveau en Algérie. En 1854, il fut nommé gouverneur du Sénégal, au développement duquel il se consacra jusqu'en 1861, année qui le vit tourner en Algérie (à Sidi Bel Abbes, puis à Bône). Pendant la guerre de 1870, après Sedan, il offrit ses services à Gambetta, qui le nomma général de division à la tête de l'armée du Nord. Il remporta les deux seules victoires françaises de cette guerre : Pont-Noyelles et Bapaume. Élu député en 1871, il démissionna parce que, disait-il, « l'Assemblée s'attribuait d'autres droits que ceux qui lui avaient été conférés par les électeurs ». Il fut alors chargé de mission en Égypte et revint en France en 1879 pour se voir élu sénateur. Mais, atteint de paralysie, il n'apparut que très rarement au Sénat. Il eut droit à des funérailles nationales et des statues de lui se dressent à Lille, Saint-Quentin, Bapaume et Saint-Louis-du-Sénégal. La rue Faidherbe existe depuis 1899.

FAISANDERIE Cette rue doit son nom, reçu en 1840, à la faisanderie de l'ex-château de la Muette. Autrefois – et parfois encore de nos jours – dans les chasses gardées d'une certaine importance, on installait des lieux spéciaux, appelés « faisanderies », pour l'élevage du faisan. On construisait la faisanderie de préférence sur un terrain parsemé de buissons épais et d'herbe drue.

FALAISE Falaise était le surnom attribué à un membre de la famille Compoint, vignerons réputés, propriétaire du terrain sur lequel la « cité » fut construite au XIXe siècle.

FALAISES Ce nom correspond à un lieu-dit des Buttes-Chaumont, proches. Cette villa reçu son nom en 1897.

FALCONET (1716-1791). Étienne Maurice Falconet, statuaire né et mort à Paris. L'impératrice Catherine II le fit venir à Saint-Pétersbourg afin qu'il y exécute la statue équestre de Pierre le Grand, représenté sur son cheval au moment où celui-ci franchit un rocher escarpé. Falconet consacra douze années de sa vie à cet ouvrage. De retour en France, vieilli et fatigué, il préféra abandonner la sculpture pour s'adonner à la littérature. Dans ce domaine, son œuvre la plus estimée est une étude sur le bas-relief. En 1783, une attaque de paralysie le cloua au lit jusqu'à sa mort. La rue Falconet existe depuis 1934.

FALGUIÈRE (1831-1900). Alexandre Falguière, sculpteur né à Toulouse, mort à Paris, qui fut professeur à l'École des beaux-arts. Il se spécialisa dans les compositions groupées ou les « figures » à grande échelle. On lui doit « Danseuse égyptienne », « Saint Vincent de Paul », « Suisse accueillant l'armée française », « Triomphe de la République » et « Femme au paon ». La rue Falguière existe depuis 1900, la place depuis 1904, le passage et la cité depuis 1905.

FALLEMPIN M. Fallempin était propriétaire du terrain sur lequel cette rue a été ouverte. En tant que rue – auparavant c'était le passage Fallempin – elle porte son nom depuis 1896.

FANNY Partie d'une rue de Clichy rattachée à Paris en 1930 qui porte, semble-t-il, le prénom de la fille d'un propriétaire.

FANTIN-LATOUR (1836-1904). Théodore Fantin-Latour, peintre né à Grenoble, dont le père s'adonnait également à la peinture. Très fin coloriste, Fantin-Latour possède un style qui s'apparente à la fois à Chardin, Delacroix, aux « Hollandais » et aux romantiques. Il se fit connaître par des portraits, des natures mortes et des scènes intimes. On lui doit « la Lecture », « Atelier aux Batignolles », « Souvenir de Bayreuth », « Anniversaire de Berlioz », etc. Il voua un véritable culte, sur ses toiles, à Wagner, Schumann et Berlioz. Une rue porte son nom depuis 1929.

FARADAY (1791-1867). Michael Faraday, chimiste et physicien anglais, né à Newington-Butts, mort à Londres. Faraday fit faire un grand pas à la physique en liquéfiant l'acide carbonique et un grand nombre d'autres gaz. Mais c'est surtout dans ses recherches sur l'électricité et le magnétisme que Faraday se distingua : en 1821, il remarqua « l'action exercée par un aimant fixe sur un courant mobile » et, énonça le fameux « principe de Faraday » qui constitue la loi principale de l'électromagnétisme; en 1832, il émit une théorie sur l'électrisation par influence; en 1845, il découvrit l'action exercée par l'aimant sur la lumière polarisée et le diamagnétisme. Ses nombreux écrits ont paru sous le titre « Recherches expérimentales sur l'électricité ». La rue Faraday existe depuis 1867.

FAUBOURG DU TEMPLE Cette voie très ancienne, formée sous Henri IV, doit son nom au fait qu'elle fut ouverte à l'intérieur du faubourg situé au-delà de la porte du Temple. Cette porte exista de 1368 à 1678.

FAUBOURG MONTMARTRE Voici plusieurs siècles, quand on allait de Lutèce à la butte Montmartre, on empruntait en partie cette voie, située au cœur de ce qui était le faubourg Montmartre. Durant la Révolution française, cette rue s'appela « du Faubourg de Montmarat ». Cela ne devait pas plaire à Charlotte Corday... « Montmartre » évoque une très haute antiquité et il semble probable que la colline ou butte Montmartre ait été couronnée, à une certaine époque, d'un temple de Mercure qui servit de théâtre au martyre de saint Denis. Étymologiquement, Montmartre peut provenir de mont de Mars, mont de Mercure ou mont des Martyrs.

FAUBOURG POISSONNIÈRE Cette rue était empruntée par les transporteurs amenant le poisson de la mer du Nord aux Halles de Paris. Elle était d'ailleurs surnommée « chemin de la marée ». Son nom actuel date de 1753.

FAUBOURG SAINT-ANTOINE Cette rue doit son nom au fait qu'elle commençait à hauteur de l'ex-porte Saint-Antoine pour mener à l'abbaye du même nom, créée en 1198 par l'abbé Foulques, prédicateur de la quatrième croisade. Ce fut tout d'abord une communauté religieuse, qui devint abbaye en 1204 et était rattachée à l'ordre de Cîteaux. Saint Louis, en 1239, y exposa la Sainte Couronne. Sous son appellation de rue du Faubourg-Saint-Antoine, cette voie existe depuis 1632.

FAUBOURG SAINT-DENIS C'était la voie principale du faubourg situé au-delà de la porte Saint-Denis. Elle commença à être très fréquentée vers l'an 1000, étant alors le chemin le plus direct pour aller de Paris à la riche abbaye de Saint-Denis. Mais son tracé date des Mérovingiens (750).

FAUBOURG SAINT-HONORÉ Cette rue, qui se trouvait au sein du faubourg du Roule (elle s'appela d'ailleurs longtemps ainsi), doit son nom au fait qu'elle commençait à la porte Saint-Honoré (construite en 1725). Elle menait alors à un octroi, dit « de la fausse porte Saint-Honoré ». Sur son tracé actuel, cette rue existe depuis 1847, date à laquelle elle assimila la portion qui s'appelait encore « rue du Faubourg-du-Roule ».

FAUBOURG SAINT-JACQUES Cette rue était la voie principale du faubourg Saint-Jacques, qui se trouvait au sud de la porte Saint-Jacques. C'est de là qu'elle tire son nom. Elle suit le tracé de la voie romaine qui menait de Paris à Orléans. Pendant la Révolution, elle s'appela rue de l'Observatoire.

FAUBOURG SAINT-MARTIN C'était la principale rue du faubourg Saint-Martin, d'où son nom. Elle suit le tracé de la voie romaine qui allait de Paris vers le nord. Durant la révolution, elle s'appela rue du Faubourg-du-Nord.

FAUCHEUR Quand on ouvrit cette villa, en 1900, M. Faucheur était propriétaire du terrain.

FAUCHEURS Les faucheurs qui empruntaient jadis cette allée ne pouvaient le faire avec une botte de foin sur le dos : en effet, sa largeur ne dépasse jamais 65 cm. En fait, ces braves travailleurs ne la prenaient, armés de leur faux, que pour se rendre dans les champs.

FAUCONNIER Près de cette rue, et c'est ce qui lui fit donner son nom, se trouvait l'hôtel de la Fauconnerie royale. La fauconnerie, art de chasser avec un faucon, atteignit son apogée, en France, sous Louis XIII et Louis XIV. La fauconnerie royale était une partie importante de la maison du roi ; outre le grand fauconnier, elle comprenait une nombreuse suite d'hommes et de chevaux, employés pour la chasse au haut vol. On n'y utilisait pas que des faucons, mais également des gerfauts, des laniers et des émerillons. Les officiers de la fauconnerie figuraient dans les cortèges et les « entrées » solennelles. Dans son tracé actuel, la rue du Fauconnier existe depuis 1868, mais plus réduite, elle existait déjà vers l'an 1200, tant il est vrai que la chasse au faucon, si elle connut sa plus grande vogue avec le Roi-Soleil, était déjà pratiquée sur notre territoire par les Mérovingiens.

FAUSTIN HÉLIE (1799-1884). Jurisconsulte, né à Nantes, mort à Paris. Il fonda le « Journal du droit criminel » en 1829 avec Rigaud et Championnère. Sa théorie du Code pénal fit fort longtemps autorité. Conseiller à la Cour de cassation en 1849, il fut nommé membre de l'Académie des sciences morales et politiques en 1855, avant de devenir vice-président du Conseil d'État en 1879. Une rue porte le nom de Faustin Hélie depuis 1885.

FAUVET Depuis 1863, cette rue porte le nom d'un propriétaire des environs.

FAVART (1710-1792). Charles Simon Favart, auteur dramatique né à Paris, mort à Belleville. Pendant un demi-siècle, sa vogue fut immense ; Voltaire le loua fort. Il porta à l'apogée le vaudeville musical et créa – qu'on se le dise, Messieurs les américanophiles – la comédie musicale. Son père – et lui-même dans sa jeunesse – était pâtissier, mais au théâtre Favart ne fit jamais de fours, même pas de petits. Il faut aussi considérer cet auteur comme l'inventeur de l'opéra-comique – l'Opéra-Comique de Paris s'appelle d'ailleurs aussi salle Favart. Il a écrit, entre autres, « les Trois Sultanes », « Annette et Lubin » et « la Fée

Urgèle ». En 1845, il épousa Marie Duronceray, cantatrice qui devint célèbre sous le nom de Madame Favart. Dès qu'elle eut épousé l'homme de sa vie, Marie défraya la chronique de la Cour et de la Ville ; bien que petite et pas très bien faite, elle se montrait fort accorte... Elle devint même la maîtresse du maréchal de Saxe ; à sa décharge il faut dire qu'elle en eut, paraît-il, du remords. Pour une cantatrice – ce n'était pas de chance – elle possédait peu de voix, mais elle chantait avec esprit. Alors... Son salon, dans sa propriété de Belleville, était fort bien fréquenté par des gens de lettres, des compositeurs et tutti quanti. La rue Favart existe depuis 1781.

FAVORITES « Favorites » était le nom donné, à Paris, aux premiers omnibus mis en service. L'un de ces omnibus empruntait la rue qui fut baptisée à leur nom, d'abord sous l'appellation de « passage des Favorites ». La rue des Favorites, quant à elle, fut baptisée officiellement en 1925.

FÉCAMP Ce n'est pas à la ville de la Seine-Maritime que cette rue doit son nom. Ce serait trop simple... Non, elle doit de s'appeler ainsi à un lieu-dit, la Vallée de Fécamp, petite agglomération située, en 1500, au confluent de deux ruisseaux : celui dit « de Montreuil » et celui « des Orgueilleux », dans la rue de Charenton actuelle. La Vallée de Fécamp dut sans doute son nom au fait que les abbés de Fécamp, qui demeuraient à Paris – rien n'est simple –, rue Hautefeuille, possédaient une maison, qu'on pouvait qualifier de « campagne » à l'époque, à cet endroit. La rue de Fécamp fut ainsi baptisée en 1869.

FÉDÉRATION Le 14 juillet 1790 eut lieu, sur le Champ-de-Mars qu'on creusa en forme de bassin pour l'occasion, la fête de la Fédération. C'est l'Assemblée qui choisit la date. Toute la population de Paris participa à l'organisation de cette fête. Une grande confraternité s'établit alors. Malheureusement, le 14 juillet 1790, il plut à flots sur Paris ; la fête n'en fut pas moins réussie. Partis de la Bastille à 7 heures du matin, les Fédérés se rendirent au Champ-de-Mars en ne traversant que des rues pavoisées aux trois couleurs. Ils pénétrèrent à l'intérieur du bassin et, en dansant, y attendirent le roi et l'Assemblée. Au centre du bassin se dressait l'autel de la Patrie. L'estrade réservée au roi et à l'Assemblée avait été dressée devant l'École militaire. Talleyrand, évêque d'Autun, dit une messe – c'est à cette occasion qu'avant d'officier il dit à ses assistants : « Surtout, ne me faites pas rire » – puis la Fayette, montant à l'autel de la Patrie, prononça le serment de fidélité à la Constitution. Le roi prononça aussi le serment, depuis sa place, et la reine, beau spectacle, éleva son fils dans ses bras. L'allégresse régnait... Cette fête symbolisa parfaitement la fraternité qui naissait alors en France. C'est en 1879 qu'on donna à une rue le nom de Fédération.

FEDERICO GARCIA LORCA (1899-1936). Poète et auteur dramatique espagnol mort fusillé par la garde franquiste au début de la guerre civile espagnole. Pour lui, le désir devait être la source de tout art et la raison de la soif d'expression lyrique. Fondateur en 1935 de la troupe théâtrale « la Baraca », il a écrit pour la scène « L'amour de dom Perlimplin avec Bélise en son jardin », « la Savetière prodigieuse », « Noces de sang », « la Maison de Bernarda » et ses œuvres poétiques s'intitulent : « Canciones », « Romancero gitano », etc. Une allée à son nom existe depuis 1985.

FÉLIBIEN (1666-1719). Dom Michel Félibien, historien qui naquit à Chartres. Il s'appliqua à rédiger, à la demande du sieur Bignon, prévôt de Paris, une « Histoire de la ville de Paris ». C'est un ouvrage considérable qu'il commença en 1710 et que la mort l'empêcha de mener à terme (il fut achevé en 1755 par dom Lobineau). Dom Félibien, qui rédigea aussi une « Histoire de l'abbaye royale de Saint-Denis », était un bénédictin appartenant à la congrégation de Saint-Maur. Une rue porte son nom depuis 1817

FÉLICIEN DAVID (1810-1876). Compositeur, né à Cadenet (Vaucluse), mort à Saint-Germain-en-Laye. Élevé par sa sœur aînée, celle-ci le fit entrer, à 8 ans, comme enfant de chœur à la maîtrise de l'église Saint-Sauveur d'Aix. Jeune encore, David partit en Orient (Constantinople et l'Égypte) où il recueillit des chants locaux. Rentré en France en 1835, il écrivit 2 symphonies (une en fa, l'autre en mi) et 24 quintettes pour instruments à cordes, ainsi que de forts jolies mélodies : « l'Égyptienne », « le Bédouin », « la Rêverie » et « les Hirondelles ». Marqué par l'Orient, Félicien David fit représenter, en 1844, une ode-symphonie intitulée « le Désert ». On lui doit encore « Moïse au Sinaï », « Christophe Colomb » et « Lalla-Roukh ». David remplaça Berlioz comme membre de l'Académie des beaux-arts ainsi que comme bibliothécaire au Conservatoire. Une rue porte son nom depuis 1881.

FÉLICIEN ROPS (1833-1898). Peintre, graveur et lithographe né à Namur, mort à Essonnes. Il se fit surtout remarquer par ses eaux-fortes, dans lesquelles il apporta une imagination fantasque et cruellement expressive. Son œuvre principale est « les Sataniques ». La rue Félicien-Rops existe depuis 1934.

FÉLICITÉ Cette rue doit peut-être son nom à un ordre dit « de la Félicité », dont tous les membres étaient des débauchés notoires. Il aurait été créé en 1743. Ceux qui appartenaient à cet ordre s'expri maient dans un langage emprunté au vocabulaire nautique et devaient se soumettre à une initiation mystérieuse. Mais on n'est pas tout à fait sûr que cet ordre ait vraiment existé et ses « statuts » n'ont peut-être été rédigés que par plaisanterie. Pour terminer par une note moins profane, citons cette phrase de saint Augustin : « Le comble de la félicité est de pouvoir ce qu'on veut et de vouloir ce qu'on doit. »

FÉLIX D'HÉRELLE (1873-1949). Bactériologiste canadien – québé cois – né à Montréal, mort à Paris. Étudiant sagement le bacille dysentérique, il découvrit le phénomène de la bactériophagie (1918). Puisqu'il n'est pas question, cher lecteur, de vous celer la moindre chose, voici en quoi consiste le phénomène dit « d'Hérelle » : c'est la dissolution d'émulsion bactérienne par addition d'une trace de liquide contenant le principe bactériophage (virus détruisant activement certaines bactéries). L'avenue Félix-d'Hérelle existe depuis 1976

FÉLIX ÉBOUÉ (1884-1944). Administrateur français. Il fut le premier Noir gouverneur des colonies; naquit à Cayenne. Il gouvernait le Tchad en 1938 et sous son impulsion ce pays fut le premier à rallier la France libre dès 1940. Cette même année, Éboué fut nommé gouverneur de l'A.É.F. La place Félix-Éboué existe depuis 1946.

FÉLIX FAURE (1841-1899). Président de la République française né et mort à Paris. Son père était fabricant de meubles, mais lui-même apprit le métier de tanneur. Il s'établit d'ailleurs comme négociant en peausserie, au Havre. En 1881, il fut élu député de cette ville comme républicain modéré. Il fut sous-secrétaire d'État aux Colonies dans le cabinet Jules Ferry (1882-1885), vice-président de la Chambre (1893) et ministre de la Marine dans le cabinet Dupuy (1894). Le Congrès de Versailles l'élut ensuite président de la République, en remplacement de Casimir Périer qui avait démissionné. Félix Faure, dans l'exercice de ses fonctions présidentielles, constitua cinq ministères : ceux de Ribot (1895), Bourgeois (1895), Méline (1896), Brisson (1898) et Charles Dupuy (1898). Il contribua à resserrer l'alliance franco-russe en recevant Nicolas II et en se rendant lui-même en Russie, en août 1897. On sait que Félix Faure expira subitement d'une congestion cérébrale, à l'Élysée, mais les conséquences de cette mort deviennent tout à fait claires quand on sait qu'à quelqu'un qui demanda en arrivant sur ces entrefaites à l'Élysée : « A-t-il encore sa connaissance? » un homme de l'entourage du Président répondit à peu près ceci : « Non, elle vient de sortir par l'escalier privé... » L'avenue Félix-Faure fut baptisée en 1900, la place en 1907, la rue et la villa en 1912.

FÉLIX HUGUENET (1858-1926). Comédien qui naquit à Lyon. On l'a bien oublié, Félix Huguenet... Il fut pourtant fort célèbre. Fils d'un chapelier, il débuta par des tournées en province avant de se produire, à Paris, au théâtre des Menus-Plaisirs, puis des Bouffes-Parisiens, de la Renaissance et du Palais-Royal. Son plus brillant succès fut celui remporté dans le rôle de l'archiduc Paul, dans « la Carrière » d'Hermant. En 1898, il se maria avec Mme Simon-Girard et fit une tournée en Russie. Il joua dans « Madame Sans-Gêne », « la Robe rouge », etc. La rue Félix-Huguenet existe depuis 1934.

FÉLIX PÉCAUT (1828-1898). Théologien et écrivain pédagogue, né à Salies-de-Béarn, mort à Orthez. Jules Ferry, en 1873, le chargea d'organiser l'École normale d'institutrices de Fontenay-aux-Roses. Il resta à la tête de cette école jusqu'en 1895. Il a écrit « Lectures morales à l'usage des écoles primaires » et « Cours d'hygiène ». La rue Félix Pécaut existe depuis 1905.

FÉLIX TERRIER (1837-1908). Ce chirurgien professa à la Faculté de médecine. Une rue porte son nom depuis 1929.

FÉLIX VOISIN (1794-1872). Médecin né au Mans, mort à Paris. C'était un spécialiste des maladies mentales. Il fut élève d'Esquirol (voir ce nom) à la Salpêtrière. En 1821, il fonda une maison pour aliénés à Vanves et, plus tard, devint médecin d'une division de malades mentaux à Bicêtre. Une rue porte son nom depuis 1931.

FÉLIX ZIEM (1821-1911). Peintre, né à Beaune. C'est un spécialiste des tableaux sur la ville de Venise dont il sut parfaitement rendre les sites lumineux, ainsi que les architectures pittoresques. Il a peint « Vue prise dans le Grand Canal de Venise », « Vue de Venise prise du jardin français », « Place Saint-Marc à Venise pendant une inondation ». Sa rue existe depuis 1906.

FÉNELON (1651-1715). François de Salignac de La Mothe-Fénelon, né au château de Fénelon, dans le Périgord, mort à Cambrai, fut un archevêque appartenant à une famille illustre dans les armes et la diplomatie. Tout jeune, il rêvait d'aller en Grèce catéchiser les sujets du sultan et « baiser sur la terre les pas de l'Apôtre » comme il disait. En 1697, il publia un charmant ouvrage, « l'Éducation des filles » (fort édifiant à consulter...). Nommé précepteur du duc de Bourgogne en 1689, il parvint, à force de patience et d'habileté, à domestiquer le caractère violent de son élève. Il composa pour le jeune duc plusieurs livres, dont un de « Fables », et « les Aventures de Télémaque ». En 1693, la gloire de Fénelon semble avoir atteint son comble : sa réputation est grande comme éducateur, mais aussi comme orateur (sermon sur la fête de l'Épiphanie). Ami de Bossuet, protégé de Mme de Maintenon, il entre à l'Académie française et est nommé archevêque de Cambrai, mais un événement va alors bouleverser sa vie : une dame Guyon le « convertit » à la « parfaite oraison » et à l'« amour pur ». C'était une femme d'une sensibilité déréglée qui s'était jetée dans un mysticisme ardent. L'amitié que lui porta Fénelon ne plut ni à Mme de Maintenon ni à Bossuet, et l'archevêque se vit refouler dans son modeste diocèse. Une lutte ouverte s'instaura entre l'Aigle de Meaux et Fénelon ; elle se termina par une intervention du pape – à la demande de Louis XIV – à laquelle se soumit l'archevêque de Cambrai. La lutte était donc terminée, mais Fénelon avait connu de cruelles blessures : injustice, calomnie, persécution. À la mort du dauphin (1711), il crut pourtant un instant que son ancien élève le duc de Bourgogne allait régner ; il commença même à dresser les plans d'un gouvernement ; malheureusement, le duc mourut aussi, et avec lui disparut la dernière espérance politique de l'auteur de « Télémaque ». Saint-Simon définit ainsi Fénelon : « Ce grand homme maigre, bien fait, avec un grand nez et des yeux dont le feu et l'esprit sortaient comme un torrent. » Quant à Fénelon lui-même il prononça, entre autres, les trois phrases suivantes : « On ne surmonte le vice qu'en le fuyant » ; « On n'est pas un homme quand on n'aime que soi » et « L'homme s'agite, mais Dieu le mène ». La rue Fénelon fut baptisée en 1844.

FENOUX Ouverte en 1851, cette rue porte le nom d'un propriétaire du terrain.

FER À MOULIN Au XVIIIe siècle, un homme appelé Permoulin possédait une maison dans cette rue. C'est sans doute par déformation de son nom que la rue doit de s'appeler aujourd'hui « du Fer-à-Moulin », appellation qui lui fut donnée en 1806.

FERDINAND BERTHOUD (1727-1807). Horloger suisse, né à Plan cemont, canton de Neuchâtel. En 1768, avec le lieutenant de vaisseau Fleurieu, il exécuta une horloge marine d'une précision extraordinaire, puis des horloges à longitudes. Venu en France dès 1745, ces inventions lui valurent d'être nommé horloger mécanicien de la Marine et membre de l'Institut. Une rue porte son nom depuis 1818.

FERDINAND BRUNOT (1860-1938). Cet écrivain, qui appartint à l'Institut, fut maire du XIVe arrondissement, de 1910 à 1919. Une place porte son nom depuis 1949.

FERDINAND BUISSON (1841-1932). Administrateur et publiciste né à Paris. Ce fut aussi un excellent pédagogue qui, de 1866 à 1870, exerça les fonctions de professeur suppléant à l'académie de Neuchâtel. Revenu en France après le 4 septembre 1870, il fut nommé inspecteur primaire à Paris, par Jules Simon. L'évêque Dupanloup combattit violemment cette nomination, Buisson ayant manifesté des opinions favorables à la laïcisation de l'enseignement. Cela n'empêcha point que Jules Ferry, en 1878, le nomma directeur de l'enseignement primaire au ministère de l'Instruction publique. Il quitta ce poste en 1896 pour une chaire de pédagogie à la Sorbonne. Sa rue existe depuis 1932

FERDINAND DE BÉHAGIE (1857-1899). Explorateur dont la réputation semble s'être éteinte en même temps que lui. Une rue reçut son nom en 1932.

FERDINAND DUVAL (1829-1896). Administrateur et avocat, né à Paris. Ami de Thiers, celui-ci le nomma en

1871 préfet de Gironde. Quand Thiers fut renversé, en 1873, il fut appelé à la préfecture de la Seine. Une rue porte son nom depuis 1900.

FERDINAND FABRE (1827-1898). Romancier né à Bédarieux, mort à Paris. Il entra d'abord au séminaire de Montpellier, mais sentant que la vocation lui faisait un peu défaut, il se rendit à Paris et y publia un recueil de poésies : « les Feuilles de lierre » (1853). Son premier roman, « Courbazon » (1862), fut couronné par l'Académie française. Écrivain au style très personnel, Fabre a écrit « Julien Savignac », « le Chevrier », « Mon ami Gaffarot », etc. Jules Lemaître a dit de lui : « C'est un peintre incomparable des prêtres et des paysans. Je ne serais pas étonné que son œuvre vigoureuse, candide, un peu sévère, demeurât comme un des monuments originaux du roman contemporain. » Une prédiction qui ne saurait tarder à se réaliser. En attendant, la rue Ferdinand-Fabre existe depuis 1899.

FERDINAND FLOCON (1800-1866). Publiciste et homme politique, né à Paris, mort à Lausanne. Il prit part à toutes les luttes du parti républicain, collabora à différents journaux et fut nommé, en 1848, membre du gouvernement provisoire. Député de la Seine à la Constituante, il fut ministre du Commerce et de l'Agriculture. Tout en siégeant à la Montagne, Flocon se prononça pour l'état de siège lors de la révolution de juin 1848; mais, peu après, il demanda instamment l'amnistie et montra une vive opposition à Louis Bonaparte. Il se rendit à Colmar où il s'employa à la rédaction d'une feuille démocratique : c'en était trop pour le futur Napoléon III qui décida son bannissement, après le coup d'État de décembre 1851. Il se réfugia alors à Lausanne et y mourut dans la pauvreté. On donna à une rue le nom de Ferdinand Flocon en 1885.

FERDINAND GAMBON (1820-1887). De son prénom Louis-Ferdinand. Avocat et homme politique. Sous le second Empire, une expression fut à la mode : « vache à Gambon ». Voici pourquoi. En 1848, Gambon, député de la Montagne, adversaire de l'Élysée et pour cela déporté à Corte, se mit à prêcher le refus de l'impôt et laissa vendre par le fisc une de ses vaches. Mais elle ne trouva pas acquéreur. L'opposition s'empara de l'incident et, pendant près d'une année, il fut question de la « vache à Gambon ». La rue existe depuis 1905.

FERDOUSI (933-1021 ou 1025). Mansour ou Hasan Ferdousi, poète persan, né et mort à Shadab, près de Thous, en Perse. Très jeune, il apprit l'arabe et l'histoire légendaire de Perse. À Ghazna, où régnait alors Mahmoud, il fut chargé de rédiger cette histoire. On lui promit une pièce d'or par vers... Quand son poème, comprenant 60 000 vers, fut terminé, le sultan ne lui proposa plus qu'un écu d'argent par vers. Furieux, Ferdousi écrivit une satire violente contre Mahmoud, qui, pris de remords ou craignant l'effet de cette satire, lui adressa les 60000 pièces d'or prévues. Son poème sur l'histoire de la Perse s'intitule « le Livre des rois ». C'est sans doute un des plus importants de la littérature persane de l'époque.

FÉREMBACH La cité Férembach porte le nom d'un propriétaire qui y résidait lors de son ouverture.

FERMAT (1601-1665). Pierre de Fermat, mathématicien, né à Beaumont-de-Lomagne, près de Montauban, fut conseiller au parlement de Toulouse en 1631. C'est là qu'il se mit à étudier avec passion les mathématiques. Pascal le surnomma alors « le premier homme du monde », et avoua « ne pas toujours le suivre dans ses recherches ». Malheureusement, Fermat publiait rarement ses découvertes, si bien qu'un grand nombre de ses travaux furent perdus. D'Alembert, pour sa part, a dit de lui : « On doit à Fermat la première application du calcul, aux quantités différentielles, pour trouver les tangentes. » Le fils de Fermat essaya de rassembler le maximum des recherches de son père et les publia sous le titre : « Varia opera mathematica ». La rue Fermat existe depuis 1864 et le passage depuis 1869

FERME DE LA FAISANDERIE Ce carrefour, situé dans le bois de Vincennes, et dont le nom donne toutes les explications (sauf qu'il n'y a plus aujourd'hui de ferme, ni de faisanderie à sa proximité), a été baptisé en 1994.

FERME DE SAVY La ferme de Savy (ou Savies) désignait, en fait, jadis, le prieuré de l'abbaye de Saint-Martin-des-Champs, domaine dont Hugues Capet avait gentiment fait don, avant l'an 1 000, à l'abbaye de Saint-Magloire. La rue de la Ferme-de-Savy a été baptisée en 1996.

FERMES Cette cour se trouve à l'emplacement de l'ancien hôtel des Fermes, qui avant 1690 s'appela l'hôtel des Dames. Cet hôtel appartint au duc de Bellegarde – protecteur de Malherbe, qui résida dans l'hôtel – puis au président Séguier, avant d'être dévolu aux Fermiers généraux, d'où le nom qu'il prit en 1690. Après la Révolution un chemin dit « cour des Fermes » fut ouvert sur les terrains de l'hôtel des Fermes. Officiellement, la cour des Fermes existe depuis 1891.

FERMES SAINT-LAZARE La cour des Fermes-Saint-Lazare se trouve à l'emplacement de la Maison Saint-Lazare, qui fut d'abord au Moyen Âge une léproserie. En 1632, saint Vincent de Paul y installa les prêtres des Missions, et en 1779 elle devint une maison de correction et de détention provisoire pour hommes. En 1789, les lazaristes qui la géraient en furent chassés et elle devint prison d'État, plus tard réservée aux femmes. Bruant a écrit une chanson célèbre sur cette prison, intitulée « À Saint-Lazare ». Aujourd'hui cet établissement carcéral n'existe plus

FERMIERS Vers 1800, les Batignolles n'étaient guère loties. Juste quelques fermes isolées... Ce sont ces fermes qui donnèrent le nom à la rue des Fermiers, dans le courant du XIXe siècle, précisément en 1840.

FERNAND BOURNON (1857-1909). Cet historien fut surtout attaché à l'histoire de Paris. C'est en 1930 que cette rue, qui faisait partie de Montreuil-sous-Bois, fut rattachée à la capitale.

FERNAND BRAUDEL (1902-1985). Historien français né à Luméville en Ornois, mort à Cluses. Il apporta à sa spécialité le sens des grands espaces et celui de la longue durée et s'occupa aussi, notamment, de ce qu'était l'Europe durant sa période préindustrielle, puis termina sa vie en se préoccupant plus précisément de la France. Œuvres : « la Méditerranée et le monde méditerranéen à l'époque de Philippe II », « Civilisation matérielle, économie et capitalisme, XVe-XVIIe siècles » et « l'Identité de la France ». Il a dit : « Pour nous, historiens, une structure est sans doute assemblage, architecture, mais plus encore une réalité que le temps use mal et véhicule longuement. » Il a sa rue depuis 1994.

FERNAND CORMON (1845-1924). Fernand Piestre, dit Cormon, peintre qui naquit à Paris. Réputé pour son talent de coloriste, il fut professeur aux Beaux-Arts et membre de l'Institut. Principaux tableaux : « la Mort de Ravana », « les Vainqueurs de Salamine » et « le Retour d'une chasse à l'ours, âge de pierre ». La rue existe depuis 1932

FERNAND FOREST (1851-1914). Inventeur qui apporta de nombreuses améliorations au fonctionnement des moteurs à explosion. Une place porte son nom depuis 1834.

FERNAND FOUREAU (1850-1914). Explorateur qui naquit à Saint-Barbant (Haute-Vienne). Dès 1878, il se consacra à l'étude scientifique du Sahara. De 1898 à 1900, il traversa le désert et le Soudan, d'Ouargla au lac Tchad. Il publia des récits de voyages, dont « Rapport sur ma mission au Sahara et chez les Touaregs adjers » et « Dans le Grand Erg ». Une rue porte le nom de Fernand Foureau depuis 1931.

FERNAND HOLWECK Physicien français, né et mort à Paris (1890-1941). Auteur de travaux sur les rayons X il établit, en 1920, leur continuité avec les ultra violets. Il créa alors une pompe à vide moléculaire et, en 1930, avec le professeur Lejay, mit au point un gravimètre d'interpolation. Arrêté par les Allemands, ceux-ci le mirent à mort. Une rue porte son nom depuis 1984.

FERNAND LABORI (1860-1917). Avocat né à Reims, Fernand Labori plaida pour Zola en 1868, ainsi que pour Mme Dreyfus, dans le procès qu'elle eut avec Esterhazy. Au procès de Rennes de 1899, ce fut un des principaux avocats de Dreyfus. Il fut rédacteur en chef de la « Revue du Palais ». Une rue porte le nom de Fernand Labori depuis 1933.

FERNAND LÉGER (1881-1955). Peintre né à Argentan (Orne), mort à Paris. Dans sa jeunesse, il étudia l'architecture à Caen, puis à Paris. En 1911, s'étant mis à la peinture, il expose au Salon des indépendants; en 1914, il adhère au cubisme. En 1924, avec Ozenfant, il fonde une école libre, qui demeure un des exemples les plus engagés de la collaboration entre tous les arts. Sa période 1925-1930 est dite « architectonique » à cause du caractère monumental de ses œuvres d'alors; dans la période suivante, dite « dynamique », il cherche à actualiser les thèmes cubistes. Il est l'auteur de peintures murales, de décors de théâtre, de tapisseries, de mosaïques, de céramiques et de films (« Ballet mécanique »). De 1939 à 1945, il enseigna aux États-Unis, à la Yale University et au Mills College. Il a écrit : « l'Esthétique de la machine » (1923) et « la Couleur dans l'architecture » (1946). La rue Fernand-Léger existe depuis 1981.

FERNAND MOURLOT Lithographe d'art (1895-1988), il rendit à la lithographie son prestige d'antan en appliquant la technique traditionnelle aux œuvres modernes. Il contribua au développement de la lithographie dans l'œuvre de nombreux artistes, et notamment Picasso. Une place porte son nom depuis 1999.

FERNAND PELLOUTIER (1867-1901). Publiciste et surtout syndicaliste, né à Paris. En 1895, il était secrétaire de la Fédération des bourses du travail. Une rue porte son nom depuis 1932.

FERNAND DE LA TOMBELLE (1854-1928). Compositeur, auteur de fort belles mélodics. On donna son nom à une rue en 1936.

FERNAND RAYNAUD (1926-1973). Humoriste français né à Loradoux, près de Clermond-Ferrand, mort, dans un accident de voiture, contre le mur du cimetière de Cheix-sur-Morge (Puy-de-Dôme). Il vint tenter sa chance pour la première fois à Paris en 1943, mais ce fut un échec et il rentra dans son Massif central jusqu'en 1947, date à laquelle, revenant à Paris, il y reçut un meilleur accueil que la première fois. La vraie chance vint en 1950 quand il rencontra Jacques Canetti qui l'enga gea aux « Trois-Baudets » et surtout, en 1952, lorsque Jean Nohain lui demanda de donner, chaque semaine, un sketch dans son émission télévisée « 36 Chandelles »; ce fut alors une véritable « explosion » pour Fernand Raynaud dont le succès ne se démentira pas jusqu'à sa disparition. Ses sketches lui ont été pour la plupart du temps inspirés par sa vie ou celle de son entourage (il parle, notamment, souvent de « Yoyo » qui n'est autre que sa véritable sœur, de treize ans son aînée). Certaines de ses expressions ont intégré notre langage : « ça a eu payé », « les gens sont méchants », « y a comme un défaut », « c'est étudié pour », « tonton pourquoi tu tousses », etc. Il « tâta » du cinéma (par exemple « Fernand cow-boy »), mais n'y connut pas de franches réussites. Une rue porte son nom depuis 1994.

FERNAND WIDAL (1862-1929). Médecin, qui naquit à Dellys, en Algérie. Il exerça une grande influence sur les nouvelles orientations de la médecine. Un hôpital portant son nom se trouve, à Paris, rue du Faubourg-Saint-Denis. La rue existe depuis 1931.

FÉROU Ouverte depuis 1515, cette rue a été construite sur des terrains appartenant au sieur Étienne Férou, procureur au Parlement de l'époque.

FERRONNERIE En 1229, Saint Louis autorisa des ferronniers à venir s'installer dans cette rue qui s'appelait auparavant « des Charrons ». Elle prit alors son nom actuel.

FERRUS (1784-1861). Guillaume André Ferrus, médecin né à Château-Queyras, près de Briançon, mort à Paris. D'abord chirurgien dans la garde impériale, il se consacra ensuite aux maladies mentales. Assistant de Pinel en 1818 à la Salpêtrière, il devint en 1826 médecin-chef à Bicêtre et, en 1835, inspecteur général des établissements d'aliénés. Une rue porte le nom de Ferrus depuis 1864.

FESSART M. Fessart – ce n'est pas un surnom – était propriétaire d'immeubles proches de cette rue, quand on la construisit, un peu après 1800. Comme c'était un homme influent, on donna son nom à la rue. On ne sait si ce Fessart, avec un « t », avait un lien de parenté avec Étienne Fessard, avec un « d », graveur français assez réputé qui vécut de 1714 à 1777. La différence d'orthographe semble indubitablement prouver le contraire, mais ne dit-on point que l'orthographe ne « compte » pas dans les noms propres?

FÊTES Créée en 1836, cette place le fut pour servir de cadre aux fêtes de Belleville, la précédente place, située devant l'église Saint-Jean-Baptiste, s'avérant trop exiguë. Quant à la rue des Fêtes, qui s'appela rue de Beaune, elle fut baptisée en 1867 à cause de sa proximité avec la place.

FEUILLANTINES Cette rue doit son nom à l'ancien couvent des Feuillantines qu'Anne d'Autriche, à la demande d'Anne Gobelin (de la famille qui donna son nom à la célèbre manufacture), fit venir à Paris en 1622. Les Feuillantines, ou feuillantes, étaient soumises, comme les feuillants, aux règles émises par J. de La Barrière. Elles portaient une robe de laine blanche et un voile noir. La Révolution les supprima. La rue des Feuillantines existe depuis 1850; auparavant ce n'était qu'un cul-de-sac débouchant sur les restes du couvent.

FEUTRIER Cette rue, connue en 1835, porte le nom d'un propriétaire.

FEYDEAU Ce n'est pas Georges Feydeau, le célèbre auteur de pièces telles que « Monsieur chasse » et « Un fil à la patte », qui donna son nom à cette rue. Pour la bonne raison qu'elle existe depuis 1680, et que Feydeau Georges ne naquit qu'en 1862 pour mourir en 1921. Cette rue doit son appellation à une célèbre famille qui acquit une grande réputation dans la magistrature et à laquelle appartint un Claude Henry Feydeau de Marville, lieutenant général de police de 1740 à 1747. Cette famille était propriétaire du terrain sur lequel la rue fut construite. La galerie Feydeau doit son nom à la proximité de cette rue.

FIDÉLITÉ Sous la révolution, l'église Saint-Laurent, proche, s'appelait « temple de l'Hymen et de la Fidélité ». D'où le nom de cette rue, attribué en 1799.

FIGUIER Jusqu'en 1605, un splendide figuier se trouvait tout près de cette rue. C'est la reine Margot qui, à cette date, le fit arracher car il gênait un peu le passage de son carrosse. La rue du Figuier existe depuis le XIIIe siècle. Signalons aux amateurs de figuiers qu'il en existe encore quelques-uns dans Paris ; un des plus beaux est peut-être celui qui se trouve devant le côté « Arrivée », à la gare de Lyon. Il donne de magnifiques fruits qui, malheureusement, mûrissent rarement.

FILLES DU CALVAIRE La rue, ouverte en 1698, doit son nom à l'ancien couvent des Filles du Calvaire qui se trouvait rue de Turenne. L'ordre des Filles du Calvaire fut fondé pour honorer « la Vierge pleurant son fils mourant sur la Croix. » C'est le Père Joseph, éminence grise de Richelieu, qui le créa en 1617. Le premier couvent se trouva à Poitiers, le deuxième à Angers ; Paris vit naître le troisième en 1622 dans l'enceinte du palais du Luxembourg. Mais celui qui nous intéresse, le quatrième créé, fut construit en 1635. La Révolution le ferma et fit de sa chapelle le « théâtre du Boudoir des Muses » (ce théâtre disparut en 1807). Le boulevard des Filles-du-Calvaire existe depuis 1712.

FILLES SAINT-THOMAS Cette rue doit son nom au couvent des Filles Saint-Thomas, qui vit sa première pierre posée le 7 mars 1640, jour de la fête de Saint-Thomas. (Deux autres couvents des Filles Saint-Thomas avaient été construits auparavant, mais celui-ci les remplaça.) C'est le 27 novembre 1626 qu'Anne de Caumont, comtesse de Saint-Pol, duchesse de Fronsac, fut autorisée par le légat du pape à faire venir de Toulouse ces dominicaines. La Révolution supprima le couvent qui comptait alors 27 religieuses. C'est en 1660 que la rue des Filles-Saint-Thomas prit son nom.

FILLETTES La rue, tout comme le chemin, emprunte son nom à un lieu-dit. Doit-il de s'appeler ainsi au fait que de charmantes créatures venaient s'y ébattre ou parce qu'on y rassemblait, sous Louis XI, des prisonniers entravés de lourdes chaînes baptisées « fillettes » ? Pour la poésie, penchons pour la première proposition. Toujours est-il que la rue des Fillettes existe depuis 1704.

FINET Depuis 1875 cette impasse porte le nom d'un propriétaire.

FINLANDE En finnois, Suomi. 5214000 habitants pour une superficie de 338000 km². Au VIIIe siècle, les Lapons furent ses premiers occupants, mais les Finnois les repoussèrent vers le nord. Au XIIe siècle, les Suédois conquirent et christianisèrent le pays. Au XVIIIe, la Finlande servit surtout de champ de bataille pour des combats mettant aux prises Suédois et Russes. Elle revint aux Russes en 1809. Mais en 1917 la Finlande se proclama indépendante et dut réprimer un mouvement révolutionnaire communiste. En mars 1940 elle céda une partie de son territoire à l'U.R.S.S. En 1947, par le traité de Paris, elle dut encore laisser à ses voisins quelques bribes de son intégrité territoriale... Un pacte d'amitié signé en 1948 avec l'U.R.S.S. protégeait un statu quo. La Finlande adhère à l'Union européenne en 1995. La place de Finlande fut créée en 1962.

FIRMIN GÉMIER (1869-1933). Acteur, né à Aubervilliers ; connu pour avoir dirigé l'Odéon de 1922 à 1930 et pour avoir été le premier directeur du Théâtre national populaire (1920-1933). Dans le palais de Chaillot, une petite salle de théâtre porte actuellement son nom. La rue existe depuis 1934.

FIRMIN GILLOT (1820-1872). Lithographe et imprimeur, né à Brou, près de Chartres. C'est l'auteur du premier procédé pour transformer une épreuve lithographique sur zinc en cliché typographique. Ce procédé s'appela d'ailleurs, primitivement, « gillotage », pour devenir ensuite la zincographie. La rue Firmin-Gillot existe depuis 1950.

FIZEAU (1819-1896). Hippolyte Louis Fizeau, physicien, né à Paris, mort à Nanteuil (Seine-et-Marne). Il résolut le problème de la détermination de la vitesse de la lumière (303 000 km par seconde). Ensuite, il constata l'influence qu'exerce sur cette vitesse un « mouvement de transport du milieu dans lequel elle se propage ». Cela lui valut, en 1856, un prix de 10 000 francs. En 1863, Fizeau fut nommé membre de l'Académie des sciences. Une rue porte son nom depuis 1900

FLAMANDS C'est au voisinage de la rue de Flandre que cette cité doit très logiquement son nom, depuis 1895

FLANDRE Cette rue, qui était la voie principale du village de La Villette, était le commencement de la route menant vers la Flandre, d'où son nom dès les premières années du XIXe siècle. La Flandre, en flamand Vlaanderen, est le pays compris entre le bas Escaut, la mer du Nord, l'Artois, le Hainaut et le Brabant. Aujourd'hui, une partie de la Flandre est française et forme le département du Nord ; l'autre partie est belge et se divise en Flandre-Occidentale (chef-lieu Bruges) et Flandre-Orientale (chef-lieu Gand).

FLANDRIN (1809-1864). Hippolyte Flandrin, peintre, né à Lyon, mort à Rome. À 23 ans, il obtint le prix de Rome avec « Thésée reconnu par son père dans un festin ». Très vite, dès lors, la vocation de Flandrin pour la peinture religieuse se découvrit, notamment avec « Jésus appelant à lui les petits enfants ». Quand il revint en France, la Ville de Paris lui confia la chapelle Saint-Jean, dans l'église Saint-Séverin. En 1848, il décora l'église Saint-Paul, à Nîmes, puis consacra dix années à la décoration des trois absides de l'église d'Ainay. Plus tard, de retour à Paris, le peintre eut à s'occuper du vaisseau de l'église de Saint-Germain-des-Prés et, à Saint-Vincent-de-Paul, il réalisa une œuvre que ses contemporains appelèrent les « Panathénées chrétiennes » (comparaison avec les « Panathénées » d'Athènes, frise qui orne le mur extérieur du Parthénon). Malheureusement, la constitution fragile de Flandrin s'accommoda mal de ses longs séjours sous les voûtes glacées des églises et il mourut alors qu'il atteignait l'apogée de son talent. Le boulevard Flandrin existe depuis 1865

FLATTERS (1832-1881). Paul Xavier Flatters, colonel français, né à Laval, assassiné par des Touareg à Bir el-Garama. En 1879, il sollicita la direction d'une expédition qui rechercherait un tracé de chemin de fer transsaharien, devant aboutir au Soudan. La première expédition se termina au lac Menkhoug et rebroussa chemin juste avant que les Touareg ne massacrent ses membres. La seconde expédition, partie fin 1880, se termina le 16 février 1881, au puits de Bir el-Garama ; les

Touareg ne laissèrent que quelques survivants. La rue Flatters existe depuis 1884.

FLÉCHIER (1632-1710). Valentin Esprit Fléchier, écrivain et prédicateur né à Pernes (près d'Avignon), mort à Montpellier. Entré dans sa jeunesse chez les frères de la Doctrine chrétienne de Tarascon, il quitta cet ordre en 1658 et vint à Paris, deux ans plus tard. Il y brilla dans les salons à la mode, puis obtint le poste de précepteur chez le conseiller d'État Caumartin avant de devenir lecteur du dauphin. Il commença alors à prêcher et durant vingt ans sa réputation fut grande ; on le compara, à tort, à Bossuet et à Bourdaloue, auxquels il était inférieur, mais il est pourtant vrai qu'il prononça d'excellentes oraisons funèbres, notamment pour Marie-Thérèse et Michel Le Tellier. Comme écrivain, Fléchier, qui entra à l'Académie française en 1673, nous a laissé « Mémoires sur les Grands Jours tenus à Clermont-Ferrand en 1665 » et « Lettres choisies sur divers sujets ». Nommé évêque de Nîmes en 1687, il termina sa vie à ce poste. La rue Fléchier existe depuis 1824.

FLEURIE Cette villa, créée à l'emplacement des studios de la S.F.P. (Société française de production), doit logiquement son nom à l'aspect qu'elle veut donner.

FLEURS (cité). Ce sont les jardins qui se trouvent devant les maisons de cette voie privée qui lui ont donné son nom actuel, en 1924. Auparavant, c'était la villa des Fleurs.

FLEURS (impasse). Il y a beaucoup de jardins, aujourd'hui encore, tout le long de cette impasse ; des jardins fleuris.

FLEURS (quai). Ce quai doit son nom au marché aux Fleurs qu'il longe. C'est là un bien joli lieu de promenade. Le quai aux Fleurs prit son nom en 1879.

FLEURUS Ville de Belgique. Deux batailles célèbres s'y déroulèrent, en 1690 et en 1794. C'est la seconde qui fit donner le nom de cette ville belge à une rue de Paris. La bataille de Fleurus de 1794 fut gagnée par Jourdan, commandant de l'armée de Sambre et Meuse, sur les Austro-Hollandais commandés par le prince de Cobourg. Kléber et Championnet, pour la France, participèrent aussi à la bataille, qui eut lieu, précisément, le 26 juin. La rue de Fleurus existe depuis 1798.

FLEURY Cette rue, ouverte en 1842, porte le nom d'un propriétaire.

FLORA TRISTAN Écrivain, féministe et socialiste française née en 1803 à Paris, morte en 1844 à Bordeaux. De son vrai nom Flore Célestine Tristan-Moscoso, Flora Tristan était la fille d'un noble péruvien et d'une Française. Mariée jeune au graveur et lithographe André Chazal, elle le quitte en 1825 en emmenant ses deux enfants, dont Aline, future mère de Paul Gauguin. Elle voyage comme dame de compagnie, va au Pérou en 1834 et commence à écrire en 1835, devenant, en 1839, la porte-parole du féminisme dans un livre intitulé « Pérégrinations d'une paria » où elle se déclare pour l'amour libre et le divorce ; elle réclame, en même temps, l'abolition de l'esclavage des Noirs. En 1842 elle publie « L'Union ouvrière », où elle milite pour l'union des travailleurs sans distinction de métier sur le plan national et sans distinction de nation sur le plan universel. Une place porte son nom depuis 2003.

FLORE C'est depuis 1909 que cette villa porte le charmant prénom de la femme d'un propriétaire.

FLORÉAL C'est le huitième mois de l'année, le deuxième du printemps, dans le calendrier républicain établi par Fabre d'Églantine (voir ce nom).

Par rapport au calendrier grégorien, floréal allait du 20 avril au 20 mai. La rue Floréal existe depuis 1932.

FLORENCE Ville d'Italie, en Toscane, dont elle fut pendant six siècles le centre politique et artistique. Pour mesurer l'importance du rôle intellectuel que joua cette ville, il suffit de citer quelques-uns des grands noms qu'elle a produits : Dante, Boccace, Savonarole, Machiavel, Galilée, Michel-Ange, Benvenuto Cellini, Léonard de Vinci, Strozzi. De merveilleux monuments ornent Florence : le Palazzo Vecchio, le palais Médicis, le palais Pitti, le palais Strozzi, le palais del Podesta et une infinité de statues, dont celle de Dante, et de maisons historiques. De 1860 à 1870, Florence fut la capitale du royaume italien. Une rue de Paris porte son nom depuis 1864.

FLORENCE BLUMENTHAL (1873-1930). Cette dame, américaine, était fort appréciée pour sa philanthropie. C'est pour l'en remercier, de manière posthume, qu'on donna son nom à une rue en 1932. Florence Blumenthal aida beaucoup de jeunes artistes en créant des Bourses à leur intention, en 1919.

FLORENTINE Un monsieur s'appelait Florentine et il était propriétaire du terrain sur lequel cette cité fut ouverte.

FLORENTINE ESTRADE C'est le nom d'un propriétaire de cette cité construite en 1892

FLORIAN (1755-1794). Jean-Pierre Claris de Florian, écrivain né au château de Florian, dans le Gard, mort à Sceaux. Petit-neveu de Voltaire, il fut page du duc de Penthièvre, élève d'artillerie à Bapaume et officier de cavalerie, avant de venir vivre plusieurs années, au château d'Anet, chez le duc de Penthièvre, son protecteur. Ce fut un fabuliste, un chansonnier et un auteur dramatique. L'Académie française l'accueillit en 1788. Quand Penthièvre mourut, il vint à Paris et se mêla au mouvement révolutionnaire. Arrêté le 9-Thermidor, on le relâcha ; il mourut cependant peu après, à l'âge de 39 ans, dans sa petite propriété de Sceaux. Comme auteur dramatique, Florian employa souvent le personnage d'Arlequin, à qui il donna d'édifiantes vertus domestiques : « le Bon Ménage », « le Bon Père », « le Bon Fils », etc. Ses fables souffrent un peu de la comparaison avec La Fontaine, mais elles n'en sont pas moins excellentes. Il rédigea aussi plusieurs romans dont « Estelle » et « Galatée ». La rue Florian existe depuis 1867

FLORIMONT Cette impasse porte le nom d'un propriétaire qui fut un de ses premiers habitants.

FLOURENS (1794-1867). Pierre Flourens, physiologiste né à Maureilhan (Hérault), mort à Montgeron. Il fut reçu docteur en médecine, à Montpellier, à l'âge de 19 ans. Venu à Paris, il rencontra Cuvier qui devint son protecteur. En 1828 on l'admit à l'Académie des sciences et il y remplaça ce dernier comme secrétaire perpétuel en 1833. Enfin, en 1840, bien qu'ayant eu pour concurrent Victor Hugo, il fut élu à l'Académie française. Les travaux médicaux de Flourens sont importants : c'est lui qui indiqua le cervelet comme siège des forces qui règlent et coordonnent le mouvement et la station. Il collabora aussi à l'emploi du chloroforme comme anesthésique chirurgical. Un passage porte son nom depuis 1936.

FOCH (1851-1929). Ferdinand Foch, maréchal de France, né à Tarbes. Il est également maréchal de Pologne et de Grande-Bretagne. En 1907, il commandait l'École de guerre. Il se montra remarquable lors de la bataille de la Marne en 1914, puis dirigea la bataille de la Somme en 1916. En 1918, commandant en chef des troupes alliées, c'est lui qui les mena à la victoire. Il fut admis à l'Académie française. Quant à l'avenue Foch proprement dite, signalons qu'à son ouverture, dans sa largeur actuelle, par Haussmann, en 1854, elle portait le nom d'avenue de l'Impératrice; puis elle s'appela de 1870 à 1875 avenue Ulrich; enfin « du Bois de Boulogne », jusqu'en 1929, où elle reçut son appellation actuelle.

FOIN Cette rue date de 1595. Elle donnait sur une prairie herbeuse qu'on fauchait régulièrement pour faire du foin, d'où son nom.

FOLIE MÉRICOURT Nous ne respectons pas les noms propres... Regardez ce que l'on a fait de celui du sieur Marcaut, maître de la corporation des apothicaires, qui possédait une gentille petite maison de campagne au début du XVIIe siècle, dans cette rue. De Marcaut on fit Mauricaut, puis Mauricourt, Moricourt et enfin Méricourt. Il semble qu'on doive s'arrêter là. Quand au mot « folie » il désignait, naguère, une maison de campagne. La rue qui nous intéresse est indiquée depuis 1652, mais sur son tracé complet actuel elle existe depuis 1868 seulement.

FOLIE REGNAULT M. Regnault de Wandonne, négociant en épices, possédait près d'ici, en 1372, une maison de campagne, une « folie », et dès 1400 cette maison et les terrains qui l'entouraient constituèrent le lieu-dit de « la Folie-Regnault ». Quant à la rue elle-même, on la baptisa en 1835.

FONDARY M. Fondary, en 1823, fut un des « entrepreneurs » qui lotirent la commune de Grenelle, qui n'était jusqu'alors qu'une sorte de désert servant surtout aux exécutions militaires. M. Fondary, riche négociant en vins, fut, en outre, un des premiers maires de Grenelle. On donna son nom à une rue en 1894.

FOND DE ROUVRAY La darse (mot désignant, en principe, un bassin abrité dans un port méditerranéen) du Fond de Rouvray doit son nom à un ancien lieu-dit (en vieux français le mot rouvray ou rouvraie indiquait un endroit planté de chênes rouvres). C'est en 1997 qu'on baptisa cette darse.

FONDERIE Ce passage doit son nom au fait qu'il se situait dans un quartier très industriel abritant, au XIXe siècle, plusieurs fonderies. Le passage de la Fonderie existe depuis 1860.

FONDS VERTS La Vallée de Fécamp, hameau dont il est question plus haut à propos de la rue de Fécamp, comportait une partie de terrain assez marécageuse. L'eau y croupissait, laissant apercevoir des fonds verdâtres. La rue des Fonds-Verts, qui n'était qu'une ruelle avant 1845, avait été ouverte sur ces anciens marécages.

FONTAINE (1762-1853). Léonard Fontaine, architecte, né à Pontoise, mort à Paris. En 1789, il était l'adjoint de Percier, chargé des décorations de l'Opéra. Ils exécutèrent tous deux les décors des ballets en vogue à l'époque et, sur l'ordre de Bonaparte, restaurèrent la Malmaison, Saint-Cloud, Fontainebleau et les Tuileries. On leur doit la rue de Rivoli avec ses arcades. Fontaine seul érigea l'Arc de triomphe du Carrousel, à la gloire de la Grande Armée. En 1813 on le nomma premier architecte de l'empereur. Après la chute de Napoléon, Louis XVIII, puis Louis-Philippe lui témoignèrent de la bienveillance et il exécuta alors la galerie d'Orléans, au Palais-Royal. La rue Fontaine existe depuis 1826, du vivant de l'architecte, par conséquent.

FONTAINE À MULARD Le Mulard était un petit ruisseau, aujourd'hui disparu, qui alimentait la Bièvre et procurait de l'eau potable aux habitants de cette partie du XIIIe arrondissement, par l'intermédiaire d'une fontaine. Le sentier de la Fontaine-à-Mulard – devenu rue plus tard – existe depuis 1710 et conduisait à cette fontaine.

FONTAINE AU ROI Connue depuis 1750, cette rue doit son nom aux sources, descendant des hauteurs de Belleville, qui lui étaient parallèles et que Philippe Auguste avait fait canaliser.

FONTAINE AUX LIONS Cette place, baptisée en 1987, porte le nom de la fontaine qui se trouve en son centre.

FONTAINEBLEAU Chef-lieu de canton de la Seine-et-Marne où vivent 18000 habitants, nommés Bellifontains. Cette ville est surtout connue par son château, construit pour François Ier par Le Breton, Serlio, Delorme et décoré par Le Rosso et Primatice. (Le nom d'« école de Fontainebleau » fut d'ailleurs donné à une école artistique animée par les artistes italiens venus à la demande de François Ier.) C'est dans ce château que Napoléon Ier signa son abdication le 6 avril 1814 et fit des adieux émouvants à son armée. La ville de Fontainebleau, dont on donna le nom à une rue en 1977, est bordée par une magnifique forêt de 17000 ha où poussent chênes, hêtres et résineux.

FONTAINE D'HAUTPOUL Depuis 1890, cette impasse porte le nom d'une fontaine qui se trouve à son entrée. Hautpoul, dont nous parlerons plus loin à propos de la rue qui porte ce nom, était un général qui fut tué à Eylau.

FONTAINE DU BUT Cette rue doit son nom à une fontaine qui existait jusqu'en 1855, place Constantin-Pecqueur. C'était la fontaine du Buc, qu'on déforma en fontaine du But. Le mot buc vient de « bucca », bouche. Cette fontaine passa pour avoir des vertus miraculeuses. La rue de la Fontaine-du-But existe depuis 1620.

FONTAINES DU TEMPLE Cette rue, qui prit son nom actuel en 1939 – avant c'était la rue des Fontaines –, rappelle que des eaux, passant par l'aqueduc de Belleville, alimentaient à la fois le prieuré de Saint-Martin-des-Champs et celui du Temple.

FONTARABIE Ville d'Espagne sur la Bidassoa, qui donna son nom, après le traité de 1660 entre la France et l'Espagne, à un hameau de l'ex-village de Charonne. Le Fontarabie d'Espagne eut à subir plusieurs sièges décidés par François Ier, le Grand Condé et Berwick. En 1794, Moncey y vainquit les Espagnols. Quant à la rue Fontarabie, elle existe depuis 1844.

FONTENAY Il y eut deux frères Fontenay : Charles, un poète, et Étienne, un sculpteur. Tous deux périrent au champ d'honneur pendant la Première Guerre mondiale. On baptisa cette villa à leur nom en 1926.

FONTENOY Commune de Belgique où le maréchal de Saxe vainquit les armées anglaise, autrichienne et hollandaise, le 11 mai 1745. Louis XV et le dauphin assistaient à cette bataille dans laquelle les Français engagèrent près de 40000 hommes. C'est lors de ce combat que furent prononcées les phrases « Messieurs les Gardes-Françaises, tirez les premiers ! – Jamais ! Nous ne tirerons jamais les premiers ! Tirez vous-mêmes ! » Ce que firent les Anglais, prenant un instant l'avantage. Mais Maurice de Saxe fit donner les canons et nous l'emportâmes en nous appropriant, du même coup, la partie occidentale de la Belgique. Le peintre Horace Vernet peignit une « Bataille de Fontenoy » qui se trouve au musée de Versailles. La place de Fontenoy existe depuis 1770.

FORCEVAL Les seigneurs de Forceval régnèrent sur Pantin jusqu'à la Révolution. On donna leur nom à une rue en 1932.

FOREST Forest, dit le « père Forest », était un personnage original, haut en couleur, photographe à ses heures et conseiller municipal du XVIIIe arrondissement à la fin du siècle dernier. Forest possédait, dans la rue qui porte aujourd'hui son nom, un terrain sur lequel il organisait des concours de tir à l'arc et une vieille maison de guingois qu'il prêtait à Toulouse-Lautrec, lequel y peignit plusieurs portraits dont celui de Suzanne Valadon. La rue Forest existe depuis 1870

FOREZ Région du Massif central, au nord de Saint-Étienne, dont le point culminant se trouve à Pierre-sur-Haute (1640 mètres). La Loire traverse le Forez, qui comprend les villes de Montbrison, Feurs et Boën. Avant la conquête romaine, le Forez était habité par les Ségusiaves. Ce fut, au Moyen Âge, un comté appartenant au duché de Bourgogne, avant de passer à la maison de Bourbon et, enfin, à la couronne de France en 1531. Le Forez se trouve inclus dans le département de la Loire. La rue du Forez existe depuis 1626.

FORGE-ROYALE En 1370, Charles V fit construire un château, dit des Tournelles, qui fut demeure royale jusqu'à sa démolition en 1565. Près de ce château royal, il y avait une forge royale qui donna son nom à cette rue que l'on ouvrit en 1770, alors que la forge n'était plus « royale » depuis deux siècles..

FORGES De nombreuses forges s'ouvrirent dans cette rue en 1808 et donnèrent, immédiatement, son nom à cette voie.

FORT DE VAUX Le fort de Vaux, situé sur la commune de Vaux-devant-Damloup, dans la Meuse, près de Verdun, résista de façon admirable aux assauts allemands en 1916. Actuellement, on peut le visiter. Le boulevard du Fort-de-Vaux existe depuis 1931.

FORTIN M. Fortin était propriétaire du terrain sur lequel cette impasse fut ouverte en 1929

FORTUNY (1838-1874). Mariano Fortuny, peintre espagnol, né à Reus (Catalogne), mort à Rome. Il remporta en 1856 le grand prix de Rome et partit alors au Maroc. C'est pendant et à l'issue de ce voyage que son talent se révéla totalement. Son chef-d'œuvre est, sans conteste, « Mariage à la vicaria (sacristie) de Madrid ». Henri Regnault apprécia beaucoup Fortuny, à qui l'on doit encore « le Café des Hirondelles » et « Marchand de tapis au Maroc ». Une rue porte son nom depuis 1877

FOSSÉS SAINT-BERNARD Cette rue doit son nom aux fossés creusés tout autour de l'enceinte construite sous Philippe Auguste pour protéger Paris et, plus précisément encore, à ceux creusés près de la porte Saint-Bernard, toute proche. Ces fossés, qui existaient depuis 1360, furent comblés en 1660. La rue des Fossés-Saint-Bernard existe depuis 1670.

FOSSÉS SAINT-JACQUES Même explication que pour la rue précédente, en remplaçant « porte Saint-Bernard » par « porte Saint-Jacques ». Au XIVe siècle, la rue des Fossés-Saint-Bernard et la rue des Fossés-Saint-Jacques longeaient les fossés entourant l'enceinte de Philippe Auguste.

FOSSÉS SAINT-MARCEL Au VIIIe siècle, le bourg Saint-Marcel, qui forme à présent une partie du Ve arrondissement, était entouré par une enceinte au bas de laquelle on avait creusé un fossé profond. La rue des Fossés-Saint-Marcel se trouve à l'emplacement d'un des quatre côtés de cette enceinte. Elle existe depuis 1867.

FOUARRE En vieux français, paille se disait aussi feurre, foerre, foarre ou fouarre. La rue Fouarre est une des plus anciennes rues de Paris puisqu'elle fut ouverte en 1202. Des écoles s'y trouvaient et, jadis, les élèves s'asseyaient sur de la paille. Victor Hugo a écrit cette phrase : « Ne pourrissez pas comme un âne illettré sur le feurre de l'école. » C'est donc à ce feurre ou fouarre pour écoliers, studieux ou non, que la rue doit son nom.

FOUBERT Depuis 1935 ce passage porte le nom d'un propriétaire.

FOUCAULT (1819-1868). Léon Foucault, physicien né à Paris, qui perfectionna les procédés de Daguerre, prépara un cours de microscopie médicale et travailla ensuite avec Arago. En 1865 il devint membre de l'Académie des sciences de Paris, puis de Berlin, et de la Société royale de Londres. Il inventa un régulateur, qui porte son nom, sur l'arc voltaïque et détermina expérimentalement la vitesse de la lumière; il fit la comparaison des vitesses d'un rayon de lumière dans le vide, dans l'air et dans tous les milieux transparents. En 1867 un accès de paralysie le frappa au moment où il se disposait à entreprendre d'importants travaux sur l'astronomie. Il mourut au début de l'année suivante. Une rue porte ce nom depuis 1877

FOUGÈRES Tout près d'ici se trouvait, quand l'environnement et la qualité de la vie n'avaient nul besoin d'être défendus, le parc des Bruyères. Souvent, les fougères côtoient les bruyères; elles doivent s'aimer... La rue des Fougères existe depuis 1936

FOUQUET (1615-1680). Nicolas Fouquet ou Foucquet, vicomte de Melun et de Vaux, surintendant des Finances sous Louis XIV, naquit à Paris et mourut au château de Pignerol. En 1648, il fit la connaissance de Mazarin et devint son homme de confiance pendant la Fronde; en 1650 il reçut la charge de procureur général du parlement de Paris, puis en 1653 celle de surintendant des Finances. En matière de finances, il ne négligea pas les siennes et accumula une fortune considérable. Il en fit d'ailleurs, soyons justes, un excellent usage en construisant à Vaux un château splendide auquel travaillèrent Le Nôtre, Puget, Poussin, Le Brun, et où il accueillit La Fontaine et Molière. Après le traité des Pyrénées, Fouquet, brouillé avec Mazarin, voulut créer un parti et acheta Belle-Isle pour s'en faire une place forte. Colbert vit cela d'un fort mauvais œil et dévoila au roi des irrégularités dans la comptabilité de son surintendant. Pour apaiser Louis XIV, Fouquet eut la très mauvaise idée de l'inviter, en 1661, à Vaux et de donner là une fête dont l'éclat blessa l'orgueil royal. Les ennuis ne venant jamais seuls, on accusa aussi Fouquet d'avoir levé les yeux sur Mlle de La Vallière. Arrêté à Nantes, on lui fit un procès qui dura quatre ans et au terme duquel il fut condamné au bannissement; Louis XIV, trouvant ce jugement trop clément, le transforma en détention perpétuelle. Ses amis, La Fontaine, Mme de Sévigné, Mlle de Scudéry s'agitèrent en vain pour lui. Il fut conduit à Pignerol et y resta, jusqu'à sa mort, au secret absolu. La rue Fouquet existe depuis 1930.

FOUR Au Moyen Âge, il ne s'agissait pas d'aller faire cuire son pain n'importe où. Par exemple, les habitants qui résidaient autour de l'abbaye de Saint-Germain-des-Prés devaient venir au « four banal » de l'abbaye Le pain cuit ailleurs était confisqué La farine devait être apportée plusieurs jours à l'avance; un droit de fournage était, bien entendu, perçu! Cela vous surprendra-t-il d'apprendre que les nobles, et parfois les clercs, n'étaient point soumis à cette obligation... Le droit de fournage se révéla rapidement impopulaire et, théoriquement, Philippe Auguste y renonça dès 1222; mais en fait il ne fut totalement aboli qu'en 1793. Le four qui nous intéresse fut, pour sa part, supprimé en 1470. Connue depuis très longtemps, la rue du Four, sur son tracé précis actuel, existe depuis 1913.

FOURCADE M. Fourcade, industriel, que son entourage, en 1845, qualifiait de philanthrope, était l'ancien propriétaire du terrain sur lequel cette rue fut ouverte en 1905.

FOURCROY (1755-1809). Le comte François de Fourcroy, chimiste et homme politique, naquit et mourut à Paris. Nommé en 1784 professeur de chimie au Jardin du roi et membre de l'Académie des sciences en 1785, son éloquence fit rapidement merveille. Sous la Révolution, Fourcroy fit partie de divers comités; nommé membre suppléant à la Convention, il usa de son influence pour sauver, entre autres, Chaptal. Il réorganisa les lycées et les collèges et collabora à la fondation des Écoles normale et centrale. Il est mort d'une maladie de cœur. La rue Fourcroy existe depuis 1867.

FOURCY Henry de Fourcy, qui fut prévôt des marchands de 1684 à 1693, résida dans la rue de Jouy, voisine. Il transforma la rue qui nous intéresse et à laquelle on donna son nom en 1684.

FOURNEYRON (1802-1867). Benoît Fourneyron, ingénieur, né à Saint-Étienne, mort à Paris. À 17 ans, il suppléa un professeur de mathématiques à l'école des mineurs de sa ville natale. En 1819, on l'attacha à l'exploitation des mines du Creusot et, par la suite, il se fit connaître par de nombreuses inventions, dont celle d'une turbine hydraulique qui porte son nom. La rue Fourneyron existe depuis 1868.

FOURS À CHAUX Au XIXe siècle, et déjà auparavant il y avait des fours à chaux situés au pied de la butte de Chaumont. Cette rue y conduisait, d'où son nom, reçu en 1877.

FOYATIER (1793-1863). Denis Foyatier, statuaire, né à Bussières (Loire); mort à Paris. Son œuvre principale, conçue à Rome, est « Spartacus brisant les chaînes dont les Romains l'ont chargé et méditant des projets de vengeance » (un véritable scénario...). Ce « Spartacus » se voit au jardin des Tuileries. Rappelons aussi que la statue équestre de Jeanne d'Arc, inaugurée à Orléans le 8 mai 1855, est de lui. La rue Foyatier existe depuis 1875.

FRAGONARD (1732-1806). Jean-Honoré Fragonard, peintre et graveur, né à Grasse, mort à Paris. Un de ses premiers tableaux, exécuté pour son entrée à l'Académie, « Corésus et Callirhoé », lui valut des éloges de la part de Diderot. Mais bientôt Fragonard changea de genre et s'adonna à la peinture de sujets érotiques représentant des scènes d'amour et de volupté... Cela fit de lui un peintre fort à la mode. Il peignit, entre autres, « le Verrou », « la Culbute », « Chemise enlevée ». Fragonard excella aussi dans la décoration d'appartements, tels ceux de Mme Guimard (avec qui son intimité semble être allée fort loin) et de Mme Du Barry, à Louveciennes. La Révolution vint priver le peintre de son élégante clientèle et il se réfugia à Grasse; de retour à Paris, ruiné, au début des années 1800, il y vécut très petitement avant de mourir d'une congestion cérébrale. Savez-vous que la Banque de France possède une des plus belles toiles de Fragonard : « la Fête de Saint-Cloud »? Une rue porte le nom du peintre depuis 1875

FRANÇAISE Cette rue s'est appelée Saint-François, puis Françoise et enfin, par déformation, Française. Il est vrai que jadis les Français étaient des « François ». Sur son tracé actuel, la rue Française existe depuis 1881

FRANCE Notre capitale ne comptait pas de rue faisant honneur à notre pays. Horrible lacune comblée en 1993 grâce à la création de cette avenue.

FRANCHE-COMTÉ Ancienne province de France, située entre l'Alsace et la Lorraine au nord, la Bresse et le Bugey au sud, la Champagne et la Bourgogne à l'ouest et la Suisse à l'est. Elle appartint d'abord aux Séquanes, puis aux Burgondes et au royaume d'Arles sous les Carolingiens. En 1155 la Franche-Comté revint à Frédéric Barberousse. Elle appartint plus tard à Charles le Téméraire, puis à Charles Quint, qui la donna aux Espagnols. En 1679, sous Louis XIV, la paix de Nimègue rattacha définitivement cette province à la France. Ses villes principales sont Dole et Besançon. L'Ain et le Doubs traversent la Franche-Comté dont on donna le nom à une rue en 1884.

FRANCHEMONT Ouverte en 1885, cette impasse porte le nom d'un propriétaire.

FRANCIS CARCO (1886-1958). Francis Carcopino-Tusoli, dit Francis Carco; écrivain français qui naquit à Nouméa. Il fit partie de l'académie Goncourt; il écrivit beaucoup de poèmes, des livres de souvenirs et des romans dont le plus célèbre est sans doute « Jésus la Caille ». C'est lui l'auteur des paroles de cette délicieuse chanson, qui commence ainsi :

Le doux caboulot
Niché sous les branches
Est tous les dimanches
Plein de populo.

La rue Francis-Carco existe depuis 1971

FRANCIS DE CROISSET (1877-1937). Francis, ou Franz, Wiener de Croisset, écrivain français d'origine belge, né d'ailleurs à Bruxelles. Il écrivit, entre autres, « Chérubin », « le Paon » et, surtout, « les Vignes du Seigneur » où se trouve la fameuse réplique « Hubert! Dis-moi qu'tu m'aimes... ». Avant de mourir, Francis de Croisset, dont une rue porte le nom depuis 1964, soupira : « Oh! Je m'ennuie déjà.. »

FRANCIS DE MIOMANDRE (1880-1959). Écrivain, auteur de romans, de nouvelles, d'essais. Mais avant toute autre chose, c'est la littérature espagnole qui lui doit mille mercis... Il en fit, en effet, de nombreuses traductions, contribuant à la faire mieux connaître en France. Rue baptisée en 1978

FRANCIS DE PRESSENSÉ (1853 1914). Francis Dehaut de Pressensé, homme politique né à Paris. En 1880, il était secrétaire d'ambassade, mais quitta la diplomatie pour rédiger, au journal « le Temps », la rubrique de politique étrangère. En 1898, ce fut un défenseur convaincu de Dreyfus, position qui le fit à la fois quitter « le Temps » pour entrer à « l'Aurore » et donner sa démission de chevalier de la Légion d'honneur. En 1902, il fut élu député de Lyon. Il écrivit « Un héros, le lieutenant-colonel Picquart » et « Lois scélérates de 1893-1894 ». La rue Francis-de-Pressensé existe depuis 1928.

FRANCIS GARNIER (1839-1873). Explorateur né à Saint-Étienne, mort à Hanoi. En 1860 il partit pour la Chine et la Cochinchine et fut nommé, en 1863, inspecteur des « affaires indigènes ». Il remonta le Mékong depuis le Cambodge jusqu'au Yunnan et descendit le Yang-tsé-kiang jusqu'à Shanghai. En 1870, à Paris, il commandait le

8e secteur et protesta énergiquement contre la capitulation. En 1871, il repartit pour la Cochinchine, puis le Tonkin. Le 21 novembre 1873, avec 120 hommes, il s'empara de la citadelle d'Hanoi, mais peu de temps après il mourut en repoussant une attaque de pirates tonkinois. La rue Francis-Garnier existe depuis 1932.

FRANCIS JAMMES Poète français, né à Tournay (Hautes-Pyrénées) en 1868, mort à Hasparren en 1938. Il fut quelques années clerc de notaire à Orthez avant de se consacrer entièrement à la poésie. Mallarmé et Gide le saluèrent à ses débuts. Son œuvre est inséparable du Béarn et du Pays basque. Son premier recueil notoire, paru en 1898, s'intitule : « De l'Angélus de l'aube à l'Angélus du soir ». Il écrivit ensuite : « Clara d'Ellébeuse », « Deuil des primevères », « Clairières dans le ciel », etc. En mettant en musique son poème « Je vous salue Marie », Georges Brassens a grandement contribué à le faire connaître d'un large public. Il a dit : « Une bonne consolation est un amour charmant comme une jeune fraise au bord d'un vieux torrent », « Il arrive parfois, lorsqu'on se met en croix, que les clous vont blesser quelqu'un derrière soi » et cet extrait de « Clara d'Ellébeuse » : « J'aime dans les temps Clara d'Ellébeuse, l'écolière des anciens pensionnats, qui allait, les soirs chauds, sous les tilleuls, lire les magazines d'autrefois. » La rue Francis-Jammes existe depuis 1987

FRANCIS PICABIA Peintre et écrivain français né et mort à Paris (1879-1953). D'abord influencé par Sisley, cet ami d'Apollinaire fit des tableaux impressionnistes jusqu'en 1907. Il subit ensuite l'influence du cubisme, avant d'adhérer au mouvement « dada » de Tristan Tzara. Puis rompant avec ce mouvement, sa peinture devint presque lyrique et expressionniste. Finalement, à partir de 1945, il revint à la non-figuration. Principaux tableaux : « la Femme au monocle », « Paroxysme de la douleur », « les Centimètres ». Auteur, il écrivit le scénario de « Entracte » que tourna René Clair. Il écrivit aussi « Unique eunuque » et « Jésus-Christ Rastaquouère » · le moins qu'on puisse dire c'est que son style y est d'une grande liberté. La rue Francis-Picabia existe depuis 1987

FRANCIS PONGE (1899-1988). Poète français né à Montpellier, mort à Bar-sur-Loup qui, dans des poèmes en prose, s'appliqua à décrire de merveilleuse manière, c'est-à-dire avec une langue inégalable, des choses : objets, fruits, etc. Sartre le considérait comme le poète de l'existentialisme, mais on peut aussi dire qu'il développa une véritable philosophie matérialiste des mots. Il a écrit « le Parti pris des choses », « la Crevette dans tous ses états », « la Rage de l'expression », « le Savon », « Pratiques d'écriture ou l'inachèvement perpétuel ». Il a dit : « Le langage ne se refuse qu'à une chose, c'est à faire aussi peu de bruit que le silence », « Comment s'y prendrait un arbre qui voudrait exprimer la nature des arbres ? Il ferait des feuilles, et cela ne nous renseignerait pas beaucoup ! », « L'homme est à venir. L'homme est l'avenir de l'homme » et « Le monde entier n'est que l'orchestration des harmoniques variées de la Parole : les articulations du "oui" ». Il a sa rue depuis 1994.

FRANCIS POULENC (1899-1963). Compositeur français né et mort à Paris. Autodidacte, il se lia avec Georges Auric pour former bientôt le fameux groupe des Six : Francis Poulenc, Georges Auric, Darius Milhaud, Arthur Honegger, Germaine Tailleferre et Louis Durey. De sa « première manière », néoclassique, citons : « Trois mouvements perpétuels » (1918) et « Bestiaire » (1919). À partir de 1935, peut-être influencé par Monteverdi et Lassus, ses ouvrages s'imprègnent d'inspirations plus élevées, l'émotion religieuse y apparaît : « Litanies à la Vierge Noire de Rocamadour » (1936), « Messe en sol majeur » (1937), « Dialogue des Carmélites », « la Voix humaine » (1958). N'oublions pas les « Mamelles de Tirésias » (1944). À leur propos, il disait : « Si on traduisait le texte d'Apollinaire en latin, on le prendrait pour de la musique religieuse. » Un square porte son nom depuis 1978.

FRANCISQUE SARCEY (1827-1899). Critique et romancier, né à Dourdan, mort à Paris. En 1848, il entra à l'École normale en même temps que Taine et Edmond About. Il professa à Chaumont, Rodez et Grenoble, où il donna sa démission en 1858. Il vint à Paris et sous différents pseudonymes – Satané Binet, S. de Suttières ou Sganarelle – il rédigea des articles pour « le Figaro », « le Gaulois », « le Temps », etc. À partir de 1867, dans « le Temps », et pendant trente-trois ans, chaque lundi il écrivit une chronique théâtrale. Francisque Sarcey avait deux maximes : « le théâtre a ses règles spéciales » et « le théâtre est un genre essentiellement populaire ». On le surnommait « l'Oncle » et pendant plus d'un quart de siècle son solide jugement, l'étendue de son savoir, sa franchise et son indépendance lui valurent beaucoup d'autorité. Il représentait parfaitement le public moyen, le bon public ou, comme il disait, « le public qui paye »... Ses principales critiques ont paru sous le titre « Quarante Ans de théâtre ». Sa petite-fille Martine Sarcey est, de nos jours, une comédienne très appréciée, mariée avec le comédien-metteur en scène Michel de Ré. La rue Francisque-Sarcey existe depuis 1904.

FRANC-NOHAIN (1873-1934). De son vrai nom Étienne Legrand. Ce fut un poète et fabuliste fort prisé et très aimé à la Belle Époque. Il est le père de Jean Nohain et du comédien Claude Dauphin (Dauphin était le nom de jeune fille de la femme de Franc-Nohain). Des poésies de Franc-Nohain ont été mises en musique, entre autres par Rénaldo Hahn. La rue Franc-Nohain existe depuis 1956.

FRANCŒUR (1773-1849). Louis Francœur, mathématicien, né à Paris. Élève à Polytechnique, il devint en 1809 professeur d'algèbre supérieure à la Faculté des sciences. En 1842, il fut admis à l'Institut. Il écrivit « Éléments de statistique », « Mémoire sur l'aréométrie » et « Astronomie pratique ». La rue Francœur existe depuis 1875.

FRANÇOIS Ier Cette place porte, depuis 1823, le nom de ce roi de France car, à cette date, depuis Moret-sur-Loing, on y transporta et y reconstruisit la maison du souverain. Cette maison baladeuse re tourna à Moret en 1957

FRANÇOIS Ier (1494-1547). François Ier, roi de France (de 1515 à sa mort) qui naquit à Cognac et décéda à Rambouillet. Fils de Charles de Valois, comte d'Angoulême, et de Louise de Savoie, il succéda sur le trône à son cousin Louis XII, dont il avait épousé la fille Claude de France. C'est François Ier qui, le soir de la défaite de Pavie, écrivit ces mots à sa mère : « Madame, tout est perdu, fors l'honneur. » Après Pavie, on le conduisit prisonnier à Madrid où, en 1526, Charles Quint, par un traité avantageux, lui arracha la Bourgogne, le Charolais, Château-Chinon, Auxonne. Quand François Ier revint en France, il prétendit que sa signature lui avait été extorquée, et la guerre recommença. Il fit alliance avec Henri VIII (qu'il avait déjà tenté de « séduire » en 1520, lors de l'entrevue du Camp du Drap d'or) et avec les princes protestants d'Allemagne et le sultan Soliman II. Mais en 1542

Henri VIII et Charles Quint s'unirent; tout allait mal pour nous lorsque, par chance, nos deux ennemis se brouillèrent! En 1544, Charles Quint signait la paix de Crespy et en 1546 Henri VIII signait celle d'Ardres. Louis XII, avant de mourir, avait dit en parlant de François Ier : « Ce gros garçon gâtera tout »... Il n'eut pas tout à fait raison. Bien que libertin, François Ier, qui mourut peut-être des services de la Belle Ferronnière, fit beaucoup de bonnes choses pour le royaume de France, notamment dans le domaine artistique. En tout cas, ce fut un roi très populaire. Il fonda le Collège de France, développa l'imprimerie, protégea les artistes français et les mit en contact avec les représentants de la Renaissance italienne : Léonard de Vinci, Benvenuto Cellini, etc. Les trente années de son règne marquèrent une transformation de la vie politique, économique, morale et artistique du pays. Un magnifique tombeau, où sont ensevelis François Ier et Claude de France, se trouve dans la basilique Saint-Denis. Il est l'œuvre de Philibert Delorme et comprend des sculptures de Germain Pilon, Bontemps, Ambroise Perret, Jacques Chantrel, Jean de Bourges et Bastien Galles. Il date de 1552. Quant à la rue François-Ier, elle existe depuis 1861.

FRANÇOIS AUGUSTE MARIETTE Égyptologue, né à Boulogne-sur-Mer en 1821, mort au Caire en 1881. Attiré par l'égyptologie alors qu'il enseignait au collège de sa ville natale, il fut employé, en 1849, au département des antiquités égyptiennes du Louvre. En 1850, il arriva en Égypte pour y acheter des manuscrits coptes; il ne put remplir cette mission, mais commença des fouilles à Saqqarah, et y découvrit le Sérapeum (nécropole des taureaux Apis momifiés). Le vice-roi d'Égypte, Saïd Pacha, le fit directeur des travaux d'antiquités en 1858; il entreprit alors de nombreuses fouilles : Tanis, Gizeh, Thèbes, etc., dégagea les temples d'Edfou et de Dendérah et retrouva des grandes œuvres d'art de l'Égypte ancienne : statue en bois du Cheikh el-Beled, le scribe accroupi, entre autres. Un square porte son nom depuis 1983.

FRANÇOIS BONVIN (1817-1887). Peintre né dans le quartier de Vaugirard, à Paris, mort à Saint-Germain-en-Laye. Il se montra excellent dans la peinture des scènes d'intérieur décrivant la vie des gens humbles. Devenu aveugle, il évita la misère grâce au produit d'une vente généreusement organisée par ses confrères. Principaux tableaux : « École d'orphelines », « la Tricoteuse », « la Classe des petits », « la Ravaudeuse », ainsi que deux autres œuvres qui se trouvent au Luxembourg, « le Réfectoire » et « la Fontaine ». Une rue porte le nom de François Bonvin depuis 1891.

FRANÇOIS COPPÉE (1842-1908). Poète et auteur dramatique né à Paris. Son premier recueil de poésies, « le Reliquaire », parut en 1866. Mais c'est du « Passant » que date (1869) la notoriété de Coppée. Il est, dans ses œuvres, tour à tour élégiaque, épique ou réaliste. Il restera comme le poète des humbles. Il a écrit « le Luthier de Crémone », « les Jacobites », « Intimités », « les Humbles » et « la Bonne Souffrance ». En 1884 il entra à l'Académie française. De lui cette jolie phrase : « Ah! les premiers baisers à travers la voilette... » et cette autre, plus connue : « Il faut quatre hommes pour faire une salade; un prodigue pour l'huile, un avare pour le vinaigre, un sage pour le sel et un fou pour le poivre. » La rue François-Coppée existe depuis 1911.

FRANÇOIS DE NEUFCHÂTEAU (1750-1828). Nicolas François, dit de Neufchâteau, écrivain et homme d'État, né à Saffais (Meurthe), mort à Paris. Ayant fait ses études à Neufchâteau il prit le nom de cette ville. Très précoce, à 13 ans il faisait déjà partie des académies de Dijon, Nancy, Lyon, Marseille. À 16 ans, il publia « Pièces fugitives ». Encouragé par Voltaire, il fut pourvu d'une chaire de rhétorique à Toul. En 1783, il sera nommé procureur général du Conseil supérieur du Cap, à Saint-Domingue. En revenant en France, un naufrage lui fit perdre le fruit d'un travail de dix ans : la traduction de « Roland furieux ». En 1789, il devint membre de l'Assemblée législative. Nommé ministre de la Justice par la Convention, il refusa ce poste. En 1793, une de ses comédies, « Paméla », ayant déplu au Comité de salut public, il fut mis en prison jusqu'au 9 Thermidor. En 1797, tout en devenant membre de l'Institut, il accepta cette fois le poste de ministre de l'Intérieur du Directoire. Après le 18 Brumaire, il entra au Sénat et, bien que devenu comte d'Empire, il n'en adhéra pas moins à la Restauration, qui lui refusa pourtant la pairie. La rue François-de Neufchâteau existe depuis 1870

FRANÇOISE DOLTO Psychanalyste et psychiatre, née et morte à Paris (1908-1988), elle créa l'École freudienne de Paris avec Jacques Lacan. S'intéressant particulièrement aux enfants et adolescents, elle a écrit « Psychanalyse et pédiatrie », « Lorsque l'enfant paraît », « La Cause des enfants » et « La Cause des adolescents ». Une rue porte son nom depuis 2003.

FRANÇOIS FRESNEAU (1703-1770). Ingénieur, né à Marennes. C'est lui qui, en Guyane, découvrit l'hévéa et ses propriétés, ainsi que l'utilisation de la térébenthine comme dissolvant du caoutchouc.

FRANÇOIS GÉRARD (1770-1837). Le baron François Gérard était un peintre d'histoire qui naquit à Rome pour mourir à Paris. Son père, intendant du bailli de Suffren et ambassadeur auprès du Saint-Siège, l'amena à Paris à l'âge de 12 ans. En 1810, il peignit « Bataille d'Austerlitz », qui le fit tout de suite connaître. Il fit des portraits de Talleyrand, Mme Récamier et de presque tous les membres de la famille impériale. Après l'Empire, imperturbablement, il fit ceux de Charles X, Louis-Philippe, Louis XVIII et Wellington... En 1815, à la demande de Louis XVIII, il peignit « Entrée de Henri IV à Paris ». La rue François-Gérard existe depuis 1853.

FRANÇOIS GUIBERT Depuis 1896, cette rue porte le nom d'un propriétaire.

FRANÇOIS MAURIAC (1885-1970). Écrivain et journaliste français, né à Bordeaux, mort à Paris. Ses romans retracent volontiers la vie provinciale et font souvent s'affronter Foi et Sensualité, comme dans « Génitrix », « Thérèse Desqueyroux » et « Nœud de vipères ». Auteur aussi de pièces de théâtre (« Asmodées », « les Mal-Aimés »), il donna également à des hebdomadaires, notamment « l'Express », des articles traitant vertement de politique ou de sociologie et regroupés sous le nom de « Bloc-Notes ». Membre de l'Académie française à partir de 1933, il reçut le prix Nobel de littérature en 1952. Le quai François-Mauriac existe depuis 1994.

FRANÇOIS MILLET (1815-1875). Jean-François Millet, peintre, né à Gréville (Manche), mort à Barbizon. Fils de paysans et berger dans son enfance, puis laboureur, il fit montre d'un tel goût pour le dessin qu'on finit par l'envoyer à Cherbourg puis à Paris en 1828. Il y vécut d'abord misérablement, en peignant même une grande fresque pour une baraque foraine, « le Maréchal Bugeaud à la bataille d'Isly »... En 1842, on le trouve errant au Havre, sans argent;

il revient pourtant à Paris. En 1844, on commence à s'intéresser à lui et la vie lui devient moins pénible. Après la révolution de 1848, il se retira à Barbizon. Il fut le peintre des paysans et un paysagiste remarquable. Principaux tableaux : « Leçon d'équitation », « Paysanne assise », « les Glaneuses », « la Gardeuse d'oies », et, surtout, le trop célèbre « Angélus », qui dissimule peut-être un peu toutes les autres œuvres de Jean-François Millet dont une rue porte le nom depuis 1886.

FRANÇOIS MIRON (1560-1609). François Miron, que l'on surnomma en son temps « le Père du peuple », naquit et mourut à Paris. Il fut conseiller au parlement de Paris en 1585, chancelier du dauphin et prévôt des marchands de Paris, de 1604 à 1606. C'est depuis 1865 que la rue François-Miron existe sur son tracé actuel.

FRANÇOIS MITTERRAND Homme politique français, président de la République de 1981 à 1995, né à Jarnac en 1916, mort à Paris en 1996. Après la Seconde Guerre mondiale, durant laquelle il fut prisonnier et s'évada avant d'entrer dans la Résistance, il devint député de la Nièvre (1946-1958, puis de nouveau à partir de 1962, après avoir été sénateur de 1959 à 1962). À cette époque, il fut aussi successivement ministre des Anciens combattants, de l'Information et de la France d'Outre-mer. En 1953, il démissionna de son poste de ministre d'État pour marquer son désaccord avec la politique coloniale d'alors qu'il souhaitait plus libérale. Il fut ensuite ministre de l'Intérieur dans le cabinet Mendès France (1954-1955), ministre de la Justice dans le cabinet Guy Mollet, etc. Candidat à la présidence de la République pour la première fois en 1965, il échoua devant le général de Gaulle qu'il mit cependant en ballottage. Il contribua alors à la création de la Fédération de la Gauche démocrate et socialiste. De nouveau candidat à la présidence en 1974 face à Valéry Giscard d'Estaing, il échoua de peu, avec 49,30 % des voix contre 50,70 % à son adver saire. Ce fut à sa troisième tentative, en 1981, qu'il l'emporta. Il resta président des Français durant deux septennats. Ce fut aussi un écrivain, auteur notamment de «Le Coup d'État permanent», «La Paille et le Grain», etc. Un quai porte son nom depuis 2003.

FRANÇOIS MOUTHON À la fin du siècle dernier et au début de celui-ci, il existait un grand quotidien, « le Journal ». M. François Mouthon en fut directeur. C'est à ce titre qu'on donna son nom à une rue en 1927

FRANÇOIS PINTON Depuis 1908, cette rue porte le nom d'un de ses propriétaires.

FRANÇOIS PONSARD (1814-1867). Poète né à Vienne (Isère), mort à Paris. Bien qu'attiré par le romantisme, il reprochait à Victor Hugo « de tomber dans l'absurde ou l'affecté ». Il rêvait d'un théâtre où « les événements seraient vraisemblables, les sentiments nobles, les caractères et les passions développés avec vérité ». Dans cet esprit, il écrivit « Lucrèce » qui, créée le 22 avril 1843, fut un véritable triomphe. Immédiatement, Hugo, Dumas et Sainte-Beuve attaquèrent ce débutant et tentèrent de le « tuer » sous le ridicule en l'appelant « chef de l'école du bon sens ». Mais ils ne réussirent qu'à demi, ce qui n'est déjà pas mal... Autres pièces de Ponsard : « Charlotte Corday », « Ulysse », « l'Honneur et l'Argent » et « Lion amoureux ». La rue François-Ponsard existe depuis 1904.

FRANÇOIS TRUFFAUT (1932-1984). Réalisateur français né à Paris, mort à Neuilly-sur-Seine. D'abord critique cinématographique à la dent dure, dans « les Cahiers du Cinéma », il passa lui-même derrière la caméra et se révéla un des meilleurs réalisateurs de la « Nouvelle Vague » des années 60 et bien après. Son œuvre, souvent très influencée par sa vie personnelle, surtout ses années d'enfance et d'adolescence, exprime souvent, avec ironie, le « spleen » du temps qui s'enfuit en même temps que la jeunesse. Parmi ses films : « les Quatre Cents Coups », « Baisers volés », « la Nuit américaine », « l'Enfant sauvage », « Jules et Jim », « Tirez sur le pianiste », « Domicile conjugal », « L'homme qui aimait les femmes », « Vivement dimanche », « le Dernier Métro ». La rue François-Truffaut existe depuis 1993

FRANÇOIS VILLON (1431-après 1463). Les parents de François Villon s'appelaient soit Des Loges, soit Montcorbier. Villon est le nom d'un chapelain qui « mit » le jeune François aux études. Né à Paris, Villon eut une existence extrêmement tumultueuse et c'est un miracle s'il ne fut pas pendu... Il s'affilia avec des malandrins ; en 1455, il tua un prêtre dans une rixe ; il commit, plus tard, un vol avec effraction au collège de Navarre ; il fut banni de Paris et erra en province, notamment à Blois, etc. Mais ce fut un merveilleux poète dont « le Grand Testament », œuvre écrite vers 1462, est admirable. Tout le monde connaît la « Ballade des Dames du temps jadis » (« Mais où sont les neiges d'antan? »). Voici un extrait du « Grand Testament » :

Prince, aux dames Parisiennes
De bien parler donnez le prix ;
Quoi que l'on die d'Italiennes,
Il n'est bon bec que de Paris.

La rue François-Villon existe depuis 1865.

FRANCO-RUSSE Bizarre : avant que cette avenue existe, une société se créa qui prit le nom de Société de l'avenue Franco-Russe. C'était la charrue devant les bœufs... Et c'est cette société qui ouvrit cette avenue, en 1911, et qui la baptisa. Tout rentrait dans l'ordre, mais c'est bizarre.

FRANCS-BOURGEOIS Au Moyen Âge, un « franc-bourgeois » était un indigent exempté de taxes et d'impositions. Une maison fondée dans le Marais, en 1350, donnait asile à 48 francs-bourgeois de Paris. Cet établissement donna son nom à la rue qui nous intéresse. Elle fut baptisée en 1500, mais sous la Révolution elle s'appela « des Francs-Citoyens ». Sur son tracé actuel, la rue des Francs-Bourgeois existe depuis 1868. La maison se trouvait à hauteur des numéros 34 et 36 actuels.

FRANKLIN (1706-1790). Philosophe, physicien et homme d'État américain, né à Boston, mort à Philadelphie. Son père était fabricant de chandelles et Benjamin Franklin travailla dans l'imprimerie de son oncle, consacrant tous ses loisirs à l'étude. Devenu adulte, il se montra très actif en créant « l'Almanach du bonhomme Richard », un club, une imprimerie, une bibliothèque, un hôpital et une compagnie d'assurances... Et cela ne l'empêchait pas de se perfectionner, surtout dans le domaine des phénomènes électriques. Cela le conduisit, en 1647, à la découverte du paratonnerre, qui lui ouvrit les portes de l'Académie des sciences de Paris et de la Société royale anglaise. Au début de la révolte des colonies d'Amérique du Nord contre les Anglais, qui allait amener la guerre d'Indépendance, c'est Benjamin Franklin qui porta les doléances à Londres. En 1776, avec Jefferson et John Adams, il rédigea le manifeste de la Déclaration d'indépendance. Chargé alors de négocier une alliance avec la France, il vint à Paris où en 1778 un traité d'amitié fut signé. Benjamin Franklin ne retourna aux États-Unis qu'en 1785. En 1790, il mourut des suites d'une pleurésie. En France, la Constituante vota alors un deuil national de trois jours. La rue Franklin existe depuis 1791.

FRANKLIN D. ROOSEVELT (1882-1945). Franklin Delano Roosevelt, homme d'État américain, né à Hyde Park, dans l'État de New York. C'était le cousin de Theodore Roosevelt, qui fut lui-même élu président des États-Unis en 1901 et 1904. Quant à Franklin, qui appartint au parti démocrate, il fut élu président de son pays quatre fois de suite, en 1932, 1936, 1940 et 1944. Il eut à relever l'économie des États-Unis après la crise de 1929 et c'est lui qui décida, en 1941, de l'entrée de son pays dans la Seconde Guerre mondiale. Très malade dès le début de sa quatrième élection, il était physiquement diminué quand il se rendit à la fameuse entrevue de Yalta. L'avenue Franklin-D.-Roosevelt existe depuis 1945.

FRANQUET Ouverte en 1883, cette rue porte le nom d'un propriétaire.

FRANQUEVILLE (1809-1878). Alfred Franquet de Franqueville, ingénieur né à Cherbourg. Sorti en 1829 de Polytechnique, il développa le réseau des voies ferrées en France. Il a, en outre, dirigé la majeure partie des travaux de ports, canaux, chemins de fer, routes, exécutés dans notre pays de 1830 à 1878. La rue Franqueville existe depuis 1904.

FRANZ LISZT (1811-1886). Franz Liszt, compositeur hongrois né à Raiding, mort à Bayreuth. À 14 ans il composa un ouvrage pour l'opéra intitulé « Don Sanche ou le château d'amour ». Il se mit alors à voyager à travers toute l'Europe, faisant admirer ses talents de pianiste, puis se fixa en France où son existence, c'est un euphémisme, peut être qualifiée d'orageuse. Il s'y lia avec Richard Wagner, puis repartit pour ses voyages au bout de quelques années. Enfin, il résidera à Weimar, comme maître de la chapelle du grand-duc, avant, brusquement, de se rendre à Rome auprès du pape et de s'y faire tonsurer. Cela lui vaudra d'ailleurs le surnom d'« abbé Liszt » (mais il n'avait d'abbé que la tonsure). Après plusieurs années vaticanes, il voyagea de nouveau en Europe. Ses principales œuvres sont : « Orphée », « Mazeppa », « Rhapsodies hongroises », « Méphistovalse », « Christus », un « Requiem », « Jeanne d'Arc au bûcher », etc. La place Franz-Liszt existe depuis 1962.

FRATERNITÉ Rue ouverte en 1889, en même temps que ses deux voisines, de la Liberté et de l'Égalité, pour représenter la devise de la République française.

FRÉDÉRIC BASTIAT (1801-1850). Économiste, né à Mugron (Landes), mort à Rome. Il devint juge de paix après la révolution de 1830. En 1841, il publia un « Essai sur le fisc et la vigne ». En 1844, il constitua une association, « La liberté des échanges », et publia toute une série de pamphlets, sous le titre « Sophismes économiques », qui contiennent à la fois la sagesse de Franklin et l'esprit de Voltaire. Lors de la révolution de 1848 il combattit le socialisme aussi fort qu'il avait combattu le protectionnisme. Il sera élu aux Assemblées constituante et législative. Il mourut avant d'avoir achevé un livre auquel il tenait beaucoup : « Harmonies économiques ». Un de ses pamphlets porte un titre plein d'humour : « Pétition des marchands de chandelles contre le soleil qui nuit à leur industrie... » La rue Frédéric-Bastiat existe depuis 1884.

FRÉDÉRIC BAZILLE (1841-1870). Frédéric Jean Bazille, né à Montpellier, mort au combat durant la guerre de 70 à Beaune-la-Rolande, était peintre. Ami de Renoir, Sisley et Monet, il peignait avec eux à

Fontainebleau et se trouva ainsi lié à la naissance de l'impressionnisme. Auteur de portraits et de scènes familières, il y montra un goût des couleurs claires, des formes nettes et un parfait sens du volume. Un de ses tableaux les plus connus s'intitule « Réunion de famille ». On baptisa un square à son nom en 1998.

FRÉDÉRIC BRUNET Cet excellent conseiller municipal du XVIIe arrondissement vécut de 1868 à 1932. Une rue porte son nom depuis l'année même de son décès.

FRÉDÉRICK LEMAÎTRE (1800-1876). Acteur né au Havre, mort à Paris, dont le véritable prénom était Prosper. Fils d'un architecte, il se destina très tôt au théâtre. En 1823, il se fit connaître par son extraordinaire interprétation du rôle de Robert Macaire dans « l'Auberge des Adrets ». Jusqu'en 1864, son succès ne se démentit pas; il joua dans tous les plus grands théâtres parisiens – sauf à la Comédie-Française –, en province et à l'étranger. Grand, fort, tout à tour élégant et débraillé, sarcastique et cynique, on le surnomma « le Talma du boulevard ». Citons quelques pièces dans lesquelles il joua : « Trente Ans ou la vie d'un joueur », « Kean », « Ruy Blas », « Don César de Bazan ». Il écrivit des « Mémoires »; un monument lui a été élevé à Paris en 1899. La rue Frédérick-Lemaître existe depuis 1892.

FRÉDÉRIC LE PLAY (1806-1882). Ingénieur, économiste et sociologue, né près de Honfleur, mort à Paris. Il est le fondateur de l'« économie sociale », c'est-à-dire celle qui cherche le bonheur de l'homme, non seulement dans la richesse, mais dans son développement social et moral. D'après Le Play, la famille, la religion, la propriété, le « patronage » sont les bases nécessaires à un bon régime social. En 1867, il fut élu sénateur. Nous lui devons ce remarquable ouvrage qui contient ses principes : « les Ouvriers européens ». La rue Frédéric-le-Play existe depuis 1927.

FRÉDÉRIC LOLLIÉE (1856-1915). Frédéric Lolliée, historien et surtout journaliste; ses articles étaient extrêmement appréciés. On donna son nom à une rue en 1934.

FRÉDÉRIC MAGISSON Depuis son ouverture, en 1893, cette rue porte le nom d'un propriétaire.

FRÉDÉRIC MISTRAL (1830-1914). Poète provençal, né à Maillane (Bouches-du-Rhône). Aux congrès d'Arles (1852) et d'Aix (1853), il fut un des organisateurs de la renaissance provençale. En 1854, avec six autres poètes il participa à la célèbre réunion du château de Fontségugne, où il proposa la création des « félibres », qui sont à la langue d'oc ce que l'Académie française est à la langue française. Sous le pseudonyme de Gui de Mount Pavoun, il se fit l'historiographe du mouvement félibréen. Son plus célèbre poème, « Mireille » (Mirèio), parut en 1859; Lamartine l'apprécia immédiatement. Œuvres principales : « les Iles d'or », « Nerto », « le Reino Jano », « le Trésor du félibrige ». Pour cette dernière œuvre, l'Institut lui accorda un prix de 10000 francs dont il se servit, pendant dix ans, pour publier un journal provençal, « l'Aioli » (1890-1900). Le prix Nobel lui fut décerné en 1904. De nos jours, le félibrige, qui comprend 50 majoraux, se réunit régulièrement sous la présidence d'un capoulié, dont Mistral fut le premier. Le but du poète provençal était la décentralisation et la conservation des originalités artistiques des anciens pays de la langue d'oc. La rue Frédéric-Mistral existe depuis 1931.

FRÉDÉRIC MOURLON (1811-1866). Jurisconsulte né à Chambon, dans la Creuse. Avocat à la cour d'appel de Paris, il fut, en 1856, un des fondateurs de la « Revue pratique de jurisprudence ». Une rue porte son nom depuis 1932.

FRÉDÉRIC ROSSIF (1922-1990). Cinéaste et homme de télévision français né à Cetinjé, au Monténégro, mort à Paris. Fixé à Paris à partir de 1945 et d'abord employé à la Cinémathèque, il entre en 1952 à l'O.R.T.F. (Office de radio et de télévision française) où il réalise et produit de nombreuses émissions, dont « la Vie des animaux », « Nos amies les bêtes », « Cinq Colonnes à la Une », etc. Il tourne son premier long métrage en 1961 (« le Temps du ghetto ») et continue, en 1963, avec un excellent film sur la guerre civile espagnole, « Mourir à Madrid », grâce auquel il s'impose, notamment, comme un grand spécialiste du montage. Autres réalisations : « Révolution d'Octobre », « Un mur à Jérusalem », « Aussi loin que l'amour » (une de ses rares œuvres de fiction), « Fête sauvage » et « Sauvage et beau ». Qualifié de « poète de l'image » et ne s'étant jamais débarrassé d'un accent « à couper au couteau », on lui a dédié un square en 1998.

FRÉDÉRIC SAUTON (1844-1910). Cet architecte fut conseiller municipal du Ve arrondissement. On donna son nom à une rue en 1912

FRÉDÉRIC SCHNEIDER (1864-1921). Frédéric Schneider laissa le souvenir d'un homme d'une grande bonté, membre d'un grand nombre d'œuvres sociales, principalement dans le XVIIIe arrondissement. Une rue porte son nom depuis 1926.

FRÉDÉRIC VALLOIS Depuis 1910, époque de sa construction, ce square, qui est en fait une impasse privée, porte le nom de son propriétaire.

FRÉHEL (1891-1951). Chanteuse de music-hall, de son vrai nom Marguerite Boulc'h, née et morte à Paris. Elle fait une première carrière sous le nom de « Pervenche », créant notamment « Sous les bords de la Riviéra » et paraissant, a dit Maurice Chevalier, comme « plus que belle, svelte, dotée d'une grâce toute naturelle qui lui donnait un peu l'air d'une juvénile beauté anglaise ». Puis, vers 1912, une profonde déception sentimentale la bouleverse et elle part vivre hors de France pendant onze ans, passant quelque temps auprès de la princesse Anastasia en Russie, puis vivant cinq années à Constantinople. À son retour tout le monde l'a oubliée, d'autant qu'elle s'est considérablement transformée physiquement pour devenir une femme sans âge et sans formes. Mais son talent de chanteuse est toujours là et avec des chansons comme « Tel qu'il est », « Où sont tous mes amants ? », « la Java bleue », « Où sont-ils donc? », elle reconquiert la célébrité. La place Fréhel existe depuis 1998.

FRÉMICOURT Versons une larme attendrie : Frémicourt est le nom du dernier fermier qui laboura à Grenelle, en 1823, avant que des « entrepreneurs » ne lotissent ce hameau.

FRÉMIET (1824-1910). Frédéric Fré miet, sculpteur, neveu de Rude, naquit à Paris. Dans sa jeunesse, il travailla dans le jardin des Plantes aux « Études zoologiques et myologiques », qu'on peut encore voir. Frémiet fut un des maîtres de la sculpture française de la seconde moitié du XIXe siècle. Sa rigueur anatomique était remarquable. Ses principales œuvres sont « le Cheval de Montfaucon », « Chef gaulois », « Chevaux marins et dauphins », « Homme de l'âge de pierre », « Gorille enlevant une femme », et, dans un genre différent, un colossal « Ferdinand de Lesseps », inauguré au canal de Suez en 1899. Frédéric Frémiet, élu membre de l'Académie des beaux-arts en 1892, donna son nom à une rue en 1913.

FRÉQUEL Ce passage, depuis 1933, porte le nom d'un propriétaire

FRÈRES D'ASTIER DE LA VIGERIE Les frères d'Astier de La Vigerie, qui donnèrent leur nom à une rue en 1983, se prénommaient François (1886-1956), Henri (1897-1952) et Emmanuel (1900-1969). Au cours de la Seconde Guerre mondiale, ils s'illustrèrent en prenant grandement part à la défense et à la libération de notre pays. François rejoignit le général de Gaulle et devint inspecteur des Forces aériennes libres. Henri entra dans la Résistance dès 1940, gagna l'Algérie et participa au putsch d'alors à Alger. Emmanuel, écrivain et homme politique, fut d'abord officier de marine, puis journaliste; il fonda, dans la zone sud, un important mouvement de résistance et un journal clandestin, « Libération »; en 1942, il se rendit auprès du général de Gaulle à Londres, devint commissaire à l'Intérieur du Comité français de libération, ministre de l'Intérieur, député de 1945 à 1958 ainsi que l'un des présidents du Conseil mondial de la paix.

FRÈRES PÉRIER Les frères Périer, Jacques Constantin (1742-1818) et Auguste Charles, construisirent une pompe à feu sur l'emplacement de laquelle se trouve aujourd'hui la rue qui porte leur nom. Cette pompe à feu, première du genre, était faite de deux machines à vapeur actionnant deux pompes foulantes et aspirantes, qui portaient les prénoms délicats de « Constantine » et « Augustine » et élevaient, à une hauteur de 36 mètres, 4 500 hectolitres d'eau refoulés ensuite dans quatre réservoirs avant de couler dans une canalisation de 35 cm de diamètre vers le faubourg Saint-Honoré et jusqu'au faubourg Saint-Antoine, assurant l'alimentation en eau de ces quartiers. La rue des Frères-Périer existe depuis 1904. Les pompes furent démolies en 1902.

FRÈRES MORANE Les frères Morane étaient deux : Léon (1885-1918) et Robert (1886-1968). Nés à Paris, ce furent des industriels et surtout des aviateurs qui figurent parmi les pionniers de l'aviation. Avec Saulnier, en 1910, ils fondèrent la première firme de construction aéronautique. La rue des Frères Morane existe depuis 1971

FRESNEL (1788-1827). Augustin Fresnel, physicien né à Broglie (Eure), mort à Ville-d'Avray. Sorti de Polytechnique, il fut jusqu'en 1814 ingénieur en province. La Restauration ayant ses sympathies, il prit, au début des Cent-Jours, les armes contre Napoléon. Après cette période, il commença, à Paris, des recherches sur la lumière. Elles eurent pour objet les phénomènes de double réfraction, puis la lumière polarisée (en collaboration avec Arago). En 1823, Fresnel entra à l'Académie des sciences. Une des dernières inventions de Fresnel, dont une rue porte le nom depuis 1877, est le phare lenticulaire.

FREYCINET (1779-1842). Louis Claude de Saulses de Freycinet, navigateur et savant, né à Montélimar, mort à Loriol. Entré dans la marine en 1794, il dirigea de 1817 à 1820 l'important voyage de circumnavigation exécuté par l'« Uranie » et la « Coquille », qui se révéla fort fructueux pour la science. Bien que l'« Uranie » ait fait naufrage aux îles Malouines en 1820, Freycinet put sauver les matériaux recueillis pendant les trois années précédentes ainsi que de nombreux mammifères, oiseaux, insectes, poissons et plantes jusqu'alors pour la plupart inconnus en France. De 1824 à la fin de sa vie, Freycinet se consacra à la rédaction de ses récits de voyage (rédaction qui resta cependant inachevée) : « Voyage autour du monde entrepris par ordre du roi ». La rue Freycinet existe depuis 1864.

FRIANT (1758-1829). Le comte Louis Friant, général, naquit à Morlancourt (Somme). Général de brigade en 1794, il combattit en Allemagne, en Italie, en Égypte, où il reçut le grade de général de division et le commandement de l'armée de Haute-Égypte. À Austerlitz, Iéna, Eckmühl, son intrépidité fut remarquable et, à Wagram, c'est lui qui s'empara de la fameuse « tour carrée ». Blessé lors de la bataille de la Moskova, en 1812, il reprit les combats à Dresde en 1813. Nommé membre de la Chambre des pairs, pendant les Cent-Jours, la seconde Restauration le mit à la retraite. La rue Friant existe depuis 1864.

FRIEDLAND Ville de Prusse-Orientale où, le 14 juin 1807, les Français remportèrent une brillante victoire sur les Russes. Elle coûta 8000 hommes à la France et 20000 aux Russes, dont 25 généraux. Les troupes russes étaient emmenées par le général Bennigsen; pour la France, en plus de la présence de Napoléon lui-même, il y avait Lannes, Ney, La Tour Maubourg, Sénarmont, Grouchy et Mortier. La victoire de Friedland permit la prise de la dernière forteresse prussienne : Kœnigsberg. L'avenue de Friedland existe depuis 1854.

FRIGOS Appellation donnée en 2003 en raison de la présence ici, de 1921 à 1971, des entrepôts frigorifiques de Paris, dits les « frigos ».

FROCHOT (1761-1828). Nicolas Frochot, homme politique né à Dijon, mort à Étuf (Haute-Marne). Ami de Mirabeau, celui-ci le désigna comme un de ses exécuteurs testamentaires. Emprisonné en 1794 en tant que suspect, dans sa ville natale, la mort de Robespierre lui rendit la liberté. En 1800, Napoléon le nomma préfet de la Seine – Frochot est le premier à avoir rempli ces fonctions. Il resta en place jusqu'en 1812, date à laquelle, ayant cru à la fausse nouvelle de la mort de l'empereur, il ne fit rien pour prévenir la conspiration de Malet et fut remplacé à son poste. Auparavant, Napoléon l'avait fait comte et chevalier d'Empire. Quand vint Louis XVIII, qui ne voulut pas se montrer pingre, Frochot reçut une pension de 15000 livres; mais comme il avait accepté de Napoléon, pendant les Cent-Jours, la préfecture des Bouches-du-Rhône, la seconde Restauration le destitua. La rue Frochot existe depuis 1831, ainsi que l'avenue.

FROIDEVAUX (1827-1882). Eugène Froidevaux est un lieutenant-colonel de pompiers qui périt victime du devoir. Une rue porte son nom depuis 1896.

FROISSART (1338-1404). Jean Froissart, chroniqueur et poète, né à Valenciennes. À 23 ans, il se rendit en Angleterre pour offrir à la reine Philippa de Hainaut un livre sur les événements contemporains. La reine fit de lui son secrétaire et l'envoya en Italie, en Écosse et en France pour qu'il continue à s'instruire des événements du temps. Ce fut, en quelque sorte, un des premiers grands reporters. Quand Philippa mourut, Froissart trouva sans mal d'autres protecteurs, parmi lesquels Wenceslas de Luxembourg et Guy de Blois. En 1388, notre chroniqueur fit un long voyage en Béarn et visita la cour de Gaston Phébus. En 1395, il retourna en Angleterre. La « chronique » de Froissart est un des monuments de l'histoire du Moyen Âge. La rue qui porte son nom existe depuis 1864.

FROMENT (1815-1865). Paul Gustave Froment, mécanicien, né à Paris. Nous lui devons des télégraphes à signaux et à clavier, un appareil imprimeur, le pantélégraphe, et le mécanisme employé dans les horloges électriques. La rue Froment existe depuis 1905.

FROMENTIN (1820-1876). Eugène Fromentin, peintre, né et mort à La Rochelle. D'un voyage qu'il fit à 22 ans en Algérie, il subit une influence qui persistera longtemps. En tant que peintre, il débuta véritablement en 1847, au Salon. Ses principaux tableaux : « Gorges de la Chiffa », « Chasse à la gazelle », « Audience chez un khalife », « Fauconnier arabe » et « la Caravane de Marilhat ». Mais Eugène Fromentin fut aussi un écrivain qui rédigea « Un été dans le Sahara » et surtout un roman, « Dominique », petit chef-d'œuvre d'une très fine psychologie. La rue Fromentin existe depuis 1879.

FULTON (1765-1815). Robert Fulton, mécanicien, né à Little Britain (États-Unis), mort à New York. Sa découverte essentielle fut l'application de la vapeur à la propulsion des navires, bien que la première idée de cette application revienne à quelqu'un « de chez nous », le marquis de Jouffroy, en 1783. Mais ne chipotons pas. C'est en 1803 que Fulton construisit son premier « steam-boat », dont les essais préliminaires eurent lieu en France, sur la Loire. L'Angleterre refusa de lui acheter son invention, tout comme les États-Unis; têtu, Fulton parvint cependant, avec son second steam-boat, le « Clermont », à assurer un service régulier entre New York et Albany. Son gouvernement comprit alors l'intérêt de son invention et Fulton fut chargé de construire une frégate à vapeur. Mais le succès attirant les envieux et les médisants, ainsi que les contrefacteurs, Fulton, après avoir soutenu d'innombrables procès, mourut littéralement de chagrin. Une rue porte son nom depuis 1844.

FURETIÈRE (1619-1688). Antoine Furetière, lexicographe et littérateur, né et mort à Paris. Il fut d'abord avocat et procureur fiscal de l'abbaye de Saint-Germain. Puis il devint prieur de Pruines. Furetière fut l'ami et le commensal de Racine, Boileau, Molière et La Fontaine. C'était, dans ses œuvres, un observateur satirique et malicieux. Il eut l'idée, qui se révéla mauvaise pour lui, de travailler, pendant plus de quarante ans, à un « Dictionnaire universel », publié en 1890 à Rotterdam, deux ans après sa mort. Mais l'Académie française, dont il faisait partie, n'apprécia guère ce qu'elle considérait comme une concurrence déloyale et l'exclut en 1685. Le dictionnaire de Furetière était fort bien conçu et comportait nombre de mots ne figurant pas au dictionnaire de l'Académie. Furetière a aussi écrit « Voyage de Mercure » et « Roman bourgeois », tableau piquant des mœurs de Paris. La rue Furetière existe depuis 1934.

FURSTENBERG (1629-1704). Le comte Guillaume Egon de Furstenberg, issu d'une famille princière allemande, mourut à Paris. Il se montra toujours dévoué aux intérêts de la France, attitude qui lui vaudra d'être arrêté à Cologne, en 1674, sur ordre de l'empereur Léopold Ier. Rendu à la liberté après la paix de Nimègue (1678), Louis XIV le comble alors de faveurs, le faisant évêque, puis cardinal de Strasbourg (1682 et 1686). Élu coadjuteur de Cologne, à l'instigation du Roi-Soleil, la diète de Ratisbonne le déclara bientôt ennemi de l'Empire. Pour le dédommager de cette déconvenue, Louis XIV lui donna alors l'abbaye de Saint-Germain-des-Prés, où il mourut. La place Furstenberg, considérée comme une des plus agréables de Paris, et qui n'est qu'une portion de la rue Furstenberg, abrite, au numéro 6, un appartement où résida le peintre Delacroix. La rue existe depuis 1699 et c'est Egon de Furstenberg lui-même qui l'ouvrit.

FURTADO-HEINE (1821-1896). Charlotte Furtado-Heine, née à Paris, morte à Rocquencourt, fille du banquier Furtado, épousa le fils d'un autre banquier, Salomon Heine, oncle du poète allemand Henri Heine (voir ce nom). Charlotte Furtado-Heine consacra 20 millions à la fondation, à Paris, d'un dispensaire, d'une crèche et d'une école professionnelle pour jeunes aveugles. Elle contribua également beaucoup à la création de l'Institut Pasteur. Faite officier de la Légion d'honneur en 1896, une rue porte son nom depuis 1897

FUSTEL DE COULANGES (1830-1889). Numa Denis Fustel de Coulanges, historien, né à Paris, mort à Massy. Jeune, il fit à l'École française d'Athènes de remarquables études sur l'île de Chio (en mer Égée). Plus tard, il devint professeur à l'école Saint-Louis, à Paris, puis enseigna à la faculté de lettres de Strasbourg, avant d'écrire un livre fort apprécié : « Cité antique » Après la guerre de 1870, il revint à Paris en qualité de maître de conférences à l'École normale, qu'il dirigea de 1880 à 1883. Enfin, il enseigna à la Sorbonne de 1883 à 1888. Cet historien publia « Histoire des institutions catholiques de l'ancienne France » et « Recherches sur quelques problèmes d'histoire » La rue existe depuis 1907.

G

GABON État d'Afrique centrale qui compte 1 360 000 habitants pour 268 000 km². Sa capitale est Libreville. Le pays est recouvert d'une forêt très dense. Son sous-sol renferme principalement du manganèse, mais aussi de l'uranium. Ancien territoire de l'A.É.F., le Gabon accéda à l'indépendance en 1960. La rue du Gabon existe depuis 1877.

GABRIEL (1698-1782). Jacques Ange Gabriel, membre d'une célèbre famille d'architectes, et architecte lui-même, fut un des grands artistes de son temps. Chargé de restaurer le Louvre, il y fit refaire la colonnade de Perrault. Il dessina la place de la Concorde et construisit les deux hôtels qui en forment la face nord (hôtel Crillon et ministère de la Marine). Il bâtit également le Petit Trianon et l'École militaire, et s'occupa de la restauration des cathédrales d'Orléans et de Compiègne. Il fut admis à l'Académie d'architecture en 1728. Une avenue porte son nom depuis 1818.

GABRIEL Gabriel était le prénom du fils du propriétaire qui fit ouvrir cette villa en 1895.

GABRIEL FAURÉ (1845-1924). Gabriel Urban Fauré, pianiste et compositeur, né à Pamiers. Maître de chapelle puis organiste à la Madeleine, il a, entre autres, composé un recueil intitulé « la Bonne Chanson » sur des poèmes de Verlaine. Il composa aussi une soixantaine de mélodies, une symphonie, des quatuors à cordes, un Requiem, un « Cantique de Racine », puis « Prométhée » et un opéra, « Pénélope ». Il fut professeur au Conservatoire. La rue existe depuis 1927.

GABRIEL LAMÉ (1795-1870). Géomètre né à Tours, mort à Paris. Appelé en Russie par le tsar Alexandre, en même temps que Clapeyron, il y fut chargé des grands travaux de viabilité. De retour en France en 1832, on le nomma professeur de physique à l'École polytechnique, dont il avait été l'élève. Il devint ingénieur en chef des mines en 1836, membre de l'Académie des sciences en 1843 et professeur de calcul des probabilités à la Faculté des sciences en 1851. Il a écrit « Leçons sur la théorie mathématique » et « Leçons sur les coordonnées curvilignes ». La rue Gabriel-Lamé existe depuis 1885.

GABRIEL LAUMAIN (1907-1942). Gabriel Laumain, dont on donna le nom à une rue en 1946, a été fusillé par les Allemands.

GABRIELLE Gabrielle était le prénom de la femme d'un propriétaire. Avant la Seconde Guerre mondiale, une chanson disait :

Elle s'appelle Gabrielle,
Elle est belle plus encore
Que la Vénus de Praxitèle;
Pour un record, c'est un record..

Mais cette chanson ne désigne sans doute pas la femme de ce propriétaire dont la rue porte le prénom depuis 1863.

GABRIEL PÉRI (1902-1941). Journaliste et homme politique né à Toulon, Gabriel Péri était un député communiste que les Allemands fusillèrent, à titre d'otage. Une place porte son nom depuis 1944.

GABRIEL PIERNÉ (1893-1937). Compositeur et chef d'orchestre né à Metz, auteur d'« Impressions de music-hall », « Cydalise et le Chèvrepied », « Fragonard », de musique de chambre et d'oratorios (« l'An mille » et « Croisade des enfants »). Le square Gabriel-Pierné existe depuis 1950.

GABRIEL VICAIRE (1848-1900). Poète né à Belfort, mort à Paris. Il fut le chantre de la Bresse et de ses poulardes dodues dans un style malicieux et « bonhomme ». Il a écrit « les Déliquescences » (sous le pseudonyme d'Adoré Floupette), « les Émaux bressans » (primé par l'Académie française), « À la bonne franquette » et « Rosette en paradis ». La rue Gabriel-Vicaire existe depuis 1907.

GABY SYLVIA (1920-1980). Comédienne française d'origine italienne, née à Cesena (Italie), morte à Chamalières, d'une congestion cérébrale. Inscrite à 18 ans contre le gré de ses parents au cours de théâtre du comédien Raymond Rouleau, elle débuta presque aussitôt au théâtre dans une pièce intitulée « Altitude 3200 » et y obtint un vrai succès. Dans la foulée – et toujours dans l'année de ses 18 ans – elle tourna son premier film, « le Ruisseau », réalisé par Maurice Lehmann et Claude Autant-Lara. Et à partir de là, grâce au charme irrésistible teinté d'une pointe de désabusement qui émanait d'elle, sa carrière fut jalonnée de grands succès, sur les planches comme au grand écran, où on la vit, notamment, dans « Mission à Tanger » (1949), « l'Amant de paille » (1950), « les Mauvaises Rencontres » (1957), « Méfiez-vous mesdames » (1963) et « Nous irons tous au paradis » (1977). On a donné son nom à une rue en 1990.

GAGER-GABILLOT Propriétaire des terrains sur lesquels cette rue fut ouverte en 1883.

GAGLIARDINI (1846-1927). Gustave Gagliardini, peintre français né à Mulhouse, est considéré comme un peintre appartenant au genre « pittoresque ». Ses principaux tableaux : « la Toussaint à Cayeux », « Cour de ferme », « Coup de midi en Provence » et « le Soir, au lac Majeur ». La rue existe depuis 1930.

GAILLON La rue Gaillon doit son nom à l'ancienne présence d'un hôtel, dit « de Gaillon », qui existait avant 1622, c'est-à-dire avant que l'église Saint-Roch soit construite sur son emplacement. À propos de Gaillon, il semble important de parler de la ville de l'Eure et, surtout, de son château, construit, en 1262, par Eudes ou Odon Rigault, conseiller de Saint Louis. Rebâti sous Louis XII par le cardinal Georges d'Amboise, il fut considéré, dès lors, comme un des chefs-d'œuvre de la Renaissance; les architectes Guillaume Senault et Philibert Delorme y travaillèrent. Aujourd'hui, il ne reste, de ce château, que des ruines. La rue Gaillon date de la fin du XVe siècle et la place – carrefour en 1844 – de 1936.

GAÎTÉ C'est en 1830 que cette rue reçut son nom. Elle était, à l'époque, garnie de bals, de guinguettes, de théâtres et de marchands de frites qui en faisaient une rue pleine de rires et de chansons. Son nom lui allait effectivement merveilleusement bien. Aujourd'hui, elle n'a d'ailleurs rien perdu de son animation artistique et populaire puisque deux théâtres et un music-hall s'y trouvent encore.

GALANDE Ce nom fut donné à cette rue en l'honneur d'Étienne de Garlande (à qui les siècles ont fait perdre un « r »), archidiacre de Paris et l'un des protecteurs de l'Université naissante au XIIe siècle. Au Moyen Âge on parlait du « pays de Garlande », qui avait pour rues principales la rue Saint-Jacques et la rue du Fouarre où se trouvaient les grandes écoles. Les anciens écoliers de l'époque avaient cette expression : « Nos fuimus simul in Garlandia » (nous fûmes en Garlande) qui leur rappelait, paraît-il, les années joyeuses de leur jeunesse... Sur un autre plan, Étienne de Garlande eut la malchance de se heurter à Adélaïde de Maurienne et à saint Bernard; cela lui valut d'être dépouillé de ses fonctions et de ses biens. Il suscita même une guerre contre le roi, avec Amaury de Montfort, mais son entreprise échoua et en 1132 il fut contraint de « s'humilier ». Il finit, vous vous en doutez, obscurément. C'est de 1202 que date la rue Garlande, ou Galande.

GALILÉE (1564-1642). Galileo Galilei, dit Galilée, mathématicien, physicien et astronome italien, né à Pise, mort à Arcetri, près de Florence. Son père voulait en faire un musicien, mais Galilée ne montra guère de dispositions pour cet art. À 19 ans, observant dans la cathédrale de Pise une lampe qui se balançait sous la voûte, il eut l'idée d'appliquer le pendule à la mesure du temps... Étudiant presque seul les mathématiques, il obtint à 25 ans, une chaire à l'université de Padoue. À cette époque, il inventa le thermomètre, la balance hydrostatique et établit expérimentalement les lois du mouvement des corps soumis à la pesanteur. En 1609, à Venise, il inventa son télescope; il observa d'abord la Lune, dont il mesura les montagnes, puis découvrit les satellites de Jupiter, l'anneau de Saturne, la rotation du Soleil sur son axe, etc. Il se fit très vite des ennemis. En 1610, on le dénonça au Saint-Siège; la plupart des érudits d'Europe, fervents d'Aristote, furent ses adversaires résolus. Considéré comme hérétique, Galilée n'eut plus la possibilité de professer ses théories. Il alla à Florence où, en 1632, il publia « Dialogui quatro... » qui fut déféré à l'Inquisition et lui valut de comparaître, à 70 ans, devant un tribunal. Le procès, au cours duquel Galilée se défendit peu, dura vingt jours et, à son issue, à genoux, le savant dut abjurer sa doctrine. C'est à ce moment que, frappant le sol du pied, il aurait dit « E pur, si muove! » (Et pourtant, elle se meut!). Mais aux dernières nouvelles cela ne serait qu'une simple légende, née dans la seconde moitié du XVIIIe siècle. Galilée, quoi qu'il en soit, fut condamné, mais obtint néanmoins l'autorisation de se retirer dans sa villa d'Arcétri, où il resta, surveillé par l'Inquisition. Ses dernières années furent pénibles · en 1634 il perdit une de ses filles et en 1636 il devint aveugle, après avoir cependant eu le temps de terminer « Traité du mouvement ». La rue Galilée existe depuis 1864

GALLERON Déjà connue en 1758, cette rue porte le nom d'un simple jardinier qui dut habiter cette voie lorsqu'elle n'était encore qu'une ruelle, avant la date précitée.

GALLIERA (1812-1888). Mme Brignoles-Sale, fille de marquis, épouse du duc de Galliera, financier italien, s'illustra elle-même par sa charité. Elle naquit à Gênes et mourut à Paris. Elle consacra 24 millions de francs à la fondation et à l'entretien de l'orphelinat Saint-Philippe et de la maison de retraite des frères des écoles chrétiennes à Fleury, près de Meudon. Puis 11 millions pour créer l'hôpital de Clamart ; 2 millions pour construire des maisons dites « ouvrières » ; 5 millions pour bâtir, à Paris, un musée qui porte son nom aujourd'hui ; 32 millions pour deux hôpitaux à Gênes. Elle distribua ensuite, en dons, tout ce qui lui restait, son fils ne désirant rien garder pour lui. La rue Galliera existe depuis 1879 et abrite le musée dont il est question plus haut.

GALLOIS C'est M. Louis Gallois, propriétaire d'un château dit « du Petit-Bercy », qui le lotit, en 1819, pour créer ce qui allait devenir les célèbres entrepôts de Bercy. En outre, M. Gallois fut maire de Bercy de 1815 à 1821. La rue date de l'époque du lotissement.

GALVANI (1737-1798). Louis Galvani, physicien et médecin italien, né et mort à Bologne. À la suite d'une thèse remarquable sur la formation des os, il obtint une chaire à l'université de sa ville. C'est le hasard qui le mit, en 1786, sur la voie d'une des plus belles découvertes de la physique moderne. Âmes sensibles, ne lisez pas : on avait posé sur une table, où se trouvait un appareil électrique, plusieurs grenouilles écorchées ; l'un des aides présents approcha, inopinément, la pointe d'un scalpel des nerfs cruraux (ce sont les nerfs de la cuisse) de l'une des grenouilles ; aussitôt tous les muscles des membres furent agités de fortes convulsions et Galvani crut devoir conclure que les animaux sont doués d'une électricité particulière (Volta démontra qu'il se trompait en découvrant que les muscles servaient simplement de conducteur à l'électricité). Mais Galvani nia toujours l'évidence. Pardonnons-lui en nous souvenant qu'il fut l'un des inventeurs de la pile électrique. Ceci vous intéressera peut-être moins, mais sachez qu'il se passionna également pour les voies urinaires des oiseaux... La rue Galvani existe depuis 1864

GAMBETTA (1838-1882). Léon Gambetta, homme d'État, né à Cahors, mort à Ville-d'Avray. Fils d'un épi cier d'origine génoise, il devint avocat en 1860. En 1868, lors d'un procès, il prononça contre l'Empire un foudroyant réquisitoire qui le ren dit célèbre du jour au lendemain. En 1869, il fut élu député radical de Paris. Il combattit alors le plébiscite, puis, bien qu'opposé à la guerre, il vota les subsides nécessaires à l'armée. À la nouvelle de la capitulation de Sedan, c'est lui qui demanda la déchéance de l'empereur et proclama la république depuis l'Hôtel de Ville de Paris, le 4 septembre 1870. Il quitta la capitale en ballon afin de se rendre à Tours pour y prendre la direction de la délégation du gouvernement. Quand Paris capitula, malgré l'ardeur qu'avait mise Gambetta pour éviter la défaite, il donna sa démission. Aux élections qui suivirent, il fut élu dans neuf départements à la fois. Il opta pour le Bas-Rhin, vota contre les préliminaires de paix, car il désirait poursuivre la lutte, et démissionna à nouveau. Il fut réélu par Paris et les Bouches-du-Rhône. Chef des radicaux, il fonda le journal « la République française ». À la chute de Thiers, Gambetta organisa la résistance de la gauche contre les tendances à la restauration monarchique et il contribua puissamment à faire voter la Constitution de 1875. En 1876, il devint chef de la majo rité républicaine à la Chambre. Quand celle-ci fut dissoute, le 16 mai 1877, il prononça à Lille les paroles fameuses : « Quand la France aura fait entendre sa voix souveraine, il faudra se soumettre ou se démettre. » Plus tard, sous Mac-Mahon, en sa qualité de président de la Chambre, il aida à faire voter l'amnistie. En 1882, ses ennemis coalisés le forcèrent à abandonner toute forme de pouvoir. Il reprit alors la direction de « la République française », son journal. Sa mort, à la suite d'une maladie intestinale, survint brusquement. Deux monuments lui furent édifiés : l'un à Cahors, l'autre place du Carrousel, à Paris (monument qui a été déplacé). L'avenue Gambetta existe depuis 1862, la place également.

GAMBEY (1789-1847). Henri Gambey, constructeur d'instruments de précision né à Troyes, mort à Paris. À l'Exposition de 1819 il présenta des instruments d'une telle précision qu'il détruisit, d'un coup, la renommée des constructeurs anglais, qui était grande à cette époque. Il construisit pour l'Observatoire de Paris une lunette méridienne et un cercle mural de 2 mètres de diamètre. Une rue porte son nom depuis 1848.

GANDON Propriétaire du terrain sur lequel on ouvrit la rue en 1857.

GANNERON (1792-1847). Hippolyte Ganneron, banquier, industriel et homme politique, né et mort à Paris. C'était un riche négociant en suifs, qui devint président du tribunal de commerce. Élu député dans le IVe arrondissement de Paris, il devint aussi colonel de la garde nationale. Ce sera un des « satisfaits », comme l'on disait, du nouveau régime. La rue Ganneron existe depuis 1875.

GARANCE Cette allée baptisée en 2004 fait référence à la garance, plante dont les racines servaient à colorer de rouge les textiles au XVIIIe siècle. Cultivée sur les terres de la Villette, la garance était utilisée par une manufacture de rubans et de galons qui se trouvait à cet endroit, à proximité de la porte de la Villette, en 1739.

GARANCIÈRE Cette rue doit son nom à l'ancienne présence d'un établissement, dit « hôtel de la garancière », dans lequel on pratiquait, dès avant le Moyen Âge, la teinture « à la garance », du nom de la fleur dont on extrait des substances colorantes de la racine. Déjà dans l'Antiquité les propriétés tinctoriales de la garance étaient connues. La rue Garancière existe depuis 1540.

GARDES Dans les temps anciens, les satellites de Jupiter étaient appelés « les gardes de Jupiter ». Il semble probable que ce soit ces « gardes » qui aient donné leur nom à la rue qui existe, officiellement, depuis 1868, mais que l'on connaissait, sur un tracé légèrement différent, depuis plus longtemps.

GARE (boulevard). Ce n'est pas la gare d'Austerlitz qui fit ainsi nommer ce boulevard, depuis 1818 sur une partie de son tracé, puis en 1864 sur son parcours actuel. Il doit son nom à la proximité du quai de la Gare dont il est question ci-après.

GARE (port). C'est également le quai de la Gare qui fit donner son nom à ce port en 1905. Il fut, à cette date, détaché du port de Tolbiac.

GARE (quai). Ce quai doit son nom à une « gare d'eau », bassin semi-circulaire qu'on creusa en 1764, à hauteur du débouché actuel du pont de Bercy ; mais ce bassin, destiné à abriter des bateaux, ne fut pas achevé. Bien que situé près de la gare d'Austerlitz, ce n'est donc pas à elle que ce quai doit son nom puisque l'on sait qu'au début du chemin de fer les stations ne s'appelaient pas « gares », mais... « débarcadères ». Le quai de la Gare reçut son nom en 1765.

GARE (rue). Détachée en 1930 de la commune d'Aubervilliers, cette partie de la rue de la Gare, dont l'autre tronçon se trouve toujours situé sur la commune précitée, doit, bien sûr, son nom au fait qu'elle mène à la gare d'Aubervilliers.

GARE DE CHARONNE Ce jardin porte tout naturellement le nom d'une gare à proximité de laquelle il a été ouvert en 1995.

GARE DE REUILLY C'est parce qu'elle mène à la gare de Reuilly que cette rue s'appelle ainsi depuis 1935 (voir Reuilly).

GARENNE La place de la Garenne, baptisée en 1996, se trouve dans la rue du « Moulin-des-Lapins ». Et qui dit lapins dit garenne. C.Q.F.D.

GARIBALDI (1807-1882). Giuseppe Garibaldi, général italien né à Nice, mort à Caprera. Fils d'un marin d'origine génoise, Giuseppe entra d'abord dans la marine marchande, fit avec elle de nombreux voyages, puis s'engagea dans la marine de l'État. Impliqué dans une conspiration, il fuit à Marseille et s'embarqua comme officier sur un navire marchand, servit ensuite en Tunisie avant de se rendre à Rio de Janeiro en 1836 où il prit part à l'insurrection républicaine du Rio Grande. En 1841, il se rendit à Montevideo où d'audacieux faits d'armes lui permirent de devenir général. En 1848 Garibaldi rentra en Italie, fut élu député et se battit contre les Autrichiens. En 1849, à Rome, c'est contre les troupes françaises qu'il dut se battre. Obligé à nouveau de quitter sa patrie, il vécut alors à New York, puis en Californie, au Pérou et même en Chine. Rentré en Italie en 1854, il s'y consacra tout d'abord à la culture, mais en 1859 il dut retourner se battre contre les Autrichiens; en 1860, il protesta violemment contre l'annexion de la Savoie et de Nice par la France; cette même année, avec 1 000 hommes il fit la conquête de la Sicile. En 1862, il tenta d'enlever Rome au pape, mais fut grièvement blessé et dut se rendre. La liberté recouvrée, on le réélut député et en 1866, pour la troisième fois, il combattit les Autrichiens. Têtu, en 1867 il tenta une nouvelle fois de s'emparer de Rome. Cela se passa à nouveau mal pour lui : on l'arrêta – peu de temps – et au moment de la guerre franco-allemande de 1870, à la tête de volontaires italiens, il combattit les Allemands à Dijon et à Autun. Après l'armistice, quatre départements français l'élurent député, mais il démissionna de ses fonctions et retourna en Italie où la ville de Rome, après l'avoir fait député, l'accueillit triomphalement et où le Parlement lui fit une rente de 100000 francs. Républicain, apôtre de la liberté des peuples, Garibaldi, qui vécut ses dernières années perclus de douleurs, se rallia sur la fin de sa vie au roi Victor-Emmanuel. Le boulevard Garibaldi existe depuis 1885.

GARIGLIANO Nom d'un fleuve italien où combattirent en 1943-44 des troupes françaises lors de la bataille de Monte-Cassino. Beaucoup plus tôt, le chevalier Bayard défendit seul un pont, sur ce fleuve, contre des Espagnols. Le pont du Garigliano existe depuis 1966.

GARNIER Était propriétaire d'une maison située dans cette voie privée.

GARONNE Fleuve du sud-ouest de la France qui prend sa source en Espagne (val d'Aran, 1 870 m d'altitude) et se jette dans l'Atlantique après un parcours de 575 km, plus 75 autres sous le nom de Gironde après sa confluence avec la Dordogne. Le quai de la Garonne existe depuis 1997.

GARREAU Depuis 1924, la rue Garreau porte le nom du propriétaire des terrains sur lesquels on l'ouvrit.

GASCOGNE La Gascogne proprement dite se compose des Landes, de la Chalosse et de l'ex-duché d'Albret, ainsi que de l'Armagnac, de la Bigorre, du Comminges, etc. Disons que présentement la Gascogne est enclose dans les départements des Landes, du Gers, des Hautes-Pyrénées et dans une partie de la Haute-Garonne, du Tarn-et-Garonne et de l'Ariège. Sous les Romains, la Gascogne s'appelait Novempopulanie et ne prit le nom de Vascogne, puis Gascogne, qu'en 542, lorsque les Vascons l'envahirent. Le square de la Gascogne existe depuis 1932

GASNIER-GUY Était propriétaire d'une maison dans cette rue, ouverte depuis 1887

GASSENDI (1592-1655). Pierre Gassend, dit Gassendi, philosophe et savant né à Champtercier, près de Digne, mort à Paris. À 16 ans il obtint une chaire de rhétorique à Digne, mais ne l'occupa point car il se destinait à l'état ecclésiastique; c'est en 1617 qu'il entra dans les ordres tout en obtenant, la même année, une chaire à l'université d'Aix. Il l'abandonna bientôt pour se consacrer exclusivement aux études philosophiques et scientifiques. Il fit ensuite plusieurs séjours à Paris et en Hollande, et occupa même la chaire de mathématiques au Collège de France en 1645. Une maladie de poitrine, survenue en 1648, l'obligea à renoncer à l'enseignement. En tant que philosophe, Gassendi tenta de vulgariser la doctrine d'Épicure, à laquelle il consacra trois livres; il développa lui-même un sensualisme très vif. De 1641 à 1646, il eut une vive polémique avec Descartes. En tant que savant, il décrivit des éclipses et rectifia un grand nombre de cartes hydrographiques de la Méditerranée. La philosophie de Gassendi, dont une rue porte le nom depuis 1890, est contenue dans l'ouvrage suivant, rédigé par Bernier : « Abrégé de la philosophie de Gassendi »

GASTON BACHELARD (1884-1962). Philosophe né à Bar-sur-Aube, mort à Paris. Autodidacte, issu d'une humble famille, il devint professeur d'histoire et de philosophie des sciences. Il enseigna ces disciplines à Dijon, de 1930 à 1940, puis à la Sorbonne. Cet homme à la barbe fournie et à la chevelure abondante tenta de concilier le rationalisme scientifique et l'imagination et se tint à l'écart des écoles contemporaines. Entré à l'Académie des sciences morales et politiques en 1955, il écri vit, principalement : « Valeur inductive de la relativité », « Dialectique de la durée », « la Psychanalyse du feu », « l'Eau et les rêves », « la Poétique de l'espace » et « la Poétique de la rêverie ». Il a dit : « L'homme est une créature du désir, non pas une création du besoin » et « La mort ne fut-elle pas le premier navigateur? » L'allée Gaston-Bachelard existe depuis 1977

GASTON BATY (1885-1952). Metteur en scène, né à Pélussin (Loire). Son talent s'exerça à la fois dans la direction des acteurs, dans les costumes, les décors et les éclairages. Rue de la Gaîté, un théâtre porte son nom : le théâtre Montparnasse-Gaston-Baty. Le square Gaston-Baty existe depuis 1960.

GASTON BERTANDEAU Depuis son ouverture en 1928, cette voix privée porte le nom d'un propriétaire.

GASTON BOISSIER (1823-1908). Écrivain qui naquit à Nîmes. Élu membre de l'Académie française en 1876, il en devint le secrétaire perpétuel en 1895. Il écrivit surtout sur l'époque romaine. Principaux ouvrages : « l'Opposition sous les Césars » et « la Religion romaine, d'Auguste aux Antonins ». La rue existe depuis 1933.

GASTON COUTÉ (1880-1911). Poète beauceron. Vous connaissez tous ces vers de lui, dont on fit une chanson ·

J'entends les violons, Marie,
Va petiote que j'aime bien,
Va-t'en danser à la frairie;
J'entends les violons, Marie

Gaston Couté, personnage fort attachant, mourut fou à l'hôpital Lariboisière. Une rue porte son nom depuis 1958

GASTON DARBOUX (1842-1917). Géomètre, né à Nîmes. Professeur de géométrie supérieure dès 1881, il a publié un grand nombre d'ouvrages, dont « Leçons sur la théorie générale des surfaces et les applications géométriques du calcul infinitésimal » et « Mémoire sur les solutions singulières des équations aux dérivées partielles ». En 1884, il fut élu membre de l'Académie des sciences. Sa rue existe depuis 1934.

GASTON DE CAILLAVET (1869-1915). Gaston Arman de Caillavet, auteur dramatique qui, en collaboration avec Robert de Flers, écrivit, entre autres, « le Roi » et « le Bois sacré ». Contrairement à son acolyte, Caillavet n'appartint pas à l'Académie française. La rue existe depuis 1973.

GASTON DE SAINT-PAUL Construite en 1914, cette rue porte le nom du propriétaire du terrain.

GASTON PINOT (1877-1936). M. Pinot, dont on donna le nom à cette rue en 1938, fut conseiller municipal du XIXe arrondissement

GASTON REBUFFAT (1921-1985). Alpiniste français de haute réputation qui, en 1950 – notamment –, participa à la première grande expédition himalayenne en compagnie de Maurice Herzog et Lachenal. On a donné son nom à une rue en 1994.

GASTON TESSIER (1887-1960). Émule de Marc Sangnier (partisan d'un christianisme social) et influencé par la démocratie chrétienne, Gaston Tessier – né et mort à Paris –, syndicaliste, fut secrétaire général de la C.F.T.C. (Confédération française des travailleurs chrétiens) de 1919 à 1953; à cette dernière date, on le nomma président d'honneur de ce syndicat. Pendant la Seconde Guerre mondiale, il fonda « Libération-Nord », un mouvement de Résistance important, avant de siéger au C.N.R (Conseil national de la Résistance); en 1944, il fit partie de l'Assemblée consultative provisoire et, en 1947, il présida la Confédération internationale des syndicats chrétiens. N'avait-il point mérité qu'une rue portât son nom (depuis 1978)?

GASTON TISSANDIER (1843-1899). Savant et aéronaute, né et mort à Paris. Se destinant d'abord à la chimie, il ne tarda pas à s'occuper de météorologie et d'aérostation. C'est en 1868, à Calais, qu'il accomplit son premier voyage aérien. En 1875, il était à bord du ballon le « Zénith », en compagnie de Crocé-Spinelli et de Sivel, quand ceux-ci trouvèrent la mort. Tissandier construisit le premier aérostat à propulseur électrique. Il a écrit « Histoire de mes ascensions » et « la Photographie en ballon ». Une rue porte son nom depuis 1934. Signalons aussi qu'en 1873 Tissandier avait fondé une revue de vulgarisation scientifique « la Nature »

GÂTBOIS Était concessionnaire du terrain sur lequel cette voie fut construite. On donna son nom à ce passage en 1933

GÂTINES Naguère, « gâtine » désignait une terre marécageuse et stérile. La rue des Gâtines doit son nom à un lieu-dit proche. D'abord appelée rue des Basses-Gâtines, elle porte son nom actuel depuis 1881.

GAUDELET (impasse et petite impasse). C'est à un propriétaire que ces deux voies doivent leur nom, reçu en 1848.

GAUGUET Depuis 1935 cette rue porte le nom du propriétaire du terrain sur lequel elle fut construite.

GAUGUIN (1848-1903). Paul Gauguin, peintre né à Paris. Issu de l'impressionnisme, il réagit contre lui. Ami des symbolistes, il chercha à donner à ses tableaux un sens spirituel. Désirant remonter aux sources de l'esthétisme, il partit en Bretagne avec plusieurs peintres dont Émile Bernard, et l'« école de Pont-Aven » vit le jour. Gauguin alla ensuite rejoindre Van Gogh à Arles, puis finit ses jours en Océanie où, à Tahiti, il peignit des tableaux d'une grande originalité décorative. Parmi ses œuvres, citons le merveilleux « Christ jaune ». La rue Gauguin existe depuis 1932.

GAUTHEY (1732-1806). Marie Gauthey, ingénieur, né à Chalon-sur-Saône. Sorti de l'École des ponts et chaussées, c'est lui qui construisit le canal du Centre et celui du Doubs à la Saône. Il fit également construire les quais de la ville de Chalon. Il écrivit « Traité complet de la construction des ponts et des canaux navigables ». La rue Gauthey existe depuis 1864.

GAUTHIER C'est le nom d'un propriétaire de cette voie privée, baptisée en 1840.

GAVARNI (1804-1866). Sulpice Guillaume Chevalier, dit Gavarni, dessinateur, né et mort à Paris. Employé au cadastre de Tarbes, il se prit à aimer le cirque de Gavarnie et en fit son nom de guerre. Il dessina dans « le Charivari » une série intitulée « Fourberies de femmes en matière de sentiment » (1837). Tout de suite après, on l'emprisonna pour dettes... Cela lui donna d'autres sujets d'observation. En vieillissant, le talent de Gavarni prit une tournure plus grave. Est-ce aussi un peu à cause de son mariage malheureux avec une musicienne, Mlle Jeanne de Bonabry, en 1844? Nous n'osons l'envisager.. Redevenu pauvre en 1847, Gavarni, après une période d'accalmie financière, partit pour l'Angleterre où, dans le quartier miséreux de Saint-Gilles, il trouva matière à dessins. Pour « l'Illustration » il fit de remarquables esquisses dans lesquelles il opposa l'extrême richesse et l'extrême pauvreté. Les légendes qu'il écrivait sous ses dessins étaient toutes d'une grande finesse d'esprit. Parmi les séries qu'il dessina, citons « les Partageuses » et « les Propos de Thomas Vireloque ». Il écrivit un roman, « Michel ». La rue Gavarni existe depuis 1875.

GAY-LUSSAC (1778-1850). Joseph Louis Gay-Lussac, physicien et chimiste né à Saint-Léonard-de-Noblat. Il fit ses études à Polytechnique et le premier travail dont il s'occupa, à sa sortie de l'École, eut pour objet la loi sur la dilatation des gaz. En 1804, il entreprit, avec Biot, une ascension de 4000 mètres en ballon pour observer le comportement de l'aiguille aimantée d'une boussole à mesure que l'on s'élève. Peu après, seul cette fois, il atteignit 7016 mètres – soyons précis – et recueillit de l'air à 6636 mètres afin de l'analyser. En 1807, Gay-Lussac s'intéressa à la théorie analytique de la capillarité; un peu plus tard, il s'occupa de la décomposition de la potasse et de la soude par le courant. Pendant ces recherches une explosion le blessa grièvement; il n'en poursuivit pas moins ses travaux et en 1809 fut nommé professeur de chimie à l'École polytechnique et de physique à la Faculté des sciences. Cette même année, avec Thénard, il découvrit le bore et l'acide fluoborique. En 1815, Gay-Lussac récidiva avec le cyanogène et l'acide prussique; en 1816 il construisit le baromètre à siphon qui porte son nom, puis, peu après, son alcoomètre. En 1831, il fut élu député de la Haute-Vienne et Louis-Philippe le fit pair. La rue Gay-Lussac existe depuis 1864.

GAZ Cette impasse doit son nom à l'ancienne présence du gazomètre de la commune d'Ivry, gazomètre qui se trouvait à l'emplacement actuel du square de Choisy.

GAZAN (1765-1845). Maxime Gazan de La Peyrière, général et homme politique, né et mort à Grasse. Ancien garde du corps du roi, il servit dans les armées de la Révolution et de l'Empire. On dit que pour rallier ses soldats, un brin hésitants, lors d'une bataille contre des Croates, au col de Tende, il jeta son sabre dans les rangs ennemis en criant : « Soldats, sauvez mon sabre des mains de ces esclaves » (!). Ainsi galvanisés (?) ils se ruèrent sur l'ennemi... Général en 1799, comte d'Empire en 1808, sa carrière militaire se termina en 1815, à Waterloo. Il fut nommé pair en 1831. La rue Gazan existe depuis 1865.

GEFFROY DIDELOT Ce passage porte le nom du propriétaire du terrain.

GÉNÉRAL ANSELIN (1861-1916). Ernest François Amédée Anselin fut tué, à la tête de ses 3000 hommes, lors du combat qui permit la reprise du fort de Douaumont, près de Verdun, lors de la guerre 14-18. Il a sa rue depuis 1974.

GÉNÉRAL APPERT (1817-1891). Antoine Appert, général né à Saint-Rémy-sur-Bussy (Marne), mort à Paris. Il se distingua à la bataille d'Isly en 1844, prit part à la guerre de Crimée et, en 1868, suivit le duc de Malakoff à l'ambassade de Londres. En 1870, il se montra courageux à Champigny. Après la Commune, il dirigea la justice militaire à Versailles. Vous n'ignorerez plus grand-chose de lui quand vous saurez qu'on le nomma général de division en 1875 et qu'il fut notre ambassadeur en Russie de 1883 à 1886. La rue existe depuis 1893.

GÉNÉRAL ARCHINARD (1850-1932). C'est grâce au général Louis Archinard, qui vit le jour au Havre, que les Français purent, un certain temps, s'établir au Soudan. La rue existe depuis 1946.

GÉNÉRAL AUBÉ (1865-1935). Le général Henri Aubé, qui avait combattu pendant la Première Guerre mondiale, donna son nom à une rue en 1937

GÉNÉRAL BALFOURIER (1852-1933). Maurice Balfourier, général réputé pour son sens de l'autorité et du commandement, donna son nom à une rue en 1934.

GÉNÉRAL BARATIER (1864-1917). Le général Augustin Baratier, mort au champ d'honneur, avait fait partie de la mission Marchand qui traversa l'Afrique du Soudan à l'Éthiopie et occupa puis évacua Fachoda en 1898. La rue existe depuis 1928.

GÉNÉRAL BERTRAND *Voir Bertrand.*

GÉNÉRAL BEURET (1803-1859). Le général Georges Beuret, né à La Rivière, dans le Haut-Rhin, fit les campagnes d'Espagne (1823), d'Algérie et de Rome (1849). Nommé colonel en 1852, puis général de brigade en 1855, il trouva la mort au combat de Montebello, au début de la campagne d'Italie, le 20 mai 1859. On donna son nom à une rue en 1864 et à une place en 1907.

GÉNÉRAL BLAISE Le général Blaise fut tué le 22 décembre 1870 lors de la bataille de Ville-Évrard, à l'est de Paris. On donna son nom à une rue en 1875.

GÉNÉRAL BROCARD (1885-1950). Le général Brocard, qui faisait partie de l'armée de l'air, commanda, durant la Première Guerre mondiale, la célèbre escadrille des « Cigognes ». Après cette guerre, il appartint, comme député, à l'Assemblée nationale. On donna son nom à une place en 1958.

GÉNÉRAL BRUNET (1803-1855). Le général Louis Brunet trouva la mort au champ d'honneur lors de l'expédition de Crimée. Une rue porte son nom depuis 1877

GÉNÉRAL CAMOU *Voir Camou.*

GÉNÉRAL CATROUX (1877-1969). Général français, prénommé Georges, né à Limoges. Homme à la personnalité incontestable, ce militaire fut nommé gouverneur de l'Indochine en 1940. Très rapidement il se rallia au général de Gaulle et œuvra pour la libération de notre territoire. En 1944, il occupa une fonction ministérielle au Comité d'Alger et de 1945 à 1948, il fut notre ambassadeur en Union soviétique. C'est à partir de 1954 qu'il devint grand chancelier de la Légion d'honneur. Son nom a été attribué à une place – ex-Malesherbes – en 1977.

GÉNÉRAL CLAVERY (1870-1928). Le général Clavery, qui fut tué par des rebelles dans le Sud algérien, donna son nom à une rue en 1934.

GÉNÉRAL COCHET (1888-1948). Aviateur durant la Première Guerre mondiale, il commandait, en 39-40, les forces aériennes de notre V^e^ armée. Résistant de la première heure (ils furent plus nombreux à la dernière...), les Allemands l'arrêtèrent en 1941. Évadé en 1942, il se rendit à Londres où il dirigea l'état-major de la France libre; on le trouva ensuite à Alger; là, il se chargea de la fusion et de la direction des services spéciaux. Il participa activement, en 1944, à la libération du territoire métropolitain. En 1948, il fonda le Comité d'action de la Résistance dont il fut – cela se comprend – le premier président. La place du Général-Cochet existe depuis 1979.

GÉNÉRAL DE CASTELNAU (1851-1944). Édouard de Curières de Castelnau naquit à Saint-Affrique. En 1914, il commanda la IIe armée, en Lorraine; adjoint de Joffre en 1915 et 1916, il prit la tête des troupes de l'armée de l'Est en 1917-1918. Député de l'Aveyron après la guerre, il fonda la Fédération nationale catholique.

GÉNÉRAL DE GAULLE *Voir Charles-de-Gaulle et Étoile-Charles-de-Gaulle.*

GÉNÉRAL DE LANGLE DE CARY (1849-1927). Fernand de Langle de Cary naquit à Lorient. Durant la Première Guerre mondiale il commanda la IVe armée, de 1914 à 1915, puis le groupe d'armées du Centre en 1916. On donna son nom à une rue en 1972

GÉNÉRAL DE LARMINAT (1895-1962). Edgar de Larminat fut président de l'Association des Français libres. C'est à ce titre qu'on donna son nom à une rue en 1971.

GÉNÉRAL DELESTRAINT (1879-1945). Georges Delestraint naquit à Blache-Saint-Waast. Chef de l'armée secrète en France, en 1942, les Allemands le déportèrent au Struthof, puis à Dachau où il mourut Une rue porte son nom depuis 1954

GÉNÉRAL DE MAUD'HUY (1857 1921). Le général Ernest de Maud'huy, dont on donna le nom à une rue en 1934, était apprécié pour son sens de l'autorité

GÉNÉRAL DENAIN (1880-1952) Le général français Denain, prénommé Victor, naquit à Dax et mourut à Nice. Militaire dans l'aviation, il s'intéressa aussi à la politique et fut ministre de l'Air en 1934. Une allée porte son nom depuis 1995.

GÉNÉRAL DÉTRIE (1828-1899). Alexandre Détrie est connu pour avoir eu une conduite exemplaire lors de l'expédition au Mexique en 1862. Une rue porte son nom depuis 1907.

GÉNÉRAL DODDS (1842-1922). Le général français Alfred Dodds conquit le Dahomey en triomphant du roi Béhanzin. On donna son nom à une rue en 1935.

GÉNÉRAL DUBAIL (1851-1934). Augustin Dubail vit le jour à Belfort. De 1914 à 1916 il commanda la Ire armée, puis le groupe des armées de l'Est. En 1918, on le nomma grand chancelier de la Légion d'honneur. Une rue porte son nom depuis 1934.

GÉNÉRAL EISENHOWER (1890-1969). Dwight David Eisenhower est né à Denison (Texas) et mort à Washington. Commandant en chef des forces alliées d'Afrique du Nord de 1942 à 1944, il commanda ces mêmes forces, mais d'Europe cette fois, en 1944 et 1945, étant ainsi responsable du débarquement libérateur du 6 juin 1944. En 1950, il est à la tête des forces du Pacte atlantique en Europe avant de présider aux destinées des États-Unis de 1953 à 1961. À la tête de son pays, il « muscla » quelque peu sa politique extérieure en Europe et en Extrême-Orient ; à l'intérieur il lutta sincèrement contre la ségrégation raciale dans les écoles et l'armée. Après son second mandat, il se retira de la politique. Il a dit, dans une allocution prononcée à Londres en 1945 : « La modestie doit être la réaction naturelle de l'homme qui reçoit les acclamations que lui ont values le sang versé par ses subordonnés et le sacrifice de ses amis. »

GÉNÉRAL ESTIENNE (1860-1936). Le général Jean-Baptiste Estienne a la particularité d'avoir introduit des chars et de l'artillerie d'assaut sur les terrains de combats, à la fin de la Première Guerre mondiale. Une rue porte son nom depuis 1937

GÉNÉRAL FERRIÉ (1868-1932). Le général Gustave Ferrié naquit à Saint-Michel-de-Maurienne. Dès 1899, ce pionnier de la radio dota la France d'une télégraphie sans fil puissante et perfectionnée. Une rue porte son nom depuis 1932

GÉNÉRAL FOY (1775-1825). Le général Maximilien Foy, né à Ham, mort à Paris, très républicain, s'opposa à l'Empire après s'être opposé au Consulat ; cela n'empêcha pas qu'il se battit à Austerlitz en 1805, puis à Constantinople l'année suivante. En Espagne et au Portugal, on vit que c'était un officier énergique et efficace. L'empereur, qu'il n'aimait pas trop, le fit cependant général de division en 1810. La première Restauration le fit quant à elle inspecteur d'infanterie à Nantes ; mais pendant les Cent-Jours il ne put résister au désir d'aller aux côtés de Napoléon et à Waterloo il reçut la quinzième blessure de sa vie. La seconde Restauration le disgracia ; élu député en 1819, il prononça des discours redoutés de ses adversaires. Il mourut d'une hypertrophie du cœur et 100000 personnes se pressèrent à son enterrement, malgré une pluie battante. Un monument national lui fut élevé au Père-Lachaise, lieu de son inhumation. Sa rue existe depuis 1879.

GÉNÉRAL GOURAUD (1867-1946). Le général Gouraud, qui se prénommait Henri Eugène, naquit à Paris. Au Soudan, en 1898, c'est lui qui captura Samory, le souverain soudanais. Au Maroc, Lyautey se l'adjoignit. En 1915, le général Gouraud commanda les forces françaises d'Orient, puis la IVe armée de Champagne. Enfin, il pacifia la Syrie et gouverna la place de Paris, de 1923 à 1937. Une rue porte son nom depuis 1955

GÉNÉRAL GROSSETTI (1861-1918). Alexandre Grossetti s'illustra particulièrement au cours de la Première Guerre mondiale, à la fin de laquelle il mourut. En 1930 on donna son nom à une rue.

GÉNÉRAL GUILHEM (1815-1870). Victor Guilhem, qui s'illustra dans la défense de Paris au début de la guerre de 1870, mourut lors de la bataille de Chevilly, dans la banlieue sud de Paris. Une rue porte son nom depuis 1875.

GÉNÉRAL GUILLAUMAT (1863-1940). Louis Guillaumat, né à Bourgneuf (Charente-Maritime), commanda l'armée d'Orient de 1917 à 1918 et les troupes françaises d'occupation en Allemagne de 1924 à 1930. Ne pas confondre avec l'autre général Guillaumat, notre contemporain. La rue du Général-Louis-Guillaumat existe depuis 1954.

GÉNÉRAL HENRYS (1862-1943). Paul Henrys commanda pendant quelques mois, en 1917, l'armée française d'Orient. Une rue porte son nom depuis 1946.

GÉNÉRAL HUMBERT (1862-1921). Le général Georges Humbert combattit fort brillamment pendant la Première Guerre mondiale; c'est à ce titre qu'on donna son nom à une rue en 1928.

GÉNÉRAL INGOLD (1894-1980). Le général François Joseph Jean Ingold participa aux deux guerres mondiales, se distingua également en Afrique du Nord et fut fait, en 1958, grand chancelier de l'ordre de la Libération. On a donné son nom à une place en 1987.

GÉNÉRAL KŒNIG (1898-1970). Marie Pierre Kœnig, né à Caen, mort à Paris, se rallia rapidement au général de Gaulle au début de la Seconde Guerre mondiale. Il se rendit célèbre à Bir-Hakeim où, à la tête d'une brigade des Forces françaises libres, il résista farouchement aux troupes italiennes, puis allemandes. Cette résistance permit le repli, vers l'Égypte, des troupes britanniques. En 1944, il devint commandant des Forces françaises de l'intérieur; il « entra » en politique à partir de 1950 et, sous l'étiquette R.P.F. (Rassemblement du peuple français), il fut élu deux fois, en 1951 et 1956. Il fut nommé maréchal à titre posthume. Une place porte son nom depuis 1978.

GÉNÉRAL LAMBERT (1834-1901). Arsène Lambert, né à Carhaix, mort à Paris, servit d'abord au Sénégal. Sous-chef d'état-major de la division Vassoigne en 1870, il se distingua à Bazeilles, avec le capitaine Aubert et quelques hommes, en opposant une résistance héroïque aux Bavarois dans la maison dite « des dernières cartouches ». Fait prisonnier, il fut nommé après sa libération commandant militaire du Sénat, puis général de brigade en 1890. Président de la Société des vétérans des armées de terre et de mer, il fut en outre élu sénateur du Finistère en 1900. La rue existe depuis 1907

GÉNÉRAL LANGLOIS (1839-1912). Le général Hippolyte Langlois écrivit un certain nombre d'ouvrages sur la vie militaire. C'est surtout dans ce domaine qu'il se fît connaître. Une rue porte son nom depuis 1920.

GÉNÉRAL LANREZAC (1852-1925). Charles Lanrezac, né à Pointe-à-Pitre, commanda la Ve armée au début de la Première Guerre mondiale. En 1914, il remporta une bataille importante à Guise, dans l'Aisne. Depuis 1927 une rue porte son nom.

GÉNÉRAL LAPERRINE (1860-1920). Le général Henry Laperrine, né à Castelnaudary, fut un des compagnons du père de Foucauld, avec qui il pacifia le territoire des Oasis, puis les territoires sahariens de 1902 à 1919. Une rue porte son nom depuis 1935.

GÉNÉRAL LARGEAU (1867 1916). Le général Étienne Largeau fut tué devant Verdun, pendant la terrible bataille de 1916. Une rue porte son nom depuis 1929.

GÉNÉRAL LASALLE (1775-1809). Louis Collinet, comte de Lasalle, naquit à Metz. Promu général en 1805, il fit la campagne de Prusse. Joyeux sabreur qui chargeait l'ennemi la pipe à la bouche, il se montra à partir de 1806, quand il fut nommé général de division, aussi intelligent qu'audacieux. Il força Hohenlohe à capituler avec 16000 hommes et, à la tête de deux régiments de hussards, obligea la place de Stettin à lui ouvrir ses portes. À Heilsberg, en 1807, Murat et lui se sauvèrent mutuellement la vie. En 1808, il combattit, toujours vaillamment, en Espagne; mais à Wagram, en 1809, alors qu'il se battait avec hargne, il fut tué, en pleine charge, d'une balle au front. Ses restes sont déposés aux Invalides. La rue existe depuis 1894.

GÉNÉRAL LECLERC (1902-1947). Philippe de Hauteclocque, dit Leclerc, maréchal de France, né à Belloy-Saint-Léonard, mort dans un accident d'aviation survenu près de Colomb-Béchar. Rallié au général de Gaulle, il se distingua rapidement, de 1940 à 1943, au Tchad, en Libye et en Tunisie. En 1944, il débarqua en Normandie et fut le premier à entrer dans Paris à la tête de sa célèbre IIe division blindée. En 1945, il commanda en Indochine et c'est à titre posthume, en 1952, qu'il fut nommé maréchal. L'avenue du Général-Leclerc – qui, en fait, devrait s'appeler « du Maréchal » – existe depuis 1948.

GÉNÉRAL LEMONNIER Émile Lemonnier commandait, en 1945, la 3e brigade de la division d'intervention au Tonkin. Le 10 mars, à bout de munitions, il fut capturé à Lang Son, après avoir refusé par deux fois de capituler, et eut la tête tranchée. Une plaque d'avenue porte son nom et sa citation – hélas posthume, comme c'est souvent le cas pour les héros – depuis 1957.

GÉNÉRAL LUCOTTE (1770-1825). Engagé en 1790, il servit en Italie, sous Bonaparte, en 1797, défendant Ancône contre les coalisés de la première coalition. Après la campagne de France (1814), il se rallia provisoirement – forcément – à Louis XVIII; mis « au coin », c'est-à-dire en demi-solde, après les Cent-Jours, il fit néanmoins partie du corps royal d'état-major. La rue du Général-Lucotte existe depuis 1978.

GÉNÉRAL MAISTRE (1852-1922). Le général Paul Maistre, très aimé de ses subordonnés, eut une conduite tout à fait remarquable durant toute sa carrière. Une rue porte son nom depuis 1930.

GÉNÉRAL MALLETERRE (1858-1923). Gabriel Malleterre, brillant soldat, fut gouverneur des Invalides. C'est en 1925 qu'on donna son nom à une rue.

GÉNÉRAL MANGIN (1866-1925). Charles Mangin naquit à Sarrebourg. Durant la Première Guerre mondiale, il prit une part décisive à la bataille de Verdun (1916) et aux ultimes offensives de 1918. Une avenue porte son nom depuis 1925.

GÉNÉRAL MARGUERITTE (1823-1870). Jean Margueritte, né à Manheulles (Meuse), mort au château de Beauraing (Belgique). Colonel au 3e chasseurs d'Afrique, il se distingua pendant la campagne du Mexique (1860-63). On le nomma général de brigade en 1866. Au début de la guerre de 1870, envoyé à Pont-à-Mousson, il y fut blessé d'un coup de sabre. Guéri, il reçut le grade de général de division, le 30 août 1870. Dès le lendemain, sur le plateau d'Illy, dans les Ardennes, en opérant une reconnaissance il reçut en plein visage une balle qui lui fractura la mâchoire. Transporté après la capitulation au château de Beauraing, il y succomba le 6 septembre. Il a écrit un livre : « Notes sur les Arabes de l'Afrique du Sud ». Une rue porte le nom du général Margueritte depuis 1934.

GÉNÉRAL MARTIAL VALIN (1898-1980). Il commanda les forces aériennes de la France libre, avant de devenir général d'armée et inspecteur général de l'armée de l'air. Un boulevard porte son nom depuis 1987

GÉNÉRAL MESSIMY (1869-1935). Adolphe Messimy se fit plus remarquer pour ses activités politiques que pour ses fonctions de général. On donna son nom à une rue en 1936.

GÉNÉRAL MICHEL BIZOT (1795-1855). Naquit à Bitche et mourut devant Sébastopol en 1855. Capitaine du génie en 1821, il participa à la campagne d'Espagne de 1823, puis fut successivement chef du génie à Oran (1839), directeur des fortifications de Constantine (1849) et de Blida (1850) avant d'être nommé général de brigade en 1852 et commandant de l'École polytechnique. Appelé devant Sébastopol, pendant l'expédition de Crimée, il y périt, frappé d'une balle, bien qu'il se trouvât dans une tranchée. Son avenue existe depuis 1864.

GÉNÉRAL MONCLAR (1892-1964). De son vrai nom Magrin-Vernerey, le général Monclar, sorti de Saint-Cyr en 1914, reçut sept blessures lors de la Grande Guerre. En 1940, il partit de Saint-Malo sur une simple barque pour rejoindre le général de Gaulle en Angleterre où il se vit confier divers commandements. En 1948, on le nomma inspecteur de la Légion étrangère; ensuite il dirigea les forces françaises mises à la disposition de l'O.N.U. et il participa à la guerre de Corée. Une place porte son nom depuis 1979

GÉNÉRAL MORIN (1795-1880). Le général Arthur Morin, qui naquit à Paris, était aussi un physicien de renom. Il fit faire d'importants progrès à la mécanique expérimentale et inventa un appareil pour étudier la loi de la chute des corps.

GÉNÉRAL NIESSEL (1866-1955). C'est en 1968 que l'on donna à cette rue le nom du général Niessel – général d'armée – qui participa à la Première Guerre mondiale

GÉNÉRAL NIOX (1840-1919). Le général Léon Niox, qui fut également écrivain, naquit à Provins. Il fit la campagne du Mexique, de 1862 à 1865, et participa à la guerre de 1870, à Metz. En 1871 il entra au ministère de la Guerre, en 1875 on le nomma professeur à l'École d'état-major, enfin jusqu'en 1893 il fut chargé de cours à l'École des sciences politiques. Après la guerre de 1870, Niox contribua à l'enseignement de la géographie dans tous les degrés de l'enseignement. Passionné de cette discipline, même quand il fut nommé général de brigade en 1893 et de division en 1899 Niox, ne cessa jamais son œuvre de propagande géographique. Il a écrit « Géographie militaire » et « Atlas de géographie générale ». Sa rue existe depuis 1931.

GÉNÉRAL PATTON (1885-1945). Général américain né à San Gabriel (Californie), mort à Heidelberg (Allemagne), écrasé par une voiture. Spécialiste des chars, il combattit au Maroc (1942), en Tunisie et en Sicile (1943), avant de commander la 3e division américaine à la tête de laquelle, sachant profiter de la trouée d'Avranches (1944), il libéra successivement Chartres, Orléans, Nancy et Metz avant d'aller se battre dans les Ardennes (novembre 1944). Il franchit le Rhin le 22 mars 1945 et aurait atteint Prague, dont il n'était plus distant que de 100 km, si l'ordre ne lui avait été donné de laisser le champ libre aux Soviétiques (cela ne lui plut que très modérément...). Un film lui a été consacré; l'acteur qui l'y incarne, George C. Scott, refusa l'Oscar qu'on voulait lui remettre pour son interprétation. En France, la « route Patton » est jalonnée de bornes kilométriques de forme conique. La place du Général-Patton fut baptisée en 1980.

GÉNÉRAL RENAULT (1807-1870). Hippolyte Renault, qui était baron, naquit à Malte et mourut à Villiers-sur-Marne. D'abord capitaine à la Légion étrangère, il gouverna plusieurs fois l'Algérie par intérim, après avoir été nommé général de division en 1851. En 1870 il reçut le commandement du 14e corps d'armée; il combattit à Champigny et fut blessé mortellement à Villiers-sur-Marne le 2 décembre. Ses soldats l'avaient surnommé, en raison de sa bravoure, « Renault l'arrière-garde ». Cette rue existe depuis 1875.

GÉNÉRAL ROQUES (1857-1920). Le général Auguste Roques est surtout connu pour avoir été ministre de la Guerre en 1916. On donna son nom à une rue en 1932.

GÉNÉRAL SAN-MARTIN (1778-1850). Le général San-Martin, homme d'État argentin, qui fut le libérateur du Chili et du Pérou, naquit à Yapeyu et mourut à Boulogne-sur-Mer. Après être passé par l'école militaire de Madrid, il rentra en Argentine le 9 mars 1812 pour combattre dans la guerre d'indépendance de son pays. Il prit la tête de l'armée du Nord en 1814 et, en 1815, gouverna la province de Cuyo avant de former l'armée des Andes à Mendoza et d'en prendre le commandement, comme général de brigade, en 1816. Avec cette armée, il arriva dans les plaines chiliennes, y vainquit les Espagnols à Chacabuco et s'empara de Santiago. Il poursuivit les Espagnols jusqu'au Pérou, avec 4 500 hommes, débarqua près de Pisco et appela les Péruviens aux armes. Entré à Lima, il proclama l'indépendance du Pérou en 1821. Il abolit l'esclavage et la « corvée », mais des rivalités intestines le contraignirent à donner sa démission en 1822. Retiré d'abord au Chili, il se rendit ensuite en Angleterre, puis en France. L'avenue existe depuis 1926

GÉNÉRAL SARRAIL (1856-1929). Le général Maurice Sarrail, qui naquit à Carcassonne, commanda la IIIe armée, pendant la bataille de la Marne de 1914, puis les forces françaises d'Orient de 1915 à 1917. Enfin, on le nomma haut-commissaire en Syrie, en 1924. On donna son nom à une rue en 1931.

GÉNÉRAL SÉRÉ DE RIVIÈRES (1815-1895). Raymond Séré de Rivières naquit à Albi et mourut à Paris. Élève à Polytechnique, il était, au moment de la guerre de 1870, général de brigade. Après cette guerre, il commanda le 2e corps d'armée du génie de Versailles. En mai 1872, c'est lui qui fut chargé d'instruire le procès du maréchal Bazaine. Sous sa direction furent entrepris les travaux de reconstruction des fortifications de l'Est et du Sud-Est. Il a écrit « Historique des attaques dirigées contre les forts d'Issy et de Vanves par le 2e corps d'armée de Ver sailles » La rue existe depuis 1933

GÉNÉRAL STEFANIK (1880-1919) Le général Milan Stefanik, de nais sance slovaque, mais naturalisé français, était aviateur et astronome. C'est un des héros de l'indépen dance tchécoslovaque. Une rue porte son nom depuis 1933

GÉNÉRAL TESSIER DE MARGUERITTES (1882-1958). Spécialiste de l'aéronautique militaire et connu, pendant la Seconde Guerre mondiale, sous le nom de « colonel Lizé », il fut un des principaux organisateurs du soulèvement qui mena à la libération de Paris le 25 août 1944. Une place porte son nom depuis 1987.

GÉNÉRAL TRIPIER (1804-1875). Jules Tripier, né à Hesdin, mort à Paris, fut élève de Polytechnique. Il se distingua en Algérie et fut nommé colonel en 1849. En 1854, en qualité de chef d'état-major du génie, il participa à la guerre de Crimée. Nommé général de division en 1863, il se trouvait en retraite au début de la guerre de 1870. Il reprit alors du service dans l'« active » et s'occupa des travaux de défense avancée des forts. Enfin, il fit partie du conseil de guerre qui jugea Bazaine (rappelons qu'à l'issue de son procès le maréchal Bazaine fut condamné à mort; gracié, il parvint à s'évader et finit ses jours à Madrid). Cette avenue existe depuis 1910.

GÉNÉRAL ZARAPOFF C'est en 1956 qu'on ouvrit le square du Général-Zarapoff qui, pendant la Seconde Guerre mondiale, fut le chef de l'armée secrète du mouvement de résistance appelée « Libération ». Emmené par les Allemands en déportation, il mourut à Buchenwald.

GÉNÉRAUX DE TRENTINIAN Arthur de Trentinian (1822-1885) et Edgard de Trentinian (1851-1942), fils du précédent, tous deux généraux dans l'infanterie de marine, s'illustrèrent chacun – à des époques différentes bien sûr – en Indochine. Une place leur est dédiée depuis 1994.

GÊNES Ville d'Italie, à 400 km de Rome, au fond du golfe de Gênes, au pied des Apennins. Gênes subit, au cours des âges, beaucoup de sièges et de vicissitudes. Nous ne parlerons que du siège du printemps 1800, à cause duquel on donna le nom de cette ville italienne à une rue de Paris. À cette date, Masséna se vit confier l'armée d'Italie, forte de 30000 hommes, au bord de l'épuisement et disséminés en Ligurie. La brusque intervention du général autrichien Mélas obligea Masséna, avec ses troupes regroupées, à s'enfermer dans Gênes. Il n'y resta pas longtemps puisque dès le lendemain il en sortait pour n'y revenir que quinze jours plus tard, après avoir infligé à l'armée autrichienne une défaite sanglante. À nouveau retranché dans la ville, Masséna repoussa toutes les attaques ; entre autres, celle du 30 avril 1800, où il tua 3000 assaillants... Mais les vivres s'épuisant, il fut obligé de traiter avec l'ennemi le 4 juin ; cependant, il parvint à obtenir des conditions très honorables : l'armée française sortit de la ville avec armes et bagages et fut rapatriée aux frais de l'Angleterre... Rappelons que la ville de Gênes fut incorporée à la France de 1805 à 1815. La cité de Gênes existe, à Paris, depuis 1877, de même que l'impasse.

GÉNIE C'est le génie qui surmonte la colonne de la Bastille qui a donné son nom à ce passage.

GENTILLY Commune de la banlieue parisienne sur la Bièvre. Son origine est très ancienne puisque saint Éloi, au VIIe siècle, y possédait déjà des biens. Ensuite, sous Pépin le Bref, en 767, un concile s'y tint; Saint Louis y fit construire un monastère; le prince de Condé y installa son camp en 1652. La rue de Gentilly existe depuis 1927.

GENTY M. Genty, un brave homme sans doute, possédait un chantier de bois à l'emplacement de ce passage qu'il fit lui-même ouvrir en 1807

GÉO CHAVEZ (1887-1910). L'aviateur Géo Chavez périt en accomplissant la traversée des Alpes. Une rue porte son nom depuis 1915.

GEOFFROY-L'ANGEVIN C'est parce que le sieur Geffroy – devenu Geoffroy – était d'origine angevine et habitait là, en 1243, que cette voie existe sous cette appellation depuis lors

GEOFFROY-L'ASNIER Il n'y eut jamais de Geoffroy L'Asnier... Mais il exista un bourgeois, nommé Forgier l'Asnier, habitant et propriétaire dans cette rue en 1285. Petit à petit on déforma son nom, Forgier, devenant, inexorablement, Geoffroy... Sous son nom actuel, la rue est connue depuis 1445.

GEOFFROY-MARIE Vers 1240 Geoffroy et Marie son épouse possédaient une petite parcelle de terre. Ils en firent cadeau à l'Hôtel-Dieu à condition que cet établissement leur fournisse vêtements et nourriture jusqu'à leur décès. Le marché fut conclu. C'est en 1843 qu'on ouvrit une rue au nom de ce couple charmant, uni pour l'éternité sur les plaques d'une rue.

GEOFFROY-SAINT-HILAIRE (1772-1844). Étienne Geoffroy-Saint-Hilaire, naturaliste né à Étampes, mort à Paris. Nommé professeur de zoologie en 1793, il créa la ménagerie du Muséum et attira Cuvier à ses côtés. En 1798-99, il accompagna Bonaparte en Égypte. En 1801, il devint membre de l'Institut, puis on le délégua au musée de Lisbonne en 1808 afin qu'il y prît ce qu'il trouverait d'intéressant pour le Muséum de Paris... En 1809, de retour en France après s'être fort bien acquitté de sa mission, il enseigna la zoologie à la Sorbonne. En 1840, il perdit la vue et cessa ses activités. Ses théories audacieuses pour l'époque en font le précurseur du transformisme, notamment par son livre « Loi du balancement des organes ». Il polémiqua beaucoup avec Cuvier. La rue Geoffroy-Saint-Hilaire existe depuis 1848.

GEORGE V (1865-1936). Le roi George V régna de 1910 à 1936. Il était roi de Grande-Bretagne et empereur des Indes. Membre de la lignée de la dynastie de Saxe-Cobourg qui occupa pour la première fois le trône d'Angleterre en 1714, George V changea le nom de cette dynastie en faisant la dynastie de Windsor. Le règne de George V fut bien entendu principalement marqué par la participation de l'Empire britannique à la Première Guerre mondiale. L'avenue existe depuis 1918.

GEORGE BALANCHINE (1904-1983). Chorégraphe américain d'origine russe né à Saint-Pétersbourg, mort à New York. D'abord collaborateur de Diaghilev, il créa ensuite, l'American School of Ballet et il est considéré comme le « maître » du ballet abstrait (« Concerto barocco », « Agon », « the Four Temperament »), ce qui ne l'empêcha pas, à l'occasion, de respecter les formes classiques (« le Fils prodigue », « le Lac des cygnes »). Une rue porte son nom depuis 1993.

GEORGE BERNARD SHAW (1856-1950). Écrivain irlandais né à Dublin, mort à Ayot Saint Lawrence, Hertfordshire, qui reçut le prix Nobel de littérature en 1925. Ses ouvrages – romans, essais ou pièces de théâtre – contiennent presque toujours une part de pessimisme et une autre d'humour noir savamment dosé. Parmi ses œuvres : « Pygmalion », « le Héros et le soldat », « Sainte Jeanne », « Androclès et le lion ». Il a dit : « Ma façon de plaisanter est de dire la vérité. C'est la meilleure plaisanterie du monde », « On appelle cercle de famille un endroit où l'enfant est encerclé », « Quand, dans ce monde, un homme a quelque chose à dire, la difficulté n'est pas de le lui faire dire, mais de l'empêcher de le dire trop souvent » et « La punition du menteur, c'est de ne pouvoir croire personne ». Il a sa rue depuis 1994.

GEORGE EASTMAN (1854-1932). Industriel et philanthrope américain, né à Waterville (État de New York). En 1889, il inventa le film photographique. Les amateurs de cinéma connaissent tous le procédé Eastmancolor. Nous devons à sa philanthropie la fondation, en 1936, de l'Institut d'hygiène dentaire et de stomatologie, situé au numéro 11 de la rue qui reçut son nom en 1947.

GEORGE GERSHWIN (1898-1937). Compositeur américain dont l'inspiration fut beaucoup à base de jazz et de ragtime. Il accéda à la célébrité en 1924 avec « Rhapsody in blue », pour piano et orchestre. Sans véritable formation classique, il reçut des conseils de Maurice Ravel qui appréciait beaucoup les subtilités de ses mélodies. Il est aussi l'auteur de « Porgy and Bess », « un Américain à Paris » et de nombreux « shows » à Broadway. Il a écrit plus de 500 chansons. Le film « the Man I love » conte sa vie. La rue George-Gershwin existe depuis 1993

GEORGE SAND (1804-1876). Aurore Dupin, baronne Dudevant, dite George Sand, naquit à Paris et mourut à Nohant, dans l'Indre. Son père était officier et il perdit la vie en 1808, en Espagne. Aurore fut alors élevée, jusqu'à 13 ans, à Nohant, dans le château d'une aïeule. De 1817 à 1820, elle fréquenta le couvent des Dames anglaises, à Paris, où la vie ne lui parut pas très gaie... Revenue à Nohant, elle donna libre cours à ses élans vers la nature tout en s'enivrant des écrits de Jean-Jacques Rousseau. En 1822, sa grand-mère étant morte, elle épousa, sans le moindre amour, le baron Dudevant, dont elle divorça d'ailleurs en 1836, après une séparation de fait datant de 1831. Elle eut de ce mariage deux enfants, Maurice et Solange. Venue à Paris pour « y gagner sa vie », elle entra au « Figaro », mais n'y réussit pas. C'est un compatriote aubussonnais, Jules Sandeau, qui lui révéla sa véritable vocation : le roman. Ensemble ils écrivirent « Rose et Blanche » en 1831. Elle prit à cette date son pseudonyme « Sand », début du nom de son ami Sandeau. Elle fit montre dès lors d'un talent indiscutable qui la classe parmi les plus grands romanciers français. Ne citons que les romans suivants : « Leone Leoni », « Mauprat », « Secrétaire intime » (qui relate une partie du voyage qu'elle fit avec Musset à Venise durant l'hiver 1833-34, voyage qui blessa profondément le poète), « Spiridion », « la Comtesse de Rudolstadt », « Jeanne », qui marque sa période socialisante, « la Mare au diable », « la Petite Fadette », « les Beaux Messieurs de Bois-Doré », « la Confession d'une jeune fille », « les Contes d'une grand-mère », « Mademoiselle de Merquem », enfin une singulière « correspondance » et « Lettres à Alfred de Musset ». En George Sand, on peut dire que tout est roman, et pur roman. Appelée « la bonne dame de Nohant » sur la fin de son existence – elle avait installé dans son château un théâtre de marionnettes pour enfants – sa vie fut un mélange de bonheur calme et de passions tumultueuses (Musset, Chopin, Liszt). Voici quelques petites phrases prononcées par George Sand, qui scandalisa en fumant des cigares en public : « Avez-vous remarqué comme on est bête, quand on est beaucoup? », « La douleur n'embellit que le cœur de la femme », « Le souvenir est le parfum de l'âme » et « Je voudrais mourir par curiosité » La rue existe depuis 1886.

GEORGES AMBROISE BOISSELAT ET BLANCHE Georges, Ambroise et Blanche étaient membres de la famille Boisselat, propriétaire de cette voie privée. (Pour écrire à cette adresse, il est nécessaire de disposer de grandes enveloppes, à moins d'avoir une très fine écriture...)

GEORGES AURIC (1899-1983). Compositeur français, né à Lodève, mort à Paris qui appartint au « groupe des Six » créé en 1918. Son œuvre se caractère par la précision de la construction et la délicatesse des mélodies. Citons des ballets :

« les Fâcheux » et les « Enchantements d'Alcine »; de la musique chorale : « Quatre Chansons françaises sur des poèmes du XVe siècle »; des mélodies dont « Cinq Poèmes de Gérard de Nerval »; de nombreuses musiques de scène ou de film, tel « Moulin Rouge » de John Huston en 1953. La rue Georges-Auric existe depuis 1990.

GEORGES BERGER (1844-1910). Ingénieur des Mines, député du XVIIe arrondissement, Georges Berger fut commissaire général de l'Exposition de 1889. On donna son nom à une rue en 1912

GEORGES BERNANOS (1888-1948). Écrivain, né à Paris. D'inspiration catholique, il a écrit des romans remarquables : « Journal d'un curé de campagne », « les Grands Cimetières sous la lune » et « Dialogue des Carmélites », ainsi qu'un pamphlet notoire : « la Grande Peur des bien-pensants ». Il a dit : « L'enfer, c'est ne plus aimer » et « L'espérance est un risque à courir ». L'avenue existe depuis 1967.

GEORGES BERRY C'est en 1939 que l'on donna à cette place le nom de M. Georges Berry, qui fut conseiller municipal et député du IXe arrondissement. Il vécut de 1852 à 1915

GEORGES BESSE (1927-1986). Industriel né à Clermont-Ferrand, mort à Paris. Spécialiste du nucléaire, il fut président de sociétés comme C.I.T.-Alcatel et Eurodif, et fut parfois, convié au redressement de certaines entreprises, telle Renault. Il mourut, assassiné, le 17 novembre 1986 devant le n° 16 du boulevard Edgar-Quinet au moment où il rentrait à son domicile situé au n° 12 de ce même boulevard. L'allée qui porte son nom depuis 1996 est située tout près de cet endroit.

GEORGES BIZET (1838-1875). Léopold Alexandre, dit Georges Bizet, compositeur, obtint le prix de Rome à 19 ans, mais à 18, il avait déjà fait représenter une opérette, « le Docteur Miracle ». En 1863 il composa « les Pêcheurs de perles », en 1867 « la Jolie Fille de Perth » et en 1872 « Djamileh ». Travaillant ensuite avec Alphonse Daudet, il donna « l'Arlésienne » (cette fameuse dame qu'on ne voit jamais, mais dont on parle toujours). Ce fut sans doute là son premier chef-d'œuvre véritable, suivi par son œuvre la plus marquante : « Carmen ». Bizet ne put jouir de l'énorme succès de cet opéra, car trois mois après sa création, à l'Opéra-Comique, il mourut de ce que l'on appellerait aujourd'hui un infarctus. Sa rue existe depuis 1904.

GEORGES BRAQUE (1882-1963). Peintre français né à Argenteuil, mort à Paris. En 1900, dans notre capitale, il se lie aux fauves (Matisse, Derain, Rouault, etc.) puis, en 1907, à l'Estaque il édifie la poétique cubiste qu'il met au point avec Pablo Picasso jusqu'en 1914. Son cubisme connut deux phases : analytique et synthétique; son thème initial était les natures mortes. À la Première Guerre mondiale, il se sépare de Picasso (artistiquement parlant...). À partir de 1940 dominent, dans ses œuvres, les sujets d'intérieur, le vol des oiseaux, le tout dans une conception dynamique de la forme dans l'espace. Fils d'un entrepreneur en bâtiment, il fut d'abord apprenti décorateur avant d'étudier à l'académie Humbert (1902), puis aux Beaux-Arts. Noms de certains de ses tableaux : « la Musicienne », « Billards », « Ateliers », « Oiseaux », etc. En 1952, il peignit un plafond du Louvre. La rue Georges-Braque existe depuis 1976.

GEORGES BRASSENS Poète, chanteur, auteur-compositeur, écrivain, il naquit à Sète en 1921 et mourut à Saint-Gély-du-Fesc, près de sa ville natale, le 29 octobre 1981. Durant la Seconde Guerre mondiale, il rédigea des articles anarchisants sous les pseudonymes canularesques de Gilles Corbeau, Jo-la-Cédille et Pépé-Cadavre! Connut le succès à partir de 1952. Si une partie de son œuvre fit d'abord – et fort injustement – scandale, il est incontestablement un très grand artiste. Tous ses textes sont de véritables poésies; au plan de la construction il pratiquait avec bonheur l'enjambement, c'est-à-dire le report au vers suivant d'un ou plusieurs mots complétant le sens du premier, n'hésitait pas à utiliser les chiffres impairs dans le nombre de pieds de ses vers et composait des musiques plus élaborées et diverses qu'il n'y paraît à la première écoute. Écrivit un roman : « la Tour des miracles » (1953) et tourna un seul film : « Porte des Lilas », sous la direction de René Clair. Il a dit : « La seule révolution est d'essayer de s'améliorer soi-même ! » Il vécut longtemps, à Paris, dans le XVe arrondissement où un parc lui a été dédié en 1982.

GEORGES CAIN Le peintre Georges Cain, dont le père, Auguste, était un sculpteur réputé, naquit en 1856. Il empruntait la plupart des sujets de ses toiles à l'anecdote historique; à preuve, ces quelques titres de tableaux : « Buste de Marat au pilier des Halles », « Présentation de lord Byron à la comtesse Guiccioli » et « la Mort des derniers Montagnards ». Il eut un frère, Henri, né en 1859, qui se consacra également à la peinture. Le square existe depuis 1928.

GEORGES CITERNE (1906-1944). Auteur dramatique, dont peu d'œuvres ont pu, semble-t-il, franchir le cap du temps. Les Allemands le fusillèrent juste avant la fin de la guerre. Une rue porte son nom depuis 1946.

GEORGES CONTENOT (1868-1948). M. Contenot s'occupa efficacement de l'Office public d'habitations de la Ville de Paris. C'est à ce titre, et pour lui rendre hommage, que cet office fit donner son nom à une rue en 1954.

GEORGES DE PORTO-RICHE (1849-1930). Auteur dramatique né à Bordeaux qui s'ingénia à relater les conflits psychologiques résultant des amours purement sensuelles. Cela donna parfois, de sa part, de bons résultats... Par exemple dans « la Chance de Françoise ». La forme de ses œuvres permit à Porto-Riche de dire : « J'aurai peut-être un nom dans l'histoire du cœur. » Georges de Porto-Riche, qui écrivit aussi « Amoureuse » et « le Vieil Homme », et qui fut membre de l'Académie française, donna son nom à une rue en 1932.

GEORGES DESPLAS (1856-1922). Georges Desplas fut conseiller municipal et député du Ve arrondissement. C'est à ce titre qu'une rue reçut son nom en 1932.

GEORGES DUHAMEL Écrivain né à Paris en 1884, mort à Valmondois (Val-d'Oise) en 1966. D'abord médecin, il aborda rapidement l'écriture, publiant dès 1907 ses premiers essais poétiques, « Des légendes, des batailles ». En 1918 il obtint le prix Goncourt pour son livre Civilisation, dans lequel il faisait le récit de son expérience de médecin au front. Dès lors, son œuvre fut imprégnée des sentiments de fraternité et d'humanisme qu'il voulait voir passer avant le modernisme et le machinisme (« Scène de la vie future », 1930, « L'Humaniste et l'Automate », 1933). Il entra à l'Académie française en 1935. On lui doit aussi deux importants cycles romanesques : « Vie et aventures de Salavin » et « Chronique des Pasquier ». Une rue porte son nom depuis 2002.

GEORGES DUMÉZIL (1898-1986). Historien français, né et mort à Paris, grand spécialiste de l'étude comparée des mythologies et de l'organisation sociale des peuples indo-européens. Membre de l'Académie française il a écrit : « l'Idéologie tripartie des Indo-Européens » et « Mythe et épopée ». Il a dit : « Les dieux qui rassurent occupent moins les hommes que les dieux qui inquiètent. » Il a sa rue depuis 1995.

GEORGES ET MAÏ POLITZER Georges Politzer (1903-1942), Français d'origine hongroise, professeur agrégé de philosophie. Militant communiste dès 1929 et responsable de la commission économique du comité central, il publie alors d'innombrables articles sur des sujets aussi bien économiques que sociaux et enseigne la philosophie à l'Université ouvrière, puis à l'école centrale du Parti. Le 15 février 1942, il est arrêté, en même que sa femme Maï (de son nom de jeune fille Marie Larcade), et il est rapidement fusillé au Mont-Valérien. Maï, quant à elle, est déportée en janvier 1943 à Auschwitz où elle mourra du typhus trois mois plus tard. La mention « mort pour la France » leur fut accordée à tous deux, ainsi que la qualité d'« internés et déportés résistants ». On donna leurs noms à une rue en 1998.

GEORGES GUILLAUMIN (1868-1936). M. Guillaumin, qui eut l'honneur d'être conseiller municipal du VIIIe arrondissement, donna son nom à une rue en 1937.

GEORGES LAFENESTRE (1837-1919). Littérateur, né à Orléans. Il est surtout connu comme poète et critique d'art – il fut d'ailleurs conservateur du musée du Louvre en 1888. Il professa à l'école du Louvre et, en 1892, fut admis à l'Académie des beaux-arts. Il a écrit « la Vie et l'œuvre du Titien » et « la Peinture en Europe ». La rue existe depuis 1934.

GEORGES LAFONT (1919-1944). Membre des Forces françaises de l'intérieur (F.F.I.) dans le réseau « Lyautey », Georges Lafont mourut sur des barricades dressées, en 1944, boulevard Exelmans. C'est en 1964 qu'on donna son nom à une avenue.

GEORGES LAMARQUE (1914-1944). Ce héros de la Résistance est mort à la fin de la Seconde Guerre mondiale. On donna son nom à un square en 1955.

GEORGES LARDENNOIS (1878-1940). Ce chirurgien extrêmement réputé professa à la Faculté de médecine. Une rue reçut son nom en 1928.

GEORGES LECLANCHÉ Ingénieur français, né et mort à Paris (1839-1882). Il inventa, en 1877, une pile électrique – qu'on trouva longtemps sous son nom dans le commerce et peut-être même encore aujourd'hui – faite de chlorure d'ammonium comme électrolyte et de bioxyde de manganèse comme dépolarisant. (Je suis heureux de vous avoir éclairé sur lui !) Une rue porte son nom depuis 1984.

GEORGES LESAGE. Nom d'un architecte qui fut, semble-t-il, propriétaire d'un immeuble dans cette voie privée.

GEORGES LEYGUES (1857-1933). Homme politique, né à Villeneuve-sur-Lot. D'abord avocat, il fonda, dans sa ville natale, un journal : « l'Avenir de Lot-et-Garonne ». En 1885, on l'élut député républicain de son département. Brillant orateur, il se fit vite remarquer et on lui confia le ministère de l'Instruction publique en 1894 et celui de l'Intérieur en 1895. Après avoir été vice-président de la Chambre, il redevint ministre de l'Instruction publique, de 1898 à 1902. À cette époque il présenta un projet de loi tendant à exclure de la fonction publique tous ceux qui, durant leurs trois dernières années scolaires, n'avaient pas fréquenté un établissement de l'État. Sa rue existe depuis 1956.

GEORGES MANDEL (1885-1944). Homme politique né à Chatou, Georges Mandel collabora avec Clemenceau et fut plusieurs fois ministre. Responsable de l'Intérieur en mai 1940, il fut assassiné par la Milice du gouvernement de Vichy le 7 juillet 1944, en forêt de Fontainebleau. L'avenue Georges-Mandel existe depuis 1945. Signalons que le véritable nom de Mandel était Louis Georges Rothschild.

GEORGES MÉLIÈS (1861-1938). Illusionniste, mais surtout cinéaste, né à Paris. Il réalisa les premiers films avec mise en scène véritable et scénario élaboré. Dès ses premiers tournages, il réussit des truquages absolument étonnants, comme pour le « Voyage dans la Lune ». C'est lui aussi, qui, le premier, créa de vrais studios de cinéma, à Montreuil-sous-Bois. De 1889 à 1914, il tourna sans désemparer; mais au début de la Première Guerre mondiale, sa maison de production, la Star-Film, fit faillite. Ruiné, il dut, pour subsister, vendre des jouets, jusqu'en 1932, dans une échoppe de la gare Montparnasse. De nos jours, tous ses films qui ont échappé à la destruction – il en tourna à peu près 450 – font le bonheur des amoureux des premiers balbutiements cinématographiques. C'est en 1960 qu'on donna son nom à un square

GEORGES MULOT Ingénieur qui fit forer, en 1833, un puits artésien dont les eaux, recueillies à 565 mètres de profondeur, jaillirent après huit années de travaux, le 26 février 1841. Ce puits, creusé au centre de l'ex-abattoir de Grenelle, alimenta longtemps en eau potable une bonne partie de la rive gauche de Paris. C'est en 1900 que la place Georges-Mulot fut aménagée

GEORGES PALLAIN (1845-1923). Administrateur qui, après avoir été sous-préfet de Sceaux en 1871, devint directeur du personnel au ministère des Finances en 1877. En 1881, Gambetta le nomma directeur de son cabinet. En 1885, Pallain fut directeur général des Douanes et enfin, en 1897, gouverneur de la Banque de France. Pallain publia en outre les correspondances politiques de Talleyrand. La rue Pallain existe depuis 1931

GEORGES PEREC (1936-1982) Écrivain né et mort à Paris. Un de ses romans les plus connus, « les Choses », paru en 1965, utilise parfaitement le style du « nouveau roman » pour formuler une critique ironique et acide de la société de consommation. On peut dire de lui qu'il fut une sorte de « sociologue du quotidien ». Son œuvre maîtresse est « la Vie mode d'emploi » (prix Médicis 1978), inspirée par la technique picturale de l'hyperréalisme et dont le but est de répertorier toutes les histoires écrites ou à écrire! Il fut aussi poète : « la Clôture » et auteur dramatique : « l'Augmentation ». Une rue lui est dédiée depuis 1994.

GEORGES PITARD (1897-1941). Cet avocat fut le premier Français fusillé par les Allemands. Une rue porte son nom depuis 1946

GEORGES RÉCIPON Sculpteur et peintre, né à Paris. C'est lui l'auteur des deux quadriges – un quadrige est la représentation d'un char tiré par quatre chevaux de front – qui surmontent le Grand Palais, aux Champs-Élysées. L'allée Récipon existe depuis 1970.

GEORGES RISLER (1853-1941). Georges Risler appartint à l'Institut. C'était déjà une bonne raison pour que l'on donne son nom à une avenue. Mais, craignant peut-être l'ingratitude de la postérité, c'est une importante société, aux destinées de laquelle il présidait, qui, en faisant ouvrir une voie en 1936, lui donna son nom.

GEORGES ROUAULT (1871-1958). Peintre né à Paris, Georges Rouault était un puissant coloriste qui pratiqua un expressionnisme mystique et satirique à la fois. Parmi ses œuvres les plus remarquables, citons « Miserere » et « le Christ de pitié »

GEORGES SACHÉ (1876-1902). Mécanicien aéronaute qui trouva la mort pendant l'ascension du ballon dirigeable « Pax », du côté de l'avenue du Maine. La rue existe depuis 1907.

GEORGES THILL (1897-1984). Ténor français né à Paris, mort à Draguignan. Il débuta avec deux triomphes à l'Opéra de Paris, en 1924, dans « Rigoletto » et « Thaïs ». Sa carrière le conduisit ensuite, et entre autres, à la Scala de Milan, à Vérone, à Buenos Aires et il est considéré comme le plus grand ténor français du XXe siècle. Il a tourné plusieurs films (dont « Louise » d'Abel Gance »), a enregistré de très nombreux 78 tours et fit ses adieux à Paris, en 1953, dans « Paillasse ». Une rue porte son nom depuis 1998.

GEORGES VILLE (1824-1899). Agronome, né à Pont-Saint-Esprit, mort à Paris. Il professa la physique végétale au Muséum d'histoire naturelle et fut un des premiers à pressentir l'assimilation de l'azote gazeux atmosphérique par les plantes légumineuses. Une rue porte son nom depuis 1905.

GEORGETTE AGUTTE (1867-1922). Peintre qui semble faire un bien long séjour en purgatoire. De ses toiles ressortent une grande sensibilité et un parfait sens des couleurs. C'est en 1930 qu'on donna son nom à une rue.

GEORG FRIEDRICH HAENDEL (1685-1759). Compositeur d'origine allemande, naturalisé anglais en 1726. Mieux que de narrer son existence, il vaut mieux, pour parler de lui, citer ce que deux génies de la musique en ont dit. Haydn : « Haendel est notre grand maître absolu »; Beethoven : « C'est le plus grand compositeur qui ait jamais existé; je voudrais m'agenouiller sur sa tombe! » Parmi ses œuvres, les opéras « Rinaldo », « Floridante », « Julio Cesare », « Partenope », « Orlando », les oratorios « le Messie », « Samson », « Judas Macchabée », etc. Une rue porte son nom depuis 1987.

GEORGINA Prénom de la fille d'un des propriétaires des terrains sur lesquels on ouvrit cette villa en 1892.

GÉRANDO (1772-1842). Le baron Joseph de Gérando, publiciste et philosophe, naquit à Lyon et mourut à Paris. Au début de la Révolution, il défendit sa ville natale contre les troupes de la Convention : blessé, fait prisonnier et, ce qui n'arrangeait rien, condamné à mort, il s'évada et se réfugia en Suisse, puis à Naples. Rentré en France sous le Directoire, il en fut chassé au 18-Fructidor, mais, têtu, il revint sous le Consulat. Sous l'Empire, il fit une brillante carrière : secrétaire général du ministère de l'Intérieur en 1804, maître des requêtes au Conseil d'État en 1808, intendant de la Catalogne et baron en 1812. Le retour à la royauté ne dérangea pas sa réussite puisqu'il demeura au Conseil d'État et qu'en 1837 il fut fait pair de France. En outre, il s'occupa d'œuvres philanthropiques et publia deux ouvrages pour l'éducation des sourds et muets. La rue Gérando existe depuis 1868.

GÉRARD M. Gérard était propriétaire du terrain sur lequel on ouvrit cette rue en 1851. Quant au passage Gérard, c'est en 1877 qu'il reçut son nom, en raison de la proximité de la rue.

GÉRARD DE NERVAL (1808-1855). Gérard Labrunie, dit Gérard de Nerval, littérateur, né et mort à Paris. Dès sa prime jeunesse, il se fit connaître avec « Élégies nationales », en 1826. Adepte enthousiaste de l'école romantique, il traduisit « Faust » de Goethe, à l'entière satisfaction de ce dernier. Véritable poète, original, vivant au gré de ses caprices, il a écrit, en plus d'une foule d'articles parus dans divers journaux : « la Main de gloire », « les Filles du feu », « Aurélia ou le Rêve de la vie », « les Illuminés », « Scènes de la vie orientale », « les Chimères », « Sylvie », etc. Avec Alexandre Dumas, et ceci est peu connu, il écrivit un drame : « Piquillo, l'alchimiste »; seul il fit une pièce de théâtre jouée à l'Odéon : « Tartufe chez Molière ». Gérard de Nerval, précurseur du symbolisme et même du surréalisme, a dit : « Mes sonnets ne sont guère plus obscurs que la métaphysique de Hegel et perdraient leur charme à être expliqués, si la chose en était possible » (!). Il est aussi l'auteur de ces vers :

Je suis le ténébreux, le veuf, l'inconsolé,
Le prince d'Aquitaine à la tour abolie :
Ma seule étoile est morte, et mon luth constellé
Porte le soleil noir de la Mélancolie

La rue existe depuis 1956.

GÉRARD PHILIPE Acteur français, né à Cannes en 1922, mort à Paris en 1959. Dès 1945, en créant le « Caligula » d'Albert Camus, il retint l'attention de la critique et du public. Son interprétation du « Prince de Hombourg », en 1951, à Avignon, lui valut, aux yeux du public, la consécration définitive. Interprète idéal, au théâtre, de « Ruy Blas », « Lorenzaccio », etc., il triompha aussi au cinéma dans « Fanfan-la-Tulipe », « les Grandes Manœuvres », « Monsieur Ripois », « Belles de nuit », etc. Il était la fougue, la jeunesse et la vie mêmes. Une rue porte son nom depuis 1974.

GERBERT (935 ou 940-1003). Gerbert fut pape, sous le nom de Sylvestre II, en 999. Élevé à Aurillac, il partit ensuite en Espagne avec Borel, comte de Barcelone; à Cordoue, il s'initia à l'arithmétique et à la cosmographie. Rejoignant l'Italie, le pape Jean XIII lui donna l'abbaye de Gubbio. Reconnu pour un homme très savant, des envieux essayèrent de le faire accuser de sorcellerie; il fuit en Allemagne, puis à Reims où Robert, fils de Hugues Capet, fut un de ses disciples. Il revint en Italie en 996; les accusations de sorcellerie étaient tombées et le pape Grégoire V, auquel il succédera, lui donna l'archevêché de Ravenne, en 997. Quand il fut pape, Sylvestre II conçut, le premier, le projet de réunir les forces d'Occident pour faire face aux progrès de la domination musulmane en Orient. Il imposa aussi aux princes chrétiens de l'époque les fameuses « trêves de Dieu ». La rue Gerbert, qui donc devint Sylvestre II, existe depuis 1877.

GERBIER (1725-1788). Pierre Gerbier fut un avocat célèbre à son époque. Il est amusant de savoir qu'en argot un « gerbier » est un avocat nommé d'office. La rue Gerbier existe depuis 1864.

GERGOVIE Ville de l'ancienne Gaule, à 6 km de Clermont-Ferrand, bâtie sur le mont Gergoy, à 714 mètres d'altitude. Cette ville fut célèbre par la résistance qui y opposa Vercingétorix et Jules César. En 52 avant J.-C., César assiégea la ville avec six légions; Vercingétorix fit alors élever, sur la colline précédant Gergovie, un mur de 6 mètres de haut; César s'empara d'une colline voisine et la fortifia à son tour. Comme le chef gaulois avait dégarni « sa » colline pour aller en fortifier une autre, César attaqua et parvint aux portes de la ville; accouru, Vercingétorix se battit avec fougue et chassa les Romains jusque dans leur camp. C'était la victoire : César leva le camp. Malheureusement, quelques mois plus tard, il y eut Alésia... La rue de Gergovie existe depuis 1873.

GÉRICAULT (1791-1824). Théodore Géricault, peintre, né à Rouen, mort à Paris. Sa première œuvre, « Chasseur de la garde », fit scandale à cause de la fougue de l'exécution et des coloris. Parti en 1817 en Italie, Géricault, revenu en France en 1819, donna alors son célèbre « Radeau de la Méduse », qui fut un événement artistique considérable. En 1820, le peintre partit pour Londres et y demeura trois ans. Il y peignit « le Joueur de cornemuse » et « la Femme paralytique », ainsi que « le Grand Derby d'Epsom ». Revenu en France, il fit d'autres tableaux dont deux qui ne furent connus qu'après sa mort : « l'Écurie » et « Cheval bai brun sortant d'une écurie ». Géricault, cruelle ironie du sort, mourut des suites d'une chute de cheval. La rue Géricault existe depuis 1893.

GERMAIN PILON (1535-1590). Statuaire, né et mort à Paris. Fils d'un sculpteur, il travailla à l'abbaye de Solesmes et revint à Paris en 1550; Charles IX le nomma alors contrôleur général des Monnaies. À partir de ce moment, ses œuvres furent nombreuses et de très haut style; son plus ancien travail est sans doute la décoration du tombeau de François Ier et de Catherine de Médicis. Il fit aussi le tombeau de Henri II dans l'abbaye de Saint-Denis et le groupe des « Trois Grâces » qui se trouve présentement au Louvre. Germain Pilon, dont on donna le nom à une rue en 1864, est un parfait représentant de l'école française de la Renaissance.

GERMAINE TAILLEFERRE Compositrice née à Saint-Maur-des-Fossés en 1892, morte à Paris en 1983. Membre du Groupe des Six fondé en 1919, elle était entrée au Conservatoire en 1904. C'est le compositeur Erik Satie (1866-1925), rencontré en 1917, qui fut l'un des premiers à reconnaître ses qualités. On lui doit notamment: «Jeux de plein-air» pour deux pianos, le ballet «Marchand d'oiseaux», la «Cantate de Narcisse», «Il était un petit navire», opéra-comique, etc. On donna son nom à une rue en 1999.

GERVEX (1852-1929). Henri Gervex, peintre surtout connu pour ses tableaux d'histoire et de genre, naquit à Paris. Un de ses principaux titres de gloire est d'avoir décoré la mairie du IXe arrondissement, de 1880 à 1883. On peut y voir ses trois compositions : « le Mariage civil », « les Bassins de La Villette » et « le Bureau de bienfaisance ». Gervex a peint en outre « Satyre jouant avec une bacchante », « Job, Diane et Endymion », « Mon ami Brispot » et « Communion à l'église de la Trinité ». La rue Gervex existe depuis 1930.

GESVRES Les ducs de Gesvres étaient issus d'une famille de parlementaires de la Brie dont le nom patronymique était Potier. Le membre de la famille qui donna son nom au quai s'appelait René Potier. Il vécut de 1579 à 1670. Louis XIII lui avait donné un terrain compris entre le pont Notre-Dame et le pont au Change, en bordure de Seine, à condition qu'il y fasse construire un quai de niveau avec ces deux ponts. René Potier s'exécuta et le quai prit le nom des ducs de Gesvres l'année même de sa construction (1642).

GIFFARD (1825-1882). Ingénieur né et mort à Paris, Henri Giffard s'intéressa particulièrement à la navigation aérienne à vapeur, puis imagina un injecteur, qui porte son nom, pour l'alimentation des chaudières. Il s'occupa de la fabrication de l'hydrogène en mettant en contact la vapeur d'eau avec du minerai de fer. Enfin, signalons que c'est lui qui fit construire le ballon captif de l'Exposition universelle de 1878. La rue Giffard existe depuis 1884.

GILBERT DE GUINGAND C'est en 1930 qu'on donna à ce square le nom de Gilbert de Guingand, aviateur qui mourut au champ d'honneur lors de la Première Guerre mondiale.

GILBERT PERROY (1908-1984). Né et mort à Paris, Gilbert Perroy fut maire du XIVe arrondissement de 1946 à 1977 et fonda la Société historique et archéologique de ce même arrondissement. Une place porte son nom depuis 1990.

GILBERT PRIVAT Peintre et sculpteur qui naquit à Toulouse en 1892 et mourut à Soulac-sur-Mer en 1969. Une place porte son nom depuis 2003

GINETTE HAMELIN Première femme à obtenir un diplôme d'ingénieur architecte de l'École supérieure des travaux publics, elle entra dans la Résistance lors de la Seconde Guerre mondiale. Arrêtée, elle fut emmenée en déportation à Ravensbrück où elle mourut en 1944. Elle était née en 1913. On donna son nom à une place en 2003.

GINETTE NEVEU (1919-1949). Célèbre violoniste qui mourut en pleine gloire dans un accident d'avion survenu aux Açores. Rappelons que dans ce même accident périt le boxeur Marcel Cerdan. La rue existe depuis 1956.

GINKGO Le ginkgo est un grand arbre d'origine extrême-orientale, possédant des feuilles en éventail et qu'on appelle aussi « arbre aux écus ». On en a planté un dans cette cour baptisée en 1985.

GINOUX En 1796, M. Ginoux acheta la ferme et la plaine de Grenelle qu'on vendait comme biens nationaux; cela lui coûta 106000 francs pour 346 arpents. En 1824, il en revendit 320 (à Paris la valeur d'un arpent était de 34 ares 19 centiares, ailleurs de 42 ares 21 centiares). C'est sur ces arpents qu'on commença à lotir le « désert de Grenelle ». La rue Ginoux existe depuis 1864.

GIORDANO BRUNO (1550-1600). Penseur italien, né à Nola, mort à Rome. Dominicain dans sa jeunesse, il devint bientôt incrédule, quitta son couvent et commença une vie errante. Il fut chassé de toutes les villes qu'il traversait à cause de l'audace de ses opinions. En 1580, il embrassa le calvinisme, à Genève. Venu ensuite à Paris, et y bénéficiant pour la première fois de puissantes protections, il obtint la permission d'enseigner la philosophie à l'Université. Beau et éloquent, son succès fut grand dans notre capitale; il parlait d'un monde infini, livré à une évolution éternelle, croyait plus à la religion « de la nature » qu'à la religion chrétienne et ne voyait, dans toute religion, que superstitions et symboles. Cela ne l'empêchait d'ailleurs pas de croire à l'astrologie et à la magie... Son séjour parisien dura de 1585 à 1586; après quoi il partit pour l'Allemagne. Partout les étudiants l'appréciaient, mais partout aussi il paraissait suspect aux autorités ecclésiastiques et séculières. En 1592, il eut le tort de retourner en Italie où l'Inquisition le fit immédiatement arrêter. Accusé d'hérésie, il périt sur le bûcher comme apostat, hérétique et violateur de ses vœux. Giordano Bruno écrivit « De la cause, du principe et de l'unité » et « De l'infini, de l'univers et des mondes ». Une rue porte son nom depuis 1885

GIRARDON (1628-1715). François Girardon, sculpteur né à Troyes, mort à Paris. Très jeune il reçut une pension de 1000 écus qui le fixa à la Cour, ce qui lui permit de contribuer à l'embellissement de Ver sailles et du Trianon. En 1657 il fut admis à l'Académie de peinture et en 1659 devint professeur. Son chef-d'œuvre est sans conteste le tombeau de Richelieu qui se trouve à la Sorbonne. La statue équestre de Louis XIV située place des Victoires est aussi de lui. Il sculpta également « l'Enlèvement de Proserpine » et « l'Hiver ». Sa femme, Catherine Duchemin, était peintre, spécialisée dans les fruits et légumes... La rue Girardon existe depuis 1867, l'impasse depuis 1869.

GIRODET (1767-1824). Anne Louis Girodet de Roussy, dit Girodet-Trioson, peintre né à Montargis, mort à Paris. Prix de Rome en 1789 avec « Joseph vendu par ses frères », il peignit ensuite « Sommeil d'Endymion », « Fingal au milieu de ses descendants », que lui avait commandé Bonaparte, et « l'Inhumation d'Atala », d'après le roman de Chateaubriand. Très malade de 1810 à 1819, il se consacra alors à l'art du portrait, tel celui de Cathelineau. La rue Girodet existe depuis 1867.

GIRONDE Nom que prend la Garonne après avoir reçu la Dordogne au bec d'Ambès. C'est, sur 75 km, un véritable estuaire qui atteint jusqu'à 10 km de large. Le quai de la Gironde existe depuis 1873.

GÎT-LE-CŒUR Voici encore un bel exemple de déformation des mots par le temps. Initialement, cette rue s'appelait « Gilles-Queux », signalant la présence, au XIVe siècle, d'un nommé Gilles qui était cuisinier. L'évolution orthographique se fit alors de siècle en siècle : « Guile-Queux », « Gui-le-Preux », « Villequeux », « Gui-le-Comte », « Gilles-le-Cœur » et enfin le nom que nous connaissons, depuis 1800.

GLACIÈRE Jadis, la Bièvre qui coulait là formait parfois des mares qui, gelant l'hiver, servaient de patinoires improvisées aux Parisiens. D'autre part, cette eau sous forme de glace était récupérée et mise au fond de puits recouverts de terre afin de servir pendant les périodes estivales. C'est pour ces deux raisons que cette rue fut baptisée ainsi en 1863.

GLAÏEULS Dans les anciens parcs de Bagnolet et des Bruyères, qui se trouvaient à proximité, il y avait beaucoup de fleurs et parmi elles des glaïeuls qui donnèrent leur nom à cette rue en 1936.

GLIZIÈRES Cette villa, baptisée en 1999, tire son nom du lieu-dit « Les glizières » qui évoque les « glaisières », terrains d'où était autrefois tirée la glaise.

GLUCK (1714-1787). Christoph Willibald, chevalier von Gluck, compositeur de nationalité allemande, né à Weidenwang, mort à Vienne. En 1736, le prince Melzi l'engagea pour sa musique particulière et l'emmena à Milan. C'est là qu'il composa « Artaterse », « Demetrio » et « Siface ». Londres le réclamant, il s'y rendit pour écrire « la Caduta de Giganti ». Revenu à Vienne en 1748, il composa « la Clemenza di Tito », « il Trionfo di Camillo » et « Antigono ». Mais c'est seulement en 1762, avec « Orfeo ed Euridice », que Gluck appliqua ses premières idées rénovatrices, empreintes d'une grande puissance d'invention alliée au pathétique et à la vigueur, éloignées de toute mièvrerie. Il fut surnommé « le Michel-Ange de la musique ». Lui qui transforma l'opéra en un drame plein de force eut beaucoup de contradicteurs; on connaît d'ailleurs la querelle qui l'opposa à Piccini et à laquelle se mêlèrent Jean-Jacques Rousseau et Marmontel. Mais en 1777 et 1779 « Armide » et « Iphigénie en Tauride » imposèrent silence aux ennemis de Gluck, dont une rue porte le nom depuis 1860.

GLYCINES En 1928 s'ouvrit la « cité florale » à l'intérieur de laquelle chaque rue reçut un nom de fleur. Ce fut une bien charmante initiative. Bien entendu, la rue des Glycines fait partie de ce groupe de rues.

GOBELINS Célèbre établissement de tapisserie et de teinture située entre l'avenue des Gobelins, la rue Croulebarbe et la Bièvre. Les Gobelins étaient une famille originaire de Reims qui, au XIVe siècle, installa à Paris un commerce de teinture. Gilles Gobelin s'enrichit et acquit de grandes propriétés en bordure de la Bièvre, qu'on appela alors « rivière des Gobelins ». Son fils Philibert puis ses petits-enfants agrandirent leur fortune de telle sorte qu'à la quatrième génération les Gobelins renoncèrent à leur profession première pour acheter des actions et des titres. Mais ils laissèrent leur nom au quartier dans lequel ils prospérèrent. On a pu dire à leur propos que « la famille Gobelin est arrivée à l'immortalité par la tapisserie sans avoir jamais fabriqué un mètre de tenture ». En effet, ce n'est qu'après leur départ que dans leur ancienne maison Louis XIV réunit en 1662 ses ouvriers tapissiers et fonda la Manufacture royale des meubles de la Couronne, sous la direction de Colbert. Au début, des ébénistes s'étaient joints aux tapissiers, mais en 1699 on cessa la fabrication des meubles pour ne s'adonner qu'à la confection de tapisseries. Sous la Révolution, on brûla toutes les tapisseries ornées d'une fleur de lis ou autre emblème royal, et on n'accepta que la fabrication des modèles compatibles avec les idées républicaines. À partir de 1804, les Gobelins ne travaillèrent que pour le compte du chef de l'État et ce, jusqu'à la fin du second Empire. Ils redevinrent Manufacture nationale avec la IIIe République. La Manufacture des Gobelins possède sa propre école et continue à représenter ce qu'il y a de meilleur dans la tapisserie française. L'avenue des Gobelins existe depuis 1869, mais la rue depuis 1552.

GOBERT (1807-1833). Le baron Napoléon Gobert était un philanthrope, fils de général, qui trouva la mort au Caire, d'un accès de fièvre. Dans son testament, il légua deux rentes de 10000 francs pour la création de deux prix annuels décernés l'un par l'Académie française pour le texte d'histoire de France le plus éloquent, l'autre par l'Académie des inscriptions pour le travail le plus profond et le plus savant sur l'histoire de France. La rue Gobert existe depuis 1867

GODEFROY Ouverte en 1826, cette rue porte depuis lors le nom du propriétaire du terrain sur lequel on la construisit.

GODEFROY CAVAIGNAC (1801-1845). Homme politique, fils d'un célèbre Conventionnel, né à Paris. Godefroy Cavaignac prit une part active à la révolution de 1830, pendant laquelle il fut nommé capitaine d'artillerie de la garde nationale. Hostile à toute monarchie, après les événements survenus en avril 1834 on l'emprisonna à Sainte-Pélagie; il s'en évada et se rendit en Angleterre, en juillet 1835. Rentré à Paris en 1841, il devint, en 1843, président de la Société des droits de l'homme. Rude fit une statue de Godefroy Cavaignac, que l'on peut voir au cimetière de Montmartre : elle représente sans doute un point culminant dans l'œuvre de Rude. La rue existe depuis 1847.

GODIN M. Godin était un des propriétaires de cette voie privée lorsqu'elle fut ouverte au début de ce siècle.

GODOT DE MAUROY Nom d'un des propriétaires des terrains sur lesquels on ouvrit cette rue, ainsi baptisée depuis 1818.

GOETHE (1749-1832). Johann Wolfgang von Goethe, poète allemand, né à Francfort-sur-le-Main, mort à Weimar. Après divers écrits de jeunesse sans grand intérêt et une courte période durant laquelle il s'intéressa à l'alchimie et au mysticisme, on peut dire que c'est à partir de 1770, lors de son séjour à Strasbourg, que Goethe se révéla véritablement en jetant les bases de l'universalisme qui devait devenir le trait le plus caractéristique de son génie. Épris de Frédérique Brion, fille d'un pasteur, il rédigea pour elle de très beaux poèmes lyriques. Il écrivit « Werther » (1774), avant d'être appelé fin 1775 à Weimar par le jeune duc Charles-Auguste pour être son conseiller, son ministre et son ami. Il s'initia aux affaires et, sur un autre plan, sa liaison avec Mlle de Stein lui enseigna le renoncement et l'empire sur soi. Dans ses écrits, la manière tumultueuse de sa jeunesse fait graduellement place au style classique qui sera celui de sa maturité. Il écrit « Iphigénie » (plusieurs versions), « Egmont » et « Wilhelm Meister ». De septembre 1786 à juin 1788 il vit en Italie; à son retour en Allemagne, il rompt avec Mlle de Stein et se lie avec une simple ouvrière qu'il épousera plus tard, Christiane Vulpius; il en eut un fils, Auguste (1789-1830). Certain de l'importance du mouvement révolutionnaire français, Goethe a écrit, le soir de la bataille de Valmy : « De ce lieu et de ce jour date une nouvelle époque dans l'histoire du monde, et vous pourrez dire : j'y étais. » En 1794, sa rencontre avec Schiller donna au poète comme un renouveau de jeunesse; leurs dix années de liaison furent une époque de création magnifique. On peut dire de Goethe qu'il fut à la fois poète, homme d'État et savant, et qu'il embrassa toute l'étendue des connaissances humaines. Citons, parmi ses ouvrages : « Hermann et Dorothée », « Élégies romaines », « la Métamorphose des plantes », « Optique », « le Divan occidental et oriental », « Vérité et fiction », « Faust » et « le Nouveau Faust », ainsi que « les Affinités électives ». Entre autres choses, il a dit : « Nous devons nous en tenir à la vieille coutume de garder la tête haute », « Des habitudes tant qu'il te plaira, mais non une habitude », « On ne vit qu'en laissant vivre » et « Il n'y a que le père qui n'envie pas le talent de son fils ». Enfin : « J'aime celui qui rêve l'impossible. » La rue Goethe existe depuis 1885.

GOIX M. Goix possédait le terrain sur lequel ce passage fut ouvert.

GOLDONI (1707-1793). Auteur italien né à Venise, mort à Paris. Il abandonna, à 40 ans, sa carrière d'avocat pour se consacrer au théâtre, persuadé que la scène italienne avait besoin d'une renaissance. On l'accusa alors de vouloir trahir le théâtre italien, mais il n'en eut cure et, travaillant ferme, il fit représenter, avec succès à Venise, en la seule saison 1749-1750, seize de ses pièces ! Mais les attaques dont il était la victime finirent pas le lasser et, admirateur de Molière, il vint à Paris et y poursuivit son combat contre la tradition des masques, des improvisations et des « lazzis » de la « commedia dell'arte ». Notre capitale lui réussit dans un premier temps puisque, outre le bon accueil réservé, en général, à ses pièces, il y devint le précepteur des princesses royales; mais dans un second temps – celui de la Révolution – il périclita et mourut dans la plus grande misère. Parmi ses œuvres : « les Rustres », « la Locandiera », « le Serviteur de deux maîtres », « Barouf à Chioggia » et une pièce en français « le Bourru bienfaisant ». Il a dit : « Qui n'a jamais quitté son pays est plein de préjugés. » On a donné son nom à une place en 1994.

GOMBOUST Jacques Gomboust, qui vécut au XVIIe siècle, sans que l'on connaisse les dates précises, était ingénieur. En 1652, il publia un « Plan de Paris », fort précieux, en neuf feuilles, que l'on reproduisit en 1858. Il fit aussi les plans des villes de Caen et Rouen. La rue Gomboust existe depuis 1864.

GONCOURT Les Goncourt étaient deux frères : Edmond (1822-1896) et Jules (1830-1870). Leur nom complet était Huot de Goncourt. Edmond naquit à Nancy, Jules à Paris. Tous deux moururent dans la capitale. Ensemble ils écrivirent « Histoire de la société française pendant la Révolution », « Henriette Maréchal » (pièce de théâtre), « Charles Demailly », « Sœur Philomène », « Renée Mauperin » et « Madame Gervaisais ». Seul, Edmond écrivit « la Fille Elisa » ainsi que « Chérie » et « Germinie Lacerteux ». Le dimanche, Edmond avait l'habitude de réunir au second étage de son hôtel d'Auteuil, qu'il nommait son « grenier », un cénacle d'amis et de fidèles; c'est là que prit corps l'idée de fonder l'académie Goncourt. Par son testament, Edmond créa cette académie, composée de dix membres à chacun desquels il affecta une rente de 6000 francs. Depuis 1903, l'académie Goncourt décerne chaque année le prix littéraire français le plus prisé. Il faut aussi parler du fameux « Journal des Goncourt », impressions des deux frères depuis la parution de leur premier livre (2 décembre 1851), portraits d'écrivains ou transcriptions de conversations littéraires. La rue des Goncourt existe depuis 1899

GONNET M. Gonnet était propriétaire du terrain sur lequel on ouvrit cette rue

GOSSEC (1733-1829). François Gossec, compositeur, né à Vergnies (Belgique), mort à Passy. Il fut directeur de la musique chez le prince de Conti. En 1771, il fonda le Concert des amateurs et, en 1784, créa l'École royale de chant, première origine du Conservatoire. Sous la Révolution on le chargea d'écrire des hymnes et des chants pour la célébration des fêtes nationales. Il ne prit sa retraite qu'à 82 ans. Il a écrit, avant la Révolution : « le Faux Lord », « Toinon et Toinette », « Philémon et Baucis » et « Thésée ». Pour la Révolution : « Chant du 14 Juillet », « Hymne à la Liberté », « le Triomphe de la République », etc. La rue Gossec existe depuis 1900.

GOT (1822-1901). François Got, comédien, né et mort à Paris. Il entra à la Comédie-Française en 1844 et en devint sociétaire en 1850. Il joua tous les grands rôles comiques et fut un des plus grands comédiens de son temps. Il interpréta « les Caprices de Marianne », « l'Ami Fritz », « le Flibustier », « Cabotins », etc. Il quitta la Comédie-Française, pour prendre sa retraite, en 1894. De 1877 à 1894 il avait été professeur au Conservatoire d'art dramatique. La rue Got existe depuis 1935.

GOUBET (1838-1903). Désiré Goubet, dont on donna le nom à une rue en 1934, était un ingénieur que l'on considère, à juste titre, comme un des précurseurs de la navigation sous-marine.

GOUNOD (1818-1893). Charles Gounod, musicien, né à Paris, mort à Saint-Cloud. En 1839, il remporta le premier prix de Rome. À son retour d'Italie, il entra comme organiste et maître de chapelle à l'église des Missions étrangères, où il resta trois ans. Durant cette période il envisagea sérieusement d'entrer dans les ordres. En 1851, il écrivit « Sapho », puis « Ulysse ». « La Nonne sanglante », en 1854, fut un échec. En 1858, le succès revint avec « le Médecin malgré lui » et surtout, en 1859, avec « Faust ». C'est en 1864 qu'il fit représenter « Mireille », que beaucoup considèrent comme son chef d'œuvre. Par la suite il écrivit aussi « la Colombe » (1866) et « Roméo et Juliette » (1867). Mais en dehors de toutes ses œuvres pour le théâtre, Gounod écrivit aussi des symphonies, des mélodies (« Sérénade »), des cantates (« Gallia »), des oratorios (« Rédemption » et « Mors et vita »), des messes, un « Te Deum », un « Stabat Mater » et « Jésus sur le lac de Tibériade ». Gounod, dont on donna le nom à une rue en 1894, fut membre de l'Académie des beaux-arts.

GOURGAUD (1783-1852). Le baron Gaspard Gourgaud, général, né à Versailles, mort à Paris. Sorti de Polytechnique en 1799, il fit les campagnes de l'Empire, devint officier d'ordonnance de Napoléon en 1811, sauva deux fois la vie de l'empereur et ne le quitta qu'après l'abdication de Fontainebleau. Il devint alors un des gardes du corps de Louis XVIII, mais pendant les Cent-Jours il rejoignit Napoléon et combattit à Waterloo. Il fut ensuite une des trois personnes qui suivirent l'empereur à Sainte-Hélène et écrivit, sous sa dictée, des « Mémoires pour servir à l'histoire de France sous Napoléon ». En 1818, il revint sur le continent, puis passa en Angleterre où il chercha en vain à intéresser les puissants au sort du célèbre captif. Il rentra en France en 1821. À la révolution de 1830, on lui confia le commandement de l'artillerie de Paris et de Vincennes. En 1835 il entra à la Chambre des pairs et en 1849 il représenta, comme député, le parti modéré à l'Assemblée législative. L'avenue Gourgaud existe depuis 1869.

GOUTHIÈRE (1741-1806). Désiré Gouthière, ciseleur, bronzier et fondeur, né à Troyes. À partir de 1770, il travailla pour la Couronne et fut, entre autres, chargé de travaux décoratifs au château de Louveciennes pour Mme Du Barry. Il personnifia parfaitement le style Louis XVI. Le Mobilier national possède de lui deux vases merveilleux et, au Trianon, il est possible d'admirer une lanterne qui passe pour son chef-d'œuvre. La rue Gouthière existe depuis 1933.

GOUTTE-D'OR L'appellation « Goutte-d'Or » est connue depuis le milieu du XVe siècle ; elle provient d'une vigne qui donnait un vin très réputé. Il était d'ailleurs de coutume, au Moyen Âge, que la Ville de Paris offre au roi quatre barriques de vin de la Goutte-d'Or. En son tracé actuel, la rue existe depuis 1814.

GOUVIEUX Ce nom vient d'un lieu-dit situé, jadis, sur la commune des Lilas. Il semble que ce lieu-dit ait un rapport avec la ville de Gouvieux, dans l'Oise, sur le territoire de laquelle se trouve l'emplacement d'un camp romain où s'arrêta César. Des anciens habitants de cette ville vinrent sans doute résider dans ce qui allait devenir le « lieu-dit des Gouvieux ». Depuis 1930, cette voie a été annexée par Paris.

GOUVION-SAINT-CYR (1764-1830). Le marquis Laurent de Gouvion-Saint-Cyr, maréchal de France, né à Toul, mort à Hyères. Général de brigade en 1793 et de division en 1794, il se distingua au siège de Mayence (1795) et à la défense de Kehl (1797). De 1806 à 1807 il fit la campagne de Prusse, avant d'obtenir le commandement de l'armée de Catalogne et de prendre Rosas. C'est pendant la campagne de Russie qu'il reçut son bâton de maréchal. Chargé de défendre Dresde en 1813, il ne capitula qu'après l'épuisement de toutes ses munitions. En 1814 il se rallia aux Bourbons et se maintint à l'écart pendant les Cent-Jours ; cela lui permit d'être nommé ministre de la Guerre en juillet 1815. Mais ses ménagements vis-à-vis de ses anciens compagnons le rendant suspect aux « ultras », il dut se démettre. Le roi l'en dédommagea par le titre de marquis, avant de le rappeler, en 1817, comme ministre de la Marine, puis de la Guerre… Une nouvelle opposition le contraignit à partir, cette fois définitivement, en novembre 1819. Le boulevard Gouvion-Saint-Cyr existe depuis 1864.

GOZLIN (805-886). Gozlin (ou Goslin), évêque de Paris qui, selon certains historiens, serait un fils bâtard de Louis le Débonnaire. D'abord moine à Reims, il devint en 848 abbé de Saint-Germain-des-Prés. Sous Charles le Chauve, dont il était chancelier, il leva des troupes et marcha contre les Normands; fait prisonnier, il ne dut qu'au versement d'une forte rançon de recouvrer la liberté. Évêque de Paris en 882, il fit restaurer les murs de la ville et, pendant les fameux sièges de 885-86, combattit les Normands au côté du comte Eudes. C'est d'ailleurs des suites d'une blessure reçue pendant ces sièges qu'il mourut. La rue Gozlin existe depuis 1864.

GRÂCE DE DIEU Cette cour porte le nom d'une pièce de théâtre, écrite par Dennery et Gustave Lemoine vers 1860, qui obtint un franc succès au théâtre de la Gaîté dont le directeur, M. Meyer, était propriétaire du terrain sur lequel cette cour fut construite. C'est lui, Meyer, qui fit donner à cette voie privée son nom actuel en 1870, en souvenir de la comédie qui lui fit gagner pas mal d'argent...

GRACIEUSE Gracieuse était le nom d'une famille qui en 1245 possédait une maison à l'endroit où cette voie fut ouverte au début du XVIe siècle. Ce n'est cependant qu'en 1801 que la rue reçut son si joli nom actuel.

GRAISIVAUDAN Le Graisivaudan, ou Grésivaudan, est une région de France faite de la dépression que suit l'Isère depuis son confluent avec l'Arc jusqu'à la plaine de Grenoble. C'est un ancien lit de glacier. Les habitants du Graisivaudan, dont la capitale est, bien entendu, Grenoble, se nomment les Gratianapolitains... Le square du Graisivaudan existe depuis 1932

GRAMME (1826-1901). Zénobe Gramme, électricien belge né à Jehay-Bodegnee (Belgique), mort à Bois-Colombes. En 1867, il inventa des machines à courant alternatif. En 1869, il imagina ses machines à courant continu et, en 1872, il construisit sa fameuse dynamo qui se composait, à l'origine, d'un anneau de fer doux, enveloppé de plusieurs circuits, en rotation dans un champ magnétique intense. La rue Gramme date de 1900.

GRAMONT En 1765, la famille de Grammont (orthographe de la rue jusqu'en 1930), issue d'une seigneurie de Navarre, obtint l'autorisation de faire ouvrir deux rues sur l'emplacement d'un hôtel qu'elle possédait depuis trois générations. Une de ces deux rues fut baptisée à leur nom. Quand la famille Grammont obtint cette autorisation, elle avait dû, depuis 1725, céder une grande partie de ses biens, car un de ses membres, Antoine IV de Grammont, était mort criblé de dettes. Le dernier Grammont véritablement connu fut Louis, littérateur qui traduisit « Othello » de Shakespeare et écrivit plusieurs pièces, dont « Loulou » et « le Collier de misère », et vécut de 1854 au début de notre siècle. Un autre Grammont, bien avant, puisqu'il naquit en 1638 et mourut en 1673, Armand, comte de Guiche et général, se fit remarquer pour ses nombreuses intrigues galantes; ses assiduités auprès de la belle-sœur de Louis XIV, Mme Henriette d'Orléans, lui attirèrent même une disgrâce, qui ne dura guère, sa bravoure sur les champs de bataille du dieu Mars égalant sa fougue sur les champs de bataille préparés par Vénus...

GRANCEY C'est en 1875 que l'on donna à cette rue le nom du colonel des gardes mobiles Mandat de Grancey, tué à Champigny le 2 décembre 1870.

GRAND BALCON Ce nom a été donné, en 1996, à un balcon couvert qui, dans le Forum central des Halles, fait le tour d'une place dite « basse ». Deux escaliers relient notre « Grand Balcon », côté ouest, à la rue Baltard (elle-même étant située dans le « jardin des Halles »).

GRAND CERF Ce passage doit son nom à l'ancienne présence de l'hôtellerie du « Grand Cerf », qui existait encore en 1782 quand le lieutenant général de police Lenoir pensa à installer à sa place l'Opéra-Comique – ce projet ne vit pas le jour. De nombreuses voitures publiques et de messageries arrivaient à l'hôtellerie du « Grand Cerf ». Le passage qui nous intéresse était connu avant la Révolution et servait de débouché à l'hôtellerie qui possédait une entrée rue Saint-Denis et une autre rue Dussoubs.

GRANDE ARMÉE C'est en 1864 qu'on donna à cette avenue son nom actuel en souvenir de la célèbre armée qui fit les campagnes du premier Empire. Auparavant, cette avenue se nomma route de Neuilly, avenue de la Porte-Maillot et avenue de Neuilly.

GRANDE CHAUMIÈRE Cette rue doit son nom au bal de la Grande Chaumière, bal à la mode anglaise ouvert en 1788 par l'Anglais Tinkson. Les allées du bal de la Grande-Chaumière furent longtemps ornées des lauriers que Napoléon donna à Masséna après la victoire d'Essling et qui furent apportés là après la mort du maréchal. (À propos de lauriers, savez-vous qu'ils sont censés préserver de la foudre ?) Le bal de la Grande-Chaumière cessa d'exister en 1853. Quant à la rue, elle fut baptisée en 1842.

GRANDE PINTE C'était le nom d'un cabaret, situé rue de Charonne, dans lequel le célèbre Cartouche aimait venir boire au XVIIIe siècle.

GRANDE TRUANDERIE Connue depuis le XIIIe siècle, il est évident que cette rue doit son nom aux truands qui la fréquentèrent assidûment jusque sous le règne de Louis XIV. L'expression « la bourse ou la vie » était celle que l'on entendait le plus souvent dans ce quartier et la prostitution y était fort prospère.

GRANDES RIGOLES Cette place, ainsi nommée en 2004, se trouve à proximité de la chambre souterraine des « grandes rigoles » qui faisait partie de l'ensemble médiéval d'alimentation en eau de Paris, connu sous le nom de « sources du Nord ».

GRAND PRIEURÉ C'est parce qu'elle fut ouverte, en 1783, sur un terrain appartenant au grand prieuré du Temple (voir rue du Temple) que cette rue porte ce nom.

GRANDS-AUGUSTINS C'est l'ancien couvent des Grands-Augustins qui donna son nom au quai et à la rue. En 1261, Saint Louis installa, à hauteur de l'actuel n° 55, un couvent de frères de la Pénitence du Christ, ou « Sachets » (à cause de leur vêtement en forme de sac). Cette congrégation fut supprimée treize ans plus tard et, à leur place, vint s'installer un certain nombre de religieux de l'ordre des ermites de Saint-Augustin. Dans ce couvent, les nouveaux venus établirent un collège pour tous les moines de leur ordre ; on y étudiait la philosophie et la théologie avant d'être nommé professeur à l'université de Paris. En 1789, la Révolution ferma le couvent. Le quai des Grands-Augustins fut, en 1313, le premier quai construit à Paris. La rue des Grands-Augustins est connue, sous son nom actuel, depuis 1625.

GRANDS CHAMPS Cette rue reçut son nom en 1877. Elle le doit à un lieu-dit connu depuis le début du

XIXe siècle. On comprend facilement que ce lieu-dit était une vaste étendue verdoyante comme il y en avait beaucoup alors aux portes de Paris. Les « Grands-Champs », initialement, faisaient partie du territoire de la commune de Charonne.

GRANDS DEGRÉS Reçu vers 1720, ce nom est dû à un escalier de pierre qui, à cette époque, conduisait au bord de la Seine.

GRANDS MOULINS Cette rue a été baptisée en 2002 en souvenir des Grands Moulins de Paris, créés en 1920, et du bâtiment du même nom construit en 1923 sur le site de la ZAC Paris-Rive Gauche.

GRAND VENEUR Cette rue baptisée en 1987 doit son nom à l'ancienne présence, à proximité, d'un « hôtel du Grand Veneur ». Il appartint sans doute à un grand veneur (peut-être celui de Charles X) chargé d'organiser et de s'occuper des chasses à courre.

GRANGÉ (1810-1887). Eugène Basté, dit Eugène Grangé, auteur dramatique né et mort à Paris. Sa première pièce, « les Chevaliers d'industrie », fut jouée aux Funambules. Auteur prolifique et spirituel, Grangé donna ensuite « les Bohémiens de Paris », « les Chevaliers du Pince-Nez », « la Mariée du Mardi-Gras », « le Moulin du Vert-Galant », « le Mariage de Groseillon », etc. Le square Grangé existe depuis 1914.

GRANGE AUX BELLES Déformation ou poétisation de « Grange aux Pelles ». Au XVe siècle, une pelletée se disait « pellée ». Il semble presque certain qu'à cette époque, lors de la formation des fossés de la ceinture de Sainte-Opportune, la terre déblayée et les gravats furent déposés dans une grange située à l'emplacement actuel de la rue qui nous intéresse, ou dans l'ex-impasse Sainte-Opportune.

GRANGE-BATELIÈRE Initialement, cette rue s'appelait de la « Grange-Bataillée », du latin « Bataillata », qui signifie fortifiée, crénelée. En effet, au XVIIe siècle une grange fut fortifiée à cet endroit. Un peu plus tard, à cause d'un cours d'eau dont le nom est perdu, mais qui pouvait presque « porter bateau », comme on disait à l'époque, le mot « bataillée » put facilement devenir « batelière ». Au sujet de ce cours d'eau, qui passe sous l'Opéra, signalons cet extrait d'un rapport fait, justement à l'occasion de la construction de cet édifice : « Au lieu d'un fond solide, on rencontra à cinq à six mètres de profondeur le lit d'un ancien cours d'eau et des sables d'alluvion qui obligèrent de pilorer. » Sur son tracé actuel, la rue de la Grange-Batelière existe depuis 1851

GRAVELLE C'est la proximité du plateau de Gravelle qui fit donner ce nom à cette rue en 1919. Est-ce la maladie nommée gravelle, caractérisée par la présence, dans les voies urinaires, de petits calculs semblables à des grains de sable, qui donna son nom au plateau? La preuve ne peut en être apportée.

GRAVILLIERS Les graveliers étaient des ouvriers qui, au XIIIe siècle, préparaient les étoffes à recevoir la teinture, au moyen de cendre gravelée, qui est de la lie de vin séchée, puis calcinée. En 1250, la rue qui nous intéresse était habitée par des graveliers et c'est à eux qu'elle doit son nom.

GREFFULHE Cette rue fut ouverte, en 1839, sur des terrains appartenant conjointement aux comtes de Ségur et de Greffulhe. Le comte Greffulhe, qui donna son patronyme à la rue, est peu connu, mais il eut un descendant, ou un parent, qui l'est un peu plus. Il s'agit de Henri Charles Emmanuel Jules Greffulhe, comte, né et mort à Paris (1848-1932). Député de Seine-et-Marne à partir de 1889 et conseiller général du canton de Melun, il dénonça sans cesse ceux qui trahissaient la France tout en la gouvernant. Concrètement, il encouragea toutes les entreprises pouvant venir en aide à notre agriculture. Il fut président de la Société de sports de France.

GRÉGOIRE DE TOURS (538 ou 539-594). Évêque et historien né à Clermont-Ferrand, mort à Tours. Il était apparenté aux plus riches familles de la Gaule. Ordonné diacre en 563, il fit cette même année un pèlerinage à Tours, au tombeau de saint Martin. Il y demeura auprès de l'évêque Euphronius, cousin de sa mère, auquel il succéda en 573 Le roi de l'époque, Sigebert, honora de sa présence le sacre de Grégoire de Tours, comme évêque, à Reims. Tout au long de sa vie, Grégoire de Tours défendit énergiquement son Église contre toute atteinte, même celle pouvant venir du nouveau roi, Chilpéric, à qui il refusa notamment de livrer des fugitifs réfugiés dans sa basilique. Les ouvrages de l'évêque de la capitale de la Touraine constituent la meilleure source d'informations que nous possédions sur son époque. Son œuvre principale est « Historia Francorum » (en traduction, dans la collection Médiations aux Éditions Gonthier). La rue existe depuis 1846.

GRENADE Sous la Restauration, « la Grenade » était une guinguette, très fréquentée, de la commune du Pré-Saint-Gervais. C'est cet établissement qui donna son nom à la rue, annexée par Paris en 1930.

GRENELLE Grenelle vient du mot « garanella » : petite garenne. Au Moyen Âge, en effet, la vaste plaine de Grenelle constituait une garenne dont les abbayes de Saint-Germain et de Sainte-Geneviève se partageaient la propriété. Cette garenne demeura jusque sous Charles X, n'ayant pour toutes habitations qu'une ferme et un modeste château, dit de Grenelle. En 1823, une société d'« entrepreneurs » (voir rue des Entrepreneurs) décida de lotir ces terrains, et dès 1830, Grenelle devint une commune distincte. Rappelons qu'avant d'être lotie, la plaine de Grenelle servait souvent pour les exécutions capitales militaires. La rue de Grenelle existe depuis 1868, le boulevard depuis 1864; le pont depuis 1827 (ce pont est dominé, en son centre, par une reproduction, due à Collas, de « la Liberté éclairant le monde » de Bartholdi). Le port de Grenelle existe depuis 1825 et le quai depuis 1837

GRENETA Certains attribuent le nom de cette rue à l'ancien hôpital de la Trinité, sis au 28 de cette rue. Effectivement, en 1313, elle s'appelait de la Trinité; ensuite, par déformation, elle se nomma successivement Derneteï, puis Derneta et enfin Greneta. Mais d'autres historiens de Paris pensent que « Greneta » provient de la construction, postérieure à celle de l'hôpital, d'un grenier ou d'un commerce de graines. C'est en 1868 que la rue Greneta fut baptisée sur son tracé actuel.

GRENIER-SAINT-LAZARE Encore une petite déformation due au temps : Grenier vient de Guernier, nom d'un propriétaire de quelques terrains près de l'ancien couvent de Saint-Lazare, proche. Cela au Moyen Âge, puisque la rue est connue depuis 1315.

GRENIER SUR L'EAU Pas question de grenier ici non plus, mais d'un certain sieur Garnier, dont on transforma graduellement le nom en Grenier, et qui habitait une maison au bord de la Seine vers 1240. La rue Grenier-sur-l'Eau est connue depuis 1390.

GRÈS C'est à cause de l'ancienne présence d'un dépôt de pavés, assez pompeusement baptisés « grès », que cette place prit son nom au XIXe siècle. Disons aussi que bien avant elle s'appelait « place principale de Charonne », puis « place du Carcan », car elle portait en son centre « le carcan d'infamie ».

GRESSET (1709-1777). Jean-Baptiste Louis Gresset, poète, né et mort à Amiens. Élevé chez les jésuites, il entra comme novice dans leur ordre en 1726. Son premier recueil de poésies parut en 1731 ; il fut suivi, en 1734, de « Ver-Vert, histoire d'un perroquet de Nevers » (en Nivernais, on raconte d'ailleurs encore l'histoire d'un perroquet qui, ayant voyagé en compagnie de marins mal embouchés, arriva chez ses propriétaires, des religieuses, en utilisant un langage fort peu châtié). Un des textes les plus connus de Gresset est « Chartreuse », épître dans laquelle il décrit avec mélancolie sa cellule du collège Louis-le-Grand. Il écrivit ensuite « Ombres », mais la malice de ces derniers vers le fit d'abord reléguer à La Flèche ; en 1735, il dut même quitter l'ordre des Jésuites. Revenu à Paris, il devint le commensal de l'hôtel de Chaulnes. Nommé par Frédéric II membre de l'Académie de Berlin en 1740, élu à l'Académie française en 1748, il retourna à Amiens, sa ville natale, en 1749, pour s'y marier. Après 1750, date à laquelle il organisa l'Académie des sciences, des belles-lettres et des arts, il s'adonna à nouveau totalement à la religion. Le sommet du talent de Gresset s'exprima surtout dans une comédie, « Méchant ». Une rue porte son nom depuis 1928.

GRÉTRY (1741-1813). André Modeste Grétry, compositeur, né à Liège, mort à Montmorency. En 1767, il fit représenter à Genève une de ses premières œuvres, « Isabelle et Gertrude », un opéra-comique. La même année, il rendit visite à Voltaire, qui résidait alors à Ferney, puis vint à Paris, à une époque où l'opéra-comique prospérait. Grétry, qui ne peut être considéré comme un musicien « savant », possédait cependant une réelle inspiration que ses connaissances musicales, sans être très poussées, permirent de compléter suffisamment. Il a écrit « Lucile », « le Jugement de Midas », « Colinette à la Cour », « la Caravane du Caire », « Épreuve villageoise », « Pierre le Grand », etc. Il s'essaya à la littérature en rédigeant un ouvrage dont l'ambition était philosophique : « la Vérité ». Il eut une fille, Lucille (1773-1793), musicienne précoce qui donna « le Mariage d'Antonio » et « Toinette et Lucas ». La rue Grétry existe depuis 1810.

GREUZE (1725-1805). Jean-Baptiste Greuze, peintre né à Tournus, mort à Paris. Il était fils de couvreur. Une de ses premières toiles, exposée au Salon de Paris de 1755, « le Père de famille expliquant la Bible à ses enfants », le fit connaître. Il transposa dans la peinture les théories esthétiques de Diderot. Sa peinture marque une réaction contre l'école mythologique de Boucher. Il excella surtout dans la peinture des jeunes filles, chez lesquelles la fraîche et rose carnation des visages décèle un élève heureux de Rubens. Principaux tableaux de Greuze : « l'Accordée de village », « la Laitière », « la Fille confuse », « l'Offrande à l'Amour », ainsi que des portraits de Fabre d'Églantine et de Chauvelin. Greuze fut admis à l'Académie de peinture en 1769. La fin de sa vie fut pénible : il perdit toute sa fortune et vécut, difficilement, de leçons. La rue Greuze existe depuis 1864.

GRIBEAUVAL (1715-1789). Jean-Baptiste Vaquette de Gribeauval, général né à Amiens, mort à Paris. Il se fit connaître par un rapport remarquable sur l'artillerie prussienne. Du coup, Marie-Thérèse le prit à son service comme chef de cette artillerie... Il défendit Schweidnitz contre

Frédéric II. Mais il fut fait prisonnier; libéré contre caution, on le nomma feld-maréchal lieutenant. Revenu en France, on le promut lieutenant général en 1765 et premier inspecteur de l'artillerie en 1776. C'est grâce à lui qu'au début de la Révolution, l'artillerie française était la meilleure d'Europe. La rue de Gribeauval existe depuis 1847.

GRIL C'est à cause de l'ancienne présence d'une enseigne figurant un gril entouré de fleurs que cette rue s'appelle ainsi depuis 1642.

GRIMAUD Les joueurs de cartes connaissent bien M. Grimaud, célèbre fabricant de cartes à jouer. C'est de son nom que l'on baptisa cette impasse, vraisemblablement au début de notre siècle.

GRISEL M. Grisel possédait une maison dans cette impasse.

GRISET Depuis 1910 cette cité porte le nom de l'un de ses propriétaires.

GROGNET M. Grognet était propriétaire du terrain sur lequel cette voie fut ouverte. La Ville de Paris arracha cette rue à Issy-les-Moulineaux en 1925.

GROS (impasse). M. Gros possédait une maison dans cette voie.

GROS (rue). Antoine Jean Gros (1771-1835), peintre d'histoire, né à Paris, mort à Meudon, était baron de surcroît. À 14 ans il entra dans l'atelier de David, et en 1794 partit pour Rome. À Gênes, en 1796, on l'incorpora dans l'armée. Mais Joséphine de Beauharnais, passant par la ville, l'emmena avec elle à Milan afin qu'il y peigne le portrait de Bonaparte. Pour Gros, la guerre était finie... En 1804, son tableau « les Pestiférés de Jaffa » reçut un accueil enthousiaste. À la même époque, il peignit un très grand tableau, « le Combat de Nazareth », dont Junot était le héros; un brin mesquin, Napoléon fit réduire de moitié les dimensions du tableau. En 1812, l'empereur chargea Gros de peindre, dans la coupole du Panthéon, les figures de Clovis, Charlemagne, Saint Louis et de Napoléon lui-même, bien entendu... Quand les Bourbons revinrent au pouvoir, on demanda au peintre de substituer l'image de Louis XVIII à celle de l'empereur. C'est à l'achèvement de ces peintures, en 1825, que Gros fut fait baron. L'apparition du romantisme amena le déclin de Gros qui se suicida en se noyant, à Meudon. La rue Gros existe depuis 1865.

GROS-CAILLOU Le Gros-Caillou était un bourg de la plaine de Grenelle qui commença à voir le jour à la fin du XVIIe siècle. Gros-Caillou fut le nom charmant que l'on donna à un énorme rocher qui se trouvait à l'intersection des rues Cler et Saint-Dominique actuelles. Ce rocher fut détruit par explosif en 1737 et le nom de Gros-Caillou servit alors d'enseigne à une maison de prostitution, que les potins de l'époque qualifiaient de « bien achalandée »... Le port du Gros-Caillou existe depuis 1823 et la rue depuis 1933.

GROSSE BOUTEILLE C'est une ancienne enseigne qui donna son nom à cette rue au XIXe siècle.

GROUPE MANOUCHIAN Le groupe Manouchian était un groupe de résistants de tous pays dont les 22 membres furent fusillés par les Allemands en mars 1944.

GUADELOUPE Île des Petites Antilles françaises et département français de 1 780 km^2 pour 387000 habitants dont le chef-lieu est Basse-Terre. La Guadeloupe est formée de deux îles : Basse-Terre et Grande-Terre. Malgré son nom, c'est Basse-Terre la plus élevée avec son volcan, la Soufrière, qui culmine à 1 467 mètres. Un certain nombre d'autres îles, telles que Marie-Galante et la Désirade, dépendent de la Guadeloupe. Elle fut occupée par les Français dès 1635; les Anglais la prirent plusieurs fois, mais elle revint définitivement à la France en 1815 et devint département français à partir de 1946. En dehors de Basse-Terre, la ville la plus importante est Pointe-à-Pitre. La rue de la Guadeloupe existe depuis 1877

GUATEMALA République d'Amérique centrale, au sud-est du Mexique, qui compte 14280000 habitants pour une superficie de 109000 km². La capitale est Guatemala City. C'est Pedro de Alvarado, lieutenant de Cortès, qui, en 1524, conquit le pays. Cette colonie espagnole se proclama indépendante en 1821. Elle fit partie de l'Empire mexicain de 1822 à 1823, puis des Provinces-Unies de l'Amérique centrale de 1823 à 1839. À cette date, le Guatemala devint un État totalement indépendant. Les habitants de ce pays, gros producteur de café, se nomment des Guatémaltèques. La place du Guatemala existe depuis 1967.

GUDIN (1768-1812). Étienne Gudin de La Sablonnière, général né à Montargis, mort à Voloutina (Russie). Il fit toutes les campagnes de la Révolution comme sous-lieutenant au régiment d'Artois et fut nommé général de division en 1800. À partir de 1805, il fit partie de la Grande Armée et se distingua à Iéna, Presbourg et Smolensk, avant d'être tué à Voloutina. Il eut un frère (1775-1835) qui devint aussi général de division en 1821. La rue Gudin existe depuis 1867.

GUÉBRIANT (1602-1643). Jean-Baptiste Budes, comte de Guébriant, maréchal de France né à Plessis-Budes, près de Saint-Brieuc, mort à Rottweil (Allemagne). Appartenant à une vieille famille bretonne, Guébriant se distingua dans les campagnes du Bas-Palatinat et au « passage du Rhin », en 1639. Quand le duc de Saxe-Weimar mourut, il reçut le commandement de son armée et, avec elle, battit les Impériaux à Wolfenbüttel (1641) et à Kempen (1642). Nommé maréchal en récompense de ses victoires, il mourut des suites d'une blessure. La rue Guébriant existe depuis 1933

GUEIMA Ville de la province de Constantine, en Algérie, près de la Seybouse et du djebel Mahonna. Les Romains l'avaient appelée Kalama; il subsiste quelques restes de cette ancienne ville. Une race de bœufs, dite « de Guelma », est très estimée. La villa de Guelma existe depuis 1877

GUÉMÉNÉE L'impasse Guéménée doit son nom à l'ancien hôtel des Rohan-Guéménée, situé place des Vosges, mais qui avait une entrée dans cette impasse. Victor Hugo, qui habita cet hôtel, empruntait la porte donnant sur l'impasse pour aller conter fleurette – et même un peu plus – à une boulangère de la rue du Petit-Musc. L'impasse Guéménée fut baptisée en 1700.

GUÉNÉGAUD (1609-1676). Henri de Guénégaud, comte de Montbrison, financier et homme d'État qui, en 1643, devint secrétaire d'État pour la maison du roi et en 1656 garde des Sceaux. Il tomba en disgrâce en 1669 et Colbert lui succéda. Guénégaud avait fait construire par Mansart, tout près de la rue qui porte aujourd'hui son nom, un hôtel à l'emplacement duquel se trouve actuellement l'hôtel des Monnaies. La rue existe depuis l'époque de la construction de l'hôtel Guénégaud, c'est-à-dire 1648.

GUÉNOT M. Guénot était propriétaire d'un immeuble dans cette rue qui porte son nom depuis 1934. Le passage Guénot a emprunté son nom au même propriétaire.

GUÉPINE « À la Guêpine » était le nom d'une maison dont la propriétaire initiale ne devait guère être affable, puisqu'une guêpine est une personne qui a le caractère et la méchanceté d'une guêpe... Cette impasse est connue depuis 1250.

GUÉRIN-BOISSEAU En 1250, cette rue était déjà connue, mais sous le nom de Guérin-Boucel, particulier qui avait présidé à sa construction. Elle garda ce nom jusqu'en 1350, date à laquelle Boisseau vint remplacer Boucel, sans doute par déformation. Jusqu'en 1873, beaucoup de savetiers y exerçaient leur profession mais à cette date au moins cinquante échoppes furent démolies pour la création de la rue de Palestro; cela permit à un quidam, qui ne trouvait plus chaussure à son pied dans cette rue, d'inscrire en grosses lettres ces mots qui y demeurèrent longtemps : « Ci-gît la rue Guérin-Boisseau. »

GUERSANT (1777-1848). Depuis 1885 cette rue porte le nom du docteur Guersant, spécialiste des maladies des enfants, qui résida au numéro 30.

GUIBERT M. Guibert était propriétaire d'une maison dans cette villa qui existe depuis 1892.

GUICHARD M. Guichard, avocat à la Cour de cassation vers 1825, acquit le parc d'une propriété ayant appartenu jusqu'en 1794 au vice-amiral Charles Henri d'Estaing, qui mourut sur l'échafaud. En 1854, au décès de Guichard, l'immense parc fut loti et six rues furent ouvertes, dont une fut baptisée « Guichard » en 1858.

GUIGNIER Le guignier est une variété de cerisier qui donne des guignes, fruits de couleur pourpre ou noire. Cette rue doit donc son nom, reçu en 1812, à une ancienne plantation de cerisiers de cette variété.

GUIGNIÈRES Ce nom rappelle que dans ce secteur il y eut, jadis, des plantations de guigniers, variété de cerisiers donnant la guigne, fruit à chair sucrée de couleur noire ou rouge foncé. La villa des Guignières fut baptisée en 1999.

GUILHEM (1815-1870). Le général Victor Guilhem fut tué à la bataille qui eut lieu à Chevilly, au sud de Paris. Une rue porte son nom depuis 1875

GUILLAUME APOLLINAIRE (1880-1918). Wilhelm Apollinaris de Kostrowitzky, dit Guillaume Apollinaire, poète et critique d'art, né à Rome, mort à Paris de la grippe espagnole. Sa poésie annonça, sans conteste, le surréalisme. Il rédigea principalement « Alcools » et « Calligrammes ». C'est lui qui écrivit le poème célèbre « Sous le pont Mirabeau ». Les vers suivants sont un peu moins connus, mais tout aussi beaux :

Je souhaite dans ma maison
Une femme ayant sa raison,
Un chat passant parmi les livres,
Des amis en toute saison
Sans lesquels je ne peux pas vivre.

Il ne dédaigna pas les œuvres érotiques, comme ses « Onze Mille Verges ». Sa rue existe depuis 1951.

GUILLAUME BERTRAND Propriétaire du terrain sur lequel cette rue, qui porte son nom depuis 1912, fut ouverte.

GUILLAUME TELL Héros légendaire de l'indépendance suisse, qui vécut au début du XIVe siècle. À cette époque, Gessler, bailli d'Albert Ier, empereur d'Autriche, avait ordonné aux Suisses de s'incliner devant un chapeau exposé sur la place publique d'Altorf. Tell refusa de se conformer à cet ordre et le bailli le condamna à abattre, avec une flèche, une pomme placée sur la tête de son enfant, sinon à mourir avec celui-ci. Tout le monde sait que Guillaume trancha la pomme. Mais ayant avoué, après sa réussite, qu'en cas d'échec il aurait tué le bailli, ce dernier le fit enchaîner et mener en prison sur un bateau. Guillaume Tell parvint à s'échapper, à l'occasion d'une tempête sur le lac des Quatre-Cantons, pour aller tuer Gessler, le bailli, sur la route de Küssnacht. Cette mort fut le signal du soulèvement des Suisses contre les Autrichiens. Guillaume Tell mourut noyé, quelque temps plus tard, entraîné par le courant après avoir sauvé un enfant des flots de la rivière Schächen. Schiller, en 1804, écrivit un drame en cinq actes intitulé « Guillaume Tell », et en 1829 Rossini, sur des textes de Jouy et Hippolyte Bis, fit un opéra en quatre actes portant aussi le nom de ce héros. Il semble que la légende de Guillaume Tell ait été tirée des légendes islandaises et développée par un historien suisse, Tschudi.

GUILLAUMOT Depuis 1898, cette rue porte le nom d'un de ses propriétaires.

GUILLEMINOT (1774-1840). Armand Charles Guilleminot, comte, général et diplomate né à Dunkerque, mort à Bade. D'abord attaché à l'état-major de Dumouriez en 1792, il entra à celui de la Grande Armée en 1805, avant d'être nommé général de division en 1813. Le passage de l'Empire à la Restauration se fit sans grand problème pour lui et, en 1823, il dirigea effectivement l'expédition d'Espagne, dont le chef nominal était le duc d'Angoulême. Nommé pair de France, il devint ambassadeur à Constantinople de 1824 à 1830. La rue Guilleminot existe depuis 1863.

GUILLEMITES Les guillemites étaient les membres d'un ordre religieux du XIIe siècle. Il eut pour fondateurs trois saints ermites : Guillaume, Albert et Renaud, qui s'étaient retirés dans la vallée de la Sienne. En 1248, Innocent IV leur donna le titre d'« ermites de Saint-Guillaume ». Leurs principaux établissements se trouvaient dans le nord de l'Italie et en Flandre. En 1298, Philippe le Bel leur offrit, à Paris, le monastère autrefois occupé par les « servites », dits « blancs-manteaux ». C'est sur l'emplacement de ce monastère que la rue des Guillemites fut tracée en 1802

GUISARDE Ouverte en 1620, cette rue doit sans doute son nom au fait qu'avant sa construction résidèrent sur son emplacement des partisans du duc de Guise, qu'on nommait « guisards » ou « guisardes », dans les années 1580.

GUIZOT (1787-1874). François Guizot, homme d'État et historien, né à Nîmes, mort à Val-Richer (Calvados). Issu d'une famille protestante, il fut élevé à Genève dans les principes du calvinisme le plus dogmatique. Arrivé à Paris en 1805, il devint après 1812 professeur d'histoire moderne à la Sorbonne. En 1814, l'abbé de Montesquiou, ministre de l'Intérieur, l'appela à ses côtés comme secrétaire général. Pendant les Cent-Jours il suivit Louis XVIII à Gand ; quand vint la seconde Restauration, on le nomma maître des requêtes au Conseil d'État. En 1820, un de ses protecteurs, Decazes, s'étant retiré, « assassiné » par ce mot de Talleyrand : « Decazes ? Il est à la fois suffisant et insuffisant… » Guizot reprit ses cours à la Sorbonne. En 1822, il fut suspendu pour ses attaques trop virulentes contre le nouveau ministère. Pendant six années, Guizot prit la plume (« Essais sur l'histoire de France », « Histoire de la révolution d'Angleterre », etc.), puis, en 1828, il fut réintégré à la Sorbonne. Élu député de Lisieux en 1830, Louis-Philippe le nomma alors ministre de l'Intérieur et Guizot adopta, à partir de ce moment, des idées nettement conservatrices. Membre du cabinet Thiers-de Broglie de 1832 à 1836, il organisa l'instruction primaire. Nommé ambassadeur à Londres en 1840, il n'y eut pas un comportement très brillant et fut rappelé en France la même année pour entrer dans le cabinet Soult comme ministre des Affaires étrangères jusqu'en 1848. Guizot s'occupait aussi beaucoup des affaires intérieures et on doit bien dire que c'est son refus d'opérer la moindre réforme, surtout en matière de loi électorale, et de prendre en considération les desiderata du parti libéral qui amena la révolution de 1848. Guizot donna sa démission et partit rejoindre le roi en Angleterre. Sa vie politique se termina là. Il était membre de l'Académie française. Une rue porte son nom depuis 1936.

GUSTAVE V DE SUÈDE (1858-1950). Gustave V de Suède était issu de la dynastie des Vasa dont le fondateur fut Gustave Ier Vasa, roi de 1523 à 1560. Quant à Gustave V, qui naquit au château de Drottningholm, il fut monarque de 1907 à sa mort. C'est son fils, Gustave VI, qui lui succéda. L'avenue Gustave-V-de-Suède existe depuis 1951.

GUSTAVE CHARPENTIER (1860-1956). Compositeur né à Dieuze, mort à Paris. Grand prix de Rome en 1887, élève de Massenet, il remporta un franc succès, en 1891, avec « Impressions d'Italie ». Cependant, c'est avec « Louise », roman musical datant de 1900, qu'il connut la gloire. Si Utrillo est surnommé le peintre de Montmartre, on peut dire de Gustave Charpentier qu'il fut le musicien de la Butte. Une rue porte son nom depuis 1978.

GUSTAVE COURBET (1819-1877). Peintre français né à Ornans (Doubs), mort en Suisse près de Vevey. Il vint à Paris en 1839 où il se forma à peu près seul en étudiant les coloristes espagnols, flamands et français. Son premier tableau remarqué fut « Homme à la pipe ». Quand la gloire arriva, grâce aux tableaux suivants : « Après-midi à Ornans », « Vallée de la Loue », « Enterrement à Ornans », « les Baigneuses », « Fileuse », « Demoiselles du village » et « Femme à la perruche », Courbet voulut ajouter à cette notoriété de l'artiste celle du théoricien en professant l'art démocratique et social. Il refusa la croix de Légion d'honneur que lui offrait Napoléon III et ce refus, qui lui valut une popularité extraordinaire, se traduisit, sous la Commune, par une élection dans le VIe arrondissement. C'est à ce titre de délégué de son arrondissement que Courbet demanda et obtint le renversement de la colonne Vendôme; traduit pour cela, en 1871, devant un conseil de guerre pour usurpation de fonctions et destruction d'un monument public, il fut condamné à payer les frais de réédification de la colonne, d'un montant de 350 000 francs. Réduit à travailler pour l'État jusqu'à la fin de ses jours, Courbet préféra passer en Suisse en 1873. Il y mourut d'une maladie de foie aggravée par la boisson. Sa rue existe depuis 1882.

GUSTAVE DORÉ (1833-1883). Dessinateur, peintre et statuaire, né à Strasbourg, mort à Paris. C'est à 11 ans qu'il fit paraître ses premières lithographies. À partir de 1848, il travailla au « Journal pour rire », où ses dessins connurent une grande vogue; ses œuvres suivantes : « Légende du Juif errant », « Rabelais », « Contes drolatiques », « Don Quichotte », « Fables de La Fontaine », « Divine Comédie » de Dante et « Roland furieux » eurent beaucoup de succès. Son imagination fantastique de peintre s'exprima dans « la Bataille d'Inkermann », « le Déluge » et des paysages. Une pointe de grotesque perce dans toutes ses compositions et leur donne un tour inoubliable. Sur la fin de sa vie, Doré s'adonna à la sculpture; dans ce domaine, citons principalement « la Vigne » et un groupe pour le monument d'Alexandre Dumas qui se trouve place Malesherbes. La rue Gustave-Doré existe depuis 1884.

GUSTAVE EIFFEL (1832-1923). Ingénieur né à Dijon qui, dès 1858, exécuta le grand pont métallique de Bordeaux. Il construisit ensuite le pont sur la Nive, à Bayonne et en 1868 deux grands viaducs sur piles métalliques de la ligne de chemin de fer Commentry-Gannat. Il réalisa aussi le pavillon de la Ville de Paris pour l'Exposition de 1878, ainsi que la façade de l'entrée principale de cette Exposition, mais il est évident que Gustave Eiffel est surtout connu pour avoir édifié au Champ de-Mars, en 1889, la tour qui porte son nom. Elle mesure 300 mètres de haut, son poids total est de 9000 tonnes et ses trois plates formes accessibles au public sont situées respectivement à 57, 115 et 276 mètres. Petite ombre sur Gus tave Eiffel, son implication dans la fameuse « affaire de Panama » en 1893 : administrateur de la Société pour la construction du canal de Panama, il eut à s'expliquer, en compagnie de Ferdinand de Lesseps et de bien d'autres, sur une assez mauvaise gestion des fonds. L'avenue existe depuis 1965

GUSTAVE FLAUBERT (1821-1880). Écrivain né à Rouen, mort à Croisset (Seine-Maritime). Il commença des études médicales qu'il abandonna vite pour se consacrer à la littérature S'il écrivit relativement peu, Flaubert a marqué les lettres françaises d'une empreinte indéfectible. Citons de lui : « Madame Bovary » (l'auteur disait « Madame Bovary, c'est moi.. »), « Salammbô », « l'Éducation sentimentale », « la Tentation de saint Antoine », « Bouvard et Pécuchet » et « Par les champs et par les grèves ». Voici la définition que donnait Flaubert de l'écrivain : « Dans son œuvre, comme Dieu dans l'Univers, présent partout, visible nulle part. » C'est aussi Flaubert qui écrivit : « Les chefs-d'œuvre sont comme les grands animaux. Ils ont la mine tranquille », et « Les dieux n'étant plus, et le Christ pas encore, il y a eu, de Cicéron à Marc Aurèle, un moment unique où l'homme a été seul ». Gustave Flaubert, célibataire qui consacrait rarement plus d'une journée aux femmes de sa vie, tant il était indépendant, eut cependant une longue liaison avec Louise Colet. La bibliothèque de Rouen conserve beaucoup de manuscrits originaux de l'écrivain, dont « Madame Bovary » et « Bouvard et Pécuchet ». Flaubert, qui dans sa jeunesse craignait de mourir enterré vivant, souffrait, mal gré sa robuste apparence, d'une maladie nerveuse qui abrégea sa vie La rue existe depuis 1893

GUSTAVE GEFFROY (1855-1926). Littérateur et critique né à Paris, il fut un ardent défenseur des « écoles nouvelles » et des « méconnus »; il mena campagne en faveur de l'ou verture des musées, le soir. Gustave Geffroy, qui administra la Manu facture des Gobelins et dont une rue porte le nom depuis 1937, a écrit : « le Musée du soir au quartier ouvrier », « l'Enfermé » et « les Minutes parisiennes »

GUSTAVE GOUBLIER (1856-1926). Ce compositeur de musique, dont peu d'œuvres sont parvenues jus qu'à nous, donna son nom à une rue en 1936.

GUSTAVE LARROUMET (1852-1903) Professeur et administrateur né à Gourdon, il fut nommé en décembre 1884, maître de confé rences de littérature française à la Sorbonne. En 1888, il dirigea les Beaux-Arts et fut chef de cabinet du ministre de l'Instruction publique

C'est lui qui succéda à Francisque Sarcey comme critique au « Temps ». Il a écrit « Lord Brougham », « Vers Athènes et Jérusalem » et « Marivaux, sa vie et ses œuvres ». La rue existe depuis 1932.

GUSTAVE LE BON (1841-1931). Médecin et sociologue, né à Nogent-le-Rotrou. En 1884, il se rendit aux Indes pour y étudier les monuments bouddhiques. C'est dès son retour en France qu'il commença à écrire. Ses principaux ouvrages sont « la Civilisation des Arabes », « les Monuments de l'Inde », et son meilleur livre « la Psychologie des foules ». La rue date de 1932

GUSTAVE LEPEU C'est depuis 1935 que ce passage porte le nom du fils du propriétaire du terrain sur lequel il fut ouvert

GUSTAVE MESUREUR (1847-1923) Homme politique né à Marcq-en-Barœul (Nord). Il débuta dans la vie comme dessinateur en broderies avant d'être élu conseiller municipal de Paris et de se faire remarquer par un rapport concernant le changement de nom de certaines rues de notre capitale, en 1881. Devenu député de la Seine en 1887, il fut ministre du Commerce et de l'Industrie en 1895-96. Vice-président de la Chambre de 1898 à 1902, on le nomma, plus tard, directeur général de l'Assistance publique. Sa rue existe depuis 1936.

GUSTAVE NADAUD (1820-1893). Chansonnier, né à Roubaix, mort à Paris. Il débuta dans le commerce, mais visiblement peu doué pour ce genre d'activité, il s'en détacha vite et, pour passer le temps, se mit à écrire des chansons. Celles ci eurent l'heur de plaire et Nadaud décida de poursuivre dans cette voie. C'est lui qui écrivit, entre autres, la chanson « les Deux Gendarmes » dont le refrain dit : « Brigadier, vous avez raison ». Gustave Nadaud écrivit plus de 300 chansons, d'inspiration diverse. Une rue porte son nom depuis 1894.

GUSTAVE ROUANET (1855-1927). C'est en 1932 qu'on donna à cette rue le nom de Gustave Rouanet qui avait été conseiller municipal du XVIIIe arrondissement.

GUSTAVE TOUDOUZE (1847-1904). Journaliste et romancier, né à Paris. Longtemps employé au Crédit foncier, il attendit 1870 pour débuter dans la littérature avec « le Pompon vert », puis « la Boutade égyptienne ». Il se montra dès lors très prolifique, faisant preuve d'un véritable tempérament littéraire. Parmi ses autres romans, citons « le Cécube de l'an 79 », « le Père Froisset », « Fleur d'oranger », « Ma douce », « la Vengeance des Peaux-de-Biques » La rue date de 1954

GUSTAVE ZÉDÉ (1825-1891). Ingénieur naval français, né à Paris. C'est lui qui établit les plans du premier sous-marin français, le « Gymnote ». Une rue porte son nom depuis 1912

GUTENBERG (1397-1468). Hans ou Jean Gensfleisch, dit Gutenberg, imprimeur né et mort à Mayence Ayant dû quitter sa ville natale en 1420, il vint résider assez longtemps à Strasbourg. Il s'y associa avec André Dritzehen pour la fabrication de miroirs. Cependant Gutenberg s'intéressait à l'imprimerie en cherchant à mettre au point une machine typographique. En 1450, il retourna à Mayence où le banquier Jean Fust lui avança l'argent nécessaire à ses recherches. Mais Gutenberg fut floué dans cette association, car Fust parvint à l'évincer en exigeant le remboursement immédiat des sommes prêtées. Gutenberg en étant incapable, Fust, avec un compère, Schœffer, exploita le matériel mis au point par l'imprimeur Gutenberg reconstitua alors, en compagnie d'un nommé Conrad Homery, un atelier dans lequel s'imprimaient plus de 200 feuilles par jour. Toujours assailli par les difficultés financières, Gutenberg eut cependant la chance, sur la fin de sa vie, de se voir accorder une pension et le titre de gentilhomme de la cour par le duc Adolphe de Nassau. Gutenberg, quoi qu'on en pense, n'a pas inventé l'imprimerie, qui existait avant sa naissance, mais il a perfectionné le matériel et la presse de l'imprimeur, tout en améliorant le système de la typographie, permettant ainsi à cette industrie de prendre un essor considérable. Une très belle statue de Gutenberg, par David d'Angers, se trouve place Gutenberg à Strasbourg. Quant à la rue qui porte son nom, elle date de 1904.

GUTTIN M. Guttin était propriétaire du terrain sur lequel cette rue fut ouverte.

GUYANE Ce boulevard porte le nom de la Guyane française, département d'outre-mer situé entre le Surinam et le Brésil. D'une superficie de 91 000 km² pour une population de 114 680 habitants, la Guyane, qui a pour capitale Cayenne, est une région agricole (canne à sucre principalement) et surtout forestière. Le fameux bagne n'y existe plus; par contre on y a installé, à Kourou, une base de lancement d'engins spatiaux. Le boulevard de Guyane existe depuis 1962

GUY DE LA BROSSE Médecin et botaniste qui mourut en 1641. Sa date de naissance est mal connue; on sait seulement qu'il vit le jour à Rouen. Il fonda le Jardin des Plantes et recueillit plus de 2 000 plantes dont il dressa un catalogue. C'est en 1837 que ce médecin de Louis XIII a donné son nom à une rue.

GUY DE MAUPASSANT (1850-1893). Écrivain né à Miromesnil (Seine-Maritime), mort à Paris. Filleul de Flaubert, il fut d'abord attaché aux ministères de la Marine et de l'Instruction publique pendant une dizaine d'années. Son premier roman paru fut « Boule de suif », en 1880. Maupassant s'était défini lui-même ainsi : « Armé d'un œil qui cueille les images, les attitudes et les gestes avec la précision d'un appareil photographique. » Il mourut, atteint d'une maladie mentale, après plusieurs années d'inconscience. Il a écrit : « Une vie », « Bel-Ami », « Pierre et Jean », « Fort comme la mort », « Miss Harriet », « le Rosier de Madame Husson », « la Maison Tellier » et, n'oublions pas, « Mont Oriol » et « Ce cochon de Morin ». Maupassant a dit : « Un baiser légal ne vaut pas un baiser volé », « Dieu, Messieurs, c'est un massacreur » et « Quand on a le physique d'un emploi, on en a l'âme » Sa rue existe depuis 1894.

GUYENNE Province française qui comprend le Bordelais, le Bazadais, le Périgord, le Limousin, le Quercy et l'Agenais. Après le mariage de Henry II d'Angleterre avec Éléonore d'Aquitaine, elle fut une source de luttes sans fin avec les Anglais. Ce n'est en effet que depuis 1469 que la Guyenne associa définitivement son histoire à celle de la France. Le square de la Guyenne existe depuis 1932.

GUY MÔQUET (1924-1941). Étudiant de 17 ans fusillé comme otage, au mois d'octobre 1941, par les Allemands. C'est en 1945 qu'on donna son nom à une rue

GUYNEMER (1894-1917). Georges Guynemer, aviateur né à Paris. Pendant la Première Guerre mon diale, il commanda l'escadrille des « Cigognes » et compta, personnellement, 54 victoires. Avant même qu'il soit abattu, son héroïsme en avait fait une figure légendaire. Une rue porte son nom depuis 1918.

GUY PATIN (1602-1672). Médecin et écrivain, né à Hodenc-en-Bray (Oise), mort à Paris. Il se brouilla avec sa famille en refusant d'embrasser une carrière ecclésiastique et, pour vivre, fut d'abord correcteur dans une imprimerie. Il devint docteur en 1624, se maria l'année suivante et se trouva à l'abri du besoin. En 1632, devenu professeur de chirurgie à la Faculté de médecine, puis au Collège royal, il était fort apprécié. En 1650, en qualité de doyen de la Faculté, il en défendit âprement les privilèges. Ce ne fut pas, soyons net, un médecin remarquable ; la saignée lui semblait être la panacée. C'est surtout sa verve et son esprit qui le rendirent célèbre. Pendant la Fronde il prit le parti des parlementaires et des princes et écrivit des « mazarinades » très haineuses, mais empreintes d'un esprit percutant. Guy Patin ne résista pas au chagrin causé par l'exil de son second fils, Charles, contre lequel Colbert avait lancé une lettre de cachet. Mourir ne dut cependant pas paraître trop pénible à notre médecin qui se réjouissait d'aller retrouver Aristote, Cicéron et Virgile... Guy Patin a écrit, en plus de « lettres » relatant parfaitement les mœurs du début du règne de Louis XIV, « De la saignée » et « Traité de la conservation de la santé ». Une rue porte son nom depuis 1864.

GUYTON DE MORVEAU (1737-1816). Le baron Louis Bernard Guyton de Morveau, chimiste, naquit à Dijon et mourut à Paris. D'abord avocat dans sa ville natale, il ne tarda pas à se passionner pour la chimie et à créer dans le chef-lieu de la Côte-d'Or un cours de cette discipline où il enseigna durant treize années. En 1772, il publia « Digressions académiques » où il exposait ses idées sur le phlogistique et la cristallisation. En 1773, il fit connaître le pouvoir des fumigations acides (qui furent dites « guytoniennes »), contre les miasmes contagieux. En 1786, il publia le premier volume d'un « Dictionnaire de chimie ». Quand la Révolution éclata, il en fut un chaud partisan et représenta la Côte-d'Or à la Convention de 1792. Devenu membre du Comité de salut public, il organisa d'efficaces moyens de défense, notamment dans le domaine de l'aérostation. Nommé membre de l'Institut en 1796, Guyton de Morveau dirigea aussi l'École polytechnique. Une rue porte son nom depuis 1895.

H

HABIB BOURGUIBA Homme d'État tunisien, né à Monastir en 1903, mort en 2000. Principal artisan de l'indépendance tunisienne, il fut le premier président de la République de Tunisie de 1857 à 1987. Il faut porter principalement à son crédit la promulgation du code du statut personnel qui permit l'émancipa tion de la femme tunisienne. Il fut, en outre, un fervent partisan de la francophonie. Une esplanade porte son nom depuis 2004.

HAIE-COQ Au XVIIe siècle il y avait, tout près de cette rue, une haie faite de feuillage dont la particularité était la couleur rouge de l'extrémité des branches, qui rappelait une crête de coq; on baptisa cette voie « de la haie-coq ». C'est depuis 1930 que cette rue, qui appartenait à la commune d'Aubervilliers, est rattachée à Paris.

HAIES En 1730 cette rue n'était qu'un modeste sentier. Quand on l'aménagea en 1844, on lui donna son nom actuel en souvenir des nombreux buissons qui la bordaient initialement.

HAINAUT Province de Belgique située entre les deux Flandres au nord, le Brabant à l'est, la province de Namur au sud et la France à l'ouest. Le Hainaut produisit longtemps, dans le Borinage, une grande quantité de charbon et demeure le centre industriel de la Belgique. C'est depuis 1869 qu'une rue de Paris porte le nom de cette province belge dont les villes principales sont Mons et Charleroi

HALÉVY (1799-1862). Jacques Fromental Lévy, dit Halévy, compositeur né à Paris, mort à Nice. Il obtint le premier prix de Rome en 1819. Dès son retour d'Italie il commença à composer de très nombreux ouvrages pour l'Opéra-Comique et le Théâtre-Italien. À partir de 1827, il professa dans la classe d'harmonie au Conservatoire, et en 1854 il fut nommé secrétaire perpétuel de l'Académie des beaux-arts. Parmi ses œuvres citons « la Juive », son plus grand succès, mais aussi « l'Artisan », « Guido et Ginevra », « les Mousquetaires de la Reine », « le Juif errant », « le Nabab », etc. La rue Halévy dédiée à ce compositeur, existe depuis 1864.
Son neveu, Ludovic Halévy, est certainement aussi connu que lui, sinon plus; écrivain né en 1834, mort en 1908, il écrivit, en collaboration avec Meilhac, les livrets de « la Belle Hélène » et de « la Vie parisienne », dont les couplets délicieux furent si bien mis en musique par Offenbach. Ludovic Halévy, auteur, sans Meilhac, de nombreux romans, appartint à l'Académie française

HALLÉ (1754-1822). Jean-Noël Hallé, médecin né et mort à Paris. Membre de la Société royale de médecine en

1778, professeur à la Faculté en 1794, puis membre de l'Institut, Jean-Noël Hallé eut le courage, rare, de défendre Lavoisier devant la Convention. Il a écrit « Rapport sur l'examen de la méthode pour préserver de la petite vérole par l'inoculation de la vaccine ». Une rue porte son nom depuis 1865

HALLES Cette rue doit son nom, reçu en 1854, à son voisinage avec les anciennes Halles de Paris, construites sous le second Empire par Baltard.

HAMEAU Au début du XIXe siècle, un philanthrope nommé Desrues construisit, pour y loger des gens dans le besoin, un certain nombre de masures dont l'ensemble fut baptisé « hameau du brave homme », ce brave homme étant bien entendu M. Desrues. La rue qui conduisait à ce groupe de maisons fut appelée « rue du Hameau », en 1818

HAMELIN (1796-1864). Ferdinand Hamelin, amiral né à Pont-l'Évêque, mort à Paris. Il prit part à l'expédition de Grèce de 1821 et à celle d'Espagne de 1823, comme lieutenant de vaisseau. Capitaine de frégate, il se distingua à la prise d'Alger en 1830. Nommé vice-amiral en 1848, il reçut en 1853 le commandement de l'escadre de la mer Noire; il bombarda Odessa, puis attaqua les forts de Sébastopol. En 1854 il reçut le grade d'amiral, juste avant de devenir ministre de la Marine de 1855 à 1860. Grand chancelier de la Légion d'honneur, il fut inhumé aux Invalides. La rue Hamelin existe depuis 1867.

HANNAH ARENDT Philosophe, spécialiste de théorie politique, écrivain et universitaire, qui vit le jour à Hanovre en 1906 et mourut à New York en 1975. Née allemande, elle obtint la nationalité américaine en 1951, après avoir quitté l'Allemagne pour la France en 1933 et rejoint les États-Unis en 1941. Elle a écrit, entre autres, « Les Origines du totalitarisme », « Sur l'antisémitisme », « La Condition de l'homme moderne », « La Vie de l'esprit », etc. Elle a reçu le prix Lessing en 1959 et, en 1975, le prix Sonnig pour sa contribution à la culture européenne. Une place porte son nom depuis 2003.

HANOVRE C'est la proximité d'un pavillon dit « de Hanovre » qui fit donner ce nom à cette rue en 1783 Ce pavillon avait été bâti en 1757 pour le maréchal de Richelieu. D'autre part, vous savez sans doute que le Hanovre est une province allemande, dont la capitale est justement Hanovre, qui compte 525 000 habitants

HARDY (1570-1631). Alexandre Hardy, poète dramatique français né à Paris. Tout jeune, il s'engagea comme « auteur » dans une troupe théâtrale de province – il devait donc lui fournir des pièces. En 1628, cette troupe se fixa à Paris. Pour elle, Hardy écrivit plus de 700 pièces en vers, dont une quarantaine seulement furent publiées. Auteur au talent assez mince, Hardy eut cependant le mérite d'avoir accompli des réformes essentielles dans la tragédie : il supprima les chœurs, créa l'intrigue et fortifia l'unité d'action. Citons de lui « Didon », « la Mort d'Achille » et « Alphée ». La villa Hardy existe depuis 1930.

HARLAY (1536-1619). Achille de Harlay, seigneur de Beaumont, conseiller au parlement de Paris. Il avait parfaitement compris que sous les guerres de Religion se cachaient les passions politiques les plus acharnées. Quand, après la journée des Barricades, le duc de Guise chercha à l'entraîner dans son camp, Harlay lui dit : « C'est grand pitié quand le valet chasse le maître. Au reste, mon âme est à Dieu, mon cœur est à mon roi, mon corps est entre les mains des méchants; qu'on en fasse ce qu'on voudra. » Guise le fit arrêter et emprisonner à la Bastille et Harlay n'en sortit que contre le versement d'une rançon de 10000 écus. Il se rendit alors à Tours pour rejoindre les partisans d'Henri IV; celui-ci le récompensa en érigeant en comté sa seigneurie de Beaumont. Tout le reste de sa vie, Harlay lutta contre les Jésuites, qu'il n'appréciait guère. La rue Harlay existe depuis 1607 et fut ouverte sur des terrains appartenant au seigneur de Beaumont lui-même

HARMONIE Jusqu'en 1877 cette rue portait le nom de « Sainte-Cécile », patronne des musiciens. À cette date, considérant sans doute qu'« il fallait faire dans le laïque », on remplaça le nom de la sainte par le nom actuel. Il est vrai que si sainte Cécile peut aider les musiciens, l'harmonie est également loin de leur être inutile... même si une certaine mode musicale actuelle tend à faire croire le contraire.

HARPE Le nom de cette rue ne doit rien à l'instrument de musique. En effet, le mot « harpe » désigne ici une sorte de pont que les militaires d'autrefois jetaient sur les fossés d'une place en les abaissant au moyen d'une série de poulies et de cordages. On s'en servit, au XIIIe siècle, à la porte fortifiée Saint-Michel, qui se trouvait à proximité. Sur son tracé actuel la rue de la Harpe date de 1851.

HARPIGNIES (1819-1916). Henri Harpignies, peintre né à Valenciennes. On lui doit un grand nombre de tableaux à l'huile et d'aquarelles représentant des sites de France et d'Italie. Citons parmi ses œuvres « Vue de l'île de Capri », « le Vésuve », « Chênes de Château-Renard » et « Route sur le Monte-Mario ». La rue Harpignies existe depuis 1929.

HARVEY (1578-1658). William Harvey, médecin anglais, né à Folkestone, mort à Lambeth. Jacques Ier et Charles Ier se l'attachèrent. Quand Charles Ier dut s'exiler, Harvey le suivit; il vint finir sa vie à Lambeth après la mort du roi. C'est en découvrant la circulation du sang qu'Harvey immortalisa son nom; il démontra irréfutablement le mécanisme de la grande et de la petite circulation. Il eut des détracteurs, mais d'autres au contraire, comme Descartes, ne doutèrent jamais de ses assertions. À la fin de sa vie, Harvey eut la satisfaction de constater que l'Europe entière s'était rangée à ses vues. En dehors de la circulation sanguine, il entreprit des travaux importants sur la génération et posa l'axiome suivant : « Omne vivum ex ovo » (Tout être provient d'un germe). La rue Harvey existe depuis 1864.

HASSART M. Hassart, dont cette rue porte le nom depuis 1910, était propriétaire d'une maison sise là.

HAUDRIETTES Les Haudriettes étaient des religieuses de l'ordre de l'Assomption-de-Notre-Dame, fondé en 1306 par Étienne Haudry, grand panetier (un des sept officiers de « bouche » du roi) de Philippe le Bel. C'est parce que les Haudriettes possédaient des terrains vers 1450, aux abords de cette rue, qu'on lui donna ce nom en 1881.

HAUSSMANN (1809-1891). Le baron Georges Eugène Haussmann, administrateur et homme politique, né et mort à Paris. Il entra en 1831 dans la carrière préfectorale. C'est en 1853, après l'avoir fait préfet du Var, puis de la Gironde, que le prince-président le nomma à Paris. Haussmann resta préfet de la capitale jusqu'en 1870. Il rénova l'aspect de Paris par le percement des grands boulevards, la construction du chemin de fer de ceinture, l'aménagement des bois de Boulogne et Vincennes. On lui reprocha d'avoir dû sacrifier à ses projets des quartiers entiers de Paris possédant d'anciennes maisons au long passé historique, mais on ne peut nier qu'il avait, en traçant ses larges avenues, une vue assez futuriste. Sa gestion, qui aboutit à un emprunt de 848 millions de francs, souleva de vives critiques, résumées dans un opuscule de Jules Ferry : « les Comptes fantastiques d'Haussmann ». On le releva de ses fonctions en 1870; il se présenta à la députation et fut élu en 1877 en Corse, mais ne tint qu'un rôle effacé à la Chambre. Le boulevard Haussmann existe depuis 1857.

HAUT Cette impasse privée doit son nom à sa position dans le « haut » de la cour des Artistes.

HAUTEFEUILLE La rue doit sa dénomination à une « haute futaie » et fit parler d'elle dès le règne de Saint Louis, sous le nom de « hautefeuillée ». On construisit ensuite un château qui fut dit « de Hautefeuille », mais ce n'est pas lui qui donna son nom à la rue, c'est le contraire.

HAUTERIVE C'est à cause de sa situation sur un point haut que cette villa fut baptisée ainsi par les propriétaires qui l'habitaient.

HAUTES-FORMES Les « Hautes-Formes », c'est le nom d'un lieu-dit, ainsi dénommé à cause de trois ou quatre maisons qui y furent édifiées au Moyen Âge et qui se distinguaient par leur hauteur supérieure à la moyenne générale de l'époque.

HAUTES TRAVERSES Cette villa, baptisée en 2002, doit son nom à un ancien lieu-dit situé sur l'ex-commune de Charonne.

HAUTEVILLE Cette rue fut ouverte, en 1775, alors que M. de La Michodière était prévôt des marchands de Paris. Comme une rue portait déjà son nom, il se souvint fort opportunément qu'il était aussi comte d'Hauteville grâce à une propriété qu'il possédait à côté de Vitry-le-François. Et voilà...

HAUT-PAVÉ Cette rue ne doit pas son nom au fait qu'elle fut habitée par des gens tenant le « haut du pavé ». Elle doit simplement sa dénomination à un ancien mauvais chemin pentu qu'on aménagea, avec le temps, pour en faire la voie actuelle.

HAUTPOUL (1754-1807). Jean Joseph Ange, comte d'Hautpoul, général né à Cahuzac-sur-Vère (Tarn), mort à Eylau. Sa conduite exemplaire au siège de Nimègue, en 1794, le fit nommer général de brigade. Passé à l'armée de Sambre-et-Meuse, il fut blessé à Altenkirchen en 1796. Cette même année, il fut fait général de division. À Austerlitz, c'est lui qui conduisit la fameuse charge de cavalerie qui enfonça le centre de l'armée austro-russe. Devenu sénateur en 1806, il continua cependant à se battre et c'est en chargeant les lignes russes, à Eylau, qu'il eut la cuisse brisée d'un coup de biscaïen (fusil de gros calibre). Il en mourut quelques jours après. La rue Hautpoul existe depuis 1865.

HAUTS DE BELLEVILLE C'est depuis 1960 qu'existe cette villa, dont la dénomination s'explique d'elle-même.

HAVRE Le Havre, dans le département de la Seine-Maritime, à l'embouchure de la Seine, est le port français par lequel s'effectue le plus important trafic avec l'Amérique. On y a ouvert le plus grand port pétrolier d'Europe, sinon du monde. Ville de 193 000 habitants, c'est la patrie de Bernardin de Saint-Pierre, René Coty, Raoul Dufy et Othon Friesz. La rue du Havre fut ouverte en 1845

HAXO (1774-1838). Benoît Haxo, général et ingénieur, né à Lunéville, mort à Paris. Il participa à de nombreuses batailles sous la Révolution et l'Empire. En sa qualité d'ingénieur du génie, il exécuta des travaux de fortifications très nombreux, tant en France qu'à l'étranger – par exemple à Constantinople, en 1807, pour le sultan Sélim. Prisonnier en 1813, il revint juste au moment des Cent-Jours et suivit Napoléon. La seconde Restauration le nomma néanmoins inspecteur général des fortifications. Commandant le génie de l'armée envoyée en Belgique en 1832, il dirigea le siège de la citadelle d'Anvers dont la prise porta sa répu tation à son comble. Haxo avait ima giné un type spécial de batteries casematées dont les premiers essais avaient été faits à Dantzig en 1811 La rue Haxo date de 1865

HÉBERT Cette place, qui existe depuis 1859, porte le nom d'un ancien maire de La Chapelle-Saint-Denis, commune à laquelle elle appartint initialement

HÉBRARD Ce passage porte, depuis 1877, le nom d'un des propriétaires du terrain sur lequel elle fut ouverte en 1818.

HÉBRARD Nom d'une famille qui était propriétaire d'une maison dans cette ruelle.

HECTOR GUIMARD C'était un architecte et décorateur français qui vit le jour à Lyon en 1867 et s'éteignit à New York en 1942. C'est lui qui imposa le style Art nouveau, plus connu sous l'appellation « modern style ». Il construisit, dans notre capitale, le « Castel Béranger » où il mêla pierres de taille, briques, céramique et fer; il utilisa des formes très asymétriques dans d'autres constructions, principalement à Auteuil. C'est lui aussi qui, de 1899 à 1904, réalisa les célèbres entrées des stations de métro qu'on venait de construire à Paris, créant ainsi un véritable « style Métro ». Une rue porte son nom depuis 1984

HECTOR MALOT (1830-1907). Littérateur, né à La Bouille (Seine-Maritime). Clerc de notaire, il se tourna vite vers la littérature. Ses romans tentent d'analyser les mobiles secrets des actions des hommes. Ses ouvrages les plus connus sont « Sans famille », « En famille », « Romain Kalbris », « les Batailles du mariage », « Pompon », « le lieutenant Bonnet » et « Amours de jeune, amours de vieux » La rue existe depuis 1912

HÉGÉSIPPE MOREAU (1810-1838) Poète et conteur né et mort à Paris. Orphelin, il fut élevé par charité dans un séminaire. D'abord correcteur dans une imprimerie de Provins, il connut dans cette ville la femme de sa vie qu'il appela « ma sœur » dans ses contes et poésies. Venu à Paris avec l'esprit d'un Rastignac, il se battit sur les barricades de Juillet, se fit maître d'études et, finalement, végéta sans argent ni logis. C'est alors qu'avec un parfait esprit d'à-propos il écrivit « Ode à la faim » Lors de quelques mois passés à Provins pour recouvrer la santé, il fonda un journal satirique, « Diogène », qui ne lui attira que des inimitiés. De retour à Paris, il passa son temps à se battre contre la misère et mourut, à 28 ans, dans un hôpital. Il a écrit « le Gui de chêne », « Thérèse Sureau », « la Fermière » et « la Voulzie », ainsi que plusieurs chansons libertines et des satires poli tiques. La rue existe depuis 1890

HELDER Le Helder était un fort de Hollande qui défendait l'entrée du Texel. Le 26 août 1799, le général anglais Abercromby y débarqua avec 15000 Anglo-Russes que le général Brune força à rembarquer.. C'est en mémoire de ce succès qu'on baptisa une rue « du Helder » par une décision du 12 brumaire an VIII (1799)

HÉLÈNE M. Forissier, constructeur de cette rue, lui donna le prénom de sa femme en 1830

HÉLÈNE BOUCHER (1908-1934). Aviatrice qui naquit à Paris. Elle détint sept records mondiaux différents. Un square porte son nom depuis 1965. De nombreux élèves connaissent bien le lycée, mixte aujourd'hui

HÉLÈNE JAKUBOWICZ (1925-1942). Résistante, membre des Jeunesses communistes, qui, née à Paris, mourut en déportation à Auschwitz. Une rue du quartier où elle habitait lui a été dédiée en 1996

HÉLIOPOLIS Signifie « ville du Soleil ». C'était une ville de l'an cienne Égypte, aujourd'hui en ruine, dans laquelle Jésus se serait reposé sous un sycomore lors de son voyage en Égypte avec Joseph et Marie – du moins la légende le prétend-elle. C'est à cause de la vic toire remportée en 1800 par Kléber (15000 hommes) sur les Mameluks (70000) qu'on donna le nom d'Héliopolis à une rue de Paris en 1877

HÉLOÏSE ET ABÉLARD Héloïse (1101-1164) et Abélard (1079-1142), amants célèbres et interdits, toujours cités pour évoquer l'amour profond et éternel (!). Elle était son élève, il la séduisit, ils vécurent ensemble; le chanoine Fulbert, oncle de la demoiselle, fit émasculer le pauvre Abélard qui se retira en Bretagne, mais fonda, près de Nogent-sur-Seine, l'abbaye de Paraclet dont Héloïse devint l'abbesse. La mort a réuni le couple mythique dans un même tombeau. La maison où ils s'aimèrent se trouvait à l'emplacement du numéro 9 actuel du quai aux Fleurs, à Paris. Un square porte leurs noms depuis 1988

HÉNAIN Cette cité porte le nom d'un de ses premiers propriétaires

HÉNARD (1812-1887). Architecte, né à Fontainebleau, mort à Paris, prénommé Antoine Julien, dont une des œuvres les plus importantes est la mairie du XIIe arrondissement C'est donc tout naturellement dans cet arrondissement qu'on donna son nom à une rue en 1990.

HENNEL Ce passage porte égale ment le nom d'un propriétaire

HENNER (1829-1905). Jean-Jacques Henner, peintre né à Bernwiller (Haut-Rhin). Ce fut un peintre de la lumière; la gamme de ses teintes va de l'ivoire clair au brun très sombre et du roux vénitien à un vert foncé. Nommé membre de l'Institut en 1889, il peignit, entre autres, « Lévite d'Héphraïm », « Biblis changée en source », « Christ mort » et « Dormeuse » La rue existe depuis 1908

HENRI IV (1553-1610). Roi de France, né à Pau, mort à Paris. C'était le fils d'Antoine de Bourbon, duc de Vendôme et de Jeanne d'Albret, reine de Navarre. Élevé dans le protestantisme, Henri IV épousa, en 1572, Marguerite de Valois, sœur de Charles IX. Peu de jours après ce mariage eut lieu le massacre de la Saint-Barthélemy auquel il n'échappa qu'en abjurant sa religion. En 1576, il rétracta cette abjuration et prit la tête du parti huguenot. Il joua un rôle important dans les guerres civiles d'alors et s'y fit remarquer pour sa bravoure tout autant que pour sa faconde qui le rendit fort populaire. En 1580, il s'empara de Cahors qu'Henri III refusait de remettre à sa femme, bien que cette ville fît partie de sa dot. En Guyenne, Poitou et Saintonge il conquit de nombreuses villes, puis vainquit le duc de Joyeuse, à Coutras en 1587 Un an plus tard, Henri III, chassé de Paris par les Ligueurs, l'appela à son secours et tous deux assiégèrent la capitale. Henri III périt assassiné; Henri IV se retrouva l'héritier direct de la couronne en 1589. Mais la Ligue refusa de le reconnaître pour roi et il lui fallut dix ans pour conquérir le pouvoir. Les huguenots étaient avec lui, la Ligue et le roi d'Espagne contre. En 1593, Henri IV rentra définitivement dans le giron de l'Église catholique (Paris vaut bien une messe) et en 1598, la signature de l'édit de Nantes vit la fin des guerres civiles. Dès lors, aidé par Sully, il s'ingénia à améliorer le sort de son peuple (« Je veux, disait-il, que chaque paysan puisse mettre la poule au pot le dimanche »). Il améliora les finances, développa le commerce, fraya des routes. Mais ses ennemis ne désarmaient pas et il dut déjouer maints complots. En 1599, son divorce fut prononcé et en 1600 il se remaria avec Marie de Médicis. En 1610, il s'apprêtait à entrer en guerre contre la maison d'Autriche lorsque Ravaillac, rue de la Ferronnerie, le tua dans son carrosse. Les soldats appelaient Henri IV « le roi des braves », l'Europe le surnomma « le Grand ». On connaît le goût qu'il avait pour les plaisirs et son attirance pour les jolies femmes; ses liaisons les plus connues : Gabrielle d'Estrées (la « Belle Gabrielle » qui lui donna un fils, le duc de Vendôme) et Henriette d'Entragues. Le boulevard Henri-IV fut baptisé en 1877, le port Henri-IV en 1843, la même année que le quai. Il y a aussi un passage Henri-IV qui date de 1822.

HENRI BARBOUX (1834-1910). Avocat né à Châteauroux. Il se spécialisa dans les causes financières. Ses plaidoiries les plus remarquables furent celles relatives aux affaires suivantes : les « bons » péruviens, l'emprunt portugais de don Miguel, Panama, Sarah Bernhardt pour sa sortie de la Comédie-Française, les victimes d'un incendie à l'Opéra-Comique. Cette rue existe depuis 1926

HENRI BARBUSSE (1873-1935). Écrivain qui s'est surtout rendu célèbre par un roman, « le Feu », fort prisé par tous ceux qui connurent, de près ou de loin, la Première Guerre mondiale. Henri Barbusse, dont une rue porte le nom depuis 1946, a dit : « Si on nous enlevait tout ce qui nous fait mal, que nous resterait-il ? »

HENRI BECQUE (1837-1899) Auteur dramatique né et mort à Paris. Il débuta par un livret d'opéra, « Sardanapale », en 1867. Il écrivit ensuite « l'Enfant prodigue », « l'Enlèvement », « les Honnêtes Femmes », « les Corbeaux ». Henri Becque peut être considéré comme le précurseur d'un théâtre « cruel » (rosse, serait un mot plus juste). En dehors de ses pièces, il collabora à divers journaux, notamment la « Revue contemporaine ». Henri Becque disait : « Le déluge n'a pas réussi; il est resté un homme! » Une rue porte son nom depuis 1899.

HENRI BOCQUILLON Propriétaire d'une maison dans cette rue quand on l'ouvrit en 1911

HENRI BRISSON (1835-1912). Homme politique né à Bourges. Inscrit en 1859 au barreau de Paris, il collabora, à cette époque, au journal « le Temps ». Adjoint au maire de Paris après le 4 septembre 1870, il fut, en outre, élu à l'Assemblée nationale, siégeant à l'extrême gauche. De 1881 à 1885, il fut président de la Chambre des députés, puis à nouveau en 1894 jusqu'à ce que Paul Deschanel le remplace en 1898. Cette même année il forma un ministère qui tint quatre mois... Homme droit qui bénéficiait d'une grande réputation d'honnêteté, Henri Brisson donna son nom à une rue en 1928.

HENRI CADIOU (1906-1989) Peintre français, né et mort à Paris, fondateur du Centre d'apprentissage de dessin d'art graphique et du groupe « les Peintres de la Réalité ». Un square porte son nom depuis 1998.

HENRI CHEVREAU (1823-1907). Administrateur né à Paris. Préfet de l'Ardèche en 1851, il fut celui de Paris en 1870. Après le 4 septembre, il se réfugia à Bruxelles. Il demeura un des chefs du mouvement bonapartiste et c'est en cette qualité qu'il fut élu député de l'Ardèche en 1885. La rue Henri-Chevreau existe depuis 1853, date à laquelle l'administrateur était sous-préfet de Saint-Denis.

HENRI CHRISTINE (1867-1941). Écrivit un nombre considérable de chansons, dont une grande partie demeurent encore connues. Collabora longuement avec Albert Willemetz. Il écrivit beaucoup d'opérettes, dont la plus célèbre est « Phi-Phi ». Ses chansons firent le bonheur de quantité de chanteurs, particulièrement Maurice Chevalier. C'est en 1960 qu'on donna le nom d'Henri Christine à un square.

HENRI DE BORNIER (1825-1901). Ce vicomte, littérateur et poète, naquit à Lunel et mourut à Paris. Il collabora à plusieurs journaux et revues et remporta de nombreux prix aux concours organisés par l'Académie française, qui l'accueillit d'ailleurs en 1893. Il publia des romans et pièces de théâtre parmi lesquels il faut citer « Un cousin de passage », « Dans son lit », « le Jeu des Vertus », « Poésies complètes », « la Fille de Roland », « l'Apôtre » et « Mahomet ». C'est Henri Bornier, dont une rue porte le nom depuis 1904, qui a dit : « Tout homme a deux pays, le sien et puis la France! » (Ce n'est, à vrai dire, qu'une légère adaptation de ce qu'avait prononcé avant lui l'Américain Jefferson : « Pour tout homme, le premier pays est sa patrie, le second est la France. »)

HENRI DE FRANCE (1911-1986). Né et mort à Paris, il inventa le système de couleur Secam après avoir participé, entre 1930 et 1947, aux travaux qui donnèrent le radar et la télévision. Il fond notamment, en 1931, au Havre, la Compagnie générale de télévision et mit au point des appareils à 60 lignes. Titulaire de la médaille de la Résistance et officier de la Légion d'honneur, on donna son nom à une esplanade en 1996.

HENRI DE LA VAULX Cet aéronaute, comte de surcroît, naquit à Bierville en 1870 et mourut dans le New Jersey en 1930. Il fonda l'Aéro-Club de France en 1898, se rendit célèbre par des voyages en Indochine, Chine et Japon et par le parcours Paris-Brest qu'il effectua en ballon libre; on lui doit aussi la première traversée France-Angleterre par ce mode de transport. À partir de 1905, il mit au point les dirigeables de la société Zodiaque; avec ces appareils, il participa – efficacement – à la guerre 14-18. Créateur, en 1906, de la Fédération aéronautique internationale, il mourut dans un accident d'aviation, lors d'un voyage de 25 000 km qu'il effectuait outre-Atlantique.

HENRI DELORMEL Depuis 1930, ce square porte le nom d'un propriétaire.

HENRI DESGRANGE (1865-1940). D'abord coureur cycliste, c'est lui qui établit le premier record mondial de l'heure de sa spécialité. Ensuite, précisément en 1900, il créa la quotidien sportif « l'Auto-Vélo » – devenu « l'Équipe » – et en 1903, il inventa le Tour de France cycliste. Une rue porte son nom depuis 1994.

HENRI DUBOUILLON Propriétaire du terrain sur lequel cette rue fut ouverte en 1913.

HENRI DUCHÊNE M. Duchêne pos sédait une maison dans cette rue ouverte en 1924.

HENRI ET ACHILLE DUCHÆNE Ce sont deux architectes paysagistes père et fils, qui, à la fin du XIXᵉ et au début du XXᵉ, surent perpétuer la tradition des jardins à la française, tout en la rénovant et en l'adaptant aux impératifs du goût moderne. Un square porte leur nom depuis 1998.

HENRI DUPARC (1848-1933). Compositeur, né à Paris. Il est principalement l'auteur d'un recueil de mélodies, parmi lesquelles on trouve « l'Invitation au voyage » et « la Vie antérieure », qui ont renouvelé la forme et l'expression du « lied » français. Une rue porte son nom depuis 1929.

HENRI DUVERNOIS (1875-1937). Simon Schabacher, dit Henri Duvernois, auteur dramatique et romancier. Fort connu à la Belle Époque, il a écrit dans un de ses ouvrages, « le Gentleman-Farmer », la phrase suivante : « Le bonheur, c'est peut-être ça : l'imagination. Quand on en manque, il ne reste que les platitudes de la vie. » La rue existe depuis 1956.

HENRI FEULARD En 1897, un incendie se déclara, à Paris, au bazar de la Charité; Henri Feulard, qui était médecin, mourut, victime de son courage et son dévouement, au cours de cet incendie. C'est en 1899 qu'on décida de donner son nom à une rue.

HENRI FISZBIN Syndicaliste, puis homme politique, né et mort à Paris (1930-1990), il fut député de Paris de 1973 à 1978, puis des Alpes-Maritimes de 1986 à 1988. Il fut aussi conseiller de Paris de 1977 à 1983. Une place porte son nom depuis 2003

HENRI FRÉNAY (1905-1988). Mili taire et homme politique français, natif de Lyon et résistant des premiers moments au déclenchement de la Seconde Guerre mondiale au cours de laquelle il contribua aux créations du réseau et du journal « Combat », puis de l'Armée secrète et qui fut un des trois chefs des Mouvements unis de Résistance. Membre du Comité français de libération nationale, on le nomma commissaire, puis ministre, dans le gouvernement provisoire (1943-1945). Compagnon de la Libération et grand officier de la Légion d'honneur, on a donné son nom à une place en 1995

HENRI GAILLARD (1871-1933). Conseiller municipal de Paris qui donna son nom à ce passage souter rain en 1934

HENRI HEINE (1799-1856). Poète allemand, le dernier des romantiques, né à Düsseldorf, mort à Paris. Deux périodes bien distinctes dans sa vie : l'une où son attirance pour la politique se fait nettement sentir, une autre où il se tourne vers la poésie. Durant la première période, celle qui correspond à son séjour en Allemagne, il écrivit « Reisebilder » (trois volumes dont le dernier fit de lui un tribun populaire), « Intermezzo » et « Livre des chants ». La seconde commence en 1831 avec son arrivée en France; il tenta alors de créer une entente intellectuelle entre notre pays et le sien, mais il ne s'attira que des inimitiés qui le poussèrent à se réfugier dans la poésie (« Atta Troll » et « Germania »). De gros ennuis d'argent le minèrent en même temps qu'une jalousie assez morbide vis-à-vis de sa compagne, Mathilde Mirat, qu'il épousera en 1841 après six années de vie commune. En 1848, Henri Heine tomba complètement paralysé et ses poèmes chantent alors sa douleur (« Romancero » et « Lazare »). Il semble que les dernières années de Heine aient été égayées par une sorte d'amour naïf qu'il éprouva pour Camille Selden (« la Mouche »). Dans toute son œuvre l'ironie est constamment présente. Heine a dit · « Celui qui prend femme est comme le Doge qui se marie avec l'Adriatique : il ne sait pas ce qu'il épouse. » Sa rue existe depuis 1945.

HENRI HUCHARD (1844-1910). Ce médecin membre de l'Académie de médecine donna son nom à une rue en 1939.

HENRI KRASUCKI Syndicaliste français né à Wolomin (Pologne) en 1924, mort en 2003. Il quitta son pays natal afin de fuir les persécutions antisémites et se réfugia à Paris avec ses parents, militants communistes. Durant la guerre, il s'engagea dans la Résistance, mais, arrêté, il fut déporté à Auschwitz, puis à Buchenwald; après la Libération, il devint d'abord ajusteur chez Renault, avant d'être, en 1946, secrétaire de l'UDCGT. En 1956 il entre au Comité central du Parti communiste français, en 1961 au Bureau confédéral de la CGT, en 1964 au Bureau politique du PCF et de juin 1982 à janvier 1992, il fut secrétaire général de la CGT. En outre il dirigea le journal «La Vie ouvrière» pendant vingt ans. Une place porte son nom depuis 2004.

HENRI LANGLOIS (1914-1977). Homme passionné de cinéma, né à Smyrne, mort à Paris, qui, en 1934, créa avec le cinéaste Georges Franju le « Cercle du cinéma » (un ciné-club), tout de suite avant de fonder en 1936, toujours avec Franju, la Cinémathèque française, association sans but lucratif dont il est d'abord le secrétaire et qu'il développera, tout au long de sa vie (d'abord avenue de Messine, puis rue d'Ulm et enfin avenue Albert-de-Mun, dans le cadre du Palais de Chaillot), jusqu'à en faire la plus grande cinémathèque du monde. Il n'est pas faux de dire que son action a favorisé l'éclosion du « néoréalisme » italien en 1938 et de la « nouvelle vague », en France, en 1958. Jean Cocteau a dit de lui « C'est le dragon qui veille sur nos trésors. » Une place porte son nom depuis 1995.

HENRI MARTIN (1810-1883). Historien, né à Saint-Quentin, mort à Paris. Se destinant au notariat, il aborda cependant rapidement la littérature en écrivant des romans historiques. En 1833, il fit paraître le premier volume d'une œuvre entreprise avec Paul Lacroix, « Histoire de France ». Le second volume de cette entreprise ne parut jamais, car Martin avait décidé de rédiger tout seul, sous une autre forme, toute l'histoire de notre pays. Seize volumes au total parurent en 1836, que l'historien compléta tout au long de sa vie. Cet ouvrage lui valut un prix de 20000 francs. Après le 4 septembre 1870, Henri Martin devint maire du XVIe arrondissement; en février 1871 il fut élu député de l'Aisne. Il lutta contre la Commune. L'Académie française l'accueillit en 1878. Une rue de Paris porte son nom depuis 1885.

HENRI MATISSE (1869-1954). Peintre, dessinateur et sculpteur français né au Cateau, mort à Nice. Considéré, dès 1905, comme le chef de file du fauvisme, il s'était assigné comme but de parvenir à « un art d'équilibre, de pureté et de tranquillité ». Et c'est tout à fait ce qui se dégage de ses œuvres, singulièrement celles de la fin de sa vie. Il aimait les formes un peu lovées et son trait, si dépouillé soit-il, dégage toujours une force véritable. Il inventa de nouveaux rapports de couleurs et rejoignit, à la fin de sa vie, les préoccupations artistiques des peintres non figuratifs. Il a peint « la Gitane », « Collioure », « les Marocains », « Odalisques », « Jazz », « Boxeur nègre », « Zulma », etc., et décora, superbement, la chapelle de Vence. Une rue porte son nom depuis 1987

HENRI MICHAUX (1899-1984). Écri vain, poète et peintre français, d'origine belge, né à Namur, mort à

Paris. Se destine d'abord à la médecine, mais abandonne vite cette idée et s'embarque plutôt, en 1920, à Boulogne-sur-Mer, sur un cinq-mâts. Il commence à écrire sérieusement en 1922, voyage en Équateur, Turquie, Afrique du Nord, Asie, puis, outre l'écriture, commence à dessiner (le dessin lui paraissant « libérateur ») en 1937. En 1939, il va au Brésil et, à partir de 1948, année de la mort de sa femme, il écrit de moins en moins et peint de plus en plus. Sa quête était la « recherche d'un équilibre qui ne s'instaure pas au prix de la négation de soi ». Parmi ses œuvres littéraires : « Un certain Plume », « Voyage en Grande Garabagne », « la Ralentie », « Misérable Miracle », « Idéogrammes en Chine », « Chemins cherchés, chemins perdus, transgressions ». Il a dit : « Même si c'est vrai, c'est faux ! », « On n'est peut-être pas fait pour un seul "Moi". Dans une double, triple, quadruple vie, on serait plus à l'aise. On veut trop être quelqu'un ! » et dans « Plume dans les appartements de la Reine » : « Caressez-moi surtout les jambes, sinon je risque tout de suite d'être distraite et je ne sais plus pourquoi je suis couchée... C'est alors que le Roi entra ! » Une rue porte son nom depuis 1995.

HENRI MOISSAN (1852-1907). Chimiste né à Paris. Il fut professeur de toxicologie à l'École de pharmacie et professeur à la Sorbonne. Devenu membre des Académies de médecine et des sciences (1888 et 1891), Henri Moissan fit d'intéressantes études sur les diamants naturels et parvint à fabriquer artificiellement des cristaux microscopiques de diamants. La rue existe depuis 1909.

HENRI MONDOR (1885-1962). Écrivain et chirurgien qui naquit à Saint-Cernin (Cantal). Il est, entre autres, l'auteur d'études intéressantes sur Stéphane Mallarmé L'Académie française le compta parmi les siens. La place Henri-Mondor existe depuis 1968.

HENRI MONNIER (1805-1877). Littérateur et caricaturiste, né et mort à Paris. D'abord clerc de notaire, il n'avait que 20 ans quand ses premiers dessins à la plume acquirent une certaine vogue. En 1825, il illustra des Fables de La Fontaine et des chansons de Béranger. Il se mit aussi à écrire des sortes de pochades plutôt triviales, mais d'une bonne humeur certaine. (« Dîner bourgeois », « Roman chez la portière », « le Voyage en diligence », etc.) Henri Monnier créa deux personnages truculents : Madame Gibou et Joseph Prudhomme qui apparaissent dans ses deux meilleures séries : « Scènes populaires » et « Mémoires de Joseph Prudhomme ». Dans les pièces qu'il fit représenter, l'auteur aimait jouer lui-même les rôles de ces deux personnages ; on peut même dire que dans la vie, il était devenu la représentation exacte de Joseph Prudhomme... Citons quelques-unes de ses pensées profondes : « Tout le plaisir de l'amour est dans le changement », « À force de sagesse on peut être blâmable » et « Ce n'est pas pécher que pécher en silence ». Sa rue existe depuis 1905

HENRI MURGER (1822-1861). Littérateur né et mort à Paris. Jeune, il devint le secrétaire du comte Tolstoï et ne tarda pas à se prendre de passion pour les lettres. Il commença alors à écrire des vers et différents articles dans la mansarde où il logeait ; en même temps, en compagnie de quelques amis, il mena une vie miséreuse et dilettante qu'il nomma lui-même « la vie de bohême ». En 1848, il travailla pour les journaux suivants : « l'Artiste » et « le Corsaire », puis, à partir de 1851, à « l'Événement », « le Dix Décembre » et la « Revue des Deux Mondes ». C'est de cette époque (1851) que datent les « Scènes de la vie de bohème » dont Puccini tira sa « Bohème », célèbre opéra qui nous compte les amours de Rodolphe et de Mimi... À partir de 1852, Henri Murger sortit de la pauvreté, mais il ne goûta pas longtemps les bienfaits de la richesse, sa santé ayant été fortement altérée par la médiocrité de sa vie précédente. Il se retira à Marlotte, près de Fontainebleau, puis revint à Paris pour y mourir à la maison de santé Dubois, 200, rue du Faubourg-Saint-Denis. Outre « la Vie de bohème », il a écrit : « Propos de ville et propos de théâtre », « le Roman d'un capucin », « les Roueries d'une ingénue » et « le Bonhomme Jadis ». La rue Henri-Murger fut baptisée en 1899.

HENRI NOGUÈRES Journaliste, historien et avocat, né à Bages en 1916, mort à Paris en 1990. Résistant au sein du mouvement « Franc-Tireur », il présida la Ligue des droits de l'homme de 1975 à 1984. Il est l'auteur d'une « Histoire de la Résistance en France » (3 volumes) et de « La vie quotidienne au temps du Front populaire ». Une rue porte son nom depuis 2002.

HENRION DE PANSEY (1742-1829). Pierre Henrion de Pansey, magistrat et jurisconsulte né à Tréveray (Meuse), mort à Paris. Il fut ministre de la Justice en 1814, puis président de la Cour de cassation. Il a écrit : « Dissertations féodales », « De l'autorité judiciaire » et « Du régime des biens communaux ». La rue Henrion-de-Pansey existe depuis 1845.

HENRIOT M. Henriot, qui n'a rien à voir avec Henri Maigrot, dit Henriot, caricaturiste qui dirigea « le Charivari », était propriétaire du terrain sur lequel on ouvrit cette impasse.

HENRI PAPE (1789-1875). Henri Pape, facteur de pianos et industriel, né dans le Hanovre (Allemagne), mort à Paris. Il apprit le métier d'ébéniste, puis vint à Paris en 1809. Il entra comme ouvrier dans la fabrique de pianos Pleyel, partit en Angleterre et à son retour s'installa comme facteur de pianos. Il apporta plusieurs innovations, notamment celle consistant à placer les marteaux au-dessus des cordes et à employer du feutre et non plus de la peau pour garnir ces mêmes marteaux. En outre, il inventa une machine à scier l'ivoire en spirale qui porte son nom. La rue Henri-Pape existe depuis 1897.

HENRI POINCARÉ (1854-1912). Henri Poincaré – cousin germain de Raymond Poincaré, l'homme politique –, mathématicien qui naquit à Nancy. Élève à Polytechnique, il fut appelé comme professeur à la Faculté des sciences de Paris en 1881 ; il y enseigna la physique expérimentale, la physique mathématique et le calcul des probabilités. En 1889 il remporta un prix mis en concours par le roi de Suède sur le « Problème des trois corps et les équations de la dynamique ». Henri Poincaré, membre de l'Académie française, peut être considéré comme un des premiers géomètres de la fin du XIXe siècle. Il a écrit « Théorie du potentiel newtonien », « Sur la théorie des fonctions fuchsiennes » et « Science et hypothèse ». Admis à l'Académie des sciences en 1887, une rue porte son nom depuis 1912.

HENRI QUEUILLE (1884-1970). Médecin et homme politique né à Neuvic-d'Ussel, mort à Paris. Radical-socialiste, il participa à notre vie politique pendant un bon demi-siècle. Député (1914-1935), puis sénateur (1935-1940), ancien combattant de la guerre 14-18, il rejoignit le général de Gaulle, à Londres. Réélu en 1944, d'abord comme membre de l'Assemblée consultative provisoire, il devint président du Conseil de 1948 à 1949. Il signa le Pacte atlantique

Ensuite, de 1952 à 1954, il fut vice président du Conseil dans les cabinets Pinay, Mayer et Laniel. Son nom a été donné à un terre-plein en 1979

HENRI RANVIER (1857-1918). M. Henri Ranvier, dont on affecta le nom à cette rue en 1931, avait été conseiller municipal du IIe arrondissement.

HENRI REGNAULT (1843-1871). Peintre, né à Paris, mort à Buzenval, d'une balle prussienne, sous l'uniforme du régiment de « marche » dans lequel il s'était engagé. Regnault était un coloriste original. Prix de Rome en 1866, il voyagea ensuite en Espagne (où il se prit de passion pour Velasquez et Goya), en Italie et au Maroc. Ses principaux tableaux sont : « Automédon domptant les chevaux d'Achille », « la Dame en rouge », « Départ pour la fantasia à Tanger », « Hassan et Namouna » et « l'Intérieur du Harem ». La rue Henri-Regnault existe depuis 1875

HENRI ROBERT (1863-1936). Avocat, né à Paris. Sa parole nette et vibrante le plaça vite au premier rang des avocats de cour d'assises. Il défendit notamment un nommé Chaumentin dans l'affaire Ravachol, l'anarchiste, auteur de nombreux attentats, guillotiné en 1892. Une rue porte son nom depuis 1948

HENRI ROCHEFORT (1830-1913). Marquis Henri de Rochefort-Luçay, dit Henri Rochefort, écrivain et homme politique, né à Paris. Se fit connaître par des articles mordants au « Nain », au « Figaro » et au « Soleil ». Il aimait se battre en duel et le gouvernement exigea, pour cette raison, qu'il fût exclu de la rédaction du « Figaro ». (Un de ses plus célèbres duels eut lieu avec Paul de Cassagnac, autre spécialiste du genre qui dit un jour à un jeune journaliste qui voulait se battre avec lui « J'ai lu vos articles; je choisis pour arme l'orthographe, vous êtes mort... ») Le 1er juin 1868, Henri Rochefort fonda son propre journal « la Lanterne »; ce fut un pamphlet permanent contre l'Empire et Napoléon III, si bien que Rochefort se trouva accablé d'amendes et de condamnations à tel point qu'il dut s'exiler en Belgique. Revenu en France en 1869, il se fit élire député et créa un autre journal « la Marseillaise ». Vaguement impliqué dans les incidents qui suivirent l'assassinat de Victor Noir par le prince Pierre Bonaparte, Rochefort fit de la prison jusqu'à ce que les événements du 4 septembre 1870 viennent le délivrer, pour en faire un membre du gouvernement de la Défense nationale. Adversaire de Thiers, il refusa pourtant de participer à la Commune ; après le rétablissement de l'ordre, il fut cependant condamné à la déportation dans une enceinte fortifiée; on l'envoya en Nouvelle Calédonie d'où il s'échappa au bout de quatre mois en 1873. En 1880, l'amnistie lui permit de rentrer en France et il créa le journal « l'Intransigeant ». En 1885 on l'élut député de Paris, mais il démissionna en 1886. Chaud partisan du général Boulanger, il le suivit en Belgique en 1889 et fut condamné par contumace à la détention. Il s'établit à Londres et put rentrer en France en 1895. Il y fit alors des campagnes mémorables contre les scandales de Panama, contre Dreyfus et pour le nationalisme. Il a écrit : « les Français de la décadence », « la Grande Bohème » et « les Aventures de ma vie ». C'est Henri Rochefort qui a dit : « La France a trente-six millions de sujets sans compter les sujets de mécontentement. » Une rue porte son nom depuis 1925

HENRI ROLLET (1860-1934). Henri Rollet était un avocat dont on donna le nom à cette rue en 1937

HENRI TOMASI Compositeur et chef d'orchestre français qui vit le jour à Marseille en 1901 et mourut à Paris en 1971. Jeune, il fut l'élève du compositeur Vincent d'Indy, au Conservatoire de Paris, et fut reçu premier grand prix de Rome à l'âge de 26 ans. Il composa des concertos, des symphonies, un oratorio (« François d'Assise »), mais, surtout, un grand nombre de musiques de ballets (« la Rosière du village », « Noces de cendres », etc.) ainsi que des opéras; parmi eux citons : « Sampiero Corso » et « le Triomphe de Jeanne ». La rue Henri-Tomasi existe depuis 1984.

HENRI TUROT (1865-1920). Henri Turot était un grand voyageur et explorateur dont on donna le nom à une rue en 1935

HENRY (cité). C'est M. Henry lui-même qui créa cette voie privée; il était normal qu'il lui donnât son nom

HENRY BATAILLE (1872-1922). Poète et auteur dramatique né à Nîmes. Il apporta une forme de lyrisme dans la description des mœurs contemporaines. Parfois morbide, il fut en tout cas un psychologue subtil et hardi de ce qui l'entourait. Il a écrit : « Marche nuptiale », « la Vierge folle », « Maman Colibri » et « la Femme nue ». La plupart de ses personnages étaient en lutte contre les tabous sociaux. Henry Bataille – ne pas confondre avec Georges Bataille, excellent auteur de romans érotiques comme « le Bleu du ciel » – a dit : « Le passé n'est jamais tout à fait le passé. » La rue Henry-Bataille existe depuis 1928.

HENRY DE BOURNAZEL (1898-1933). Militaire, né à Limoges. Considéré comme un des héros de la pacification du Maroc, il était capitaine de spahis quand il mourut, victime d'une embuscade, dans le Tafilalet, région du Sahara marocain, dans le Sud-Atlas. Une rue porte son nom depuis 1934.

HENRY DE JOUVENEL (1876-1935) Journaliste et homme politique né et mort à Paris. Il collabora au journal « le Matin » où ses articles furent très remarqués. Puis il s'adonna à la politique et devint sénateur. Il avait un frère, Robert de Jouvenel (1881-1924), auteur d'un livre satirique dont le titre est souvent cité, sans que son auteur ou ses descendants en tirent le moindre profit... « la République des camarades ». La rue Henry-de-Jouvenel date de 1936. N'omettons pas de citer également Bertrand de Jouvenel, futurologue contemporain

HENRY DE MONTHERLANT Henry Millon de Montherlant naquit et mourut à Paris (1896-1972). Écrivain, après des premières œuvres (« la Relève du matin », « le Songe ») autobiographiques, il célébra surtout, par la suite, un idéal de vie pleine d'héroïsme où la femme n'a guère de place (« les Bestiaires »), puis exalta la sensualité (« les Voyageurs traqués »). Son ouvrage « les Célibataires » est une excellente étude de mœurs, tandis que « les Jeunes Filles » (1936) ou « Pitié pour les femmes » (1936 également) rabrouent une forme de morale un peu midinette. Il accomplit aussi une œuvre théâtrale importante · « Fils de personne », « la Reine morte », « le Maître de Santiago », « Malatesta », « la Ville dont le prince est un enfant », « Port-Royal ». Dans ses ouvrages, il glorifia souvent le suicide et se donna la mort. Il était entré à l'Académie française en 1969. Une place porte son nom depuis 1982

HENRY DUNANT Ex-Jean Henry Dunant (voir ce nom)

HENRY FARMAN (1874-1958). Aviateur français d'origine anglaise (son prénom peut aussi s'orthographier « Henri »), né et mort à Paris. C'est lui qui effectua, en 1908, le premier kilomètre en circuit fermé, ainsi que le premier vol avec passager ; en 1910, il battit plusieurs records de vitesse et d'altitude. Il avait un frère, Maurice (1877-1864), qui fonda avec lui une compagnie de constructions aéronautiques à laquelle ils donnèrent leur nom et qui mit au point un type d'avion biplan avec lequel le pilote Eugène Renaux atterrit sur le Puy-de-Dôme en 1910. La rue Henry-Farman existe depuis 1995.

HENRY MONNIER *Voir Henri Monnier*

HENRY PATÉ Henry Paté fut un homme politique de la fin du XIXe siècle dont on donna le nom à ce square en 1929

HÉRAULT DE SÉCHELLES (1759-1794). Marie Jean Hérault de Séchelles, écrivain, magistrat et homme politique, né et mort à Paris. En 1785, il devint avocat au parlement de Paris. Il contribua à la prise de la Bastille. Député de Paris à la Législative, puis élu par la Savoie à la Convention, il organisa son département. Lors du procès de Louis XVI, il se prononça pour la condamnation, sans préciser la peine. Membre du premier et du deuxième Comité de salut public, il s'occupa surtout des Affaires étrangères, mais ne désapprouva pas la « terreur » intérieure instaurée par ses collègues. À cause de ses origines nobles, Robespierre ne l'aimait guère ; pendant un voyage qu'il dut faire en Alsace, Hérault de Séchelles fut accusé d'avoir trahi et d'avoir caché un émigré. On le jugea et on l'exécuta, en même temps que Danton, sur ces simples allégations mensongères. Il a écrit « Théorie de l'ambition » et « la Visite à Montbard ». La rue existe depuis 1932.

HÉRICART (1776-1864). Louis Héricart de Thury, vicomte, ingénieur et agronome, né à Paris, mort à Rome. Ingénieur des mines, on le chargea d'inspecter les Catacombes de Paris et il y effectua des travaux remarquables. C'est à lui que l'on doit la restauration du palais des Thermes et de l'hôtel de Cluny, en même temps que leur transformation en musées. Il écrivit sur l'agriculture, la géologie et les travaux publics. La rue Héricart existe depuis 1864.

HERMANN-LACHAPELLE Nom de la société qui ouvrit cette rue en 1912.

HERMEL Propriétaire du terrain sur lequel cette rue fut construite en 1858.

HÉROLD (1791-1833). Ferdinand Hérold, compositeur né et mort à Paris. Il remporta en 1812 le grand prix de Rome. De retour en France, il écrivit avec Boieldieu « Charles de France ». Son chef-d'œuvre, « le Pré aux clercs », date de 1833, l'année de sa mort. Il écrivit également « les Troqueurs », « la Fille mal gardée » et « Zampa ». La rue Hérold existe depuis 1881

HÉRON M. Héron était propriétaire d'une maison située dans cette cité quand elle fut ouverte

HERRAN C'est depuis 1862 que rue et villa portent le nom d'un propriétaire des terrains.

HERSCHEL (1738-1822). William Herschel, astronome anglais né à Hanovre, mort près de Windsor. En 1774 il construisit un télescope permettant d'observer Saturne ; c'est lui qui découvrit Uranus en 1781. George III l'appela près de lui et lui donna la possibilité de poursuivre, sans soucis financiers, ses observations. Herschel découvrit alors les six satellites d'Uranus et les deux satellites intérieurs à l'anneau de Saturne, et détermina la révolution des orbites. Il a écrit « Catalogue d'étoiles ». William Herschel eut, fort tardivement un fils, John (1792-1871), également astronome, qui fut président de la Société royale astronomique et qui fut fait baronnet. Il découvrit la bagatelle de 525 nébuleuses et 4000 étoiles doubles... William Herschel avait aussi une sœur, Lucrèce (1750-1848), qui se distingua également dans l'astronomie. La rue Herschel existe depuis 1866.

HERSENT (1777-1860). Louis Hersent, peintre né et mort à Paris. C'est en 1817, avec « Daphnis et Chloé », qu'il commença à taquiner la gloire. Son œuvre la plus remarquable, « l'Abdication de Gustave Vasa », fut présentée en 1819. Ce tableau fut détruit en 1848. Autres œuvres de Hersent : « Ruth et Booz », « la Courtisane amoureuse » et « Joconde » (rien à voir avec celle de Vinci). Membre de l'Académie de peinture, Louis Hersent donna son nom à une rue en 1885

HESSE La Hesse est un « land » allemand formé en 1945 dont la capitale est Wiesbaden. Superficie : 21 109 km². Habitants : 5 660 620. On connaît aussi Ludwig Otto Hesse (1811-1874), mathématicien allemand et Hermann Hesse (1877-1962), écrivain allemand naturalisé suisse et prix Nobel de littérature en 1946. La rue de Hesse date de 1987.

HIPPOLYTE GARNIER C'est le nom du propriétaire des terrains sur lesquels cette villa fut ouverte en 1910.

HIPPOLYTE LEBAS (1782-1867). Architecte né et mort à Paris. Il exécuta le monument de Malesherbes, au Palais de Justice, et de Louis XVIII, au Palais-Bourbon. En 1824, on le chargea de bâtir la prison de la Roquette et l'église Notre-Dame-de-Lorette, son œuvre capitale. Membre de l'Institut à partir de 1825; une rue porte son nom depuis 1868.

HIPPOLYTE MAINDRON (1801-1884). Sculpteur né à Champtoceaux (Maine-et-Loire), mort à Paris. En 1839 il réalisa une de ses plus belles statues, pour le Luxembourg, « Velléda ». Maindron fut un des premiers sculpteurs français du XIXe siècle qui aient essayé de renouveler l'art classique. C'est un initiateur de la sculpture romantique. Parmi ses œuvres : « Chrétiens livrés aux bêtes », « D'Aguesseau » et « la Conversion de Clovis ». La rue existe depuis 1904.

HIPPOLYTE PRÉVOST (1808-1872). Se fit connaître en inventant, en 1827 – très jeune par conséquent –, une méthode de sténographie. On donna son nom à une rue en 1932.

HIRONDELLE En vieux français, hirondelle, se disait « arrondale » Avec cette orthographe, cette rue est connue depuis 1200 à cause d'une enseigne marquant une de ses extrémités à l'époque.

HITTORF (1792-1867). Jacques Hittorf, architecte né à Cologne, mort à Paris. En 1824, il restaura la salle Favart et construisit avec Lecointe le théâtre de l'Ambigu, récemment démoli. La révolution de 1830 l'éloigna un instant des commandes officielles, puis il devint architecte de la Ville de Paris et du gouvernement. En 1832 il entreprit son œuvre majeure : l'église Saint-Vincent-de-Paul. C'est également lui qui fit construire la gare du Nord et traça les plans des travaux du bois de Boulogne. Élu à l'Académie des beaux-arts en 1853; une rue porte son nom depuis 1893

HIVER Ce n'est pas pour honorer la saison froide que cette cité s'appelle ainsi; c'est, plus prosaïquement, parce qu'un de ses locataires initiaux portait ce patronyme.

HOCHE (1768-1797). Lazare Hoche, général né près de Versailles, mort à Wetzlar. Fils d'un palefrenier à la vénerie du roi, il s'engagea dans les gardes-françaises en 1784. Après la Révolution, il adressa au Comité de salut public un mémoire remarqué par Carnot qui le nomma chef de bataillon à l'armée du Nord. Hoche repoussa les Anglais à Dunkerque et fut promu général de brigade. Devenu général de division, Napoléon put dire de lui : « C'est un véritable homme de guerre. » En 1794, il se maria avec Adélaïde Déchaux, mais quelque temps après, dénoncé comme suspect d'on ne sait quoi par son rival Pichegru, il fut enfermé à la Conciergerie. Le 9-Thermidor le libéra. Il reçut alors l'ordre d'aller combattre la chouannerie; il s'acquitta avec énergie, c'est le moins qu'on puisse dire, de cette mission : il fit fusiller Charette et Stofflet. En 1797, mis à la tête de l'armée de Sambre-et-Meuse, il consentit, sur les instances de Barras, à favoriser un complot contre des royalistes. Mais il se retrouva quasiment seul, aban donné par le Directoire. Écœuré, il rejoignit son camp de Wetzlar où une maladie de poitrine l'emporta à 29 ans. Hoche, dont une avenue porte le nom depuis 1879, peut être considéré comme une des figures les plus pures de la Révolution.

HONORÉ CHEVALIER Honoré était un maître boulanger qui possédait le terrain sur lequel cette rue fut ouverte en 1587. Depuis cette date, cette voie porte son nom.

HONORÉ GABRIEL RIQUETI *Voir Mirabeau, car le patronyme du comte de Mirabeau était Honoré Gabriel Riqueti. Une villa a été dédiée à ce dernier en 2003.*

HÔPITAL C'est l'hôpital de la Salpêtrière, situé au numéro 47, et dont la construction fut décidée en avril 1656 par Louis XIV, qui fit donner son nom à ce boulevard lors de son ouverture définitive en 1768. « Sal pêtrière » vient de l'existence, sur l'emplacement de l'hôpital, d'un ancien arsenal qui fabriquait de la poudre composée aux trois quarts de salpêtre

HÔPITAL SAINT-ANTOINE C'est la proximité de l'hôpital Saint-Antoine, ancien monastère devenu maison de santé en 1802, qui fit donner son nom à cette place en 1867.

HÔPITAL SAINT-LOUIS L'hôpital Saint-Louis, dont la proximité fit donner son nom à cette rue en 1854, fut construit, à l'instigation de Henri IV, en 1607. C'est le plus vieil hôpital de Paris encore en service.

HORLOGE C'est la tour de l'Horloge, construite en 1352, qui donna son nom à ce quai. Haute de 47 mètres, sa façade porte une horloge qui fut la première horloge publique de Paris. Elle avait été commandée par Charles V. Quant au quai, achevé en 1611, il reçut son nom à cette date.

HORTENSIAS Allée baptisée en 1993 pour rendre hommage aux horten sias qui sont les fleurs, en inflorescences, d'un arbrisseau ornemental du même nom

HOSPICES C'est parce qu'elle fut ouverte en 1857 sur un terrain appartenant à l'Assistance publique que cette rue reçut ce nom.

HOSPITALIÈRES SAINT-GERVAIS Cette rue doit son nom, depuis 1817, au fait qu'elle fut ouverte sur l'emplacement d'un hôtel construit en 1574 et qui fut habité, à partir de juillet 1655, par des religieuses augustines, les Hospitalières de Saint-Gervais, appelées ainsi parce qu'elles occupaient depuis 1171 un couvent situé à côté de l'église Saint-Gervais. En 1795 elles durent quitter l'ancien hôtel; un peu plus tard, la Ville de Paris ouvrit à cet emplacement la rue qui nous intéresse, ainsi que celle du Marché-des-Blancs-Manteaux

HÔTEL D'ARGENSON Cette impasse doit son nom à l'ancienne présence de l'hôtel d'Argenson qui, construit au XIVe siècle, appartint à partir du XVIIe à la famille Voyer d'Argenson originaire de Touraine, qui donna plusieurs hommes célèbres à la France. Citons particulièrement Marc René de Voyer d'Argenson (1652-1721), membre de l'Académie française et un autre Marc René (1771-1842), aide de camp de La Fayette, qui embrassa les principes de la Révolution et fut, sous Napoléon, préfet des Deux-Nèthes, département créé en Belgique avec Anvers pour chef-lieu. Sous sa dénomination actuelle, l'impasse existe depuis 1877.

HÔTEL COLBERT C'est la présence d'un hôtel dit « de Colbert » – bien qu'aucun Colbert ne l'ait, semble-t-il, jamais habité – qui fit donner ce nom à la rue en 1829. Cet hôtel datait du milieu du XVIIe siècle. Il disparut en 1887

HÔTEL SAINT-PAUL Cette rue doit son nom à l'ancien hôtel Saint-Pol construit par Charles V entre 1361 et 1365 et démoli sous François Ier en 1543. Sur son tracé actuel, la rue de l'Hôtel-Saint-Paul existe depuis 1912

HÔTEL DE VILLE C'est en 1357 que le « parloir aux bourgeois » – on appelait ainsi le siège de la municipalité parisienne en ce temps-là – s'installa place de Grève (aujourd'hui place de l'Hôtel-de-Ville), dans la « maison des Piliers ». Au XVIe siècle, cette maison se révéla beaucoup trop petite et François Ier décida de doter Paris d'un hôtel de ville digne d'une capitale. Il fit alors construire un véritable palais, style Renaissance, dont la première pierre fut posée le 15 juillet 1593, bien après sa mort par conséquent. L'architecte de ce premier Hôtel de Ville fut sans doute l'Italien Dominique de Cortone, dit le Boccador. L'édifice ne fut totalement achevé qu'au XVIIe siècle, sous la prévôté de François Miron. Durant la guerre civile de 1871, il fut entièrement démoli; sa reconstruction, œuvre des architectes Ballu et Deperthes, se fit de 1873 à 1883. Son aspect est celui de l'ancien édifice, développé en hauteur et en superficie. Sous son nom actuel, la place de l'Hôtel-de-Ville existe depuis 1802. (Rappelons que sous son appellation précédente, place de Grève, elle fut un lieu patibulaire où les exécutions, à partir de 1310, furent très nombreuses, que ce soit par la potence, la hache, l'épée, le bûcher, l'écartèlement, ou la roue...) Le port de l'Hôtel-de-Ville date de 1905, le quai de 1868 et la rue, sur son tracé actuel, de 1854.

HOUDARD Depuis 1863, cette rue porte le nom du propriétaire du terrain sur lequel on la construisit.

HOUDART DE LAMOTTE (1773-1805). Ce colonel était un « brave » qui fut tué à la bataille d'Iéna au cours d'une charge héroïque. On donna son nom à une rue en 1905

HOUDON (1741-1828). Antoine Houdon, statuaire né à Versailles, mort à Paris. Il obtint le prix de Rome en 1761 avec un « Saint Bruno » qui est encore sous le portique de Sainte-Marie-des-Anges. En 1778 il alla aux États-Unis, à Philadelphie, pour y sculpter le buste de Washington. Cette œuvre fut tellement appréciée que Houdon fit ensuite les bustes de Catherine II de Russie, de Diderot, Sophie Arnould (la comédienne), Jean Jacques Rousseau, Gluck, etc. Il fit aussi un « Voltaire assis », placé au foyer du Théâtre-Français, qui retint tous les suffrages. La Révolution mit Houdon à l'écart. Mais dès le Consulat il put à nouveau travailler normalement et, sous l'Empire, il fit un remarquable buste de Napoléon qui se trouve au musée de Dijon. Admis à l'Institut en 1795, Houdon donna son nom à une rue en 1864

HOUSEAUX La villa des Houseaux a été baptisée en 2000. Elle se trouve à proximité de l'ancien lieu-dit « Les oiseaux », devenu « Les houseaux », évoquant les houseaux, hautes guêtres de cuir employées pour monter à cheval.

HUBERT MONMARCHE (1913-1975). Fut maire du XVe arrondissement de 1913 à 1975 et s'intéressa particulièrement, avec efficacité, aux problèmes scolaires et à la situation des personnes âgées. Une place lui est dédiée depuis 1982.

HUCHETTE Ce nom est dû à l'ancienne présence d'une enseigne, « la Huchette d'or », représentant un coffret doré. Elle indiquait, vers 1179, la boutique d'un fabricant de caisses de toutes sortes, depuis le coffre-fort et le bahut jusqu'à la boîte à mettre les chandelles, que l'on confondit sous la même dénomination que la huche à pétrir du boulanger. Le nom de huche s'est aussi appliqué, par extension, à un petit étal de marchand; sur ces étals, un droit était prélevé. Le receveur de l'époque, pour parler de cet impôt, employait, à l'instar de notre moderne « serisette », le mot « huchette ». Cela faisait plus gentil... C'est pour ces différentes raisons qu'existait l'enseigne « la Huchette d'or », qui disparut sous Louis XV pour laisser la place à une autre, « les Trois Maillets couronnés ». La rue de la Huchette reçut son nom en 1284.

HUIT MAI 1945 C'est depuis 1966 que cette rue porte la date de l'arrêt de la Seconde Guerre mondiale qui survint cinq jours après le suicide de Hitler.

HUIT NOVEMBRE 1942 Cette place a été baptisée en 1988 pour marquer le souvenir de la date du débarquement des alliés anglo-américains – commandés par le général Eisenhower – en Afrique du Nord (Casablanca, Oran, Alger).

HULOT Depuis 1787 ce passage porte le nom du propriétaire du ter rain sur lequel il fut ouvert

HUMBLOT (1830-1899). Edmond Humblot fut directeur du service des Eaux de la Ville de Paris; on donna son nom à une rue en 1899.

HUSSEIN Ier DE JORDANIE Roi de Jordanie à partir de 1952 et jusqu'à sa mort, Husayn Ibn Talâl (1935-1999) fut l'un des artisans de la paix au Proche-Orient, mais sa politique, tant à l'intérieur qu'à l'extérieur de son pays (problème des réfugiés palestiniens et action des fedayin qui aboutit à une véritable guerre civile en septembre 1970) le fit critiquer par la plupart des autres gouvernements arabes. Il était le petit-fils d'Abd-'Allah, fondateur avec l'appui des Britanniques de la monarchie hachémite de Jordanie et le fils du roi Talâl dont la déchéance fut prononcée par le Parlement jordanien en août 1952. Une avenue porte son nom depuis 1999

HUTTE AU GARDE Passage ainsi baptisé en 2003 parce qu'une hutte y était ici utilisée par les gardes-chasses des garennes royales au XVIIe siècle.

HUYGHENS (1629-1695). Christian Huyghens, savant hollandais né et mort à La Haye. En 1655, il découvrit le premier satellite de Saturne à l'aide d'une lunette de sa fabrication. Vers cette même époque, il fit des recherches mécaniques sur l'application du pendule aux horloges comme régulateur. En 1660, tout en visitant la France et l'Angleterre, il découvrit les lois du choc des corps élastiques. En 1665 Colbert le rappela en France et le nomma membre de l'Académie des sciences. En 1873, toujours en France, il décrivit un ressort à spirale pour remplacer le pendule dans les montres. Il quitta notre pays en 1681 et poursuivit, en Hollande, ses recherches qui lui permirent de résoudre le problème de la « chaînette », imaginé par Galilée, ainsi que celui de la courbe aux approches égales, pro posé par Leibniz. On donna son nom à une rue de Paris en 1884.

HUYSMANS (1848-1907). Joris-Karl Huysmans, romancier français (décidément les prénoms sont trompeurs) né à Paris. Ses premières œuvres (« le Drageoir aux épices », « les Sœurs Vatard », « En ménage », « À vau-l'eau »...) se caractérisent par une curieuse minutie d'observation et d'expression. À partir de 1884, avec « À rebours », il inaugure un autre genre où il analyse la société de son temps en mal d'idéalisme. Un autre roman, « Là-bas », marque ce même souci d'analyse. En 1892, enfin, il se convertit au catholicisme, après une retraite à la petite trappe de Notre-Dame-d'Igny et écrit « En route » et « la Cathédrale », œuvres dans lesquelles la mystique chrétienne est magnifiquement exposée. C'est à cette époque qu'il a dit : « Un vrai moine n'a qu'une patrie : son couvent. » La rue Huysmans existe depuis 1912.

I

IBSEN (1828-1906). Henrik Ibsen, dramaturge norvégien né à Skien. Il débuta comme aide pharmacien et commença tout de suite à écrire des épigrammes acerbes contre les bour geois ; cela lui coûta sa place... Il se mit à écrire pour le théâtre ; sa pre mière pièce, « Catilina », lui fut ins pirée par la révolution de février 1848, il la signa d'un pseudonyme · Brynjulf Bjarne. De 1851 à 1857 il dirigea le théâtre de Bergen, pour lequel il écrivit une pièce par an, puis le Théâtre norvégien de Christiana, de 1857 à 1862, date à laquelle ce théâtre fit faillite. En 1865, son pays lui alloua une « rente de poète ». Il a écrit, en tout, une trentaine de pièces dont les plus connues sont « la Comédie de l'amour », « Maison de poupée », « Peer Gynt », « Un ennemi du peuple », « Hedda Gabler », « Solness le constructeur » et « Quand nous nous réveillerons d'entre les morts ». Ibsen a dit : « L'homme le plus fort du monde, c'est l'homme qui est le plus seul », « Les amis sont dangereux, non point tant par ce qu'ils vous font faire, que par ce qu'ils vous empêchent de faire » et « Chercher le bonheur dans cette vie, c'est là le véritable esprit de rébellion ». L'ave nue Ibsen existe depuis 1932

IÉNA Ville d'Allemagne (Jena) dans le duché de Saxe-Weimar. C'est le 14 octobre 1806 qu'eut lieu la bataille d'Iéna qui vit aux prises beaucoup de beau monde . Napoléon, avec ses généraux Soult, Murat, Davout, Augereau, Suchet, Lannes et Ney; et les Prussiens commandés par Clausewitz, Cospoda, Hohenlohe, Gravaërt et Holtzendorf, ainsi que Brunswick. 40000 Français vain quirent 70 000 Prussiens qui perdi rent plus du tiers de leurs effectifs en même temps que 200 canons. L'avenue d'Iéna existe depuis 1854, la place depuis 1878 et le pont depuis 1813, date de sa construction

ÎLE DE FRANCE C'est de l'île Maurice qu'il s'agit ; en effet elle s'appela longtemps île de France. Découverte en 1507 par les Por tugais, elle se trouve dans l'océan Indien. Sa superficie est de 1914 km² Elle fut française de 1715 à 1814, anglaise de cette date à 1968. Elle est à présent indépendante mais fait partie du Commonwealth. On y parle l'anglais. Signalons que c'est dans l'île de France que se déroule l'intrigue du célèbre roman de Bernardin de Saint-Pierre, « Paul et Virginie ». L'impasse existe depuis 1877

IMMEUBLES INDUSTRIELS En 1877, date à laquelle cette rue fut aussi tristement baptisée, on construisit là des immeubles où chaque appartement possédait la force motrice nécessaire à la confection, principalement, de meubles. On y pratiquait, en quelque sorte, l'industrie en chambre..

INDOCHINE Presqu'île de l'Asie qui, à partir de 1888, groupait des colonies ou protectorats français. Elle était formée par la Cochinchine, le Cambodge, l'Annam, le Tonkin, le Laos et le territoire de Kouang-tcheou-wan. Tous ces pays ont depuis ces dernières années accédé à l'indépendance, la Cochinchine s'étant intégrée au Vietnam depuis 1949 et l'Annam étant la partie centrale de ce même Vietnam. Quant au Kouang-tcheou-wan, il a été restitué à la Chine en 1943. Le boulevard de l'Indochine existe depuis 1933

INDRE Rivière qui prend sa source près de Saint-Priest-la-Marche, dans la Creuse, et arrose La Châtre, Nohant, Châteauroux, Azay-le Rideau et Loches. Elle se jette dans la Loire après un parcours de 266 km. La rue de l'Indre existe depuis 1877

INDUSTRIE La cité et la cour de l'Industrie doivent leur nom, reçu au XIXᵉ siècle, au fait tout simple qu'elles furent ouvertes dans un quartier fort industriel. La rue de l'Industrie, baptisée en 1863, doit son nom à la même raison. Quant au passage, ouvert en 1827, il était bordé de nombreux ateliers

INDUSTRIELLE La cité Industrielle doit aussi son nom au caractère industriel du quartier. La villa Industrielle doit le sien aux nombreux ateliers qui la bordaient.

INGÉNIEUR ROBERT KELLER (1899-1945). Robert Keller, qui était ingénieur aux P.T.T., travailla pour la Résistance et intercepta un grand nombre de transmissions allemandes. Arrêté, il mourut en déportation. Une rue porte son nom depuis 1948.

INGRES (1780-1867). Jean Dominique Auguste Ingres, peintre né à Montauban, mort à Paris. Son père, architecte, peintre, sculpteur et musicien, lui enseigna la peinture et la musique. Ingres obtint le prix de Rome en 1801, puis rentra à Paris où, jusqu'en 1806, il exécuta, entre autres, les portraits de Bonaparte, puis du même quand il devint Napoléon. Il retourna ensuite à Rome et y demeura jusqu'en 1820. Là-bas il peignit « Œdipe et le Sphinx », « Romulus vainqueur d'Acron », et une quantité d'autres tableaux qui le firent connaître en Italie. Il demeurait cependant presque inconnu en France. De 1820 à 1824, il vécut à Florence et son tableau « le Vœu de Louis XIII », exposé à Paris avec succès, le décida à revenir dans la capitale, jusqu'en 1834. Il retourna alors à Rome, mais revint définitivement en France en 1841. Admirateur de Raphaël, Ingres aimait dessiner les femmes qu'il peignait sveltes et élancées, la gorge ferme, la hanche ondoyante et les reins moelleux... Citons quelques autres tableaux : « la Naissance des Muses », « la Source », « la Vénus Anadyomène » et « l'Odalisque et son esclave ». Il se détendait en jouant du violon... L'avenue Ingres existe depuis 1864

INNOCENTS La rue des Innocents a été ouverte en 1786 sur l'emplacement du cimetière des Innocents, fermé cette même année. Le square, qui est également à cet emplacement, date de 1859. Le cimetière avait été ouvert au XIIᵉ siècle par Philippe Auguste. En 1397 il avait été doté de charniers où étaient déposés pêle-mêle les ossements exhumés pour faire place à de nouvelles sépultures. Ne vous étonnez donc pas si c'est par mesure d'hygiène qu'on le ferma... Une église des Innocents, construite en 1150, disparut en même temps que le cimetière. Un marché leur succéda, qui fut à son tour supprimé quand on construisit les Halles de Baltard, en 1859. Le square remplaça donc le marché. Au centre de ce square se dresse la fontaine des Innocents, œuvre de Pierre Lescot en 1550, restaurée par l'ingénieur Six. C'est sans doute en souvenir du massacre des Innocents, en l'an 4 après Jésus-Christ, tuerie de tous les enfants mâles décidée par Hérode pour se débarrasser de Celui-ci, qu'on avait donné le nom d'« Innocents » à l'église, puis au cimetière.

INSPECTEUR ALLÈS (1904-1930). L'inspecteur de police judiciaire Victor Allès mourut bien jeune dans l'exercice de ses fonctions et l'on donna son nom à une rue en 1934.

INSTITUT L'Institut est l'ancien collège des Quatre-Nations. Depuis 1806 y siégèrent les Académies française, des inscriptions et belles-lettres, des sciences, des beaux-arts et des sciences morales et politiques. C'est la chapelle de l'ancien collège des Quatre-Nations qui fut transformée par Vaudoyer pour servir de salle des séances. Le collège fut construit de 1663 à 1672 par les architectes Le Vau, Lambert et d'Orbay. La place de l'Institut, appelé familièrement « la Coupole », a été baptisée en 1806.

INTERNE LOËB C'est en 1927 qu'on donna à une rue le nom de M. Loëb, interne des hôpitaux mort accidentellement dans l'exercice de ses fonctions.

INVALIDES C'est ce bon Louis XIV qui, en 1670, ordonna la construction d'un hôtel royal pour « le logement, la subsistance et l'entretien de tous les officiers et soldats pauvres de nos troupes qui ont été ou seront estropiés, ou qui, ayant vieilli dans le service en icelles, ne seront plus capables de nous en rendre » (Louis XIV dixit). Au-delà de la façade se succèdent cinq cours entourées de bâtiments de trois étages. Au centre figure la cour d'honneur au fond de laquelle se trouve l'église dite « des soldats ». L'église ayant été jugée trop petite, Mansard fut chargé de la compléter par une seconde continuant la première. À l'extrémité d'une autre cour spacieuse, ouvrant sur la place Vauban, un grand perron carré de quinze marches conduit sous le portique de l'église. Du milieu de cette place s'élève le dôme dont la flèche culmine à 101 mètres. Napoléon se trouve aux Invalides – du moins ses cendres – depuis 1840, sous un tombeau œuvre de Visconti. Le boulevard des Invalides existe depuis 1761, l'esplanade, qui abrita les deux Expositions universelles de 1899 et 1900, depuis 1704, le pont, tel qu'il est conçu actuellement, 1854, enfin le port des Invalides depuis 1905

IRÉNÉE BLANC C'était le président de la société immobilière qui ouvrit cette rue en 1911

IRIS Cette rue ouverte en 1928 appartient à un groupe de voies portant des noms de fleurs. Les iris, dont on connaît une centaine d'espèces, sont des herbes rhizomateuses à feuilles distiques, engainantes et équitantes en forme de glaive ou linéaire, à fleurs ornementales et odorantes... Mais l'iris peut aussi être une variété de mantes aux ailes inférieures luisantes ou une partie de l'œil située entre la cornée et le cristallin..

IRLANDAIS Cette rue doit son nom à la présence du « collège des Irlandais », ex-collège des Lombards, qui abritait, depuis 1677, une communauté irlandaise partagée entre un séminaire et une maison de retraite pour prêtres réfugiés en France. De nos jours il est toujours occupé par un séminaire irlandais, mais également par un séminaire polonais et des sœurs Servantes-du-Sacré-Cœur. La rue des Irlandais fut baptisée en 1807

ISABEY (1767-1855). Jean-Baptiste Isabey, peintre miniaturiste fort en vogue sous le Directoire, né à Nancy, mort à Paris. Il peignit les «Inc'oyables » et les femmes de l'en tourage de Mme Tallien. Un peu plus tard, il fit un magnifique portrait intitulé « Portrait du général Bonaparte dans les jardins de la Malmaison », puis « Revue passée par Bonaparte » où figurent les principaux lieutenants du Premier consul. Sous l'Empire, Isabey devint maître de dessin de Marie-Louise. La Restauration lui fut propice puisque Louis-Philippe le nomma conservateur adjoint des musées royaux. La Révolution de 1848 ne le toucha guère, puisque à son issue, Louis-Bonaparte, président de la République, lui fit une pension de 6000 francs. La rue Isabey existe depuis 1867.

ISLETTES Nom dû à un lieu-dit, ainsi appelé parce qu'il fut habité, au XIXe siècle, par des gens issus de la commune d'Islettes, située dans la Meuse à 35 km de Verdun. La rue des Islettes fut baptisée en 1877.

ISLY (rue et cité). Rivière située à la frontière du Maroc. Sur ses bords, le 14 août 1844, le maréchal Bugeaud, à la tête d'une armée de 10500 hommes, vainquit 30000 Marocains commandés par Mouley-Mohammed, fils d'Abd-er-Rhaman. C'est après cette bataille, qui nous coûta 27 tués, que le maréchal Bugeaud reçut le titre de duc d'Isly. En souvenir de cette victoire une rue fut baptisée en 1846 et une cité en 1881.

ISSY-LES-MOULINEAUX (quai). Commune de la banlieue parisienne, dans les Hauts-de-Seine, où les rois de France possédèrent un château dont il reste les vestiges d'une tour carrée. Le prince de Conti eut également un château dans cette ville, tout comme Marguerite de Valois. Rien que du beau monde... Depuis 1925 ce quai fait partie de Paris.

ITALIE L'Italie a une superficie de 301 000 km² et compte au jour d'aujourd'hui 58 000 000 habitants. L'unité italienne date de 1870 (prise de Rome) et se fit sous l'impulsion de Cavour et du roi Victor-Emmanuel II. Ce pays est constitué par des provinces ayant une certaine autonomie face au pouvoir central de Rome. L'avenue d'Italie doit son nom, reçu en 1867, au fait qu'elle constituait – et constitue toujours – le commencement de la nationale 7 qui conduit vers la péninsule italienne. La place fut baptisée en 1864 et la rue en 1912

ITALIENS En 1759, les comédiens italiens obtinrent l'autorisation de jouer dans une salle de théâtre qui s'appelait déjà Opéra-Comique et qui perdit alors son nom pour devenir Comédie-Italienne. C'est à cause de ce théâtre et de ses acteurs que l'on baptisa le boulevard des Italiens en 1783. L'Opéra-Comique reprit son nom en 1801 et le bâtiment actuel, œuvre de l'architecte Bernier, fut inauguré le 7 décembre 1898. Le précédent édifice avait brûlé en 1887.

IVRY Commune de la banlieue parisienne dominée par un fort dit de « deuxième ligne de défense de Paris » construit au XIXe siècle. Cette avenue, sous l'appellation de « route d'Ivry », était déjà connue en 1730. Le quai d'Ivry doit son nom au port d'Ivry qu'il longe.

J

JACOB Patriarche hébreu, fils d'Isaac et de Rébecca, qui fut la souche des douze tribus d'Israël. Une nuit que Jacob était seul au passage d'un gué, un ange du Seigneur vint à ses côtés et changea son nom de Jacob en Israël, « car, dit-il, il avait lutté avec Dieu comme avec les hommes et il avait été vainqueur ». Jacob mourut à l'âge de 147 ans, si l'on en croit la Genèse. La rue Jacob porte son nom, depuis 1836, à cause d'un autel dédié au patriarche que la reine Margot avait fait élever dans les jardins de son hôtel de la rue de Seine, proche, en 1603

JACOB KAPLAN Il fut grand rabbin de France de 1955 à 1994, année de sa mort à Paris où il était né en 1895. Une place lui est dédiée depuis 2000.

JACQUARD (1752-1834). Joseph Marie Jacquard, mécanicien, né à Lyon, mort à Oullins. Son père était ouvrier tisseur. En 1790 Jacquard eut l'idée du fameux métier à tisser qui porte son nom. Terminé en 1800, il permit de développer considérablement l'art du tissage et d'exécuter avec facilité des œuvres impossibles à réaliser sur les anciens métiers. Jacquard, qui inventa aussi une machine à fabriquer les filets de pêche, reçut en 1819 la croix de la Légion d'honneur. Son invention, qui supprimait une certaine main d'œuvre, fut d'abord mal accueillie par les ouvriers qui, à Lyon, brisèrent publiquement une de ses machines. La rue Jacquard existe à Paris depuis 1844

JACQUEMONT (1801-1832). Victor Jacquemont, botaniste et voyageur né à Paris, mort à Bombay. Il avait déjà parcouru toute l'Amérique du Nord quand le Muséum national d'histoire naturelle le chargea d'une mission en Inde en 1828. Il alla jusqu'au Tibet, visita Lahore, le Cachemire et récolta de nombreuses plantes, nouvelles pour nous. Il mourut de maladie à Bombay et c'est sa « Correspondance », relation de ses faits et gestes en Inde, publiée en 1834, qui fit connaître au public le nom de Jacquemont, lequel donna son patronyme à une rue en 1840

JACQUES ANTOINE (1733-1801). Architecte français à qui l'on doit le très bel hôtel des Monnaies du quai Conti, à Paris. On lui doit aussi, toujours dans la capitale, l'hôtel Fleury (aujourd'hui l'École des ponts et chaussées). À Berne il construisit un autre hôtel des Monnaies et à Madrid il fit l'hôtel de Berwick. Une rue porte son nom depuis 1984

JACQUES AUDIBERTI (1899-1965) Écrivain français né à Antibes, mort à Paris, à qui l'on doit des poèmes, des romans et des pièces de théâtre

C'était un grand « manieur » du verbe. Parmi ses romans : « le Maître de Milan », « Marie Dubois », « les Jardins et les fleuves ». Pièces de théâtre : « Quoat-Quoat », « la Hobereaute », « Ouallou », « l'Effet Glapion », « la Logeuse ». Poésies : « Des tonnes de semence », « Rempart », « Race des hommes ». Il a dit : « Un trésor c'est pour qu'on y touche », « Le mariage, c'est l'État, c'est le trône de la femme », « Une fille qui vous occupe équivaut à l'immensité. En même temps, il n'y a rien de plus simple, de plus souple, d'aussi pratique, commode, portatif ». On a donné son nom à un jardin en 1992.

JACQUES BAINVILLE (1879-1936). Historien né à Vincennes. Royaliste, membre actif de l'Action française, il écrivit une importante « Histoire de France » et un « Napoléon » Membre de l'Académie française, Jacques Bainville donna son nom à une rue en 1961

JACQUES BAUDRY Né en 1922, ce résistant fut tué par les Allemands en 1943. Une rue porte son nom depuis 1954

JACQUES BINGEN (1908-1944) Beau-frère d'André Citroën, ce grand résistant fut tué par les Allemands à Clermont-Ferrand.

JACQUES BONSERGENT (1912-1942). Jacques Bonsergent, qui habitait le boulevard Magenta proche, était ingénieur des Arts et Métiers. Il fut le premier Parisien fusillé par les Allemands.

JACQUES CALLOT (1592-1635). Peintre et graveur né à Nancy. À 12 ans, il partit seul pour l'Italie et fut recueilli par des bohémiens à Lucerne. Quand ces bohémiens arrivèrent à Florence, Callot les quitta pour un gentilhomme piémontais qui l'avait pris en amitié et l'aida à gagner Rome; mais sur le chemin de la Ville éternelle, il croisa des marchands lorrains qui le reconnurent – son père était le premier héraut de Lorraine – et voulurent l'emmener de force à Nancy. Il s'échappa avant d'arriver et retourna en Italie... Cette fois ce fut son frère aîné qui vint le rechercher. Obstiné, il convainquit enfin sa famille qui, en 1618, le laissa partir pour Rome avec l'ambassade qu'envoyait au pape le duc de Lorraine, Henri. Rapidement son talent fit merveille à Florence où il demeurait, mais Callot revint mettre ses capacités au service de sa province. Il voyagea quelque temps plus tard aux Pays-Bas; à l'issue de ce voyage, Louis XIII lui commanda un grand nombre de tableaux, dont un représentant la prise de Nancy. Le peintre refusa en disant : « Je me couperais plutôt le pouce, Sire. » À quoi le roi répondit « Le duc de Lorraine est bien heureux d'avoir de tels sujets. » On a dit de Callot qu'il était « le mousquetaire épique de l'eau-forte ». Principaux tableaux : « Caprices », « la Prise de La Rochelle », « Vues de Paris » (gravures), « Foire de l'Impruneta » et « Diableries ». Sa rue existe depuis 1912

JACQUES-CAMILLE Jacques et Camille étaient les prénoms des enfants d'un propriétaire d'une des maisons de cette villa.

JACQUES CARTIER (1491-1557). Navigateur né et mort à Saint-Malo. En 1527 il se rendit au Brésil; en 1534 François Ier le chargea de rechercher un passage vers l'Asie, au nord du Nouveau Monde. Cartier partit de Saint-Malo avec deux vaisseaux et 120 hommes; il atteignit Terre-Neuve en vingt jours, prit possession de la côte du Labrador, suivit la côte occidentale de Terre-Neuve, remonta un des bras du Saint-Laurent et rentra à Saint-Malo après six mois d'absence. François Ier, encouragé par le succès de ce voyage, envoya à nouveau Cartier dans les mêmes parages (1535-1536); le navigateur remonta alors le Saint-Laurent jusqu'à un village nommé Stadacona (que les autochtones nommaient aussi Canada, c'est-à-dire « la ville »), puis jusqu'à un autre, Hochelaga, emplacement actuel de Montréal. Cartier prit possession du sol au nom du roi de France. Il repartit pour le Canada en 1541, quand François de La Roque, sire de Roberval, entreprit de coloniser cette terre nouvelle. Quelques mois plus tard il y retourna à nouveau, avec ce commandement : « Quérir ledict Roberval au dict Canada. » Après ce quatrième voyage Jacques Cartier cessa de parcourir les mers. Une rue porte son nom depuis 1875.

JACQUES CHABAN-DELMAS Homme politique français né à Paris en 1915, mort en 2000. Gaulliste et résistant (général de brigade en 1944), il fut Premier ministre de 1969 à 1972, ainsi que plusieurs fois président de l'Assemblée nationale (1958-1969, 1978-1981, 1986-1988), tout en restant maire de Bordeaux de 1947 à 1995. Il est, en outre, l'auteur de nombreux ouvrages parmi lesquels: « L'Ardeur » (1975), « Charles de Gaulle » (1980), « La Libération » (1984), « Les Compagnons » (1986), « Montaigne (1993), « Mémoires pour demain » (1997). Une esplanade porte son nom depuis 2004.

JACQUES CŒUR (v. 1395-1456). Financier et marchand né à Bourges, mort à Chio. Par son mariage avec la fille du prévôt de Bourges, Jacques Cœur fut amené à s'occuper de la fabrication des monnaies. Bientôt il organisa le commerce avec le Levant et y déploya un génie véritable. Il se rendit aux pays du Levant en 1433. En 1436, il fut nommé « commis au fait de l'argenterie du roi » et, en 1440, argentier en titre. Le roi l'anoblit en 1441 et le chargea de diverses missions, dans toute la France, qui lui permirent de s'enrichir colossalement : il se fit construire des maisons dans presque toutes les grandes villes de France... Chaque maison s'ornait de sa devise : « À cœur vaillant rien d'impossible. » Charles VII traitait Jacques Cœur comme un prince et l'argentier méritait ce traitement car il était extrêmement dévoué aux affaires de la France. Ne dit-il pas au roi, un jour : « Sire, ce que j'ai est vôtre. » C'était imprudent. Des envieux chuchotèrent à l'oreille de Charles VII et celui-ci les entendit. Un procès inique fut fait à Jacques Cœur à qui le roi prit tous ses biens (même les lits). Il avait dû se souvenir alors de ce que son argentier lui avait dit... À l'issue du procès, Jacques Cœur fut emprisonné à Poitiers; mais il s'échappa et chercha refuge à Rome où Calixte III le reçut à bras ouverts. Plus tard, Louis XI fit réviser le procès et rendre aux enfants de Jacques Cœur une partie importante des biens dont leur père avait été dépouillé. La rue existe depuis 1829.

JACQUES COPEAU (1879-1949). Écrivain, acteur, metteur en scène français né à Paris, mort à Beaune. Avec André Gide et Jean Schlumberger, il fonda, en 1909, la « Nouvelle Revue française ». En 1913, prenant possession du théâtre du Vieux-Colombier (voir rue du Vieux-Colombier), il y fonda une troupe dont firent initialement partie Louis Jouvet, Valentine Tessier et Charles Dullin, entre autres. Il voulut débarrasser le théâtre de ses « traditions figées », remplaçant, s'il le fallait, les décors envahissants par de simples pendillons. Il créa, dans son théâtre, des pièces de Roger Martin du Gard, André Gide et Jules Romains. Il quitta le Vieux-Colombier en 1924 pour se consacrer à une troupe itinérante allant au-devant du public populaire. Son testament spirituel semble contenu dans son dernier ouvrage : « le Théâtre populaire » (1942). Son nom fut attribué à une place en 1978

JACQUES DEBU-BRIDEL Journaliste et homme politique né à Mézières-en-Drouais en 1902 et mort à Paris en 1993. On donna son nom à une place en 2000.

JACQUES DEMY Cinéaste né à Pontchâteau en 1931 et mort à Paris en 1990. Après avoir réalisé de nombreux courts-métrages (« Le Sabotier du Val de Loire », « Le Bel Indifférent », etc.), il fit son premier long métrage, « Lola », en 1931. Vinrent ensuite, un sketch dans « Les Sept Péchés capitaux », « La Baie des Anges » (1963), « Les Parapluies de Cherbourg » (1964), « Les Demoiselles de Rochefort » (1967), « Model shop » (1968), « Peau d'âne » (1971), « Le Joueur de flûte » (1972), « L'Événement le plus important depuis que l'homme a marché sur la Lune » (1973), « Lady'O » (1979), « Une Chambre en ville » (1982), « Parking » (1985) et son dernier film, « Trois places pour le 26 » (1988). Une place porte son nom depuis 2000.

JACQUES DESTRÉE (1905-1979). Jacques Destrée, pseudonyme de Marcel Renet, né et mort à Paris, était médecin et licencié d'histoire. Durant la Seconde Guerre mondiale, en 1942, il fut un des fondateurs du mouvement « Résistance » et du journal clandestin du même nom. Après la guerre, il dirigea les journaux « le Matin », « le Matin de Paris » avant de devenir directeur politique de « l'Aurore ». Il fut chevalier de la Légion d'honneur, titulaire de la croix de Guerre 39-40, de la rosette de la Résistance et chevalier de l'ordre de la Santé publique. Il a sa rue depuis 1997.

JACQUES DUCHESNE (1897-1971). Michel-Jacques de Saint-Denis, dit Jacques Duchesne, né à Beauvais, mort à Londres, était acteur, metteur en scène et directeur de théâtre, mais on a aussi retenu son nom comme un de ceux qui, pendant la Seconde Guerre mondiale », furent « la voix de la France » dans l'émission radiophonique « Les Français parlent aux Français », émise de Londres. Il a sa rue depuis 1997.

JACQUES ET THÉRÈSE TRÉFOUEL Jacques (1897-1977) et Thérèse (1892-1978), tous deux chimistes et bactériologistes, furent chercheurs à l'Institut Pasteur. Jacques dirigea d'ailleurs cet Institut entre 1940 et 1964 ; il travailla beaucoup sur les sulfamides et fut à l'origine de la découverte de nombreux corps bactériologiques. Une place leur est dédiée depuis 1987.

JACQUES FROMENT (1920-1944). Jeune sous-lieutenant des Forces françaises de l'intérieur (F.F.I.) que les Allemands fusillèrent. On donna son nom à une rue en 1946.

JACQUES-HENRI LARTIGUE (1894-1986). Photographe, peintre et écrivain français, né à Courbevoie, mort à Nice, qui prit ses premières photos à l'âge de 10 ans et ne se départit jamais, derrière l'objectif, de la spontanéité et de l'étonnement propres à la jeunesse. Il s'intéressa beaucoup à l'histoire de la géographie. Parmi ses photos les plus connues, il y a celle du président de la République, Valéry Giscard d'Estaing, en 1974. On lui doit un excellent ouvrage : « Instants de ma vie », paru en 1973. Il a sa rue depuis 1995.

JACQUES HILLAIRET (1886-1984). Homme de lettres, spécialiste du vieux Paris, à qui l'on doit notamment un ouvrage en deux volumes intitulé « Dictionnaire historique des rues de Paris ». Une rue porte son nom depuis 1990. (Étant moi-même historien de Paris, je demande à ceux qui voudront bien, dans mille ans, donner mon patronyme à une artère parisienne de ne pas craindre, pour ce faire, de débaptiser l'avenue Foch. Merci d'avance !)

JACQUES IBERT (1890-1962). Compositeur français né et mort à Paris

Grand prix de Rome en 1919, il aborda tous les genres musicaux, exception faite de la musique religieuse. De 1936 à 1961, il dirigea, à Rome, la Villa Médicis (lieu où les artistes français, lauréats du prix de Rome, font un séjour de trois ans). Membre de l'Institut à partir de 1956, il a écrit, entre autres, « Diane de Poitiers » (ballet), « le Roi d'Yvetot » (opéra-comique), « l'Aiglon » (opéra) et « les Petites Cardinal » (opérette). Son nom fut attribué à une rue en 1978.

JACQUES KABLÉ (1830-1887). Très ardent patriote alsacien dont on donna le nom à une rue en 1888.

JACQUES KELLNER (1894-1942). Kellner peut être considéré comme le précurseur de l'aviation de tourisme. Les Allemands le fusillèrent pour faits de résistance. Une rue porte son nom depuis 1946.

JACQUES LOUVEL-TESSIER (1924-1944). Ce lieutenant F.F.I. mourut fusillé par les Allemands. Une rue porte son nom depuis 1946.

JACQUES MARETTE (1922-1985). Jacques Henri Marette fut ministre, député du XVe arrondissement de 1967 à 1981 et adjoint au maire de Paris. Il a sa place depuis 1990.

JACQUES MAWAS L'année de son ouverture, en 1927, cette rue reçut le nom d'un médecin-chef de l'hôpital Rothschild, Jacques Mawas.

JACQUES OFFENBACH (1819-1880). Musicien allemand naturalisé français qui naquit à Cologne et mourut à Paris. Il vint très jeune en France où, après le Conservatoire, il mit en musique des fables de La Fontaine et entra comme chef d'orchestre à la Comédie-Française en 1847. On lui accorda ensuite le « privilège » des Bouffes-Parisiens, théâtre dans lequel on devait jouer exclusivement l'opérette. Offenbach sut plaire au public et, en 1855, il ouvrit son propre théâtre et fit représenter ses propres œuvres, dont beaucoup furent couronnées de succès (« les Deux Aveugles », « Ba-ta-clan », « la Chanson de Fortunio », etc.). Mais c'est après avoir abandonné son théâtre qu'il obtint ses véritables triomphes, à partir de 1864 : « la Belle Hélène », « Barbe-Bleue », « la Vie parisienne » (1866), « la Grande-Duchesse de Gérolstein » (1867), « la Périchole » (1868), « les Braconniers » (1873). Après sa mort, « les Contes d'Hoffmann » furent acclamés à l'Opéra-Comique, lieu où Offenbach avait rêvé, en vain, de réussir de son vivant. Il laissa, en mourant, plus d'une centaine d'ouvrages, parmi lesquels il faut mentionner « la Fille du tambour-major » et « les Brigands ». Sa rue existe depuis 1904.

JACQUES OUDIN C'est le nom du propriétaire du terrain sur lequel cette rue fut ouverte.

JACQUES PRÉVERT (1900-1977). Poète français né à Neuilly-sur-Seine, inhumé à Omonville-la-Petite, dans la Manche. Non-conformiste notoire, fidèle à une certaine tradition anarchiste et proche du surréalisme, il a profondément marqué de son empreinte non seulement la poésie, mais aussi le cinéma pour lequel il a écrit des dialogues parfaits : « Drôle de drame », « Quai des Brumes », « Le jour se lève », « les Visiteurs du soir », « les Enfants du paradis », « les Portes de la nuit », tous ces films ayant été réalisés par Marcel Carné. Avec son frère Pierre, réalisateur, il a aussi concocté deux bijoux d'humour : « L'affaire est dans le sac » et « Voyage surprise ». Son œuvre poétique comprend les recueils suivants : « Paroles », « Histoires », « Spectacle », « la Pluie et le beau temps », « Fatras ». Certains de ses poèmes ont été remarquablement mis en musique par Joseph Kosma : « Barbara », « les Feuilles mortes », « En sortant de l'école », etc. Voici quelques phrases prises au hasard, dans ses textes : « De deux choses lune/L'autre est le soleil », « Il est terrible le petit bruit de l'œuf dur cassé sur un comptoir d'étain, il est terrible ce bruit dans la mémoire de l'homme qui a faim », « Notre Père qui êtes aux cieux, restez-y!/Et nous nous resterons sur la Terre qui est quelquefois si jolie », « Démons et merveilles, vents et marées/Au loin déjà la mer s'est retirée ». La rue Jacques-Prévert existe depuis 1987.

JACQUES ROUCHÉ (1862-1957). M. Jacques Rouché fut un éminent directeur de l'Opéra de Paris. On donna son nom à une rue en 1971.

JACQUES RUEFF (1896-1978). Économiste et financier français, il fut chargé de nombreuses missions financières à partir de 1923 et on le considérait comme un néo-libéraliste. Il prônait l'organisation de la concurrence, le rétablissement de l'étalon-or et la réévaluation de l'or pour remédier aux difficultés monétaires internationales. Entré à l'Académie française en 1964, il est l'auteur, entre autres, de « l'Assurance-chômage, cause du chômage permanent » et « l'Ordre social ». Une place porte son nom depuis 1984.

JACQUES TRÉFOUËL Chimiste et bactériologiste français, né en 1897 au Raincy, décédé en 1977. Il dirigea l'Institut Pasteur, à Paris, de 1940 à 1967 et ses travaux permirent la découverte de nombreux corps bactériologiques. Une place fut baptisée à son nom en 1987.

JACQUES VIGUÈS Cette cour porte le nom d'un de ses résidents, propriétaire lors de son ouverture.

JACQUIER Cette rue fut ouverte en 1883 par une société d'investissement dont M. Jacquier était un des actionnaires. Pas le moindre, sans doute...

JADIN (1768-1853). Louis Emmanuel Jadin, compositeur né à Versailles, mort à Paris. À la Révolution, pour laquelle il écrivit un certain nombre d'œuvres patriotiques, il passa du théâtre de Monsieur à la musique de la garde nationale. En 1814, on le nomma « gouverneur des pages de la musique » de Louis XVIII. Parmi ses œuvres, citons « la Joconde », « le Siège de Thionville », « le Coin du feu » et « le Négociant de Boston ». La rue Jadin existe depuis 1846 et fut baptisée en l'honneur également de son neveu Godefroy Jadin, peintre spécialiste des animaux qui vécut de 1805 à 1882 et qui fut peintre de la vénerie impériale sous Napoléon III.

JAILLOT (1710-1780). Jean-Baptiste Michel Renou de Chavigné, dit Jaillot, né et mort à Paris, avocat et géographe ordinaire du roi, est l'auteur de documents et cartes sur notre capitale (« Histoire de Paris »). Un passage a pris son nom en 1994.

JAMES JOYCE (1882-1941). Écrivain et poète irlandais né à Rathgar, Dublin, mort à Zurich. Parmi ses œuvres poétiques, citons « Musique de chambre », parmi ses nouvelles « Gens de Dublin » dont John Huston fit un film. On lui doit aussi, et peut-être surtout, deux récits : « Ulysse » et « Finnegans Wake ». Il a dit : « Dieu a fait l'aliment; le diable l'assaisonnement » et « Sois la bienvenue, Ô vie! Je vais rencontrer pour la millième fois la réalité de l'expérience et façonner dans la forge de mon âme la conscience increée de ma race ». Son jardin existe depuis 1995.

JAMOT Cette villa porte le nom d'un de ses propriétaires.

JANDELLE M. Jandelle était propriétaire du terrain sur lequel cette cité fut ouverte.

JAN DOORNICK (1905-1941). Résistant hollandais, né à Paris qui s'engagea dans les Forces françaises libres pendant la Seconde Guerre mondiale et fut fusillé par les Allemands, au mont Valérien.

JANE EVRARD Violoniste et chef d'orchestre née à Neuilly-Plaisance en 1893, morte en 1984. Elle épousa le violoniste et chef d'orchestre Gaston Poulet en 1912, puis entra dans l'orchestre des ballets Diaghilev et participa ainsi, en 1913, au Théâtre des Champs-Elysées, à la création – qui fit scandale – du « Sacre du Printemps » de Stravinski. En 1930 elle fonda l'Orchestre féminin de Paris, essentiellement composé de vingt-cinq musiciennes à cordes, et se produisit, à sa tête, dans toute l'Europe jusqu'au début des années 40. Après la Libération, elle donna des concerts au palais de Chaillot ainsi qu'en province et à la radio. Une place lui est dédiée depuis 2002.

JANSSEN (1824-1907). Astronome et physicien, prénommé Jules, né à Paris. Il fut chargé de nombreuses missions scientifiques au Pérou, en Italie, aux Açores, aux Indes, etc. En 1876 – et c'est pourquoi la postérité conserve son nom – il créa l'Observatoire d'astrophysique, d'abord implanté à Montmartre, puis transféré à Meudon en 1877, sur les ruines d'un ancien château. En 1891, Janssen ascensionna le mont Blanc (remarquez qu'il n'était plus tout jeune...) pour étudier les conditions d'installation d'un observatoire que l'on construisit peu après et dont il fut nommé directeur. Admis à l'Académie des sciences en 1873, Janssen donna son nom à une rue en 1930.

JAPON En japonais « Nippon », c'est-à-dire « Soleil levant ». C'est un empire insulaire composé de 1 042 îles. Superficie : 373 000 km². Population : 127 300 000 habitants. C'est beaucoup, mais ils sont petits! D'après la légende, le Japon aurait été fondé en l'an 600 avant J.-C. par l'empereur Jimmu-tennô, descendant de la déesse Amaterasu. À partir de l'an 1600, le Japon, qui avait déjà connu maintes guerres intestines, se ferma totalement au monde extérieur pour échapper au danger d'évangélisation qu'avait tenté saint François Xavier dès 1549. Ce n'est qu'en 1859 que l'Empire céleste renoua avec l'Occident et entra dans le modernisme. Nous savons tous aujourd'hui qu'il a conquis, dans le monde entier, une place prépondérante dans la plupart des domaines commerciaux. L'empereur actuel du Japon est Akihito mais son rôle est à peu près équivalent à celui de la reine d'Angleterre. La rue du Japon existe depuis 1867.

JAPY M. Japy était mécanicien ; on donna son nom à cette rue l'année même de son ouverture, c'est-à-dire en 1870. La rue est connue à cause du gymnase Japy dans lequel furent rassemblés, en mai 1941, plus de 4 000 juifs français et étrangers avant d'être dirigés vers Auschwitz comme destination finale. De nos jours, le gymnase a retrouvé sa vocation première qu'on aurait aimé qu'il ne quitte jamais, et de nombreuses manifestations sportives s'y déroulent encore.

JARDIN C'est parce que cette galerie conduit au jardin du Palais-Royal qu'elle porte ce nom depuis la fin du siècle dernier.

JARDINET C'est le jardin du collège de Vendôme, établissement fort ancien disparu sous le règne de Charles VII, en 1441, qui fit donner ce nom à la rue. En effet, c'est sur les dépendances de ce collège, et point sur ses débris, que se forma la rue l'année même de sa disparition.

JARDINIERS Depuis 1876 la rue porte ce nom à cause de sa situation dans un quartier de cultures maraîchères, dont il ne reste rien, hélas! Même explication pour l'impasse.

JARDINS SAINT-PAUL Cette rue existe depuis 1377. Elle doit son nom aux jardins de l'ex-hôtel Saint-Pol, construit par Charles V entre 1361 et 1365 et qui lui servit de résidence.

JARENTE Depuis 1784, cette rue porte le nom de François Alexandre de Jarente, prieur de la congrégation de Saint-Louis-la-Couture (« couture » étant utilisé là dans son ancien sens « culture ») qui vivait à la date où cette voie fut ouverte.

JARRY (1620-1672). Nicolas Jarry, calligraphe né à Paris. Louis XIV lui avait remis le brevet « d'écrivain et de noteur de la musique du roi ». Il a écrit « la Guirlande de Julie », « Heures de Notre-Dame » et « Offices de la bienheureuse Marie ». Ne pas confondre Nicolas avec Alfred (1873-1907), écrivain créateur du personnage d'Ubu. La rue Nicolas-Jarry existe depuis 1877.

JASMIN (1798-1864). Jacques Boë, dit Jasmin, poète gascon né et mort à Agen. Sa première poésie gasconne, publiée à 24 ans, s'intitulait « Me cal mouri » (Me faut mourir). En 1835 un premier volume de ses œuvres parut sous le titre « las Papillotos » (les Papillotes). En 1836, « l'Abuglo de Castel-Culié » (l'Aveugle de Castel-Culier) le fit appeler par Lamartine « l'Homère sensible aux prolétaires »! Jasmin parcourait les villes du Midi en récitant ses poésies pour recueillir des fonds qu'il donnait à des œuvres de bienfaisance; il parvint à réunir un million et demi de francs... Lorsqu'il vint à Paris en 1842, Louis-Philippe donna une soirée en son honneur. Jasmin passa ensuite le reste de sa vie entre l'exercice de sa profession (perruquier) et ses voyages de propagande gasconne. Assez infatué de lui-même, il accueillit froidement la création du félibrige par Mistral et le poème « Mireille » lui parut sans intérêt. La rue Jasmin existe depuis 1885, la cour depuis 1932 et le square depuis 1927.

JAUCOURT (1704-1779). Le chevalier Louis de Jaucourt, savant, naquit à Paris et mourut à Compiègne. Il fut l'ami de Montesquieu et Condillac. Dans « l'Encyclopédie », il rédigea des articles de physiologie, de chimie, de botanique, de pathologie, mais aussi de politique et d'histoire. Son ouvrage le plus connu est « Histoire de la vie et des œuvres de Leibniz », paru en 1734. La rue Jaucourt existe depuis 1885.

JAVEL En 1777, on créa à l'emplacement actuel du quai André-Citroën, ex-quai de Javel, une usine qui fabriqua de l'hypochlorite de potasse, plus connu sous le nom d'eau de Javel. Mais ce n'est pas cette eau qui donna son nom au quai; c'est le contraire, puisque le quai de Javel existait depuis le XVe siècle, époque où naquit le village de Javel qui devait son nom à un moulin, situé au bord de la Seine, et portant le nom de son propriétaire. L'Académie française orthographia longtemps « eau de Javelle »; elle avait tort... La rue de Javel est connue depuis 1730, mais sur son tracé actuel elle existe seulement depuis 1868.

JAVELOT Cette voie, construite au milieu d'un centre dit des « Olympiades », porte depuis 1972 le nom d'une discipline olympique.

JEAN AICARD (1848-1921). Écrivain français né à Toulon, qui appartint à l'Académie française. Il est principalement connu pour son roman « Maurin des Maures ». Une rue porte son nom depuis 1946. Jean Aicard a également écrit « Miette et Noré », « le Père Lebonnard » et une pièce sur Lamartine qui lui valut le prix de poésie de l'Académie française.

JEAN ANTOINE DE BAÏF (1532-1589). Poète français qui, élève de Ronsard, fit partie de la Pléiade. Très attaché à des « recherches métriques », il fonda, en 1570, une Académie de poésie et de musique. Parmi ses œuvres : « Poèmes », « Amours », « Jeux », « Mimes », « Enseignements ». Voici la fin d'un de ses sonnets, intitulé « Épitaphe » : « Pauvres corps, reposez, qui vos malheureux os/Nerfs et veines et chairs, sont dignes de repos/Qui ne purent souffrir le repos en la France/Esprits aux carrefours toutes les nuits criez :/O mortels avertis et voyez et croyez/Que le forfait retarde et ne nuit la vengeance. » Il a sa rue depuis 1988.

JEAN ARP (1887-1966). Peintre, sculpteur et poète français, né à Strasbourg, mort à Bâle. C'est l'un des fondateurs du mouvement « dada » (1916). Sa production, d'abord très protéiforme, s'orienta, par exemple, vers des encres abstraites aux lignes ou masses souples et irrégulières et des « ovales mouvants, symboles de la métamorphose et du devenir des corps ». En 1921, il épousa le peintre abstrait Sophie Taeuber avec laquelle il réalisa des broderies et papiers collés basés sur le rectangle et le carré qui agirent sur lui, dit-il, « comme une purification ». En qualité de poète il est l'auteur de « l'Ange et la rose » et « Jours effeuillés » où il dit : « Attention, poètes : les aveugles sont des voyants. Et des inventeurs de métamorphoses. » Une rue porte son nom depuis 1993.

JEAN-BAPTISTE BERLIER (1843-1911). Ingénieur né à Rive-de-Gier. Il apporta de profondes modifications au service des vidanges, la plus notable étant l'instauration d'un système pneumatique. Il inventa aussi un autre système pneumatique, servant celui-ci à la transmission des lettres. Si nous pouvions mettre un « pneu » à la Poste, c'est donc grâce à lui... D'autre part il projeta le chemin de fer électrique et fut l'auteur du premier projet de métro. Une rue porte son nom depuis 1946.

JEAN-BAPTISTE CLÉMENT (1836-1903). Chansonnier, il fut maire de la « commune libre » de Montmartre. Mais il est surtout l'auteur de cette admirable chanson : « le Temps des cerises ». Une place porte son nom depuis 1905.

JEAN-BAPTISTE DUMAS (1800-1884). Chimiste né à Alais (Gard), mort à Cannes. Il étudia l'alcool amylique, découvrit l'oxamide et travailla sur la substitution du chlore à l'hydrogène (et réciproquement). Cela lui donna l'idée de la « loi des substitutions » qui a renouvelé la chimie organique. C'est lui qui détermina aussi la composition exacte de l'air et de l'eau. En 1832, il fonda, à ses frais, un laboratoire de recherches à l'École polytechnique et institua l'École centrale des arts et manufactures. Il fut membre de l'Institut et secrétaire perpétuel de l'Académie des sciences. La rue Jean-Baptiste-Dumas existe depuis 1894.

JEAN-BAPTISTE DUMAY (1841-1926). M. Jean-Baptiste Dumay était conseiller municipal du XXe arrondissement; on donna son nom à une rue l'année même de sa mort.

JEAN-BAPTISTE LUQUET M. Luquet était propriétaire des terrains sur lesquels cette villa fut ouverte au début du XIXe siècle. On s'en est opportunément souvenu pour la baptiser en 1995.

JEAN-BAPTISTE PIGALLE *Cette appellation remplace, depuis 1993, celle de Pigalle qui se trouve déjà dans ce dictionnaire.*

JEAN-BAPTISTE SAY *Voir Say.*

JEAN-BAPTISTE SEMANAZ Détachée de la commune du Pré-Saint-Gervais en 1930, cette rue porte le nom d'un de ses anciens propriétaires-résidents.

JEAN BART (1650-1702). Jean Bart, corsaire et chef d'escadre français né et mort à Dunkerque. Il s'embarqua à l'âge de 12 ans; son père et son grand-père étaient morts de blessures reçues en guerroyant contre les Anglais. Après quelques années passées à naviguer comme mousse, il s'engagea dans la marine hollandaise et se battit, avec elle, contre l'Angleterre en 1666 et 1667. Quand Louis XIV déclara la guerre à la Hollande, Jean Bart rentra à Dunkerque. C'est alors que commença la vie de corsaire; pendant six ans il courut la Manche et la mer du Nord; ses coups d'audace et ses prises considérables attirèrent l'attention du roi qui l'attacha à la marine royale comme lieutenant de vaisseau (1679), puis capitaine de frégate en 1686. La période la plus glorieuse de la carrière de Jean Bart commença en 1688, au moment de la guerre de la ligue d'Augsbourg; c'est ainsi qu'en 1689 il parvint à transporter de Calais à Brest, à travers la flotte anglo-hollandaise, tout un chargement de poudre et munitions. La même année, fait prisonnier par les Anglais et emmené à Plymouth, il s'évada douze jours après, avec quatre compagnons, sur une simple yole, et arriva au bout de deux jours à Saint-Malo. Il fut alors nommé capitaine de vaisseau et reprit la mer pour se venger d'une manière éclatante de son emprisonnement : avec sept frégates, il força le blocus de la flotte anglo-hollandaise dans la rade de Dunkerque, brûla une centaine de navires marchands, fit une descente sur les côtes d'Angleterre, détruisit deux cents maisons et revint à Dunkerque chargé de prises... En 1694, après d'autres exploits, Jean Bart fut nommé chef d'escadre. C'était un homme de taille moyenne, à la forte carrure, qui eut, de deux mariages, treize enfants. Le plus connu fut l'aîné, François-Cornil, que son père, le voyant pâlir lors d'une bataille, avait fait attacher à un mât jusqu'à la fin de l'action... Cela dut être salutaire car le jeune homme devint vice-amiral et fit preuve lui aussi, après cet épisode, de beaucoup de courage. La rue Jean-Bart existe depuis 1790.

JEAN BEAUSIRE Les Beausire étaient des bourgeois vivant au XVIe siècle. Le plus connu d'entre eux, Jean, fut contrôleur des bâtiments de la Ville de Paris et mourut en 1743. La rue existe depuis 1522.

JEAN BOLOGNE (1524-1608). Sculpteur flamand, né à Douai, mort à Florence. Très jeune, il se rendit à Rome où il reçut les conseils de Michel-Ange avant d'aller se fixer à Florence. En 1558 les Médicis l'attachèrent à leur cour; dès lors, Jean Bologne ne cessa plus, jusqu'à sa mort, de jouir d'une grande renommée. Ses principales œuvres sont : « Samson vainqueur des Philistins », « Florence victorieuse », « Enlèvement d'une Sabine » et « Neptune ». Jean Bologne est également connu sous le nom de « Jean de Douai ». Une rue porte son nom depuis 1864.

JEAN BOUTON C'était le propriétaire du terrain sur lequel on ouvrit cette voie à la fin du XVIIIe siècle. D'abord impasse, elle devint rue en 1929.

JEAN CALVIN (1509-1564). Fondateur de la Réforme en France, Calvin – de son vrai nom Chauvin, qu'il traduisit en latin par Calvinus – naquit à Noyon et mourut à Genève. Dès 1533, ses liens avec le catholicisme se distendent; un discours prononcé le 1er novembre de cette année contient plus d'une hérésie. Inquiété, il se rend à Navarre auprès de la reine Marguerite. Au printemps 1534, il passe totalement au protestantisme et à l'automne se rend à Strasbourg, puis à Bâle. En 1535, il publie « l'Institution chrétienne ». Appelé à Genève en 1540, il exigea en 1541 qu'on y rédige les « Ordonnances ecclésiastiques » qui devaient faire de cette ville la citadelle du protestantisme. Calvin étendit alors aux mœurs les réformes qu'il n'appliquait jusque-là qu'au dogme et au culte. Il poursuivit avec rigueur tous ceux qu'il pensait être ses adversaires. Le 5 juin 1559 il fonda l'Académie de Genève, qui devint vite un des plus brillants foyers de la science en Europe. En même temps, Calvin formait des disciples qu'il envoyait partout « dresser » des églises. Mort le 27 mai 1564, il avait épousé en 1540 Idelette de Bure, qu'il perdit en 1549 et dont il eut un fils, mort en bas âge. La rue Jean-Calvin existe depuis 1936.

JEAN CARRIÈS (1856-1894). Sculpteur et céramiste né à Lyon, mort à Paris. Bien que sans grandes ressources, Carriès entreprit des recherches sur les grès et les poteries de couleurs pour en faire des objets de décoration mobilière. Outre ses bustes, pots, vases, etc., on peut aussi remarquer des cheminées entièrement en grès qu'il fabriqua en grand nombre. Sa rue existe depuis 1907.

JEAN-CLAUDE ARNOULD Il vécut de 1792 à 1866 et inventa, en 1845, un système de train articulé sur voie large, qui permit la construction de l'ancienne ligne de Sceaux. Une rue porte son nom depuis 2001.

JEAN-CLAUDE-NICOLAS FORESTIER (1861-1930). Voulant peut-être aller dans le sens de son nom, il étudia à l'École forestière de Nancy, puis entra à la préfecture de Paris en qualité d'ingénieur et sylviculteur. On le chargea alors de la conservation des bois de Boulogne et de Vincennes, du parc de Bagatelle, de la création des jardins du Champ-de-Mars et de la Cité universitaire. Il présenta, en outre, un avant-projet d'aménagement pour la réalisation du parc de Sceaux. Fidèle à la tradition de Le Nôtre, il la rapprocha cependant de la nature. Un square porte son nom depuis 1998.

JEAN COCTEAU Écrivain, poète, cinéaste, peintre et dessinateur, né à Maisons-Lafitte en 1889, décédé à Milly-la-Forêt en 1963, Jean Cocteau fut une des personnalités les plus riches et diverses de notre siècle. Toute son œuvre s'imprégna de la modernité de son temps, dans son sens superficiel et profond. Il s'intéressa à toutes les novations et subit, ainsi, les influences du futurisme, du cubisme et du dadaïsme. Son œuvre est considérable : romans (« Thomas l'imposteur », « le Grand Écart », « les Enfants terribles », etc.), théâtre (« les Mariés de la tour Eiffel », « l'Aigle à deux têtes », « les Parents terribles »), cinéma (« Orphée », « l'Éternel Retour », « la Belle et la Bête », etc.), poésie (« l'Ange Heurtebise », « Plainchant », etc.), dessin (illustration de nombreux ouvrages), peinture (décoration de la chapelle Saint-Pierre, à Villefranche-sur-Mer), auteur de décors pour de nombreux ballets. Membre de l'Académie française, il a dit : « Les miroirs feraient bien de réfléchir avant de renvoyer les images », « Je sais que la poésie est indispensable, mais je ne sais pas à quoi », et « Notre époque de radio, de télévision, de magazine est une école d'inattention. On y enseigne à regarder sans voir, à écouter sans entendre ». Son nom fut attribué à un square en 1984.

JEAN COLLY (1858-1929). Jean Colly, dont on donna le nom à une rue en 1934, était conseiller municipal et député de Paris.

JEAN COTTIN Était l'un des propriétaires de cette rue lors de son ouverture.

JEAN DAUDIN Depuis 1910, cette rue – qui n'était auparavant qu'un passage – porte le nom d'un de ses propriétaires.

JEAN DE BEAUVAIS Cette rue doit son nom à un libraire, Jean de Beauvais, établi au coin de l'ex-rue des Noyers, proche, au début du XIVe siècle. En 1370, par une coïncidence fortuite, Jean de Dormans, évêque de Beauvais, fonda dans cette rue un collège dont Charles V posa la première pierre de la chapelle. Ce collège, appelé « de Dormans-Beauvais », accueillit en priorité des élèves venus de Soissons et surtout de Dormans. En 1530, saint François Xavier enseigna la philosophie dans cet établissement. La rue existe depuis l'époque où vivait le libraire précité.

JEAN DE LA FONTAINE *Voir La Fontaine.*

JEAN DOLENT (1835-1909). Charles Antoine Fournier, dit Jean Dolent, publiciste et critique d'art né à Paris. Il débuta en 1862 par des portraits littéraires : « Une volée de merles ». Il écrivit aussi « Avant le déluge », mais c'est surtout son « Petit Manuel d'art » qui le fit connaître et apprécier. La rue existe depuis 1925.

JEAN DOLLFUS (1800-1887). Manufacturier et homme politique né à Mulhouse, dont il fut maire en 1843. Il fonda la Société industrielle de Mulhouse. Élu député du Bas-Rhin en 1846, il combattit Guizot. À la Constituante de 1848, il vota avec la droite et ne fut pas réélu à la Législative. Il rentra dans la vie privée après le coup d'État de Napoléon III. Sa rue date de 1888.

JEAN DU BELLAY (1492-1560). Prélat et diplomate qui mourut à Rome. En 1528, il était évêque de Bayonne. Ayant soutenu avec énergie l'annulation du mariage d'Henry VIII d'Angleterre avec Catherine d'Aragon dans le but d'assurer une puissante alliance à François Ier, celui-ci lui obtint l'évêché de Paris, puis la pourpre cardinalice en 1535. Quand François Ier mourut, Jean du Bellay se retira à Rome où il jouit d'une telle considération que l'on parla un moment de lui pour remplacer le pape Marcel II quand celui-ci décéda en 1555. La rue Jean-du-Bellay existe depuis 1867. Jean du Bellay avait un cousin, Joachim (1522-1560), poète qui fut l'ami et le collaborateur de Ronsard. Il rédigea le Manifeste de la Pléiade en 1559. Il fut, à Rome, le secrétaire de son cousin cardinal. Il écrivit « Antiquités de Rome » et « les Regrets ».

JEAN DUNANT (1877-1942). D'origine suisse, Jean Dunant fut sculpteur, orfèvre, dinandier et grand spécialiste de la laque. On donna son nom à une rue en 1985.

JEAN FALCK Propriétaire du terrain sur lequel ce square fut construit en 1931.

JEAN FAUTRIER (1898-1964). Peintre, sculpteur, dessinateur et graveur français né à Paris, mort à Châtenay-Malabry. Formé à Londres, il donna cependant ses premières œuvres à Paris en 1919; il s'agissait de natures mortes et de figures sombres tendant vers l'expressionnisme, tel « Gibiers écorchés ». Au début de la Seconde Guerre mondiale, il intégra le non-figuratif et s'imposa comme un des créateurs de la peinture dite « informelle » et « matiériste »; il peignit alors, entre autres, « Otages », « Nus », « Partisans ». Une rue porte son nom depuis 1992.

JEAN FERRANDI (1882-1935). Militaire au grade de lieutenant-colonel, Jean Ferrandi fut conseiller municipal du VIe arrondissement. On donna son nom à une rue en 1935.

JEAN FORMIGÉ (1845-1926). Architecte, né au Bouscat. Pour l'Exposition universelle de 1889, il construisit les palais des Beaux-Arts et des Arts libéraux au Champ-de-Mars. Il restaura le théâtre antique d'Orange. Nommé, en 1885, architecte des promenades et plantations de la Ville de Paris, il termina les décorations des salons des fêtes de l'Hôtel de Ville, commencées par Ballu. Formigé fut un des initiateurs du mariage de la brique avec le fer en architecture. Membre de l'Académie des beaux-arts; une rue porte son nom depuis 1932.

JEAN FOURASTIÉ (1907-1990). Économiste français né à Saint-Benin, mort à Paris. Il a toujours considéré que le progrès technique était le facteur essentiel du progrès économique et social et assura que les sociétés industrielles évolueraient vers une civilisation où l'emporterait le secteur tertiaire. Parmi ses ouvrages : « le Grand espoir du XXe siècle » et « Machinisme et Bien-Être ». Il a dit : « Rien ne sera moins industriel que la civilisation née de la révolution industrielle » et « La machine conduit ainsi l'homme à se spécialiser dans l'humain ». Il a sa rue depuis 1997.

JEAN-FRANÇOIS LÉPINE (1811-1868). Considéré comme un bienfaiteur de l'ancienne commune de La Chapelle, on donna son nom à une rue en 1896.

JEAN GIONO (1895-1970). Écrivain français né et mort à Manosque. Chantre admirable de la Haute-Provence, il a écrit : « Regain », « le Chant du monde », « Colline », « Que ma joie demeure », etc. Beaucoup de ses œuvres ont été portées à l'écran (« Angèle », « Regain », « l'Eau vive », « Un roi sans divertissement », « le Hussard sur le toit ») et lui-même réalisa « Crésus » en 1960. Il a dit : « Imaginer, c'est choisir », « Quand le peuple ne parle pas, ne crie pas ou ne chante pas, il ferme les yeux. Il a le tort de fermer les yeux! » et « Prends donc l'habitude de considérer que les choses ordinaires arrivent aussi ». La rue Jean-Giono existe depuis 1993.

JEAN GIRAUDOUX (1882-1944). Écrivain et diplomate né à Bellac. Doué d'un sens de l'humour parfois très « pince-sans-rire » et d'un sens parfait de l'écriture poétique, Jean Giraudoux a écrit notamment « Ondine », « Intermezzo », « la Folle de Chaillot », « Amphitryon » et « La guerre de Troie n'aura pas lieu » (pièces de théâtre), ainsi que « le Pacifique », « Siegfried et le Limousin » et « Bella » (romans). Giraudoux a dit : « Le privilège des grands, c'est de voir les catastrophes d'une terrasse » et « Le destin, c'est simplement la forme accélérée du temps ». La rue qui porte son nom existe depuis 1946.

JEAN GODARD Propriétaire du terrain sur lequel cette villa fut ouverte.

JEAN GOUJON Date de naissance incertaine, probablement vers 1512. Mort survenue à Bologne en 1567. Jean Goujon, originaire de Normandie, fut un architecte et sculpteur de la Renaissance française. Il sculpta, à Paris, le jubé de Saint-Germain-l'Auxerrois. Le plus grand fragment de ce travail est « la déposition de la Croix », aujourd'hui au Louvre. De 1544 à 1547, Goujon travailla au château d'Écouen; il y fit « la Victoire ailée », « la Foi » et « Sacrifice d'Abraham ». En 1547, il fit « Vistruve de Saint-Martin » qui comporte de nombreuses planches concernant « l'art maçonnique ». De 1550 à 1562, avec Pierre Lescot, il s'occupa de la décoration du Louvre, pour lequel il fit les célèbres cariatides. Huguenot, Jean Goujon dut fuir en Italie, à Bologne, et il ne fut donc point victime, comme on l'a longtemps pensé, de la Saint-Barthélemy. La rue existe depuis 1823.

JEAN-HENRI FABRE (1823-1915). Entomologiste qui naquit à Saint-Léons (Aveyron). Il publia un grand nombre d'ouvrages de vulgarisation, et particulièrement « Souvenirs entomologiques », qui est remarquable. Une rue porte son nom depuis 1965. Un film, « Monsieur Fabre », retraça sa vie.

JEAN HENRY DUNANT (1828-1910). Littérateur et philanthrope suisse né à Genève. C'est lui qui fonda la Croix-Rouge. La nécessité qu'il y avait de créer une « Ligue pour l'assistance aux blessés sur les champs de bataille » lui apparut après avoir assisté à la bataille particulièrement sanglante de Solférino, le 24 juin 1859, entre Français et Autrichiens. Il consacra sa fortune à son œuvre et tomba dans la misère. Sur la fin de sa vie, l'impératrice de Russie lui fit verser une pension alors qu'il se trouvait dans un hospice pour nécessiteux. Il a écrit « Souvenir de Solférino » et « Fraternité et charité internationales en temps de guerre ». Le fondateur de la Croix-Rouge reçut le prix Nobel en 1901. Sa rue existe depuis 1963.

JEAN HUGUES (1849-1930). Sculpteur né à Marseille. Il obtint le prix de Rome en 1875 avec un bas-relief : « Homère accompagné de son jeune guide chante ses poésies dans une ville de Grèce ». Professeur à l'École des beaux-arts, Jean Hugues sculpta également « Femme jouant avec son enfant », « la Tentation » et « Un potier ». Une rue porte son nom depuis 1931.

JEAN-JACQUES ROUSSEAU (1712-1778). Écrivain et philosophe né à Genève, mort à Ermenonville. Originaire d'une famille française calviniste, sa mère mourut en le mettant au monde. Son père, horloger, l'éleva de façon « sentimentale et romanesque » (!). Il quitta pourtant vite le domicile paternel et Genève pour aller d'abord à Annecy, où il rencontra une jeune veuve, Mme de Warens, qui le convertit au catholicisme et l'envoya à Turin où il abjura le protestantisme. Rousseau « vagabonda » alors en Suisse et en Italie, puis revint en Savoie rejoindre sa protectrice aux Charmettes, près de Chambéry. Il passa là huit années heureuses. En 1741, il vient à Paris, sans ressources, pour y chercher fortune. Il se fait musicien en inventant un nouveau et impossible système de notation. Bientôt il se voit diplomate et part pour Venise comme secrétaire de l'ambassadeur. Mais sa vocation diplomatique est chancelante et il revient vite à Paris. C'est en 1750 qu'il trouve sa vraie voie, l'académie de Dijon ayant mis en concours le sujet suivant : « Si le progrès des sciences et des arts a contribué à corrompre ou à épurer les mœurs ». Rousseau écrit d'une seule traite son « Discours », diatribe contre la civilisation qui le rend d'emblée célèbre. Il fait jouer son opéra « le Devin du village » et écrit un second « Discours » sur l'inégalité des hommes. Il revient au calvinisme et se proclame républicain et démocrate. De 1756 à 1762, il se montra particulièrement fécond en matière littéraire; en effet, c'est de cette époque que datent « Julie ou la Nouvelle Héloïse » (1761), « Du contrat social » et « Émile » (1762). Chacun de ses ouvrages révolutionnait les idées de son siècle. Persécuté pour la publication d'« Émile », surtout par l'archevêque de Paris, il s'exile. Vieilli avant l'âge, hypocondriaque (l'hypocondrie rend bizarre et morose), brouillé avec tout le monde, Rousseau erra pendant huit ans, trouvant seulement le plaisir en herborisant. En 1770 il revient à Paris où il vivra misérablement dans un humble logis de la rue de la Plâtrière. Son hypocondrie touchait à la folie, mais son génie demeurait, et c'est en cette période qu'il rédigea « Rêveries du promeneur solitaire » (1777-1778). Il mourut à Ermenonville dans une petite propriété que le marquis de Girardin avait mise à sa disposition. En 1794 on transféra ses cendres au Panthéon. Autres œuvres de Rousseau : « Confessions », « Lettres de la Montagne », « Rousseau juge de Jean-Jacques » et « Lettre à d'Alembert sur les spectacles ». Rousseau, tourné vers l'avenir et cherchant à édifier une société future (contrairement à Voltaire, tourné vers le passé), a dit : « J'aime mieux être un homme à paradoxes qu'un homme à préjugés » (il était en effet plein de paradoxes puisque, bien que prêchant la morale, il confia sa progéniture aux Enfants-Trouvés), « La femme observe et l'homme raisonne », « Plus le corps est faible, plus il commande; plus le corps est fort, plus il obéit » et « Jamais la nature ne nous trompe, c'est toujours nous qui nous trompons ». La rue existe depuis 1791.

JEAN JAURÈS (1859-1914). Professeur et homme politique né à Castres (Tarn). Élu député du Tarn en 1885, il vota avec les républicains. Venu à Toulouse en 1889, il y fut adjoint au maire et commença à se diriger vers le socialisme. Il défendit des grévistes à Carmaux et fut élu député d'Albi en 1893. Il devint alors le chef du parti socialiste à la Chambre, où son éloquence fit merveille. Jaurès fut un « dreyfusard » convaincu. En 1901, il fonda le Parti socialiste français, opposé au Parti ouvrier français de Jules Guesde. En 1904 il créa le journal « l'Humanité » et en 1905 aida à la création de la S.F.I.O., qui unissait tous les socialistes. Pacifiste, Jaurès fut assassiné à la veille de la Première Guerre mondiale, le 13 juillet 1914. Il avait dit : « Il ne peut y avoir révolution que là où il y a conscience » et « La terre a été longtemps plus grande que l'homme; et elle a imposé à l'humanité la loi de la dispersion ». L'avenue Jean-Jaurès existe depuis 1914.

JEAN LANTIER Lantier est une déformation de Lointier; riche Parisien du XIIIe siècle, Jean Lointier eut parmi ses descendants un Philippe Lointier. C'est pour cela qu'après s'être appelée « Jehan Lointier » du XIIIe au XVe siècle, la rue se nomma « Philippe Lointier » du XVe au XVIIIe siècle. Elle reprit ensuite son prénom initial et Lointier devint Lantier.

JEAN LECLAIRE (1801-1872). Jean Leclaire possédait une entreprise de peinture en bâtiment. Jusque-là rien qui soit exceptionnel... Mais voici la suite : Jean Leclaire fut le premier patron qui intéressa ses ouvriers aux bénéfices. Cela méritait bien qu'on donnât son nom à une rue (en 1894).

JEAN LORRAIN (1855-1906). Paul Duval, dit Jean Lorrain, écrivain né à Fécamp. Il collabora au « Courrier français » et à « l'Écho de Paris ». On lui doit, sous le pseudonyme de Raitif de La Bretonne, des « Impressions » très curieuses. Analyste à l'esprit poétique, il publia, sous le nom de Lorrain, « la Forêt bleue », « Monsieur de Bougrelon » et « Poussières de Paris ». La rue Jean-Lorrain existe depuis 1930.

JEAN-LOUIS FORAIN (1852-1931). Peintre et dessinateur né à Reims. Il fournit un nombre considérable de dessins aux journaux parisiens. C'était une sorte de Juvénal du crayon, plein de verve et d'ironie parfois cruelle. Un jour, parlant d'une dame qui n'était ni d'une extrême jeunesse ni d'une extrême fraîcheur, il dit à un ami : « Oh! On voit qu'elle a été laide... » Sa rue existe depuis 1931.

JEAN MACÉ (1815-1894). Publiciste et écrivain né à Paris, mort à Monthiers (Aisne). En 1848, il était rédacteur au journal « la République ». Après le 2 décembre il dut quitter Paris et se réfugia à Beblenheim, dans le Bas-Rhin. Revenu plus tard à Paris, il y créa la Ligue de l'enseignement. En 1883 il devint sénateur inamovible. Il écrivit « Histoire d'une bouchée de pain », « les Serviteurs de l'estomac » et « Philosophie de poche ». La rue Jean-Macé existe depuis 1896.

JEAN MARIDOR (1920-1944). Le capitaine d'aviation Jean Maridor fut un des héros de la Seconde Guerre mondiale. Une rue porte son nom depuis 1954.

JEAN-MARIE JÉGO C'est depuis 1883 que cette rue porte le nom de Jean-Marie Jégo, un marin, capitaine dans la marine marchande, ami d'un des propriétaires de cette voie à sa création.

JEAN MÉNANS M. Ménans fonda la société commerciale qui ouvrit cette rue en 1909.

JEAN MERMOZ (1901-1936). Aviateur né à Aubenton. C'est lui qui, en 1930, réalisa la première liaison aérienne France-Amérique du Sud. Pilote de légende à la célèbre Aéropostale dirigée par Didier Daurat, Jean Mermoz disparut en mer, au large de Dakar, à bord de son hydravion la « Croix du Sud ». Une rue porte son nom depuis 1937.

JEAN MINJOZ Avocat, maire de Besançon, ministre et député, résistant, né à Montmélian en 1904, mort à Besançon en 1987. Il fut à l'origine d'une proposition de loi pour le libre emploi du livret A. On donna son nom à une rue en 2001.

JEAN MOINON (1891-1944). Depuis 1946 cette rue porte le nom d'un des résistants les plus connus de la Seconde Guerre mondiale, mort en déportation.

JEAN MONNET (1888-1979). Économiste et homme politique français, né à Cognac, mort à Bazoches, qui fut un des grands initiateurs de l'Europe unie. En juin 1940, il fut à l'origine de la proposition d'union franco-britannique et, nommé par Churchill membre du Conseil britannique des approvisionnements de guerre, il partit pour Washington en août 1940 et participa à l'organisation de la défense commune. En 1943, on le nomma membre du Comité français de libération nationale à Alger. En 1950, il fut à l'origine de la déclaration du 9 mai qui jetait les bases de la Communauté européenne du charbon et de l'acier. De 1952 à 1955 il fut le premier président de la Haute Autorité de la C.E.C.A., puis créa, en 1955, le Comité d'action pour les États-Unis d'Europe dont il fut le président. Une rue porte son nom depuis 1988.

JEAN MORÉAS (1856-1910). Jean Papadiamantopoulos, dit Moréas, poète français né à Athènes. Il vécut sa jeunesse à Marseille puis voyagea dans toute l'Europe avant de se fixer à Paris en 1881. D'abord considéré comme un poète « décadent », Moréas glissa ensuite vers le symbolisme, avant de fonder l'« école romane », qui prétendait revenir aux vieilles formes poétiques et même à l'ancienne langue... Il a écrit « Cantilènes », « Autant en emporte le vent » (qui n'eut pas l'heur de servir au scénario du film...), « Émone au clairs visage », « les Demoiselles Goubert » (avec Paul Adam) et « le Pèlerin passionné ». Sa rue existe depuis 1926.

JEAN MOULIN (1899-1943). Patriote né à Béziers. Il fonda le Conseil national de la Résistance et en fut le premier président. Trahi, les Allemands l'arrêtèrent et le torturèrent; transféré en Allemagne, Jean Moulin mourut pendant le voyage. Son corps a été inhumé au Panthéon en 1965; au cours de la cérémonie, André Malraux prononça un éloge superbe du grand résistant. La rue Jean-Moulin existe depuis 1964.

JEANNE D'ARC (1412-1431). La Pucelle d'Orléans, née à Domrémy, mourut à Rouen le 24 mai 1431. En gardant ses moutons, elle entendit des voix l'encourageant à délivrer la France de l'invasion anglaise. Elle se mit donc en marche en 1428, alors que ces voix, qu'elle disait être celles de l'archange saint Michel et des saintes Catherine et Marguerite, lui parlaient depuis 1424. Elle alla voir le sire de Baudricourt, qui la repoussa deux fois, mais finit par accepter de la présenter au roi, à Chinon, en 1429. Elle convainquit à peu près ce dernier de sa mission, et on lui confia une petite troupe qui obligea les Anglais à lever le siège d'Orléans. Le 17 juillet 1429 elle fit sacrer Charles VII à Reims. L'année suivante, le 23 mai exactement, à Compiègne, elle tomba aux mains des Bourguignons, peut-être à cause d'une trahison. Emprisonnée, elle tenta de s'échapper de sa geôle en se jetant par la fenêtre et fut assez grièvement blessée. Le 21 novembre 1430, le comte de Luxembourg, qui la détenait, la vendit aux Anglais, représentés par l'évêque de Beauvais, Pierre Cauchon. Conduite à Rouen, après un procès qui tourna au martyre pour elle, Jeanne d'Arc fut condamnée à être brûlée vive et elle mourut en prononçant le nom de Jésus. La rue Jeanne-d'Arc existe depuis 1854 et la place depuis 1864.

JEANNE HACHETTE Née vers 1454, morte à une date indéterminée. Jeanne Hachette, de son vrai nom Jeanne Laisné, s'opposa vaillamment, fin juin-début juillet 1472, à l'assaut de Charles le Téméraire contre sa ville de Beauvais. Elle doit son surnom au coup de hachette par lequel elle renversa un soldat bourguignon qui tentait de planter son étendard sur les remparts de la ville. Charles le Téméraire, devant l'héroïsme de cette jeune fille et de toute la ville de Beauvais, finit par lever le siège. Pour récompenser Jeanne, le roi de France Louis XI la maria, à Senlis, le 22 février 1474, avec un nommé Colin Pilon et exempta le couple, la vie durant, de toutes « tailles » et « charges de guet et de garde ». La rue Jeanne-Hachette existe depuis 1884.

JEANNE JUGAN (1792-1870). C'est elle qui, en 1839, fonda la congrégation des Petites sœurs des pauvres. Une rue porte son nom depuis 1992.

JEAN NICOT (1530-1600). Diplomate et érudit, né à Nîmes, mort à Paris. C'est, bien entendu, pour avoir introduit en France le tabac, « l'herbe à Nicot », qu'il passa à la postérité. Il était ambassadeur à Lisbonne, en 1559, quand il eut connaissance d'une plante nommée « petun »; il en envoya des pieds à la reine mère, Catherine de Médicis, en insistant surtout sur les vertus antiseptiques de cette plante, et dès lors le petun, devenu tabac, s'implanta rapidement en France. Jean Nicot mourut curé de Brie-Comte-Robert et fut inhumé à l'église Saint-Paul de Paris. Le tabac, dont Catherine de Médicis se servait pour guérir ses migraines, fut appelé, à un certain moment, « herbe à la reine » et « médicée ». Après un engouement rapide, une réaction violente naquit contre le tabac que Louis XIII interdit. Devant l'échec de cette interdiction, Colbert, en 1674, jugea plus sage de faire du petun une source de revenus pour les finances de la France en instaurant un monopole d'exploitation qui existe toujours... La rue Jean-Nicot existe depuis 1864.

JEAN NOHAIN (1900-1981). Auteur de chansons et de pièces de théâtre, créateur et animateur d'émissions de radio et de télévision, avocat (il exerça, plus ou moins à « mi-temps », jusqu'en 1935), de son vrai nom Jean Marie-Legrand, né et mort à Paris. Fils du poète Franc-

Auguste Renoir. Il fut un des plus grands réalisateurs français, mélangeant réalisme et fantaisie et imprégnant toujours ses films d'un véritable accent de sincérité. Parmi ses réalisations : « la Règle du jeu », « le Carrosse d'or », « la Chienne », « Boudu sauvé des eaux », « la Grande Illusion », « la Bête humaine », « le Déjeuner sur l'herbe », « Éléna et les hommes », « French-Cancan », « la Femme sur la plage », « le Crime de M. Lange », « les Bas-Fonds ». Une rue porte son nom depuis 1994.

JEAN REY (1861-1935). Ingénieur né à Ouchy, en Suisse. Membre de l'Institut, il transforma l'éclairage des côtes et des terrains d'aviation, et créa le premier thermocompresseur doté d'un bon rendement. Il travailla aussi à la première turbine multicellulaire. La rue Jean-Rey existe depuis 1937.
Il y eut un autre Jean Rey (1583-1645), chimiste qui découvrit l'augmentation de poids des métaux chauffés au contact de l'air.

JEAN RICHEPIN (1849-1926). Poète et littérateur né à Médéa, en Algérie. Méprisant les conventions sociales, admirant les révoltés, appréciant le langage rabelaisien, Jean Richepin ne pouvait pas éviter que son premier recueil, « la Chanson des gueux », le fasse condamner à un mois de prison et 500 francs d'amende pour « audaces »... Un peu refroidi après cet épisode malheureux survenu en 1876, il se fit pendant quelque temps marin, puis débardeur. Mais il reprit assez vite la plume et le succès vint rapidement encourager son talent. Il écrivit, comme poète, « Caresses », « les Blasphèmes » et « la Bombarde »; comme romancier, « les Morts bizarres », « Truandailles » et « Paysages et coins de rues »; comme auteur dramatique, « Nana Sahib » (pièce créée par Sarah Bernhardt dans laquelle il interprétait le rôle masculin principal), « le Flibustier » et « la Glu ». Jean Richepin fut membre de l'Académie française. La rue existe depuis 1950.

JEAN ROBERT Propriétaire du terrain sur lequel cette rue fut ouverte, en 1902. Auparavant, dans le quartier Saint-Martin, à la place de la rue des Gravilliers, existait une autre rue Jean-Robert (jusqu'en 1850). Ce Jean Robert-là était un farceur du XVIIe siècle, un « fagotteux » comme on disait alors, crieur et marchand de « noir à noircir », le cirage de l'époque, qui passait surtout son temps en bouffonneries et farces en tout genre.

JEAN ROSTAND (1894-1977). Biologiste et écrivain français (fils d'Edmond Rostand – 1868-1918 –, l'auteur de « Cyrano de Bergerac »). Membre de l'Académie française à partir de 1959, il est connu pour ses travaux sur la parthénogenèse et la tératogenèse (en particulier chez les batraciens). Il est l'auteur de « la Biologie et l'avenir humain » et « Ce que je crois ». Il a dit : « L'homme est un miracle sans intérêt », « Être adulte, c'est être seul » et « Le masculin est mêlé de féminité, le féminin est pur ». La place Jean-Rostand date de 1984.

JEAN SABLON Chanteur né à Nogent-sur-Marne en 1906, mort à Cannes en 1994. Il fut le premier, dans notre hexagone, à utiliser le micro sur scène, au milieu des années 30. Très nombreuses sont les chansons qu'il conduisit au succès; citons « Puisque vous partez en voyage » (en duo avec Mireille), « Vous qui passez sans me voir », « Je tire ma révérence ». Attiré par des rythmes et sonorités nouvelles, il travailla, avant-guerre, avec des musiciens de jazz tels Django Reinhardt et Stéphane Grappelli. L'allée Jean Sablon existe depuis 2003.

JEAN-SÉBASTIEN BACH Né à Eisenach en 1685, mort à Leipzig en 1750. Musicien prodigieux, aussi étonnant comme claveciniste et organiste que comme compositeur et professeur. On peut presque dire que Bach – issu d'une très longue et très célèbre lignée de musiciens – apprit seul les secrets de son art, car il n'avait que 10 ans quand son père mourut. Vers 1703, il se rendit à Weimar et y devint musicien de la Cour. L'année suivante il devint organiste à l'église Arnstadt; son talent incita plusieurs villes à se le disputer. En 1708, Bach fut organiste à la cour de Weimar avant d'y devenir directeur des concerts du duc. En 1723, il devint directeur de musique de la célèbre école de Saint-Thomas, à Leipzig, et c'est durant les vingt-sept années passées dans cette ville qu'il composa tous ses chefs-d'œuvre musicaux. Il écrivit 298 cantates, 5 messes (la plus connue étant celle en « si mineur »), des oratorios (« Passion selon saint Matthieu », « Passion selon saint Jean »), des sonates, des préludes et fugues, 24 chorals, 8 concertos avec orchestre, 14 sonates, etc., sans oublier le recueil du « Clavecin bien tempéré ». Marié deux fois, sa première épouse lui donna sept enfants (c'était une de ses petites cousines, prénommée Marie-Barbe); la seconde, une cantatrice de qualité, lui en donna treize... Bach eut donc vingt enfants, dont onze fils qui furent tous musiciens. La rue qui porte le nom de ce musicien prolifique existe depuis 1954.

JEAN SICARD (1873-1929). Médecin qui exerça à l'hôpital Necker. On donna son nom à une rue en 1931.

JEAN THÉBAUD (1892-1932). Jean Thébaud, avocat, fut président de l'Association générale des mutilés de guerre. Une rue porte son nom depuis 1932

JEAN TISON Cette rue, qui est connue depuis 1203, porte le nom d'un membre d'une famille de riches bourgeois de l'époque.

JEAN VARENNE (1877-1927). M. Jean Varenne fut conseiller municipal du XVIIIe arrondissement; c'est à ce titre qu'on donna son nom à une rue en 1928

JEAN VEBER (1864-1929). Peintre, graveur et littérateur né à Paris. Il peignit un certain nombre de tableaux, dits humoristiques, qui représentent des princesses splendides opposées à des nains difformes figurant la bassesse humaine. Il a peint « Contes de fées », « l'Homme aux poupées », « les Lutteuses », « Les maisons sont des visages », « la Princesse Jolie-Mine », etc. Il travailla aux journaux illustrés « le Rire » et « l'Assiette au beurre » dont il fut un des fon dateurs. Comme écrivain, il donna « Trois Bons Amis » et « la Joviale Comédie » (en collaboration avec son frère Pierre). Jean Veber, qui eut une conduite héroïque lors de la Première Guerre mondiale, donna son nom à une rue en 1930

JEAN VILAR (1912-1971). Né et mort à Sète, c'est un des grands hommes de théâtre du XXe siècle. Fondateur en 1947 du Festival d'Avignon et maître d'œuvre, de 1951 à 1963, du Théâtre national populaire, il faisait de la phrase suivante sa profession de foi : « Il s'agit de simplifier, de dépouiller. » Il a mis en scène les plus grandes pièces du répertoire français et étranger et travailla, notamment, avec l'acteur Gérard Philipe. Il tint quelques rôles au cinéma (« les Portes de la nuit », « Roméo et Jeannette »), ainsi qu'à l'opéra (« Jeanne au bûcher » d'Honneger) et au théâtre (« le Diable et le Bon Dieu » de Sartre, mis en scène par Louis Jouvet). Une place porte son nom depuis 1993

JEAN ZAY (1904-1944). Homme politique né à Orléans, ministre de l'Éducation nationale de 1936 à 1939, Jean Zay fut assassiné par la

Milice française lors de la Seconde Guerre mondiale. Une rue porte son nom depuis 1954.

JEMMAPES Ville de Belgique, dans la province du Hainaut. Le 6 novembre 1792 s'y déroula une bataille que les Français, commandés par Dumouriez, remportèrent sur les Autrichiens. C'est en chantant « la Marseillaise » que les Français, au nombre de 40000, entrèrent dans la ville à 12 h 30; l'action avait débuté à 7 heures du matin. Le quai de Jemmapes, baptisé en souvenir de cette victoire, existe depuis 1830.

JENNER (1749-1823). Médecin anglais, né et mort à Berkeley. En 1796, il commença des recherches qui devaient l'amener à découvrir la vaccine. En 1798 il publia son premier ouvrage sur l'inoculation de la vaccine, pour laquelle il fut immédiatement comblé d'honneurs. Il a écrit « Origine de l'inoculation du vaccin » et « Éruptions ou modifications du vaccin variolique ». La rue Jenner existe depuis 1867.

JESSAINT Anciennement située sur la commune de La Chapelle, avant que celle-ci soit annexée par Paris, cette rue porte le nom du baron de Jessaint, alors sous-préfet de l'arrondissement de Saint-Denis.

JEU DE BOULES Ce passage, qui existe depuis 1826, doit son nom à un ancien jeu de boules qui dépendait du prieuré du Temple.

JEÛNEURS En 1739, un plan tracé par Turgot désignait cette rue sous le nom des « Jeux Neufs », qui rappelait qu'effectivement elle avait été tracée à travers des jeux de boules. Par déformation « jeux neufs » serait devenu « jeûneurs ». Mais il faut aussi signaler qu'au début du règne de Louis XV, en 1715, une maison sise dans cette rue avait pour enseigne « Aux déjeuneurs ».

JOACHIM DU BELLAY (1522-1560). Poète français né au château de la Turmelière, en Anjou, mort à Paris, membre avec notamment Ronsard de la « Brigade », qui deviendra « la Pléiade ». Considéré comme un poète de la nostalgie, de la mélancolie, il sut aussi faire preuve d'ironie satirique. Parmi ses œuvres « Défense et Illustration de la langue française » (1549), « Jeux rustiques » (1558), « le Poète courtisan » (1559), etc. Il a dit : « Quand reverrais-je hélas de mon petit village/Chanter la cheminée?/... / Plus que le marbre dur me plaît l'ardoise fine/... / Et plus que l'air marin la douceur angevine » et « Une froideur secrètement brûlante/Brûle mon corps, mon esprit, ma raison ». Une place porte son nom depuis 1985

JOANÈS Depuis 1884, cette rue porte le nom d'un propriétaire d'une maison. Le passage du même nom doit sa dénomination à la proximité de la rue.

JOBBÉ-DUVAL (1821-1889). Armand Jobbé-Duval, peintre né à Carhaix, mort à Paris, appartenait à un groupe d'artiste appelés « les néo-grecs ». Il a peint « Marguerite dans le jardin de Marthe », « la Moisson », « la Toilette d'une fiancée » et « le Jeune Malade », ainsi que des décorations dans l'église Saint-Louis-en-l'Ile. En 1870, Jobbé-Duval était adjoint au maire du XVe arrondissement et il demeura conseiller municipal jusqu'en 1882. Une rue porte son nom depuis 1920.

JOCELYN C'est la proximité du square Lamartine qui fit donner à cette villa, en 1930, le titre d'un des plus célèbres poèmes de cet auteur. « Jocelyn » est le journal et la confession d'un prêtre entré au séminaire pour laisser sa part d'héritage à sa sœur afin qu'elle puisse épouser l'homme qu'elle aime. Ce poème devait être la dernière partie d'une vaste épopée philosophique et symbolique narrant les épreuves d'une âme chassée du ciel, ses souffrances à travers plusieurs existences et son retour vers Dieu.

JOFFRE (1852-1931). Joseph Joffre, maréchal né à Rivesaltes, mort à Paris. Il se distingua tout d'abord au Tonkin, au Soudan et à Madagascar, mais c'est évidemment sa victoire dans la bataille de la Marneen 1914, au début de la Première Guerre mondiale, quand il n'hésita pas à faire venir en taxis des combattants de Paris, qui lui ouvrit les portes de la postérité. Il était alors commandant en chef des forces françaises. Le maréchal Joffre appartint à l'Académie française et une place, située près de l'École militaire où il décéda, porte son nom depuis 1933.

JOHANN STRAUSS (1825-1899). Compositeur autrichien né et mort à Vienne. Fils d'un autre Johann, lui-même musicien, Johann II fut – et demeure – le roi incontesté de la valse viennoise qu'il porta à la perfection. Son art est le symbole musical de la plus brillante partie du règne des Habsbourg. Madame – en confidence –, n'avez-vous point rêvé que l'homme de votre vie vous entraîne, sous les lustres et les lambris dorés d'un salon viennois, pour danser « la Valse de l'Empereur », « le Beau Danube bleu », « Sang viennois », etc. ? La place Johann-Strauss (deuxième du nom) existe depuis 1979.

JOINVILLE (1818-1900). Ferdinand Philippe d'Orléans, prince de Joinville, né à Neuilly-sur-Seine, mort à Paris. Entré à l'École navale en 1834, il fut nommé capitaine de vaisseau en 1839 en raison de l'intrépidité dont il avait fait preuve devant Vera-Cruz. C'est lui qui, en 1840, ramena en France les restes de Napoléon. En 1843, il épousa la princesse Françoise de Bragance. Nommé contre-amiral et pair de France cette même année, il alla bombarder Mogador en 1844. En 1848, il partit en exil avec son père, le roi Louis-Philippe, dont il était le troisième fils. En 1870, c'est en vain qu'il offrit ses services, mais en 1871 il fut élu à l'Assemblée et réintégré dans son grade de vice-amiral. La rue de Joinville existe depuis 1843, la place depuis 1898, le péristyle depuis 1823 et l'impasse depuis 1844.

JOLIVET M. Jolivet possédait une maison dans cette rue quand elle fut ouverte en 1912.

JOLY Cette cité porte le nom d'un homme qui y possédait une maison.

JOMARD (1777-1862). François Jomard, ingénieur géographe et archéologue, né à Versailles, mort à Paris. En 1794, il fit partie de la première promotion de l'École polytechnique. Parti en Égypte, il exécuta une partie des travaux géodésiques qui permirent alors d'établir une carte de ce pays. Rentré en France en 1803, il s'y occupa activement de l'organisation de l'enseignement primaire. En 1828, on le nomma conservateur administrateur à la Bibliothèque royale. Membre de l'Académie des inscriptions et belles-lettres, il a donné son nom à une rue en 1867

JONAS Prophète d'Israël, né à Gath-Hépher. Son livre, occupant le cinquième rang parmi les « petits » prophètes, peut être divisé en trois parties. 1) Chargé par Dieu d'aller à Ninive prêcher la pénitence en son nom, Jonas refuse et s'embarque à Jaffa sur un navire phénicien dont l'équipage le jette à l'eau ; avalé par une baleine, il passe trois jours dans le corps du mammifère avant d'être rejeté et d'atterrir à Joppé ; 2) Repentant, Jonas se rend à Ninive où les habitants, touchés par ses prédications, font pénitence ; 3) Dieu apprend à Jonas qu'il préfère le salut des pécheurs à leur perte. De nombreux peintres représentèrent Jonas rejeté par la baleine, notamment Hippolyte Flandrin et Domenico Bolognese.

JONGKIND Né à Latrop, en Hollande, mort à Grenoble en 1891, Johan Barthold Jongkind est considéré comme l'un des précurseurs de l'impressionnisme. Arrivé à Paris en 1846, il y rencontra Corot, Rousseau et peignit en Normandie en compagnie de Boudin et Courbet. Auteur de scènes quotidiennes, de paysages, son œuvre la plus représentative est « le Coucher sur la Meuse ». Une rue porte son nom depuis 1982.

JONQUILLES Fleur printanière, du genre narcisse, qui doit son nom au fait que son feuillage rappelle celui des joncs. La rue, située au cœur du nouveau Montparnasse qui a bien besoin de poésie, existe depuis 1977.

JONQUOY Depuis 1931, cette rue porte le nom d'un propriétaire.

JOSÉ MARTI (1853-1895). Écrivain et patriote cubain, né à La Havane. C'est en 1954 qu'on donna à une place le nom de ce véritable héros de l'indépendance hispano-américaine.

JOSÉ MARIA DE HEREDIA (1842-1905). Poète français, d'origine cubaine, cousin germain d'un poète cubain portant le même nom (1803-1839). Heredia naquit à La Fortuna, près de Santiago de Cuba, et vint très jeune en France. Disciple préféré de Leconte de Lisle, il manifesta rapidement, dans ses sonnets, une puissante originalité. Il fut un des plus éminents représentants du Parnasse et l'Académie française lui ouvrit ses portes en 1894. Il a écrit « les Trophées », « la Nonne Alferez ». Bien sûr, tout le monde connaît de lui le poème qui commence ainsi : « Comme un vol de gerfauts hors du charnier natal... » Mais connaissez-vous cet extrait des « Trophées »?

Heureux qui peut dormir sans peur et sans remords
Dans le lit paternel, massif et vénérable,
Où tous les siens sont nés aussi bien qu'ils sont morts.

Sa rue existe depuis 1909.

JOSEPH BARA (1779-1793). Joseph Bara, né à Palaiseau, mort près de Cholet, était un enfant de 13 ans qui fut fusillé par les Vendéens pour avoir crié « Vive la République » alors qu'on le sommait de crier « Vive le roi ». Robespierre célébra son héroïsme et une rue porte son nom depuis 1907.

JOSEPH BÉDIER (1864-1938). Écrivain né à Paris; brillant médiéviste, auteur, notamment, de « Légendes épiques » et, avec Paul Hazard, d'une « Histoire de la littérature française ». Il appartint à l'Académie française et une avenue porte son nom depuis 1956.

JOSEPH BOUVARD (1840-1920). M. Bouvard avait une bien belle fonction : il était directeur administratif des services d'architecture des promenades et plantations de la Ville de Paris. C'est à ce titre qu'on donna son nom à une rue en 1921.

JOSEPH CHAILLEY (1854-1928). À la fois économiste et homme politique fort en vue. Depuis 1935 une rue porte son nom.

JOSEPH DE MAISTRE (1753-1821). Le comte Joseph de Maistre, homme d'État, écrivain et philosophe, naquit à Chambéry et mourut à Turin. Ses origines nobles le contraignirent, en 1792, à fuir la Savoie et à se réfugier, pendant quatre ans, à Lausanne, où il fréquenta Necker et surtout sa fille, Mme de Staël. En 1802, le roi Victor-Emmanuel Ier l'envoya comme ambassadeur à Saint-Pétersbourg. De Maistre y passa quatorze ans et cette période fut la plus féconde dans sa vie d'écrivain. Ardent adversaire de la Révolution française, il voulait restaurer le pouvoir royal et, en même temps le pouvoir du pape et de Dieu. Dans son esprit, le pape devait être le chef d'une grande Europe unie. Ce propagandiste du pouvoir théocratique a écrit « Lettres d'un royaliste savoisien », « Étude sur la souveraineté » et « Soirées de Saint-Pétersbourg ». Joseph de Maistre a dit : « Le christianisme a été prêché par des ignorants et pour des savants, et c'est en quoi il ne ressemble à rien de connu. » Prétendant que l'homme devait souffrir pour expier ses crimes, il affirmait que la guerre était « divine » et certifiait qu'« il n'y a rien de plus infortuné qu'un homme qui n'a jamais souffert ». Enfin de Maistre disait : « Toute nation a le gouvernement qu'elle mérite. » Une rue porte son nom depuis 1874.

JOSEPH DIJON Depuis son ouverture, en 1852, cette rue porte le nom du propriétaire du terrain sur lequel elle fut construite.

JOSEPH EPSTEIN Résistant, né à Zamosc (Pologne) en 1911, mort en 1944. Élevé dans une famille aisée de culture yiddish, il adhère très jeune au Parti communiste et ses activités au sein de ce parti le contraignent à s'exiler; il choisit la France où il arrive en 1932; de 1936 à 1939, il est membre des Brigades internationales qui combattent en Espagne; de retour en France, il s'engage dans l'armée; fait prisonnier au début de la Seconde Guerre mondiale, il est envoyé en Allemagne, mais parvient à s'évader et rejoint alors la lutte clandestine. En 1942, il organise les groupes de résistance et de destruction. En 1943, il devient chef des FTP sous le nom de colonel Gilles et prépare la guérilla urbaine. Il est arrêté le 11 novembre 1943 à Évry-Petit-Bourg, près de Paris, lors d'un rendez-vous avec son subordonné Missak Manouchian (1906-1944), fondateur d'un groupe de Résistance composé essentiellement d'étrangers (vingt-deux hommes et une femme) que les Allemands désignèrent comme des criminels sur la fameuse « Affiche rouge ». Joseph Epstein sera fusillé au Mont-Valérien, avec vingt-huit autres Résistants, le 11 avril 1944. (Manouchian et vingt et un des membres de son groupe avaient été exécutés, également au Mont-Valérien, le 19 février 1944.) La place Joseph Epstein existe depuis 2004.

JOSEPH ET MARIE HACKIN Joseph Hackin (1886-1941), archéologue, et sa femme Marie (1905-1941) périrent lors du torpillage de leur navire par un sous-marin allemand. Une rue porte leurs noms depuis 1961.

JOSEPH GRANIER (1892-1944). M. Granier fut président de la Fédération nationale des mutilés. C'est à ce titre que des propriétaires décidèrent de donner son nom à leur rue en 1945.

JOSÉPHINE Aucun rapport avec la belle créole Joséphine de Beauharnais. Cette rue, ouverte en 1895, porte le prénom de la fille du propriétaire des terrains sur lesquels on la construisit.

JOSÉPHINE BAKER Chanteuse et danseuse née à Saint Louis (États-Unis) en 1906, morte à Paris en 1975. Dès l'âge de cinq ans, elle chantait et dansait telle une professionnelle. Arrivée à Paris en 1925, elle fit rapidement scandale dans « La Revue nègre » pour ses tenues dénudées; on se souvient en particulier de sa prestation simplement vêtue d'une ceinture de bananes. En 1927, elle commence à interpréter des standards américains, et le compositeur Vincent Scotto (1876-1952) lui écrit des chansons sur mesure qui vont lui donner une popularité formidable: « La petite Tonkinoise » et « J'ai deux amours ». Dès le début de la Seconde Guerre mondiale elle entre dans la Résistance. Après-guerre, des difficultés financières – le style de music-hall qui avait fait son succès était tombé en désuétude – s'abattirent sur elle et contrecarrèrent son projet d'adopter et de faire vivre aux Milandes (Périgord) de nombreux enfants de toutes races qu'elle avait adoptés; mais, au début des années 70, elle redevint une star; les enfants adoptés sont sauvés. Elle mourut presque à la façon de Molière: un soir, sur la scène de Bobino, à Paris, où elle chantait depuis plusieurs jours à guichets fermés, elle fut prise d'un malaise et s'éteignit quelques jours plus tard. Une place porte son nom depuis 2000.

JOSEPH KESSEL (1898-1979). Écrivain et journaliste français né à Clara (Argentine), mort à Avernes, qui possédait au fond de lui l'âme d'un aventurier au sens le plus noble du terme et qui, dès l'âge de 18 ans où il s'engagea comme pilote pendant la guerre 14-18, ne cessa de « barouder ». Il participa à la guerre d'Espagne et l'ensemble de son œuvre est le reflet de ce qu'il vécut. Parmi ses romans, « l'Équipage », « les Cœurs purs », « la Passante du "Sans-Souci" » (dont on fit un film), « le Lion », « les Cavaliers ». Membre de l'Académie française, il est aussi le coauteur, avec Maurice Druon, musique d'Anna Marly, de la chanson écrite pendant la Seconde Guerre mondiale, « le Chant des partisans ». Une rue porte son nom depuis 1992

JOSEPH KOSMA Compositeur né à Budapest (Hongrie) en 1905, mort à La Roche-Guyon (Val-d'Oise) en 1969. Il apprit le piano tout seul et, à douze ans, écrivit un opéra; nommé stagiaire à l'Opéra de sa ville natale, il quitta cet emploi pour suivre Bertolt Brecht (1898-1956) et son théâtre ambulant. En 1933 il s'installa à Paris et y accompagna la chanteuse Lys Gauty (1908-1993), créatrice du « Chaland qui passe ». Mais rapidement il rencontra Jacques Prévert (1900-1977) dont il mit en musique un grand nombre de poèmes (citons, au hasard, « Barbara » et « En sortant de l'école »). Il composa la musique du film « La Grande Illusion » peu avant la Seconde Guerre mondiale et, durant celle-ci, il rejoignit l'équipe Prévert, dans le Midi; l'ensemble de cette équipe entra dans la Résistance. Durant cette période, il travailla aux musiques de deux chefs-d'œuvre de Marcel Carné (1906-1996) « Les Visiteurs du soir » et « Les Enfants du Paradis »; mais, en délicatesse avec les Allemands, ce ne fut pas son nom, mais celui du compositeur Maurice Thiriet (1906-1972) – avec lequel il travailla sans doute alors – qui apparut aux premiers génériques de ces films. De retour à Paris, après la Libération, il devint rapidement une des coqueluches de Saint-Germain-des-Près et, tout en continuant à travailler avec Prévert et Carné (notamment pour « Les portes de la nuit »), il mit en musique les vers d'autres poètes, par exemple « La fourmi » de Robert Desnos (1900-1945) et « Si tu t'imagines » de Raymond Queneau (1903-1976), qui furent interprétés par Juliette Gréco. On donna son nom à une rue en 2000.

JOSEPH LIOUVILLE (1809-1882). Mathématicien né à Saint-Omer, mort à Paris. Élève de Polytechnique et ingénieur des Ponts et Chaussées, Joseph Liouville professa au Collège de France (1839), fut admis à l'Académie des sciences (1839) et élu député de la Meurthe en 1848. En matière de mathématiques il s'ingénia à rechercher des méthodes plus simples que celles existant pour résoudre certains problèmes d'analyse algébrique et de mécanique céleste. Une rue porte son nom depuis 1943

JOSEPH PYTHON (1883-1944). Cet avocat fut fusillé par les Allemands pour faits de résistance. Une rue porte son nom depuis 1956.

JOSEPH SANSBŒUF (1848-1938). Ce maire adjoint du VIIIe arrondissement fut aussi un patriote émérite dont on donna le nom à une rue en 1949.

JOSEPH WRESINSKI Fondateur en 1957 du mouvement « ATD Quart-Monde », il est aussi à l'origine de la journée mondiale du refus de la misère, fixée le 17 octobre de chaque année. Il naquit à Angers en 1917 et mourut à Suresnes en 1988. On donna son nom à une esplanade en 2000.

JOSÉ RIZAL (1861-1896). José Rizal y Alonso, héros national philippin, né à Calamba, mort à Manille. Après des études en Espagne, il essaya, par ses écrits et une action politique, d'obtenir des réformes dans son pays qui était alors, et depuis plusieurs siècles, une colonie espagnole. Arrêté, puis déporté, il revint cependant à Manille en 1896, mais y fut immédiatement à nouveau arrêté par les autorités colonisatrices et fusillé. Une place porte son nom depuis 1999.

JOSSEAUME Un de ses propriétaires donna son nom à ce passage.

JOSSET En 1835, M. Josset possédait un chantier de bois à l'endroit où l'on décida d'ouvrir ce passage; on lui donna son nom, tout naturellement.

JOUBERT (1769-1799). Barthélemy Joubert, général né à Pont-de-Vaux (Ain), mort à la bataille de Novi. Lieutenant de l'armée d'Italie, il se distingua à Isola, puis au col de Tende où il fut néanmoins fait prisonnier. Libéré, il rejoignit Kellermann en Italie et, en 1795, déploya tant de valeur à Loana qu'il fut rapidement promu général. De 1796 à 1797 il combattit à Montenotte, Lodi, Castiglione et Rivoli. Bonaparte lui confia l'insigne honneur de présenter au Directoire les drapeaux pris à l'ennemi. Général en chef de l'armée d'Italie en 1798, il conquit alors le Piémont sans coup férir, mais il démissionna parce qu'il désapprouvait l'ingérence des commissaires du gouvernement dans l'emploi des fonds levés sur les pays occupés. Toutefois son cœur de soldat rebattit bien vite et il reprit son commandement dès 1799. Mal lui en prit. Tout jeune marié, il dit à son épouse, née de Montholon, juste avant de repartir : « Tu ne me reverras que mort ou victorieux. » Arrivé dans le Piémont, une balle austro-russe le frappa en plein cœur... La rue Joubert existe depuis 1800.

JOUDRIER M. Joudrier était propriétaire d'une maison dans cette impasse quand on la construisit en 1852.

JOUFFROY Le passage Jouffroy porte le nom du directeur de la société qui le perça en 1845.

JOUFFROY (1751-1832). Le marquis Claude Jouffroy d'Abbans, mécanicien, naquit à Roches-sur-Rognon (Haute-Marne) et mourut à Paris. En 1775, il conçut l'idée d'adapter la vapeur à la navigation, fluviale ou maritime, en visitant la fameuse pompe à feu de Chaillot, inventée par les frères Périer (également heureux parrains d'une rue parisienne). En 1776, Jouffroy parvint à faire marcher un bateau sur le Doubs; il adapta bientôt les roues à aubes et, en 1783, lança un bateau à Lyon. La Révolution le contraignit à émigrer; il revint en France sous le Consulat. Témoin alors des expériences de Fulton, il ne songea pas avant 1816 à revendiquer le mérite de la découverte du bateau à vapeur. Arago proclama ses droits, ainsi que Fulton, devant des tribunaux américains. La rue Jouffroy existe depuis 1864.

JOUFFROY D'ABBANS *Voir Jouffroy. Nouvelle dénomination en 1994.*

JOUR En 1370, le roi Charles V se fit construire, dans cette rue, alors nommée « Jean-le-Mire », un pied-à-terre qui fut appelé « séjour du Roi ». La rue, quand Charles V le Sage mourut en 1380, fut baptisée « rue du Séjour », qui se trouva, petit à petit, modifié en « rue du Jour ».

JOURDAIN Fleuve de Palestine, long de 360 km. Il traverse le lac de Tibériade et se jette dans la mer Morte. C'est dans ses eaux que Jean-Baptiste baptisa Jésus. La rue du Jourdain existe depuis 1867.

JOURDAN (1762-1833). Jean-Baptiste Jourdan, comte et maréchal de France, né à Limoges, mort à Paris. Simple soldat pendant la guerre d'Indépendance américaine, il revint en France pour s'établir mercier dans sa ville natale. Mais en 1792 il rejoint Dumouriez à l'armée du Nord; dès l'année suivante, pour sa conduite exemplaire à Jemappes, il sera fait général. Adieu la mercerie... Généralissime des armées du Nord en septembre 1793, il triomphe de Cobourg, à Wattignies, le 16 octobre. Destitué pour avoir refusé de poursuivre les opérations en hiver, on le remit en avril 1794 à la tête de l'armée de Sambre-et-Meuse, avec laquelle il remporta la bataille de Fleurus, le 26 juin. Après sa victoire d'Altenkirchen, Jourdan connut la défaite et tomba en disgrâce. Il s'adonna alors à la politique en siégeant au Conseil des Cinq-Cents, en 1796. Il se montra hostile au coup d'État du 18-Brumaire; Bonaparte ne lui en tint pas rancune, puisqu'il le fit conseiller d'État et maréchal de France (1802-1804). À la chute de l'empereur, Jourdan se rallia aux Bourbons et accepta de présider le conseil de guerre primitivement chargé de juger Ney. Comte en 1816 et pair en 1819, il devint ministre des Affaires étrangères jusqu'au 11 août 1830, date à laquelle il obtint la place de gouverneur des Invalides. C'est là qu'il mourut et fut inhumé. Le boulevard Jourdan existe depuis 1864.

JOUVENCE Ouverte en 1846, cette impasse semble devoir son nom à un fabricant d'« eau de jouvence », produit de parfumerie en vente au XIXe siècle.

JOUVENET (1644-1717). Jean Jouvenet, peintre né à Rouen, mort à Paris. Ses coloris s'avérèrent particulièrement remarquables dès ses premières œuvres et ce fils de peintre se fit rapidement une place parmi les préférés de Louis XIV. Il peignit « Jésus guérissant un paralytique » (Notre-Dame), « Descente de croix » (Louvre), « Pentecôte » (chapelle du château de Versailles) et « les Douze Apôtres » (église des Invalides). En 1713, une paralysie du bras droit le contraignit à ne plus peindre que de la main gauche. La rue Jouvenet existe depuis 1864 et le square depuis 1881.

JOUY L'abbaye de Jouy-le-Châtel, en Seine-et-Marne, près de Provins, possédait dans cette rue, à partir de 1296, une maison. C'est elle qui donna son nom à la rue dès cette époque.

JOUYE-ROUVE M. Jouye-Rouve était propriétaire d'une maison sise dans cette rue qui porte officiellement son nom depuis 1932.

JOYEUX M. Joyeux était propriétaire immobilier dans cette cité

JUAN MIRÓ (1893-1983). Peintre espagnol né à Barcelone, mort à Palma de Majorque. Surréaliste, il « inventa » la pratique de l'automatisme et l'ensemble de son œuvre respire la liberté d'expression, l'énergie et l'humour. Parmi ses toiles : « l'Air », « l'Œuf », « la Ferme », « Carnaval d'Arlequin », « Portraits imaginaires », « les Constellations » (série de 22 gouaches), « Bleu ». Un musée lui est consacré dans sa ville natale. Une allée porte son nom depuis 1992

JUGE Cette rue, qui existe depuis 1859, porte le nom de M. Juge, qui fut maire de Grenelle de 1831 à 1845

JUGES-CONSULS Un juge-consul était principalement, jadis, un juge qui exerçait dans un tribunal de commerce. La rue qui nous intéresse fut ouverte en 1836 sur l'emplacement de la maison des « juges-consuls » qui, au XVIe siècle, fut l'embryon de notre tribunal de commerce.

JUILLET Cette rue, connue depuis le début du XVIIIe siècle, porte le nom du sieur Juillet qui y possédait une maison.

JULES BOURDAIS Ce fut l'un des architectes du Trocadéro (voir ce nom). Cette rue date de 1932

JULES BRETON (1827-1906). Peintre paysagiste et poète né à Courrières (Pas-de-Calais). Il peignit des scènes rustiques, empreintes d'une certaine forme de noblesse dans le traitement des personnages. L'Académie des beaux-arts accueillit Jules Breton en 1886. Il a peint « le Retour des glaneuses », « le Lundi » et « la Couturière ». Poète à ses heures, il a publié « les Champs et la mer » et « Jeanne ». La rue Jules-Breton existe depuis 1912.

JULES CÉSAR (100-44 av. J-C.). Julius Caius César, l'un des plus grands capitaines de l'Antiquité, né et mort à Rome; se prétendait le descendant de Vénus et d'Anchise. Consul en 59, la conquête des Gaules (59-51) lui donna la gloire, ainsi qu'une armée dévouée. Rival déclaré de Pompée, il s'en défit bientôt, peu de temps après avoir formé un triumvirat avec lui et Crassus. Il gouverna en dictateur, mais sans excès, rétablissant l'ordre en Italie et favorisant une certaine forme de démocratie. Mais une conspiration fut fomentée contre lui par certains « aristocrates » du Sénat et il fut assassiné, au milieu de ce cénacle, aux ides de mars. Jules César a dit : « J'aimerais mieux être le premier dans un village que le second à Rome », « Veni, vidi, vici » (je suis venu, j'ai vu, j'ai vaincu), « Les hommes croient ce qu'ils désirent », et enfin, vraiment en fin : « Tu quoque fili mi » (toi aussi, mon fils!). La rue Jules-César existe depuis 1869, année où paraissait – heureuse conjonction – un livre écrit par Napoléon III : « la Vie de Jules César »

JULES CHAPLAIN (1839-1909). Sculpteur et graveur en médailles, né à Mortagne. Prix de Rome en 1863, ce fut ensuite surtout par ses médailles qu'il se fit connaître ou, pour être plus exact, reconnaître. Il grava des médailles pour l'Exposition universelle de 1867, et sur « la résistance de Paris », ainsi que des médailles-portraits de Mac-Mahon, Gambetta, Victor Hugo et Meissonier. Il fut le restaurateur de cet art de la gravure pour portraits, en partie perdu depuis le XVIIe siècle. Sa rue existe depuis 1913

JULES CHÉRET (1836-1932). Peintre et dessinateur, né à Paris. Il se spécialisa dans la composition des affiches illustrées et c'est par elles qu'il connut une grande célébrité. Parmi ces affiches, citons « Frascati », « Fêtes de Mont-de-Marsan » et « Tziganes ». On donna son nom à une rue en 1935.

JULES CLARETIE (1840-1913). Romancier né à Limoges. Entré dans le journalisme à 20 ans, il collabora à un grand nombre de journaux sous les pseudonymes de Candide, Olivier de Jalin, Perdican, etc. En 1885, il devint administrateur de la Comédie-Française et en 1888 l'Académie française lui ouvrit ses portes. Parmi ses romans, citons « Une drôlesse », « la Cigarette » et « Brichanteau comédien »; ses pièces de théâtre « les Mirabeau » et « Monsieur le Ministre ». Il écrivit aussi un certain nombre d'ouvrages historiques. Jules Claretie a dit, avec une insondable sagesse à laquelle on ne rendra jamais assez hommage : « Vous aimez les livres? Vous voici heureux pour la vie. » Une rue porte son nom depuis 1913.

JULES CLOQUET (1790-1883). Chirurgien et anatomiste né et mort à Paris. Devenu professeur de clinique chirurgicale à la Faculté de médecine en 1826, il se consacra tout entier à la pratique et à l'enseignement de son art, ainsi qu'au perfectionnement de l'« outillage ». On l'admit à l'Académie de médecine en 1855 et à l'Académie des sciences en 1860. Il écrivit « Recherches anatomiques sur les hernies de l'abdomen » et « Anatomie de l'homme ». La rue Jules-Cloquet date de 1885

JULES COUSIN (1830-1899) Archéologue et écrivain né à Paris. Bibliothécaire de la Ville de Paris, il reconstitua en 1871 la bibliothèque de notre capitale, détruite par incendie, en commençant par donner ses collections personnelles. Il devint plus tard conservateur du musée historique, dit « Carnavalet », qu'il avait fondé. Jules Cousin écrivit « les Derniers Vestiges du Vieux Paris ». Sa rue existe depuis 1904.

JULES DAVID Cette rue, annexée par Paris en 1930 et dont une partie demeure encore sur la commune des Lilas, porte le nom d'un ancien habitant de cette localité.

JULES DUMIEN M. Dumien était propriétaire dans cette rue qui fut créée en 1926.

JULES DUPRÉ (1811-1889). Peintre paysagiste né à Nantes, mort à L'Isle-Adam. Sa famille, plutôt aisée, le destinait à l'industrie, mais devant ses dispositions picturales son père le laissa vite s'adonner totalement à sa vocation. À partir de 1833 les paysages peints par Jules Dupré attirèrent sur lui les regards des connaisseurs qui ne lui firent désormais plus défaut. Il a peint « Vue des environs d'Abbeville », « Entrée d'un hameau dans les Landes » et « la Gorge des Eaux-Chaudes ». Une rue porte son nom depuis 1899.

JULES FERRY (1832-1893). Homme d'État né à Saint-Dié, mort à Paris. Avocat à 19 ans, il prit part, soit au barreau, soit dans la presse, aux luttes du parti républicain contre le second Empire. Élu député de Paris en 1869, il entra dans le gouvernement de Défense nationale après le 4 septembre. Très intéressé par les problèmes de l'enseignement, il devint ministre de l'Instruction publique en 1879 et travailla à réorganiser l'Université. Par décret du 29 mars 1880 il fit dissoudre les congrégations non autorisées, puis fut président du Conseil le 22 septembre de la même année. À ce poste il réalisa une politique coloniale dont le premier acte fut la conquête de la Tunisie. Écarté des affaires quelque temps, on lui réattribua en 1882 le portefeuille de l'Instruction, et c'est là qu'il proscrivit la gratuité, l'obligation et la laïcité de l'enseignement primaire. En 1884 il redevint président du Conseil et concrétisa ses projets coloniaux, avec les expéditions du Tonkin et de Madagascar. Cette politique le rendit impopulaire et on l'écarta du pouvoir. Jules Ferry combattit le boulangisme avec énergie. Il se présenta en vain à l'élection pour la présidence de la République en 1887. Il rendit l'âme peu de temps après avoir été élu président du Sénat. Le boulevard Jules-Ferry existe depuis 1911.

JULES GUESDE (1845-1922). Homme politique né à Paris. En

1878, il était rédacteur en chef de « l'Égalité ». Orateur brillant, il se fit rapidement un nom. Avec Karl Marx et Paul Lafargue, il rédigea le programme collectiviste révolutionnaire, affirmant alors ouvertement la lutte des classes (aujourd'hui pudiquement mise en sommeil), qui fut adopté par le parti ouvrier en 1880 au Havre. Devenu chef de ce parti, Jules Guesde combattit les « possibilistes » et se sépara de ses anciens amis socialistes, notamment de Jaurès. Pendant la Première Guerre mondiale, il fut ministre d'État de 1914 à 1916. La rue Jules-Guesde date de 1928.

JULES HÉNAFFE (1857-1921). M. Hénaffe fut conseiller municipal du XIVe arrondissement; c'est à ce titre qu'on donna son nom à une place en 1934.

JULES JANIN (1804-1874). Littérateur et critique né à Saint-Étienne, mort à Paris. Il débuta au « Figaro » en 1825 et collabora ensuite au « Journal des débats » en 1836; pendant près de quarante ans il fut responsable de la rubrique théâtrale de ce journal. Homme ne manquant pas d'esprit, ses contemporains le surnommaient « le prince des critiques ». En dehors de ses articles, il fit paraître, en feuilleton, un ouvrage ambitieux : « Histoire de la littérature dramatique ». Il écrivit aussi « l'Âne mort et la femme guillotinée ». L'avenue Jules-Janin existe depuis 1884.

JULES JOFFRIN (1846-1890). M. Joffrin, dont une place porte le nom depuis 1895, était conseiller municipal du XVIIIe arrondissement.

JULES JOUY (1855-1897). Chansonnier né et mort à Paris. D'abord peintre en bâtiment, il envoya des articles au « Tintamarre » et débuta en 1881 au cabaret du « Chat-Noir ». Ses chansons argotiques et satiriques furent vite populaires (il en fit jusqu'à trois par jour). Il combattit vigoureusement le boulangisme et dirigea un certain temps le cabaret des « Décadents ». Peu après, il commença d'être frappé d'aliénation mentale et dut cesser toute activité. Ses chansons les plus connues furent « la Muse à bibi », « À Saint-Lazare », « la Complainte de Gamahut » et « Derrière l'Omnibus ». Sa rue date de 1898.

JULES LAFORGUE *Voir à Laforgue.*

JULES LEFEVRE (1836-1912). Peintre né à Tournan, il obtint le prix de Rome en 1861 avec « la Mort de Priam ». Son œuvre, par la suite, comporta surtout des portraits, particulièrement de femmes. Principales œuvres : « Mignon », « Penseriosa », « Jeune fille endormie », « Nymphe chasseresse » et « Fille d'Ève ». Admis à l'Institut en 1891, il donna son nom à une rue en 1914

JULES LEMAÎTRE (1853-1914). Littérateur né à Vennecy, dans le Loiret Agrégé de lettres, il professa aux lycées du Havre et d'Alger, et aux facultés de Besançon et de Grenoble. Ses deux premières œuvres, « les Médaillons » et « Petites Orientales », datent de 1880 et 1883. Il s'y montrait parnassien habile. Excellent critique dramatique à la « Revue des Deux Mondes », c'est sans doute au théâtre qu'il obtint le plus de succès, surtout avec « le Mariage blanc », « Flipote », « les Rois », « la Bonne Hélène » et « l'Âge difficile ». En 1895, Jules Lemaître entra à l'Académie française. En 1898, aux côtés de François Coppée, il mena une vive campagne nationaliste. Il disait : « L'homme heureux est celui qui, acceptant d'être malheureux, ne l'est plus » et « Lorsqu'on croit à Dieu assez pour le maudire, c'est bien simple : autant l'adorer ». Conteur fin et ironique, préoccupé de psychologie, Jules Lemaître donna son nom à une rue en 1926.

JULES PICHARD M. Pichard était propriétaire du terrain sur lequel cette rue fut ouverte.

JULES RENARD (1864-1910). Littérateur et auteur dramatique, né à Châlons, en Mayenne. Fils d'un entrepreneur, il fut employé dans un entrepôt de marchandises avant de se consacrer à la littérature. Auteur amoureux du détail, un brin pessimiste, il excella dans les descriptions réalistes. Principales œuvres : « Poil de carotte », « le Pain de ménage », « Histoires naturelles », « M. Vernet » et « Coquecigrues ». Jules Renard disait : « Un homme de caractère n'a pas bon caractère », « Rêve de grandes choses, cela te permettra au moins d'en faire de toutes petites », et « Quand on est heureux, il reste beaucoup à faire : à consoler les autres... ». On donna son nom à une place en 1933.

JULES RIMET (1873-1956). Né à Theuley, mort à Suresnes, c'est le fondateur, en 1919, de la Fédération française de football-association, dont il assuma la présidence jusqu'en 1949. Par ailleurs, de 1920 à 1954, il présida la Fédération internationale de football-association et fut, surtout, à l'initiative de la Coupe du Monde de football qui porta longtemps son nom. (Il a, à ce propos, écrit « l'Histoire merveilleuse de la Coupe du Monde ».) La place Jules-Rimet existe depuis 1998.

JULES ROMAINS (1885-1972). Écrivain français, de son vrai nom Jules Farigoule, né à Saint-Julien-Chapteuil, mort à Paris. Normalien agrégé de philosophie, il enseigna jusqu'à l'âge de 34 ans, puis se consacra uniquement à l'écriture. En 1908, il avait publié son premier ouvrage, un recueil poétique intitulé « la Vie unanime »; toute son œuvre est d'ailleurs placée sous la règle de l'unanimisme (école littéraire essayant de traduire les impressions et les sentiments de larges groupes humains et dont faisait partie, entre autres, l'Américain Dos Passos.) Les principaux écrits de Jules Romains sont « Knock » (1923), créé au théâtre par Louis Jouvet et qui contient ce superbe aphorisme : « Les gens bien portants sont des malades qui s'ignorent »... ; « Monsieur Le Trouhadec saisi par la débauche » (1923); « les Copains » (1913), à la verve canularesque. Son œuvre essentielle demeurera « les Hommes de bonne volonté » (27 volumes couvrant la période 1932-1947) où il représente la société de son temps. Citons encore : « Psyché », trilogie consacrée à l'érotisme, des « billets » politico-moraux et des essais (à partir de 1960). Admis à l'Académie française en 1946, il a dit : « Trois copains qui s'avancent sur la même ligne n'ont besoin de personne, ni de la nature, ni des dieux », « Un peu d'embonpoint, un certain avachissement de la chair et de l'esprit, je ne sais quelle descente de la cervelle dans les fesses, ne messiéent pas à un haut fonctionnaire! », « Une démocratie, c'est d'abord ça : une façon de vivre où les gens osent se communiquer les choses importantes, toutes les choses importantes, où ils se sentent le droit de parler comme des adultes, et non comme des enfants dissimulés! » La rue Jules-Romains fut baptisée en 1979.

JULES SANDEAU (1811-1883). Romancier et auteur dramatique né à Aubusson, mort à Paris. Passant des vacances au château de Nohant, il y fit la connaissance de la baronne Dudevant qui allait devenir, en grande partie sous son instigation, l'écrivain George Sand (Sand : diminutif de Sandeau). Il écrivit avec elle un roman, « Rose et Blanche », qui est signé « Jules Sand » (1831). Jules et George se séparèrent en 1833, date à laquelle Sandeau partit pour l'Italie. À son retour, quelques mois plus tard, il commença à publier un grand nombre de romans dont les principaux sont « Madame de Sommerville », « Un jour sans lendemain », « la Roche aux mouettes », « Un héritage » et son incontestable chef-d'œuvre, « Mademoiselle de La Seiglière ». Avec Émile Augier il écrivit cette pièce réputée : « le Gendre de M. Poirier ». Le boulevard Jules-Sandeau existe depuis 1894.

JULES SENARD (1800-1885). Avocat et bâtonnier de l'Ordre des avocats de Paris, ce fut un homme politique qui organisa, notamment, des banquets réformistes qui échappaient à la censure et qui aidèrent au déclenchement de la révolution de 1848; il fut d'ailleurs ministre de l'Intérieur entre juin et octobre 1848. Une place porte son nom depuis 1984.

JULES SIEGFRIED (1837-1912). Homme politique français né à Mulhouse. D'abord négociant au Havre et aux Indes, Jules Siegfried fut durant dix années maire du port normand. Député de la Seine-Maritime à partir de 1885, il devint ministre du Commerce en 1893. Une rue porte son nom depuis 1911

JULES SIMON (1814-1896). Philosophe et homme d'État né à Lorient, mort à Paris. De son vrai nom Jules Suisse, dont il changea en 1840. Après 1848, il siégea à la Constituante, soutenant la politique de Cavaignac. En 1852, professeur à la Sorbonne, il refusa de prêter le serment réclamé par l'empereur Napoléon III. Il renonça de ce fait à l'enseignement public. Député de la Seine en 1863, il fut un farouche opposant au régime; la chute de l'Empire le fit passer de l'opposition au pouvoir et il devint ministre de l'Instruction publique dans le gouvernement de Défense nationale. Il conserva ce portefeuille sous Thiers. L'arrivée de Mac-Mahon ne lui fut pas bénéfique, puisque le maréchal le chassa brutalement du gouvernement. Il prit alors place au Sénat et se montra, un peu plus tard, opposé au boulangisme. Bon orateur, il écrivit également des ouvrages d'excellente qualité : « la Liberté », « l'Ouvrière », « Colas, Colasse et Colette » et « Thiers, Guisol, Rémusat ». Jules Simon a dit : « Il n'est pas vrai que tout ce qui est dans l'effet soit dans la cause. » Membre de l'Académie française en 1875. Une rue porte son nom depuis 1933.

JULES SUPERVIELLE Poète et romancier français, né à Montevideo en 1884, mort à Paris en 1960. Il passa son existence entre la France et l'Amérique du Sud. Il se refusa constamment à faire de la poésie « incompréhensible », disant, à ce propos : « Je n'ai qu'une peur, celle de l'incompréhension! » De ce fait, il ne suivit pas les surréalistes. Son écriture, traduction de ses intentions, est toujours claire et n'emploie que des mots simples. Il a principalement rédigé : « Gravitations », « le Forçat innocent », « Schéhérazade », « le Voleur d'enfants », « le Jeune Homme du dimanche et des autres jours », etc. Il a également dit : « Je n'attends pas l'inspiration pour écrire et je fais, à sa rencontre, plus de la moitié du chemin. » L'allée Jules-Supervielle, dans le nouveau quartier des Halles, a été baptisée en 1984

JULES VALLÈS (1832-1885). Littérateur né au Puy-en-Velay, mort à Paris. Arrivé dans la capitale en 1849, il s'y lança aussitôt dans la politique et la littérature. En 1856, il publia son premier ouvrage, « l'Argent », puis entra au « Figaro » comme chroniqueur de la Bourse.. En 1867, il fonda un journal, « la Rue ». Après le 4 Septembre, il s'affilia à l'Internationale, fonda « le Cri du Peuple », devint membre de la Commune et dut se réfugier à Londres. Rentré en France, il ressuscita son « Cri du Peuple » en 1883 et s'y fit le porte-parole des revendications les plus violentes. Jules Vallès a écrit « la Rue », « les Réfractaires », « l'Insurgé », « le Bachelier » et « l'Enfant », ainsi que « Jacques Vingtras », roman autobiographique (Vingtras, c'est lui). Quand Edmond de Goncourt créa son académie, Vallès dit (et ce ne sera pas le dernier) qu'elle serait encore plus sotte et plus injuste que celle des Quarante... Cela n'empêcha pas Goncourt – au contraire, peut-être ! – de l'inscrire parmi les dix premiers membres de sa future académie. C'est Jules Vallès qui a dit : « Famille, je vous hais » et « La mort n'est pas une excuse ». Une rue porte son nom depuis 1905.

JULES VERNE (1828-1905). Romancier né à Nantes. Il songea d'abord à écrire pour le théâtre (« Pailles rompues ») et ce n'est qu'en 1863 qu'Hetzel, l'éditeur, publia son premier livre : « Cinq semaines en ballon ». Il créait là un genre nouveau, le roman scientifique et géographique d'anticipation. Extrêmement fécond et doté d'une imagination prodigieuse, Jules Verne, véritable visionnaire parfois, a écrit « Voyage au centre de la Terre », « De la Terre à la Lune », « les Enfants du capitaine Grant », « L'Île mystérieuse », « le Tour du monde en quatre-vingts jours », « Vingt Mille Lieues sous les mers », « Michel Strogoff », « Mathias Sandorf », « Robur le Conquérant », etc. La rue qui porte son nom à Paris existe depuis 1912.

JULIA BARTET (1854-1941). Julia Regnault, dite Julia Bartet, actrice née à Paris. Les chroniqueurs qui furent ses contemporains vantèrent « sa souveraine élégance, sa grâce exquise, sa diction incomparable, le charme extrême qu'elle donne à tout ce qu'elle dit ». Elle entra à la Comédie-Française en 1879. Elle joua dans « Ruy Blas », « Iphigénie », « On ne badine pas avec l'amour », « les Rantzau » et « la Paix du ménage ». Une rue porte son nom depuis 1956.

JULIEN LACROIX M. Lacroix était propriétaire des terrains sur lesquels cette rue fut ouverte en 1868. Ces terrains avaient été donnés par Charles X à M. Lacroix pour le récompenser de son zèle à restaurer les Bourbons.

JULIENNE (1686-1766). Jean de Julienne, propriétaire des « manufactures de draps et écarlates » situées dans le quartier des Gobelins, donna son nom à une rue en 1805.

JULIETTE DODU (1850-1909). Juliette Dodu naquit à Saint-Denis, dans l'île de la Réunion. Receveuse du bureau télégraphique de Pithiviers en 1870, elle cacha ses appareils à l'arrivée des Prussiens et les mit en communication avec le « fil » de nos ennemis. Elle intercepta d'importants messages qu'elle transmettait au général Aurelle de Paladines ; elle sauva ainsi un corps d'armée qui allait être cerné. Dénoncée, les Allemands la déférèrent devant un conseil de guerre qui la condamna à mort, mais l'empereur Frédéric-Charles la gracia. Après la guerre, elle reçut la Médaille militaire et la Légion d'honneur, ainsi que le poste de déléguée générale des salles d'asile (quel rapport ?). Le baron Larrey, quand il mourut en 1895, institua dame Dodu sa légataire universelle. Sous le pseudonyme de Lipp, elle écrivit « l'Éternel Roman ». Une rue porte son nom depuis 1910.

JULIETTE LAMBER (1836-1936). Mme Edmond Adam, dite Juliette Lamber, femme de lettres, née à Verberie (Oise). Mariée en premières noces à un avocat, La Messine, elle devint veuve et se remaria avec Edmond Adam, homme politique. Juliette Lamber – c'était là son nom de jeune fille – débuta dans les lettres en 1858 (« Blanche de Coucy ») et ne cessa, dès lors, de faire paraître des ouvrages qui, l'un après l'autre, firent grandir sa réputation. Citons « Mon village », « Voyage autour du grand pin », « l'Éducation de Laure », « Laide » et, surtout, « Grecque » en 1877. Son salon était fréquenté par toutes les personnalités républicaines de l'époque. Devenue veuve une seconde fois en 1877, elle fonda pour se consoler (!) la « Nouvelle Revue »; elle y rédigeait la rubrique de politique étrangère et préconisait l'alliance franco-russe. Ne pas confondre Juliette Lamber avec Mme de Lambert (1647-1733), autre femme de lettres française dont le salon fut également très célèbre. La rue Juliette-Lamber existe depuis 1897.

JUMEAU Cette impasse, créée en 1884, porte le nom d'un propriétaire.

JUNOT (1771-1813). Andoche Junot, duc d'Abrantès, général né à Bussy-le-Grand (Côte-d'Or), mort à Montbard. Secrétaire de Bonaparte au siège de Toulon en 1793, celui-ci l'avait surnommé alors « le sergent la Tempête ». Il suivit le futur empereur en Italie et en Égypte. Général de brigade en 1798, il accéda en 1803 au grade de général de division et commanda la place de Paris. Parti en novembre 1807 au Portugal, il conquit ce pays à une telle vitesse qu'il reçut le titre de duc d'Abrantès, mais Wellington le contraignit peu de temps après à évacuer tous les nouveaux territoires conquis (1808). On ne lui retira pas son titre de duc... Commandant, en 1812, un corps d'armée de la Grande Armée, il ne réussit guère. Ces insuccès décidèrent Napoléon à le reléguer au gouvernement des Provinces Illyriennes; le chagrin ébranla la raison de Junot qui, venu à Montbard chez son père, se jeta par une fenêtre. Une avenue porte son nom depuis 1913

JURA Système montagneux s'étendant du confluent de l'Aar et du Rhin à la coupure du Rhône, entre les plaines de la Saône et le plateau suisse, sur une longueur de 300 km et une largeur d'environ 60 km. Le point culminant est le Crêt de la Neige (1 723 mètres). Villes princi pales : Champagnole, Lons-le-Saunier, Dole et Saint-Claude. La rue du Jura existe depuis 1877

JUSSIENNE Encore un exemple de déformation des mots, dont le coupable est le temps. Initialement, cette rue s'appelait de « Sainte-Marie-l'Égyptienne », à cause d'une chapelle édifiée au XIIIe siècle et dédiée à cette sainte. Ensuite, la rue devint « de l'Égyptienne », puis de « la Gibecienne » et, de nos jours, de la « Jussienne ». La chapelle fut démolie en 1792.

JUSSIEU La famille des Jussieu donna un grand nombre de botanistes célèbres. Citons Antoine (1686-1758), membre de l'Académie des sciences; Bernard (1699-1777), frère du précédent, que Louis XIV chargea de créer un jardin botanique à Trianon; Joseph (1704-1779), frère des précédents, qui voyagea en Amérique du Sud et en rapporta diverses plantes ornementales; Laurent (1748-1836), neveu des précédents, et enfin Adrien (1797-1853), fils du dernier cité. C'est en leur honneur à tous que la rue Jussieu fut ouverte en 1838, ainsi que la place.

JUSTE MÉTIVIER Ouverte en 1908, cette rue porte le nom du propriétaire du terrain sur lequel on la construisit.

JUSTES DE FRANCE Cette allée – qui remplace la rue du Grenier sur l'eau – a été créée en 2000 en hommage à la mémoire des Français qui, pendant la Seconde Guerre mondiale, ont aidé ou caché des hommes, des femmes et des enfants juifs pour les soustraire aux nazis

JUSTICE Attribué en 1877, le nom de cette rue rappelle qu'elle conduisait naguère à la « justice de la seigneurie de Charonne » et aboutissait aux sinistres échelles patibulaires et aux funestes gibets. Mais ne craignez rien, ces attributs de la Justice ont disparu aujourd'hui...

K

KABYLIE Ce terme désigne plusieurs massifs du Tell algérien. On distingue la Grande Kabylie, ou Kabylie du Djurdjura, et la Petite Kabylie, ou Kabylie des Babors. Le point culminant (2308 mètres) se trouve en Grande Kabylie. Une rue porte le nom de cette région montagneuse de l'Algérie depuis 1864.

KELLER Il y a deux Keller célèbres, et qui ont donné leur nom à cette rue en 1858 : Jean-Jacques et Jean-Balthazar, tous deux fondeurs au XVIIe siècle. Jean-Jacques (1635-1700), né à Zurich, mort à Colmar, fut nommé par Louis XIV commissaire de l'artillerie à la fonderie royale. Son frère, Jean-Balthazar (1638-1702), né à Zurich, mort à Paris, fut inspecteur de la fonderie de l'Arsenal. Outre l'artillerie, ils s'occupèrent à fondre la plupart des statues qui se trouvent dans les jardins de Versailles, ainsi que la statue de Louis XIV, œuvre de Girardon, qui fut érigée en 1699 place Vendôme. Un alliage très particulier porte le nom des Keller.

KELLERMANN (1735-1820). François Kellermann, duc de Valmy, maréchal de France, né à Strasbourg. Il entra dans l'armée à 15 ans, servit d'abord la royauté, puis adhéra avec enthousiasme à la Révolution de 1789 qui le chargea, en 1791, de défendre l'Alsace. En 1792, avec 40000 hommes, il rejoignit Dumouriez en Champagne et la victoire de Valmy fut acquise en partie grâce à sa bravoure. Durant l'année 1795 – et après treize mois passés à la Conciergerie pour avoir brutalement réprimé une insurrection à Lyon – il tint tête plusieurs mois aux Autrichiens en Provence. Bonaparte, dès qu'il fut placé à la tête de l'armée d'Italie, écarta Kellermann de tout commandement. Devenu empereur, il lui conféra cependant le titre de duc de Valmy, ainsi que ceux de sénateur et de maréchal de France. En 1814, Kellermann se rallia aux Bourbons et fut nommé pair de France en récompense. Le boulevard Kellermann existe depuis 1864.

KEPLER (1571-1630). Astronome allemand né à Weil (Wurtemberg), mort à Ratisbonne. Jean Kepler fut un des créateurs de l'astronomie moderne. Fils de cabaretier, il fit des études dans différents séminaires ; il fut exclu du dernier, en 1589, pour « idées peu orthodoxes ». Il suivit alors des cours de mathématiques et devint professeur, dans cette discipline, à 22 ans. En 1601, à Prague, il devint l'astronome de l'empereur Rodolphe II. Dès lors, Kepler connut des ennuis de toutes sortes. Marié une première fois avec une femme d'abord simplement acariâtre, mais qui devint folle, il eut une seconde femme dont la fécondité l'accabla d'enfants. En 1611, il sauva de justesse sa mère qui allait être brûlée vive comme sorcière Pensionné par des princes qui omet taient souvent de lui verser sa pen sion, Kepler mourut au cours d'un voyage qu'il faisait pour aller récla mer des appointements arriérés. Mais tout cela n'empêcha pas l'astronome de se fonder une excellente réputation, surtout avec son ouvrage « Astronomia nova seu Physica caelestis tradita... », paru en 1609 et dans lequel il énonçait les trois « lois » qui portent son nom : 1) les orbites planétaires sont des ellipses dont le Soleil occupe un des foyers ; 2) les aires balayées par les rayons vecteurs, allant du centre du Soleil au centre de la planète, sont proportionnelles au temps employé à les décrire ; 3) les carrés des temps des révolutions planétaires sont proportionnels au cube des grands axes des orbites. Ces trois lois permirent à Newton de dégager le principe de l'attraction univer selle. Kepler, qui étudia aussi systématiquement la planète Mars, donna son nom à une rue en 1864

KEUFER (1851-1924). M. Keufer, dont on donna le nom à une rue en 1935, était un syndicaliste. Il fut parmi les premiers, puisque les syndicats ouvriers n'apparurent en France qu'en 1872

KLÉBER (1753-1800). Jean-Baptiste Kléber, général né à Strasbourg, mort au Caire. Il étudia d'abord pour devenir architecte, puis très rapidement se sentit irrésistiblement attiré par le métier des armes. Sous-lieutenant en 1779, il se rendit compte que sa qualité de roturier – son père était maçon – lui interdirait les hauts grades. Il quitta l'armée pour rentrer en Alsace et c'est là que la Révolution lui rendit sa vocation militaire... En 1792, il était devenu lieutenant-colonel. Sa haute taille et son regard dominateur le faisaient partout remarquer. Devenu général de brigade en 1793, il fut envoyé en Vendée avec 18000 hommes et à Cholet il écrasa l'armée catholique et royale. Général de division après cette victoire, Kléber passa à l'armée de Sambre-et-Meuse et décida des victoires de Charleroi et Fleu rus. En 1795 on le mit à la tête de l'armée du Rhin et de la Moselle et il vainquit plusieurs fois les Autrichiens. Quand Bonaparte partit pour l'Égypte, il confia à Kléber le commandement d'une division ; c'est avec elle qu'en 1798 il prit d'assaut Alexandrie et fut blessé. Quand Bonaparte revint en France, il lui laissa le commandement en Égypte. Kléber s'y comporta parfaitement jusqu'à ce qu'un fanatique, Suleyman, l'assassine d'un coup de poignard. Ses restes, d'abord déposés au château d'If, reposent à présent, depuis 1840, dans un caveau situé sur la place d'armes de Strasbourg. L'avenue Kléber existe depuis 1879

KOSSUTH (1802-1894). Louis Kos suth, homme d'État et héros hon· grois, né à Monok, mort à Turin Avocat, il se rendit en 1831 à Pest Il y écrivit dans une gazette qui ren seignait sur l'évolution du mouvement libéral hongrois. En mai 1837, Metternich, alarmé par cette publication, fit arrêter Kossuth qui fit trois ans de prison. À sa sortie, en 1840, il fonda un journal, « Pesti Hirlap », organe du parti libéral qui eut une vogue extraordinaire. Au bout de trois années, Kossuth quitta la rédaction de ce journal et fonda une association, le « Védegylet », chargé de favoriser l'industrie nationale. Élu député en 1847, il devint ministre des Finances, puis chef du gouvernement en 1848 au moment où la Hongrie féodale se changea en un pays constitutionnel. Puis la Russie intervint, les armées hongroises furent vaincues et Kossuth dut fuir en Turquie, en Angleterre et en Amérique, avant d'organiser en Italie la légion hongroise et de tenter une fédération des peuples du bas-Danube et des Balkans. Après sa mort, son corps fut ramené à Budapest pour des obsèques nationales. La place Kossuth existe depuis 1956

KRACHER M. Kracher possédait une maison dans ce passage lorsqu'il fut ouvert.

KUSS (1815-1871). Émile Kuss, physiologiste, né à Strasbourg, mort à Bordeaux. Professeur à la Faculté de médecine de sa ville natale, il devint maire de la capitale alsacienne le 11 septembre 1870 et député du Bas-Rhin le 8 février 1871. Quand il mourut à Bordeaux, l'Assemblée votait les préliminaires de paix. Il a écrit : « Cours de phy siologie professé à la Faculté de médecine de Strasbourg » La rue Kuss existe depuis 1885

KUSZNER Depuis 1935 ce passage porte le nom du propriétaire d'une maison le bordant.

KYOTO Ancienne capitale impériale du Japon, qui céda ce titre à Tokyo en 1868, la ville de Kyoto se situe dans le sud de l'île de Honshu, entourée sur trois côtés par des montagnes, et compte environ 1 500 000 habitants. La place de Kyoto existe depuis 1999.

L

LABAT Cette rue, ouverte en 1843 sur un terrain appartenant au sieur Labat, maire du XVIIIe arrondissement en 1862, prit son nom en 1868.

LA BAUME Le marquis de La Baume-Pluvinel possédait des terrains à cet endroit quand cette rue fut ouverte en 1858; il était donc normal de lui donner son nom.

LABIE M. Jean Labie, notaire et maire de Neuilly de 1833 à 1842, était propriétaire des terrains sur lesquels cette rue fut construite en 1854; initialement elle faisait partie de la commune susdite. Signalons que Jean Labie fut, un certain temps, l'homme d'affaires du roi Louis-Philippe.

LA BOÉTIE (1530-1563). Étienne de La Boétie, écrivain né à Sarlat. En 1557 il rencontra Montaigne à Bordeaux et devint son ami. Le philosophe voyait en lui « une âme qui montrait un beau visage à tous sens »; entre eux, ils s'appelaient « frères ». La Boétie disait : « L'amitié est un nom sacré, une chose sainte »; à quoi Montaigne rétorquait : « Nous nous aimions parce que c'était lui, parce que c'était moi. » La Boétie publia « Discours sur la servitude volontaire ». Cet ouvrage fut écrit à la suite des cruautés infligées par Montmorency à la Guyenne rebelle en 1548. Le nom de cet écrivain reste étroitement uni aux mots amitié et liberté. Il a dit · « Onques ne furent à tous toutes grâces données. » La rue La Boétie existe depuis 1879.

LABOIS-ROUILLON MM. Labois et Rouillon étaient propriétaires de maisons situées dans cette rue. On lui donna conjointement – il n'y a pas de petites économies – leurs noms en 1877

LABOR Cette cité porte le nom du propriétaire du terrain sur lequel elle fut construite.

LABORDE (1774-1842). Le comte Joseph de Laborde, archéologue et homme politique, naquit et mourut à Paris. Jusqu'en 1797, il servit dans l'armée autrichienne, puis voyagea en Europe « pour le plaisir » et partit en Espagne en 1800 comme attaché à l'ambassade de Lucien Bonaparte. Revenu en France, il fut directeur des Ponts et Chaussées de la Seine. Pendant la première Restauration, il alla en Angleterre. Élu député en 1822, il soutint les idées libérales. À la suite des Journées de 1830, on le nomma préfet de la Seine, puis aide de camp de Louis-Philippe. Il écrivit « Itinéraire descriptif de l'Espagne » et « Voyage pittoresque en Autriche ». La rue de Laborde existe depuis 1837

LA BOURDONNAIS (1699-1753). Bertrand François Mahé de La Bourdonnais, marin et administrateur, né à Saint-Malo, mort à Paris. À 19 ans il entra au service de la Compagnie française des Indes, comme lieutenant. Capitaine en 1723, il contribua à la prise de Mahé, nom qu'il ajouta alors au sien en toute simplicité. En 1733, on le nomma gouverneur des îles de France et de Bourbon. En 1740, on lui confia pour mission d'aller secourir Dupleix, bloqué dans Pondichéry; il parvint à délivrer la ville, mais eut la mauvaise idée de laisser aux Anglais la possibilité de la racheter pour 9 millions et demi de francs; Dupleix dénonça ce traité et brûla la ville, donnant l'ordre à La Bourdonnais de reconduire l'escadre qu'il commandait à la Martinique, tout en le dénonçant comme traître. De ce fait, quand La Bourdonnais rentra en France en 1748, il fut emprisonné à la Bastille pendant trois ans et demi. Au bout de ce laps de temps il fut reconnu innocent, mais si on lui rendit ses titres, on conserva ses biens! La Bourdonnais mourut trois ans après, en ayant connu une profonde misère. Une avenue porte son nom depuis 1770.

LABRADOR Presqu'île du Canada, entre l'Atlantique, la baie d'Hudson et le Saint-Laurent, d'une superficie de 1 100 000 km². Au nord s'étend la toundra remplacée, au sud, par d'immenses forêts. Le Labrador possède de très importants gisements de fer. L'impasse qui nous intéresse fut baptisée en 1850, par ses habitants.

LABROUSTE (1801-1875). Henri Labrouste, architecte né à Paris, mort à Fontainebleau. Il obtint le prix de Rome en 1824. En 1834, il construisit l'hospice de Lausanne et en 1835 la bibliothèque Sainte-Geneviève, à Paris. Il y employa le fer comme système de charpente, ce qui était nouveau à l'époque. En 1855, succédant à Visconti, il dirigea les travaux de reconstruction de la Bibliothèque nationale et il fut admis à l'Académie des beaux-arts en 1867. La rue Labrouste existe depuis 1880.

LA BRUYÈRE (1645-1696). Jean de La Bruyère, moraliste né à Paris, mort à Versailles. Après des études à Poitiers, il s'inscrivit en 1865 au barreau de Paris, où il plaida peu, n'aimant pas la procédure. Il abandonna cette fonction en 1673. En 1684 il fut un des précepteurs du petit-fils de Condé, Louis de Bourbon. Quand le « grand Condé » mourut en 1686 les leçons prirent fin, mais le jeune prince se l'attacha comme gentilhomme. La Bruyère ne se plut guère à fréquenter les princes dont il détestait les violences et bizarreries. Il travailla, lentement, à ses « Caractères » dont la première édition parut en 1688 et la dernière, c'est-à-dire la neuvième, en 1696. L'Académie admit La Bruyère en 1693 et son discours d'admission fit grand bruit car il n'y faisait l'éloge que de quelques académiciens. Moraliste aux idées de son temps, La Bruyère se caractérise, sur le plan du style, par une phrase incisive préfigurant celle du XVIIIe siècle. Il a dit, entre autres choses : « Il n'y a point au monde de si pénible métier que celui de se faire un grand nom », « Tout notre mal vient de ne pouvoir être seuls », « La moquerie est de toutes les injures celle qui se pardonne le moins » et « Un dévot est celui qui sous un roi athée serait athée ». Cet entomologiste du genre humain donna son nom à une rue en 1824. Quant au square qui porte le nom de La Bruyère il existe depuis 1894.

LABYRINTHE C'est l'aspect sinueux et plein de détours de cette voie privée qui lui fit attribuer ce nom en 1877.

LACAILLE (1713-1762). Louis de Lacaille, astronome, né à Rumigny, mort à Paris. Orphelin, il fut protégé par le duc de Bourbon. En 1739 devenu abbé, il fit partie de la commission chargée de la vérification de la méridienne et nommé à la chaire de mathématiques du collège Mazarin. En 1750, il partit quatre ans pour le cap de Bonne-Espérance où il observa 10000 étoiles et « forma » dix constellations nouvelles. Aux îles de France et de Bourbon (îles Maurice et de la Réunion actuelles) il fit des observations sur l'inclinaison et la déclinaison de l'aiguille aimantée. Il rentra en France en 1754 et mourut huit années plus tard. Lacaille, qui découvrit, le premier, le mouvement de la ligne des abscisses et dont l'ouvrage principal s'intitule « Astronomie fondamentale », donna son nom à une rue en 1881.

LACAZE (1799-1869). Louis La Caze, collectionneur et philanthrope qui exerçait la médecine à Paris et qui employa une grande partie de sa fortune à rassembler une collection de tableaux qu'il légua au musée du Louvre. Il fit aussi d'importants legs à l'Académie des sciences et à la Faculté de médecine pour aboutir à vaincre la phtisie et la typhoïde. La rue Lacaze existe depuis 1875

LACÉPÈDE (1756-1825). Bernard Germain Étienne de La Ville, comte de Lacépède, naturaliste et écrivain, né à Agen, mort à Épinay. D'abord attiré par la musique, il écrivit dans sa jeunesse un certain nombre d'œuvres musicales qui ne furent jamais représentées. Il mit même en musique le « Télémaque » de Fénelon. De 1781 à 1785, il publia une « Poétique de la musique » qui lui valut beaucoup d'éloges. Son ami Buffon lui fit donner la place de sous-démonstrateur au Cabinet du roi. C'est en exerçant ces fonctions qu'il rédigea « Histoire générale et particulière des quadrupèdes ovipares et des serpents ». Sous la Révolution, dont il était partisan, Lacépède siégea à la Législative, mais effrayé par la Terreur il se retira à la campagne... Revenu à Paris après le 9-Thermidor, on ouvrit pour lui, au Muséum, la chaire des reptiles et des poissons. Sénateur en 1799, Napoléon, pendant les Cent-Jours, le fit comte et maître de l'Université. Les Bourbons, qui le boudèrent un peu, lui rendirent finalement tous ses droits en 1819. Il passa la fin de sa vie à rédiger une « Histoire de l'Europe ». La rue Lacépède existe depuis 1853.

LACHAMBEAUDIE (1807-1872). Pierre Lachambeaudie, fabuliste et chansonnier, né à Sarlat, mort à Brunoy. Affilié à la secte « saint-simonienne », il arriva à Paris vers 1827. Il écrivit des fables qu'il récitait lui-même dans les clubs et les concerts. Lié à Blanqui, on l'arrêta après les journées de juin 1848, mais grâce à l'appui de Béranger il fut libéré. De nouveau arrêté après le coup d'État du 2 décembre, on le condamna à l'exil. Il vécut alors à Bruxelles avant de rentrer en France en 1859. Ses livres de fables, reflétant des idées démocratiques, ont pour titres « Fables populaires », « Fleurs d'exil » et « Fleurs de Villemomble » Un autre ouvrage, « Hors-d'œuvre », est extrêmement... scatologique! La place Lachambeaudie existe depuis 1905.

LA CHAMPMESLÉ (1842-1698) Tragédienne française née à Rouen, morte à Auteuil, de son vrai nom Marie Desmares. Épouse de l'acteur Champmeslé, elle prit Racine sous le charme de sa voix et devint sa maîtresse, puis créa, de son amant, « Bérénice », « Iphigénie », « Phèdre ». Un square porte son nom depuis 1993.

LACHARRIÈRE (1806-1870). Le général Ladroit de La Charrière fut tué lors de la bataille de Champigny, pendant la guerre contre les Prussiens. On donna son nom à une rue en 1870.

LACHELIER (1832-1918). Jules Lachelier, philosophe né à Fontainebleau. Maître de conférences à l'École normale supérieure de 1864 à 1875, il y enseigna la philosophie et l'histoire de la philosophie. Nommé membre de l'Académie des sciences morales et politiques en 1896, il eut, à son époque, une assez forte influence sur le développement des études philosophiques en France. Il a écrit « Du fondement de l'induction » et « De natura sillogismi ». Lachelier, qui a dit « Le monde est une pensée qui ne se pense pas, suspendue à une pensée qui se pense » (sic), donna son nom à une rue en 1932.

LA CONDAMINE (1701-1774). Charles de La Condamine, mathématicien et littérateur, né et mort à Paris. Sa jeunesse fut orageuse et c'est assez tard, après avoir tenté une carrière militaire, qu'il s'adonna à l'étude des sciences. Il voyagea sur les côtes d'Afrique et d'Asie et en 1736 participa à une expédition, à l'équateur, chargée de déterminer la « figure » de la Terre. De retour en France, il proposa d'adopter pour unité de longueur celle du pendule battant la seconde à l'équateur. Devenu malade et sourd, il se moquait de ses propres infirmités dans des chansons de sa composition. Il écrivit « Histoire des pyramides de Quito » et « Histoire de l'inoculation de la petite vérole » (peut-être à la suite d'expériences personnelles...). La rue La Condamine existe depuis 1868.

LACORDAIRE (1802-1861). Le père dominicain Henri Lacordaire, prédicateur, naquit à Recey-sur-Ource (Côte-d'Or) et mourut à Sorèze. Il fut ordonné prêtre en 1827. Aumônier au collège Henri-IV, il subit l'influence de l'abbé de Lamennais. Il le suivit d'ailleurs à Rome, en 1831, en compagnie de Montalembert. En 1835-1836 Lacordaire occupa avec éclat la chaire de Notre-Dame. Il s'imposa ensuite cinq années de recueillement au cours desquelles il prit l'habit de dominicain et le nom de Dominique, au couvent de Minerve à Rome. En 1841 il reparut en chaire à Notre-Dame. Élu à l'Assemblée nationale en 1848, par les Bouches-du-Rhône, il donna vite sa démission et à partir de 1851 se consacra au gouvernement de l'ordre des Frères prêcheurs et à la direction du collège de Sorèze où il se fixa en 1854. Lacordaire a écrit « Conférences de Notre-Dame de Paris », « Vie de saint Dominique », etc. Il a dit : « Le bonheur est la vocation de l'homme », « Une âme à elle seule est un grand peuple » et « L'injustice appelle l'injustice, la violence engendre la violence ». La rue Lacordaire fut baptisée en 1878.

LACRETELLE (1766-1855). Dominique de Lacretelle, dit « Lacretelle jeune » (il avait un frère, Louis, jurisconsulte), fut un historien et publiciste qui naquit à Metz et mourut à Mâcon. D'abord avocat à Nancy, il rejoignit son frère à Paris en 1787 et fut attaché à la rédaction du « Journal des débats ». Lacretelle fut alors le chef de ce qu'il était convenu d'appeler la « jeunesse dorée ». Exilé après le 18-Fructidor pendant vingt-deux mois, il se consacra entièrement aux lettres après le 18-Brumaire. Élu membre de l'Académie française, ses sentiments royalistes lui firent accueillir la Restauration avec joie. Il reçut des lettres de noblesse en 1822. Il écrivit « Précis historique de la Révolution française » et « Histoire de l'Assemblée constituante ». La rue Lacretelle existe depuis 1864.

LACROIX Depuis 1846, date de son ouverture, cette rue porte le nom du propriétaire du terrain sur lequel on la construisit.

LACUÉE (1752-1841). Jean Girard Lacuée, général et comte de Cessac, né à La Massas (Lot-et-Garonne), mort à Paris. Des écrits qu'il publia pour signaler des abus dans l'armée le firent appeler, en 1789, par l'Assemblée constituante au comité de réorganisation de l'armée. Ministre intérimaire de la Guerre, il contribua à la victoire de Valmy. Napoléon le nomma général de division et ministre de l'administration de la guerre. En 1814 il se rallia aux Bourbons, qui l'écartèrent malgré tout. Élu à la Chambre des pairs en 1831, une rue porte son nom depuis 1858.

LA FAYETTE (1757-1834). Yves Gilbert Motier, marquis de La Fayette, général et homme politique né à Saint-Roch-de-Chavaniac (Haute-Loire), mort à Paris. Issu d'une noble famille d'Auvergne, la mort de ses parents le mit à la tête d'une fortune considérable, l'année de ses 13 ans. En 1774, à 17 ans, il épousa la seconde fille du duc d'Agen. En 1776, malgré l'opposition de sa famille, il partit se joindre aux insurgés américains et se distingua aux côtés de Washington. Il revint en France pour solliciter une intervention française et retourna aux États-Unis annoncer la venue de Rochambeau. Après avoir amené l'Anglais Cornwallis à capituler à Yorktown il rentra en France, célèbre. En 1789, la ville de Riom l'envoya comme député de la noblesse aux états généraux. Il prit l'initiative de la Déclaration des droits de l'homme. Devenu commandant de la milice bourgeoise après le 14 juillet 1789, il organisa la garde nationale et fit adopter la cocarde tricolore. Le jour de la fête de la Fédération (14 juillet 1790) c'est lui qui prêta le serment sur l'autel de la Patrie dressé au milieu du Champ-de-Mars. Quand on proclama la déchéance du roi, il pensa un moment mettre son armée au service de la royauté, mais sa popularité s'était estompée et nul ne le suivit. Fait prisonnier par les Autrichiens, c'est le traité de Campo-Formio (1797) qui le libéra. Revenu en France, il vécut comme en retraite jusqu'à la chute de Napoléon. Après Waterloo, il s'adonna à nouveau à la politique avec plus ou moins de succès jusqu'à un voyage triomphal aux États-Unis, en 1827, à la suite duquel il effectua une tournée politique pendant laquelle il fut couvert d'ovations, en Auvergne et dans le Dauphiné, en 1829. À la révolution de juillet 1830, en qualité de commandant en chef de la garde nationale, il contribua à l'accession au trône du duc d'Orléans. Mais tout de suite après il combattit cette monarchie qui ne lui paraissait pas assez libérale. La rue La Fayette existe depuis 1830, comme la place.

LAFERRIÈRE Ouverte en 1832 sous l'appellation de passage, cette rue porte depuis cette date le nom du comte Louis de Laferrière-Lévêque, lieutenant général qui commandait alors la garde nationale à cheval.

LA FEUILLADE (1625-1691). Le vicomte François d'Aubusson, duc de La Feuillade, fut nommé maréchal de France en 1675, vice-roi de Sicile en 1678 et gouverneur du Dauphiné en 1681. En 1664, il manqua être assassiné, à Parme, en compagnie du chevalier Sourdis. Ayant acheté, à Paris, l'hôtel de Senneterre, il le fit abattre pour construire la place des Victoires sur laquelle il éleva à ses frais, en 1686, une statue de Louis XIV. Il avait épousé Charlotte Gouffier, femme qui, dit-on, éveilla une passion, respectueuse évidemment, dans le cœur de Pascal. La rue La Feuillade existe depuis 1886.

LAFFITTE (1767-1844). Jacques Laffitte, financier et homme d'État, né à Bayonne, mort à Paris. Fils d'un charpentier, il alla chercher fortune à Paris en 1788 et entra, comme « teneur de livres », dans la maison du banquier Perrégaux. Celui-ci le prit comme associé en 1800 et le désigna pour successeur à sa mort. De 1814 à 1819, Laffitte fut gouverneur de la Banque de France; aux heures de crise, il avança des millions au Trésor. À partir de 1816, il siégea à la Chambre. En 1830 il se jeta dans le mouvement insurrectionnel et sa maison (sise justement dans la rue qui porte son nom aujourd'hui) fut le quartier général de la révolution. Devenu ministre sans portefeuille dans le nouveau gouvernement, il démissionna en 1831. Il sortit appauvri de son ministère, ce qui est le comble, et ne dut de conserver son hôtel qu'à une souscription publique... Il siégea alors à la Chambre dans l'opposition radicale. Il mourut subitement à la fin d'un discours fort agressif contre le gouvernement. La rue Laffitte a été baptisée en 1830.

LA FONTAINE (1621-1695). Jean de La Fontaine, poète né à Château-Thierry, mort à Paris. Entré jeune à l'oratoire de Reims, il en sortit rapidement à cause d'un manque évident de vocation religieuse. Il mena dès lors la vie facile et insouciante qui ne cessa d'être la sienne. Maître des eaux et forêts, son père lui laissa cette maîtrise l'année où il le maria avec Marie Héricart (1647). Mais notre épicurien négligea à la fois l'emploi (qu'il vendit) et la femme (qu'il délaissa). L'anecdote dit même qu'il finit par oublier complètement qu'il était marié... Arrivé de Reims à Paris, il commença à écrire. Il adorait Voiture, Rabelais, Boccace et Marot. Le surintendant Foucquet le prit sous sa protection et, en compagnie de Boileau, Racine et Molière (Racine boit l'eau de la fontaine Molière), notre fabuliste, dans un logis de la rue du Vieux-Colombier ou quelque cabaret, organisa des réunions mémorables. C'est à partir de 43 ans seulement que La Fontaine se mit à écrire d'arrache-pied. Jusque-là, il disait lui-même qu'il avait passé son temps « à ne rien faire ». Il rédigea six livres de « Fables », dont toutes ne sont pas pour les enfants... Il écrivit aussi des « Contes et nouvelles » en vers et, on le sait moins, des opéras (« Galatée et Astrée ») et des comédies (« la Coupe enchantée », « Je vous prends sans vert », etc.). La Fontaine disait : « Aimez, aimez, tout le reste n'est rien », « La vieillesse est impitoyable » et « Aucun chemin de fleurs ne conduit à la gloire ». La rue La Fontaine existe depuis 1865 et le square depuis 1926.

LAFORGUE (1860-1887). Jules Laforgue, poète né à Montevideo, mort à Paris. Savez-vous qu'il fut, à Berlin, lecteur de l'impératrice Augusta? De son vivant il ne publia que deux recueils de vers : « les Complaintes » et « l'Imitation de Notre-Dame-la-Lune ». C'est dans une publication posthume, « les Fleurs de bonne volonté », que l'on trouve ses meilleurs vers. Jules Laforgue, dont on donna le nom à une villa en 1926, disait : « Ah! que la vie est quotidienne! »

LA FRESNAY Depuis 1934 cette villa porte le nom d'un propriétaire y résidant à cette date.

LA FRILLIÈRE Cette avenue porte le nom d'une propriété que possédait un de ses habitants, à Genillé, commune d'Indre-et-Loire, près de Loches.

LAGARDE Depuis sa création en 1903, cette rue, comme le square, doit son nom à un propriétaire – le même – qui possédait une maison dans la rue.

LAGHOUAT Ville d'Algérie au sein d'une oasis importante, probablement connue dès l'époque romaine, fertilisée par l'oued Mzi. Elle se trouve à 730 mètres d'altitude, ce qui peut paraître surprenant pour une oasis. Initialement la ville de Laghouat était construite entièrement en terre et en argile. La rue de Laghouat fut baptisée en 1864.

LAGILLE Depuis 1931 cette rue porte officiellement le nom de M. Lagille qui y possédait une maison.

LAGNY Ville de Seine-et-Marne, sur la rive gauche de la Marne. Elle doit son origine à une abbaye bénédictine fondée au VIIe siècle par saint Fursy. En 1358, les Anglais pillèrent la ville. Au XVIe siècle, les habitants ayant fait cause commune avec les moines contre l'abbé – qui était supérieur de l'abbaye en même temps que comte de la ville – Lagny subit un siège à l'issue duquel on massacra allègrement les habitants et pilla les maisons. Aujourd'hui, tout y est beaucoup plus calme, sur tout pour les pêcheurs qui taquinent les quelques goujons qui folâtrent encore dans la Marne. La rue de Lagny fut baptisée en 1877 parce qu'elle conduisait à cette ville

LAGRANGE (1736-1813). Louis Lagrange, géomètre né à Turin, mort à Paris. Il descendait d'une famille tourangelle, alliée à celle de Descartes. Nommé, à 19 ans, professeur à l'école d'artillerie de Turin, il publia en 1759 un volume intitulé « Actes de la société privée », contenant la nouvelle méthode des isopérimètres. En 1766, tout en découvrant le principe d'une solution complète de l'équation du second degré à deux variables, il fut élu président de l'Académie de Berlin. Lagrange calcula les changements successifs qui s'opèrent dans les dimensions et les positions des orbites planétaires. Il a écrit « Mécanique analytique », « Leçons sur le calcul des fonctions » et « Essai d'arithmétique politique » (tiens ?). Membre de l'Académie des sciences, à Paris, une rue porte son nom depuis 1890.

LAHIRE (1390-1443). Étienne de Vignolles, dit La Hire, capitaine français né en Gascogne, mort à Montauban. Ce fut un des plus fidèles compagnons de Jeanne d'Arc. C'est son impétuosité à la guerre qui lui fit donner le surnom de « la Hire » (la colère). En 1433, après de nombreux combats victorieux (Château-Gaillard, Louviers, Montargis...) La Hire devint capitaine général dans les pays du nord de la Seine et bailli du Vermandois. En 1435, il contribua grandement à mettre le pays de Caux sous l'autorité de Charles VII. C'est en accompagnant ce roi en Guyenne qu'il mourut à Montauban. Le personnage de Lahire fut si célèbre que, dans les jeux de cartes, on donna son nom au valet de cœur. Avant qu'il ne meure, le roi lui avait donné les terres de Montmorillon et du Castellet. La rue Lahire existe depuis 1864

LA JONQUIÈRE (1680-1753). Jacques de Taffanel, marquis de La Jon quière, marin né près d'Albi, mort à Québec. En 1711, il se distingua au siège de Rio de Janeiro, avec Duguay-Trouin ; en 1774, il combattit vaillamment à Toulon ; enfin, dans un combat naval, près des côtes du Finistère, avec six bateaux il vainquit une flotte anglaise trois fois plus forte. Il mourut lieutenant général et gouverneur du Canada. Une rue porte son nom depuis 1890.

LAKANAL (1762-1845). Joseph Lakanal, homme politique né à Serres (Ariège), mort à Paris. Il modifia l'orthographe de son nom en Lacanal afin de se distinguer de ses frères royalistes. Évêque constitutionnel de l'Ariège, ce département l'élut à la Convention en 1792. Il vota la mort de Louis XVI. Il s'intéressa de très près à l'éducation nationale et fut le principal organisateur de l'instruction publique en 1794 et 1795. Sous l'Empire, il fut économe du lycée Bonaparte, puis inspecteur général des poids et mesures. Exilé par la loi des « régicides » de 1816, il partit aux États-Unis où il fut président de l'université de La Nouvelle-Orléans.

Rentré en France en 1833, il y mourut membre de l'Académie des sciences morales et politiques. La rue Lakanal existe depuis 1879.

LALANDE (1732-1807). Jérôme Lefrançois de Lalande, astronome né à Bourg-en-Bresse, mort à Paris. Reçu membre de l'Académie de Berlin avant d'avoir 20 ans, il commença en 1753 à travailler à la théorie des planètes et en 1759 donna une édition améliorée des tables de Halley sur les planètes et les comètes. En 1760, on le chargea de la rédaction de la « Connaissance des temps » et en 1762 il obtint une chaire de professeur d'astronomie au Collège de France. Il a écrit « Mémoires sur les équations séculaires » et « Bibliographie astronomique ». La rue Lalande existe depuis 1864.

LALLIER En 1436, Michel Laillier – devenu Lallier par la suite – était prévôt des marchands de Paris; quelques mois plus tôt il avait aidé efficacement à l'expulsion des Anglais qui occupaient Paris. C'est pour s'en souvenir qu'on donna son nom à une rue en 1864.

LALLY-TOLLENDAL (1702-1766). Le baron Arthur de Tollendal, comte de Lally, général et administrateur aux Indes, naquit à Romans et mourut à Paris. Après avoir participé à divers combats en Europe, notamment aux Pays-Bas, à Maestricht en 1748, sous le maréchal de Saxe, il partit en 1657 comme lieutenant général et gouverneur des possessions françaises aux Indes. Trente-huit jours après son arrivée, les Anglais étaient chassés d'une bonne partie de nos possessions. Malheureusement, les maladresses et la mauvaise humeur de Lally-Tollendal lui aliénèrent la sympathie de tous ses collaborateurs au moment où il aurait eu particulièrement besoin d'eux. Assiégé par les Anglais dans Pondichéry, il résista une année, mais capitula en 1761. Transféré malade et prisonnier à Londres, il revint à Paris afin de se justifier. On l'enferma derechef à la Bastille. À la suite d'un procès long et orageux, il fut condamné à mort en 1766 pour « avoir trahi les intérêts du roi ». Il dit alors : « Voilà la récompense de cinquante-cinq ans de services. » Voltaire, considérant sa condamnation comme une injustice, s'éleva contre ce jugement. En vain, Lally-Tollendal fut proprement décapité. Une rue porte son nom depuis 1875.

LALO (1823-1892). Édouard Lalo, compositeur né à Lille, mort à Paris. Ses premières compositions furent mieux accueillies en Allemagne qu'à Paris, où elles passèrent quasiment inaperçues. Lalo dut attendre 1888, avec « le Roi d'Ys », opéra représenté à l'Opéra-Comique, pour connaître le succès chez nous. Musicien peu fécond, Lalo a laissé relativement peu d'œuvres, mais elles sont toutes d'une grande qualité. Citons « Symphonie espagnole », « Néron », « Namouna », « Fantaisie norvégienne » et « Romance sérénade ». La rue Lalo existe depuis 1896.

LAMANDÉ (1735-1819). En sa qualité d'ingénieur, M. Lamandé construisit les anciens ponts d'Austerlitz et d'Iéna. On donna son nom à une rue en 1864.

LAMARCK (1744-1829). Jean-Baptiste de Monet, chevalier de Lamarck, naturaliste né à Bazentin, mort à Paris. Destiné à entrer en religion, il préféra une carrière dans les armes, mais à la suite d'un accident il dut quitter l'armée, et se consacra à l'histoire naturelle. Son premier livre, « la Flore française » (1778), lui ouvrit les portes de l'Académie. De 1783 à 1817, il publia, avec Poiret, « l'Encyclopédie botanique » et « l'Illustration des genres »; cela lui valut une grande notoriété. Cependant l'ouvrage le plus fameux de Lamarck est sans conteste « Histoire des animaux sans vertèbres » où il jette les bases du transformisme. Son nom fut donné à un genre de graminées et à une « tribu » d'algues. Quant à la rue, elle existe depuis 1875 et le square depuis 1932.

LAMARTINE (1790-1869). Alphonse de Prat de Lamartine, poète né à Mâcon, mort à Paris. Sa mère, en l'élevant, ne lui donna que cette consigne : « être bon et gentil ». Après des études chez les jésuites il voyagea en Italie jusqu'à la chute de l'Empire, entra en 1814 dans les gardes de corps du roi, quitta ce service au début de la seconde Restauration, connut quelques années d'une vie confuse et agitée et fit paraître en 1820 son premier volume : « Premières méditations poétiques », qui d'emblée le fit considérer comme un grand poète. En 1830 l'Académie française le reçut. Il partit alors pour un voyage fastueux en Orient. Élu député à son retour, il ne tarda pas à prendre la tête du mouvement révolutionnaire qui amena la république en 1848; il devint membre du gouvernement comme ministre des Affaires étrangères. Le coup d'État de Napoléon III (décembre 1851) l'écarta de la politique. Ses dernières années s'écoulèrent tristement; de pressants besoins d'argent le condamnèrent à un labeur incessant. Ce n'est, semble-t-il, qu'à contrecœur qu'il finit par accepter du second Empire une dotation d'un demi-million en 1867. Il mourut à Passy dans un chalet mis à sa disposition par la Ville de Paris. Lamartine, dont on disait qu'il était la poésie même, a écrit « Jocelyn », « la Chute d'un ange », « Recueillements poétiques », « Confidences », « Graziella » et « le Tailleur de pierres de Saint-Point ». Le poète, qui croyait à la fraternité humaine, a écrit : « Un seul être vous manque et tout est dépeuplé », « Qu'importe le soleil? Je n'attends rien des jours » et « Dieu n'est qu'un mot rêvé pour expliquer le monde». La rue Lamartine fut baptisée en 1848 et le square en 1881.

LAMBALLE (1749-1792). Louise de Savoie-Carignan, princesse de Lamballe, née à Turin, morte à Paris. Elle se maria à 17 ans avec le prince de Lamballe, descendant de l'un des bâtards légitimés de Louis XIV. Son mari, débauché notoire, mourut de ce mal que l'on qualifiait, il y a encore peu de temps, de honteux. Après la mort du prince de Lamballe, elle devint l'amie de Marie-Antoinette. La Révolution survint et, en 1792, la princesse de Lamballe fut enfermée à la prison de la Force; elle y périt au cours des massacres qui eurent lieu en septembre de cette année-là et son corps subit d'inouïs raffinements de cruauté; son cœur fut arraché de sa poitrine et, selon la légende, dévoré par ses assassins... Son corps décapité fut ensuite porté sous les fenêtres de Marie-Antoinette, au Temple. L'avenue de Lamballe existe depuis 1925

LAMBERT Propriétaire du terrain sur lequel on ouvrit cette rue en 1843.

LAMBLARDIE (1747-1797). Jacques Lamblardie, ingénieur et hydrographe, né à Loches, mort à Paris. Il proposa, pour repousser les bancs de galets accumulés à l'entrée de certains ports normands, un système d'écluses qui pouvaient être ancrées pendant la haute mer vers les différents points d'où on voulait expulser les galets. En 1793, il devint directeur de l'École des ponts et chaussées. C'est lui qui conseilla à Monge l'ouverture de l'École centrale des travaux publics, qui s'appela « Polytechnique » en 1795. La rue Lamblardie date de 1868

LAMENNAIS (1782-1854). Robert de Lamennais, abbé et écrivain, né à Saint-Malo, mort à Paris. Il ne fut ordonné prêtre qu'à 34 ans; nourri des idées de Rousseau, il avait voulu établir personnellement ses convictions et ne fit sa première communion qu'à 22 ans. En 1817, il publia « Essai sur l'indifférence en matière de religion »; l'Église y était représentée comme dépositaire de toute vérité. D'autres livres, comme « les Progrès de la Révolution et de la guerre contre l'Église » lui valurent une grande réputation d'écrivain. Autour de lui, Lacordaire, Montalembert et d'autres jeunes catholiques se réunissaient dans sa propriété de La Chesnaye. Le pape Léon XII lui témoignait de la sympathie. Après 1830, Lamennais forma le dessein de créer l'« Agence générale pour la défense des intérêts catholiques » et dans le journal « l'Avenir » préconisa l'alliance de l'Église et de la Liberté. Le nouveau pape Grégoire XVI ne goûta guère cela et désavoua plus ou moins indirectement Lamennais. Celui-ci s'écarta alors graduellement de la foi catholique. Ses théories socialistes lui firent faire un an de prison en 1840. Élu député en 1848, il siégea à l'extrême gauche. Sa fin fut accablée de problèmes matériels et, à sa mort, il fut, à sa demande, enterré avec les pauvres. Lamennais, qui écrivit également « Paroles d'un croyant » et « le Livre du peuple », disait : « Quand je songe qu'un homme juge un autre homme, je suis pris d'un grand frisson » et « Rien de plus rare chez les hommes que l'amour de la vérité ». La rue Lamennais existe depuis 1881.

LA MICHODIÈRE C'est M. Delamichodière (dont on orthographie mal le nom aujourd'hui), prévôt des marchands en 1778, qui fit construire cette rue en lui donnant son nom.

LAMIER Depuis 1887, date de sa construction, cette impasse porte le nom de l'un des propriétaires d'une maison.

LAMORICIÈRE (1806-1865). Léon Juchault de Lamoricière, général et homme politique né à Nantes, mort près d'Amiens. Capitaine en 1831, c'est lui qui, à cette date, organisa le premier bataillon de zouaves et le premier bureau arabe. Blessé en 1837 au siège de Constantine, il rendit par la suite ses zouaves célèbres dans l'armée d'Afrique par l'audace heureuse de ses « coups de main ». Général à 34 ans, il contribua à la prise d'Isly et à la capitulation d'Abd-el-Kader en 1847. Élu député, il plaida à la Chambre pour la libre colonisation en Algérie. Ministre de la Guerre après 1848, il quitta vite cette fonction et commença à critiquer ouvertement l'Élysée; il fut banni après le 2 décembre et se fixa à Bruxelles. Rentré en France en 1857, il accepta, en 1860, de se mettre au service de la papauté, menacée par la Révolution italienne. Mais sa « campagne » en Italie ne fut pas très heureuse et il revint en France où un accès de goutte l'emporta. L'avenue Lamoricière existe depuis 1932.

LA MOTTE-PICQUET (1720-1791). Le comte Guillaume de La Motte-Picquet, marin né à Rennes, mort à Brest. Entré dans la marine à 17 ans, il devint capitaine de vaisseau en 1777 et chef d'escadre l'année suivante. En 1779, sur l'« Annibal », il aida puissamment à la prise de Grenade, mais son plus grand exploit fut réalisé dans les eaux martiniquaises : ayant appris qu'un convoi français était poursuivi par la flotte anglaise de l'amiral Parker, forte de 16 navires, il se lança à son secours et après six heures de combat parvint à ramener à Fort-Royal la plus grande partie du convoi. Promu en 1781 lieutenant général des armées navales, il fêta cette nomination en enlevant 26 bâtiments à l'amiral Rodney. L'avenue de La Motte-Picquet fut baptisée en 1791 et le square en 1899.

LANCETTE Cette rue fut baptisée ainsi, dès le début du XVIIIe siècle, à cause de rixes particulièrement sanglantes qui s'y étaient déroulées naguère entre catholiques et protestants qui se servaient, comme armes, des couteaux à lames courtes qu'utilisaient les bouchers pour tuer les veaux. Ce couteau s'appelait lancette. Aujourd'hui ce mot est presque exclusivement employé en chirurgie.

LANCRET (1690-1743). Nicolas Lancret, peintre, né et mort à Paris. Condisciple de Watteau, son premier tableau, « Fête galante », fut tout de suite couronné de succès. Admis à l'Académie de peinture en 1719, sous le titre de « peintre des fêtes galantes », comme l'avait été Watteau, il devint aussi peintre du roi. Ses œuvres, qui lui assurèrent un constant renom, sont toutes d'aspect riant et agréable, mais manquent de la pointe de poésie sensible chez Watteau. Il a peint « les Heures du jour », « la Marmotte en vie » et « le Jeu de colin-maillard ». La rue Lancret fut baptisée en 1864.

LANCRY Les sieurs Lancry et Lollot avaient été autorisés, par des lettres patentes en date du 22 novembre 1776, à ouvrir une nouvelle rue. Dès 1777 un hôtel appartenant à M. Lancry s'y dressa et la rue prit son nom actuel. Cette rue ne fut guère habitée au début, puisqu'en 1789 on n'y comptait encore que quatre maisons, dont l'hôtel précité qui disparut en 1860 ou 1861

LANDRIEU Depuis 1935 ce passage porte le nom de M. Landrieu qui y possédait une maison.

LANGEAC Ville de la Haute-Loire, à 29 km de Brioude, sur la rive gauche de l'Allier, au pied des monts du Velay. C'est en 1906 qu'une rue de Paris prit le nom de cette ville, l'un de ses propriétaires en étant originaire.

LANGLOIS Depuis 1933 cette impasse porte officiellement le nom d'un homme qui y possédait une maison.

LANNEAU (1758-1830). Victor de Lanneau de Marey, rénovateur du collège Sainte-Barbe, né à Bard (Côte-d'Or), mort à Paris. Il lui fut reproché, sous la Restauration, d'avoir, étant prêtre, reconnu la Constitution civile et de s'être marié. Cela ne se faisait pas, pour un ecclésiastique, à l'époque. Il eut même un fils, Régulus-Adolphe, (1796-1881), qui dirigea et administra le collège rénové par son papa. La rue de Lanneau existe depuis 1880.

LANNES (1769-1809). Jean Lannes, duc de Montebello, maréchal de France, prince de Siévers, né à Lectoure, mort à Vienne (Autriche). D'abord apprenti teinturier, il s'engagea dans l'armée en 1792. Son intrépidité, qui lui valut trois blessures à Arcole, fut vite connue. Bonaparte, en 1798, l'emmena avec lui en Égypte, mais Lannes fut à nouveau blessé, cette fois grièvement, à Saint-Jean-d'Acre. Guéri et de retour en France, il fut nommé général de division. Il aida Bonaparte le 18-Brumaire. Pendant la seconde campagne d'Italie il remporta, sur les Autrichiens, une brillante victoire à Montebello. Maréchal en 1804, il se distingua partout : Austerlitz, Iéna, Friedland... Devenu, en récompense, duc de Montebello et prince de Siévers (Pologne), il se fit remarquer encore en 1809 à Saragosse. Parti ensuite en Autriche, un boulet lui broya les deux jambes devant Essling, et il succomba quelques jours après l'amputation de ses deux membres. Sa femme, née Guéhéneuc, fut dame d'honneur de Marie-Louise. Le boulevard Lannes fut baptisé en 1864.

LANTIEZ Ouverte en 1883, cette rue porte le nom d'un propriétaire. La villa, construite en 1913, doit son nom au même homme

LAONNAIS Le Laonnais était un pays de l'ancienne France, inclus aujourd'hui dans le département de l'Aisne. À part Laon, il comprenait les villes de Coucy, Prémontré et Anizy. La rue du Laonnais fut ouverte en 1932.

LAOS Pays de l'Indochine qui, depuis le XIVe siècle, était gouverné par une monarchie indépendante ; les premiers Européens y arrivèrent au XVIIe siècle. Passé sous protectorat français en 1893, le Laos devint autonome en 1949 et totalement indépendant en 1953. La rue du Laos existe depuis 1900.

LA PÉROUSE (1741-1788). Jean François de Galaup, comte de La Pérouse, navigateur né près d'Albi, mort à Vanikoro, île du Pacifique. Entré à 15 ans dans la marine, La Pérouse se vit chargé, en 1785, d'aller rechercher, au nord-ouest de l'Amérique, le « passage » remarqué précédemment par Cook et Clarke, et de reconnaître les parages du Japon et des îles Salomon. Deux frégates partirent de Brest le 1er août 1785, l'« Astrolabe », commandée par de Langle, et la « Boussole », commandée par La Pérouse. En septembre 1787, de Langle était tué par des « sauvages » dans l'archipel des Navigateurs. Quant à La Pérouse, la dernière fois qu'on le vit, c'est lorsqu'il quitta Botany Bay, le 13 janvier 1788. Ce n'est qu'en 1826 que Dumont d'Urville ramena de Vanikoro divers débris attestant de la mort du navigateur à cet endroit... Au lycée d'Albi, où La Pérouse faisait ses études, on avait très vite remarqué son caractère très fort, et difficile parfois. Un jour, le concierge du lycée – dont c'était le rôle – fut chargé d'infliger au jeune élève un châtiment corporel. La Pérouse dut baisser ses pantalons et le concierge officia... Quand ce fut terminé, le futur navigateur, qui n'avait proféré aucune plainte, dit : « À main de fer, cul de bronze. » La rue La Pérouse existe depuis 1864.

LAPEYRÈRE M. Lapeyrère, qui ouvrit cette rue en 1903, trouva normal de lui donner son nom.

LAPLACE (1749-1827). Le marquis Simon de Laplace, géomètre et homme politique, naquit à Beaumont-en-Auge et mourut à Paris. Il prit part à l'organisation de l'École polytechnique (proche de la rue qui porte son nom) et de l'École normale. Après le 18-Brumaire, Bonaparte lui confia, un court laps de temps, le ministère de l'Intérieur. Entré au Sénat en 1799, Laplace en devint président en 1803. La Restauration le fit pair et marquis. En 1827, alors qu'il présidait une séance de l'Académie française dont il était membre, Laplace quitta brusquement cette présidence car les académiciens s'apprêtaient à présenter au roi une supplique contre le projet de loi « sur la répression des délits de la presse »... En tant que géomètre qui, entre autres, perfectionna les méthodes pour l'intégration des équations aux différentielles partielles, Laplace a écrit : « Traité de mécanique céleste », « Essai philosophique sur les probabilités » et « Exposition du système du monde ». La rue Laplace fut baptisée en 1864. Elle s'appelait auparavant bien joliment rue des « Amandiers-Sainte-Geneviève ».

LA PLANCHE Raphaël de La Planche fut trésorier général de la manufacture de tapisserie qu'il avait créée, en 1628, à l'angle des rues de Varenne et de Grenelle. On baptisa cette rue à son nom en 1882. Il exista un autre La Planche (1530-1580), écrivain qui fut attaché au connétable de Montmorency et qui écrivit amplement sur l'histoire de la France.

LAPPE En 1630, le sieur Girard de Lappe possédait des terrains sur lesquels on construisit cette rue en 1650. Comme cela se faisait communément, on donna son nom à la rue. Depuis la « Belle Époque », et jusqu'à nos jours, cette voie s'est rendue célèbre par ses bals où, avant la Seconde Guerre mondiale, les amateurs de javas, avec casquettes et rouflaquettes, s'en donnaient à cœur joie.

LA QUINTINIE (1626-1688). Jean de La Quintinie, agronome né à Chabanais, mort à Versailles. D'abord avocat à Poitiers, il abandonna le barreau pour l'étude et la culture des arbres fruitiers. Il s'aperçut qu'un arbre transplanté ne se nourrit pas avec les racines adultes, mais au moyen des jeunes racines venues après la transplantation. Il vit aussi que les branches trop vigoureuses fournissaient peu de fruits. La Quintinie fit connaître la culture en espalier et on lui doit des potagers célèbres, en particulier ceux de Versailles et de Chantilly. Il a écrit « Instruction pour les jardins fruitiers ». La rue La Quintinie existe depuis 1864.

LARD Cette rue, connue depuis 1556, doit son nom aux nombreuses charcuteries qui la bordaient alors.

LA REYNIE (1625-1709). Gabriel Nicolas de La Reynie naquit à Limoges. Il est surtout connu pour avoir été le premier lieutenant de police de Paris. Il reçut cette charge en 1667, date à laquelle Louis XIV la créa, et la conserva jusqu'en 1697. Le roi avait recommandé trois choses à La Reynie : netteté, clarté, sûreté. La malpropreté des rues de Paris fut grandement battue en brèche; des lanternes furent installées; des archers à pied et à cheval parcoururent la ville de nuit. Après la révocation de l'édit de Nantes, La Reynie appliqua très sévèrement, dans Paris, les ordres du roi; après la voirie, les protestants... La rue qui porte son nom fut baptisée en 1822.

LARGILLIÈRE (1656-1746). Nicolas de Largillière, peintre né et mort à Paris. À Londres, encore jeune, il fut chargé de restaurer des tableaux d'anciens maîtres, à Windsor. De retour à Paris en 1678, il exécuta un nombre considérable de portraits des membres de la noblesse et de la bourgeoisie. Membre de l'Académie de peinture à partir de 1686, ses œuvres sont surtout intéressantes par la qualité des coloris et la légèreté de touche. Il peignit Jacques II d'Angleterre, Louis XIV, Colbert, Claude Bourdaloue, etc., et deux tableaux d'histoire : « Repas donné en 1687 par la Ville de Paris à Louis XIV » et « Mariage du duc de Bourgogne en 1697 ». Ces deux derniers tableaux furent détruits à la Révolution. La rue Largillière existe depuis 1867.

LA ROCHEFOUCAULD Ce n'est pas François de la Rochefoucauld, moraliste né en 1613, mort en 1680, qui donna son nom à cette rue, mais Catherine de La Rochefoucauld-Cousage, abbesse de Montmartre de 1737 à 1760. C'est en 1790 que la rue fut baptisée.

LAROCHELLE (1827-1884). Julien Boulanger, dit Larochelle, comédien né à Paris, mort à Meudon. C'était le petit-fils d'un acteur comique, Barthélemy Larochelle (1748-1807). Il débuta à l'Odéon, puis joua au théâtre de la Porte-Saint-Martin. En 1855, il dirigea le théâtre Montparnasse, puis, conjointement, le théâtre Saint-Marcel et des théâtres de banlieue. Il dirigea aussi l'Ambigu et la Porte-Saint-Martin. La rue Larochelle existe depuis 1888.

LAROMIGUIÈRE (1756-1837). Pierre Laromiguière, philosophe, né à Livinhac-le-Haut (Aveyron), mort à Paris. Il était membre de la congrégation des doctrinaires, quand un décret de la Convention, en 1790, supprimant les congrégations religieuses, l'affranchit de ses vœux. Venu à Paris, il suivit en 1795 les cours de l'École normale qui venait d'être créée. Il devint professeur à la

Faculté des lettres en 1811 et membre de l'Académie des sciences morales et politiques en 1833. C'était un admirateur de Condillac, dont il chercha toujours à diffuser les idées, notamment dans « les Paradoxes de Condillac ». Il écrivit aussi « Projets d'éléments de métaphysique ». La rue Laromiguière fut baptisée en 1867.

LARREY (1766-1842). Dominique Jean Larrey, chirurgien né près de Bagnères-de-Bigorre, mort à Lyon. Chirurgien en chef de la Grande Armée, il avait reçu pour surnom « la Providence du soldat ». Il fut membre de l'Institut et de l'Académie de médecine, professeur au Val-de-Grâce, chirurgien en chef de l'hôpital du Gros-Caillou et des Invalides. Il écrivit « Mémoires de chirurgie militaire et campagnes ». La rue Larrey fut baptisée en 1881.

LARRIBE Depuis 1867, cette rue porte le nom d'un propriétaire d'une maison.

LAS CASES (1766-1842). Le comte Emmanuel de Las Cases, historien, naquit à Las Cases, près de Revel (Haute-Garonne) et mourut à Passy-sur-Seine. Issu d'une famille d'origine espagnole, il fut d'abord marin. La Révolution le fit émigrer, mais il rentra sous le Consulat. Engagé volontaire, son courage fit merveille à Flessingue, en 1809. Napoléon le remarqua alors et le fit maître des requêtes au Conseil d'État. À la première Restauration, il fuit en Angleterre et revint pendant les Cent-Jours. Après Waterloo, il suivit l'empereur à Sainte-Hélène, mais Hudson Lowe l'expulsa. Interné au Cap, puis à Francfort-sur-le-Main, il ne rentrera en France qu'après la mort de Napoléon. Il écrivit « Mémorial de Sainte-Hélène ». La rue qui porte son nom fut baptisée en 1830.

LA SOURDIÈRE Cette rue fut percée à l'emplacement d'un ancien manège qui avait été créé par un sieur de La Sourdière. Quelques années après son ouverture, qui eut lieu vers 1663, cette rue prit son nom actuel.

LASSON Construite en 1897, cette rue porte depuis cette date le nom d'un de ses habitants.

LASSUS (1807-1857). Antoine Lassus, architecte et archéologue, né à Paris, mort à Vichy. Après Viollet-le-Duc, il fut inspecteur des édifices religieux de la Seine. Il restaura la cathédrale de Chartres – tout du moins le clocher –, la nef de la cathédrale de Moulins et, à Paris, les églises de Saint-Germain-l'Auxerrois, la Sainte-Chapelle, Notre-Dame, etc. Il a écrit « Monographie de la cathédrale de Chartres ». La rue Lassus fut baptisée en 1864.
Ne pas confondre avec Roland de Lassus (1520-1594), musicien belge auteur de messes, de motets et de psaumes.

LASTEYRIE (1877-1936). Charles de Lasteyrie, député issu d'une célèbre famille ayant compté beaucoup d'hommes politiques, donna son nom à cette rue en 1938.

LATÉRALE Détachée de la commune de Saint-Ouen, cette rue doit son nom – peu inspiré – au fait qu'elle longe une voie ferrée. Paris l'annexa en 1930.

LATHUILE En 1765, au 7 de l'avenue de Clichy fut ouvert le « cabaret du Père Lathuile », très fréquenté avant la Révolution. Mais sa véritable célébrité date du 30 mars 1814 lorsque le général Moncey en fit son quartier général pendant sa défense héroïque de la barrière de Clichy contre les Autrichiens. Le propriétaire du restaurant dit, paraît-il, aux soldats, à cette occasion : « Mangez, buvez, ne laissez rien à l'ennemi. » Cet établissement exista jusqu'en 1906. Le passage Lathuile porte donc le nom de ce restaurant.

LA TOUR D'AUVERGNE (1667-1737) C'est Louise de La Tour d'Auvergne, issue d'une célèbre famille originaire du village de La Tour, dans le Puy-de-Dôme, et abbesse de Montmartre, de 1727 à 1735, qui donna son nom à cette rue en 1760. Mais, bien entendu, le plus célèbre des La Tour d'Auvergne est Théophile Malo Corret de La Tour d'Auvergne (1743-1800), officier qui périt d'un coup de lance au cœur sur les hauteurs d'Oberhausen, en Bavière. Bonaparte décida alors que le nom du défunt serait maintenu sur les contrôles et que, dans les appels, au nom de La Tour d'Auvergne, il serait répondu : « Mort au champ d'honneur ». Il en fut effectivement ainsi jusqu'en 1814.

LA TOUR MAUBOURG (1768-1850). Victor de Fay, comte de La Tour Maubourg, descendant d'une famille célèbre originaire de Fay, dans le Vivarais, et qui tire son nom de la terre de Latour en Velay et de celle de Maubourg. Victor de Fay, qui naquit à Lamotte-Galaure et mourut au château du Lys, fut lieutenant aux gardes du corps. Colonel de cavalerie à l'armée de La Fayette, il fut prisonnier avec lui en 1797 chez les Autrichiens. Il servit ensuite dans toutes les campagnes de l'Empire et eut la jambe emportée à Leipzig. Rallié à la Restauration, il fut ministre de la Guerre de 1819 à 1821. Il gouverna les Invalides (proches du boulevard qui porte son nom) de 1822 à 1830, puis devint gouverneur du duc de Bordeaux à partir de 1835. Le boulevard de La Tour-Maubourg fut baptisé en 1827. Quant au square, il fut créé en 1897

LATRAN Cette rue traverse l'emplacement de l'ancienne commanderie de Saint-Jean-de-Latran, fondée en 1158 sous le nom de commanderie de Saint-Jean-de-Jérusalem. Elle prit le nom de Saint-Jean-de-Latran en 1530. L'ordre fut supprimé à la Révolution, en même temps que les locaux. La rue de Latran fut baptisée en 1867

LA TRÉMOILLE (1460-1525). Louis II de La Trémoille (prononcer Trémouille), issu d'une célèbre famille noble dont le fief se situe dans le Poitou, près de Montmorillon Louis II, vicomte de Thouars, prince de Talmont, était surnommé le « chevalier sans reproche » (ce qui ne signifie pas qu'il avait peur). Ce fut un homme de guerre remarquable qu'Anne de Beaujeu chargea de réprimer « la guerre folle » en 1488. Il y parvint, fit prisonnier le duc d'Orléans et massacrer les autres captifs à la fin d'un banquet... En 1500 La Trémoille conquit le Milanais. Il combattit à Marignan où il perdit son fils. Lui-même trouva la mort pendant la bataille de Pavie. C'est en 1883 qu'on baptisa une rue à son nom

LAUGIER (1770-1832). André Laugier, chimiste, né à Lisieux, mort à Paris. Chef du bureau des poudres et salpêtres au Comité de salut public, il professa ensuite l'instruction militaire à Toulon. En 1803, il donna des cours à l'École de pharmacie qu'il dirigea plus tard. Simultanément, il était chef des bureaux au ministère de l'Intérieur. Entré à l'Académie des sciences en 1820, on lui doit des procédés pour séparer le cobalt du nickel, le fer du titane, pour convertir le suc de gomme en suc de lait (!) et recueillir l'osmium pendant le traitement du platine brut. La rue Laugier fut baptisée en 1864 et la villa en 1887

LAUMIÈRE (1812-1863). Le général d'artillerie Vernhet de Laumière fit partie de l'expédition du Mexique; blessé au combat, il mourut des suites de ses blessures dans ce pays. La rue Laumière fut baptisée en 1867

LAURE SURVILLE (1800-1871) Laure Surville, dont le nom de jeune fille était Laure de Balzac, n'était autre que la sœur du célèbre écrivain. Elle-même se sentit un pen chant pour les lettres et rédigea surtout « Balzac, sa vie, ses œuvres d'après sa correspondance». D'autre part, Laure Surville – dont le mari était ingénieur en chef des Ponts et Chaussées – publia, sous divers pseudonymes, des contes pour enfants (« le Compagnon du foyer », « la Fée des nuages », etc.). Une rue porte son nom depuis 1912.

LAURENCE SAVART C'est le nom et le prénom de la fille du propriétaire qui créa cette voie, classée officiellement en 1932.

LAURENT PICHAT (1823-1886). Laurent Pichat est un homme politique et surtout un littérateur dont les œuvres semblent être tombées dans l'oubli. Mais depuis 1888, Paris conserve son nom sur une plaque bleue. Nous connaissons un autre Pichat, prénommé Michel (1790-1828), auteur dramatique qui écrivit « Turnus », « Léonidas » et « Ali-Pacha »

LAURISTON (1768-1828). Bernard Law, marquis de Lauriston, maréchal de France, diplomate et ministre, né à Pondichéry, mort à Paris. C'était le petit-neveu du financier Law. Général de division en 1805, Lauriston devint gouverneur de Venise en 1807. En 1808, il alla se battre en Espagne, puis en Hongrie où il prit Raab. À Wagram, il commanda l'artillerie de la garde. Fait prisonnier à Leipzig, il se rallia aux Bourbons à la Restauration et devint pair de France (1815), marquis (1817) et ministre de la maison du roi de 1821 à 1824. Il fut enfin nommé maréchal de France en 1823. La rue Lauriston fut baptisée en 1864.

LAUTRÉAMONT (1846-1870). Isidore Ducasse, dit comte de Lautréamont, poète français dont l'unique œuvre (si l'on excepte « Préface à un livre futur » écrite en 1870, mais éditée en 1920), « les Chants de Maldoror », parut en 5 volumes, le premier en 1868, les autres en 1869. Il mourut seul, dans sa chambre, de façon un peu mystérieuse et totalement inconnu, puisque son étoile ne se leva qu'à partir de 1910 grâce aux surréalistes qui disaient que son œuvre devait être considérée comme « la revanche de l'irrationnel, l'affirmation des forces obscures, l'explosion volcanique de nappes souterraines incandescentes ». Il a dit : « Reprends la route qui va où tu dors » et « Ainsi donc Maldoror tu as été vainqueur ! Ainsi donc Maldoror, tu as vaincu l'Espérance ». La terrasse Lautréamont existe depuis 1985.

LAUZIN Cette rue porte le nom d'un propriétaire depuis sa création en 1860. Le passage et la ruelle Lauzin doivent leur nom à la proxi mité de la rue.

LA VACQUERIE (1413-1497). Jean de La Vacquerie, magistrat né à Arras. Il se fit remarquer, en 1476, en résistant fort énergiquement à Louis XI qui cherchait à annexer Arras, alors du domaine de Marguerite de Bour bon. Cela n'empêcha pas le roi de le nommer président du Parlement de Paris en 1481. La Vacquerie pro nonça, à ce poste, de sévères critiques sur l'administration financière du roi et d'Anne de Beaujeu. La rue La Vacquerie existe depuis 1864.

LAVANDIÈRES SAINTE-OPPORTUNE En 1244 cette rue s'appelait déjà « des Lavandières » car elle était en partie habitée par des femmes attirées par la proximité de la Seine où elles battaient le linge. Plus tard, on ajouta « Sainte-Opportune » à cause du cloître de ce nom, proche.

LA VIEUVILLE (1755-1829). Micault de La Vieuville, dont un ancêtre fut surintendant des Finances en 1620, était, quant à lui, lieutenant-colonel. Il est connu pour avoir fondé, en 1804, l'asile de la Providence, rue des Martyrs, où étaient accueillis des vieillards pauvres, d'au moins 70 ans. La rue de La Vieuville fut baptisée en 1867

LAVOIR C'est, bien entendu, la présence d'un lavoir, jadis, qui fit donner ce nom à ce passage privé.

LAVOISIER (1743-1794). Antoine Laurent de Lavoisier, chimiste né et mort à Paris. À 23 ans il remporta un prix à l'Académie des sciences avec son « Mémoire sur le meilleur système d'éclairage de Paris ». À 25 ans, cette même académie l'accueillit en son sein. En chimie, la principale découverte de Lavoisier fut celle de l'oxygène, faite à la suite d'une célèbre expérience qui consista à chauffer du mercure à l'air pendant douze jours et douze nuits, pour analyser ensuite les pellicules rouges d'oxyde de mercure qui s'étaient formées; il put alors annoncer que l'air était formé de deux gaz, l'azote et l'oxygène. Lavoisier a écrit « Sur la transpiration des animaux », « Sur la calcination de l'étain » et « Expériences sur le diamant ». Il était fermier général avant la Révolution; celle-ci décréta le 24 novembre 1793 que tous les fermiers généraux devaient être arrêtés; Lavoisier se constitua prisonnier le 8 mai 1794; il fut exécuté le jour même... Une rue porte son nom depuis 1838

LA VRILLIÈRE C'est à l'hôtel de La Vrillière que cette rue doit son nom. Il se trouvait à hauteur des numéros 1 et 3 de la rue actuelle. Louis Phélippeaux, marquis de La Vrillière, le fit construire en 1640 par Mansart. Ses fils et petit-fils l'habitèrent ensuite avant que ce dernier ne le vende. Ce petit-fils, Louis Phélippeaux (1672-1725), comte de Saint-Florentin, marquis de La Vrillière, fut ministre de la maison du roi et secrétaire du Conseil de régence. Sa femme eut, dit-on, l'insigne honneur de déniaiser le jeune Louis XV. en 1724. En 1811, la Banque de France acheta l'hôtel et le refit presque entièrement; la seule partie ancienne qui existe encore est la « Galerie dorée » que l'on restaura de 1868 à 1875

LÉANDRE (1862-1935). Charles Léandre, peintre et caricaturiste, né à Champsecret (Orne). Ses caricatures, publiées dans « le Figaro » et « le Rire », se distinguaient par leur humour féroce, sinon cruel, et leur justesse parfaite dans l'observation des travers du personnage représenté. Une série, parue dans « le Rire » et intitulée « le gotha des souverains », eut un énorme succès. La rue Léandre date de 1936.

LEBLANC (1742-1806). Nicolas Leblanc, chimiste né à Saint-Ivoy-le-Pré (Cher), mort à Saint-Denis. D'abord chirurgien à la maison du duc d'Orléans en 1780, il se rendit à Paris et publia des mémoires sur la cristallisation des sels neutres qui le firent connaître en 1786. Le duc d'Orléans lui fit créer une fabrique de soude artificielle près de Saint Denis en 1790; la Révolution le dépouilla de son procédé. Il devint plus tard administrateur du département de la Seine et régisseur des poudres et salpêtres. La rue Leblanc existe depuis 1855

LEBON (1769-1804). Philippe Lebon, ingénieur et chimiste, né à Brachay (Haute-Marne), mort à Paris. En 1797 il entreprit des recherches sur l'utilisation pratique du gaz, notamment dans l'éclairage public. Ses recherches aboutirent et le 21 septembre 1799 il déposait un brevet d'invention pour un appareil nommé « thermolampe ». L'éclairage au gaz, qui a disparu il n'y a pas si longtemps, est donc dû à Lebon, qui périt assassiné le jour où, venu du Havre – où il habitait – à Paris, il s'apprêtait à concourir aux préparatifs du sacre de Bonaparte. La rue Lebon existe depuis 1867

LEBOUIS Depuis 1889 cette rue porte officiellement le nom de M. Lebouis qui y possédait une maison; l'impasse doit son nom à la proximité de la rue.

LEBOUTEUX C'est depuis 1884 que cette rue porte le nom de M. Lebouteux qui, outre le fait qu'il était propriétaire d'une maison dans cette voie, fut maire adjoint de l'ancienne commune des Batignolles.

LE BRIX-MESMIN Joseph Le Brix (1899-1931) et André Mesmin (1897-1931), deux aviateurs qui périrent, en Sibérie, lors d'une tentative de raid Paris-Tokyo. Avant cette date fatale, Joseph Le Brix, qui était né à Baden (Morbihan), avait réussi, en compagnie de Costes, en 1927, un tour du monde aérien pour Rio de Janeiro, San Francisco et Tokyo. Avant de mourir, ce même Le Brix conquit en 1931 huit records mondiaux. La rue Le Brix-Mesmin existe depuis 1932.

LE BRUN (1619-1690). Charles Le Brun, peintre né et mort à Paris. Après un séjour en Italie de 1642 à 1646, il rentra à Paris et peignit un tableau qui fut placé à Notre-Dame, « le Martyre de saint André ». L'année suivante, Le Brun fonda l'Académie de peinture et de sculpture afin de « soustraire les artistes au contrôle des corporations de métiers ». En 1650, il exécuta, pour le château de Vaux du surintendant Foucquet, plusieurs peintures remarquables, notamment deux plafonds. De 1662 à 1680, Colbert confia à Le Brun tous les travaux d'art de la Couronne et le fit nommer directeur des Gobelins. En juillet 1662, Louis XIV l'anoblit et le chargea de la décoration et de la reconstruction de la Petite Galerie du Louvre. Ensuite, Le Brun travailla dix-huit années pour le château de Versailles. Quand Colbert mourut, Louvois affecta de préférer Mignard à Le Brun; celui-ci tomba alors dans une sorte de maladie de langueur. On le ramena moribond de sa maison de Montmorency aux Gobelins où il mourut. Le Brun, chez qui l'allégorie tient une grande place et qui fut le créateur du style Louis XIV, a peint « Alexandre et Porus », « la Famille de Darius », « le Passage du Granique » et « l'Entrée d'Alexandre dans Babylone ». Sa rue date de 1867.

LE BUA Nom d'un lieu-dit qui, initialement, s'appelait « la Buée ». En vieux français, « faire la buée » signifiait « faire la lessive ». On y retrouve l'origine de la buanderie. Nul doute qu'en ce lieu-dit des femmes lavaient leur linge ou tout au moins le faisaient sécher. La rue Le Bua fut baptisée en 1860.

LECHAPELAIS Créée en 1841, cette rue porte, depuis cette date, le nom de M. Lechapelais qui y possédait une maison.

LE CHATELIER (1815-1873). Louis le Chatelier, né et mort à Paris. Ingénieur des Ponts et Chaussées qui travailla pour la Compagnie de chemins de fer de l'Ouest; avant de se consacrer aux voies ferrées, il fit des études et des recherches sur l'utilisation, après désinfection, des eaux d'égout. Il a écrit « Étude sur la stabilité des locomotives en mouvement », et « Chemins de fer de l'Allemagne » La rue existe depuis 1881.

LÉCHEVIN M. Léchevin était propriétaire d'une maison dans cette rue, classée officiellement en 1942, et qui auparavant n'était que le passage Léchevin, ouvert en 1876.

LECLAIRE Construite en 1885, cette cité porte le nom du propriétaire du terrain sur lequel on l'ouvrit.

LECLERC C'est depuis 1780, date de son ouverture, que cette rue porte le nom du sieur Leclerc qui y possédait une résidence.

LÉCLUSE M. Alexandre Lécluse, conseiller municipal de l'ancienne commune des Batignolles, entrepreneur de son métier, était propriétaire des terrains sur lesquels cette rue fut construite en 1838

LECOMTE M. Lecomte, qui fut administrateur des jeux à Paris, possédait plusieurs maisons dans cette rue, construite en 1837, à laquelle on donna son nom en 1879.

LECOMTE DU NOÜY (1842-1923). Jules Lecomte du Noüy, peintre né à Paris. Il se fit connaître par des compositions historiques et religieuses, ainsi que par des restitutions de scènes antiques. Citons « L'amour qui passe et l'amour qui reste », « Mourir pour la patrie » et « les Porteurs de mauvaises nouvelles ». La rue existe depuis 1932.

LECONTE DE LISLE (1818-1894). Charles Marie Leconte, dit Leconte de Lisle (sans doute parce qu'il naquit dans l'île de la Réunion), poète mort à Louveciennes. Tout jeune il s'essaya au commerce, visita les Indes, puis vint en France où il se fixa définitivement en 1846. Son premier recueil fut publié en 1852. Sa poésie rompt avec le romantisme en n'exaltant pas le « moi ». À la fin de l'Empire, une pension lui fut allouée, que la République lui conserva. Il a écrit « Poèmes antiques », « Poèmes barbares », « Poèmes tragiques » et « Derniers Poèmes ». Il fit jouer une pièce à l'Odéon en janvier 1872 : « les Érynnies ». Fondateur du Parnasse, Leconte de Lisle a dit : « Hommes, tueurs de dieux ». Un de ses plus célèbres poèmes commence ainsi :

Midi, roi des étés, épandu sur la plaine
Tombe en nappes d'argent des hauteurs du ciel bleu.
Tout se tait. L'air flamboie et brûle sans haleine
La terre est assoupie en sa robe de feu.

La rue existe depuis 1895.

LE CORBUSIER (1887-1965). Architecte, urbaniste, peintre et théoricien français d'origine suisse né à La Chaux-de-Fonds, mort à Roquebrune-Cap-Martin et de son vrai nom Charles Édouard Jeanneret. Adepte de la standardisation et de la préfabrication des éléments, il s'imposa, vers 1925, comme un des créateurs du style « international », adoptant des principes strictement fonctionnels et proposant des formes géométriques simples et dépouillées. Il voulut faire des maisons particulières, « des machines à habiter » et on lui doit notamment dans ce domaine, la « villa Stein » à Garches et la « villa Savoye » à Poissy. L'urbanisme et l'habitat collectif le passionnèrent aussi beaucoup et c'est ainsi qu'il projeta une « ville contemporaine de 3 millions d'habitants », réalisa la « cité-jardin » de Bordeaux-Pessac. Il est aussi l'auteur de la « Cité radieuse » à Marseille (les Marseillais la surnommèrent « la Maison du fada »), le « Refuge de l'Armée du Salut » (rue du Chevaleret, à Paris), « le Bureau Central des coopératives d'U.R.S.S. » à Moscou, en Inde précisément à Chandigartd dans le Penjab, il édifia le « Capitole » et le « Palais de Justice ». On connaît aussi son « couvent de Notre-Dame-de-Tourette », plein de détails créant des articulations et des décrochements inusités. C'est, incontestablement, un des grands maîtres de l'architecture moderne. La place portant son nom existe depuis 1988

LECOURBE (1759-1815). Claude Jacques Lecourbe, général né à Ruffey (Jura), mort à Belfort. Il fut promu général en 1794 pour sa belle conduite devant Mayence. En 1798, on lui confia le commandement de l'aile droite de l'armée du Danube. Son titre de gloire est d'avoir infligé un véritable désastre à Souvarov, dans les gorges du Saint-Gothard, assurant ainsi la victoire de Masséna à Zurich, en 1799. Il mourut à

Belfort, où Napoléon l'avait envoyé assurer, pendant les Cent-Jours, la défense du camp retranché. La rue Lecourbe existe depuis 1865, la villa depuis 1905

LECUIROT Ouverte en 1890, cette rue porte le nom d'un propriétaire de l'endroit

LÉCUYER Depuis 1846 cette rue porte le nom de la famille Lécuyer, qui cultivait la terre en ces lieux quand c'était encore possible et qui compta deux adjoints au maire de l'ancienne commune de Montmartre. (Rien à voir avec la commune libre de Montmartre actuelle.)

LE DANTEC (1869-1917). Félix Le Dantec, physiologiste né à Plougastel-Daoulas. Il entra en 1888 à l'Institut Pasteur et y demeura jusqu'en 1892, avec une année d'interruption passée au Laos avec la mission Pavie. En 1892, Pasteur l'envoya à São Paulo afin d'y créer un laboratoire pour l'étude de l'épidémie de fièvre jaune de Santos. En 1899, Le Dantec fut chargé du cours d'embryologie générale à la Sorbonne. Ce physiologiste est l'auteur de la notion d'assimilation fonctionnelle. Il a écrit « la Sexualité » et « l'Unité dans l'être vivant ». La rue Le Dantec existe depuis 1934

LEDION Propriétaire du terrain sur lequel cette rue fut ouverte

LEDRU-ROLLIN (1807-1874). Auguste Ledru-Rollin, homme politique, né à Paris, mort à Fontenay-aux-Roses. De son vrai nom Ledru, il ajouta Rollin, patronyme de sa grand-mère maternelle, afin de se distinguer d'un autre Ledru, avocat comme lui. Élu député en 1841, il protesta le 24 février 1848 contre la régence de la duchesse d'Orléans et demanda la nomination du gouvernement provisoire, dans lequel il fut ministre de l'Intérieur. Il adhéra bientôt au socialisme et, le 13 juin 1849, tenta de faire naître une émeute en compagnie d'une partie de la Montagne. Cela ne réussit point; quelques Montagnards furent arrêtés et Ledru-Rollin s'exila. Jugé, il fut condamné, par contumace, à la déportation. En 1857, impliqué dans un complot contre Napoléon III, il fut à nouveau, et toujours par contumace, condamné à la déportation. En exil, avec Mazzini, il fonda un comité pour une « République universelle ». Amnistié seulement en 1870, il rentra en France et siégea, en 1874, comme député de l'extrême gauche. Une statue lui a été érigée place Voltaire, à Paris. La rue Ledru-Rollin date de 1879.

LEFEBVRE (1755-1820). François Joseph Lefebvre, duc de Dantzig, maréchal de France, né à Rouffach (Haut-Rhin), mort à Paris. Fils d'un meunier, il s'engagea à 18 ans. Dans la seule année 1793 il conquit successivement les grades de capitaine, d'adjudant général et de général de brigade. En 1794 il devint général de division. Le 18-Brumaire, c'est lui qui assura le succès de Bonaparte en envahissant les Cinq-Cents à la tête de vingt-cinq grenadiers. Maréchal de l'Empire, il commandait la garde à pied à Iéna en 1806 En 1807, il assiégea et prit Dantzig; ce fait d'armes lui valut le titre de « duc de Dantzig ». De 1812 à 1814, Lefebvre commanda la garde impériale. Après l'abdication de Napoléon, il se rallia à Louis XVIII, qui le nomma pair de France. Revenu à l'empereur pendant les Cent-Jours, il se verra alors confirmer la pairie que bientôt la seconde Restauration lui ôtera puis lui rendra en 1819. Dans le brillant entourage de Napoléon, Lefebvre trancha par sa trivialité; mais on ne pouvait lui contester ces deux qualités : désintéressement et humanité. Encore sergent, il avait épousé Catherine, la blanchisseuse de sa compagnie; c'est elle que Victorien Sardou popularisa sous le nom de « Madame Sans-Gêne ». Comme son mari, elle conserva, au milieu des grandeurs, des allures simples et un langage peu châtié. Elle eut douze enfants dont pas un ne survécut. Le boulevard Lefebvre fut baptisé en 1864 et la rue en 1907

LEGENDRE (1752-1834). Marie Legendre, mathématicien, né à Paris, mort à Auteuil. Membre de l'Académie des sciences, Legendre écrivit, principalement, une « Théorie des transcendances elliptiques » et des « Exercices de calcul intégral ». Il existe un théorème, baptisé « loi de Legendre » dont je vous épargnerai le contenu ardu. On doit aussi à Legendre une méthode pour distinguer les maxima des minima, dans les questions dépendant du calcul des variations, et deux « mémoires » sur les intégrations par arcs d'ellipse. Une rue porte son nom depuis 1865 et le passage depuis 1877.

LÉGER M. Léger était propriétaire du terrain sur lequel on construisit cette impasse.

LÉGION D'HONNEUR. La Légion d'honneur a été instituée le 19 mai 1802 par Bonaparte, dans le but de récompenser des services militaires et civils. Deux ans plus tard on créa une décoration nationale de la Légion d'honneur comportant cinq grades : chevalier, officier, commandeur, grand officier, grand-croix. Aujourd'hui le grand maître de l'ordre de la Légion d'honneur est le président de la République. La rue a été baptisée en 1997.

LÉGION ÉTRANGÈRE La Légion étrangère fut créée en 1831, au moment de la conquête de l'Algérie, afin de permettre d'utiliser les ardeurs guerrières des étrangers désirant se mettre au service de la France. C'est pour rendre hommage à l'héroïsme proverbial de la Légion qu'on baptisa une rue à son nom en 1925.

LE GOFF Cette rue porte depuis 1880 le nom de Romain Le Goff, jeune stagiaire de l'hôpital du Val-de-Grâce qui mourut en portant secours à un homme en danger. Bien que la date de son acte de dévouement soit mal connue, il semble que l'on puisse la fixer en 1870-1871 ; soit pendant la guerre contre Bismark, soit au moment de la Commune

LEGOUVÉ (1807-1903). Ernest Legouvé, littérateur, né à Paris. En 1829 il obtint le prix de poésie de l'Académie française pour « la Découverte de l'imprimerie ». Cette même Académie le reçut en 1856. Legouvé a écrit « Morts bizarres » (poèmes), « Max », « les Vieillards » « Édith de Falsen » (trois romans), et « Louise de Lignerolles », « Adrienne Lecouvreur », « Bataille de dames » (trois comédies). Ernest Legouvé eut pour père Gabriel Legouvé (1764-1812), poète qui écrivit ce vers sublime, extrait du « Mérite des femmes » :

Tombe aux pieds de ce sexe
à qui tu dois ta mère.

La rue Legouvé existe depuis 1896.

LE GRAMAT Le Gramat, dans le Lot, c'est le nom d'un chef-lieu de canton situé sur le causse de Gramat. L'allée le Gramat, incluse dans le quartier des Cévennes, existe depuis 1994.

LEGRAND Sur son tracé actuel, depuis 1881 cette rue porte le nom de M. Legrand qui y possédait une maison.

LEGRAVEREND (1776-1827). Emmanuel Legraverend, jurisconsulte né à Rennes, mort à Paris. Il fut maître des requêtes au Conseil d'État en 1819 après avoir été longtemps attaché au ministère de la Justice. Il a écrit « Traité de la législation criminelle en France ». Sa rue existe depuis 1844.

LEIBNIZ (1646-1716). Gottfried Wilhelm Leibniz (nom mal orthographié à l'annuaire des rues de Paris), philosophe et mathématicien allemand, né à Leipzig, mort à Hanovre. À 15 ans, possédant déjà à fond les langues anciennes et ayant lu les auteurs grecs et latins, il s'intéressa aux modernes : Kepler, Galilée, Descartes, etc. En 1663 il soutint une thèse sur « le Principe d'individuation », puis se rendit à Iéna étudier les mathématiques; il entrevit aussitôt les principes du calcul différentiel. En 1672 il vint à Paris et tâcha de convaincre Louis XIV de conquérir l'Égypte. Dans notre capitale, il fréquenta les grands esprits du temps et à la fin de son séjour de quatre ans il avait définitivement constitué le calcul différentiel. Mais Leibniz fut surtout un illustre philosophe; dans « Méditations sur la connaissance, la vérité et les idées », en 1884, il rompit avec Descartes et fonda sa distinction entre la possibilité logique et la possibilité de l'existence. Il soutint, contre le cartésianisme, que l'essence du corps consiste, non dans l'étendue, mais dans la force. Ses trois ouvrages capitaux sont : « Nouveaux Essais sur l'entendement humain » (1703), « Théodicée » (1710) et « Monadologie » (1714). Leibniz a dit, à l'intention de nos politiciens, semble-t-il : « Celui qui est maître de l'éducation peut changer la face du monde », « L'homme doit agir le plus possible car il doit exister le plus possible et l'existence est essentiellement action », et enfin cet axiome fameux dans lequel repose tout entière sa philosophie : « Tout est pour le mieux dans le meilleur des mondes » (en effet, selon Leibniz, Dieu, parmi une infinité d'univers possibles, a choisi le meilleur : le nôtre; c'est le principe de la « raison suffisante »). La rue Leibnitz fut baptisée en 1885 et le square ouvert en 1904.
Si l'on considérait son orthographe, la rue porterait simplement le nom d'une bourgade autrichienne, sans explication, et sans raison.

LEKAIN (1728-1778). Louis Cain, dit Lekain, tragédien, né et mort à Paris. Il se fit remarquer dès 1750 en jouant « le Mauvais Riche ». Voltaire tenta de le détourner d'une carrière « semée de périls », mais il l'aida néanmoins de ses conseils et de sa bourse, le faisant même débuter à la Comédie-Française, dans une de ses pièces, « Brutus ». Dans le visage assez disgracieux de Lekain, seuls les yeux étaient remarquables. Il fut officiellement engagé dans la Maison de Molière en 1752 et, tout au long de sa vie, ne joua presque exclusivement que des ouvrages de Voltaire. En 1759, grâce à une indemnité de 60000 livres versée au théâtre, il fit supprimer de la scène les banquettes qui jusqu'à cette date l'encombraient (en quelque sorte il supprima le « happening »...). La rue Lekain date de 1864.
Dans la première moitié de notre siècle, une chanteuse, disons plutôt une diseuse, Esther Lekain, se produisit avec beaucoup de succès.

LEMAIGNAN Il était propriétaire d'une maison dans cette rue baptisée officiellement en 1880.

LEMAIRE Cette impasse porte, depuis 1937, le nom de M. Lemaire qui y possédait une maison.

LÉMAN Le lac Léman, au nord des Alpes savoyardes, est traversé par le Rhône. Sa superficie est de 582 km^2, sa longueur de 72 km; le tout à une altitude de 375 mètres. La rive sud appartient à la France, la rive nord à la Suisse. La rue du Léman fut baptisée en 1877.

LE MAROIS (1776-1836). Le comte François Le Marois, général, naquit à Bricquebec et mourut à Paris. Aide de camp de Bonaparte, il se distingua à Arcole, Lodi, Austerlitz, Iéna, et devint alors général de division (1806). Il défendit énergiquement la place de Magdebourg jusqu'au 25 mai 1814. Aux Cent-Jours il fut nommé pair de France, mais la seconde Restauration le raya de la pairie et le mit d'office à la retraite. La rue date de 1864.

LEMERCIER Depuis 1845, cette rue porte le nom du docteur Lemercier qui y habitait et était adjoint au maire de l'ancienne commune des Batignolles. La cité Lemercier, ouverte en 1877, doit son nom à la proximité de la rue.

LEMIÈRE Construite en 1860, cette impasse porte depuis lors le nom d'un homme qui y résidait.

LEMOINE C'est en 1809 qu'on donna à ce passage le nom de M. Lemoine qui y possédait une jolie maison.

LÉMON M. Lémon était propriétaire d'une maison dans cette rue quand elle fut baptisée en 1847.

LE NAIN DE TILLEMONT (1637-1698). Sébastien Le Nain de Tillemont, historien né à Paris, fut un élève des « solitaires » de Port-Royal. Il a écrit « Mémoires pour servir à l'histoire ecclésiastique des six premiers siècles ». Une rue porte son nom depuis 1930.

LENEVEUX Quand elle fut construite en 1891, cette rue prit le nom de Charles Leneveux, maire du XIVe arrondissement.

LE NÔTRE (1613-1700). André Le Nôtre, architecte et dessinateur de jardins, né et mort à Paris. Son père le dirigea vers la peinture, mais Le Nôtre se sentit plus attiré par l'art décoratif des jardins. Et sitôt qu'il succéda à son père comme surintendant des Tuileries, il fit planter la grande allée qui devint avenue des Tuileries. Foucquet choisit alors Le Nôtre pour dessiner le parc de Vaux; il en fit un lieu magnifique et Louis XIV le nomma aussitôt directeur des jardins royaux. C'est dans la création du jardin de Versailles que Le Nôtre se surpassa : il tira partie d'un marais fangeux inasséchable en réunissant les eaux dans un canal qui termine joliment le parc. Il s'occupa aussi des jardins du Trianon, de Chantilly, de Saint-Cloud, de Meudon et de Sceaux. On lui doit encore la terrasse de Saint-Germain et les canaux du parc de Fontainebleau. Ayant un jour obtenu une audience du pape Innocent XI, il lui sauta au cou, ainsi qu'il avait coutume de le faire avec Louis XIV. À 80 ans, Le Nôtre demanda la permission de prendre sa retraite; le roi voulut alors lui donner des armoiries. « Des armoiries? répondit le jardinier. J'ai déjà les miennes : trois limaçons couronnés d'une feuille de chou! » La rue Le Nôtre existe depuis 1877.

LENTONNET (1840-1895). Le lieutenant-colonel Jean Lentonnet, dont on donna le nom à une rue en 1897, mourut à Madagascar en 1895, l'année où le général Duchesne contraignit la reine Ranavalona III à accepter le protectorat français.

LÉO DELIBES (1836-1891). Compositeur né à Saint-Germain-du-Val (Sarthe), mort à Paris. Sa première œuvre fut une opérette, « Deux Sous de charbon », en 1855. Doué d'une imagination fertile, associée à une grande culture musicale, Léo Delibes ne tarda pas à s'imposer, d'abord dans des opérettes (« Six Demoiselles à marier », « Maître Griffard », « le Serpent à plumes », « Malbrough s'en-va-t-en guerre », « la Cour du roi Pétaud », etc.), puis dans des cantates (« Alger »), des œuvres orphéoniques (« les Lansquenets », « Avril ») et de la musique de ballet, dont le célèbre Coppélia » (qui avait un autre titre, « la Fille aux yeux d'émail »). N'oublions surtout pas de citer « Lakmé ». Membre de l'Académie des beaux-arts à partir de 1884, Léo Delibes donna son nom à une rue en 1891.

LÉO HAMON Résistant, professeur de droit public et homme politique, Léo Hamon, de son vrai nom Lew Goldenberg, est né et mort à Paris (1908-1993). Une esplanade porte son nom depuis 2000.

LÉON Depuis 1841, date de son ouverture, cette rue porte le nom de M. Léon qui y possédait une résidence. Le passage Léon, baptisé en 1877, doit son nom à la proximité de la rue.

LEONARD BERNSTEIN (1918-1990). Compositeur, pianiste et chef d'orchestre américain, né à Lawrence, Massachusetts, mort à New York. Il débuta sa carrière de chef d'orchestre à New York en 1943 et, dix ans plus tard, il fut le premier américain à diriger l'orchestre de la Scala de Milan pour « Médée » avec Maria Callas. En 1957, il composa la musique du film « West Side Story » et obtint un succès retentissant. Il a aussi écrit trois symphonies, dont « Jeremiah », des ballets (« Fancy Free ») et d'autres musiques de films parmi lesquels « Sur les quais ». On lui doit aussi des opéras (« Trouble in Tahiti » et « Tahiti Two »), plus des œuvres pour piano, des mélodies, etc. Une place porte son nom depuis 1995.

LÉONARD DE VINCI (1452-1519). Peintre, sculpteur, ingénieur, architecte et savant italien, né à Vinci (Toscane), mort au château de Cloux (ou Clos-Lucé) près d'Amboise. C'était le fils naturel d'un notaire de la seigneurie de Florence. Léonard, très beau physiquement, s'adonnait, dans sa jeunesse, à tous les sports et composait des chansons qu'il fredonnait en s'accompagnant à la lyre. Jusqu'en 1482, il habita Florence, où il peignit, dessina et sculpta (mais aucune sculpture de Vinci ne nous est parvenue). Il étudia l'astronomie à Pavie, puis se rendit à Milan, auprès de Ludovic Le More, pour lequel il confectionna un luth d'argent. C'est à Milan, pour le réfectoire du couvent dominicain Sainte-Marie-des-Grâces, qu'il peignit sa célèbre « Cène ». Il quitta Milan en 1500 et se rendit successivement à Mantoue et à Venise avant de retourner à Florence en 1501. César Borgia se l'attacha alors. Léonard de Vinci continuera ensuite à sillonner l'Italie jusqu'au moment où, ayant rencontré François Ier à Bologne en 1516, il partit pour la France, au château de Cloux, près d'Amboise. Paralysé de la main droite, il rêva là-bas d'un canal, à creuser en Sologne, et d'un palais, à construire à Amboise. Mais ses projets ne virent jamais le jour, car la mort vint surprendre le Florentin. Les peintures de Vinci sont célèbres (« Lucrezia Crivelli », « la Joconde », « Saint Jean-Baptiste », « Annonciation », « Vierge au rocher », etc.), mais, en tant que savant, il laissa aussi la marque d'un génie authentique. Dans ses « Carnets » sont révélés, mieux qu'ailleurs, les secrets de ce génie. Léonard de Vinci, dont une rue porte le nom depuis 1868, a dit : « Mieux on comprend, plus on aime », « La beauté mortelle passe, la beauté de l'art ne passe pas » et « Piètre disciple qui ne dépasse pas son maître ».

LÉON BLUM (1872-1950). Léon Blum, homme politique et écrivain qui naquit à Paris. Chef du parti socialiste, c'est lui qui, en 1936, constitua le gouvernement dit « de front populaire ». En 1940, le gouvernement de Vichy le traduisit en justice; condamné, Blum fut d'abord interné à Riom avant d'être emmené en déportation, en Allemagne, en 1943. À la fin de la Seconde Guerre mondiale il redevint président du Conseil d'un gouvernement socialiste en 1946. Disciple de Jaurès, Blum fut aussi, en dehors de ses activités politiques, un essayiste et un critique talentueux. Il a notamment écrit « Du mariage » et « Stendhal et le Beylisme ». La place Léon-Blum fut baptisée en 1957.

LÉON BOLLÉE (1870-1913). Avec son frère Amédée (1872-1926) Léon Bollée perfectionna l'automobile dont il fut un des premiers constructeurs. La « Léon Bollée » fut longtemps célèbre. Léon et son frère, natifs du Mans, avaient de qui tenir puisque leur père (1844-1917), également prénommé Amédée, inventa en 1873 une machine à vapeur. La rue Léon-Bollée existe depuis 1932.

LÉON BONNAT (1833-1922). Peintre né à Bayonne. Il voyagea en Italie et en Orient; ses peintures, après une période « italienne » et une autre « orientaliste », sont axées vers le portrait où il excella. Nommé membre de l'Académie des beaux-arts en 1881, Léon Bonnat peignit « Adam et Ève trouvant Abel mort », « Mariuccia », « Saint Vincent de Paul prenant la place d'un galérien ». Il a laissé des portraits de Victor Hugo, Puvis de Chavannes, Pasteur, Alexandre Dumas fils, Jules Grévy, etc. Une rue porte son nom depuis 1925.

LÉON BOURGEOIS (1851-1925). Administrateur et homme politique né à Paris. Préfet de police en 1887, il devint ministre de l'Intérieur en 1890, puis de l'Instruction publique, et en 1893 ministre de la Justice. Enfin, le 2 novembre 1895 il fut désigné comme président du Conseil. Son ministère chuta au mois d'avril suivant. La rue existe depuis 1926.

LÉONCE REYNAUD (1803-1880). Ingénieur né à Lyon, mort à Paris. Élève à Polytechnique, il fut exclu de cette école à cause de ses opinions politiques « non conformes » et se mit à étudier l'architecture. Entré à l'École des ponts et chaussées en 1830, il en sortit ingénieur en 1835. Revanche sur le destin, il enseigna à Polytechnique. Il fut longtemps « directeur des phares » et finit par diriger l'École des ponts et chaussées. Il écrivit un « Traité d'architecture » et une rue porte son nom depuis 1885.

LÉON CLADEL (1834-1892). Littérateur, né à Lafrançaise (Tarn-et-Garonne), mort à Sèvres. D'abord clerc d'avoué à Paris, il fit un voyage dans le Quercy qui fut déterminant pour sa vocation puisqu'il écrivit sur les mœurs et coutumes des habitants de cette région en mettant surtout en scène des « misérables » et des « va-nu-pieds ». Principaux ouvrages : « les Martyrs ridicules », « les Va-nu-pieds » et « l'Homme de la croix-aux-bœufs ». La rue Léon-Cladel fut baptisée en 1897.

LÉON COGNIET (1794-1880). Peintre né et mort à Paris. Prix de Rome en 1817, son œuvre la plus remarquable, « le Tintoret peignant sa fille morte », fut peinte en 1845. Autres tableaux : « la Garde nationale partant pour l'armée en 1792 » (musée de Versailles), « Étienne portant des secours à une pauvre famille » (église Saint-Nicolas-des-Champs), « Louis-Philippe dans sa jeunesse ». Léon Cogniet, qui était membre de l'Institut, professa le dessin à Louis-le-Grand et à Polytechnique. Une rue porte son nom depuis 1884.

LÉON COSNARD (1825-1891). M. Léon Cosnard fut maire du XVIIe arrondissement et c'est à ce titre qu'une rue porte son nom depuis 1893.

LÉON DELAGRANGE (1873-1910). Aviateur et pionnier de l'aviation qui donna son nom à une rue en 1912.

LÉON DELHOMME (1841-1895). Sculpteur né à Tournon (Ardèche), mort à Paris. On peut citer de lui : « Démocrite », « Jeune Gaulois préparant son arme » et la statue de Louis Blanc qui se trouve place Monge, à Paris. À partir de 1884, Léon Delhomme fit en outre partie du conseil municipal de la Ville de Paris. Une rue porte son nom depuis 1912.

LÉON DEUBEL (1879-1913). Ce poète au style précis, à la phrase percutante, peine pour sortir du purgatoire qui attend la plupart des artistes après leur mort. On donna son nom à une place de Paris en 1930. En attendant...

LÉON DIERX (1838-1912). Poète parnassien, disciple parfait de Leconte de Lisle, né comme lui à la Réunion. Quand Mallarmé mourut en 1898, Léon Dierx fut sacré « prince des poètes ». Il a écrit « les Lèvres closes », « les Amants » et « les Paroles du vaincu ». Une rue porte son nom depuis 1929.

LÉON DROUX En 1850 cette rue prit le nom de M. Droux qui fut maire de l'ancienne commune des Batignolles.

LÉONE C'était le bien charmant prénom de la femme du propriétaire du terrain sur lequel on ouvrit cette villa.

LÉON FRAPIÉ (1863-1949). Cet écrivain connut une vogue certaine jusqu'au début de la Seconde Guerre mondiale. On donna son nom à une rue en 1949.

LÉON FROT (1900-1942). Ce conseiller municipal de Paris a été fusillé par les Allemands comme otage. Une rue porte son nom depuis 1944.

LÉON GAUMONT (1863-1946). Industriel né à Paris, un des promoteurs de l'industrie cinématographique. C'est à lui que l'on doit les premiers procédés de cinéma parlant (1902) et de cinéma en couleur (1912). On donna son nom à une avenue en 1965.

LÉON GÉROME (1824-1904). Peintre né à Vesoul. Il se fit connaître en 1847 par son tableau « Combat de coqs ». Il entreprit de nombreux voyages – Égypte, bords du Danube, Turquie – qui influèrent sur ses peintures. Principaux tableaux : « Gardeur de troupeaux », « Concert russe », « Hache-paille égyptien » et « Marché d'esclaves ». Il sculpta également et très remarquablement un « Bacchus et l'Amour » et « Anacréon ». Professeur de peinture aux Beaux-Arts en 1864, il donna son nom à une rue en 1932.

LÉON GIRAUD M. Giraud, qui possédait une maison dans cette rue, lui donna son nom en 1885.

LÉON GUILLOT (1863-1913). M. Guillot était un philanthrope : profession (!) trop rare pour qu'on ne le signale pas. Il dépensa une grande partie de sa fortune – certains sont philanthropes avec l'argent des autres... – pour diverses œuvres de bienfaisance. On donna son nom à une rue en 1934.

LÉON HEUZEY (1831-1922). Archéologue né à Rouen. Conservateur des « antiques » au musée du Louvre, membre de l'Académie des beaux-arts et de celle des inscriptions, Léon Heuzey fut élève à l'École d'Athènes. Il a écrit « Palais grec en Macédoine », « Opérations militaires de Jules César » et « Origines orientales de l'art ». Sa rue existe depuis 1912.

LÉONIDAS Léonidas Ier, roi de Sparte, de la race des Agides, tué aux Thermopyles en 480 avant J.-C. Lors de l'invasion par Xerxès de la Grèce, on le chargea de défendre les défilés qui unissent la Thessalie à la Béotie, c'est-à-dire les Thermopyles, avec 300 Spartiates. Certains qu'ils étaient voués à la mort, ces Spartiates célébrèrent avant de partir des jeux funèbres auxquels assistèrent tous leurs parents. Xerxès écrivit à Léonidas : « Rends tes armes », à quoi le roi de Sparte répondit d'une manière fort spartiate : « Viens les prendre. » Plusieurs attaques furent repoussées, puis un berger indiqua à Xerxès un passage par lequel il pouvait surprendre les Grecs. Léonidas, qui avait négligé de surveiller ce passage, décida de ne pas survivre à sa faute. Il fit prendre à ses Spartiates un repas frugal, au milieu duquel il dit : « Ce soir, nous souperons chez Pluton. » Ils sortirent du défilé et arrivèrent, en pleine nuit, jusqu'à la tente de Xerxès, qui s'enfuit. Au lever du jour, les Perses, voyant le petit nombre des Grecs, les entourèrent et tous les Spartiates, Léonidas en tête, furent massacrés. La rue Léonidas fut baptisée en 1935 et doit son nom à la proximité du passage des Thermopyles.

LÉON JOST (1884-1941). Léon Jost, industriel, fut fusillé comme otage par les Allemands. On donna son nom à une rue en 1944.

LÉON JOUHAUX (1879-1954). Léon Jouhaux, né à Paris, fut secrétaire général de la C.G.T. de 1909 à 1940. Il reçut le prix Nobel de la paix en 1951. Une rue a été baptisée à son nom en 1970.

LÉON LHERMITTE (1844-1925). Peintre né à Mont-Saint-Père dans l'Aisne. Il débuta par des fusains, puis s'illustra avec des tableaux et des gravures. Citons : « les Bords du Sumerlin », « Récolte des pommes de terre » et « Paye des moissonneurs » (musée du Luxembourg). Il se spécialisa, comme on le voit, dans les scènes champêtres et la rue existe depuis 1932.

LÉON-MAURICE NORDMANN (1908-1942). Cet avocat fut fusillé par les Allemands. Une rue porte son nom depuis 1944.

LÉON MORANE (1885-1918). Constructeur et aviateur. Avec son frère Robert (1886-1968) et Saulnier, il fonda en 1910 une des premières firmes de construction aéronautique. La rue Léon-Morane existe depuis 1935.

LÉON-PAUL FARGUE (1876-1947). Poète né à Paris. Il fit une partie de ses études à Janson-de-Sailly, où il eut comme professeur Stéphane Mallarmé et Émile Faguet. À l'âge de 20 ans, il fréquenta des écrivains de sa génération, Claudel et Valéry entre autres. Il était aussi l'ami et le condisciple d'Alfred Jarry et aimait « parler musique » avec Debussy. Léon-Paul Fargue, qualifié de fantaisiste sérieux, a écrit : « le Piéton de Paris », « Sous la lampe », « Lanterne magique ». En 1937, il fut élu à l'académie Mallarmé, tout juste créée. Atteint d'une attaque d'hémiplégie en 1943, il a dit : « Le mot lampe est commun au poète et au lampiste. Le lecteur croit que les mots ont un sens » et « Toute idée est une belle occasion de se taire. Elle est perdue... ». La place Léon-Paul-Fargue date de 1957.

LÉON SÉCHÉ (1848-1914). C'était un poète qui collabora, un moment, au mouvement parnassien. En 1932 on donna son nom à une rue de Paris.

LÉONTINE Prénom de la fille d'un propriétaire qui habitait cette voie privée vers 1790, date à laquelle elle reçut sa dénomination actuelle.

LÉON VAUDOYER (1803-1872). Architecte, né et mort à Paris. Prix de Rome en 1829, il se spécialisa, de 1832 à 1845, dans l'élévation de monuments funéraires. Il ouvrit également un atelier d'où sortirent Davioud et Espérandieu. En 1845 il transforma l'ancien prieuré de Saint-Martin-des-Champs en Conservatoire des arts et métiers. En 1853, il obtint de construire la chapelle de la cathédrale de Marseille qui fut achevée, après sa mort, par Espérandieu et Revoil. Il fut admis à l'Académie des beaux-arts en 1868; une rue porte son nom depuis 1909.

LÉOPOLD II (1835-1909). Roi des Belges qui monta sur le trône en 1865. Né à Bruxelles, ce fut un excellent roi constitutionnel. Durant la guerre de 1870, il sut faire respecter la neutralité de son pays. Sous son règne, en 1885, fut établi « l'État libre du Congo ». Marié en 1853 avec Marie-Henriette d'Autriche, il eut un fils, mort très jeune, et trois filles. À propos du Congo – devenu le Kinshasa – il fut, à sa création, gouverné par le roi lui-même; mais en 1908 Léopold II céda « son » Congo au gouvernement belge et ce pays d'Afrique devint le « Congo belge ». L'avenue Léopold-II fut créée en 1928.

LÉOPOLD BELLAN (1858-1935). Conseiller municipal du IIe arrondissement dont on donna le nom à une rue en 1937.

LÉOPOLD ROBERT (1794-1835). Peintre de l'école française, né à La Chaux-de-Fonds (Suisse), mort à Venise. Fils d'un horloger, il vint à Paris étudier avec David, puis partit pour l'Italie. En 1819, le gouverneur de Rome l'autorisa à peindre et à dessiner des études à l'intérieur d'une prison où l'on gardait des paysans coupables de brigandage. Il envoya ses dessins au Salon de Paris de 1827 où ils plurent beaucoup. Il s'était promis de ne représenter que des figures et des scènes de mœurs populaires. Après un voyage à Paris en 1831, Léopold Robert se rendit à Florence où il s'éprit plus que passionnément de la princesse Charlotte Bonaparte, fille du roi Joseph, mariée au prince Napoléon, second fils du roi de Hollande. Sa passion désespérée lui fit perdre la raison. Il vécut en solitaire avec son frère, Aurèle, à Venise, puis se suicida... Il peignit « Improvisateur napolitain », « la Moisson dans les marais Pontins » et « Départ des pêcheurs de l'Adriatique ». Sa rue existe depuis 1897.

LEPAGE M. Lepage était propriétaire d'une maison dans cette cité quand elle fut ouverte.

LE PELETIER C'est M. Le Peletier de Morfontaine, prévôt des marchands de Paris, de 1784 à 1789, qui donna lui-même son nom à cette rue en 1786.

LEPEU Construite en 1856, cette rue porte le nom du propriétaire du terrain sur lequel on l'ouvrit.

LEPIC (1765-1828). Louis Lepic, comte d'Andrésy et général, né à Montpellier. Bien que relativement peu connu, ce fut un des plus brillants officiers de cavalerie des guerres de la Révolution et de l'Empire. Il se distingua particulièrement à Austerlitz et à Eylau; on le nomma d'ailleurs général de brigade à la suite de cette dernière bataille. Il garda par conséquent un excellent souvenir du 7 février 1807, et dans son château d'Andrésy (Yvelines) il planta six arbres, quatre sur un rang, deux sur un autre; les quatre premiers représentaient Davout, Augereau, Soult et Napoléon, les deux autres Murat et lui-même, c'est-à-dire les cinq généraux qui, aux côtés de l'empereur, remportèrent, sur les Russes, la brillante victoire d'Eylau. Lepic, qui avait été fait baron d'Empire, reçut de Louis XVIII, auquel il s'était rallié, le titre de comte. Une rue porte son nom depuis 1864.

LEREDDE Depuis son ouverture, cette rue porte le nom de M. Leredde qui y posséda une maison.

LE REGRATTIER M. Le Regrattier, qui vécut approximativement de 1570 à 1640, était entrepreneur et trésorier des Cent-Suisses (corps d'infanterie composé de Suisses et affecté à la garde du roi de France, créé en 1481 par Louis XI). En sa qualité d'entrepreneur, Le Regrattier, avec deux associés, Marie et Le Poulletier, réunit l'île Notre-Dame et l'île aux Vaches pour en faire l'île Saint-Louis qu'il couvrit d'habitations, en 1614.

Auparavant les deux îles étaient inhabitées. La rue Le Regrattier fut baptisée en 1868, dans son tracé actuel.

LERICHE Ce monsieur possédait une maison dans cette rue quand on l'ouvrit en 1883.

LEROI-GOURHAN (1911-1986). André Leroi-Gourhan, ethnologue et historien français, est né et mort à Paris. Spécialiste d'ethnologie préhistorique et contemporaine, il s'intéressa de très près aux problèmes causés par les avancées techniques. Il a écrit « Civilisation du renne » et « l'Homme et la matière ». Il a sa rue depuis 1995.

LEROUX C'est en 1863 que cette rue, ouverte en 1848, prit le nom de M. Leroux, propriétaire-résident.

LEROY Créée en 1902, cette cité porte le nom d'un propriétaire qui y demeurait initialement.

LEROY-BEAULIEU (1843-1906). Paul Leroy-Beaulieu, économiste, né à Saumur, collabora au « Temps » et à la « Revue nationale » avant de devenir un des rédacteurs de la « Revue des Deux Mondes ». En 1871, il entra au « Journal des débats », et en 1878 fut élu membre de l'Académie des sciences morales et politiques. Leroy-Beaulieu, qui professa au Collège de France, a écrit « De la colonisation chez les peuples modernes » et « le Travail des femmes » – ne tirez aucune conclusion du rapprochement de ces deux titres. Il avait un frère, Anatole, né en 1842, qui fut un écrivain politique (« l'Empire des tsars et les Russes » et « Un empereur, un roi, un pape, une restauration »). Mais c'est en l'honneur de Paul qu'on créa un square en 1922.

LEROY-DUPRÉ Construite en 1900, cette rue porte le nom d'un propriétaire.

LESAGE (1668-1747). Alain Lesage, romancier et auteur dramatique né à Sarzeau (Morbihan), mort à Boulogne-sur-Mer. Orphelin à 14 ans d'un père notaire, ses tuteurs dilapidèrent son bien. Reçu avocat en 1692, il plaida peu pour se consacrer beaucoup aux lettres. Ainsi, il vécut assez pauvrement, mais paisiblement jusqu'en 1695. À cette date l'abbé de Lyonne lui alloua une pension de 600 livres qui lui ôta tout souci matériel. Dans ses écrits, Lesage s'inspira beaucoup des Espagnols, surtout de Lope de Vega et de Calderon. Auteur du célèbre « Histoire de Gil Blas de Santillane », chef-d'œuvre du roman réaliste, il écrivit aussi « Crispin rival de son maître » et « le Diable boiteux » (Talleyrand n'était pourtant pas encore né). Lesage a dit : « Quand on connaît le défaut d'un homme à qui l'on veut plaire, il faut être bien maladroit pour n'y pas réussir. » La rue Lesage existe depuis 1864.

LESAGE-BULLOURDE Depuis 1877 cette cité porte le nom de deux propriétaires qui y demeuraient.

LESDIGUIÈRES (1543-1626). François de Bonne, duc de Lesdiguières, maréchal et connétable de France, né à Saint-Bonnet-en-Champsaur (Hautes-Alpes), mort à Valence. Chef du parti protestant dans le Dauphiné et allié avec Henri de Navarre, il se rendit à Paris pour assister au mariage du jeune prince avec Marguerite de Valois et n'échappa que par hasard au massacre de la Saint-Barthélemy (1572). Henri IV, devenu roi en 1589, nomma Lesdiguières lieutenant général en Dauphiné, puis en Provence, et maréchal en 1608. Fait duc et pair en 1611 par Marie de Médicis, il abjura le protestantisme en 1622 et devint connétable de France. C'est lui qui, en Dauphiné, fit construire le très beau château de Vizille. La rue Lesdiguières, connue comme cul-de-sac depuis 1595, est devenue en 1765 la voie que vous pouvez emprunter aujourd'hui.

LESPAGNOL Ouverte en 1889, cette rue porte le nom du propriétaire du terrain sur lequel on la construisit.

LESSEPS (1805-1894). Ferdinand de Lesseps, vicomte et diplomate, né à Versailles, mort près de Guilly (Indre). Après différents postes de consul et d'ambassadeur dans diverses capitales, entre autres à Rotterdam et à Madrid, Lesseps demanda à être mis en disponibilité. S'étant rendu en Égypte en 1854, il forma, avec son ami le vice-roi Mohammed Saïd Pacha, le projet de percer l'isthme de Suez. Commencés en 1855, les travaux furent terminés le 17 novembre 1869, jour de l'inauguration officielle. À cette occasion, la cité de Londres lui conféra le « droit de bourgeoisie » et, en France, l'Académie des sciences l'admit en son sein. En 1879, Lesseps commença une campagne pour le percement du canal de Panama. Les travaux débutèrent en 1881, mais à la suite de graves ennuis financiers – qui seront à l'origine d'un scandale politique et boursier en 1892 – ces travaux furent arrêtés en 1889. Lesseps souffrit beaucoup du scandale dont eut surtout à pâtir son fils Charles Aimé Marie, né en 1849, qui faisait partie du conseil d'administration de la compagnie fondée pour la construction du canal. (Le canal de Panama, dont les travaux reprirent en 1904, fut terminé en 1914.) Ferdinand de Lesseps avait été admis à l'Académie française en 1884. Une rue porte son nom depuis 1889.

LE SUEUR (1616-1655). Eustache Le Sueur, peintre né et mort à Paris. Victor Cousin a dit de lui : « Dans son œuvre tout est idée et sentiment. Nulle recherche, nulle manière. Il ne faut pas oublier que ses sujets favoris n'exigent point une couleur éclatante. » Le premier travail important du peintre lui fut confié en 1642 ; il s'agissait de huit compositions, tirées du « Songe de Polyphile » du dominicain François Colonna et destinées à être exécutées en tapisserie. Le Sueur peignit ensuite « le Christ à la colonne » et « Réunion d'artistes ». En 1645 il décora l'hôtel du président Lambert de Thorigny, rue Saint-Louis-en-l'Ile. Une légende veut qu'il ait tué un gentilhomme en duel sous les murs des Chartreux du Luxembourg, qu'en même temps il ait perdu sa femme et que, pris de remords, il se soit alors mis à peindre la vie de saint Bruno. En fait, il n'y eut jamais de duel, sa femme lui survécut quatorze ans et la vie de saint Bruno lui avait tout bonnement été commandée pour le cloître des Chartreux de la rue d'Enfer (aujourd'hui rue Denfert-Rochereau). Cette « Vie de saint Bruno » comprend 22 tableaux (au Louvre). Quand l'Académie de peinture vit le jour en 1648, Le Sueur fut un de ses premiers membres. Il a peint également « la Salutation angélique », « Jésus portant sa croix » et « Martyre de saint Laurent ». La rue Le Sueur existe depuis 1864.

LE TASSE (1544-1595). Torquato Tasso, dit le Tasse, poète italien né à Sorrente, mort à Rome. À 17 ans il publia un poème chevaleresque, « Renaud », que toute l'Italie accueillit avec enthousiasme. En 1565, Alphonse II, duc de Ferrare, l'appela à sa cour. Avec le cardinal Louis d'Este, il vint en France en 1571 ; Charles IX l'y reçut chaleureusement. Puis il retourna auprès d'Alphonse II, et toute une série de malheurs s'abattit alors sur lui. Détruisons une légende affirmant que c'est à cause de son amour pour la sœur du duc de Ferrare qu'il aurait eu des ennuis : les tracas que connut le poète vinrent plutôt du fait qu'il

n'aimait que lui, et ce fut son infatuation qui lui aliéna l'amitié d'Alphonse II. Bientôt la maladie de la persécution s'empara du Tasse. Au cours d'une grande fête il sembla au poète qu'on ne s'occupait guère de lui ; il injuria publiquement le duc, son bienfaiteur, qui le fit admettre dans un hôpital pour déséquilibrés. Il n'en sortit que sept ans plus tard, en 1586, et passa le reste de sa vie à errer, miséreux et affligé d'une sourde mélancolie. Il mourut alors que le pape Clément VIII cherchait à lui redonner le goût de la vie en préparant des fêtes en son honneur. Goethe écrivit en 1790 un drame psychologique en cinq actes qui retrace les différents épisodes de la vie du Tasse.
Principaux ouvrages du poète : « Jérusalem délivrée » (publication faite à l'insu du Tasse qui la désavoua pour ne pas tomber sous les foudres de l'Inquisition), « Jérusalem conquise » (écrite pour remplacer « Jérusalem délivrée »), « Dialoghi discorsi », « Torrismondo » et « Discours philosophiques ». La rue Le Tasse existe depuis 1904.

LETELLIER M. Alphonse Letellier fut un des entrepreneurs qui lotirent Grenelle à partir de 1826 ; on donna son nom à une rue en 1830.

LETORT Le général Louis Letort fut tué lors du combat de Gilly (en Belgique, près de Charleroi) qui eut lieu en 1815. En 1868 on donna son nom à une rue.

LEUCK-MATHIEU Depuis 1935 cette rue porte officiellement les noms de MM. Leuck et Mathieu, propriétaires chacun d'une maison dans cette rue.

LEVANT Mot désignant l'Orient ou la direction de l'est. C'est aussi là où se lève le soleil. La cour du Levant existe depuis 1993.

LE VAU (1612-1670). Louis Le Vau, architecte né et mort à Paris. Sur les dessins de Mansart et Le Nôtre, il bâtit le château de Vaux, pour Foucquet. Directeur des bâtiments du roi en 1653, il construisit, au château de Vincennes, les ailes qui servirent de caserne et, en 1660, poursuivit les travaux des façades intérieures de la cour du Louvre. C'est également à Le Vau que l'on doit les pavillons de Flore et de Marsan. Enfin, c'est sur ses dessins que son gendre François Dorbay construisit le collège des Quatre-Nations, aujourd'hui palais de l'Institut, quai Conti. La rue Le Vau existe depuis 1957.

LEVÉE Ce passage porte le nom de Mme Levée, veuve Perret, qui possédait le terrain sur lequel on l'ouvrit.

LEVERRIER (1811-1877). Urbain Leverrier, astronome né à Saint-Lô, mort à Paris. Entré à Polytechnique en 1831, il en sortit « ingénieur des tabacs ». Élu à l'Institut en 1846, il découvrit peu après – sans que l'on puisse discerner un lien de cause à effet – la planète Neptune. On créa alors pour lui une chaire d'astronomie à la Faculté de Paris. Il fut, en outre, nommé astronome adjoint au bureau des longitudes. En 1849, le département de la Manche l'envoya à l'Assemblée législative ; après le coup d'État de Napoléon III, il devint sénateur en 1852. Devenu directeur de l'Observatoire en 1854, ses méthodes soulevèrent mille remous et on le remplaça en 1870. Mais en 1873 on lui confia à nouveau ce poste qu'il conserva jusqu'à son décès. Une statue lui a d'ailleurs été élevée dans la cour de l'Observatoire en 1889. Leverrier a écrit « Théorie du mouvement de Mercure », « Mémoire sur la détermination des inégalités séculaires des planètes » et « Recherches sur les mouvements de la planète Herschel ». Une rue porte son nom depuis 1888.

LEVERT (1769-1831). M. Levert, qui exerçait la profession honorable de notaire, fut maire de l'ancienne commune de Belleville; c'est à ce titre, non moins honorable, qu'on donna son nom à une rue en 1837.

LÉVIS Le marquis Joseph Guy de Lévis, vers 1815, se rendit acquéreur du château de Monceaux (ancienne orthographe de Monceau) situé au 22 de la rue Legendre. Ce château, qui datait du Moyen Âge, disparut sous le second Empire. Quant au marquis de Lévis, il était issu d'une famille originaire de Lévy-Saint-Nom, en Ile-de-France, près de Chevreuse. Les membres les plus connus de cette famille sont Guy Ier de Lévis qui, aux côtés de Simon de Montfort, combattit les albigeois et reçut alors la seigneurie de Mirepoix, et François de Lévis, maréchal de France et ambassadeur à Londres, fait duc de Mirepoix en 1751. La rue Lévis fut baptisée en 1840, la place (où se trouvait l'entrée du château de Monceaux) en 1841 et l'impasse en 1877.

LHEUREUX (1827-1898) Louis-Ernest Lheureux, architecte, fut le maître d'œuvre des pavillons des entrepôts de Bercy dont on a gardé quelques spécimens après la rénovation du site sur lequel sa rue a été ouverte en 1994.

LHOMME C'est M. Lhomme, propriétaire du terrain sur lequel on ouvrit ce passage, qui lui donna son nom.

LHOMOND (1727-1794). Charles Lhomond, humaniste et grammairien né à Chaulnes (Somme), mort à Paris. Ce prêtre fut principal au collège d'Inville puis, quand ce collège ferma, professeur au collège du Cardinal-Lemoine. Il passa sa vie à la rédaction d'ouvrages élémentaires de grammaire qui sont admirables par leur clarté et leur simplicité. En 1792, ayant refusé le serment à la Constitution civile du clergé, on l'incarcéra, mais Tallien, qui avait été son élève, réussit à le faire libérer en 1793. Lhomond mourut, pauvrement, l'année suivante. Il a écrit « Éléments de grammaire latine » et « Histoire abrégée de l'Église ». Une rue porte son nom depuis 1867.

LHUILLIER Il semble que cette rue doive son nom à Marie Lhuillier qui, en 1630, créa la « Communauté des filles de la Croix », institution d'enseignement pour les très jeunes filles. Cette communauté posséda de 1641 à 1643 un établissement au 350 de la rue de Vaugirard, toute proche de la rue Lhuillier. Signalons cependant qu'entre 1504 et 1592 quatre Lhuillier, Eustache, Jean, Nicolas et un autre Jean, furent prévôts des marchands de Paris. En tout état de cause, c'est en 1875 qu'on donna à cette rue, qui finit en impasse, le nom de Lhuillier.

LIANCOURT (1747-1827). François de La Rochefoucauld-Liancourt, philanthrope qui mourut à Paris. Ce duc, que les manigances de Mme du Barry firent disgracier en 1768, voyagea alors en Angleterre avant de s'établir sur sa terre de Liancourt. Il y fonda une ferme modèle et une école des arts et métiers où étaient admis les enfants des militaires pauvres. Louis XVI prit cette école, qui est à l'origine de l'École des arts et métiers de Châlons, sous sa protection et lui donna le nom d'École des enfants de la Patrie. Liancourt émigra en 1789 et revint sous le Consulat; il se consacra à la propagation de la vaccine. Sous l'Empire, il retourna à Liancourt et à la Restauration entra à la Chambre des pairs. Membre du conseil des hospices, de celui de l'agriculture et du conseil général des prisons, Liancourt, qui accomplissait toutes ces fonctions gratuitement, fut cependant dépouillé de tous ses titres honorifiques, en 1823, à cause de son attitude trop indépendante à la Chambre des pairs. Élu quand même à l'Académie des sciences, il retourna à Liancourt où il fonda la première Caisse d'épargne. La rue Liancourt existe depuis 1865.

LIANDIER Propriétaire du terrain sur lequel on construisit cette cité.

LIARD (1846-1917). Louis Liard, philosophe et administrateur, né à Falaise. Professeur à la faculté des lettres de Bordeaux de 1874 à 1880, il fut dans cette ville conseiller municipal et adjoint au maire. En 1880, il devint recteur de l'académie de Caen, puis directeur de l'enseignement supérieur au ministère de l'Instruction publique. En 1902, on le nomma vice-recteur de l'académie de Paris puis recteur quelques années plus tard. Louis Liard, qui collabora avec Pierre Larousse pour la rédaction du « Grand Dictionnaire », a écrit « les Logiciens anglais contemporains » et « Morale et enseignement civique ». Une rue porte son nom depuis 1926.

LIBAN Ce n'est pas la république du Liban qui donna son nom à cette rue, mais la chaîne de montagnes incluse dans le pays lui-même. Les montagnes du Liban – en arabe « djebel el Libnan », c'est-à-dire « montagnes blanches », à cause de la coloration blanchâtre de leurs roches calcaires – s'étendent sur 150 km. Les cimes sont le Djebel Akkar (2 138 mètres) et le Djebel Baroukh (2 229 mètres), ainsi que le Dohr el-Khobib (3 067 mètres). Ces montagnes étaient célèbres pour les magnifiques cèdres qui poussaient sur leurs flancs; il en demeure bien peu. La rue du Liban existe depuis 1867.

LIBERTÉ Rue ouverte en 1889, en même temps que les rues de l'Égalité et de la Fraternité, pour former avec elles – vous l'auriez deviné – la devise de la République.

LIÈGE Ville belge – en flamand Luik – sur la Meuse, au confluent de l'Ourthe. On peut y admirer la cathédrale Saint-Paul (IXe-XIIIe siècle), la cathédrale Saint-Jacques (XIe-XVe), le Palais de Justice et, devant l'Hôtel de Ville, une fontaine surmontée du « Perron », ancien symbole de la liberté liégeoise, formé d'une colonne dont la base s'appuie sur quatre lions. Liège doit son origine à une chapelle bâtie par saint Monulphe, au hameau de Legia. En 1795, Liège et sa province furent annexées par la France et Liège devint le chef-lieu du département de l'Ourthe. En 1815, ce territoire devint hollandais avant de revenir à la Belgique en 1830. La rue existe depuis 1914.

LIEUTENANCE Ce sentier doit son nom à un lieu-dit, celui de « la Lieutenance »; à cet endroit existait au XVIIIe siècle une habitation dévolue à ceux qui avaient obtenu du roi une charge de lieutenance.

LIEUTENANT CHAURÉ (1881-1909). Ce lieutenant est un des nombreux militaires qui périrent lors de la catastrophe survenue au dirigeable « République ». On donna son nom à une rue en 1913.

LIEUTENANT-COLONEL DAX (1912-1944). Marcel Pimpaud, dit lieutenant-colonel Dax, dans la Résistance. Il fut tué, en 1944, sur le front d'Alsace. On donna son nom à une rue en 1956.

LIEUTENANT-COLONEL DEPORT (1846-1926). Albert Deport, officier et ingénieur né à Saint-Loup, en Haute-Vienne. On lui doit l'invention, en 1892, du célèbre canon de 75 mm. Une rue porte son nom depuis 1932.

LIEUTENANT HENRI KARCHER Chirurgien, résistant et homme politique, Henri Karcher fut fait Compagnon de la Libération. Né en 1908 à Saint-Dié, il est mort à Sarrebourg en 1983. Une place porte son nom depuis 2000.

LIEUTENANT LAPEYRE (1903-1925). Le lieutenant Lapeyre, dont on donna le nom à une rue en 1933, mourut héroïquement, lors de l'expédition militaire chargée de pacifier – comme on dit pudiquement – le Maroc.

LIEUTENANT STÉPHANE PIOBETTA (1913-1944). « Penseur et soldat », c'est ainsi qu'il se définit dans son « Journal de juin 40 ». Ce fut, en effet, un philosophe doublé d'un homme d'action. Après la « débâcle », il entre dans la Résistance et s'embarque pour l'Afrique du Nord où il s'engage dans une unité combattante. Il trouve la mort, le 14 mai 1944, en attaquant, sur le Garigliano, les positions allemandes de la ligne Gustav. Son corps repose à la Sorbonne, dans la crypte réservée aux héros universitaires de la Résistance. Un chroniqueur anonyme le qualifia de « brave entre les braves ». La place du Lieutenant-Stéphane-Piobetta existe depuis 1979.

LIEUVIN Le Lieuvin est une ancienne région de la province de Normandie, qui s'étendait entre la Seine, la Rille et la Touque, dans les départements actuels du Calvados et de l'Eure. Sa ville principale était Lisieux. La rue du Lieuvin existe depuis 1935.

LIGNER La rue Ligner, ancien passage du même nom, doit sa dénomination à un ancien propriétaire riverain.

LILAS Ancienne commune de la Seine formée en 1867 et depuis lors annexée par la capitale. Son nom lui fut donné à cause du grand nombre de lilas qui poussaient dans ses jardins. Le lilas entra en France en 1597 via l'Autriche, en provenance de Constantinople. La légende veut que ce soit avec son bois que le dieu Pan fabriquait ses célèbres flûtes... La rue des Lilas date de 1868.

LILI BOULANGER (1893-1918). On semble redécouvrir actuellement ce compositeur de musique mort avant le complet épanouissement de son talent. Une place prit son nom en 1970.

LILLE Chef-lieu du département du Nord, en Flandre, sur la Deûle, qui compte 178 300 habitants. La ville de Lille, qui tire son nom d'un ancien village entouré d'eau (l'Isle) datant des Romains, appartint d'abord aux comtes de Flandre avant de revenir à Henri III en 1574. Reprise ensuite par les Flamands, il fallut attendre Louis XIV et 1667 pour qu'elle redevienne française et soit fortifiée par Vauban; mais en 1708 nos ennemis la reprirent avant de nous la rendre, cette fois définitivement, en 1713 par le traité d'Utrecht. En 1792 – et

LILLE Cette cité de la Flandre demeure fidèle à la tradition de la ducasse, fête patronale organisée par chaque quartier, entre Pâques et la fin août. Manèges, attractions foraines, « marchands de rien » y participent, donnant à Lille cette atmosphère de kermesse souvent célébrée par les plus grands peintres de l'école flamande. Les « Gilles » de Binche (Belgique) collaborent traditionnellement aux ducasses les plus importantes et défilent dans les rues dans leur costume de bouffon.

Lille possède un certain nombre de spécialités pâtissières : carrés de Lille, gaufres fourrées, langues de chat, margotins de Lille, petits quinquins, sottises de Lille. Mais avant de déguster ces gâteries, savourez le plat suivant : le chou rouge à la lilloise. Ingrédients : un gros chou rouge, une livre de pommes, un gros oignon, une cuiller de beurre, une feuille de laurier, un verre de (bon) vin rouge, une cuiller de vinaigre de vin, un soupçon de vergeoise blonde. Vous mélangez tout cela, vous laissez mijoter trois heures, vous versez dans un moule à soufflet, vous passez cinq minutes au four, puis vous mangez. Personne n'est encore mort de cette préparation...

c'est pour cela qu'on donna son nom à une rue de Paris cette année-là – Lille résista victorieusement aux Autrichiens qui lui faisaient subir un siège très pénible. À remarquer à Lille l'ancienne Bourse, qui date du XVIIe siècle.

LILY LASKINE (1893-1988). Harpiste française, née et morte à Paris, qui donna son premier concert à l'âge de 12 ans et obtint un premier prix au Conservatoire de Paris à 13 ans. Harpiste de l'Opéra de Paris en 1909, elle deviendra aussi soliste de l'orchestre Lamoureux, de l'Orchestre national et de l'Orchestre philharmonique de Paris. Grande défenderesse de la musique française (Ravel, Debussy, Ibert), elle révéla Albert Roussel, Germaine Tailleferre et Florent Schmitt. Elle professa au Conservatoire de 1948 à 1958, mais continua toujours, après, à dispenser ses conseils à plusieurs générations de harpistes. Petite de taille, mais grande de talent, et dotée d'une joie de vivre communicative, elle transformait son instrument en un messager des dieux. On donna son nom à un jardin en 1998.

LIMAGNE La Limagne est une plaine située en Auvergne, surtout dans le Puy-de-Dôme et un peu dans l'Allier. Elle a une longueur d'environ 65 km sur une largeur de 20 à 35. C'est un ancien lac tertiaire qui donna un sol très fertile. Elle est drainée par l'Allier. Le square de la Limagne existe depuis 1932.

LIMOUSIN Ancienne province de France située entre la Marche, l'Angoumois, le Périgord, le Quercy et l'Auvergne. Le Limousin correspond au pays gaulois des Lemovices. Les Romains le conquirent et du VIe au Xe siècle une vie monastique très importante s'y instaura (Le Dorat, Saint-Léonard, Saint-Martial de Limoges, etc.). Dévasté par les Normands au IXe siècle, le Limousin appartint ensuite à Éléonore d'Aquitaine, qui l'apporta en dot à son mari Henry II d'Angleterre. Au XVe siècle, il revint à la famille d'Albret et arriva enfin à la couronne de France lors de l'avènement de Henri IV. Les principales villes du haut Limousin sont Limoges (la capitale), Saint-Yrieix, Saint-Junien et Eymoutiers; celles du bas Limousin : Tulle, Brive et Uzerche. Le square du Limousin existe depuis 1932.

LINCOLN (1809-1865). Abraham Lincoln, président des États-Unis d'Amérique, né dans le Kentucky, mort à Washington. Son père était un fermier quaker et Abraham, en 1833, remplissait les fonctions de maître de poste à New Salem. Élu député de l'Illinois en 1834, puis sénateur en 1846, Lincoln demanda en 1849 l'abolition de l'esclavage et, jusqu'en 1858, mena une violente campagne anti-esclavagiste. Élu président des États-Unis en 1859, il vit la guerre civile, dite guerre de Sécession, éclater huit semaines après son élection. Tout au long de cette guerre il fit preuve d'une énergie indomptable et en 1864 il fut réélu à la présidence. Mais le 10 avril 1865 il était assassiné par un sectaire nommé J. Wilkes Booth, qui tira sur lui plusieurs coups de pistolet en criant : « Le Sud est vengé. » Lincoln fut inhumé à Springfield; depuis 1876, une magnifique statue de lui s'élève à Washington. Lincoln, qui mourut donc l'année même de sa victoire dans la guerre de Sécession, a dit : « Vous pouvez tromper tout le monde un certain temps, vous pouvez même tromper quelques personnes tout le temps; mais vous ne pouvez tromper tout le monde tout le temps. » La rue Lincoln existe depuis 1879.

LINGÈRES Appellation donnée à un passage en 1985, en souvenir d'une « porte des Lingères » qui se trouvait jadis à proximité et où des lingères se retrouvaient avant ou après leur labeur.

LINGERIE Cette rue doit son nom aux nombreuses lingères qui, avec l'assentiment de Saint Louis, eurent le droit de venir vendre leur marchandise en l'étalant sur le trottoir situé le long d'un des murs de l'ancien cimetière des Innocents. Quand on ferma ce cimetière, le 1er décembre 1780, les lingères disparurent. La rue de la Lingerie porte ce nom depuis le XIIIe siècle.

LINO VENTURA D'abord catcheur, puis acteur, né à Parme en 1919, mort à Saint-Cloud en 1987, de son vrai nom Angelo Borrini. Arrivé en France à l'âge de huit ans, il exerça toutes sortes de métiers dès le début de son adolescence avant de s'essayer au catch où il réussit brillamment; mais un accident en combat l'obligea à renoncer au ring. Sa carrure impressionnante intéressa alors les cinéastes et c'est Jacques Becker (1906-1960) qui fut le premier à faire appel à lui pour son film «Touchez pas au grisbi» en 1953. Il tourna ensuite, jusqu'à l'année de son décès, un nombre impressionnant de films parmi lesquels: «Razzia sur la schnouf», «Crime et Châtiment», «Le Rouge est mis», «Ascenseur pour l'échafaud», «Le Gorille vous salue bien», «Classe tous risques», «Un Taxi pour Tobrouk», «Le Bateau d'Émile», «Les Tontons flingueurs», «L'Arme à gauche», «Les Grandes Gueules», «Boulevard du rhum», «L'Aventure c'est l'aventure», «Le Silencieux», «La Bonne Année», «L'Emmerdeur», «La Gifle», «Un Papillon sur l'épaule», «Garde à vue», «Les Misérables», «La Septième Cible» et, enfin, «La Rumba». Il consacra une partie de ses dernières années à la fondation qu'il avait créée pour les enfants handicapés. Une place porte son nom depuis 1999.

LINNÉ (1707-1778). Charles de Linné, médecin et naturaliste suédois né à Råshult, mort à Uppsala. À 24 ans il conçut une classification des plantes d'après les organes sexuels. Chargé de deux missions en Laponie et en Caucasie, il les mena à trop bon terme, ce qui eut pour effet de lui attirer des jalousies telles qu'il dut à son retour s'exiler d'abord en Hollande, puis en Angleterre et en France, où il se lia avec Jussieu. Il put ensuite rentrer en Suède où le roi le nomma son médecin particulier, puis son botaniste. Plus tard, Linné devint président de l'Académie de Stockholm et finit sa vie comme professeur de botanique à l'université d'Uppsala. Sa méthode de classification, dite « linnéenne », dut son succès au fait que le savant fit des étamines et des pistils, organes faciles à reconnaître, la base de son système. La rue Linné existe depuis 1865.

LINOIS (1761-1848). Léon Durand, comte de Linois, vice-amiral né à Brest, mort à Versailles. Il combattit les Anglais sous Villaret de Joyeuse en 1794; fait prisonnier, mais relâché presque aussitôt, il partit pour l'Inde en 1799. Son acte militaire le plus notoire est d'avoir battu lord Cochrane, dans la rade d'Algésiras, en 1801, après son retour des Indes, où il repartit cependant en 1802. Au cours de ce second voyage, parsemé de batailles, les Anglais le firent à nouveau prisonnier et l'emmenèrent en captivité en Angleterre en 1806. Libéré en 1814, Louis XVIII le nomma gouverneur de la Guadeloupe; mais Linois n'avait décidément pas de chance avec les Anglais, car ceux-ci encerclèrent l'île et il dut la leur remettre. Revenu en France, il désira lui-même passer devant un conseil de guerre qui l'acquitta. On le mit toutefois, prudemment, à la retraite en 1816. La rue Linois existe depuis 1864.

LIONS (cour). Ce sont les deux lions qui décorent l'entrée de cette cour qui sont à l'origine de son nom.

LIONS (rue). Avant que l'hôtel Saint-Pol soit démoli, en 1544, il possédait une ménagerie, célèbre sous Charles V et Charles VI. Elle fut transférée, vers 1492, à la maison des Tournelles. La rue des Lions fut ouverte sur l'emplacement de l'hôtel précité, dès qu'il eut disparu, et c'est en souvenir des lions de la ménagerie qu'on le baptisa.

LIPPMANN (1845-1921). Gabriel Lippmann, physicien français né à Hollerich (Luxembourg). Il inventa l'électromètre capillaire, un moteur électrocapillaire et un électromoteur capillaire... Il s'intéressa aussi à la polarisation des piles et des électrolytes, ainsi qu'à la dilatation électrique du verre et à la détermination de l'ohm. Il énonça en outre le principe de la conservation de l'électricité. Enfin on lui doit, en 1891, la découverte de la photographie en couleurs. Membre de l'Académie des sciences depuis 1886, prix Nobel en 1908. Lippmann donna son nom à une rue en 1932.

LISA C'est le prénom de la fille du propriétaire du terrain sur lequel ce passage fut construit. Léonard de Vinci ne l'a jamais emprunté...

LISBONNE En portugais Lisboa, capital du Portugal, dans la province d'Estramadure, sur la rive droite du Tage, à 28 km de son embouchure. Lisbonne fut fondée par les Phéniciens, bien qu'on pense parfois qu'Ulysse ait pu être son fondateur à cause du premier nom de la ville, Olissipo. Les Maures prirent Lisboa au VIIIe siècle. Elle ne devint définitivement portugaise qu'en 1147, grâce à Alfonso Henriques. À partir de 1260, les rois du Portugal y résidèrent et, au Ve siècle, par suite des découvertes maritimes des Portugais, Lisbonne devint la ville la plus riche d'Europe, richesse que le séisme de 1531 ne put ébranler. Elle fut occupée par les Français en 1807, puis par les Anglais. Elle a vu naître Camoëns et Jérôme Lobo. Le déclin de Lisbonne, sur le plan européen, commença en 1619, avec la domination espagnole. Un second tremblement de terre détruisit, en 1755, une moitié de la ville, reconstruite par Pombal. La rue de Lisbonne existe depuis 1826.

LISERONS Ouverte en 1828, cette rue appartient à un groupe de voies auxquelles on donna des noms de plantes. Le liseron est la « plaie » des jardiniers, car, doté de racines très profondes, il s'entortille autour des plantes en leur causant un grand préjudice. Il donne des fleurs blanches. Si vous voulez voir disparaître les liserons, un conseil, semez de la luzerne.

LISFRANC (1790-1847). Jacques Lisfranc de Saint-Martin, chirurgien né à Saint-Paul-en-Jarez (Loire), mort à Paris. En 1812, il fit la campagne de Saxe et, au retour, on le nomma médecin-chef de l'hôpital de Metz; il faillit y mourir du typhus. Après la Restauration, il exerça la chirurgie à la Pitié, en 1824. Ennemi acharné de Dupuytren, après avoir été son élève et ami, il fut presque aussi célèbre que lui par son habileté opératoire. Savez-vous qu'il introduisit en France et perfectionna la technique de « désarticulation tarsométatarsienne » que l'on appela d'ailleurs « désarticulation de Lisfranc » ? Il a écrit « Traité de clinique chirurgicale de la Pitié ». La rue Lisfranc existe depuis 1875.

LITTRÉ (1801-1881). Émile Littré, philosophe, philologue, médecin et homme politique né et mort à Paris. Il fut interne des hôpitaux avant de se consacrer exclusivement à l'érudition et de traduire les « Œuvres d'Hippocrate » (1839-1861). Élu en 1838 membre de l'Académie des inscriptions, celle-ci le chargea de continuer l'« Histoire littéraire de la France ». En 1867, il créa une « Revue de philosophie positive », mais c'est avec son célèbre « Dictionnaire de la langue française » (1863-1872) qu'il acquit la notoriété. En

1875, Littré fut élu sénateur inamovible. Peu d'hommes portèrent, dans tous les domaines du savoir humain, un regard tel que le sien. La rue Littré date de 1882.

LIVINGSTONE (1813-1873). David Livingstone, explorateur anglais, né à Blantyre (Écosse), mort à Ilala, sur les bords du lac Tanganyika. En 1838, il entra à la Société des missions de Londres et s'embarqua pour l'Afrique australe en 1840. Il s'établit neuf ans à Mabotsa, puis Colobeng. En 1849 commencèrent véritablement ses grands voyages qui le menèrent au Zambèze, au Cap, à Saint-Paul-de-Loanda et à travers toute l'Afrique australe, d'ouest en est. À partir de 1865, il entreprit l'exploration des sources du Nil. De 1866 à 1871, le bruit de sa mort courut à plusieurs reprises avant que Stanley ne le retrouve, vivant, en novembre 1871, au bord du lac Tanganyika. Livingstone mourut deux ans plus tard après avoir étudié les pays malsains du Tchambézé et du lac Bangouéolo. Son corps fut ramené en Angleterre et inhumé à Westminster. La rue Livingstone existe depuis 1877.

LOBAU (1770-1838). Georges Mouton, comte de Lobau, maréchal de France né à Phalsbourg, mort à Paris. Il servit, en 1799, dans l'armée d'Italie où, sous Masséna, il prit part à la défense de Gênes et fut grièvement blessé. Général de brigade et aide de camp de Bonaparte, il « fit » Austerlitz, Iéna, la Pologne, et fut nommé général de division en 1807. Napoléon disait de lui : « C'est un lion sous la peau d'un mouton. » En 1809, en raison de sa bravoure à Essling et dans l'île de Lobau – située au milieu du Danube à 12 km de Vienne – l'empereur lui conféra le titre de comte de Lobau. Fait prisonnier à Leipzig, Lobau combattit vaillamment à Waterloo d'où, à nouveau fait prisonnier, il fut conduit en Angleterre. Les Bourbons le proscrivirent, mais il rentra en 1818. Louis-Philippe le nomma en 1830 commandant de la garde nationale de Paris et Lobau, avec ses gardes, dispersa – un précurseur – au moyen de pompes à incendie, en 1831, une manifestation de bonapartistes, place Vendôme. L'usage de ces pompes lui attira les railleries de la presse. Nommé maréchal en 1831 et pair en 1833, Lobau donna son nom à une rue en 1838.

LOBINEAU (1666-1727). Dom Alexis Lobineau, historien bénédictin né à Rennes, mort à l'abbaye de Saint-Jacut, près de Saint-Malo. La Congrégation de Saint-Maur, à laquelle il appartenait, ayant décidé de reconstituer, par province, l'histoire de France, on chargea Lobineau de l'histoire de la Bretagne. Il se mit au travail mais fut critiqué, par l'abbé de Vertot, pour avoir écrit que la Bretagne formait, initialement, un territoire indépendant; Vertot l'accusa même de « crime contre l'État » pour avoir osé dire une telle vérité. Lobineau ne se porta pas plus mal après ces accusations... Outre son ouvrage sur la Bretagne, il traduisit de nombreux textes grecs. La rue Lobineau fut ouverte en 1817.

LOGELBACH Logelbach est le nom d'une commune alsacienne des environs de Colmar; une rue reçut son nom à la demande du propriétaire des terrains sur lesquels elle fut construite; il était alsacien et aimait particulièrement ce village. Rue baptisée en 1880.

LOI C'est depuis 1877 que cette impasse porte ce nom. Une impasse, pour la loi, il y a de quoi frémir; à Bruxelles, au moins, on lui a accordé une rue. Rivarol disait : « La loi gêne les passions » et Balzac : « Les lois sont des toiles d'araignées à travers lesquelles passent les grosses mouches et où restent les petites. »

LOING Rivière qui, née au milieu des collines de la Puisaye, sert ensuite de réservoir au canal de Briare, puis arrose Montargis et Moret. Longue de 60 km, elle se jette dans les bras de la Seine, dont elle est un affluent de la rive gauche, à Saint-Mammès. La rue du Loing existe depuis 1894.

LOIRE Afin que nul ne l'ignore, la Loire prend sa source au mont Gerbier-de-Jonc, sur le revers occidental des montagnes volcaniques du Vivarais. Elle arrose Le Puy, Nevers, Orléans, Blois, Amboise, Tours, Nantes, et se jette dans l'Atlantique entre Paimbœuf et Saint-Nazaire. C'est en 1857 que l'on donna à un quai le nom de ce fleuve, le plus long de France (980 km).

LOIRET Ce n'est pas la rivière longue de 12 km, affluent charmant de la Loire, du côté d'Orléans, qui donna son nom à cette rue, mais le département du Loiret. Ce département, dont le chef-lieu est Orléans, comprend aussi Gien, Montargis et Pithiviers. Il est fait d'une partie de la Beauce, de la Puisaye, du Gâtinais et de la Sologne, et d'un peu du Val-de-Loire. La rue du Loiret fut baptisée en 1869

L'OLIVE M. de L'Olive est connu pour avoir été, vers 1635, un des colonisateurs de la Guadeloupe. On donna son nom à une rue en 1875. Signalons aussi que Joachim du Bellay a publié un recueil de poèmes intitulé « l'Olive »

LOMBARDS Dès le règne de Philippe Auguste, des prêteurs sur gages, originaires de Lombardie, vinrent s'établir dans cette rue. Ces prêteurs furent d'ailleurs appelés, à cette époque, des « Lombards » ou des « Milans » (d'après la ville principale de Lombardie). Ces commerçants particuliers eurent pignon sur rue jusqu'à ce que Louis XVI crée le Mont-de-Piété de Paris en 1777. À cette date, ces braves Lombards durent disparaître ou entrer dans la clandestinité. C'est en 1652 que la rue des Lombards reçut son nom sur un tracé différent de l'actuel, qu'elle n'adopta qu'en 1877

LONDRES En anglais London, de deux mots bretons : « Llyn » et « dun », signifiant respectivement étang et colline. Londres, capitale de la Grande-Bretagne, sur les bords de la Tamise, existait déjà quand les Romains firent la conquête de l'« île de Bretagne ». Tacite, en 61, en parle et la nomme Augusta. Quand les Romains s'en allèrent, Londres devint la capitale des Saxons, puis les Danois la prirent. Mais les Saxons s'en emparèrent à nouveau et en 1066 Guillaume le Conquérant y fut couronné roi à Westminster. Dès lors, la ville ne cessa de prospérer malgré les nombreux fléaux – peste, famine... – qui l'accablèrent, comme la plupart des villes européennes, durant le Moyen Âge. Il faut voir, à Londres, l'abbaye de Westminster, le Parlement, le palais de Saint James, Buckingham Palace (résidence royale construite en 1825), la tour de Londres (le plus ancien et le plus célèbre monument de la ville) et les palais de Kensington et de Whitehall. Il faut visiter le British Museum et la National Gallery, et se promener à Hyde Park ou Regent's Park. La rue de Londres existe depuis 1826

LONGCHAMP C'est l'abbaye de Longchamp qui donna son nom à cette rue en 1873. C'était une abbaye de femmes fondée en 1260 par Isabelle de France, sœur de Louis IX. On la plaça sous la règle de sainte Claire. Il faut dire que l'austérité réclamée par cette règle ne prévalut guère à Longchamp au cours du XVIe siècle, puisque Henri IV alla y prendre pour maîtresse une religieuse, Catherine de Verdun, à laquelle il donna, en remerciement, le prieuré de Saint-

Louis de Verdun. L'austérité revint un peu ensuite – nous disons bien « un peu » – et juste avant la Révolution les Parisiens avaient coutume de s'y rendre pour entendre les offices de la semaine sainte. L'abbaye fut supprimée en 1790 et la majeure partie de ses vastes terrains est actuellement occupée par l'hippodrome de Longchamp.

LONGUES-RAIES Il semble que « Longues-Raies », nom d'un lieudit, soit une déformation de « longs-rails ». En effet, cette rue fut ouverte en 1864 le long du chemin de fer de ceinture, sur un tracé différent de celui d'aujourd'hui puisque quelques années après son ouverture l'élargissement de la voie ferrée en absorba une bonne partie. Avec son tracé actuel la rue existe depuis 1877

LONGUEVILLE La villa Longueville doit son nom à un ancien propriétaire qui y résida. Elle ne perpétue donc pas le souvenir des Longueville, célèbre famille qui posséda un hôtel à Paris, dans le quartier du Louvre, et qui, issue de Dunois, formait une branche de la Maison royale de France dont le dernier représentant, un abbé, mourut en 1694.

LORD BYRON (1788-1824). George Gordon, lord Byron, poète anglais né à Londres, mort à Missolonghi. Élève à Cambridge, il publia en 1807 son premier volume : « Heures d'oisiveté » (« Hours of Idleness »). Tout de suite après, et pour répondre à des critiques, il fit « Bardes anglais et critiques écossais », puis il partit pour l'Orient. De retour, il épousa en 1815 miss Milbanke; l'année suivante il se sépara d'elle, ce qui déplut tellement en Angleterre que lord Byron quitta son pays pour n'y plus jamais revenir. Il se rendit à Bruxelles, puis en Suisse; la jeune comtesse Guiccioli l'aima et il la suivit à Ravenne. Il vivait dans des excès innombrables, dont il chercha à s'arracher en offrant ses services à la Grèce pour l'aider dans sa lutte contre la Turquie. Envoyé à Missolonghi, ville de Grèce sur la mer Ionienne, il y mourut de fièvre le 9 avril 1824. Ses excès ne l'eussent pas tué plus rapidement... Lord Byron, indéniablement un des plus grands poètes du XIXe siècle, a écrit « Lara », « le Siège de Corinthe », « Childe Harold », « Manfred », « le Prisonnier de Chillon », « Marino Faliero », « Caïn », « Werner » et « Don Juan ». Il a dit : « L'amitié est l'amour sans ailes », « L'amour d'un homme n'occupe qu'une partie de sa vie, l'amour d'une femme occupe sa vie entière » et « Il y a de la musique en toutes choses » La rue Lord Byron existe depuis 1825

LORRAINE Région de l'est de la France s'étendant sur le versant ouest des Vosges et sur la partie extrême-orientale du Bassin parisien. Berceau des Carolingiens, la Lorraine fut donnée à Lothaire en 843. En 880, elle passa entièrement dans l'escarcelle de Louis le Germanique. Le duché de Lorraine fut créé en 895 et divisé en Haute et Basse-Lorraine. En 1532, Charles Quint reconnut ce duché comme « État libre et non incorporable » Aux XVIe et XVIIe siècles, une partie de la Lorraine revint à la France. Le traité de Ryswick la donna tout entière au duc Léopold en 1697 En 1738, elle revint à Stanislas Leszczynski. À sa mort, en 1766, la France annexa la Lorraine. Avant la Révolution, cette région possédait son propre gouvernement avec Nancy pour capitale; en 1871, une partie des départements de la Meurthe et de la Moselle alla à l'Allemagne, mais le traité de Versailles, en 1919, nous rendit tous ces territoires. La rue de la Lorraine existe depuis 1868 et la villa depuis 1926.

LOT Affluent de la Garonne qui prend sa source dans le massif de la

Lozère, au Goulet, à 1499 mètres d'altitude. Le Lot, long de 481 km, arrose Mende, Entraygues, Capdenac, Cahors, Fumel, Villeneuve. Une rue de Paris porte son nom depuis 1936.

LOTA Ville maritime du Chili, dans la province de Conceptión, connue pour ses charbonnages. En 1894, le fils du fondateur de ces charbonnages vint habiter Paris où il ouvrit la rue qui nous intéresse en y bâtissant plusieurs maisons ; c'est lui qui baptisa cette voie, en hommage à la ville qui l'avait vu naître.

LOUIS ARAGON (1897-1982). Poète français qui adhéra au mouvement dada en 1919 et publia son premier recueil de poèmes « Feu de joie » en 1920. Après l'éclatement de dada il fut le créateur, avec André Breton, Paul Éluard et Philippe Soupault, du surréalisme, mouvement qui faisait de l'imagination la reine de tout. Principales œuvres : « le Paysan de Paris », « Hourra l'Oural », « les Yeux d'Elsa » (dédié à Elsa Triolet, sa femme), « Aurélien », « les Yeux et la mémoire ». On peut citer deux de ses romans : « la Semaine sainte » et « Blanche ou l'oubli ». À l'issue de la Seconde Guerre mondiale, il prit la direction des « Lettres françaises ». Il prônait « le scandale pour le scandale » et fut un créateur infatigable et fécond. Le chanteur-compositeur Jean Ferrat a mis en musique, avec bonheur, nombre de ses poèmes (« les Yeux d'Elsa », « Nous dormirons ensemble », « Que serais-je sans toi ? », etc.), ainsi que Georges Brassens (« Il n'y a pas d'amour heureux ») et Léo Ferré (« l'Affiche rouge », « Est-ce ainsi que les hommes vivent ? »). Il a dit : « Je m'échappe indéfiniment sous le chapeau de l'infini », « La parole n'a pas été donnée à l'homme, il l'a prise » et « De la femme vient la lumière. Et le soir comme le matin autour d'elle tout s'organise ». Une allée lui a été dédiée en 1985.

LOUIS ARMAND (1905-1971). Ingénieur et administrateur français, il présida la S.N.C.F. de 1955 à 1958 et l'Euratom de 1958 à 1959. Spécialiste de la prospective, il rédigea un « Plaidoyer pour l'avenir » et entra à l'Académie française en 1963. Il a dit : « Quand le standard de vie s'élève, le rapport "condition de l'homme – condition de la femme" tend vers 1 » et « Une démocratie est d'autant plus solide qu'elle peut supporter un plus grand volume d'informations de qualité ». On donna son nom à une rue en 1984.

LOUIS ARMSTRONG (1901-1971). Trompettiste, mais aussi chef d'orchestre, cornettiste, vocaliste et comédien, initiateur du jazz classique et qualifié de « roi du jazz », Armstrong naquit à La Nouvelle-Orléans et mourut à New York. Célèbre dès les années 1920, Satchmo (c'était son surnom) courut sans cesse le monde entier à la tête de son ensemble, les « All Stars ». Parmi les titres célèbres qu'il a enregistré : « Saint Louis Blues », « Wild Man Blues », « West End Blues », « Weather Bird » et la chanson qui sert de leitmotiv au film « Good Bye Vietnam ». Une place porte son nom depuis 1992

LOUIS BARTHOU (1862-1934) Homme politique, né à Oloron Sainte-Marie. Orateur brillant et écrivain de talent, sa carrière fut dramatiquement interrompue, puisqu'il fut assassiné, en même temps que le roi Alexandre Ier de Yougos lavie, à Marseille. Louis Barthou, qui appartint à l'Académie française, disait : « L'amour commun des livres crée la plus bienfaisante des solidarités : celle de l'ordre, de la méthode, de la clarté, du travail, de l'étude. Il n'y a pas de goût plus noble. » Une rue porte son nom depuis 1936.

LOUIS BERNIER Stanislas-Louis Bernier, né à Valenciennes en 1845.

mort à Paris en 1919, était architecte et membre de l'Académie des beaux-arts. On le chargea de la reconstruction de l'Opéra-Comique, à Paris, de 1893 à 1898. Une place porte son nom depuis 2003.

LOUIS BLANC (1812-1882). Louis Blanc, publiciste, historien et homme politique, né à Madrid, mort à Cannes. Il fit de brillantes études, puis, sa famille s'étant trouvée ruinée par la Révolution de 1830, il fut quelque temps clerc d'avoué et donna des leçons de français. Venu à Paris, il y devint rapidement l'un des chefs du journalisme démocratique et fonda « la Revue du progrès » en 1839. En 1840 il édita « Organisation du travail », une brochure qui eut un grand retentissement. Il publia conjointement « Histoire de dix ans », qui occasionna la chute du gouvernement issu de juillet 1830. Après la révolution de février 1848, Louis Blanc participa au gouvernement provisoire et demanda la création d'un ministère « du Progrès ». En juin 1848, ses ennemis le contraignirent à s'exiler à Londres où il se maria et demeura jusqu'en 1870. De retour, il fut élu à l'Assemblée nationale et devint le chef de l'extrême gauche. Mort à Cannes, le gouvernement le fit inhumer, en grande pompe, à Paris. Louis Blanc avait une formule qu'il employait souvent : « À chacun selon ses besoins, à chacun selon ses facultés. » Il a écrit « Histoire de la Révolution ». Sa rue existe depuis 1885.

LOUIS BLÉRIOT (1872-1936). Aviateur et constructeur né à Cambrai. Le pionnier type de l'aviation qui connut la gloire en traversant le premier la Manche, le 25 juillet 1909. En souvenir de cet exploit, on donna son nom à un quai en 1937.

LOUIS BOILLY (1761-1845). Peintre né à La Bassée (Nord), mort à Paris. Autodidacte, il vécut constamment de sa peinture. Venu à Paris en 1779, il s'y consacra, jusqu'en 1800, à l'exécution de tableaux de genre, représentant des scènes familières. Durant la Terreur, un « ami » de Boilly le dénonça comme « corrupteur des mœurs »; pour échapper à la guillotine, le peintre fit un tableau intitulé « Triomphe de Marat après son acquittement au Tribunal révolutionnaire ». De 1800 à 1820, Boilly représenta surtout, dans ses tableaux, des fêtes populaires, des cafés, des entrées de spectacles, etc. Vers l'âge de 60 ans, il se mit à la lithographie et y acquit une solide réputation (« les Fumeurs », « les Buveurs »). Au Louvre se trouve son œuvre la plus accomplie : « Arrivée de la diligence ». La rue Boilly existe depuis 1913.

LOUIS BONNET (1856-1913). Journaliste très estimé à la fin du XIXe siècle, qui donna son nom à une rue en 1927. Il exista un autre Louis Bonnet (1760-1839), avocat, conseiller à la Cour de cassation qui écrivit « Discours et plaidoyers ».

LOUIS BRAILLE (1809-1852). Professeur à l'Institution des aveugles, né à Coupvray (Seine-et-Marne), mort à Paris. Il devint aveugle à 3 ans à la suite d'une blessure provoquée par un tranchet. Admis à l'Institut des aveugles en 1819, il apprit la musique et devint l'organiste de nombreuses paroisses parisiennes. Il créa un nouveau système d'écriture, le fameux alphabet Braille, qui permit à ses élèves de l'Institut, où il avait lui-même étudié, de suivre ses leçons sans difficultés. La méthode Braille est utilisée dans le monde entier; elle est fondée sur la « tactilité », par détection de points saillants. Sa rue existe depuis 1886.

LOUIS CODET (1876-1914). Cet écrivain, dont peu d'œuvres nous sont parvenues, fut tué au champ d'honneur, au tout début de la Première

Guerre mondiale. On donna son nom à une rue en 1934

LOUIS DAVID (1748-1825). Peintre, dont on cite peu souvent le prénom, né à Paris, mort à Bruxelles. Prix de Rome en 1775, il passa cinq années dans la capitale italienne et vint à Paris en 1780. Il peignit alors beaucoup et se fit un nom rapidement. Membre de la Convention, il y fit preuve d'un républicanisme for cené; c'est sur la proposition de David que l'on supprima alors l'académie de Rome; il vota la mort de Louis XVI. Admirateur de Marat, la mort de celui-ci lui inspira son chef-d'œuvre : « Marat assassiné dans sa baignoire ». David, qui fut ensuite nommé à la présidence de la Convention, était totalement dévoué à Robespierre. On l'arrêta le 9-Thermidor, mais il fut libéré et put rentrer à la Convention. Bonaparte le prit en amitié et quand il devint empereur, il en fit le « premier peintre de l'Empire ». Pendant la première Restauration il se tint coi, mais pendant les Cent-Jours il n'hésita pas à signer les « actes additionnels » (Constitution à tendance libérale établie par Napoléon). La seconde Restauration l'exila et David se fixa à Bruxelles. Aucun peintre n'exerça jamais une aussi grande influence sur toute la peinture française durant trente ans. Sa réaction contre l'art du XVIIIe siècle fut des plus bienfaisantes. Il a peint « le Serment du Jeu de paume », « le Couronnement », « la Distribution des aigles », « Intronisation de l'Empereur à Notre-Dame », « Bonaparte gravissant le Saint Bernard », « les Sabines », etc. Sa rue existe depuis 1863.

LOUIS DELAPORTE (1842-1925). Explorateur et marin qui de 1866 à 1868 participa à l'expédition du Mékong. On chargea spécialement Delaporte de visiter le Cambodge et d'étudier ses monuments. Il rapporta des pièces qui, déposées au château de Compiègne, forment le Musée khmer. Delaporte, qui retourna ensuite plusieurs fois au Cambodge pour y compléter ses recherches, donna son nom à une rue en 1932.

LOUIS DELGRÉS (1766-1802). Officier français né à Saint Pierre de la Martinique, mort en Guadeloupe, qui rallia très tôt la Révolution française et dont la vaillance le fit surnommer le « Chevalier de la Liberté ». Une rue porte son nom depuis 1996.

LOUISE DE MARILLAC Sainte Louise de Marillac était une religieuse française. Née et morte à Ferrières-en-Brie, elle vécut de 1591 à 1660. Fille d'un conseiller au Parlement, elle devint la plus proche collaboratrice de saint Vincent de Paul et cofonda avec lui la congrégation des « Filles de la Charité » qu'elle dirigea. Une rue porte son nom depuis 1986.

LOUISE LABÉ (1526-1566). Poétesse, surnommée « la Belle Cordière », née et morte à Lyon. D'une beauté remarquable, habile à l'équitation comme à l'escrime, Louise Labé avait aussi le goût de l'aventure et suivit à l'âge de 16 ans les troupes royales en Roussillon où les soldats l'appelèrent « capitaine Louis ». À son retour à Lyon, elle épousa un riche cordier, Ennemond Perrin. Dans les magnifiques jardins de son hôtel, Louise réunit tout ce que Lyon comptait comme élégants (tes) et écrivains. Elle eut alors des amis enthousiastes, qui la disaient « hon nête » et des ennemis farouches qui la prétendaient « plus que volage ». Où est la vérité? En tout cas, elle écrivit les vers d'amour les plus francs qui soient dans notre langue... Ses poèmes, qu'elle disait dans ses jardins ou son salon, parurent seulement en 1824. Son œuvre la plus connue est « le Débat de folie et d'amour »; elle fut très influencée par Pétrarque et chanta l'amour passion. Elle a écrit ce quatrain :

Je vis, je meurs; je me brûle et me noie,
J'ai chaud extrême en endurant froidure;
La vie m'est et trop molle et trop dure.
J'ai grands ennuis entremêlés de joie.

LOUISE WEISS (1898-1983). Écrivain, journaliste et femme politique française dont les principales œuvres sont « la Marseillaise », « Sabine Legrand », « Mémoires d'une Européenne ». Après son décès, et à la suite d'un legs fait à la Bibliothèque nationale, on a créé en 1986 – et pendant dix ans – un prix « Louise Weiss-Bibliothèque nationale de France » destiné à couronner une personne ayant contribué à la conservation ou au développement des arts du livre et des bibliothèques (Bernard Pivot – qui a fait beaucoup pour le livre à la télévision – fut le lauréat de 1988). La rue Louise-Weiss existe depuis 1988.

LOUIS FINOT C'est depuis 1890 que cette impasse porte le nom de M. Finot qui y possédait une maison.

LOUIS FRANÇAIS (1814-1897). Qui connaît encore Louis Français, peintre né à Plombières, mort à Paris? Son premier paysage, « Chanson sous les Saules », reçut les faveurs des critiques. Dès lors il se partagea entre des paysages, des sujets religieux et des portraits. On disait de lui que c'était un artiste « robuste, plein de sève et de finesse à la fois ». Il a peint « Soleil couchant en Italie », « la Fin de l'hiver », « Bois sacré » (son chef-d'œuvre), « Regain », « Adam et Ève chassés du Paradis » et « Dessous de bois ». Sa rue date de 1905.

LOUIS GANNE (1862-1923). Compositeur né Bruxières-les-Mines, dans l'Allier. Il se fit connaître aussi bien comme chef d'orchestre que comme compositeur. Il écrivit des chansons (« le Père la Victoire » et « la Marche lorraine »), des ballets pour les Folies-Bergère et le Casino de Paris (« Volapuck », « Merveilleuses Gigolettes », une pantomime (« le Réveil d'une Parisienne ») et des opéras-comiques, parmi lesquels son œuvre la plus connue, « les Saltimbanques », mais aussi. « les Colles des femmes ». Il ne craignait pas les calembours; paix à ses cendres néanmoins La rue existe depuis 1930

LOUIS GENTIL (1866-1925). Administrateur et explorateur qui se rendit au Congo, avec Brazza; de 1895 à 1898, il descendit le fleuve Chari jusqu'au lac Tchad et plaça le Baguirmi, région de l'est du lac Tchad, sous protectorat français. Nommé en 1900 commissaire du gouvernement français dans le Chari, il y rétablit une situation compromise à la suite de la mort du lieutenant Bretonnet, vainquit un nommé Rabah à Kouno et rentra en France victorieux et content. On dédia son nom à une rue en 1935.

LOUISIANE Cet État des États-Unis fut baptisé, en l'honneur de Louis XIV, par les premiers pionniers français après la reconnaissance que Cavelier de La Salle avait faite du Mississippi. La Louisiane borde la rive nord du golfe du Mexique; elle est entourée par l'Arkansas, le Mississippi et le Texas. Elle fut cédée aux États-Unis, par Napoléon, en 1803, contre la bagatelle de 50 millions de francs. Il y a encore à la Louisiane des francophones, descendants des premiers Français; on les appelle des Acadiens et leur vieux français est nommé « cajun ». La rue de la Louisiane existe depuis 1877

LOUIS LE GRAND Louis le Grand était un des surnoms de Louis XIV. Initialement, la place Vendôme, qu'il fit construire, portait le nom de place Louis-le-Grand. C'est pour cela que la rue, ouverte en 1703, en même temps que la place, prit ce nom, et le garda.

LOUIS LÉPINE (1846-1933). Administrateur né à Lyon. Avocat, il entra dans l'administration comme sous-préfet en 1877, puis devint préfet de l'Indre en 1885. Après avoir occupé d'autres postes préfectoraux en province, il fut nommé préfet de police en 1893. Il eut alors le mérite de rétablir les liens qui étaient rompus entre le Conseil de Paris et sa préfecture. Envoyé comme gouver neur général de l'Algérie en 1897, on lui demanda assez vite de démissionner, sa fermeté s'étant révélée trop vive... Revenu à Paris, il retrouva son poste de préfet de police le 23 juin 1899 – il le conserva jusqu'en 1912 – et il refondit tous les règlements de circulation et de navigation concernant Paris. Mais Louis Lépine entra dans la postérité en 1902 en créant un concours annuel où sont exposées les inventions des petits fabricants en général et de tous les Français adeptes du « système D » en particulier. La rue existe depuis 1934.

LOUIS LOUCHEUR (1872-1931). Homme politique qui laissa son nom à une loi, la « loi Loucheur », permettant à des Français aux revenus modestes de se faire construire, avec beaucoup de facilités pécuniaires, des petits pavillons. On peut voir encore beaucoup de ces « pavillons Loucheur », construits avant la Seconde Guerre mondiale, principalement dans les banlieues des grandes villes. La rue Louis-Lou cheur fut baptisée en 1932

LOUIS LUMIÈRE Bizarrement, on a dissocié Louis Lumière de son frère Auguste. Réunissons-les. Louis (1864-1948) et Auguste (1862-1954) naquirent à Besançon. Ce sont eux qui, en 1895, inventèrent le cinématographe. La civilisation de l'audiovisuel leur doit donc beaucoup... Ils sont aussi auteurs de nombreux travaux sur la photographie, notamment en couleur. La rue Louis-Lumière existe depuis 1956.

LOUIS MARIN (1871-1960). Homme politique né à Faulx, dans la Meuse. Il étudia d'abord le droit et devint avocat, puis, en 1905, le département de Meurthe-et-Moselle l'envoya siéger à la Chambre des députés. Bientôt, il fut vice-président de cette Chambre et dirigea les travaux d'une commission chargée d'étudier des réformes administratives. En 1924, on le nomma ministre des « régions libérées ». De 1926 à 1928, on le plaça à la tête du ministère des Pensions. Enfin, en 1944, il entra à l'Académie des sciences morales et politiques. En 1967 on donna son nom à une place.

LOUIS MORARD C'est depuis 1897 que cette rue porte le nom du propriétaire du terrain sur lequel on l'ouvrit.

LOUIS MURAT Le prince Louis Murat (descendant du maréchal Murat, roi de Naples et beau-frère de Napoléon) mourut au champ d'honneur, en 1916. On donna son nom à une rue en 1925.

LOUIS-NICOLAS CLÉRAMBAULT (1676-1749). Organiste et compositeur français qui obtint, de son temps, un succès considérable avec des recueils comme « Livre de clavecin », « Airs sérieux et à boire » et cinq volumes de « Cantates », plus des œuvres pour le théâtre. Outre ces musiques profanes, ses compositions religieuses sont aussi d'une grande valeur : « Airs, spirituels et moraux », six livres de « Motets » et un « Te Deum ». Ce fut le premier maître de la sonate et de la cantate en France. Une rue porte son nom depuis 1987.

LOUIS PASTEUR-VALLERY-RADOT (1886-1970). Médecin et écrivain français né et mort à Paris. Petit-fils de Louis Pasteur, il tendit toujours, dans sa vie professionnelle, à préserver l'aspect humain de la médecine. Outre ses activités médicales (il étudia l'anaphylaxie, c'est-à-dire l'augmentation de la sensibilité de l'organisme à l'égard d'une substance déterminée par l'injection, dans le corps, d'une dose de cette substance, et les maladies rénales), Louis Pasteur-Vallery-Radot fut un des premiers à se rallier à la France libre. En outre, il publia, en 1954, un très intéressant ouvrage sur son grand-père, « Pasteur, cet inconnu ». Membre de l'Académie de médecine à partir de 1936 et de l'Académie française à partir de 1944. Une rue porte son nom depuis 1978.

LOUIS PERGAUD (1882-1915). Écrivain et instituteur né à Belmont (Doubs). Il est l'auteur de nombreuses nouvelles sur les animaux, comme « De Goupil à Margot », et de romans régionalistes sur la vie des paysans et des enfants, comme la célèbre « Guerre des boutons ». Il est mort au champ d'honneur pendant la Première Guerre mondiale. Sa rue existe depuis 1929.

LOUIS-PHILIPPE (1773-1850). Louis-Philippe Ier, roi des Français, né à Paris, mort à Claremont (Angleterre). C'était le fils de Louis d'Orléans, connu sous le nom de Philippe Égalité, et de Louise de Bourbon. Louis-Philippe fut d'abord duc de Valois, puis duc de Chartres. Membre de l'armée du Nord, il suivit la politique révolutionnaire de son père, et combattit à Valmy, Jemmapes et Neerwinde. De 1795 à 1800 il voyagea en Europe et en Amérique, puis, il alla en Angleterre pour tenter vainement de se réconcilier avec Louis XVIII. Il n'obtint pas non plus le commandement qu'il avait sollicité dans les armées coalisées contre Napoléon. Il se maria en 1809 avec Marie-Amélie, fille de Ferdinand Ier, roi des Deux-Siciles, et de Marie-Caroline, et, par conséquent, c'est de Palerme qu'en 1814 il rentra en France. Louis XVIII lui rendit alors les biens de son père. Retiré en Angleterre pendant les Cent-Jours, son attitude y parut suspecte à Louis XVIII qui le contraignit à demeurer en Grande-Bretagne jusqu'en 1817. Revenu en France, il n'y fit montre d'aucune visée politique. Quand Charles X arriva sur le trône, Louis-Philippe reçut la somme rondelette de 17 millions, à titre d'indemnités d'émigré. En 1830, grâce à l'appui de Thiers, il fut nommé lieutenant général du royaume et, le 7 août de cette même année, il devint roi de France. Pour éviter qu'on ne réunisse ses biens à ceux de l'État, il avait eu la sagesse d'en faire don à ses enfants... Durant son règne, il eut à lutter contre divers soulèvements intérieurs, échappa à plusieurs attentats, dont celui de Fieschi et de sa « machine infernale » en 1835, et réprima des tentatives de coup d'État, notamment celui de Barbès et Blanqui en 1839. Mais ce fut surtout sa politique extérieure qui déplut au pays, lequel admit mal que Louis-Philippe empêchât l'union de la Belgique et de la France, et freinât la conquête de l'Algérie commencée par Charles X. Son refus de modifier la loi électorale plus une humiliation subie devant l'Angleterre amenèrent finalement le soulèvement de 1848, son abdication et sa fuite en Angleterre, au château de Claremont où il mourut deux ans plus tard. Le passage Louis-Philippe existe depuis 1850 et le pont depuis 1833, année où Louis-Philippe en posa la première pierre. Ce pont fut inauguré le 26 janvier 1834.

LOUIS PROUST Propriétaire initial d'un entrepôt de Bercy, qui n'a aucun lien avec Marcel ni sa Madeleine.

LOUIS ROBERT Il était propriétaire d'une petite maison dans cette impasse quand on l'ouvrit en 1874.

LOUIS THUILLIER (1856-1883). Savant né à Amiens, mort à Alexandrie. En 1877, il devint un des collaborateurs de Pasteur et découvrit l'inoculabilité du rouget du porc. En 1883, Pasteur l'envoya en Égypte afin d'y étudier le choléra qui venait de s'y déclarer. Malheureusement, peu de temps après son arrivée, Louis Thuillier mourut de cette maladie. On donna donc son nom à une rue en 1883

LOUIS VICAT (1786-1861). Ingénieur, né et mort à Nevers. Élève de Polytechnique, puis ingénieur des Ponts et Chaussées à Périgueux, on le chargea en 1811 de construire le pont de Souillac sur la Dordogne. C'est là qu'il fut amené à faire des recherches sur les chaux hydrauliques et les ciments propres à la construction des ponts. Ses recherches furent fructueuses puisque le pont tient toujours. La rue Louis-Vicat existe depuis 1965

LOUIS VIERNE (1870-1937). Compositeur et organiste français qui, presque aveugle de naissance, entra comme pensionnaire à l'Institut des jeunes aveugles de Paris et y apprit la musique, en particulier le piano, l'orgue et le chant choral. César Franck fut son professeur. En 1894, il obtient le premier prix d'Orgue au Conservatoire et en 1900 il est nommé titulaire des orgues de Notre-Dame. De 1920 à 1930, il donne une série de concerts à travers le monde, mais sa santé décline et, à 66 ans, au moment de commencer à Notre-Dame, son 1750e récital, il est terrassé par la mort devant son clavier. Parmi ses œuvres : « 3e Symphonie pour orgue », « 24 Pièces de fantaisie », « Marche triomphale », etc. Une rue porte son nom depuis 1987

LOURMEL (1811-1854) Frédéric Henri Lenormand de Lourmel, général né à Pontivy, mort en Crimée. Élève de Saint-Cyr, il partit pour l'Algérie en 1841, y devint colonel en 1849 et se distingua à la prise de Zaatcha. Aide de camp de Louis-Napoléon, celui-ci le nomma général de brigade en 1852. Au cours de la guerre d'Orient, Lourmel fut mortellement blessé à Inkermann. Il devait être un peu poète, puisqu'il avait écrit : « Mise en valeur des landes de Bretagne par le défrichement et l'ensemencement des bois » La rue de Lourmel existe depuis 1865 et l'impasse depuis 1877

LOUVAT Créée en 1897, cette villa porte le nom d'un propriétaire.

LOUVET Ce charmant homme possédait une maison dans ce passage qui prit son nom en 1880.

LOUVOIS (1641-1691). François Michel Le Tellier, seigneur de Chaville, marquis de Louvois, né à Paris, mort à Versailles. En 1662, Louvois exerça les fonctions de secrétaire d'État, puis, tour à tour, celles de surintendant général des postes et relais du royaume, chancelier des ordres du roi, ministre d'État, surintendant des bâtiments, arts et manufactures, et chancelier de France. Comme les journées n'ont que vingt-quatre heures, il exerça plusieurs de ces fonctions en même temps. C'est surtout comme secrétaire d'État à la Guerre que Louvois se montra brillant : il améliora le recrutement, favorisa l'introduction de l'uniforme, généralisa l'usage de la marche au pas, modifia l'armement et donna la baïonnette à l'infanterie. Il forma les officiers dans des écoles ou compagnies de cadets. Il assura le paiement régulier de la solde et de nombreux hôpitaux et casernes furent construits. En 1674, l'hôtel des Invalides, pour les vieux soldats, fut bâti sous son impulsion. Cependant, afin de se rendre indispensable, Louvois poussa sans cesse Louis XIV à la guerre et l'empêcha même de conclure une paix avec la Hollande en 1672. Il ordonna l'incendie du Palatinat et organisa les « dragonnades » contre les protestants. La sévérité de son caractère lui avait fait beaucoup d'ennemis à la Cour, dont le moindre n'était pas Mme de Maintenon, que Louvois avait voulu empêcher d'épouser le roi. Il mourut d'apoplexie après un entretien très froid avec Louis XIV. Marié en 1662 avec Anne de Souvré, Louvois eut six enfants : quatre garçons, deux filles. La rue de Louvois existe depuis 1784 et fut tracée sur l'emplacement de l'ancien hôtel de Louvois, qui avait été construit en 1656.

LOUVRE Philippe Auguste, au début du XIIIe siècle, fit bâtir un château fort (« Lower » en vieux saxon; « Louvre » vient de ce mot) dont Charles V, un siècle et demi plus tard, fit sa résidence royale, après l'avoir agrandi. Puis vint François Ier qui démolit ce château pour le remplacer par un édifice, conçu par Pierre Lescot et Jean Goujon, dont la construction dura plus de cent ans. Plus tard, quand Philibert Delorme eut bâti les Tuileries pour Catherine de Médicis, l'idée vint de réunir les deux constructions par une galerie parallèle à la Seine Lorsque Louis XIV accéda au trône il restait encore beaucoup de choses à faire au Louvre et le Roi-Soleil s'y employa en confiant la direction des travaux à Colbert, qui s'entoura des architectes Perrault, Lemercier, Le Vau. La Convention décida de faire du Louvre un musée et projeta alors des travaux d'agrandissement, qui ne furent commencés que sous Napoléon Ier, par les architectes Percier et Fontaine, et qui se terminèrent sous le second Empire avec Visconti et Lefuel. Le 24 mai 1871, des participants de la Commune tentèrent d'incendier le Louvre, mais seule l'aile droite eut à souffrir du feu. Le musée du Louvre fut ouvert à la suite d'un décret du 27 juillet 1793 sous le nom de Muséum de la République, qui devint Musée central des arts; le public put y accéder à partir du 8 novembre 1793. La place du Louvre existe depuis 1854; le port fut baptisé en 1905 et le quai en 1868. Quant à la rue, elle fut ouverte en 1854

LOWENDAL (1700-1755). Le comte Waldemar de Lowendal, maréchal de France, né à Hambourg, mort à Paris, fils d'un général danois, descendait, par son grand-père, du roi du Danemark, Frédéric III. À 13 ans, Waldemar s'engagea comme soldat et servit, tour à tour, dans les armées saxonnes, autrichiennes et danoises. En 1736, l'impératrice de Russie l'appela et il se battit alors contre les Turcs. En 1743, le maréchal de Saxe le décida à mettre son épée au service de la France et Waldemar de Lowendal se signala à Fontenoy avant de prendre la ville de Bergenop-Zoom, aux Pays-Bas, ce qui lui valut son bâton de maré chal en 1747; l'année suivante, il s'empara de Manstricht. Ce mili taire était aussi un érudit que l'Académie des sciences accueillit L'avenue de Lowendal fut baptisée en 1830

LÜBECK Ville d'Allemagne sur les bords de la Trave. De 1226 à 1937 ce fut une ville libre et de 1230 à 1535 elle présida presque constamment la Ligue hanséatique (association commerciale entre un certain nombre de villes d'Europe au Moyen Âge). Ouverte en 1807, la rue de Lübeck fut baptisée en l'honneur de la vic toire que les armées françaises rem portèrent sur les Prussiens, devant cette ville, en 1806.

LUCIEN BOSSOUTROT (1890-1958). Aviateur qui, pendant la Première Guerre mondiale, se distingua en combats aériens, après avoir été un pionnier en matière d'aviation civile. Ensuite, il fut le premier, en 1919, à relier régulièrement Londres à Paris en vol commercial et à établir, sans escale, une liaison Paris-Casablanca. Arrêté durant la Seconde Guerre mondiale, il parvint à s'évader et organisa de multiples parachutages d'armes, pour la Résistance, dans le département du Lot. Un boulevard lui a été dédié en 1981.

LUCIEN DESCAVES (1861-1949). Écrivain et journaliste né à Paris. Écrivain « naturaliste », à l'écriture parfois un peu amère et triste, Descaves collabora à un grand nombre de quotidiens, dont « le Figaro ». Parmi ses livres, citons « Une vieille rate », « Sous-offs » (livre qui lui valut des poursuites en cour d'assises sous l'inculpation d'injures à l'armée et d'outrages aux bonnes mœurs, mais il fut acquitté), « les Emmurés », « les Chapons » et « la Cage ». En 1887, Descaves signa un manifeste contre Zola quand parut le roman « la Terre ». Membre de l'académie Goncourt, Lucien Descaves donna son nom à une rue en 1954.

LUCIEN FONTANAROSA (1912-1975). Peintre qui savait admirablement utiliser la couleur et dont on donna le nom à un jardin en 1992.

LUCIEN GAULARD (1850-1888). C'est en 1907 que l'on donna à une rue le nom de cet ingénieur qui habitait le XVIIIe arrondissement.

LUCIEN ET SACHA GUITRY Lucien et Sacha, le père et le fils. Lucien Guitry (1860-1925) était un acteur remarquable, au jeu sobre – ce qui était rare de son temps – et naturel. Il était doté d'un esprit très vif et s'il n'écrivit pas véritablement, plusieurs de ses « mots » sont connus. Il disait, par exemple : « On ne peut parler d'amour et de théâtre qu'à bâtons rompus », « L'égoïste est celui qui n'emploie pas toutes les minutes de son temps à assurer le bonheur des autres égoïstes » et « Il n'est pas rare d'entendre des imbéciles proclamer homme d'esprit un incontestable idiot ! Parbleu ! L'idiot c'est leur homme d'esprit... ».
Sacha Guitry (1855-1957), né à Saint-Pétersbourg, s'il fut un acteur de qualité, se montra surtout un remarquable auteur. Citons : « N'écoutez pas, Mesdames », « Désiré », « le Mot de Cambronne », etc. Il réalisa également des films excellents : « la Vie d'un tricheur », « Si Versailles m'était conté », « En remontant les Champs-Élysées »... Sacha Guitry, homme d'un très grand esprit, a dit « Le peu que je sais, c'est à mon ignorance que je le dois », « Il y a des gens qui parlent, qui parlent... jusqu'à ce qu'ils aient trouvé quelque chose à dire... », « Les honnêtes femmes sont inconsolables des fautes qu'elles n'ont pas commises » et « Quand une phrase ténébreuse, alambiquée, vous donne le vertige, souvenez-vous que ce qui donne le vertige, c'est le vide... ».
La rue Lucien-et-Sacha-Guitry fut baptisée en 1969. Auparavant (depuis 1934) cette rue était la rue Lucien Guitry

LUCIEN HERR (1864-1926). M. Herr, qui fut bibliothécaire de l'École normale supérieure, donna son nom à une rue en 1927

LUCIEN LAMBEAU (1854-1927). Écrivain qui se consacra presque exclusivement à l'histoire de Paris ; il a laissé dans ce domaine des travaux extrêmement complets et intéressants. Une rue porte son nom depuis 1932.

LUCIEN LEUWEN Cette voie privée, baptisée en 1977, débouche rue Stendhal (1783-1842). Il n'y a donc rien d'étonnant à ce qu'elle porte le nom d'un des plus célèbres romans de cet écrivain. « Lucien Leuwen » est une œuvre inachevée, écrite en 1834-1835 et d'abord publiée sous le titre « le Chasseur vert » en 1855. Le héros, « jeune homme doté de quelque délicatesse d'âme », est chassé de Polytechnique (école fondée en 1794) pour opinions républicaines ; il parvient pourtant à occuper un poste important qui le rend témoin d'intrigues politiques et de manœuvres électorales sous le régime de Louis-Philippe. Stendhal, à travers « Lucien Leuwen » – incarnation de ses goûts et opinions –, voulait prouver que l'on peut « réussir seul ». Voici deux extraits de l'ouvrage : « L'âme de l'homme est comme un marais infect : si l'on ne passe vite, on enfonce ! » et « La vieillesse n'est autre chose que la privation de folie, l'absence d'illusion et de passion ».

LUCIEN SAMPAIX (1899-1941). Lucien Sampaix était un journaliste que les Allemands fusillèrent. On donna son nom à une rue en 1946.

LULLI (1633-1687). Jean-Baptiste Lulli, compositeur né à Florence, mort à Paris. Il avait 12 ans lorsque le chevalier de Guise, revenant d'Italie, le ramena avec lui. Il entra au service de Mlle de Montpensier, d'abord dans les cuisines, puis dans le groupe des musiciens. Il fit alors la musique d'une chanson satirique contre la duchesse qui le chassa. Il apprit, seul, violon et guitare, et parvint à se faire admettre parmi les vingt-quatre violons du roi. Il étudia ensuite le clavecin et la composition, et obtint du roi la création d'un nouveau groupe qu'on appela « les petits violons ». Rusé et sûr de lui, Lulli sut s'attirer les bonnes grâces de Louis XIV et commença à écrire des « morceaux » et des ballets. Il se mit bien avec Molière qui lui demanda d'écrire la musique de toutes ses comédies ballets : « Monsieur de Pourceaugnac » et « le Bourgeois gentilhomme », entre autres. Mais quand Lulli fut nommé directeur de l'Opéra, il se brouilla, sciemment, avec l'auteur des « Femmes savantes », de crainte que celui-ci ne donne trop d'importance à la musique dans son propre théâtre et n'entre ainsi en concurrence avec lui. À l'Opéra Lulli s'occupa de tout : musique, chant, danse, mise en scène. De son vivant pas un autre musicien ne pénétra dans son établissement... Il a écrit « les Fêtes de l'amour et de Bacchus », « Proserpine », « le Temple de la Paix » et « Acis et Galatée ». Ce fut indubitablement un grand artiste dont la musique reste bien agréable à entendre, ne serait-ce que « Au clair de la lune ». La rue Lulli existe depuis 1800.

LUNAIN Le Lunain est une rivière qui naît dans un étang à 4 km de Courtoin (Yonne). Affluent du Loing, elle mesure 53 km. La rue du Lunain existe depuis 1894.

LUNE C'est une enseigne qui donna son nom à cette rue. Bien que cette voie ait abrité deux maisons de tolérance, dont une plus que séculaire au XIXe siècle, cette enseigne ne marquait pas l'entrée de l'une d'elles... La rue de la Lune existe depuis 1632.

LUNÉVILLE Ville de Meurthe-et-Moselle, sur la Meurthe. Charles le Téméraire la fortifia au XVe siècle. Elle possède un château que Stanislas Leczinski restaura au XVIIIe. En 1801 fut signé le traité de Lunéville qui mit fin à la guerre de seconde coalition entre Français et Autrichiens. Ce traité, que Joseph Bonaparte négocia, reconnut à notre pays la possession de la Belgique et de la rive gauche du Rhin. La rue de Lunéville, baptisée en souvenir de ce traité, existe depuis 1863.

LUTÈCE Nom dérivé du mot celte « louk-teih », qui signifie « le lieu des marais ». Lutèce, l'ancêtre de Paris, se trouvait située, au temps des Gaulois, sur l'île de la Cité actuelle. Lutèce fut créée par la tribu celte des Parisii et on sait qu'en 451 sainte Geneviève la protégea contre les Huns ; à cette époque on commençait à l'appeler Paris. La rue de Lutèce fut ouverte en 1787.

LUYNES Cette rue fut ouverte en 1901 sur l'emplacement de l'hôtel de Luynes, démoli l'année précédente. La famille d'Albert de Luynes, originaire de Provence, dont le premier membre fut Thomas d'Albert, viguier de Pont-Saint-Esprit en 1415, donna à la France des ministres, tel Charles de Luynes (1578-1621), favori de Louis XIII ; des officiers, tels Honoré Charles (1672-1750) et Philippe (1695-1758) ; des prélats, tel Paul (1703-1788), et des savants, tel Honoré Joseph, archéologue (1802-1867). L'hôtel de Luynes avait été construit en 1650.

LYANES La rue des Lyanes, auparavant « des Lyannes », puis encore plus avant « des Lyantes », mot désignant une variété de tulipe, fut ouverte en 1849, et le square en 1901.

LYAUTEY (1854-1934). Louis Hubert Lyautey, maréchal de France, né à Nancy. Il se fit tout d'abord remarquer au Tonkin, à Madagascar et dans le Sud-Oranais, avant d'organiser, de 1912 à 1925, le protectorat français au Maroc. Même pendant la Première Guerre mondiale, durant laquelle Lyautey fut ministre de la Guerre (1916-1917), il garda le Maroc sous notre contrôle, malgré l'action des Allemands. Lyautey appartint à l'Académie française et une rue porte son nom depuis 1938

LYON Chef-lieu du département du Rhône, en amont du confluent du Rhône et de la Saône. Lugdunum, premier nom de Lyon, signifie « colline du corbeau » ; au moment de la conquête romaine, cette ville était la capitale des Ségusiaves. En 43, le proconsul Munatius Plancus l'occupa et Lyon devint la capitale administrative et politique de la Gaule. Les empereurs Claude, Auguste et Caracalla y firent de longs séjours. En 59 un incendie détruisit la ville, qui fut rebâtie par Néron. (Est-ce par regret de ne pas avoir assisté au spectacle de Lyon brûlant qu'il incendia Rome ?) C'est saint Pothin qui apporta le christianisme à Lyon en 177 ; Marc-Aurèle le martyrisa.

LYON Savez-vous que François Ier envisagea sérieusement de faire de Lyon la capitale de son royaume ? Il y renonça à la suite de la mort du dauphin entre Lyon et Valence, mais les plans du château que la ville s'apprêtait à construire à cette occasion sont visibles au musée du Vieux Lyon, rue de Gadagne

Il plana longtemps au-dessus de la cité rhodanienne une réputation de mysticisme et d'occultisme ; à juste titre, semble-t-il, car les personnages étranges, les sociétés secrètes y foisonnèrent. Citons Rabelais, qui exerça la médecine à l'Hôtel-Dieu de la ville : il était occultiste et grand maître d'une loge de Rose-Croix. Nostradamus vécut à Lyon en même temps que l'écrivain qu'il fréquenta (ils se connaissaient d'ailleurs depuis leurs études communes à Montpellier). Au XVIIIe siècle, la franc-maçonnerie était très active à Lyon ; elle fut en quelque sorte réorganisée par un mercier lyonnais, Jean-Baptiste Willermoz, qui avait été initié, à Bordeaux, par Don Martines de Pasqually (lui-même à l'origine du Martinésisme et des Élus-Cohen). En 1750, Casanova reçut l'initiation maçonnique à Lyon ; fin 1784, Cagliostro, sous le nom de comte Phoenix, vint rencontrer Willermoz. Au XIXe siècle, Lyon abrita dans ses murs le célèbre Alan Kardec, fondateur du spiritisme tellement à la mode dans ce siècle. (Des séances de spiritisme avaient lieu en présence de l'impératrice Eugénie, à la Cour.) Enfin, signalons – attention à l'odeur de soufre – que la magie noire est encore pratiquée de nos jours, à Lyon, dans certaines rues étranges...

La cité lyonnaise possède le parc de la Tête d'Or. Savez-vous d'où vient ce nom ? Au fait que, selon une légende, une tête en or du Christ se trouverait enfouie au milieu de ce parc. Inutile d'acquérir une pelle et une pioche, les fouilles sont interdites.

Au Moyen Âge la ville fut successivement la possession des Burgondes, de Charlemagne, de Lothaire et des évêques locaux qui partagèrent leur pouvoir avec la couronne de France en 1275. Pendant la Révolution de 1789, les royalistes organisèrent dans Lyon une armée de 20 000 gardes nationaux; la Convention envoya Kellermann mettre le siège devant la ville en août 1793 et le 9 octobre les troupes républicaines pénétrèrent dans la métropole rhodanienne. En 1831 et 1871 des mouvements insurrectionnels éclatèrent, qui furent durement réprimés. À Lyon, il faut voir la cathédrale Saint-Jean (1107-1480), l'église Saint-Nizier, le Massif des Terreaux avec les statues colossales de Philibert Delorme, l'Hôtel de Ville et la Bourse. La rue de Lyon, ainsi nommée parce qu'elle conduit à la gare de Lyon, fut créée en 1847, année de la construction de la gare

LYONNAIS Cette rue fut construite en 1550 sur un terrain appartenant à un sieur Lyonnet; le temps passant, l'orthographe de son nom changea et Lyonnet (qui n'avait rien à voir avec Lyon) devint Lyonnais

LYS Les propriétaires de cette villa – poète, prends ton luth – décidèrent, en 1922, de lui donner le nom de cette fleur qui devait pousser dans leurs jardins et qu'ils aimaient particulièrement.

M

MABILLON (1632-1707). Jean Mabillon, moine bénédictin érudit, né à Saint-Pierremont, mort à Paris. C'est en 1664 qu'on l'appela à l'abbaye de Saint-Germain-des-Prés pour y collaborer à la publication des « Acta sanctorum ». En 1667, il fit paraître « Œuvres de saint Bernard » et, en 1668, le premier volume de l'« Acte des saints ». Mabillon fut présenté au roi et Colbert lui proposa une pension de 2000 livres, qu'il refusa. De toute l'Europe on consultait cet érudit qui entreprit bientôt des voyages dont il ramena « Iter germanicum » et « Iter italicum ». En 1701, Louis XIV le nomma à l'Académie des inscriptions. Mabillon donna son nom à une rue en 1817.

MACDONALD (1765-1840). Alexandre Macdonald, duc de Tarente, maréchal et pair de France, né à Sedan, d'une famille irlandaise, mort à Courcelles. Il servit à l'armée du Nord, après la Révolution, et fut nommé général de brigade en 1795 et de division en 1796. Gouverneur de Rome en 1798, il commanda, l'année suivante, les forces françaises à Naples. En 1804, Macdonald osa témoigner en faveur de Moreau, qui avait négocié avec des royalistes contre Bonaparte; à cause de ce témoignage, l'empereur éloigna Macdonald cinq ans. En 1809, il le rappela et l'envoya à l'armée d'Italie. C'est sur le champ de bataille de Wagram qu'il mérita bâton de maréchal et titre de duc. À la chute de Napoléon, Macdonald négocia avec les Alliés l'abdication de l'empereur; Louis XVIII lui conféra la pairie. Durant les Cent-Jours il commandait les troupes royales de Lyon; devant l'enthousiasme de ses soldats à l'arrivée de Napoléon, il préféra rentrer à Paris et s'y tenir coi jusqu'à Waterloo. La seconde Restauration, reconnaissante, le fit grand chancelier de la Légion d'honneur. Le boulevard Macdonald existe depuis 1864.

MAC-MAHON (1808-1893). Le comte Patrice Mac-Mahon, duc de Magenta, maréchal de France et président de la République, naquit à Sully (Saône-et-Loire) et mourut au château de La Forêt (Loiret). Issu d'une vieille famille irlandaise, Mac-Mahon fit Saint-Cyr et prit part à l'expédition d'Alger, où sa conduite lui valut d'être nommé successivement colonel, général de brigade et de division (1845, 1848, 1852). Envoyé en 1855 en Crimée, il prit d'assaut Malakoff le 8 septembre et c'est dans cette ville qu'ayant reçu l'avis de moins s'exposer à l'ennemi sur une position qui semblait intenable, il dit : « J'y suis, j'y reste. » En 1856, Mac-Mahon fut élu au Sénat; de 1864 à 1870 il gouverna l'Algérie, où il s'affronta fréquemment avec le cardinal Lavigerie. À la déclaration de guerre de 1870, il fut mis à la tête du Ier corps d'armée; il subit d'assez sévères défaites. Blessé, on l'emmena prisonnier en Allemagne; il n'en revint que la paix signée. On lui confia alors l'armée de Versailles qui reprit Paris à la Commune. Quand Thiers tomba, le 24 mai 1873, Mac-Mahon accepta de devenir président provisoire de la République. À ce poste, le comte de Chambord lui réclamant le rétablissement du drapeau blanc, il refusa en disant : « Les chassepots partiraient tout seuls ! » Le 19 novembre 1873, il fut élu officiellement, pour sept ans, président de la République, mais il démissionna le 30 janvier 1879 en constatant que la majorité des sénateurs qui venaient d'être élus ne correspon daient pas à ses opinions politiques personnelles. L'avenue Mac-Mahon fut baptisée en 1875

MÂCONNAIS Les Mâconnais sont, comme leur nom l'indique, les habitants de Mâcon ainsi que de toute la région (le Mâconnais) qui entoure cette ville où le négoce du vin est prospère, et cette rue – il n'y a pas de hasard – a été ouverte en 1993, sur l'emplacement des anciens entrepôts viticoles de Bercy, dans un endroit qui est devenu un centre international du vin et de l'alimentation.

MADAGASCAR Île de l'océan Indien, séparée de l'Afrique par le canal de Mozambique. La république de Madagascar a 587000 km² et une population de 15240000 habitants, les Malgaches. Initialement peuplée d'Indonésiens et d'Africains, l'île fut découverte au XVe siècle par les Européens. Les Français s'y installèrent de 1643 à 1674, à Fort-Dauphin. Ensuite, une royauté, l'Imérina, gouverna le pays presque tout entier. Les Anglais tentèrent de mettre pied sur l'île à la faveur des guerres napoléoniennes, mais en 1830 la reine Ranavalona Ire, qui régna de 1828 à 1861, chassa tous les Européens. En 1895, le général Duchesne contraignit Ranavalona III à accepter le protectorat français. En 1896 une violente insur rection amena l'annexion complète de l'île qui fut soumise par Gallieni. Madagascar a retrouvé son indépendance complète depuis 1960. La rue qui porte le nom de cette île existe depuis 1884.

MADAME Madame était l'épouse de Monsieur... De Monsieur, frère cadet de Louis XVI, sur le terrain duquel on ouvrit cette rue en 1790. Madame, c'était Marie Joséphine Louise de Savoie, princesse de Sardaigne. Ce fut plus court d'appeler la rue « Madame »

MADELEINE Depuis 1238 existait dans le petit bourg de Ville-l'Évêque une église dédiée à Marie-Madeleine. Par lettres patentes du roi datées de 1757 et 1763, fut ordonnée l'édification d'une nouvelle église. L'architecte du duc d'Orléans, Contant-d'Ivry, fut chargé de la construction et Louis XV posa la première pierre en 1764. Contant-d'Ivry mourut et l'architecte qui lui succéda, Guillaume Couture, démolit une partie de son travail, substituant à un portique la magnifique colonnade avec fronton. À la Révolution les travaux furent interrompus. En 1806, Napoléon décida de faire de la Madeleine le temple de la gloire. C'est le projet de l'architecte Pierre Vignon qui fut retenu et sa réalisation commença le 30 mai 1807. L'église fut consacrée définitivement le 4 mai 1842. Extérieurement, c'est un temple antique, semblable à la Maison carrée de Nîmes. La porte principale est en bronze, ciselée par Triqueti. À l'intérieur, des colonnes supportent la voûte. La Madeleine mesure 108 mètres de long et 43 de large. La place fut baptisée en 1824.

MADEMOISELLE C'est la fille du duc de Berry, Mademoiselle, qui eut l'honneur d'être la marraine de cette rue dont la construction fut décidée en 1790, mais qui reçut son nom actuel en 1828, parce que Mademoiselle, en compagnie de sa tante, la duchesse d'Angoulême (« le seul homme de la famille », disait d'elle Napoléon), assista à cette date à la pose de la première pierre de l'église Saint-Jean-Baptiste de Grenelle, toute proche, quand on commença à lotir ce quartier, le 2 septembre 1827.

MADONE Cette rue, qui s'appela aussi ruelle Notre-Dame et rue de la Vierge, doit son nom à une Vierge en pierre placée dans une niche à l'angle de cette voie et de la rue des Roses. On lui donna son nom actuel en 1867

MADRID Capitale de l'Espagne depuis 1560 (sous Philippe II). Les Arabes l'appelaient Mâgerit et Ramiro II la leur enleva en 939. Juste avant Philippe II, Charles Quint y résida; François Ier y fut détenu après la défaite de Pavie. Madrid, sur le Manzanares, devint, dès 1580, le centre intellectuel de toute l'Espagne; Cervantès, Lope de Vega, Calderon et Vélasquez y produisirent leurs chefs-d'œuvre. Il faut absolument voir, dans la ville, le musée du Prado, qui renferme des œuvres artistiques d'une beauté et d'une valeur inestimables. La rue de Madrid fut baptisée en 1828.

MAGASINS À FOURRAGE Ce sont des magasins à fourrage militaire qui ont donné son nom à ce chemin de ronde. Ils furent installés là en 1840.

MAGASINS DE L'OPÉRA-COMIQUE Le nom de cette place, baptisée en 2003, fait référence à la présence toute proche d'un des magasins de décors de l'Opéra-Comique; au début des années 2000, ce magasin, rebaptisé « Ateliers Berthier » abrita les représentations du Théâtre de l'Odéon pendant la réfection complète de celui-ci.

MAGDEBOURG Ville d'Allemagne, sur l'Elbe. Elle compte 271 400 habitants. Cette ancienne place forte saxonne, rebâtie par Otton le Grand, fut prospère dès 967 quand elle devint un évêché. C'est la patrie d'Otto de Guéricke; Lazare Carnot y mourut. On donna le nom de Magdebourg à une rue de Paris, en 1864, en souvenir de sa prise par les Français en 1806. Les Prussiens la reprirent en 1813.

MAGELLAN (1470-1521). Fernand de Magellan, navigateur portugais, né à Porto, mort à Zébu. À 20 ans, il partit pour les Indes, puis servit en Afrique en 1512. Disgracié, il passa en Espagne au service de Charles Quint et lui expliqua son désir de chercher au sud de l'Amérique un passage vers l'Asie et les Moluques. Charles Quint lui confia cinq navires qui partirent en 1519. Après trois mois et vingt jours de navigation, il arriva aux Philippines, après avoir longé les côtes d'Amérique du Sud et réprimé une révolte de ses marins. Aux Philippines, il convertit au catholicisme le roi de Zébu, qui fut reconnu vassal du roi d'Espagne et que Magellan soutint dans un conflit contre une autre peuplade. C'est au cours de ce conflit que le navigateur périt. La rue Magellan existe depuis 1867

MAGENDIE (1783-1855). François Magendie, physiologiste, né à Bordeaux, mort à Paris. Il fit connaître l'action de la strychnine, de la morphine, de l'iode et de l'acide prussique. Il distingua le premier les nerfs moteurs des nerfs sensitifs. Bizarrement, Magendie croyait peu au pouvoir de la médecine et traitait ses malades en essayant de ne pas entraver « le travail de la nature ». Membre de l'Académie de médecine dès sa création (1819) et de l'Académie des sciences (1821), il fut médecin à l'Hôtel-Dieu et professeur au Collège de France (1831). La rue Magendie existe depuis 1867

MAGENTA Ville d'Italie, en Lombardie, sur le Naviglio Grande. Son nom fut donné à un boulevard de Paris, en 1859, en souvenir de la victoire remportée par les Français sur les Autrichiens, le 4 juin 1859. C'est Mac-Mahon qui commandait nos troupes ; deux de nos généraux furent tués pendant la bataille : Cler et Lespinasse. La victoire donna à Mac-Mahon son bâton de maréchal et le titre de duc de Magenta. 4500 Français et 10000 Autrichiens périrent dans la mêlée.

MAHATMA GANDHI (1869-1948). Le Mahatma (« grande âme ») Gandhi, patriote et philosophe de l'Inde, naquit à Porbandar et mourut assassiné. Il fut le « moteur » du mouvement qui devait amener l'indépendance de l'Inde ; toute son action était fondée sur la non-violence. Une avenue porte son nom depuis 1971.

MAIGROT-DELAUNAY MM. Maigrot et Delaunay possédaient chacun une maison dans ce passage ouvert en 1907 et s'entendirent assez pour le co-baptiser.

MAIL Cette rue, construite en 1634, doit son nom à un ancien jeu de mail, sis à cet endroit. Le jeu de mail, qui commençait à ne plus beaucoup amuser les Parisiens à l'époque de la construction de la rue, consiste à pousser une boule avec un petit maillet en bois, qu'on nomme justement « mail » ou « lève », de forme cylindrique, muni d'un cercle de fer à chaque bout et emmanché d'un morceau de bois flexible. Chaque joueur doit pousser sa boule vers un point déterminé de manière à toucher avec elle un but fixé en terre. Le mot « mail » fut attribué non seulement au jeu lui-même, mais aussi à l'endroit où il se pratiquait. De nombreuses villes possèdent un mail.

MAILLARD (1814-1883). Jean Antoine Maillard de La Gournerie, ingénieur né à Mantes, mort à Paris. Ancien élève de Polytechnique, il devint inspecteur général des Ponts et Chaussées et enseigna la géométrie descriptive au Conservatoire des arts et métiers. Membre de l'Institut, Maillard donna son nom à une rue en 1902.

MAILLOT (1826-1888). Théodore Pierre Nicolas Maillot, peintre né et mort à Paris. Prix de Rome en 1864, il a peint « l'Incrédulité de saint Thomas », « Fénelon pendant la bataille de Malplaquet » et « l'Apothéose et le transport de la châsse de saint Marcel » (Notre-Dame de Paris), ainsi que « les Trois Vertus théologales » (Saint-Jacques-du-Haut-Pas, à Paris). Maillot réalisa « Procession de sainte Geneviève » pour le Panthéon, entièrement à la cire.
Il exista un autre Maillot, François Clément (1804-1894), sans lien de parenté avec le précédent, médecin militaire qui, le premier, utilisa le sulfate de quinine pour soigner les soldats d'Afrique. Son nom fut donné à une commune d'Algérie. Dans sa partie parisienne, le boulevard Maillot existe depuis 1920. Son autre partie se trouve à Neuilly-sur-Seine.

MAIN-D'OR C'est une ancienne auberge, à l'enseigne de la « Main-d'Or », située dans cette voie qui donna son nom à ce passage et à la rue adjacente, aux environs de 1890.

MAINE (1670-1736). Louis Auguste de Bourbon, duc du Maine, second enfant de Louis XIV et de Mme de Montespan, naquit à Saint-Germain et mourut à Sceaux. Il vint au monde avec un pied-bot. C'est Lauzun qui s'occupa de son éducation. Louis XIV le légitima et le titra en 1673. Le duc du Maine gouverna le Languedoc en 1682 (gouverneur à 12 ans, ce n'est pas mal...), il fut général des galères (1688) et grand maître de l'artillerie (1694). En 1678, on publia de lui « Œuvres diverses d'un auteur de sept ans »

Assez valeureux, il participa aux batailles de Fleurus, Steinkerque et à la campagne de Flandre en 1702. Louis XIV l'éleva au rang de prince de sang, mais après la mort du Roi-Soleil on priva le duc du Maine de tous ses droits; accusé de conspiration, il fut même enfermé au château de Doullens en 1719. Libéré en 1720, il s'éloigna de sa femme – qui l'avait incité à conspirer et à qui il en voulait pour cela – et se retira à Sceaux où il passa ses dernières années dans la religion et les belles-lettres. C'est le duc du Maine qui fit construire de son vivant l'avenue qui porte son nom, mais elle ne fut baptisée officiellement qu'en 1821. La rue du Maine, nommée ainsi à cause de la proximité de l'avenue, existe depuis 1863.

MAINTENON C'est à la ville de Maintenon que cette allée doit son nom, et point à Mme de Maintenon (1635-1719), mariée secrètement avec Louis XIV en décembre 1684 et que le roi consultait en disant : « Qu'en pense Votre Solidité? » La ville de Maintenon, dans l'Eure-et-Loir, possède un joli château construit sous deux rois : Louis XII et François Ier, par Cottereau. Louis XIV l'acheta en 1674 pour Mme de Maintenon – qui ne s'appelait encore que Françoise d'Aubigné – et l'éleva en marquisat pour elle, qui ajouta deux ailes à la construction primitive.

MAIRE Connue dès 1275, la rue au Maire était, en quelque sorte, le chef-lieu du bourg de Saint-Martin-des-Champs. Elle doit son nom au fait que le maire de ce bourg, qui était également bailli, l'habitait originairement. L'édile donnait alors ses audiences dans une des 41 maisons qui composaient cette rue.

MAIRIE C'est la présence de l'ancienne mairie du XVIIIe arrondissement qui fit donner ce nom à cette cité au début du XIXe siècle.

MAISON-BLANCHE « Maison-Blanche » était le nom d'un ancien hameau, situé à l'endroit où l'on a ouvert cette rue en 1867. Son centre se trouvait à l'emplacement de l'église Sainte-Anne actuelle.

MAISON-BRÛLÉE C'est après un incendie qui avait détruit une vieille maison que l'on construisit cette cour; il fut normal de la nommer ainsi, puisque sans l'incendie de cette maison elle n'eût sans doute jamais existé. Cela se passait au début du XIXe siècle.

MAISON-DIEU Cette rue, baptisée en 1863, rappelle l'ancien nom de l'hôpital de l'Hôtel-Dieu, le plus ancien de Paris.

MAÎTRE-ALBERT (1193-1280). Albert le Grand, dit Maître-Albert, un des savants les plus illustres du Moyen Âge, né à Lauingen, mort à Cologne. Entré chez les Dominicains en 1222, il vint enseigner la philosophie à Paris de 1245 à 1248. Ses cours étaient fort prisés et il les donnait en plein air, sur une place (la place Maubert actuelle, contraction de Magister Albertus) afin d'accueillir un maximum d'élèves. En 1254, on retrouve Maître-Albert à Cologne où il fut nommé provincial de son ordre. Personnage hors du commun, il eut le futur saint Thomas d'Aquin pour disciple et fit naître les théories concernant la « matière » et la « forme », l'« essence » et l'« être ». D'autre part, il parvint à construire un automate, parlant et marchant. Il croyait fermement à la transmutation des vils métaux en or et en argent. Le livre « Secrets admirables du Grand-Albert » est très recherché. La rue existe depuis 1844.

MALAKOFF Le 8 septembre 1855, le bastion de Malakoff, qui défendait Sébastopol, fut pris par Mac-Mahon. La bataille se termina en corps à corps et à coups de crosses, de pioches et de couteaux. Malgré l'arrivée des réserves russes et l'annonce que le bastion était miné, Mac-Mahon ne recula point. « J'y suis, j'y reste ! » dit-il à cette occasion. À quatre heures de l'après-midi, Malakoff était pris ; le lendemain, les Russes évacuèrent Sébastopol. L'avenue de Malakoff fut baptisée en 1864.

MALAQUAIS Ce nom est la déformation de « Mal-Acquest » ou « Mal-Acquis ». C'était le nom d'un port situé à proximité de ce quai dont la construction date de 1556. Le port de Mal-Acquest, connu dès le début du XVIe siècle, a gardé le mystère de son appellation.

MALAR Ouverte en 1816, cette rue porte le nom de Mme Malard, à qui le temps fit perdre un « d », propriétaire du terrain.

MALASSIS Fin XVIIIe, début XIXe, on tondait ânes et chevaux dans cette rue. Qui voulait s'y reposer un instant n'en trouvait guère le moyen : les animaux l'encombraient et, de plus, leurs poils se transformaient vite en « poils à gratter » si l'on stationnait trop longtemps. En outre, son sol était couvert de bosses et de crottin. Oui, vraiment, on était bien « mal-assis » dans cet endroit qui reçut son nom actuel en 1850.

MALEBRANCHE (1638-1715). Nicolas de Malebranche, philosophe né et mort à Paris. Sa vocation philosophique lui apparut en lisant le « Traité de l'homme » de Descartes. Il publia en 1674 son premier livre, « la Recherche de la vérité ». Un des objectifs de Malebranche était de démontrer l'harmonie du cartésianisme avec la religion. Dans tous ses écrits, il développa l'œuvre de Descartes dans le sens le plus diamétralement opposé à celui emprunté par Spinoza. D'après Malebranche, la pensée saisit dans chaque chose l'idée, au sens platonicien du mot, et les idées étant en Dieu, la pensée voit toutes choses en Dieu. Il a écrit « Traité de morale », « Entretiens sur la métaphysique et la religion », « Traité de l'amour de Dieu » et « Traité de la communication du mouvement ». Malebranche disait : « L'imagination est la folle du logis » et « Il faut toujours rendre justice avant que d'exercer la charité ». Une rue reçut son nom en 1867.

MALESHERBES (1721-1794). Guillaume de Lamoignon de Malesherbes, né et mort à Paris. Conseiller au Parlement et président à la Cour des aides, il reçut, en même temps, la direction de la Librairie ; à cette fonction, il favorisa la rédaction de « l'Encyclopédie ». Il se permit de morigéner le roi sur des impôts nouveaux et s'éleva contre les lettres de cachet. Cela ne plut guère à la Cour et il dut démissionner. Il voyagea alors en Europe sous le pseudonyme de M. Guillaume. Redevenu ministre d'État, les intrigues le contraignirent à une nouvelle démission, en 1788, peu avant la convocation des états généraux qu'il ne trouvait pas très judicieuse. En 1792, sachant que le roi pouvait avoir besoin de lui, il reprit ses fonctions et défendit Louis XVI devant la Convention. En juin 1793 on l'arrêta comme suspect ; traduit devant le Tribunal révolutionnaire, il fut condamné à mort et exécuté sans même avoir cherché à se défendre. Il a écrit, principalement, « Mémoire pour Louis XVI ». Le boulevard Malesherbes fut baptisé en 1824 et la place en 1864.

MALEVILLE (1741-1824). Jurisconsulte et homme politique, le marquis Jacques de Maleville naquit et mourut à Domme (Périgord). Avocat, venu à Paris, il prépara, sous le Consulat, le Code civil pour lequel, avec Portalis et contre Tronchet, il défendit les idées romaines. Sénateur en 1806, comte en 1808, Maleville vota la déchéance de Napoléon, ce qui permit à Louis XVIII de l'appeler à la Chambre des pairs. La rue Maleville existe depuis 1864.

MALHER Sous-lieutenant qui trouva la mort sur une barricade le 24 juin 1848. On donna son nom à une rue en 1849

MALHERBE (1555-1628). François de Malherbe, poète né à Caen, mort à Paris. Parti pour Aix-en-Provence parce qu'il ne s'entendait guère avec son père, il s'y maria, en 1581, avec Madeleine de Coriolis. Durant quelques années, il partagea son temps entre la Provence et la Normandie, écrivant, sans grand succès, des vers peu personnels. Puis le cardinal du Perron s'intéressa à lui et Malherbe, recommandé à Henri IV, fut présenté à la Cour. Il devint rapidement gentilhomme ordinaire de la chambre du roi et écrivit des quantités d'odes, sonnets et vers d'amour... Sous Louis XIII, comme il plaisait à la reine mère, il resta fort en cour; son autorité devint même immense. Malherbe porta à la Pléiade, par la forme de sa poésie, un coup dont elle eut du mal à se relever. Signalons qu'un de ses beaux vers : « Et rose elle a vécu ce que vivent les roses », était à l'origine le suivant : « Et Rosette a vécu ce que vivent les roses », Rosette étant le prénom de la fille qu'avait perdue M. du Périer, à qui est dédiée cette « Consolation sur la mort de sa fille ». C'est l'imprimeur qui fit une faute d'impression que Malherbe eut l'intelligence de ne pas corriger. Boileau et tout le XVIIe siècle adoraient Malherbe; ne disait-on pas : « Enfin, Malherbe vint! » Notre poète, qui ne se détestait pas, a dit : « Ce que Malherbe écrit dure éternellement », ainsi que « Et les fruits passeront les promesses des fleurs ». Le square Malherbe existe depuis 1932.

MALLEBAY Cette villa porte le nom d'un propriétaire qui n'avait que cette qualité sans doute pour passer à la postérité

MALLET-STEVENS (1888-1945) Robert André, dit Mallet-Stevens, architecte qui construisit lui-même cette voie privée en la bordant de maisons bâties selon son style, que l'on peut qualifier de cubique. Cet architecte mourut dans une des maisons qu'il avait construites, au numéro 12 de cette rue ouverte en 1927

MALMAISONS La malmaison est le nom vulgaire que l'on donnait à l'astragale des champs, genre de légumineuses papilionacées, dont l'espèce la plus répandue, aux alentours de Paris, était l'astragale glycyphylle, réputée contre la colique et la rétention d'urine. La rue des Malmaisons porte le nom d'un lieudit où cette astragale devait pousser en grande quantité. Elle fut classée officiellement en 1934.

MALTE Île située entre la Sicile et l'Afrique qui forme un État indépendant, membre du Commonwealth. Mais, pour être précis, disons que la rue doit son appellation au fait qu'elle fut ouverte, en 1783, par les Hospitaliers de Saint-Jean-de-Jérusalem, appelés aussi chevaliers de Malte. L'ordre religieux et militaire de Malte remonte au XIe siècle : en 1048, des marchands napolitains et d'Amalfi avaient établi à Jérusalem un monastère, flanqué d'un hôpital dédié à Jean-Baptiste; en 1099, Godefroy de Bouillon fit de considérables donations à cet hôpital que le directeur, un nommé Gérard, put ainsi affranchir des bénédictins du monastère contigu. Puis il fonda une nouvelle congrégation, celle des Hospitaliers de Saint-Jean-de-Jérusalem. Et voilà... L'ordre de Malte subsiste avec une nouvelle constitution datant de 1961.

MALTE-BRUN (1775-1826). Conrad Malte-Brun, géographe et publiciste, né au Danemark, mort à Paris. Il francisa son nom, Konrad Brum Malte, et dans son pays soutint avec passion les conceptions de la Révolution française. Cela déplut et il dut se réfugier en Suède dès 1792. En 1800, il fut même condamné à l'exil perpétuel; mais à cette date Malte-Brun était déjà en France depuis quelque temps et travaillait au « Journal des débats »; il y écrivit avec une telle liberté d'expression qu'on pensa, un moment, l'en exclure... Il devint alors plus prudent, dorénavant partisan des régimes qui se succédèrent jusqu'à sa mort. Ce sont ses ouvrages géographiques qui concourent à sa mémoire (« Précis de géographie universelle » et « Géographie de toutes les parties du monde »), ainsi que la revue qu'il fonda, « Annales des voyages ». Le roi du Danemark releva Malte-Brun de la peine du bannissement, mais le géographe n'en eut cure, puisqu'il demeura en France jusqu'à sa mort, qui survint plusieurs mois après le pardon royal. La rue Malte-Brun existe depuis 1812.

MALUS (1775-1812). Louis Malus, physicien né et mort à Paris. Engagé dans l'armée, puis envoyé à Polytechnique pour y parfaire son savoir, il fit partie, en 1798, de l'expédition d'Égypte. En 1807, il publia un « Traité d'optique analytique » et, surtout, en 1808, il exposa sa découverte de la « polarisation ». Plus tard il démontra que la lumière réfléchie se polarise toujours partiellement et que la polarisation complète peut être obtenue après plusieurs réfractions à travers des lames parallèles. Malus entra à l'Académie des sciences en 1810. Une rue porte son nom depuis 1881.

MANDAR (1757-1845). François Mandar, architecte né à Marines (ancienne Seine-et-Oise), mort à Paris. Il fut professeur de l'art des fortifications et professeur d'architecture à l'École des ponts et chaussées. La rue Mandar, ancienne cour Mandar, porte son nom car lorsqu'elle fut ouverte, en 1790, cet architecte y fit bâtir plusieurs maisons, dont la sienne, au numéro 9

MANIN (1804-1857). Daniel Manin, patriote italien, né à Venise, mort à Paris, qui fut président de la république de Venise, qu'il avait constituée, de 1848 à 1849. Dès 1831 Manin songeait à délivrer Venise de l'oppression autrichienne; avant de recourir à l'insurrection, il essaya d'arriver à ses fins par des moyens légaux, mais rien n'y fit. En 1848 on finit même par l'incarcérer à cause d'une pétition qu'il projetait et d'une lettre dans laquelle il soumettait à l'occupant les griefs de la population vénitienne. Mais une révolte éclata à Vienne, suscitant à Venise un soulèvement populaire qui délivra Manin. Il organisa alors la garde civique, obligea les Autrichiens à quitter la ville et constitua la république de Venise. Mais les Autrichiens ne l'entendirent pas de cette oreille et, après un blocus de dix-huit mois, Manin, acculé par la famine, dut capituler. Il quitta Venise sur un bateau français qui le conduisit à Marseille, puis il gagna Paris où il passa ses dernières années, pauvre et maladif, mais entouré de beaucoup d'estime. La rue Manin existe depuis 1880

MANSART Cette rue fut baptisée, en 1864, en l'honneur des architectes François et Jules Hardouin-Mansart (ou Mansard).
François Mansart (1598-1666), né et mort à Paris, construisit l'église Sainte-Marie de Chaillot, celle des Minimes, celle de la Visitation de Sainte-Marie, l'hôtel de La Vrillière (1635) – aujourd'hui l'hôtel de la Banque de France –, le château de Maisons-Laffitte, l'aile ouest du château de Blois, etc. C'est lui qui inventa ce que l'on appelle encore des mansardes.
Jules Hardouin-Mansart (1646-1708), petit-neveu du précédent, né à Paris, mort à Marly. En 1674 il devint l'architecte en titre de Louis XIV et

construisit d'abord le château de Clagny. Ensuite vinrent l'hôtel de ville d'Arles, le château de Dampierre, la maison de La Quintinie à Versailles, l'hôtel de Conti à Paris. Il acheva le château de Versailles commencé par Le Vau (Mansart fit la façade donnant sur les jardins) et devint intendant des bâtiments du roi. Il fit ensuite le Grand Trianon, le dôme de l'hôtel des Invalides, la place Vendôme et celle des Victoires. Il fut membre de l'Académie de peinture et de sculpture, puis le « protecteur » de cette académie.

MANUEL (1775-1827). Antoine Manuel, orateur et homme politique, né à Barcelonnette, mort à Maisons-Laffitte. Il s'engagea dans l'armée en 1792, mais de multiples blessures l'obligèrent à quitter l'uniforme en 1797. Il étudia le droit et devint avocat. Après l'Empire, en 1818, il fut élu député de Vendée et siégea à gauche; il devint le premier orateur de cette tendance. En 1823, il demanda à la Chambre de refuser de voter les crédits demandés par Chateaubriand pour l'expédition d'Espagne; cette attitude ne plut guère à la droite qui obtint son expulsion le 2 mars 1823. Le lendemain, Manuel reparut quand même à la Chambre et refusa de se retirer. Les gardes nationaux ne voulant pas l'expulser, ce furent des gendarmes qui le forcèrent à sortir; en même temps que lui, soixante-deux députés de la gauche gagnèrent la sortie et ne siégèrent plus pendant le reste de la session. Manuel se retira au château de Maisons, chez son ami le banquier Laffitte (voilà expliquée, en passant, l'étymologie de Maisons-Laffitte) où il mourut. La rue Manuel existe depuis 1887.

MANUTENTION Cette rue, ouverte en 1866, dut son nom au voisinage du bâtiment de la Manutention militaire qui contenait des provisions pour nourrir 40 000 hommes pendant trois mois. Ce bâtiment, qui existait depuis 1836, fut remplacé, en 1937, par le musée d'Art moderne.

MAQUIS DU VERCORS La place du maquis du Vercors existe depuis 1979 pour commémorer la bataille qui s'est déroulée dans le Vercors (massif des Préalpes françaises du Nord), haut lieu de la Résistance durant la Seconde Guerre mondiale. En juin et juillet 1944, 3 500 maquisards y luttèrent contre deux divisions allemandes pour les empêcher de rejoindre le front de Normandie. À la fin juillet, les résistants furent dispersés ou massacrés (750). Un monument à leur mémoire a été érigé à Vassieux-en-Vercors. À Romans-sur-Isère existe un musée de la Résistance.

MARAÎCHERS Cette rue doit son nom, reçu officiellement en 1869, aux jardins maraîchers qui la bordaient au XVIIIe siècle.

MARAIS La rue des Marais, baptisée en 1865, est ce qui reste de la rue des Marais-Saint-Martin, connue dès 1650. Elle doit son nom aux nombreux marais qui l'entouraient alors.

MARBEAU Ouvert en 1900, le boulevard Marbeau porte le nom d'un propriétaire, fils ou neveu de Jean-Baptiste Marbeau (1798-1875), philanthrope né à Brive, mort à Saint-Cloud, qui, chargé d'un rapport sur les asiles, fut mortifié en constatant le peu d'intérêt suscité par les enfants pauvres de moins de deux ans dont les mères travaillaient dans la journée. Il fonda alors à Chaillot, en 1844, la première crèche. Le reste de sa vie, il œuvra pour la construction de crèches, en France et en Europe. La rue Marbeau, proche du boulevard, porte le nom du même propriétaire.

MARBEUF En 1777, la marquise de Marbeuf acheta, à hauteur des numéros 37 à 79 avenue des Champs-Élysées, une propriété dotée d'un magnifique jardin d'agrément, qui prit le nom de « Folie Marbeuf ». C'était une « très grande folie », curiosité pour les badauds parisiens de l'époque qui la contemplaient, admiratifs. La Révolution supprima cette « Folie Marbeuf » en commençant par condamner sa propriétaire parce qu'elle semait de la luzerne plutôt que du blé... La rue Marbeuf, baptisée en 1829, doit donc son nom à cette « folie ». Signalons que la marquise de Marbeuf fut la femme du neveu du comte René de Marbeuf (1712-1786) qui gouverna la Corse à partir de 1768, date de son achat par la France et qui, très lié avec la famille Bonaparte, s'employa à faire obtenir au jeune Napoléon une bourse pour l'école militaire de Brienne.

MARCADET Ce nom vient du lieudit Mercade, lui-même déformation de « mercadus » (marché). Ce marché se serait tenu à l'époque de la foire du « Lendit » qui, elle, se déployait vers la plaine Saint-Denis à partir du deuxième samedi de juin, pour une durée de quinze jours. Elle exista à partir du XIIe siècle. La rue Marcadet fut baptisée en 1846.

MARC-ANTOINE CHARPENTIER (1635-1704). Compositeur français né et mort à Paris, il fut d'abord, un temps, le collaborateur de Molière et composa notamment des musiques pour « le Malade imaginaire ». Mais plus que la musique profane, c'est son œuvre sacrée qui le fit reconnaître. Maître de chapelle à l'église Saint-Louis, puis à la Sainte-Chapelle, il écrivit un nombre important de messes, motets, psaumes, cantiques, etc. Citons « Leçons et Répons des ténèbres » et un magnifique « Te Deum ». La musique que l'on entendit longtemps à la télévision en guise d'introduction aux émissions en « Eurovision » est de lui. Il a sa rue depuis 1987.

MARC BLOCH (1886-1944). Historien médiéviste français né à Lyon, mort près de Trévoux. Fondateur avec Lucien Febvre des « Annales d'histoire économique et sociale » en 1929, il devint professeur d'histoire économique à la Sorbonne en 1936. Chassé de l'enseignement pendant la Seconde Guerre mondiale à cause des lois antisémites, il entre dans la clandestinité et adhère au mouvement de résistance « Franc-Tireur » en 1943. Arrêté près de Lyon par les Allemands, il est torturé à la prison de Montluc avant d'être exécuté en juin 1944. Il a écrit « les Rois thaumaturges » et « Apologie pour l'histoire » (publié après sa mort). Il a dit : « L'historien n'est pas un homme libre. Du passé, il sait seulement ce que ce passé même veut bien lui confier. » Il a sa rue depuis 1997.

MARC CHAGALL (1887-1985). Peintre, graveur et décorateur français d'origine russe, né à Vitebsk, mort à Saint-Paul-de-Vence, qui, après un premier séjour en France entre 1910 et 1914, s'y est installé définitivement à partir de 1923. Inventif, imaginatif, considéré par André Breton comme un précurseur du surréalisme, il puisa son inspiration à diverses sources : Paris, le Midi, le folklore juif. Parmi ses toiles : « le Songe d'une nuit d'été », « Moi et le village », « le Violoniste », « Paris à la fenêtre », « la Chute de l'ange », etc. Il illustra de nombreux ouvrages, dont « Âmes mortes » et « la Bible ». Il conçut de nombreux vitraux dont ceux de la cathédrale de Metz et de la synagogue du Centre médical de Jérusalem. Il peignit le plafond de l'Opéra Garnier de Paris (1964). Le musée national de Nice est consacré à son « Message biblique ». Une allée porte son nom depuis 1992.

MARCEAU (1769-1796). François Séverin Marceau-Desgraviers, général né à Chartres, mort à Altenkirchen. Il s'engagea à 16 ans et, se trouvant à Paris en 1789, participa à la prise de la Bastille, puis retourna à Chartres comme capitaine de la garde nationale. En 1793, on l'envoya en Vendée où sa belle conduite à Chantonnay et Luçon le fit nommer général de brigade, puis de division. Devenu commandant en chef de l'armée de l'Ouest, il écrasa La Rochejaquelein au Mans, mais il se fit remarquer par son humanité envers les vaincus (ce qui ne fut pas le cas de tout le monde pendant la guerre contre les Chouans...). C'est dans l'armée de Sambre-et-Meuse que Marceau put exalter toutes ses qualités militaires; avec sa division, il enleva Coblence, puis Wurtzbourg et Limbourg. Malheureusement, le 19 septembre 1796, alors qu'il effectuait une reconnaissance près d'Altenkirchen, il reçut, au côté droit, une balle tirée par un soldat ennemi embusqué; transporté chez le gouverneur de la ville, il y mourut. L'avenue Marceau existe depuis 1879.

MARCEL ACHARD Auteur dramatique français, né à Sainte-Foy-lès-Lyon en 1899, mort à Paris en 1974. Ses pièces de théâtre mêlent, pour la plupart, le rire à la limite du clownesque avec la tendresse à fleur de mots. Toujours affublé de lunettes très larges et rondes il fut, autant grâce à son talent qu'à sa faconde, un élément indispensable du « Tout-Paris ». Principales œuvres : « Jean de la Lune », « Voulez-vous jouer avec moâ? », « Patate ». Entré à l'Académie française en 1959, il a dit : « Je parle au cœur plus qu'à l'oreille. C'est ce qui explique mon succès. Car tout le monde a un cœur, et tout le monde n'a pas d'oreille! » et « On n'aime que les femmes qu'on rend heureuses... » Une place porte son nom depuis 1984.

MARCEL AYMÉ Écrivain français, né à Joigny en 1902, mort à Paris en 1967. Élevé à la campagne, il arrive à Paris en 1925 et devient journaliste. À partir de 1933, et grâce au succès de son roman « la Jument verte » – qui une trentaine d'années plus tard deviendra un film interprété par Bourvil – il put s'adonner exclusivement à la littérature. Ses écrits, souvent satiriques, reflètent une vision plutôt désabusée du genre humain; principaux romans : « Travelingue » (1941), « le Chemin des écoliers » (1946, qui devint aussi un film avec Alain Delon et Françoise Arnoul), « le Vin de Paris », « la Table aux crevés », « le Passe-Muraille » (1943, encore un film avec Bourvil), « Contes du chat perché » (1938, augmentés en 1950 et en 1958). Pour le théâtre, il écrivit directement : « Lucienne et le boucher », « Clérambard », « la Tête des autres ». Il a dit : « L'argent ne se souvient de rien. Il faut le prendre quand on peut, et le jeter par les fenêtres. Ce qui est salissant, c'est de le garder dans ses poches, il finit toujours par sentir mauvais » et « Nos bonnes actions sont parfois plus troubles que nos péchés ». La rue Marcel-Aymé existe depuis 1986.

MARCEL CERDAN (1916-1949). Boxeur français né à Sidi Bel Abbes qui remporte le titre de champion de France des poids mi-moyens en 1938 et celui de champion du monde des poids moyens en 1948 face à Tony Zale, avant de le perdre contre Jack La Motta en 1949. Le 28 octobre de la même année, il reprend l'avion pour New York afin d'y disputer la revanche, mais son appareil s'écrase au-dessus des Açores et ne laisse aucun survivant. Parmi les autres victimes, citons la violoniste Ginette Neveu. La chanteuse Édith Piaf, dont il était l'ami à l'époque, souffrit infiniment de sa mort et sa chanson « l'Hymne à l'amour » lui est sans doute dédiée. La place Marcel-Cerdan existe depuis 1998.

MARCEL DORET (1896-1955). Aviateur célèbre, compagnon de Mermoz, Guillaumet, et qui donna son nom à une rue en 1966.

MARCEL DUBOIS (1856-1916). Professeur et géographe, né à Paris. Il fut professeur dans une discipline assez rare : la géographie coloniale. Il écrivit d'ailleurs « Systèmes coloniaux et peuples colonisateurs », ainsi qu'un autre livre, celui-là couronné par l'Académie des inscriptions : « Essai sur la géographie de Strabon » (Strabon était un géographe grec, né en 58 avant J.-C.). On donna son nom à une rue en 1935.

MARCEL DUCHAMP (1887-1968). Peintre français né à Blainville, mort à Neuilly-sur-Seine. Il toucha au futurisme avec « Nu descendant un escalier » (1912) puis vers 1914 il se mit à confectionner des « ready made », c'est à dire des objets totalement usuels, dérisoirement appelés « objets d'arts » (porte-bouteilles, roue de bicyclette, urinoir baptisé fontaine). On lui doit aussi, à cette époque, une reproduction de la Joconde affublée d'une moustache et d'une barbiche... Afin d'éviter la répétition, il quitta la peinture en 1923, s'occupa un peu de recherches cinétiques (« Roto relief »), mais se consacra surtout au jeu d'échecs. Cette attitude radicale lui valut un énorme prestige et beaucoup de ses trouvailles ont été largement exploitées – pour ne pas dire pillées – par les adeptes du pop art et du néoréalisme. Il a sa rue depuis 1994.

MARCEL GROMAIRE (1892-1971). Peintre, dessinateur et graveur français, né à Noyelles-sur-Sambre, mort à Paris. Admirateur de Matisse et de Léger, il étudia la peinture à Montparnasse. Son style, influencé par le cubisme, est pourtant éminemment personnel. Il utilisa beaucoup les couleurs sombres. Inspiré par des thèmes populaires (« la Guerre », 1925, et « Loterie foraine », 1923), il réalisa aussi de nombreux nus, des vues de villes et de grandes compositions décoratives. D'autre part, avec Jean Lurçat, il contribua au renouveau de la tapisserie (Aubusson et Felletin). La rue Marcel-Gromaire existe depuis 1980.

MARCEL JAMBENOIRE (1905-1969). Ce polytechnicien fut commandeur de la Légion d'honneur et titulaire de la croix de Combattant volontaire de la Résistance. D'autre part, il dirigea les Télécommunications de Paris entre 1953 et l'année de sa mort. Une allée porte son nom depuis 1986.

MARCEL PAGNOL (1895-1974). Écrivain, auteur dramatique et cinéaste né à Aubagne, mort à Paris. Nul ne sut, mieux que lui, évoquer, avec une verve juste, le monde et le parler expressif de Marseille tels qu'ils étaient entre « les deux guerres ». Sa trilogie « Marius », « Fanny », « César » en est l'illustration parfaite. Intéressé par l'expression cinématographique, il réalisa, adaptés d'œuvres de Jean Giono, des films excellents comme « Regain » et, surtout « la Femme du boulanger », où Raimu a sans doute trouvé son meilleur rôle. Citons d'autres œuvres célèbres de Marcel Pagnol : « Topaze », « Judas », « Fabien »... D'autre part, trois ouvrages réunissent ses souvenirs d'enfance et de jeunesse : « la Gloire de mon père », « le Château de ma mère » et « le Temps des secrets ». Entré à l'Académie française en 1946, il a dit cette chose sublime : « L'honneur, c'est comme les allumettes, ça ne sert qu'une fois »... Un square porte son nom depuis 1979.

MARCEL RAJMAN (1923-1944). Résistant considéré comme le symbole de la résistance de la jeunesse juive à l'occupant nazi durant la Seconde Guerre mondiale. Il participa à l'exécution du ministre plénipotentiaire allemand Lulliers Ritter, mais fut fusillé au mont Valérien le 21 février 1944. Un square porte son nom depuis 1994.

MARCELLIN BERTHELOT (1827-1907). Chimiste, né à Paris. Docteur ès sciences en 1851, il professa à l'École supérieure de pharmacie en 1859, et au Collège de France en 1865. Par voie de synthèse, il réalisa la reproduction artificielle d'un certain nombre d'espèces chimiques existant dans les êtres vivants. On doit surtout à Berthelot la thermochimie, véritable mécanique chimique qu'il créa de toutes pièces. Il devint sénateur inamovible en 1881 et, en 1886, il fut ministre de l'Instruction publique et des Beaux-Arts avant de devenir, en 1895, ministre des Affaires étrangères. Il a écrit « Sciences et philosophie », « Essai de mécanique chimique fondée sur la thermochimie » et « les Origines de l'alchimie ». La place Marcellin-Berthelot fut baptisée en 1907.

MARCEL PROUST (1871-1922). Écrivain, né à Paris. Homme à la constitution fragile, Marcel Proust chercha à « exorciser » le malheur et le mal qu'il portait en lui en remontant constamment vers sa jeunesse. Son œuvre capitale, « À la recherche du temps perdu », dépeint merveilleusement la société mondaine qu'il fréquentait, mais c'est avant tout une accumulation de souvenirs et de sentiments personnels. Dans « À la recherche du temps perdu », publié de 1913 à 1927, on trouve « Du côté de chez Swann », « À l'ombre des jeunes filles en fleurs » et « le Côté de Guermantes ». Combray, la ville dont il parle dans son œuvre, est, en vérité, le village d'Illiers, situé en Eure-et-Loir. Marcel Proust a dit : « Les paradoxes d'aujourd'hui sont les préjugés de demain », « Chaque personne est bien seule... », « Le désir fleurit, la possession flétrit toutes choses » et « Les jours sont peut-être égaux pour une horloge, mais pas pour un homme ». Proust a également écrit « Jean Santeuil », « les Plaisirs et les jours » et « Pastiches et mélanges ». L'avenue Marcel-Proust existe depuis 1930. Quant à l'allée, elle date de 1969.

MARCEL RENAULT (1882-1903). Pionnier de l'automobile, né à Paris, mort à Bourg-de-Vey (Vienne). Avec son frère aîné Louis (1877-1944), il construisit, dans un atelier de fortune aménagé chez ses parents, à Billancourt, sa première voiture alors qu'il n'était encore qu'adolescent; cette voiture possédait un châssis à tubes, une boîte à trois vitesses en prise directe, une transmission par arbre et un différentiel; seul le moteur n'avait pas été fabriqué par les frères Renault, puisqu'il s'agissait d'un De Dion-Bouton, d'une puissance d'un cheval-vapeur trois quarts, pris sur un tricycle. Après cette première voiture, ils décidèrent de poursuivre la fabrication, en petites séries, de leur véhicule; en 1899, ils firent breveter leur boîte de vitesses à prise directe et un changement de vitesses par baladeurs. Afin de promouvoir leurs voitures, ils participaient à tous les raids de l'époque et ce fut au cours de la course Paris-Madrid que Marcel Renault trouva la mort; son frère décida immédiatement d'abandonner la compétition, ce qui n'empêcha point les automobiles Renault, auxquelles il continua, bien entendu, à se consacrer, de devenir une marque de renommée mondiale. La rue Marcel-Renault date de 1905.

MARCEL SEMBAT (1862-1922). Avocat et homme politique, né à Paris. Élève au collège Stanislas, il entra ensuite à la Faculté de droit de Paris, puis s'inscrivit au barreau. En 1893, il fut élu député du XVIIIe arrondissement de la capitale; il siégea avec les socialistes et se montra un fervent partisan de Jaurès. Au début de la Première

Guerre mondiale, à la demande expresse de Poincaré, le parti socialiste accepta que deux de ses membres participent au gouvernement de guerre; c'est ainsi que Jules Guesde devint ministre d'État et Marcel Sembat ministre des Travaux publics (1914-1916). Durant cette période, le chef de cabinet au ministère des Travaux publics n'était autre que Léon Blum. Avant la guerre, Marcel Sembat écrivit de nombreux articles dans différents journaux : « la Lanterne », « le Petit Soir » et dans la « Revue de l'enseignement primaire ». Il fit paraître, en 1914, un livre qui eut un grand retentissement : « Faites un roi, sinon faites la paix ». Dignitaire au Grand Orient de France, Marcel Sembat, qui ne se départit jamais de ses idées socialistes, donna son nom à une rue en 1927.

MARCEL TOUSSAINT Écrivain contemporain, dont on donna le nom à un square en 1935. Ne pas confondre avec un autre Toussaint, écrivain aussi, mais prénommé François, auteur des « Aventures du chevalier Shroop », qui vécut de 1715 à 1772, et se permit de traiter Frédéric de Prusse de « brigand du Nord ».

MARCÈS Ce monsieur était propriétaire du terrain sur lequel on ouvrit cette impasse.

MARCHAIS Ce nom, très ancien, était celui d'un « regard » installé sur l'aqueduc du Pré-Saint-Gervais; cet aqueduc souterrain menait les eaux des hauteurs du Pré-Saint-Gervais à la léproserie Saint-Lazare. Il fut construit sous Philippe Auguste. La rue des Marchais fut détachée de la commune du Pré-Saint-Gervais en 1930.

MARCHÉ Ce passage doit son nom au fait qu'il menait au marché qui se tenait au bout de la rue Bouchardon proche, marché appelé « du Château-d'Eau » ou « marché de la Porte-Saint-Martin » et créé en 1854.

MARCHÉ AUX CHEVAUX Ce marché se tint, à partir de 1687, à la hauteur de la rue Duméril actuelle. Il avait lieu chaque mercredi et samedi pour les chevaux, les ânes et les mules; le dimanche on vendait des voitures et même des chiens. Un marché aux porcs, ouvert tôt le matin des mêmes jours, doublait le marché aux chevaux. En 1857, on déplaça ce marché un peu vers le sud pour permettre le percement du boulevard Saint-Marcel. Petite précision : c'est en avril 1641 que l'architecte Villedo conçut le plan du « Marché aux chevaux » du faubourg Saint-Victor, c'est-à-dire celui qui nous intéresse. L'impasse existe depuis 1734.

MARCHÉ DES BLANCS-MANTEAUX Le marché des Blancs-Manteaux fut inauguré le 24 août 1819, par la Ville de Paris, mais sa construction commença en 1813. Il fut supprimé en 1913. La rue du Marché-des-Blancs-Manteaux, qui était au pourtour du marché, fut construite en 1813.

MARCHÉ DES PATRIARCHES Cette rue porte le nom d'un marché ouvert en même temps qu'elle, le 1er juin 1831, sur l'emplacement de l'ancienne maison des Patriarches, ainsi nommée depuis 1399 parce qu'elle fut, à cette date, habitée par Simon de Cramault, archevêque de Reims et patriarche d'Alexandrie. C'est par déformation que de la maison « du Patriarche » on fit la maison « des Patriarches ».

MARCHÉ-NEUF En 1568, il fut ordonné aux marchands de poissons et d'agrumes installés dans le Petit-Châtelet de venir se fixer à l'emplacement actuel d'une partie de ce quai du Marché-Neuf. Cette partie prit immédiatement le nom de « rue du Marché-Neuf ». Le marché disparut en 1856 et la rue devint un quai, formé définitivement en 1860.

MARCHÉ ORDENER Construite en 1891, cette rue porte le nom d'un marché qui, à la même date, s'installait deux ou trois fois par semaine sur un trottoir de la rue Ordener, toute proche.

MARCHÉ POPINCOURT Cette rue servait de voie d'accès au marché Popincourt, en même temps que la rue Jacquard et la rue Ternaux. Ce marché fut inauguré en 1831. La rue du Marché-Popincourt fut officiellement baptisée en 1844, mais sa construction date de 1829.

MARCHÉ SAINT-ANTOINE La cour du Marché-Saint-Antoine, ainsi nommée en 2001, rappelle, fort logiquement, l'ancien marché Saint-Antoine, situé place d'Aligre.

MARCHÉ SAINTE-CATHERINE En 1783, on ouvrit plusieurs voies, dont cette place, pour permettre l'accès au futur marché Sainte-Catherine dont la première pierre fut posée en 1788. Ce marché fut construit sur une partie de l'emplacement autrefois occupé par le prieuré Sainte-Catherine-du-Val-des-Écoliers, bâti sous Saint Louis et démoli de 1774 à 1777.

MARCHÉ SAINT-HONORÉ (place et rue). Le marché Saint-Honoré fut inauguré en novembre 1810 et démoli en 1959 afin de faire place à des bâtiments servant de garages à la police et aux pompiers. Le marché lui-même avait été édifié à l'emplacement du couvent des Jacobins dont la construction remontait à 1613, sous Marie de Médicis. À la Révolution, qui le ferma, les « Amis de la Constitution » prirent l'habitude de s'y réunir et c'est ainsi que naquit le Club des Jacobins, qui fut tout-puissant, jusqu'à l'exécution, en 1794, de son principal animateur, Robespierre. Le marché Saint-Honoré s'appela d'ailleurs, au début, marché des Jacobins, tout comme la place qui ne prit son nom actuel qu'en 1826. Signalons qu'entre 1946 et 1950 elle se nomma place Robespierre. La rue du Marché-Saint-Honoré subit les mêmes tribulations que la place, quant à sa dénomination.

MARCO POLO Voyageur italien, né à Venise vers 1254, mort en 1324. En compagnie de son père et son oncle, il se rendit à Cambaluc (aujourd'hui Pékin) et vécut quelques années à la cour du khân Qûbilaï. Là, bientôt chargé de hautes fonctions, Marco Polo effectua des missions au Tonkin, en Inde, en Perse. Il revint à Venise en passant par Sumatra (1295) à la tête de prodigieuses richesses. Son ouvrage « Livre des merveilles du monde » (1298) donne la première documentation assez précise, géographiquement et ethnographiquement, sur l'Orient. Un jardin de Paris porte son nom depuis 1984.

MARC SANGNIER (1873-1950). Journaliste et homme politique, né à Paris. Dans une revue créée en 1894, « le Sillon », il s'ingénia à promouvoir l'idée d'un christianisme démocratique et social; il est, en quelque sorte, le fondateur de la « démocratie chrétienne ». On donna son nom à une avenue en 1956.

MARC SÉGUIN (1786-1875). Ingénieur né et mort à Annonay. C'était le neveu de Joseph Montgolfier. Créateur des ponts suspendus en « fil de fer », sa plus grande invention est cependant, sans nul doute, la chaudière tubulaire dont l'industrie se servit dès 1827 et qui équipa « la Fusée », première locomotive de Stephenson. Il inventa aussi une « chaudière pulmonaire », qui a la particularité de restituer à la vapeur la chaleur qu'elle perd à chaque coup de piston. Il écrivit « De l'influence des chemins de fer et de l'art de les tracer et de les construire ». La rue Marc-Séguin existe depuis 1868.

MARE Cette rue doit son nom à une mare – pas du genre « mare aux canards », beaucoup plus grande que cela – qui était formée par les eaux de la colline de Belleville. La rue de la Mare fut baptisée en 1825 et l'impasse en 1877.

MARÉCHAL DE LATTRE DE TASSIGNY (1889-1952). Jean de Lattre de Tassigny naquit à Mouilleron-en-Pareds (Vendée), comme Georges Clemenceau. Pendant la Seconde Guerre mondiale, il commanda la Ire armée française et la mena de la Provence au Rhin et au Danube, de 1944 à 1945. Après la guerre, il fut nommé haut-commissaire et commandant en chef en Indochine – où son fils Bernard fut tué – et c'est à titre posthume qu'il reçut son bâton de maréchal. On lui dédia une place en 1961.

MARÉCHAL FAYOLLE (1852-1928). Émile Fayolle, né au Puy-en-Velay, un des chefs les plus vaillants de la Première Guerre mondiale. En 1916 et 1917, il combattit sur la Somme, puis en Italie, avant de se voir confier tout un groupe d'armées pour l'offensive finale et victorieuse de 1918. On donna son nom à une avenue en 1929.

MARÉCHAL FRANCHET D'ESPEREY (1856-1942). Louis de son prénom, naquit à Mostaganem. Il participa efficacement à la bataille de la Marne, en 1914, et c'est lui qui en 1918, en Macédoine, contraignit la Bulgarie à cesser le combat. Franchet d'Esperey appartint à l'Académie française. On donna son nom à une rue en 1930.

MARÉCHAL GALLIENI (1849-1916). Né à Saint-Béat (Haute-Garonne), prénommé Joseph, il servit d'abord au Soudan et au Tonkin, avant de participer à la pacification de Madagascar, de 1896 à 1905. En 1914, il était gouverneur de Paris et ne fut pas un mince artisan de la victoire de la Marne. Il mourut alors qu'il était ministre de la Guerre depuis un an. C'est à titre posthume, en 1921, qu'il fut nommé maréchal de France. L'avenue du Maréchal-Gallieni existe depuis 1918.

MARÉCHAL HARISPE (1768-1855). Le comte Jean Isidore Harispe naquit à Saint-Étienne-de-Baïgorry (Pyrénées-Atlantiques) et mourut à Lucarre (même département). Engagé en 1792, il fut blessé à Iéna. Nommé général de brigade en 1807, il se conduisit d'une façon remarquable à Saragosse et à Yecla (1813) ; il battit les Anglo-Portugais à Saint-Jean-Pied-de-Port, mais il reçut une nouvelle blessure et fut fait prisonnier à Toulouse. Libéré, il se rallia à l'empereur quand celui-ci revint de l'île d'Elbe ; la seconde Restauration l'écarta d'abord, mais il fut rappelé en 1830, nommé pair de France en 1835 et fait maréchal en 1851. Sa rue existe depuis 1907.

MARÉCHAL JUIN (1888-1967). Alphonse Juin naquit à Bône. À la fin de la Seconde Guerre mondiale (1943-1944), il commanda les Forces françaises libres en Italie. De 1947 à 1951, il fut résident général au Maroc ; enfin, de 1953 à 1956, on le chargea du commandement en chef des forces atlantiques, pour le secteur Centre- Europe. Cet homme, doté d'une forte personnalité et d'un caractère certain, appartenait à l'Académie française. La place du Maréchal-Juin – ex-place Pereire – fut baptisée en 1973.

MARÉCHAL LYAUTEY (1854-1934). Avenue créée en 1929. (Pour la biographie du maréchal Lyautey, voir à « Lyautey », rue.)

MARÉCHAL MAUNOURY (1847-1923). Joseph Maunoury naquit à Maintenon. Il passa à la postérité en remportant, à la tête de la VIe armée, la bataille de l'Ourcq en septembre 1914. Ce fut un moment décisif dans la bataille de la Marne. Notez que le maréchal Maunoury avait 67 ans en 1914. C'est à titre posthume qu'on le fit maréchal. Une avenue porte son nom depuis 1929.

MARENGO Ville d'Italie, dans le Piémont, où, le 14 juin 1800, Bonaparte remporta une brillante victoire sur les Autrichiens. La ville de Marengo est chère au cœur des Français pour deux raisons : d'abord pour la victoire précitée, puis pour la recette du « veau Marengo ». À dire vrai, initialement, ce n'est pas de veau qu'il s'agissait, mais de poulet. Le « poulet Marengo » est une préparation culinaire inventée, le jour de la fameuse bataille, par le cuisinier de Bonaparte qui, dépourvu de beurre, le remplaça par de l'huile. Cela était totalement inusité à l'époque et c'est cette substitution qui surprit et enchanta notre futur empereur. Plus tard, c'est surtout au veau qu'on appliqua cette recette, mais on peut également faire du lapin et du canard « à la Marengo ». Quant à la victoire de Marengo, si elle nous donna, par la convention d'Alexandrie, toute la haute Italie, elle nous fit perdre environ 6000 hommes. La rue Marengo existe depuis 1854.

MARGUERIN (1820-1884). Émile Marguerin était un professeur d'histoire et de littérature qui habita le XIVe arrondissement. On donna son nom à une rue en 1899.

MARGUERITE DE NAVARRE (1492-1549). Née à Angoulême, morte à Odos, en Bigorre, on peut aussi l'appeler Marguerite de Valois ou d'Angoulême. Sœur de François Ier, elle épousa, en 1509, le duc d'Alençon, mais devint veuve en 1525 ; elle se remaria deux ans plus tard avec le roi de Navarre, Henri d'Albret dont elle eut Jeanne d'Albret, mère du futur Henri IV. Elle fit de la Cour de Navarre un lieu d'humanisme où la poésie était aussi reine qu'elle. Très chrétienne, elle s'intéressa à la Réforme de Calvin et intervint souvent au bénéfice des protestants. Polyglotte parlant 7 langues, dont l'hébreu et le grec, elle écrivit plusieurs ouvrages dont « Heptaméron », un recueil de nouvelles publiées après sa mort. Elle a dit : « Le scandale est souvent pire que le péché », « Un malheureux cherche l'autre » et « Les choses où l'on a volonté, plus elles sont défendues, plus elles sont désirées ! ». La place Marguerite-de-Navarre existe depuis 1985.

MARGUERITE DURAS Écrivain, auteur dramatique, cinéaste, metteur en scène, de son vrai nom Marguerite Donnadieu, née à Gia Dinh (Cochinchine) en 1914, morte à Paris en 1996. Elle vécut jusqu'à l'adolescence dans son pays natal, puis à Calcutta et Bombay. Elle conta ces années d'enfance dans « Un Barrage contre le Pacifique », paru en 1950. Parmi ses autres ouvrages : « L'Amant » (prix Goncourt 1984), « La Vie tranquille », « Le Marin de Gibraltar », « Hiroshima mon amour » (dont Alain Resnais fit un film), « Les Mains négatives », etc. Pour le cinéma, elle réalisa « La Musica » (avec Séban), puis, entre autres, « Détruire, dit-elle » (également au théâtre), « India Song », « Son nom de Venise dans Calcutta désert », « Le Camion », « Des journées entières dans les arbres », « Agatha », etc. Au théâtre, elle a donné « Les Eaux et forêts », « Le Shaga », « Yes, peut-être », « Les Viaducs de la Seine-et-Oise », « L'Amante anglaise », « L'Eden Cinéma », « Savannah Bay », etc. Elle a dit : « J'aimerai quiconque entendra que je crie. » Une rue porte son nom depuis 2003.

MARGUERITE LONG (1874-1966). Pianiste française, née à Nîmes, morte à Paris. Grande interprète, notamment, de Ravel, Fauré, Debussy, elle fonda une école d'enseignement qui acquit rapidement une grande notoriété. Elle créa aussi, avec le violoniste Jacques Thibaud, un concours international de grand prestige, qui perdure. Un jardin porte son nom depuis 1992

MARGUERITE YOURCENAR (1903-1987). Femme de lettres ayant les nationalités française et américaine, de son vrai nom Marguerite de Crayencour (dont Yourcenar est l'anagramme), qui fut la première femme à entrer à l'Académie française en 1980. Elle aima à mêler les mythes antiques aux problèmes de la modernité; parmi ses ouvrages, qui touchent à la poésie, au travail d'essayiste, au théâtre, aux romans historiques ou autobiographiques, citons · « Mémoires d'Hadrien », « Souvenirs pieux », « La mort conduit l'attelage », « Pindare », « Mishima ou la vision du vide », « les Yeux ouverts ». Elle a dit : « La philosophie épicurienne, ce lit étroit mais propre », « Ce dieu qu'est pour ceux qui l'ont aimé tout être mort à vingt ans » et « Un homme qui lit, ou qui pense, ou qui calcule, appartient à l'espèce et non au sexe; dans ses meilleurs moments, il échappe même à l'humain ». Une allée porte son nom depuis 1995

MARGUERITTE Cette rue a été baptisée, en 1894, en l'honneur de deux Margueritte, le père et le fils. Le père (1798-1857) fonda la Compagnie parisienne du gaz; son fils (1822 1891) l'administra. Une dynastie !

MARGUETTES C'est joli, une marguerite, fleur champêtre s'il en est... Pourquoi a-t-on déformé le mot qui la désigne? En effet, « marguettes » est une altération de « marguerites ». Cette rue est un ancien chemin bucolique beaucoup plus long que le tracé actuel. Ce chemin est connu depuis 1813. On le tronçonna trois fois, en 1902, 1905 et 1930.

MARIA CALLAS (1923-1977). Cantatrice grecque, de son vrai nom Maria Kaloghreopoulos, née à New York, morte à Paris. Elle brilla autant par sa virtuosité vocale que par l'intensité de son expression dramatique. Interprète hors pair des opéras italiens, elle régna sur les scènes du monde entier. Une place lui a été dédiée en 1997

MARIA DERAISMES (1828-1894) Femme de lettres, née et morte à Paris. Elle commença par écrire de petites pièces de théâtre, puis collabora à différents journaux et, surtout, donna des conférences en faveur de l'émancipation de la femme. Après 1870, elle se battit vigoureusement contre les idées peu féministes de Barbey d'Aurevilly, Dumas fils et Sardou. De 1881 à 1885, elle dirigea un journal, « le Républicain de Seine-et-Oise », en 1882, elle créa une loge maçon nique pour femmes et présida la Société pour l'amélioration du sort de la femme et la revendication de ses droits. Elle écrivit « Nos principes et nos mœurs », « Ève dans l'humanité » et « Épidémie natura liste » La rue existe depuis 1894

MARIE Créée en 1850, cette cité porte le doux prénom de la femme du propriétaire du terrain sur lequel on l'ouvrit. Peut-être ce monsieur disait-il à sa femme

Marie, qui voudrait votre beau nom tourner
Y trouverait aimer.
Aimez-moi donc, Marie !

MARIE (pont). L'architecte de ce pont, dont la première pierre fut posée en octobre 1614, par Louis XIII, s'appelait Christophe Marie. On donna son nom à son ouvrage, terminé en 1630, mais seulement ouvert à la circulation en 1635. Jusqu'en 1741 des maisons le surmontaient. Elles disparurent graduellement à partir de cette date qui est celle où l'on prescrivit d'ôter toutes les maisons des ponts de Paris

MARIE-ANDRÉE LAGROUA WEILL-HALLÉ Médecin née au Bouscat en 1916 et décédée à Paris en 1994. Elle fonda le Mouvement français pour le planning familial et l'association pour l'étude des problèmes de naissance. Une rue porte son nom depuis 2003.

MARIE-ANNE COLOMBIER Cette ancienne voie de la commune de Bagnolet, annexée par Paris en 1930, porte le nom de Mme Colombier, qui y possédait une maison.

MARIE BENOIST Construite en 1905, cette rue porte le nom d'une dame qui y possédait une habitation

MARIE-BLANCHE Avant 1870, cette impasse s'appelait « Sainte Marie-Blanche ». La sainte disparut, Dieu seul bien sûr sait pourquoi, mais il nous reste Marie-Blanche. Il semble qu'initialement une statuette toute blanche de sainte Marie fut placée dans une niche creusée dans le mur d'une maison, car au XVIIe siècle cette impasse se nommait « passage Sainte Marie », puis « Sainte Marie la Blanche ». Cependant, et honnêtement, un certain doute demeure quant à la véracité de cette explication.

MARIE CURIE (1867-1934). Née à Varsovie, Marie Sklodowska fut l'épouse de Pierre Curie, qui découvrit la piézo-électricité et étudia les symétries en physique. Avec son mari, Marie fit une découverte déterminante, celle du radium; c'est avant tout ce qui rendit célèbre ce couple de savants que deux prix Nobel vinrent récompenser en 1903 et 1911. Le square Marie-Curie fut baptisé en 1970.

MARIÉ-DAVY (1820-1893). Hippolyte Marié-Davy, physicien né à Clamecy, mort à Dornecy (Nièvre). En 1862, il fut nommé « astronome titulaire » de l'Observatoire de Paris et, en 1863, il commença à organiser, dans toute la France, un service de météorologie. De 1873 à 1887, on lui confia l'Observatoire de Montsouris. On lui doit des travaux sur le magnétisme terrestre et les applications de la météorologie à l'agriculture. La rue Marié-Davy fut ouverte en 1894.

MARIE DE MIRIBEL (1872-1959). C'est la fondatrice de l'œuvre de la Croix-Saint-Simon à laquelle elle se consacra totalement. La place qui porte son nom fut baptisée en 1982

MARIE ET LOUISE Marie et Louise étaient les charmantes (peut-être...) filles d'un homme qui possédait la plupart des maisons de cette rue. D'abord appelée « Marie-Louise » au moment de sa création, vers 1870, cette rue reçut sa dénomination actuelle en 1879.

MARIE HERMANT Propriétaire d'un immeuble dans ce passage lors de son ouverture.

MARIE LAURENCIN (1885-1956). Peintre, dessinatrice, graveuse et poétesse française qui publia ses premiers poèmes sous le pseudonyme de Louis Lalanne et rencontra Apollinaire auquel elle inspira plusieurs œuvres et qui la considérait, au plan de la peinture, comme une cubiste, alors que finalement on doit plutôt la classer dans les nabis. Utilisant des couleurs fluides et douces, elle peignit admirablement des silhouettes féminines longues, gracieuses et souples. Auteur de magnifiques aquarelles, elle fit aussi des décors de ballets, dont « les Biches » de Francis Poulenc, et réalisa de nombreuses illustrations de livres pour André Gide, Lewis Carroll, etc. On a donné son nom à une rue en 1987.

MARIE LAURENT (1826-1904). Marie Alliouze-Luguet, dite Marie Laurent, actrice née à Tulle. Elle appartenait à une famille de comédiens et, très jeune, joua en province avant d'être engagée, à 20 ans, à Bruxelles où elle se maria avec le chanteur Pierre-Marie Laurent. Comme il se doit, elle le suivit à Marseille, puis à Paris où elle joua à l'Odéon en 1848 dans une pièce intitulée « François le Champi ». Désormais, elle ne cessa de jouer sur toutes les grandes scènes parisiennes avec beaucoup de succès. Elle incarnait merveilleusement, dans les drames populaires, les mères valeureuses... Elle interpréta des rôles dans « Michel Strogoff », « Pêcheur d'Islande », « Quatre-vingt-treize », etc. L'allée Marie Laurent fut baptisée en 1935

MARIE-MADELEINE FOURCADE (1909-1989). Beaucoup plus de femmes qu'on ne le pense ont joué un rôle dans la résistance durant la Seconde Guerre mondiale; Marie-Madeleine Fourcade fut l'une d'entre elles et, de surcroît, la seule qui dirigea un réseau. On a donné son nom à une place en 1995.

MARIE PAPE-CARPENTIER *Voir Pape-Carpentier; nouvelle dénomination en 1994.*

MARIE-ROSE Depuis 1906, cette rue doit son nom à un propriétaire. Il est difficile de savoir si Marie-Rose était son patronyme ou bien le prénom de sa femme ou de sa fille. À moins que ce ne soit l'inventeur de la célèbre poudre contre les poux qui trouva ainsi le moyen de faire de la publicité à son produit... Incontestablement, cette dernière explication n'est pas la bonne...

MARIE STUART (1542-1587). Reine d'Écosse, fille de Jacques V et de sa seconde femme Marie de Lorraine-Guise, née à Linlithgow, morte à Fotheringay. À 7 jours, Marie Stuart était déjà reine... À 6 ans on la fiança avec François, héritier présomptif de la couronne de France. Elle parut à la Cour à 15 ans; sa beauté impressionna beaucoup. En 1558, elle épousa son « fiancé-dauphin » qui, à la mort de Henri II, son père, en 1559, devint, pour une courte année, roi de France sous le nom de François II. En effet, il mourut en 1560; ce ne fut pas une mauvaise chose pour la France car durant l'année de son règne il abandonna quasiment tous ses pouvoirs aux oncles maternels de sa femme : le duc de Guise et le cardinal de Lorraine, qui exercèrent le pouvoir en véritables despotes. Quoi qu'il en soit, Marie Stuart fut reine des Français; la mort de François II l'amena à retourner auprès de ses sujets écossais. D'emblée le désaccord régna entre le peuple, protestant, et elle, catholique. Son second mariage avec un catholique, le comte de Darnley, n'arrangea pas les choses et un soulèvement éclata, qu'elle réprima. Le comte de Darnley se montra un époux déplorable; Marie Stuart eut cependant de lui, en 1566, un enfant qui plus tard régna sur toute l'Angleterre (Jacques VI d'Écosse). Peu après cette naissance, Darnley fut assassiné par un « fanatique » de la reine, Bothwell. Il semble que Marie Stuart n'ait pas le moins du monde réprouvé le geste de l'assassin... Ne l'épousa-t-elle pas un peu plus tard? C'est alors que la noblesse écossaise se souleva; Marie Stuart, abandonnée de tous, fuit en Angleterre où elle pensait trouver un asile auprès d'Élisabeth. Elle se trompait : on la mit aux fers dès son arrivée en 1568; elle y demeura jusqu'en 1586, année à la fin de laquelle on la jugea et condamna à mort. Elle fut exécutée en 1587, sans que son fils, âgé de 21 ans et alors roi d'Écosse, tente quoi que ce soit pour la sauver... La rue Marie-Stuart existe depuis 1809; c'est Fouché lui-même, en qualité de commandant de la police impériale, c'est-à-dire ministre de la Police, qui décida qu'on devait attribuer le nom de l'ex-reine d'Écosse et de France à cette rue qui, auparavant, s'appelait « Tire-boudin », et plus avant encore

« Tire-vit » à cause des péripatéticiennes qui la fréquentaient jadis assidûment. C'est tout de même plus joli maintenant.

MARIETTA MARTIN (1902-1944). Poétesse de grand talent, au style plein d'une sensibilité exacerbée, qui mourut en déportation pendant la Seconde Guerre mondiale. On donna son nom à une rue en 1952.

MARIGNAN Ville lombarde, en Italie. Les 13 et 14 septembre 1515, François Ier y remporta une victoire sur les Suisses (qui n'étaient pas encore neutres...). Cette bataille fut qualifiée de « combat de géants ». Pendant deux jours – on s'arrêta la nuit, quand la lune se cacha – les deux camps luttèrent furieusement. L'issue était encore indécise quand les Vénitiens, alliés des Français, arrivèrent sur l'arrière des Suisses qui, alors, battirent en retraite. C'est à l'issue de cette bataille que François Ier, qui s'était montré fort brave, se fit armer chevalier par Bayard. La victoire de Marignan, qui nous coûta 20000 hommes, nous donna le Milanais et nous assura une paix perpétuelle avec la Suisse. La rue de Marignan fut construite en 1858.

MARIGNY (1727-1781). François Poisson, marquis de Marigny, frère de la marquise de Pompadour, naquit et mourut à Paris. Sa sœur le présenta à la Cour sous le nom de « marquis de Vandières » (les mauvais esprits de l'époque épris de calembours ne manquèrent pas de l'appeler « Marquis d'avant-hier »...). Mme de Pompadour lui obtint le poste de directeur général des bâtiments, jardins, arts et manufactures du roi; objectivement, nous devons reconnaître que Marigny se montra fort digne de ce « coup de piston » et que l'on n'eut qu'à se louer de lui. Il protégea Coustou, Van Loo, Pigalle et Joseph Vernet, fit reprendre les travaux du Louvre et développa les Gobelins. Il démissionna en 1773, et prit le nom de marquis de Ménars, ville située à 15 km de Blois qui s'enorgueillit d'un beau château ayant appartenu à madame la marquise sa sœur. La rue de Marigny existe depuis 1767. Signalons que c'est Louis XV qui, pour François Poisson, avait érigé en marquisat la terre de Marigny.

MARINIERS Beaucoup de mariniers avaient coutume de se retrouver, aux XVIIIe et XIXe siècles, dans un établissement situé dans cette rue qui, avant 1937, s'appelait le passage des Mariniers

MARIN LA MESLÉE (1912-1945). Edmond Marin La Meslée, né à Valenciennes, mort dans la région de Neuf-Brisach, est pilote. Après avoir servi au 2e régiment de chasse de Strasbourg à partir de 1932, il est affecté à Reims en 1937. Au début de la Seconde Guerre mondiale, en 1939, il remporte plusieurs victoires durant la « campagne de France ». En 1940 il se replie avec son groupe en Afrique du Nord où il participe à la protection des convois en Méditerranée. Revenu en France en 1944, il y est abattu, au-dessus de l'Alsace, par la D.C.A. ennemie, en effectuant sa 117e mission. Un square porte son nom depuis 1997

MARINONI (1823-1904). Hippolyte Marinoni, constructeur mécanicien, est le créateur, en 1867, de la presse rotative avec margeur, dite « presse Marinoni », qui permettait de tirer 20000 journaux à l'heure. C'est pour « le Petit Journal » qu'il l'avait conçue. Marinoni créa aussi une machine pour tirer les billets de banque... L'invention de sa rotative lui permit de devenir directeur du « Petit Journal » à partir de 1883. Une rue porte son nom depuis 1907

MARIO NIKIS (1908-1944). C'était le directeur des laboratoires radioélectriques qui se trouvaient au numéro 6

de cette rue, appelée alors « Grousselle ». Pendant la Seconde Guerre mondiale, M. Mario Nikis fut emmené en déportation et mourut dans un camp de concentration. On donna son nom à cette voie en 1948.

MARIOTTE (1620-1684). Edme Mariotte, physicien, né à Dijon, mort à Paris. Ce prieur de Saint-Martin-sous-Beaune est le fondateur, en France, de la physique expérimentale. On lui doit la loi de Mariotte, bien connue des plongeurs, et que nous vous rappelons : « Une même masse de gaz, à une température constante, qui supporte successivement des pressions différentes, prend des volumes inversement proportionnels à ces pressions. » En bref : P.V = cte. Mariotte s'intéressa beaucoup à l'hydrostatique et à l'hydrodynamique. Il a écrit « De la nature de l'air » et « Traitement du mouvement des eaux et des autres corps fluides ». Pour une de ses expériences, il se servit d'un flacon connu depuis sous le nom de « flacon de Mariotte ». C'est en 1864 que l'on donna son nom à une rue de Paris.

MARIUS AUFAN Cette rue de Levallois-Perret, dont une partie fut annexée par Paris en 1930, semble porter le nom d'un ancien habitant ou édile de cette ville de banlieue.

MARIUS BARROUX (1862-1939). Archiviste, né et mort à Paris. C'est lui qui transforma les archives du département de la Seine, jusqu'à lui de caractère presque uniquement administratif, en un centre vital de recherches historiques. Il a écrit un livre d'un très grand intérêt : « le Département de la Seine et la Ville de Paris. Notions générales et bibliographiques pour en étudier l'histoire ». Il a une allée depuis 1997.

MARIVAUX (1688-1763). Pierre Carlet de Chamblain de Marivaux, né et mort à Paris. Très jeune, il se lia avec Fontenelle, La Motte, fréquenta les salons à la mode et écrivit, pour le « Nouveau Mercure », des articles de satire sociale, tout en rédigeant des romans sans grand intérêt : « Folies romanesques » et « la Voiture embourbée ». Ce n'est qu'à 32 ans qu'il fit représenter sa première pièce, « l'Amour et la Vérité ». Ce fut ce que l'on appelle aujourd'hui un four. Il lui fallut attendre « Arlequin poli par l'amour » pour connaître le succès. Dès lors, et jusqu'en 1743, il n'écrivit que pour le Théâtre-Italien et le Théâtre-Français. Ce furent : « la Double Inconstance » (1723), « le Prince travesti » (1724), « le Jeu de l'amour et du hasard » (1730), « les Serments indiscrets » (1732), « l'Heureux stratagème » (1733), « les Fausses Confidences » (1737), « le Préjugé vaincu » (1746). La banqueroute de Law ruina Marivaux qui, pour vivre, rédigea à lui seul un journal, « le Spectateur français ». Dans les pièces de Marivaux, tous les personnages sont traités avec un sens très aigu de la psychologie, les femmes ont très souvent le premier rôle et les dialogues sont d'une grande beauté. Comme romancier, Marivaux a donné « la Vie de Marianne » et « le Paysan parvenu ». Élu en 1742 à l'Académie française, contre l'avis de Voltaire, Marivaux a dit : « Dans ce monde il faut être trop bon pour l'être assez », « On n'est pas maître de son cœur » et « Chez certaines gens, un habit neuf, c'est presque un beau visage... ». La rue Marivaux existe depuis 1784

MARLÈNE DIETRICH Actrice américaine d'origine allemande, de son vrai nom Maria Magdalena Dietrich, née à Berlin en 1901, morte à Paris en 1992. Les débuts de Marlène Dietrich restent mystérieux pour beaucoup. On a dit qu'avant de devenir actrice, elle aurait été une violoniste remarquable, mais qu'elle dut renoncer à cet instrument pour cause de blessure... Elle aurait été formée par le metteur en scène allemand Max Reinhardt (1873-1943). Elle aurait fait de la figuration dans le film « La Rue sans joie », dont Greta Garbo (1905-1990) était la vedette (ceci est probablement exact). Ce dont on est certain, c'est qu'elle débuta au cinéma en 1923 dans « Le Petit Napoléon » (Der Kleine Napoléon) et qu'elle tourna ensuite dans une bonne dizaine d'autres longs métrages avant que n'arrive, en 1930, avec « L'Ange bleu », celui qui s'est dit son Pygmalion, Josef von Sternberg (1894-1969). « L'Ange bleu », où elle jouait le rôle d'une entraîneuse prénommée Lola, la révéla immédiatement au monde entier et fut le point de départ d'une longue carrière internationale. Avec Sternberg elle tourna plusieurs autres films, souvent extravagants, et leur collaboration cessa en 1935 avec « La Femme et le Pantin ». Sa filmographie recèle ensuite, et entre autres, « Femme ou démon », « Martin Roumagnac », «La Scandaleuse de Berlin », « L'Ange de la haine », « Témoin à charge », « La Soif du mal », « Jugement à Nuremberg », « Gigolo ». Elle se dressa toujours contre l'hitlérisme. Jean Cocteau (1889-1963) disait à son propos: « Son nom commence comme une caresse et finit comme un coup de cravache. » Une place lui est dédiée depuis 2002.

MARLY Avant 1930, ce passage était situé sur la commune de Levallois-Perret. Marly était, semble-t-il, le nom d'un propriétaire de ce passage.

MARMONTEL (1723-1799). François Marmontel, né à Bort (Limousin), mort près de Gaillon (Normandie). Il prit l'habit ecclésiastique et fut sur le point d'entrer chez des Jésuites à Mauriac (Cantal) quand une ode qu'il fit pour le concours des Jeux floraux de 1743, si elle ne lui permit pas de remporter le concours, lui donna l'occasion de venir à Paris pour rencontrer Voltaire. Oubliés les Jésuites. Il se mit à écrire d'arrache-pied (ou plutôt « d'arrache-main »...) et le succès vint, particulièrement avec « Aristomène », qui lui valut l'« amitié » de Mlle Navarre, délaissant pour lui le maréchal de Saxe. Il continua d'écrire d'autres pièces – « Aristomène » est une tragédie – mais l'intérêt du public chuta aussi vite qu'il avait monté. Voltaire l'avait considéré comme un génie de la tragédie, mais il semble qu'il ne se soit pas montré très clairvoyant; lire les pièces de Marmontel est aujourd'hui assez ennuyeux... En revanche, son « Traité de poétique française » ne manque pas d'intérêt, ainsi qu'un opéra-comique (musique de Grétry) : « Didon ». Il fut reçu à l'Académie française en 1763 et en devint le secrétaire perpétuel en 1783. La rue Marmontel existe depuis 1864.

MARMOUSETS Le nom de « marmousets », qui représente une figure grotesque, un homme de petite taille un peu ridicule, fut donné en 1388, par les ducs de Bourgogne et de Berry, aux anciens conseillers de Charles V : Olivier de Clisson, Le Bègue de Vilaines, Bureau de La Rivière, Le Mercier, etc., que Charles VI avait gardés auprès de lui. C'est bien entendu par dépit et jalousie que ces distingués ducs donnèrent ce surnom aux conseillers dont ils auraient aimé avoir la place... Ces « marmousets » se montrèrent d'excellents conseillers jusqu'à ce que la folie de Charles VI amène nos deux ducs au pouvoir, forçant Olivier de Clisson à fuir, tandis que ses compagnons étaient embastillés. Au XVIIIe siècle, le nom de « marmousets » fut attribué à quelques jeunes seigneurs, tel le duc d'Épernon, qui tentèrent de discréditer, auprès de Louis XV, le cardinal Fleury, pour s'emparer du pouvoir. Le cardinal, pas sanguinaire, se contenta de les exiler dans leurs terres. La rue des Marmousets est connue depuis 1540.

MARNE Rivière qui naît au plateau de Langres (381 m) et mesure 525 km. Elle se jette dans la Seine à Charenton (des « marnistes » acharnés prétendent que c'est le contraire...). Auparavant, la Marne arrose Saint-Dizier, Châlons, Épernay, Château-Thierry, Meaux et Nogent-sur-Marne où sa rive droite fut longtemps couverte de guinguettes, qui, sous un autre aspect, ont tendance à revenir. Le quai de la Marne, qui longe le canal de l'Ourcq, existe depuis 1802 et la rue, baptisée à cause de son voisinage avec le quai, depuis 1848.

MAROC Royaume, à l'extrémité ouest de l'Afrique, sur l'Atlantique et la Méditerranée. Initialement peuplé de Berbères, le Maroc fut inclus dans le royaume mauritanien, au IIe siècle avant J.-C. Les Romains le prirent en 42 et il s'appela « province de Mauritanie Tingitane ». Les Vandales, en 429, mirent fin à la présence romaine. Conquis par les Arabes au VIIIe siècle, le Maroc s'islamisa alors et les dynasties suivantes s'y succédèrent : Idrisides, Fatimides, Almoravides, Marinides et enfin les Alawites, qui depuis 1660 gouvernent le pays. À la fin du XVIIIe siècle, les Européens commencèrent à s'intéresser de très près au Maroc; ce n'est qu'en 1912 que la prééminence française fut reconnue avec l'instauration du protectorat que l'Angleterre et l'Allemagne nous avaient disputé longtemps. De 1921 à 1926, le fameux Abd el-Krim donna beaucoup de fil à retordre à Lyautey. Après la Seconde Guerre mondiale, les Marocains, et surtout un parti, l'Istiqlal, luttèrent pour obtenir leur indépendance, qui fut reconnue en 1956. En 1957, le Maroc devenait un royaume et Hassan II, décédé en 1999, succédait à son père Muhammad V en 1961. Les principales villes du Maroc, en dehors de Rabat, la capitale, sont : Casablanca, Fès, Meknès, Marrakech, Tanger et Agadir. La rue du Maroc fut baptisée en 1864, ainsi que la place.

MARONITES Membres d'un groupe de chrétiens de rite syrien. Ils eurent pour fondateur Jean Maroun, ou Maron, qui vivait au VIIe siècle. Les membres du clergé maronite ont le droit d'être mariés, à condition que leur mariage ait eu lieu avant l'ordination. Le chef religieux des maronites a le titre de patriarche d'Antioche et réside au couvent de Kannobin. La rue des Maronites fut baptisée en 1867.

MARQUIS D'ARLANDES François-Laurent d'Arlandes, né en 1742 à Anneyron (Dauphiné), mort en 1809, effectua avec Jean-François Pilâtre de Rozier (voir ce nom) le premier véritable vol en montgolfière, le 21 novembre 1783, à Paris, entre le château de la Muette et la Butte aux Cailles. Une rue porte son nom depuis 2000.

MARRONNIERS Cette rue est une ancienne allée, plantée de splendides marronniers, qui appartenaient au parc du château de Passy. Cette allée devint impasse en 1842, puis la voie que nous connaissons en 1849.

MARSEILLAISE C'est en 1932 que l'on donna à cette rue le nom de notre chant national composé à Strasbourg par Rouget de Lisle en 1792. Le compositeur était alors capitaine du génie dans la capitale alsacienne. Les paroles de notre hymne, attribuées parfois à Marie-Joseph Chénier, à Louis Du Bois et à l'abbé Antoine Pessoneaux, sont, en fait, de Rouget de Lisle lui-même, sauf le couplet commençant par « Nous entrerons dans la carrière » qui fut ajouté plus tard. Le premier titre de « la Marseillaise » était « Chant de guerre pour l'armée du Rhin ».

MARSEILLE En latin et en grec « Massilia ». Marseille est bâtie sur quatre collines; on y distingue la vieille ville, sur les collines des Accoules et des Carmes, et la ville neuve – qui date quand même du XVIIe siècle – s'étendant autour du Vieux-Port. Marseille fut construite par les Phocéens. En 49 avant J.-C., elle fut prise par César qui la punissait ainsi de lui préférer Pompée. Évangélisée en 280, elle eut bientôt ses martyrs, dont le premier fut saint Victor. En 539 la capitale phocéenne appartint aux Francs; les Sarrasins la pillèrent en 735 et Charles Martel vint les chasser. En 879 ce fut Boson, roi d'Arles, qui s'en empara. Charles d'Anjou l'occupa en 1252 et, en 1481, le roi René en fit cadeau, avec toute la Provence, au roi de France, Louis XI. Au XVIe siècle, Charles Quint l'assiégea deux fois et en 1580 une épidémie de peste la décima. Une autre épidémie de peste, en 1720, tua 40000 Marseillais sur 90000. La Révolution fut acclamée à Marseille, mais les guerres impériales et le blocus continental la ruinèrent; de plus, sous la Restauration, le chef-lieu des Bouches-du-Rhône subit une cruelle « terreur blanche ». Aujourd'hui l'essor économique de Marseille est important et son port est le principal port de commerce français. À voir dans la ville : la cathédrale Notre-Dame-du-Mont-Carmel (XVIIe), Sainte-Marie-Majeure (XIXe) et Notre-Dame-de-la-Garde (XIXe). Mais le plus beau monument de Marseille est sans doute le palais de Longchamp, datant de 1869. Citons aussi le Vieux-Port, celui de la Joliette et les trois îles, à quelques encablures du rivage : Pomègue, Ratonneau et If. C'est dans cette dernière qu'Alexandre Dumas, dans son roman « le Comte de Monte-Cristo », imagina la rencontre entre l'abbé Faria et Edmond Dantès. La rue de Marseille fut baptisée en 1844.

MARSEILLE Ce n'est pas un hasard si, dans cette ville, la rue de la Tarasque est voisine de la rue Sainte-Marthe. La tradition populaire nous apprend que la Tarasque – animal amphibie qui se tenait sur les bords du Rhône – obstruait parfois la navigation sur le fleuve et s'amusait – on a les distractions qu'on peut! – à faire chavirer les bateaux. D'autre part, au cours des petites promenades qu'il effectuait, le monstre dévorait les habitants. Mais sainte Marthe – patronne de Tarascon : ville de la Tarasque – arriva et dompta l'animal fabuleux, délivrant ainsi toute une région de la terreur.

Il peut paraître anormal que l'hymne national français, composé par Rouget de Lisle et créé à Strasbourg sous le titre de « Chant de guerre de l'armée du Rhin », s'appelle « la Marseillaise ». Mais il existe une explication toute simple : ce sont les fédérés marseillais qui, les premiers, le firent connaître à Paris.

MARSOLLIER (1750-1817). Joseph Marsollier des Vivetières, librettiste né à Paris, mort à Versailles. Avant la Révolution, il était « payeur de rentes » à l'Hôtel de Ville de Paris. Après la Révolution, il se trouva sans travail et sans le sou. Il tenta alors de vivre de sa plume; il y parvint brillamment puisqu'il gagna, petit à petit, suffisamment d'argent pour se constituer une rente dont la perception devait lui sembler un juste retour des choses, si l'on se souvient de son premier métier... Marsollier, sur des musiques de Dalayrac et Méhul principalement, écrivit les livrets de nombreux opéras-comiques représentés au Théâtre Feydeau et à la Salle Favart. Citons quelques ouvrages : « la Folle par Amour », « la Pauvre Femme »,

« le Concert interrompu » et « Une matinée de Catinat ». La rue Marsollier a été baptisée en 1829.

MARSOULAN (1839-1909). Henri Marsoulan fut conseiller municipal du XIIe arrondissement. C'est à ce titre honorable qu'on donna son nom à une rue en 1912.

MARTEAU L'impasse Marteau, ancienne voie de la commune de Saint-Denis que Paris s'appropria en 1930, doit sans doute son nom à un sieur nommé Marteau qui l'habita.

MARTEL Michel Martel fut échevin de Paris, c'est-à-dire magistrat municipal, de 1764 à 1786. C'est lui qui autorisa l'ouverture de cette rue en 1777 et on lui donna aussitôt son nom.

MARTIGNAC (1778-1832). Sylvère Gay, vicomte de Martignac, homme politique né à Bordeaux, mort à Paris. En 1798, il était le secrétaire de Sieyès tout en se targuant de profonds sentiments royalistes. D'ailleurs, les témoignages de dévouement dont il fit preuve vis-à-vis du duc d'Angoulême quand il vint à Bordeaux, durant les Cent-Jours, valurent à Martignac un poste d'avocat général dans sa ville natale en 1815. Élu député de Marmande en 1821, il se tailla une belle réputation d'orateur. C'est en 1825 qu'il fut fait vicomte. Devenu partisan d'une politique de modération, il accéda au poste de ministre de l'Intérieur; il rétablit alors la liberté de la presse et renouvela tout le personnel administratif. Son laxisme finit par déplaire au roi Charles X qui le renvoya en avril 1829. La rue de Martignac existe depuis 1828.

MARTIN BERNARD (1808-1883). Aristide Martin, dit Martin Bernard, homme politique né à Montbrisson, mort à Paris. D'abord typographe, il se jeta avec passion dans les luttes politiques après 1830. En 1839, il participa, aux côtés de Blanqui et Barbès, à l'insurrection qui échoua et fut emprisonné au Mont-Saint-Michel, puis à Doullens jusqu'en 1848. Il représenta alors le peuple aux Assemblées constituante et législative. Le sang toujours bouillant, Martin Bernard se mêla à une autre insurrection avortée, celle du 13 juin 1849, et cette fois, pour échapper à la prison, il s'exila jusqu'à l'amnistie de 1859. Élu député en 1871, ce socialiste fervent quitta peu de temps après l'arène politique. Il a écrit, cela ne vous surprendra pas : « Dix ans de prison au Mont-Saint-Michel et à Doullens ». La rue Martin-Bernard existe depuis 1883.

MARTIN GARAT (1748-1830). Cette rue porte depuis 1830 le nom de l'homme qui fut le premier directeur général de la Banque de France.

MARTINI (1741-1816). Jean Schwarzendorf, dit Martini, compositeur né à Freistadt, mort à Paris. À 10 ans, précoce, il était organiste à Neubourg. Venu à Nancy, il devint le protégé du roi Stanislas. C'est là qu'il changea de nom. Stanislas mort, Martini vint à Paris et commença à écrire son œuvre dramatique (« l'Amoureuse de quinze ans » « le Droit du Seigneur », « Annette et Lubin ») dont la qualité n'empêcha point qu'elle tombe assez vite dans l'oubli. Mais le nom de Martini continue pourtant à courir le monde grâce... – non, rien à voir avec l'apéritif – à cette merveilleuse mélodie intitulée « Plaisir d'amour ». Le compositeur fut directeur de la musique du prince de Condé, puis du comte d'Artois, surintendant de la musique du roi et directeur général de la musique au théâtre Feydeau. L'impasse Martini fut baptisée en 1900.

MARTINIQUE Île de l'océan Atlantique, découverte par Christophe Colomb et colonisée par les Français dès 1625. Les Anglais nous l'ôtèrent trois fois : en 1762, 1794 et 1809. Martinique vient d'un mot caraïbe, « Madinina ». C'est une île volcanique et montagneuse : la montagne Pelée (1 350 m), volcan qui entra en éruption en 1902, détruisit alors la ville de Saint-Pierre et dévasta toute l'île. Située dans les Petites Antilles, la Martinique (1 090 km² pour 359 570 habitants) est devenue un département français en 1946. Ville principale : Fort-de-France. On y cultive la canne à sucre dont on tire un rhum, excellent sur place... La rue de la Martinique existe depuis 1877.

MARTIN NADAUD (1815-1898). Homme politique né à Lamartinesche (Creuse). Maçon à Paris, il fut élu en 1849 député de la Creuse. En décembre 1851 on le proscrivit et il partit en Angleterre où il resta jusqu'en 1870. Après cette date, redevenu député de la Creuse et élu au conseil municipal de Paris, il vota avec l'extrême gauche. En 1882 il devint questeur de l'Assemblée. Martin Nadaud s'occupa beaucoup des questions ouvrières. On donna son nom à une place en 1899.

MARTY Depuis son ouverture, cette impasse porte le nom d'un propriétaire qui y résidait.

MARTYRS Au IXe siècle on bâtit une chapelle au numéro 9 de la rue Antoinette, proche. Cette chapelle, appelée Sanctum Martyrium, fut construite sur l'emplacement où, au début de notre ère, des chrétiens, parmi lesquels saint Denis, furent inhumés après avoir été martyrisés. C'est dans cette chapelle que, sous l'impulsion d'Ignace de Loyola, fut institué l'ordre des Jésuites (institution en 1534, reconnaissance par le pape Paul III en 1540). La révolution de 1789 détruisit la chapelle que le curé de la Madeleine fit reconstruire en 1871. Actuellement, et depuis 1880, cette chapelle et un monastère attenant appartiennent aux Dames auxiliaires du Purgatoire, qui suivent la règle de la Compagnie de Jésus. La rue des Martyrs, constituée en 1750, doit donc son nom à la chapelle Sanctum Martyrium.

MARTYRS DE LA RÉSISTANCE DE LA PORTE DE SÈVRES Cette place, baptisée en 2000, rend hommage aux résistants et patriotes qui furent torturés et massacrés par les nazis dans les stands de tir du champ de manœuvres d'Issy-les-Moulineaux.

MARTYRS JUIFS DU VÉLODROME D'HIVER Cette place est dédiée, depuis 1986, aux nombreux juifs arrêtés et conduits au vélodrome d'hiver de Paris, lors de la rafle des 16 et 17 juillet 1942.

MARX DORMOY (1888-1941). Homme politique né à Montluçon, mort à Montélimar. Tout jeune, il adhéra aux Jeunesses socialistes, puis devint membre de la Fédération socialiste de l'Allier. Après les élections générales qui amenèrent le Front populaire, Marx Dormoy fut appelé à Paris par Léon Blum qui le nomma sous-secrétaire d'État à la présidence du Conseil le 4 juin 1936, puis ministre de l'Intérieur, de la fin 1936 à 1938. En 1939, son hostilité au nouveau régime et sa fidélité à Léon Blum lui valurent d'abord des rigueurs administratives, puis l'emprisonnement à Pellevoisin (commune de l'Indre, à 28 km de Châteauroux) le 26 septembre 1940. Le 31 décembre de la même année, on le transféra à Vals-les-Bains ; il passa quelques mois dans cette ville, puis fut mis en résidence surveillée à Montélimar ; là, le 26 juillet 1941, une bombe à retardement, placée sous son lit, le tua net, pendant son sommeil. Son corps repose à Montluçon. Marx Dormoy, député et sénateur socialiste de l'Allier, donna son nom à une rue en 1945.

MARYSE BASTIÉ (1898-1952). Aviatrice née à Limoges qui détint jusqu'à dix records du monde de distance ou de durée. On donna son nom à cette rue en 1956.

MARYSE HILSZ (1903-1946). Aviatrice, née à Levallois-Perret, qui effectua des raids à très longue distance et fut longtemps détentrice de nombreux records d'altitude. Une rue porte son nom depuis 1957.

MASLIER Ce passage porte le nom du propriétaire du terrain sur lequel on le construisit.

MASPÉRO (1846-1916). Gaston Maspéro, égyptologue né à Paris. En 1873, il tenait la chaire d'archéologie égyptienne au Collège de France. Envoyé en Égypte en 1880, il dirigea, à partir de 1881, le musée de Boulaq et toutes les fouilles archéologiques dans ce pays. En 1884, il découvrit à Deir el-Bahari 36 sarcophages de rois et reines de la XVIIe dynastie, puis, à Ackhîm, une nécropole intacte. De 1884 à 1886, il entreprit le déblaiement du temple de Louqsor et le désensablement du Sphynx. C'est aussi lui, élu membre de l'Académie des inscriptions et belles-lettres en 1883, qui dégagea totalement Karnak et qui pratiqua l'exploration rationnelle des pyramides de Memphis. La rue Maspéro existe depuis 1929.

MASSÉNA (1758-1817). André Masséna, duc de Rivoli, prince d'Essling et maréchal de France, né à Nice, mort à Paris. Fils de vigneron, orphelin très jeune, il s'engagea en 1775. En 1792, il était colonel et aida à chasser les Austro-Sardes du comté de Nice. En 1796, chef de l'avant-garde de l'armée de Bonaparte en Italie, on lui donna le surnom d'« Enfant chéri de la Victoire ». En février 1798, il gouverna les États romains. En 1799, il commanda l'armée d'Helvétie et chassa les Autrichiens des Grisons. En février 1800, Bonaparte le renvoya en Italie; bloqué à Gênes par les Autrichiens, sa résistance prépara la victoire de Marengo. Maréchal de France en 1804, assurant la possession de Naples à Joseph Bonaparte en 1806, son attitude, en tant que commandant de l'aile gauche de l'armée française en Pologne en 1807, lui valut le titre de duc de Rivoli. Masséna atteignit son apogée en 1809, à Eckmuhl, Essling et Wagram. Napoléon le fit alors prince d'Essling. Envoyé au Portugal, il s'y montra moins heureux devant Wellington en 1811 et fut privé de tout commandement. En 1814, il se rallia à la première Restauration, ne bougea point pendant les Cent-Jours et, en 1815, après Waterloo, fut nommé gouverneur de Paris. Il succomba d'une maladie de poitrine. Si l'on parle beaucoup de sa valeur militaire, on ne manque jamais de citer ses deux travers : avarice et cupidité. Le boulevard Masséna existe depuis 1864 et le square depuis 1944.

MASSENET (1842-1912). Jules de son prénom, compositeur né près de Saint-Étienne. Il obtint le grand prix de Rome en 1863. Massenet exerça son talent dans tous les genres avec un égal bonheur. On lui doit « Manon » (1884), « Werther » (1892), « le Portrait de Manon » (1894), « Sapho » (1897), « Grisélidis » (1901), cinq opéras; puis des oratorios, des cantates, comme « Paix et Liberté » et « Narcisse »; de la musique symphonique : « Scènes de bal », « Scènes hongroises », « Scènes pittoresques »... ; un « Lamento » à la mémoire de Bizet; des mélodies, etc. Membre de l'Académie des beaux-arts en 1878 et professeur de composition au Conservatoire la même année, Massenet donna son nom à une rue en 1924.

MASSERAN Ce nom est l'abréviation de Masserano, du prince du même nom, ambassadeur d'Espagne en France en 1805, qui fut aussi maître des cérémonies auprès de Joseph Bonaparte. Son nom est celui d'une ancienne principauté d'Italie, dans le Piémont. Ce prince possédait, à la hauteur du numéro 7 de cette rue, un hôtel qu'il avait fait construire en 1787 par Brongniart. Cette rue existe depuis 1790. L'hôtel de Masserano donnait aussi boulevard des Invalides.

MASSILLON (1663-1742). Jean-Baptiste Massillon, prélat et prédicateur, né à Hyères, mort à Clermont-Ferrand. À 18 ans il prit l'habit d'oratorien; devenu professeur, quelques années plus tard, à Montbrison et à Pézenas, certaines bonnes fortunes auprès de la gent féminine faillirent le faire renoncer à l'Église. Mais il se reprit... Ordonné prêtre en 1692, il fit d'abord retraite à l'abbaye de Sept-fonds, puis vint à Paris. Ses conférences et ses prêches, particulièrement à partir de 1699, le firent connaître et le roi, en 1700, lui demanda de prêcher l'Avent à la cour. Bourdaloue était en fin de carrière et Massillon se trouva là à point nommé. Sainte-Beuve dit de lui : « L'innovation de Massillon fut d'introduire le pathétique et un vif sentiment des passions humaines dans ses discours, et d'attendrir légèrement la parole sacrée sans l'amollir encore. » Massillon prononça l'oraison funèbre de Louis XIV qui débute ainsi : « Dieu seul est grand, mes frères ! » Ses sermons les plus réputés furent ceux sur « la Mort », « l'Impénitence finale », et « la Mort du pécheur ». Son chef-d'œuvre est un ensemble de dix sermons parus sous le titre « Petit Carême ». Ils furent dits devant Louis XV. Évêque de Clermont à partir de 1717, élu à l'Académie en 1719, Massillon inspira beaucoup d'admiration à Voltaire. Il se retira dans son diocèse en 1721. La rue Massillon existe depuis 1801.

MASSONET Cette impasse porte le nom d'une personne qui y possédait une maison.

MATHIAS DUVAL (1844-1907). Médecin né à Grasse, professeur à la Faculté de médecine, et membre de l'Académie du même nom en 1882. Il se préoccupa principalement de recherches anatomiques et embryologiques. Il a écrit « Structure et usage de la rétine », « De la formation du blastoderme dans l'œuf d'oiseau » et « le Darwinisme ». La rue existe depuis 1890.

MATHIEU M. Mathieu était propriétaire des terrains sur lesquels cette impasse fut ouverte.

MATHIS C'est depuis 1865 que cette rue porte le nom d'un propriétaire immobilier honorablement connu à son époque dans ce quartier.

MATHURIN MOREAU (1822-1912). Sculpteur né à Dijon dont la première œuvre fut visible en 1848. On a de lui « l'Élégie », « la Fée aux fleurs », « Fileuse » (peut-être son chef-d'œuvre), « Primavera » et « Monument de Joigneaux », ouvrage pour lequel il reçut une médaille d'honneur au Salon de 1897. Mathurin Moreau fut, en outre, maire du XIXe arrondissement, où se trouve la rue qui porte son nom depuis 1912.

MATHURIN RÉGNIER (1573-1613). Poète né à Chartres, mort à Rouen. Destiné à l'habit ecclésiastique par ses parents, afin qu'il soit en position d'hériter des abbayes de son oncle Desportes qui avait, soit dit en passant, accédé à la richesse par la poésie, le jeune Mathurin Régnier s'attacha au cardinal de Joyeuse et le suivit à Rome de 1587 à 1603. Quand le brave oncle Desportes mourut, en 1606, Mathurin obtint 2000 livres de rente et un canonicat (office de chanoine) à Chartres. Écrivant depuis 1595, il était en passe de devenir le poète officiel de la cour du roi de France quand il mourut brusquement. Le but de Régnier, dans ses écrits, était de restituer la satire antique. Il écrivit 16 satires, plus 5 élégies et des poésies diverses. Mathurin Régnier, adversaire déclaré de Malherbe, a dit : « Chacun est artisan de sa bonne fortune », « En toute opinion je fuis la nouveauté », « Qui ose a peu souvent la fortune contraire » et « Le juge sans reproche est la postérité ». Une rue reçut le nom de l'auteur de ces fortes paroles en 1894

MATHURINS En 1652, il existait déjà une ruelle des Mathurins qui devait son nom au fait qu'elle longeait une ferme appartenant depuis 1245 à des moines mathurins. Les mathurins étaient des religieux de l'ordre des Trinitaires, qui s'employaient au rachat (au sens matériel du terme) des chrétiens captifs dans les États barbaresques. Signalons que saint Mathurin, pour sa part, était censé guérir les fous. La ruelle des Mathurins devint – c'était la moindre des choses – une rue en 1778.

MATIGNON (1647-1739). Charles-Auguste de Goyon, comte de Gacé, puis de Matignon, maréchal de France, mort à Paris. On le connut d'abord sous le nom de « chevalier de Torigny »; il fit les « campagnes » de Hollande (1668), de Candie (1669), du Rhin (1672-1675) et de Flandre (1676-1684). Il fut fait maréchal de France en 1708 pour une expédition en Écosse qui échoua. Qu'eût-il été fait s'il avait réussi? Il quitta les champs de batailles l'année de son maréchalat. L'avenue de Matignon existe depuis 1787.

MAUBERT On donne deux explications quant à l'étymologie de la place Maubert. Beaucoup prétendent que son nom est une contraction de « Maître Albert », le célèbre Grand Albert qui donna des cours sur cette place entre 1245 et 1248; mais d'autres font ressorti qu'en 1225 la place portait déjà son nom actuel, corruption de « Jean Aubert », abbé de Sainte-Geneviève en 1160, date à laquelle l'abbaye de Sainte-Geneviève possédait les terrains sur lesquels se trouvait la place. Où est la vérité? Peut-être un peu dans les deux explications. La place Maubert fut, au Moyen Âge, un grand centre de scolarisation avant de devenir un lieu patibulaire où la potence, le bûcher et la roue alternèrent. Entre autres personnages, c'est là qu'Étienne Dolet, en 1546, fut brûlé

MAUBEUGE En latin « Maldonium ». Ville du département du Nord, au clair de lune rendu célèbre, bien à tort, empressons-nous de le dire... Maubeuge doit son origine à un monastère fondé au VIIe siècle par sainte Aldegonde. Louis XI incendia la ville en 1478, le fils de François Ier en fit autant en 1543 et Henri II récidiva en 1553. Autant vous dire qu'on n'avait pas froid à Maubeuge, en ces époques. Louis XIV fit fortifier cette agglomération nordiste par Vauban. Dès Louis XIII, Maubeuge possédait une importante manufacture d'armes qui prospéra jusqu'en 1835, date à laquelle on la supprima. La rue de Maubeuge existe depuis 1855 et le square depuis 1892.

MAUBLANC Construite en 1843, cette rue porte depuis cette date le nom de M. Maublanc, avocat qui fut maire de l'ancienne commune de Vaugirard, que Paris n'annexa qu'en 1860.

MAUCONSEIL Cette rue est connue sous ce nom depuis 1250. Il est difficile de connaître précisément les raisons de sa dénomination. On suppose seulement, sans d'ailleurs trop y croire, qu'il exista un seigneur de Mauconseil. De 1792 à 1806, elle s'appela rue de Bon-Conseil. Que la Révolution ait ainsi changé son nom plaide cependant en faveur de l'explication ci-dessus, car les révolutionnaires n'aimaient pas que les rues portassent des noms de nobles.

MAURE Cette rue du Maure doit son nom, reçu en 1606, à une enseigne figurant une tête de Maure, représentée de profil, avec une torsade argentée la ceignant à hauteur des tempes.

MAUREL Ce passage porte le nom du propriétaire du terrain sur lequel on l'ouvrit.

MAURICE AUDIN Mathématicien et militant communiste né en Tunisie en 1932 et disparu en Algérie durant la guerre, en 1957. Une place porte son nom depuis 2003.

MAURICE BARRÈS (1862-1923). Écrivain né à Charmes (Vosges) qui fit paraître sa première œuvre (« Sous l'œil des Barbares ») en 1888. Partisan du général Boulanger, il se fit élire député de Nancy en 1889 et siégea jusqu'en 1893. Barrès protesta contre ce qu'il appelait « la désagrégation de la France ». Le culte du « moi » était fort pratiqué par cet écrivain qui tomba, graduellement, dans un nationalisme assez forcené. Mais ses romans font ressortir, sur le plan du style, une grande maîtrise du verbe. Il a écrit « la Colline inspirée », « les Déracinés », « Culte du moi, examen des trois trilogies » et « Une journée parlementaire », qui est une comédie de mœurs. Maurice Barrès disait : « Il y a des lieux où souffle l'esprit » et « Pour chaque être il existe une sorte d'activité où il serait utile à la société, en même temps qu'il y trouverait le bonheur ». Maurice Barrès fit partie de l'Académie française et donna son nom à une place en 1924.

MAURICE BAUMONT (1892-1981). Né et mort à Lunéville, Maurice Baumont était un universitaire éminent, agrégé d'histoire et de géographie, membre de l'Institut et de l'Académie des sciences morales et politiques. Une allée porte son nom depuis 1992.

MAURICE BERTEAUX (1852-1911). C'est en 1929 que cette rue prit le nom de Maurice Berteaux qui fut un homme politique en vue à partir de 1890.

MAURICE BOUCHOR (1855-1929). Poète et chansonnier né à Paris. Jusqu'en 1880, ses vers parlaient d'amour et de plaisir. Ce furent « Chansons joyeuses », « Poèmes de l'amour et de la mer » et « les Contes parisiens ». Puis tout changea et Bouchor se mit à écrire des poèmes empreints de mysticisme et d'idées religieuses; citons, de cette période, « Dieu le veut », « la Dévotion à saint André », « la Légende de sainte Cécile » et « Tobie ». Sa rue existe depuis 1929.

MAURICE BOURDET (1902-1944). Journaliste, entré dans la Résistance et mort en déportation. Ne pas confondre avec Édouard Bourdet (1887-1945), écrivain, auteur de comédies de mœurs comme « la Prisonnière » et « le Sexe faible ». La rue Maurice-Bourdet fut baptisée en 1972.

MAURICE CARÊME Poète et romancier belge d'expression française, né à Wavre en 1899, mort à Anderlecht en 1978. Il écrivit beaucoup pour les enfants, ce qui lui valut, à tort, l'appellation de « poète naïf », alors que sa fraîcheur et sa veine populaire en font un poète « tout court ». Il est l'auteur de nombreuses plaquettes, dont « La Lanterne magique », « La Maison blanche », « Heure de grâce », « La Bien-aimée ». Extrait de son poème « La morte »: « Il entendit la mort / Derrière cette porte / Il entendit la mort / Parler avec la morte / Il savait que la porte / Était mal refermée / Et que seule la mort / En possédait la clé. » Ne pas le confondre avec Antonin Carême (1783-1833), célèbre cuisinier et pâtissier. La promenade Maurice-Carême existe depuis 2000.

MAURICE CHEVALIER (1888-1972). Chanteur français qui incarna aux yeux de l'étranger, et durant de fort nombreuses années, Paris et la France. Né le 12 septembre 1888 dans le quartier de Ménilmontant, exactement 29, rue du Retrait, il chantait déjà, en 1899, au café des Trois Lions, déguisé en clown. Deux ans après, à l'Élysée-Ménilmontant, il touche ses premiers cachets : 13 francs par semaine. Mais c'est véritablement à partir de 1908, année de sa rencontre avec Mistinguett (il danse avec elle, aux Folies-Bergère, la « Valse renversante »), que débute une période de gloire qui ne s'éteindra même pas avec sa mort. Fait prisonnier en 1914, il est libéré en 1916, grâce à l'intervention de Mistinguett avec laquelle il se produit alors au Casino de Paris. Pourtant, bientôt, elle et lui se séparent, le métier n'étant pas compatible avec l'amour qui pourtant les unissait sincèrement (peu de temps avant de mourir, Mistinguett avouera que Chevalier est le seul homme qu'elle ait véritablement aimé toute sa vie). À cette époque du Casino de Paris, le chanteur utilise pour la première fois un canotier, couvre-chef qu'il ne quittera plus. En 1921, il crée « Dédé » aux Bouffes-Parisiens, puis épouse Yvonne Vallée. Les succès jalonnent sa route : « Valentine », « Dites-moi ma mère », etc. Bientôt, Hollywood l'accueille; autres succès, au cinéma cette fois : « Parade d'Amour » et « Folies-Bergère ». Ainsi, music-hall, cinéma, opérette, Maurice Chevalier excella dans tout. C'est au théâtre des Champs-Élysées qu'au début des années 60 il donna ses presque derniers récitals (derniers adieux à Paris en 1968); accompagné alors par un simple piano, il offrit encore à tous ceux qui vinrent l'applaudir une ultime leçon de professionnalisme. Citons d'autres titres de chansons qu'il porta à la popularité : « Prosper », « Mimi », « Ma pomme », « le Twist du canotier », etc. En 1921, il avait acquis, pour sa mère, à Cannes-La Bocca, une maison de paysan et un terrain sur lequel, plus tard, il fit construire une superbe villa de style hollywoodien; après la guerre, il légua le tout à la S.A.C.E.M. Dans « Ma route et mes chansons » (dix volumes), il expose sur la vie en général une philosophie un peu simpliste, mais toujours saine et optimiste. Maurice Chevalier, « Momo » pour les amis, était un artiste véritable qui apportait partout où il passait le cadeau inestimable de sa bonne humeur. Une place porte son nom depuis 1978.

MAURICE DE FONTENAY (1871-1957). Ancien président du conseil municipal de Paris, c'est en cet honneur qu'on donna son nom à une rue en 1972.

MAURICE DE LA SIZERANNE (1857-1924). Écrivain, né à Tain-l'Hermitage; aveugle à 9 ans, il créa, en 1889, l'Association Valentin-Haüy pour le bien des aveugles. En 1883, il avait fondé deux revues, la « Valentin-Haüy » et la « Louis Braille », cette dernière imprimée en relief. (C'est Valentin Haüy, 1745-1822, qui inventa l'impression des livres en relief et qui créa à Paris l'Institution nationale des jeunes aveugles.) Maurice de La Sizeranne ne cessa d'étudier les questions pédagogiques concernant les jeunes aveugles et l'amélioration intellectuelle de ceux-ci; pour cela, il inventa un système d'abrégé orthographique. Une rue porte son nom depuis 1936.

MAURICE DENIS Peintre et écrivain français, né à Granville en 1870, mort à Saint-Germain-en-Laye en 1943. Il participa au mouvement nabi, fondé en 1888, influencé par l'école de Pont-Aven, le japonisme et Gustave Moreau. En 1919 il fonda les Ateliers d'art sacré. Il exécuta de grandes fresques murales (plafond du théâtre des Champs-Élysées). Il écrivit : « Nouvelles théories sur l'art moderne et sur l'art sacré ». Une rue porte son nom depuis 1987.

MAURICE D'OCAGNE (1862-1938). Mathématicien né à Paris. Élève de Polytechnique et ingénieur des Ponts et Chaussées, il y devint professeur. Il est connu pour être l'inventeur de la nomographie, méthode qui permet de remplacer les calculs numériques par une simple lecture sur un tableau graphique. Maurice d'Ocagne publia d'ailleurs « Traité de nomographie ». Une avenue reçut son nom en 1956.

MAURICE ET LOUIS DE BROGLIE Maurice (1875-1960) était physicien et, à ce titre, il effectua de nombreux travaux sur les rayons X. Louis (1892-19887) – frère du précédent – était aussi physicien et établit, pour sa part, une relation traduisant l'hypothèse, qu'il formula, selon laquelle les particules matérielles présentent un caractère ondulatoire. La mécanique ondulatoire ainsi démontrée fut à l'origine de la mécanique quantique. Maurice et Louis de Broglie (prononcer « breuille ») étaient tous deux ducs et membres de l'Académie française; Louis reçut le prix Nobel de physique en 1929. Une rue porte leurs noms depuis 1988.

MAURICE GENEVOIX (1890-1980). Écrivain français né à Decize, mort à Javea (Espagne). Il est surtout connu pour ses nombreux romans évoquant la nature, le plus célèbre étant « Raboliot », dont l'action se situe en Sologne, et qui lui valut le prix Goncourt en 1925. Parti au Canada avant la Seconde Guerre mondiale, il en ramena « Laframboise et Belle Humeur » et « Eva Charlebois ». Entré en 1946 à l'Académie française, il en fut le secrétaire perpétuel entre 1958 et 1974. On lui doit aussi, et entre autres : « Ceux de Quatorze », ouvrage en 5 volumes, « L'aventure est en nous », « la Loire », « Agnès et les garçons », « Tendre Bestiaire » et « Un jour ». Une rue lui est dédiée depuis 1988.

MAURICE LŒWY (1833-1907). Astronome français né à Vienne, en Autriche. Étudiant dans sa ville natale, il vint à Paris en 1864 et se fit naturaliser la même année. En 1873, il fut nommé membre de l'Académie des sciences et devint directeur de l'Observatoire en 1896. Il étudia l'influence des planètes sur la photosphère du Soleil et s'intéressa beaucoup aux étoiles filantes. Il rédigea les instructions sur les travaux astronomiques à effectuer lors d'une mission qui fut envoyée en 1882 au cap Horn. D'autre part, il apporta certaines améliorations à « l'Annuaire du bureau des longitudes » dans lequel il publia l'histoire complète des comètes. Sa rue existe depuis 1953.

MAURICE MAIGNEN (1822-1890). Il fonda, en 1855, le Cercle catholique d'ouvriers de Montparnasse et créa, en 1871, un Musée du travail. Une rue porte son nom depuis 1985.

MAURICE NOGUÈS (1889-1934). Aviateur français né à Rennes. C'est lui qui réalisa la première liaison commerciale avec Ankara, en 1922, puis avec l'Indochine en 1931. On donna son nom à une rue en 1959.

MAURICE QUENTIN (1870-1955). C'est le nom d'un homme qui fut conseiller municipal du Ier arrondissement de 1900 à 1940. Cette longévité municipale méritait bien une récompense. Il la reçut à titre posthume puisque l'on baptisa une rue à son nom en 1962.

MAURICE RAVEL (1875-1937). Compositeur né à Ciboure. La musique de Ravel semble, aujourd'hui, encore d'avant-garde. Il apporta beaucoup de nouveautés dans ses compositions et ne fut pas toujours, de son vivant, parfaitement reconnu. Nous avons de lui « l'Heure espagnole », « Ma mère l'Oye », « l'Enfant et les Sortilèges », « Daphnis et

Chloë », « Jeux d'eaux » et, bien entendu, le fameux « Boléro ». Sa rue existe depuis 1938.

MAURICE RIPOCHE (1895-1944). Ingénieur et constructeur d'avions. Aviateur durant la Seconde Guerre mondiale, il fut pris et tué par les Allemands, à Cologne. Une rue porte son nom depuis 1946.

MAURICE ROLLINAT (1846-1903). Poète, né à Châteauroux; filleul de George Sand, dont il subit l'influence, tout au moins pour ses premiers écrits. Plus tard, Baudelaire et Poe furent ses maîtres. Il écrivit des poèmes qu'il lisait aux « Hydropathes » (société littéraire fondée en 1878 dans le but de faire dire aux poètes eux-mêmes leurs œuvres devant un public compétent; parmi ce public, citons Maupassant, Paul Bourget et Sarah Bernhardt; en 1880, les Hydropathes se scindèrent en trois groupes : les Hirsutes, les Décadents et le Chat noir). Rollinat rédigea un certain nombre d'œuvres très macabres, notamment « Ténèbres ». Il publia aussi « les Névrosés », « les Spectres », « l'Abîme » et « les Luxures ». Parfois il mettait ses poèmes en musique et les chantait d'une manière assez étonnante et non dénuée d'intérêt. On donna son nom à une rue en 1933

MAURICE ROUVIER (1842-1911). Homme politique né à Aix. Élu député en 1871, il devint secrétaire de la Chambre en 1876. Il appartenait au parti républicain et de 1881 à 1882 fut ministre du Commerce et des Colonies. En matière de commerce, il était partisan du libre-échange entre nations. Après 1882, il fut successivement rapporteur des conventions avec les compagnies de chemin de fer, à nouveau ministre du Commerce (1884-85), puis président du Conseil et ministre des Finances à partir du 30 mai 1887. Il tint à exclure le général Boulanger de son ministère, ce qui ne plut pas à tout le monde. Rouvier dut se démettre de son poste de président du Conseil mais resta ministre des Finances jusqu'au 12 décembre 1892. On chercha à l'impliquer dans l'affaire du canal de Panama, mais il obtint un non-lieu. Maurice Rouvier refit surface en 1902, en reprenant le portefeuille des Finances dans le cabinet Combes et, ô tristesse, il prépara alors un projet d'impôt sur le revenu... C'était une des premières fois que les Français entendaient parler de « ça ». Pardonnons-lui. Sa rue existe depuis 1928

MAURICE UTRILLO (1883-1955) Peintre né à Paris. Il est surtout connu pour avoir admirablement peint Montmartre. Son style, d'aspect primitif quant au dessin et à la conception, devient d'un grand raffinement quant à la couleur. Un de ses tableaux les plus connus est « Impasse Cottin ». Rappelons qu'Utrillo était le fils de Suzanne Valadon, qui possède aussi sa rue à Paris et dont nous parlons plus loin. La rue Maurice-Utrillo fut baptisée en 1963.

MAUVAIS GARÇONS Cette rue porte son nom depuis 1540. À l'époque, et même antérieurement, les mauvais garçons étaient souvent des aventuriers ou baroudeurs, français et étrangers, qui hantaient certaines rues de notre capitale et les rendaient peu sûres. Les « mauvais garçons » de cette voie étaient surtout des garçons bouchers fort turbulents, qui au XVe siècle, y causèrent toutes sortes de troubles

MAUVES La mauve est une plante herbacée à fleurs rose ou violet pâle. La mauve blanche, c'est la guimauve; la mauve en arbre, un altéa. L'allée des Mauves existe depuis 1984

MAUXINS Ce passage porte le nom d'un lieu-dit dont il est difficile de trouver l'étymologie précise. Le plus vraisemblable serait que Mauxins – ou Mossins, comme on appelait aussi ce lieu-dit – ait été le patronyme d'une famille, propriétaire d'une terre à laquelle s'attacha leur nom. On aurait donc pris l'habitude de dire « la terre des Mauxins », comme on dit « la ferme des Durand ».

MAX ERNST (1891-1976). Peintre, sculpteur, graveur et écrivain français d'origine allemande, il fut d'abord dadaïste et se fit alors remarquer par des collages qui intéressèrent les surréalistes qu'il rejoignit en 1922, et l'on peut dire qu'il a apporté au surréalisme une poésie qui lui manquait, picturalement parlant. Il est l'auteur de toiles pour lesquelles il a remarquablement utilisé des procédés de « frottage », « grattages » ou « décalcomanies ». Il a aussi fait des « romans-collages », tel « la Femme 100 têtes ». Une rue porte son nom depuis 1990.

MAX GUEDJ Aviateur, grande figure de l'Aviation française libre, né en 1913 à Sousse (Tunisie), mort en 1945. En décembre 1944 les Anglais de la Royal Air Force le nommèrent Wing Commander. Une esplanade lui est dédiée depuis 2000.

MAX HYMANS (1900-1961). Homme politique qui devint, et c'est surtout pour cela qu'il est connu de nous, président-directeur général de la compagnie nationale d'aviation Air France. On donna son nom à un square en 1965.

MAX JACOB (1876-1944). Écrivain né à Quimper, mort à Drancy. Max Jacob, qui s'adonna aussi avec bonheur à la peinture, peut être considéré comme un poète visionnaire. Ses textes traduisent à la fois une inquiétude latente, un humour sous-jacent et un mysticisme profond. Comme peintre, cet ami de Modigliani et Picasso avait pour sujets principaux les rues de Paris et les scènes de la vie théâtrale. On le surnommait « le solitaire de Saint-Benoît-sur-Loire », village où il s'était retiré après sa conversion. Ce n'est malheureusement pas là qu'il finit ses jours, mais au camp de Drancy où les Allemands, pendant la Seconde Guerre mondiale, l'avaient emprisonné. L'ouvrage le plus connu de Max Jacob est « Cornet à dés ». Ce peintre-écrivain disait : « Les jeunes gens prennent tout au sérieux bien qu'ils ne sachent pas donner leur sérieux à ce qu'ils prennent » et « L'érudition est bien loin d'être un mal; elle agrandit le champ de l'expérience et l'expérience des hommes et des choses est la base du talent » (cette dernière phrase est extraite de « Conseils à un jeune poète »). La rue Max-Jacob existe depuis 1956.

MAYENNE Rivière de France, longue de 190 km, qui arrose Pré-en-Pail (sa source n'est pas très loin de cette bourgade), Mayenne, Laval, Château-Gontier, Montreuil-Belfroy, avant que son cours se confonde avec celui de la Sarthe pour donner naissance à la Maine. Le square de la Mayenne existe depuis 1932

MAYET Cette rue porte depuis 1840, année de sa construction, le nom du propriétaire du terrain sur laquelle on l'ouvrit.

MAYRAN (1802-1855). Nicolas Mayran était général. Il servit sous les régimes de Charles X et Louis-Philippe. Une rue porte son nom depuis 1864.

MAZAGRAN Ville d'Algérie célèbre pour le siège qu'y soutint le général Lelièvre en février 1840. Les Français, au nombre de 123, s'étaient retranchés dans la kasbah et subirent plusieurs assauts de 12000 indigènes, commandés par Mustapha Ben-Tami, lieutenant d'Abd el-Kader. Les Français repoussèrent toutes les attaques et quand des troupes, venues de Mostaganem, vinrent les secourir, provoquant la fuite des Arabes, ceux-ci laissaient 600 hommes sur le terrain, et nous, 3 seulement. La rue de Mazagran, située dans le Xe arrondissement, date de 1840 ; l'autre rue de Mazagran, située dans le XIVe, qui appartenait à Gentilly, fut annexée par Paris en 1941.

MAZARINE Mort en 1661, le cardinal Jules Mazarin avait laissé un testament par lequel il léguait une somme de 2 millions afin qu'on édifie un collège, en lieu et place de la tour de Nesle. Il désirait que 60 fils de gentilshommes ou bourgeois notables de l'État ecclésiastique, de l'Alsace, des Flandres et du Roussillon, c'est-à-dire de quatre nations, y reçoivent l'éducation la plus complète. Construit en 1662, ce collège, officiellement ouvert en 1688 par l'Université de Paris, prit le nom de collège des Quatre-Nations, mais n'accueillit que 30 élèves. En plus de 2 millions pour l'édification, Mazarin avait laissé 45 000 livres de rente qui devaient servir à ouvrir des bourses pour les élèves. Ce collège des Quatre-Nations, dont la Révolution fit le siège du Comité de salut public de la Seine, est devenu, de nos jours, l'Institut de France où siègent toutes les grandes académies et, notamment l'Académie française. La rue Mazarine, d'abord appelée Mazarini, fut baptisée en 1687 à cause de sa proximité avec le collège voulu par Mazarin.

MAZAS (1765-1805). Jacques François Marc Mazas, surnommé « le brave », colonel né à Marseille, mort à Austerlitz. Il combattit lors de la guerre d'indépendance des États-Unis, puis revint en France dans l'armée de Gironde. Devenu commandant pendant la campagne d'Italie, il reçut le grade de colonel en 1805 ; malheureusement, il fut tué la même année à la bataille d'Austerlitz (2 décembre 1805). La place Mazas existe depuis 1806. Signalons que de 1814 à 1879 le boulevard Diderot actuel porta le nom du colonel et que la prison Mazas dut son appellation au fait qu'elle fut construite sur ce boulevard, au cours de cette période, en 1845.

MAZET (1793-1821). André Mazet, médecin, mourut, à Barcelone, de la fièvre jaune qu'il avait été chargé d'étudier. Une rue porte son nom depuis 1867

MEAUX Ville de Seine-et-Marne, sur la Marne et le canal de l'Ourcq. Ses habitants s'appellent les Meldiens ou les Meldois. Meaux fut, à l'époque romaine, la capitale des Meldi et, dès le IVe siècle, était le siège d'un évêché. De nombreux conciles se tinrent à Meaux, principalement celui de 845 où défense fut faite aux clercs – quelle époque ! – de porter les armes. À partir du Xe siècle, le comté de Meaux, appelé aussi comté de Brie, appartint successivement aux comtes de Champagne, à la maison de Vermandois (913-1019) et à la maison de Blois, avant d'être affilié au royaume de France en 1284. N'oublions pas de signaler que c'est dans la cathédrale Saint-Étienne que se trouve le tombeau de l'Aigle de Meaux, Bossuet. La rue de Meaux, partie de l'ancien chemin qui menait à cette ville, existe depuis 1851.

MÉCHAIN (1744-1804). Pierre Méchain, astronome, né à Laon, mort à Castellon de la Plana (Espagne). C'est lui qui reconnut dans Uranus, qu'Herschel avait découvert, une planète. Admis à l'Académie des sciences en 1782, on le chargea, en 1784, de publier la « Connaissance des Temps ». Avec Cassini et Legendre, il vérifia, en 1787, la différence des longitudes des observatoires de Paris et de Greenwich. L'Assemblée de 1791 lui demanda de reprendre la mesure de l'arc de méridien compris entre Dunkerque et Barcelone pour l'établissement du système métrique. Une erreur de trois secondes dans l'évaluation de la latitude de Barcelone lui fit refuser de communiquer le résultat de ses travaux. On ne connut donc cette erreur qu'après sa mort, survenue alors qu'il était retourné dans la ville espagnole pour corriger l'erreur qui contrariait sa vie. C'est la fièvre jaune qui là-bas l'emporta. La rue Méchain existe depuis 1806.

MÉDÉAH S'orthographie aussi Médéa. Ville d'Algérie que les Français occupèrent en 1840. Située au pied du mont Dakla, il y subsiste les vestiges d'une ville romaine. La ville actuelle fut bâtie au Xe siècle par un gouverneur du Maghreb, Bologghin. La rue de Médéah fut baptisée en 1840.

MÉDÉRIC (1902-1944). Gilbert Védy, dit Médéric, est un patriote qui se suicida, en s'empoisonnant, pour échapper aux Allemands. On donna son nom à une rue en 1944.

MÉDICIS C'est son voisinage avec le palais du Luxembourg, dont la construction avait été décidée par Marie de Médicis, qui fit donner son nom à cette rue en 1860. Marie de Médicis (1573-1642) naquit à Florence et mourut à Cologne. Elle épousa Henri IV le 6 décembre 1600. Un mois après leur mariage, le roi reprit avec Henriette d'Entragues les relations qu'il entretenait déjà avant de convoler. Bien entendu cela ne plut guère à la reine et elle rendit les neuf dernières années de la vie de Henri IV « impossibles ». À peine deux heures après l'assassinat de son époux, Marie de Médicis prit le contre-pied total de sa politique et appela auprès d'elle Concini, au détriment de Sully. Ce Concini ne plaisait guère à la noblesse; pour la calmer, la régente déboursa beaucoup d'argent... Quand Louis XIII accéda au trône, en 1617, il chassa Concini et fit emprisonner Marie de Médicis au château de Blois. Elle s'évada en 1619, fit la guerre contre le roi, mais ses troupes ayant été battues aux Ponts-de-Cé, elle fit sa soumission. De retour à la Cour en 1620, elle parvint à faire accepter, à Louis XIII, son aumônier Richelieu comme ministre, en 1624; mais trouvant bientôt Richelieu peu ouvert à ses vues, elle tâcha de le faire chasser. Elle n'y parvint point et son échec fut consacré par la journée des Dupes, le 12 novembre 1630. Elle fuit alors à Cologne, où elle mourut, en exil.

MÉGISSERIE Ce quai doit son nom, reçu dès 1370, aux mégissiers qui exerçaient leur art, à cet endroit, à partir du XIIIe siècle et jusqu'en 1673, année où on les pria de s'en aller sur les bords de la Bièvre. Les mégissiers, dont la corporation remonte à Saint Louis, préparaient les peaux blanches (veau, mouton, chevreau, agneau) employées pour la fabrication des gants.

MÉHUL (1763-1817). Étienne Méhul, compositeur né à Givet, mort à Paris. Sa notoriété, de son vivant, fut vraiment immense. Quand on fonda le Conservatoire, il en fut le premier professeur de composition; de la même manière il fut le premier musicien membre de l'Institut. Avant toute autre œuvre, citons son « Chant du départ », cher au président de la République, Valéry Giscard d'Estaing. Mais voici d'autres ouvrages : « Doria », « la Caverne », « le Jeune Henry », « Adrien » et « Ariodant », tous des opéras, comme son chef-d'œuvre, « Joseph ». Il composa aussi des ballets, de nombreux chants et cantates patriotiques et des romances. On donna le nom de Méhul à une rue en 1829.

MEILHAC (1831-1897). Henri Meilhac, auteur dramatique né et mort à

Paris. Il débuta dans la vie comme vendeur en librairie et déjà il envoyait au « Journal pour rire » des articles pleins d'humour (1852-1855). Son nom, bien qu'il écrivît seul un grand nombre de pièces, est devenu cependant indissociable de celui d'Halévy. Avec lui, et sur des musiques d'Offenbach, il fit « Barbe bleue », « la Belle Hélène » (1864), « la Grande-Duchesse de Gérolstein » (1867), « la Vie parisienne » (1867), « la Périchole » (1868), « les Brigands » (1869) et « le Petit Duc » (1878); c'est là toute une série d'opéras bouffes dont le succès ne se dément point. Meilhac fut élu à l'Académie française en 1888 et c'est en 1932 qu'on donna son nom à une rue

MEISSONIER (1815-1891). Ernest Meissonier, peintre né à Lyon, mort à Paris. Ses peintures sont remarquables par la précision du dessin, l'harmonie de l'ordonnance et le charme subtil de la couleur. Il ne signa jamais un seul tableau sans être parvenu au suprême degré d'achèvement qu'il recherchait. Citons « Joueur de contrebasse », « le Petit Messager », « la Partie d'échecs », « la Lecture chez Diderot », puis cinq tableaux de l'épopée napoléonienne, dont l'idée lui vint en suivant l'état-major de Napoléon III lors de la campagne d'Italie de 1859 : « Castiglione », « Friedland », « Erfurt », « la Campagne de France » et « le Bellérophon ». Plus tard, la guerre de 1870, exaltant son patriotisme, nous valut « le Siège de Paris » et « les Ruines des Tuileries ». La rue Meissonier existe depuis 1894.

MÉLINGUE (1807-1875). Étienne Marin, dit Mélingue, sculpteur et surtout acteur né à Caen, mort à Paris. Apprenti menuisier dans sa ville natale, il vint à Paris comme ornemaniste à l'église de la Madeleine. Bientôt, il céda à la tentation du théâtre et s'engagea dans une troupe ambulante. Son succès naquit au théâtre de la Porte-Saint-Martin, quand il interpréta le rôle de Buridan, dans « la Tour de Nesle ». Il excellait dans les rôles de cape et d'épée, et obtint ses plus grands triomphes dans « les Mousquetaires », « la Reine Margot », « Monte-Cristo » et « Benvenuto Cellini », ainsi que dans « Fanfan la Tulipe » et « la Dame de Montsoreau ». Comme sculpteur, il fut primé à différents Salons avec « Histrion » et « Œnéis ». Sa femme, comédienne sous le nom de Théodorine, fit partie du Théâtre-Français et son second fils, Lucien, né en 1841, fut un peintre de talent (« Souvenir de Veules » et « Cour en Normandie »). La rue Mélingue fut baptisée en 1899.

MELUN Chef-lieu de la Seine-et-Marne, sur la Seine. Melun, d'abord oppidum gaulois sous le nom de Melodunum, fut pris par Jules César en 45 avant J.-C. Au Moyen Âge, les Normands ravagèrent la ville, mais les premiers Capétiens, qui en firent une résidence royale, lui donnèrent du lustre. Robert Ier et Philippe Ier y moururent. Les Anglais prirent Melun en 1420, mais durent en partir en 1430. En 1590, Henri IV ôta la ville aux Ligueurs et Louis XIV, pour le maréchal de Villars, érigea Melun en duché-pairie. À voir : la cathédrale Notre-Dame (XIIe siècle), l'église Saint-Aspais (XVe) et l'Hôtel de Ville, style Renaissance. Le passage de Melun fut baptisé en 1877.

MÉNARS Cette rue doit son nom à un hôtel, construit en 1634, dont l'entrée principale se situait à hauteur des actuels numéros 77 et 79 de la rue de Richelieu. En 1685, il fut acheté par Jean-Jacques Charron, marquis de Ménars, du nom d'une ville de Loir-et-Cher, près de Blois, où Mme de Pompadour fit construire pour son frère, le duc de Marigny, un splendide château qui existe encore (1764). Quant au marquis de Ménars, il était surintendant de la reine et président à mortier (terme de la maison du roi) en 1690. Ce marquis ne manquait pas de moyens financiers car il acheta cette charge de président à mortier la bagatelle de 350 000 livres... Il décéda dans ses terres en 1718. En 1733, l'hôtel de Ménars fut divisé en deux et ces deux nouveaux hôtels furent démolis en 1869. La rue Ménars, d'abord connue – si j'ose dire – sous forme de cul-de-sac, prit son nom en 1687

MENDELSSOHN (1809-1847). Félix Mendelssohn-Bartholdy, compositeur allemand né à Hambourg, mort à Leipzig. Fils de banquier et petit-fils d'un philosophe (Moses Mendelssohn), Félix composa son premier opéra à 16 ans (« les Noces de Gamache »). À 20 ans, il se rendit en Angleterre, en France et en Italie. Revenu en Allemagne, il fonda en 1843 le Conservatoire de Leipzig et dirigea, dans cette ville, les Concerts Gewandhaus. Il a composé « le Songe d'une nuit d'été », « Hébrides », « Romances sans paroles », « le Retour de voyage » (ouvertures ou opéras), puis deux oratorios, « Paulus » et « Élias », un concerto pour violon et deux pour piano et orchestre, dix quatuors, des sonates et quatre symphonies, dont la « Symphonie italienne ». Mendelssohn contribua en outre à ressusciter l'œuvre de Bach. La rue qui porte son nom existe depuis 1932.

MÉNÉTRIERS Mot désignant, surtout en campagne et jadis, ceux qui jouaient d'un instrument de musique pour faire danser. Il est une vieille chanson qui commence ainsi : « J'entends par notre rue passer les ménétriers... » Les entend-on dans le passage qui leur a été dédié en 1979?

MENGUY Ce passage porte le nom d'un propriétaire d'une maison sise en ce lieu.

MÉNILMONTANT C'est un ancien hameau de la commune de Belleville, annexé en même temps qu'elle par Paris en 1860. Ménilmontant existait dès le XIIIe siècle, sous le nom de Mesnil-mau-temps, c'est-à-dire le Mesnil (petite ferme, première construction de l'endroit) du mauvais temps, qu'on transforma en son nom actuel. Certaines étymologies donnent comme ancien nom « Mesnil-montant », en raison de la nature escarpée du site, mais si l'on s'en tient à l'explication du mot « Mesnil » (petite ferme) cela paraît peu probable. Au XVIIe siècle, une famille, celle de Lepelletier de Saint-Fargeau, construisit un vaste domaine dans le hameau. Ce n'est que peu de temps avant la Révolution que Ménilmontant fut intégré à Belleville. Entre 1800 et 1850, ce lieu était réputé pour ses guinguettes ouvertes sous des marronniers. C'est avec le second Empire que Ménilmontant se peupla véritablement. Le boulevard de Ménilmontant fut créé en 1864, la place en 1859; la rue, qui menait au hameau, est connue, sous le nom de chaussée, depuis 1672.

MERCŒUR Cette rue doit son nom à la duchesse de Mercœur, dont la sœur Louise de Lorraine épousa Henri III en 1575. En 1604 elle logea dans un domaine dit « de la Roquette », situé dans la rue du même nom, des religieuses capucines. Elle créa ainsi le couvent de la Roquette. Elle avait acheté ce domaine en 1599 au comte de Cheverny. Le couvent devint, en 1636, celui des « hospitalières de la Roquette » et fut démoli en 1823. La rue Mercœur fut baptisée en 1865

MÉRIDIENNE Cette villa en impasse, baptisée en 2002, est traversée dans son extrémité par le méridien de Paris. Deux médaillons de bronze scellés dans le sol en signalent l'axe nord/sud. Ces médaillons font partie d'un ensemble de pièces de bronze, conçues dans les années 90 par l'artiste néerlandais Jan Dibbets pour matérialiser le méridien.

MÉRIMÉE (1803-1870). Prosper Mérimée, écrivain né à Paris, mort à Cannes. Il commença sa carrière avec deux supercheries : en 1825, d'abord, en publiant le « Théâtre de Clara Gazul », qu'il disait être une comédienne espagnole et qui, en fait, n'exista jamais (comme Flaubert à propos de Mme Bovary, Mérimée dira plusieurs années après « Clara Gazul c'était moi », ce qui n'étonna pas ceux qui connaissaient sa vie privée...) ; en 1827, ensuite, il sortit « la Guzla », fausses ballades illyriennes. Plus sérieusement, Prosper Mérimée fit ensuite paraître « Tamango », « Mateo Falcone », « la Partie de tric-trac », « la Double Méprise », « Colomba », « le Faux Démétrius », « Lettres à une inconnue », « Lettres à une autre inconnue » et, bien entendu, « Carmen », dont Bizet fera un opéra. En 1841, Mérimée fut nommé inspecteur général des Monuments historiques et s'employa de toutes ses forces à la préservation des anciens édifices. L'écrivain, qui publia aussi un excellent ouvrage historique, « Chronique du règne de Charles IX », se montra, en pleine époque romantique, un véritable classique. Il a dit : « Je n'aime de l'Histoire que les anecdotes. » La rue Mérimée fut baptisée en 1894.

MERISIERS C'est en 1857 que ce sentier reçut son nom dû à sa situation au milieu de champs et de bosquets parmi lesquels poussaient des merisiers, cerisiers sauvages donnant des fruits noirs, les merises, que vous avez peu de chances de trouver sur les marchés du quartier. Le merisier est un grand arbre dont le bois est apprécié en ébénisterie.

MERLIN (1754-1838). Le comte Antoine Merlin, dit Merlin de Douai né à Arleux (Nord), mort à Paris, fut un jurisconsulte et un homme politique. Il devint avocat, en Flandre, en 1775, et se vit élire aux états généraux de 1789. En 1794, à la Convention, dont il fut quelques jours le président, il contribua fortement à la chute de Robespierre. C'est d'ailleurs lui qui fit fermer le club des Jacobins, dont Robespierre fut le membre le plus influent. En 1796, il dirigea le ministère de la Police générale. Sous l'Empire, Napoléon le fit conseiller d'État à vie, comte et grand officier de la Légion d'honneur. La première Restauration le destitua ; les Cent-Jours le remirent en fonction ; la seconde Restauration le força à l'exil jusqu'en 1830. À son retour, il fit partie de l'Académie des sciences morales. Il rédigea un grand nombre d'ouvrages consacrés à la jurisprudence. La rue Merlin existe depuis 1864.

MÉRYON (1821-1868). Charles Méryon, graveur, né à Paris, mort à Charenton. Ressentant, d'abord, l'appel de la mer, il se fit, tout naturellement, marin. Cet état l'ayant mené en Nouvelle-Calédonie en 1845, il rapporta de cette terre des croquis très pittoresques. Abandonnant la marine, il devint rapidement un aquafortiste réputé. Par malchance, son talent fut financièrement mal reconnu de son vivant et toute sa vie se passa dans une constante misère qui finit par altérer sa raison. On dut le conduire à l'hôpital psychiatrique de Charenton où il mourut. Citons de lui « le Pont au Change », « le Chevet de Notre-Dame de Paris », « le Pont-Neuf » et « la Rue de la Pirouette ». La rue Méryon existe depuis 1890.

MESLAY (1656-1715). Jean-Baptiste Rouillé, comte de Meslay, magistrat né à Paris, mort à Meslay-le-Vidame (Eure-et-Loir). Son père était conseiller d'État et lui-même acquit une charge de conseiller au parlement de Paris en 1679. Mais il se consacra surtout à l'étude des sciences et, par testament, il légua à l'Académie des sciences une somme de 125000 livres destinée à fonder des prix récompensant ceux qui feraient des découvertes en mathématiques. Son père et lui possédaient un hôtel qui fut démoli quand on ouvrit la place de la République en 1860, mais qui avait donné son nom à la rue Meslay dès 1723. Le passage existe, quant à lui, depuis 1890.

MESNIL Construite en 1834, cette rue porte depuis le nom d'un de ses premiers propriétaires-résidents.

MESSAGERIES Sous la dénomination de « passage des Messageries », cette voie est connue depuis 1775. Elle doit son nom au fait qu'elle menait aux écuries et ateliers de réparation des Messageries royales, que Richelieu avait organisées. Mais c'est surtout Turgot qui régit parfaitement les sociétés de transport, créant même la première entreprise générale de messageries. L'Empire créa la Compagnie des messageries impériales, qui devinrent « royales », puis « nationales ». Cette compagnie conserva le monopole des transports des voyageurs et des marchandises jusqu'en 1826, date où l'on permit la création d'autres messageries. C'est bien entendu l'arrivée du chemin de fer qui fit disparaître la quasi-totalité de ces compagnies.

MESSIDOR C'est le nom du dixième mois du calendrier républicain, créé par Fabre d'Églantine. Il commençait le 19 ou le 20 juin et finissait le 19 ou le 20 juillet. En matière de beaux-arts, il existe le style messidor; c'est une imitation de l'antique adoptée dans le dessin pendant les dernières années de la Ire République, c'est-à-dire entre 1800 et 1804. La rue Messidor fut baptisée en 1857.

MESSIER (1730-1817). Charles Messier, astronome né à Badonviller (Lorraine), mort à Paris. Dixième de douze enfants, il devint orphelin à 11 ans. Venu à Paris, le hasard le fit rencontrer Joseph Nicolas Delisle, astronome que l'impératrice Catherine avait fait venir en Russie précédemment pour qu'il y fonde une école d'astronomie. Ce Delisle chargea le jeune Messier de rechercher des comètes. Seulement, il lui fit la recommandation expresse de ne dévoiler à personne ses découvertes. Cela s'avéra totalement absurde, car, ainsi, ni Deslisle ni Messier ne purent se targuer d'avoir été les premiers à avoir vu, en France, la fameuse comète de Haley. À la mort de Delisle (1768), Messier poursuivit la recherche des comètes, mais abandonna la discrétion... Louis XV donna un joli surnom à l'astronome : « le furet des comètes ». Messier fut admis à l'Académie des sciences en 1770 et à l'Institut, l'année de sa création, en 1795. La rue existe depuis 1867.

MESSINE Ville de Sicile, sur le détroit de Messine qui relie les mers Tyrrhénienne et Ionienne. Messine est une grande ville de plus de 270000 habitants qui fut fondée par des pirates cumiens sous le nom de Zancla (Faucille). Ce furent les Messéniens qui lui donnèrent le nom de Messana, devenu Messine. Plusieurs tremblements de terre affectèrent la ville, notamment en 1783 et en 1908, la détruisant, parfois, dans sa presque totalité. L'avenue de Messine fut créée en 1826, la rue en 1905.

METZ Ville de Lorraine, chef-lieu de la Moselle, sur la rivière du même nom. Sous les Gaulois, elle s'appelait Dividurum Mediomatrices... C'était un peu long. En 405, on la nomma Mettis, d'où est dérivé son nom actuel. En 511, Metz était la capitale de l'Austrasie. En 1552, les Français l'occupèrent et résistèrent à plusieurs assauts menés par Charles Quint; mieux, ils obtinrent cette même année la cession de la ville qui, réputée alors imprenable, prit le surnom de « Metz la Pucelle ». Cette réputation fut malheureusement démentie lorsque Bazaine eut la mauvaise idée de se laisser enfermer dans la ville en 1870, provoquant ainsi une capitulation tragique. Metz devint allemande jusqu'en 1918. À voir : la Porte des Allemands, la cathédrale, des XIIIe et XVIe siècles, et la place d'Armes, du XVIIIe. N'oublions pas que c'est à Metz que naquirent Pilâtre de Rozier et Verlaine. Le quai de Metz fut baptisé en 1904 et la rue en 1920.

MEUNIERS Au bout de cette rue existait, au XVIIIe siècle, un moulin qui moulait allègrement le blé. Inutile de chercher, il ne reste plus le moindre vestige de ce moulin. D'abord ruelle, cette voie devint « rue des Meuniers » en 1880.

MEURTHE Rivière de l'Est, longue de 170 km. Elle naît sur les versants ouest des Vosges, non loin du col de la Schlucht, et baigne Saint-Dié, Baccarat, Lunéville et Nancy. Après quoi elle se jette, tendrement, dans la Moselle. La rue de la Meurthe existe depuis 1881.

MEXICO Capitale du Mexique, au centre d'un plateau, entouré par les montagnes de la sierra d'Anahuac. Elle est située à plus de 2000 mètres d'altitude. Quand Cortès y arriva, Mexico, bâtie au milieu d'un ancien lac, s'appelait Mexico-Tenochtitlan. C'était déjà sous les Aztèques une ville très importante. Les Américains la prirent en 1847 ; de 1864 à 1866, elle fut l'éphémère capitale de l'empire, tout aussi éphémère, de Maximilien. Mexico compte aujourd'hui 8 237 000 habitants, fiers d'avoir organisé les jeux Olympiques de 1968. La place de Mexico a été baptisée en 1957

MEYERBEER (1791-1864). Jakob Liebmann Beer, dit Giacomo Meyerbeer, compositeur né à Berlin, mort à Paris. Il changea son nom à la demande de son grand-père maternel, M. Meyer, qui lui laissait, à cette condition, une fortune considérable. Son premier opéra, « la Fille de Jephté », fut représenté en 1813, à Munich. Il alla ensuite à Vienne où la vogue des œuvres italiennes fit passer presque inaperçus ses propres ouvrages. Il décida d'aller en Italie pour découvrir les secrets de cette vogue. Impressionné par Rossini, Meyerbeer modifia un peu le caractère trop austère de ses premières compositions. Son premier opéra italien fut « Romilda e Costanza », représenté à Padoue en 1818 ; son plus grand succès en Italie fut obtenu à Venise, en 1824, avec « il Crociato in Egitto ». Arrivé ensuite à Paris, il donna à l'Opéra, sur un livret de Scribe, en 1831, « Robert le Diable ». Puis ce sera, en 1836, peut être son chef-d'œuvre, « les Huguenots ». Meyerbeer retourna vivre quatorze années en Allemagne, à Berlin, où il occupa le poste de premier maître de la chapelle du roi. Puis il revint en France où il fit représenter « le Prophète » (1849). Le compositeur mourut avant de pouvoir constater le grand succès remporté par sa dernière œuvre, « l'Africaine ». Si Meyerbeer se montra un peu moins virtuose que les grands compositeurs italiens, il les dépassa sans doute dans la progression dramatique et le pathétique. La rue Meyerbeer existe depuis 1867.

MEYNADIER (1778-1847). René Meynadier était lieutenant général ; en 1814, quand les Alliés entrèrent dans Paris, avant l'abdication de Napoléon, il se battit très courageusement dans le quartier du XIXe arrondissement où une rue porte son nom. Il reçut même une très grave blessure. C'est en 1868 qu'on baptisa une rue de son patronyme

MÉZIÈRES Cette rue doit son nom à l'ancienne présence de l'hôtel de

Mézières, dont l'entrée principale se situait à l'actuel numéro 80 de la rue Bonaparte. Cet hôtel, construit en 1580 par le duc de Montpensier, revint à son fils, le duc de Mézières, en 1582. En 1610, les Jésuites y installèrent leur noviciat en y adjoignant une église. En 1763, on expulsa les Jésuites et jusqu'en 1793 le Grand Orient de France occupa les lieux, conjointement avec une autre loge maçonnique, celle des Neuf-Sœurs, dans laquelle Voltaire fut reçu en 1778. En 1806, on morcela l'hôtel qui finit de disparaître en 1824. La rue de Mézières est connue depuis 1595.

MICHAL (1801-1875). Alexis Michal était inspecteur général des Ponts et Chaussées. En outre, il fut nommé directeur du service municipal des travaux publics de la Ville de Paris. Une rue reçut son nom en 1881.

MICHAUD Cette cité porte le nom de l'un des propriétaires d'une maison.

MICHEL-ANGE (1475-1564). Michelangelo Buonarroti, dit Michel-Ange, sculpteur, peintre, architecte et poète italien, né à Caprese, mort à Rome. À 15 ans, il fit un masque de satyre qui attira sur lui l'attention de Laurent le Magnifique. Pendant cette première époque naquirent « la Madone », un bas-relief, et « le Combat des Centaures et des Lapithes ». En 1496, Michel-Ange vint passer quelques années à Rome et y donna « Bacchus ivre » et « Cupidon agenouillé ». De retour à Florence, il fit principalement « la Guerre de Pise ». Puis il retourna à Rome où le nouveau pape Jules II se montra pour lui fort obligeant en l'aidant beaucoup financièrement; on commanda d'ailleurs à Michel-Ange le mausolée de ce pape qui, initialement, devait comporter trente statues. Le sculpteur y travailla quarante ans, mais n'en acheva que six, parmi lesquelles « Moïse », les deux « Esclaves » et le « Génie de la Victoire ». Malgré une certaine misanthropie qui amena une courte fâcherie avec Jules II, Michel-Ange, jusqu'en 1512, fournit un grand nombre d'œuvres, parmi lesquelles, exécuté de 1508 à 1512, l'ensemble des fresques de la chapelle Sixtine, représentant les scènes les plus dramatiques de la Genèse. Sous le pontificat de Léon X, l'artiste accomplit une sorte de retraite consacrée au recueillement. Puis, de 1519 à 1534, il entreprit une autre de ses œuvres maîtresses : les tombeaux des Médicis, pour la basilique Saint-Laurent de Florence. À partir de 1534, Michel-Ange aban donna quasiment les outils de sculpteur pour se consacrer de plus en plus à la peinture. C'est de cette époque, exactement de 1534 à 1541, que date « le Jugement dernier », peint sur une des parois de la chapelle Sixtine. À l'âge de 50 ans, notre sculpteur et peintre s'intéressa à l'architecture : il édifia la chapelle des Médicis, puis, à Rome, il remania la place du Capitole et construisit la coupole de la basilique Saint-Pierre; ce dernier ouvrage doit être considéré comme son chef-d'œuvre architectural. En poésie, l'artiste de génie qu'il fut dans les trois disciplines précédentes se montra également fort talentueux; sa rencontre puis ses amours platoniques avec la poétesse Vittoria Colonna lui donnèrent l'occasion de beaucoup écrire et il rédigea, à cette époque (1641), ses « Rime », qui comprennent des compositions littéraires que d'aucuns considèrent comme les plus belles de la littérature italienne. Michel-Ange mourut à 89 ans, adulé, chéri, fortuné. Sa dépouille repose à Florence, en l'église Santa Croce. Une rue de Paris, du XVIe arrondissement, porte son nom depuis 1864, un hameau depuis 1935, une villa depuis 1883. Il existe, dans le XVe arrondissement, une autre rue Michel-Ange; jusqu'en 1925, elle faisait partie de la commune de Vanves.

MICHEL AUDIARD (1920-1985). Scénariste, dialoguiste et réalisateur français, né à Paris, mort à Dourdan qui, à partir de 1950, marqua considérablement le cinéma hexagonal, grâce, surtout, à l'originalité, la justesse populaire et l'humour acide et décapant de ses dialogues. Il a dialogué plus de 120 films, dont « les Grandes Familles », « Un taxi pour Tobrouk », « Un singe en hiver », « Mélodie en sous-sol », « Mortelle randonnée », « les Barbouzes », etc. Il réalisa lui-même neuf films; parmi eux : « Faut pas prendre les enfants du Bon Dieu pour des canards sauvages », « Elle boit pas, elle fume pas, elle drague pas, mais elle cause », « Comment réussir dans la vie quand on est con et pleurnichard ». La place existe depuis 1994.

MICHEL BRÉAL (1832-1915). Philologue français né à Landau (Bavière). C'est le véritable introducteur de la sémantique dans notre pays. Il fut membre de l'Académie des inscriptions et inspecteur général de l'Instruction publique. Il écrivit « le Mythe d'Œdipe », « Grammaire comparée des langues européennes », « Mélanges de mythologie et de linguistique » et « Réforme de l'orthographe française ». La rue Michel-Bréal existe depuis 1932.

MICHEL CHASLES (1793-1880). Géomètre né à Épernon, mort à Paris. Chasles voulut toujours traiter la géométrie sans le secours du calcul, selon la méthode des géomètres de l'Antiquité. Il entra à l'Académie des sciences en 1851. Il a écrit « Transformations paraboliques des relations métriques des figures » et « Traité des sections coniques ». Nous ne résistons pas au plaisir de rappeler que le candide Chasles fut l'objet d'une mystification qui lui coûta 200000 francs; en effet, on lui vendit des autographes et des manuscrits qui se révélèrent de superbes faux.. Son vendeur-mystificateur s'appelait Vrain-Lucas et cela se passait en 1867. Chasles commença à avoir des doutes après qu'il eut acheté un autographe de... Jésus-Christ! C'était un peu tard. La rue existe depuis 1900.

MICHEL DE BOURGES (1797-1853). Louis Chrysostome Michel, dit Michel de Bourges, avocat et homme politique né à Pourrières (Var), mort à Montpellier. Condisciple de Thiers dans un collège d'Aix et adversaire de la Terreur blanche, il dut s'engager dans l'armée pour échapper aux représailles. Rendu à la vie civile, il alla à Paris et y devint avocat, profession qu'il partit exercer à Bourges. Là-bas, il fut rapidement le chef de l'opposition républicaine. Élu député en 1837, il sera en 1849 un des patrons de la Montagne. Son nom est surtout attaché à un fameux discours qu'il prononça le 17 novembre 1851, et dans lequel il affirma l'impossibilité d'un coup d'État, assurant aux députés qu'ils étaient gardés par une sentinelle invisible : le peuple! Michel de Bourges avait bien mal vu, puisque quinze jours plus tard éclata le coup d'État du 2 décembre... La proscription, on ne sait pourquoi, ne frappa point Michel de Bourges, qui se retira à Montpellier où il mourut obscurément. Une rue porte son nom depuis 1893.

MICHELET (1798-1874). Jules Michelet, historien et écrivain, né à Paris, mort à Hyères. Enfant pauvre, il fit au lycée Charlemagne des études au cours desquelles sa situation matérielle le mit mal à l'aise vis-à-vis de ses petits camarades plus fortunés; il se montrait timide et solitaire. Puis l'adolescence le fit changer et c'est à grands pas qu'il progressa alors dans les études. Il devint professeur en 1823 et commença à rédiger d'excellents livres d'histoire. Cela lui valut d'être nommé maître de conférences à l'École normale supérieure. La révolution de 1830, qui correspondait à ses aspirations, amena au pouvoir son ami Guizot et lui valut d'être nommé chef de la section historique aux Archives en 1831. Plus tard Michelet fut professeur de morale et d'histoire au Collège de France où son enseignement tourna quasiment au sacerdoce. Dans l'explication des faits historiques, Michelet fut le premier à introduire la considération des milieux sociaux. Jusqu'en 1852, l'écrivain délaissa un peu la plume pour se consacrer à la politique et à la défense de ses idées libérales. Mais à cette date, le nouveau pouvoir le suspendit de toutes ses fonctions et Michelet se retrouva démuni. Il se remit hardiment au travail et vécut de ses écrits. Citons parmi ses nombreux ouvrages, tout d'abord, évidemment, son œuvre maîtresse, « Histoire de France », puis « Introduction à l'histoire universelle », « Origines du droit français », « Études sur les Jésuites », « le Peuple », toutes œuvres d'histoire, auxquelles il faut ajouter les suivantes, qui sont des études très belles : « la Femme », « l'Amour » et « l'Oiseau ». Jules Michelet a dit : « La liberté, c'est l'homme », « Pour se donner, il faut être à soi » et « La France est une personne ». La rue Michelet date de 1877.

MICHEL LE COMTE C'est depuis 1265 que l'on connaît cette rue sous sa dénomination actuelle, avec simplement un intermède de 1793 à 1806 où elle prit le nom du Conventionnel Michel Lepeletier de Saint-Fargeau. Cette rue devrait s'appeler, pour que les choses soient dans l'ordre, « rue du comte Michel ». Pourquoi intervertit-on les termes dès le début? Nul ne le sait. En tout cas cela permit aux Parisiens facétieux de créer l'expression « ça fait la rue Michel », pour dire « ça fait le compte ». Vous voyez que l'on joue sur les mots depuis longtemps...

MICHEL PETER (1825-1893). Cette rue porte le nom d'un médecin qui exerça une partie de son activité dans le XIIIe arrondissement. On donna son nom à cette voie en 1899.

MICHEL PETRUCCIANI Compositeur et pianiste de jazz né à Orange en 1962, mort à New York en 1999. Malgré un sévère handicap physique dû à une maladie génétique, il fut l'un des plus grands jazzmen de notre époque. Une place porte son nom depuis 2002.

MICHEL TAGRINE (1922-1944). Résistant français qui, à la fin de la Seconde Guerre mondiale, participa à plusieurs combats dans le XIXe arrondissement, notamment au pont de Flandre et aux Buttes-Chaumont. Une rue porte son nom depuis 1996.

MIDI Cette rue fut détachée de la commune de Neuilly-sur-Seine en 1929. Elle désigne, bien entendu, toute la partie sud-est et sud-ouest de la France que l'on a coutume d'appeler « le Midi ». Elle fut baptisée, au XIXe siècle, par des habitants de cette rue, originaires de cette région. Il y a aussi, depuis 1993, une cour du Midi.

MIGNARD (1610-1695). Pierre Mignard, peintre, né à Troyes, mort à Paris. Parti tout jeune pour Rome afin de s'y perfectionner, il y resta jusqu'en 1653 et s'y maria. Il se rendit ensuite à Venise, puis vint à Paris, à la demande du roi, en 1658. Au cours de son voyage entre Venise et Paris, il s'arrêta à Avignon pour y rencontrer son frère, Nicolas, peintre également. Arrivé à la cour, Mignard exécuta le portrait de Louis XIV; ce portrait était destiné à la douce fiancée du roi, Marie-Thérèse. Trouvant réussi ce tableau, la reine mère fit du peintre son préféré et lui demanda de décorer le dôme du Val-de-Grâce. On s'arracha Mignard qui dut portraiturer Mmes de Maintenon, de Montespan, de La Vallière, de La Fayette et de Sévigné, ainsi que Bossuet, Turenne et Colbert. Mignard décora ensuite les petits appartements de Versailles et quand Le Brun mourut, il devint successivement peintre du roi, directeur des Gobelins et, record, en l'espace de vingt-quatre heures : membre, recteur, chancelier et directeur de l'Académie de peinture en 1690. Au Louvre, on peut voir de lui « la Vierge à la grappe », « Jésus sur le chemin du Calvaire », « la Vierge en pleurs », « Sainte Cécile » et « Neptune offrant ses richesses à la France ». Sa peinture donna naissance à un mot : mignardise. On donna son nom à une rue en 1881.

MIGNET (1796-1884). François Mignet, historien, né à Aix-en-Provence, mort à Paris. Venu à Paris, il s'y fit immédiatement connaître par son « Éloge à Charles VII » et par un « Essai sur les Constitutions de Saint Louis ». Devenu rédacteur au « National », il guerroya épistolairement avec les Bourbons. La révolution de 1830 lui permit d'être nommé directeur des archives au ministère des Affaires étrangères. Mignet devint ensuite membre de l'Académie des sciences morales en 1832 et de l'Académie française en 1837. Une bonne partie de la carrière littéraire de l'historien fut consacrée, à partir de 1838, à la rédaction de notices célébrant ses confrères de l'Académie des sciences morales, dont il était devenu secrétaire perpétuel. En dehors de « Notices et portraits », Mignet a écrit « Histoire de Marie Stuart », « Charles Quint » et « Rivalité de François Ier et Charles Quint ». La rue Mignet existe depuis 1896.

MIGNON Cette rue porte le nom d'un collège qui fut fondé, à hauteur de son numéro 2 actuel, par un archidiacre de Blois ou de Chartres, Jean Mignon, afin qu'y fussent éduqués douze membres de sa famille. Cela se passait en 1343. En 1584, le 24 avril pour être précis, Henri III donna ce collège aux religieux de Grammont. Louis XV ayant dissous l'ordre des Grammont, l'établissement, en 1763, fut affecté au collège Louis-le-Grand. Actuellement, l'emplacement du collège Mignon, disparu en 1824, est occupé par l'immeuble des Sociétés savantes. La rue Mignon est connue depuis la fondation du collège. Signalons qu'en littérature le personnage de Mignon fut créé par Goethe dans « Wilhelm Meister »; c'est une jeune fille, fruit d'amours incestueuses, qui s'éprend indéfec tiblement de Wilhelm Meister.

MIGNOT Ce square porte le nom de la famille à qui appartenaient les terrains sur lesquels il fut construit en 1931.

MIGNOTTES Provient d'un lieu-dit connu dès le XVIIIe siècle. Jadis, « mignottes » était une légère altération de « mignonnes ». Il est probable qu'en ce lieu-dit habitaient quelques mignonnes.

MIGUEL HIDALGO (1753-1811). Dom Miguel Hidalgo y Costilla, prêtre et chef du premier mouvement mexicain pour l'indépendance, né quelque part en Amérique du Sud, mort, fusillé, à Chihuahua. Curé dans la ville de Dolorès, c'est une interdiction de fabriquer du vin, notifiée par Mexico, qui lui servit de prétexte pour soulever le pays en 1810. Indiens et Mexicains le suivirent et il proclama sans ambages l'indépendance, faisant de la ville de Guanajota, conquise après de durs combats, le siège de son gouvernement. Avec 50 000 hommes, il marcha ensuite sur Mexico, mais les Espagnols, par l'entremise du général Calleja, le vainquirent, le prirent et l'exécutèrent. Et tout rentra dans l'ordre. Pour quelque temps... La rue Miguel-Hidalgo existe depuis 1889.

MILAN Ville d'Italie, capitale de la Lombardie, sur la rivière Olona.

C'est un chef gaulois, Bellovèse, qui la fonda ; mais les Romains la prirent en 222 avant J.-C. Au IVe siècle, Milan fut la capitale de l'Italie septentrionale. En 1162, Frédéric Barberousse la rasa totalement. Rebâtie, et s'adonnant à l'industrie de la soie, la ville prospéra à nouveau et c'est alors que s'édifia le riche duché de Milan. En 1796, Bonaparte s'empara de la cité lombarde qui devint capitale de la République cisalpine et du royaume d'Italie jusqu'en 1814 quand les Autrichiens l'occupèrent. Ils la gardèrent jusqu'en 1859. Milan est la patrie du juriste Beccaria et du pape Paul IV. Elle possède une magnifique cathédrale du XIVe siècle, ainsi qu'une chapelle abritant la fresque de « la Cène » de Léonard de Vinci. Ville très industrielle de l'Italie d'aujourd'hui, n'oublions pas de signaler que c'est dans ses murs, en 313, que l'empereur Constantin proclama la liberté des cultes. Et puis, bien entendu, qui n'a jamais entendu parler de la Scala, temple de l'opéra ? La rue de Milan existe depuis 1836.

MILLERET DE BROU En 1846 Eugénie Milleret de Brou fonda la congrégation des Augustines de l'Assomption et en 1855 elle installa ses sœurs dans l'ancien château de la Tuilerie, situé rue de l'Assomption. Les religieuses édifièrent alors le couvent de l'Assomption où elles accueillirent, pour faire leur éducation, des jeunes filles de bonne famille. Elles eurent d'ailleurs pour élève la future femme d'Alphonse XII, qui fut roi d'Espagne de 1874 à 1885. La demoiselle s'appelait dona Maria de Las Mercedes, troisième fille du duc de Montpensier ; malheureusement elle mourut l'année même de son mariage, en 1878. L'avenue Milleret de Brou existe depuis 1928 et donne rue de l'Assomption.

MILNE-EDWARDS (1800-1885). Henri Milne-Edwards, naturaliste français, né à Bruges, mort à Paris. C'est un des fondateurs de la physiologie française et ses travaux anatomiques sur les mollusques et les crustacés sont parfaits de clarté. Professeur d'histoire naturelle, très tôt passionné de zoologie, Milne-Edwards professa à la Sorbonne et au Muséum, et fut nommé en 1838 membre de l'Académie des sciences, dont il devint le doyen en 1873. La rue qui porte son nom existe depuis 1894. Il avait un fils, Alphonse (1835-1900), qui devint aussi un naturaliste illustre.

MILORD Ouverte en 1885, cette impasse (une impasse peut-elle être ouverte ?) reçut immédiatement ce nom, attribué par des brocanteurs et chiffonniers qui l'habitaient. Milord était le surnom, croit-on, de l'un d'entre eux ; à moins qu'ils n'aient donné ce nom à l'impasse par dérision à l'égard de leur métier.

MILTON (1608-1674). John Milton, poète anglais, né et mort à Londres. Son père, notaire, le fit élever à Cambridge. Le jeune Milton y composa déjà de nombreux poèmes. Le père désirait voir son fils entrer dans les ordres, mais John refusa. Il devint un des poètes les plus considérables que l'Angleterre ait eus. Ce fut un logicien remarquable doté d'une foi austère et ardente. Il se maria en 1644, mais sa femme le quitta au bout d'un mois de vie commune, incapable de se faire à la vie ardente et frénétique de son époux. Puis elle se dit que décidément Milton était un homme bien, puisqu'elle revint vers lui et qu'avant de mourir, en 1652, elle lui donna trois enfants... Quand Cromwell vint au pouvoir en Angleterre, le poète fut nommé secrétaire latin du Conseil d'État ; c'est à ce moment qu'il perdit la vue. Dès lors, il dicta ses ouvrages, dont le plus beau peut-être, inspiré de la Bible : « le Paradis perdu ». Il se remaria en 1656, mais sa seconde femme mourut au bout de deux ans... Point découragé, il se remaria en 1663 et cette fois, des deux époux, c'est lui qui partit le premier. Milton écrivit « Arcades et Comus », « De la Réformation en Angleterre », « la Doctrine et la discipline du divorce », « Poésies latines et anglaises », « Paradis perdu » (déjà cité) et « Paradis reconquis ». Il a dit : « La paix a ses victoires » et « La jeunesse montre l'homme, comme le matin montre le jour ». La rue Milton existe depuis 1868.

MIMOSAS Ouvert en 1928, ce square appartient à un groupe de voies portant des noms de fleurs. Le mimosa – on dit aussi « mimeuse », mais c'est moins joli à prononcer... –, dont on connaît 300 espèces différentes, pousse surtout dans les pays chauds ; en France, la Côte d'Azur, le Sud-Ouest et la Bretagne sont, dès février, pleins de ses senteurs bien agréables.

MINERVOIS Nom d'une région à vocation notamment viticole qui se trouve dans le bas Languedoc, entre la Montagne Noire et la vallée de l'Orb. La cour du Minervois a été ouverte à l'emplacement des anciens entrepôts de Bercy dont l'activité était vinicole.

MINIMES Cette rue doit son nom à l'ancien couvent des Minimes qui s'ouvrait à hauteur de son numéro 10 actuel, et qui fut bâti en 1611. La Révolution le ferma en 1790. L'ordre des Minimes fut créé en 1435 par saint François de Paule, à Cozenza (Italie). Le premier monastère de cet ordre installé en France le fut à Plessis-lès-Tours. Quand les Minimes vinrent à Paris, les Parisiens les surnommèrent « Bonshommes de Calabre », à cause de leur fondateur saint François, dit « le bonhomme de Calabre ». Saint François de Paule avait donné le nom de « Minimes » aux frères de son ordre pour les rappeler à l'humilité. La rue des Minimes fut baptisée en 1611.

MIOLLIS (1759-1828). Sextius Alexandre François Miollis, comte et général, né et mort à Aix-en-Provence. Il s'engage à 13 ans et se bat lors de la guerre d'Indépendance des États-Unis. Républicain convaincu, on le trouve général de division en 1794. Il se montre remarquable au siège de Mantoue et devient gouverneur de la ville en 1797. Puis il perd l'appui de Bonaparte en refusant de voter pour le Consulat à vie, en 1802. Pendant trois ans, il est mis à l'écart, mais il retrouve son poste de gouverneur de Mantoue en 1805. Il fonde des académies dans la ville et y fait élever un obélisque à Virgile. Chargé d'occuper Rome en 1808, il s'acquitte parfaitement de sa tâche et devient gouverneur de la Ville éternelle jusqu'à la fin de l'Empire. Pendant les Cent-Jours, il accepte sa nomination de gouverneur de Metz ; cette acceptation le fera mettre à la retraite par la seconde Restauration. La rue Miollis existe depuis 1864.

MIRABEAU (1749-1791). Gabriel Riqueti, comte de Mirabeau, homme politique né au Bignon (Seine-et-Marne), mort à Paris. Ce fut le plus grand orateur de la Révolution. Sa jeunesse se passa en turpitudes et scandales de toutes sortes. Son père dut même le faire enfermer un temps à l'île de Ré... En 1772, il se maria avec la fille du marquis de Marignane. Union peu heureuse. Mirabeau, couvert de dettes, fut à nouveau enfermé, toujours sur la demande de son père, d'abord à Manosque, puis au château d'If et près de Pontarlier. Prison peu sévère, puisque dans cette dernière ville il connut une jeune femme de 20 ans, Sophie, épouse d'un vieux marquis ; et qu'il s'enfuit avec elle, à Amsterdam. Mais on les y découvrit et Mirabeau fut ramené en France pour passer trois années à Vincennes. Il en sortit en 1780, brouillé avec toute sa famille, vivant d'expédients. Il partit même en mission secrète en Prusse et entretint une correspondance chiffrée avec l'abbé de Périgord, le futur Talleyrand. De retour en France, il se jeta de toutes ses forces dans le mouvement révolutionnaire, se faisant élire député d'Aix et fondant le « Journal des états généraux ». Le 23 juin 1789, c'est lui qui prononça, à l'adresse du marquis de Dreux-Brézé, chargé de dissoudre l'Assemblée, cette phrase fameuse : « Allez dire au roi que nous sommes ici par la volonté du peuple et que nous n'en sortirons que par la force des baïonnettes. » L'influence de Mirabeau devint alors considérable. Mais il était partisan d'une monarchie constitutionnelle qui ne correspondait pas au vœu de la majorité des révolutionnaires. D'autre part, ayant toujours de grands besoins d'argent, il est prouvé qu'après une entrevue qui se voulait secrète avec Marie-Antoinette, le 3 décembre 1790, il commença à recevoir des subsides de Louis XVI. Pourtant, l'Assemblée le considérait encore comme un pilier de la Révolution et le peuple l'admira toujours beaucoup. Mirabeau ne vécut pourtant plus très longtemps, mais ce ne fut pas la guillotine qui l'emporta. Tombé malade, usé par la débauche, il s'alita le 27 mars 1791 et mourut le 2 avril. Sa mort fit grand bruit, on l'inhuma au Panthéon, d'où la Convention le retira lorsqu'elle eut vent de ses relations avec Louis XVI. La rue Mirabeau fut baptisée en 1867 et le pont « sous lequel coule la Seine » a été construit de 1894 à 1897.

MIRBEL (1776-1854). Charles François Brisseau de Mirbel, botaniste, né à Paris, mort à Champerret. On le connaît pour ses travaux sur la cellule et ses recherches sur l'embryologie. Membre de l'Institut, il occupa les fonctions de directeur des jardins et des serres, sous l'Empire. Il a écrit « Éléments de physiologie végétale et de botanique ». La rue Mirbel existe depuis 1877.

MIRE Cette rue doit son nom à « la mire du Nord », construite pour mesurer exactement la longueur du méridien de Paris, en 1675. D'abord simple poteau appelé « piquet de la Méridienne », la mire se transforma, en 1736, en un bâtiment de 3 mètres de haut, de forme pyramidale, qui existe encore et se trouve près des jardins du Moulin de la Galette. La rue de la Mire, proche de la « mire du Nord », fut baptisée en 1877

MIROMESNIL (1723-1796). Thomas Hue de Miromesnil, homme politique, né près d'Orléans, mort à Miromesnil (Normandie). En 1757, il était premier président du parlement de Rouen. Exilé par le chancelier de Maupéou, il fut rappelé en 1774 et nommé garde des Sceaux. Il combattit la politique menée par Turgot et par Necker. Il resta cependant en poste jusqu'en 1787, date à laquelle il quitta la scène politique et partit vivre dans sa propriété normande. C'est sous Miromesnil, et grâce à lui, que fut abolie la honteuse « question préalable » consistant à essayer de faire avouer les prisonniers, sous la torture, avant qu'ils passent en jugement. Cette abolition fut décidée le 24 août 1780. Mais la « question définitive », qu'on appliquait après la condamnation afin d'extorquer aux prisonniers le nom de leurs complices, ne fut supprimée que le 9 octobre 1789. La rue de Miromesnil existe depuis 1776.

MISSION MARCHAND La mission Marchand, du nom du commandant qui la dirigea, partit de France en 1896. Traversant les marais du Nil, son but était d'aller renforcer une autre mission dirigée par Liotard, qui se trouvait dans le pays des sources de l'Oubangui et qui avait des « problèmes » avec les Anglais. La mission Marchand, après de très grandes difficultés, parvint au confluent du Nil Bleu et s'établit au fort de Fachoda, d'où les guerriers derviches ne parvinrent pas à la faire sortir

(10 juillet 1898). Marchand resta même maître du fort de Fachoda après que l'Anglais Kitchener eut arboré le pavillon anglais sur le reste de la ville. La mission Marchand regagna la France en traversant l'Éthiopie et reçut, à son arrivée à Paris, un accueil absolument délirant. La rue existe depuis 1901.

MIZON (1853-1899). Antoine Mizon, explorateur, né à Paris, mort dans l'océan Indien. De 1880 à 1882, il servit de collaborateur à Savorgnan de Brazza, au Congo. De 1883 à 1890, il reprit du service dans l'armée, mais l'appel de la brousse fut décidément le plus fort et de 1890 à 1893, il explora l'Afrique centrale. Il entra ensuite dans l'administration coloniale et fut successivement résident à Madagascar, et administrateur à Mayotte. Il venait d'être nommé gouverneur de Djibouti lorsqu'il mourut. La rue porte son nom depuis 1899.

MODERNE Quand on ouvrit cette avenue, en 1903, elle était toute belle, bordée de maisons pimpantes et habitées par des gens à l'esprit tourné vers l'avenir... Elle possédait tout pour qu'on l'appelle « l'avenue Moderne », ne trouvez-vous pas?

MODIGLIANI (1884-1920) Peintre et sculpteur italien, prénommé Amedeo, né à Livourne, mort à Paris. Élève, dans sa ville natale, de Micheli, il se rend à Capri pour raisons de santé (tuberculose). En mai 1902, il s'inscrit à l'École des beaux-arts de Florence, puis, bientôt, à celle de Venise. Mais Paris, capitale artistique de l'Europe (vive la France!), le fascine; il y arrive en 1906 et peint, dans un atelier sis rue Caulaincourt, non loin du fameux « Bateau-Lavoir » où habitent Picasso, Van Dongen, etc. Très vite, Modigliani va partager son temps entre Montmartre et Montparnasse. Un mécène (animal préhistorique ayant quasiment disparu...), Paul Alexandre, lui offre un atelier plus vaste que le premier, rue du Delta. En 1909 il commence à s'adonner à la sculpture. À partir de 1917, une jeune Française, Jeanne Hébuterne, âgée de dix-neuf printemps, partage sa vie (il a fait maints portraits d'elle). Une petite fille naît de leur amour, à Nice, où le peintre, toujours de santé fragile, se repose en 1918. En juin 1919, c'est le retour dans la capitale; le succès sourit; un autre enfant vient au monde... Tout semble donc aller bien, mais une attaque de néphrite et une récidive de la tuberculose, associées à la vie désordonnée qu'il mène, emportent Modigliani le 24 janvier 1920 à l'hôpital de la Charité. On l'inhuma au Père-Lachaise où Jeanne – qui se défenestra – le rejoignit quelques années plus tard. Un film retraçant la vie de l'artiste – dont la peinture était faite de figures simplifiées et linéaires, soutenues par des couleurs denses et franches – fut tourné avec Gérard Philipe dans le rôle principal. Titre de quelques-uns de ses tableaux : « Nu avec un chemisier », « Lolotte », « Nu assis au divan » et les portraits de la plupart de ses amis, à savoir Max Jacob, Lipchitz, Soutine, etc. La rue Modigliani existe depuis 1981.

MOGADOR Ville du Maroc que l'on appelle aujourd'hui Essaouira, sur l'Atlantique. Elle fut construite à la fin du XVIIIe siècle, sur des plans du Français Cornut, par le sultan Moulaï Mohammed ben Abdalah. En 1844, une escadre française vint bombarder la ville et la prit. C'est à la suite de ce fait d'armes qu'une rue de Paris prit le nom de Mogador, en 1845

MOHAMMED V Né à Fès en 1909 et décédé à Rabat en 1961, Mohammed V, ou Muhammad V Ibn Yûsuf, fut roi du Maroc de 1957 à sa mort. Quand son père disparut en 1927, il fut choisi comme sultan par les autorités françaises bien qu'il eût deux frères aînés. Pendant la Seconde

Guerre mondiale, il refusa d'appliquer les mesures antisémites voulues par le gouvernement de Vichy. En 1944, il se montra favorable aux théories de l'indépendance; le pouvoir hexagonal ne parvenant à le faire changer sur ce point le déporta d'abord en Corse puis à Madagascar; cela provoqua au Maroc un soulèvement armé, notamment dans le Rif et, en 1955, on le rappela chez lui où il reçut un accueil triomphal; l'indépendance marocaine fut acquise en 1956. Au décès de Mohammed V, son fils Hasan ou Hassan (1929-1999) lui succéda sous le nom d'Hassan II. La place Mohammed-V existe depuis 2002

MOINES Les moines dont il s'agit étaient ceux de l'abbaye de Saint-Denis et leur nom fut donné à cette rue tout simplement pour faire pendant à la rue des Dames – celles de l'abbaye de Montmartre – qui se trouve tout près. Et si c'est précisément en l'honneur des moines de Saint-Denis que cette rue fut baptisée vers 1700, c'est parce que leur abbaye était la plus célèbre.

MOITRIER. Ce passage, ôté en 1930 à la commune de Levallois-Perret, porte le nom d'un ancien habitant de cette commune qui y résida.

MOLIÈRE (1622-1673). Jean-Baptiste Poquelin, dit Molière, auteur et comédien, né et mort à Paris. Fils d'un tapissier et aîné de dix enfants, Jean-Baptiste prit son pseudonyme à 22 ans. Son goût pour le théâtre lui vint sans doute très jeune lorsque son grand-père le conduisit à l'hôtel de Bourbon où les pièces de Corneille commençaient à renouveler le théâtre. En 1646, Molière quitta Paris à la tête d'une troupe ambulante, pour laquelle il commença à écrire des pièces, qu'on devrait plutôt appeler des « farces ». Mais parmi elles, il y a déjà « l'Étourdi » (1653). À Pézenas, Molière est présenté au gouverneur du Languedoc, le prince de Conti, qui lui accorde sa protection, en 1653... Il la retirera en 1656, à cause d'un zèle dévot qui l'amena à haïr le théâtre... Le 24 octobre 1658, Molière se produisit pour la première fois à Paris avec ses œuvres; il devint chef de la troupe de Monsieur, au « Petit-Bourbon », et donna alors successivement « les Précieuses ridicules » (1659) et « Sganarelle » (1660). Après cette pièce, il passa au Palais-Royal et ce furent « l'École des maris » (1661), « l'École des femmes » (1662), « l'Impromptu de Versailles » (1663), puis, devant le roi, « Tartuffe » (1664) et « Don Juan » (1665). L'année de « Don Juan », la troupe de Molière reçoit le titre de troupe du roi. Comédien, directeur, auteur, il fournit les divertissements de la Cour et donna : « le Misanthrope » (1666), « le Médecin malgré lui » (1666), « Amphytrion », « l'Avare », « George Dandin » (toutes trois en 1668), « Monsieur de Pourceaugnac » (1669), « le Bourgeois gentilhomme » (1670), « les Fourberies de Scapin » (1671), « les Femmes savantes » (1672). À 40 ans, en 1662, Molière avait épousé Armande Béjart, de vingt ans sa cadette, dont la mère Madeleine avait été sa maîtresse. On accusa bien sûr Molière d'avoir épousé sa fille... Louis XIV, faisant fi de ces ragots, tint sur les fonts baptismaux le premier enfant de Molière en 1664. Le vendredi 17 février 1673, après la quatrième représentation du « Malade imaginaire », Molière mourut après avoir connu de sérieux ennuis de santé durant les huit dernières années de sa vie. Le curé de Saint-Eustache et l'archevêque Harlay de Chanvalon lui refusèrent la sépulture chrétienne et il fut inhumé clandestinement, le 21 au soir, au cimetière Saint-Joseph de Montmartre. Le monument qu'on lui édifia ensuite au Père-Lachaise est un simple cénotaphe; on ne sait pas où sont ses restes. Sa veuve épousa un mauvais comédien; de ses trois enfants, seule une fille survécut,

Esprit-Madeleine. Molière, entre mille choses, a dit : « Quand on se fait entendre on parle toujours bien », « Quand sur une personne on prétend se régler, c'est par les beaux côtés qu'il lui faut ressembler », « Il est avec le ciel des accommodements », « À force de sagesse on peut être blâmable » et « Il faut manger pour vivre et non pas vivre pour manger ». L'avenue Molière existe depuis 1840, la rue depuis 1867 et le passage depuis 1791.

MOLIN Depuis 1933 cette impasse porte le nom d'un propriétaire.

MOLITOR (1770-1849). Joseph Molitor, comte, maréchal et pair de France, né à Hayange (Moselle), mort à Paris. Général de brigade en 1799, il combattit en Suisse sous Masséna, puis à l'armée du Rhin sous Moreau. Général de division en 1803, il gouverna la Dalmatie, puis la Poméranie (1807), se battit vaillamment à Essling et à Wagram en 1810, reçut le commandement des villes hanséatiques et, en 1811, gouverna la Hollande. En 1814, il se rallia à Louis XVIII, mais accepta un commandement de Napoléon pendant les Cent-Jours. La seconde Restauration écarta Molitor jusqu'en 1818, puis le rappela, l'envoya combattre en Espagne en 1823 et le fit maréchal et pair au retour. En 1847, Louis-Philippe le nomma gouverneur des Invalides. La rue Molitor existe depuis 1867.

MOLLIEN (1758-1850). François Mollien, comte et homme d'État, né à Rouen, mort à Paris. En tant que contrôleur général des Finances, puis premier commis, il établit de nouvelles barrières d'octroi à Paris. Sous la Révolution, on le nomma dans l'Eure à un poste peu important, puis on l'emprisonna au début 1794, mais on le relâcha au 9-Thermidor. Sous le Consulat, il reprit des fonctions dignes de lui et, en 1804, il devint conseiller d'État et, en 1806, ministre du Trésor. Promu comte d'Empire, puis éliminé par Louis XVIII, il reprit son poste de ministre du Trésor pendant les Cent-Jours. La seconde Restauration ne lui chercha guère de chicanes et le fit même pair de France en 1819. La rue Mollien existe depuis 1867.

MONBEL Construite en 1903, cette rue porte, depuis, le nom d'un propriétaire qui y demeurait à l'origine.

MONCEAU Le hameau de Monceau (ou Monceaux) est connu depuis le XIVe siècle ; c'était alors une bien modeste bourgade. Petit à petit, les Parisiens furent amenés à le fréquenter et, en 1778, le duc de Chartres, futur Philippe Égalité, s'y fit construire une maison de plaisance, qu'on nomma « folie de Chartres », agrémentée d'un splendide parc, de Carmontelle. Ce parc est aujourd'hui celui que l'on connaît sous le nom de parc Monceau. Sur son tracé actuel, la rue de Monceau existe depuis 1868. Au XVIIe siècle, c'était un chemin de terre reliant le hameau de Monceau à celui du Roule. Jusqu'en 1830, Monceau dépendait de Clichy, à partir de 1830 il forma une commune distincte appelée Batignolles-Monceau, annexée par Paris en 1860. Le square Monceau existe depuis 1889.

MONCEY (1754-1842). Bon Adrien Jeannot de Moncey, duc de Conegliano, maréchal de France, né à Moncey, mort à Paris. Fils d'avocat, il s'engagea très jeune au régiment de Champagne. Devenu général, il combattit à Marengo (1800) et fit avec Macdonald la campagne des Grisons. Inspecteur général de la gendarmerie en 1801, il fut fait maréchal en 1804 et duc en 1808. En 1809, on lui confia le commandement de l'armée de Flandre. Major général de la garde nationale parisienne en 1814, il s'illustra sur la barrière de Clichy qu'il défendit énergiquement. Nommé pair de

France par Louis XVIII, Moncey n'en refusa pas moins, en août 1815, de présider le conseil de guerre chargé de juger Ney. On le destitua alors et l'enferma à Ham. Il redevint persona grata en 1816. Comme beaucoup de « rentrés en grâce », on le fit participer à l'expédition d'Espagne de 1823. Louis-Philippe le nomma gouverneur des Invalides en 1833. La rue Moncey existe depuis 1844 et le square depuis 1903.

MONDÉTOUR Sous le règne de Louis le Hutin, vers 1320, un habitant de cette rue s'appelait Gérard de Maudestour; à cette date, la rue portait son nom. Deux raisons pour que « Maudestour » soit devenu « Mondétour » : par déformation, tout simplement; ou par un nouveau baptême survenu sous François Ier alors que Claude Foucaut, seigneur de Mondétour, était échevin. Cependant, il semble prouvé que jusqu'au XVIIIe siècle la rue s'appelait « Maudestour »; par conséquent, le seigneur de Mondétour semble n'être pour rien dans le nom de cette voie qui ne prit son appellation actuelle qu'en 1820.

MONDONVILLE (1711-1772). Jean Joseph Cassanéa de Mondonville, violoniste et compositeur français, né à Narbonne, mort à Belleville (qui n'était pas encore annexé par Paris). Il commença à se faire remarquer en 1734, en apparaissant au « Concert spirituel » où son rôle, aussi bien comme instrumentiste que comme compositeur, prit, petit à petit, de l'importance (il dirigea ce « Concert spirituel » de 1755 à 1762). Ses motets, exécutés à partir de 1739, assirent sa réputation : « Jubilate Deo », « Lauda Jerusalem », etc. Il donna aussi des ballets (« le Carnaval de Parnasse » et des opéras (« Titon et l'Aurore », « Thésée »). Une rue porte son nom depuis 1994.

MONDOVI Ville d'Italie, dans le Piémont, sur l'Ellero. C'est la patrie du physicien Beccaria. Ouverte en 1796, cette rue rappelle la bataille de Mondovi, remportée par Bonaparte sur l'armée piémontaise du général Colli, le 22 avril 1796.

MONGE (1746-1818). Gaspard Monge, comte de Péluse, géomètre, né à Beaune, mort à Paris. Fils d'un marchand forain, Monge était professeur de physique en 1771. En 1780, Turgot lui confia, au Louvre, la chaire d'hydraulique. Quand vint la Révolution, Monge se réjouit; jusqu'en avril 1793, il fut ministre de la Marine. Ensuite, quand on créa l'École normale, il y enseigna la géométrie descriptive. Parti pour Rome, il y rencontra Bonaparte avec lequel il se lia. Pendant l'expédition d'Égypte il fut véritablement l'âme des recherches scientifiques. Il explora totalement les ruines de Péluse et devint président de l'Institut du Caire. Quand il revint en France, Monge professa à l'École polytechnique. Son œuvre comporte trois découvertes essentielles : celle de la géométrie descriptive, celle du « principe des rotations contingentes » et celle du sens des équations aux différentielles partielles. L'Empire avait honoré et comblé Monge; la Restauration le mit complètement à l'écart, ce qui hâta sa fin. Monge avait écrit « Géométrie descriptive », « Théorie des ombres et de la perspective » et « Application de l'algèbre à la géométrie ». La rue existe depuis 1864 et la place depuis 1867.

MONGENOT Jusqu'en 1929 cette rue appartenait à Saint-Mandé. Elle doit son nom à un ancien habitant de cette commune.

MONJOL Cette rue, qui fut d'abord impasse, porte le nom de son constructeur, un entrepreneur en démolitions (un démolisseur qui construit, n'est-ce pas merveilleux?). L'impasse fut ouverte en 1856.

MONNAIE Au début du XIVe siècle, on construisit dans cette rue un bâtiment dans lequel on battait monnaie. Cela dura jusqu'en 1774, date à laquelle l'hôtel de la Monnaie de la rue qui nous intéresse, tombant en ruine, fut remplacé par une construction neuve située en face de lui, mais de l'autre côté de la Seine, quai Conti. (C'est l'hôtel des Monnaies actuel.) La rue de la Monnaie porte son nom depuis 1387

MONPLAISIR Cette impasse porte le nom qu'un propriétaire avait donné à la maison qu'il s'y était fait construire. C'était la villa « Mon plaisir »; c'est devenu l'impasse du même nom.

MONSEIGNEUR LOUTIL (1863-1959). Edmond Loutil, dit Pierre l'Hermite, ecclésiastique et journaliste, né dans les Ardennes. Ordonné prêtre en 1888, il fut, successivement, vicaire de Clichy, puis de l'église Saint-Roch et de Saint-Pierre-de-Chaillot, curé de Saint-Jean-de-Montmartre et de Saint-François-de-Sales. En 1890, il devint rédacteur au journal « la Croix » et sa plume, dans ses articles rédactionnels aussi bien que dans les romans qu'il publia tout au long de sa vie, fut longtemps une des meilleures armes des catholiques traditionnels. Citons, parmi ses ouvrages, « la Grande Amie », couronné par l'Académie française, et « l'Emprise ». La place Monseigneur-Loutil date de 1965.

MONSEIGNEUR MAILLET (1896-1963). C'est le fondateur des célèbres « Petits chanteurs à la croix de bois », qu'il dirigea jusqu'à sa mort Il donna aux « Petits Chanteurs » une vogue internationale, qui subsiste encore. Le square Monseigneur-Maillet existe depuis 1971.

MONSEIGNEUR RODHAIN (1900-1977). Né et mort à Remiremont, il fut aumônier général de la J.O.C. (Jeunesse ouvrière chrétienne) à Paris en 1935; devenu ensuite aumônier général de l'armée française, il organisa, à l'issue de la Seconde Guerre mondiale, le rapatriement des déportés. Il est, d'autre part, le fondateur du Secours catholique. Une rue porte son nom depuis 1984.

MONSIEUR Cette rue porte le nom du comte de Provence, futur Louis XVIII, frère cadet de Louis XVI, qui la fit construire en 1779. C'est depuis le XVIe siècle que Monsieur désigne, en France, le cadet du roi.

MONSIEUR LE PRINCE Le prince dont il s'agit est un Condé; pas le Grand Condé (1621-1686), mais son père (1588-1646), Henri II de Bourbon, duc d'Enghien et prince de Condé. Il donna son nom à cette rue à cause d'un hôtel qu'il acquit, dans la future rue de Condé proche, en 1612. Ce prince de Condé est celui qui, marié avec Charlotte Marguerite de Montmorency, en 1609, dut, immédiatement après son mariage, quitter Paris afin de préserver sa femme des assiduités audacieuses du roi Henri IV. C'est à son retour dans notre capitale, après la mort du Vert Galant, qu'il acheta cet hôtel, grâce aux largesses de Louis XIII qui ouvrit son escarcelle afin de dédommager le prince de la perte d'une charge de connétable qu'il ne put retrouver à son retour de « voyage de noces »... La rue Monsieur-le-Prince existe depuis l'année où Henri II de Bourbon devint propriétaire de l'hôtel (1612)

MONSIGNY (1729-1817). Alexandre Monsigny, compositeur, né à Fauquembergues, mort à Paris. Venu à Paris en 1749, il gagna d'abord sa vie dans la comptabilité, puis devint maître d'hôtel chez le duc d'Orléans. Violoniste assez brillant, il commença à écrire des opéras dont le succès, sans être extraordinaire, fut cependant encourageant. Monsigny persévéra, pour en arriver en 1769 à son chef-d'œuvre, « le Déserteur ». Citons encore « On ne s'avise jamais de tout », « Rose et Colas » et « Félix ou l'enfant trouvé », sa dernière partition, qui date de 1777. Monsigny vécut encore quarante ans sans écrire une seule autre note de musique. Devenu inspecteur général des canaux (peu de rapport avec la musique), le compositeur perdit cette fonction à la Révolution. Les sociétaires de l'Opéra-Comique lui firent alors une rente de 2400 livres... En 1813, Monsigny, artiste doté d'une certaine verve créatrice mais dépourvu de tout savoir musical de base, entra à l'Académie des beaux-arts. La rue qui porte son nom existe depuis 1829.

MONSOREAU Ouvert en 1971, ce square porte le nom de l'héroïne du célèbre roman d'Alexandre Dumas « la Dame de Monsoreau ». Cette œuvre du père Dumas, portée à la télévision, raconte l'histoire de Diane de Méridor, épouse, peu satisfaite, du seigneur de Monsoreau, et de son amour pour le fringant Bussy d'Amboise. Le duc d'Anjou, jaloux de cette liaison, fait tuer Bussy, laissant, éplorée, la belle dame de Monsoreau. En 1860, avec la collaboration de Maquet, Dumas avait tiré un drame en cinq actes de son livre et le fit représenter avec beaucoup de succès.

MONTAGNE D'AULAS Ouverte en 1989, cette rue, située près de la rue des Cévennes, porte – comme un certain nombre d'autres autour d'elle – le nom d'un des sommets des Cévennes.

MONTAGNE DE LA FAGE Cette rue, qui a vu le jour en 1989, se trouve à proximité de la rue des Cévennes et porte, de ce fait, le nom d'un des sommets de la région cévenole.

MONTAGNE DE L'ESPÉROU Rue ouverte en 1989 et portant, à cause de sa proximité avec la rue des Cévennes, le nom d'un sommet de cette région.

MONTAGNE DU GOULET Cette place, ouverte en 1989 à proximité de la rue des Cévennes, porte, fort pertinemment, le nom d'un sommet de la région des Cévennes.

MONTAGNE SAINTE-GENEVIÈVE Successivement, et depuis le XIIIe siècle, cette rue s'appela Sainte-Geneviève, Sainte-Geneviève-la-Grande,Sainte-Geneviève-du-Mont, de la Montagne. Elle reçut son nom actuel en 1805 pour les deux raisons suivantes : elle est située sur un des points culminants de notre capitale, qualifié fort immodestement de « montagne », et menait, jadis, à l'abbaye Sainte-Geneviève. Cette abbaye, construite en 508 par Clovis, à la suite d'un vœu, vit ses bâtiments transformés en lycée (Henri-IV) en 1802, tandis que son église, reconstruite par Soufflot, sert aujourd'hui de sépulture aux hommes célèbres sous le nom de Panthéon (voir ce nom).

MONTAIGNE (1533-1592). Michel Eyquem de Montaigne; écrivain et moraliste, né et mort au château de Montaigne (Bordelais). Il eut, dans sa prime enfance, un précepteur avec lequel il ne s'exprimait qu'en latin. Il poursuivit ses études au collège de Guyenne, à Bordeaux, puis s'intéressa au droit, devint conseiller à la Cour des aides de Périgueux et au parlement de Bordeaux, en 1561. Ce fut à cette époque que Montaigne rencontra La Boétie avec lequel il devint très ami et qu'il appela son « frère d'élection »; quand La Boétie mourut, en 1568, Montaigne dit : « Nous nous aimions parce que c'était lui, parce que c'était moi. » En 1559, l'auteur des « Essais » vint à Paris, puis suivit François II à Bar-le-Duc; de retour dans la capitale, il fréquenta beaucoup la Cour et, en 1562, il demanda spontanément à prêter serment de catholicité avec les membres du parlement de Paris. En 1565, il convola avec la fille d'un conseiller au Parlement, Mlle Françoise de La Chassaigne. En 1571, il s'occupa de faire imprimer les œuvres littéraires de la Boétie, puis se retira à Montaigne jusqu'en 1580, commençant la rédaction des « Essais ». De 1580 à 1581, il fit un long voyage qui le mena en Suisse, en Allemagne et en Italie; à son retour, il devint maire de Bordeaux (1581-1585). En 1588, il fit un nouveau séjour parisien et se lia alors avec Mlle de Gournay, sa « fille d'alliance », puis fut enfermé une journée à la Bastille par les ligueurs et préféra rentrer dans son château natal. Il y apprit, avec satisfaction, l'avènement de Henri IV et passa le reste de sa vie à revoir son œuvre. Dans celle-ci, il tenta de démontrer que la raison humaine est incapable d'arriver, sans le secours de la révélation, aux vérités métaphysiques. En morale, il s'avoua épicurien, mais avec des aspirations stoïciennes. Il a dit : « Chaque homme porte la forme entière de l'humaine condition », « Je m'avance vers celui qui me contredit », « Au trône le plus élevé du monde, nous ne sommes assis que sur notre cul » et « Il n'est réplique si piquante que le mépris silencieux ». L'avenue Montaigne existe depuis 1850.

MONT-AIGOUAL Ouverte en 1989, cette rue, située près de la rue des Cévennes, porte, à cause de cela, le nom d'un massif des Cévennes.

MONTALEMBERT (1810-1870). Charles Forbes de Tryon, comte de Montalembert, homme politique et littérateur, né à Londres, mort à Paris. En 1830, il débuta dans la vie publique en fondant, avec Lamennais, le journal « l'Avenir », destiné à défendre l'alliance du catholicisme avec la liberté. En 1831, le gouvernement de Louis-Philippe engagea contre lui des poursuites pour « ouverture d'une école sans autorisation », et en 1832 le pape Grégoire XVI le blâma pour son libéralisme excessif. Montalembert se soumit au pape, puis entra à la Chambre haute et ne cessa de s'y battre, jusqu'en 1848, pour les doctrines de la Montagne, la liberté d'enseignement et les nations opprimées par des souverains non catholiques. Il fut député, après février 1848, et vota pour l'intervention française à Rome. Après le coup d'État du 2 décembre 1851, il combattit ardemment le nouveau gouvernement. Cela lui coûta son siège de député en 1857. Il n'en continua pas moins, par de nombreux écrits, à combattre Napoléon III. D'autre part, il prit vivement parti contre l'infaillibilité au moment où s'ouvrit le concile du Vatican, en 1870. L'Académie française l'avait accueilli en son sein en 1852. Parmi ses œuvres, citons « Vie de sainte Élisabeth de Hongrie », « Des intérêts catholiques au XIXe siècle » et « les Moines d'Occident depuis saint Benoît jusqu'à saint Bernard », son œuvre capitale. Montalembert a dit : « Vous avez beau ne pas vous occuper de politique, la politique s'occupe de vous. » La postérité, quant à elle, s'occupa de lui en donnant son nom à une rue en 1924.

MONTALIVET (1766-1823). Jean-Pierre Bachasson, comte de Montalivet, homme politique, né à Neunkirch, près de Sarreguemines, mort au château de Lagrange, dans la Nièvre. Lieutenant de dragons à 16 ans, il démissionna en 1784 pour se consacrer à la profession d'avocat, à Valence. Il y connut Bonaparte. Venu à Paris au moment de la Révolution, il s'engagea et fit la première campagne d'Italie, puis retourna à Valence. Quand Bonaparte accéda au pouvoir, il nomma Montalivet successivement préfet de la Manche (1801), de Seine-et-Oise (1804), conseiller d'État (1805), directeur des Ponts et Chaussées (1806) et, enfin, ministre de l'Intérieur (1809). Pendant les Cent-Jours, Montalivet fut intendant général de la Couronne et pair de France en 1819. La rue qui porte son nom existe depuis 1867.

MONTAUBAN Chef-lieu du Tarn-et-Garonne. C'est une ancienne bastide créée au XIIe siècle par le comte de Toulouse, Alphonse Jourdain. Elle subit de nombreux sièges, dont le plus fameux est celui de 1621, décidé par Louis XIII et au cours duquel le connétable de Luynes trouva la mort. Montauban, baignée par le Tarn, possède une fort belle cathédrale des XVIIe et XVIIIe siècles. C'est la patrie de Bourdelle et Ingres. La rue de Montauban existe depuis 1903.

MONT-BLANC Sommet principal du massif du même nom et de toutes les Alpes, qui culmine à 4807 mètres. Il fut vaincu pour la première fois, par son versant nord, en 1786, par Jacques Balmat. Le square du Mont-Blanc fut baptisé en 1932.

MONTBRUN (1770-1812). Le comte Pierre de Montbrun, général, né à Florensac (Hérault), mort pendant la bataille de la Moskova. Il fut nommé général de brigade à Austerlitz et se montra particulièrement brillant pendant la campagne de Silésie en 1806. Général de division en 1809, Montbrun contribua à la victoire d'Eckmuhl. En 1810, on le plaça à la tête de la cavalerie de Masséna au Portugal. En 1812, au commencement de la campagne de Russie, Napoléon lui avait confié le commandement du 2e corps de cavalerie. La rue Montbrun existe depuis 1868 et le passage depuis 1877.

MONTCALM (1712-1759). Le marquis Louis Joseph Montcalm de Saint-Véran naquit au château de Candiac, près de Nîmes, et mourut à Québec. C'est en 1756, en qualité de maréchal de camp, qu'il fut envoyé au Canada pour le défendre contre les Anglais. Avec peu d'hommes et mal soutenu par Paris, il arrêta cependant un temps les Anglais – décidés à en finir avec ce qui était encore une colonie française – au fort du Carillon en 1858. L'année suivante, Montcalm, enfermé dans Québec, subit l'assaut du général Wolfe et de ses 30000 hommes. Il résista deux mois; blessé au combat qui eut lieu à Abraham – nom d'un plateau dominant la ville de Québec – au moment même où le général Wolfe était tué, le 13 septembre 1759, Montcalm mourut quatre jours après. Un monument fut élevé en 1827, à Québec, à la mémoire des deux généraux, français et anglais, réunis. La rue Montcalm existe depuis 1867 et la villa depuis 1926.

MONT-CENIS Massif des Alpes, à 3320 mètres d'altitude, qui domine le col du Mont-Cenis (2083 mètres). Par ce col passe la route Lyon-Turin. Une voie de chemin de fer passe par un tunnel ferroviaire dit « du Mont-Cenis »; ce tunnel mesure 13668 mètres et relie Modane, en France, à Bardonnèche, en Italie. La rue du Mont-Cenis existe depuis 1868, le passage depuis 1877.

MONT-DORE Ville du Puy-de-Dôme dont les eaux thermales soignent les affections allergiques et spasmodiques de l'appareil respiratoire. On y pratique aussi les sports d'hiver sur les pentes du massif du Mont-Dore, le plus élevé du Massif central. C'est dans ce massif que se trouve le Puy-de-Sancy (1 886 mètres). La rue du Mont-Dore fut baptisée en 1877.

MONTEBELLO (quai et port). Ce quai et ce port ont reçu le nom du maréchal Lannes (voir ce nom), duc de Montebello. Le quai fut baptisé officiellement en 1840 et le port en 1905.

MONTEBELLO (rue). Ville d'Italie, en Lombardie. Les Français y remportèrent deux brillantes victoires. La première le 12 juin 1800, grâce au maréchal Lannes, qui reçut peu après le titre de duc de Montebello. La seconde – les habitants de l'endroit s'en seraient sans doute passés – le 20 mai 1859, grâce à la division française du général Forey, appartenant au 1er corps de l'armée d'Italie, qui vainquit les 35 000 hommes du général autrichien, de Stadion. C'est en souvenir de cette seconde victoire que la rue de Montebello fut baptisée en 1862.

MONTE-CRISTO « Le Comte de Monte-Cristo » est un roman d'Alexandre Dumas père, écrit de 1841 à 1845. Il raconte l'histoire d'un jeune marin, Edmond Dantès, qui, sur le point d'épouser la jolie Mercedes, est mis en prison au château d'If. Il est la victime des machinations de trois hommes : Danglars, jaloux de lui ; le pêcheur Fernand, qui convoite sa fiancée ; le magistrat de Villefort, qui voit dans sa perte une possibilité d'avancement. Au château d'If, Dantès fait la connaissance de l'abbé Faria qui, avant de mourir, lui révèle l'existence d'un trésor. Dantès s'évade, s'approprie le trésor et, sous le nom du comte de Monte-Cristo, entreprend de se venger. Bien entendu, il y parvient : l'ex-pêcheur Fernand, qui a épousé Mercédès et est devenu le comte de Morcerf, se suicide ; Danglars est ruiné ; M. de Villefort, déshonoré, devient fou. « Le Comte de Monte-Cristo » obtint, dès sa sortie, un immense succès. Dans aucun autre roman Dumas ne déploya autant sa prodigieuse imagination. Une pièce de théâtre et de nombreux films ont été tirés de cette œuvre qui donna même son nom à une rue en 1889.

MONTEMPOIVRE Le nom de cette rue provient d'un lieu-dit ; elle existait déjà en 1730. On peut donner l'explication suivante à la dénomination de ce lieu-dit : jadis, on appelait « poivre sauvage », ou « petit poivre », les fruits du gattilier, plante sauvage qui se plaît surtout dans les pays chauds mais qui, parfois, parvient à pousser sous des climats tempérés comme celui de Paris. Ses fruits jadis se consommaient pour calmer les ardeurs sexuelles. Sans résultat bien probant, disons-le... Quelques pousses de gattilier durent s'épanouir en ce lieu-dit qui formait un monticule et « montempoivre » viendrait donc de « mont-en-poivre ».

MONTÉNÉGRO Ancienne principauté balkanique qui accéda à l'indépendance, en 1878, par le traité de Berlin. Elle devint un royaume en 1910, sous Nicolas Ier, et fut réunie à la Yougoslavie en 1918. Il s'unit à la Serbie en 1992 pour former la nouvelle république fédérale de Yougoslavie. Le Monténégro a une superficie de 14 000 km^2 ; ses habitants s'appellent les Monténégrins, sa capitale est Podgorica. Le passage du Monténégro existe depuis 1880.

MONTENOTTE Village d'Italie, dans la province de Gênes. Le 14 avril 1796, Bonaparte y remporta une brillante victoire sur les Autrichiens du général Beaulieu. Sous le premier Empire, Montenotte donna son nom à un département français dont le chef-lieu était Savone. C'est en souvenir de la victoire de Bonaparte qu'on donna le nom de Montenotte à une rue en 1869

MONTÉRA Cette rue porte, depuis 1867, le nom du propriétaire du terrain sur lequel on la construisit.

MONTESPAN (1641-1707). Françoise Athénaïs de Rochechouart, marquise de Montespan, née à Tonnay-Charente. Ce fut une des nombreuses maîtresses de Louis XIV, mais ce ne fut pas la moindre... Élevée à Saintes, elle arriva à la Cour en 1660 pour prendre rang, en même temps que Mlle de La Vallière, parmi les filles d'honneur de Madame. En 1663, elle épousa Louis de Pardaillan de Gondrin, marquis de Montespan. Belle femme aux cheveux blonds et aux yeux ensorcelants, spirituelle, elle sut s'allier les bonnes grâces de la reine ainsi que celles de Mlle de La Vallière, qu'elle supplanta cependant sans vergogne dans le lit (sinon dans le cœur) du roi. Quand le marquis de Montespan connut la liaison de sa femme avec le Roi-Soleil, il s'habilla de noir, pour porter le deuil de son honneur... Les amours royales de Mme de Montespan durèrent huit ans, huit enfants en naquirent... Louis XIV les légitima tous. À partir de 1677, l'étoile de la marquise commença à pâlir avec la découverte de son rôle – même s'il fut minime – dans l'Affaire des poisons. (Le début du règne de Louis XIV fut marqué par de très nombreux empoisonnements et le roi créa une « Chambre ardente », chambre spéciale du Parlement, chargée de juger ces sortes de crimes; à l'époque, les confesseurs de Notre-Dame avouèrent que « la plupart de ceux qui se confessaient à eux s'accusaient d'avoir empoisonné quelqu'un » (!). La Chambre ardente découvrit une vaste association de pythonisses, alchimistes, sages-femmes, sorcières qui avaient pour clients des membres de la bourgeoisie et de la première noblesse. La marquise de Brinvilliers et la Voisin eurent beaucoup à pâtir, à juste titre semble-t-il, des activités judiciaires de la Chambre ardente que le roi ferma en 1682.) L'influence de Mme de Maintenon dès 1682 amena la fin des faveurs de Louis XIV pour la marquise de Montespan qui perdit son appartement à la Cour en 1684, à la mort de la reine. En 1691 elle quitta Versailles et en 1700 s'exclut de toute vie mondaine. Retirée à Bourbon-l'Archambault, elle y mourut. L'avenue de Montespan existe depuis 1864.

MONTESQUIEU (1689-1755). Charles de Secondat, baron de La Brède et de Montesquieu, écrivain né à La Brède, près de Bordeaux, mort à Paris. En 1711 Montesquieu fut conseiller au parlement de Bordeaux, puis président à mortier (ancien terme de la maison du roi), en 1716. En 1721, il publia « les Lettres persanes » qui le rendirent célèbre et lui ouvrirent toutes grandes les portes de la Cour. En 1727, l'Académie française l'accueillit en son sein. Montesquieu entreprit alors le voyage dont il rêvait « afin de mieux connaître les hommes et les institutions ». Il se rendit à Vienne, en Italie, au Tyrol, sur les bords du Rhin, aux Pays-Bas, à Londres enfin, où il demeura deux ans. De retour en France, il s'enferma, pour écrire, dans son château de La Brède. Il y rédigea « Considérations sur les causes de la grandeur des Romains et de leur décadence » (1734) et son œuvre essentielle : « l'Esprit des lois » (1748). Montesquieu partagea ensuite son temps entre Paris et La Brède. Il disait : « Je n'ai jamais eu de chagrin qu'une heure d'étude n'ait dissipé », « Il ne faut pas faire par les lois ce qu'on peut faire par les mœurs », « J'aime les paysans : ils ne sont pas assez savants pour raisonner de travers » et « La gravité est le bouclier des sots ». Montesquieu, qui introduisit tous les grands mouvements d'idées de la seconde moitié du XVIIIe siècle et dont grand nombre d'esprits libéraux se réclamèrent, donna son nom à une rue en 1796.

MONTEVIDEO Capitale de l'Uruguay, sur le rio de la Plata, devant la baie de Montevideo, face à l'océan Atlantique. 1 383 000 Montévidéens y résident. La rue de Montevideo existe depuis 1868.

MONTFAUCON (1655-1741). Dom Bernard de Montfaucon, érudit bénédictin, né au château de Soulage (Languedoc), mort à l'abbaye de Saint-Germain-des-Prés. Il s'engagea d'abord dans l'armée, mais sa nature pacifique ne s'y complut guère et il entra chez les bénédictins de Saint-Maur en 1676. De cette date à 1698, il apprit le grec, le chaldéen, l'hébreu, le copte et un peu d'arabe. En 1698, on l'envoya dans les bibliothèques italiennes afin qu'il y complète sa culture. C'est pendant son séjour italien qu'il fut nommé procureur général de la congrégation de Saint-Maur. Mais il démissionna bientôt de cette fonction et alla s'enfermer dans l'abbaye de Saint-Germain-des-Prés où il rédigea son « Antiquité expliquée » qui, parue en 1719, lui ouvrit les portes de l'Académie des inscriptions. La rue de Montfaucon existe depuis 1817.

MONTGALLET Déformation de Mangallée, lieu-dit qui donna son nom à cette rue en 1709. Il semble que Mangallée ait été le patronyme du propriétaire d'un champ qui prit son nom et devint un lieu-dit. Le passage Montgallet, proche, baptisé en 1934, doit son nom à la proximité de la rue.

MONTGOLFIER Cette rue porte depuis 1817 le nom des deux frères Montgolfier, inventeurs d'un aérostat appelé « montgolfière ».
Joseph (1740-1810) naquit à Vidalon-lès-Annonay (Ardèche) et mourut à Balaruc (Hérault). Il travailla d'abord dans la manufacture de papiers de son père, puis, avec son frère Étienne, il réussit à faire s'envoler, à Annonay, un ballon assez grand. Appelé alors à Paris pour rendre compte à l'Académie des sciences, celle-ci, après avoir entendu les deux frères, le 20 août 1783, les nomma correspondants et leur accorda un prix de 600 livres. En même temps, Louis XVI donna à Étienne le cordon de Saint-Michel et des lettres de noblesse pour son père; quant à Joseph, il eut droit à une pension de 40000 livres. En 1784, Joseph construisit à Lyon un aérostat de 126 pieds de haut sur 102 de large et, avec Pilâtre de Rozier, il s'aventura dans cette montgolfière libre. Sous la Révolution, Joseph Montgolfier, qui sauva la vie de beaucoup de proscrits en les soustrayant aux rigueurs du Tribunal révolutionnaire, se trouva positivement ruiné. Il vint alors à Paris où on le nomma administrateur du Conservatoire des arts et métiers, puis membre de l'Institut en 1807. Il écrivit : « Discours sur l'aérostat » et « les Voyageurs aériens ».
Parlons à présent d'Étienne (1755-1799), né à Vidalon-lès-Annonay, mort à Serrières, en Ardèche. En dehors de l'invention de la montgolfière en compagnie de son frère, il étudia l'architecture avec Soufflot et exerça quelque temps cet art avant de prendre la direction de la manufacture de papiers de son père; il perfectionna les procédés de fabrication en inventant le papier « grand monde » et le « papier vélin ». Pour finir, rappelons qu'une montgolfière est un aérostat qui s'élève grâce à un foyer placé en dessous pour raréfier l'air contenu à l'intérieur du ballon.

MONTGOLFIÈRE Le 21 octobre 1783, à bord d'une montgolfière de papier, et par feu de paille, Pilâtre de Rozier et le marquis d'Arlandes s'envolèrent de la Muette pour atterrir sur la Butte-aux-Cailles qui est située tout près de ce « jardin de la Montgolfière » que l'on baptisa, en souvenir, en 1998.

MONTHIERS Ouverte en 1865, cette cité porte le nom de l'un de ses premiers propriétaires.

MONTHOLON Cette rue porte le nom de Nicolas de Montholon, issu d'une famille de magistrats, qui fut conseiller à la Chambre des requêtes en 1761, premier président du parlement de Metz en 1765 et du parlement de Normandie en 1775. Il possédait un hôtel dans le boulevard Poissonnière, proche, et c'est pour cette raison que, lorsque cette rue fut ouverte, en 1780, on lui donna immédiatement son nom.

MONTIBOEUFS Ancien sentier dont le nom provient d'un lieu-dit primitivement nommé « Montil-des-bœufs » et qui désignait un endroit légèrement pentu où l'on parquait souvent des bœufs. Ce lieu-dit est connu depuis 1350. Quant à la rue, sur son tracé actuel, elle existe depuis 1915.

MONTICELLI (1824-1886). Prénommé Adolphe Joseph Thomas; peintre français né et mort à Marseille. Ce fut un remarquable coloriste qui peignit beaucoup sur étoffes et sur divers objets. On connaît de lui « le Parc de Saint-Cloud » et « Corot et ses modèles ». Son style s'apparentait à celui de Watteau. La rue Monticelli existe depuis 1929.

MONT-LOUIS Au xve siècle, un riche marchand d'épices, M. Regnault, fit bâtir sur le boulevard de Ménilmontant actuel une maison qui prit le nom de « Folie Regnault ». Le 11 août 1626, les Jésuites se rendirent acquéreurs en tout bien tout honneur de cette « folie » et y annexèrent plusieurs terres d'alentour. Ce domaine, ainsi nouvellement acquis, prit le nom plus convenable de « mont Saint-Louis », que l'on abrégea vite en « Mont-Louis ». Le 2 juillet 1652, Louis XIV, alors âgé de 14 ans, vint, en compagnie de Mazarin, chez le seigneur de Charonne, tout près du domaine des Jésuites, pour assister, depuis la terrasse d'un pavillon, à une des batailles de la Fronde qui se livrait alors faubourg Saint-Antoine. On a avancé que c'est à la suite de cette visite que la propriété des Jésuites prit le nom de Mont-Louis. C'est inexact, comme nous l'avons dit plus haut. Quoi qu'il en soit, c'est en 1860 que l'on baptisa la rue de Mont-Louis.

MONTMARTRE C'est la porte Montmartre, partie de l'enceinte construite sous Charles V en 1380 et détruite en 1634 pour être rebâtie dans le cadre de l'enceinte voulue par Louis XIII, plus au nord, qui donna son nom au boulevard Montmartre dont l'ouverture fut prescrite en 1676, mais qui ne fut effectivement construit totalement qu'après 1763. Quant aux rues, cité et galerie Montmartre, elles doivent leur nom, depuis 1200 pour la rue, à l'abbaye de Montmartre construite en 1133 pour les « dames de Montmartre »; là, dit-on, Henri IV se donna du bon temps, en 1590, lors du siège de Paris. (Pour la commune de Montmartre, voir à « Faubourg Montmartre ».) Étymologiquement, Montmartre vient soit de « Mont de Mars », soit de « Mont de Mercure », soit encore de « Mont des Martyrs ».

MONTMORENCY La « maison de Montmorency » remonte à Bouchard Ier, contemporain de Hugues Capet. De très nombreux personnages célèbres en descendent. Citons-en quelques-uns : d'abord Anne (prénom masculin malgré l'apparence) de Montmorency, duc et capitaine né à Chantilly en 1493, mort à Paris en 1567, qui se battit à Ravenne, Marignan et seconda Bayard dans la défense de Mézières en 1521. Fait prisonnier à Pavie en 1525, il fut libéré contre rançon; il défendit ensuite la Provence contre Charles Quint, en 1536, ce qui lui valut d'être nommé connétable. C'est sous Henri II qu'il devint duc et pair. Appelé, sous Charles IX, à combattre les Guise, il s'unit à eux et fut mortellement blessé à la bataille de Saint-Denis en 1567. Justice immanente. Citons aussi le duc François de Montmorency (1530-1579), qui épousa Diane de France et passa un an à la Bastille en 1574, à la fin du règne de Charles IX, pour des menées politiques subversives. Parlons encore de Henri II de Montmorency (1595-1632), amiral en 1612, gouverneur du Languedoc en 1613 et maréchal de France en 1630, qui s'allia avec Gaston, duc d'Orléans, contre Richelieu, et qui, pour cela, fut condamné à mort et exécuté. Finissons par le duc Mathieu Félicité de Montmorency-Laval (1767-1826), lequel, après avoir été aide de camp du maréchal français Lückner qui commandait l'armée du Nord

en 1792, se retira tranquillement en Suisse auprès de Mme de Staël et ne rentra en France qu'en 1795. Sous la seconde Restauration, il fut nommé maréchal de camp, puis pair de France en 1815, et devint ministre des Affaires étrangères et président du Conseil de 1821 à 1822; il appartint à l'Académie française à partir de 1825 et fut nommé gouverneur de Bordeaux, en 1826, peu de temps avant sa mort.
Le boulevard de Montmorency fut ouvert en 1856, de même que la villa, et la rue en 1768. L'avenue de Montmorency, qui est comprise dans la villa, date de la création de cette dernière (1856).

MONTORGUEIL La rue Montorgueil doit son nom au « mont Superbus » ou « mont Orgueilleux », dont le sommet – si l'on peut dire – se trouve occupé de nos jours par la rue Beauregard. Sur son tracé actuel, la rue Montorgueil existe depuis 1792.

MONTPARNASSE Dès le XVIe siècle, on signale la présence d'une butte, sans aucun doute artificielle et constituée, originairement, de gravats, que l'on baptisa pompeusement « mont Parnasse », sous Louis XIV, pour la simple raison que des étudiants allaient s'y ébattre; on dut assimiler, un peu vite, ces jeunes gens à des poètes, puisque le mont Parnasse est, symboliquement, le séjour des faiseurs de rimes... Le boulevard du Montparnasse, commencé en 1761, fut baptisé au tout début du XIXe siècle et la rue en 1773. Le cimetière Montparnasse, quant à lui, fut ouvert en 1824; parmi ceux qui y sont inhumés, citons Henri Martin, Pierre Larousse, Dumont d'Urville, Hégésippe Moreau, Sainte-Beuve, Guy de Maupassant, Montalembert, Rude et Mme Agar, pour la plupart détenteurs d'artères parisiennes citées ici.

MONTPENSIER (1775-1807). Antoine Philippe d'Orléans, duc de Montpensier, frère cadet du roi Louis Philippe, mort à Salthill (Angleterre). Partisan de la Révolution, tout du moins de ses principes, il entra comme sous-lieutenant au 14e dragons. Aide de camp de son frère, le duc de Chartres, il se distingua à Valmy et à Jemmapes et combattit ensuite dans l'armée d'Italie. Il fut malgré tout arrêté à Marseille en 1793 et passa quarante-trois mois en prison. Parti en Amérique en 1796, il y resta jusqu'en 1800, puis alla se fixer définitivement en Angleterre. La rue de Montpensier fut créée en 1784 à la lisière de l'ancien jardin du Palais-Royal dont le propriétaire était le duc Louis Philippe Joseph d'Orléans, plus connu sous le nom de Philippe Égalité, père du duc de Montpensier

MONTREUIL Cette rue doit son nom au fait que, de tout temps, elle menait à Montreuil-sous-Bois, commune de la banlieue parisienne qui produisait, jadis, des pêches excellentes. D'abord « chaussée », la voie qui nous intéresse devint une rue en 1748.

MONTSOURIS C'est le nom d'un ancien hameau de la banlieue parisienne, transformé tout entier en un parc à l'intérieur duquel se trouve un observatoire météorologique, avec service géographique et maritime, fondé en 1868. L'étymologie de « Montsouris » ne nous est pas connue... La rue fut baptisée en 1890 et le square en 1922, année de sa création.

MONTTESSUY (1809-1881). Rodolphe Auguste Gustave Monttessuy, dit le comte de Monthessuy, diplomate. Son père, Auguste Nicolas Zacharie, mort en 1840, était munitionnaire général des Invalides et propriétaire du château de Juvisy. Sa mère, née de Firbach, se prénommait Rodolphine Élisabeth Louise. Lui-même, après de brillantes études – c'est ainsi que l'on dit toujours! –, devint attaché puis secrétaire d'ambassade (1841), avant de représenter notre pays à Hanovre, Florence, Francfort, puis Bruxelles (1858). En 1860, on le nomma grand officier de la Légion d'honneur. Il épousa Pauline Madeleine Ximenes, comtesse de Helfentheim, qui lui donna un fils (1844-1897), Paul Frédéric, décédé sans alliance. Les premiers Monttessuy connus étaient des « soyeux » de Lyon; ils furent anoblis par lettres de 1782 sur la personne de Denys Monttessuy (1739-1789), administrateur de la Compagnie des Indes en 1782. Ce Denys appartenait à la branche aînée de la famille, le père du Monttessuy qui nous intéresse à la branche cadette. Parmi leurs descendants, ces nobles eurent la fierté – hum! – de compter Liane de Pougy, célèbre demi-mondaine. Revenons à Rodolphe Auguste Gustave pour signaler qu'en 1857 il se rendit acquéreur des terrains sur lesquels on ouvrit, en 1866, la rue qui prit son nom en 1873. (Auparavant elle s'était appelée Desgenettes, du nom du médecin en chef des armées d'Italie et d'Égypte sous Bonaparte.)

MONT-THABOR Le mont Thabor est un petit mont d'Israël où Jésus se montra à trois de ses apôtres (Transfiguration du Christ). C'est aussi là que le 17 avril 1799 Bonaparte battit les Turcs et les Arabes commandés par Djezzar Pacha. C'est en souvenir de cette victoire que la rue reçut son nom en 1802.

MONT-TONNERRE En allemand « Donnersberg ». Montagne de Bavière, culminant à 687 mètres, qui, sous le premier Empire, donna son nom à un département français dont le chef-lieu était Mayence. L'impasse du Mont-Tonnerre fut baptisé en 1877.

MONTYON (1733-1820). Jean Baptiste Antoine Auget, baron de Montyon, philanthrope et économiste, né et mort à Paris. En 1775, il fut nommé conseiller d'État, puis en 1780 chancelier de Monsieur. Détenteur d'une grande fortune, il créa entre 1780 et 1787 de nombreux prix que diverses sociétés savantes furent chargées de distribuer. À la Révolution, il émigra prudemment et ne rentra en France qu'en 1814. À sa mort, il légua à l'Institut de France la rente d'un important capital à distribuer par l'Académie française d'une part à des ouvrages utiles aux bonnes mœurs et d'autre part à un Français pauvre ayant fait une action vertueuse (c'est le prix de Vertu). La rue Montyon existe depuis 1843.

MONY Cette rue, créée en 1905, porte le nom d'un de ses premiers propriétaires résidents.

MORAND (1771-1835). Le comte Louis Morand est un général, né à Pontarlier, qui se distingua à Auerstaedt, village de Prusse, lors de la bataille qui y eut lieu le 14 octobre 1806. Le maréchal Davout, dont le chapeau fut ce jour-là percé par un boulet qui lui arracha les cheveux sans toucher le crâne, y vainquit les Autrichiens – fins tireurs au demeurant – du duc de Brunswick, qui lui, trouva bel et bien la mort pendant ce combat. Peu de temps après, Napoléon fit Davout duc d'Auerstaedt. La rue Morand existe depuis 1864.

MOREAU En 1672, cette rue portait déjà ce nom, dû à un propriétaire riverain.

MORÈRE Construite en 1855, cette rue porte, depuis, le nom du propriétaire du terrain.

MORET Ouverte en 1853, cette rue doit son nom à l'un de ses premiers propriétaires résidents.

MORILLONS Quand Paris et ses alentours possédaient des vignes, morillon était le nom d'un cépage, du genre pineau, qui s'accommodait particulièrement bien du climat de notre capital. La rue des Morillons provient d'un lieu-dit où ce cépage florissait. Faut-il rappeler que c'est rue des Morillons que se trouve le « bureau des objets trouvés »? Connue sous l'appellation de « chemin » depuis 1730, cette voie devint une rue en 1906.

MORIZOT Détachée de la commune de Levallois-Perret en 1930, cette impasse porte le nom d'un ancien propriétaire de l'endroit.

MORLAND (1771-1805). François Louis Morland, colonel né à Souilly (Meuse). Engagé en 1791, colonel en 1805, il fut tué à la bataille d'Austerlitz, le 2 décembre 1805, après s'être battu vaillamment. Son corps fut donné en 1814 au musée de l'École de médecine de Paris où, jusqu'en 1818, il figura comme momie... Le boulevard fut baptisé en 1806. Le pont Morland, qui doit son nom à sa proximité avec le boulevard précité, fut construit en 1879.

MORLET Cette impasse porte le nom d'un de ses premiers propriétaires riverains.

MORLOT (1795-1862). François Morlot, prélat né à Langres, mort à Paris. Il étudia au séminaire de Dijon, devint vicaire général en 1830 et chanoine de Dijon en 1833. Évêque d'Orléans en 1839, archevêque de Tours en 1842, il fut nommé cardinal en 1853. Un peu contre son gré, il vint à Paris en 1857 en qualité de grand aumônier du second Empire. Il publia des « Mandements ». La rue Morlot existe depuis 1860.

MORNAY (1549-1623). Philippe de Mornay, seigneur du Plessis-Marly, dit Duplessis-Mornay, chef protestant né à Buhy (Eure), mort à La Forêt-sur-Sèvre. Calviniste dès sa plus tendre enfance, il voyagea d'abord beaucoup : Suisse, Allemagne, Italie, Pays-Bas. Présent en France en 1572, il échappa de justesse au massacre de la Saint-Barthélemy. Réfugié en Angleterre, le futur Henri IV l'y manda; Philippe de Mornay devint alors le compagnon et le conseiller préféré du roi de Navarre. Opposé à la conversion de Henri IV, il n'en continua pas moins à le servir, mais sa ferveur protestante l'entraîna à une terrible controverse avec le cardinal Du Perron. Quand Louis XIII accéda au pouvoir, Mornay se retira à Saumur. Ses contemporains l'avaient surnommé « le Pape des huguenots ». C'est en 1844 qu'une rue prit son nom.

MORO-GIAFFÉRI (1878-1956). Xavier Étienne, dit Vincent de Moro-Giafféri, homme politique et surtout avocat éminent dont l'écho des plaidoiries retentit encore sous les voûtes des palais de justice. C'est en 1971 que l'on donna son nom à une place.

MORTIER (1768-1835). Joseph Mortier, duc de Trévise, maréchal de France, né au Cateau-Cambrésis, mort à Paris. Il s'engagea dans l'armée dès son plus jeune âge, combattit à Jemmapes, fut blessé à Fleurus et devint chef de brigade, en 1795, avant de servir dans l'armée de Sambre-et-Meuse et de contribuer à la victoire d'Altenkirchen, de prendre Gemünden et de chasser Wartensleben de Wurtzbourg. Nommé général de brigade, puis de division la même année (1799), il conquit le Hanovre en 1803 et fut fait maréchal en 1804. En 1806, il prit Cassel et Hambourg. À la paix de Tilsit, en 1807, il devint duc de Trévise. En 1812, à Moscou, c'est lui que Napoléon chargea de faire sauter le Kremlin; en 1814 il se battit courageusement dans la plaine Saint-Denis contre les Alliés. Sous la Restauration il refusa de siéger au conseil de guerre chargé de juger Ney, et de ce fait fut destitué de la qualité de pair de

France que Louis XVIII lui avait octroyée. Il fut réintégré en 1816 tout en étant élu député du Nord. Enfin, Mortier devint ministre de la Guerre et président du Conseil de novembre 1834 à mars 1835. Il fut tué boulevard du Temple, à Paris, alors qu'il se trouvait aux côtés de Louis-Philippe, par la « machine infernale » de Fieschi, conspirateur que l'on exécuta en 1836. Le boulevard Mortier existe depuis 1864.

MORVAN Le massif du Morvan prolonge vers le nord le Massif central. Il couvre une partie des départements de l'Yonne, de la Nièvre, de la Saône-et-Loire et de la Côte-d'Or. Il mesure 82 km de long sur 50 de large au maximum, et culmine à 902 mètres au Bois-du-Roi, mais son point le plus célèbre est le mont Beuvray (810 mètres) qui supporta la cité gauloise de Bibracte, mot signifiant « Ville des Castors ». La rue du Morvan existe depuis 1930.

MOSCOU Capitale de la Russie sur la Moskova, qui groupe 8960000 Moscovites. En 1326, Moscou était le siège du métropolite de l'Église russe et chercha à jouer le rôle de « troisième Rome » après la chute de Constantinople. En 1703, Saint-Pétersbourg supplanta Moscou en tant que capitale politique, mais les soviets rétablirent toutes ses prérogatives en 1917. À voir : le Kremlin, centre administratif, mais également historique; la basilique Basile-le-Bienheureux, du XVIe siècle, et l'église de la Vierge-de-Géorgie, du XVIIe. Moscou, important port fluvial, fut incendiée par les Russes eux-mêmes, en 1812, lorsque Napoléon y pénétra. La rue existe depuis 1867.

MOSELLE Rivière de l'est de la France et frontière naturelle entre l'Allemagne occidentale et le Luxembourg. La Moselle prend sa source dans les Vosges, au pied du mont Drumont. Elle baigne Remiremont, Épinal, Frouard, Pont-à-Mousson, Metz, Thionville, et va se jeter dans le Rhin à Coblence. Son cours est de 550 km. La rue de la Moselle existe depuis 1868 et le passage depuis 1877.

MOSKOWA Rivière de Russie qui arrose Moscou et mesure 502 km. C'est au confluent de la Moskowa et de la Kalouga qu'eut lieu, le 7 septembre 1812, la bataille dite de la Moskova (de Borodino, pour les Russes). Cette bataille que nous remportâmes sur les Russes fut extrêmement sanglante puisque 30000 Français y furent tués ou blessés, dont 43 généraux, parmi lesquels Montbrun et Auguste Caulaincourt, mortellement frappés. Quant à nos adversaires, commandés par Koutouzov, ils perdirent 60000 hommes. Le maréchal Ney se distingua particulièrement à cette bataille et fut fait prince de la Moskova. La cité de la Moskowa existe depuis 1877.

MOUFFETARD Mouffetard vient de « moffettes » ou « mouffettes », mot qui désignait, au Moyen Âge, une odeur très désagréable, voire pestilentielle. En effet, cette ancienne partie de la voie romaine menant vers l'Italie avait pour riverains des tanneurs, tripiers et écorcheurs dont la matière première exhalait des odeurs plus que nauséabondes. De plus, à proximité, existait un talus d'immondices de toutes sortes qui n'arrangeait pas les choses... Passant par là, les Parisiens disaient : « Quelle moffette! » De « moffette » en « mouffetard » il n'y avait pas loin. Cette rue est connue depuis 1254.

MOUFLE Depuis 1930, cette rue porte le nom de M. Moufle, ancien propriétaire et maire du IIe arrondissement quand celui-ci était encore le VIIIe, c'est-à-dire avant 1860.

MOULIN Ce passage porte le nom d'un de ses premiers propriétaires riverains.

MOULIN DAGOBERT Cette villa, ainsi appelée en 2000, doit son nom à un lieu-dit figurant sur les cadastres napoléoniens.

MOULIN DE BEURRE Cette rue est un ancien chemin menant au moulin de Beurre qui se trouvait, fin XVIIe-début XVIIIe, près de l'actuelle rue Vercingétorix. On ne sait pas pourquoi ce moulin fut dit « de Beurre » ; peut-être à cause de sa couleur extérieure, car c'est bien du blé qu'on y moulait et non de la crème qu'on y battait. La rue du Moulin-de-Beurre existe depuis 1730.

MOULIN DE JAVEL Cette place, baptisée en 2003, rappelle la présence, près d'ici, du moulin à vent de Javel, connu depuis 1629, ainsi que de la fabrique où fut élaborée, en 1777, l'eau de Javel (voir Javel).

MOULIN DE LA POINTE En 1730, cette rue n'était qu'un vague chemin qui rencontrait, en formant une pointe, la rue de Fontainebleau, devenue avenue d'Italie. À cette pointe se dressait un moulin dont la dénomination était toute trouvée.

MOULIN DE LA VIERGE À l'angle de cette rue et de la rue Vercingétorix se dressait le moulin de la Vierge, ainsi nommé à cause d'une statuette de la Vierge placée dans une niche au-dessus de la porte.

MOULIN DES LAPINS Jadis, il y avait à proximité de cette rue un gentil petit moulin dont le propriétaire élevait des lapins ; comme les moulins étaient assez nombreux dans le secteur, il fallait leur trouver à chacun un nom particulier : pour celui-là on n'eut pas de mal et quand on chercha une appellation pour cette voie en 1996, on se rappela, très heureusement, de ce moulin dans lequel les lapins folâtraient..

MOULIN DES PRÉS Cette rue doit son nom à un moulin du XVIIIe siècle qui se trouvait, à hauteur du numéro 65 actuel, au milieu des prés qui s'étendaient là au bord de la Bièvre. Elle fut baptisée en 1845. Quant à l'impasse du Moulin-des-Prés, qui doit son nom à son voisinage avec la rue, elle existe depuis 1873

MOULINEAUX Nom d'un ancien bourg – sans rapport avec Issy-les-Moulineaux – qui fut rattaché à la commune d'Ivry au XIXe siècle. L'avenue des Moulineaux existe depuis 1932.

MOULINET À l'angle formé par le sentier du Moulinet – devenu rue en 1857 – et l'avenue d'Italie actuelle, se dressait un petit moulin, un moulinet en quelque sorte, qui donna son nom à la voie menant jusqu'à lui. Le passage du Moulinet, qui doit son nom à la proximité de la rue, existe depuis 1875.

MOULIN JOLY Cette rue fut d'abord une impasse qui menait à un gentil petit moulin contre lequel un sieur Joly ouvrit une gargote au XIXe siècle. Ainsi fut baptisée cette impasse avant qu'elle ne devienne une rue en 1932

MOULINS Cette rue doit son nom à l'ancienne « butte aux moulins », formée en 1536 par les déblais des fossés du rempart voulu par François Ier. Son sommet était couronné de moulins dont les ailes tournaient allègrement aux caprices du vent... La « butte aux moulins » cessa de paraître quant on suréleva le sol des quartiers avoisinants vers 1680. La rue des Moulins fut ouverte en 1624. Mais où sont les moulins d'antan?

MOULIN VERT C'est à un ancien moulin, de couleur verte évidem ment, qu'on transforma en guinguette en 1863, que la rue doit son nom, attribué l'année où naquit la guinguette du Moulin Vert. L'impasse fut baptisée en 1877.

MOUNET-SULLY (1841-1916). Jean Sully Mounet, dit Mounet-Sully, tragédien né à Bergerac. Il sortit du Conservatoire de Paris, en 1868, avec un premier accessit de tragédie et un deuxième prix de comédie. L'année même, il débuta à l'Odéon dans « le Roi Lear ». En 1872, il entra à la Comédie-Française, où il commença par interpréter les rôles d'Oreste, dans « Andromaque », et de Rodrigue, dans « le Cid ». Devenu sociétaire de la maison de Molière en 1874, il ne cessa d'y jouer les grands rôles du répertoire classique. Mounet-Sully avait un frère, Paul Mounet (1847-1922), qui fut aussi un excellent acteur, engagé par la Comédie-Française en 1889. La rue Mounet-Sully date de 1934.

MOURAUD Cette rue de 1877 porte le nom d'un de ses propriétaires riverains à l'époque.

MOUSQUETAIRES Le mot mousquetaire fut créé à partir de 1525 quand apparut le mousquet : chaque soldat armé d'un mousquet devint un mousquetaire. Louis XIII fonda en 1622 la première véritable compagnie de mousquetaires en donnant ce nom aux anciens carabins que Henri IV avait formés pour sa garde personnelle. Supprimée en 1646, cette compagnie fut rétablie par Louis XIV, en 1657, et n'y furent plus admis que des gens de condition. À partir de 1664, Mazarin ayant fait cadeau au roi de sa propre garde composée de mousquetaires, il y eut deux compagnies de mousquetaires que l'on distinguait à la couleur de la robe de leurs chevaux : les mousquetaires blancs ou gris et les mousquetaires noirs. Chaque compagnie était formée de 250 hommes. Le comte de Saint Germain supprima les mousquetaires en 1775. Ils furent réorganisés en 1789, supprimés à nouveau en 1792, pour réapparaître en 1814 et être définitivement supprimés en 1815. La rue des Mousquetaires doit son nom à l'ancienne caserne des Mousquetaires noirs, devenue aujourd'hui l'hôpital des Quinze-Vingts.

MOUSSET Cette impasse porte le nom du propriétaire du terrain sur lequel on l'ouvrit.

MOUSSET-ROBERT Deux propriétaires riverains de cette rue ouverte en 1896 : M. Mousset – le même sans doute que ci-dessus – et Mlle Robert.

MOUSSORGSKY (1939-1881) Compositeur russe prénommé Modest Petrovitch, né à Karevo, mort à Saint-Pétersbourg, auteur, notamment, de l'opéra « Boris Godounov » et de magnifiques pièces pour piano dont les célèbres « Tableaux d'une exposition ». La rue Moussorgsky existe depuis 1991.

MOUSSY C'est Marie de Moucy – qui devint Moussy – qui donna son nom à cette rue en 1644. Elle possédait en effet un hôtel situé à hauteur du numéro 7 actuel; il fut démoli en 1895 pour céder la place à une école. Signalons qu'au début du XVIe siècle un échevin de Paris s'appela Jean de Moussy; mais il paraît exclu que ce soit son nom qu'on ait donné à cette rue.

MOUTON-DUVERNET (1769-1816). Le baron Barthélemy Régis Mouton-Duvernet, général et homme politique, naquit au Puy-en-Velay et mourut à Lyon. Engagé en 1785, il se battit dans les campagnes de la Révolution et de l'Empire. En 1811 il devint général de brigade et en 1813 général de division. La première Restauration le nomma gouverneur de Valence, mais quand Napoléon revint de l'île d'Elbe Mouton-Duvernet courut au-devant de lui et fut gouverneur de Lyon pendant les Cent-Jours. Après Waterloo, il soutint les droits de Napoléon II – l'Aiglon et, recherché, se cacha une année à Meaux.

Puis il se constitua prisonnier. Jugé par le conseil de guerre de Lyon, il fut condamné à mort et fusillé. La rue Mouton-Duvernet existe depuis 1846.

MOUZAÏA Le col de Mouzaïa, en Algérie, au sein des gorges de la Chiffa, est devenu célèbre par le combat qui y opposa, en 1833, les Français et les Arabes. Mouzaïa est aussi le nom d'une tribu berbère. La rue existe depuis 1879.

MOYNET Cette cité porte le nom du propriétaire du terrain sur lequel elle fut ouverte.

MOZART (1756-1791). Wolfgang Amadeus Mozart, compositeur allemand, né à Salzbourg, mort à Vienne. À 6 ans déjà, il était remarquable au clavecin. Son père entreprit alors avec lui et sa sœur, qui jouait fort bien également, un voyage à Munich et à Vienne où le succès fut grand. L'année suivante, c'est-à-dire en 1763, encouragé par ce premier résultat le père emmena sa progéniture à Paris. Les deux enfants obtinrent un véritable triomphe à la cour de France, et Wolfgang publia ses premières compositions. On sait qu'avant de se mettre au clavecin, le jeune Mozart demandait : « Dites-moi d'abord que vous m'aimez! » Après notre pays, le voyage se poursuivit en Angleterre, Hollande et Suisse. Et partout ce fut du délire. En 1769, Mozart visita l'Italie; rentré à Salzbourg, il y devint maître de concert de l'archevêque jusqu'à ce qu'un différend décide Mozart à donner sa démission pour repartir en voyage, avec sa mère cette fois. Il vint à Paris et y resta jusqu'en 1778 ou 1779; en fait, jusqu'à ce que le décès de sa mère le pousse à retourner à Salzbourg. En 1781, il épousa Constance Weber. En 1787, il reprit ses voyages et connut Berlin, Dresde, Leipzig et Potsdam. Là, le roi Frédéric-Guillaume II lui offrit les fonctions de maître de chapelle, mais Mozart, attaché à l'Autriche, refusa et gagna Vienne. Il y mourut de phtisie. Principaux opéras de Mozart : « l'Enlèvement au sérail » (1781), « les Noces de Figaro » (1785), « Don Juan » (1787), « Cosi fan tutte » (1790), « la Flûte enchantée » (1791). Citons aussi son « Requiem » (1791), des symphonies, comme la « Jupiter », des concertos, des quintettes, des quators, quinze messes, un « Te Deum », des morceaux pour piano, violon, etc. Cet artiste génial, qui a marqué pour toujours la musique, mourut presque dans la misère et fut enterré dans une fosse commune. Mais la postérité a racheté cette ingratitude puisque la gloire de Mozart est devenue universelle. L'avenue Mozart existe depuis 1867, le square depuis 1869 et la villa depuis 1895.

MUETTE La chaussée de la Muette, qui, sur son tracé actuel, date de 1865, doit son nom à l'ancien château de la Muette, démoli en 1920, et sur l'emplacement duquel se trouvent aujourd'hui les bâtiments de l'O.C.D.E. (Organisation européenne de coopération économique). Le château de la Muette, construit au XVIe siècle, fut habité par la duchesse de Berry. Plus tard, Louis XV s'y plut énormément et l'embellit. En 1783, le parc du château servit à l'expérience d'ascension en ballon de Pilâtre de Rozier. Le 14 juillet 1790, c'est sur sa pelouse que fut servi le banquet de la fête de la Fédération qui s'était tenue sur le Champ-de-Mars. (Voir « Fédération ».)

MULHOUSE Ville du Haut-Rhin, sur l'Ill. Elle est connue depuis le VIIIe siècle et fut ville impériale à la fin du XIIe siècle. En 1526, elle fit partie de la Confédération suisse. En 1798, Mulhouse se donna spontanément à la France et l'industrie cotonnière, qui se créait alors, lui donna son plein essor. Mulhouse possède un hôtel de ville du XVIe siècle. Sa population est de 112 000 habitants, intra-muros. La rue de Mulhouse existe depuis 1843.

MULLER Cette rue porte le nom d'un de ses premiers propriétaires-riverains depuis 1825.

MURAT (1767-1815). Joachim Murat, maréchal de France, roi de Naples, né à La Bastide-Fortunière (Lot), mort au Pizzo (Italie). Destiné à l'état ecclésiastique, il se sentit plutôt une vocation pour les armes, et en 1796 devint aide de camp de Bonaparte. Rapidement nommé général de brigade, sa fougue et son intrépidité firent de ses soldats des cavaliers redoutables. En Égypte, il se distingua à Alexandrie, aux Pyramides, à Saint-Jean-d'Acre et à Aboukir. Rentré en France général de division, il aida beaucoup Bonaparte au 18-Brumaire. Commandant de la garde consulaire, il épousa Caroline, la sœur du futur Napoléon. Murat se battit ensuite à Marengo et fut nommé président de la République cisalpine, puis gouverneur de Paris, maréchal d'Empire, grand-duc de Clèves et de Berg et grand amiral. C'était beaucoup pour un seul homme... En 1804, commandant la cavalerie de la Grande Armée, il brilla à Iéna, Eylau et Friedland. En 1808, l'empereur le fit roi de Naples; sous le nom de Joachim-Napoléon, il gouverna avec habileté, mais bientôt sa femme l'incita à secouer la tutelle de Napoléon. Bien entendu, de graves dissentiments naquirent entre les deux frères d'armes; mais Murat retrouva son bon sens et se réhabilita en emportant la bataille de la Moskova. Pourtant, le cœur ne semblait plus y être pour le roi de Naples, qui abandonna l'empereur en 1814 en signant un traité d'alliance avec l'Autriche et l'Angleterre; cela ne sauva cependant pas son trône de Naples qu'il dut céder à Ferdinand IV. Abandonné par ses nouveaux alliés, il tenta cependant de reconquérir son royaume et débarqua au Pizzo le 6 octobre 1815; immédiatement arrêté, il fut fusillé le 13 du même mois. Signalons pour la petite histoire qu'avant chaque bataille Murat revêtait son plus bel uniforme et implantait dans son panache une aigrette de diamants. Le boulevard Murat existe depuis 1864 et la villa depuis 1881.

MÛRIERS Cette rue rappelle par son nom que, jadis, cette partie du XXe arrondissement se situait en pleine campagne. Et le mot « jadis » ne nous fait pas remonter, ici, à beaucoup plus de cent ans. Les mûriers y poussaient à profusion; aujourd'hui il n'y a plus que des murs... C'est en 1877 qu'on baptisa la rue, de même que le passage.

MURILLO (1618-1682). Bartolomé Esteban, dit Murillo, peintre espagnol né et mort à Séville. Murillo était le nom d'une des aïeules de sa mère. Le peintre, tout jeune, eut d'abord l'intention d'aller étudier auprès des « flamands »; il se mit donc en route, mais s'arrêta à Madrid, chez Vélasquez. Il revint dans sa ville natale en 1645; là, des franciscains lui commandèrent toute une série de tableaux pour leur cloître. C'est à cette occasion qu'il peignit « San Diego avec les pauvres », « la Cuisine des anges » (qui se trouve au Louvre) et « la Mort de sainte Claire ». La plupart des tableaux de Murillo se distinguent par l'emploi simultané d'éléments de la vie ordinaire et d'éléments surnaturels. En 1680, il se trouvait à Cadix en train d'exécuter « Mariage mystique de sainte Catherine de Sienne » quand, victime d'un malaise, il tomba de son échafaudage. Transporté à Séville, il y végéta deux années avant de mourir. Voici d'autres œuvres de Murillo : « l'Extase de saint François », « l'Adoration des bergers », « Vierge au chapelet »,

« Moïse frappant le rocher », « la Multiplication des pains » et « le Songe du patricien ». La rue Murillo fut baptisée en 1868.

MUSSARD Cette rue, dont une autre partie se trouve toujours sur la commune de Levallois-Perret, fut rattachée à Paris en 1930. Elle porte le nom d'un de ses anciens propriétaires.

MUSSET (1810-1857). Alfred de Musset, poète né et mort à Paris. Il hésita, dans sa jeunesse, entre le droit, la médecine, le dessin et la musique, mais semble avoir bien choisi en optant, finalement, pour les lettres... À 18 ans, il appartenait déjà au cénacle du romantisme et il devint « l'enfant gâté de la grande boutique romantique » (plus tard, il reniera d'ailleurs cette grande boutique). Il écrivit de fort nombreux poèmes, alors, et collabora de surcroît à la « Revue de Paris ». C'est de cette époque (1832) que date la ravissante comédie « À quoi rêvent les jeunes filles ». Mais voilà qu'en 1833 un drame va se produire dans la vie du poète : l'hiver de cette année-là il partit pour l'Italie avec George Sand; après Gênes, Florence et Bologne, tous deux arrivèrent à Venise et c'est là que la cruelle rupture se produisit; elle devait transformer Musset, qui sortit plus grand poète encore de cette épreuve. C'est de cette séparation que naquirent les deux vers suivants :

L'homme est un apprenti, la douleur est son maître,
Et nul ne se connaît tant qu'il n'a pas souffert

De 1835 à 1836, il donna « la Nuit de mai », « la Nuit de décembre », les « Stances à la Malibran », « la Nuit d'octobre » et « l'Espoir en Dieu », ainsi que les comédies suivantes : « Lorenzaccio » (qui ne sera représenté qu'en 1896); « Fantasio », « les Caprices de Marianne », « On ne badine pas avec l'amour », « Il ne faut jurer de rien » et « Un caprice ». En même temps, Musset rompait avec le romantisme, en publiant, de 1836 à 1837, dans la « Revue des Deux Mondes », « Lettres de Dupuis et de Cotonet ». Mais le poète et l'homme commença à décliner, atteint d'une maladie causée par les excès. Quand il fut reçu à l'Académie française, en 1852, il avait déjà cessé d'être véritablement lui-même. Musset, qui restera, avant tout, le poète de l'amour et qui fut aussi l'auteur de « la Confession d'un enfant du siècle », a dit : « Je suis venu trop tard pour un siècle trop vieux », « Le retour fait aimer l'adieu », « Les plus désespérés sont les chants les plus beaux », « Tout vrai regard est un désir » et « Qui de nous, qui de nous, va devenir un Dieu ». La rue de Musset date de 1864.

MUTUALITÉ Le square de la Mutualité doit son nom au palais de la Mutualité, construit en 1931. Ce palais a deux activités principales : d'une part, il abrite des centres de soins des fédérations mutualistes; d'autre part, des bals, des spectacles, des réunions politiques, des banquets se tiennent dans deux grandes salles principales. Ces salles sont gérées par les mutualistes eux-mêmes. De nombreuses mutuelles, de France et de Navarre, possèdent un lien avec la Mutualité, siège de leur fédération.

MYRHA Depuis 1868 cette rue porte le prénom de la fille d'un ancien maire du XVIIIe arrondissement, M. Biron. Myrha Biron : répétez ces deux mots plusieurs fois et de plus en plus vite; excellent exercice de diction

MYRON HERRICK *Voir Myron T Herrick*

MYRON T. HERRICK (1859-1929). C'est le nom d'un ambassadeur des États-Unis en France qui fut fait citoyen d'honneur de la Ville de

Paris et qui, à ce titre, eut le droit de voir son nom apposé sur une jolie petite plaque bleue en 1938. En fait, il ne dut malheureusement pas voir grand-chose, puisqu'il était mort neuf ans plus tôt

MYRTILLE Saviez-vous qu'un gar çon pouvait se prénommer Myrtille ? Cela vous étonne peut-être, pourtant cette rue porte le prénom du fils d'un M. Bertheau, ancien propriétaire riverain de cette villa

N

NABOULET M. Naboulet était propriétaire du terrain sur lequel cette impasse fut ouverte.

NANCY Chef-lieu de la Meurthe-et-Moselle, sur la Moselle et sur le canal de la Marne au Rhin. C'est l'ancienne capitale des ducs de Lorraine. Charles III et Stanislas Leszczynski l'embellirent, et l'on peut encore y admirer l'église des Cordeliers (XVe siècle), la porte de la Craffe (XIVe-XVe), le palais ducal (XVIe), le palais du Gouvernement et la magnifique place Stanislas, bordée d'hôtels et ceinte de grilles fabriquées par Lamour au XVIIIe siècle. Nancy, qui vit périr Charles le Téméraire en 1477, est la patrie d'Edmond de Goncourt, Dombasle, Henri Poincaré et Lyautey. La rue de Nancy existe depuis 1930.

NANETTES Ce nom est sans doute la déformation de « nonettes » qui désignent... des champignons comestibles, les bolets granulés, dont le sommet des pieds présente des gra nulations. Cette rue est connue depuis le début du XVIIIe siècle ; à cette époque les prés étaient suffisamment nombreux ici pour que les nonettes y poussent.

NANSOUTY (1768-1815). Étienne Marie Antoine Champion, comte de Nansouty, général né à Bordeaux. Élève à l'école de Brienne, comme le fut Bonaparte, Nansouty était général de brigade en 1799 et de division en 1803. En 1808, l'empereur le fit son premier écuyer, et en 1814 colonel général des Dragons, puis commandant de la Garde. Nansouty se battit vaillamment durant la campagne de France, mais se rallia pourtant aux Bourbons à la chute de Napoléon. Il mourut très peu de temps après, sans qu'on sache ni où ni comment. Une rue porte son nom depuis 1867, une impasse depuis 1877.

NANTES Chef-lieu de la Loire-Atlantique, sur la Loire et l'Erdre. Nantes, qui compte 277728 habitants possède le château des ducs de Bretagne (XVe-XVIIIe), une cathédrale (XVe) et de nombreux hôtels du XVIIIe. Aux XVIIe et XVIIIe siècles, Nantes était un centre de trafic important avec les Antilles et pour la traite des Noirs. On ne peut pas parler de Nantes sans citer l'édit qui porte son nom : il fut rendu par Henri IV le 13 avril 1598 et légalisait, en quelque sorte, l'existence de l'Église réformée en France. Mais Louis XIV révoqua cet édit le 18 octobre 1685 ; on démolit alors tous les temples et on obligea près de 300000 Français à émigrer en Suisse et outre-Rhin. La rue de Nantes existe depuis 1833.

NANTEUIL (1623-1678). Robert Nanteuil, graveur né à Reims, mort à Paris. Venu à Paris en 1648, il se fit rapidement une solide réputation et en 1658 il reçut le brevet de graveur et dessinateur du roi, assorti d'une pension. Toutes les célébrités de son temps voulurent avoir leur portrait gravé de la main de Nanteuil et être, selon un vers de Boileau, « couronné de lauriers par la main de Nanteuil ». Ce graveur était aussi un galant homme, puisqu'il exécuta gratuitement le portrait de Madeleine de Scudéry, réputée pour n'être pas très riche. L'œuvre entier de Nanteuil, qui comprend 243 planches, se trouve à la Bibliothèque nationale. Signalons particulièrement ses portraits de Louis XIV, Mazarin, Colbert et Turenne. La rue Nanteuil existe depuis 1930.

NAPLES Ville d'Italie au pied du Vésuve et sur le bord du golfe qui porte son nom. Qui ne connaît le proverbe italien « Voir Naples et mourir »? Ce sont les Grecs qui fondèrent Naples (sous le nom de Parthénope); puis vinrent d'autres Grecs qui construisirent une nouvelle cité : Néapolis. En 327, les Romains prirent la ville. Ensuite les Ostrogoths l'occupèrent (344), puis les Sarrasins; au départ de ces derniers, Naples se proclama république indépendante. En 1130, la cité italienne devint capitale des Deux-Siciles. Le 23 janvier 1799, le général français Championnet s'en empara; enfin, le 7 septembre 1860, Garibaldi en chassa les Bourbons et la réunit au royaume d'Italie. À voir, à Naples, la cathédrale San Gennaro (Saint-Janvier), du XIIIe siècle, restaurée aux XVe et XVIIIe, la basilique Santa Restitua, construite par Constantin, et quatre châteaux du Moyen Âge : Castel Nuovo, Castel dell'Ovo, Castel Capuano et Castel Sant'Elmo, sans oublier le magnifique Musée national. La rue de Naples existe depuis 1864.

NAPOLÉON III Charles Louis Napoléon Bonaparte, né à Paris en 1808, mort dans le Kent en 1873. Troisième fils de Louis Bonaparte et d'Hortense de Beauharnais, il fut empereur des Français de 1852 à 1870. En 1836 et 1840, il avait déjà tenté de renverser Louis-Philippe afin de se faire proclamer empereur; condamné alors à la détention perpétuelle, il s'évada pour Londres en 1846 et revint en France après la révolution de 1848, fut élu représentant de plusieurs départements et accéda à la présidence de la République le 10 décembre de la même année. Le 2 décembre 1851 il déclara que l'Assemblée était dissoute et par un plébiscite qui ratifia ce coup d'État il instaura, grâce à la Constitution de janvier 1852, un régime autoritaire et centralisé. Un an exactement après son coup d'État il fut proclamé empereur; en 1853 il épousa Eugénie de Montijo. Il fut déclaré déchu le 4 septembre 1870 après avoir été fait prisonnier par les Prussiens lors du désastre de Sedan. Prisonnier en Allemagne, il quitta ce pays en mars 1871 et gagna l'Angleterre où il mourut deux ans plus tard. La place Napoléon-III fut baptisée en 1987.

NAPOLÉON CHAIX Cette rue porte, depuis 1935, le nom du propriétaire des terrains sur lesquels on l'ouvrit. Pas de rapport avec le créateur de l'indicateur des chemins de fer.

NARBONNE Ville de l'Aude, sur le canal de la Robine, dérivation de l'Aude. Narbo, ou Narbo Martius, fut la capitale des Volsques Tectosages et donna son nom à toute une région de la Gaule, la Narbonnaise. Jusqu'en 1320, ce fut une cité maritime. Capitale des Wisigoths, Pépin le Bref s'en rendit maître après sept années de siège. Narbonne appartint au royaume de France à partir de 1507. C'est dans ses murs qu'en 1642 se dénoua la conspiration de Cinq-Mars. Patrie de saint Sébastien, martyr qui périt criblé de flèches, Narbonne, qui cessa d'être un port de mer quand on modifia le cours de l'Aude au XIVe siècle, possède un très bel édifice religieux, la cathédrale Saint-Just, des XIIIe et XIVe siècles. Une station balnéaire s'est créée à ses portes : Narbonne-Plage. Anciennement rue, la cour de Narbonne fut baptisée en 1963. Elle avait été ouverte, en 1882, sur l'emplacement de l'hôtel de Narbonne, ainsi nommé parce qu'il appartint, en 1812, à la duchesse de cette ville.

NARBONNE Donnons quelques explications sur l'arrestation du marquis de Cinq-Mars (1620-1642) : au printemps 1642, Louis XIII et Richelieu, avant le siège de Perpignan contre les Espagnols, habitaient à Narbonne; le cardinal fut alors mis au courant du complot de Cinq-Mars, mais les preuves lui manquaient pour procéder à l'arrestation du marquis qui s'apprêtait à trahir le roi avec l'Espagne. Il se rendit à Beaucaire où on lui remit des papiers attestant de la félonie du conspirateur; il revint à Narbonne apporter ces papiers à Louis XIII qui, après une nuit de réflexion, fit arrêter Cinq-Mars au petit matin. On fit remonter le Rhône au captif jusqu'à Lyon où on le décapita, en compagnie de son ami François Auguste de Thou (1607-1642).

On trouve à Narbonne un vestige romain très rare : un horreum. Il s'agit d'un entrepôt construit en sous-sol et comprenant un certain nombre de cellules qui servaient de réserves à des marchands exerçant leur négoce en surface.

L'église Saint-Paul renferme un bénitier au fond duquel est sculptée une grenouille. Tout le monde peut encore y tremper le bout des doigts. On conte, à son sujet, l'anecdote suivante : au XVIIIe siècle, un jeune apprenti, accomplissant son tour de France, passa à Narbonne, puis poursuivit son voyage et rentra chez lui où son père lui demanda :

– As-tu vu la grenouille dans le bénitier?

– Non! répondit l'apprenti.

– Alors retourne vite à Narbonne. C'est une chose à voir...

Pas très enthousiaste, le jeune homme reprit son bâton et revint à Narbonne. Il entra dans l'église, vit le bénitier et, au fond, la grenouille. Furieux que ce batracien l'ait contraint à faire une bonne centaine de kilomètres supplémentaires, il lui porta un violent coup de poignard; ô miracle, l'eau se teinta alors de rouge. Le jeune homme, quant à lui, en pâlit d'émotion... Cette anecdote est là pour expliquer qu'aujourd'hui encore, le fond du bénitier à la grenouille laisse apercevoir des traînées rougeâtres ou rousses. Les esprits cartésiens expliquent plus prosaïquement ce phénomène en rappelant que l'eau mise au long des siècles dans le bénitier eut longtemps des propriétés ferrugineuses.

Le chef-lieu d'arrondissement de l'Aude est une des rares villes de France où l'on joue à la « balle au tambourin »; pour pratiquer ce jeu on se sert d'un véritable tambourin, semblable à celui qu'utilisent les musiciens; sur un terrain séparé en deux par une ligne centrale, deux équipes de cinq hommes se renvoient, aussi longtemps que possible, et par l'intermédiaire du tambourin, une balle assez dure, de teinte rouge, dont le diamètre est approchant de celui d'une balle de tennis.

NARCISSE DIAZ (1807-1876). Narcisse Diaz de La Peña, peintre français né à Bordeaux de parents espagnols, mort à Menton. Orphelin à 10 ans, il fut, peu de temps après, victime de la piqûre d'une vipère et on dut l'amputer d'une jambe. Obligé de chercher un métier sédentaire, il commença par apprendre le dessin industriel; cela éveilla son tempérament artistique et, dès lors, sur les traces des peintres Théodore Rousseau et Delacroix, il exécuta les tableaux suivants : « Nymphes de Calypso », toute une série de Vénus, de Cupidons et de Baigneuses, puis, surtout, des sites de la forêt de Fontainebleau, dont « la Mare aux vipères », qui devait lui rappeler un cruel souvenir... Sa rue date de 1894.

NARVIK Port de Norvège où se déroulèrent de violents combats entre Allemands et Alliés, en 1940, au début de la Seconde Guerre mondiale. La place de Narvik existe depuis 1955.

NATION (place). Ancienne place du Trône, ainsi baptisée à partir de 1660 à cause du trône qui y avait été dressé pour accueillir, à leur retour de Reims où ils avaient été sacrés, Louis XIV et Marie-Thérèse. Pour commémorer cet événement, Colbert voulut dresser un arc de triomphe de 50 mètres de haut et de large. Mais cet arc ne vit jamais le jour. On édifia cependant, en 1787, deux pavillons flanqués chacun d'une colonne dorique de 30 mètres de haut. En 1845 on surmonta ces colonnes des statues de Saint Louis et de Philippe Auguste, œuvres d'Étex et de Dumont. La place reçut son nom actuel le 14 juillet 1880 et le sculpteur Dalou érigea un groupe, « le Triomphe de la République », que l'on inaugura en novembre 1899. Jusqu'au début des années 1960, la place du Trône était le centre de la célèbre « foire aux pains d'épices » ou « foire du Trône » qui, sous ce deuxième nom, se tient à présent, aux mois d'avril et mai, dans le bois de Vincennes.

NATION (rue). C'est en 1863 que cette rue prit son nom actuel; auparavant elle s'appelait « grande-rue Royale ».

NATIONAL (passage et pont). Le pont National, qui est le plus long de Paris, fut construit en 1852 pour le chemin de fer de ceinture. Il s'appela d'abord pont Napoléon avant de prendre son nom actuel en 1870. Le passage, situé au voisinage du pont, fut baptisé en 1925

NATIONALE (rue et place). La rue Nationale fut baptisée en 1847, époque à laquelle l'idée de nation était fort à l'honneur. La place, située à hauteur du 56 bis de la rue, prit son nom la même année.

NATIONS-UNIES L'Organisation des Nations unies (O.N.U.) fut constituée en 1945 pour remplacer la Société des Nations qui se tenait à Genève. L'O.N.U., dont le siège est à New York, a pour but de sauvegarder la paix et la sécurité internationales et de créer, entre les nations, des liens économiques, sociaux et culturels. Elle ne remplit pas toujours parfaitement sa mission, bien qu'il faille croire en sa bonne volonté. Son organe exécutif est le Conseil de sécurité, auquel siègent les nations les plus importantes dont certaines, la Chine, les États-Unis, la France, la Grande-Bretagne et la Russie, ont un droit de veto. L'avenue des Nations-Unies existe depuis 1952

NATIVITÉ La Nativité marque la fête anniversaire de la naissance de Jésus-Christ, de la Vierge et de saint Jean-Baptiste. Ce mot peut aussi désigner un tableau (on dit « une nativité ») représentant Jésus dans la crèche avec Marie et Joseph. Cette rue existe depuis 1992.

NATTIER (1685-1766). Jean-Marc Nattier, portraitiste, fils d'un autre portraitiste, Marc Nattier (1642-1705). Jean-Marc, qui naquit et mourut à Paris, entra à l'Académie de peinture en 1718. Le tsar Pierre le Grand le fit venir en Hollande afin qu'il y peigne divers portraits de son entourage. En 1734, Jean-Marc Nattier devint le peintre du chevalier d'Orléans, fils du Régent. Le succès accompagna l'artiste une bonne partie de sa vie; il mourut cependant, atteint d'hydropisie, dans le dénuement le plus complet. Parmi ses œuvres citons « Marie Leczinska », « Grand Prieur commandant sur un port de mer » et « la Justice ». La place Nattier fut baptisée en 1937

NAVARIN Port de Grèce, nommé aussi Pylos, sur la mer Ionienne. Le 20 octobre 1827, une flotte anglo-franco-russe y battit à plate couture la flotte turco-égyptienne à l'occasion du conflit entre Grecs et Turcs et du non-respect, par ces derniers, d'un armistice imposé par nous et nos deux alliés du moment. La rue de Navarin fut créée en 1830.

NAVARRE C'est l'ancien collège de Navarre qui donna son nom à cette rue en 1877. Ce collège avait été fondé en 1304 par décision testamentaire de la reine Jeanne de Navarre, femme de Philippe le Bel. Il accueillit tout d'abord 70 étudiants pauvres. Ensuite ce nombre augmenta à cause de la création de nouvelles bourses et l'admission d'élèves payants. Les futurs Henri III et Henri IV y étudièrent. Fermé en 1792, le collège de Navarre fut remplacé, en 1805, par l'École polytechnique, qui occupe exactement son emplacement

NAVIER (1785-1836). Louis Marie Henri Navier, ingénieur né à Dijon, mort à Paris. Élève à Polytechnique, il devint ingénieur des Ponts et Chaussées. Entré à l'Académie des sciences en 1824, c'est lui qui construisit le pont suspendu au-dessus de la Seine qui existait à la place du pont de l'Alma jusqu'en 1854. (On sait que le pont de l'Alma a été refait en 1975, l'ancien formant barrage au moment des crues, ce qui n'était pas son rôle...) Navier a écrit « Mémoires sur les canaux de navigation » et « Sur les ponts suspendus ». On a donné son nom à cette rue en 1885.

NECKER (1732-1804). Jacques Necker, financier et homme d'État français, né à Genève, mort à Coppet (Suisse). Protestant d'origine allemande, il vint à Paris en 1765, après avoir fondé en Suisse une banque prospère. En 1777, on le nomma directeur général des Finances. Il s'efforça tout d'abord de réduire les dépenses en supprimant un grand nombre de charges et d'offices, et en établissant une comptabilité simple et claire. Au moment de la guerre d'Indépendance des États-Unis, il lança un emprunt de 530 millions qui fut facilement couvert. Mais en 1781 il s'attira l'inimitié des parlements en voulant créer des assemblées régionales chargées d'établir l'impôt et dut démissionner. Il se retira à Saint-Ouen et n'eut ainsi pas beaucoup de chemin à parcourir quand on le rappela en 1788. La situation financière du Trésor était alors très mauvaise et Necker ne parvint pas à la rétablir ; il provoqua la réunion des états généraux en faisant doubler le nombre des représentants du tiers état. Cette clause ne plut guère à la Cour qui le congédia et Necker se retira à Bruxelles, puis à Bâle, d'où on le rappela quelques jours après la prise de la Bastille. Il rentra à Paris sous les acclamations de la foule, heureuse de le voir reprendre ses fonctions. Mais malgré cet appui populaire, le roi l'évinça à nouveau, et cette fois définitivement, en septembre 1790. Il se retira en Suisse où il écrivit une apologie de son ministère : « Sur l'administration de M. Necker, par lui-même ». Outre ses qualités de financier, Necker fut le père de la future Mme de Staël. L'hôpital Necker fut fondé par sa femme en 1776. La rue Necker existe depuis 1784.

NÉGOCIANTS Cette terrasse ouverte en 1993, doit son nom au fait qu'elle se situe à l'emplacement des anciens entrepôts viticoles de Bercy où les négociants en vins étaient évidemment fort nombreux.

NÉGRIER (1788-1848). François Marie Casimir Négrier, général né au Mans, mort à Paris. Il reçut cinq blessures à la bataille de Waterloo. Devenu maréchal de camp en 1836, il partit pour l'Algérie où il fut gouverneur par intérim en 1837, avant d'être fait général de division en 1841. Député du Nord à la Constituante de 1848, on lui confia un commandement au début de la révolution de Juin et c'est à la tête de ses troupes qu'il fut tué à l'entrée du faubourg Saint-Antoine. La cité Négrier existe depuis 1864.

NELATON (1807-1873). Ce chirurgien prénommé Auguste soigna Garibaldi à la bataille d'Aspromonte. Cela lui valut une notoriété qui grandit encore lorsqu'il soigna... l'auguste coxalgie du prince impérial. Il fut nommé académicien, puis sénateur. Il est l'inventeur d'une opération pour guérir la maladie de la pierre. Il passa également à la postérité pour un important ouvrage : « Éléments de pathologie chirurgicale ».

NEMOURS (rue et galerie). Bien que situées dans des arrondissements différents (XIe et Ier), la rue et la galerie portent toutes deux le nom du second fils de Louis-Philippe. Louis Charles Philippe Raphaël d'Orléans, duc de Nemours (1814-1896), naquit à Paris et mourut à Versailles. En 1831, le Congrès belge l'élit roi, mais son père, soucieux de ne pas mécontenter l'Europe, refusa cette couronne pour son rejeton. Le duc de Nemours se battit en Algérie en 1836, revint en France en 1840 pour se voir accorder la main de la duchesse Victoire Antoinette de Saxe-Cobourg-Gotha et se voir refuser une donation de 500000 francs par le Parlement. En 1842, à la mort de son frère le duc d'Orléans, il fut nommé régent du royaume en cas de mort de Louis-Philippe. Après la révolution de 1848, il se retira en Angleterre et ne rentra en France qu'en 1871. La galerie de Nemours existe depuis 1829 et la rue depuis 1838.

NESLE Cette rue doit son nom, reçu en 1877, à l'ancien hôtel de Nesle qui se trouvait tout près d'ici, quai Conti. Cet hôtel avait été construit au début du XIIIe siècle par Jean, seigneur de Nesle, qui le donna, fort obligeamment, en 1232, à Louis IX et à la mère de celui-ci, Blanche de Castille. Il appartint successivement ensuite au duc de Berry, au duc François de Bretagne, au duc de Nivernais – et s'appela alors « de Nevers » –, à Guénégaud et à la famille de Conti. C'est Louis XIV qui le fit démolir pour faire place à l'hôtel des Monnaies, lequel occupe aussi l'emplacement d'un second hôtel ayant appartenu aux Conti. Quant à la fameuse tour de Nesle, qui devait son nom au voisinage de l'hôtel, elle était haute de 25 mètres et faisait face à la tour du Louvre. Il paraît que c'est là que Jeanne de Navarre, puis les princesses de Bourgogne, Jeanne, Blanche et Marguerite, trois sœurs, attiraient de beaux messieurs avec lesquels elles se livraient à toutes les turpitudes (...) avant de les précipiter dans la Seine afin que nul ne soit au courant de leurs coupables excès... Certains historiens considèrent toujours ces faits comme légendaires. La fondation du collège des Quatre-Nations, voulu par Mazarin, amena la destruction de la tour de Nesle en 1663. Alexandre Dumas et Gaillardet écrivirent un drame en cinq actes intitulé « la Tour de Nesle » qui raconte les tribulations de Buridan avec Marguerite de Bourgogne. Très sombre drame...

NEUF (Pont-). La première pierre du Pont-Neuf fut posée par Henri III le 31 mai 1578 et l'ouvrage fut inauguré en décembre 1607 par Henri IV, qui le franchit gaillardement à cheval. Ce fut le cinquième pont construit à Paris après le Petit-Pont et les ponts Notre-Dame, Saint-Michel et au Change.

NEUILLY Cette avenue, dont une autre partie se trouve sur la commune de Neuilly-sur-Seine, et dénommée aujourd'hui Charles-de-Gaulle, fut détachée de cette agglomération en 1929. Neuilly-sur-Seine, dont les habitants s'appellent des Neuilléens, se trouvait primitivement de l'autre côté d'un gué sur la Seine. En 1224, un bac suppléa ce gué et sous Henri IV un pont fut construit. La ville s'accrut alors rapidement au détriment du hameau de Villiers. En 1668, on y construisit un château qui appartint au duc d'Orléans, fils aîné de Louis-Philippe, qui mourut en s'y rendant, à hauteur de la porte Maillot (voir « Chartres », galerie). En 1919, fut signé à Neuilly-sur-Seine un traité entre la Bulgarie et les Alliés.

NEUVE DE LA CHARDONNIÈRE Cette rue, dont la dénomination officielle date de 1931, porte le nom d'un lieu-dit. Autrefois, une chardonnière était un terrain sur lequel poussait une variété de chardon, le « chardon à foulon ». Bien entendu, cette chardonnière n'est plus qu'un lointain souvenir... Quant à l'adjectif « neuve », disons que certaines rues sont dites ainsi parce qu'elles remplacent, sur un parcours presque similaire, une ancienne rue que sa vétusté ou des nécessités d'urbanisation amènent à supprimer ou à transformer. D'autres sont qualifiées de « neuves » parce qu'elles portent le même nom qu'une rue construite antérieurement et qui existe encore.

NEUVE DES BOULETS Parce que l'on fut en mal d'imagination au moment de lui donner un nom, cette rue doit son appellation, datant officiellement de 1931, au voisinage de la rue des Boulets.

NEUVE DU THÉÂTRE Cette rue, baptisée en 1935 et qui s'appelait auparavant, et depuis 1826, passage du Théâtre, doit son nom à l'ancien théâtre de Grenelle, situé rue de la Croix-Nivert. On la qualifia de « neuve » parce que, à cause de ce théâtre, une rue du Théâtre existait depuis 1828. (Voir cette rue pour l'explication sur le « théâtre de Grenelle ».)

NEUVE POPINCOURT Ouverte en 1826, cette rue doit son nom au voisinage de la rue Popincourt.

NEUVE SAINT-PIERRE Cette rue remplace une partie de l'ancien passage Saint-Pierre qui menait au cimetière Saint-Paul (voir cette rue). Elle fut baptisée en 1922.

NEUVE TOLBIAC Rue ouverte en 1995 en place d'une partie de la rue de Tolbiac (voir ce nom) – qui avait été provisoirement débaptisée quelque temps auparavant – et qui débouche sur le pont de Tolbiac.

NÉVA Fleuve de Russie qui sort de la partie occidentale du lac Ladoga et se jette dans le golfe de Finlande. Auparavant, il traverse Leningrad. C'est un petit fleuve : 74 km. La rue de la Néva fut ouverte en 1880.

NEVERS Connue sous ce nom depuis 1636, cette rue doit sa dénomination à l'ancien hôtel de Nevers, qui s'appela hôtel de Nesle jusqu'à ce que le duc de Nivernais en devienne propriétaire. Il fut démoli sous Louis XIV, en même temps que l'hôtel de Conti, pour faire place à l'hôtel des Monnaies. Quant à la ville de Nevers, ancienne capitale du Nivernais et aujourd'hui chef-lieu de la Nièvre, ce fut, au temps des Romains, un important point de passage sur la Loire. Devenue anglaise en 1420, Nevers souffrit beaucoup de la guerre de Cent Ans et des guerres de Religion. À partir de 1659, elle appartint, en propre, aux Mazarin et ne fut réunie à la France qu'en 1789. Impossible de passer à Nevers sans admirer le Palais ducal, spécimen de la Renaissance française.

NEWTON (1642-1727). Isaac Newton, mathématicien anglais, né à Woolsthorpe (comté de Lincoln), mort à Londres. À 15 ans, il entra au collège de la Trinité, à Cambridge. En 1669, il succéda à son propre professeur, Barrow. Il avait déjà découvert la formule des coefficients du binôme et les premiers éléments de la « méthode des fluxions » En 1671, il fabriqua, de ses mains, son télescope à réflexion (ou à miroir). En 1672, Newton fut nommé membre de la Société royale de Londres et en 1675 il communiqua son explication des couleurs différentes des corps exposés à la lumière blanche. C'est en 1666 que se situe l'anecdote de la chute d'une pomme qui aurait attiré son attention sur les lois de la pesanteur, mais ce ne fut qu'en 1687, dans « Principes mathématiques de philosophie naturelle », que Newton dévoila pour la première fois sa doctrine sur l'attraction universelle. Plus tard, par des voies différentes de celles de Leibniz, il trouva les bases du calcul différentiel. En 1699, Newton fut nommé directeur de la Monnaie et, à partir de 1703, il présida la Société royale. Éclectique, tout en poursuivant ses travaux de mathématiques, il s'occupait de commenter « l'Apocalypse ». Il mourut de la pierre, c'est-à-dire de calculs (c'était bien le moins pour un mathématicien). Son corps est inhumé à Westminster. On donna son nom à cette rue en 1936.

NEW YORK Ville des États-Unis, à l'extrémité de la presqu'île de Manhattan, sur l'océan Atlantique et à l'embouchure de l'Hudson. En 1623, des Flamands fondèrent, à l'emplacement de New York, une ville qu'ils nommèrent Nouvelle-Avesnes; puis vinrent des colons hollandais qui la baptisèrent Nouvelle-Amsterdam; enfin arrivèrent les Anglais, en 1664, et la ville prit son nom actuel. New York est la plus grande ville, le plus grand centre financier (Wall Street) et le second port (derrière Rotterdam) du monde. Elle est formée de différents quartiers ou anciennes petites villes limitrophes qu'elle annexa en 1897 : Long Island, Bronx, Brooklyn, Harlem, Queens, Broadway, Richmond, etc. Depuis 1886 se dresse dans son port « la Liberté éclairant le monde », du Français Bartholdi. New York est le siège de l'O.N.U. L'avenue de New-York existe depuis 1945.

NEY (1769-1815). Michel Ney, duc d'Elchingen, prince de la Moskova, maréchal de France, né à Sarrelouis, mort à Paris. Il s'engagea en 1788 au 4e hussards de Metz. En 1794 il était déjà colonel et il fut promu général en 1796. Bonaparte l'envoya comme ministre plénipotentiaire à Berne, et Ney amena les cantons suisses à signer l'acte de médiation de février 1803. En 1804, il devint maréchal. Les campagnes de 1805, 1806 et 1807 lui firent mériter le nom de « brave des braves ». Elchingen, Iéna, Friedland : des titres de gloire sur la route de Ney, que Napoléon fit duc d'Elchingen en 1808. Durant la campagne de Russie, il écrasa les Russes à la Moskova, ce qui lui valut le titre de prince. Pendant la campagne de France, prélude à la chute de l'empereur, Ney eut une conduite remarquable. Quand Napoléon eut abdiqué, Ney se rallia à Louis XVIII qui le chargea d'arrêter l'ex-Petit Caporal, évadé de l'île d'Elbe. Non seulement Ney n'arrêta pas Napoléon, mais il se joignit à lui et combattit à nouveau vaillamment à ses côtés. Cherchant vainement la mort, car il pressentait la déroute, il dit au hameau de Quatre-Bras, en Belgique, l'avant-veille de Waterloo : « Je voudrais que tous ces boulets m'entrassent dans le ventre. » La mort ne le saisit point là, mais elle n'allait cependant pas tarder à le rejoindre : la seconde Restauration l'accusa de trahison; Ney se réfugia dans le Cantal, mais fut découvert, ramené à Paris et traduit devant un conseil de guerre qui se déclara incompétent. On fit alors appel à la Chambre des pairs qui se montra plus docile et qui, après un procès bâclé, le condamna à mort. Ney passa devant le peloton d'exécution, avenue de l'Observatoire, en criant à l'adresse des soldats qui le visaient : « Droit au cœur ! » Le boulevard Ney date de 1864.

NICARAGUA République d'Amérique centrale, entre le Costa Rica et le Honduras. Sa capitale comme chacun sait est Managua ; on y parle espagnol. Superficie : 148 000 km² pour 4 580 000 Nicaraguayens. Ancienne colonie espagnole, le Nicaragua est indépendant depuis 1821. Il est bordé par deux océans : Pacifique et Atlantique. La place du Nicaragua existe depuis 1968.

NICE Chef-lieu des Alpes-Maritimes, à l'embouchure du Paillon et de la Vésubie, face à la baie des Anges. Bâtie par les mêmes Phéniciens qui fondèrent Marseille, Nice, dont le nom vient d'un mot grec « niké » qui devint « Nicea » et signifie « victoire », fut achetée par les Romains, lesquels en firent un important arsenal maritime. Durant tout le Moyen Âge, Nice fut extrêmement disputée et appartint successivement aux Lascaris de Tende, aux Grimaldi de Monaco, aux comtes de Provence et à la Savoie. Les Français l'attaquèrent souvent et la prirent, une première fois, en 1543 après un siège mémorable commandé par François Ier et Barberousse. Nice changea encore plusieurs fois de maître avant de revenir à la Savoie en 1707. Elle redevint provisoirement française de 1792 à 1815, fit retour à la Savoie et nous fut définitivement rendue, selon le vœu de ses habitants, en 1860. Nice est la patrie de Garibaldi, Masséna, Blanqui, Cassini et d'une certaine salade. La rue de Nice fut ouverte en 1860.

NICOLAÏ La famille Nicolaï, qui compta parmi ses membres un maréchal (Antoine Chrétien, 1712-1777), un membre de l'Académie française (Aimar Charles Marie, 1735-1794) et un pair de France (Aimar Charles François, 1777-1839), fut la dernière propriétaire du château de Bercy qu'on démolit en 1861. Cette rue, dont une partie était une voie de l'ancienne commune de Bercy, reçut son nom en 1865.

NICOLAS Ouverte en 1912, cette rue porte, depuis, le nom du propriétaire du terrain sur lequel on la construisit.

NICOLAS APPERT Industriel français, né à Châlons-sur-Marne en 1749, mort à Massy en 1841. C'est lui le père incontestable de l'industrie des conserves alimentaires, grâce à un procédé de son invention qui permettait de conserver les aliments par la chaleur. Ce procédé, baptisé « appertisation », date de 1795. Une rue porte son nom depuis 1984.

NICOLAS CHARLET (1792-1845). Peintre et dessinateur, né et mort à Paris. Renvoyé de son emploi de commis de mairie pour opinions bonapartistes en 1815, Nicolas Charlet décida alors de se consacrer à l'art graphique. À quelque chose, malheur est bon... Bien entendu, étant donné ses opinions, ses premiers dessins furent consacrés à l'épopée napoléonienne ; ils furent accueillis avec enthousiasme par les ennemis de la Restauration. Jusqu'à la fin de sa vie, Charlet fit plus de 1 500 dessins et 1 100 pièces lithographiques. Il réussit moins bien dans la peinture proprement dite ; citons cependant, dans ce domaine, « Épisode de la retraite de Russie » et « Convoi de blessés faisant halte dans un ravin ». En 1838, Charlet devint professeur de dessin à l'École polytechnique ; en 1841, on le chargea d'illustrer de 500 dessins le « Mémorial de Sainte-Hélène ». Charlet regretta que l'on défigure ses dessins par la gravure. Une rue porte son nom depuis 1883.

NICOLAS CHUQUET Mathématicien qui vécut vers la fin du XVe siècle ; ses dates de naissance et de décès ne sont pas connues précisément. On lui doit le premier traité d'algèbre écrit par un Français : « Triparty en la science des nombres », composé en 1484. On y trouve déjà la notation cartésienne des exposants, la règle des signes et les signes algébriques. La rue fut baptisée en 1884.

NICOLAS DE BLÉGNY (?-1722) Médecin et chirurgien né à Chaumont-en-Bassigny, mort à Avignon. Auteur de nombreux ouvrages touchant à sa spécialité, il fonda aussi à Popincourt (quartier dans lequel se trouve sa rue depuis 1997) un hôpital baptisé « Sainte-Marthe ».

NICOLAS FLAMEL (1330-1418). Écrivain et alchimiste, né à Paris ou à Pontoise (les historiens hésitent), mort à Paris. D'abord relativement pauvre, Nicolas Flamel eut la chance d'épouser, en 1370, une riche veuve. Il se fit alors construire un hôtel, où il reçut des élèves à qui il enseignait la calligraphie. Puis, menant d'excellentes opérations financières et, surtout, héritant de sa femme, morte en 1397, Flamel devint un bourgeois opulent dont les libéralités, qu'il avait soin de faire largement connaître, firent de lui un personnage célèbre. Dans l'église Saint-Jacques, il acheta un lieu de sépulture et prépara soigneusement sa pierre tumulaire, aujourd'hui au musée de Cluny. Dans bon nombre d'autres églises, il fit construire des autels, des chapelles, etc., sans oublier jamais de notifier en toutes lettres qu'il était l'auteur de ces générosités. N'ayant pas d'enfants, il légua tous ses biens à l'église Saint-Jacques. Alors, la légende s'empara de lui : on prétendit qu'il avait découvert la pierre philosophale, c'est-à-dire l'art de faire de l'or; mais, à dire vrai, il semble que la pierre philosophale de Flamel s'appelait plutôt bons placements, et peut-être même placements usuraires... On découvrit d'ailleurs qu'à sa mort il n'était possesseur que de 676 livres. La légende des fabuleuses richesses tombe là. Mais ne dit-on pas que son trésor est caché... Quoi qu'il en soit, sa rue existe depuis 1851.

NICOLAS FORTIN (1750-1831). Physicien, né à Mouchy-la-Ville (Oise). Membre du bureau des longitudes, il est surtout connu pour l'invention du baromètre à mercure qui porte son nom. La rue date de 1881.

NICOLAS HOUËL (1520-1584). Apothicaire, né à Paris, qui sous le patronage de Henri III fonda la maison de la Charité chrétienne, comprenant un jardin botanique, une pharmacie, un hôpital pour voyageurs indigents et un orphelinat. Houël fonda aussi la maison des Apothicaires, qui en 1800 devint l'École de pharmacie de Paris. La rue Nicolas-Houël fut ouverte en 1905.

NICOLAS RORET (1797-1860). Éditeur né à Vendeuvre-sur-Barse, mort à Paris. Venu dans la capitale en 1813, il travailla chez différents libraires avant de fonder, en 1822, une maison d'édition qui publia principalement une encyclopédie populaire dite « Manuels Roret », traitant surtout de technologie. La rue Nicolas-Roret existe depuis 1910.

NICOLAS TAUNAY (1755-1830). Peintre né et mort à Paris. En 1816, en compagnie de Le Breton et Montigny, il se rendit à Rio de Janeiro pour y fonder une Académie des beaux-arts. Il rentra en France en 1819 et peignit « Hôpital militaire en Italie », « Prédication de saint Jean », « Bataille de Nazareth » et « Passage du Mont-Saint-Bernard ». Membre de l'Académie de peinture en 1784 et de l'Institut en 1795, on donna son nom à une rue en 1932.

NICOLAY Ce square doit de s'appeler ainsi au comte Nicolay qui l'ouvrit et y résida.

NICOLE CHOURAQUI (1938-1987). Économiste et analyste financier née à Alger, morte à Paris. Elle fut député européen, conseiller de Paris et de la Région Ile-de-France, ainsi qu'adjointe au maire de Paris, chargée de l'application du plan d'affichage publicitaire élaboré en 1983. Sa rue existe depuis 1998.

NICOLE DE HAUTECLOCQUE (1913-1993). Résistante abondamment décorée pour ses nombreuses actions clandestines durant la Seconde Guerre mondiale, elle occupa ensuite pendant quarante-deux ans la fonction de conseiller de Paris dans le groupe gaulliste de l'assemblée municipale pour les problèmes de sécurité et de police. Elle fut même, en 1972, la première femme présidente du conseil municipal de Paris. Un jardin porte son nom depuis 1999

NICOLET Depuis 1846 cette rue porte le nom d'un de ses propriétaires riverains.

NICOLO (1775-1818). Nicolas Isouard, dit Nicolo, compositeur français né à Malte, mort à Paris. Il était maître de la chapelle des chevaliers de Malte lorsque Bonaparte fit capituler l'île en 1798. Il vint alors à Paris et écrivit pour l'Opéra-Comique dont il devint le fournisseur attitré quand Boieldieu partit pour la Russie. Nicolo composa alors un grand nombre d'ouvrages, dont la plupart eurent la faveur du public. Citons « l'Impromptu de campagne », « la Femme avare », « le Médecin turc », « la Prise de Passaro », « le Billet de loterie » et « Jeannot et Colin ». Une rue porte son nom depuis 1865

NIEL (1802-1869). Adolphe Niel, maréchal de France né à Muret, mort à Paris. Élève de Polytechnique, il entra ensuite dans le génie et en 1833 participa, comme capitaine, au siège de Constantine. C'est en 1849 qu'on le promut général de brigade alors qu'il se trouvait en Italie, au siège de Rome. Nommé général de division en 1853, il commanda en 1854, lors de la guerre d'Orient, le génie du corps expéditionnaire et s'empara de Bomarsund, forteresse russe dans l'île d'Aaland. À son retour, il devint aide de camp de l'empereur Napoléon III, puis se rendit en Crimée où il remplaça Bizot comme commandant en chef du génie devant Sébastopol. Sénateur en 1857, c'est lui que l'on chargea d'aller demander officiellement la main de la princesse Clotilde de Savoie pour le jeune prince Napoléon. Niel fit encore la campagne d'Italie et contribua aux victoires de Magenta et Solférino, ce qui lui valut d'être élevé à la dignité de maréchal. Devenu ministre de la Guerre en 1867, il fit adopter, à cette époque, le célèbre fusil Chassepot et créa la garde mobile. L'avenue Niel existe depuis 1875 et la villa depuis 1896.

NIEPCE (1765-1833). Nicéphore Niepce, physicien né et mort à Chalon-sur-Saône. Peu après 1812, il remplaça la pierre dont on se servait en lithographie par une plaque d'étain. Bientôt il s'attacha à des travaux qui devaient amener la découverte de la photographie; il associa ses travaux à ceux de Daguerre, et parvint à fixer sur des plaques d'argent l'image recueillie en chambre obscure. La photographie était née, mais seul Daguerre en profita, commercialement parlant : Niepce mourut pauvre et, de surcroît, on ne parle jamais de « niépceotype »! Un monument a été élevé à Nicéphore en bordure de la nationale 6, non loin de Chalon-sur-Saône. Une rue porte son nom depuis 1864

NIEUPORT (1875-1911). Édouard de Nieport, dit Nieuport, aviateur et ingénieur, né à Blida. Il fut l'un des premiers constructeurs d'avions, notamment du fameux biplan – le Nieuport – qui fut utilisé pendant la Première Guerre mondiale. La rue Nieuport existe depuis 1926.

NIGER Principal fleuve d'Afrique occidentale qui prend sa source au pied du mont Loma, au sud-est du massif du Fouta-Djalon, à 860 mètres d'altitude. Sa longueur totale est de 4200 km. Il se jette dans le golfe de Guinée, formant un fabuleux delta de 25000 km^2. Il faut un an et demi au flot du Niger – la chaleur porte à l'indolence – pour parcourir la distance qui va de sa source à l'Atlantique. La rue du Niger existe depuis 1884.

NIJINSKI (1890-1950). Danseur et chorégraphe russe d'origine polonaise, prénommé Vatslav Fomitch, né à Kiev, mort à Londres. Il débuta à Saint-Pétersbourg en 1907, puis fut engagé par le chorégraphe Serge de Diaghilev en 1909 dans sa compagnie des Ballets russes dont il fut membre pendant quatre ans. Il marqua alors l'histoire de la danse avec, notamment, ses interprétations des « Sylphides », « Shéhérazade », « Petrouchka », « le Spectre de la rose » et « l'Après-Midi d'un faune ». Ses bonds, d'une ampleur extraordinaire, émerveillèrent critique et public. Il se maria en 1913, en Amérique du Sud, avec la jeune danseuse hongroise Romala de Pulszky; Diaghilev trouva cela insupportable et le chassa de sa troupe; une réconciliation vint ensuite, mais trop tard car Nijinski, dont la raison était en partie perdue, sombra entièrement dans la folie dès 1918, allant, misérablement, de clinique en clinique. Une allée porte son nom depuis 1990.

NIL C'est le plus grand fleuve de toute l'Afrique : 6700 km (5600 depuis le lac Victoria où se jette sa branche mère, le Kagera). Il traverse les lacs Kioga et Albert, et baigne le Soudan méridional; passant à Khartoum, il arrose ensuite la Nubie et l'Égypte, qu'il fertilise par ses crues annuelles, et atteint Le Caire où commence son delta sur la Méditerranée. Le barrage d'Assouan, récemment créé, régularise son cours inférieur en formant, en amont, un très vaste lac artificiel. C'est sur le Nil que Moïse fut déposé dans un panier en papyrus, puis recueilli par une des filles du pharaon Ramsès II qui avait ordonné la mort pour tous les enfants mâles hébreux. Le Nil, fleuve sacré d'Égypte, fut représenté sous l'apparence d'un homme vigoureux, à demi couché sur un crocodile, la main droite tenant une corne d'abondance. On le représente aussi, sous les traits de ce même homme allongé tenant toujours une corne d'abondance, mais le bras gauche reposant sur un sphinx et entouré de seize enfants représentant les seize coudées que forme le fleuve lors de ses crues bénéfiques. La rue du Nil date de 1867

NOBEL (1833-1896). Alfred Nobel, chimiste suédois né à Stockholm, mort à San Remo. On lui doit l'usage courant de la nitroglycérine comme explosif; en effet, il atténua la sensibilité de cette matière fort dangereuse et intransportable auparavant, en la mélangeant avec de la silice amorphe, en 1867. On doit aussi à Nobel une poudre sans fumée et, surtout, la dynamite. En 1869, le savant suédois fit construire un laboratoire près de Paris, à Sevran, mais en 1891 ce laboratoire fut transféré à San Remo. Nobel est, cependant, plus connu du public pour le prix qu'il créa que pour ses inventions machiavéliques... Par testament, il légua toute sa fortune pour la fondation de cinq prix annuels (qui se montent à présent chacun à environ 200000 francs). Les trois pre miers pour trois personnalités de n'importe quelle nationalité qui, dans le domaine de la physique, de la chimie, de la médecine ou de la physiologie, auront fait une découverte importante. Le quatrième pour une personnalité des lettres – toujours quelle que soit sa nationalité – qui aura produit la plus belle œuvre sur le plan de l'idéal humain. Le cinquième prix, enfin, pour qui aura le mieux œuvré pour la fraternité des hommes (prix de la paix). Ce dernier prix est attribué par le Parlement suédois, les quatre autres par les académies suédoises. La rue Nobel fut baptisée en 1912.

NOCARD (1850-1903). Ce brave homme prénommé Étienne était un médecin dont on donna le nom à une rue en 1930.

NOËL Ouverte au début de notre siècle, cette cité porte le nom de son fondateur.

NOËL BALLAY (1848-1902). Explorateur et médecin né à Fontenay-sur-Eure. Collaborateur de Savorgnan de Brazza, il explora avec lui, de 1875 à 1879, le cours supérieur de l'Alima et de la Licona. De 1880 à 1884, il voyagea dans le pays des Batékés. En 1886, il fut un des commissaires chargés de délimiter le Congo français et le Congo belge. Noël Ballay devint gouverneur de l'ex-Guinée française. Une rue porte son nom depuis 1932.

NOIROT Ce passage porte le nom d'un de ses premiers propriétaires riverains.

NOISIEL Commune de Seine-et-Marne, au bord du plateau de la Brie. Cette rue fut ouverte et baptisée par M. Menier, fabricant de chocolats, dont l'usine se trouvait – et se trouve encore – à Noisiel. Cette voie fut classée officiellement en 1913.

NOISY-LE-SEC Commune de la Seine-Saint-Denis, aux abords du canal de l'Ourcq. Elle possède un fort qui fut copieusement bombardé lors de la guerre de 1870. Noisy-le-Sec compte 35 000 habitants. La rue, qui conduit à Noisy-le-Sec et qui appartenait à cette commune, fut annexée par Paris en 1930.

NOLLET (1700-1770). Jean Nollet, abbé et physicien, né à Pimprez, près de Noyon, mort à Paris. Dès la fin de ses études, il entreprit des recherches en physique et, en 1735, il ouvrit un cours qui fut très suivi. Louis XV lui confia une mission scientifique en Italie ; à son retour, il tint la chaire de physique expérimentale, créée pour lui au collège de Navarre, en 1753. En 1758, il entra à l'Académie des sciences et, en 1761, enseigna aux écoles de La Fère et de Mézières. On lui doit la découverte de l'endosmose (courant qui s'établit du dehors au dedans entre deux liquides de densités différentes, à travers une cloison membraneuse très mince). Nollet a écrit « Leçons de physique expérimentale » et « Essai sur l'électricité des corps ». Une rue porte son nom depuis 1864.

NOLLEZ Cette cité porte le nom d'un de ses premiers propriétaires riverains. Quant à l'impasse, elle doit son nom au voisinage de la cité.

NOM DE JÉSUS Cette cour doit son nom à l'ancienne présence d'une enseigne qui glorifiait le Sauveur, le fils de Dieu d'après les Évangiles et le Messie prédit par les prophètes. Né à Bethléem en l'an 749 de Rome, soit en l'an 4 ou 5 avant l'ère qui porte son nom, il mourut sur la croix. Il avait commencé à prêcher sa doctrine, dans laquelle il annonçait un royaume spirituel et non charnel, à l'âge de 30 ans, en Galilée, puis à Jérusalem. Il fut rapidement en butte à l'hostilité des pharisiens. Un de ses apôtres, Judas, le trahit pour trente pièces d'argent et il fut déféré à la justice romaine, représentée par Ponce Pilate, après avoir comparu devant Caïphe, le grand prêtre des Juifs. Crucifié entre deux larrons, il fut enseveli par les saintes femmes, ressuscita trois jours plus tard et, au bout de quarante jours, s'éleva au ciel. Jésus-Christ ne se présenta pas comme le fondateur d'une religion nouvelle, mais il porta la loi de Moïse et la prédication des prophètes à leur plénitude.

NONNAINS D'HYÈRES Devrait s'écrire « Nonnains d'Yerres », d'après la ville de l'Essonne, près de Villeneuve-Saint-Georges. En 1182, un nommé Richard Vilain vendit à une dame Ève, abbesse d'Yerres, une maison dite « de la Pie », qui était située au numéro 14 de la rue qui nous intéresse. Cette maison devint ainsi une « succursale » du couvent d'Yerres. La rue commença, dès cette époque, à s'appeler « aus Nonnains dierre », puis, progressivement, des « Nonandières » et, enfin, des « Nonnains d'Hyères ». Le mot nonnain était une manière plaisante, jadis, de désigner une jeune nonne.

NORD Ce passage fut baptisé par une société immobilière qui l'ouvrit au « nord » d'un groupe d'immeubles qu'elle avait construits. C'était simple, mais il fallait y penser. Date imprécise : fin XIXe, début XXe.

NORD Baptisée ainsi en 1903, cette rue doit son nom à la proximité de la voie de chemin de fer qui mène vers le nord de la France.

NORMANDIE Province de l'ancienne France, formée aujourd'hui par les départements suivants : Orne, Calvados, Manche, Eure et Seine-Maritime. On distingue la Basse-Normandie (Cotentin, Bocage normand, Bessin, pays d'Auge et campagne de Caen, autrement dit Calvados, Manche, Orne) et la Haute-Normandie (pays de Caux, pays de Bray, Vexin normand, Roumois, Lieuvin, pays d'Ouche, campagnes de Neubourg et de Saint-André). En 911, Charles III, dit le Simple, céda la Normandie à Rollon. À partir de 1066, cette province devint anglaise jusqu'en 1204. Durant la guerre de Cent Ans, les Anglais s'en rendirent à nouveau presque maîtres, particulièrement vers 1420; mais en 1450 nous entreprîmes la reconquête, et en 1468 la Normandie fut attachée définitivement à la couronne de France. La Normandie doit son nom aux Vikings (Suédois, Norvégiens et Danois) qui déferlèrent sur les côtes d'Europe occidentale au VIIIe siècle, et que l'on appelait les « Northmans », hommes du Nord. La rue existe depuis 1696.

NORTIER Cette cité porte depuis 1903 le nom d'un de ses propriétaires riverains.

NORVÈGE En norvégien « Norge ». Capitale Oslo; 4360000 habitants sur 325000 km^2. C'est Harald Ier qui, au IXe siècle, unifie le pays et fonde la première dynastie norvégienne. En 1380, la Norvège s'unit avec le Danemark, puis en 1397, également avec la Suède dont elle se séparera en 1523. En 1537, le Danemark impose à la Norvège catholique la religion de Luther; dès lors, la bourgeoisie et les intellectuels norvégiens prônent la fin de l'union Norvège-Danemark. Mais cette séparation ne se produit qu'en 1814, par le traité de Kiel qui oblige le Danemark à céder la Norvège à la Suède. Le nationalisme s'intensifie encore dans le pays et enfin, en 1905, alors qu'une guerre entre Norvégiens et Suédois est sur le point d'éclater, le traité de Karlstad proclame la Norvège indépendante, avec le roi Haakon VII comme roi. En 1933, la Norvège perd le Groenland, sans conflit armé, au profit du Danemark. Occupée par l'Allemagne en 1940, malgré une intervention franco-anglaise, assez brève disons-le, la Norvège est libérée en 1945 et demeure, depuis cette date, une monarchie constitutionnelle. Le carrefour de Norvège existe depuis 1953.

NORVINS (1769-1854). Jacques Marquet, baron de Montbreton de Norvins, né et mort à Paris, fut un historien qui était conseiller au Châtelet quand éclata la Révolution. Il émigra prudemment, mais revint trop tôt à Paris où il fut arrêté et emprisonné jusqu'à ce que le coup d'État du 18-Brumaire lui rende la liberté. Norvins ne pouvait alors faire moins que de se sentir fervent bonapartiste... Il devint secrétaire au Conseil d'État du royaume de Westphalie, puis directeur de la police des États romains de 1810 à 1814. Après Waterloo, il cessa quelque temps toute activité politique et se consacra à la rédaction d'ouvrages historiques glorifiant l'époque napoléonienne (« Choix de la correspondance inédite de l'Empereur » et « le Consulat »). En 1830, il devint préfet de Dordogne, puis de la Loire, de 1831 à 1832. La rue Norvins existe depuis 1868.

NOTRE-DAME (pont). Le pont Notre-Dame actuel date de 1913. Mais le premier pont qui fut dit « Notre-Dame » date de 1421 ; il s'écroula malheureusement en 1499, emportant avec lui les 60 maisons qu'il portait, avec bon nombre de leurs habitants... On en reconstruisit un autre qui fut terminé en 1512 et qui supportait 68 maisons. Réparé en 1577 et 1660, puis débarrassé de ses maisons en 1787, ce second pont Notre-Dame résista jusqu'en 1853, date à laquelle on le remplaça par un troisième qui garda les pieds dans la belle eau de la Seine jusqu'en 1913 ; puis ce fut celui que nous connaissons.

NOTRE-DAME-DE-BONNE-NOUVELLE Cette rue doit son appellation à l'église du même nom qui a pour origine une ancienne chapelle fondée en 1551 sous les vocables de Saint-Louis et Sainte-Barbe. L'église remplaça la chapelle en 1628. Fermée et dégradée par la Révolution, elle fut reconstruite de 1825 à 1830 par l'architecte Godde. La rue est connue depuis 1630.

NOTRE-DAME-DES-CHAMPS Ce n'est pas l'église Notre-Dame-des-Champs, datant de 1876, qui donna son nom à cette rue, mais une ancienne chapelle, dite également Notre-Dame-des-Champs, fondée au VIIe siècle, non loin de l'emplacement actuel du Val-de-Grâce. En 1084 les Bénédictins acquirent cette chapelle et lui adjoignirent un prieuré qu'ils vendirent en 1603 à des carmélites. Celles-ci bâtirent un carmel de l'Incarnation que la Révolution démolit. En 1855, l'emplacement du Carmel fut déblayé et l'on remit à neuf une ancienne crypte qui fut bénite solennellement en 1896. Désaffectée aujourd'hui, cette crypte, lointain souvenir de la petite chapelle Notre-Dame-des-Champs, est conservée et entretenue. Sous son nom actuel, la rue est connue depuis la fin du XVIIe siècle

NOTRE-DAME-DE-LA-CROIX Cette rue de 1881 porte le nom d'une église commencée en 1863 et ouverte aux croyants en 1869, en remplacement d'une chapelle de 1823 jugée trop petite. Elle est de style roman et son clocher se dresse à 78 mètres.

NOTRE-DAME-DE-LORETTE En 1645, on construisit pour les habitants du quartier des Porcherons (faubourg Montmartre) une chapelle placée sous l'invocation de Notre-Dame-de-Lorette et qui se trouvait à l'emplacement de la rue Lamartine actuelle. On démolit cette chapelle en 1796 et l'on construisit une église, au 18 rue de Châteaudun, de 1823 à 1836 d'après les plans de l'architecte Hippolyte Le Bas qui lui a donné l'apparence d'une basilique romaine. La rue Notre-Dame-de-Lorette, qui mène à cette église, existe depuis 1835.

NOTRE-DAME-DE-NAZARETH Cette rue doit son nom, de 1630, à un ancien couvent des Pères de Nazareth, installé alors dans le voisinage, en bordure de la rue du Temple, à hauteur du numéro 199 actuel. Le couvent des Pères de Nazareth, dit aussi « Pénitents du tiers ordre de Saint-François », fut construit en 1625. Fermé par la Révolution, il fut démoli en 1858.

NOTRE-DAME-DE-RECOUVRANCE Quand l'église Notre-Dame-de-Bonne-Nouvelle fut construite en

1628, on lui donna pendant quelque temps le nom de « Notre-Dame- de-Recouvrance ». C'est ainsi que cette rue put être dénommée en 1630.

NOTRE-DAME-DES-VICTOIRES Cette rue de 1640 doit son nom à l'église du couvent des Augustins, dits « Petits-Pères ». Elle fut bâtie en 1629 par Louis XIII qui la baptisa lui-même en souvenir de la prise de La Rochelle sur les protestants. La Révolution supprima le couvent et fit de l'église une paroisse. Elle avait plutôt l'habitude de fermer ou détruire les églises. Ce fut là une autre victoire à mettre à l'actif de Notre-Dame...

NOUVEAU-BELLEVILLE Après avoir beaucoup démoli, on a aussi beaucoup reconstruit du côté de Belleville et on a ainsi fait sortir de terre le « nouveau Belleville ». Il était normal que ce square, créé en 1973, prenne ce nom.

NOUVEAU CONSERVATOIRE Cette avenue, qui existe depuis 1987, longe le flanc ouest de la superbe « Cité de la Musique » construite au milieu des années 1990 et qui abrite le nouveau Conservatoire national de musique (anciennement situé rue de Madrid).

NOUVELLE-CALÉDONIE Ile de la Mélanésie découverte en 1774 par Cook et qui appartient à la France depuis 1853. La capitale est Nouméa et ses habitants, au nombre de 164200, disposent d'une superficie de 16750 km^2. Jusqu'en 1898 la France y déportait les condamnés politiques. La rue existe depuis 1965

NOYER-DURAND Cette rue porte, depuis 1932, le nom de deux anciens habitants du Pré-Saint-Gervais, commune dont elle faisait partie jusqu'en 1930.

NUNGESSER ET COLI Charles Nungesser, aviateur né à Paris en 1892, un des as de notre aviation pendant la Première Guerre mondiale, et François Coli, aviateur né à Marseille en 1881, disparurent ensemble en tentant la traversée de l'Atlantique en 1927. On donna leur nom à une rue en 1929.

NYMPHÉAS Les nymphéas sont des nénuphars blancs, que l'on appelle aussi « lunes d'eau ». Il existe une œuvre célèbre du peintre Monet intitulée « les Nymphéas ». La villa existe depuis 1994 grâce, sans doute à la demande de riverains poètes..

O

OBÉLISQUE En 1850, un lotisseur nommé Chauvelot créa, entre les rues Castagnary, Brancion, des Morillons et le boulevard Lefebvre, « le village de l'Avenir ». Chaque rue porta, quand ce village fut terminé vers 1859, les noms des principales victoires de la campagne d'Italie de cette même année. Au centre de ce lotissement, Chauvelot érigea un obélisque qui donna son nom à cette impasse. Construit en briques avec, sur les quatre faces, les portraits des généraux vainqueurs lors de la campagne d'Italie, il était surmonté d'une étoile. Mais il donna vite des signes de fragilité et, avant qu'il s'écroule, on l'abattit pendant le siège de Paris de 1870.

OBERKAMPF (1738-1815). Christophe Philippe Oberkampf, manufacturier d'origine allemande, naturalisé français, né à Wisembach (Bavière), mort à Jouy-en-Josas. Son père était un simple teinturier et, après avoir travaillé quelque temps avec lui, le jeune Christophe Philippe vint à Paris à l'âge de 20 ans. En 1759, il ouvrit un atelier d'impression sur étoffes. Bientôt, il s'installa à Jouy-en-Josas et grâce à des rouleaux gravés propres à l'impression mécanique, créés par son père mais qu'il perfectionna, Oberkampf devint sans rival en Europe. Louis XVI l'anoblit et donna à son établissement de Jouy le titre de manufacture royale; plus tard, Napoléon lui remit la croix de la Légion d'honneur. Malheureusement, à la chute de l'empereur, les Alliés détruisirent ses ateliers et Oberkampf, déjà âgé, en mourut quasiment de chagrin. Une rue porte son nom depuis 1864.

OBSERVATOIRE L'Observatoire de Paris fut construit, de 1667 à 1672, par l'architecte Perrault, à la demande de Louis XIV qui nomma comme premier directeur Cassini, venu tout exprès d'Italie. L'Observatoire est destiné à l'étude et à l'observation des différents phénomènes célestes et atmosphériques. Il assure la transmission de l'heure; il est, d'ailleurs, le siège du Bureau international de l'heure. L'avenue de l'Observatoire existe depuis 1798.

OCTAVE CHANUTE (1832-1910). Ce fut un des pionniers de l'aviation; un de ceux qui méritèrent d'être appelés « ces merveilleux fous volants dans leurs drôles de machines ». Octave Chanute était un ingénieur américain d'origine française; on donna son nom à une place en 1915.

OCTAVE FEUILLET (1821-1890). Romancier et auteur dramatique né à Saint-Lô, mort à Paris. Sa vie fut tout entière consacrée à l'écriture; la plupart de ses personnages, issus du « monde », sont croqués avec beaucoup de justesse et de vie, même si Octave Feuillet se sert parfois d'un certain nombre de poncifs.

Pour le théâtre, où il réussit moins bien que dans le roman, il écrivit « le Pour et le Contre », « la Partie de dames » et « Chamillac ». Ses principales œuvres romanesques sont « Petite Comtesse », « Julia de Trécœur », « Honneur d'artiste » et « le Roman d'un jeune homme pauvre », qui fit pleurer toute la bonne société du second Empire. Octave Feuillet a dit : « L'espérance est le bien qu'on dépense le plus et qu'on épuise le moins. » Une rue porte son nom depuis 1894.

OCTAVE GRÉARD (1828-1904). Administrateur et écrivain né à Vire (Calvados). Sorti de l'École normale, il professa en province, puis à Paris, avant de devenir, successivement, inspecteur d'Académie (1865), directeur de l'Enseignement primaire (1870), vice-recteur de l'Académie de Paris (1879). Il rédigea des livres pédagogiques et des livres sur l'Histoire : « Lettres d'Héloïse à Abélard », « l'Enseignement secondaire des filles », « l'Esprit de discipline dans l'éducation » et « Nos adieux à la vieille Sorbonne ». L'avenue Octave-Gréard existe depuis 1907.

OCTAVE MIRBEAU (1848-1917). Littérateur né à Trévières (Calvados). Il débuta comme critique dramatique à « l'Ordre », fut un temps sous-préfet et quitta l'administration pour collaborer à d'autres journaux : « le Gaulois », « le Figaro », « l'Illustration ». Ensuite il fonda « Paris-Midi », puis « Grimaces », hebdomadaire plutôt antirépublicain, mais avec les années Mirbeau changea d'option politique. Homme passionné, individualiste au possible, Mirbeau a laissé des romans pleins de sensualité où se mêlent parfois sadisme et fétichisme. Citons « l'Abbé Jules », « le Jardin des supplices » (description des supplices chinois) et « Journal d'une femme de chambre », à l'atmosphère délicieusement équivoque. Il se risqua aussi au théâtre et donna au moins une pièce excellente : « Les affaires sont les affaires ». Octave Mirbeau a dit : « Le ridicule n'existe pas : ceux qui osèrent le braver en face conquirent le monde. » Une rue porte son nom depuis 1931.

OCULUS Du nom, donné en architecture, à une petite baie à tracé circulaire ou proche du cercle. Rue baptisée en 1986.

ODÉON La compagnie du théâtre de l'Odéon fut créée, en 1797, par M. Poupart-Dorfeuille. Elle joua, primitivement, dans une salle datant de 1782, qu'un incendie détruisit en 1799. L'architecte Chalgrin construisit alors pour cette compagnie un nouveau théâtre qu'on inaugura en 1808 sous les noms de « salle de l'Odéon », et « théâtre de l'Impératrice ». Mais en 1818, nouvel incendie, nouvelle reconstruction, cette fois par Baraguey et Prévost, puis nouvelle inauguration, sous le nom de « Second Théâtre-Français », en 1819. Exploité alors par diverses troupes, dont la Comédie-Française en 1832 et 1837, l'Odéon devint le « second théâtre national » en 1841, sous la direction d'Épagny. En 1946, il fut à nouveau géré par la Comédie-Française, sous le nom de « salle Luxembourg ». Il reprit son autonomie en 1959 pour devenir le « Théâtre de France », sous la direction de Jean-Louis Barrault. Les événements de Mai 1968 le firent fermer (on accusa alors Barrault d'avoir laissé son théâtre devenir une tribune pour révolutionnaires juvéniles). Réouvert en 1971, il est aujourd'hui une annexe de la Comédie-Française qui y produit des pièces de jeunes auteurs ou d'auteurs « en marge » interprétées par ses pensionnaires les plus jeunes, voire par des élèves du Conservatoire. La rue de l'Odéon et la place, qui datent de 1779, prirent leur nom actuel en 1797, de même que le carrefour. Signalons que le mot « Odéon » signifie « salle où l'on chante ».

ODESSA Port d'Ukraine, sur la mer Noire. D'abord colonie grecque, puis romaine sous le nom d'Istrianorum Portus, Odessa, qui subit également l'occupation des Tatars, fut véritablement fondée, sous son nom actuel, par Catherine II, en 1795, et devint en 1805 le siège du gouvernement général de la Nouvelle-Russie et de la Bessarabie; ce gouvernement fut d'ailleurs dirigé par deux Français : successivement, le duc de Richelieu et le général Langeron. Bombardée par les Français en 1855, au moment de la guerre de Crimée, c'est à ce fait d'armes qu'Odessa doit de voir figurer son nom sur une plaque bleue à Paris, depuis 1881. Signalons aussi qu'en 1905 cette ville fut un important foyer révolutionnaire

ODIOT (1763-1850). Jean-Baptiste Claude Odiot, orfèvre, né et mort à Paris. En 1811 il fut chargé d'exécuter le berceau du roi de Rome, c'est-à-dire du fils de Napoléon Ier, d'après les dessins de Prudhon. Le monument qui se dresse au-dessus de la tombe d'Odiot, au Père-Lachaise, s'orne d'un fort beau médaillon. La cité qui porte son nom fut ouverte sur des terrains lui appartenant, en 1847

OISE Rivière française qui prend cependant sa source en Belgique, près de Chimay. Elle pénètre dans notre pays après 15 km de course en territoire belge. L'Oise, qui mesure 300 km, baigne Hirson, Chauny et Noyon, ainsi que Creil. Elle se jette dans la Seine à Conflans-Sainte-Honorine. Le quai de l'Oise existe depuis 1828 et la rue depuis 1848.

OISEAUX C'est à une ancienne enseigne sur laquelle deux oiseaux se becquetaient amoureusement que cette rue doit son nom depuis 1740.

OLIER (1608-1657). Jean-Jacques Olier, abbé de Pibrac, prieur de Bazainville, né et mort à Paris. C'est le fondateur de la compagnie des prêtres de Saint-Sulpice, chargée de la formation des aspirants au sacerdoce. Devenu curé de Saint-Sulpice, il vit Anne d'Autriche poser la première pierre de l'église actuelle en 1646 et créa un séminaire qui se trouvait à l'emplacement de la place située devant cette église. Il fonda d'autres séminaires, notamment à Limoges, Nantes et Clermont-Ferrand, et envoya au Canada plusieurs de ses prêtres, lesquels fondèrent là-bas des établissements devenus vite florissants. En 1730, une assemblée du clergé français le qualifia de « prêtre éminent, gloire et ornement insigne du clergé de France ». La rue Olier existe depuis 1864

OLIVET Le nom de cette rue, de 1650, provient d'un lieu-dit qui doit sans doute son appellation à l'ordre des frères ermites du Mont-Olivet, créé en 1313 par saint Jean Tolomei. Le Mont-Olivet était une colline sur laquelle fut construit leur premier monastère près de Sienne. Les membres de cet ordre suivaient la règle de Saint-Benoît et se livraient à la prédication. Certains vécurent à Paris aux XIVe et XVe siècles.

OLIVIER DE SERRES (1559-1619). Agronome, né au Pradel, dans le Vivarais. Le premier, il supprima l'assolement en remplaçant le système de jachères par celui de prairies artificielles. Diacre protestant, il importa de Flandre la garance; d'Angleterre, le houblon; d'Italie, le maïs et le mûrier. Le roi l'appela à Paris afin qu'il crée, en France, la sériciculture (production de la soie). Olivier de Serres écrivit, à ce propos, « Cueillette de la soye pour la nourriture des vers qui la font ». Une rue porte son nom depuis 1865 et un passage depuis 1873

OLIVIER MESSIAEN (1908-1992). Compositeur français né à Avignon, mort à Clichy. Son expression musicale, très souvent mystique, se construisit autour d'une rythmique novatrice entourée d'éléments exotiques et de chants d'oiseaux. C'est, incontestablement, un des plus grands compositeurs de la seconde partie du XXe siècle. Parmi ses œuvres : « l'Ascension », « Vingt Regards sur l'Enfant-Jésus », « Turangalila-Symphonie », « Catalogue d'oiseaux » et un opéra, « Saint-François d'Assise ». Fondateur, en 1936, du groupe « Jeune-France », il eut pour élèves Pierre Boulez, Yannis Xénakis, Pierre Henry et Karlheinz Stockhausen. Une rue porte son nom depuis 1997

OLIVIER MÉTRA (1830-1889). Compositeur né à Reims, mort à Paris. Sorti du Conservatoire en 1854 avec un premier prix d'harmonie, il fut chef d'orchestre au théâtre Beaumarchais, puis au bal Mabille, à l'Élysée-Montmartre et au Casino-Cadet. En même temps, il composait, principalement des valses : « les Faunes », « l'Orient », « la Nuit », mais surtout « la Vague », qui est admirable. En 1871, il fut mis à la tête de l'orchestre des Folies-Bergère et écrivit alors plus de trente opérettes ou ballets. Il quitta les « Folies » en 1877 et fit représenter aux Bouffes-Parisiens, en 1888, une fort belle opérette en trois actes : « le Mariage avant la lettre ». La rue Olivier-Métra existe depuis 1924.

OLIVIER NOYER Cette rue porte, depuis 1924, le nom d'un de ses propriétaires riverains de l'époque.

OLYMPE DE GOUGES Femme de lettres, pionnière du féminisme et révolutionnaire, née à Montauban en 1748, morte à Paris en 1793, de son vrai nom Marie Gouze. Elle réclama l'émancipation des femmes dans une « Déclaration des droits de la femme et de la citoyenne » et fut guillotinée à cause de ses sympathies girondines. On lui doit aussi « Le Mariage inattendu de Chérubin », « Mémoires de Madame de Valmont » (œuvre en partie autobiographique), « Le Couvent ou Les Vœux forcés », etc. Une place porte son nom depuis 2003.

OMER TALON (1595-1652). Magistrat français, d'origine irlandaise, né et mort à Paris. Avocat général en 1631, il défendit toujours énergiquement les prérogatives du Parlement. Pendant la Fronde, il œuvra pour éviter la rupture entre le roi et ce Parlement. Une rue porte son nom depuis 1864.

ONFROY Cette impasse porte le nom du propriétaire du terrain sur lequel on l'ouvrit

ONZE NOVEMBRE 1918 Cette place, de 1965, rappelle la signature de l'armistice qui mit fin à la Première Guerre mondiale. Il fut signé à l'intérieur d'un wagon de chemin de fer stoppé sur la commune de Rethondes, dans l'Oise. (Les habitants de Compiègne, proche, affirment que le fameux wagon était sur le territoire de leur ville.) Rappelons que l'armistice, moins glorieux, du 22 juin 1940, fut également signé à Rethondes

OPÉRA L'Opéra fut construit, entre 1862 et 1874, par l'architecte Charles Garnier. Sa façade principale comprend un rez-de-chaussée élevé au-dessus des marches d'un perron et percé de 7 arcades ; il est surmonté d'une loggia qui comprend 16 colonnes en pierre reliées par des balcons et accompagnées par 18 colonnes de marbre. Cette façade est ornée de bustes, statues et groupes, parmi lesquels : « le Drame » de Falguière, « le Chant » de Dubois, « la Cantate » de Chapu, « la Danse » de Carpeaux, « le Drame lyrique » de Perraud. Le dôme qui surplombe l'édifice est orné d'un « Apollon » de Millet. À l'intérieur, il faut surtout admirer un superbe escalier d'honneur avec 30 colonnes de marbre et un plafond, récemment peint par Chagall. La scène a 60 mètres de haut sur 55 de large et 25 de profondeur. C'est dans les murs de l'Opéra que se trouve la célèbre école des « petits rats ». L'avenue de l'Opéra, qui s'appela avenue Napoléon de 1864 à 1873, porte son nom actuel depuis cette dernière date. Quand à la place, elle existe depuis 1864 pour sa partie située au nord du boulevard des Capucines et depuis 1873 pour la partie située au sud.

OPÉRA-LOUIS JOUVET Ce square s'appela « de l'Opéra » à partir de 1896 à cause du voisinage de l'édifice; on rajouta, en 1955, le nom de Louis Jouvet (1887-1951) acteur et directeur de théâtre, né à Crozon. S'il se distingua comme metteur en scène, notamment dans des pièces de Molière et de Jean Giraudoux, et comme professeur d'art dramatique, c'est surtout par le cinéma que le grand public le connaît et l'apprécie. Louis Jouvet joua principalement dans « Hôtel du Nord » de Carné, « Drôle de drame », toujours de Carné (« Moi j'ai dit bizarre? Comme c'est bizarre... »), « Quai des orfèvres » de Clouzot, « Copie conforme » de Dréville, « la Kermesse héroïque » de Feyder. L'articulation très particulière de Jouvet, due à un travail intensif consécutif à une difficulté d'élocution initiale, ne fut pas le moindre atout de sa popularité, mais audelà de cette simple particularité, son jeu, dans le drame ou la comédie, dénotait le talent le plus grand qui soit. Le théâtre de l'Athénée, situé au numéro 4 de ce square, fut dirigé, à partir de 1934 et jusqu'à sa mort, survenue le 16 août 1951, par Louis Jouvet.

ORADOUR-SUR-GLANE Commune de la Haute-Vienne dont les Allemands de la division das Reich tuèrent, disons plutôt massacrèrent, 642 habitants, pris comme otages, le 10 juin 1944. L'agglomération d'Oradour-sur-Glane compte aujourd'hui 2010 habitants... On donna le nom de cette ville martyre à une rue de Paris en 1955.

ORAN Ville d'Algérie fondée au Xe siècle par des marins andalous. Longtemps sous domination espagnole, les Français s'en emparèrent, sans coup férir, en 1831. Oran est aujourd'hui un port important sur la Méditerranée. Elle possède une université et compte 350000 habitants. La rue d'Oran existe depuis 1863

ORATOIRE L'Oratoire, aujourd'hui temple de l'Église réformée, fut bâti en 1621 et servit d'abord d'église aux Oratoriens (d'où son nom). Il ne devint le siège du consistoire réformé qu'à partir de 1811, avec l'assentiment de Napoléon. Les funérailles de Taine y furent célébrées en 1893. L'Oratoire se trouve au 145 de la rue Saint-Honoré. La rue existe depuis 1789.

ORCHAMPT C'est depuis 1880 que cette rue porte le nom d'un de ses propriétaires riverains de l'époque.

ORCHIDÉES Cette rue de 1928 appartient à un groupe de voies portant des noms de fleurs. Peu de femmes savent résister à l'homme galant qui leur offre des orchidées. Qu'on se le dise...

ORDENER Cette rue, qui existe depuis 1867, porte le nom de deux généraux, le père et le fils, prénommés chacun Michel. Parlons d'abord du père : il naquit à Saint-Avold en 1755 et mourut à Compiègne en 1811. En 1800, Bonaparte lui confia le commandement de la garde consulaire. Général de brigade en 1803, c'est lui qui reçut l'ordre d'arrêter le duc d'Enghien à Ettenheim. Nommé général de division après

Austerlitz, il entra au Sénat en 1806 et reçut le titre de comte en 1808. Il finit sa vie comme gouverneur du palais de Compiègne. Son fils, né à Huningue en 1787, mort à Paris en 1862, se couvrit de gloire à la défense de Montmartre en 1814 et à Waterloo. Les Bourbons le placèrent en demi-solde, mais il reprit le service actif après juillet 1830. Général en 1846, il entra au Sénat en 1852.

ORFÈVRES En 1550, des orfèvres firent bâtir, à hauteur du numéro 8 de la rue des Orfèvres actuelle, une chapelle, dédiée à saint Éloi, leur saint patron, sur les plans de Philibert Delorme, Jean Cousin et Germain Pilon. En 1636, la rue où était édifiée cette chapelle prit le nom de « la Chapelle-aux-Orfèvres » et devint « des Orfèvres » en 1886, cent ans après que la chapelle eut été supprimée (on distingue encore cependant, en regardant de très près... sa façade). Quant au quai des Orfèvres, dont le nom fait trembler les malhonnêtes gens, il date du commencement du XVIIe siècle et prit immédiatement son nom actuel à cause des très nombreux orfèvres qui s'y installèrent; ils pensèrent sans doute que n'étant séparés de la chapelle Saint-Éloi que par le Pont-Neuf, la protection de leur « patron » si proche ferait fructifier leur négoce...

ORFILA (1787-1853). Mathieu Orfila, médecin et chimiste, né dans l'île de Minorque (une des îles Baléares), mort à Paris. Devenu docteur en 1811, il ouvrit dès cette date, à Paris, rue Croix-des-Petits-Champs, un cours de chimie qui eut beaucoup de succès. Orfila, homme assez mondain, ne répugnait cependant pas au travail et, à ses leçons de chimie, il adjoignit la botanique, la physique et la médecine dès 1813. En 1816, il devint le médecin de Louis XVIII et se fit alors naturaliser français. De 1831 à 1848, il fut doyen de la Faculté de médecine et membre du conseil royal de l'Instruction publique à partir de 1834. Enfin, en 1851, il présida l'Académie de médecine. Orfila, qui créa une clinique d'accouchements et le musée Dupuytren, fut chimiste expert dans de nombreux procès d'empoisonnement. Il écrivit d'ailleurs un « Traité des poisons », ainsi que « Recherches sur l'empoisonnement arsénieux » (à ne pas mettre entre toutes les mains...). La rue Orfila existe depuis 1875 et l'impasse depuis 1877.

ORGUES Ce passage doit son nom, du XIXe siècle, au fait qu'il conduisait à une fabrique d'orgues et d'harmoniums se trouvant à l'angle formé par ce passage avec la rue Meslay.

ORIENT Un des habitants de cette rue, sans doute amateur d'exotisme, lui donna ce nom qui englobe tous les pays situés à l'est de l'Europe.

ORIENT-EXPRESS Cette rue, située au niveau - 4 du Forum des Halles et baptisée en 1996, rappelle ce bon vieux train luxueux qui, allant de Paris à Istanbul, inspira l'imagination de plus d'un écrivain (par exemple Agatha Christie avec « le Crime de l'Orient-Express ») et de nombreux couples qui en faisaient la première étape de leur lune de miel.

ORILLON En 1780, cette rue s'appelait « de Riom ». Alla-t-on insensiblement de Riom à Orillon? Rue de Riom ou rue d'Orillon, c'est phonétiquement proche. Il semble pourtant que ce ne soit pas cela, puisqu'on signale l'existence, dès 1730, d'une maison dite de l'Orillon. Ce serait elle qui, finalement, aurait donné son nom à cette rue. Un orillon est soit une petite saillie en forme d'oreille, soit un massif de maçonnerie, arrondi, garnissant l'angle des bastions. Ces deux définitions peuvent expliquer le nom de la maison susdite; nous ne savons pas laquelle il faut choisir.

ORLÉANS (galerie). Cette galerie fut construite en 1829 à la demande du duc d'Orléans, qui lui donna son nom. L'année suivante, le duc d'Orléans allait devenir roi des Français sous le nom de Louis-Philippe (voir ce nom).

ORLÉANS (portiques). Cette voie, qui est un passage sous un immeuble privé, doit son nom à l'ancienne avenue d'Orléans, proche, devenue l'avenue du Général-Leclerc.

ORLÉANS (quai). Construit de 1614 à 1646, ce quai porte le nom de Gaston d'Orléans (1608-1660), né à Fontainebleau, mort à Blois, troisième fils de Henri IV et de Marie de Médicis, et, par conséquent, frère de Louis XIII. On l'appela Monsieur, à la mort de son frère, le deuxième fils de Henri IV, en 1611, et il porta ce nom jusqu'au décès de Louis XIII en 1643. Faible et versatile, il passa son temps à conspirer contre son frère le roi et Richelieu, puis contre la régente Anne d'Autriche et, enfin, contre Mazarin. Toutes ses conspirations échouèrent et, chaque fois, Gaston s'empressait d'abandonner ses alliés. Il épousa Mlle de Montpensier en 1626; celle-ci mourut l'année suivante en donnant le jour à celle qui deviendra la Grande Mademoiselle. En 1632, Gaston d'Orléans se remaria avec la sœur du duc de Lorraine. La conspiration la plus importante à laquelle il participa fut, en 1642, celle de Cinq-Mars; quand elle fut découverte, à son habitude il demanda grâce en « chargeant » ses complices. À la mort de Louis XIII, il devint lieutenant général du royaume et se battit courageusement de 1844 à 1846, en Flandre. Mais quand survint la Fronde, il recom mença ses intrigues, balançant sans cesse entre la Cour, le Parlement et Condé. Lorsque Louis XIV prit le pouvoir, on exila Gaston d'Orléans à Blois et c'est là qu'il passa les dernières années de sa vie.

ORLÉANS (square). Ce square de 1850 doit son nom à Philippe-Louis d'Orléans, duc d'Aumale (voir ce dernier nom).

ORLÉANS (villa). Ouverte en 1922, cette villa doit son nom au voisinage de l'ancienne avenue d'Orléans, devenue avenue du Général-Leclerc.

ORME Cette rue, connue depuis 1812, doit son nom à un ancien lieu-dit, « le bois de l'Orme ». On connaît une quinzaine de variétés d'ormes qui poussent dans les régions tempérées de l'hémisphère Nord. Sully, lorsqu'il était ministre, fit planter un certain nombre d'ormes ou d'ormeaux (ormes champêtres) sur les places des villages du royaume. Certains de ces villages s'enorgueillissent encore d'un « arbre de Sully », tel Vernou, près de Vouvray, dans l'Indre-et-Loire. Actuellement, et fort malheureusement, une maladie décime littéralement tous les ormes de France.

ORMEAUX Cette rue, ouverte en 1844, fut baptisée à cause de la proximité de l'avenue des Ormeaux (devenue avenue de Bouvines en 1864) qui était bordée par cette variété d'arbres.

ORMEAUX-GRANDS-CHAMPS Passage baptisé en 1980 et reliant la rue des Ormeaux à celle des Grands-Champs. L'imagination au pouvoir!

ORMESSON (1751-1807). Henri François de Paule Le Fèvre d'Ormesson, homme d'État, né et mort à Paris. Issu d'une illustre famille qui n'a pas fini de donner à la France des hommes de renom, Henri François fut conseiller au parlement de Paris, maître des requêtes (1770), intendant des Finances et contrôleur général en 1783. Il resta peu de temps à ce poste et entra au Conseil d'État. Au début de la Révolution, il présida un des tribunaux de Paris.

Élu maire de notre capitale en 1792, il refusa cet honneur qui lui parut sans doute, et à juste titre, fort périlleux... Sous le Directoire et le Consulat, il remplit diverses fonctions administratives, puis rentra dans la vie privée. Signalons que c'est Henri François Le Fèvre d'Ormesson qui posa la première pierre du marché Sainte-Catherine, le 20 avril 1788. C'est d'ailleurs la raison pour laquelle cette rue, construite pour desservir le marché, porte son nom depuis 1788.

ORNANO (1784-1863). Comte Philippe Antoine d'Ornano, maréchal de France, né à Ajaccio, mort à Paris. Entré dans l'armée en 1799, il participa, en 1802, à l'expédition de Saint-Domingue. Rentré en France, il se distingua en 1805 à Austerlitz et en 1806 à Iéna et Lubeck. Général de brigade en 1811 pour sa conduite exemplaire en Espagne, exactement à Fuentes de Oñoro, Ornano devint général de division durant la campagne de Russie; pendant la retraite, il fut laissé pour mort à Krasnoïe, mais rassurez-vous, il s'en sortit. En 1813, il commanda la cavalerie de la Garde et en 1814 participa à la défense de Paris. Pendant la première Restauration Louis XVIII lui confia le commandement des Dragons de France. Mais d'Ornano ayant participé aux Cent-Jours, la seconde Restauration l'exila jusqu'en 1818 et l'empêcha de reprendre toute activité dans l'armée avant 1828. En 1830, il fut nommé commandant de la 4e Division militaire et entra à la Chambre des pairs. Député d'Indre-et-Loire à la Législative de 1848, il soutint la politique de Louis-Napoléon qui, en récompense, le nomma sénateur en 1852, le fit grand chancelier de la Légion d'honneur l'année suivante et lui donna le bâton de maréchal en 1861. Le boulevard d'Ornano existe depuis 1867, le passage depuis 1906, le square depuis 1902, comme la villa. Un homme comblé!

ORSAY Le quai et l'avenue d'Orsay portent le nom de Charles Boucher d'Orsay, prévôt de Paris de 1700 à 1708. C'est lui en effet qui, la dernière année de sa prévôté, posa la première pierre du quai, lequel ne fut terminé qu'en 1815. Au 35 du quai d'Orsay se trouve une des entrées de l'hôtel de Lassay (la seconde est située rue de l'Université), résidence du président de l'Assemblée nationale, et au numéro 37 se dressent les bâtiments du ministère des Affaires étrangères. Le quai d'Orsay reçut son nom dès le début de sa construction et l'avenue en 1909.

ORSEL La rue et la cité portent le nom de Joseph Orsel, un promoteur qui, de 1795 à 1802, acheta des terrains sur lesquels après sa mort, survenue en 1820, ses héritiers bâtirent tout un ensemble de maisons qui prit le nom de « village d'Orsel ». En 1838, ce village fut pris en charge par l'ancienne commune de Montmartre et perdit son nom. La rue principale du village d'Orsel était la rue des Acacias, que l'on débaptisa en 1873 pour lui donner son nom actuel. Quant à la cité, elle reçut le nom du promoteur en 1877.

ORTEAUX Ce mot est dérivé d'Horteaux, du latin « hortus », qui signifie jardin. La rue des Orteaux fut percée en 1720, en bordure de nombreuses cultures maraîchères du village de Charonne; elle aboutissait à l'entrée d'un parc au milieu duquel s'élevait le château de Bagnolet, qui appartenait alors à la duchesse d'Orléans. C'est d'ailleurs cette duchesse qui avait fait construire la rue qui nous intéresse, et c'est pour cela que cette voie s'appela d'abord avenue Madame avant de prendre son nom actuel en 1869. Un siècle plus tôt, le château et le parc avaient été vendus conjointement à un horloger, M. Ageren, et à un orfèvre, M. Jalasson. Actuellement l'hospice Debrousse occupe l'emplacement de ce château et de ses dépendances.

ORTOLAN (1802-1873). Joseph Ortolan, jurisconsulte né à Toulon, mort à Paris. Très jeune, en 1827 et 1828, il publia deux ouvrages : « Explication historique des Institutes de Justinien » et « la Législation romaine » dans lesquels il donnait une remarquable synthèse des institutions romaines et qui le firent immédiatement connaître et apprécier. En 1830, Ortolan devint secrétaire du parquet de la Cour de cassation et professeur de droit constitutionnel en Europe, à la Sorbonne. En 1836, on lui confia, à la Faculté de droit, une chaire de législation pénale comparée. Il a écrit en outre : « Sur la souveraineté du peuple » et « Éléments du droit pénal ». Poète à ses heures, il rédigea également un recueil de poésies intitulé « Enfantines ». La rue Ortolan existe depuis 1890. Les ortolans depuis plus longtemps, vous diront les gastronomes.

OSCAR ROTY (1846-1911). Sculpteur et graveur en médailles, né à Paris. Il obtint le prix de Rome en 1875, et s'attacha d'abord plus particulièrement à la sculpture (« l'Amour piqué », « Flore ») avant de s'adonner presque totalement à la gravure de médailles, parmi lesquelles il faut citer « l'Immortalité » (revers de la médaille de Victor Hugo), « 70e anniversaire de Pasteur », « Lavoisier » et une plaquette qui est son chef-d'œuvre : « Mort du président Carnot ». Roty grava aussi une « médaille du mariage » et, surtout, la célèbre « Semeuse » qui figura longtemps sur nos pièces de monnaies. La rue Oscar-Roty existe depuis 1965.

OSLO Capitale de la Norvège, qui s'appela Christiania jusqu'en 1924. Oslo se situe au bord d'un golfe formé par le Skagerrak. Elle abrite 467000 habitants qui peuvent admirer une forteresse du XIVe siècle et le Musée national. Le port d'Oslo a une très grande activité. La rue d'Oslo – qui s'appelait « de Christiania » depuis 1892 – prit son nom en 1929.

OSWALDO CRUZ (1872-1917). Médecin brésilien. Il passa deux années à l'Institut Pasteur, à Paris, puis retourna dans son pays pour y combattre les maladies infectieuses ; il obtint de brillants résultats dans sa lutte contre le paludisme, la variole, la peste, et parvint à débarrasser l'État de Rio de la fièvre jaune. On donna son nom à une rue en 1928, en souvenir de son passage à Paris et en l'honneur de ses réussites médicales en Amérique du Sud.

OTAGES Cette villa fut baptisée en l'honneur de 52 otages, dont 11 prêtres et 36 gendarmes ou gardes de Paris, extraits, par le colonel fédéré Émile Goix, de la prison de la Roquette, à la fin de la Commune, le 26 mai 1871. Amenés à l'intérieur d'un ancien café-concert, situé au 85 de la rue Haxo, dont les fédérés avaient fait un de leurs derniers postes de commandement, ces otages furent tous tués. À cet endroit, on construisit « l'Œuvre des Otages » – une chapelle et un bâtiment – propriété des Jésuites (plusieurs membres de cet ordre faisaient partie des otages assassinés).

OTTOZ Ouverte en 1856, cette villa porte le nom d'un de ses premiers propriétaires riverains.

OUDINOT (1767-1847). Charles Oudinot, duc de Reggio, maréchal de France, né à Bar-le-Duc, mort à Paris. Lieutenant-colonel des Volontaires de la Meuse, sa défense de Bitche, en 1793, lui permit de devenir le chef de la 4e demi-brigade. Le 23 mai 1794, à Kaiserslautern, il combattit baïonnette au canon et se vit nommer général de brigade dix jours après. C'est en Italie, sous Masséna, qu'il devint général de division en 1799. Dès lors, Oudinot n'allait cesser de se distinguer, que ce soit à Austerlitz, Friedland, Dantzig ou Erfurt. Napoléon le présenta au tsar de Russie comme « le Bayard de l'armée française ». En 1809, sa conduite pleine d'intrépidité à Wagram lui valut le bâton de maréchal et le titre de duc de Reggio. Oudinot se montra exemplaire, pendant la retraite de Russie au passage de la Berezina, et pendant la campagne de France, notamment à Brienne et Bar-sur-Aube. Après la chute de Napoléon, il adhéra à la Restauration et reçut le commandement de la garde nationale et la pairie. En 1823, il devint gouverneur de Madrid. Quand il mourut, il était grand chancelier de la Légion d'honneur depuis 1839 et gouverneur des Invalides depuis 1842. La rue Oudinot fut baptisée en 1815 et l'impasse en 1820.

OUDRY (1686-1755). Jean-Baptiste Oudry, peintre animalier, né à Paris, mort à Beauvais. Il débuta par des portraits (Argenson et le tsar Pierre Ier) mais un ami, qui lui voulait du bien, lui conseilla de s'intéresser plutôt aux animaux ou aux natures mortes ! Oudry fit bien de suivre le conseil car, dans le genre animalier, il excella et obtint un très grand succès à la Cour. On lui donna un atelier aux Tuileries et un appartement au Louvre, plus, en 1734, la direction artistique de la Manufacture de Beauvais, poste qu'il occupa, conjointement, à partir de 1736, avec celui de surinspecteur des Gobelins. En 1743, il devint, en outre, professeur à l'Académie de peinture. Parmi ses œuvres animalières, citons « Études de chiens », « Blanche » (c'était le nom de la chienne de Louis XV), « Chasse aux loups » et « Combat de coqs ». La rue Oudry date de 1894.

OUESSANT Île française de l'Atlantique, devant les côtes du Finistère. Ouessant, du romain « Uxantis » et du breton « Enez Heussa », qui signifie « île de l'épouvante », a 8 km de long et 3,5 de large. Elle possède un phare qui date de 1695. Elle fut évangélisée en 517 par saint Pol et fut longtemps la propriété des évêques de Saint-Pol-de-Léon. Aussi insolite que cela puisse paraître, un combat naval de la guerre d'Indépendance des États-Unis se déroula le 27 juillet 1778 devant Ouessant. Ce combat fut remporté par les Français de l'amiral d'Orvilliers, assisté du duc de Chartres et de la Motte-Picquet contre les Anglais de l'amiral Keppel. La rue d'Ouessant fut créée en 1889.

OUEST Cette rue doit son nom au voisinage de la gare Montparnasse qui, originairement, s'appelait la gare de l'Ouest, à cause de la région qu'elle dessert. La rue de l'Ouest existe depuis 1845.

OURCQ Cette rue, baptisée en 1868, doit son nom au voisinage du canal de l'Ourcq. Ce canal, qui relie l'Ourcq à la Seine, naît en bordure de la forêt de Villers-Cotterêts et finit à Paris dans le bassin de La Villette. Il mesure 107 km de long et jauge 1,5 mètre de profondeur. Ses eaux alimentent Paris. Il date du début du XIXe siècle ; sa construction fut supervisée par l'ingénieur Pierre Girard.

OURS (cour). Au numéro 95 de la rue du Faubourg-Saint-Antoine, vous pouvez voir un ours sculpté sur la façade. C'est lui qui donna son nom à cette cour.

OURS (rue). Les plantigrades n'ont rien à voir avec cette rue, puisque le mot « ours » est ici une déformation de « oues » qui, au Moyen Âge, servait à désigner des oies. Dès l'an 1200, des rôtisseurs – des oiers comme on disait – peuplaient cette rue qui s'appela alors « rue où l'encuit les oes », et plus précisément encore, en latin, « vicus ubi coquuntur anseres ». Plus tard, quand Philippe Auguste fit dresser une enceinte, les rôtisseurs partirent et furent remplacés par d'autres commerçants, dont quelques pelletiers qui durent trouver économique, sur les enseignes demeurées là, de transformer le mot « oues » en « ours ». Deux siècles après Philippe Auguste, c'est-à-dire en 1430, la rue s'appelait encore « des oes » (contraction de oues). Elle prit son nom actuel après cette date.

OZANAM (1813-1853). Frédéric Ozanam, écrivain français né à Milan, mort à Marseille. Il vint faire son droit à Paris et étudia à la Sorbonne et au Collège de France. Catholique très fervent, il fut bientôt admis dans l'entourage de Montalembert et eut l'amitié de Chateaubriand et de Lacordaire. Ozanam devint docteur en droit en 1836. Il professa le droit commercial à Lyon de 1838 à 1840, puis revint à Paris où, par concours, il obtint une place d'agrégé des facultés. Ozanam, qui a écrit principalement « Dante et la philosophie catholique » et « Études germaniques », fut l'instigateur des célèbres Conférences de Notre-Dame et, surtout, l'un des principaux fondateurs de la Société de Saint-Vincent-de-Paul. Une rue porte son nom depuis 1933.

P

PABLO (Pau) CASALS (1876-1973). Violoncelliste espagnol, il donna son premier concert à Barcelone, à l'âge de 14 ans. Attiré par Paris, il y vint en 1895, mais n'y obtint qu'un poste de deuxième violoncelliste au théâtre des Folies-Marigny. Il rentra à Barcelone et y fonda un quatuor à cordes, avant de revenir à Paris en 1799; cette fois Charles Lamoureux (créateur des concerts du même nom) le distingua et le révéla au public français, lui permettant, en même temps, de débuter une grande carrière internationale. Pendant la guerre civile espagnole (1936-1939) il se montra farouchement républicain et après la défaite de son camp, il quitta l'Espagne pour se réfugier en France, à Prades (Pyrénées-Orientales); à partir de 1945, il refusa de participer à tout concert, pour protester par son silence contre l'indulgence des gouvernements occidentaux envers la dictature de Franco. Il reprit cependant ses activités musicales publiques en donnant d'abord des cours à Berkeley, puis à Sienne (1959-1962) et effectua une tournée mondiale en 1962. Entre-temps, il avait créé à Prades (où il ne cessa de jouer, chez lui, en compagnie des plus grands instrumentistes du monde qui venaient le voir) un festival de musique qui perdure et a lieu chaque été. On donna son nom à un square en 1984 et à une rue en 1993.

PABLO PICASSO Pablo Ruiz y Picasso, peintre, dessinateur, graveur, sculpteur, céramiste et écrivain espagnol, né à Malaga en 1881, mort à Mougins en 1973. Son père, professeur de dessin, frappé par ses dons, lui remit solennellement sa palette et ses pinceaux; en 1898 il entra à l'École des beaux-arts de Barcelone. Vint pour la première fois à Paris en 1900; ses premières œuvres représentèrent surtout des scènes de cabaret et des prostituées (« Le Moulin de la galette », « Femme au chien ») et des compositions symboliques inspirées du Greco (« Évocation »). C'est alors – nous sommes en 1901 – que débute sa période dite « bleue ». En 1904 il s'installe définitivement à Paris, au « Bateau-Lavoir ». Avec « Les Demoiselles d'Avignon » (inachevé) il rompit brutalement avec la figuration traditionnelle, détruisant la représentation réaliste de la forme humaine. Cela marqua le point de départ du cubisme. Suivant ce qu'avait dit Cézanne : « Il faut traiter la nature par le cylindre, la sphère et le cône », Picasso donna à ses formes un aspect géométrique (« Femme debout », 1908). Puis du cubisme « cézannien », il passa au cubisme dit « analytique », puis « synthétique ». De 1917, date son époque dite « nigresque » (« Portrait d'Olga dans un fauteuil » – Olga Khoklova qu'il épousa en 1918) dans laquelle il réalisa des figures sculpturales d'apparence colossale. Après la guerre de 39-45, établi sur la Côte d'Azur, il s'y passionna pour la céramique et la lithographie. Outre son œuvre graphique, évidemment éminemment importante (citons « Guernica » et sa célèbre « Colombe » dessinée en 1949 pour l'affiche du Mouvement de la paix), il poursuivit toujours une importante œuvre de sculpteur (« le Verre d'absinthe », « Tête de taureau »). André Malraux, parlant de sa vaste production, disait : « C'est la plus grande entreprise de destruction et de création de formes de notre temps. » La place Pablo-Picasso existe depuis 1984.

PACHE (1740-1823). Jean Pache, homme d'État, né à Paris, mort à Thin-le-Moutier (Ardennes). Fils du concierge de l'hôtel de Castries, le jeune Pache intéressa le maréchal de Castries qui lui fit donner une solide instruction. Avant la Révolution, il fut successivement munitionnaire général des vivres et contrôleur de la maison du roi, mais il quitta cette fonction et partit pour la Suisse, d'où sa famille était originaire. Il revint en France au début de la Révolution, travailla au ministère de la Guerre et le dirigea à partir du 18 octobre 1792. Il se sépara bientôt des Girondins et s'attira ainsi les foudres des Modérés, mais fut cependant élu maire de Paris en 1793, après avoir quitté le ministère de la Guerre. Sous le Directoire, il publia « Mémoires apologétiques », puis se retira dans le domaine qu'il possédait dans les Ardennes. Il y demeura jusqu'à sa mort, malgré plusieurs appels de Bonaparte. La rue Pache fut baptisée en 1885; le petit Pache avait fait du chemin.

PADIRAC Le gouffre de Padirac se trouve dans le Lot, à 12 km de Rocamadour. C'est un nommé Martel qui l'explora complètement le premier en 1889; ce n'est qu'ensuite qu'on l'aménagea pour des visites touristiques. Ce gouffre, profond de 75 mètres pour un diamètre de 110 mètres, mène à une rivière souterraine, dite « de Padirac ». Elle coule alternativement dans des couloirs étroits ou sous des voûtes imposantes, avant de gagner la Dordogne en passant sous des roches. Le square de Padirac existe depuis 1932.

PAGANINI (1782-1840). Niccolo Paganini, violoniste italien né à Gênes, mort à Nice. À 9 ans, Paganini joua pour la première fois en concert à Gênes, et à partir de 15 ans commença ses pérégrinations à travers le monde. Il serait malhonnête de cacher qu'en dehors du violon, qu'il étudia pratiquement seul, une grande partie de sa jeunesse fut occupée par le jeu et les femmes. Apparemment cyclothymique, il lui arrivait fréquemment, après un concert triomphal, de disparaître totalement durant plusieurs semaines, voire plusieurs années. Ce violoniste fabuleux s'acquit une réputation inégalée à travers toute l'Europe grâce à sa virtuosité incomparable : ne jouait-il pas parfois tout un morceau sur une seule corde... Paganini se montrait également très habile à la guitare. Il est l'auteur de nombreuses œuvres pour violon, notamment 84 « caprices » et 8 concertos. La rue Paganini fut ouverte en 1934.

PAILLET (1795-1855). Avocat prénommé Alphonse, né à Soissons, mort à Paris. D'abord avocat dans sa ville natale, il exerça ensuite à Paris, avant d'être élu député de Château-Thierry en 1846. Après 1848, il reprit ses fonctions d'avocat pendant une année, puis redevint député en 1849. Après 1852, c'est-à-dire à la création du second Empire, Paillet fut chargé, par la famille d'Orléans, de combattre le décret qui l'avait privée de ses biens. La rue Paillet existe depuis 1877.

PAIX Cette rue fut construite en 1806 et porta alors le nom de « Napoléon ». Elle fut pudiquement débaptisée en 1814 et reçut son nom actuel en souvenir du traité de paix de cette année-là. Ce traité, dit « de Paris », ramena la France à ses limites de 1792. Il fut conclu entre Louis XVIII et les Coalisés qui occupaient notre capitale. Il y eut, en 1815, un autre traité de Paris, aux conditions particulièrement humiliantes pour nous. (Une indemnité de 700 millions fut versée aux Alliés et nous dûmes entretenir 150 000 de leurs soldats, cantonnés dans les forteresses du nord-est de la France, pendant plus de trois ans.)

PAJOL (1772-1844). Claude Pierre Pajol, comte et général né à Besançon, mort à Paris. Après 1792, il devint l'aide de camp de Kléber; à Austerlitz et Iéna, ses charges de cavalerie furent souvent déterminantes. Nommé général de brigade en 1807, il se montra éblouissant de bravoure à Essling et Wagram. Il fut promu général de division en 1812 lors de la campagne de Russie, au cours de laquelle il fut assez grièvement blessé. Il reprit du service en 1813 et, en 1814, à Montereau, il défendit énergiquement la ville contre les Coalisés. Louis XVIII le fit comte, mais aux Cent-Jours Pajol rejoignit Napoléon et se battit à Waterloo. Mis en retraite d'office en 1815, il fit montre d'une profonde hostilité à l'encontre des Bourbons et collabora à la réussite de la révolution de 1830 en poursuivant, à la tête des révoltés, Charles X jusqu'à Rambouillet. Louis-Philippe, heureux de remplacer Charles X, le fit pair et le nomma gouverneur de Paris, puis Pajol, de son propre chef cette fois, prit sa retraite en 1842. La rue qui porte son nom existe depuis 1865.

PAJOU (1730-1809). Augustin Pajou, statuaire né et mort à Paris. Prix de Rome en 1748, il demeura douze années en Italie. À son retour en France, en 1760, il fut admis à l'Académie. Une ordonnance de Louis XVI, prescrivant d'élever des statues à tous les grands hommes de France, dut être accueillie avec une joie indescriptible par notre statuaire, à qui l'on commanda les statues de Descartes, Turenne, Pascal, Bossuet et Buffon, principalement. Pajou sculpta aussi une « Psyché » qui se trouve au Louvre et trois « Naïades » pour la « Fontaine des Innocents », que l'on peut voir au centre du square du même nom. Devenu membre de l'Institut et directeur du cabinet des antiques du roi, Pajou donna son nom à une rue en 1864. Signalons que ce fut son épouse qui incita les femmes artistes de son époque à imiter les anciennes dames romaines en donnant, par patriotisme, leurs bijoux au Trésor.

PALAIS Ancien prolongement du boulevard de Sébastopol, ce boulevard reçut son nom actuel en 1864, à cause du Palais de Justice dont il longe le côté est. Le Palais de Justice de Paris est élevé sur l'emplacement d'anciens édifices romains; il servit d'abord de château fort, puis de palais royal. Robert le Pieux le fit reconstruire totalement et Saint Louis y rajouta de vastes constructions, dont il reste encore une grande salle voûtée, appelée la « cuisine de Saint Louis ». Autour du Palais, de vastes jardins s'étendaient alors. Puis vint Philippe le Bel qui décida d'agrandir l'édifice de telle sorte que tous les membres du Parlement puissent y loger. En 1618, un incendie détruisit la salle principale – la Grand'Salle – et toute une partie du Palais; l'architecte Jacques Debrosse fut chargé de la reconstruction et il refit principalement la Grand'Salle, appelée aujourd'hui « salle des pas perdus ». Deux autres incendies affectèrent encore le Palais, en 1737 et 1776. Les architectes Morcau, Desmaisons, Couture et Antoine se mirent au travail et édifièrent les bâtiments qui entourent la cour de Mai (ainsi nommée parce que jadis, chaque année, les clercs de la basoche – clercs du procureur – y plantaient un mai, arbre vert et enrubanné que l'on fixait en terre le premier jour du mois de mai). D'autres travaux eurent lieu au Palais de Justice en 1835 et 1868 pour bâtir les parties avoisinantes de la tour de l'Horloge et la façade qui donne place Dauphine. Le 24 mai 1871, des communards incendièrent l'édifice que l'on remit en état, d'abord en 1879, par Daumet, puis de 1911 à 1914, par Albert Tournaire qui construisit, sur le côté gauche de la cour de Mai, l'aile qui masque, malencontreusement dirons-nous, la Sainte-Chapelle.

PALAIS-BOURBON La place du Palais-Bourbon porte son nom depuis 1814. Le palais fut construit à la demande de la duchesse douairière de Bourbon, sur des dessins de l'Italien Ghirardini, qui mourut juste après avoir terminé ses plans. Les travaux furent commencés par l'architecte Lassurance et terminés par Gabriel et Aubert, en 1728. En 1770, le prince de Condé, petit-fils de la duchesse, réunit au palais l'hôtel de Lassay, et fit exécuter des travaux d'embellissement qui ne se terminèrent – manque d'à-propos ! – qu'en 1789. En 1790, la Révolution décida que le palais devait devenir bien national, sous le nom de « Maison de la Révolution »; en 1795, on l'affecta aux Cinq-Cents. Puis vint Napoléon qui, en 1804, fit construire par Poyet la façade monumentale qui s'élève devant le pont de la Concorde; elle est composée de douze colonnes corinthiennes supportant un fronton avec un bas-relief de Cortot : « la France entre la Liberté et l'Ordre public ». Sous la Restauration, le palais fut occupé par la Chambre des députés. En 1829, on commença la construction, par Joly, de la salle des séances. En 1848, on édifia, pour la Constituante, une Chambre en bois et en toile, surnommée la « Chambre de carton », qu'on démolit en 1851. Actuellement, le Palais-Bourbon est la Chambre des députés, dont chaque membre dispose, dans les parties adjacentes, d'un bureau et d'une secrétaire. Le restaurant de l'assemblée, ainsi qu'un grand nombre de bureaux, se trouvent dans un immeuble récemment construit au 101 de la rue de l'Université; il communique, souterrainement, avec le Palais-Bourbon.

PALAIS-ROYAL La place du Palais-Royal existe depuis 1648. Quant au palais, sa construction fut voulue, en 1624, par Richelieu qui en confia la réalisation à Lemercier, l'architecte du roi. Richelieu l'avait fait bâtir afin d'y résider lui-même, mais, bonne âme, en 1636, il fit cadeau au roi de son « Palais-Cardinal », à peine achevé. Anne d'Autriche et Louis XIV, encore enfant, s'y installèrent et le Palais-Cardinal devint Palais-Royal. Après la Fronde, Louis XIV donna ce palais à Henriette de France, puis, en 1692, au futur régent, Philippe d'Orléans, qui, bientôt, y donna de splendides fêtes, un tantinet licencieuses. Sous Louis XVI, deux incendies, en 1763 et 1781, dégradèrent l'édifice que Philippe Égalité fit restaurer par Moreau et Contant d'Ivry, lesquels ajoutèrent les deux constructions qui sont aujourd'hui la Comédie-Française et le théâtre du Palais-Royal. Les jardins du palais étaient publics et le 12 juillet 1789 Camille Desmoulins y improvisa une manifestation qui préluda à la prise de la Bastille. Curiosité : dans les jardins se trouve, encore actuellement, un canon installé dans l'axe du méridien de Paris, de telle façon que le soleil, en frappant sur une lentille, allume la poudre dont est chargé ce canon, au coup de midi juste; il « tonna » jusqu'en 1914. En 1791, Philippe Égalité avait aussi fait construire des galeries en bois – réunies, depuis le règne de Louis-Philippe, sous le nom de galerie d'Orléans – qui devinrent le rendez-vous préféré des libertins et des filles que l'on dit de joie. Le 23 mai 1871, la Commune essaya d'incendier le Palais-Royal; les dégâts furent peu importants et, après réfection, le Conseil d'État et la Cour des comptes y furent installés. La Cour des comptes y resta jusqu'en 1910; le Conseil d'État y est toujours. De nos jours, le Palais-Royal abrite également le ministère des Affaires culturelles et le Conseil économique et social.

PALAIS-ROYAL DE BELLEVILLE Cette cité rappelle l'ancienne présence, rue de Belleville, d'une bâtisse dite « Maison rustique » et également « Palais-Royal » – plus par dérision qu'autre chose – qui, en 1812, appartint à un notable de Belleville, M. Pérès.

PALATINE (1652-1722). Charlotte Élisabeth de Bavière, dite la princesse Palatine, née à Heidelberg, morte à Saint-Cloud. Fille d'un Électeur palatin du Rhin, elle se maria, en 1671, avec le frère de Louis XIV, Philippe d'Orléans. La princesse Palatine, à cause de ses manières un peu brusques, de son manque de féminité et de son absence de beauté, fut peu aimée à la Cour. Mais elle laissa une « Correspondance » qui donne, sur le règne de Louis XIV, des détails qu'on ne trouve nulle part ailleurs. Dans cette « Correspondance », les antipathies de Madame, puisque tel était son nom officiel à la Cour, ne se dissimulent pas; elle sait employer le mot juste, fût-il trivial ou cru. Et elle donne des surnoms aux « grands hommes » qui l'entourent; ainsi Richelieu est un « drôle », un « poltron » ou un « petit crapaud »; Mme de Maintenon un « chiffon », une « sorcière », une « vieille ». Le moins que l'on puisse dire en lisant la « Correspondance » de la princesse Palatine est qu'elle méprisait tout ceux qui l'entouraient, son mari y compris. La rue Palatine existe depuis 1715.

PALESTINE La Palestine, ou terre de Canaan, fut très longtemps occupée par les Hébreux qui la divisèrent en douze tribus; puis, à partir de l'an 6, les Romains la réunirent à leur empire. En 1517, la Palestine devint turque : cédée à l'Égypte en 1833 elle revint à la Turquie en 1840. En 1918, elle fut placée sous mandat britannique. En 1947, la Grande-Bretagne renonça à ce mandat et l'État d'Israël, correspondant à la partie de la Palestine alors habitée par les Juifs, fut proclamé en 1948. Depuis, cet État s'est étendu sur la quasi-totalité de la terre de Canaan. La rue, qui existe depuis 1869, doit son nom à la proximité de l'église dédiée à saint Jean-Baptiste, lequel baptisait dans les eaux du Jourdain qui traverse la Palestine.

PALESTRO Ville d'Italie, en Lombardie. Le 31 mai 1859, les Franco-Piémontais vainquirent les Autrichiens devant cette ville, grâce à une superbe charge à la baïonnette des soldats du 3e zouaves français, emmenés par le colonel de Chabron. Victor-Emmanuel II, qui se montra fort brave pendant le combat, se vit décerner, à son issue, par nos soldats, les galons de caporal des zouaves. La rue fut baptisée en 1859. Signalons que Palestro est aussi le nom d'une ville d'Algérie.

PALI-KAO Ville chinoise, dans la province du Pé-Tchi-li, à l'est de Pékin. La guerre de l'opium, qui opposa les Français et les Anglais aux Chinois, se termina en 1842 par la paix de Nankin. Cependant, en 1860, l'Angleterre et la France décidèrent une nouvelle opération militaire sur la Chine; les deux pays envoyèrent un corps expéditionnaire placé sous le commandement du général français Cousin-Montauban (1796-1878). Ce dernier conquit Pékin et remporta à

Pali-Kao une victoire si décisive qu'il fut fait comte de Pali-Kao. C'est en souvenir de cette victoire que notre rue fut baptisée en 1864.

PANAMA Ouverte en 1884, cette rue commémore l'entreprise de percement du canal de Panama. Décidé en 1881, sur l'initiative de Ferdinand de Lesseps, ce percement commença cette année même, mais les travaux furent interrompus en 1888 et l'on mit en liquidation, en 1889, la Compagnie universelle du Canal interocéanique; cette liquidation fut suivie en 1892 d'un énorme scandale, mi-financier mi-politique. Lorsque fut proclamée, en 1903, l'indépendance de la république de Panama et que location à perpétuité fut faite, à cette occasion, aux États-Unis, d'une portion du territoire panaméen, les Américains reprirent les travaux et le canal fut terminé en 1914. Le canal de Panama permet de faire un gain de 60 % sur le trajet New York-San Francisco.

PANHARD ET LEVASSOR René Panhard (1841-1908) et Émile Levassor (1843-1897) construisirent ensemble la première voiture à essence en 1891. Panhard, né à Paris, mort à La Bourboule, construisit aussi, après la mort de son associé, la première automitrailleuse (1899). Levassor, né à Marolles-en-Hurepoix, perdit la vie lors d'une course automobile. Un quai porte leurs noms depuis 1991; ils avaient une usine dans le secteur.

PANIER FLEURI Cette cour porte le nom d'un opéra-comique écrit par Ambroise Thomas (1811-1896), compositeur, né à Metz, également l'auteur de « Mignon ».

PANORAMAS Ce passage fut ouvert en 1800 par un nommé James Thayer qui y installa, justement, des panoramas. C'est un peintre d'Édimbourg, Robert Barker qui, en 1792, exposa, dans Leicester Square, à Londres, le premier panorama. Cette construction, qui représente surtout des paysages ou des scènes militaires, est destinée à donner l'illusion, par un véritable trompe-l'œil, de la réalité. Pour obtenir ce résultat, un peintre exécute d'abord une toile en se plaçant sur un point assez élevé d'où il découvre un vaste horizon et il reproduit sur la toile tous les objets qui l'environnent. On dispose ensuite cette toile, circulairement, sur le mur intérieur d'une rotonde et on l'éclaire exclusivement par le haut. Le spectateur arrive au centre de la rotonde par une galerie sombre et on le place sur une estrade, au-dessous d'un écran en forme de parasol. Entre ce spectateur et le tableau, il y a un faux terrain sur lequel sont disposés divers objets, en rapport avec la scène représentée. Le spectateur a alors l'illusion presque complète du spectacle. C'est Robert Fulton qui, en 1799, importa en France le premier panorama. Ces panoramas connurent longtemps une grande vogue chez nous; en 1900, il y en eut à l'Exposition universelle. Le passage des Panoramas, dans lequel on fit en 1817 les premiers essais d'éclairage au gaz, fut baptisé dès sa création (1800) et la rue en 1867, à cause de son voisinage avec le passage.

PANOYAUX Si la logique avait été respectée, cette rue, née en 1812, et le passage devraient s'appeler des « pas-pépins ». En effet, panoyaux est une contraction de « pas-noyaux », venant d'un lieu-dit où poussaient des raisins sans pépins.

PANTHÉON La place du Panthéon date de 1770. Le Panthéon, dont la construction fut décidée par Louis XV en 1754, s'élève à l'emplacement d'une église édifiée sous Clovis et dédiée d'abord aux Apôtres, ensuite à sainte Geneviève quand on y déposa les reliques de cette dernière. C'est Soufflot, puis à sa mort, en 1780, Rondelet qui érigèrent le Panthéon. Sous la Révolution, l'Assemblée constituante décida que l'édifice serait destiné à recevoir les cendres des grands hommes. C'est ainsi que, successivement, les restes de Mirabeau (très provisoirement), Rousseau, Voltaire et Le Peletier de Saint-Fargeau y furent déposés. La Convention, qui retira Mirabeau, y amena Marat. Le 20 février 1806, on rendit le Panthéon au culte en le rebaptisant « église Sainte-Geneviève », et de nombreux personnages de l'Empire, tels Lannes, Cabanis et Bougainville, y furent alors inhumés. Louis XVIII fit faire par Gros la décoration de la coupole intérieure du dôme, qui représente l'apothéose de sainte Geneviève. Le 26 août 1831, on affecta à nouveau le Panthéon à la sépulture des grands hommes. La croix qui se trouvait alors au sommet du dôme fut remplacée par une statue de Cortot, « la Renommée ». Le Panthéon – nom servant à désigner dans l'Antiquité un temple consacré à tous les dieux – possède un portique de 42,20 mètres de développement sur 13,64 de profondeur. En 1851, il redevint église sous le vocable de sainte Geneviève. Pendant la guerre de 1870-1871, sa crypte fut transformée en poudrière et la Commune y établit, un temps, son quartier général. À la mort de Victor Hugo, l'église fut à nouveau désaffectée et le poète y fut déposé en même temps qu'on rebaptisa une dernière fois l'édifice du nom de Panthéon. À l'intérieur, les plus belles peintures murales sont de Puvis de Chavannes.

PAPE-CARPENTIER (1815-1878). Marie Carpentier, ou Carpantier, épouse Pape (!), institutrice et excellente pédagogue, née à La Flèche, morte à Villiers-le-Bel. Elle s'occupa très tôt de l'enseignement des enfants et des jeunes filles, et quand, en 1848, on fonda l'École normale maternelle, elle en devint la directrice. Son but était, par son enseignement, de diriger les jeunes vers la réalité de la vie. C'est elle qui introduisit les « leçons de choses ». Elle a écrit « Histoire et leçons de choses pour les enfants » et « Enseignement par les yeux ». La rue Pape-Carpentier existe depuis 1885.

PAPILLON Pierre Papillon de La Ferté était intendant des menus-plaisirs de Louis XVI et, malgré son nom et sa fonction, il fut décapité, en 1794, alors qu'il était âgé de 67 ans. On donna son nom à une rue en 1780, quand il avait encore la tête sur les épaules.

PAPIN (1647-1714). Denis Papin, inventeur de la machine à vapeur, né à Blois, mort à Marbourg (Hesse-Cassel). Parti pour l'Angleterre en 1671, il s'y lia avec le chimiste Boyle; en 1681, il publia une thèse sur le « digesteur », appelé depuis « marmite de Papin ». Protestant, la révocation de l'édit de Nantes l'obligea à quitter la France où il était rentré et il retourna en Angleterre. En 1687, il se vit offrir une chaire de mathématiques à Marbourg, où il construisit des fourneaux pour couler les glaces, des appareils pour conserves alimentaires, une machine pour épuiser les salines et un chariot à vapeur. En 1687, il décrivit une machine fonctionnant par le jeu alternatif d'un piston; il la réalisa véritablement en 1698, mais ne publia les résultats de ses expériences qu'en 1707. Sa machine possédait même déjà une soupape de sûreté, pour éviter les explosions. En 1707 toujours, il construisit le premier bateau à vapeur. Il l'essaya à Fulda, mais des bateliers, craignant pour leurs privilèges, brisèrent l'embarcation. Papin en mourut quasiment de désespoir quelques années plus tard. Une rue porte son nom depuis 1864.

PARADIS. C'est un lieu-dit qui donna son nom à la rue en 1881 et à la cité en 1893. Ce lieu-dit s'était auparavant appelé « Près des Filles de Dieu »; le paradis n'était donc pas loin. En théologie, paradis désigne le séjour des bienheureux, c'est-à-dire de nous tous...

PARAGUAY République de l'Amérique du Sud qui a pour capitale Asunción et dont la superficie est de 407 000 km². Les Paraguayens sont 5 100 000 et parlent l'espagnol. Le Paragy fut colonisé par les jésuites au XVIIe siècle. De 1865 à 1870 il dut soutenir, contre le Brésil, l'Argentine et l'Uruguay, une guerre qui le décima. Une autre guerre, entre 1932 et 1935, lui assura la possession de la province de Chaco. La place du Paraguay existe depuis 1962.

PARC C'est à la proximité du parc de la Villette que cette terrasse doit son nom depuis 1990.

PARC DE CHARONNE Ce chemin, anciennement bordé de marronniers, conduisait à l'ancien château de Charonne, construit en 1600 et disparu en 1857.

PARC DE CHOISY Cette allée, qui se termine en impasse, doit son nom, depuis 1986, à l'avenue de Choisy où elle débouche.

PARC DE PASSY Cette avenue reçut son nom, en 1930, de l'ancien parc des « eaux minérales de Passy ». Ces eaux furent découvertes en 1658 et déclarées « bonnes pour les intempéries chaudes des viscères ». Trois autres sources, découvertes en 1720, furent décrétées ferrugineuses et sulfureuses, et propices pour combattre la stérilité des femmes. La vogue de ces eaux devint alors grande à la fin du XVIIIe siècle. Exploitées jusqu'en 1868, mais au ralenti à cette époque, les sources se tarirent graduellement, puis disparurent totalement à la suite des travaux exécutés pour la construction de maisons avoisinantes.

PARC DES PRINCES Ce nom vient de la réserve de chasse du bois de Boulogne, appelée Fonds des Princes, qui appartenait, par concession de Louis XV, au prince de Conti. L'avenue du Parc-des-Princes existe depuis 1926. Le seul stade de Paris qui soit véritablement à l'échelle de notre capitale est le stade du Parc des Princes; il subit vaillamment depuis 1998 la concurrence du « Stade de France » construit en banlieue parisienne à Saint-Denis.

PARCHAPPE Cette cité porte le nom d'un de ses premiers propriétaires riverains.

PARCHEMINERIE Au XIIIe siècle, de nombreux scribes se tenaient dans cette rue qui, en 1275, s'appelait « des Écrivains ». En 1387, quand on commença à y vendre du parchemin, elle s'appela « des Parcheminiers ». Avec le temps, « parcheminiers » fut remplacé par « parcheminerie ». Les peaux de mouton, de chèvre, de veau, de cheval et d'agneau mort-né servaient à la fabrication du parchemin dont le nom vient de la ville de Pergame (Asie Mineure), en grec « pergaméné », où s'édifia la première manufacture de peaux préparées pour l'écriture, au début du VIIe siècle

PARC MONTSOURIS D'une superficie de 16 hectares, le parc Montsouris est le plus grand de Paris, après les Buttes-Chaumont. Commencé en 1867, il fut terminé en 1878. Œuvre de Groux, il comprend un lac artificiel et une reproduction, à échelle réduite, du Bardo, résidence d'été des anciens beys de Tunis. Ce bâtiment, provenant de l'Exposition universelle de 1867, et exemple d'art mauresque, souffrit de la Commune. Après restauration, on en fit, dès 1872, un observatoire météorologique qui brûla dans les années 1980 et n'existe plus. La rue du Parc-Montsouris fut baptisée en 1895, ainsi que la villa.

PARC ROYAL C'est le parc de l'hôtel royal des Tournelles qui donna son nom à cette rue en 1603. L'hôtel des Tournelles devait sa dénomination aux murs garnis de petites tours qui ceignaient ses jardins. Construit en 1388, mais rebâti en 1407 par Jean sans Peur, il prit alors le nom de Maison royale des Tournelles. Charles VI y résida parfois, ainsi que Charles VII, Louis XI, Charles VIII et Louis XII, qui y mourut le 1er janvier 1515. Tout de suite après, François Ier, pas superstitieux, l'habita également. Enfin, Henri II y décéda le 10 juillet 1559. Sa veuve préféra alors quitter ce lieu pour le Louvre. Elle ordonna même la démolition de la Maison royale des Tournelles en 1563. Aujourd'hui, il ne reste rien de cet édifice, à part la copie d'une de ses portes, reproduite au portail sud de l'église Saint-Nicolas-des-Champs.

PARENT DE ROSAN (1798-1890). Érudit et, surtout, philanthrope, créateur ou soutien de nombreuses œuvres; on donna son nom à une rue en 1912, à la demande expresse de ses habitants.

PARME. Ville d'Italie, ancienne capitale du duché du même nom. Fondée par les Étrusques, elle appartint aux Gaulois, puis fut prise par les Romains en 184. Détruite par des partisans d'Antoine, elle fut reconstruite, sous le nom de Julia Augusta, par Auguste (on s'en serait douté). En 570, les Lombards s'en emparèrent, avant que Parme devienne une république au Moyen Âge, puis qu'elle se donne aux papes. On peut y admirer aujourd'hui une cathédrale du XIIe siècle et le théâtre Farnèse. La ville donna son nom à un fromage, dont aucun Italien digne de ce nom ne saurait décemment se passer pour accompagner minestrone, pizza ou pâtes. Le jambon de Parme fait, lui aussi, le délice des gourmets. La rue de Parme existe depuis 1849.

PARMENTIER (1737-1813). Antoine Auguste Parmentier, agronome et philanthrope, né à Montdidier, mort à Paris. Une disette, survenue en 1769, l'incita à rechercher de nouveaux végétaux nourrissants et il préconisa la culture de la pomme de terre, qu'utilisaient depuis longtemps déjà les Allemands. Louis XVI l'autorisa à cultiver ce légume dans la plaine des Sablons et porta même un jour une fleur de pomme de terre à la boutonnière, lui donnant ainsi publiquement sa caution... Dès lors, tout le monde considéra qu'il était convenable d'en consommer. Parmentier, qui était pharmacien, devint membre de l'Institut en 1795 et inspecteur général de la Santé en 1803. Outre l'introduction de la pomme de terre dans notre pays, on lui doit l'usage du sirop de vin et des perfectionnements dans la meunerie. Il a écrit « Traité sur la culture et les usages des pommes de terre, de la patate et des topinambours ». L'avenue existe depuis 1818 et la rue, auparavant impasse, depuis 1934.

PARROT (1829-1883). Joseph Parrot, médecin né à Excideuil, mort à Paris. Professeur d'histoire de la médecine à la Faculté de Paris, en 1876, puis médecin en chef de l'Hospice des enfants assistés en 1877, ce spécialiste de clinique infantile professa cette discipline en 1879 et devint membre de l'Académie de médecine en 1880. Il écrivit « Rapport sur l'allaitement artificiel des enfants dans les hôpitaux de Paris » et « Syphilis héréditaire et rachitisme ». Une rue reçut son nom en 1900.

PARTANTS C'est à un lieu-dit que cette rue doit son nom depuis 1907 sur son tracé actuel. On connaît mal l'étymologie de ce lieu-dit; il est bien entendu que des gens s'y réunissaient avant de partir; mais on ne sait ni pour où, ni pourquoi. Peut-être pour mourir un peu...

PARVIS NOTRE-DAME Le parvis actuel fut construit par Haussmann en 1865. Le premier parvis (du mot paradisius) avait été construit en même temps que la cathédrale. Au Moyen Âge, il portait l'échelle de justice de l'archevêque de Paris; au début du XVIIIe siècle, on supprima cette échelle, remplacée, en 1767, par un poteau triangulaire destiné à recevoir le carcan auquel on attachait des condamnés.
La cathédrale Notre-Dame se situe à l'emplacement d'un ancien temple élevé à Jupiter au Ier siècle. Au IVe, des chrétiens édifièrent une basilique que le roi Childebert rebâtit deux cents ans plus tard. La première pierre de l'église actuelle fut posée, conjointement, par le pape Alexandre III et le roi Louis VII, en 1164; avant la fin du XIIe siècle, la cathédrale était livrée au culte. Cependant, le portail sud ne fut construit qu'en 1257. La façade de Notre-Dame de Paris mesure 40 mètres; trois portails s'y ouvrent : celui de gauche, dit de la Vierge, celui du centre, dit du Jugement, et celui de droite, dit de sainte Anne; ils sont surmontés de deux galeries, dites des Rois et de la Vierge, sur lesquelles reposent les deux tours, hautes de 68 mètres. La flèche s'élève au-dessus du chœur. L'intérieur de la cathédrale est composé d'une large nef, accompagnée de collatéraux et de chapelles latérales, au nombre de 37. Le chœur est fermé par une clôture dont la face extérieure s'orne de très beaux bas-reliefs.

PASCAL (1623-1662). Blaise Pascal, géomètre, physicien, philosophe et écrivain, né à Clermont-Ferrand, mort à Paris. En 1639, Blaise habite Rouen où son père occupait des fonctions d'intendant. En 1646, il adhère dans cette ville à l'austère doctrine de Jansénius et y convertit son père et ses deux sœurs. Entre 1646 et 1649, il étudie assidûment la physique et fait d'intéressantes expériences sur la pesanteur de l'air. Venu à Paris en 1649, Pascal, malade, se voit interdire l'étude des sciences par les médecins; pour distraire son ennui, il se laisse aller à quelques divertissements mondains. Il commence aussi à écrire sur le comportement des hommes, s'intéresse quand même aux mathématiques (« Traité du triangle arithmétique ») et, entre 1649 et 1654, invente la brouette et le haquet (charrette étroite et sans ridelles servant surtout au transport des tonneaux). À 32 ans, le 23 novembre 1654, lassé par la vie mondaine et après une nuit d'extase, Pascal se convertit définitivement au catholicisme, donne à Dieu « renonciation totale et douce » et se retire à Port-Royal. Pendant trois ans, souffrant dans son corps et s'astreignant, de plus, à de profondes mortifications, il rédige les ouvrages qui continuent à véhiculer son génie : « Entretien avec M. de Saci », « les Provinciales », « Pensées », « Lettres à Mademoiselle de Roannez » et « Mystère de Jésus ». N'oublions pas de rappeler que nous devons aussi à Pascal un traité des coniques, le calcul des probabilités, la théorie de la roulette, les lois de la pression atmosphérique et de l'équilibre des liquides, ainsi que la construction de la première machine à calculer (j'en passe, et des meilleures...). C'est lui qui a dit : « Le moi est haïssable », « Le silence éternel de ces espaces infinis m'effraie », « Nous sommes pleins de choses qui nous jettent au-dehors », « Tout le malheur des hommes vient d'une seule chose, qui est de ne savoir pas demeurer au repos dans une chambre » et « Le cœur a ses raisons, que la raison ne connaît point ». C'est en 1827 qu'on donna à une rue le nom de Pascal.

PAS DE LA MULE Jadis, afin de monter plus facilement sur un cheval, une mule ou un âne, on se servait d'un montoir, qui était une grosse pierre, une borne ou un billot de bois. Le nom de cette rue provient d'un ancien montoir qui fut dit « pas de mule ». La rue du Pas-de-la-Mule, qui s'appela rue des Vosges de 1823 à 1893, a pris son appellation actuelle à cette dernière date.

PASDELOUP (1819-1887). Jules Pasdeloup, chef d'orchestre né à Paris, mort à Fontainebleau. À sa sortie du Conservatoire, il fonda, sous le nom de Société des jeunes artistes du Conservatoire, un orchestre symphonique qui donna pendant plusieurs années des concerts assez suivis. Cela l'encouragea à fonder ensuite, en 1861, une Société des Concerts populaires grâce à laquelle il fit connaître à la population parisienne les œuvres des compositeurs de renom, mais également celles de jeunes musiciens. Les Concerts Pasdeloup, issus de la Société des Concerts populaires, existent toujours. La rue date de 1897.

PASQUIER (1767-1862). Étienne Denis Pasquier, homme d'État, baron, puis duc, né et mort à Paris. Son père, Étienne, conseiller du Parlement, fut guillotiné en 1794. Lui-même, maître des requêtes du Parlement en 1787, fut emprisonné deux mois pendant la Terreur. Sous Napoléon, en 1806, il devint maître des requêtes au Conseil d'État et, en 1810, préfet de police. Incarcéré par le général Malet, en 1812, à la Force, il garda cependant sa fonction de préfet jusqu'en 1814. La Restauration, à laquelle il adhéra, lui confia d'abord la direction générale des Ponts et Chaussées, puis le poste de ministre de l'Intérieur et de garde des Sceaux du 9 juillet au 28 septembre 1815. Ministre d'État après cette date, il redevint ensuite garde des Sceaux (1818), puis fut ministre des Affaires étrangères et pair de France. Louis-Philippe lui demanda d'ailleurs de présider la Chambre des pairs. Nommé chancelier de France en 1837, il entra à l'Académie française en 1842 et se vit attribuer le titre de duc en 1844. Que demander de plus ? Une rue ? Il l'eut en 1865.

PASSY L'ancienne commune de Passy fut annexée par Paris en 1860. Elle fut toujours appréciée pour sa beauté et le charme qui se dégageait de ses larges avenues et de ses demeures, souvent très belles. Citons les parcs du Trocadéro et du Ranelagh, où les élégantes aimaient à se promener. Passy fut aussi une station thermale, grâce à des sources – taries à la fin du XIXe siècle – réputées pour soigner la stérilité féminine. Lamartine et Victor Hugo habitèrent cette commune, ainsi que Boulainvilliers qui, au XVIIIe siècle, fut le dernier seigneur de Passy. La rue de Passy, ancienne voie principale de la commune, prit son nom en 1867, de même que la place. Quant au port de Passy, il fut baptisé en 1905. Le quai, à la dénomination plus ancienne – début du XIXe siècle –, dut son nom au fait qu'il longeait le village de Passy.

PASTEUR (1822-1895). Louis Pasteur, chimiste et biologiste, né à Dole, mort à Villeneuve-l'Étang (ancienne Seine-et-Oise). En 1857, il vint à Paris comme directeur des études scientifiques à l'École normale. Il entreprit alors des travaux sur la fermentation lactique, la fermentation alcoolique, démontrant que toute fermentation est un phénomène déterminé produit par le développement d'un être spécifique. Il découvrit, de ce fait, les germes en suspension dans l'air et put nier la génération spontanée. Continuant à étudier les ferments, il soupçonna leurs maladies et donna le procédé de « pasteurisation ». Le gouvernement lui demanda ensuite d'étudier les maladies des vers à soie; il parvint à en définir deux : le corpuscule et le morflât (pouah!), il trouva le moyen de les guérir, sauvant (1870) la sériciculture française. Enfin Pasteur aborda l'étude des maladies contagieuses et trouva le vaccin qui allait éliminer un terrible fléau pour les animaux : le charbon. En 1885, il publia sa méthode de guérison de la rage qu'il avait expérimentée sur un jeune garçon de Munster. C'est aussi grâce à Pasteur que furent pratiquées l'antisepsie et l'asepsie. Le grand savant fut membre de l'Académie des sciences, de l'Académie de médecine et de l'Académie française. Il doit être considéré comme un des bienfaiteurs de l'humanité. L'Institut Pasteur, fondé en 1888, poursuit son œuvre dans les domaines de la bactériologie, de la virologie, de l'immunologie, de l'allergologie et de la biochimie, et prépare des vaccins et sérums. Le boulevard Pasteur existe depuis 1896 et la rue depuis 1885.

PASTEUR MARC BOEGNER (1881-1970). Pasteur et homme de lettres, né à Épinal, mort à Paris. De 1948 à 1954, il présida le Conseil œcumé nique des Églises. À partir de 1961, on le nomma président d'honneur de la Fédération protestante de France. Il occupa un fauteuil à l'Académie française à partir de 1962. Une rue porte son nom depuis 1980

PASTEUR WAGNER (1852-1918). Le pasteur Charles Wagner fonda, au 7 bis de la rue qui porte son nom depuis 1925, le Temple du Foyer de l'Âme. Construit en 1907 pour l'Église protestante libérale, cet édifice est présentement rattaché à l'Église réformée.

PASTOURELLE Cette rue, de 1380, doit son nom à Jean Pastourel, seigneur de Groslay, près de Montmorency, qui siégeait au parlement de Paris en 1378. Il était propriétaire d'une maison dans cette voie et si, le temps passant, on mit son nom au féminin, il ne faut y voir aucune allusion désobligeante quant à la nature de ses mœurs.

PATAY Ville du Loiret, à 21 km d'Orléans. Le 18 juin 1429, Jeanne d'Arc et le connétable de Richemont y vainquirent les Anglais commandés par Talbot qui fut fait prisonnier. C'est en souvenir de cette victoire que la rue de Patay fut baptisée en 1865. Signalons aussi que les 2 et 4 décembre 1870, à Patay, les Français affrontèrent les Allemands pour la possession de la route d'Orléans qui resta à nos adversaires.

PATENNE (1852-1914). Adolphe Patenne fut président du conseil général de la Seine et c'est à ce titre qu'on donna son nom à cette rue en 1934.

PATRIARCHES Passage et rue doivent leur nom (en 1844) au voisinage du marché des Patriarches. (Voir « rue du Marché-des Patriarches. »)

PATRICE BOUDART Cette villa porte le nom d'un architecte qui y résida et y construisit des habitations

PATRICE DE LA TOUR DU PIN (1911-1975). Poète français né et mort à Paris. Il se révéla en 1931 avec un poème intitulé « les Enfants de septembre » et donna son premier recueil « la Quête de joie » en 1933. Vinrent ensuite : « la Vie recluse en poésie », « la Genèse », « le Jeu du seul », « Une lutte pour la vie ». Extrait des « Enfants de septembre » : « Les bois étaient tout recouverts de brume basse/Déserts, gonflés de pluie et silencieux/Longtemps avait soufflé ce vent du nord où passent/Les Enfants Sauvages, fuyant vers d'autres cieux/Par grands voiliers, le soir, et très haut dans l'espace. » On a donné son nom à une rue en 1987.

PÂTURES Cette rue fut ouverte, en 1854, au milieu de pâturages, d'où son nom. C'était le bon temps!

PATURLE (1779-1858). Jacques Paturle était un industriel qui devint pair de France. On donna son nom à une rue en 1868

PAU CASALS *Voir Pablo Casals.*

PAUL ABADIE Architecte, officier de la Légion d'honneur, né à Paris en 1812, mort à Chatou en 1884. On lui doit les plans de la basilique du Sacré-Cœur de Montmartre. Il restaura Notre-Dame-de-Paris, ainsi que Saint-Pierre d'Angoulême et Saint-Front de Périgueux. Une rue porte son nom depuis 2001.

PAUL ADAM (1862-1920). Écrivain né à Paris. Son premier ouvrage, paru en 1885, fut un roman naturaliste : « Chair molle » (sic). Mélangeant ou alternant mysticisme et socialisme, il donna ensuite « Soi », « Essence de soleil », « la Parade amoureuse » et « la Force ». Une avenue porte son nom depuis 1932.

PAUL ALBERT (1827-1880). Littérateur né à Thionville, mort à Paris. En 1866, il prit une part importante dans la fondation de l'enseignement secondaire des jeunes filles à la Sorbonne et créa en 1873 un cours libre de littérature. En 1878, il devint professeur de langue et de littérature française moderne au Collège de France. Il a écrit « les Poètes et la religion en Grèce », et « Variétés morales et littéraires ». La rue Paul-Albert existe depuis 1907.

PAUL APPELL (1855-1930). Mathématicien né à Strasbourg. En 1885, il devint professeur de mécanique rationnelle à la Faculté de Paris et en 1889 il remporta le second prix d'un concours ouvert entre tous les mathématiciens du monde par le roi de Suède, Oscar II. La France, admirative, le fit alors chevalier de la Légion d'honneur. En 1892, Paul Appell entra à l'Académie des sciences, puis devint recteur de l'Académie de Paris. Il a écrit « Cours de mécanique rationnelle » (son ouvrage le plus utile) et « Traité de mécanique rationnelle ». Une avenue porte son nom depuis 1931

PAUL BARRUEL (1841-1931). Ancien maire du XVe arrondissement, c'est à ce titre qu'une rue porte son nom depuis 1932.

PAUL BAUDRY (1828-1886). Peintre né à La Roche-sur-Yon, mort à Paris. Prix de Rome en 1850 avec « Zénobie trouvée sur les bords de l'Araxe », il se fit rapidement une réputation. Malgré certaines réminiscences italiennes dans ses œuvres, il se révéla un peintre de style spécifiquement français. Il fit partie de l'Académie des beaux-arts et une statue lui a été élevée dans sa ville natale. Il exécuta de nombreuses décorations murales, notamment à l'Opéra, à la Cour de cassation et au château de Chantilly. Parmi ses tableaux, notons « Léda », « Charlotte Corday qui vient d'assassiner Marat » et des portraits de Charles Garnier, Guizot et Edmond About. La rue Paul-Baudry, à qui on dressa un monument au-dessus de sa tombe au Père-Lachaise, existe depuis 1888.

PAUL BEAUREGARD (1853-1919). C'est en 1930 que l'on donna à une place le nom de cet économiste distingué qui fut membre de l'Institut.

PAUL BELMONDO (1896-1982). Sculpteur et statuaire français de tradition classique, né à Alger, mort à Paris, qui fut membre de l'Institut à partir de 1960. Le comédien Jean-Paul Belmondo (1933) est son fils. La rue Paul-Belmondo existe depuis 1992.

PAUL BERT (1823-1886). Physiologiste et homme politique né à Auxerre, mort à Hanoi. Docteur en médecine et ès sciences, il professa avant 1870 à la Faculté des sciences et à l'École des hautes études. Après la Commune, il devint préfet du Nord, puis député de l'Yonne en 1872; il vota avec les républicains radicaux. Ministre de l'Instruction publique de novembre 1881 à janvier 1882 (il n'eut pas le temps de s'ennuyer à son poste), il fut nommé, en 1886, gouverneur général de l'Annam et du Tonkin. Arrivé là-bas en janvier, une dysenterie l'emporta le 11 novembre. Comme savant, Paul Bert eut plus de chance : admis à l'Académie des sciences en 1885, il nous a laissé des études relatant l'influence de la pression atmosphérique sur les phénomènes de la vie, il fit, d'autre part, l'analyse des gaz contenus dans le sang. Parmi ses livres, citons « De la greffe animale », « Leçons de zoologie » et de nombreux articles scientifiques dans la revue « République française ». La rue Paul Bert fut baptisée en 1890.

PAUL BLANCHET (1870-1900). Archéologue et explorateur, auteur de fouilles en Haute-Égypte. On donna son nom à une rue en 1935.

PAUL BODIN (1847-1926). Ingénieur qui résida dans le XVIIe arrondissement et dont on donna le nom à une rue en 1932.

PAUL BOREL Cette rue porte, depuis la fin du XIXe siècle, le nom d'un de ses propriétaires riverains. Aucun lien de parenté avec Jacques; ce père nourricier de l'humanité laborieuse aura d'ailleurs peut-être aussi un jour sa rue.

PAUL BOURGET (1852-1935). Écrivain né à Amiens. Très jeune, il collabora à divers journaux et revues. Sa première publication fut un recueil de vers, en 1874, « Vie inquiète ». Mais c'est surtout à partir de 1883 que Paul Bourget s'imposa à un grand nombre de lecteurs. Il appliqua, dans ses romans, le déterminisme scientifique à l'étude des passions et des sentiments. Citons « le Disciple », « Une idylle tragique », « André Cornélis » et « Un cœur de femme ». Paul Bourget, qui fut élu à l'Académie française en 1894, disait : « Le moi se pose en s'opposant », « Il faut vivre comme on pense, sans quoi l'on finira par penser comme on a vécu » et « Nos actes nous suivent ». Une rue porte son nom depuis 1956.

PAUL CÉZANNE (1839-1906). Peintre né à Aix-en-Provence. C'est un des maîtres de l'impressionnisme. Amateur d'espace, comme la plupart des impressionnistes, il ne peignait guère en chambre. Pour le définir, servons-nous de deux de ses propres expressions : il disait qu'il s'efforçait de faire « du Poussin sur nature » et il affirmait que « la réflexion modifie la vision ». Parmi les tableaux de ce précurseur de l'art moderne, citons « la Maison du docteur Gachet » et « l'Estaque ». Il immortalisa la Sainte-Baume, près d'Aix-en-Provence. Celle-ci le lui rendit bien. Sa rue existe depuis 1930.

PAUL CHAUTARD (1862-1933). Ce monsieur était conseiller municipal du XVe arrondissement, et c'est à ce titre qu'une rue reçut son nom en 1932

PAUL CLAUDEL Diplomate et écrivain, né à Villeneuve-sur-Fère en 1868, mort en 1955, bien qu'étant « immortel ». Toute l'œuvre de Claudel est empreinte d'un profond mysticisme. D'abord assez incrédule quant à l'existence de Dieu, il en eut la révélation subite vers la moitié de sa vie et ne se départit désormais plus d'une foi très profonde et d'un grand attachement au catholicisme. Son œuvre poétique comprend principalement « Cinq Grandes Odes » et son œuvre théâtrale a fourni notamment : « l'Annonce faite à Marie », « l'Otage » et « le Soulier de satin ». On publia également une « Correspondance avec André Gide ». Paul Claudel a dit : « L'intelligence n'est pas plus la vertu fondamentale pour un poète que la prudence pour un soldat » et « Notre résurrection n'est pas tout entière dans le futur, elle est aussi en nous, elle commence, elle a déjà commencé ». La place Paul-Claudel existe depuis 1965.

PAUL CRAMPEL (1864-1891). Explorateur qui trouva la mort au cours d'une mission qu'il effectuait au Congo. On donna son nom à une rue en 1902.

PAUL DE KOCK (1794-1871). Romancier et auteur dramatique né à Passy, mort à Paris. Son père, banquier hollandais établi en France, fut guillotiné. On voulut faire du jeune Paul un banquier, comme papa, mais il ne montra guère d'enthousiasme et commença très tôt à écrire. Parmi ses romans, citons « l'Enfant de ma femme », « Gustave le mauvais sujet », « la Pucelle de Belleville » et « Monsieur Choublanc à la recherche de sa femme ». Quant à son œuvre théâtrale, on peut en retenir « Catherine de Courlande », « le Moulin de Mansfeld » et « le Muletier » (un opéra-comique). La rue date de 1927.

PAUL DELAROCHE (1797-1856). Peintre né et mort à Paris. Il appartenait, comme Delavigne et Cousin, à une école que l'on qualifia, parfois avec un certain mépris, d'« école du juste milieu ». Delaroche travailla avec Géricault et commença à affirmer son talent en 1827. Ses premières œuvres s'intitulent « la Mort d'Élisabeth », « la Mort du président Duranti » et « les Enfants d'Édouard ». En 1834, on le chargea de la décoration intérieure de l'église de la Madeleine ; il se rendit en Italie afin d'y faire les études nécessaires à cette décoration, mais à son retour selon l'adage bien connu « Qui va à la chasse perd sa place », Delaroche se vit retirer, au profit de Ziegler, la moitié du travail qui lui avait été confié ; vexé, il préféra abandonner totalement, bien qu'il eût déjà peint six esquisses remarquables sur la vie de sainte Madeleine. Delaroche se consacra ensuite aux portraits et c'est sans doute dans cette discipline qu'il se montra le plus à l'aise. Il consacra la fin de sa vie à peindre des tableaux d'inspiration religieuse : « la Vierge au lézard », « Moïse exposé sur le Nil » et « Christ en croix ». N'oublions pas, parmi les œuvres de Paul Delaroche, de citer « l'Assassinat du duc de Guise ». Une rue porte son nom depuis 1864.

PAUL DELMET (1862-1904). Compositeur et chanteur qui savait faire « pleurer Margot ». Plusieurs de ses chansons sont encore sur toutes les lèvres : « la Petite Église », « les Petits Pavés »... Il possédait, incontestablement, une excellente veine mélodique et plaçait sur ses musiques des textes, parfois un peu mièvres, mais plus souvent empreints d'une réelle poésie. Paul Delmet mourut de façon bizarre : il s'étouffa avec un quartier de pomme, le jour de la première communion de sa fille. Une rue porte son nom depuis 1907.

PAUL DÉROULÈDE (1846-1914). Littérateur et homme politique, né à Paris. En 1869, une de ses premières pièces, « Jean Strenner », un acte en vers, est représentée à la Comédie-Française. L'année suivante, changement de programme : Paul Déroulède s'engage dans les chasseurs à pied au début de la guerre de 1870, sert avec courage, est décoré et devient lieutenant ; il quitte l'armée à la fin de la guerre. Il reprend alors la plume et rédige « Chants du soldat » (1872) et deux drames, « l'Hetman » et « la Moabite ». En 1882, il fonde la Ligue des patriotes et se lance ainsi dans la politique. Partisan de Boulanger en 1887, il est élu député d'Angoulême en 1889. Au printemps 1899, il tente d'amener à l'Élysée le général Roger pour renverser la politique parlementaire; arrêté sous ce chef d'inculpation, il est acquitté au mois de juin, mais en août, inculpé cette fois de complot contre la sûreté de l'État, il passe devant la Haute Cour de justice qui le condamne à dix ans de bannissement. Paul Déroulède, dont il faut encore citer « Messire Du Guesclin », « Chants patriotiques », « la Plus Belle Fille du monde » et « la Tour d'Auvergne », a dit, dans « Chants du Soldat » : « Le blâme qui voudra, moi je l'aime, ce prêtre. » Une avenue porte son nom depuis 1935.

PAUL DESCHANEL (1855-1922). Publiciste et homme politique né à Bruxelles. Il entra dans l'administration, en 1877, comme sous-préfet, puis devint, en 1885, député républicain d'Eure-et-Loir. Homme éloquent pourvu d'une solide érudition, Paul Deschanel se fit rapidement une place dans le monde de la politique et en juin 1898 il fut élu président de l'Assemblée nationale. En même temps que sa carrière politique, il menait une carrière littéraire dans laquelle son père, Émile, avait particulièrement brillé. Paul Deschanel écrivit « Politique française en Océanie », « Figures de femmes » et « la Politique nouvelle », toutes œuvres qui lui ouvrirent les portes de l'Académie française en 1899. Mais, bien entendu, l'apogée politique de Deschanel fut son élection, le 18 février 1920, à la présidence de la République. Fut-ce cet excès de gloire qui agit sur le bon fonctionnement de ses facultés mentales? On ne sait... En tout cas, rappelons deux anecdotes caractéristiques. D'abord, plus que distrait, il se trompa de porte à l'intérieur d'un train de nuit et se retrouva sur le ballast et en pan de chemise. Jugez de la surprise du garde-barrière qui le vit arriver de nuit et si peu vêtu... Second fait qui ne cadre guère avec la personnalité d'un homme censé représenter la France au plus haut niveau : Deschanel avait la curieuse manie de grimper aux arbres du parc de l'Élysée. Le 22 septembre 1920, c'est-à-dire sept mois après son élection, on le pria d'aller se reposer et de quitter ses fonctions. Mais imaginons la scène suivante, à l'arrivée, par exemple, d'un ambassadeur africain à l'Élysée : « Le Président m'attend », dit l'invité. « C'est exact, répond le chef du protocole, il vous prie de le rejoindre sur la quatrième branche du grand hêtre, là-bas à gauche. » L'allée Paul-Deschanel existe depuis 1926.

PAUL DOUMER (1857-1932). Homme politique et administrateur, né à Aurillac. Licencié en droit, il devint rédacteur en chef du journal « la Tribune ». Élu député radical de l'Aisne en 1888, il fut, en 1889, chef de cabinet du président de la Chambre. Député d'Auxerre en 1891, ses qualités d'orateur le placèrent vite à la tête du parti radical et il reçut, le 1er novembre 1895, son premier maroquin : celui de ministre des Finances. À ce poste, il soutint vigoureusement l'idée d'un impôt sur le revenu qui souleva, on s'en doute, de violentes polémiques. En 1896, quittant son poste de ministre, Doumer fut nommé gouverneur général de l'Indochine. Il rentra en France en 1902, pour se voir élire député par les électeurs de Laon. En 1927, il devint président du Sénat et en 1931 président de la République. Il ne jouit malheureusement guère de cette position puisqu'en 1932 on l'assassina en plein Paris. L'avenue Paul-Doumer existe depuis 1932.

PAUL DUBOIS (1829-1905). Statuaire né à Nogent-sur-Seine. Destiné au barreau, il fit son droit avec succès. Puis la vocation artistique devint irrésistible et il partit pour Rome en 1858 afin d'y étudier la sculpture. En 1863, revenu en

France, il montra sa première œuvre, « Saint Jean, enfant ». Dès lors, Paul Dubois ne cessa de sculpter, avec bonheur, des statues dont la plupart sont remarquables. Citons « le Chanteur florentin », « Narcisse au bain », « le Courage militaire » et, surtout, une statue équestre de Jeanne d'Arc, inaugurée à Reims en 1896. Paul Dubois fut conservateur du musée du Luxembourg et directeur de l'École nationale des beaux-arts. Une rue porte son nom depuis 1907.

PAUL DUKAS (1865-1935). Compositeur français considéré comme un grand maître de l'orchestration. Son œuvre la plus connue est « l'Apprenti sorcier », mais il a composé aussi « Ariane et Barbe-Bleue » et « la Péri » qui est son dernier ouvrage important ; c'est un ballet qui devait être créé par Diaghilev, mais qui le fut finalement par Troukhanova au Châtelet en avril 1912 ; le ballet proprement dit est précédé d'une fanfare de cuivres dont les critiques ont dit, à la création, que « c'était un chef-d'œuvre avant le chef-d'œuvre ». Dukas fut aussi critique et en publia jusqu'à la fin de sa vie, alors qu'au plan de la composition, il posa son crayon assez longtemps avant de disparaître. Une rue porte son nom depuis 1991.

PAUL DUPUY Publiciste qui créa « le Petit Parisien » au début de notre siècle et qui mourut en 1927. Une rue porte son nom depuis 1934.

PAUL ÉLUARD Poète français, né à Saint-Denis en 1895, mort à Beynac, Dordogne, en 1952. De son vrai nom Eugène Grindel, c'est l'un des quatre fondateurs du surréalisme ; il fut, toute sa vie, un défenseur ardent de l'homme et de la liberté. Son premier recueil « le Devoir et l'Inquiétude » parut en 1917 ; en 1924, il donna « Mourir de ne pas mourir » et en 1926 sans doute son chef-d'œuvre, « Capitale de la douleur ». En 1947, sous le pseudonyme de Brun, il publia « Corps mémorable », suite de poèmes érotiques. En 1952, peu de temps avant sa disparition, il nous offrit dans « le Phénix » d'admirables poèmes d'amour. La place Paul-Éluard fut créée en 1982.

PAUL ESCUDIER (1858-1931). Député dont les interventions à la Chambre ne manquaient pas de mordant. On donna son nom à une rue en 1933.

PAUL ET JEAN LEROLLE Paul Lerolle (1846-1912) fut conseiller municipal, à Paris, de 1884 à 1898 et député du VIIe arrondissement entre 1898 et sa mort. Son fils, Jean Lerolle (1873-1962), avocat, lui succéda comme député du VIIe arrondissement et le fut jusqu'en 1919, puis à nouveau de 1928 à 1936. Tous deux s'occupèrent beaucoup d'œuvres sociales, et c'est en grande partie pour cela qu'on donna leur nom à une rue en 1990.

PAUL FÉVAL (1817-1887). Romancier né à Rennes, mort à Paris. Il fut d'abord commis chez un banquier, inspecteur dans une compagnie d'affichage, correcteur au « Nouvelliste », puis commença à écrire. Sa première œuvre s'intitulait « le Club des Phoques » et parut dans « la Revue de Paris ». En 1843, pour la même revue, il écrivit « Loup blanc ». Puis vinrent successivement « les Mystères de Londres », « les Compagnons du Silence », « la Fée des Grèves », « les Puritains d'Écosse » et, son œuvre immortelle, « le Bossu ». Libre penseur qui devint fervent catholique avec l'âge, Féval passa la fin de sa vie à éliminer de ses ouvrages toutes traces de ses premières opinions... Frappé de paralysie, il mourut chez les Frères de Saint-Jean-de-Dieu où la Société des gens de lettres l'avait placé. La rue Paul-Féval existe depuis 1891.

PAUL FORT (1872-1960). Poète né à Reims. Paul Fort, silhouette maigre coiffé d'un éternel chapeau, le cou drapé dans une écharpe de laine, a écrit, principalement, « Ballades françaises ». Mais, bien entendu, c'est par un de ses poèmes qui a fait le tour du monde, et qui inspira un film de Christian-Jaque, que ce poète est connu du grand public : « Si tous les gars du monde voulaient s'donner la main, ils pourraient faire une ronde, une ronde autour du monde... » La rue Paul-Fort existe depuis 1970.

PAUL GERVAIS (1816-1879). Naturaliste né et mort à Paris. De 1868 à 1879, il fut professeur d'anatomie comparée au Muséum; en 1874, l'Académie des sciences l'admit en son sein. Il écrivit « Histoire des mammifères » et « Zoologie et paléontologie générales ». Sa rue existe depuis 1893.

PAUL-HENRI GRAUWIN (1914-1990). Médecin qui, en 1954, fut le chirurgien du camp retranché de l'armée française à Diên Biên Phu, durant la guerre d'Indochine. Une rue porte son nom depuis 1995.

PAUL HERVIEU (1857-1915). Romancier né à Neuilly-sur-Seine. D'abord avocat, puis diplomate, il était secrétaire à la Délégation française au Mexique quand il donna sa démission, en 1880, pour se consacrer à la littérature. Sous le pseudonyme d'Éliacin, il commença par publier des chroniques et des nouvelles. Ses œuvres, à l'expression assez rude, mais où transparaît cependant un humour constant, furent principalement : « Diogène le Chien », « Flirt », « les Tenailles », « l'Armature », « la Loi de l'homme » et « le Dédale ». Élu membre de l'Académie française en 1900, Paul Hervieu donna son nom à une rue en 1924.

PAUL KLEE Peintre, dessinateur, écrivain et théoricien suisse, né à Münchenbuchsee, près de Berne, en 1879, mort à Muralto-Locarno en 1940. En 1912, il exposa avec le groupe du Blaue Reiter et enseigna de 1921 à 1930 au Bauhaus (École d'architecture et d'arts appliqués fondée à Weimar en 1919). Proche de l'abstraction, il trouva dans la nature une source illimitée d'inspiration. Parmi ses toiles, citons « Pleine lune », peinte en 1939. On lui doit également un «Journal» et de nombreux écrits théoriques. Une rue porte son nom depuis 2003.

PAULIN ENFERT (1853-1922). Alexis Paulin Enfert était un philanthrope. On peut donc oser dire qu'il s'agissait d'un Enfert pavé de bonnes intentions... La rue date de 1931.

PAULIN MÉRY (1860-1913). Philanthrope et médecin radiologue qui mourut victime de sa profession. On donna son nom à une rue en 1929.

PAUL-JEAN TOULET (1867-1920). Écrivain et poète né à Pau, mort à Guéthary. Ses romans « Monsieur du Paur, homme public », « les Tendres Ménages », « Mon amie Nane » et » la Jeune Fille verte », ont moins fait pour sa notoriété que son recueil de poèmes « Contrerimes » publié un an après sa mort et qui montre une ironie tendre et une magnifique technique qui ont fait de lui le chef de file de l'école fantaisiste. Extrait de « LV » : « À Londres je connus Bella/Princesse moins lointaine/Que son mari le capitaine/Qui n'était jamais là. » Une rue porte son nom depuis 1987.

PAUL LANGEVIN (1872-1946). Physicien né à Paris. Paul Langevin est l'auteur de remarquables travaux sur les ions, le magnétisme et la relativité des ultrasons. Membre de l'Académie des sciences, un square porte son nom depuis 1972

PAUL LAURENT (1925-1990). Homme politique français né à Génelard, mort à Saint-Cloud. Membre du parti communiste français dès l'âge de 20 ans et fils d'ouvrier ajusteur, il fut considéré comme « l'homme tranquille » de ce parti et sut se construire une réputation de novateur et de pragmatiste tout en faisant souvent preuve, idéologiquement, d'une haute fermeté. Une rue porte son nom depuis 1997.

PAUL LÉAUTAUD (1872-1956). Écrivain français qui, victime d'une enfance difficile (abandonné par sa mère et affublé d'un père qu'il qualifia lui-même d'indigne), dut exercer, à partir de 16 ans, de nombreux métiers différents avant d'entrer au « Mercure de France » en 1895 et d'en devenir le secrétaire de 1908 à 1941. Il y tint la rubrique dramatique jusqu'en 1921, puis la poursuivit dans la « Nouvelle Revue française » et aux « Nouvelles littéraires ». Dès 1900, il se fit remarquer en publiant une excellente « Anthologie des poètes d'aujourd'hui ». Auteur ensuite (1905) de « le Petit Ami », il doit cependant sa notoriété, non pas à ces deux ouvrages, mais à un « Journal littéraire » dont le texte intégral ne fut connu qu'après sa mort et qui est une source remarquable de liberté caustique, voire violemment malveillante, véhiculant ses jugements sur les personnes et les œuvres. Très misanthrope et ne supportant guère que les chiens et les chats qu'il entretenait en très grand nombre dans sa maison de Fontenay-aux-Roses, il réalisa aussi, avec Robert Mallet, des « Entretiens » radiophoniques qui éclairent bien son personnage. Il a dit : « C'est une force que n'admirer rien », « Tout ce qui est autorité me donne envie d'injurier » et « On me demandait l'autre jour : Qu'est-ce que vous faites? – Je m'amuse à vieillir, répondis-je. C'est une occupation de tous les instants! » Une place porte son nom depuis 1987.

PAUL LELONG (1799-1846). Architecte qui construisit les bâtiments du Timbre et de la mairie du IIe arrondissement, sise rue de la Banque. On donna son nom à une rue en 1844.

PAUL-LOUIS COURIER (1772-1825). Paul-Louis Courier de Méré, helléniste et pamphlétaire, né à Paris, mort à Véretz. Il s'engagea dans l'armée en 1791; devenu lieutenant d'artillerie, il fut envoyé à Rome en 1798. Il y échappa de justesse à un véritable lynchage de la part de la population et rentra à Paris en assez piteux état. En 1809, après avoir traité, dans une lettre, son général de lâche et avoir rejoint avec six mois de retard son régiment à Vérone, il donna sa démission; mais il demanda sa réintégration peu de temps après. On l'envoya dans l'île de Lobau, au milieu du Danube, à la tête des batteries d'artillerie chargées de préserver le passage du fleuve. Il tomba malade d'épuisement; on le transporta à Vienne, ville qu'il quitta, guéri et incognito, pour visiter Strasbourg, Lucerne, Milan et Florence où il découvrit, dans un manuscrit de Longus, dix pages ignorées de « Daphnis et Chloé »; en les copiant, il couvrit d'encre, involontairement, vingt mots du précieux texte; on faillit l'arrêter pour cela. En 1811, il visita Naples et Frascati et rentra à Paris en 1812 avant de s'établir à Saint-Prix, près de Montmorency, en 1813. Il y travailla à une édition de « Daphnis et Chloé » et épousa Mlle Clavier, fille d'helléniste. Hostile à la Restauration, il adressa en 1816 une « Pétition aux deux Chambres » qui fit du bruit... En 1821, il écrivit « Simple discours », ouvrage pamphlétaire critiquant le projet qui prévoyait de donner Chambord au duc de Bordeaux; cela lui valut deux mois de prison et 200 francs d'amende, mais aussi la popularité. Un autre pamphlet, « Pétition pour des villageois qu'on empêche de danser », lui valut un autre procès. Le dernier écrit de Paul-Louis Courier fut son chef-d'œuvre, il s'agit du « Pamphlet des pamphlets ». Peu de temps après, un dimanche au crépuscule, dans un bois situé près de sa propriété de Véretz, il tomba frappé par un coup de fusil; on reconnut, plus tard, la culpabilité de son garde-chasse, Frémont. Au cours d'un de ses procès, Courier avait dit : « Il n'y a, pour les nobles, qu'un moyen de fortune et de même pour tous ceux qui ne veulent rien faire : ce moyen, c'est la prostitution. La Cour l'appelle galanterie... » La rue Paul-Louis Courier existe depuis 1879.

PAUL MEURICE (1820-1905). Littérateur, né à Paris. Fils d'orfèvre, il étudia d'abord le droit avant de se tourner vers les lettres. Admirateur de Victor Hugo, il devint un de ses amis les plus proches. Écrivain romantique, Paul Meurice – ne pas confondre avec le comédien contemporain dont le nom s'orthographie Meurisse – écrivit des romans et des pièces de théâtre, fut rédacteur en chef, en 1848, de « l'Événement », fondé par Hugo. À la mort de celui-ci, en 1885, il fut un de ses exécuteurs testamentaires et, à ce titre, publia les œuvres inédites du grand poète. Principaux ouvrages de Meurice : « l'Avocat des pauvres », « Fanfan la Tulipe », « le Maître d'école » et « la Brésilienne », quatre pièces de théâtre; « la famille Aubry », « les Tyrans du village » et « Césara », trois romans. La rue de ce Paul-ci existe depuis 1932.

PAUL PAINLEVÉ (1863-1933). Mathématicien et homme politique né à Paris. L'essentiel de ses travaux porta principalement sur l'analyse et la mécanique. En tant qu'homme politique, Paul Painlevé, qui appartenait au parti socialiste républicain, fut deux fois président du Conseil, en 1917 et 1925. Une place porte son nom depuis 1934.

PAUL PARAY Chef d'orchestre et compositeur français, né au Tréport en 1886, mort à Monte-Carlo le 10 octobre 1979. À 5 ans il remporta un concours de tambour à Beauvais... Il fit des études musicales à Rouen, puis au Conservatoire de Paris. En 1911 il obtient le premier grand prix de Rome, mais pour gagner sa vie, joue le soir dans des cabarets. Mais il peut rapidement quitter ce genre de travail et, de 1923 à 1928, il est le chef des « Concerts Lamoureux »; ensuite, et jusqu'en 1932, il dirige la musique du Casino de Monte-Carlo. Puis, de retour à Paris, il y est nommé président-chef d'orchestre des concerts Colonne et chef d'orchestre à l'Opéra. Pendant la Seconde Guerre mondiale, il se retire à Monte-Carlo, puis, à la Libération, et jusqu'en 1956, retrouve les Concerts colonne. À partir de 1951 et jusqu'en 1963, il s'occupera activement de l'orchestre symphonique de Detroit, aux États-Unis. Ce fut un grand propagandiste de la musique française à travers le monde. Un square porte son nom depuis 1984.

PAUL REYNAUD (1878-1966). Homme politique né à Barcelonnette, mort à Paris. Député dès 1919, il fut – successivement, bien sûr! – ministre des Finances, des Colonies, de la Justice, entre 1930 et 1932. En 1935, il sera un des rares à soutenir les vues du général de Gaulle sur le rôle futur des blindés. Républicain de droite, il occupa le poste de garde des Sceaux dans le cabinet Daladier en 1938, avant de redevenir également ministre des Finances. Président du Conseil en mars 1940, il envoya – avec la bénédiction de Winston Churchill – une expédition en Norvège pour couper aux Allemands l'accès au fer (« La route du fer est coupée... » dit-il, optimiste, alors). Démissionnaire le 16 juin 1940, on l'emprisonna à Riom, avant de le déporter en Allemagne (1942-1945). Réélu député après la Libération, il présida bientôt la commission des Affaires économiques au Conseil de l'Europe, puis siégea au comité consultatif constitutionnel. Il a écrit « Problème militaire français » (il y en avait effectivement au moins un avant 1940...), « La France a sauvé l'Europe » et « Au cœur de la mêlée »

PAUL SAUNIÈRE (1827-1894). Écrivain né et mort à Paris. Il fit des études de droit, puis débuta dans le journalisme, avant d'écrire un grand nombre de romans qui dénotent tous, de sa part, une fort belle imagination. Citons « le Roi Misère », « Flamberge », « la Belle Argentière », « le Chevalier Tempête » et « Une fille des Pharaons ». La rue de ce Paul-là existe depuis 1903.

PAUL SÉJOURNÉ (1851-1939). Ingénieur né à Orléans. Son principal titre de gloire fut d'avoir été, en quelque sorte, le chef de file d'une « école » prônant la construction des ponts en maçonnerie. Membre de l'Institut, il donna son nom à une rue en 1953.

PAUL SIGNAC (1863-1935). Peintre né à Paris. Il fut le créateur et le théoricien d'un style de peinture appelé divisionnisme ou pointillisme qui consiste à juxtaposer des couleurs sur une toile au lieu de les mélanger sur la palette. Un des tableaux les plus significatifs de Signac, dans ce style, est « le Pont des Arts ». La place existe depuis 1954.

PAUL STRAUSS (1852-1910). Publiciste et homme politique né à Ronchamp (Haute-Saône). Il s'engagea dans l'armée en 1870, après la guerre il écrivit, à Paris, dans des journaux radicaux et un de ces écrits lui ayant valu une condamnation, il partit pour la Belgique fin 1871 et ne rentra qu'en 1881. Affilié alors au parti républicain, il se montra un fervent « gambettiste ». Devenu directeur de l'Agence nationale, on l'élit vice-président de l'Association des journalistes républicains. En outre, de 1883 à 1897, il fut conseiller de Paris et, durant ce laps de temps, il prit l'initiative de nombreuses mesures en faveur de l'en fance malheureuse. Sénateur à partir de 1897, il créa, la même année, la « Revue philanthropique ». Il écrivit « Paris ignoré » et « la Croisade sani taire ». Sa rue existe depuis 1911

PAUL TORTELIER Violoncelliste et compositeur né à Paris en 1914, mort à Villarceaux en 1990. Il travailla le violoncelle dès l'âge de six ans, puis entra au Conservatoire de Paris et y obtint le Premier Prix en 1930. Sa carrière de soliste débuta véritablement en 1946, année où il épousa la violoncelliste Maud Martin (ils eurent, en 1947, un fils, Yann-Pascal, qui devint aussi violoncelliste). Avec le pianiste Arthur Rubinstein (1887-1982) et le violoniste Isaac Stern (1920-2001) il forma un célébrissime trio. À partir, principalement, de 1980, il dirigea de nombreux orchestres. Il composa une symphonie, des mélodies et des concertos pour piano et pour violon. Sa méthode de violoncelle, « How I Play, How I Teach », fait autorité. Il inventa une pique spéciale pour violoncelle dont l'angle permet de tenir l'instrument plus incliné qu'à l'habitude. C'est depuis 2003 qu'une place de Paris porte son nom.

PAUL VAILLANT-COUTURIER (1892-1937). Journaliste et homme politique né à Paris. Il fut membre du comité directeur du parti communiste français et rédacteur en chef de « l'Humanité » de 1928 à sa mort. L'avenue, dont une autre partie se trouve sur la commune de Gentilly, fut annexée par Paris en 1941.

PAUL VALÉRY (1871-1945). Écrivain et poète né à Sète. Disciple de Mallarmé, il abandonna un temps l'écriture, car il voyait dans la littérature un risque de dangereuse idolâtrie. Il se tourna alors vers les mathématiques, mais revint, Dieu merci, aux lettres avec « Monsieur Teste »; essayiste avec « Introduction à la méthode de Léonard de Vinci », il rédigea aussi des ouvrages de réflexion sur la peinture, la musique, les sciences et des dialogues de forme socratique : « l'Ame et la Danse ». Mais un seul de ses poèmes, « le Cimetière marin », fit plus pour sa notoriété que l'ensemble de toute son œuvre, ainsi qu'une phrase célèbre qu'il prononça de manière prémonitoire : « Nous autres, civilisations, nous savons maintenant que nous sommes mortelles. » Parmi ses nombreux écrits, hormis ceux déjà cités, notons, « la Jeune Parque » « Charmes », ou « Tel quel », « Variété », « Choses vues » et des œuvres posthumes comme « Mon Faust » et des « Cahiers ». Paul Valéry a dit : « Celui-là m'enrichit qui me fait voir autrement ce que je vois tous les jours », « Ce que je vois m'aveugle, ce que j'entends m'assourdit », « Je pense, et cela me rend pensif », « Je vaux ce que je veux », « Quelle injure qu'un compliment » et « Tout le monde tend à ne lire que ce que tout le monde aurait pu écrire ». Paul Valéry, qui eut droit à des funérailles nationales – et qui détestait ça –, donna son nom à une rue en 1946.

PAUL VERLAINE (1844-1896). Poète né à Metz, mort à Paris. En 1851, il est élève au lycée Bonaparte, dans notre capitale. Il entre ensuite dans une compagnie d'assurances, puis à l'Hôtel de Ville, comme simple employé. Il fréquente, en même temps, les parnassiens et, en 1866, publie ses « Poèmes saturniens », puis viennent « les Fêtes galantes » en 1869 et « la Bonne Chanson » en 1870. Après la Commune, il part pour l'Angleterre, passe ensuite en Belgique et rentre en France. Mais en 1872, accompagné cette fois de Rimbaud, il retourne en Angleterre, puis à Bruxelles où il tire deux coups de pistolet sur son ami. Condamné à deux ans de prison, il purge sa peine d'abord dans la capitale belge, ensuite à Mons. C'est dans cette ville qu'il écrit « Romances sans paroles » (« Le ciel est par-dessus le toit si bleu, si calme... »). L'aumônier de la prison de Mons lui rend la foi, ce qui permet à Verlaine, en 1875, de rentrer en France converti; mais il est aussi vieilli et désabusé. Il demeure un peu dans les Ardennes, puis repart vers l'Angleterre où il enseigne, pour subsister, le français et le dessin. Revenu en France en 1877, il professe quelques mois au collège de Rethel, puis va à Coulommiers pour, bizarrement, y tenter une expérience agricole. Il échoue totalement et se ruine un peu plus... Il vient alors à Paris, en 1881, et publie ce qui est sans doute son chef-d'œuvre, « Sagesse ». Cet ouvrage lui donne enfin la célébrité. Il devient professeur à Boulogne-sur-Seine et à Neuilly. Il écrit alors « les Poètes maudits » et « Jadis et naguère ». Puis il abandonne ses cours et reprend une vie errante, malade et miséreux. On tente de l'aider en lui organisant des conférences en province et à l'étranger, mais bientôt Verlaine est obligé d'entrer à l'hôpital Broussais. C'est là qu'en 1896, il a la joie de se voir élu « prince des poètes » et qu'il rédige ses derniers vers, « Mort ». Verlaine, qui se maria, mais dont l'union fut une catastrophe et une source continue de divergences, ne fut jamais, semble-t-il, compris d'aucun de ceux qui l'entourèrent, sans doute même pas de Rimbaud. Il a dit : « Prends l'Éloquence et tords-lui son cou », « De la musique avant toute chose », ainsi que « Et tout le reste est littérature ». Citons quand même quelques vers :

Les sanglots longs
Des violons
De l'automne
Blessent mon cœur
D'une langueur
Monotone.

La place Paul-Verlaine existe depuis 1905 et la villa depuis 1926.

PAULY Créée en 1883, cette rue porte le nom de la propriétaire du terrain sur lequel on la construisit, Mme Pauly, épouse Vieillard.

PAVÉE Cette rue, qui porte son nom depuis 1450, le doit au fait qu'elle fut une des premières voies parisiennes que l'on pava. Il faut dire qu'avant cette opération cette rue – comme la plupart des autres d'ailleurs – n'était qu'un large caniveau charriant mille détritus et exhalant une odeur qu'il serait outrancièrement mensonger de qualifier d'agréable...

PAVILLONS (avenue). Située villa des Ternes, cette voie est bordée de pavillons – des maisons pas des drapeaux –, d'où son nom qui procède donc d'une logique irréfutable.

PAVILLONS (impasse et villa). Ce sont les pavillons qui bordent cette impasse et cette villa qui leur donnèrent leur nom, au début de notre siècle.

PAVILLONS (rue). Déjà connue en 1730, cette rue doit son nom, légèrement transformé, à une construction appelée « le Pavillon », qui a, bien sûr, disparu.

PAYENNE Déformation de Payen, nom patronymique d'un écuyer du règne de Charles VI, c'est-à-dire de la fin du XIVe siècle et du début du XVe. Notre écuyer, prénommé Jean, possédait une propriété dans cette rue qui s'appela Païenne dès 1635, puis Payenne, par la suite. (La féminisation de Payen est due au fait que, jadis, on avait coutume de ne donner que des noms féminins aux rues.)

PÉAN (1830-1898). Émile Péan, chirurgien, né à Marboué, près de Châteaudun, mort à Paris. Élève du chirurgien Nélaton, il se révéla, dès son entrée dans la section chirurgicale des hôpitaux de Paris, en 1868, fort habile. Péan vulgarisa en France l'ovariotomie et apporta à sa profession un certain nombre d'instruments nouveaux. Il a écrit « Hystérotomie » et « De la forcipressure » – brrr! Une rue porte son nom depuis 1930. Qui ne connaît les princes de Péan?

PÉCLET (1793-1857). Jean Péclet, physicien, né à Besançon, mort à Paris. Étudiant à l'École normale, il en sortit pour devenir professeur de physique à Marseille, en 1816. Venu à Paris quelques années plus tard, il y devint maître de conférences à l'École normale, puis professeur de physique à l'École centrale, et, enfin, inspecteur général en 1840. Jean Péclet se démit de toutes ses fonctions après le coup d'État de Napoléon III (2 décembre 1851). Il a écrit « Cours de chimie » et « Cours de physique ». La rue existe depuis 1864.

PECQUAY Ce nom est une légère déformation de Picquet. Jean de La Haie, dit Picquet, était un seigneur qui, au XVe siècle, possédait un hôtel dans cette voie qui fut longtemps un cul-de-sac. Puis elle connut deux mutations; d'abord en devenant « passage », puis en se transformant, suprême honneur, en rue, au cours de l'année 1954.

PÉGOUD (1889-1915). Adolphe Pégoud, aviateur, né à Montferrat (Isère). Il réalisa deux premières : le looping et l'abandon d'un avion, en plein vol, pour sauter en parachute (1913). Ce deuxième exploit lui fut, bien entendu, imposé par les circonstances, l'avion dans lequel il se trouvait étant sur le point de s'écraser au sol... Adolphe Pégoud fut tué en combat aérien. On donna son nom à une rue en 1926.

PÉGUY (1873-1914). Charles Péguy écrivain né à Orléans. Chrétien, il se voulut également socialiste, mais d'un socialisme différent de celui de Jaurès, puisqu'il magnifiait l'idée de patriotisme et qu'il disait : « Heureux ceux qui sont morts dans une juste guerre. » Dreyfusard authentique, Péguy fonda, en 1900, les « Cahiers de la quinzaine ». Profondément mystique, il fit, entre 1912 et 1914, de nombreux pèlerinages à Chartres où il se rendait, partant de Paris, en effectuant la plus grande partie du trajet à pied. L'œuvre de cet écrivain marque une renaissance du spiritualisme français. Poète, polémiste et essayiste, Péguy, dont l'œuvre capitale est « le Mystère de la charité de Jeanne d'Arc », disait : « Se cultiver, c'est devenir ce qu'on est », « La révolution sera morale ou elle ne sera pas » et « Homère est nouveau ce matin, et rien n'est peut être aussi vieux que le journal d'aujourd'hui ». Charles Péguy fut tué, dès le début de la Première Guerre mondiale, pendant la bataille de la Marne. Une rue porte son nom depuis 1926

PEINTRES Deux possibilités pour expliquer la dénomination de cette impasse : 1. Au début du XIVe siècle, un peintre appelé Gilles, à moins que ce ne fût un particulier nommé Gilles Le peintre, habita ce cul-de-sac qui s'appelait encore « de l'Arbalète »; 2. Sous le règne de François Ier, un maître-peintre, répondant au nom de Guyon-Ledoux, se fit construire une maison dans cette impasse. Le pluriel appliqué au mot « peintres » sur la plaque bleue de cette voie nous laisse entendre d'ailleurs, peut-être, que ces deux personnages ont été réunis confraternellement, à deux siècles d'intervalle.

PÉKIN Capitale de la Chine. Le mot Pékin est une altération de Péking (Beijing) qui signifie « la Résidence du Nord ». La ville s'élève à l'emplacement d'une autre ville, bâtie au XIIe siècle avant notre ère, et qui s'appelait Ki. En 986, cette agglomération déjà fort puissante, devint la capitale de l'empire des Kitans, et s'appela successivement Yen-King, Tchong-tou, Pei-Ping-fou (ceci en 1368, sous les Ming) et, enfin, à partir de 1421, Pei-king. En 1860, l'armée franco-anglaise prit Pékin, mais en 1900, du 13 juin au 14 août, les légations européennes furent assiégées par les Boxers et les troupes régulières chinoises; il y eut de très nombreuses victimes et il fallut mettre sur pied une expédition internationale pour délivrer les Européens. En janvier 1949, les communistes chinois prirent le pouvoir à Pékin et dans toute la Chine, sous la conduite du « grand timonier » Mao Tsé-toung. La capitale comprend la ville chinoise ou extérieure, la ville tartare ou intérieure et, au centre de cette dernière, la ville impériale avec la fameuse Cité interdite, qui était réservée aux empereurs. Le passage de Pékin, datant de 1877, fut baptisé en souvenir de l'expédition de 1860 que nous avons honorée plus haut

PELÉE Depuis 1750 – mais ce n'était qu'une impasse – cette rue porte le nom d'un M. Pelée qui y demeurait.

PÈLERINS Jusqu'en 1877 cette impasse portait le nom de Saint-Jacques. À cette date elle prit sa dénomination actuelle, à cause des nombreux pèlerinages organisés sous le vocable de ce saint, notamment vers Compostelle.

PÉLICAN Jamais aucun pélican, oiseau palmipède de la famille des pélécanidés, ne montra le bout de son bec dans cette rue. En effet, et n'ayons pas honte de le dire, au XIVe siècle cette voie s'appelait « du Poil au con »; appellation poétique due aux nombreuses « boutiques à péché » qui la bordaient. Plus tard, quand le langage se châtia parce que l'oreille devint pudibonde, on transforma « poil au con » en « pélican ». On ne sait pas si la morale en fut sauve pour autant...

PELLEPORT (1773-1855). Pierre de Pelleport, vicomte et général qui, engagé dans l'armée sous le Consulat, servit principalement sous la Restauration bien qu'il ait reçu 30 coups de sabre et 5 de baïonnette à la bataille d'Eylau. Il entra à la Chambre des pairs en 1841. Une rue porte son nom depuis 1868, une villa depuis 1909.

PELOUZE (1807-1867). Jules Pelouze, chimiste né à Valognes, mort à Paris. Après avoir été étudiant en pharmacie, il entra au laboratoire que dirigeait Gay-Lussac, puis à la Salpêtrière avant d'être chargé d'un cours de chimie à Lille et de devenir répétiteur à l'École polytechnique en 1831. En 1836, il travailla en Allemagne, en compagnie de Liebig, dont le nom est aujourd'hui attaché à des produits d'épicerie. En 1837, Pelouze fut admis à l'Académie des sciences et au Collège de France. C'est à lui que l'on doit la découverte des nitrosulfates et du cyanure vert de fer. Il aida à l'amélioration des procédés de fabrication du verre par l'utilisation du sulfate de soude. Il découvrit aussi une méthode pour la fabrication du tanin. Enfin, il effectua de nombreuses recherches, qui s'avérèrent rapidement concluantes, sur le sucre de betterave. La rue Pelouze existe depuis 1875

PENEL Cette voie porte le nom du propriétaire du terrain sur lequel elle fut ouverte.

PENSIONNAT Avant 1789, cette voie s'appelait « cité du Trône »; la Révolution, qui la débaptisa, en même temps que la place et l'avenue du Trône, lui donna son nom actuel, à cause d'un pensionnat voisin, manquant peut-être d'un peu d'imagination.

PENTHIÈVRE (1845-1890). Pierre de Penthièvre, fils du prince de Joinville et de Françoise de Bragance, fille de Pedro II. Il y a peu à dire sur le parrain de cette rue, baptisée en 1846. On sait plus de choses sur son père, troisième fils de Louis-Philippe et qui eut la charge de ramener en France les restes de Napoléon, en 1840. Vice-amiral, il bombarda Mogador en 1844, suivit son père en exil en 1848 et, de retour en France, fut élu à l'Assemblée nationale en 1871. Il mourut en 1900, soit dix années après son fils.

PÉPINIÈRE Construite en 1782, cette rue longeait la partie sud d'une pépinière qui venait d'être plantée sur les instructions de Louis XVI. D'une superficie de 18 arpents, elle comportait principalement des plantes et arbres exotiques qui alimentèrent en partie le jardin des Tuileries.

PERCEVAL (1759-1835). Caussin de Perceval, orientaliste né à Montdidier. Il professa l'arabe au Collège de France en 1783, fut nommé garde des Manuscrits orientaux de la Bibliothèque du roi en 1787 et devint membre de l'Institut en 1809. Il traduisit des poèmes d'Apollonios de Rhodes, les « Argonautiques ». Une rue porte son nom depuis 1844 – cette rue fut d'ailleurs ouverte sur des terrains lui ayant appartenu – et un passage depuis 1871.
Les amateurs du cycle romanesque sur la « Table ronde » seront peut-être déçus que la rue Perceval ne doive pas son nom à sire Perceval, fils d'un chevalier tué en tournoi et élevé au fond d'un bois par sa mère, jusqu'à ce qu'à 15 ans il rencontre trois chevaliers de la cour d'Artus, qu'il les suive et fasse connaissance avec le Chevalier Rouge, celui qui avait tué son père. Après maintes péripéties, il venge son papa et se marie avec une charmante princesse avec qui il coule peut-être encore des jours heureux.

PERCHAMPS Ce mot vient du latin « pares campi », signifiant « champs de l'égalité ». Cette égalité était celle du destin final de chacun de nous, c'est-à-dire la mort. En effet, connue dès le XIVe siècle, la rue Perchamps menait à un cimetière.

PERCHE Le Perche, ancien pays de France, est situé entre la Normandie et le Maine, et, plus précisément encore, dans les départements de l'Orne et de l'Eure-et-Loir. Ce pays était divisé en Haut Perche, Grand Perche, Terres Françaises, Perche Gouet et Bas Perche. La rue existe depuis 1626. Lors de son achèvement elle fut décrite comme possédant quatorze maisons et deux lanternes.

PERCIER (1764-1838). Charles Percier, architecte né et mort à Paris. Il décrocha le prix de Rome en 1786 et se lia alors d'amitié avec Fontaine, autre architecte avec qui il ne cessa de travailler. Avec lui, il s'attacha à mettre en état la Malmaison quand Bonaparte, Premier consul, décida d'y habiter. Ils firent ensuite l'Arc de triomphe du Carrousel, l'aile septentrionale de la cour des Tuileries et de nombreux travaux au Louvre. Percier fut admis à l'Académie des beaux-arts en 1811. En matière de dessin, il agrémenta de charmants croquis des éditions de « Horace » et de « La Fontaine » par Didot. L'avenue Percier existe depuis 1844.

PERDONNET (1801-1867). Albert Auguste Perdonnet, ingénieur, né à Paris, mort à Cannes. Sorti de Polytechnique, il enseigna à l'École centrale avant d'en devenir le directeur en 1862. Il a écrit « Traité élémentaire des chemins de fer. » La rue fut baptisée en 1868.

PÈRE BROTTIER (1876-1934). C'est lui le fondateur de l'Union nationale des anciens combattants. À ce titre, une rue porte son nom depuis 1973.

PÈRE CHAILLET (1900-1972). Natif du Doubs, il enseigne d'abord la rhétorique à Dole, puis à Alger (1929-1930). En 1939, il publie « l'Autriche souffrante », qui se voulait une mise en garde contre le nazisme. C'est à Budapest qu'il apprend l'invasion de la France par les troupes allemandes. Décidant immédiatement de « résister », il regagne notre pays en transitant par la Turquie et la Syrie en janvier 1941. Sous un faux nom (Prosper Charlier), il aide des victimes de l'oppression. En novembre 1941 il publie le premier cahier – clandestin – de « Témoignage chrétien », qui deviendra aussi le nom de son réseau. Ce cahier, intitulé « France, prends garde de ne perdre ton âme », tendait à apporter la preuve de l'importance des valeurs spirituelles. À partir de novembre 1942, il doit mener une vie errante et cachée. En septembre 1943, le gouvernement d'Alger le nomme coordonnateur des activités d'entraide des diverses organisations de la Résistance. Après la guerre, il se consacrera à ses œuvres d'assistance avant de devenir supérieur de la Maison des pères jésuites à Grenoble (1962-69). Une place porte son nom depuis 1980.

PÈRE CORENTIN (1894-1944). Résistant, le père Corentin fut tué par les Allemands peu de temps avant la fin de la Seconde Guerre mondiale. On donna son nom à une rue en 1945.

PÈRE GUÉRIN C'est en 1978 que l'on donna à une rue le nom du père Guérin qui développa en France, et singulièrement dans la région parisienne, la J.O.C. (Jeunesse ouvrière chrétienne) fondée en 1924, en Belgique, par l'abbé Cardijn, plus tard cardinal.

PEREIRE (1800-1875). Émile Pereire, banquier, né à Bordeaux, mort à Paris. Venu à Paris en 1822, il créa en 1835 le chemin de fer de Saint-Germain, puis ceux du Nord et du Midi. En 1852 il fonda le Crédit mobilier et la Compagnie des transatlantiques. Le boulevard Pereire, formé en 1853, longe le chemin de fer d'Auteuil dont Émile Pereire était concessionnaire.

PÈRE JULIEN DHUIT (1872-1948). Né et mort à Chartres, il devint prêtre en 1897, il fut d'emblée chargé de s'occuper du patronage Saint-Pierre de Ménilmontant, à Paris et le dirigea durant 45 ans, fondant des colonies de vacances et participant à la création d'une école professionnelle. C'est tout à fait logiquement dans le quartier où il travailla si longtemps qu'on ouvrit une rue à son nom en 1988 et une allée en 1989.

PÈRE LACHAISE (1624-1709). François d'Aix de La Chaise, né au château d'Aix, dans le Forez, mort à Paris. Après avoir enseigné les sciences et la philosophie à Lyon, il devint à Paris, en 1674, le confesseur de Louis XIV et le resta trente-quatre ans. Saint-Simon le qualifia d'« esprit juste, droit, sensé, sage, doux et modéré » (et Saint-Simon passait pour être avare de compliments...). La Chaise servit de négociateur entre les papes Innocent XI et Innocent XII et le Roi. Prudemment – c'était nécessaire – il combattit l'influence de Mme de Montespan. En 1686, d'abord hostile au mariage du roi avec Mme de Maintenon, il se résolut finalement à l'approuver tout en obtenant du roi la promesse que ce mariage resterait secret. La Chaise, connu aussi pour être très versé en numismatique, entra à l'Académie des inscriptions et des belles-lettres en 1701. Un de ses lieux de recueillement préféré était la maison que possédaient les Jésuites au Mont-Louis; grâce aux largesses du roi, il embellit ce domaine qui, à sa mort, prit son nom. C'est sur ce domaine qu'on ouvrit, en 1806, le cimetière que l'on connaît. L'avenue du Père-Lachaise, baptisée en 1899, conduit à ce cimetière.

PÈRE MARCELIN CHAMPAGNAT (1789-1840). C'est le fondateur de la congrégation des Frères maristes, voués à la Vierge Marie. Il fut, en outre, disciple du curé d'Ars (1786-1859). Une place lui est dédiée depuis 1981.

PÈRE PLUMIER (1649-1706). Botaniste français au service du roi, qui participa à des voyages d'explorations aux Antilles et en Amérique du Sud et publia plusieurs ouvrages sur la flore de ces régions. C'est lui qui ramena en France le bégonia, qu'il avait baptisé lui-même du nom de Michel Bégon, gouverneur français de Saint-Domingue de 1682 à 1684. Un square porte son nom depuis 1997

PÈRE PROSPER-ENFANTIN (1796-1864). Prosper Barthélemy, dit le « Père Enfantin », ingénieur français né et mort à Paris. Il fut l'un des principaux propagateurs du « saint-simonisme » (doctrine caractérisée par l'industrialisme et le progressisme) qui devint une véritable religion. Le « Père Enfantin » créa deux journaux, « le Producteur » et « le Globe », et fonda à Ménilmontant une communauté modèle qui compta de très nombreux membres. Il fonda aussi et administra une société de chemin de fer, précisément la « compagnie de la gare de Lyon ». Il a écrit « la Vie éternelle », « Correspondance philosophique et religieuse » et a dit : « Qui n'aime pas en frappant est un bourreau », « Sans religion et sans peuple on ne fonde qu'un parlement » et « Organiser la société en vue de la lutte entre l'ordre et la liberté, c'est restaurer le passé; l'organiser pour l'association de ces deux principes (je ne dis pas seulement leur conciliation), c'est édifier l'avenir ». Une rue porte son nom depuis 1994.

PÈRE TEILHARD DE CHARDIN (1881-1955). Théologien, philosophe, paléontologue, jésuite, il naquit à

Orcines et mourut à New York. Il s'efforça de concilier science et foi catholique et élabora une synthèse des phénomènes physiques et biologiques qui l'amena à la conclusion d'une évolution de l'Univers aboutissant à l'Unité et à la fusion avec Dieu. Sur le plan scientifique, il identifia le sinanthrope (fossile présentant les caractères primitifs simiens et les caractères évolués hominiens). Il participa à de nombreuses expéditions savantes ou même à vocation moins scientifique a priori; c'est ainsi qu'il fit partie de la célèbre Croisière jaune organisée, en 1931, par André Citroën; avec elle il traversa le désert de Gobi; comme les soldats chinois surveillant l'expédition confisquaient toutes les pierres qu'il ramassait à des fins d'analyse, il se mit à en ramasser tant que les « confisqueurs » croulèrent bientôt sous le poids et abandonnèrent... Lors de cette Croisière, il inventa le « Centenaire de la IIIe République française » afin de permettre au radio (tandis que l'expédition était coincée au Sin-Kiang par la mauvaise grâce du président King à qui l'on avait promis des camions qui tardaient à arriver) d'émettre grâce à une antenne dissimulée dans un mât d'oriflammes... Le père Teilhard de Chardin a dit : « Ce qui est passé est mort et ne m'intéresse plus » (cela peut paraître paradoxal si l'on n'a point le goût de l'approfondissement de la part d'un paléontologue...), « J'ai définitivement fait demi-tour en avant! », « L'avenir est plus beau que tous les passés » et « L'apparition de la pensée a renouvelé la face de la terre ». Auteur lyrique et lapidaire à la fois, sa vision du monde est parfaitement décrite dans son ouvrage « le Phénomène humain ». Une rue porte son nom depuis 1978.

PERGOLÈSE (1710-1736). Giovanni Battista Pergolesi, appelé en France Jean-Baptiste Pergolèse, compositeur italien né à Jesi, mort à Pouzzoles. Il étudia la musique au Conservatoire de Naples et commença tout jeune à composer. Il écrivit une douzaine d'opéras, dont « la Serva padrona », « il Maestro di Musica », « Adriano in Siria » et « Livietta et Tracollo ». Il s'intéressa aussi à la musique religieuse et son « Stabat mater » est un des plus beaux qui soient. La rue Pergolèse existe depuis 1865.

PÉRICHAUX En 1730, cette rue, alors un simple sentier, traversait un vignoble appelé « clos Périchot », du nom de son propriétaire. Le mot Périchot changea quelque peu d'orthographe. Le sentier initial devint chemin des Périchaux, puis, à partir de 1931, la rue que nous connaissons.

PÉRIGNON Amateur de champagne, déchantez, ce n'est pas l'inventeur de votre boisson préférée qui donna son nom à cette rue, mais un sieur Pérignon qui en 1820, date d'ouverture de la rue, était membre du conseil général de la Seine. (Les admirateurs de dom Pérignon peuvent se reporter à la « rue de Champagne »)

PÉRIGORD Pays de l'ancienne France compris aujourd'hui dans le département de la Dordogne. Il comprenait le Haut Périgord, capitale Périgueux; le Bas Périgord, capitale Sarlat; la seigneurie de Bergerac. Le Périgord est une région extrêmement riche en vestiges préhistoriques. Des grottes comme celles des Eyzies ont livré de véritables trésors à ceux qui s'intéressent aux traces laissées par les premiers hommes. Le Périgord, que l'on divise, aujourd'hui, en Périgord blanc et Périgord noir (à cause des truffes recueillies sous les chênes truffiers dont d'importantes plantations sont faites actuellement), est un lieu béni pour les amateurs de foie gras et de confit d'oie. Le square du Périgord existe depuis 1932.

PÉRIGUEUX Chef-lieu de la Dordogne, baigné par l'Isle. C'est l'ancienne cité des Pétrocoriens, Vesumna. La ville actuelle date du IIIe siècle; d'abord disputée entre évêques et comtes, Périgueux se « donna » à Philippe Auguste en 1204 et fut dès lors protégée par les rois de France. Elle résista à un assaut anglais en 1356 et connut des troubles importants pendant la Fronde. Il faut voir dans la ville l'ancienne tour de Vésone, vestige d'un temple gallo-romain, et la cathédrale Saint-Front (nom de l'apôtre de la ville) bâtie, dès 1200, sur le plan d'une croix grecque. La rue de Périgueux existe depuis 1934.

PÉRIPHÉRIQUE (boulevard). Ceignant Paris, ce boulevard mesure 36 km. Commencé en 1960, il fut terminé en 1974. Il dessert toutes les portes de Paris et chaque matin et chaque fin d'après-midi de la semaine, il permet aux automobilistes de tester le comportement de leurs véhicules à la vitesse d'un homme marchant lentement. Il comporte deux chaussées à sens unique possédant chacune quatre voies. (Trois seulement entre la porte d'Italie et la porte de Sèvres.)

PERLE Depuis 1575 cette rue porte ce nom dû à la présence d'une enseigne désignant l'entrée – qui se trouvait à hauteur du numéro 18 actuel – d'un célèbre jeu de paume, dit « Jeu de Paume de la Perle ».

PERNELLE Mme Pernelle fut la femme de Nicolas Flamel (voir ce nom). Elle mourut en 1397, laissant à son mari une fortune qui accrédita, en partie, les propos des gens de l'époque qui affirmaient que Flamel avait découvert la pierre philosophale et qu'il fabriquait de l'or dans son creuset. La rue Pernelle existe depuis 1851. Signalons aussi que Mme Pernelle est le nom d'un personnage du « Tartuffe » de Molière; il est porté par une belle-mère épouvantable, ennemie jurée de la paix des ménages...

PERNETTE DU GUILLET (1520-1545). Savante et poétesse née à Lyon. On la connaît aussi sous les pseudonymes de Perrine ou Perronnelle. Ses principaux poèmes ont été publiés sous le titre « Rimes de gentille et vertueuse dame Pernette du Guillet ». Le nom « péronnelle », qui s'écrit avec un seul « r » et désigne une fille un peu sotte et bavarde, ne doit rien à Pernette du Guillet dont on donna le nom à une rue en 1974.

PERNETY (1766-1856). Joseph de Pernety, général qui combattit sous le Consulat et le premier Empire, était l'ancien propriétaire du terrain sur lequel cette rue fut construite en 1868. L'histoire de France connaît un autre Pernety, dom Antoine Joseph, qui fut aumônier de l'expédition de Bougainville aux îles Malouines en 1763. Né en 1716 et mort en 1801, il termina sa vie à la recherche de la pierre philosophale et de l'élixir de longue vie. Apparemment il ne trouva ni l'une ni l'autre, puisqu'il mourut pauvre à un âge n'ayant rien d'absolument canonique.

PÉROU République de l'Amérique du Sud, au bord de l'océan Pacifique. Sa superficie est de 1 285 000 km^2; nombre d'habitants : 24 200 000. Capitale : Lima. À partir du XIe siècle, les Incas constituèrent, au Pérou, un vaste empire que les Espagnols, menés par Pizarro, détruisirent en 1533. Le Pérou devint indépendant en 1824, mais la guerre dite « du Pacifique », qu'il mena contre le Chili de 1879 à 1883, le laissa exsangue et lui fit perdre une partie de son littoral méridional. Des tribus indiennes vivent encore dans la partie est du pays. Au centre, au sein des hautes vallées de la cordillère des Andes, se trouve la partie vitale du Pérou. La place du Pérou fut baptisée en 1958.

PERRAULT (1613-1688). Claude Perrault, médecin, savant et architecte, né et mort à Paris. Comme médecin, il s'adonna à la dissection des animaux et put écrire « Mécanique des animaux ». Comme architecte, on lui doit la colonnade du Louvre, construite de 1666 à 1670, et l'Observatoire de Paris. Il fut membre de l'Académie des sciences. Une rue porte son nom depuis 1867. Claude Perrault était le frère de Charles Perrault (1628-1703), auteur des contes bien connus.

PERRÉE (1761-1800). Emmanuel Perrée était contre-amiral. Napoléon lui-même tint à ce qu'une rue portât son nom à partir de 1809.

PERREL Depuis 1931, cette rue porte le nom d'un de ses premiers propriétaires riverains.

PERRET Ce passage fut ouvert sur des terrains appartenant à la gente dame Perret.

PERREUR Depuis leurs créations, le passage et la villa portent ce nom, emprunté au propriétaire d'une maison dans le passage.

PERRICHONT M. Perrichont, qui, à un « t » près, aurait pu être l'homme du « Voyage », n'était que le propriétaire du terrain sur lequel cette courte avenue fut ouverte en 1882.

PERRON Construit en 1784, ce passage fut fréquenté assidûment, de 1809 à 1827, par les « boursicoteurs ». En effet, de 1809 à 1818, la Bourse était installée au Palais-Royal (où mène le passage) et de 1818 à 1827 elle se tenait dans la rue Feydeau, toute proche.

PERRONET (1708-1794). Jean Rodolphe Perronet, ingénieur des Ponts et Chaussées, né et mort à Paris. Directeur, à partir de 1747, de l'École des ponts et chaussées qui venait d'être créée, Perronet fut aussi, de 1757 à 1786, inspecteur général des salines. Nous lui devons les plans des ponts de Neuilly, de Nemours, de Pont-Sainte-Maxence, et la construction du canal de Bourgogne et du grand égout de Paris. On donna son nom à une rue en 1865

PERS M. Pers – qui avait peut-être les yeux bleus, de cette nuance particulière que l'on nomme pers – possédait les terrains sur lesquels cette impasse fut ouverte.

PERSHING (1860-1948). John Joseph Pershing, général américain, né à Lynn, dans le Missouri. Pendant la Première Guerre mondiale, c'est lui qui commanda le corps expéditionnaire américain envoyé pour combattre sur le front français, en 1918. Le boulevard Pershing existe depuis 1931.

PESTALOZZI (1746-1827). Jean Pestalozzi, pédagogue suisse, né à Zurich, mort à Brugg. Sa vocation se révéla après sa lecture de l'« Émile » de J.-J. Rousseau. À l'âge de 22 ans, ayant acheté une ferme à Neuhof, il y accueillit et éleva plus de cent enfants pauvres. Cet établissement se transporta ensuite à Stans, puis à Burgdorf et enfin à Yverdon. Pestalozzi, au milieu de grandes difficultés matérielles, institua l'enseignement agricole et professionnel. Une statue, le représentant en train de parler à deux enfants, a été élevée à Yverdon. Pestalozzi a écrit « Soirées d'un solitaire », « la Gazette suisse pour le peuple » et « Comment Gertrude instruit ses enfants ». Une rue porte son nom depuis 1890.

PÉTEL Depuis 1857, date de son ouverture, cette rue porte le nom du propriétaire du terrain sur lequel on la construisit.

PETERHOF Ville de Russie, appelée aujourd'hui Petrodvorets. Fondée en 1711 par Pierre le Grand, Peterhof, aux nombreux châteaux et jardins, fut longtemps la résidence préférée de la famille impériale. Elle est située sur la baie de Cronstadt. L'avenue Peterhof date de 1898.

PETIET (1813-1871). Jules Alexandre Petiet, ingénieur né et mort à Paris. En 1842, il fut employé à la Société du chemin de fer de Versailles. En 1845, il dirigea l'exploitation de celui du Nord et devint chef du matériel de ce dernier en 1848. Enfin, en 1867, il devint directeur de l'École centrale. La rue Petiet existe depuis 1905.

PÉTIN Cette impasse porte le nom d'un de ses premiers habitants.

PÉTION (1756-1794). Jérôme Pétion de Villeneuve, homme politique né à Chartres, mort à Saint-Émilion. D'abord avocat, il fut élu député du tiers, aux états généraux de 1789. Orateur brillant au sein du parti révolutionnaire, il devint président de l'Assemblée. En novembre 1791, il fut nommé maire de Paris, mais n'ayant pu empêcher, le 20 juin 1792, l'envahissement des Tuileries par le peuple, la Cour le fit suspendre de ses fonctions; pourtant, devant la pression des Parisiens, cette même Cour dut se résoudre à accepter sa réintégration. Le 3 août 1792, Pétion de Villeneuve demanda la déchéance du roi; elle fut prononcée le 10 août. Devenu ensuite membre de la Convention, il présida la première session de cette nouvelle Assemblée. Jusqu'ici très populaire, la brouille qui survint entre Robespierre et lui altéra beaucoup son « image de marque ». Bientôt on l'accusa de complicité avec Dumouriez. Il fuit alors Paris, tenta vainement de fomenter une insurrection en Normandie, puis se réfugia à Saint-Émilion. Sur le point d'être découvert, il s'enfuit dans la forêt avoisinante, en compagnie d'un de ses amis nommé Buzot et, comme ce dernier, il se suicida. Quand les corps des deux hommes furent découverts, ils étaient à demi dévorés par les loups... La rue Pétion fut baptisé en 1885.

PETIT (1772-1856). Jean Martin Petit, baron et général, né et mort à Paris. Le 20 avril 1814, dans la cour du Cheval-Blanc, au château de Fontainebleau, le général Petit eut l'honneur d'être embrassé par Napoléon qui venait de prononcer ses adieux à sa vieille garde. Plus tard, en 1815, le général Petit combattit aux côtés de l'empereur à Waterloo. Il prit sa retraite en 1825, mais en juillet 1830 il reprit du service et fut nommé général de division en 1831. Devenu commandant des Invalides en 1840, le général Petit fut fait sénateur par Napoléon III en 1852. On donna son nom à une rue en 1865.

PETIT-CERF On a le patronyme qu'on peut. C'est un nommé Petit-Cerf, propriétaire d'une maison dans ce passage, qui lui donna son nom.

PETIT-MODÈLE D'abord appelée « cité Petit-Modèle », cette impasse doit son nom soit à sa faible superficie, soit à un sieur Petit qui l'aurait créée en même temps que les habitations qui la bordent. La première explication semble la plus exacte.

PETIT-MOINE C'est une ancienne enseigne, datant du XIVe siècle, qui donna son nom à cette rue dès cette époque.

PETIT-MUSC Le musc, produit utilisé en parfumerie pour fixer les éléments constituant un parfum, n'a rien à voir avec le nom de cette rue qui n'est que le résultat d'une déformation. En effet, au XIVe siècle, cette voie portait le charmant nom de « Pute-y-Muse », expression qui ne nécessite aucune explication complémentaire. Avec le temps et la peur des mots qui s'instaura, « Pute-y-Muse » devint « Petit-Musc ».

PETIT-PONT Depuis plus de vingt siècles, ce pont existe au même endroit et sous le même nom. Bien entendu, il fut plusieurs fois reconstruit. Initialement, il n'était qu'une passerelle établie par les Romains. 1186, année où il fut pour la première fois édifié en pierre, marque le point de départ d'une série impressionnante de destructions naturelles ou pas, et de reconstructions de ce Petit-Pont qui unit le quai Saint-Michel au quai du Marché-Neuf, dans l'île de la Cité. En effet, jusqu'en 1768, il dut, pratiquement, être reconstruit tous les cinquante ans. Jusqu'en 1718, il était bordé de maisons, comme le voulait la coutume. Le Petit-Pont actuel date de 1853; c'est le plus court de Paris. La place du Petit-Pont date de 1782. Quant à la rue, c'est une des plus anciennes de Paris, puisqu'elle était le début de la voie romaine menant de Lutèce à Orléans.

PETITE-ARCHE Cette rue, annexée par Paris en 1925, doit son nom à un lieu-dit qui devait lui-même sa dénomination à l'arche d'un ancien pont qui y prenait appui.

PETITE-BOUCHERIE Depuis 1817, ce passage doit son nom à une boucherie qui s'y établit.

PETITE-PIERRE Ville d'Alsace prise par les Allemands en 1870, le 9 août précisément, après qu'elle eut opposé une farouche et courageuse résistance. C'est pour honorer cette résistance qu'en 1873 on donna le nom de « Petite-Pierre » à une rue de Paris.

PETITE-TRUANDERIE L'étymologie de cette rue a la même explication que celle de la « Grande-Truanderie » où elle aboutit (voir « rue de la Grande-Truanderie »). À l'endroit où ces deux rues se touchent, existait une petite place au centre de laquelle on fora un puits. Une jeune fille nommé Agnès Hellebick, dont le père était fort en cour auprès de Philippe Auguste, se jeta au fond de ce puits pour guérir de la peine que lui avait causée la trahison de son amant... Le puits fut alors désigné sous le nom de « puits d'Amour » et pendant un certain temps on accola ce nom à la rue de la « Petite-Truanderie »

PETITES-ÉCURIES Ce sont les « petites écuries royales », sises à partir de 1752 à l'emplacement actuel de la cour des Petites-Écuries, qui donnèrent leur nom à la fois à cette cour, au passage et à la rue qui nous intéressent. Les chevaux et voitures du roi avaient leur entrée principale rue du Faubourg-Saint-Denis, mais une autre entrée se trouvait au numéro 15 de la rue des Petites-Écuries. La petite histoire prétend que Ninon de Lenclos tint sa cour galante, avant la construction des écuries, à l'endroit où se trouve actuellement la cour. De « cour galante » à « cour des Petites-Écuries », un bien curieux pas fut franchi...

PETITS-CARREAUX Au Moyen Âge, les pavés dont on se servait pour les rues étaient parfois appelés des carreaux, d'où le nom de cette voie, officiellement baptisée ainsi en 1640.

PETITS-CHAMPS Ouverte en 1634 sous le nom de rue Bautru, cette rue prit, en 1640, celui de « Neuve-des-Petits-Champs », dû au fait qu'elle prolongeait l'ancienne rue des Petits-Champs, qui ne s'appela Croix-des-Petits-Champs qu'à partir de 1881. C'est à cette date que la rue qui nous intéresse perdit son adjectif de « neuve ».

PETITS-HÔTELS Ouverte en 1827, cette rue doit son nom à plusieurs petits hôtels particuliers qui y furent alors bâtis.

PETITS-PÈRES C'est le couvent des Petits-Pères, sis à l'emplacement de la place des Petits-Pères actuelle, qui a donné son nom à la rue, au passage et, bien entendu, à la place. Les Petits-Pères, religieux augustins réformés, appelés aussi les « déchaussés », occupèrent ce couvent à partir de 1628. Ils venaient d'Avignon où ils se trouvaient depuis 1612, date à laquelle ils avaient été chassés de Paris par la reine Margot qui trouvait qu'ils chantaient faux les airs écrits par elle pour célébrer les louanges de Jacob! La Révolution supprima le couvent, en faisant de lui l'ancienne mairie du IIIe arrondissement jusqu'à ce que celle-ci s'établisse, en 1849, rue de la Banque et que l'arrondissement devienne le IIe en 1860. L'ancien couvent, dont une partie adjacente à la mairie était devenue une caserne de pompiers, dès le premier Empire, fut alors totalement dévolu aux « hommes du feu »; puis on le démolit avant la fin du XIXe siècle.

PETITOT (1607-1691). Jean Petitot, peintre sur émail, né à Genève, mort à Vevey. Placé dans sa jeunesse chez un joaillier réputé de l'époque, Pierre Bordier, il fut chargé, par ce dernier, de peindre des portraits que tous deux exécutaient sur émail. Avec son maître, il visita la France, l'Italie et l'Angleterre où Charles Ier se l'attacha. À la mort du souverain anglais, en 1649, Petitot revint en France; là, Louis XIV lui octroya une pension, ainsi qu'un logement au Louvre. L'artiste exécuta alors, toujours sur émail, les portraits d'Anne d'Autriche et de Marie-Thérèse. Il reproduisit également des tableaux de Mignard, Le Brun et Philippe de Champaigne. Protestant, Petitot ne reçut pas l'autorisation, à la révocation de l'édit de Nantes, de rentrer en Suisse et fut emprisonné au Fort-l'Évêque. Bossuet tenta en vain de le convertir, selon la mission qu'il avait reçue. Petitot, vieux, tomba malade; son état de santé lui permit de recouvrer la liberté qu'il mit à profit pour regagner enfin son pays natal. La rue Petitot fut baptisée en 1875

PÉTRARQUE (1304-1374). Francesco Petrarca, poète italien né à Arezzo, mort à Arqua. Dès sa plus tendre jeunesse, il vint en compagnie de son père à Carpentras, où il fut instruit. De 1318 à 1322, il étudia la théologie à Montpellier, puis ensuite à Bologne. Quand son père décéda, en 1325, le jeune Pétrarque fut spolié de son héritage par les exécuteurs testamentaires. Il se fit alors ordonner prêtre et vint en Avignon où sa poésie latine fut remarquée par toute la cour de Jean XXII dès 1327. Il demeura trois années à Avignon, puis entreprit de voyager en Europe. De retour en Avignon en 1337, il acquit un domaine sur la rivière Sorgue; il s'y cloîtra pendant trois ans et y écrivit la plupart de ses sonnets et « canzoni » qui eurent le mérite de fixer l'idiome italien. En 1341, il fut appelé à Rome pour siéger au Sénat. Tous les princes européens lui marquèrent dès cette date une grande estime. Chargé de missions diplomatiques, Pétrarque s'ingénia à ramener Rome au sein de la cour pontificale. En récompense, Benoît XII lui donna, en 1345, le prieuré de Migliarino, près de Pise. En 1354, il négocia la paix entre Gênes et Venise. En 1370, il légua sa bibliothèque à la République vénitienne; ce fut le commencement de la célèbre bibliothèque de Saint-Marc. Il termina son existence dans les monts Euganéens, à Arqua, près de Padoue. Il écrivit « Rime in vita e in morte di madonna Laura », « Triomphes », des épîtres et des églogues (satires des mœurs de la cour pontificale). Pétrarque disait : « La raison parle et le sentiment mord », « Pleurer est plus doux qu'on ne le croit » et « Celui qui peut dire de quel feu il brûle ne brûle que d'un petit feu ». La rue Pétrarque existe depuis 1864 et le square depuis 1927

PÉTRELLE C'est le nom d'un archi tecte qui, à la fin du XVIIIe siècle, bâtit des maisons dans cette rue, baptisée en 1780. Le square Pétrelle, pour sa part, existe depuis 1902.

PEUPLIERS (avenue). Située dans la villa de Montmorency, cette voie doit son nom aux peupliers qui la bordent. Tout simplement.

PEUPLIERS (rue, square et place). Au début du XVIIIe siècle, le chemin des Peupliers, devenu rue en 1877, s'agrémentait de nombreux peupliers, arbres dont on connaît une vingtaine de variétés, la plus répandue en France étant celle du peuplier blanc ou de Hollande. La place fut baptisée en 1910 et le square en 1926.

PHALSBOURG (rue et cité). Ville alsacienne fondée en 1570 par un comte palatin. En 1870, le commandant Taillant y résista pendant quatre mois aux Allemands. C'est cette résistance qui valut à la ville de Phalsbourg l'honneur de figurer sur deux plaques bleues de notre capitale, à partir de 1879 pour la rue et de 1938 pour la cité. Sont nés à Phalsbourg : Gustave Doré, le maréchal Lobau, le colonel Charras et le romancier Erckmann. Pas Chatrian.

PHILIBERT DELORME (1515-1570). Philibert Delorme ou De l'Orme, architecte né à Lyon, mort à Paris. Adolescent, il étudia, à Rome, les monuments de l'Antiquité. Venu à Paris, il devint architecte du roi et inspecteur des bâtiments royaux. Très apprécié par Henri II et Diane de Poitiers, il exécuta pour eux des travaux importants dont il ne reste, malheureusement, aucune trace. Tombé en disgrâce à la mort de Henri II en 1559, il recouvra ses fonctions en 1564. Pour Catherine de Médicis, il commença alors la construction des Tuileries. Cependant, le château d'Anet semble être son ouvrage le plus remarquable. C'est Delorme qui inventa la construction en planches sur champs pour les voûtes légères et les combles. Les deux livres qu'il rédigea, « Nouvelles Inventions pour bien bâtir et à petits frais » et « Premier Tome de l'architecture de Philibert De l'Orme » (il mourut avant d'écrire d'autres tomes), constituèrent pendant plus de cent ans les meilleurs traités de l'art de la construction. La rue Philibert-Delorme existe depuis 1875.

PHILIBERT LUCOT Depuis 1901, date de sa construction, cette rue porte le nom d'un de ses premiers propriétaires résidents.

PHILIDOR (1726-1795). François André Danican, dit Philidor, compositeur et premier joueur d'échecs de son temps, né à Dreux, mort à Londres. À 22 ans il publia « Analyse du jeu des échecs », ouvrage encore valable. C'est donc comme joueur d'échecs qu'il se fit tout d'abord connaître, mais en 1759 son premier opéra, « Blaise le Savetier », lui assura aussi la gloire dans le domaine musical. Autres ouvrages musicaux : « Ernelinde », « le Jardinier et son seigneur », « Sancho Pança dans son île » et « la Belle Esclave », ainsi qu'un « Te Deum » qui fut exécuté aux funérailles de Rameau. La rue Philidor fut baptisée en 1875.

PHILIPPE AUGUSTE (1165-1223). Philippe II, dit Philippe Auguste, roi de France à partir de 1180, né à Gonesse, mort à Mantes. Quand son père, Louis VII, mourut en 1179, le comte de Flandre, Philippe d'Alsace, obtint la régence. Mais Philippe Auguste se brouilla rapidement avec lui, prit le pouvoir et obligea, en 1186, l'ex-régent à lui céder le Vermandois. Le jeune roi mena de violentes persécutions contre les juifs, que la population accusait d'être responsables des calamités publiques... À partir de 1187, Philippe Auguste entra en guerre contre Henri II d'Angleterre.

Il le vainquit à Azay en juillet 1189 et obtint les territoires de Graçai et d'Issoudun. Henri II décédé, Philippe Auguste consentit à suivre le nouveau roi d'Angleterre, Richard Cœur de Lion, à la troisième croisade en 1190. Mais cette alliance cachait une ruse de la part du roi de France, qui avait prévu de rentrer en Europe avant son puissant voisin, pour profiter de son absence... Il revint en effet dans notre pays après la prise de Saint-Jean-d'Acre et ne fut pas étranger à l'arrestation du roi d'Angleterre, lors de son retour de la Terre sainte, par l'empereur allemand Henri VI. Philippe Auguste, allié au frère de Richard, Jean sans Terre, envahit la Normandie. Délivré en 1194, le roi d'Angleterre entreprit alors une guerre sans merci contre notre souverain; les combats durèrent jusqu'à la mort de Richard, au château de Châlus, en 1199. En 1204, Philippe refusa de participer à la quatrième croisade. À partir de 1213, il eut à se battre contre Jean sans Terre, nouveau roi anglais, Ferrand de Portugal et Otton de Brunswick; il les vainquit brillamment à Bouvines, en 1214. Il est évident que Philippe Auguste consolida grandement le pouvoir royal et qu'il sut réduire une grande partie des féodaux. Il embellit Paris qu'il pourvut d'une enceinte, fit bâtir le premier Louvre et accélérer les travaux de Notre-Dame. C'est sous son règne, en 1208, que fut créée l'Université. C'est également sous son règne qu'eut lieu, de 1209 à 1214, la croisade contre les Albigeois, à laquelle il est juste de dire qu'il ne prit point une grande part. Philippe Auguste convola trois fois : avec Isabelle, fille de Baudoin V, comte de Hainaut; avec Ingeburge, fille de Waldemar le Grand, roi du Danemark; enfin avec Agnès, fille de Berthold de Méranie. C'est Isabelle qui lui donna le fils qui lui succéda, sous le nom de Louis VIII. L'avenue Philippe-Auguste existe depuis 1864.

PHILIPPE DE CHAMPAGNE (1602-1674). Philippe de Champagne ou de Champaigne, peintre né à Bruxelles, mort à Paris. C'est un des plus importants représentants de l'école flamande. D'une famille originaire de Reims, il vint à Paris à l'âge de 19 ans et y demeura jusqu'à sa mort. Dès son arrivée dans notre capitale, il se lia d'amitié avec Poussin. En 1628, Marie de Médicis le chargea de diriger les travaux qui s'exécutaient au Luxembourg; elle le logea d'ailleurs dans ce palais et lui octroya une pension de 1 200 livres. Quand on créa l'Académie de peinture en 1648, Philippe de Champagne en devint un des premiers membres. La mort de sa femme et de plusieurs de ses enfants affecta, ensuite, profondément le peintre qui se tourna vers la religion, en fréquentant particulièrement les jansénistes. Il fut bientôt surnommé « le peintre de Port-Royal », établissement où sa dernière fille s'était retirée. Philippe de Champagne fut un peintre très prolifique, dont les œuvres principales sont « le Vœu de Louis XIII », « la Samaritaine », « Madeleine aux pieds du Sauveur », ainsi que six grandes toiles destinées aux Carmélites du faubourg Saint-Jacques : « Nativité », « Circoncision », « Adoration des rois », « Présentation au Temple », « Résurrection de Lazare » et « Assomption ». D'autre part, il décora le dôme intérieur de la Sorbonne et travailla, à la demande de Richelieu, au Palais-Cardinal, devenu le Palais-Royal. On donna son nom à une rue en 1867.

PHILIPPE DE GIRARD (1775-1845). Ingénieur né à Lourmarin (Vaucluse), mort à Paris. Émigré au moment de la Révolution, il rentra en France en 1795 et se fixa dans la capitale. Il étudia la physique et la mécanique appliquée. En 1805, il imagina des lampes hydrostatiques à niveau constant; mais surtout, en 1810, il créa, pour répondre à un décret impérial promettant un million de francs de récompense – qu'il n'obtint pas –, une machine à filer le lin. Il perfectionna cette invention en 1813. Après la chute de l'empereur, Philippe de Girard fut abandonné par Louis XVIII et se trouva contraint à l'exil. Il partit fonder, près de Vienne, en Autriche, puis à Varsovie, des filatures qui ne tardèrent pas à prospérer. Cela n'empêcha cependant pas notre inventeur, qui rentra en France en 1844, de mourir pauvre à cause des dettes qu'il avait contractées lors de la préparation de son invention capitale de 1810. Sa famille, en 1853, reçut une pension de 12 000 francs, juste, mais tardive récompense. Une rue reçut son nom en 1865.

PHILIPPE HECHT Depuis 1928, cette rue porte le nom d'un de ses premiers propriétaires résidents.

PHILOSOPHE Cette allée, baptisée en 2001, et qui débouche boulevard Voltaire, doit son nom à celui-ci.

PIAT Cette rue de la première moitié du XIXe siècle doit son nom à un propriétaire, qui était notaire à Belleville.

PICARDIE Cette ancienne province de France, dont la capitale est Amiens, comprend le Vermandois, l'Amiénois, le Valois, le Santerre, le Ponthieu, le Boulonnais et la Thiérache. Bien qu'occupée par Philippe Auguste de 1185 à 1191, la Picardie, objet de toutes les convoitises pendant la guerre de Cent Ans, ne fut rattachée à la couronne de France qu'en 1482. La rue de Picardie existe depuis 1867.

PICCINI (1728-1800). Nicolas Piccini ou Piccinni, compositeur italien, né à Bari, mort à Passy. Élève du Conservatoire de Naples, sa première œuvre, un opéra-bouffe, « le Donne dispettose », date de 1754. Ensuite, et jusqu'en 1776, il écrivit pour les scènes italiennes plus de soixante opéras. Puis Marie-Antoinette l'appela à Paris. Piccini, que l'on opposa absurdement à Gluck, connut quelques déboires à cause de cette rivalité. Cela n'empêcha pas son premier ouvrage parisien, « Roland », en 1778, de connaître un grand succès. Piccini fut chargé de diriger une troupe italienne qui venait d'entrer à l'Opéra et, grâce à elle, il fit connaître aux Parisiens un grand nombre de chefs-d'œuvre italiens du répertoire classique. Mais vint la Révolution qui lui fit perdre son emploi et il partit pour Naples. Là-bas, des intrigues allèrent jusqu'à mettre sa vie en danger et il préféra rentrer en France en 1798. Il mourut au moment où venait de lui être confiée une place d'inspecteur au Conservatoire. Œuvres de Piccini : « Didon », « Lucette », « le Faux Lord » et « Iphigénie en Tauride ». La rue existe depuis 1868.

PIC DE BARRETTE Cette rue, créée en 1989 près de la rue des Cévennes, porte le nom d'un sommet de cette région.

PICOT Ce monsieur était propriétaire d'une maison dans cette rue baptisée en 1827, année de sa construction.

PICPUS Au milieu du XVIe siècle, une épidémie curieuse frappa les femmes et les enfants de cette partie de notre actuel XIIe arrondissement : leurs bras se couvrirent d'enflures et de rougeurs semblables à celles que peuvent procurer les puces. Pour guérir ce mal, un religieux confectionna un baume parfumé qui fit disparaître enflures et démangeaisons. L'inventeur de ce produit « miraculeux » fut surnommé « Pique-pusse » et ce nom fut donné un siècle plus tard à un couvent de pénitents réformés, du tiers ordre de Saint-François, venus s'installer dans le quartier. Bientôt, le nom de « Pique-pusse », qui par contraction devint Picpus, s'appliqua non seulement au couvent, mais à tout le territoire environnant. Sur son tracé actuel, la rue Picpus existe depuis 1868 et le boulevard depuis 1864. Cependant, sur un tracé similaire, la rue avait pris naissance dès la fin du XVIe siècle.

PIÉMONTÉSI Simple passage jusqu'en 1931, cette rue porte le nom d'un de ses premiers propriétaires résidents.

PIERRE Ier DE SERBIE (1846-1921). Pierre Karageorgevitch, qui deviendra Pierre Ier roi de Serbie, en 1903, naquit à Belgrade. Il fut élève à l'école de Saint-Cyr et participa, dans nos rangs, à la guerre de 1870-1871. Pendant la Première Guerre mondiale il se montra héroïquement solidaire de son peuple en proie à l'adversité. À partir de 1918, et jusqu'à sa mort, il fut roi non seulement des Serbes, mais aussi des Croates et des Slovènes. L'avenue Pierre-Ier-de-Serbie existe depuis 1918.

PIERRE-ADRIEN DALPAYRAT (1844-1910). Céramiste français à qui l'on doit des œuvres en grès, en faïence, puis en porcelaine à partir de 1902. On admire ses grès flammés, ses rouges remarquables et les formes nouvelles qu'il sut donner à ses vases, théières et objets de bureau. Il créa aussi des pièces à forts reliefs anthropoïdes (singes se rapprochant de l'homme) ou zoomorphes (qui revêtent la forme d'un animal). Un square porte son nom depuis 1997

PIERRE AU LARD Si le sieur Pierre Oilard, bourgeois de notre capitale demeurant dans cette rue au XIIIe siècle, voyait ce que l'on a fait de son joli nom, il ne serait pas content... En 1274, tout était encore normal : la rue s'appelait Petri Oilard, puis les choses se dégradèrent un peu vers 1450 quand Oilard devint Allard; ensuite tout alla de mal en pis pour notre pauvre bourgeois puisque son nom se transforma en O'Lard, puis Aulard et, enfin, « au lard », en 1500. Mon Dieu! Que sera devenu son nom dans cinq cents ans?

PIERRE BAYLE (1647-1706). Philosophe né au Carlat (Ariège), mort à Rotterdam. Il étudia la philosophie à Toulouse, chez les Jésuites, auprès desquels il abjura le protestantisme - religion dans laquelle il avait été élevé par son père. Il fut alors demandé à Bayle d'essayer de ramener toute sa famille dans le giron de l'Église catholique. Mais c'est le contraire qui se produisit, puisqu'il retourna au protestantisme. Cette « reconversion » l'obligea à fuir à Genève. Il y resta peu et rentra en France, d'abord à Rouen comme précepteur, puis à Paris, au service du comte de Beringhen. Bayle obtint ensuite la chaire de philosophie à l'académie protestante de Sedan et, durant cinq ans, s'adonna à l'enseignement. En 1681, quand on supprima l'académie sedanaise, il partit pour Rotterdam afin d'y occuper une chaire de philosophie et d'histoire. Il rédigea, en Hollande, un livre intitulé « Pensées diverses sur la comète de 1680 » dans lequel il analysait les méfaits des superstitions; ses ennemis crièrent qu'il s'était fait le porte-parole des athées et ce livre fut interdit en France. Un autre ouvrage, « Critique de l'histoire du calvinisme », fut brûlé en place publique... Le souci principal de Bayle était la tolérance, qu'il prônait dans tous ses écrits, mais surtout dans « Commentaire philosophique sur ces paroles de l'Évangile de saint Luc "Contrains-les d'enfer" ». Sur la fin de sa vie, Pierre Bayle se vit retirer le droit d'enseigner et on lui supprima la pension qu'il touchait jusqu'alors. Il ne rentra jamais en France et consacra ses dernières années à la rédaction d'autres ouvrages, tels « Avis au petit auteur des petits livrets », « Opuscules » et « Lettres ». La rue Pierre-Bayle existe depuis 1897.

PIERRE BONNARD Peintre français, né à Fontenay-aux-Roses en 1867, mort au Cannet en 1947. Il adhéra au groupe des nabis (influencé par l'école de Pont-Aven, le japonisme et Gustave Moreau). Il réalisa de nombreuses affiches ; le succès de celle intitulée « France-Champagne » le décida, en 1889, à ne se consacrer qu'à la peinture. Il subit la fascination des estampes japonaises et devint un très éminent coloriste du postimpressionnisme. On connaît de lui, entre autres : « la place Clichy », « Intérieur blanc », « Nu dans le bain », « Nu à contre-jour », « Nu devant la cheminée ». Une rue porte son nom depuis 1988.

PIERRE BOURDAN (1909-1948). Pierre Maillard, dit Pierre Bourdan, journaliste et homme politique. Une rue de Paris porte son nom depuis 1951. Signalons qu'un ancien centre O.R.T.F., maintenant géré par la troisième chaîne de télévision (F.R.3), est appelé « centre Pierre-Bourdan » : il se trouve rue du Recteur-Poincaré. Pendant la Seconde Guerre mondiale, Pierre Bourdan était l'un des « trois amis » qui, depuis Londres, sur ondes courtes, animaient l'émission « Les Français parlent aux Français ». Les deux autres « amis » étaient Jacques Duchêne et Jean Marin, auxquels vint s'adjoindre Pierre Dac.

PIERRE BRISSON (1896-1964). C'est en 1971 que l'on donna à cette place le nom de ce publiciste très connu qui dirigea de longues années « le Figaro ».

PIERRE BROSSOLETTE (1903-1944). Homme politique et journaliste, né à Paris. Ce socialiste, véritable résistant de la première heure, fut arrêté par les Allemands qui le torturèrent. Afin de ne pas parler, Pierre Brossolette se suicida dans sa cellule. Dès la fin 1944, on donna son nom à une rue.

PIERRE BUDIN (1846-1907). C'est en 1912 que cette rue prit le nom de Pierre Budin, médecin connu de son temps.

PIERRE BULLET (1639-1716). Architecte qui avec son maître, Blondel, participa à la construction de la porte Saint-Denis avant de devenir architecte de la Ville de Paris, puis membre de l'Académie d'architecture. Son œuvre la plus remarquable est l'Arc de triomphe de la porte Saint-Martin. On lui doit aussi l'église Saint-Thomas-d'Aquin, sauf le portail. La rue Pierre-Bullet existe depuis 1894.

PIERRE CHARRON (1541-1603). Écrivain et moraliste né et mort à Paris. D'abord avocat, il étudia ensuite la théologie avant d'entrer dans les ordres et de devenir un prédicateur de renom. Comblé d'honneurs, il résida dans de nombreuses villes de France (Lectoure, Agen, Cahors et Condom). À Bordeaux, où il habita également, il se lia d'amitié avec Montaigne dont il fut le disciple le plus éminent. Il a écrit « les Trois vérités », « Discours chrétiens » et « Traité de la sagesse », son œuvre principale, qui est une sorte de transposition philosophique des « Essais » de Montaigne. Pierre Charron a dit : « Il y a plus de différence d'homme à homme, que d'homme à bête. » Une rue porte son nom depuis 1879.

PIERRE CHAUSSON Depuis 1897, cette rue porte le nom d'un de ses propriétaires riverains.

PIERRE DAC (1895-1975). Humoriste français né à Châlons-sur-Marne, mort à Paris, de son vrai nom André Issac. Il donna ses premiers textes en 1922 dans le cabaret montmartrois « la Vache enragée » et fut très vite considéré comme « le roi des loufoques ». En 1938, il fonda le journal « l'Os à moelle » dans lequel il donna, notamment, la recette de la « confiture de nouilles » (qui étonne encore tous les amateurs de pâtes alimentaires !). Pendant la Seconde Guerre mondiale, et après treize mois passés dans les prisons espagnoles, il gagne Londres et y devient, sur la B.B.C., l'une des voix des « Français parlent aux Français ». En 1945, de retour à Paris, il créa « l'Os libre » et rencontra un autre humoriste, Francis Blanche (1921-1974), avec lequel il donna, en duo, d'innombrables sketches dont le « Sar Rabindranath Duval » (« Il peut le dire... »), ainsi que des feuilletons radiophoniques tel « Malheur aux barbus ». En 1964, il ressortit « l'Os à moelle » et, en 1972, publia un livre de « Pensées », dont celles-ci : « Celui qui dans la vie est parti de zéro pour n'arriver à rien dans l'existence n'a de merci à dire à personne », « C'est quand les carottes sont cuites que c'est la fin des haricots. Et bilatéralement » et « Celui qui est myope d'un œil, presbyte de l'autre, et qui louche de surcroît, n'a aucune excuse de ne pas s'apercevoir de ce qui se passe autour de lui ». La rue Pierre-Dac existe depuis 1995.

PIERRE DE COUBERTIN (1863-1937). D'abord destiné à la carrière militaire, il changea, si l'on peut dire, son fusil d'épaule, pour s'orienter vers la propagation du sport parmi la jeunesse, écrivant dans des revues et fondant de nombreux clubs sportifs. En 1894, à Lausanne, devant les représentants de 14 nations, il proposa de faire renaître les jeux Olympiques de l'Antiquité et deux ans plus tard il ouvrait, symboliquement à Athènes, les premiers jeux Olympiques modernes dont il dirigea le comité jusqu'en 1925. Auteur de plusieurs livres, dont « Rôle pédagogique du sport », on lui attribue aussi la phrase : « L'essentiel est de participer. » Une avenue porte son nom depuis 1994.

PIERRE DEMOURS (1702-1795). Chirurgien né à Marseille, mort à Paris. Ce fut surtout un oculiste de grand talent ; il laissa un certain nombre d'ouvrages traitant de sa spécialité ; citons simplement « Nouvelles réflexions sur la lame cartilagineuse de la cornée ». Pierre Demours eut un fils, Antoine Pierre (1762-1836), également oculiste, qui écrivit un « Traité des maladies des yeux » et fit la première opération de la pupille artificielle. Le fils était l'ancien propriétaire du terrain sur lequel la rue portant le nom du père fut ouverte en 1868.

PIERRE DUPONT (1821-1870). Poète, compositeur et chansonnier né et mort à Lyon. En 1842, un de ses premiers poèmes, « les Deux Anges », obtint un prix de l'Académie française et lui valut une place d'aide au Dictionnaire de cette même Académie. Mais il quitta vite cet emploi et devint rapidement populaire en composant des chansons philosophiques, républicaines et socialistes. Ses œuvres socialisantes le firent d'ailleurs condamner en 1851 à sept ans de déportation à Lambessa, la colonie pénitentiaire du second Empire, située en Algérie. Dieu merci pour Pierre Dupont, il fut gracié immédiatement après avoir entendu la sentence ! La véritable notoriété de ce chansonnier fut due à ses chants rustiques ; il excellait dans la « peinture du peuple laborieux » ; il exaltait l'amour du travail et il est incontestable qu'il eut une certaine influence moralisatrice. Citons quelques titres de ses chansons : « les Bœufs » « les Sapins », « la Chanson du pain », « le Noël des paysans » et « la Légende du juif errant », œuvre illustrée par Gustave Doré. La rue Pierre-Dupont existe depuis 1892.

PIERRE DUX Comédien, metteur en scène et résistant, de son vrai nom

Alex Martin, né et mort à Paris (1908-1990). D'une famille d'acteurs, il entra à la Comédie Française en 1929 pour y tenir le rôle de Figaro dans « Le Barbier de Séville »; il resta dans la maison de Molière jusqu'en 1979 en y interprétant les plus beaux rôles du répertoire ainsi que des pièces contemporaines; il en fut l'administrateur général de 1944 à 1945, puis de 1970 à 1979. Il tourna aussi dans de nombreux films; le premier, « Le Mariage de mademoiselle Beulemans », date de 1932. On le vit ensuite, entre autres, dans « L'Affaire du collier de la reine », « Monsieur Vincent », « Les Grandes Manœuvres », « Si Paris nous était conté », « Paris brûle-t-il ? », « Z », « La Lectrice ». Une place lui est dédiée depuis 2000.

PIERRE EMMANUEL (1916-1984). Poète français, de son vrai nom Noël Mathieu. L'ensemble de son œuvre exprime souvent une angoisse métaphysique hautement nourrie par la bible (« Sodome », « Babel »). On peut dire aussi que sa poésie a parfaitement illustré l'esprit de la Résistance de la Seconde Guerre mondiale (« Jours de colère », « Combats avec les défenseurs »). On l'a surnommé, parfois, « grand proférateur du verbe ». Il a dit : « Hiver Côtes de Vent Moelle de Fer » et « J'ai tué le Verbe de Dieu/Je suis un assassin comme les autres/Mais tous ne savent pas qui meurt pour eux/Moi/Je le sais. »

PIERRE ET MARIE CURIE (square) Pierre Curie (1859-1906) et Marie, née Sklodowska (1867-1934). Une rue porte leurs noms depuis 1967; cette voie était déjà dédiée à Pierre Curie depuis 1909. Pour détails sur Pierre et Marie Curie voir « Marie Curie ».

PIERRE FONCIN (1841-1916). Géographe et professeur, né à Limoges. Il fut successivement recteur de l'académie de Douai en 1879, directeur de l'enseignement secondaire au ministère de l'Instruction publique en 1881 et inspecteur général de l'enseignement secondaire en 1882. En outre, Pierre Foncin créa l'Alliance française, destinée à la propagation de notre langue. Il fonda aussi plusieurs sociétés géographiques en province. Parmi ses ouvrages, notons « les Pays de France », livre qui prônait, déjà, la décentralisation en fonction des différentes conditions géographiques. La rue existe depuis 1934.

PIERRE FONTAINE *Voir Fontaine (dont les prénoms étaient Pierre, François, Léonard).*

PIERRE GINIER Peintre qui exerça, pensons-nous, ses talents à Montmartre. La postérité se souvient mal de lui et ne nous a guère laissé de renseignements sur ce que fut sa vie. La rue Pierre-Ginier existe depuis 1891 et la villa depuis 1950. Celle-ci n'est, d'ailleurs, qu'une ancienne partie de la rue.

PIERRE GIRARD (1734-1836). Ingénieur dont le principal titre de gloire est d'avoir dirigé la construction du canal de l'Ourcq au début du XIXe siècle (voir « Ourcq »). Cette rue existe depuis 1907.

PIERRE GOURDAULT (1880-1915). Peintre, quelque peu oublié, qui trouva la mort, au champ d'honneur, lors de la Première Guerre mondiale. Une rue porte son nom depuis 1930.

PIERRE GUÉRIN (1774-1833). Peintre – décidément beaucoup se prénomment Pierre... – et baron, né à Paris, mort à Rome. Il obtint, en 1800, un véritable triomphe avec un tableau intitulé « Marcus Sextus ». Sur sa lancée, il donna alors deux œuvres remarquables, « Orphée au tombeau d'Eurydice » et « Offrande à Esculape ». Il partit ensuite pour l'Italie et ne revint en France qu'en 1810 pour peindre « Bonaparte par-

donnant aux révoltés du Caire ». Cette toile fut mal accueillie. Pierre Guérin n'en ouvrit pas moins alors un atelier d'où sortirent Géricault, Scheffer, Cogniet et Orsel. En 1814, Guérin fut nommé professeur à l'École des beaux-arts; en 1815, il devint membre de l'Institut et de 1822 à 1828 il dirigea l'académie de France, à Rome. La rue Pierre-Guérin existe depuis 1869.
Nous connaissons au moins trois autres Guérin, sans aucun lien de parenté avec Pierre, qui furent des peintres d'un certain renom : Jean (1760-1836), Paulin (1783-1855) et Gabriel-Christophe (1790-1846).

PIERRE HARET Depuis 1903 cette rue porte le nom d'un de ses propriétaires riverains de l'époque.

PIERRE-JEAN JOUVE Poète français, né à Arras en 1887, mort à Paris en 1976. Son œuvre s'attache surtout aux trois thèmes suivants : la Faute, l'Amour, la Mort. D'abord tenté par l'unanimisme, il pencha ensuite vers la psychanalyse qui mit dans sa poésie un symbolisme sexuel. Sa plus grande réussite est certainement « Sueur de sang » paru en 1933. Il écrivit aussi « le Paradis perdu », « Matière céleste », « les Aventures de Catherine Crachat » et « Histoires sanglantes ». Il a dit : « Les joies des hommes sont aussi horribles que leurs douleurs », « Le Poète est un diseur de mots... Le diseur de mots est celui qui, dans l'extrême veille, harponne un équivalent du rêve » et « Tout amour contient un abîme qui est le Plaisir ». La rue Pierre-Jean-Jouve existe depuis 1987

PIERRE JOSEPH DESAULT (1744-1795). Chirurgien français né à Magny-Vernois, mort à Paris, qui créa la première clinique chirurgicale – au sein de l'Hôtel-Dieu – et qui, par ses travaux, fit énormément avancer la pratique de la chirurgie. Il eut parmi ses élèves Corvisart et Bichat (voir ces deux noms). Après sa mort on a édité ses « Œuvres chirurgicales ». Une rue porte son nom depuis 1995.

PIERRE LAFUE (1902-1975). Historien, romancier et journaliste français qui, outre des essais, romans et pièces de théâtre, rédigea une remarquable « Histoire de l'Allemagne ». Je ne sais si nos voisins germains l'ont honoré; quant à nous, nous lui dédiâmes un square en 1981.

PIERRE LAMPUÉ (1836-1924). Ce conseiller municipal parisien donna son nom à une rue de notre capitale en 1929.

PIERRE LAROUSSE (1817-1875). Grammairien, littérateur et encyclopédiste né à Toucy (Yonne), mort à Paris. Ce dévoreur de livres put, grâce surtout aux connaissances acquises par ses lectures, obtenir une bourse qui lui permit de commencer de véritables études à Versailles. Il fit si bien que dès l'âge de 20 ans il vint prendre, dans sa ville natale, la direction de l'école primaire supérieure. Il constata alors les défauts des méthodes et livres d'éducation, et instaura un système pédagogique propre à tenir en éveil l'attention des élèves en la forçant à un constant travail d'analyse de notre langue. En 1849, Pierre Larousse commença la publication de ses premiers livres classiques, tout en continuant, à coups de privations et de volonté, à parfaire son érudition scientifique et littéraire. Le « Grand Dictionnaire universel du XIXe siècle », rédigé de 1866 à 1876, reste la grande œuvre de Pierre Larousse qui mourut, épuisé par le labeur, l'année précédant l'achèvement de ce monument. Hors de son Dictionnaire, il publia « Traité complet d'analyse grammaticale », « Dictionnaire de la langue française », « Gymnastique intellectuelle », etc. Pierre Larousse a dit : « Montaigne a des mots qui valent des livres. » Une rue porte son nom depuis 1890.

PIERRE LAZAREFF (1907-1972). Journaliste français qui dirigea les rédactions des journaux « Paris-Presse » et « France-Soir » et en fit de grands organes d'information. Il est aussi connu pour avoir produit, en compagnie de Pierre Desgraupes et Pierre Dumayet (on les nommait « les trois Pierre »), la célèbre émission d'informations et de reportages « Cinq Colonnes à la Une » dont la première eut lieu le 9 janvier 1959 avec interviews de Brigitte Bardot et Pascale Audret par France Roche, une rencontre entre Jean Neuvecelle et le pape Jean XXIII qui présenta ses vœux à la France, etc. La place Pierre-Lazareff existe depuis 1988 et l'allée depuis 1994.

PIERRE LE GRAND (1672-1725). Pierre Ier, dit « le Grand », empereur de Russie, né à Moscou, mort à Saint-Pétersbourg. Troisième fils du tsar Alexis Mikhaïlovitch, il reçut une éducation fort rustique et rude qui l'habitua aux jeux virils du soldat. Durant cette éducation, Pierre Ier, quand il ne s'entraînait pas à la guerre, construisait de ses mains une flottille de barques qui existaient encore à la fin du XIXe siècle. Cette flottille reçut le nom d'« aïeule de la flotte russe »... À l'âge de 17 ans, il écarta son ambitieuse sœur Sophie du pouvoir. Son frère Ivan, avec lequel il avait été conjointement proclamé tsar en 1682, se retira de lui-même assez rapidement. Pierre le Grand commença alors à régner et dota aussitôt son pays d'une flotte et d'une puissante armée ; comme il lui fallait un port – c'est utile quand on a des bateaux – il enleva Azov aux Turcs en 1696. Désireux d'étudier les arts d'Europe, il se rendit en Hollande, se fit charpentier et travailla à la construction de navires. Une révolte des streltsy (corps d'élite d'infanterie) ayant éclaté à Moscou, il rentra et la réprima sévèrement, se faisant bourreau lui-même, dit-on. Adepte des mœurs occidentales, Pierre le Grand chercha à les imposer à son peuple ; il sortit les femmes de leur vie claustrale et donna aux jeunes gens la liberté de se marier selon leur gré. En 1700, le tsar déclara la guerre à la Suède. Il parvint à s'établir à l'embouchure de la Neva et fonda Saint-Pétersbourg en 1703. En 1711, les Turcs reprirent Azov, mais en 1821, par le traité de Nystad, Pierre le Grand reçut la Livonie, l'Estonie, l'Ingrie et une partie de la Finlande. Ce qu'il célébra par des fêtes d'une folle munificence, se donnant de plus le titre d'« imperator ». Avant la signature du traité de Nystad, Pierre Ier était retourné en Europe, notamment en France en 1717. Ses manières brusques choquèrent quelque peu, mais sa grande culture et son activité débordante impressionnèrent beaucoup la cour de Louis XV, qui était encore enfant. C'est lors de ce voyage que Pierre le Grand prononça, devant le tombeau de Richelieu : « O grand homme, je te donnerais la moitié de mes États pour apprendre de toi à gouverner l'autre ! » Avant de mourir, ce grand tsar créa dans son pays l'Académie des sciences, l'Académie navale et le Corps des ingénieurs. Il convola deux fois ; d'abord avec Eudoxie Lopoukhine, dont il eut un fils, Alexis (1690-1718), qui complota contre lui et qu'il dut laisser mourir en prison. Le second mariage le lia avec la Suédoise Catherine dont il eut plusieurs enfants ; parmi eux, celle qui devint l'impératrice Élisabeth. La rue Pierre-le-Grand fut baptisée en 1884.

PIERRE L'ERMITE (1050-1115). Prédicateur de la première croisade. Il avait un surnom bizarre, « Coucoupiètre », qui n'est que la transcription du latin Petrus ad Cucullum. Pierre l'Ermite, de son vrai nom

Pierre d'Achères, naquit à Amiens et mourut à Neufmoustier, dans l'actuelle Belgique. On le décrit ainsi : « De petite taille, maigre, brun de visage, avec une longue barbe grise, il était vêtu d'une robe de laine et d'un froc de moine, sans chausses ni chaussures. Il allait monté sur un âne, dont la foule arrachait les poils pour s'en faire des reliques. » (On tremble en songeant à ce que les amateurs de reliques auraient arraché si Pierre l'Ermite avait circulé à pied...) Sa parole ardente faisait merveille et il entraîna à sa suite des milliers de croisés. La première croisade eut lieu, on le sait, de 1096 à 1099, mais Pierre l'Ermite ne rentra en Europe qu'en 1100 pour fonder le monastère de Neufmoustier où il mourut. Une rue porte son nom depuis 1874.

PIERRE LEROUX (1797-1871). Philosophe et homme politique, né à Bercy, mort à Paris. D'abord ouvrier typographe, il entra dans le groupe des saint-simoniens en 1831. En 1838, avec Jean Reynaud, il fonda « l'Encyclopédie nouvelle », dont la publication cessa après le huitième volume en 1841. Son œuvre essentielle parut en 1840 : « De l'humanité, de son principe et de son avenir ». Il y énonça des idées qui reflètent un mélange de saint-simonisme, de pythagorisme et de bouddhisme; en un mot, il y prôna un socialisme qui préserve la famille et la patrie. En 1845, à Boussac, dans la Creuse, il dirigea une imprimerie organisée en association égalitaire et publia deux journaux : « l'Éclaireur » et « la Revue sociale ». En 1848, il représenta la Seine à la Constituante, mais après le coup d'État de Napoléon III du 2 décembre, il se réfugia en Angleterre. L'amnistie de 1869 lui permit de rentrer en France. Pierre Leroux, que l'on peut qualifier d'homme d'extrême gauche, défendit beaucoup le féminisme et se battit pour son rêve de fraternité humaine. On sait qu'il exerça une influence sur bien des gens, notamment sur George Sand. À propos de socialisme, notons que c'est lui qui inventa ce mot. Il a dit : « La vie est une aspiration vers l'avenir. » On donna son nom à une rue en 1885.

PIERRE LE ROY (1717-1785). Horloger, né à Paris, mort à Vitry, qui découvrit l'isochronisme du ressort spiral et inventa la chronométrie, construisant des instruments d'une extrême régularité. Son père, Julien (1686-1759), était si habile en horlogerie qu'il parvint à ôter aux Anglais leur suprématie dans ce domaine; à tel point qu'après la victoire de Fontenoy, en 1745, Voltaire put dire : « Le maréchal de Saxe et Leroy ont battu les Anglais. » La rue Pierre-Leroy existe depuis 1929.

PIERRE LESCOT (1510-1578). Architecte né et mort à Paris. Quand François Ier décida la reconstruction du Louvre, c'est le projet de Lescot qui fut choisi. Pour son exécution, l'architecte s'adjoignit Jean Goujon. Ensemble, de 1540 à 1548, ils firent la façade ouest de la cour du Louvre. Lescot n'acheva pas la réalisation de ses plans; François Ier le récompensa cependant en le faisant chanoine de l'Église métropolitaine de Paris, abbé de Clermont et conseiller du roi. En outre, Lescot possédait la seigneurie de Clagny, sise près de Versailles. Deux autres œuvres de Pierre Lescot, toujours avec la collaboration du sculpteur Jean Goujon : le jubé de Saint-Germain-l'Auxerrois et la fontaine des Innocents. La rue fut baptisée en 1852.

PIERRE LEVÉE Quand on construisit cette rue, en 1782, on eut la surprise de mettre au jour un menhir, auquel on donna le nom de « Pierre Levée ». Ce nom devint immédiatement celui de la rue. Le menhir fut tout de suite déplacé, on ne sait où.

PIERRE LOTI (1850-1923). Julien Viaud, dit Pierre Loti, écrivain, né à Rochefort d'une famille protestante. En 1867, engagé sur le navire « Borda », il fit à son bord de nombreuses campagnes en Océanie, au Japon, au Sénégal et au Tonkin. Notre jeune officier de marine était timide et ses camarades le surnommèrent Loti, du nom d'une petite fleur des Indes, discrètement dissimulée au sein de la nature, comme les violettes chez nous. En 1898, il fut mis d'office à la retraite; il se pourvut devant le Conseil d'État, fut réintégré et promu capitaine de frégate en 1899; placé ensuite hors cadre, il participa à l'expédition de 1900, en Extrême-Orient, décidée à la suite des troubles survenus en Chine. Pierre Loti, auteur que l'on qualifia d'impressionniste, fut évidemment influencé par les paysages et les civilisations exotiques. Entré à l'Académie française en 1891, il a donné « Pêcheur d'Islande », « Ramuntcho », « Madame Chrysanthème », « Mon frère Yves », « Japoneries d'automne », etc. Une avenue porte son nom depuis 1926.

PIERRE LOUŸS (1870-1925). Pierre Louis, dit Pierre Louÿs, littérateur né à Paris. Fort influencé par l'hellénisme païen et l'amour libre, il en fit des descriptions que son époque qualifia d'osées... Sa première œuvre, « Astarté », fut publiée en 1891. Pierre Louÿs peut être classé parmi les décadents; toute son œuvre baigne dans un climat de sensualité. Ses ouvrages les plus connus sont « Léda », « la Maison sur le Nil », « la Femme et le Pantin » (porté à l'écran, d'abord avec Marlène Dietrich, puis avec Brigitte Bardot pour interprètes principales), « les Aventures du roi Pausole » et, surtout, les célèbres « Chansons de Bilitis », suite de poèmes en prose publiée en 1894. Voici une phrase de Pierre Louÿs qui prouve qu'il savait donner ailleurs que dans le sensuel : « Rien n'est plus dangereux pour un supérieur que de méditer avant de répondre. » En voici une autre, qui s'apparente plus à son style habituel : « L'amour humain ne se distingue du rut stupide des animaux que par deux fonctions divines : la caresse et le baiser. » Une rue porte son nom depuis 1932.

PIERRE MAC ORLAN (1882-1970). Écrivain et poète, de son vrai nom Pierre Dumarchey, il connut une enfance très pauvre, mais sa ténacité et son amour de l'écriture finirent par gagner. Il bourlingua, à la manière de Cendrars, effectuant de nombreux séjours dans les ports de la Manche et de la mer du Nord et en rapporta « Quai des brumes », superbe roman dont Marcel Carné fit un film avec Jean Gabin et Michèle Morgan en 1938. Poète « d'un fantastique où l'insolite côtoie le familier », il est aussi l'auteur de nombreuses chansons, dont la « Fille de Londres » et « la Chanson de Margaret » où il dit : « Mon dieu ram'nez-moi dans ma belle enfance/Quartier Saint-François, au Bassin du roi/Mon Dieu rendez-moi un peu d'innocence/Et l'odeur des quais quand il faisait froid ». Autres œuvres : « Simone de Montmartre », « la Bandera » (également porté au cinéma par Julien Duvivier et toujours avec Jean Gabin en 1939), « les Dés pipés ou les Aventures de miss Fanny Hill », etc. Une place porte son nom depuis 1987.

PIERRE MASSÉ (1879-1942). Avocat et député qui mourut en déportation lors de la Seconde Guerre mondiale. Ne pas confondre avec Victor Massé (1822-1884), compositeur des « Noces de Jeannette », « Galatée », « Paul et Virginie ». La rue Pierre-Massé existe depuis 1961.

PIERRE MENDÈS FRANCE Homme politique, avocat et résistant, né et mort à Paris (1907-1982). Député radical-socialiste à partir de 1932, il fut président du Conseil de 1954 à 1955, mettant alors fin à la guerre d'Indochine (accords de Genève); il donna aussi l'autonomie interne à la Tunisie. Dans son livre «La République moderne», il a dit: « La démocratie est d'abord un état d'esprit. » Une avenue porte son nom depuis 2002.

PIERRE MILLE (1864-1942). Romancier qui, dans ses œuvres, se révéla une sorte d'« anti-Kipling ». Nous avons de lui cette « sortie » : « Il en est des hommes de lettres comme des politiciens : il est de leur intérêt que l'on parle d'eux, même en mal. » Peu d'œuvres de Pierre Mille sont parvenues jusqu'à nous et, malgré notre bonne volonté, il nous est donc fort difficile d'en dire quelque chose, serait-ce du mal... La rue date de 1949.

PIERRE MOLLARET (1898-1987). Médecin qui créa l'école française de réanimation à l'hôpital Claude-Bernard et qui permit une considérable avancée dans l'évolution des techniques médico-chirurgicales et thérapeutiques. Une allée porte son nom depuis 1998.

PIERRE MOUILLARD S'agit-il, en réalité, de Louis Mouillard qui, apparemment, possédait un second prénom? Il semble que oui. Né à Lyon en 1834, mort en 1897, ce fut un inventeur, précurseur de l'aviation. Une rue porte son nom depuis 1915.

PIERRE NICOLE (1625 ou 1628-1695). Moraliste, né à Chartres, mort à Paris. À 14 ans, il commença à étudier l'hébreu, la philosophie et la théologie, au collège d'Harcourt, à Paris. Il se retira ensuite à Port-Royal et professa dans ce que l'on appelait les « petites écoles ». Racine fut son disciple. Mais avant tout, il fut alors le censeur écouté et le confesseur des Solitaires de Port-Royal. En 1658, inquiet des persécutions dont souffraient les jansénistes, il partit pour l'Allemagne; en 1677, violemment attaqué par les Jésuites, il se réfugia aux Pays-Bas et ne dut de rentrer en France qu'à l'intervention de Harlay, archevêque de Paris. Pierre Nicole, homme de caractère pacifique et presque timide, fut ainsi, malgré lui, mêlé à toutes les querelles théologiques de son temps. Il était partisan, comme Fénelon, du quiétisme, doctrine professant l'efficacité de l'amour pur de Dieu et l'inaction de l'âme, sans œuvres extérieures, pour notre salut. Pierre Nicole a écrit « Essais de morale », son œuvre principale, « la Logique de Port-Royal », en collaboration avec Arnault et « De la crainte de Dieu ». Il a dit : « Combien de choses qui nous eussent paru impossibles si l'expérience ne nous avait fait savoir qu'elles ne le sont pas! » Une rue porte son nom depuis 1864.

PIERRE PICARD Nom d'un des premiers propriétaires résidents de cette rue officiellement baptisée en 1886.

PIERRE QUILLARD (1864-1912). Poète et publiciste né à Paris. En tant que poète, influencé par Leconte de Lisle, il publia « la Gloire du verbe ». Comme homme de théâtre, il donna « la Fille aux mains coupées » et « l'Errante ». En qualité de publiciste, il s'intéressa beaucoup à la situation des Arméniens puisqu'il dirigea le journal « Pro Armenia » et fut professeur à l'école arménienne de Constantinople. Il publia aussi « la Question d'Orient » et « Pour l'Arménie ». Il vit les sévices exercés par les Turcs sur les Arméniens en 1895-1896, mais mourut avant le véritable génocide pratiqué par ces mêmes Turcs en 1915-1916. La rue Pierre-Quillard existe depuis 1929.

PIERRE REBIÈRE C'est le nom d'un des premiers chefs de la Résistance. Les Allemands le fusillèrent en 1942. Une rue reçut son nom en 1954.

PIERRE REVERDY Poète français, né à Narbonne en 1889, mort à Solesmes en 1960. Les surréalistes, dans leur « Premier Manifeste » (1924), le saluèrent comme le « plus grand poète actuellement vivant ». Pierre Reverdy est incontestablement l'un des précurseurs de la poésie moderne. La plupart de ses poèmes évoquent le drame de l'homme en proie aux choses et de ces choses jetées en pâture au temps. Principaux ouvrages : « la Lucarne ovale » (1916), « Sources du vent » (1929), « Risques et périls » (1930), « Main d'œuvre » (1949). Il a dit : « La poésie est exclusivement aux poètes qui écrivent pour eux seuls et quelques hommes doués d'un sens que les autres hommes n'ont pas », et « Poète, si tu cherches ton grain où tu crois qu'il se trouve, tu n'as presque aucune chance de le trouver. Tu es ton propre grain, et le grain des autres n'est pas pour toi ». La rue Pierre-Reverdy existe depuis 1984.

PIERRE SARRAZIN Connue déjà en 1512, cette rue porte le nom d'un grand bourgeois de Paris qui vivait au milieu du XIIIe siècle.

PIERRE SEGHERS (1906-1987). Poète et éditeur français né et mort à Paris. En tant qu'éditeur, il inaugura avec « Éluard », en 1944 (après avoir été résistant), sa collection « Poètes d'aujourd'hui » dont la renommée se perpétue. En qualité de poète, et outre les ouvrages « Anthologie de la poésie française contemporaine » et « le Livre d'or de la poésie française », il est l'auteur de nombreux recueils de poèmes (« Bonne-Espérance », « Jeune Fille », « le Cœur-volant », « Au seuil de l'oubli », etc.), de livres en prose (« l'Homme du commun », « la France à livre ouvert »), d'anthologies et de chansons, notamment avec Léo Ferré (« Des filles il en pleut »). Voici l'extrait d'un de ses poèmes intitulé « le Beau Travail » : « J'ai chanté mes amours sur de grands chevaux noirs/La réforme a passé et mes amours, on me les a prises/Elles se baladent quelque part, là-bas/Dans un monde lointain et je ne sais plus d'elles/Rien. Il paraît qu'il pleut, qu'elles ont froid. » Le square Pierre-Seghers existe depuis 1996.

PIERRE SÉMARD (1887-1942). Homme politique que les Allemands fusillèrent lors de la Seconde Guerre mondiale. On donna son nom à une rue en 1944, juste après la libération de Paris.

PIERRE SOULIÉ (1903-1970). Un des maîtres de l'école cardiologique française. Chef de cette discipline à l'hôpital Broussais, il y créa de multiples groupes de recherches sur les différents modes d'exploration moderne de l'appareil cardio-vasculaire. La rue Pierre-Soulié existe depuis 1978.

PIERRE VAUDREY (1873-1951). Sculpteur français qui offre la particularité d'avoir surtout créé des ouvrages funéraires; ceux-ci représentent, en effet, plus de 80 % du total de sa production artistique. Une place porte son nom depuis 1995.

PIERRE VILLEY (1880-1933). C'est depuis 1970 qu'une rue porte le nom de ce professeur, connu aussi pour ses talents de critique littéraire.

PIET MONDRIAN Peintre néerlandais, né à Amersfoort en 1872, mort à New York en 1944. Il passa de la figuration à la Van Gogh à l'abstraction géométrique, cela sous l'influence du cubisme. Il parvint à une extrême rigueur, utilisant à merveille les trois couleurs primaires, le blanc et le gris, souvent sur une trame de lignes noires et s'imposa comme le principal fondateur de l'abstraction géométrique. Parmi ses œuvres : « Composition avec figures », « Broodway-Boogie-Woogie » et « Victory-Boogie-Woogie ». Il vécut et travailla à Paris de 1919 à 1938, avant de se rendre aux États-Unis. La rue qui porte son nom existe depuis 1987.

PIGALLE (1714-1785). Jean-Baptiste Pigalle, sculpteur, né et mort à Paris. Son père, menuisier du roi, mourut alors qu'il n'avait que 14 ans. Il commença son apprentissage, échoua au concours de Rome et parcourut l'Italie où il faillit mourir de privations. Coustou le secourut et ils devinrent des amis inséparables. L'ambassade de France à Rome lui acheta sa première œuvre, une copie de la « Joueuse d'osselets ». Après un court passage à Lyon, Pigalle vint à Paris où il exécuta, en 1744, « Mercure attachant ses talonnières ». Le roi s'intéressa à lui, ainsi que Mme de Pompadour. Pigalle reçut dès lors beaucoup de commandes et exécuta, entre autres, le portail de l'église des Enfants-Trouvés, une Vierge pour les Invalides, une statue pédestre de Louis XV et « l'Amour et l'Amitié ». Il fit aussi le monument de Maurice de Saxe, commandé à la mort du maréchal. Outre ses sculptures monumentales, le sculpteur exécuta de remarquables figures d'enfants, dont « l'Enfant à la cage ». La rue Pigalle, où il résida, porte son nom depuis 1803 et la place depuis 1864.

PIHET Cette rue doit son nom au sieur Pihet, propriétaire des terrains sur lesquels elle fut construite.

PILÂTRE DE ROZIER (1756-1785). Jean-François Pilâtre de Rozier, physicien et aéronaute, né à Metz, mort à Boulogne-sur-Mer. Quand les frères Montgolfier eurent inventé leur ballon, Pilâtre se consacra avec fougue aux expériences aérostatiques. Il fit d'abord plusieurs ascensions en ballon captif, puis, le 21 novembre 1783, en compagnie du marquis d'Arlandes, il réussit la première ascension libre. Pilâtre de Rozier mourut victime de sa passion, le 15 juin 1785, en procédant aux essais d'un ballon financé par le ministre Calonne. Ce « ballon » était, en fait, composé de deux ballons, le supérieur gonflé à l'hydrogène, l'inférieur alimenté par de l'air dilaté par la chaleur. Notre aéronaute monta à bord avec le physicien Romain ; ils grimpèrent jusqu'à 300 toises ; à ce moment, un coup de vent, alors qu'ils se trouvaient au-dessus de la mer, les repoussa vers la côte, où ils s'écrasèrent près de la tour de Croy, à 5 km de Boulogne-sur-Mer. Pilâtre et son compagnon furent tués sur le coup.

PILIER Cette impasse, baptisée en 1998, devrait son nom à la présence d'un pilier que cela n'étonnerait personne.

PILIERS Cette rue, ouverte au niveau - 3 du Forum des Halles et baptisée en 1996, montre de très nombreux piliers. Point final.

PILLET-WILL (1781-1860). Michel Frédéric, comte Pillet-Will, est un des fondateurs de la Caisse d'épargne de Paris. L'ensemble des Caisses d'épargne françaises reçut droit d'existence d'une ordonnance du 29 juillet 1818. La rue Pillet-Will existe depuis 1905.

PILLEUX Cette cité porte le nom d'un de ses premiers propriétaires résidents.

PINEL (1745-1826). Philippe Pinel, médecin né à Saint-André (Tarn), mort à Paris. Reçu docteur à Toulouse en 1773, il compléta ses études à Montpellier, puis vint à Paris. Il s'y adonna à l'étude des maladies mentales et, en 1793, fut nommé médecin en chef de Bicêtre. Il révolutionna le traitement des aliénés en remplaçant les régimes brutaux (chaînes et rigueur) par la douceur et la bonté. En 1795, il devint directeur de la Salpêtrière. Entré à l'Institut en 1803, il a écrit « Traité médico-philosophique sur l'aliénation mentale ou la manie ». La rue Pinel existe depuis 1851 et la place depuis 1867.

PIRANDELLO (1867-1936). Luigi Pirandello, écrivain italien, né à Agrigente. Auteur de nombreux romans et nouvelles, dans la tradition vériste, c'est surtout par ses pièces de théâtre qu'il est connu du grand public. Ses ouvrages théâtraux montrent l'homme aux prises avec les différentes facettes de sa personnalité; c'est là le pirandel lisme. Pirandello, qui reçut le prix Nobel en 1934, a écrit « Feu Ma thias Pascal », un roman, et les piè ces suivantes : « Chacun sa vérité », « Six Personnages en quête d'au teur », « Ce soir on improvise ». Il a dit : « Ce que je veux, c'est me fuir moi-même », « Chacun sa vérité » et « L'aube pour l'avenir, le cou chant pour le passé », ainsi que : « Le quiproquo! Mais est-ce bien cela : qui proquo! Je pense que le quiproquo, c'est d'abord la vie même qui en est un, et le plus compliqué de tous. » La rue Pirandello existe depuis 1972.

PIROGUES DE BERCY Quand on aménagea le parc de Bercy on découvrit, dans le sol, plusieurs pirogues de chêne datant de la période néolithique. Preuve que la Seine devait déjà couler dans le coin et raison pour laquelle cette rue existe (depuis 1993).

PIROUETTE Au début du XVIe siècle, cette rue s'appelait « Pirouette de Thérouenne ». Et voici tout ce que l'on sait sur cette voie : en 1179, Adam, archidiacre de Paris, puis évêque de Thérouenne ou Thérouanne, commune du Pas-de-Calais, hérita, de son frère Gautier, du fief de Thérouenne, sis à l'endroit où se trouve la rue qui nous intéresse. Notre homme, gentiment, céda une part de ce fief à Philippe Auguste. L'autre partie fut vendue 1 025 livres le 2 juin 1330, par un descendant de l'archidiacre, appelé Adam de Mesmer, à un nommé Pierre des Essarts. Nous avons donc l'explication du nom « Thérouenne », mais d'où vient le mot Pirouette que seul la rue a conservé aujourd'hui? Horrible explication : le pilori des Halles était proche de cette rue et chacun des mouvements orbiculaires de cet instrument de supplice montrait alternativement le condamné de chaque côté du marché des Halles; les badauds de l'époque disaient alors que le supplicié « faisait la pirouette ».. Vous voyez que la rue Pirouette ne doit pas sa sautillante dénomination à la succession de pirouettements dont la danse populaire française se composa longtemps C'est dommage, mais vérité oblige

PISSARRO (1831-1903). Camille Pissarro, peintre français né à l'île Saint-Thomas, aux Antilles. C'est un des maîtres de l'impressionnisme. On lui doit un grand nombre de paysages et de scènes rustiques. Il a peint notamment « Moret, le canal du Loing », « Paysage près de Montmorency », « Au bord de l'eau » et « Été ». La rue Pissarro existe depuis 1932.

PIVER Le passage Piver, officiellement baptisé en 1933, et l'impasse doivent leur nom à un de leurs premiers propriétaires résidents.

PIXÉRÉCOURT (1773-1844). René Charles Guilbert de Pixérécourt, auteur dramatique, né et mort à Nancy. Venu à Paris, il attendit cinq ans la représentation de sa première pièce, « la Forêt de Sicile ». Mais ce coup d'essai fut un coup de maître qui le rendit immédiatement célèbre, en 1797. Pendant les trente années qui suivirent, Pixérécourt se montra particulièrement fécond : il écrivit en effet quelque 111 pièces qui lui valurent le surnom de « Père du mélodrame ». Citons « l'Enfant du mystère », « les Orphelins du hameau », « la Fille de l'exilé », « les Petits Auvergnats » et « le Château des Apennins ». La rue Pixérécourt existe depuis 1875, comme l'impasse.

PLAINE La gentille petite plaine qui donna son nom à cette rue, ancien sentier rural de Charonne, est celle qui est située au bas de la colline de ce même Charonne. Cette voie est connue depuis 1812.

PLAISANCE En 1857, le parc de l'ancien château du Maine, situé au 142 de la rue du Château actuelle, fut loti par un certain Chauvelot. Le lotissement, dès 1860, prit le nom de « quartier de Plaisance »; appellation destinée à attirer la clientèle La rue fut baptisée en 1888

PLANCHARD Cette impasse porte le nom du propriétaire du terrain sur lequel elle fut ouverte.

PLANCHAT C'est le nom d'un abbé, aumônier d'un cercle d'ouvriers, fusillé en 1871 pendant la Commune. La rue fut baptisée en 1875.

PLANCHETTE Cette impasse doit son nom, qui date du XVIe siècle, à un minuscule pont – véritable planchette – que l'on franchissait pour passer au-dessus d'un égout, à découvert à cet endroit.

PLANTES Ouverte en 1867, cette rue remplaça alors, sur une partie de son parcours, le chemin des Plantes, connu depuis 1730, qui devait son nom à sa situation champêtre. Tout simplement. La villa des Plantes fut, quant à elle, baptisée en 1895

PLANTIN M. Plantin possédait une maison dans ce passage auquel on donna son nom. Rien à voir avec l'imprimeur qui donna son nom à un caractère typographique.

PLATANES Il va de soi que ce sont des platanes – arbres originaires d'Asie Mineure, introduits en Gaule au début de notre ère – bordant cette villa au moment de son ouverture qui lui donnèrent son nom actuel.

PLAT D'ÉTAIN Connue sous cette dénomination depuis 1489, cette rue doit son nom à l'ancienne présence d'une enseigne fixée au-dessus d'une maison particulière.

PLATEAU La rue, baptisée en 1884, et le passage rappellent le petit plateau qui formait, jadis, le sommet des proches Buttes-Chaumont

PLATON (429-347 av. J.-C.). Philosophe grec né à Égine, mort à Athènes Son véritable patronyme était Aristoclès; Platon n'étant qu'un surnom qui signifie « large ». Très jeune, il étudia tous les arts de son époque, sans négliger aucunement la pratique des sports, puisqu'il semble certain qu'il remporta des prix aux jeux Olympiques et Isthmiques. Platon s'initia à la musique et aux mathématiques, et on lui attribue l'invention de la méthode analytique. Il fut l'ami et le disciple de Socrate, et quand celui-ci eut bu la ciguë, Platon, ne supportant plus le séjour athénien, entreprit des voyages qui durèrent une dizaine d'années et qui le menerent en Égypte et en Italie méridionale, après l'avoir conduit, durant quelques mois, auprès d'Euclide. C'est en 389, de retour à Athenes, qu'il commença à dispenser son enseignement philosophique dans les jardins d'Académus. Beaucoup plus tard, il se rendit en Sicile d'où il revint pour mourir. L'œuvre de Platon, inventeur de la théorie selon laquelle chaque homme ne serait que la moitié d'un tout, perpétuellement en quête de son autre moitié, comporte essentiellement des dialogues où Socrate est l'interlocuteur principal. Citons « l'Apologie de Socrate », « le Banquet », « le Criton », « le Sophiste » et « la République et les Lois ». Platon disait : « La victoire sur soi est la plus grande des victoires », « L'essence du génie, c'est la sagesse », « Cherche et tu trouveras », « L'amour est aveugle » et « Heureux les royaumes où les philosophes sont rois et les rois philosophes ». La rue Platon existe depuis 1909.

PLÂTRE Au XIIIe siècle, un four à plâtre était installé dans cette rue qui en 1280 portait déjà son nom actuel. La pierre à plâtre, ou gypse, est un sulfate de calcium hydraté que l'on soumet à la calcination afin de lui faire perdre son eau et de le rendre pulvérulent.

PLÂTRIÈRES C'est depuis 1877 que cette rue porte son nom, dû à l'ancien voisinage d'importantes carrières de plâtre.

PLÉLO (1699-1734). Hippolyte de Bréhan, comte de Plélo, diplomate né à Rennes, mort près de Dantzig. Issu d'une vieille famille bretonne, il se destina d'abord au métier des armes et devint colonel de dragons. Puis il abandonna cette carrière et, en 1729, devint ambassadeur de France au Danemark, grâce à l'appui de M. de Maurepas, son beau-frère. Là-bas, il ne tarda pas à s'indigner du peu d'aide que la France apportait, en Pologne, à Stanislas Leczinski; son indignation monta encore quand il s'aperçut que la minuscule armée que nous avions envoyée sur les terres polonaises demeurait parfaitement inactive. Il prit alors une décision folle : celle de se porter à la tête de cette mini-armée et de la mener sous les murs de Dantzig. Mal lui en prit, puisque cette téméraire entreprise lui coûta la vie... La rue Plélo existe depuis 1931.

PLEYEL (1788-1855). Camille Pleyel, compositeur et facteur de pianos, né à Strasbourg, mort à Paris. Il étudia la musique auprès de son père, Ignace (1757-1831), compositeur autrichien auteur de 29 symphonies. Camille se fit rapidement remarquer comme virtuose, puis comme compositeur, mais ne tarda pas à se consacrer uniquement à la direction d'une fabrique de pianos que son père avait créée. Les pianos Pleyel sont connus dans le monde entier et continuent d'être fabriqués. La célèbre salle de concerts qui porte le nom de Pleyel et se trouve au 252, rue du Faubourg-Saint-Honoré a été construite en 1927. Quant à la rue Pleyel, elle date de 1890.

PLICHON La cité Plichon, devenue rue en 1914, porte le nom d'un de ses premiers propriétaires riverains.

PLUMET C'est depuis 1878 que cette rue porte le nom de M. Plumet qui y possédait une maison.

POINSOT (1777-1859). Louis Poinsot, géomètre, né et mort à Paris. Il fit partie de la première promotion de Polytechnique qu'il quitta, à l'âge de 19 ans, comme ingénieur des Ponts et Chaussées. En 1813, il entra à l'Académie des sciences. Nommé ensuite membre du conseil supérieur de l'Instruction publique, il siégea à la Chambre des pairs en 1846 et au Sénat en 1852. On peut dire de Poinsot que c'est un des créateurs de la mécanique. Il a écrit « Théorie nouvelle de la rotation des corps ». La rue Poinsot existe depuis 1864.

POINT-DU-JOUR Ce quai doit son nom à un ancien lieu-dit connu dès 1730. Le lieu-dit « du Point-du-Jour » formait alors une agglomération importante du village d'Auteuil. Le nom « Point-du-Jour » fut emprunté à une auberge. Longtemps le quai servit de terminus et de garage aux bateaux-mouches, et sur ses bords guinguettes, jeux et manèges dispensaient la gaieté la plus franche. Pendant la Commune, le Point-du-Jour souffrit beaucoup, puisque c'est par ce côté de Paris que les troupes versaillaises entrèrent dans la capitale, le 28 mai 1871.

POINTE La pointe dont il s'agit est ici formée par l'angle des rues de Bagnolet et de Fontarabie. Ce sentier fut baptisé officiellement en 1938; auparavant, et depuis 1830, ce n'était qu'un chemin rural de l'ancien village de Charonne.

POINTE D'IVRY C'est la pointe formée par les avenues de Choisy et d'Ivry qui donna sa dénomination à cette rue.

POIRIER M. Poirier était propriétaire d'une maison dans cette villa qui prit son nom, en 1892.

POIRIER DE NARÇAY (1859-1918). Docteur qui présida le conseil général de la Seine. C'est à ce titre qu'une rue porte son nom depuis 1933.

POISSONNERIE Construite en 1783, quand on ouvrit le marché Sainte-Catherine, cette impasse abritait la poissonnerie de ce marché, d'où son nom.

POISSONNIÈRE (rue et boulevard). C'est au début du XVIIe siècle qu'on ouvrit une rue, dite « des Poissonniers », qui compta rapidement 44 maisons et 10 lanternes... Elle servait de passage aux marchands de poissons amenant aux Halles de Paris la marée des ports du Pas-de-Calais. Dès 1635, elle s'appela rue Poissonnière. Quant au boulevard, ouvert en 1685, il doit son nom à la rue où il commence.

POISSONNIÈRE (villa). Construite en 1840, cette villa doit son nom au voisinage de la rue des Poissonniers.

POISSONNIERS Dès 1307, cette rue, qui n'était alors qu'un chemin, servait de passage aux marchands qui amenaient à Paris le poisson pêché en mer du Nord. L'avènement du chemin de fer, en 1850, lui retira sa fonction, mais ne lui ôta point son nom.

POISSY De 1772 à 1865, il existait dans la rue Cochin, proche, un marché aux veaux sis dans une halle construite spécialement. D'autre part, à la même époque, un marché aux bestiaux se tenait dans la ville de Poissy et les veaux de ce marché alimentaient la halle de la rue Cochin. C'est pour cette raison que notre rue prit le nom de Poissy, ville qui existait déjà sous Charles le Chauve, puisqu'il y convoqua une assemblée. C'est dans l'église actuelle de Poissy que Saint Louis fut baptisé, en 1215. Le marché aux bestiaux dont nous parlions plus haut alimenta Paris en viande jusqu'en 1866.

POITEVINS Cette très vieille rue, qui s'appelait au XIVe siècle « Guillard aux Poitevins », puis « Ginart » et « Gérard aux Poitevins », porte son nom actuel depuis 1448. Nul doute que c'est parce qu'elle fut initialement habitée par plusieurs natifs de Poitiers ou du Poitou qu'on lui donna sa dénomination.

POITIERS Originairement cette rue n'avait aucun rapport avec la capitale du Poitou, puisque son nom actuel est dû à une déformation. En effet, elle fut construite en 1680, sur des terrains ayant appartenu à un certain Jean Potier. Le nom de ce brave homme se changea en Poitiers, Dieu seul sait peut-être pourquoi. Quoi qu'il en soit, parlons de la splendide cité poitevine, antique capitale des Pictaves, centre intellectuel très important du IIe siècle au Moyen Âge. De 470 à 507, les Wisigoths firent de cette ville une de leurs résidences. Sous les Carolingiens, Poitiers dépendit du royaume d'Aquitaine. Prise par les Anglais en 1356, la ville revint à la France en 1372, grâce à l'action de Du Guesclin. Deux batailles célèbres marquent le passé de Poitiers : d'abord, en 732, celle qui opposa les Arabes à Charles Martel et qui vit la victoire de ce dernier; ensuite, en 1356, celle qui consacra la défaite de nos troupes, envoyées par le roi Jean le Bon, face aux Anglais commandés par le prince de Galles.

POITIERS Depuis le 23 juillet 1753, un fer de mule est incrusté dans le mur d'une maison de la ville. Agacé par des mouches, l'animal rua si brutalement que son fer se détacha et s'incrusta entre deux pierres.
Jusqu'au milieu du XIXe siècle, on connaissait à Poitiers la « pierre qui pue ». Située dans la rue du Diable, cette pierre creuse exhalait une odeur très désagréable provenant, disait-on, d'un pet du diable. Les habitants atteints d'une rage de dents y plongeaient la tête afin d'être guéris. Depuis 1855, ceux qui ont des problèmes avec leur dentition préfèrent se rendre chez un dentiste.

Pendant la Seconde Guerre mondiale, les employés de l'hôpital de l'Hôtel-Dieu sourirent malicieusement, un jour, en voyant leur directeur et des Allemands saluer tristement un corbillard qui entrait. Celui-ci, en effet, contenait un cochon; les religieux alimentaient ainsi leur hôpital avec des animaux abattus clandestinement à la campagne

POITOU Province de France, ancien pays des Pictaves, Gaulois qui n'opposèrent aucune résistance à Jules César. Très riche, surtout pendant le XVIe siècle, cette province fut à peu près ruinée par les guerres de Religion. D'autre part, la révocation de l'édit de Nantes, en 1685, porta un coup fatal à ses deux cités protestantes : Niort et Saint-Maixent. C'est sous la Révolution, en 1790, que l'on forma avec le Poitou trois départements : la Vienne, les Deux-Sèvres et la Vendée. La rue du Poitou existe depuis 1626.

PÔLE NORD Le nom de ce point terrestre, situé dans la calotte glaciaire, fut donné à une rue, en 1884, en souvenir d'une expédition qui ne fut que projetée par Gustave Lambert en 1868. Si l'expédition avait effectivement vu le jour, nul doute que c'est au moins à une avenue que le nom de « pôle Nord » aurait été attribué..

POLIVEAU Ce nom est une déformation de « Pont Liveaut », dénomination d'un ponceau – passage voûté n'ayant qu'une seule arche – jeté au-dessus de la Bièvre au XVIIe siècle. Liveaut était fort probablement le patronyme de l'architecte qui le construisit.

POLOGNE République d'Europe orientale, située en bordure de la mer Baltique. 38 600 000 habitants pour 311 730 km^2. Capitale : Varsovie. C'est aux Ve et VIe siècles que les tribus slaves qui allaient former la nation polonaise s'établirent dans les bassins de l'Odra et de la Vistule. Aux XIe et XIIe siècles, l'invasion des fameux chevaliers Teutoniques affaiblit et désunit la Pologne qui ne retrouva sa véritable entité qu'en 1320, avec le couronnement de Ladislas Ier. En 1569, Sigismond II Auguste réalisa la fusion entre la Pologne et la Lituanie. En 1667, après de longues guerres contre les Russes et les Suédois, la Pologne se retrouva pratiquement ruinée. Le passage de Jean Sobieski à la tête de l'État, de 1673 à 1696, redonna de la vigueur à la nation, mais après lui tout alla à nouveau de mal en pis jusqu'à ce qu'en 1763 les Russes s'attribuent le contrôle du pays. En 1772, la Pologne fut partagée entre l'Autriche, la Russie et la Prusse. De nombreux patriotes polonais tentèrent alors de redonner l'indépendance à leurs terres, mais ce ne fut qu'en 1807, sous l'impulsion de Napoléon, qu'une partie de la Pologne recouvra cette indépendance. Malheureusement, en 1815, on démembra à nouveau l'État polonais que le tsar de Russie contrôla presque totalement, même s'il créa un royaume de Pologne doté d'une certaine autonomie. En 1830 et 1863 des révoltes éclatèrent qui furent vite réprimées. Le traité de Versailles de 1919 ressuscita la Pologne, qui s'érigea en république en 1921. Mais des difficultés surgirent à nouveau et de 1926 à 1939 une dictature s'instaura. En 1939, les Allemands du IIIe Reich envahirent le pays qui, jusqu'au 17 janvier 1945, date de la libération de Varsovie, subit une occupation cruelle. En 1947, le parti ouvrier unifié prit le pouvoir, s'alignant, dès 1948, sur la politique soviétique. À partir de 1956, à la suite de graves troubles intérieurs, le gouvernement polonais établit de nouvelles relations, apparemment moins étroites, avec l'Union soviétique. En 1970, des émeutes, consécutives à de fortes hausses des prix, éclatèrent dans de nombreuses villes dont Gdansk où une grève des chantiers navals, en 1980, consacra un des grévistes, Lech Walesa, et vit la création de « Solidarnosc », syndicat rapidement très puissant. Depuis 1989, la Pologne est devenue une république démocratique dont le premier président fut le général Wojciech Jaruzelski, avant que Lech Walesa ne le remplace à partir de 1990. (Il s'est aujourd'hui retiré de la politique.) L'avenue de Pologne fut ouverte, à Paris, en 1930.

POLONCEAU (1778-1847). Antoine Rémy Polonceau, ingénieur, né à Reims, mort à Roche (Doubs). Sorti de Polytechnique en 1797 avec le diplôme d'ingénieur des Ponts et Chaussées, il fut chargé de terminer, dans les Alpes, la route du Mont-Cenis. Sous la Restauration, il devint, en 1830, inspecteur divisionnaire et membre du conseil général des Ponts et Chaussées. Il a écrit « Mémoire sur l'amélioration des routes et chaussées en cailloutis à la Mac-Adam ». Antoine Rémy Polonceau eut un fils, Camille (1813-1859), né à Chambéry, mort à Viry-Châtillon, ingénieur sorti de Centrale qui participa à la construction du chemin de fer de Versailles, rive gauche. Avant de mourir, il perfectionna beaucoup les locomotives et inventa, pour les halles rectangulaires, un système de combles avec arbalétriers en bois ou en fer et tirants en fer, qui porte son nom. C'est en l'honneur du père et du fils que la rue Polonceau fut baptisée en 1842.

POMEREU Depuis 1889, date de son ouverture, cette rue porte le nom du propriétaire du terrain sur lequel on la construisit.

POMPE Le nom de cette rue est dû à la proximité d'une pompe alimentant en eau le château de la Muette, depuis 1785. Cette pompe avait été construite pour le confort de Marie-Antoinette qui séjourna fréquemment au château au cours des années 1770 à 1786.

POMPIDOU (1911-1974). Georges Pompidou, homme politique né à Montboudif (Cantal), mort à Paris. Fils d'un instituteur, Georges Pompidou devint lui-même professeur. Ses anciens élèves se souviennent de lui comme d'un maître de grande valeur. Par la suite, il entra à la banque Rothschild qu'il ne tarda pas à diriger. Gaulliste de longue date, mais n'ayant jamais milité ouvertement dans la politique de notre pays, sa nomination par le général de Gaulle au poste de Premier ministre, en 1962, fut pour l'ensemble des Français une surprise. Georges Pompidou demeura à son poste de Premier ministre jusqu'en 1968 et connut les soubresauts du mois de mai de cette année-là. À cette occasion, il fut l'instigateur et le signataire des fameux accords de Grenelle. Il quitta ensuite ses hautes fonctions, mais quand le général de

Gaulle se retira, en 1969, Georges Pompidou se présenta à l'élection du président de la République et fut élu au second tour. À la tête de l'État, il mena une politique que son tempérament faisait assez conservatrice, mais qui s'avéra positive pour le comportement de l'industrie française. La maladie attaqua bientôt Georges Pompidou qui, après avoir lutté longtemps, fut emporté par la mort au mois de mars 1974, dans son appartement du quai de Béthune, à Paris. Cet homme portait en lui, grâce à ses souches terriennes, une forte dose du bon sens qui fut, longtemps, une des qualités primordiales du peuple français. Il s'intéressait beaucoup à la poésie et il fit éditer une « Anthologie de la poésie française » de grande qualité qui, partant d'Eustache Deschamps, au XIVe siècle, finit à Paul Éluard et Jules Supervielle, en passant par tous les plus grands poètes de notre pays. Cet ouvrage est dédicacé « À Claude », prénom de son épouse. La voie Georges-Pompidou – la voie expresse rive droite qu'il avait voulue – fut baptisée en 1976.

PONANT Jadis, c'est-à-dire il y a bien longtemps, le mot ponant désignait tout bonnement l'Océan; aujourd'hui, il indique l'occident, le côté où se couche le soleil. C'est aussi le nom d'un vent d'ouest, dans le Midi. La cour du Ponant existe depuis 1993.

PONCEAU Ouverte en 1605, la rue doit son nom à un petit pont d'une seule arche, dit ponceau, qui, à son extrémité, passait au-dessus d'un égout venant de la rue Notre-Dame-de-Nazareth et allait jusqu'à la rue de Provence où il se jetait dans le « grand égout ». Le passage du Ponceau, qui doit son nom à la proximité de la rue, fut baptisé en 1826.

PONCELET (1788-1867). Jean Victor Poncelet, géomètre et général, né à Metz. À sa sortie de Polytechnique, il rejoignit, comme lieutenant, la Grande Armée, au moment de la campagne de Russie. Laissé pour mort à Krasnoï et emmené prisonnier à Saratov, il rentra en France en 1814, fut réintégré dans l'armée active et, après Waterloo, prit part à la défense de Metz. Mais plus que ses qualités militaires, ce sont celles d'ingénieur qui commencèrent à le faire connaître, surtout grâce aux ouvrages suivants : « Expériences sur le mouvement de l'air à l'origine des tuyaux de conduite » et « Théorie des propriétés projectives des figures ». Poncelet proposa l'utilisation d'un pont-levis à contrepoids variable et des roues hydrauliques à aubes courbes, mues par-dessous. Admis à l'Académie des sciences en 1834, il fonda en 1838 un cours de mécanique appliquée à la Faculté des sciences et dirigea l'École polytechnique de 1848 à 1850. La rue Poncelet existe depuis 1868.

PONDICHÉRY Ville de l'Inde qui fut le chef-lieu des Établissements français. Située devant le golfe du Bengale, sur la côte de Coromandel, elle fut cédée à la France en 1673, reprise la même année par les Hollandais, rendue en 1699, prise par les Anglais en 1761 après une résistance farouche de Lally-Tollendal. Ce n'était pas fini. En 1763, le traité de Paris nous l'attribua; les Anglais, tenaces, nous en dépossédèrent en 1778; tout aussi tenaces, nous en reprîmes possession en 1783, par le traité de Versailles. Ce n'était toujours pas fini. En 1793, elle retourna aux Anglais, mais nous revint en 1817. Pondichéry nous appartint alors jusqu'en 1951. La rue existe depuis 1892. Indissolublement liée à Karikal et Mahé dans la mémoire de générations d'écoliers.

PONIATOWSKI (1762-1813). Joseph Antoine Poniatowski, général polonais, maréchal de France et prince, né à Varsovie, mort à Leipzig. En 1778, il était lieutenant dans l'armée autrichienne et y devint aide de camp de

Joseph II. En 1789, il rentra en Pologne pour y organiser l'armée; avec elle il battit les Russes à Zielenka et Dublenka en 1792. Vaincu par ces mêmes Russes en 1794, il refusa le grade de général que lui offrait Catherine II. En 1807, quand une partie de la Pologne recouvra son indépendance, Napoléon le nomma général de division et ministre du nouvel État. Poniatowski mit alors toutes les forces polonaises au service de notre pays. En 1812, au début de la campagne de Russie, il appuya notre armée avec 100 000 hommes. Au cours de la retraite qui termina cette campagne, lui-même fut blessé. Le 16 octobre 1813, sa magnifique conduite devant Leipzig lui valut le bâton de maréchal. Il n'en profita malheureusement pas longtemps puisque trois jours après, attaqué sur les bords de la rivière Elster et sur le point d'être pris, il poussa son cheval dans le cours d'eau où il se noya. Un enfant naturel, Joseph, qu'il eut avec la comtesse Cosnowka, née Potocka, se fit naturaliser français et participa, comme officier, aux campagnes de Morée et d'Algérie, avant de mourir en 1855. Actuellement, nous savons tous que M. Michel Poniatowski, ex-ministre d'État et de l'Intérieur, est un descendant du prince Poniatowski qui servit la France sous le premier Empire. Le boulevard fut baptisé en 1864.

PONSCARME (1827-1903). François Ponscarme, sculpteur et graveur, né à Belmont (Vosges). Spécialiste incontesté de la gravure en médailles, il nous a laissé des effigies de Sadi Carnot, de Lesseps, Jules Ferry, Edgar Quinet et du prince de Monaco, ainsi qu'une médaille des « Vétérans, au travail ». En 1871, on le nomma professeur à l'École des beaux-arts. Une rue porte son nom depuis 1934.

PONT-À-MOUSSON Ville de Meurthe-et-Moselle, à 25 km de Nancy, sur la Moselle. La patrie de Marguerite d'Anjou résista victorieusement aux Allemands en 1914 et c'est en souvenir de cette résistance que l'on donna son nom à une rue de Paris en 1933. Aujourd'hui Pont-à-Mousson possède une importante industrie sidérurgique et fabrique des tuyaux métalliques.

PONT AUX BICHES Ce nom provient à la fois d'un pont, ou plus exactement une passerelle, qui enjambait l'égout coulant le long de la rue Notre-Dame-de-Nazareth, proche, et d'une ancienne enseigne représentant plusieurs de ces charmants animaux si souvent aux abois. Le passage du Pont-aux-Biches existe depuis 1730.

PONT AUX CHOUX Sur le parcours de l'égout dont nous avons déjà parlé à propos de la rue du Ponceau et du passage du Pont-aux-Biches, de nombreux ponceaux furent jetés. Cet égout allait, rappelons-le, de la rue Notre-Dame-de-Nazareth à la rue de Provence où il rejoignait le « grand égout ». Un des ponceaux fut construit rue de Turenne au milieu de nombreux jardins potagers dans lesquels certains jardiniers faisaient pousser des choux. C'est l'explication de l'étymologie de la rue du Pont-aux-Choux, ainsi nommée depuis 1610.

PONT DE GRENELLE La chaussée du Pont-de-Grenelle, ouverte en 1825, et la villa du Pont-de-Grenelle, formée en 1935, doivent leur nom au voisinage du pont, construit de 1825 à 1827.

PONT DE LODI Ville d'Italie, sur l'Adda, dans la province de Milan. Les 9 et 10 mai 1796, Napoléon y remporta une brillante victoire sur les Autrichiens. Le 9, il s'empara de Lodi, située sur la rive gauche de l'Adda, et le 10, il se rendit maître de la rive droite. Nous comprenons donc que le pont de Lodi fut le théâtre de combats farouches à l'issue desquels les Autrichiens avaient perdu 20000 hommes. C'est en souvenir de cette victoire qu'une rue de Paris fut baptisée en 1802.

PONTHIEU Ancien pays de France, formant la partie basse de la Picardie. À partir de 1619, il appartint à Charles de Valois, fils naturel de Charles IX. En 1690, la petite-fille de Charles de Valois, devenue veuve de Louis de Lorraine, le céda à la couronne de France. La rue de Ponthieu existe depuis 1789.

PONT LOUIS-PHILIPPE Depuis 1833, date de sa formation, cette rue porte le nom du pont Louis-Philippe, où elle conduisait. Le pont date également de 1833. De 1842 à 1852 il prit, comme la rue, le nom de « pont de la Réforme »

PONT MIRABEAU (rond-point). C'est à cause de la proximité du pont Mirabeau, construit de 1894 à 1887, et « sous lequel coule la Seine », que ce rond-point porte ce nom. (Pour Mirabeau, l'homme politique, voir plus haut.)

PONT-NEUF Ce pont traverse les deux bras de la Seine à la pointe occidentale de l'île de la Cité. Commencée en 1578, sa construction fut achevée en 1607. Henri IV, dont la statue orne le pont, l'inaugura. Autrefois, de nombreux marchands de chansons se tenaient sur ce pont, si bien que l'expression « pont-neuf » désignait des rengaines courant les rues. D'autre part, le nom de « pont-neuf » était également attribué jadis aux femmes de « mauvaise vie » qui fréquentaient assidûment cet endroit pour y faire autre chose que chanter des rengaines. La place du Pont-Neuf, contemporaine du pont, s'appela Henri-IV jusqu'en 1789. Quant à la rue qui conduit au pont, elle prit son nom en 1867. Elle avait été construite en 1854.

PONTOISE Dans la rue Cochin, proche, se tenait une halle aux veaux. On a déjà vu, plus haut, que la ville de Poissy fournissait la plupart des animaux qui y étaient vendus. Mais Pontoise, en 1806, date du baptême de cette rue, fournissait également bon nombre de veaux à la halle. Cette ville, chef-lieu du Val-d'Oise, sur l'Oise, doit son origine à un pont de l'époque celtique. Sous Louis XIV et Louis XV, le Parlement y fut transporté trois fois : 1652, 1720 et 1753. D'où l'expression, longtemps usitée, « revenir de Pontoise », qui signifie avoir un air étonné, un peu ahuri. Pontoise est la patrie de Philippe le Hardi, de Nicolas Flamel et de l'architecte Lemercier

POPINCOURT Nom d'un ancien hameau, devenu le quartier de la Folie-Méricourt, aujourd'hui englobé dans le XIe arrondissement. Ce hameau portait le nom du président Jean de Popincourt, décédé en 1414, qui avait fait construire là, dans les années 1390, une maison de plaisance bientôt entourée par beaucoup d'autres. Ainsi naquit notre hameau. L'église Saint-Ambroise se dresse sur l'emplacement de la maison construite par Jean de Popincourt. Cette rue est connue depuis 1660.

POQUELIN Poquelin était le nom patronymique de Molière. Voir ce nom. La rue Poquelin existe depuis 1996

PORTALIS (1746-1807). Jean Étienne Portalis, jurisconsulte et homme d'État, né au Beausset (Var), mort à Paris. D'abord avocat au barreau d'Aix, il fut ensuite chargé par Choiseul d'étudier la situation légale des protestants et soutint la validité de leur mariage; validité qui n'était pas évidente à tous sous Louis XVI. Portalis échappa de justesse aux rigueurs de la Terreur et devint député au Conseil des Anciens. Sa modération ne plut guère et au 18-Fructidor il fut proscrit. Il ne revint en France qu'en

1800 et participa à l'élaboration du Code civil. Il était favorable au système du droit romain et chercha à faire prévaloir ses idées. Portalis mourut l'année qui suivit son admission à l'Académie française. Sa rue existe depuis 1867.

PORT-AU-PRINCE Capitale et port de la république d'Haïti, mot signifiant « pays montagneux ». L'île d'Haïti fut découverte par Christophe Colomb en 1492; il la baptisa Hispaniola. Aujourd'hui elle est divisée en deux parties : Haïti et la république Dominicaine. Si une partie de l'île appartint à la France à compter de 1697, Haïti proclama son indépendance dès 1804. Elle fut scindée en deux en 1844. Haïti produit du café, des bananes, du coton, du sucre et de la bauxite. La place de Port-au-Prince existe depuis 1961.

PORT-MAHON Ville des Baléares, capitale de l'île de Minorque. Pillée par le célèbre Barberousse en 1535, Port-Mahon fut occupée par les Anglais de 1713 à 1782. En 1756, le duc de Richelieu emporta d'assaut la citadelle de la ville et c'est en souvenir de ce fait d'armes que la rue de Port-Mahon fut baptisée en 1795.

PORT-ROYAL Abbaye de femmes créée en 1204 par Mahaut de Garlande, près de Chevreuse. À partir de 1608, à la fin d'une longue période où les mœurs en vigueur à l'intérieur de l'abbaye furent, disons, « relâchées », l'abbesse Angélique Arnauld entreprit une sévère réforme, marquant le point de départ de la haute renommée de Port-Royal. Angélique Arnauld inspira aux autres religieuses le goût de la pauvreté et les envoya, dans toute la France, réformer d'autres monastères, où le moins que l'on puisse dire est qu'on ne s'ennuyait pas... En 1626, la communauté vint s'établir à Paris. Saint François de Sales, à cette époque, fréquenta mère Angélique et ses compagnes. En 1636, Duvergier de Hauranne, abbé de Saint-Cyran, très lié avec Jansénius, devint directeur spirituel de l'abbaye. Il fit alors de Port-Royal le foyer du jansénisme. Bientôt, Richelieu s'inquiéta de la puissance des jansénistes et, en 1639, il fit arrêter l'abbé de Saint-Cyran, qui ne sortit de prison qu'en 1643, pour mourir. Mais Port-Royal continua de prospérer, au milieu de violentes polémiques opposant les jansénistes aux jésuites. Pascal qui, après d'autres comme de Sacy, Lemaistre et le Grand Arnauld, était devenu un « solitaire » de Port-Royal, prit fait et cause pour les jansénistes, mais son intervention et sa prise de position, surtout dans « les Provinciales », ne purent empêcher que la persécution s'instaure contre les religieuses qui demeurèrent réfractaires aux ordres du pape les sommant de ne plus suivre les préceptes édictés par Jansénius dans « l'Augustinus ». En 1665, le Port-Royal parisien et celui de Chevreuse furent séparés : on laissa à Paris, les sœurs qui acceptèrent une certaine soumission, on envoya à Chevreuse celles qui restèrent irréductiblement rebelles. En 1666, de Sacy, alors directeur de Port-Royal, fut embastillé. Des négociations pénibles commencèrent qui aboutirent en 1668 à une forme de paix. Mais ce ne fut qu'une trêve : en effet, Louis XIV décida d'en finir avec Port-Royal; toutes les religieuses et les solitaires quittèrent le monastère et Arnauld dut se réfugier en Hollande. En 1704, enfin, une bulle du pape supprima le Port-Royal de Chevreuse, dit Port-Royal des Champs, et en 1710 on démolit les bâtiments de cette abbaye. Il ne demeura plus dès lors qu'un seul Port-Royal, celui de Paris, qui fut confié aux Dames de la Visitation. La révolution de 1789 ferma définitivement le monastère. Port-Royal représenta une grande tentative aussi bien pour rétablir le dogme de la Chute et de la

Rédemption, en face de la théorie de la liberté humaine, que pour opposer, à la morale facile des Jésuites, la loi austère de l'effort. Ernest Renan pourra écrire plus tard : « Port-Royal a fourni les seuls caractères qui, au XVIIe siècle, n'ont pas fléchi devant l'universelle fascination du pouvoir. » Le boulevard de Port-Royal existe depuis 1873 et le square depuis 1913.

PORTE D'ASNIÈRES En 1841, Thiers fit adopter le projet de construction d'une enceinte fortifiée autour de Paris. Les travaux, dirigés par le général Dode de La Brunerie, furent terminés en 1844. Notre capitale posséda alors un rempart de 39 km protégé par un fossé large de 15 mètres. Cinquante-deux entrées furent aménagées qui prirent le nom de « portes »; plusieurs de ces portes ont donné leurs noms à des avenues, ou places, construites plus tard sur leurs emplacements. Comme l'avait prévu Lamartine, qui vota contre le projet, l'enceinte se montra peu utile et elle fut démolie de 1920 à 1929 à la suite d'une décision prise le 19 avril 1919. L'avenue de la Porte-d'Asnières fut baptisée en 1931.

PORTE D'AUBERVILLIERS Avenue baptisée en 1931. Elle est, en partie, située à l'emplacement de l'ancienne porte d'Aubervilliers de l'enceinte de Thiers.

PORTE D'AUTEUIL La place de la Porte-d'Auteuil date de 1928; elle doit son nom à l'ancienne porte d'Auteuil de l'enceinte de Thiers dont elle occupe l'emplacement. L'avenue de la Porte-d'Auteuil, qui doit également son nom à la porte susdite, fut baptisée en 1931. (Voir aussi « rue d'Auteuil ».)

PORTE DE BAGNOLET La place et l'avenue datent de 1931. Souvenirs de l'ancienne porte de Bagnolet de l'enceinte de Thiers. (Voir aussi à « Bagnolet ».)

PORTE BRANCION Avenue baptisée en 1927. Elle est située, en partie, sur l'emplacement de l'ancienne porte Brancion de l'enceinte de Thiers. Brancion est le nom d'un colonel qui fut tué à Malakoff en 1855. (Voir aussi à « Brancion ».)

PORTE BRUNET Avenue baptisée en 1931 et située en partie sur l'emplacement de l'ancienne porte Brunet de l'enceinte Thiers. Nous connaissons deux Brunet qui vécurent au XIXe siècle; l'un était colonel, l'autre, bibliographe (1780-1867). Nous ne savons pas lequel donna son nom à cette porte.

PORTE CHAMPERRET La place est de 1926 et l'avenue de 1931. Elles marquent le souvenir de l'ancienne porte Champerret de l'enceinte Thiers. Le « Champ-Perret » était un lieu-dit, portant le nom de son propriétaire.

PORTE DE LA CHAPELLE Avenue baptisée en 1931. Elle est située, en partie, sur l'emplacement de l'ancienne porte de La Chapelle-Saint-Denis de l'enceinte voulue par Thiers. (Voir aussi à « Chapelle ».)

PORTE DE CHARENTON Avenue baptisée en 1930. Souvenir de l'ancienne porte de Charenton de l'enceinte de Thiers. (Voir aussi à « Charenton ».)

PORTE DE CHÂTILLON Avenue de 1929, place de 1934. L'une et l'autre situées, en partie, sur l'emplacement de l'ancienne porte de l'enceinte de Thiers. (Voir aussi à « Châtillon ».)

PORTE CHAUMONT Avenue de 1931. Souvenir de l'ancienne porte Chaumont de l'enceinte de Thiers. (Voir aussi à « Chaumont ».)

PORTE DE CHOISY Avenue de 1930. Souvenir de l'ancienne porte de Choisy de l'enceinte fortifiée de Thiers. (Voir aussi à « Choisy ».)

PORTE DE CLICHY Avenue baptisée en 1932. Elle est située, en partie, sur l'emplacement de l'ancienne porte de Clichy de l'enceinte de Thiers. (Voir aussi à « Clichy ».)

PORTE DE CLIGNANCOURT Avenue de 1931. Souvenir de l'ancienne porte de Clignancourt de l'enceinte fortifiée de Thiers. (Voir aussi à « Clignancourt ».)

PORTE DE GENTILLY Avenue baptisée en 1926. Située en partie sur l'emplacement de l'ancienne porte de Gentilly de l'enceinte de Thiers. (Voir aussi à « Gentilly ».)

PORTE D'ISSY Rue baptisée en 1926. Située sur une partie de l'emplacement de l'ancienne porte d'Issy de l'enceinte de Thiers. (Voir aussi à « Issy-les-Moulineaux ».)

PORTE D'ITALIE Avenue de 1929. Souvenir de l'ancienne porte d'Italie de l'enceinte fortifiée de Thiers. (Voir aussi à « Italie ».)

PORTE D'IVRY Avenue de 1930. Souvenir de l'ancienne porte d'Ivry, une des entrées de l'enceinte fortifiée de Thiers. (Voir aussi à « Ivry ».)

PORTE DES LILAS Avenue baptisée en 1931. Située, en partie, sur l'emplacement de l'ancienne porte des Lilas, entrée de l'enceinte de Thiers. (Voir aussi à « Lilas ».)

PORTE DE MÉNILMONTANT Avenue de 1926. Souvenir de l'ancienne porte de Ménilmontant de l'enceinte fortifiée de Thiers. (Voir aussi à « Ménilmontant ».)

PORTE MOLITOR Place de 1930. Située au voisinage de l'ancienne porte Molitor de l'enceinte fortifiée de Thiers. (Voir aussi à « Molitor ».)

PORTE DE MONTMARTRE Avenue de 1931, placc de 1939. Souvenirs de l'ancienne porte de Montmartre de l'enceinte fortifiée de Thiers. (Voir aussi à « Montmartre ».)

PORTE DE MONTREUIL Avenue de 1931, place de 1932. Souvenirs de l'ancienne porte de Montreuil de l'enceinte de Thiers. (Voir aussi à « Montreuil ».)

PORTE DE MONTROUGE Avenue de 1925. Située en partie sur l'emplacement de l'ancienne porte de Montrouge de l'enceinte de Thiers. La commune de Montrouge est issue d'un domaine seigneurial habité au XIIe siècle par des bénédictins guillemites. On distinguait le Grand-Montrouge et le Petit-Montrouge qui forme, aujourd'hui, une partie du XIVe arrondissement.

PORTE D'ORLÉANS Avenue de 1930. Nom dû au voisinage de l'ancienne porte d'Orléans de l'enceinte fortifiée de Thiers. (Voir aussi à « Orléans ».)

PORTE DE PANTIN Avenue et place de 1931. Souvenirs de l'ancienne porte de Pantin de l'enceinte fortifiée voulue par Thiers en 1841 et construite en 1844. Pantin, au XIe siècle, était connu sous le nom de Penthinum et faisait partie des domaines du monastère de Saint-Martin-des-Champs. En 1814, cette commune fut le théâtre de combats héroïques entre les armées de Napoléon et des Alliés.

PORTE DE PASSY Place baptisée en 1930 et située, en partie, sur l'emplacement de l'ancienne porte de Passy de l'enceinte de Thiers. (Voir aussi à « Passy ».)

PORTE DE LA PLAINE Avenue de 1926 située, en partie, sur l'emplacement de l'ancienne porte de la Plaine de l'enceinte fortifiée de Thiers. La plaine dont il s'agit était celle de Grenelle.

PORTE DE PLAISANCE Avenue de 1929. Souvenir de l'ancienne porte de Plaisance de l'enceinte fortifiée voulue par Thiers. (Voir aussi à « Plaisance ».)

PORTE DU POINT-DU-JOUR Avenue baptisée en 1930. Située, en partie, sur l'emplacement de l'ancienne porte du Point-du-Jour de l'enceinte fortifiée de Thiers. (Voir aussi à « Point-du-Jour ».)

PORTE DES POISSONNIERS Avenue de 1931 située, en partie, sur l'emplacement de l'ancienne porte des Poissonniers de l'enceinte de Thiers. (Voir aussi à « Poissonniers ».)

PORTE POUCHET Avenue baptisée en 1928. Souvenir de l'ancienne porte Pouchet de l'enceinte de Thiers. (Voir aussi à « Pouchet ».)

PORTE DU PRÉ-SAINT-GERVAIS Avenue de 1931 située, en partie, sur l'emplacement de l'ancienne porte du Pré-Saint-Gervais de l'enceinte de Thiers. (Voir aussi à « Pré-Saint-Gervais ».)

PORTE DE SAINT-CLOUD Place de 1928, avenue de 1930. Souvenir de l'ancienne porte de Saint-Cloud de l'enceinte fortifiée de Thiers. La ville de Saint-Cloud doit son nom à Clodoald, fils du roi Clodomir qui y fonda un monastère en 832 Henri III y fut assassiné en 1589. Bonaparte y fut déclaré empereur le 18 mai 1804. Louis XVIII, Charles X et Louis-Philippe y habitèrent. Napoléon III y signa la déclaration de guerre à la Prusse.

PORTE DE SAINT-OUEN Avenue baptisée en 1929. Située, en partie, sur l'emplacement de l'ancienne porte de Saint-Ouen de l'enceinte de Thiers. (Voir aussi à « Saint-Ouen ».)

PORTE DE SÈVRES Avenue de 1930, située, en partie, sur l'emplacement de l'ancienne porte de Sèvres de l'enceinte de Thiers. (Voir aussi à « Sèvres ».)

PORTE DES TERNES Avenue et place baptisée en 1930 en souvenir de l'ancienne porte des Ternes de l'enceinte fortifiée de Thiers. (Voir aussi à « Ternes ».)

PORTE DE VANVES Avenue de 1926, place de 1929. Souvenirs de l'ancienne porte de Vanves de l'enceinte de Thiers. (Voir aussi à « Vanves ».)

PORTE DE VERSAILLES Place baptisée en 1932. Située, en partie, sur l'emplacement de l'ancienne porte de Versailles de l'enceinte de Thiers. (Voir aussi à « Versailles ».)

PORTE DE LA VILLETTE Avenue de 1931, située, en partie, sur l'emplacement de l'ancienne porte de la Villette de l'enceinte de Thiers. (Voir aussi à « Villette ».)

PORTE DE VILLIERS Avenue baptisée en 1930. Située, en partie, sur l'emplacement de l'ancienne porte de Villiers de l'enceinte de Thiers. (Voir aussi à « Villiers ».)

PORTE DE VINCENNES Avenue de 1932, située, en partie, sur l'emplacement de l'ancienne porte de Vincennes de l'enceinte de Thiers. (Voir aussi à « Vincennes ».)

PORTE DE VITRY Avenue baptisée en 1930. Située, en partie, sur l'emplacement de l'ancienne porte de Vitry de l'enceinte de Thiers. Vitry, dont les habitants s'appellent des Vitriots, possède une fort belle église des XIIIe et XIVe siècles.

PORTEFOIN Déformation de Portefin, nom d'un des habitants de cette rue, au début du XIVe siècle. M. Portefin se prénommait Jean.

PORTES BLANCHES Cette rue est un reliquat d'une ancienne voie plus longue, dite aussi des Portes Blanches. Ce nom provient d'un lieu-dit ainsi dénommé à cause de plusieurs habitations qui, jadis, étaient dotées de portes de la couleur qui les qualifie.

PORTUGAIS C'est depuis 1918 que cette avenue porte son nom, donné pour commémorer l'entrée des Portugais, à nos côtés, dans la Première Guerre mondiale.

POSSOZ Sous le règne de Louis-Philippe et le début du second Empire, M. Possoz était le maire de la commune de Passy. On donna son nom à cette place en 1854.

POSTES Ce passage doit son nom à l'ancienne rue des Postes, aujourd'hui rue Lhomond, où il aboutissait. « Postes » n'est d'ailleurs qu'une déformation de « poteries », puis « pots », appellation d'un clos situé sur la montagne Sainte-Geneviève et ainsi dénommé, au XVe siècle, à cause des poteries gallo-romaines qui y furent découvertes.

POT DE FER C'est depuis 1625 que cette rue porte son nom, dû à la présence, à l'époque, d'une enseigne.

POTAIN (1825-1901). Pierre Carl Édouard Potain, médecin né et mort à Paris. Spécialiste des maladies du cœur et des poumons, ce médecin, professeur agrégé de la Faculté, enseigna la pathologie interne en 1876 et donna des cours de clinique médicale en 1877. On donna son nom à un square en 1925

POTEAU Cette rue, ainsi que le passage voisin, doit son nom à un ancien poteau de justice qui, au Moyen Âge, était dressé, tout près d'ici, sur une route qui menait au village de Saint-Ouen. La rue fut officiellement baptisée en 1868 et le passage en 1873.

POTERIE Cette rue doit son nom, reçu au XVIIe siècle, aux nombreux potiers qui y exerçaient alors leur métier.

POTERNE DES PEUPLIERS L'enceinte construite sur la demande de Thiers en 1844 comportait, en plus des « portes » dont nous avons parlé, douze poternes, dont celle des Peupliers. La rue qui nous intéresse fut ainsi dénommée parce qu'elle menait à cette poterne. Elle fut annexée par Paris en 1925 et appartenait, auparavant, à la commune de Gentilly.

POTTIER (passage). Cette voie porte le nom d'un comédien qui résidait dans une maison sise rue de Richelieu, à l'endroit où notre rue fait angle. Ce comédien vivait au début du XIXe siècle et habitait dans la maison susdite entre 1820 et 1825.

POTTIER (cité). La cité Pottier doit son nom à un de ses premiers propriétaires résidents qui n'avait pas de parenté avec le Pottier qui précède.

POUCHET (1748-1809). Louis Ezéchiel Pouchet était un célèbre manufacturier qui inventa de nombreuses machines, fort ingénieuses, pour la filature du coton. Une rue porte son nom depuis 1834 et un passage depuis 1894. Louis Ezéchiel eut un fils, Félix Archimède (1800-1872), savant et médecin qui appar tint à l'Académie des sciences et écrivit un « Traité sur la génération spontanée ». Ce fils eut lui-même un descendant, prénommé plus simplement Georges (1833-1894), qui fut également médecin et professa l'anatomie comparée au Muséum de Paris.

POULBOT (1879-1946). Francisque Poulbot, dessinateur né à Saint-Denis, dans la Seine-Saint-Denis. Hôte privilégié de Montmartre, il créa, par ses dessins, un type d'enfants très caractéristiques que l'on appela communément des poulbots. Tout le monde connaît la silhouette du poulbot coiffé d'une large casquette et portant des pantalons retenus par une seule bretelle. Actuellement encore, les reproductions des dessins de Poulbot se vendent énormément, particulièrement sous forme de tableautins qui ornent les murs de plus d'un appartement français. La rue Poulbot, située près des lieux que le dessinateur fréquenta assidûment, fut baptisée en 1967.

POULE C'est un certain M. Poule, propriétaire d'une maison dans cette impasse, lors de son ouverture à la fin du XIXe siècle, qui lui donna son nom.

POULET Ouverte en 1844, cette rue porte le nom d'un de ses premiers propriétaires résidents. Signalons que ce M. Poulet n'était pas le fils du M. Poule qui précède...

POULLETIER M. Le Poulletier fut, avec Christophe Marie et Le Regrattier, un des entrepreneurs qui, en 1614, réunirent l'île Notre-Dame et l'île aux Vaches, pour en faire l'île Saint-Louis que nous connaissons. Le Poulletier et ses deux collègues couvrirent cette île de constructions et en firent un des lieux les plus agréables de notre capitale. La rue Poulletier fut baptisée dès 1614

POUSSIN (1594-1665). Nicolas Poussin, peintre né aux Andelys, mort à Rome. En 1624, il se rendit en Italie où il tomba gravement malade à la suite du surcroît de travail qu'il s'imposait. Soigné par une famille française, celle de Jacques Dughet, il finit par guérir et pour fêter (!) cette guérison il épousa, en 1629, la fille de son hôte, Anna Maria. Il peignit, à cette époque, de nombreux tableaux, dont « l'Enlèvement des Sabines ». Sa renommée parvint en France d'où le roi lui commanda, en 1637, une œuvre, « la Manne », que l'on peut voir au Louvre. Puis Richelieu demanda à Poussin de venir en France, mais le peintre, qui se trouvait bien en Italie, attendit pour céder à cette invitation qu'un envoyé du cardinal, Chantelou, vienne le quérir. On le logea au Louvre et d'importants honneurs lui furent rendus. Poussin peignit alors énormément et ses tableaux firent de lui le maître incontesté de la peinture classique. Citons « la Cène », « la Femme adultère », quatre « Bacchanales », « Orphée », « les Bergers d'Arcadie » et « le Déluge » qui fut son dernier tableau. À la fin de sa vie, le peintre retourna en Italie. La rue Poussin existe depuis 1864.

POUY Nom d'une commune de l'Isère d'où était originaire la femme d'un des premiers propriétaires résidents de cette rue, officiellement baptisée en 1863.

PRADIER Depuis 1848, date de son ouverture, cette rue porte le nom d'un de ses premiers propriétaires riverains.

PRADO Musée national de Madrid qui comprend une galerie de peinture et une autre de sculpture. Sa construction fut commencée sous Charles III, c'est-à-dire dans les années 1760, sous la direction de l'architecte Juan de Villanueva. Elle se termina sous Ferdinand VII, après 1814. La galerie de peinture contient, entre autres, les collections de Charles Quint, Philippe II, Philippe IV et Philippe V. On peut y admirer des œuvres de Murillo, Vélasquez, Raphaël, le Titien, Rubens, etc. Le passage du Prado existe depuis 1930.

PRAGUE En tchèque Praha, capitale de la République tchèque. Située sur la Vltava, elle compte 1212000 habitants. Dès 973, elle était un évêché et à partir de 1061 les ducs de Bohême y résidèrent. La véritable notoriété de la ville date du règne de Charles IV, entre 1348 et 1372. En 1648, les Suédois envahirent

Prague. En 1748 ce fut le tour des Français ; commandés par le colonel Chevert, ils enlevèrent la capitale, mais n'y demeurèrent qu'une année. On peut admirer à Prague la cathédrale, le château du Hradcany, le pont Charles, qui date du XIVe siècle, et un important musée d'Art moderne. La rue de Prague existe depuis 1904.

PRAIRIES C'est l'ancienne situation champêtre de cette rue, baptisée en 1873, qui lui donna son nom. Au début des années 1960, un film intitulé « Rue des Prairies » fut tourné en France ; il avait Jean Gabin pour interprète principal.

PRÉ C'est depuis 1920 que cette voie porte son nom actuel. Auparavant elle se nommait « chemin du Pré Maudit », car elle menait à un champ dans lequel des vaches avaient été atteintes d'une maladie mystérieuse et mortelle.

PRÉAULT (1809-1879). Antoine Préault, sculpteur né et mort à Paris. Cet ancien élève de David d'Angers se distinguait par une grande force d'expression dramatique. Ses œuvres sont souvent d'une facture très violente. Citons « la Mendicité », « Deux pauvres femmes », « l'Adoration des mages », « le Général Marceau », le « Tombeau de l'abbé de L'Épée », « Jacques Cœur » et « la Mort cueillant une fleur ». La rue Préault existe depuis 1884.

PRÉ AUX CHEVAUX Le square (1989) et la rue (1994) du Pré-aux-Chevaux, situés proches l'un de l'autre, doivent leur nom à un ancien lieu-dit du quartier.

PRÉ-AUX-CLERCS Au Moyen Âge, on désignait sous ce nom une petite plaine située à l'ouest et au nord de l'abbaye Saint-Germain-des-Prés. Un canal, représenté aujourd'hui par la rue Saint-Benoît, séparait cette plaine en grand et petit Pré-aux-Clercs. Ce dernier correspondait au quadrilatère formé par la Seine, les rues Bonaparte, Jacob et de Seine. Le grand Pré-aux-Clercs s'étendait, quant à lui, du canal précité jusqu'à la rue de Bourgogne. Il appartenait à l'Université, mais les clercs préféraient s'ébattre dans le petit Pré, d'où des procès interminables avec les religieux de Saint-Germain-des-Prés, qui en étaient propriétaires. Au XVIe siècle, les huguenots firent du petit Pré-aux-Clercs le théâtre de leurs nombreux duels. Sous Henri IV, ce « Pré » commença à être loti. Mais le grand « Pré » conserva jusqu'au milieu du règne de Louis XIV son aspect primitif. La rue du Pré-aux-Clercs fut construite en 1844.

PRÊCHEURS En 1184, Maurice de Sully, alors évêque de Paris, établit un acte de vente par lequel Jean de Mosterolo cédait à l'abbé de Saint-Magloire ses droits sur une maison dite de « Robert le Prêcheur ». On ne sait rien de précis sur ce Robert le Prêcheur habitant de la maison au moment de la cession, mais on conclut généralement que la rue des Prêcheurs date de l'époque où fut établi l'acte de vente précité.

PRÉFET CLAUDE ÉRIGNAC Né à Mende en 1937, le préfet Claude Érignac a été assassiné à Ajaccio, en Corse, en 1998. Une place porte son nom depuis 2004.

PRÉ-SAINT-GERVAIS Commune de la banlieue parisienne, au bord du canal de l'Ourcq. Au XVIe siècle Gabrielle d'Estrées y possédait une maison. Aujourd'hui, au Pré-Saint-Gervais, la jolie Gabrielle aurait bien du mal à retrouver son chemin parmi toutes les constructions modernes et pas toujours d'une grande beauté qui sont l'apanage des banlieues. La rue du Pré-Saint-Gervais, ainsi nommée parce qu'elle mène à cette commune, existe depuis 1730.

PRESBOURG Ancienne ville de Tchécoslovaquie, connue aujourd'hui sous le nom de Bratislava. En 1805, Napoléon y signa un de ses traités les plus glorieux, après celui d'Austerlitz. Par ce traité, l'Autriche renonçait aux États de Venise, réunis à l'Italie; la Bavière et le Wurtemberg devenaient des royautés; l'indépendance de la Suisse et de la République batave était proclamée. C'est en souvenir de ce traité que la rue de Presbourg fut baptisée en 1854. Aujourd'hui Bratislava, ville de Slovaquie, sur le Danube, compte 441 450 habitants.

PRÉSENTATION Cette rue, baptisée en 1877, rappelle la Présentation de la Vierge au Temple. C'est le 21 novembre de chaque année que l'Église, par une fête, rappelle l'offrande que Marie, encore enfant, fit d'elle-même à Dieu et la décision qu'elle prit de passer sa vie dans le Temple, en compagnie des vierges qui y habitaient. Ceci, d'après le témoignage du second livre des Macchabées.

PRÉSIDENT ÉDOUARD HERRIOT (1872-1957). Écrivain et homme politique, né à Troyes, mort à Lyon. Un des chefs du parti radical-socialiste. Plusieurs fois président du Conseil, Édouard Herriot présida également la Chambre des députés de 1936 à 1940, puis l'Assemblée nationale de 1947 à 1954. Orateur brillant et redoutable, ses discours firent trembler plus d'un de ses adversaires politiques. Il fut, est-il besoin de le rappeler, maire de Lyon durant de très longues années : de 1905 à 1957! Si son talent politique était grand, ses qualités d'écrivain n'étaient pas moindres puisqu'elles lui ouvrirent les portes de l'Académie française. La pensée suivante, qu'on lui attribue, n'est-elle pas digne de Pascal : « La culture, c'est ce qui reste quand on a tout oublié. » Citons aussi cette boutade du président Édouard Herriot : à Colette qui lui disait « J'aime aimer! » il répondit « Moi, j'aime être aimé... ». La place du Président-Édouard-Herriot existe depuis 1965.

PRÉSIDENT KENNEDY (1917-1963). John Fitzgerald Kennedy, né près de Boston, mort à Dallas; homme d'État américain. L'aîné du clan des Kennedy fut élevé par son père Joseph, qui avait acquis une énorme fortune, dans le but de devenir un jour président des États-Unis. Ce but fut atteint en 1960. John Kennedy, à son poste, apporta un dynamisme incontestable et les idées neuves de son jeune âge. Son attitude au sujet du problème noir et ses positions face à l'Union soviétique et Cuba lui apportèrent un renom universel. On sait qu'il mourut assassiné (par qui?) dans une rue de Dallas alors qu'il se trouvait à l'arrière d'une voiture qui circulait dans la ville, au milieu d'une foule enthousiaste. Sa femme Jackie Kennedy, née Bouvier, était à ses côtés. John Kennedy est inhumé au cimetière d'Arlington. L'aéroport international de New York porte son nom, ainsi qu'une base de lancements de missiles située en Floride. À Paris, l'avenue du Président-Kennedy existe depuis 1964. Ne terminons pas sans citer cette phrase de l'ex-président des États-Unis : « Ne demandez pas ce que votre pays peut vous donner, mais ce que vous voulez lui donner. »

PRÉSIDENT MITHOUARD (1854-1919). Adrien Mithouard présida le conseil municipal de Paris. Cet homme, haut en couleur, résida au numéro 10 de cette place, auparavant nommée Saint-François-Xavier; elle prit son patronyme l'année de sa mort.

PRÉSIDENT WILSON (1856-1924). Thomas Woodrow Wilson, homme d'État américain, né à Stanton, en Virginie. Élu président des États-Unis en 1912 et réélu en 1916, il décida alors de la participation de son pays à la Première Guerre mondiale. Au moment de la rédaction du traité de Versailles, il s'efforça d'imposer les quatorze points qu'il avait proclamés et qui furent dits « les quatorze points de Wilson ». Le président Wilson, qui rédigea quelques ouvrages consacrés à l'Histoire, a dit : « Le droit est plus précieux que la paix. » L'avenue qui porte son nom existe depuis 1918.

PRESLES (1270-1330). Raoul de Presles, dit aussi de Prayères, magistrat. D'abord avocat à Laon, il exerça ensuite à Paris où il participa, en qualité de témoin, au procès des Templiers, en 1309. En 1310, il devint secrétaire et conseiller de Philippe le Bel et put acquérir la seigneurie de Lizy-sur-Ourcq (il avait dû bien témoigner!). Mais tout se gâta avec l'accession au pouvoir de Louis X le Hutin, qui jeta de Presles en prison sur un faux motif de complicité d'empoisonnement. En ce temps-là, la prison, ce n'était pas gai et notre homme y subit mille tortures, tandis qu'à l'extérieur on confisquait ses biens. Puis, comme il y a une justice, la liberté lui fut rendue, en même temps que ses biens, en 1315. Mieux, en 1317, on l'anoblit. De Presles fonda, rue Saint-Hilaire, le collège qui porte son nom. L'impasse existe depuis 1875, la rue depuis 1879.

PRESSOIR Pendant longtemps, à Belleville, on cultiva la vigne. Et pour aller de vigne en vin, il n'y a qu'un pressoir à franchir... Il y en avait un, installé dans la rue qui nous intéresse, à laquelle il donna son nom en 1837. L'impasse, quant à elle, fut baptisée en 1877

PRÊTRES Cette impasse doit son nom au fait que des prêtres y résidèrent. On la connaît depuis 1845.

PRÊTRES SAINT-GERMAIN-L'AUXERROIS Nom bien long; explication étymologique bien courte : de la fin du XIIIe siècle à la fin du XIXe, un presbytère existait dans cette rue. Il était habité, bien sûr, par des prêtres qui officiaient à l'église Saint-Germain-l'Auxerrois.

PRÊTRES SAINT-SÉVERIN C'est depuis le XVIIe siècle que cette rue porte son nom à cause des prêtres de l'église Saint-Séverin qui y résidèrent.

PRÉVOST-PARADOL (1829-1870). Lucien Anatole Prévost-Paradol, littérateur et journaliste, né à Paris, mort à Washington. Il sortit professeur de l'École normale et concourut, en 1850, à un prix décerné par l'Académie française, avec un « Éloge à Bernardin de Saint-Pierre ». Il obtint le prix. Il se mit alors en congé de l'Instruction publique pour quelques mois, le temps d'essayer de vivre de sa plume. Il semble qu'il y parvint. Cette réussite ne l'empêcha cependant pas de subir brillamment les épreuves du doctorat ès lettres, en 1855, et d'être aussitôt nommé professeur de littérature française à Aix. Mais dès 1856, entrant à la rédaction du journal « les Débats », il commença une carrière politique dans laquelle son talent de polémiste, hostile au second Empire, fit merveille. On définissait ainsi Prévost-Paradol : « Dans une langue tantôt légère et brûlante comme la flamme, tantôt froide et tran chante comme l'acier, toujours transparente et pleine, souple et nerveuse, il trouvait le moyen de blesser ses adversaires sans les injurier. » En 1860, il fonda « le Courrier du dimanche » qui fut interdit en 1866. Il tenta deux fois sa chance à la députation, en 1863 et 1869, mais ne parvint pas à se faire élire. En 1865, l'Académie française en avait fait un de ses membres. Quand l'Empire sembla se faire libéral, Prévost-Paradol se rangea à ses côtés et accepta le poste d'ambassadeur de France à Washington avec la mission particulière d'apporter au président des

États-Unis l'assurance que la paix régnait en Europe. Cela se passait en 1870... La guerre entre nous et la Prusse éclata le jour même où notre infortuné ambassadeur remettait ses lettres de créance... Se sentant déshonoré, et peut-être plus encore ridicule, il se tua. Prévost-Paradol, dont on donna le nom à une rue en 1928, a écrit « Jonathan Swift », « la Liberté des cultes en France » et « le Rôle de la famille dans l'éducation ».

PRÉVÔT Le prévôt dont il s'agit est Hugues Aubriot (voir rue Aubriot) qui, au XIVe siècle, construisit dans cette voie une demeure dite « hôtel des Marmousets » à cause des figurines qui l'ornaient extérieurement. Cette rue reçut son nom actuel en 1877.

PRÉVOYANCE Ce sont les premiers habitants de cette rue, construite en 1889, qui la baptisèrent ainsi, peut-être en fonction de l'adage qui dit : « Le sage détourne le mal par sa prévoyance »...

PRÉVOYANTS Jusqu'en 1930, cette rue faisait partie de la commune des Lilas. Il semble qu'elle doive son nom à des « prévoyants », c'est-à-dire des hommes « cherchant à prévoir l'avenir », qui l'habitèrent jadis.

PRIMATICE (1504-1570). Francesco Primaticcio, dit le Primatice, peintre et architecte italien, né à Bologne, mort à Paris. Il commença par effectuer des travaux au château de Mantoue, puis, dès 1531, François Ier le fit venir en France afin qu'il s'occupe de la décoration du château de Fontainebleau. Il y peignit les fresques mythologiques de la galerie Henri II ; ces fresques, bien que restaurées sous Louis-Philippe, sont, aujourd'hui, presque totalement détruites. En dehors de ses peintures, Primatice dessina les plans d'un grand nombre d'ouvrages de sculpture, d'ameublement et d'orfèvrerie. Douze ans après la mort de François Ier, en 1559, Primatice devint, par la grâce de François II, qui succédait à Henri II, surintendant des bâtiments du roi. Sous le règne suivant, c'est-à-dire, dès 1560, celui de Charles IX, Primatice garda son aura, et il est exact de dire qu'il exerça alors une sorte de dictature artistique. Mais il est faux d'affirmer qu'il dessina les plans du château de Chambord, qui sont l'œuvre d'artistes spécifiquement français : Sourdeau et Trinqueau. Un des tableaux les plus connus de Primatice est « la Continence de Scipion » qui se trouve au Louvre. Depuis 1900 une rue porte son nom.

PRIMEVÈRES Cette impasse, ainsi baptisée en 1873, était alors bordée de jardins dans lesquels chaque printemps voyait fleurir les jolies primevères dont la variété la plus connue, et qui est aussi la plus sauvage, est celle que l'on a coutume d'appeler « coucou ». Si vous voulez semer des graines de primevères avec un maximum de chances de les voir croître et fleurir, choisissez un endroit frais et ombragé.

PRIMO LEVI Écrivain italien, docteur en chimie et résistant, né et mort à Turin (1919-1987). Il est, notamment, l'auteur de récits autobiographiques dans lesquels il témoigne de son état de déporté au camp de Monowitz (ou Auschwitz) pendant la Seconde Guerre mondiale (« Si c'est un homme » et « La Trêve »). Il a aussi écrit des œuvres poétiques (« Storie naturali ») et des romans où prévaut l'anecdote (« La Clé à molette »). Une rue porte son nom depuis 2003.

PRINCE ALBERT Ier DE MONACO *Voir, plus haut, Albert Ier de Monaco.*

PRINCES Ce passage doit son nom à l'ancien hôtel des Princes, sur l'emplacement duquel il fut ouvert en 1860. Cet hôtel, un palace de quarante chambres où Meyerbeer logea, avait été agencé, en 1797, dans un splendide hôtel particulier datant de 1663. L'hôtel des Princes, qui s'appela aussi « hôtel d'Europe » et « hôtel meublé de l'Europe et des Princes », fut démoli l'année où l'on ouvrit le passage.

PRINCESSE La princesse dont il s'agit est Catherine Marie de Lorraine (1552-1596), sœur du duc de Guise qui fut assassiné à Blois. Catherine Marie épousa en 1570 Louis II de Bourbon et devint ainsi duchesse de Montpensier. Elle joua un rôle important dans la Ligue et sa haine pour le roi Henri III, qui avait fait tuer son père et son frère et la raillait à tout venant à cause d'une légère claudication, était immense. Elle avait coutume de réunir ceux de la Ligue dans les locaux de l'hôtel de Roussillon, sur le territoire duquel fut ouverte la rue qui nous intéresse, en 1630. On accusa, sans doute pas tout à fait à tort, la duchesse de Montpensier d'être pour quelque chose dans la mort de Henri III ; elle aurait en effet promis au moine Jacques Clément, l'assassin du roi, « tout ce qu'il y avait de plus capable de tenter un moine débauché ». Mais notre pauvre moine, massacré par les gardes du roi sitôt son crime perpétré, n'eut pas l'occasion de goûter à la promesse de la duchesse de Montpensier. Celle-ci méritait le titre de princesse grâce à son mari qui, s'il était duc de Montpensier, était également prince des Dombes, petit pays de Bourgogne, entre Rhône et Saône. La rue Princesse fut baptisée l'année de sa création (1630).

PRINTEMPS Publicité gratuite, cette rue doit son nom aux grands magasins du Printemps. En effet, elle fut ouverte, en 1886, par la société propriétaire de ces magasins.

PRISSE D'AVENNES (1807-1879). Voyageur et égyptologue né à Avesnes (Nord), mort à Paris. C'est lui qui changea quelque peu l'orthographe du nom de la ville où il était né en l'accolant à son patronyme. En 1826, il s'engagea dans la guerre d'indépendance de la Grèce, puis visita la Palestine, les Indes et l'Égypte. Au pays des Pharaons, il devint ingénieur du vice-roi (Prisse d'Avennes avait été élève des Arts et Métiers, à Châlons-sur-Marne) et précepteur de ses enfants. Pendant son séjour égyptien, il se livra à des fouilles importantes. Entre autres, au temple de Karnak (Thèbes), il s'intéressa à la salle des Ancêtres de Toumès III, également appelée la « Chambre des Rois », et il en rapporta, en France, les pierres dont il fit cadeau à la Bibliothèque royale. Prisse découvrit ce que l'on nomma le « papyrus Prisse » qui contient un traité de savoir-vivre de la IVe dynastie et un traité de morale de la Ve. Sa rue existe depuis 1897.

PROCESSION Cette rue est l'ancien parcours de la procession paroissiale, dite « Grande Procession », de l'ex-commune de Vaugirard. Elle fut baptisée en 1863, c'est-à-dire trois ans après que Paris eut annexé Vaugirard.

PROFESSEUR ANDRÉ LEMIÈRE (1875-1956). Médecin renommé des hôpitaux de Paris, le professeur André Lemière fut également membre de l'Académie des sciences. On donna son nom à une avenue en 1965.

PROFESSEUR FLORIAN DELBARRE Docteur en médecine né et mort à Paris, qui fut le doyen de la Faculté de médecine de Paris-Cochin et qui présida l'université René-Descartes. Conseiller de Paris entre 1977 et 1981, on a donné son nom à une rue en 1994.

PROFESSEUR GOSSET (1872-1944). Antonin Gosset, chirurgien né à Fécamp. Il mit au point la gastrotomie (ne pas confondre avec la gastronomie...), ouverture chirurgicale de l'estomac. La rue existe depuis 1966.

PROFESSEUR HYACINTHE VINCENT (1862-1950). Médecin militaire né à Bordeaux. C'est lui qui découvrit l'infection fusospirillaire, plus communément appelée « angine de Vincent ». Il fit aussi les découvertes de divers vaccins et sérums contre la typhoïde, la gangrène gazeuse et le colibacille. Membre de l'Académie des sciences, on donna son nom à une rue en 1954.

PROFESSEUR LOUIS RENAULT (1843-1918). Jurisconsulte, né à Autun. Agrégé en droit en 1868, il enseigna d'abord à Dijon (1868-1873), puis à Paris, à la Faculté de droit et à l'école libre des Sciences politiques. En 1901, il devint membre de l'Académie des sciences morales et politiques ; il fut nommé ensuite, membre de la Commission permanente d'arbitrage de La Haye. En 1902, Louis Renault fut choisi comme arbitre, par l'Allemagne, l'Angleterre et la France, pour juger le différend existant entre ces trois pays et le Japon, au sujet des impôts frappant les terrains et les bâtiments concédés par le gouvernement japonais. Ce fut sans doute là un travail passionnant... Louis Renault – qui n'a bien sûr aucun rapport, de quelque ordre qu'il soit, avec le célèbre précurseur de l'automobile (1877-1944) – a écrit « Traité de droit commercial ». Une rue porte son nom depuis 1935.

PROGRÈS Ouvert en 1889, ce passage fut baptisé par ses premiers riverains qui devaient avoir foi en l'avenir...

PRONY (1755-1839). Gaspard Riche, baron de Prony, ingénieur, mathématicien et physicien, né à Chamelet, près de Lyon, mort à Paris. Il étudia à l'École des ponts et chaussées et, sortant de cette école, il concourut, sans résultat, pour la construction du pont de la Concorde. Devenu ingénieur en chef en 1791, il dirigea l'école dont il était issu, en 1799. De 1805 à 1812, il fut chargé de différents travaux : régulariser le cours du Pô, améliorer les ports d'Ancône, de Gênes et de Venise, assainir les marais Pontins (vaste plaine de la province romaine). La Restauration le nomma examinateur à vie des élèves de Polytechnique et le chargea, en 1827, d'étudier la prévention des crues du Rhône. Inventeur du frein dynamométrique et du flotteur à niveau constant (aucun intérêt pour le pêcheur à la ligne), le baron de Prony donna son nom à une rue en 1864.

PROSPER GOUBAUX (1795-1859). Auteur dramatique, né et mort à Paris. Il écrivit de nombreuses pièces romantiques, comme « Trente Ans ou la vie d'un joueur » avec Ducange, « Richard d'Arlington » avec Dumas, « Louise de Lignerolles » et « le Juif errant », sous les pseudonymes suivants : Dinaux, Pierre Aubry, Hautefeuille ou Dorivo. D'autre part, Prosper Goubaux, qui fut d'abord répétiteur à l'institut Sainte-Barbe, fonda en 1820, sur la rive gauche, une institution qu'il transféra, en 1830, sur la rive droite. Il vendit cette institution à la Ville de Paris en 1846 : ce fut le collège Chaptal, d'abord nommé collège François-Ier. La place Prosper-Goubaux existe depuis 1905.

PROST Cette cité porte le nom de l'homme qui la créa, à la fin du XIXe siècle.

PROUDHON (1809-1865). Joseph Proudhon, économiste et philosophe, né à Besançon. À 19 ans, le compagnonnage l'amena à faire le tour de France pour se perfectionner dans son métier de typographe.

En 1838, il fut reçu à l'épreuve du baccalauréat et obtint une pension de l'académie de Besançon. En 1840, il publia « Qu'est-ce que la propriété? » En 1842, « Avertissement aux propriétaires » lui valut d'être traduit aux assises de sa ville natale; on l'acquitta et en 1848 on l'élut à l'Assemblée nationale. En mars 1849, on l'emprisonna quelque temps pour délit de presse, mais il n'en continua pas moins à rédiger des articles fort virulents. Proudhon, qui appelait de ses vœux « une Révolution économique et sociale qui proclamât le drapeau rouge, étendard fédéral du genre humain », voulait cependant concilier « la bourgeoisie et le prolétariat, le capital et le salariat »; cette volonté le fit appeler « petit-bourgeois » par Karl Marx. Proudhon a écrit « la Philosophie de la misère », « De la justice dans la Révolution et dans l'Église » et une « Correspondance » que Sainte-Beuve considéra comme son chef-d'œuvre. C'est Proudhon qui a dit « La propriété, c'est le vol » et « L'homme a beau étendre le cercle de ses idées, sa lumière n'est toujours qu'une étincelle promenée dans la nuit immense qui l'enveloppe ». Ce philosophe, qui désirait l'égalité pour tous et la liberté pour chacun, donna son nom à une rue en 1885.

PROUES (galerie). Cette voie privée possède encore les proues de navire qui décoraient une galerie du Palais-Cardinal. Ce palais fut construit par Richelieu, en 1624. Les proues de navire qui l'ornaient sont les symboles de la surintendance du cardinal sur la navigation et le commerce. Après la mort de Richelieu, survenue en 1642, le Palais-Cardinal, qu'il avait légué à Louis XIII, dès 1636, prit le nom de Palais-Royal (voir, plus haut, « Palais-Royal »).

PROUVAIRES Jadis, on appelait les prêtres des « provaires », mot qui, par une légère déformation, devint « prouvaires ». La rue des Prouvaires doit son nom aux prêtres de Saint-Eustache qui l'habitaient dès le XIIIe siècle. Sous le règne de Louis XI, c'était une des plus belles rues de Paris; on raconte d'ailleurs qu'Alphonse V, roi du Portugal, venu à Paris à cette époque pour demander des secours contre le fils du roi d'Aragon qui venait de lui prendre la Castille, fut logé par notre roi chez un nommé Laurent Herbelot, riche épicier de la rue qui nous intéresse. D'autre part, en 1832, des partisans des Bourbons aînés organisèrent une conspiration qui fut dite « de la rue des Prouvaires », car son quartier général se trouvait chez un restaurateur de notre rue. Le but de cette conspiration, qui échoua piteusement, était d'envahir les Tuileries pendant un bal qui devait avoir lieu dans la nuit du 1er au 2 février 1832 et d'enlever la famille royale, Louis-Philippe en tête.

PROVENCE C'est en l'honneur du comte de Provence, le futur Louis XVIII, que cette rue fut baptisée en 1777. Rappelons qu'il était le frère de Louis XVI et de Charles X, fils du dauphin Louis (mort en 1765) et petit-fils de Louis XV. Parlons de la Provence, pays du sud-est de l'ancienne France, pour dire qu'elle fut rattachée au royaume en 1481, sous Louis XI. En 1524, le connétable de Bourbon l'envahit; en 1536, ce fut au tour de Charles Quint. Les guerres de Religion la firent beaucoup souffrir et l'on se souvient surtout des massacres de Mérindol et Cabrières. En 1704 et 1746, la Provence fut encore envahie, par les troupes du prince Eugène et du duc de Savoie, successivement. Le chef-lieu du pays de Provence était Aix et les États de la province avaient pour président l'évêque de cette ville. De nos jours, la Provence correspond aux départements des Bouches-du-Rhône, du Var et des Alpes-Maritimes. L'avenue de Provence fut créée en 1908 et elle doit son nom au voisinage de la rue.

PROVIDENCE (impasse). Ouverte en 1898, cette impasse reçut son nom, à cette date, de ses premiers habitants. En langage théologique, la Providence est l'attribut par lequel Dieu conduit ses créatures à la fin qu'il leur a assignée dans sa sagesse et sa bonté. Fénelon a d'ailleurs dit, à ce propos : « L'homme s'agite et Dieu le mène. » Il paraît donc absurde de ne pas s'abandonner à la Providence. À moins de n'y pas croire...

PROVIDENCE (rue). Ouverte en 1895, cette rue fut ainsi dénommée par un de ses premiers propriétaires résidents qui, de toute évidence, avait foi en la Providence et qui ressassait peut-être cette phrase de Tacite : « Pour moi, plus je rappelle dans ma mémoire les événements anciens et modernes, plus il me semble y voir je ne sais quoi se jouer des choses humaines. »

PRUDHON (1758-1823). Pierre Prudon, dit Pierre-Paul Prudhon ou Prud'hon, peintre né à Cluny, mort à Paris. Fils d'un tailleur de pierre, il étudia le dessin à Dijon avant de venir à Paris en 1780. La Révolution eut son adhésion, mais sa vie, durant cette période troublée – ô combien... –, fut difficile et tourmentée. Il lui fallut attendre l'Empire pour voir des amateurs de sa peinture lui apporter un peu de bien-être. Prudhon, qui passe pour un des maîtres les plus originaux de son temps, excellait dans les effets de clair-obscur. Il a peint « la Vérité descendant sur la Terre », « Joséphine assise dans les jardins de la Malmaison » et « l'Âme délivrée ». Une avenue porte son nom depuis 1865.

PRUNIERS À votre avis, quelle est la variété d'arbres qui bordait cette rue, officiellement classée en 1887? Celle du genre des rosacées, de la tribu des prunées? Hé oui! Car tel est le prunier, à l'origine fort lointaine, dérivé sans doute du prunier sauvage ou prunellier.

PUEBLA Ville du Mexique, capitale de l'État du même nom. Lors de l'expédition française au Mexique, elle subit deux sièges. Le premier, en mai 1862, échoua. Le second, en mars 1863, se termina par la capitulation du général Ortega, qui se rendit sans conditions à nos troupes, commandées par le général Forey. Le passage de Puebla fut créé à la fin du XIXe siècle. Il remplaça alors la rue Puebla – baptisée en 1863 en souvenir de la prise de la ville – à laquelle on avait donné le nom de Simon Bolivar, en 1880.

PUGET (1620-1694). Pierre Puget, peintre, sculpteur et architecte né et mort à Marseille. Parti à l'âge de 17 ans pour l'Italie, où il étudia la peinture à Florence et à Rome, il rentra à Marseille en 1643 pour pratiquer son métier de sculpteur sur navires tout en continuant, pour son propre plaisir d'abord, à s'adonner à la peinture. Bientôt, Puget retourna en Italie et se découvrit alors une nouvelle passion : celle de l'architecture. Quand il rentra pour la seconde fois à Marseille il était devenu un excellent architecte. De 1656 à 1657, il exécuta le fort beau portique de l'hôtel de ville de Toulon. Présenté à Foucquet, celui-ci le chargea d'un grand nombre de travaux dans son château de Vaux et l'envoya même jusqu'à Carare pour y choisir les plus beaux marbres. Mais la disgrâce du surintendant de Louis XIV survint, rendant sans objet la mission de Puget; il demeura alors en Italie et enrichit les palais et églises de Gênes de nombreuses statues; il envoya en France, durant ce troisième séjour transalpin (1661-1669), l'« Hercule gaulois », visible au Louvre. À son retour, Colbert le nomma directeur des décorations navales de Toulon, mais il ne conserva pas longtemps ce poste, car des questions d'intendance le brouillèrent avec Colbert qui lui retira son emploi. Cela permit – à toute chose malheur étant bon – à Puget de dessiner les principales maisons du cours Saint-Louis, à Marseille, et de construire la Halle au poisson de cette ville. Toujours dans la capitale phocéenne, il se bâtit, rue de Rome, une maison superbe devant laquelle se trouve une fontaine portant son nom. Appelé à Paris par le roi, il présenta, pour Versailles, des projets de décorations qui furent refusés. Il rentra alors à Marseille où, prophète en son pays, il sculpta un bas-relief, « la Peste de Milan », et commença la construction de l'église contiguë à l'hôpital de la Charité – la mort l'empêcha de terminer cet ouvrage. Citons deux de ses œuvres de sculpteur : « Milon de Crotone » et « Alexandre et Diogène ». La rue Puget existe depuis 1929.

PUISARD DE BICÊTRE Cette rue, qui faisait partie de la commune de Bicêtre jusqu'en 1929, année de son annexion par Paris, doit son nom à un puisard qui recevait et absorbait des eaux-vannes, c'est-à-dire... les parties liquides contenues dans des fosses d'aisance ou bassins à vidange.

PUITS Ce n'est pas à un puits, mais à un puisard, celui qui recevait les eaux usées de l'ancien abattoir de Belleville supprimé en 1867, que cette impasse doit son nom du début du XIXe siècle. La vérité n'en serait pas sortie nue!

PUITS DE L'ERMITE La place et la rue doivent leur nom à un puits foré au XVIe siècle, non par un ermite – ce serait trop simple – mais par un tanneur du quartier, nommé Adam L'Hermite. La rue fut baptisée en 1790 et la place au tout début du XIXe siècle.

PUSY C'est depuis 1868, année de son ouverture, que cette cité porte le patronyme de sa créatrice, la comtesse de Pusy.

PUTEAUX Ce n'est pas la commune de la banlieue parisienne qui donna son nom à cette rue, mais le sieur Puteaux, un des entrepreneurs qui lotit, dans la première moitié du XIXe siècle, le quartier des Batignolles. Entre autres constructions, il éleva le théâtre des Arts qui a repris son nom après s'être appelé, plusieurs années, le théâtre Hébertot. La rue de Puteaux existe depuis 1824.

PUTIGNEUX Putigneux est la contraction, qu'on nous pardonne, de pute et teigneux. Deux mots qui désignent parfaitement l'activité la plus en vue, en ces lieux, au XIVe siècle. Il va de soi qu'aujourd'hui l'impasse Putigneux n'est plus fréquentée que par des gens que la morale officielle qualifie de respectables...

PUVIS DE CHAVANNES (1824-1898). Pierre Puvis de Chavannes, peintre né à Lyon, mort à Paris. Ce n'est qu'à 40 ans, ne pouvant résister plus longtemps à la vocation qui sourdait en lui, qu'il se consacra totalement à la peinture. Il s'annonça rapidement comme le chef d'école de la peinture murale et décorative et il produisit un grand nombre de toiles symboliques, parmi lesquelles « Travail et repos », « le Jeu », « Marseille colonie grecque », « Charles Martel vainqueur des Sarrasins », « Sainte Geneviève enfant », « le Rêve » et « Sainte Geneviève veillant sur Paris ». En 1890, Puvis de Chavannes, en même temps que Meissonier, se sépara de la Société des artistes français et fonda la Société nationale des Beaux-Arts dont il devint le président à la mort de Meissonier en 1891. L'œuvre la plus connue de Puvis de Chavannes, et peut-être aussi sa plus représentative, est la fresque qui orne le grand amphithéâtre de la Sorbonne. La rue existe depuis 1899.

PY Ce nom, attribué à la rue en 1877, provient d'un lieu-dit dont l'étymologie ne nous est pas connue. Peut-être s'agit-il d'une ancienne orthographe de l'adjectif « pie », qui désigne une vache ou un cheval dont le poil est blanc et noir, comme les plumes de la pie.

PYRAMIDES Créées en 1802, la place et la rue portent le nom de la victoire remportée par Bonaparte en Égypte. Cette bataille, qui se déroula le 21 juillet 1798, opposait notre futur empereur à Mourad Bey. Elle eut lieu sur les bords du Nil, l'armée égyptienne se tenant entre les Pyramides et le village fortifié d'Embaveh. À l'issue du combat, presque tous les Égyptiens étaient morts, soit du fait de nos armes, soit du fait du Nil où ils se noyèrent en tentant de fuir. La bataille des Pyramides a fourni au peintre Gros le sujet d'un de ses plus beaux tableaux, visible à Versailles.

PYRÉNÉES Chaîne de montagnes qui s'étend du golfe de Gascogne au golfe du Lion. Le versant nord nous appartient, le versant sud est espagnol. Le point culminant est le pic d'Aneto, avec 3404 mètres. En France, les Pyrénées sont divisées en quatre parties : les Pyrénées occidentales ou atlantiques : basses, humides et sans aucun problème de franchissement; les Pyrénées centrales, muraille massive où coulent les gaves; les Pyrénées ariégeoises, partie la plus large, dotée de longues plaines longitudinales; les Pyrénées orientales ou méditerranéennes, faites de massifs cristallins. Sur le plan historique, on connaît la paix des Pyrénées qui, signée le 7 novembre 1659, mit fin aux hostilités entre la France et l'Espagne et permit à Louis XIV, optimiste, de dire « il n'y a plus de Pyrénées ». Cette paix stipulait que notre roi devait épouser Marie-Thérèse, fille de Philippe IV; la promise renonçait, par ce mariage, à ses droits sur la couronne d'Espagne moyennant une dot de 500000 écus-or. Même avec l'inflation, c'est encore une belle somme... La rue des Pyrénées fut créée en 1862 et la villa en 1897

Q

QUARANTE-NEUF FAUBOURG SAINT-MARTIN Impasse, dont le nom s'écrit exactement « 49 faubourg Saint-Martin », mais qu'on a orthographiée en lettres pour permettre son classement alphabétique dans la « Nomenclature officielle des rues de Paris ». C'est une voie privée portant le numéro de l'immeuble à hauteur duquel elle s'ouvre. On l'a baptisée en 1993

QUATREFAGES (1810-1892). Armand de Quatrefages de Bréau, naturaliste né à Berthezène (Gard), mort à Paris. Il passa ses examens de médecine à Strasbourg et devint en 1838 professeur de zoologie à la faculté de Toulouse. En 1840, il vint à Paris où il décida de vivre à la fois de son crayon (il dessinait fort bien) et de sa plume en rédigeant des articles pour la « Revue des Deux Mondes ». À partir de l'année 1842, il entreprit, en compagnie de Milne Edwards et de Blanchard, des voyages scientifiques en Méditerranée et sur l'Atlantique. En 1850, on le nomma professeur d'histoire naturelle au lycée Napoléon; en 1852, il entra à l'Académie des sciences, tandis qu'en 1855 la chaire d'anatomie et d'ethnologie du Muséum lui était confiée. Pris alors dans la querelle entre spiritualistes et évolutionnistes, il opta pour les seconds. Quatrefages a écrit « Études sur les maladies des vers à soie » et « Histoire générale des races humaines ». Une rue porte son nom depuis 1893.

QUATRE-FILS Cette rue doit son nom, de la fin du XIVe siècle, à une enseigne représentant les quatre fils Aimon ou Aymon sur leur cheval Bayard. Le père Aimon avait été chargé par Charlemagne de gouverner la région d'Albi; il eut pour fils les quatre preux chevaliers Renaud, Guichard, Alard et Richard. Leur oncle ayant été tué traîtreusement, ils vinrent trouver Charlemagne pour lui demander justice du meurtre de leur parent. N'obtenant pas gain de cause, et menacés eux-mêmes, ils se frayèrent un chemin, à coups d'épée, à travers les soldats de l'empereur et durent, finalement, leur salut au cheval Bayard, qu'ils montaient tous quatre en même temps et qui les emporta. La légende dit qu'un magicien, Maugis, les aida alors beaucoup. En 1619 parut un livre, contant l'aventure des « quatre-fils Aymon ». Il semble évident que l'Arioste, pour son « Roland furieux », emprunta beaucoup à notre légende pour camper les personnages de Renaud de Montauban et de sa sœur Bradamante.

QUATRE FRÈRES CASADESUS *Voir à Casadesus.*

QUATRE FRÈRES PEIGNOT Cette rue porte le nom de quatre typographes qui furent tous tués pendant la Première Guerre mondiale. On donna leur nom à une rue en 1924.

QUATRE SEPTEMBRE Cette rue rappelle la date de la proclamation de la IIIe République, le 4 septembre 1870. Cette République, qui succéda au second Empire, fut organisée par les lois constitutionnelles des 24-25 février et 16 juillet 1875. Cette rue fut baptisée dès 1870.

QUATRE VENTS Datant de la première moitié du XVIIe siècle, cette rue doit son nom à une ancienne enseigne qui représentait quatre têtes d'Amour (Cupidon) soufflant vers les quatre points cardinaux.

QUÉBEC C'est la plus grande province du Canada; les francophones y représentent 80 % de la population qui compte, au total, 6796000 habitants pour 1535843 km². Villes principales : Québec (capitale) sur le Saint-Laurent, Chicoutimi, Trois-Rivières, Montréal, Laval, Verdun, Sherbrooke. Depuis 1974, le français y est reconnu comme langue officielle. Les richesses minières du Québec sont considérables : cuivre, zinc, or, fer, amiante... La forêt couvre 979000 km². Il est certain que les réserves du Grand Nord font de cette province, dite Canada français, la plus grande réserve minière du monde. La « Belle Province » connaît un regain très net d'intérêt et d'affection de la part de ses cousins du Vieux Continent, notamment depuis un certain trop fameux « Vive le Québec libre! ». La place du Québec date de 1980.

QUELLARD Cette cour porte le nom du propriétaire du terrain sur lequel elle fut ouverte.

QUENTIN-BAUCHART (1881-1916). Conseiller municipal de Paris, mort au champ d'honneur pendant la Première Guerre mondiale. On donna son nom à une rue en 1919.

QUERCY Pays de l'ancienne France, limité au nord par le Limousin, à l'ouest par le Périgord et l'Agenais, au sud par le Languedoc, à l'est par le Rouergue et la Haute-Auvergne. La capitale du Quercy est Cahors. Ce pays se rendit célèbre, voici déjà bien longtemps, en résistant énergiquement à Jules César lors de son invasion de la Gaule. Au XIe siècle, le Quercy appartint aux comtes de Toulouse, puis aux Plantegenêt. C'est sous Charles V qu'il fut rattaché à la Couronne. La rue du Quercy date de 1932.

QUESTRE C'est depuis 1877 que cette impasse porte le nom d'un des propriétaires riverains de l'époque.

QUINAULT (1635-1688). Philippe Quinault, poète né et mort à Paris. Fils d'un boulanger, il fut tout d'abord valet de Tristan L'Hermite qui le prit en amitié et l'institua son héritier. Une « précieuse » de l'époque, Mme d'Oradour, prit également Quinault en amitié et l'introduisit parmi ses consœurs pour lesquelles notre poète composa des comédies et des tragédies, toutes pleines de tendresse et de dissertations galantes propres à séduire ces dames... À partir de 1672, Lulli s'attacha les services de Quinault qui lui donna les arguments d'une pastorale, de deux ballets et de douze opéras. Parmi ces derniers, citons « Proserpine », « Persée » et « Amadis ». Quand Lulli mourut, en 1687, le poète consacra la dernière année de sa vie à la prière. Il appartint à l'Académie française. Notons quelques titres de ses œuvres écrites pour les « précieuses » : « Stratonice », « Astrate, roi de Tyr » et « Agrippa ». Quinault a dit : « Ce n'est pas être sage qu'être plus sage qu'il ne faut. » Une rue porte son nom depuis 1864.

QUINCAMPOIX Ville de la Seine-Maritime, à 12 km de Rouen. La rue Quincampoix est connue, sur un parcours un peu différent de celui d'aujourd'hui, depuis 1210. Sur son tracé actuel, elle existe depuis 1851 et résulte de la fusion de l'ancienne rue Quincampoix avec celle de la Vieille-Courroirie, ainsi baptisée à cause des corroyeurs (artisans apprêtant le cuir) qui l'habitaient. Très longtemps, la rue Quincampoix fut un des centres du commerce de l'orfèvrerie ; sous la Régence, le banquier Law, en 1716, y établit sa banque. Elle reçut son nom à cause d'un certain nombre de ses habitants, originaires de Quincampoix.

QUINZE-VINGTS Ce passage doit son nom à l'hospice des Quinze-Vingts, proche. Cet hospice fut créé en 1260 par Saint Louis pour accueillir des jeunes aveugles que le roi avait pris en pitié. Ces aveugles, des deux sexes, étaient au nombre de 300, soit 15 multiplié par 20. Une légende prétend que ces 300 aveugles étaient des chevaliers revenant de Palestine, mais cette légende ne repose sur aucune vérité. Initialement, l'hospice des Quinze-Vingts se trouvait faubourg Saint-Honoré ; ce n'est qu'en 1780 qu'il fut transféré faubourg Saint-Antoine.

R

RABELAIS (v. 1494-1553). François Rabelais, écrivain né à Chinon, mort à Paris. Après des études chez les Bénédictins de Seuillé, il habita chez les Cordeliers de la Baumette, près d'Angers, avant d'entrer dans leur couvent de Fontenay-le-Comte. Il devint prêtre en 1511. Malgré l'avis contraire de son ordre, il étudia les sciences naturelles et les langues anciennes. À cause de cette désobéissance, il dut fuir en 1523. Pardonné, grâce à la protection de l'évêque de Maillezais, il entra cependant dans un autre ordre, celui des Bénédictins de son enfance. Puis il entreprit des voyages : Montpellier, en 1530, où il étudia la médecine; Lyon, en 1532, où il fut nommé médecin-chef de l'hôpital du Pont-du-Rhône. À cette époque il fit paraître des ouvrages de médecine. Il devint, à Lyon, père d'un enfant qui ne vécut que deux ans. Entre 1533 et 1535, il suivit deux fois à Rome l'évêque Jean du Bellay en qualité de médecin. En 1537, il fut nommé chanoine de Saint-Maur-des-Fossés et en 1539 il fut le médecin de Guillaume du Bellay, gouverneur de Turin. À la mort de ce gouverneur, ses ouvrages « Gargantua » et « Pantagruel », qui venaient de paraître, attirèrent l'attention suspicieuse de la Faculté de Paris, mais les protections de Rabelais lui permirent de ne point être inquiété. En 1545, il résida prudemment à Metz après la publication de son « Tiers Livre » et en 1548 quand sortit son « Quart Livre », il retourna à Rome avec Jean du Bellay. Revenu en France en 1550, il obtint la cure de Saint-Martin de Meudon, puis de Saint-Christophe-du-Jambet, à laquelle il renonça en 1552 pour finir paisiblement sa vie. Rabelais fut, sur tous les points, un révolutionnaire. Il se montra l'ennemi de la scolastique qui, dit-il, « abâtardit les bons et nobles esprits ». Sur le plan religieux, il considéra que certaines pratiques catholiques et protestantes « mutilaient systématiquement la nature humaine ». Il noya toutes ses satires et critiques dans des torrents de bouffonneries et d'obscénités. Rabelais, disciple d'Érasme, mais maître de Montaigne, nous a transmis, dans un style inimitable, toutes les idées chocs de la Renaissance. Il a dit : « Le rire est le propre de l'homme », « Ainsi sont toutes femmes, femmes... », « Ignorance est mère de tous les maux », « Fais ce que voudras », « Pendant que le fer est chaud, il faut le battre », « Un malheur ne vient jamais seul » et « Tout vient à point, qui peut attendre ». Ses dernières paroles furent : « Tirez le rideau, la farce est jouée. » La rue Rabelais fut baptisée en 1850.

RACAN (1589-1670). Honorat de Bueil, marquis de Racan, poète né à Aubigné, mort à Paris. En1603, il entra parmi les pages de la chambre du roi. Rencontrant Malherbe en 1605, il devint son ami et commença à écrire. Il demeura à la Cour jusqu'en 1619, date à laquelle, pour les beaux yeux de Catherine de Thermes, il écrit « les Bergeries », élégie où l'influence italienne se fait sentir. De 1621 à 1622, il guerroya contre les protestants, puis, ayant soupiré en vain pour la jolie Catherine, il se consola – peut-être ! – en épousant Madeleine du Bois. En 1635, il entra à l'Académie française et intitula son discours d'entrée « Contre la science ». On trouve dans certaines œuvres de Racan des accents déjà lamartiniens. Citons de lui « Mémoires pour la vie de Malherbe », « Odes sacrées » et « Cent Neuf Psaumes ». Racan a dit : « Le salut des vaincus est de n'en plus attendre », « Le bien de la fortune est un bien périssable, quand on bâtit sur elle, on bâtit sur le sable ». Le square Racan existe depuis 1932.

RACHEL (1820-1858). Elisa Félix, dite Mlle Rachel, tragédienne née à Münf (Suisse), morte au Cannet. À l'âge de 10 ans, elle poussait la chansonnette dans les rues de Lyon; remarquée, on l'admit dans une école de musique religieuse, à Paris. Malheureusement, surtout pour une chanteuse, elle perdit sa voix... Elle rencontra alors M. Saint-Aulaire, acteur nul mais excellent professeur, et travailla avec lui dans la salle Molière, sise alors rue Saint-Martin. Là, le caissier du Théâtre-Français, M. Vedel, la remarqua – où sont les caissiers d'antan? – et lui conseilla d'entrer au Conservatoire. Ce qu'elle fit. Elle fut, ensuite, engagée au Théâtre-Français, par l'ancien caissier devenu directeur... Ses débuts dans la maison de Molière datent du 12 juin 1838 dans « Camille », d'Horace. Dès cette date, toutes ses interprétations furent un triomphe. Sa voix profonde, l'harmonie de ses gestes et la facilité avec laquelle elle peignait aussi bien l'ironie que la colère, la haine que la jalousie, firent toujours merveille. En 1855, elle partit pour le Nouveau Monde et en 1856 elle voyagea en Égypte; puis elle se fixa en Provence où elle mourut. Elle joua dans « Phèdre », « Bérénice », « Cinna », de Racine; « Lucrèce », de Ponsard; « Adrienne Lecouvreur », de Scribe et Legouvé... L'avenue Rachel existe depuis 1899.

RACHMANINOV (1873-1943). Sergueï Vassilievitch Rachmaninov ou Rakhmaninov, pianiste et compositeur russe né près de Novgorod, mort aux États-Unis, à Beverly Hills. On lui doit : « le Rocher » poème symphonique, « le Trio élégiaque » pour piano, violon, violoncelle, « les Cloches » cantate, « Danses symphoniques » que l'on considère comme étant son testament musical, etc. Un jardin porte son nom depuis 1991.

RACINE (1639-1699). Jean Racine, auteur dramatique né à La Ferté-Milon, mort à Paris. À 4 ans il devient orphelin et passe sous la coupe d'une grand-mère et d'une tante, jansénistes à tout crin, qui se retirent à Port-Royal en 1649. Le petit Jean est alors placé au collège de Beauvais jusqu'en 1655, date à laquelle il termine ses études à l'école des Granges de Port-Royal. Il commence alors à composer des poésies, pieuses évidemment... Il étudie ensuite la philosophie au collège d'Harcourt et fait son entrée dans le monde, comme on dit. Il continue à écrire quelques petites choses sans grand intérêt et passe surtout son temps à « gaudrioler » en compagnie de ses nouveaux amis Jean de La Fontaine et Le Vasseur. Inquiète de sa conduite, sa tante l'expédie à Uzès chez le chanoine Sconin, un oncle chez lequel Racine va passer une année à rêver, à rimer et à plaire aux dames... Rentré à Paris en 1662, il compose « Sur la convalescence du roi », pièce qui lui vaut d'être présenté à la Cour. Il y retrouve son compère La Fontaine et fait la connaissance de Boileau et Molière

(Racine-Boileau-de La Fontaine-Molière...). En 1664, la compagnie de Molière joue la première tragédie de Racine, « la Thébaïde »; en 1667, il remporte un énorme succès avec « Andromaque ». Les dix années suivantes verront naître « Les Plaideurs », une comédie (1668); « Britannicus » (1669), « Bérénice » (1670), « Bajazet » (1672), « Mithridate » (1673), « Iphigénie » (1674) et « Phèdre » (1677). En 1673, l'Académie française l'avait accueilli en son sein. Mais, après « Phèdre », Racine, âgé seulement de 37 ans, se retire du théâtre, à cause, à la fois, des nombreuses cabales dont il est la victime, et de la foi de sa jeunesse qui lui revient. Il se convertit, rentre en grâce auprès de ceux de Port-Royal qui n'approuvaient guère sa conduite à la Cour, il renonce pour toujours à la scène et épouse une jeune fille que les gens les mieux disposés qualifient de « pieuse et bornée »... Cette perle, nommée Catherine Romanet, donne (pas d'un seul coup) sept enfants à Racine, cinq filles et deux garçons. En 1689, notre auteur accepte, à la demande expresse de Mme de Maintenon, de reprendre la plume et, pour les demoiselles de Saint-Cyr, il écrit sa tragédie religieuse avec chœurs « Esther ». Enfin, en 1691, dernière entorse à sa décision d'abandonner le théâtre, il donne « Athalie ». Racine a dit : « Elle flotte, elle hésite; en un mot elle est femme! », « Qui veut voyager loin ménage sa monture », « C'est dans les villes les plus peuplées que l'on peut trouver la plus grande solitude » et « Que ne peut la frayeur sur l'esprit des mortels ». La rue Racine existe depuis 1779 et l'impasse depuis 1838.

RADZIWILL (1734-1790). Charles Radziwill, issu d'une grande famille polonaise, originaire de la Lituanie. Héritier d'une immense fortune – 5 millions de revenu et 600000 serfs travaillant pour lui dans son pays! – il était réputé pour son humour, mais aussi pour son impolitesse, son goût de la boisson et son amour pour toutes les formes de licence... C'est lui qui ouvrit, en 1782, la rue qui porte son nom. Il mourut en Pologne où il était retourné pour fuir la Révolution française.

RAFFAËLLI (1850-1924). Jean Raffaëlli, peintre français d'origine italienne, né à Paris. Ses premiers tableaux datent de 1870. À partir de 1879, il consacra son talent à représenter la banlieue parisienne ainsi qu'à faire les portraits des grands de son temps. Puis à dater de 1895 il se consacra à la peinture des scènes de mœurs de la petite-bourgeoisie. Citons, parmi ses tableaux; « Paysage », « Banlieue », « Georges Clemenceau », « Edmond de Goncourt », « Quêteuse à une messe de mariage » et « le Vieux Garçon ». La rue Raffaëlli existe depuis 1930.

RAFFET (1804-1860). Denis Auguste Marie Raffet, dessinateur et lithographe, né à Paris, mort à Gênes. Ses premières lithographies frappèrent à la fois par leur patriotisme et leur vigueur. Il illustra la plupart des chansons de Béranger, ainsi que l'« Histoire de Napoléon » de Norvins et l'« Histoire de la Révolution française » de Thiers. On lui doit aussi des « Grognards », « Bataillon sacré de Waterloo » et « le Peuple de Paris en février 1848 ». Parti en Italie pour y suivre la campagne de 1859, il mourut d'une fluxion de poitrine. La rue Raffet date de 1864.

RAGUINOT Créé en 1862, ce passage porte le nom d'un de ses premiers propriétaires résidents.

RAMBERVILLIERS Chef-lieu de canton des Vosges, à 28 km d'Épinal. Ses habitants s'appellent des Rambervelais. Au cours de la guerre de 1870, Rambervilliers opposa une résistance farouche aux Prussiens du général Werder. En souvenir de cette résistance, un monument se dresse dans la ville même et une rue de Paris fut baptisée en 1948.

RAMBOUILLET Cette rue doit son nom à l'ancienne « Folie Rambouillet », construite en 1635 par un financier : Nicolas de Rambouillet. Cette « folie », qui s'étendait de la rue de Charenton à la Seine, possédait de vastes jardins et allées où les élégantes aimaient se promener. Le domaine fut morcelé en 1710. Il ne faut pas confondre la « Folie Rambouillet » avec l'hôtel de Rambouillet, construit à la même époque par Catherine de Vivonne, marquise de Rambouillet, et qui était le lieu de rencontre préféré des « précieux » et « précieuses » du temps. Il se dressait au bord de l'ancienne rue Saint-Thomas-du-Louvre et fut détruit, comme la rue, quand on termina le Louvre au début du second Empire. La rue de Rambouillet, qui longeait le côté ouest de la « Folie Rambouillet », existe depuis 1672.

RAMBUTEAU (1781-1869). Claude Barthelot, comte de Rambuteau, administrateur et homme politique né à Mâcon, mort près de Charnay (Saône-et-Loire). En 1809, la Saône-et-Loire le chargea d'aller à Paris féliciter Napoléon, pour la paix de Vienne ; du coup, l'empereur le fit chambellan et l'envoya en mission en Westphalie. Il revint en 1814 et fut nommé préfet de la Loire. Député de ce département pendant les Cent-Jours, il fut destitué par la Restauration. En 1830, il se rallia à la monarchie et devint préfet de la Seine. En 1835, il fut pair de France et en 1844 on le fit grand officier de la Légion d'honneur. En sa qualité de préfet, il créa une large voie (c'est la rue qui porte son nom depuis 1838), il reconstitua les égouts et remplaça l'éclairage à huile par l'éclairage au gaz. Il fit aussi bâtir des urinoirs qu'on n'appelait pas des vespasiennes à l'époque, mais des rambuteaux. Enfin, la plupart des anciens arbres des quais de Paris furent plantés à sa demande.

RAMEAU (1683-1764). Jean-Philippe Rameau, compositeur né à Dijon, mort à Paris. Son père était organiste et, très jeune, il apprit, lui aussi, à jouer de l'orgue. À 18 ans, il partit pour Milan, où il demeura peu de temps, puis il parcourut le Midi en qualité de chef d'orchestre. C'est en 1706 qu'il vint à Paris où il exerça les fonctions d'organiste chez les jésuites de la rue Saint-Jacques et chez les Pères de la Merci. Il fut, quelques années plus tard, détenteur d'un orgue à Lille et à Clermont-Ferrand. Dans cette dernière ville, il écrivit « Traité de l'harmonie réduite à ses principes naturels », en 1722. Revenu à Paris, il mit alors dix années, malgré l'appui de Voltaire, à se faire ouvrir les portes de l'Opéra où son premier ouvrage représenté fut, en 1633, « Hippolyte et Aricie ». Son œuvre la plus connue, « les Indes galantes », opéra-ballet, vit le jour en 1735. Puis ce fut, en 1737, ce que l'on considère comme son œuvre maîtresse : « Castor et Pollux ». Citons encore de Rameau : « le Temple de la Gloire », « Anacréon » et « les Sybarites ». Une rue porte son nom depuis 1806.

RAMEY (1754-1838). Claude Ramey, sculpteur, né à Dijon, mort à Paris. Grand prix de Rome en 1782, il entra à l'Institut en 1816. Ses œuvres principales sont « Richelieu », « Napoléon Ier en grand costume » et « Eugène de Beauharnais ». Une rue porte son nom depuis 1865 et un passage depuis 1877. Claude Ramey eut un fils, Étienne Jules (1796-1852), sculpteur également, grand prix de Rome en 1815, membre de l'Institut en 1828 et dont l'œuvre principale est « Thésée combattant le Minotaure ».

RAMPAL (1812-1879). Philanthrope qui légua sa fortune à la Ville de Paris pour qu'elle serve à consentir des prêts à des sociétés coopératives ouvrières. La rue Rampal existe depuis 1894.

RAMPON (1759-1842). Antoine Guillaume Rampon, général, né à Saint-Fortunat (Ardèche), mort à Paris. En 1796 il faisait partie de l'armée d'Italie et aida puissamment à la victoire de Montenotte. Sa bravoure fit également merveille à Lodi et Arcole. En 1798, il participa à la campagne d'Égypte et rentra en France en 1801. Favorable au coup d'État du 18-Brumaire, il entra au Sénat en 1802 et, en 1805, reçut le commandement des gardes nationales du nord de la France. Il donna son assentiment à la première Restauration qui le fit pair, mais comme beaucoup il revint à Napoléon durant les Cent-Jours. Après l'avoir boudé quelque temps, la seconde Restauration lui sourit en 1819 en le réintégrant dans la liste des pairs dont il avait été rayé. Enfin, en 1830, il prêta serment de fidélité à Louis-Philippe. La rue Rampon existe depuis 1864.

RAMPONEAU Né au début du XVIIIe, mort en 1765. Jean Ramponeau, ou Ramponneau, fonda un cabaret, portant son nom, qui se trouvait à l'emplacement des numéros 1, 3 et 5 de l'actuelle rue de l'Orillon. Ce cabaret, situé dans la célèbre « descente de la Courtille » (voir à « Denoyez »), fut le plus couru de tous. On créa, à l'époque, le verbe ramponner signifiant « boire avec excès ». La rue Ramponeau fut baptisée en 1867.

RAMUS (1515-1572). Pierre La Ramée, dit Ramus, humaniste et philosophe, né à Curth, dans le Vermandois, mort à Paris. Cet enfant d'un gentilhomme ruiné, travaillant le jour comme valet au collège de Navarre et étudiant la nuit, parvint à se faire recevoir comme « maître ès arts » en soutenant une thèse selon laquelle l'œuvre d'Aristote « n'était que fausseté et mensonge ». Opinion fort originale à son époque... Cela ne plut d'ailleurs pas à la Sorbonne qui parvint à faire condamner Ramus par le roi. Mais cela n'empêcha point le principal du collège de Presles de demander en 1545 à Ramus de lui succéder. En 1547, Henri II revint sur la décision obtenue contre notre philosophe par la Sorbonne. En 1551, Ramus obtint une chaire de philosophie et d'éloquence au collège royal (Collège de France), mais s'étant affilié à la Réforme il dut quitter sa fonction. Il put la reprendre de 1563 à 1567, puis dut la quitter définitivement. En 1568, il se rendit en Allemagne. Il rentra en France en 1570 pour reprendre la direction du collège de Presles, mais en 1572, lors de la troisième journée de la Saint-Barthélemy, il fut assassiné dans l'établissement qu'il dirigeait. Ramus peut être considéré comme le précurseur de Descartes puisqu'il proclama toujours que la raison devait primer l'autorité dans la recherche de la vérité. Son œuvre principale est « Dialecticae partitiones ». La rue Ramus existe depuis 1875.

RANÇON Cette impasse porte le nom d'un de ses premiers propriétaires résidents.

RANELAGH Ancienne promenade parisienne créée en 1774 par le sieur Morisan, à l'imitation d'un Anglais, lord Ranelagh, qui avait installé sur les dépendances de sa propriété, sise à Chelsea, près de Londres, un bal champêtre très couru. Le bal fondé par Morisan, à l'intérieur de sa promenade, obtint également beaucoup de succès avant la Révolution et retrouva ce succès sous le premier Empire et jusque sous Louis-Philippe, avant qu'on le démolisse en 1854. Sur l'emplacement de la promenade de Morisan, la Ville de Paris aménagea une promenade publique fort agréable. Le « Ranelagh » était circonscrit par le chemin de fer de ceinture, l'ancien château de la Muette et une avenue bordée de fortifications qui le séparait du bois de Boulogne. La rue du Ranelagh fut créée en 1824, ainsi que le square. Quant à l'avenue, c'est une ancienne allée de la promenade du Ranelagh.

RAOUL Depuis 1839, date de sa création, cette rue porte le nom d'un de ses premiers propriétaires riverains.

RAOUL DAUTRY (1880-1951). Administrateur et ingénieur, né à Montluçon. Nommé administrateur général du Commissariat à l'énergie atomique en 1946, Raoul Dautry avait été, auparavant, ministre de l'Armement de 1939 à 1940 et ministre de la Reconstruction et de l'Urbanisme, de 1944 à 1945. Une place porte son nom depuis 1967

RAOUL DUFY (1877-1953). Peintre, dessinateur et graveur français né au Havre, mort à Forcalquier. D'abord influencé par Matisse, il s'éloigna ensuite du fauvisme et séjourna souvent dans le Midi, en Italie et au Maroc et affina alors son style personnel qui joue harmonieusement avec les différentes composantes figuratives traditionnelles. Parmi ses œuvres : « 14 Juillet », « Scènes de courses, de cirque », « Divertissements mondains » et pour le pavillon de l'Électricité de l'Exposition universelle de 1937 une immense décoration, « la Fée électricité ». Il conçut aussi des dessins de tissus pour le couturier Paul Poiret. Une rue porte son nom depuis 1987.

RAOUL FOLLEREAU (1903-1977). Surnommé « vagabond de la charité » ou « apôtre des lépreux », il se dévoua à la cause de ceux que la lèpre avait atteints. Plusieurs associations, réunies, portent le nom d'« Association internationale des fondations Raoul-Follereau ». La place Raoul-Follereau fut baptisée en 1984.

RAPÉE À l'entrée du quai de Bercy actuel, se trouvait, au début du XVIe siècle, un certain nombre de maisons de plaisance, parmi lesquelles un hôtel fort grand, dont une partie était occupée par un cordonnier ayant pour enseigne une râpe, qui fit appeler cet hôtel « de la Rapée ». Ce nom fut donné à un quai en 1763 et à un port la même année.

RAPHAËL (1483-1520). Rafaelo Santi ou Sanzio, dit Raphaël, peintre italien né à Urbino, mort à Rome. Fils d'un peintre peu talentueux, il peignit lui-même dès sa prime enfance, mais ses premières compositions connues datent de 1501, année où il se trouvait à Pérouse. Dans cette ville il exécuta « la Vierge Solly » et « la Vierge au livre ». En 1504, il résida successivement à Sienne, Urbino et Florence où il peignit « Portrait d'Angelo et Maddalena Doni ». En 1508, appelé par Bramante, Raphaël se rendit à Rome et y décora l'appartement pontifical. Il connut alors sa période la plus faste. De 1515 à 1519, il réalisa des sujets de l'histoire biblique et donna dix cartons pour les tapisseries des « Actes des Apôtres ». Les papes Jules II et Léon X l'apprécièrent beaucoup : Raphaël, à Rome, fut architecte en chef de la basilique Saint-Pierre, surintendant des édifices et gentilhomme de la chambre. Sur un autre plan, il devint l'amant envié de la Fornarina, Romaine de grande beauté qui figure sur bon nombre de ses tableaux. Le peintre mourut, non point usé par les plaisirs de la vie comme certaines méchantes langues le dirent, mais d'un refroidissement contracté sur les ruines de la Ville éternelle. Citons d'autres tableaux du peintre aux madones célèbres : « la Sainte Famille », « la Belle Jardinière », « l'Incendie du bourg ». L'avenue Raphaël existe depuis 1864.

RAPP (1772-1821). Jean Rapp, comte et général, né à Colmar, mort à Rheinweiler. Engagé en 1788 dans l'armée du Rhin et de la Moselle, il devint bientôt aide de camp de Bonaparte. Nommé général de brigade en 1804, sa conduite à Austerlitz en 1805 le fit accéder au grade de divisionnaire. En 1809, Rapp fut nommé comte d'Empire, mais ayant manifesté sa désapprobation au divorce de Napoléon, celui-ci l'éloigna de Paris en l'envoyant gouverner à Dantzig. Rapp rejoignit cependant l'empereur durant la campagne de Russie et il s'illustra particulièrement à la Moskova, avant de s'enfermer à Dantzig et d'y résister toute une année aux troupes russes avant de capituler. Au début des Cent-Jours, Louis XVIII lui confia le commandement d'un régiment chargé d'arrêter Napoléon, mais il se soumit au Petit Caporal, lequel le fit commandant en chef de l'armée du Rhin et pair de France. Après Waterloo, Rapp fit amende honorable devant les Bourbons, mais jugea cependant prudent de se retirer, un temps, dans ses terres de Wildenstein, en Suisse. De retour dans notre pays en 1817, il fut alors nommé grand chambellan par Louis XVIII. L'avenue Rapp existe depuis 1864.

RASPAIL (1794-1878). François Raspail, homme politique et chimiste, né à Carpentras, mort à Arcueil. Élève au séminaire d'Avignon, il devint professeur de philosophie, puis de théologie. Nommé à Carpentras, ses idées bonapartistes l'obligèrent à quitter cette ville. Arrivé à Paris, il prit une part importante à la révolution de 1830 et fut incarcéré un court moment. Il se lança ensuite dans le journalisme et étudia les sciences naturelles, publiant un « Mémoire sur les graminées ». En 1843, Raspail s'intéressa de très près à la médecine, travaillant sur les parasites internes et externes des maladies et préconisant, contre eux, l'utilisation du camphre. En 1848, totalement réabsorbé par la politique, sa participation aux premiers mouvements insurrectionnels le conduisit à nouveau en prison. On commua son emprisonnement par une peine de bannissement et il s'établit en Belgique jusqu'en 1859, où il fut amnistié. Élu député du Rhône en 1869, Raspail rentra dans la vie privée de 1870 à 1874; à cette date, la parution d'un de ses ouvrages, « l'Almanach et le calendrier météorologique pour 1874 », lui apporta un an de prison pour « apologie de faits qualifiés de criminels ». Le boulevard Raspail fut baptisé en 1887.

RASSELINS Ancienne voie de la commune de Charonne, connue en 1812 sous le nom de sentier du Centre des Rasselins, cette rue porte son nom actuel depuis 1863. Elle le doit à un ancien lieu-dit dont il est difficile de trouver l'étymologie. Il est possible qu'autrefois on ait nommé « rasselin » une personne qui, à l'aide d'une rasse – panier dont on se servait pour mesurer le charbon –, colportait la houille; dans ce cas, on peut penser que le lieu-dit qui nous intéresse aurait reçu son nom à cause d'un certain nombre de « rasselins » qui s'y réunissaient.

RATAUD En 1877, date à laquelle cette rue fut baptisée, M. Rataud était maire du Ve arrondissement de Paris.

RAUCH Depuis son ouverture, ce passage porte le nom d'un de ses premiers propriétaires riverains.

RAVIGNAN (1795-1858). Xavier Delacroix de Ravignan, jésuite prédicateur, né à Bayonne, mort à Paris. Il débuta dans la magistrature, puis entra, en 1822, au séminaire Saint-Sulpice, à Paris. Ordonné prêtre chez les jésuites de Montrouge, il alla tout d'abord prêcher en Suisse et en Savoie où les remous de 1830 l'avaient conduit. Rentré à Paris, il succéda à Lacordaire en chaire de Notre-Dame, en 1837. Dix années de suite, sa dialectique basée sur le raisonnement attira beaucoup de fidèles. En plus de ses sermons, on a de lui « De l'existence et de l'institut des Jésuites » et « Entretiens spirituels ». La rue Ravignan, une des plus anciennes de Montmartre mais sous d'autres appellations successives, reçut son nom actuel en 1867.

RAYMOND Nom, légèrement déformé, de l'homme qui ouvrit ce passage en 1845, M. Raymot.

RAYMOND ARON (1905-1983). Philosophe et sociologue français, né et mort à Paris. Pendant la Seconde Guerre mondiale, il fut, à Londres, le rédacteur en chef de « la France libre », ensuite il fonda « les Temps modernes » avec Jean-Paul Sartre et donna des éditoriaux au « Figaro ». Il est considéré comme un des théoriciens de l'idéologie technocratique et un des plus incontournables critiques du marxisme à travers les analyses économiques, sociales et politiques qu'il fit. Parmi ses ouvrages : « la Sociologie allemande contemporaine » (1935), « le Grand Schisme » (1948), « l'Opium des intellectuels » (1957). Il a dit : « L'homme n'a vraiment un passé que s'il a conscience d'en avoir un, car seule cette conscience introduit la possibilité du dialogue et du choix » et « La prétention du philosophe à détenir, avec la vérité absolue, le secret du régime le meilleur, le rêve de confier à des "savants" une autorité inconditionnelle est la racine même de la tyrannie totalitaire ». Il a sa rue depuis 1993.

RAYMOND LOSSERAND (1903-1942). Conseiller municipal du XIVe arrondissement que les Allemands fusillèrent en 1942 pour faits de résistance. La rue fut baptisée en 1945.

RAYMOND POINCARÉ (1860-1934). Homme politique, né à Bar-le-Duc. Fils d'un inspecteur général des Ponts et Chaussées, il fit des études de droit, devint docteur dans cette discipline, puis avocat. Élu député républicain de la Meuse en 1887, son esprit concis et ses talents d'orateur le haussèrent vite au premier plan. En 1893, il fut ministre de l'Instruction publique, en 1894 et 1895 ministre des Finances, puis à nouveau de l'Instruction publique. Devenu président du Conseil en 1912, il remplit les hautes fonctions de président de la République de 1913 à 1920, à une époque tragique pour la France. Après la Grande Guerre, il redevint président du Conseil de 1922 à 1924, puis de 1926 à 1929. En 1923, c'est lui qui décida l'occupation de la Ruhr pour contraindre l'Allemagne à respecter les clauses du traité de Versailles. Raymond Poincaré, cousin du mathématicien Henri Poincaré (voir ce nom), appartint, comme ce dernier, à l'Académie française. Il a dit : « La paix est une création continue. » L'avenue existe depuis 1936.

RAYMOND PITET (1872-1959). M. Pitet, que tout le monde ne connaît pas, fonda la Fédération nationale de sauvetage. C'est à ce titre, évidemment, qu'on donna son nom à une rue en 1937.

RAYMOND QUENEAU (1903-1976). Écrivain français qui, après avoir fait partie, très jeune, du groupe des surréalistes, rompit en 1929 avec André Breton ; il gardera pourtant du surréalisme le goût des jeux du langage. Entré aux éditions Gallimard en 1936, il en devint secrétaire général en 1941 et, à partir de 1956, assura la direction de « l'Encyclopédie de la Pléiade ». Il fonda le club des « Savanturiers » (!) et fut membre du collège de Pataphysique ; il fonda aussi, autant par humour que souci d'expérimentation littéraire, « l'OUvroir de LIttérature POtentielle », dit « Oulipo ».

Œuvres : « Pierrot mon ami », « Loin de Rueil », « Zazie dans le métro », « le Chien à la mandoline », etc. Il a dit : « J'connaîtrai jamais l'bonheur sur Terre, j'suis bien trop con » (« l'Enfant fatal »), « Monsieur a l'air rêveur, dit le veilleur de nuit. – C'est pas mon genre, dit Pierrot. Mais ça m'arrive souvent de ne penser à rien ! – C'est déjà mieux que de ne pas penser du tout ! dit le veilleur de nuit. » Une rue porte son nom depuis 1987.

RAYMOND RADIGUET (1903-1923). Écrivain dont la vie très brève (il mourut de la typhoïde) s'orne de livres superbes : « les Joues en feu », « le Diable au corps », « le Bal du comte d'Orgel » et « Règle du jeu » (paru après sa mort). L'ensemble de son œuvre est toujours empreinte d'une maîtrise remarquable de l'écriture. Il a dit, avec prémonition, quelques mois avant de mourir : « Je flambais, je me hâtais comme les gens qui doivent mourir jeunes et qui mettent les bouchées doubles. » Une rue porte son nom depuis 1988.

RAYMOND SOUPLEX (1901-1972). Chansonnier et comédien français qui dut sa popularité d'une part à une célèbre émission de radio, intitulée « Sur le banc », où, avec Jeanne Sourza, il formait un inénarrable couple de clochards sympathiques, d'autre part à une série télévisée où il incarnait le commissaire Bourrel, policier « bien de chez nous » ; dans ce rôle il lança la fameuse formule « Mais... c'est bien sûr ! » en passe de détrôner le mot grec « Eurêka »... Le square Raymond-Souplex existe depuis 1981.

RAYNAUD Depuis sa création, cette rue porte le nom d'un de ses premiers propriétaires résidents.

RAYNOUARD (1761-1836). François Just Raynouard, littérateur né à Brignoles, mort à Passy. D'abord avocat à Draguignan, on l'élut député girondin en 1791. Emprisonné à l'Abbaye, il ne dut son salut qu'au 9-Thermidor. Il écrivit alors « Caton d'Utique », qui fourmille d'allusions aux événements de l'époque. Il rentra ensuite à Draguignan où, reprenant ses fonctions d'avocat, il parvint à amasser une fortune suffisante pour réaliser son rêve : vivre à Paris en s'abandonnant à ses goûts littéraires. En 1805, il fit représenter avec succès une pièce intitulée « les Templiers ». Admis à l'Académie française en 1807, il fit partie de la commission extraordinaire qui, en décembre 1813, fit entendre à Napoléon, pour la première fois, « des paroles de plainte et de liberté ». Puis il se consacra uniquement à la philologie et donna « Histoire du droit municipal en France », ouvrage dans lequel il cherche à retrouver les traces que les constitutions romaines avaient laissées dans le droit féodal français. La rue Raynouard existe depuis 1867 et le square depuis 1912.

RÉALE En vieux français, l'adjectif réal était synonyme de royal. La rue de la Réale doit son nom, reçu en 1683, à une ancienne enseigne représentant une galère-amirale, dite « la Réale ». La galère sur laquelle le roi montait était appelée « la Réale de France ».

RÉAUMUR (1683-1757). René-Antoine Ferchault de Réaumur, physicien et naturaliste, né à La Rochelle, mort à Saint-Julien-du-Terroux (Mayenne). Le nom de Réaumur fut rendu populaire par le thermomètre qu'il a construit : sur ce thermomètre, gradué selon « l'échelle Réaumur », un degré équivaut à 5/4 degré centigrade ; le nombre 80 y représente donc le degré d'ébullition de l'eau. Outre ce thermomètre, Réaumur, qui entra à l'Académie des sciences à l'âge de 25 ans, écrivit plusieurs mémoires de géométrie, puis, sur un autre plan, découvrit le verre blanc opaque. Mais ses travaux les plus intéressants, ceux qui lui valurent le surnom de « Pline du XVIIIe siècle », furent ceux qu'il effectua sur les invertébrés et les insectes. Réaumur donna son nom à une rue en 1851.

RÉBEVAL (1768-1822). Boyer de Rébeval était lieutenant général des armées pendant la Restauration. Supprimé en 1793, ce grade, qu'on remplaça par celui de général de division, fut rétabli par la Restauration et exista jusqu'en 1848. La rue Rébeval date de 1864.

RÉCAMIER (1777-1849). Jeanne Françoise Julie Adélaïde Récamier, née Bernard, vit le jour à Lyon et mourut à Paris. Son père, banquier, lui fit faire ses premières études au couvent de la Déserte, à Lyon, mais dès sa quinzième année la jeune Jeanne vint habiter à Paris, rue des Saints-Pères, l'hôtel où l'auteur de ses jours recevait le Tout-Paris. En 1793, elle épousa le banquier Récamier, homme beaucoup plus âgé qu'elle et qui, dit-on, la considéra plus comme une enfant que comme une femme... À partir de 1798, son mari ayant acquis l'hôtel Necker, Mme Récamier attira autour d'elle, dans son salon, tout un groupe d'admirateurs, parmi lesquels Lucien Bonaparte, Moreau et Bernadotte. Fouché voulut faire d'elle une dame d'honneur de la maison impériale, mais elle refusa et passa, insensiblement, dans l'opposition. Son mari ayant subi de graves revers de fortune, Mme Récamier se réfugia, à Coppet, chez sa grande amie Mme de Staël. Là-bas, elle conquit le prince Auguste de Prusse, neveu du grand Frédéric. Napoléon la maintint alors à plus de 40 lieues de Paris et elle alla vivre dans sa famille lyonnaise; dans la métropole rhodanienne elle put rêver à ses premières amours avec Ampère... En 1814-1815, Mme Récamier entretint une « chaude amitié » avec Benjamin Constant. Au début de la Restauration, son mari ayant subi d'autres revers de fortune, elle se retira, en 1819, à l'Abbaye-aux-Bois. Retraite toute relative, dans laquelle Chateaubriand prit une grande place, régnant en maître sur le logis et le cœur de Mme Récamier. Assez despote, l'écrivain fit tant souffrir la belle dame qu'en 1824 celle-ci préféra partir pour Rome; mais l'amour étant le plus fort, elle revint, plus amoureuse que jamais... Désormais, Chateaubriand et elle vécurent une vieillesse repentie, entourés de nombreux amis. Le banquier Récamier étant mort, elle refusa malgré tout d'épouser l'auteur des « Mémoires d'outre-tombe ». Devenue aveugle, Mme Récamier fut emportée par le choléra une année seulement après la mort de Chateaubriand. L'image de Mme Récamier a été immortalisée par le peintre David et elle a servi de modèle au sculpteur Canova pour sa « Béatrix ». La rue Récamier, ouverte à l'emplacement de l'Abbaye-aux-Bois, existe depuis 1907.

RÉCOLLETS La rue des Récollets doit son nom à l'ancien couvent, devenu l'hôpital militaire Villemin, situé au 150, faubourg Saint-Martin. Ce couvent fut construit en 1604. La Révolution le transforma en hospice et il devint hôpital militaire en 1860. Les Récollets étaient des religieux réformés de Saint-François. C'est le bienheureux Jean de La Puebla qui, en 1480, introduisit dans l'ordre des Franciscains la réforme dite « de l'étroite observance ». Les religieux qui adhérèrent à cette réforme formèrent deux congrégations : celle des mineurs observants, en Italie, et celle des mineurs récollets, en Espagne. Les Récollets, introduits en France, d'abord à Tulle et Murat en 1592, puis à Paris en 1603, portaient des sandales et un capuchon de forme carrée. Depuis le pape Léon XIII les Récollets ont pris le nom de « frères mineurs ». La rue des Récollets est connue depuis le XVIIIe siècle.

RECTEUR POINCARÉ (1862-1920). Lucien Poincaré, qui fut vice-recteur de l'université de Paris, donna son nom à une rue en 1928. Cette rue fut ouverte sur une partie des terrains de l'ancien couvent de l'Assomption.

RECULETTES Cette rue de 1926 doit son nom à l'ancien fief des Reculettes, qui appartenait, au XVe siècle, aux moines du prieuré de Saint-Martin-des-Champs. Avant 1926, la rue des Reculettes n'était qu'un passage assez étroit. Le mot Reculettes vient peut-être de Reculet, montagne du Jura français, car l'ancien fief qui donna son nom à la rue se trouvait sur une petite butte et possédait même un moulin; la butte, considérée comme une petite montagne par un optimiste de l'époque, aurait donc reçu l'appellation de « Reculettes », féminisation et minimisation de Reculet.

REDON (1840-1916). Odilon Redon, peintre et lithographe, né à Bordeaux, mort à Paris. Ce fut, dans son art, une sorte de visionnaire dont les œuvres sont, incontestablement, des préludes au surréalisme qui allait venir. Il fut totalement, ou presque, incompris à son époque, et son nom ne commença à être prononcé avec estime qu'en 1924, année de la publication du premier manifeste du surréalisme par André Breton. On reconnut alors rapidement qu'Odilon Redon, avec Jérôme Bosch et William Blake, avait été un précurseur de cette forme artistique qui consiste, pour un artiste, à s'abandonner aux impulsions de sa vie intérieure, sans aucun contrôle ni préoccupation esthétique ou morale. La rue Redon fut baptisée en 1932.

REFUZNIKS Les refuzniks sont les Juifs d'U.R.S.S. à qui les autorités soviétiques refusèrent l'autorisation d'émigrer. Une allée leur est dédiée depuis 1986.

REGARD C est une ancienne fontaine, dite « du Regard », située à l'intersection de la rue de Vaugirard et de la rue Notre-Dame-des-Champs, qui donna son nom à cette rue en 1667. À cette date, des « Carmes déchaussés », qui se trouvaient rue de Vaugirard, firent de l'eau de cette fontaine, en y ajoutant des aromates, de l'eau de mélisse. En 1810, la fontaine susdite fut remplacée par une autre située, elle, au bout de la rue qui nous intéresse et à hauteur du 88 de la rue de Vaugirard.

RÉGIS (1597-1640). Jean-François Régis, jésuite surnommé « l'Apôtre du Vivarais », né à Foncouverte, mort à La Louvesc. Entré chez les Jésuites en 1616, il enseigna les humanités à Auch et au Puy. Il exprima le désir de partir pour le Canada, mais ses supérieurs jésuites le gardèrent aux missions de France. Prêchant le jour, priant la nuit, Régis parcourut le bas Languedoc, le Velay et le Vivarais. Il parvint à convertir un grand nombre de protestants. Il fut béatifié en 1716 et canonisé en 1737. La rue Régis existe depuis 1867.

RÉGLISSES Cette rue doit son nom à un ancien lieu-dit, le clos des Réglisses. Dans ce clos devaient pousser les fameux arbrisseaux dont les racines servent à la fabrication de la boisson rafraîchissante. En général, la réglisse pousse surtout en Europe méridionale. La rue date de 1863.

REGNARD (1655-1709). Jean-François Regnard, auteur dramatique, né à Paris, mort près de Dourdan. Fils d'un riche bourgeois, il passa la première partie de sa vie à courir le monde et à jouer. Au cours de cette vie aventureuse, il lui arriva d'ailleurs l'histoire rocambolesque que voici : pris, en compagnie de la femme qu'il aimait et de son mari, par un corsaire barbaresque qui l'emmena captif à Alger, en 1678, il fut vendu comme esclave à un nommé Achmet-Talem qui en fit son cuisinier et l'emmena à Constantinople. Sa famille le racheta en 1581 et il regagna la France où il retrouva sa maîtresse; il allait l'épouser quand survint le mari qu'on croyait mort... Plus de mariage et Regnard reprit ses déambulations, allant jusqu'en Laponie en compagnie de deux compères : de Corberon et de Fercourt; arrivés au mont Metavara, ils gravèrent sur le rocher, en latin : « Nous nous sommes arrêtés, là seulement où nous a manqué le monde. » Après quelques voyages, Regnard se fixa enfin à Paris où il acheta une charge de trésorier de France. Et il commença alors à écrire un grand nombre de pièces, notamment pour le Théâtre-Italien, dans lesquelles il poursuivait un seul but : faire rire. Citons « le Distrait », « le Légataire universel » et « le Retour imprévu ». Il publia aussi les récits de ses voyages. Son aventure d'esclave, racontée plus haut, parut, après sa mort, sous le titre « la Provençale ». La rue Regnard existe depuis 1779.

REGNAULT (1754-1829). Jean-Baptiste Regnault, baron et peintre, né et mort à Paris. Adolescent, il fut mousse sur un navire marchand, puis, mettant sac à terre, il partit étudier la peinture à Rome. Le grand prix de Paris lui fut remis à l'âge de 20 ans pour « Alexandre visitant Diogène ». En 1782, l'Académie de peinture l'accueillit et en 1785 il devint professeur à l'École des beaux-arts. Quand l'Institut fut créé, en 1806, Regnault y entra immédiatement. Parmi ses tableaux : « Baptême de Jésus-Christ », « la Descente de Croix » et « le Déluge ». La rue qui porte son nom existe depuis 1868.

REILHAC Depuis son ouverture ce passage porte le nom d'un propriétaire résident. La famille de Reilhac, originaire du Limousin, donna des rejetons célèbres : un favori de Charles V, un général des Finances sous Charles VII, Louis XI et Charles VIII, un aumônier de Marguerite de Valois et un député aux états généraux de 1789 qui avait participé, à 12 ans, à la bataille de Fontenoy.

REILLE (1775-1860). Honoré Reille, maréchal de France, né à Antibes, mort à Paris. Aide de camp de Masséna en 1792, il se distingua à Montenotte, Lodi et Arcole. Favorable au 18-Brumaire, Bonaparte le chargea d'aller porter ses ordres à Masséna, assiégé dans Gênes. En 1803, Reille fut nommé général de brigade; Napoléon lui demanda ensuite de s'occuper des projets de débarquement en Angleterre. Projets qui demeurèrent projets... Reille devint aide de camp de l'empereur, comte en 1808 et remplit différentes missions; il eut une conduite remarquable à Essling et Wagram. Bien que s'étant soumis à la première Restauration, il lutta vaillamment à Waterloo et fut mis en demi-solde par la seconde Restauration. Puis tout alla de mieux en mieux, puisqu'il devint pair de France en 1819, maréchal de France en 1847 et membre du Sénat en 1852. L'avenue Reille existe depuis 1867 et l'impasse depuis 1868.

REIMS Chef-lieu d'arrondissement de la Marne. Au moment de la conquête de la Gaule par les Romains, Reims était connue sous le nom de Durocortorum. Elle devint la capitale des Remi, après sa soumission à César. Clovis, sous l'épiscopat de saint Remi, constitua le comté de Reims; les rois capétiens vinrent, pour la plupart, se faire sacrer roi dans la cathédrale rémoise. De très nombreux conciles se sont tenus à Reims, où il faut voir l'admirable cathédrale commencée au XIIIe siècle et achevée en 1432. En 1481, un incendie détruisit la toiture; des flèches que l'on avait projeté de bâtir ne furent, de ce fait, jamais édifiées. Cette cathédrale est un des plus beaux spécimens de l'art gothique. Citons aussi l'église Saint-Remi, avec le tombeau de ce saint. La rue de Reims fut baptisée en 1907. Le boulevard, quant à lui, reçut son nom en 1931, en souvenir des combats qui se déroulèrent autour de la ville champenoise pendant la Première Guerre mondiale.

REINE (Cour la). La reine dont il s'agit là est Marie de Médicis. C'est elle, en effet, qui en 1616 fit aménager une belle promenade longue de 1 500 mètres, bordée d'arbres magnifiques. Cette promenade, qui prit dès sa naissance son nom actuel, fut très en vogue durant un siècle et demi et était fréquentée par le Tout-Paris de l'époque.

REINE ASTRID (1905-1935). Princesse suédoise, née à Stockholm, qui, en 1926, épousa le futur roi des Belges, Léopold III. Elle mourut d'un accident d'automobile, près de Gussnacht, en Suisse ; le roi Léopold III, qui conduisait la voiture d'où elle fut éjectée à la suite d'un choc, sortit indemne de l'accident ; la reine Astrid – femme merveilleusement belle – et lui passaient quelques jours de vacances dans la Confédération helvétique. La place de la Reine-Astrid existe depuis 1936.

REINE BLANCHE C'est l'ancien hôtel de la Reine Blanche, situé au numéro 1 de l'avenue des Gobelins actuel, qui donna son nom à cette rue. Il fut construit en 1290 par la veuve de Saint Louis, Marguerite de Provence, et habité ensuite par sa fille, Blanche de France – c'est grâce à elle qu'il reçut la dénomination sous laquelle on le connut. Démoli en 1404, après un incendie, celui du « bal des Ardents » au cours duquel le roi Charles VI faillit périr, l'hôtel fut rebâti au début du XVIe siècle et il reste quelques vestiges de cette seconde construction.

REINE DE HONGRIE Un peu avant la Révolution, une jeune femme qui habitait ce passage alla porter à la reine Marie-Antoinette une pétition. La reine de France trouva à la jeune femme, qui se nommait Julie Bécheur, une forte ressemblance avec la reine Marie-Thérèse de Hongrie et elle le dit à la pétitionnaire. Celle-ci en fut flattée et raconta à qui voulait l'entendre ce que lui avait dit la reine. Si bien que par moquerie on la nomma alors « la reine de Hongrie » et qu'on donna ce nom au passage qu'elle habitait. Mais la brave Marie Bécheur (ça ne s'invente pas!) poussa trop loin son souci de ressemblance et, au moment de la Révolution, elle manifesta bruyamment de fortes convictions royalistes ; c'était maladroit à l'époque.. Tellement maladroit même, qu'on la décapita ! Triste histoire.

RÉJANE (1857-1920). Gabrielle Réju, dite Réjane, comédienne née à Paris. Elle débuta en 1875 au théâtre du Vaudeville dont elle épousa le directeur en 1893. Elle se produisit dans les théâtres les plus importants de notre capitale et effectua, en France et à l'étranger, de fort nombreuses tournées. Elle se montra excellente dans les rôles les plus divers et joua, entre autres, dans « Lysistrata », « Madame Sans-Gêne », « le Lys rouge », « Zaza », « la Robe rouge » et « le Flambeau ». On donna son nom à un square en 1935

REMBRANDT (1606-1669). Rembrandt Harmenszoon Van Rijn, dit, plus simplement, Rembrandt, peintre hollandais, né à Leyde, mort à Amsterdam. Très jeune, sa passion pour la peinture se manifesta ; il alla étudier cet art quelques années à Amsterdam avec Pieter Lastman, puis rentra dans sa ville natale où, tout de suite, de nombreux disciples l'entourèrent. Ses premières toiles connues datent de 1628. En 1630, il retourna à Amsterdam et s'y installa. En 1634, Rembrandt épousa Saskia Van Uylenburgh, fille d'un riche bourgeois. Il la peignit maintes fois avant qu'elle ne meure, fort prématurément en 1642, lui laissant un fils qui mourut en 1668. Au décès de sa femme, le peintre quitta Amsterdam pour aller vivre à Elsbroeck. De cette époque datent ses premiers paysages : « les Trois Chaumières », « l'Omval », etc. En 1656, il se remaria, après une longue période de concubinage, avec Hendrickje Stoffels. Dès lors, les affaires financières de Rembrandt périclitèrent et l'on sait qu'il mourut fort pauvre, après s'être marié une troisième fois; la dernière heureuse élue fut Catharina von Wijck. Rembrandt laissa plus de 350 peintures allant des sujets bibliques aux paysages en passant par les portraits et les sujets de mœurs. C'est le maître absolu du clair-obscur expressif. Ses princi paux tableaux : « la Présentation au Temple », « la Leçon d'anatomie du docteur Tulp », « Bethsabée », « la Ronde de nuit », qui s'intitula d'abord « Sortie de la compagnie du capitaine Bahning Cock », et « la Fiancée juive ». La rue Rembrandt existe depuis 1868.

RÉMI BELLEAU Poète français, né en 1528, mort en 1577. Il fut l'un des membres les plus éminents de la Pléiade dont les autres membres étaient Ronsard, Joachim Du Bellay, Pontus de Tyard, Jean Antoine de Baïf, Étienne Jodelle, Jean Bastier de la Péruse, Jacques Peletier du Mans remplaçant Guillaume Des Autels. Les poésies de Rémi Belleau semblent parfois habitées par une espèce de lyrisme cosmique (dixit Pierre Seghers); son ami Ronsard le qualifia de « peintre de la nature ». Œuvres principales : « Petites inventions », « Bergerie » et « les Amours et nouveaux échanges des pierres précieuses ». Voici l'extrait d'un de ses poèmes intitulé « Désir » : « Celui n'est pas heureux qui n'a ce qu'il désire. Mais bienheureux celui qui ne désire pas ce qu'il n'a point : l'un sert de gracieux appas pour le contentement, et l'autre est un martyre. » La villa Rémi-Belleau existe depuis 1984.

REMY DE GOURMONT (1858-1915). Littérateur né à Bazoches-au-Houlme (Orne). Venu à Paris en 1883, il devint bibliothécaire à la Bibliothèque nationale, mais fut révoqué en 1891 pour un article ironique intitulé « le Joujou Patriotisme ». En 1894, il fonda une revue, « l'Ymagier ». Homme fort érudit, rédacteur au « Mercure de France », il a écrit « Merlette », « le Vieux Roi », « la Culture des idées » et « Esthétique de la langue française ». Remy de Gourmont fut, aussi, le critique littéraire du groupe symboliste. Une rue porte son nom depuis 1930

RÉMY DUMONCEL (1888-1945) Rémy Dumoncel, qui dirigeait les éditions Tallandier et était maire d'Avon, mourut en déportation. La rue, baptisée en 1946, abrite, au numéro 17, les éditions dont il fut le directeur.

RÉMUSAT (1797-1875). Charles de Rémusat, comte, écrivain et homme politique, eut pour maman Claire-Élisabeth Gravier de Vergennes, auteur d'un « Essai sur l'éducation des femmes ». Très jeune, le futur auteur de « Essai sur la nature du pouvoir », « Essai de philosophie » et de « Abélard » se lia avec Guizot. En 1830, la ville de Muret le fit député. Durant sa belle carrière politique, notre homme fut ministre de l'Intérieur sous Thiers (1840) et des Affaires étrangères (1871-1873). Membre de l'Académie des sciences morales et politiques à partir de 1842 et de l'Académie française dès 1846, Rémusat donna son nom à une rue de notre beau Paris, où il eut l'honneur de naître et mourir, en 1877.

RENAISSANCE Cette rue doit son nom au voisinage de la rue François-Ier, roi qui, on le sait, œuvra énormément pour la renaissance artistique en France. Née en Italie, la Renaissance avait gagné notre pays dès Charles VIII. Les châteaux de la Loire, la cathédrale Saint-Maclou de Rouen, Notre-Dame de Troyes, etc., sont autant de constructions superbes issues de la Renaissance française. L'historien Michelet a dit de la Renaissance, en 1855 : « Grâce à elle, l'humanité a commencé à s'asseoir dans la Justice et la Raison. » La rue de la Renaissance existe depuis 1884, la villa depuis 1889.

RENARD Au Moyen Âge, on appelait renard un trou ou une fente, produits accidentellement, par où les eaux d'un bassin, d'un réservoir ou d'un égout se perdaient. La rue qui nous intéresse avait un renard d'égout, et c'est de lui que vient son appellation du XIe siècle « chemin du Renard Saint-Merri ». Elle avait alors un tracé un peu différent de celui d'aujourd'hui, sous lequel elle fut baptisée en 1868.

RENAULT (1807-1870). Pierre Renault, baron et général, né à Malte, mort à Villiers-sur-Marne. Capitaine dans la Légion étrangère en 1835, il servit en Algérie de 1838 à 1848. En 1851, il reçut le grade de général de division et, en 1859, il participa à la guerre d'Italie. Au début de la guerre de 1870, il reçut le commandement du 14e corps d'armée. Il se battit à Champigny avant d'être mortellement blessé à Villiers-sur-Marne le 2 décembre 1870. Ses soldats, en raison de sa bravoure, l'avaient surnommé « Renault l'arrière-garde ». On donna son nom à une rue en 1875.

RENDEZ-VOUS Connue depuis 1672 sous l'appellation de chemin, cette rue doit son nom à un ancien rendez-vous de chasse qui la bordait.

RENÉ BAZIN (1853-1932). Littérateur, né à Angers. Avocat et professeur de droit à l'université catholique de sa ville natale, il écrivit des ouvrages destinés à ressusciter les coutumes ancestrales et les traditions délaissées. Il appartint à l'Académie française. Parmi ses ouvrages, citons « La terre qui meurt », « les Oberlé » et « Madame Corentine ». La rue René-Bazin existe depuis 1937. Ne pas confondre René Bazin avec Hervé Bazin – son petit-neveu – qui naquit également à Angers, en 1911, et dont les livres sont surtout des satires de la bourgeoisie : « Vipère au poing », « Qui j'ose aimer » et « la Mort du petit cheval ».

RENÉ BINET (1866-1911). Architecte dont on attribua le nom à une rue en 1956

RENÉ BOULANGER (1901-1944). Résistant que les Allemands incarcérèrent et tuèrent à Nantes. On donna son nom à une rue sitôt après la libération de Paris.

RENÉ BOYLESVE (1867-1926). René Tardivaux, dit Boylesve, écrivain né à La Haye-Descartes (Indre-et-Loire). Ses livres décrivent, pour la plupart, les mœurs de nos provinces. L'Académie française lui ouvrit ses portes en 1918. Une rue porte son nom depuis 1930.

RENÉ CAPITANT Homme politique né à Tronche-en-Isère en 1901, mort à Paris en 1970. Député du Bas-Rhin en 1945, puis de la Seine de 1946 à 1951, il fonda l'Union gaulliste en 1946 et devint garde des Sceaux en 1968. Une promenade porte son nom depuis 2000.

RENÉ CASSIN (1887-1976). Juriste français, il fut administrateur à Londres auprès du général de Gaulle durant la Seconde Guerre mondiale et devint membre de l'Assemblée consultative d'Alger en 1944. Après la guerre, il fit adopter, en 1948, la

« Déclaration universelle des droits de l'homme » et prit une part importante à la fondation de l'UNESCO. Membre du Conseil constitutionnel de la Vᵉ République, il présida, à partir de 1965, la Cour européenne des droits de l'homme et il reçut le prix Nobel de la Paix en 1968. Une place porte son nom depuis 1984.

RENÉ COTY (1882-1962). Homme d'État né et mort au Havre. Maire du Havre, son élection à la présidence de la République, en 1954, à Versailles, fut une surprise pour tout le monde, lui compris. Il se révéla pourtant un excellent chef d'État et sa conduite, en 1958, au moment des événements qui, nés à Alger, amenèrent le général de Gaulle au pouvoir, fut exemplaire et pleine de dignité. Il laissa le palais de l'Élysée à l'homme de l'appel du 18 Juin en 1959 et se retira dans sa ville du Havre qu'il aimait tant. René Coty fut donc le dernier président de la IVᵉ République. L'avenue fut baptisée en 1964.

RENÉ FONCK (1894-1953). Aviateur né à Saulcy-sur-Meurthe. C'est lui l'as des as de la Première Guerre mondiale, avec 75 avions ennemis abattus. On donna son nom à une rue en 1956.

RENÉ GOSCINNY Dessinateur et scénariste de bande dessinée, né et mort à Paris (1926-1977). À partir de 1954, il scénarisa les aventures de Lucky Luke et, surtout, il est le père, avec Albert Uderzo, d'Astérix. Sans oublier Iznogoud, conçu avec Tabary. Il fut aussi rédacteur en chef du journal «Pilote» de 1959 à 1972. Il mourut en réalisant, sous contrôle médical, le « test de l'effort ». Une rue porte son nom depuis 2001.

RENÉ PANHARD (1871-1950). Industriel et promoteur de l'automobile. Les modèles sortis de ses usines parcoururent longtemps les routes de notre pays et voici seulement une dizaine d'années (1967) que la firme Panhard se fondit dans la société Citroën. Une rue porte son nom depuis 1912.

RENÉ RAVAUD Ingénieur, né et mort à Paris (1920-1986). Il fut le Président-directeur général de la Société Nationale d'Étude et de Construction de Moteurs d'Aviation (SNECMA). On donna son nom à une rue en 2000.

RENNEQUIN (1645-1708). Charpentier liégeois, de son vrai nom René Sualem, dit Rennequin. C'est lui qui construisit, sur les plans du chevalier de Ville, la « machine de Marly », dans un hameau situé à 14 km de Bougival et appelé depuis Marly-la-Machine. C'était un ouvrage hydraulique construit pour alimenter le bassin des eaux de Versailles. La « machine de Marly » comportait 14 roues, mues par le courant de la Seine, qui actionnaient 221 pompes, étagées à flanc de coteau jusqu'à l'aqueduc de Louveciennes. Elle fonctionna de 1682 à 1804. En 1855, une autre machine fut construite au même endroit par Dufrayer pour alimenter en eau potable, extraite de nappes souterraines, Versailles et ses environs. La rue Rennequin existe depuis 1864.

RENNES Cette rue doit son nom, de 1853, au fait qu'elle aboutissait, voici encore bien peu de temps, à la gare Montparnasse, qui conduit en Bretagne dont Rennes est la capitale. Rennes, chef-lieu du département de l'Ille-et-Vilaine, se trouve au confluent de l'Ille et de la Vilaine. Vous connaissez la chanson : « Sous les ponts de Rennes, la Vilaine, la Vilaine est en prison. » La capitale bretonne fut, au temps des Gaulois, une des premières cités de l'Armorique, la ville principale des Rhedones. En 1553, Henri II fonda le parlement de Rennes et un hôtel des Monnaies. Pendant la Ligue, le duc de Mercœur s'empara de la ville; de nombreux désordres secouèrent alors la cité; ils cessèrent à l'abjuration de Henri IV. En 1675, la révolte bretonne apporta de nombreux autres troubles qui furent très sévèrement réprimés; Mme de Sévigné a fait le récit de cette répression. Rennes est la patrie, entre autres, de La Motte-Picquet, de Paul Féval et du « brave » général Boulanger. Il faut surtout voir à Rennes la cathédrale Saint-Pierre et le Palais de Justice.

RENTIERS La villa des Rentiers doit son nom à la proximité de la rue « du Château des Rentiers » (voir cette rue).

REPOS Baptisée ainsi en 1873, cette rue le doit à la proximité du cimetière du Père-Lachaise, haut lieu du repos éternel.

RÉPUBLIQUE L'avenue de la République fut baptisée en 1857 et doit son nom à la IIe République, constituée le 24 février 1848, qui dura jusqu'au 7 novembre 1852, date du rétablissement de la dignité impériale. Quant à la place de la République, elle reçut sa dénomination en 1879, après la création de la IIIe République (4 septembre 1870). Elle s'orne d'une statue de la République inaugurée le 14 juillet 1884.

RÉPUBLIQUE DE L'ÉQUATEUR République de l'Amérique du Sud, sur le Pacifique. 270670 km² pour 11700000 habitants. Capitale : Quito. Langue : espagnole. C'est vers 1450 que les Incas, venus du Pérou, envahirent les terres de l'Équateur actuel. Puis, en 1532, Pizzaro colonisa le pays qui, en 1717, fut rattaché à la Nouvelle-Grenade (Colombie). En 1820, l'insurrection née à Guayaquil, ville principale de l'Équateur, amena la libération du pays qui s'intégra à la fédération de la Grande-Colombie. Il se détacha de cette fédération en 1830 et la république fut proclamée. L'Équateur, dont la population est essentiellement rurale, récolte principalement des bananes, du café et du cacao. La place de la République-de-l'Équateur fut créée en 1971.

RÉPUBLIQUE DOMINICAINE État d'Amérique qui occupe la partie est de l'île d'Haïti. Elle a une superficie de 48400 km² pour une population de 8 millions d'habitants, lesquels parlent l'espagnol. La capitale est Saint-Domingue. La place de la République-Dominicaine existe depuis 1957.

RÉPUBLIQUE DE PANAMÁ C'est en 1999 que l'on donna à une place le nom de la République de Panamá, État d'Amérique centrale ayant pour capitale Panamá. On y parle l'espagnol et la monnaie est le balboa. Superficie: 77 000 km² pour environ 2 200 000 habitants. Colonisé par les Espagnols depuis 1510, le Panamá proclama son indépendance en 1903 et la république y fut établie la même année. À cette époque, le percement du canal de Panamá, initié par Ferdinand de Lesseps (1905-1894), était interrompu depuis 1888 par manque de capitaux; les États-Unis, qui s'étaient montrés favorables à la naissance de la République panaméenne, reprirent alors les travaux (qui furent achevés en 1914), se faisant concéder, en échange, une bande de terre large de dix miles sur toute la longueur du canal. Ils rendront cette bande de terre en 1999, à la suite de nombreuses émeutes, les Panaméens ne supportant pas la tutelle américaine. La zone du canal, qui relie l'océan Atlantique, ou si l'on veut la mer des Antilles, au Pacifique, est évidemment la région vitale du pays dont les zones montagneuses, couvertes de forêts, sont peu peuplées.

RÉSAL (1854-1919). Louis Résal, ingénieur des Ponts et Chaussées, né à Besançon. Ancien élève de Polytechnique et de l'École des ponts et chaussées, il devint, en 1893, professeur dans cette dernière école. Devenu en 1896 directeur de la Navigation de la Seine, à Paris, il fit construire les ponts Mirabeau et Alexandre-III. Il donna son nom à une rue en 1934.

RÉSERVOIRS Cette rue doit son nom, de la fin du XIXe siècle, à la proximité des petits réservoirs de Passy, construits en 1828. Ils recevaient l'eau de la Seine et étaient placés à 48 mètres au-dessus du fleuve. On les appelait petits réservoirs car il existait des grands réservoirs, situés près des rues Copernic et Lauriston. Les petits réservoirs alimentaient les communes de Passy et d'Auteuil.

RÉSISTANCE C'est en 1951 que cette place reçut son nom, en hommage aux Forces françaises libres et aux Forces françaises de l'intérieur de la Seconde Guerre mondiale. Tous les mouvements de Résistance furent fédérés, en 1943, par le Conseil national de la Résistance, ayant à sa tête Jean Moulin. La Résistance transmettait des informations aux Alliés, commettait des sabotages et formait des maquis. Elle compta de nombreuses victimes, mais contribua largement à la libération de notre territoire.

RETIRO Retiro est un ancien mot qui signifie endroit retiré. En 1817, la cité n'avait qu'un seul habitant à qui il sembla, à juste titre, qu'il vivait dans un lieu « buen retiro ». C'est lui qui baptisa la cité.

RETRAIT Ce mot est une déformation de « Ratrait »; c'était, en 1523, le nom donné à un important vignoble qui se trouvait là. Ratrait semble avoir été le patronyme de son propriétaire. Sous son appellation actuelle, la rue du Retrait est connue depuis 1877, ainsi que le passage.

REUILLY Nom d'une ancienne bourgade, qui forme aujourd'hui le XIIe arrondissement de Paris. Les rois mérovingiens, qui avaient fait bâtir une villa à Reuilly, y résidèrent fréquemment. Au XVIIe siècle, on trouvait là une manufacture de glaces, protégée par Colbert. La bourgade disparut lors de l'extension du faubourg Saint-Antoine, à la fin du XVIIIe siècle.

RÉUNION La rue, l'impasse et la place de la Réunion doivent leur nom au fait que la rue marquait le point de réunion, au début du XIXe siècle, des deux parties du village de Charonne : le grand Charonne et le petit Charonne. Rue et place datent de 1849. Quant au passage, il doit son nom, de 1790, à l'ancienne section révolutionnaire de la Réunion dans laquelle il était compris.

RÉVÉREND PÈRE MICHEL RIQUET Prêtre et humaniste né en 1898 et mort, à Paris, en 1993. Il s'impliqua énormément lors des deux guerres mondiales, prônant le rapprochement entre juifs, chrétiens, musulmans et francs-maçons. On donna son nom à une allée en 2000.

REYNALDO HAHN (1874-1947). Compositeur français né à Caracas. Auteur de très nombreuses mélodies qui font la joie de tous les mélomanes, le grand public le connaît surtout par une de ses œuvres lyriques, « Ciboulette ». C'est en 1956 que la Ville de Paris décida de donner le nom de ce compositeur à une rue.

RHIN ET DANUBE Pendant la Seconde Guerre mondiale, la Ire armée française, dite « Rhin et Danube », s'illustra d'abord en Italie et en Provence, puis sur les bords des deux fleuves Rhin et Danube, de 1943 à 1945. La place fut baptisée en 1951.

RHÔNE Fleuve qui prend sa source en Suisse, au pied du col de la

Furka, à 1 753 mètres d'altitude. Il mesure 812 km, dont 520 en France. Il traverse le lac Léman, qui lui sert de régulateur, et entre en France par le Jura méridional. Il arrive à Lyon, où la Saône se joint à lui, puis arrose Vienne, Valence, Avignon et Arles avant de rejoindre la Méditerranée par un large delta. Depuis une trentaine d'années, le cours du Rhône a été assagi par la création de nombreux barrages produisant de l'électricité, comme celui de Donzère-Mondragon. Le square du Rhône existe depuis 1932.

RIBERA (1588-1656). José Ribera, dit « l'Espagnolet », peintre espagnol né à San Felipe, mort à Naples. En 1606, il partit pour l'Italie où il eut pour maître Michel-Ange. À Naples il se maria avec la fille d'un marchand de tableaux. Bonne idée... Il devint rapidement le peintre favori, non seulement de son beau-père, mais du vice-roi gouvernant au nom de l'Espagne. On dit qu'il se montra alors d'une jalousie féroce vis-à-vis, non pas tellement de sa femme, mais des autres peintres. On affirme qu'il mourut de chagrin en apprenant que sa fille avait été séduite par don Juan d'Autriche. Mais cette assertion est fort sujette à caution. Principaux tableaux de Ribera : « Martyre de saint Sébastien », « Saint Janvier sortant de la fournaise », « Sainte Madeleine » et « Diogène cherchant un homme ». La rue date de 1869.

RIBÉROLLE Créée en 1903, cette villa porte le nom d'un de ses premiers propriétaires résidents.

RIBET C'était là le nom du propriétaire du terrain sur lequel cette impasse fut ouverte.

RIBLETTE Cette rue, une des plus anciennes du village de Charonne, est connue depuis le début du XVIe siècle. Elle doit vraisemblablement son nom, de l'époque, à un marchand de viande coupée en tranches minces et grillées. La viande ainsi préparée était appelée riblette.

RIBOT La cité Ribot doit son nom à un de ses premiers propriétaires riverains.

RIBOUTTÉ Cette rue fut ouverte, en 1781, sur des terrains appartenant à M. Riboutté. Ce brave homme devait être l'heureux papa de François Louis Riboutté (1770-1834), auteur dramatique qui, pour plus de sûreté matérielle, acheta, à Paris, une charge d'agent de change. Sa pièce la plus connue – mais tout est relatif ! – s'intitule « l'Assemblée de famille ».

RICAUT Depuis sa création, ce passage porte le nom d'un de ses premiers propriétaires riverains.

RICHARD (impasse). Nom du propriétaire du terrain sur lequel cette voie fut ouverte.

RICHARD (passage). Un des premiers propriétaires de ce passage, sans lien de parenté avec le Richard précédent. Il faut faire plaisir à tout le monde...

RICHARD BARET Maire du XVIIe arrondissement d'avril 1946 à sa mort, survenue le 9 octobre 1969. Il s'occupa beaucoup du problème des enfants inadaptés et de celui des personnes âgées. Depuis 1976 une place porte le nom de cet homme attentif à toute détresse humaine.

RICHARD DE COUDENHOVEKALERGI (1894-1972). Ce diplomate autrichien naquit à Tokyo avant d'étudier à l'université de Vienne où il obtint un doctorat de lettres. Il est le créateur du mouvement paneuropéen et, dès 1926, dirigea un congrès paneuropéen auquel participèrent les représentants de vingt-quatre pays. Ses initiatives amenèrent, en 1949, la création du Conseil de l'Europe. Une place porte son nom depuis 1982.

RICHARD-LENOIR (1765-1839). François Richard, dit Richard-Lenoir, par adjonction d'une partie du nom de son associé, M. Lenoir-Lefresne. Manufacturier, né à Épinay-sur-Odon (Calvados), mort à Paris. D'abord garçon de magasin à Rouen, puis garçon de café à Paris en 1786, il fit fortune en spéculant – en tout bien, tout honneur – sur les basins anglais (le basin est une étoffe croisée dont la chaîne est de fil et la trame de coton). Il acheta un domaine près de Nemours et, après la Terreur, en 1797, associé avec Lenoir-Lefresne, il commença à fabriquer des basins que jusque-là on importait d'Angleterre. Son premier magasin de vente se trouvait dans une ancienne guinguette de la rue de Bellefond. Richard-Lenoir se transporta ensuite, en l'hôtel Thorigny, dans le Marais, puis au couvent de Bon-Secours, rue de Charonne. En 1806, Lenoir-Lefresne mourut. Richard-Lenoir continua seul fabrication et négoce des basins, jusqu'à l'abdication de l'empereur, à qui il était très attaché. Il évita, grâce à l'empereur de Russie, dont il avait été le fournisseur, la proscription, mais fut quand même obligé, par la Restauration, de vendre tous ses biens. Il finit sa vie presque dans le besoin, ne subsistant que grâce à une pension que lui versait son gendre. Le boulevard Richard-Lenoir existe depuis 1859 et la rue depuis 1850.

RICHELIEU (1585-1642). Armand Jean du Plessis de Richelieu, cardinal et homme d'État né et mort à Paris. En 1594, il est étudiant au collège de Navarre. En 1602, il approfondit sa culture théologique, puis devient évêque de Luçon, en Vendée, en 1606. En 1614, il est député du clergé aux états généraux, convoqués cette année-là, et s'attire la faveur de Marie de Médicis. Il devient aumônier de la reine Anne d'Autriche, conseiller d'État et secrétaire des commandements de la reine mère en 1616. Après la chute de Concini, Richelieu est renvoyé; il se retire en Avignon, mais prépare son retour en étant l'intermédiaire entre Marie de Médicis et Louis XIII. Il amène leur réconciliation et reçoit, en récompense, le chapeau de cardinal en 1622. Il entre alors au Conseil du roi à qui il dit : « Je promets à Votre Majesté d'employer toute mon industrie et toute l'autorité qu'il lui plairait me donner pour miner le parti huguenot, rabaisser l'orgueil des grands, réduire tous les sujets en leur devoir et relever son nom dans les nations étrangères au point où il devait être. » Bel engagement... À l'époque, les protestants forment un véritable État dans l'État. Richelieu leur reprend d'abord les îles de Ré et d'Oléron, en 1626. L'année suivante, quand les Anglais apportent leur soutien aux huguenots, Richelieu décide le siège de La Rochelle, capitale protestante. Il emporte la ville au bout de quatorze mois. La paix d'Alès, signée en 1629, met un terme à l'existence de la Réforme, en tant que force politique. Richelieu s'attache ensuite à mettre fin à la coutume des duels qui, en vingt ans, avait fait périr quelque quatre mille gentilshommes. Bien entendu, de nombreux ennemis conspirent contre le cardinal. En 1630, il est sur le point, politiquement parlant, de succomber, et ce n'est que grâce à la sagesse du roi qu'il est sauvé lors de ce que l'on a appelé la journée des Dupes; celle-ci se termine par l'exécution du maréchal de Marillac, l'emprisonnement de Bassompierre, la fuite de Marie de Médicis et l'éloignement d'Anne d'Autriche. De ce fait, ce qui devait être une fin pour Richelieu marque son apothéose... Il y a maints autres complots qui se trament contre le cardinal, mais leurs auteurs, que ce soit le duc de Montmorency, le comte de Soissons ou Cinq-Mars, sont les victimes de leurs propres efforts pour éliminer Richelieu. En politique extérieure, l'action de l'homme d'État est très positive pour la France : il lutte efficacement contre la maison d'Autriche, avec l'aide de l'éminent « Père Joseph »; d'autre part, pendant la guerre de Trente Ans, il s'adjuge l'Alsace, l'Artois et le Roussillon. Puis, en 1632, il oblige les Anglais à nous restituer le Canada et apporte à notre pays la Martinique, la Guadeloupe et la Grenade. N'omettons pas non plus de rappeler que Richelieu est, pendant tout le temps qu'il dirige les affaires, un grand protecteur des arts et des lettres et qu'il crée, en 1635, l'Académie française. En mourant, le grand homme prononça ces paroles : « Je n'ai jamais eu d'autres ennemis que ceux de l'État. » Mais avant cet ultime moment il a dit : « Savoir dissimuler est le savoir des rois » et « Avec deux lignes de l'écriture d'un homme, on peut faire le procès du plus innocent ». La rue de Richelieu date de 1634 et le passage de 1877.

RICHEMONT (1393-1458). Arthur III, duc de Bretagne et de Touraine, comte d'Étampes, de Dreux, de Montfort et de Richemont, connétable de France en 1424. Il guerroya sur la plupart des terrains de bataille de son temps. À l'issue de la défaite d'Azincourt, il fut découvert, criblé de blessures, sous un amoncellement de morts. Il lutta, pour Charles VII, à la fois contre les Anglais et contre la puissance des favoris du roi. Il devint duc de Bretagne et régna donc sur cette province, en 1456, mais tint à conserver alors sa charge de connétable, voulant, disait-il, « honorer dans sa vieillesse une fonction qui avait honoré sa vie ». La rue de Richemont existe depuis 1877.

RICHEPANSE (1770-1802). Antoine Richepanse, général né à Metz, mort à Basse-Terre (Guadeloupe) Maréchal des logis quand la Révolution éclata, il en accepta les principes avec enthousiasme. En 1796, par son action à la bataille d'Altenkirchen, il mérita d'être nommé général de brigade. C'est après la bataille de Novi, en 1799, qu'il devint général de division. On l'envoya, en 1802, à la Guadeloupe, afin d'y réprimer un soulèvement; il s'empara de Pointe-à-Pitre, puis de Basse-Terre, mais mourut peu de temps après de la fièvre jaune. Napoléon, reconnaissant, donna à la veuve de Richepanse le titre de comtesse. Sa rue date de 1807.

RICHER C'est en 1782 que cette rue reçut le nom de Jean-Charles Richer, écuyer, chevalier de Saint-Michel, quartenier (officier de ville préposé à la garde d'un quartier) et échevin de Paris en 1780.

RICHERAND (1779-1840). Anselme Richerand, chirurgien réputé en son temps, donna son nom à une avenue ouverte sur des terrains appartenant aux hospices de Paris, en 1851.

RICHOMME (1785-1849). Joseph Richomme, graveur, né et mort à Paris. En 1806, il remporta le prix de Rome. Il revint alors en France et s'y fit rapidement connaître. L'Institut l'accueillit en 1826. Citons, parmi ses œuvres : « Téthys couronnant Vasco de Gama et l'encourageant dans ses découvertes », « Neptune et Amphytrite » et « la Sainte Famille », d'après Raphaël. La rue Richomme existe depuis 1864

RIDDER M. de Ridder fut un des premiers propriétaires riverains de cette rue créée en 1909. Signalons, sans rapport avec la rue, que le ridder était une monnaie en or, frappée en France sous François Ier.

RIESENER (1734-1806) Ébéniste français d'origine allemande, né à Gladbeck, mort à Paris et prénommé

Jean-Henri. Il exécuta notamment, entre 1774 et 1784, de nombreuses commandes royales. Il termina, par exemple, le fameux bureau de Louis XV qui avait été commencé par Oeben son maître et devint l'un des créateurs les plus prolifiques et novateurs du style Louis XVI. La rue Riesener existe depuis 1990.

RIGAULT Nom d'un des premiers propriétaires résidents de cette impasse.

RIGAUNES Cette impasse porte le nom d'un ancien lieu-dit. « Rigaunes » ou « rigones » désignaient des petits drains conduisant les eaux à l'aqueduc de Belleville pour desservir l'abbaye de Saint-Martin-des-Champs.

RIGNY (1782-1835). Henri Daniel Gaultier, comte de Rigny, marin et homme d'État, né à Toul, mort à Paris. Entré jeune dans la marine, il combattit en Prusse et en Pologne (1806-1807) avec les marins de la garde. Après avoir été aide de camp de Bessières en Espagne, Rigny reçut le grade de capitaine de vaisseau, en 1816. Grâce à l'appui de son oncle, le baron Louis, ministre des Finances, il se vit confier, en 1822, le commandement de l'escadre du Levant. En 1827, après le combat de Navarin où il mena la flotte française, on le nomma vice-amiral. De 1831 à 1834, Rigny fut ministre des Colonies, de 1834 à 1835 ministre des Affaires étrangères, et à partir de mars 1835 ministre d'État. Une rue porte son nom depuis 1864.

RIGOLES La rue des Rigoles, d'abord simple ruelle, est connue depuis 1730. Elle doit son nom à un certain nombre de petits canaux creusés en son sein et sur ses bords pour conduire les eaux de ruissellement vers les regards des aqueducs de Belleville et du Pré-Saint-Gervais. La cité doit son nom au voisinage de la rue.

RIMBAUD (1854-1891). Arthur Rim baud, poète né à Charleville, mort à Marseille. Venu fort jeune à Paris, il ne tarda pas à rencontrer Verlaine et à se lier avec lui d'une amitié que Roger Peyrefitte pourrait qualifier de particulière. Cette amitié se brisa en 1873 par un coup de feu tiré sur lui par Verlaine. À partir de cette séparation, Rimbaud entreprit des voyages en Europe, aux îles de la Sonde, en Égypte (1880), en Afrique, au Harar (Éthiopie); là il fit du trafic d'ivoire et gagna aussi pas mal d'argent en fabriquant des cartouches pour Ménélik II qui devint négus d'Éthiopie en 1889. Revenu en France en 1890, Rimbaud fit une chute qui nécessita l'amputation d'une jambe et qui, finalement, le fit mourir dans un hôpital marseillais. C'est Verlaine qui révéla Rimbaud au public, en 1884 seulement, en lui consacrant une étude dans ses « Poètes maudits ». À 19 ans son œuvre était achevée. Niant tout, semblant obéir à une sorte d'absolu, Rimbaud, à travers le symbolisme de ses poèmes, tenta d'atteindre le réel, l'authentique. Citons de lui « Illuminations », « Une saison en enfer », « le Bateau ivre » et « le Sonnet des voyelles ». Rimbaud a dit : « L'amour est à réinventer », « Et je sens des baisers qui me viennent aux lèvres ». La villa qui porte son nom existe depuis 1926. On a créé, en 1993, une allée Arthur-Rimbaud.

RIMBAUT M. Rimbaut était propriétaire des terrains sur lesquels ce passage fut ouvert

RIMSKI-KORSAKOV (1844-1908). Compositeur russe né à Tikhvine, mort à Lioubensk, que Paris découvrit, en même temps que l'ensemble des compositeurs de l'école russe, à l'Exposition universelle de 1889. Parmi ses œuvres, citons « Shéhérazade », « Nuit de mai », « le Coq d'or », « la Fiancée du tsar », « Mozart et Saliéri », « La nuit de

Noël », « Tsar Saltan », « la Grande Pâque russe ». Une rue porte son nom depuis 1991.

RIO DE JANEIRO Ancienne capitale du Brésil (l'actuelle est Brasilia), capitale de l'État de Guanabara. 5 336 200 Brésiliens vivent dans cette grande ville, qui est le principal débouché maritime du Brésil. Rio de Janeiro est entouré de pics abrupts; sur l'un d'eux se dresse la célèbre statue d'un Christ. Avant tout autre chose, le monde entier connaît Rio pour la splendeur, la fureur et la folie de son carnaval, auquel participent toutes les « écoles de samba » descendues de toutes les collines environnantes. La place de Rio-de-Janeiro existe depuis 1949.

RIQUET (1604-1680). Paul de Riquet, ingénieur né à Béziers, mort à Toulouse. On lui doit le canal du Languedoc, plus connu sous le nom de canal du Midi, et qui commence à Toulouse pour finir, après Agde, dans l'étang de Thau, sur les bords de la Méditerranée. Il mesure 241 km. C'est en 1662 que Paul Riquet soumit son projet de canal à Colbert, mais la construction ne commença qu'en 1666. Les fonds manquant, Riquet consacra toute sa fortune à son œuvre dont il ne vit pourtant pas l'achèvement, car il mourut six mois avant l'inauguration. La rue Riquet existe depuis 1865. À Béziers, la ville natale de l'ingénieur, les allées Paul-Riquet sont célèbres, à juste titre, tant elles sont belles.

RIVERIN Cette cité porte le nom de l'homme qui la créa en 1829.

RIVIÈRE Ce passage porte le nom d'un de ses premiers propriétaires riverains.

RIVOLI Ville d'Italie, dans la province de Vérone, près de l'Adige (il existe un autre Rivoli dans le Piémont). Le 14 janvier 1797, Bonaparte remporta dans la ville qui nous intéresse une splendide victoire sur l'armée autrichienne d'Alvinzi. Les Autrichiens étaient numériquement supérieurs, mais Bonaparte les devança en prenant lui-même l'offensive, secondé par Joubert, Masséna, Berthier, Lasalle et Lebrun. La victoire de Rivoli décida de la capitulation de Mantoue. En souvenir de cette victoire, une rue fut baptisée en 1804, quatre ans après que son ouverture eut été décidée.

ROBERT Cette impasse porte le nom d'un de ses premiers propriétaires résidents.

ROBERT BLACHE (1898-1944). Journaliste que les Allemands fusillèrent pour faits de Résistance. Une rue porte son nom depuis 1946.

ROBERT DE FLERS (1872-1927). Robert Pellevé de La Motte-Ango, marquis de Flers, auteur dramatique né à Pont-l'Évêque. Il se spécialisa dans les comédies légères – Souvenez-vous : « Hubert, dis-moi que tu m'aimes ! » – et collabora avec Gaston Arman de Caillavet (« l'Habit vert ») et Francis de Croisset (« les Vignes du Seigneur »). L'Académie française offrit un de ses fauteuils à Robert de Flers, dont une rue porte le nom depuis 1973.

ROBERT DESNOS Poète, écrivain français, né à Paris en 1900, mort du typhus, en déportation, au camp de Terezin (République tchèque), en 1945. Il adhéra au surréalisme, avant de s'en éloigner quelque peu à partir de 1930. Ce fut un des maîtres de la poésie onirique où son génie de l'automatisme verbal sut se donner libre cours. Le cinéma et la radio l'attirèrent; il y poursuivit sa recherche de conciliation du rêve et du monde réel. Résistant, son séjour en camp de concentration lui inspira des poèmes superbes sur l'espoir et l'amour de la vie. Principaux ouvrages : « la Liberté ou l'Amour » (1927), « Corps et biens » (1930),

« Fortunes » (1942), « Choix de poèmes » (1945). La place Robert-Desnos existe depuis 1982.

ROBERT DOISNEAU Graveur-lithographe, puis – et surtout – photographe, né à Gentilly en 1912, mort à Paris en 1994. Ses photos, très majoritairement en noir et blanc, ont beaucoup dépeint Paris et sa banlieue, s'attachant aux choses simples de la vie comme à des moments rares – regards interrogateurs, enfants insouciants, jeunes gens qui s'aiment, adultes graves ou goguenards. Il fit aussi beaucoup de clichés d'automobiles Renault, car il travailla longtemps pour cette entreprise. Une villa porte son nom depuis 2003.

ROBERT ESNAULT-PELTERIE (1881-1957). Ingénieur, né à Paris. C'est à lui que l'on doit, en matière d'aviation, le dispositif de commandes populairement appelé « manche à balai ». On lui doit également le premier moteur d'avion en étoile, à nombre impair de cylindres. Robert Esnault-Pelterie, qui s'occupa aussi d'astronautique et d'analyse dimensionnelle, donna son nom à une rue en 1965.

ROBERT ESTIENNE (1503-1559). Issu d'une grande famille d'imprimeurs et de libraires, Robert Estienne naquit à Paris et mourut à Genève. Il fut un remarquable imprimeur, ainsi qu'un homme fort érudit. En 1526, il ouvrit une imprimerie rue Saint-Jean-de-Beauvais, en face de l'École de droit ; il y fabriqua de nombreuses Bibles, rédigées en hébreu, en grec et en latin. Des savants se réunissaient chez lui et François Ier lui-même vint fréquemment lui rendre visite en compagnie de sa sœur Marguerite. En 1539, Robert Estienne fut nommé imprimeur du roi pour l'hébreu et le latin et en 1540 pour le grec. Mais la Sorbonne lui était fort hostile et elle le poussa, malgré la protection royale, à partir pour Genève où, en 1551, il inaugura ses presses par un ouvrage pamphlétaire : « les Censures des théologiens de Paris, par lesquelles ils ont faussement condamné les Bibles imprimées par Robert Estienne ». À Genève il imprima aussi plusieurs volumes de son dictionnaire français-latin. Le nom de cette illustre famille est immortalisé par la fameuse école Estienne où l'on enseigne les techniques de l'art graphique et de l'imprimerie. La rue existe depuis 1884.

ROBERT ETLIN (1920-1945). Lieutenant aviateur, pilote dans les Forces aériennes de la France libre (F.A.F.L.) qui mourut à la fin de la Seconde Guerre mondiale, au cours d'une mission. On donna son nom à une rue en 1962.

ROBERT ET SONIA DELAUNAY Robert (1885-1941) et Sonia (1885-1979), mari et femme, étaient peintres tous deux. Robert (né à Paris, mort à Montpellier) a apporté au cubisme, sous la dénomination d'orphisme (mot inventé par Apollinaire), un jeu de contrastes chromatiques et lumineux, cassant puis reconstituant les formes (ces effets sont surtout remarquables dans la série « Tours Eiffel » et dans « Fenêtres ») ; au fil du temps son œuvre frôla l'abstraction (« Rythmes »). Sonia, d'origine russe (née à Odessa, morte à Paris), avait les mêmes préoccupations artistiques que son mari et a laissé, notamment avec « Prismes », des œuvres notoires. Elle s'est aussi préoccupée d'arts graphiques et décoratifs, de tissus et de mode. Leur rue existe depuis 1991.

ROBERT-FLEURY (1797-1890). Joseph Nicolas Robert Fleury, dit Robert-Fleury. Peintre français né à Cologne, mort à Paris. Après avoir étudié la peinture en Italie, il donna en 1827 une toile qui le fit immédiatement remarquer : « Le Tasse au couvent de Saint-Onuphre ». Robert-Fleury, artiste porté sur le côté tragique des choses, entra à l'Académie des beaux-arts en 1850, dirigea l'École des beaux-arts en 1863 et de 1864 à 1886, il fut placé à la tête de l'Académie de France à Rome. Citons, parmi ses nombreux tableaux : « Procession de la Ligue », « Entrée triomphale de Clovis à Tours » et « les Enfants de Louis XVI au Temple ». La rue Robert-Fleury existe depuis 1894.

ROBERT GUILLEMARD (1919-1944). Sous-lieutenant, pilote de chasse né à Paris, mort à Donzère. Engagé dans l'armée de l'air en 1938 ; il passe en Afrique du Nord au début de la Seconde Guerre mondiale et y est affecté au groupe « La Fayette » en 1994. Versé dans une unité combattante, il rejoint le terrain opérationnel de Folelli, en Corse, et effectue, en tout, 72 missions de guerre. Il est abattu au cours de l'une d'elles. Cité à l'ordre de l'Armée aérienne, il reçut la croix de guerre avec palme et fut fait, à titre posthume, chevalier de la Légion d'honneur. Une place lui a été dédiée en 1998

ROBERT HOUDIN (1805-1871). Prestidigitateur né à Blois, mort à Saint-Gervais, près de sa ville natale. En 1845, il vint à Paris et y ouvrit au Palais-Royal, le Théâtre des soirées fantastiques. C'est le premier prestidigitateur qui quitta l'affublement des costumes comiques ou diaboliques pour se vêtir d'un habit noir. Pour la première fois, il appliqua l'électricité à son métier. Il fabriqua aussi de remarquables automates et inventa des tours plein d'ingéniosité qui lui valurent vite une réputation universelle. Le gouvernement français l'envoya même en Algérie pour combattre l'influence des sorciers arabes. En 1852, il transféra son théâtre du Palais-Royal au boulevard des Italiens puis se retira près de Blois où existe, aujourd'hui, un musée Robert-Houdin. En 1938 une rue de Paris reçut son nom.

ROBERT LE COIN Créée en 1900, cette rue porte le nom du fils de l'homme qui avait décidé sa création.

ROBERT LINDET (1746-1825). Homme politique né à Bernay, mort à Paris. En 1789, il était avocat dans sa ville natale. Il « monta » alors à Paris où il devint membre de la Législative, puis de la Convention. C'est son « Rapport sur les crimes imputés à Louis Capet » qui servit de base à l'acte d'accusation de Louis XVI. Au moment du 18-Brumaire, il était ministre des Finances et donna sa démission. Il n'eut aucune activité sous Napoléon Bonaparte. Il dut quitter la France en 1816, mais pour peu de temps. La rue date de 1906.

ROBERT PLANQUETTE (1848-1903). Compositeur né et mort à Paris. Il débuta, en 1872, par une opérette : « Méfie-toi de Pharaon », représentée au café-concert de l'Eldorado. Encouragé par le bon accueil du public il persévéra et écrivit « Paille d'avoine », « la Cantinière », « Panurge » et, surtout, « les Cloches de Corneville ». La rue Robert-Planquette existe depuis 1926.

ROBERT SCHUMAN (1886-1963). Homme politique né à Luxembourg. De 1919 à 1940, il fut député démocrate populaire ; après la Seconde Guerre mondiale, en 1945, il redevint membre de l'Assemblée, au sein, cette fois, du M.R.P., jusqu'en 1962. Plusieurs fois président du Conseil et ministre des Affaires étrangères, Robert Schuman œuvra énormément pour que l'idée européenne prenne vie. En 1952, il fonda la Communauté européenne du charbon et de l'acier, et de 1958 à 1960 présida l'Assemblée parlementaire européenne de Strasbourg. L'avenue Robert-Schuman existe depuis 1970. Ne pas confondre avec Robert Schumann, le compositeur allemand (1810-1856), auteur de « Scènes d'enfants », de « Carnaval » et d'un merveilleux « Concerto pour piano »

ROBERT TURQUAN C'est en 1913 que cette rue reçut le nom de Robert Turquan qui, de 1510 à 1512, fut le prévôt des marchands de Paris. Nul doute qu'il dut trouver étonnant que quatre cents ans après sa mort on se souvienne de lui au point de donner son nom à une rue de Paris. Moralité : il ne faut jamais désespérer de rien, et « Tout vient à point à qui sait attendre ».

ROBERVAL (1602-1675). Gilles Personne ou Personier de Roberval, géographe et mathématicien, né à Roberval (Beauvaisis), mort à Paris. En 1631, il enseigna la philosophie au collège Gervais, à Paris, puis, une année plus tard, il obtint une chaire de mathématiques au Collège royal. Homme très vindicatif, il s'attira toutes sortes de querelles dans lesquelles, même en ayant raison, il trouvait moyen, par son attitude outrancière, de se donner tort... Cependant, Roberval fut un savant de grande qualité. Entré à l'Académie des sciences lors de sa création, en 1665, il résolut le problème de la quadrature d'une parabole de degré quelconque et trouva une méthode originale pour la construction des tangentes. Enfin, tout le monde connaît la balance à laquelle il donna son nom; voici encore bien peu de temps, tous les épiciers de France et de Navarre s'en servaient. La rue Roberval existe depuis 1939.

ROBIAC Commune du Gard d'où était originaire le créateur du square qui nous intéresse. Robiac se trouve au bord de la rivière Cèzc. On y pratiqua longtemps l'extraction de la houille. On y voit les vestiges d'un ancien prieuré. Le square Robiac existe depuis 1923.

ROBINEAU Depuis 1887 cette rue porte le nom d'un de ses propriétaires de l'époque.

ROBIQUET (1780-1840). Pierre Robiquet, chimiste, né à Rennes, mort à Paris. D'abord attaché aux armées, en qualité de pharmacien, il entra ensuite dans les laboratoires du fameux Vauquelin (voir ce nom), puis fonda sa propre fabrique de produits chimiques. En 1812, il professa la chimie à l'École de pharmacie. Il devint, par la suite, administrateur-trésorier de cette école et, en 1833, entra à l'Académie des sciences. Avec Vauquelin, Robiquet découvrit l'asparagine, principe du suc de l'asperge. Tout seul, comme un grand, il découvrit le variolarin et l'orcine dans les lichens; l'acide urique dans les insectes qui se nourrissent de feuilles; le principe vésicant (qui fait naître des ampoules sur la peau) des cantharides; la codéine dans l'opium. Il a écrit « Nouvelles Expériences sur la semence de moutarde » et « Notice sur André Laugier ». La rue Robiquet existe depuis 1875.

ROCAMADOUR Commune du Lot, bâtie en terrasses au flanc du causse de Gramat et dominée par un château des XIIe et XIVe siècles. Rocamadour fut longtemps un lieu de pèlerinage, surtout à cause de la chapelle de Notre-Dame où se trouve une Vierge noire, et de l'église Saint-Amadour, renfermant les reliques du saint qui a donné son nom à la ville. Le site de Rocamadour est une merveille de la nature. Le square existe depuis 1932.

ROCHAMBEAU (1725-1807). Jean-Baptiste Donatien de Vimeur, comte de Rochambeau, maréchal de France, né à Vendôme, mort à Thoré. Il entra dans l'armée en 1742 et devint aide de camp du duc d'Orléans. En 1761, il était maréchal de camp. En 1780, il participa activement à la guerre d'Indépendance des États-Unis, aidant notamment Washington à faire capituler Cornwallis à Yorktown. À son retour en France, il donna son assentiment à la Révolution et reçut le commandement de l'armée du Nord. Mais il se fâcha avec Dumouriez et démissionna en 1792, une année après avoir été fait maréchal de France. La Terreur l'emprisonna : le 9-Thermidor le libéra. À partir de 1803, Bonaparte lui fit verser sa pension de maréchal. La place Rochambeau existe depuis 1934 et la rue depuis 1867.

ROCHEBRUNE Colonel qui fut tué à la bataille de Montretout le 19 janvier 1871. Montretout, hameau de la commune de Saint-Cloud, vit ce jour-là le général Noël, avec les francs-tireurs des Ternes, et le commandant Lareinty, avec le 2e bataillon de la Loire-Inférieure, lancer une série d'assauts contre les Prussiens pour la possession de la redoute située sur ses hauteurs. Participaient aussi à cette bataille – épisode de la grande bataille de Buzenval – les généraux Bellemare, Vinoy et Ducrot. En 1875 le colonel Rochebrune donna son nom à une rue.

ROCHECHOUART (1665-1727). Marguerite de Rochechouart de Montpipeau (nous n'inventons rien...) fut abbesse de Montmartre de 1717 à sa mort. C'est elle la marraine de la rue et du boulevard. Elle fut la parente éloignée d'une autre abbesse, plus célèbre, Marie de Rochechouart-Mortemart, qui régna sur Fontevrault, et qui était la sœur de Mme de Montespan; elle traduisit « l'Iliade » et écrivit de fort beaux vers que, par modestie, elle jetait sitôt terminés ou, tout au moins, sitôt lus une seule fois. La rue de Rochechouart date de 1740 et le boulevard de 1864.

ROCHER Depuis 1750, cette rue porte son nom actuel, dû à la présence d'une ancienne enseigne, représentant plusieurs rochers, qu'un habitant avait accrochée au-dessus de sa porte d'entrée.

ROCKEFELLER (1839-1937). John Davison Rockefeller, industriel, philanthrope américain, né à Richford. Son nom est devenu synonyme de milliardaire et c'est vrai qu'il parvint à la tête d'une fortune considérable. Un des premiers hommes à comprendre l'importance du pétrole, il fonda la Standard Oil. Il reversa une partie de ses richesses à diverses institutions, mais ne laissa cependant pas ses descendants dans le besoin. L'un d'eux, Nelson Rockefeller, gouverna l'État de New York et fut, un temps fort bref, vice-président des États-Unis. La dynastie des Rockefeller demeure une des plus solides et des plus fortunées. L'avenue existe depuis 1937.

ROCROY Ville des Ardennes à 30 km de Mézières. Le 19 mai 1643, le duc d'Enghien, c'est-à-dire le Grand Condé, y vainquit les Espagnols, cinq jours après la mort de Louis XIII. Ce fut la victoire la plus importante remportée par les Français depuis un siècle. En souvenir de cette victoire on donna le nom de Rocroy à une rue de Paris en 1847.

RODENBACH (1855-1898). Georges Rodenbach, poète belge, né à Tournay, mort à Paris. C'est l'écrivain des demi-teintes, de la désuétude; en un mot de tout ce qui disparaît. Il a écrit « le Foyer et les champs », « Bruges-la-Morte » et « le Règne du silence ». Il a dit : « Toute cité est un état d'âme. » L'allée Rodenbach existe depuis 1932.

RODIER Lors de son ouverture en 1833, sous le nom de « cité » et sur un tracé différent de celui qu'elle a actuellement, cette rue prit le nom de M. Rodier, qui était alors sous-gouverneur de la Banque de France. C'est depuis 1877 qu'elle existe dans son parcours d'aujourd'hui.

RODIN (1840-1917). Auguste Rodin, statuaire, né à Paris. Toutes ses œuvres dénotent une étude rigoureuse des modèles dont il se servait. Sa première sculpture intéressante date de 1862, c'est « l'Homme au nez cassé », mais son premier travail véritablement exemplaire, « l'Âge d'airain », date de 1875. Rodin, artiste réaliste et puissant, fut souvent comparé à Michel-Ange. Il est, sans conteste, un des maîtres de la sculpture de tous les temps. Qui ne connaît « le Penseur »? Et « le Baiser »? Et « les Bourgeois de Calais »? La place Rodin existe depuis 1929 et la rue depuis 1930.

ROGER Cette rue qui, jusqu'en 1860, faisait partie de la commune de Montrouge, porte le nom d'un de ses premiers propriétaires riverains.

ROGER BACON (1214-1294). Moine anglais, né à Ilchester, mort à Oxford. On le surnomma « le docteur admirable ». Il étudia à Oxford, puis à Paris et retourna en Angleterre en 1240. Il se fit alors moine dans l'ordre de Saint-François, puis se fixa à Oxford. Il fut le premier à proposer la réforme du calendrier julien. D'autre part, il signala les points vulnérables du système de Ptolémée. En optique, il fut le précurseur de Galilée et Newton et il parvint à décrire exactement le mécanisme de l'œil. En chimie, on dit qu'il inventa la poudre à canon, mais il semble qu'il en ait pris la formule aux Arabes. Il affirma : « La science expérimentale ne reçoit pas la vérité des mains de sciences supérieures; c'est elle qui est la maîtresse, et les autres sciences sont ses servantes. » Ayant rendu publiques certaines de ses expériences de chimie, on l'accusa de magie et de relations avec le démon. Il fallut l'intervention du pape Clément IV pour qu'on abandonne, tout du moins officiellement, ces accusations. Mais quand Clément IV mourut en 1268, Roger Bacon fut condamné à la détention perpétuelle. Il recouvra quand même la liberté, mais en 1292 seulement. Il écrivit « Miroir de l'alchimie », « Des moyens de retarder des infirmités de la vieillesse et de conserver nos sens ». Il a dit « L'homme qui apprend doit croire; celui qui sait doit examiner. » La rue existe depuis 1872.

ROGER BISSIÈRE (1888-1964). Peintre, dessinateur et graveur français né à Villeréal, mort à Marminiac ; il était l'ami de Braque et collabora à la revue « Esprit nouveau » de Le Corbusier. Professeur de dessin entre 1925 et 1938, il partit dans le Lot où une maladie des yeux l'empêcha de peindre; il put cependant, alors, réaliser des tentures murales faites de chiffons cousus. À partir de 1945, guéri, il peignit des œuvres non figuratives, abandonnant le cubisme auquel il s'était adonné et posant sur ses toiles des touches de couleur pleines de nuances souvent imperceptibles. Un de ses tableaux les plus connus s'intitule « le Jardin cette nuit » et on lui doit des vitraux pour la cathédrale de Metz. Une rue porte son nom depuis 1988.

ROGER PRIOU-VALJEAN Grand résistant – médaillé de la Résistance avec rosette – qui vécut de 1912 à 1999. Élu du IVe arrondissement de Paris (de la Libération à 1959) et conseiller général de la Seine, il était officier de la Légion d'honneur ainsi que détenteur de la Croix de guerre 1939-1945. Une place porte son nom depuis 2003.

ROGER VERLOMME (1890-1950) Préfet de la Seine dont on donna le nom à une rue en 1955.

ROHAN (cour). Rohan est ici une altération de Rouen. Du début du XIVe siècle à 1584, les archevêques de Rouen résidèrent en effet dans un hôtel situé dans cette cour; cet hôtel, démoli en 1584, fut remplacé par un magnifique édifice Renaissance, sur lequel on grava les armoiries des archevêques rouennais, à titre de souvenir. Ce second hôtel existe encore en partie.

ROHAN (rue). Ouverte en 1781 cette voie porte le nom du célèbre cardinal de Rohan, administrateur de l'hôpital des Quinze-Vingts. Notre rue fut construite sur l'emplacement de l'hôpital quand celui-ci quitta le faubourg Saint-Honoré pour être rebâti 28, rue de Charenton (1780). Le cardinal de Rohan (1734-1803), né à Paris, mort à Ettenheim, est surtout célèbre pour avoir trempé dans la triste Affaire du collier de la reine (1784-1786). Désireux de se concilier les bonnes grâces de Marie-Antoinette, notre cardinal se laissa facilement duper par Mme de La Motte qui lui fit accroire que la reine désirait acquérir un collier d'une valeur de 1 600 000 francs. Rohan s'adressa aux bijoutiers Boehmer et Bassenge, leur signa une décharge et emporta le collier qu'il remit, en présence d'un soi-disant envoyé de la reine, à Mme de La Motte. Puis le bijou s'évapora, tout du moins aux yeux du cardinal, puisque l'on sait qu'il demeura entre les mains de la jolie comtesse et de son mari. Mais les bijoutiers, bientôt inquiets de ne toucher aucun argent, s'en ouvrirent à Marie-Antoinette et le pot-aux-roses fut découvert. Le cardinal, convoqué par Louis XVI, reconnut s'être fait berner et fut arrêté; le Parlement de l'époque l'acquitta tout en l'exilant. Quant à Mme de La Motte, elle fut fouettée, marquée au fer rouge et enfermée à la Salpêtrière, d'où elle s'évada pour se réfugier en Angleterre – elle y mourut le 23 août 1791, atteinte de gangrène. Le scandale causé par l'Affaire du collier de la reine éclaboussa grandement Marie-Antoinette, bien qu'elle y fût totalement étrangère. Mais revenons au cardinal de Rohan : il passa ses années d'exil d'abord à La Chaise-Dieu, puis en Touraine, enfin en Alsace. Là-bas, il fut élu en 1789, aux états généraux, mais on l'accusa bientôt de visées antirévolutionnaires. Appelé à comparaître à la barre de l'Assemblée, il refusa prudemment cette comparution, rejoignit les émigrés et se retira à Ettenheim (province de Bade), où il mourut.

ROI D'ALGER Depuis 1856 la rue et le passage portent ce nom, donné par un des propriétaires de l'époque en l'honneur du fils de Napoléon III, Eugène Louis Jean Joseph, prince impérial et roi d'Alger à sa naissance. Ce prince, après la mort de son père (9 janvier 1873), prit la tête du parti bonapartiste et mourut en 1879, à Ulundi, en Afrique du Sud, alors qu'il était attaché à l'état-major de l'armée anglaise, qui y avait monté une opération : l'expédition du Zoulouland.

ROI DE SICILE Un ancien hôtel construit en 1266 par Charles d'Anjou, sixième frère de Saint Louis et roi de Sicile, donna son nom à cette rue en 1868. L'hôtel, appelé « du roi de Sicile », fut démoli en 1542, puis reconstruit et achevé en 1601 En 1698, il appartint au duc de La Force et prit le nom de son nouveau propriétaire. En 1780, l'hôtel de La Force fut transformé en une prison, dite « prison de la Petite-Force », réservée aux femmes. Des vestiges de cette prison sont visibles rue Pavée. Revenons un instant au constructeur de l'hôtel du Roi de Sicile, Charles d'Anjou, pour signaler que c'est en 1266 qu'il fut couronné, à Rome, roi de Naples et de Sicile.

ROI DORÉ C'est une ancienne enseigne de cette rue, représentant le buste, doré, de Louis XIII, qui lui donna son nom en 1625.

ROI FRANÇOIS Au Moyen Âge, cette cour, déjà dénommée « du Roi François », était une véritable cour des Miracles. Le Roi François dont elle porte le nom était, fort certainement, un des chefs des gueux qui la fréquentèrent. À l'époque on qualifiait de roi, à la fois par dérision et par irrespect, celui qui commandait les mendiants d'un quartier.

ROLAND BARTHES (1915-1980). Écrivain et sémiologue français, né à Cherbourg, mort à Paris. On le connaît, principalement, pour son œuvre critique, basée sur des travaux de la linguistique, de la psychanalyse et de l'anthropologie nouvelles. Professeur au Collège de France à partir de 1976, on lui doit « le Degré zéro de l'écriture », « Éléments de sémiologie », « l'Empire des signes », « Fragments d'un discours amoureux », « la Chambre claire », etc. Il a dit : « Tout refus du langage est une mort », « Le toucher est le plus démystificateur de tous les sens, à la différence de la vue, qui est le plus magique » et « La littérature ne permet pas de marcher, mais elle permet de respirer ». Une rue porte son nom depuis 1997

ROLAND DORGELÈS (1886-1973). Écrivain français, de son vrai nom Lécavelé, né à Amiens, mort à Paris. Fait des études aux Beaux-Arts, avant de mener une vraie vie de bohème à Montmartre (cela lui permit d'écrire, plus tard, « les Veillées du Lapin agile », 1920; « Vive la liberté », 1937). Il s'engagea dans la Première Guerre mondiale dont il donna une vision pleine de réalisme et de sensibilité dans « les Croix de bois » (1919). Autres ouvrages : « Partir » (1926), « la Caravane sans chameaux » (1928), « À bas l'argent » (1965), etc. Membre de l'académie Goncourt à partir de 1929, il la présida dès 1955. Il a dit : « Pour réformer le monde, il ne suffit pas de tuer le capital; il faut tuer l'amour » et « Il faut déshonorer le mariage; c'est le viol qui sauvera l'amour! ». Le square Roland-Dorgelès existe depuis 1978.

ROLAND GARROS (1888-1918). Aviateur né à Saint-Denis de la Réunion. C'est lui qui, le premier, traversa, en avion, la Méditerranée. Il fut abattu en combat aérien audessus de Vouziers (Ardennes), où son corps repose. On donna son nom à un square en 1928.

ROLI Sur son tracé actuel, cette rue existe depuis 1857. Elle porte le nom d'un de ses propriétaires résidents de l'époque.

ROLLEBOISE Commune de l'ancienne Seine-et-Oise. C'est un des premiers propriétaires de cette impasse, natif de Rolleboise, qui la baptisa.

ROLLIN (1661-1741). Charles Rollin, professeur et écrivain, né et mort à Paris. Destiné à succéder à son père, coutelier, il fut remarqué par un prêtre des Blancs-Manteaux auquel il servait d'enfant de chœur. Frappé par son intelligence, le religieux l'envoya à l'Université où le jeune Charles, particulièrement brillant, fut surnommé « l'élève divin »... À 22 ans, il devint professeur de philosophie. En 1691, on le nomma recteur de l'Université; en 1699, il dirigea le collège de Beauvais et, en 1701, entra à l'Académie des inscriptions et des belles-lettres. En 1720, il perdit ses fonctions de recteur à cause de ses opinions jansénistes. Il demeura cependant principal du collège de Beauvais où son enseignement fit merveille. Il a écrit « De la manière d'enseigner les belles-lettres par rapport à l'esprit et au cœur ». Son « Traité des études » demeure un classique de la pédagogie. Charles Rollin a dit : « La gloire suit ordinairement ceux qui la fuient » et « On ne peut pas faire du bien à tous, mais on peut témoigner de la bonté à tous ». La rue Rollin fut baptisée en 1867.

ROMAIN ROLLAND (1866-1944). Littérateur et auteur dramatique né à Clamecy, mort à Vézelay. Étudiant à l'École normale, puis à l'École de Rome, il devint agrégé d'histoire avant de passer son doctorat ès lettres. On le chargea alors de conférences sur l'histoire de l'art, à l'École normale. Cet écrivain exalta l'idéal d'une énergie sans violence. Le prix Nobel lui fut attribué en 1915, l'année où parut un de ses livres les plus admirables : « Au-dessus de la mêlée ». Il écrivit aussi « Colas Breugnon », délicieuse leçon de sagesse, « Jean-Christophe », des biographies de Beethoven et Michel-Ange et un « Journal ». Romain Rolland disait : « Un héros, c'est celui qui fait ce qu'il peut », « Il s'agit d'être grand, et non de le paraître » et « On ne vit pas pour être un homme. Souffre. Meurs. Mais sois ce que tu dois être : un Homme ». Le boulevard Romain-Rolland existe depuis 1926.

ROMAINVILLE Commune de la Seine-Saint-Denis où l'on procéda longtemps à l'extraction du plâtre. En 1814, sur les hauteurs de Romainville, le général Marmont résista farouchement aux Coalisés qui convergeaient sur Paris. La rue existe depuis 1730; elle doit son nom au fait qu'elle menait à Romainville.

ROME Capitale de l'Italie, sur le Tibre, à 41 km de son embouchure. La Rome antique fut fondée par Romulus et Remus, frères jumeaux, descendant du Troyen Énée. Abandonnés à leur naissance dans un berceau qui descendit le Tibre, ils atterrirent près du Palatin. Là, une louve les allaita, avant qu'un berger les recueille. Devenus hommes, les jumeaux voulurent fonder une ville à l'endroit où ils avaient été recueillis; Romulus lui donna son nom et ne tarda pas à tuer son frère. Pour peupler sa ville, Romulus y ouvrit un asile pour tous les aventuriers étrangers. Il devint leur roi et, pour les marier, il enleva les femmes et les filles sabines qu'il avait invitées, en compagnie des maris et des pères, à des jeux solennels. Après une courte guerre qui suivit, avec les Sabins, ceux-ci le reconnurent pour chef. Romulus mourut bizarrement : il s'évapora au passage d'une trombe, un jour qu'il passait son armée en revue... Aux VIIe et VIe siècles avant J.-C., les Étrusques contribuèrent à la grandeur de Rome par l'apport de leur technique. Bientôt, la ville devint la capitale d'un empire considérable et compta, en ce temps-là, plus d'un million d'habitants. Au Ve siècle de notre ère, les Barbares dévastèrent Rome à plusieurs reprises. Quand Constantinople fut choisie comme capitale orientale et que l'empire d'Occident toucha à son déclin, Rome devint une simple capitale religieuse, fort dépeuplée. Mais les papes de la Renaissance lui rendirent beaucoup de sa splendeur, qu'elle ne récupéra cependant tout à fait qu'à partir de 1870, quand elle devint la capitale du royaume d'Italie. Parmi tous les monuments de Rome, qu'entourent sept collines, citons le Panthéon, le Colisée, le temple de Mars, la basilique de Constantin, les ruines du Forum, les thermes de Caracalla, de très nombreuses églises : Saint-Jean-de-Latran, Sainte-Marie-Majeure, la basilique Saint-Pierre et une quantité de magnifiques fontaines, dont celle de Trévise. Située dans le IIIe arrondissement, la cour de Rome doit son nom à une ancienne enseigne dite du « Puits de Rome », et date de 1805. L'autre cour de Rome, située dans le VIIIe arrondissement, et la rue furent baptisées en l'honneur de la Ville éternelle. Elles datent respectivement de 1885 et 1859.

RONCE M. Ronce – le fait ne manque pas de piquant – donna son nom à la fois au passage, en bordure duquel il possédait une maison, et à l'impasse.

RONDEAUX Autrefois, rondeau désignait, en agriculture, un gros rouleau de bois que l'on passait sur les terres après leur ensemencement. C'était un nom surtout usité dans l'Ouest. Il semble qu'au XVIIIe siècle des paysans venus de Bretagne cultivèrent la terre dans cette partie du XXe arrondissement actuel et que leur champ devint le lieu-dit « des Rondeaux ». C'est ce lieu-dit qui donna son nom à la rue en 1877 et au passage en 1925. Rappelons qu'en littérature un rondeau est une forme particulière de poésie : le rondeau simple se compose de treize vers sur deux rimes seulement; le rondeau redoublé, ou parfait, comporte vingt vers, disposés en cinq quatrains, chacun des vers du premier allant former successivement le dernier vers des autres quatrains.

RONDELET (1743-1829). Jean-Baptiste Rondelet, architecte né à Lyon, mort à Paris. Élève de Soufflot, celui-ci le fit travailler avec lui à la construction de l'église Sainte-Geneviève de Paris. En 1781, à la mort de son maître, Rondelet devint inspecteur des monuments. De 1783 à 1785, il vécut en Italie; à son retour il construisit le dôme et la triple coupole de l'église Sainte-Geneviève. Cette église fut transformée en Panthéon par la Révolution et Rondelet entreprit les travaux nécessaires à cette nouvelle affectation. Enfin, Rondelet, qui appartint à l'Institut, organisa l'enseignement du génie civil à l'École polytechnique. On donna son nom à une rue en 1868.

RONDONNEAUX Cette rue de 1880 doit son nom à un ancien lieu-dit portant vraisemblablement le patronyme de ses propriétaires.

RONSARD (1524-1585). Pierre de Ronsard, poète né au château de la Possonnière, près de Vendôme, mort à Tours. Issu d'une famille noble, à 10 ans il fut page du dauphin, puis de Charles, second fils de François Ier. Il fit de nombreux voyages en Europe et ne rentra en France qu'à l'âge de 19 ans; il fut alors frappé de surdité. Il commença à écrire des vers et on peut diviser sa carrière de poète en trois périodes. D'abord 1550-1560 : son inspiration est du genre lyrique. Ce furent « Amours de Cassandre », « Mélanges » et « Églogues et poèmes ». Ensuite, 1560-1574; il est le poète de la cour de Charles IX dont il est le favori; c'est « Élégies », « Mascarades, ballets, cartels ». Enfin, 1574-1585; Ronsard, vieilli et sans courage, se contente de travailler à une édition générale de ses œuvres. C'est incontestablement la première période qui fut la plus riche. Avec ses amis poètes Du Bellay, Remy Belleau, Jodelle, Baïf, Pontus de Tyard et Peletier du Mans, Ronsard, sous Henri II, fonda la Pléiade, dont le premier nom fut la Brigade. Il a dit : « Celui qui se connaît est seul maître de soi », « Le temps s'en va, le temps s'en va, Madame... » et, bien sûr :

Vivez, si m'en croyez, n'attendez à demain
Cueillez dès aujourd'hui les roses de la vie

La rue Ronsard fut baptisée en 1875.

RONSIN Depuis 1877, cette impasse porte le nom d'un de ses propriétaires riverains de l'époque.

ROQUÉPINE Depuis 1774, date de son ouverture, cette rue porte le nom du propriétaire des terrains sur lesquels on la construisit, Louis d'Astorg d'Aubarède, marquis de Roquépine.

ROQUETTE La rue connue depuis 1672 doit son nom à l'ancien couvent des hospitalières de la Roquette. Ce couvent s'établit, en 1636, sur un domaine non bâti datant de 1545.

Mais plus intéressante est la signi fication du mot « roquette ». Il désigne une plante à fleurs jaunes qui pousse sur les terrains incultes; elle avait donné son nom au domaine dont nous avons parlé plus haut, car avant qu'on y édifie le couvent, ce domaine était parsemé de petites fleurs jaunes. Donc, chronologiquement, nous avons le domaine, dit « de La Roquette » qui donna son nom au couvent, puis le couvent à la rue.

ROSA BONHEUR (1822-1899). Peintre née à Bordeaux, morte à By (Seine-et-Marne). Elle se spécialisa dans la peinture d'animaux et de scènes rustiques; elle étudia son art en compagnie de son père, Raymond Bonheur, peintre lui-même. Dès 1840, le talent de la jeune femme éclata et son succès alla désormais crescendo. Citons, parmi ses toiles : « Marché aux chevaux », « Labourage nivernais » et « Fenaison en Auvergne ». Longtemps, Rosa Bonheur dirigea une école gratuite de dessin pour jeunes filles. Beaucoup de tableaux de cette artiste se trouvent en Angleterre, car ce pays, encore plus que la France, s'était pris d'engouement pour ses œuvres. La rue Rosa-Bonheur existe depuis 1900

ROSENWALD Depuis 1883, date de sa création, cette rue porte le nom d'un de ses propriétaires riverains de l'époque.

ROSES La rue menait, jadis, à un lieu-dit « des rosiers » parce que, évidemment, beaucoup de roses y fleurissaient. D'ailleurs, cette rue s'appela des « Rosiers » de 1704 à 1867, année où elle devint « des Roses ». La villa, de 1935, doit son nom au voisinage de la rue.

ROSIÈRE Jeune fille vertueuse à qui on décerne solennellement une couronne de roses, accompagnée d'une récompense en argent. L'institution des rosières date de saint Médard, évêque de Noyon au Ve siècle; il avait décidé de remettre, chaque année, à la jeune fille de son diocèse jouissant (si l'on peut dire...) de la plus grande réputation de vertu, une somme de 25 livres et une couronne ou un chapeau de roses. La première rosière fut couronnée en 525 : il s'agit de la propre sœur de l'évêque saint Médard, que toute la région avait désignée. Aujourd'hui, la coutume consistant à élire une rosière est tombée en désuétude, faute de candidates méritantes... La rue de la Rosière fut baptisée en souvenir de la première jeune fille que l'on couronna à Grenelle lors de l'inauguration de ce village, le 27 juin 1826.

ROSIERS Cette rue, déjà connue en l'an 1225, est un ancien chemin de ronde de l'enceinte de Philippe Auguste, autour duquel on trouvait des jardins où poussaient des rosiers.

ROSNY AÎNÉ (1856-1940). Honoré Boex, dit Rosny aîné, écrivain français né à Bruxelles. En compagnie de son frère cadet, Justin (1859-1948), il écrivit de nombreux ouvrages signés J.H. Rosny. On leur doit « Nell Horn », « l'Immolation », « les Âmes perdues », « l'Héritage » et un « Manifeste des cinq ». Tous deux appartinrent à l'académie Goncourt, et Honoré présida cette académie. C'est au seul souvenir de « l'aîné » des deux frères qu'un square de Paris fut baptisé en 1956.

ROSSINI (1792-1868). Gioacchino Rossini, compositeur italien, né à Pesaro, mort à Paris. C'est à l'âge de 18 ans qu'il donna à Venise sa première œuvre, une opérette intitulée « la Cambiale di Matrimonio ». Son premier véritable succès fut « la Pietra del Parogone », opéra représenté à la Scala de Milan en 1812.

Il commença alors à régner en maître dans toute l'Italie. En 1823, il quitta son pays pour Londres où il demeura cinq mois, donnant des concerts, avant de venir à Paris. Dans notre capitale, il écrivit, pour le sacre de Charles X, « Viaggo a Reims ». Rossini resta en France jusqu'en 1833, mais au sommet de sa gloire, en 1829, il cessa subitement d'écrire. Sans qu'il soit possible de savoir pourquoi... En 1833, il retourna en Italie où il vécut, très méridionalement, dans le farniente le plus total. En 1853, il revint à Paris où il se fixa définitivement. Parmi ses œuvres, citons « Otello », « la Cererentola », « Armida » (1817) « Bianca e Faliero » (1820), « Zelmira » (1822), « Moïse » (1827), « Guillaume Tell » (1829), « le Barbier de Séville » (1816), « la Pie voleuse » et un splendide « Stabat Mater ». En mourant, Rossini légua la plus grande partie de sa fortune à la Ville de Paris pour la fondation d'une maison de retraite destinée aux vieux musiciens. La rue Rossini fut baptisée en 1850.

ROTHSCHILD Ce n'est pas un membre de la riche et puissante famille de banquiers connus depuis le début du XIXe siècle qui donna son patronyme à cette impasse. En effet, le Rothschild qui nous intéresse était loueur de voitures à cheval durant la seconde moitié du XIXe siècle, dans cette voie à laquelle on donna son nom.

ROTROU (1609-1650). Jean de Rotrou, dramaturge né et mort à Dreux. Issu d'une des plus anciennes familles de cette partie de la Normandie, il occupa les fonctions de lieutenant particulier au bailliage de Dreux, d'assesseur criminel et de commissaire examinateur au comté. Comme écrivain, il fit partie de la « brigade » créée par Richelieu pour entourer Corneille. L'auteur du « Cid » appela toujours Rotrou « mon père », par respect pour la qualité de ses œuvres. Dans ses pièces, notre dramaturge se plaisait à décrire des intrigues familières, des personnages débrouillards, pleins d'une vérité profonde. Rotrou est peut-être le seul homme de théâtre de son temps qui puisse nous faire penser à Shakespeare. Il a écrit « Deux Sosies », « Antigone », « Iphigénie en Auride », « Saint-Genest », « Venceslas ». Il a dit : « On peut voir l'avenir dans les choses passées. » Rotrou mourut, victime d'une épidémie de peste ou de choléra, alors qu'il se dévouait pour soigner les malades. La rue de Rotrou existe depuis 1867.

ROTTEMBOURG (1769-1857). Henri de Rottembourg est un général qui, après avoir suivi Napoléon, servit sous la Restauration. On donna son nom à une rue en 1869.

ROUBAIX Chef-lieu de canton du Nord sur le canal qui porte son nom. Ses habitants – Roubaisiens – sont 115000; avec Tourcoing, c'est le plus important centre lainier de France. On y travaille d'ailleurs la laine depuis le Moyen Âge. La place de Roubaix a été baptisée en 1987

ROUBO (1740-1791). Jacob Roubo, dont on donna le nom à une rue en 1850, était un maître menuisier fort prisé à son époque, puisqu'il fut reçu par Louis XVI, à la cour.

ROUELLE (1703-1770). Guillaume François Rouelle, chimiste, mort à Paris. Professeur de chimie au Jardin des Plantes en 1742, membre de l'Académie des sciences en 1744, Rouelle effectua des travaux sur la cristallisation du sel marin, l'inflammation de l'huile de térébenthine par l'acide nitrique, les embaumements des pharaons. On donna son nom à une rue en 1864.

ROUEN Préfecture de la Seine-Maritime, sur la rive droite de la Seine, au confluent du Robec. La ville remonte à l'époque celtique; elle était alors la capitale des Véliocasses. À l'époque franque, Rouen subit de nombreux assauts de la part des Normands. En 911, elle devint la capitale du duché de Normandie dont la création avait été discutée entre Charles le Simple et Rollon. De 1066 à 1204, elle fut la résidence principale sur le continent des rois d'Angleterre. En 1431, le procès et le supplice de Jeanne d'Arc s'y déroulèrent. En 1562, Rouen souffrit des guerres de Religion, puis subit la révolte dite « des va-nu-pieds », due à l'excessive fiscalité du gouvernement de Richelieu. En 1814 et 1870, les Prussiens occupèrent la cité normande, qui vit naître Pierre et Thomas Corneille, Cavelier de La Salle, Fontenelle, Armand Carrel et Gustave Flaubert. À voir dans cette ville qui compte aujourd'hui 105470 habitants, et fut, au Moyen Âge et au XVIe siècle, une importante cité drapière : la cathédrale, des XIIe et XIIIe siècles, les églises Saint-Ouen et Saint-Maclou, le « Gros-Horloge », le Palais de Justice et la merveilleuse place du Marché entourée de magnifiques anciennes maisons restaurées. La rue de Rouen existe depuis 1876.

ROUET Avant 1877, année où elle prit son appellation actuelle, cette impasse portait le nom de « cul-de-sac de la Corderie », parce que, bien sûr, une fabrique de cordes y était installée. Dans une corderie, on utilisait des rouets; d'où la dénomination de l'impasse. Les rouets, petites machines à roues, mues par une pédale, filaient le lin, le chanvre (pour les cordes) et la laine; pour cette dernière matière, on continue à s'en servir, mais très artisanalement; il n'est cependant pas rare, sur certains marchés de province, notamment dans le Sud-Ouest, de voir des jeunes femmes filer de la laine qu'elles vendent ensuite directement.

ROUGE Situé dans un quartier depuis longtemps occupé par des fabricants de meubles, ce passage rappelle la couleur d'une teinture souvent employée dans l'ébénisterie.

ROUGEMONT Ouverte en 1884, cette rue doit son nom au propriétaire du domaine qu'elle amputa, le banquier Rougemont de Löwenberg. La cité Rougemont doit son nom au voisinage de la rue.

ROUGET DE LISLE (1760-1836). Officier né à Lons-le-Saunier, mort à Choisy-le-Roi. Bien que doué pour la poésie et la musique, il entra dans une école de génie militaire d'où il sortit lieutenant en 1784. Au moment de la déclaration de guerre à l'Autriche (1794) il était capitaine à Strasbourg. C'est alors qu'il composa « la Marseillaise », intitulée d'abord « Chant de guerre pour l'armée du Rhin » et qui doit son nom actuel à des fédérés marseillais qui, les premiers, la firent connaître à Paris. Il est l'auteur de la musique et du texte (sauf le deuxième couplet « Nous entrerons dans la carrière », rédigé plus tard). Signalons en passant que Rouget de Lisle, royaliste convaincu, n'avait pas du tout eu l'intention de composer un hymne à la gloire de la République. Il fut d'ailleurs arrêté pour « refus de participer à la commémoration du 10 août » et emprisonné à Saint-Germain-en-Laye. La déchéance de Robespierre lui rendit la liberté et, à la mort de l'Incorruptible – dont aucune rue de Paris ne porte le nom! –, il composa le « Chant du 9-Thermidor ». En 1796, il quitta l'armée et vécut assez pauvrement jusqu'en 1830, année où Louis-Philippe le fit chevalier de la Légion d'honneur en lui octroyant une pension décente. En 1915, le corps de Rouget de Lisle fut transféré de Choisy-le-Roi aux Invalides. Des bruits coururent alors qui prétendaient qu'en lieu et place de son corps, c'est celui d'une jeune fille que l'on découvrit. Mais il semble que ces bruits soient sans fondement, puisque la veille du transfert, quand ses restes furent retirés du tombeau de Choisy, ils se trouvaient à l'intérieur d'un sarcophage dont les scellés, apparemment, furent respectés. Pour lever totalement le doute, il faudrait procéder à l'ouverture de son cercueil; disons qu'il n'en est absolument pas question, les Invalides considérant « canularesques » les « on-dit » ci-dessus rapportés. La rue Rouget-de-Lisle – quoi qu'il en soit – existe depuis 1879.

ROULE C'est le nom d'un ancien faubourg de Paris, qui forme, de nos jours, une partie du VIIIe arrondissement. L'origine du nom est inconnue. Le faubourg, ou hameau, existe depuis le XIIIe siècle et dès le XIVe sa chapelle était placée sous le vocable de saint Jacques et de saint Philippe qui est resté le patron de l'église actuelle. Jusqu'en 1847, la rue du Faubourg-Saint-Honoré s'est appelée « du Faubourg-du-Roule ». La rue qui nous intéresse, construite en 1690, était une des voies principales du faubourg du Roule. Quant au square du Roule, il doit son nom au fait qu'il débouche dans la rue du Faubourg-Saint-Honoré, autrefois nommée « du Roule », comme nous l'avons dit.

ROUSSELET Depuis 1721 cette rue porte le patronyme d'un de ses propriétaires riverains de l'époque, le sieur Ambroise Rousselet, procureur général à la Chambre des requêtes.

ROUSSIN Cette impasse fut baptisée à cause de son voisinage avec la rue de l'Amiral-Roussin. Lieutenant de vaisseau en 1807, cet amiral (1781-1854), né à Dijon, mort à Paris, fut fait prisonnier par les Anglais en 1808. Bientôt délivré, il fut promu capitaine de frégate en 1810, puis de vaisseau en 1814. De 1816 à 1820, il s'occupa de l'expédition hydrographique des côtes d'Afrique et du Brésil. Pair de France en 1832, il fut ambassadeur à Constantinople jusqu'en 1834. En 1840 il reçut le grade d'amiral; cette même année, il devint ministre de la Marine et le resta jusqu'en 1843, date à laquelle il démissionna pour raisons de santé.

ROUTY-PHILIPPE Cette impasse porte le nom d'un de ses premiers propriétaires résidents.

ROUVET Jean Rouvet, qui vivait au XVe siècle, inventa le système de flottage du bois sur rivière. C'est en 1864 qu'on donna son nom à cette rue.

ROUVRAY C'est l'ancien nom du bois de Boulogne; celui-ci n'est d'ailleurs qu'un simple vestige de l'immense forêt de Rouvray. Actuellement, les forêts de Chaville, de Meudon, de Saint-Germain-en-Laye et de Montmorency constituent d'autres vestiges de cette immense forêt de Rouvray qui, au temps des Gaulois, arrivait jusqu'au faubourg Saint-Honoré d'aujourd'hui; on y chassait l'ours, le cerf et les loups. Le mot Rouvray vient de « rouvre », variété de chênes. L'avenue de Rouvray fut baptisée, en souvenir de l'ancienne forêt, en 1927

ROUX Nom d'un des premiers propriétaires riverains de cette impasse qui, sous son tracé actuel, existe depuis 1932.

ROYAL (pont). Le pont doit son nom à Louis XIV qui en décida et paya la construction; celle-ci, sur des plans de Hardouin-Mansard, commença en octobre 1685 et se termina le 13 juin 1689. Ce pont en remplaça un autre, en bois, datant de 1632, qui avait lui-même été construit pour remplacer un bac qui fonctionnait depuis 1550. Le pont Royal fut restauré entre 1839 et 1844.

ROYALE Cette rue fut ouverte à la circulation en 1757; elle débouchait alors place Louis-XV, d'où son nom. (La place Louis-XV est devenue place de la Concorde.) En 1792, la rue Royale se nomma rue de la Révolution – il en fallut bien une ! – puis, en 1795, rue de la Concorde. Elle reprit son nom initial en 1814.

ROYER-COLLARD (1763-1845). Pierre Paul Royer-Collard, philosophe et homme politique, né à Sompuis, mort à Châteauvieux (Loir-et-Cher). Né d'une famille professant des opinions jansénistes, il devint avocat à Paris. La Révolution de 1789 l'enthousiasma, mais il dut cependant quitter précipitamment notre capitale, sous la Terreur, pour échapper à l'échafaud. Après le coup d'État du 18-Fructidor, consacrant l'arrivée de nombreux royalistes aux « Cinq-Cents », Royer-Collard, considérant que la République avait dévié de son sens originel, afficha des penchants indéfectibles pour la monarchie constitutionnelle. Il fit peu parler de lui sous l'Empire, mais la Restauration le vit prononcer de nombreux discours dans lesquels il ne flattait pas toujours le roi. Il quitta même le parti royaliste et entra au parti libéral. En 1827, il devint membre de l'Académie française et présida la Chambre des députés. En juillet 1830, il suivit Louis-Philippe ; mais lui qui œuvrait pour les progrès de la démocratie trouva que sous ce roi ils devenaient trop rapides. En tant que philosophe, il combattit le sensualisme prôné par Condillac, préférant le spiritualisme Il contribua d'ailleurs grandement au réveil de cette forme philosophique dans notre pays. Ses ouvrages se résument à des extraits des leçons qu'il donna à la Faculté des lettres de Paris. Royer-Collard a dit : « Un orateur trop long est comme une horloge qui sonnerait les minutes » et « On ne divise pas l'homme ; on ne fait pas au scepticisme sa part ; dès qu'il a pénétré l'entendement, il l'envahit tout entier ». La rue fut baptisée en 1846 et l'impasse en 1867.

RUBENS (1577-1640). Pierre Paul Rubens, peintre et diplomate flamand, né à Sieghen (Westphalie), mort à Anvers. En 1598, Rubens devient franc-maître de la gilde (association d'artistes) de Saint-Luc, à Anvers. En 1600, il part pour Venise, puis à la cour de Mantoue qui l'accueille chaleureusement. En 1603, le duc Vincent de Gonzague, l'envoie à Madrid pour remplir une mission diplomatique auprès du roi d'Espagne. Devenu madrilène, le peintre fait des tableaux religieux et des portraits. Après un nouveau séjour en Italie, il rejoint Anvers en 1608, afin d'assister aux obsèques de sa mère. Devenu le peintre de l'archiduc Albert, gouverneur des Pays-Bas, Rubens épouse une fort belle femme, Isabelle Brandt, et mène alors une vie somptueuse qui ne l'empêche point de réaliser ses plus grands tableaux. En 1622, Marie de Médicis le fait venir à Paris pour décorer la galerie des Fêtes du Palais du Luxembourg ; Rubens exécute alors vingt-cinq toiles, représentant, allégoriquement, la vie de la reine. En 1626, le peintre perd sa femme et voyage en Hollande. En 1628 il se met au service du roi Philippe IV d'Espagne ; celui-ci l'envoie à Londres comme ambas sadeur ; en Angleterre, il épouse en 1629 Hélène Fourment. En 1632, il se rend à La Haye, puis retourne à Londres en 1636, avant de rentrer à Anvers où il meurt d'un accès de goutte. Rubens est le plus brillant coloriste qui ait jamais existé ; son style se caractérise par un grand réalisme. Sa carrière comporte quatre parties : 1) Période primitive, avant son premier séjour italien ; il donne la « Pieta » et « Christ mort sur les genoux du Père Éternel ». 2) Période italienne, avec, entre autres, « Érection de la Croix », « Scène de la vie de Jésus et des apôtres » et une « Transfiguration ». 3) Période d'Anvers, qui se situe entre l'année 1608 et son second mariage en Angleterre ; c'est la période de son apogée, avec « Visitation de la Vierge », « Adoration des mages », « Enlèvement des filles de Leucippe », « Bataille des Amazones » et « Kermesse ». 4) Période finale, de son second mariage à sa mort; il peint alors « Saint Ildefonse », « les Horreurs de la guerre » et « la Promenade au jardin », et des portraits de sa deuxième femme, Hélène Fourment. La rue Rubens existe depuis 1864.

RUDE (1784-1855). François Rude, sculpteur né à Dijon, mort à Paris. Fils d'un simple serrurier, il dut attendre 1798 pour commencer à étudier les arts dans une école gratuite de dessin de sa ville natale. En 1807, il tenta l'aventure parisienne et travailla avec un sculpteur nommé Gaulle. En 1812, Rude obtint le prix de Rome avec une œuvre, « Berger Aristée pleurant la perte de ses abeilles », qu'il détruisit en 1843. Bonapartiste, après les Cent-Jours il dut se réfugier à Bruxelles, où il ouvrit une école de sculpture. Il revint à Paris en 1828 et y demeura presque sans interruption jusqu'à sa mort. Parmi les nombreuses œuvres de Rude, citons « Retour de l'armée d'Égypte », « Mercure aux talonnières », « Louis XIII adolescent », « Napoléon s'éveillant à l'immortalité » et, surtout, « Départ des volontaires en 1792 », haut-relief de l'Arc de Triomphe de l'Étoile, surnommé « la Marseillaise ». La rue Rude existe depuis 1867.

RUDOLF NOUREEV Danseur et chorégraphe d'origine soviétique, naturalisé autrichien en 1982, né à Razdolnaia (URSS) en 1938, mort à Paris en 1993, dont le nom peut aussi s'orthographier Noureïev. Fort d'une technique parfaite, il compta parmi les plus grands danseurs classiques de la fin du XXe siècle; on le vit danser merveilleusement « Giselle », « Le Lac des cygnes », « Tristan », mais il fut également remarquable, à l'occasion, dans la modern danse. Ses chorégraphies enchantèrent aussi plus d'un balletomane et il fut directeur de la danse à l'Opéra de Paris de 1983 à 1989. Une rue porte son nom depuis 2003

RUELLE Nom d'un des premiers propriétaires résidents de ce passage qui, vu sa petitesse (30 mètres de long), aurait pu être qualifié de ruelle. Mais une « ruelle Ruelle » cela n'aurait pas fait sérieux.

RUFFIN M. Ruffin était propriétaire du terrain sur lequel on ouvrit cette impasse.

RUHMKORFF (1803-1877). Heinrich Daniel Ruhmkorff, physicien né à Hanovre, mort à Paris. Venu assez jeune dans notre capitale, il y fonda une fabrique d'instruments de précision qui prospéra vite. Il produisit des appareils électromagnétiques et des galvanomètres. En 1851, il inventa une bobine à induction, portant son nom, qui fut fort utile pour la fabrication des rayons X et dans la télégraphie sans fil. Pour cette bobine, il obtint en 1858 un prix de 50000 francs destiné à récompenser l'inventeur de l'appareil le plus utile en électricité. La rue Ruhmkorff existe depuis 1885

RUISSEAU C'est une ancienne fontaine, située jusqu'en 1852 place Constantin-Pecqueur, dont les eaux, en s'écoulant, formaient un ruisseau dans cette rue, qui est la cause de sa dénomination. Cette fontaine, dite « du Buc », mot dérivé de « bouc », était honorée telle une divinité au temps des Gaulois qui pensaient que le génie des Eaux s'y cachait. Elle possédait un débit important; après la Révolution, elle servit de lavoir, bien que ses eaux fussent toujours considérées comme miraculeuses. Le linge lavé là devait porter bonheur... Sous l'appellation de « chemin », cette voie est connue depuis 1730.

RUISSEAU DE MÉNILMONTANT Jadis un mignon ruisseau, situé au-dessus d'un ancien bras de la Seine, coulait allégrement dans les environs. Il était alimenté par les rus descendant des hauteurs de Belleville, du Pré-Saint-Gervais et de Montmartre. C'est en son souvenir qu'un passage a été baptisé en 1998.

RUNGIS Depuis 1884, la place et la rue doivent leur nom à la proximité de l'aqueduc d'Arcueil qui amenait dans Paris des eaux recueillies à Rungis. Rappelons que depuis 1969, les Halles de Paris ont été transférées, sous forme de marché-gare, dans cette commune du Val-de-Marne.

RUTEBEUF (vers 1230-vers 1285). Trouvère parisien, plus enclin – au contraire de ses confrères d'alors – à la satire de la noblesse et du clergé qu'à la glorification de l'amour courtois. C'est aussi le premier – et l'un des plus grands – des poètes dits « personnels », c'est-à-dire qu'il parla de ses misères, de ses aventures quotidiennes et de ses déboires. Mais il est aussi l'auteur – outre ses poésies – d'œuvres lyriques, allégoriques et dramatiques, comme le « Miracle de Théophile ». Son texte le plus célèbre, et qui a parfaitement traversé les siècles, s'intitule « la Complainte de Rutebeuf »; il a été mis en musique (avec coupures car il est très long) dans les années 1960, par Léo Ferré et contient ceci : « Ne convient pas que vous raconte/Comment je me suis mis à honte/Car bien avez ouï le conte/En quel'manière/Je pris ma femme dernière ». La place Rutebeuf existe depuis 1988.

RUYSDAEL (1622 ou 1629-1682). Jacob Isaac Ruysdael, peintre paysagiste hollandais, né et mort à Haarlem. On sait fort peu de chose de sa vie; il semble qu'il s'installa à Amsterdam en 1659 et qu'il y vécut très pauvrement. En 1681, il rentra dans sa ville natale et obtint une place, comme pensionnaire, dans l'hospice réservé aux miséreux; il y mourut. Ce n'est qu'au XIXe siècle que son talent fut reconnu et qu'on lui donna le titre de « grand paysagiste de la Hollande ». Simple et calme, ses tableaux reflètent une vie pastorale empreinte d'une bonhomie benoîte. Comme il éprouvait des difficultés à représenter les visages, il les faisait peindre, sur ses toiles, par des peintres amis, tels Wouwerman ou Van de Velde. Parmi ses œuvres, signalons : « le Bois », « le Buisson », « Effet de soleil » et « Coup de vent ». La rue Ruysdael existe depuis 1869.

S

SABLIÈRE C'est une sablière à laquelle elle menait qui est à l'origine du nom de cette rue baptisée officiellement en 1863.

SABLONNIÈRE Cette rue doit son nom à l'ancien voisinage de la sablonnière de Vaugirard, sise jusqu'en 1813 rue de l'Amiral-Roussin actuelle. On extrayait de cette sablonnière du sablon, sable très fin dont on se servait pour récurer les chaudrons...

SABLONS Cette rue fut ouverte, en 1834, sur une portion de la plaine des Sablons, d'où son nom. Cette plaine, pierreuse et calcaire, était située entre Neuilly et les Ternes. Louis XV y passait en revue les éléments de sa garde et Louis XVI autorisa Parmentier à y faire fleurir des plants de pommes de terre. En 1794, la Convention y ouvrit une école destinée à apprendre aux jeunes gens le maniement des armes : elle n'exista que quatre mois et se nommait « l'école de Mars ». En 1820, la plaine des Sablons commença à être lotie. Elle devint le quartier de la Sablonnière, faubourg de Neuilly, appelé aussi « village de Sablonville ».

SABLONVILLE Cette rue est une partie de celle qui se trouve à Neuilly-sur-Seine; elle fut rattachée à Paris en 1929. Elle doit son nom au village de Sablonville, créé à partir de 1820, sur l'ancienne plaine des Sablons (voir « rue des Sablons »).

SABOT Depuis le début du XIXe siècle, cette rue porte ce nom provenant d'une ancienne enseigne qui existait déjà en 1522.

SACRÉ-CŒUR La basilique du Sacré-Cœur, dite aussi « du Vœu national », a été construite à la suite d'une loi du 23 juillet 1873; son financement fut couvert par des quêtes et des souscriptions publiques. Les plans de sa construction furent dessinés par l'architecte Abadie. On posa sa première pierre le 16 juin 1875, mais on ne la termina qu'en 1916. Son dôme culmine à 80 mètres et son clocher à 100. Elle possède une grosse cloche, dite « la Savoyarde », lourde de 26 tonnes, offerte par la ville de Chambéry. Picasso, comme d'autres, trouvait fort laide cette basilique; apprenant qu'André Malraux, ministre de la Culture, avait demandé le blanchiment des monuments de Paris, il dit « Bravo! On va donc pouvoir peindre le Sacré-Cœur en noir... » Le parvis du Sacré-Cœur fut baptisé en 1945 et la cité en 1925.

SADI CARNOT (1837-1894). Homme politique, président de la République Française, né à Limoges, mort à Lyon. Il fit ses études à Polytechnique et à l'École des ponts et chaussées. En 1871, il fut nommé préfet de Seine-Maritime et commissaire extraordinaire de la défense nationale au Havre. Bientôt élu député, il participa, à partir de 1878, à différents ministères, en qualité, successivement, de ministre des Travaux publics et des Finances. Quand Jules Grévy, président de la République en exercice, démissionna en 1887, Sadi Carnot le remplaça. Il arrivait en pleine agitation boulangiste; il parvint à la calmer et son attitude lui attira la sympathie des Français. Par contre, il ne sut plaire à tous les Italiens puisque, le 24 juin 1894, un anarchiste de ce pays, nommé Santa Caserio, l'assassina d'un coup de poignard. Le corps de l'homme d'État repose au Panthéon, à côté de celui de Lazare Carnot, son grand-père, célèbre général organisateur de toutes les campagnes militaires des années 1790 et créateur des « quatorze armées de la République ». La rue Sadi-Carnot fut baptisée en 1895 et la villa en 1901.

SADI LECOINTE (1891-1944). Aviateur dont on donna le nom à cette rue en 1955.

SAHEL Nom arabe signifiant littoral. Le Sahel algérien, qui donna son nom à cette rue en 1877, ainsi qu'à la villa, désigne une région montagneuse du littoral algérien en même temps qu'une zone bordant le Sahara, au sud du pays. D'autre part, l'oued Sahel est aussi le nom d'un fleuve d'Algérie, long de 195 km

SAÏD (1822-1863). Saïd Pacha, vice roi d'Égypte, né au Caire, mort à Alexandrie. Il lutta contre les Russes en 1854, envoya une expédition au Soudan en 1855, affranchit les esclaves de son pays en 1856, développa l'enseignement et aida le commerce et l'agriculture. De plus, il soutint fermement Ferdinand de Lesseps dans ses projets de percement du canal de Suez. C'est pour ce dernier fait qu'on donna son nom à la villa qui nous intéresse, en 1869, année de l'inaugu ration du canal

SAÏDA (la) Depuis 1867, cette rue porte le nom d'un poste militaire français de la région oranaise, en Algérie.

SAIGON Capitale du Vietnam du Sud, réuni au Vietnam du Nord depuis 1975 et devenue Hô Chi Minh-Ville. Située au bord de la rivière Saigon, la ville ne date que de la fin du XIXe siècle, époque où les Français imposèrent leur présence en Indochine. En 1975, Saigon, grand centre administratif et industriel, comptait 1 700 000 habitants. La rue fut baptisée en 1868

SAILLARD (1824-1870). Baron qui fut tué, au début de la guerre de 1870, aux portes de Paris, à Épinay-sur-Seine. On donna son nom à cette rue en 1875.

SAINT-ALPHONSE C'était le nom – eh oui ! – d'un des premiers propriétaires résidents de cette impasse.

SAINT-AMAND Depuis 1861, date de sa création, cette rue porte le nom du propriétaire du terrain sur lequel elle fut ouverte. N'allez pas croire que tous les propriétaires finissent béatifiés et sur une plaque de rue.

SAINT-AMBROISE C'est l'église Saint-Ambroise, proche, qui donna leur nom à la rue en 1802 et au passage en 1805. Cette église n'était d'ailleurs, à cette époque, qu'une chapelle placée sous le même vocable et construite en 1786. Quant à l'église proprement dite, elle fut bâtie de 1863 à 1869. On l'inaugura en présence de Napoléon III et de l'impératrice.

SAINT-ANDRÉ-DES-ARTS C'est l'église Saint-André-des-Arts qui donna son nom à la rue depuis le XIIIe siècle et à la place en 1809. Aujourd'hui, cette église n'existe plus, mais jadis la rue y menait En 1809, la place fut construite sur l'emplacement du lieu saint, démoli entre 1800 et 1808. Il avait été édifié de 1210 à 1212 en remplacement d'un oratoire du VIe siècle. Le mot « arts » dans le nom de cette église est une déformation de « arcs ». En effet, un grand nombre de ses premiers paroissiens étaient marchands d'arcs. C'est eux qui firent appeler leur église Saint-André-des-Arcs (saint André était le vocable de l'oratoire dont nous avons parlé plus haut). Cette dénomination fut modifiée ensuite, autant par l'usage que par égard pour les maîtres ès arts dont des collèges voisins étaient la pépinière..

SAINT-ANGE Nom d'un des premiers propriétaires du passage, créé en 1885. L'impasse doit son nom à la proximité du passage. Ces deux voies n'ont donc aucun rapport avec le fameux château Saint-Ange de Rome, lieu de sépulture de nombreux empereurs romains. Pas de rapport non plus avec André Fariau de Saint-Ange (1747-1810), poète né à Blois, mort à Paris, qui traduisit les « Métamorphoses » d'Ovide.

SAINT-ANTOINE Né en Haute-Égypte en 251, saint Antoine, qui vécut cent cinq années, fut l'un des créateurs de la vie monastique. Après avoir fondé et dirigé plusieurs monastères, il se retira, sur la fin de sa vie, dans le désert. C'est là qu'il subit les fameuses « tentations » qui inspirèrent maints artistes qui ne manquèrent jamais de représenter saint Antoine aux côtés de son compagnon familier : le cochon. La rue Saint-Antoine doit son nom à une abbaye à laquelle elle menait, située hors des murs de Paris sous Philippe Auguste, et placée sous le vocable du saint. Signalons aussi qu'en 1361 les chanoines réguliers de Saint-Antoine, ordre créé en 1070 par un gentilhomme du Dauphiné, ouvrirent un établissement rue Saint-Antoine, consi dérant que c'était là, pour eux, un lieu de prédilection. Les chanoines de cet établissement soignaient les malades atteints du « feu infernal » ou « mal des ardents ». C'est en 1450 que la rue Saint-Antoine fut baptisée, sur son tracé actuel ; sur un parcours un peu différent on la connaît toutefois depuis la création de l'enceinte de Philippe Auguste.

SAINT-AUGUSTIN (place). Baptisée en 1932, cette place doit son nom à l'église Saint-Augustin. Celle-ci fut construite, de 1860 à 1869, par Baltard, dans un style mi-italien mi-byzantin. Elle est surmontée d'un dôme de 50 mètres de hauteur. L'intérieur est formé d'une nef sans bas-côtés, divisée en huit travées.

SAINT-AUGUSTIN (rue). Ouverte en 1633, cette rue doit son nom à l'ancien couvent des Augustins déchaussés, qu'elle longeait. Les Augustins déchaussés, qui font partie d'une branche de l'ordre religieux observant la règle de saint Augustin, s'installèrent en France en 1596. Leur nom est dû au fait qu'ils remplacèrent les chaussures par des sandales. À Paris, ces Augustins déchaussés furent aussi appelés « Petits-Pères ».

SAINT-BENOÎT Cette rue doit son nom à l'ancienne présence d'une abbaye occupée par des religieux de l'ordre de Saint-Benoît. Cette abbaye fut construite en 1368 et se trouvait à hauteur du numéro 15 actuel de la rue. Les moines qui suivent la règle de saint Benoît dorment tout habillés car ils sont astreints à chanter les louanges de Dieu, régulièrement, jour et nuit. Quant à saint Benoît lui-même, considéré comme le patriarche des moines d'Occident, il naquit en 480 près de Spolète. En 529 il créa le monastère du Mont-Cassin, qui fut le premier de son ordre, et rédigea ses règles monastiques. Dans un couvent placé sous la règle de saint Benoît, les membres ne possèdent rien en propre, l'abbé est le père, les jeunes doivent infiniment de respect aux anciens. Isolés du monde, les moines de Saint-Benoît n'ont avec l'extérieur que le lien de l'hospitalité qu'ils exercent. La rue Saint-Benoît fut baptisée en 1742.

SAINT-BERNARD (rue et passage). La rue menait, dès le XVIe siècle, à l'abbaye Saint-Antoine dont nous avons parlé à propos de la rue Saint-Antoine (voir plus haut). Cette abbaye suivait la règle de saint Bernard, d'où le nom de la rue. Saint Bernard (1091-1153) fonda la célèbre abbaye de Clairvaux, qui compta jusqu'à 700 moines et vit s'agréger autour d'elle 160 monastères. Saint Bernard aida puissamment la fondation de l'ordre du Temple. Il réforma l'ordre des Cisterciens et fut, incontestablement, la plus grande figure de son siècle. Contemplatif, admirateur de la Vierge, il admettait trois étapes pour arriver jusqu'à Dieu : la vie pratique, la vie contemplative, la vie extatique. Le passage Saint-Bernard date de 1854; il doit son nom au voisinage de la rue.

SAINT-BERNARD (quai et port). Le quai, connu depuis 1650, doit son nom à l'ancienne proximité de la porte Saint-Bernard, située à hauteur du numéro 1 du quai de la Tournelle actuel. Elle marquait l'entrée sud du château de la Tournelle, inclus dans l'ex-enceinte de Philippe Auguste. Édifiée à la fin du XVe siècle, la porte Saint-Bernard fut démolie en 1787. Le port Saint-Bernard, qui doit son nom au voisinage du quai, date de 1905.

SAINT-BLAISE (rue et place). Baptisées en 1867, elles doivent leur nom à une chapelle portant le vocable de saint Blaise, incluse dans l'église Saint-Germain-de-Charonne, proche. Saint Blaise était un évêque arménien martyrisé en 316. C'est le patron des cardeurs, car, horrible détail, des bourreaux dépecèrent son corps avec des peignes de fer, semblables à ceux dont se servent les cardeurs...

SAINT-BON Cette rue, partie de celle, plus longue, existant au XIIIe siècle, doit son nom à l'ancienne chapelle Saint-Bon, construite en 1125, à hauteur du numéro 6 actuel de la rue. En 1793, la Révolution la désaffecta et elle fut démolie en 1811.

SAINT-BRUNO Fondateur de l'ordre des Chartreux, Bruno naquit en 1035 à Cologne et mourut en 1101 en Calabre. C'est en 1084 qu'il fonda la Grande-Chartreuse, près de Grenoble. Il n'édicta pas de règles particulières et ses disciples suivirent celles de saint Benoît, en les accommodant fort peu. À la fin du XIXe siècle, une rue de Paris fut baptisée du nom de Saint-Bruno, dans l'intention de l'honorer.

SAINT-CHARLES La rue Saint-Charles fut ouverte à l'époque où on lotit la plaine de Grenelle, en 1826. À cette date, Charles X régnait sur la France et c'est en son honneur que l'on choisit de placer cette voie sous le vocable de saint Charles. Après 1830, la rue Saint-Charles fut prolongée par une rue Saint-Louis, à cause du nouveau roi Louis-Philippe. On fit fusionner ces deux rues en 1868. Le rond-point, la place et l'impasse, qui doivent leur nom au voisinage de la rue, sont de la fin du XIXe siècle.

SAINT-CHAUMONT Cette cité fut baptisée ainsi, à cause de la proximité des Buttes-Chaumont, par un de ses premiers propriétaires résidents, qui pensait, à tort semble-t-il, que ces buttes s'étaient appelées antérieurement « Saint-Chaumont ». (Voir plus haut « Buttes-Chaumont ».) La cité date de 1905

SAINT-CHRISTOPHE Cette rue doit son nom, attribué en 1929, au voisinage de l'église Saint-Christophe-de-Javel, construite entre 1926 et 1934 par l'architecte Charles-H. Besnard. Quant à saint Christophe lui-même, il fut martyrisé vers 250. La légende en fait un géant qui, après avoir servi Satan, se mit à la disposition des voyageurs qu'il prenait sur son dos pour leur permettre de traverser un fleuve profond. Un jour un enfant eut recours à lui; parvenu au milieu du fleuve, saint Christophe trouva tout à coup l'enfant si lourd qu'il ne réussit plus à avancer; il reconnut alors l'Enfant-Jésus. Le nom de notre saint viendrait de cette anecdote : Christophe étant une traduction d'un mot grec qui signifie « celui qui porte le Christ ».

SAINT-CLAUDE C'est une statue de saint Claude, édifiée à l'angle de cette rue et de l'impasse du même nom, qui donna sa dénomination à cette voie, dès 1640. Son appellation exacte, à l'époque, était rue « Saint-Claude au Marais »; on la simplifia en 1851. Saint Claude, évêque de Besançon, vivait au milieu du VIIe siècle; il passa de longues années dans l'abbaye de Saint-Ogan-de-Joux autour de laquelle, par la suite, s'édifia la ville de Saint-Claude, grande productrice de pipes. Savez-vous que Claude, venu du latin Claudius, signifie boiteux?

SAINT-DENIS Connue depuis le pré-Moyen Âge, cette rue doit son nom au fait qu'elle menait à la basilique et au bourg de Saint-Denis. La rue Saint-Denis, qualifiée de « voie Royale », était le chemin qu'empruntaient nos souverains lorsqu'ils faisaient leur entrée solennelle dans leur capitale. L'abbaye de Saint-Denis, origine du village, fut fondée en 626 et devint, après Dagobert, le privilège des sépultures royales. Quant à la basilique, une partie de sa crypte date de Charlemagne; le chœur, l'abside, les étages inférieurs de la nef et du portail datent de 1144; les parties hautes furent terminées en 1281. De Louis XI à Henri II, les rois de France eurent tous un monument dressé dans le chœur ou le transept de la basilique. Le mausolée de Dagobert, qui ne put être inhumé dans l'abbaye, malgré ses dernières volontés, fut construit au XIIIe siècle, mais c'est la Renaissance qui vit la réalisation des plus jolis monuments, œuvres de Philibert Demorme, Pierre Bontemps et Germain Goujon, entre autres. Sous la Révolution, la ville de Saint-Denis, qui se fit alors appeler « Franciade », ouvrit toutes les sépultures et jeta les restes des rois. Quant à saint Denis, on sait que ce fut le premier évêque de Paris et qu'il subit le martyre sur la colline où s'érigea ensuite la ville de Saint-Denis. Les reliques du saint, d'abord déposées à l'abbaye construite sur les lieux de son martyre, se trouvent maintenant dans la basilique. Le boulevard Saint-Denis existe depuis 1876, l'impasse depuis 1877.

SAINT-DIDIER Né à Autun en 540, mort lapidé près de Lyon en 608 sur les ordres de la reine Brunehaut qui n'appréciait pas qu'il lui reproche ses dérèglements, Didier fut évêque de Vienne (France). Avant de le faire lapider, Brunehaut l'avait fait destituer par un synode qui décida d'exiler l'évêque Didier dans une île. Ne cherchez pas cette île trop loin : il s'agit de l'île Barbe, près de Lyon... La rue Saint-Didier, sur son parcours actuel, existe depuis 1868.

SAINT-DOMINIQUE Cette rue porte son nom depuis 1643; elle le doit à un couvent de dominicains qu'elle longeait. Saint Dominique, fondateur de l'ordre des Dominicains, naquit en 1170 à Calahorra (Vieille-Castille) et mourut à Bologne en 1221. En 1203, traversant le Languedoc, il fut frappé des progrès de l'hérésie prêchée par les albigeois; il se joignit alors aux légats envoyés par le pape Innocent III pour combattre les hérétiques. En 1215, avec six compagnons il commença sa vie monastique et le pape ne tarda pas à reconnaître l'ordre, créé ainsi par saint Dominique dans un but de prédication. Le premier cloître de dominicains fut bâti à Toulouse en 1216. Le corps de saint Dominique repose, à Bologne, dans un magnifique tombeau réalisé par Nicolo Pisano.

SAINTE-ANASTASE Sainte Anastasie, dite Anastase, martyrisée au IVe siècle, à Sirmich. Il semble cependant que ce ne soit pas elle la patronne de cette rue. En effet, la voie qui nous intéresse fut ouverte, en 1620, sur des terrains appartenant alors aux religieuses hospitalières de Saint-Gervais qui, en 1358, se placèrent sous l'invocation soit de saint Anastase, apôtre de la Hongrie (954-1044), moine bénédictin à Rouen avant de devenir évêque de Colocza, dans sa patrie hongroise; soit de saint Anastase (561-599), dit le Sinaïte, patriarche d'Antioche. Il apparaît, par conséquent, que c'est à la déformation du mot « saint » – devenu « sainte » – que nous devons d'avoir, aujourd'hui, une rue Sainte-Anastase.

SAINTE-ANNE La rue, depuis 1633, et le passage, depuis 1829, ont pour marraine Anne d'Autriche (1601-1666), infante d'Espagne née à Valladolid, fille du roi Philippe III. Elle devint reine de France après son mariage avec Louis XIII, en 1615, et fut régente du royaume, de 1643 à 1661, c'est-à-dire avant l'accession au pouvoir de son fils, Louis XIV. Peu après la mort de son époux, on dit qu'elle contracta un mariage secret avec Mazarin, en compagnie duquel elle gouverna. Elle fonda le Val-de-Grâce et l'hôpital Sainte-Anne. Parmi les saintes, nombreuses, la plus connue est celle qui épousa Joachim et mit au monde la Sainte Vierge.

SAINTE-ANNE-POPINCOURT Dédié à sainte Anne par un de ses premiers habitants, ce passage doit la seconde partie de son nom à la proximité de la rue Popincourt.

SAINTE-APOLLINE Vierge et martyre. En 249, sous l'empereur Philippe l'Arabe, elle mourut en se jetant elle-même dans les flammes du bûcher dressé pour elle. Une rue fut placée sous son invocation en 1670.

SAINTE-AVOIE S'orthographie également Sainte-Avoye. C'est la francisation d'Hedwige, sainte polonaise (1174-1243), qui se maria à Henri le Barbu, duc de Pologne et de Silésie, et, pour se consoler sans doute, fonda de nombreux monastères, dont celui de Brednicie, près de Breslau. Devenue veuve en 1238, elle termina sa vie en s'adonnant à la charité. Elle avait fondé l'ordre des Filles de Sainte-Avoie. Le passage qui nous intéresse doit son nom au fait que des religieuses de cet ordre ouvrirent un établissement à proximité, en 1288.

SAINTE-BEUVE (1804-1869). Charles Augustin de Sainte-Beuve, poète et critique, né à Boulogne-sur-Mer, mort à Paris. Il suivit quelque temps, à partir de 1823, les cours de l'École de médecine, puis se tourna vers les lettres et entra au journal « le Globe », comme critique. Devenu l'ami d'Alfred de Vigny et de Victor Hugo, il fit vite partie du cénacle, nous dirions aujourd'hui du « Tout-Paris littéraire ». En tant que poète, Sainte-Beuve chercha à créer, en France, une poésie bourgeoise et familière, empreinte d'un profond moralisme. Comme critique, il chercha à saisir, dans toute œuvre, les plus ténues délicatesses de la pensée et du sentiment. Il montra beaucoup de sympathie pour les œuvres nouvelles, qualité qui ne se rencontre pas chez tous les critiques. Il fut et demeure un des grands maîtres de cette discipline que l'on qualifie, peut-être à tort, d'aisée, en opposition à l'art, paré du qualificatif difficile. Sainte-Beuve a écrit un seul roman, « Volupté », et des ouvrages de critiques : « Portraits contemporains », « Causeries du lundi », « Nouveaux Lundis », « Premiers Lundis » et « Lettre à la princesse ». Il disait : « Il faut dépasser le but pour l'atteindre », « Combien de gens meurent avant d'avoir fait le tour d'eux-mêmes » et « L'historien est un prophète tourné vers le passé ». La rue Sainte-Beuve fut baptisée en 1884.

SAINTE-CÉCILE Vierge et martyre morte à Rome en 232 sous le règne de Septime Sévère. On la maria malgré elle à un païen nommé Valérien; elle parvint à le convertir et lui fit faire le serment de respecter sa virginité. Valérien eut du mérite, car elle était fort belle... En récompense, il mourut martyrisé. Quant à sainte Cécile, sa mort fut vraiment abominable : on tenta d'abord de l'étouffer dans un bain d'eau bouillante; elle survécut; alors un bourreau la frappa de trois coups de hache; elle n'en mourut qu'après trois jours d'une affreuse agonie... Si sainte Cécile est la patronne des musiciens, c'est qu'elle possédait une fort belle voix qui lui servait à chanter les louanges de Dieu en s'accompagnant à l'aide d'un instrument de son époque que l'on représente, iconographiquement, par un orgue. La rue Sainte-Cécile, ouverte en 1853, dut son nom à la proximité du Conservatoire de musique, situé alors rue du Conservatoire et transféré, aujourd'hui, rue de Madrid.

SAINTE-CHAPELLE (cour). Située dans l'enceinte du Palais de Justice, cette cour ouvre sur la Sainte-Chapelle, une des plus anciennes chapelles palatines de Paris. Commencée sous Saint Louis en 1242 pour abriter les reliques de la vraie Croix et de la Couronne d'épines, elle fut terminée en 1248. Elle est faite de deux chapelles : la haute et la basse, dues à Pierre de Montereau, architecte d'une autre très belle église, à Saint-Sulpice-de-Favières, près d'Étampes. Profanée et défigurée en 1791, la restauration de la Sainte-Chapelle fut confiée à Viollet-le-Duc, Duban et Lassus.

SAINTE-CLAIRE-DEVILLE (1818-1881). Henri Sainte-Claire-Deville, chimiste né à Saint-Thomas (Antilles), mort à Boulogne-sur-Seine. À la fin de ses études il fit construire, de ses deniers, un laboratoire dans lequel il travailla neuf années consécutives. Ses travaux portèrent sur les résines, l'acide nitrique anhydre, le silicium, l'aluminium et le platine. On lui doit la théorie dite de la dissociation, consistant à séparer les éléments associés (par exemple l'hydrogène et l'oxygène de l'eau). Sainte-Claire-Deville fut maître de conférences à l'École normale en 1851, membre de l'Académie des sciences à partir de 1861, et organisa la Faculté des sciences de Besançon. Il a écrit « Métallurgie du platine et des métaux qui l'accompagnent » et « Leçons de chimie ». La rue existe depuis 1885.

SAINTE-CROIX Villa baptisée en 1994 pour rappeler l'ancienne présence, à proximité, d'un dispensaire et d'un hôpital de la Croix-Rouge.

SAINTE-CROIX-DE-LA-BRETONNERIE (rue et square). Ces deux voies doivent leur nom à un ancien lieu-dit « Champs-aux-Bretons » et au couvent des Frères de la Sainte-Croix, auparavant situé à l'emplacement du square. Construit au XIIIe siècle, ce couvent était occupé par des religieux appartenant à un ordre fondé en 1211 par un chanoine de Liège, Théodore de Celles; ils occupaient leur temps à méditer sur la Passion et la Croix de Jésus-Christ. Le couvent, fermé en 1790, fut vendu en 1793, puis, petit à petit, démoli. Sous sa dénomination actuelle, la rue existe depuis 1314. Le square, auparavant passage du même nom, est de 1909.

SAINTE-ÉLISABETH (rue et passage). Ces deux voies datant de 1807 doivent leur nom au voisinage de l'église

Sainte-Élisabeth, dont la première pierre fut posée par Marie de Médicis en 1628 et qui fut consacrée en 1646. Elle était alors l'église du couvent des Filles de Sainte Élisabeth, construit en 1630. La Révolution ferma les bâtiments conventuels et fit de l'église un magasin de fourrage; elle fut rendue au culte en 1802, agrandie et restaurée en 1829. Elle se trouve au 195 de la rue du Temple.
La sainte à qui est dédiée cette église est sainte Élisabeth de Hongrie, née à Presbourg en 1207, morte à Marbourg en 1231. Fiancée dès l'âge de 4 ans, elle se maria en 1221 avec Louis de Hesse qui la laissa se livrer à la mortification et à la charité. Elle soignait les lépreux et aidait les pauvres; une légende raconte d'ailleurs qu'un jour, des aumônes qu'elle dissimulait dans son tablier se changèrent en roses devant son mari. Veuve en 1227, elle quitta son château et passa dans une humble cabane les dernières années de sa vie.

SAINTE-ÉLISABETH (villa). Impasse jusqu'en 1921, cette villa porte le prénom de la femme de M. Charles Bertheau, un de ses premiers propriétaires et habitants.

SAINTE-EUGÉNIE Cette avenue, baptisée par ses habitants à la fin du XIXe siècle, porte le nom de sainte Eugénie (183-262) née à Rome de parents païens et martyrisée dans sa ville natale (elle mourut décapitée).

SAINTE-FÉLICITÉ On connaît deux saintes prénommées Félicité. Celle à qui fut dédiée l'impasse qui nous intéresse, en 1939, vécut à Rome au IIe siècle. Demeurée veuve avec sept fils, on ne tarda pas à l'arrêter, en compagnie de ses enfants, pour appartenance à la religion chrétienne. Elle vit sa progéniture mourir devant ses yeux dans divers supplices, avant d'être elle-même exécutée.

SAINTE-FOY Baptisée en 1644, la rue doit vraisemblablement son nom à la ville de Sainte-Foy (située à 21 km de Muret, dans la Haute-Garonne) dont un de ses principaux propriétaires riverains était issu. Mais certains avancent que c'est une ancienne enseigne, représentant allégoriquement la Sainte-Foi, qui aurait donné son nom à cette rue. Rien n'est moins sûr. Le passage Sainte-Foy, de 1873, et la galerie doivent leur nom au voisinage de la rue.

SAINTE-GENEVIÈVE Cette place, connue depuis 1355 sous le nom de « carré Sainte-Geneviève », doit son nom au voisinage de l'ancienne abbaye Sainte-Geneviève, construite par Clovis en 508 sous les vocables de saint Pierre et saint Paul. Quand le corps de sainte Geneviève y fut déposé en 512, elle prit le nom de la protectrice de Paris. En 1754, la construction de Clovis tombant en ruine, Louis XV autorisa les religieux à construire un édifice monumental, d'après des plans de Soufflot; c'est cet édifice qui est devenu le Panthéon (voir à « Panthéon »).
Mais qui était sainte Geneviève? Fille de cultivateurs, née à Nanterre en 420, morte à Paris en 512, elle garda, dans sa jeunesse, les troupeaux de ses parents. En 430, l'évêque saint Germain d'Auxerre, passant par Paris, la rencontra près de notre capitale et la bénit en lui mettant au cou une médaille de cuivre, marquée d'une croix, et lui ordonnant de ne jamais porter aucun autre ornement. Quand son père mourut, Geneviève se fixa à Paris; des médisants la critiquèrent, mais l'évêque qui l'avait bénite prit ouvertement sa défense. Quand les Huns, avec Attila, menacèrent Paris, la sainte assura aux habitants qu'ils n'avaient rien à craindre; elle se rendit au-devant des Barbares qui négligèrent alors notre grande cité. Dès lors, les Parisiens se mirent à la vénérer et les rois Chilpéric et Clovis, ainsi que la reine Clotilde, eurent recours, souvent, à ses

conseils. La patronne de Paris, vierge et sainte, mourut – ça conserve – à l'âge de 92 ans.

SAINTE-HÉLÈNE Ancien chemin vicinal de Gentilly annexé par Paris en 1925, cette rue porte le nom de l'île de l'océan Atlantique sur laquelle Napoléon Ier fut emmené par les Anglais après les Cent-Jours, le 17 octobre 1815. Il y mourut le 5 mai 1821.

SAINTE-HENRIETTE Cette impasse fut baptisée en 1953. Exista-t-il effectivement une sainte Henriette? Nous n'avons pu retrouver sa trace, ni son auréole.

SAINTE-ISAURE C'est M. de Versigny qui, en 1867, ouvrit cette rue. Sa femme se prénommait Isaure, on ne sait si c'était une sainte, mais, en tout cas, c'est ce que voulut faire croire son mari en baptisant la voie qu'il avait construite. La véritable sainte Isaure, si elle exista jamais, a laissé de si faibles traces que le temps les a effacées...

SAINTE-LÉONIE Ouverte en 1858, cette impasse porte le prénom de la femme de son constructeur, M. Couesnon. Il exista effectivement une sainte Léonie au début de notre ère; nous savons seulement qu'elle fut martyrisée.

SAINT-ÉLEUTHÈRE Un des compagnons de saint Denis, le premier évêque de Paris. Il fut décapité à ses côtés, sur la colline où allait s'édifier ensuite l'abbaye, puis le village de Saint-Denis. C'est en 1867 qu'on honora de son nom une rue de Paris. Signalons, d'autre part, qu'Eleuthera, déesse grecque de la Liberté, donna son nom à une île des Bahamas où vinrent se réfugier des colons anglais fidèles à l'Angleterre durant la guerre d'Indépendance américaine.

SAINT-ÉLOI (v. 588-660). Évêque de Noyon, né à Chatelac, près de Limoges, en 588, et mort à Noyon en 660. Dans la capitale du Limousin, il apprit le métier d'orfèvre (c'est le patron de cette corporation). Avec une quantité d'or qui lui avait été fournie pour confectionner un trône pour le roi Clotaire II, il en fabriqua deux; devant cette preuve de probité, le souverain le nomma son maître de la monnaie. Quand Dagobert fut couronné, il fit de saint Éloi son principal conseiller. Si l'on en croit la chanson, Éloi eut alors pour principal souci de remettre à l'endroit tout ce qui était à l'envers. En 639, Éloi fut nommé évêque de Noyon; c'est là qu'il mourut, après avoir fondé de nombreux hôpitaux et contribué à la conversion d'un grand nombre de pécheurs. La rue Saint-Éloi, baptisée en 1877, doit son nom à la proximité de l'église placée sous le vocable du patron, non seulement des orfèvres, mais de tous ceux qui utilisent un marteau, et aussi des agriculteurs.

SAINT-ÉMILION Il y a, depuis 2000, une cour et un passage Saint-Émilion, dans les anciens chais de Bercy, très bien réaménagés; c'est bien sûr pour se souvenir de la destination passée des lieux - ouverts à présent à d'autres activités - qu'on a voulu rendre hommage à l'excellent cru bordelais qu'est le saint-émilion.

SAINT-ESTÈPHE Gouleyant cru bordelais auquel on a dédié une place en 2000 pour rappeler qu'ici, naguère, se trouvaient les chais de Bercy; superbement réaménagé, l'endroit est ouvert, aujourd'hui, à d'autres activités.

SAINTE-LUCIE Vierge et martyre, sainte Lucie naquit et mourut à Syracuse (281-304). Convertie très jeune au christianisme à l'insu de ses parents, ceux-ci la marièrent à un homme riche, mais païen. Lucie se refusa à lui, ce qui le contraria fort. Il dénonça sa femme au gouverneur de Syracuse; avant de comparaître devant ce dernier, sainte Lucie distribua son énorme dot aux pauvres. Déception, encore, du mari... Devant le gouverneur, elle confessa sa foi et son vœu de virginité : on lui trancha la tête. On ne sait si le veuf se remaria...

SAINTE-MARIE En hébreu « Miriam ». Honorée aussi sous le nom de Sainte Vierge et Notre Dame. Peu de temps après son mariage avec le charpentier Joseph, l'ange Gabriel vint lui annoncer qu'elle allait concevoir Jésus, le Sauveur du monde, qui n'aurait d'autre père que Dieu, dont la puissance opérait en elle. C'est ne rien apprendre à personne que d'écrire que cette prédiction se réalisa... L'Église catholique vénère la Sainte Vierge, contrairement à l'Église protestante qui rejette absolument le culte de Marie. L'avenue Sainte-Marie, qui n'est qu'une partie de l'avenue du même nom située sur le territoire de la commune de Saint-Mandé, fut annexée par Paris en 1930. La villa Sainte-Marie date du début du XXe siècle

SAINTE-MARTHE Sœur de saint Lazare et de sainte Marie-Madeleine, la pénitente. Elle assista à la résurrection de son frère et, après la crucifixion de Jésus, elle vint avec son frère et sa sœur en Provence et habita à Avignon, puis Tarascon où elle mourut. Ses reliques sont d'ailleurs honorées dans cette dernière ville. Une légende montre sainte Marthe domptant, d'un simple signe de croix, un monstre nommé la « tarasque ». La rue et le passage datent de 1877.

SAINTE-MONIQUE Née à Souk-Arhas (Algérie) en 332 et morte à Ostie en 387, sainte Monique est la mère de saint Augustin. Mariée à Patrice, un riche païen, elle parvint à le convertir en 370. Elle eut trois enfants : Augustin, Navigius et une fille dont on ignore le prénom. Devenue veuve, elle se consacra à la conversion d'Augustin; elle réussit assez bien... L'année de sa mort, elle eut la joie d'assister à son baptême; après cette cérémonie elle partit avec son fils pour Rome et c'est sur le chemin de cette ville qu'elle mourut. L'impasse Sainte-Monique existe depuis 1877.

SAINTE-OPPORTUNE La place date de 1725 et la rue de 1836; elles doivent leur nom à l'église Sainte-Opportune, située sur la place. Cette église fut édifiée à la fin du IXe siècle pour recevoir la dépouille de sainte Opportune. Elle fut reconstruite au cours des XIIIe et XIVe siècles, et totalement démolie en 1797. Quant à sainte Opportune (720-770), née à Sées, morte à Montreuil-sur-Houlme (Orne), c'était une abbesse dont l'esprit de charité et la vie faite de mortifications sont demeurés célèbres.

SAINT-ESPRIT Cette cour doit son nom à l'ancienne présence d'une enseigne représentant le Saint-Esprit. Comment représente-t-on le Saint-Esprit, direz-vous? Une colombe, des langues de feu, au choix.

SAINT-ÉTIENNE-DU-MONT L'église Saint-Étienne-du-Mont fut bâtie en 1222. Elle doit son nom au premier martyr de la chrétienté et au fait qu'elle fut édifiée sur la montagne Sainte-Geneviève. En 1492, cette première église fut remplacée par une plus vaste, achevée seulement en 1610 et consacrée au culte, le 25 février 1626. En 1793, la Révolution la ferma et elle ne fut rendue au culte catholique qu'en 1803. Les statues et sculptures de la façade datent de 1862. La rue Saint-Étienne-du-Mont fut baptisée en 1867 à cause de son voisinage avec l'église.

SAINT-EUSTACHE Cette impasse doit son nom au fait qu'elle conduit au portail nord de l'église Saint-Eustache. La première pierre de l'église actuelle fut posée, le 19 août 1532, par Jean de La Barre, prévôt de Paris. Elle fut terminée en 1642; mais la façade ouest n'existe que depuis le dernier quart du XVIIIe siècle. En ce qui concerne saint Eustache, on sait qu'avant de se convertir il servait dans les légions romaines sous le nom de Placidus, et qu'il fut martyrisé sous l'empereur Adrien (entendez : sous son règne!) entre 117 et 138.

SAINT-EXUPÉRY (1900-1944). Antoine de Saint-Exupéry, aviateur et écrivain, né à Lyon, mort au cours d'une mission pendant la Seconde Guerre mondiale. Il fut le compagnon de Mermoz et Guillaumet, entre autres, au sein de l'Aéropostale créée par Didier Daurat. Mais ses talents d'écrivain égalaient sa bravoure et sa témérité de pilote. Il a laissé un livre qu'il serait absurde de considérer comme réservé aux enfants : « le Petit Prince ». Citons aussi « Vol de nuit », « Terre des hommes » et « Pilote de guerre ». Il disait : « Moi je respecte d'abord ce qui dure plus que les hommes » et « Aimer, ce n'est pas se regarder l'un l'autre, c'est regarder ensemble dans la même direction ». La rue Saint-Exupéry existe depuis 1949.

SAINT-FARGEAU (1760-1793). Louis Michel Lepeletier de Saint-Fargeau, homme politique né et mort à Paris. Au moment de la Révolution, il était président au parlement de Paris et représenta la noblesse aux états généraux. Le 21 juin 1790, il fut élu président de la nouvelle Assemblée. Élu ensuite à la Convention, il vota la mort du roi. Il périt assassiné par un ancien garde du corps de Louis XVI. Michel Lepeletier avait un frère, Ferdinand Louis Félix (1767-1837), qui supporta mieux (!) la période révolutionnaire à laquelle il collabora mais que Napoléon exila de 1802 à 1805. Il fut représentant à la Chambre des Cent-Jours et, de ce fait, la Restauration le contraignit à vivre à l'étranger de 1816 à 1820. Les Lepeletier de Saint-Fargeau possédaient le château et le parc de Ménilmontant, et c'est la proximité de ce domaine qui donna son nom à la rue en 1864 et à la place en 1911.

SAINT-FERDINAND Construite de 1842 à 1847, l'église Saint-Ferdinand, à laquelle la rue doit son nom depuis 1857 et la place de puis 1867, est initialement de l'architecte Lequeux. Agrandie de 1875 à 1877, elle fut totalement reconstruite à partir de 1937 et rouvrit au culte en 1941, pour sa partie basse, et en 1944 pour sa partie haute. Elle fut placée sous le vocable de saint Ferdinand parce qu'au moment où les travaux de sa première construction commencèrent, en 1842, le duc Ferdinand d'Orléans, fils aîné de Louis-Philippe, mourut dans un accident (13 juillet 1842), porte Maillot, en allant rendre visite à ses parents qui demeuraient à Neuilly.

SAINT-FIACRE (610-670). Venu en France, en provenance d'Écosse ou d'Irlande, saint Fiacre y vécut dans une grande austérité, enfermé dans une petite cabane, de très longues années. Bien qu'on ne sut jamais rien de plus sur sa vie, ce saint fut, avant la Révolution, extrêmement populaire chez nous; ses reliques, dispersées en maints endroits, furent l'objet d'une grande ferveur. Saint Fiacre est le patron des jardiniers. L'impasse doit son nom, de 1412, à une ancienne enseigne. La rue doit son nom, quant à elle, au fait qu'elle traversait, au XVIIe siècle, un fief appartenant à une confrérie Saint-Fiacre, œuvre charitable.

SAINT-FLORENTIN Depuis 1768, cette rue doit son nom à un hôtel, dit Saint-Florentin, construit en 1767 pour le comte du même nom, par l'architecte Chalgrin, d'après des plans de Gabriel, l'architecte de la place de la Concorde. Si l'hôtel fut construit pour Louis Phélypeaux, duc de La Vrillière, comte de Florentin, ministre de la maison de Louis XV, son financement fut totalement couvert par la Ville de Paris, qui savait faire de biens beaux cadeaux à l'époque... En 1838 Talleyrand mourut dans cet hôtel dont il était devenu propriétaire. Au décès du Diable boiteux, la famille Rothschild acquit la demeure, qui existe encore.

SAINT-FRANÇOIS Nom d'un des premiers propriétaires riverains de cette impasse ouverte à la fin du XIXe siècle.

SAINT-GEORGES La rue, connue sous l'appellation de ruelle depuis 1672, doit son nom à une ancienne enseigne représentant saint Georges terrassant le dragon. La place, baptisée en 1824, doit son appellation à la proximité de la rue. Saint Georges fut martyrisé en l'an 303. Il fit carrière dans les armes et la légende affirme qu'il déchira de ses mains, à la porte du palais impérial de Nicomédie, l'édit de persécution contre les chrétiens. Peu de temps après son martyre, il devint très populaire; à Constantinople, six églises lui étaient dédiées. Saint Georges est le patron de l'Angleterre depuis l'an 800.

SAINT-GERMAIN Formé en 1855, ce boulevard rappelle l'ancienne abbaye de Saint-Germain-des-Prés, fondée en 558 par Childebert Ier, et reconstruite par Charles Ier de Bourbon en 1586, puis assez considérablement remaniée, au XVIIe siècle, par le cardinal de Furstenberg. La Révolution ferma l'abbaye et en 1794 un incendie détruisit la très riche bibliothèque qu'elle renfermait. Quant à saint Germain (494-576), il naquit près d'Autun et fut évêque de Paris. Sous son influence, Childebert Ier mena une vie de moins en moins scandaleuse; Sigebert Ier et Chilpéric Ier, sous ses exhortations, retardèrent de quelques mois la guerre qu'ils étaient sur le point de commencer; mais notre saint ne put, finalement, les empêcher d'en découdre... On l'inhuma dans l'église Saint-Vincent qu'il avait fait construire; plus tard, cette église lui fut dédiée sous le nom de Saint-Germain-des-Prés.

SAINT-GERMAIN-DES-PRÉS Cette place, sous son aspect actuel, date de 1866. Elle doit son nom à l'église Saint-Germain-des-Prés. Cette église – qui a le titre de basilique le saviez-vous? – faisait partie de l'abbaye. Elle remplaça, à partir de 1020, l'ancienne église Saint-Vincent construite par l'évêque saint Germain. C'est l'abbé Morard qui fit commencer sa construction : il éleva le porche et le premier étage de la tour qui le surmonte. Le reste de la construction se fit en deux fois : la nef au XIe siècle; le chœur au XIIe. Ainsi, la nef est romane et le chœur gothique. C'est le pape Alexandre III qui consacra l'église Saint-Germain-des-Prés, en 1163. Entre 1828 et 1846, on la restaura. Sous le chœur reposent les restes de Descartes, dom Mabillon et dom Montfaucon, ainsi que le cœur de Boileau.

SAINT-GERMAIN-L'AUXERROIS Cette rue, connue sous son nom actuel depuis 1450, est un vestige de l'ancienne voie romaine menant de Lutèce à Nanterre. Elle doit son nom à la proximité de l'église du même nom. Cette église, dont l'origine remonte au VIe siècle, s'appelait alors Saint-Germain-le-Rond à cause de sa forme. Elle fut plusieurs fois reconstruite, notamment sous Robert le Pieux et au XIIe siècle. De cette époque ne subsiste que le clocher, puisque l'église que l'on peut voir aujourd'hui fut entièrement rebâtie – exception faite, donc, du clocher – de 1435 à 1550. C'est à Saint-Germain-l'Auxerrois que les rois venaient faire leurs Pâques. Le 25 avril 1617, le peuple envahit l'église pour y mettre en pièces le cadavre de Concini ; rappelons que quelques années auparavant, le 24 août 1572, c'est de son clocher que partit le signal de la Saint-Barthélemy. L'église doit son nom à un saint différent de celui qui fut évêque de Paris et dont nous avons parlé plus haut à propos de Saint-Germain-des-Prés. Il s'agit ici de saint Germain (390-448), né à Auxerre, mort à Ravenne, qui fut évêque de sa ville natale. C'est lui qui, traversant Paris, consacra à Dieu sainte Geneviève, en 430.

SAINT-GERVAIS Cette place, qui possède sa physionomie actuelle depuis 1854, doit son nom à l'église Saint-Gervais. C'est Louis XIII qui posa la première pierre de la façade et du portail de cette église en 1616. Sous la Révolution, l'église fut transformée en temple de la Jeunesse. Au XIXe siècle, elle fut restaurée par Baltard. Signalons que dans la tour, 53 mètres, se trouve une horloge qui date de 1721.
Quant à ce pauvre Gervais, il fut martyrisé à Milan, sous Néron, en compagnie de son frère jumeau, saint Protais. (L'église dont nous avons parlé est d'ailleurs, officiellement, placée sous le vocable des deux frères, même si l'on omet de prononcer le nom du second.) Gervais mourut sous des coups de fouets garnis de plomb et Protais fut décapité.

SAINT-GILLES Connue depuis 1640, cette rue doit son nom à une statue représentant saint Gilles, qui se trouvait à son extrémité est. Ce Gilles fut un ermite de Provence que l'on représente le plus souvent auprès d'une biche sur la tête de laquelle une de ses mains repose. Une légende raconte en effet que, poursuivie et blessée par des chasseurs, une biche vint, un jour, se réfugier à ses côtés.

SAINT-GOTHARD Massif alpin, peu étendu, dont le point culminant est le Pizzo Rotondo, à 3 197 mètres. Situé en Suisse, ce massif, qui voit naître le Rhin, fut jadis, par son col, une route très fréquentée. On sait, bien sûr, que l'armée française le franchit en 1799 ; c'est en souvenir de ce franchissement qu'une rue fut baptisée en 1877.

SAINT-GUILLAUME On connaît au moins cinq saints Guillaume. Celui qui donna son nom à cette rue, en 1650, fut abbé de Saint-Bénigne de Dijon ; il naquit en 964 à Novare et mourut, en 1031, à Fécamp. En Italie comme en France, il créa de très nombreuses écoles.

SAINT-HIPPOLYTE Cette rue doit son nom à une ancienne église placée sous ce vocable et sise rue des Marmousets. Elle fut construite en 1520, en remplacement d'une chapelle déjà dédiée à saint Hippolyte dès sa fondation en 1150. L'église de 1520 fut réédifiée en 1728 et fermée par la Révolution en 1791. Sa démolition, commencée en 1798, ne fut totalement achevée qu'en 1867. Saint Hippolyte, évêque et martyr du IIIe siècle, exerça son sacerdoce à Ostie (Italie). Il mourut, traîné par des chevaux. Il laissa un ouvrage « Réfutation de toutes les hérésies ».

SAINT-HONORÉ (rue du Faubourg). *Voir à Faubourg Saint-Honoré.*

SAINT-HONORÉ (rue). Cette voie, de 1865, doit son nom à l'ancienne présence des deux portes Saint-Honoré : l'une datant de l'enceinte de Philippe Auguste, l'autre ayant été construite sous Louis XIII et démolie en 1733. Le saint dont il s'agit ici fut évêque d'Amiens et mourut en 690. Né dans le Ponthieu, il exerça son sacerdoce dans l'Amiénois pendant trente années. C'est le patron des boulangers-pâtissiers qui, en son honneur, inventèrent un succulent gâteau auquel ils donnèrent son nom.

SAINT-HONORÉ-D'EYLAU Cette avenue, créée en 1928, doit son nom au voisinage de l'église. Celle-ci édifiée en 1855, pillée au moment de la Commune en 1871, fut agrandie deux fois, en 1875 et 1884. Son appellation est due à la fois au saint dont nous parlons ci-dessus et à la proximité de l'avenue d'Eylau. (Voir à ce nom.)

SAINT-HUBERT C'est en 1932 que cette rue fut baptisée du nom de saint Hubert. Évêque de Maestricht et de Liège, saint Hubert mourut en l'an 727. Il opéra tant de conversions qu'il mérita le surnom d'« Apôtre des Ardennes ». Passionné par la chasse, à laquelle il se livrait même le vendredi saint, il cessa de s'adonner à sa distraction favorite le jour où un cerf, dit la légende, lui apparut avec une croix lumineuse sur la tête. Plus tard, saint Hubert reçut du ciel – on ne sait par quels moyens – une étole lui permettant de soigner la rage. Malheureusement, cette étole disparut avec lui et Pasteur dut découvrir le vaccin. Saint Hubert, nous le savons tous, est le patron des chasseurs qui le fêtent le 3 novembre. Une sonnerie de trompe (« Ô saint Hubert patron des grandes chasses... ») porte son nom.

SAINT-HYACINTHE Rue depuis 1807, cette voie était, depuis 1650, une impasse. Le saint dont elle prit le nom naquit à Sasse, en Silésie, en 1183 et mourut à Cracovie en 1257. Saint Dominique lui-même le revêtit, à Rome, de l'habit de dominicain. Il parcourut alors la Pologne, la Moravie, la Suède, le Danemark, la Grande-Tartarie, faisant tant de convertis qu'on le surnomma « l'Apôtre du Nord »

SAINT-IRÉNÉE Cette impasse fut baptisée en 1869 à cause de la proximité d'une rue du même nom, appelée depuis rue Lacharrière. Elle porte le nom d'un saint qui fut évêque de Lyon et martyr. Né à Smyrne en l'an 120, il mourut dans la capitale des Gaules en 204. C'est sous l'empereur Septime Sévère qu'il fut martyrisé.

SAINT-JACQUES (boulevard). Sous son tracé actuel, ce boulevard date de 1864. Il doit son nom au voisinage de la rue du Faubourg-Saint-Jacques.

SAINT-JACQUES (rue). Sous ce nom, cette rue existe depuis 1806, mais dès le XIIIe siècle on la connaissait sous le nom de « Saint-Jacques-des-Prêcheurs ». Cette appellation est due à une ancienne commanderie, dite « Saint-Jacques-du-Haut Pas », créée par Saint Louis pour soigner les pèlerins malades se rendant à Saint-Jacques-de-Compostelle. Les deux mots « haut pas » sont une traduction de l'italien « Alto Passo », ville d'Italie, sur l'Arno, où au milieu du XIIe siècle fut fondé un établissement destiné à secourir les pèlerins, lequel servit de modèle à Saint Louis pour la commanderie citée plus haut. En 1566, à côté de la commanderie, on construisit la chapelle Saint-Jacques-du-Haut-Pas; bientôt jugée trop petite, elle fut remplacée en 1630 par une église qui ne fut consacrée que le 6 mai 1695. La Révolution fit de cette édifice un temple de la Bienfaisance, puis sa vocation première lui fut rendue par Bonaparte.

SAINT-JACQUES (villa). Cette voie reçut son nom en 1909 à cause de la proximité du boulevard du même nom.

SAINT-JACQUES (rue du Faubourg). *Voir à Faubourg Saint-Jacques*

SAINT-JACQUES (place). Cette place, qui doit son nom au voisinage de la rue du Faubourg-Saint-Jacques, date de 1784. Je ne puis donc que conseiller à tous les habitants de ces diverses artères Saint-Jacques d'aller voir à ce faubourg.

SAINT-JEAN Baptisée en 1867, cette rue doit son nom au fait qu'elle longe la chapelle Saint-Jean de l'église Saint-Michel-des-Batignolles. Construite une première fois en 1857 cette église s'avéra rapidement trop exiguë et fut remplacée par une autre – l'actuelle – consacrée le 29 septembre 1925.
Il existe de nombreux saint Jean, mais le plus éminent est sans doute saint Jean l'Évangéliste, apôtre du Christ, qui naquit à Betsaïde, en Galilée. Avant de suivre Jésus, il avait été le disciple de saint Jean-Baptiste. L'Évangile le présente comme le compagnon favori du Messie. Après la mort de celui-ci – si mort il y eut... – Jean prêcha l'Évangile. Arrêté sur l'ordre de Domitien, il fut condamné à périr brûlé vif... On le jeta dans l'huile bouillante, mais celle-ci n'eut point sur lui l'effet désiré. Saint Jean mourut – plus tard – à Éphèse.

SAINT-JEAN-BAPTISTE-DE-LA-SALLE (1651-1719). Fondateur de l'Institut des Frères des écoles chrétiennes, né à Reims, mort à Rouen. Ordonné prêtre à 20 ans, il constata bientôt l'insuffisance de l'instruction primaire donnée aux enfants du peuple. Il créa alors, en 1679, l'institut cité plus haut. À sa mort, de nombreux frères dirigeaient déjà, à Paris et en province, des établissements dans lesquels on dispensait aux enfants pauvres une instruction convenable. Jean-Baptiste de La Salle fut canonisé en 1900. Une rue porte son nom depuis 1951.

SAINT-JÉRÔME Né à Stridona (Dalmatie), mort à Bethléem, saint Jérôme (331-420) est le père et le doctrinaire de l'Église latine. Baptisé à 20 ans et ordonné prêtre en 380, il fut, de 382 à 385, le conseiller de nombreuses dames romaines, désireuses de se consacrer à la vie monacale. Il voyagea ensuite dans l'île de Chypre, puis à Alexandrie et, en 386, se retira à Bethléem; c'est là qu'avant de mourir il entreprit la révision du texte grec des « Septante » et acheva une nouvelle traduction latine, d'après le texte hébreu, d'un ouvrage intitulé la « Vulgate », qui servit de référence à la religion catholique. La rue Saint-Jérôme lui fut dédiée en 1874.

SAINT JOHN-PERSE Diplomate et poète français qui obtint le prix Nobel de littérature en 1960. Il naquit à Pointe-à-Pitre en 1887 et mourut à Giens en 1975. C'était un descendant de colons français établis aux Antilles depuis le XVIIe siè cle. Il étudia dans sa ville natale, puis à Pau et Bordeaux. Tout en commençant à écrire il entra aux Affaires étrangères. Quittant la France afin de fuir le nazisme qu'il réprouvait, il gagna les États-Unis et le gouvernement de Vichy le déchut alors de sa nationalité française; bien entendu, il fut, après la guerre, rétabli dans la dignité d'ambassadeur de France. Principaux écrits : « Éloges », « Anabase », « Exil », « Amers », « Oiseaux ». De son vrai nom Alexis Léger, il prit le pseudonyme de Alexis Saint-Léger Léger, puis celui sous lequel nous le connaissons. Il a dit : « Écoute, ô nuit, dans les préaux déserts et sous les arches solitaires, parmi les ruines saintes et l'émiettement des vieilles termitières, le grand pas souverain de l'âme sans tanière. » Une allée porte son nom, dans le nouveau quartier des Halles, depuis 1984.

SAINT-JOSEPH (cour). Depuis la fin du XVIIIe siècle, cette cour doit son nom à l'ancienne présence d'une enseigne représentant le patron des charpentiers.

SAINT-JOSEPH (rue). Cette rue de 1646 doit son nom à une chapelle, placée sous le vocable de saint Joseph, qui fut construite en 1640 et détruite en 1800. Elle se trouvait à l'angle de la rue qui nous intéresse et de la rue Montmartre, et était incluse dans le cimetière Saint-Joseph qui disparut en 1796. Tout le monde, bien sûr, sait que Joseph fut le père – nourricier seulement – de Jésus. Charpentier, il mourut, croit-on, à un âge fort avancé. Son culte se répandit en Occident à partir de l'an 800. En 1870, le pape Pie IX le proclama patron de l'Église universelle.

SAINT-JOSSE Étymologiquement, Josse vient de Judocus, nom patronymique d'un prince breton béatifié; les Latins transformèrent Judocus en Judocius et nous, braves Gaulois, en fîmes, petit à petit, Josse. Ce prénom est encore usité dans l'ouest et le nord de notre beau pays. En Bretagne, on trouve des Jossic, diminutif de Josse. La place Saint-Josse date de 1980.

SAINT-JULES Il existe plusieurs saints de ce nom. Le plus connu, né et mort à Rome, vécut de 280 à 352. Il fut élu pape en 337. On a gardé de lui une « Lettre aux Eusébiens ». Un autre saint Jules, soldat celui-ci, fut martyrisé en 303, à Durostore, sous l'empereur Dioclétien; chrétien, il avait été dénoncé par les officiers sous les ordres desquels il servait. Le passage Saint-Jules fut baptisé en 1890.

SAINT-JULIEN-LE-PAUVRE Connue depuis le Moyen Âge, cette rue doit son nom à l'église qui la borde. Commencée en 1170, terminée en 1240, l'église Saint-Julien-le-Pauvre est l'une des plus anciennes de Paris. En 1651, son antique façade menaçant de s'écrouler, on la rasa en même temps que les deux premières travées de la nef et on édifia une nouvelle façade, dotée de quatre pilastres doriques. En 1660, on construisit sa voûte actuelle. De 1790 à 1826, elle fut désaffectée; de 1826 à 1889, on l'utilisa comme chapelle de l'Hôtel-Dieu; depuis 1889, elle est affectée au rite grec catholique. C'est à saint Julien l'Hospitalier que cette église est dédiée. Il est impossible de dire à quelle époque et en quel pays vécut ce saint. La légende dit qu'ayant, involontairement, tué son père et sa mère, il se retira, en compagnie de sa femme, sur les bords d'un fleuve, à un endroit où le passage était fort périlleux; là, tous deux construisirent un hospice où ils reçurent les voyageurs démunis. Sa femme et lui moururent riches des bonnes œuvres accomplies au service de leur prochain. Bel encouragement au dévouement...

SAINT-JUST (1767-1794). Louis de Saint-Just, Conventionnel, né à Decize (Nièvre), mort à Paris. Fils d'un officier chevalier de Saint-Louis, Saint-Just, désireux de jouer un rôle actif dans la Révolution, devint député en septembre 1792. Dès octobre, il prononça un discours dans lequel il réclamait que Louis XVI soit jugé non en citoyen, mais en ennemi. Entré au Comité de salut public en 1793, il étendit les droits des commissaires du peuple qui devinrent tout-puissants. En octobre 1793, il fit voter la confiscation des biens des émigrés. Devenu président de la Convention, il prononça de nombreux discours dans lesquels il développait son idéal de république spartiate. Il désirait « propager sur la Terre l'amour des vertus et le bonheur » et disait fréquemment : « Le bonheur est une idée neuve en Europe ». En mai 1794, il fut envoyé en mission dans l'armée du Nord et se montra intrépide et courageux. Robespierre le rappela à ses côtés juste avant le 9-Thermidor; Saint-Just tenta de rétablir une situation bien compromise pour l'Incorruptible, mais il n'y parvint pas. Il fut arrêté et périt sur l'échafaud en même temps que celui qu'il avait voulu défendre. La rue Saint-Just existe depuis 1932.

SAINT-LAMBERT Depuis le XVIIIe siècle, cette rue doit son nom à l'ancienne église Saint-Lambert dont elle était voisine. Située sur l'ex-place Saint-Lambert, aujourd'hui Henri-Rollet, cette église fut construite en 1341. Jugée trop vétuste, on la détruisit en 1853, pour la remplacer par une autre, placée sous le vocable du même saint, mais édifiée ailleurs, au numéro 1 de la rue Gerbert. On connaît trois saint Lambert : le premier (640-708), évêque de Maestricht, périt assassiné ; le deuxième né à Thérouanne, mort à Lyon en 689, fut évêque de cette ville à partir de 681 ; le troisième, né à Riez, mort à Vence en 1154, fut évêque de Lyon en 1114, puis de la ville où il mourut.

SAINT-LAURENT Cette rue doit son nom, du XVIIe siècle, à la foire Saint-Laurent qu'elle bordait. Cette foire, dont l'existence remonte au XIIe siècle, connut ses heures de gloire à partir de 1663. À cette époque, elle s'étendait sur cinq arpents entre les rues du Faubourg-Saint-Denis, du Faubourg-Saint-Martin, Saint-Denis et Saint-Laurent. Plus de 260 baraques s'y dressaient et, en 1710, l'Opéra-Comique y donna des représentations. Favart et sa femme, lui comme auteur, elle comme actrice, s'y taillèrent de jolis succès. Puis la vogue de la foire Saint-Laurent décrut et on la ferma en 1762. Cette foire devait son nom à l'église Saint-Laurent, sise boulevard de Strasbourg. Chapelle en 560, elle devint église en 1280. Cette première église fut remplacée, au XVe siècle, par l'église que nous connaissons aujourd'hui, sauf le clocher, vestige de la construction de 1280, et la façade, reconstruite en 1862, année où l'on allongea également la nef.

SAINT-LAZARE Baptisée en 1770, cette rue doit son nom à l'ancienne « maison Saint-Lazare », à laquelle elle conduisait. Cette maison fut d'abord, dès 1110, une léproserie, située au numéro 107 de la rue du Faubourg-Saint-Denis actuelle. En 1515, il n'y eut pas que Marignan : Saint-Lazare, administrée par des chanoines de l'ordre de Saint-Victor, cessa d'être une léproserie. En 1632, saint Vincent de Paul y installa des prêtres de sa mission. C'est en 1779 que Saint-Lazare devint une maison de correction et de détention provisoire et arbitraire pour les hommes. Durant la Terreur, elle reçut plusieurs milliers de prisonniers dont la plupart ne sortirent que pour se rendre à l'échafaud. À partir de 1896, Saint-Lazare devint une maison d'arrêt, pour jeunes filles, puis, progressivement, pour femmes de tous âges. Depuis 1935, cette prison n'existe plus. Quant à saint Lazare lui-même, nous savons bien entendu tous qu'il était le frère de Marthe et de Marie et qu'il eut la bonne surprise d'être ressuscité par Jésus. Une légende prétend d'autre part qu'il fut le premier évêque de Marseille.

SAINT-LOUIS (pont). Christophe Marie commença en 1627 la construction d'un pont en bois, terminé en 1634 ; il reliait l'île de la Cité à l'île Saint-Louis. En 1709, à moitié emporté par les eaux, on dut le détruire pour le reconstruire, encore en bois, en 1717. Au début de la Révolution, une nouvelle crue eut raison de ce deuxième pont. On en construisit un troisième, en pierre cette fois, en 1804. Mais ce n'était pas le dernier, puisqu'en 1861 on en lança un autre qui, le 22 décembre 1939, s'écroula brusquement, causant la mort de trois personnes. De 1940 à 1965, on installa une simple passerelle. Le pont Saint-Louis actuel, construit de 1965 à 1966, est réservé aux piétons ; c'est le seul de Paris à l'être.

SAINT-LOUIS-EN-L'ÎLE Ouverte en 1614, cette rue doit son nom à l'église de la même appellation, dont la première pierre fut posée le 1er octobre 1664 et qui fut consacrée le 14 juillet 1726. Saint Louis, roi de France sous le nom de Louis IX, fils aîné de Louis VIII et de Blanche de Castille, naquit à Poissy en 1215 et mourut à Tunis en 1270. Il monta sur le trône à l'âge de 11 ans. En 1234, il épousa Marguerite de Provence. Il eut à lutter contre Henri III d'Angleterre, qu'il vainquit à Taillebourg en 1242; une trêve s'instaura jusqu'en 1259 et le 4 décembre de cette année-là, par le traité de Paris, l'Angleterre abandonna à la France la Normandie, le Maine et le Poitou. Pendant la trêve avec les Anglais, Louis IX entreprit deux croisades : il dirigea la septième du nom, en 1249; arrivé devant Mansourah, il fut, avec toute son armée, fait prisonnier; il paya une forte rançon pour obtenir sa libération. Il rentra dans son royaume en 1252, année de la mort de sa mère. La deuxième croisade qu'il entreprit partit de France en 1267; sur le conseil de son frère, Charles d'Anjou, il voulut commencer cette croisade par la prise de Tunis; mal lui en prit, il mourut de la peste devant la capitale tunisienne. On garde de Louis IX l'image d'un roi plein d'équité; ne rendait-il pas la justice sous un chêne du bois de Vincennes, écoutant patiemment les doléances de chacun, pauvre ou riche? Il fonda plusieurs hôpitaux, dont les Quinze-Vingts spécialement, disent certains, pour 300 (15 fois 20, d'où Quinze-Vingts) chevaliers à qui les Sarrasins avaient crevé les yeux. D'autres affirment qu'il créa cet hôpital pour des jeunes filles et jeunes garçons. À sa mort, c'est son fils Philippe III qui lui succéda. Saint Louis fut canonisé en 1297

SAINT-LUC Évangéliste né à Antioche, mort en 70. Médecin de profession, il accompagna, dans ses voyages et ses travaux, saint Paul jusqu'au décès de ce dernier (67). En 53, il rédigea son Évangile et en 59 « les Actes des Apôtres ». Il prêcha en Dalmatie, en Italie et en Gaule. On ne sait s'il mourut martyrisé ou s'il s'éteignit paisiblement à Patras. Les deux versions sont avancées. En 357, son corps fut déposé dans la basilique des Douze Apôtres, de Constantinople. La tradition prétend qu'il fut un peintre excellent et c'est pour cette raison qu'on a fait de lui le patron des peintres de sujets religieux. En 1867, pour l'honorer, on donna son nom à une rue de Paris.

SAINT-MANDÉ L'avenue de Saint-Mandé existe depuis 1821 pour une partie de son parcours et depuis 1868 pour l'ensemble de son tracé actuel. Elle menait au village de Saint-Mandé, d'où son nom. Ce village, longtemps un des principaux lieux de promenade pour les Parisiens, est situé aux portes de Paris, à la lisière du bois de Vincennes. Il n'existe pas, à notre connaissance, de saint Mandé, mais, en religion, la mandé était une cérémonie religieuse du jeudi saint; on pratiquait le lavement des pieds des pauvres, puis on quêtait à leur profit; la corbeille avec laquelle se faisait la quête s'appelait « mande ». Le mot « mandé » lui-même vient du premier mot de l'antienne du jeudi saint : « Mandatum novum do vobis. » Le square Saint-Mandé, de la fin du XIXe siècle, doit son nom au voisinage de l'avenue.

SAINT-MARC La rue Saint-Marc, créée en 1652, doit son nom à la famille Vivien, dont les membres, connus depuis le règne de Louis XII jusqu'à celui de Louis XIV, étaient seigneurs de Saint-Marc, commune située près de Dammartin. Ces Vivien étaient propriétaires du terrain sur lequel la rue fut percée. (La rue Vivienne – voir plus loin – doit aussi son nom à cette famille.)

La galerie Saint-Marc, ouverte en 1834, doit son nom à la proximité de la rue.

SAINT-MARCEAUX (1845-1915). Charles René de Saint-Marceaux, sculpteur né à Reims. Sa première œuvre fut présentée en 1868 ; elle s'intitulait « Jeunesse de Dante ». Par la suite il réalisa les bustes de Renan et de Meissonier, des statues comme « Danseuse arabe » et « Mousse de champagne » ; puis, au cimetière Montmartre, la statue funéraire d'Alexandre Dumas fils. La rue de Saint-Marceaux existe depuis 1932.

SAINT-MARCEL Ce boulevard doit son nom, attribué en 1857, à l'ancienne église Saint-Marcel, qui était située à hauteur du numéro 55 actuel. Construite en 1040, elle fut dédiée à Marcellus ou saint Marcel, évêque de Paris, né et mort dans notre capitale (350-405). Une légende représente ce saint sortant de Paris pour aller combattre un fabuleux dragon qu'il tua en le touchant simplement du manche de sa crosse (ce devait être, toute réflexion faite, un dragon très fragile). L'église, fermée en 1790, fut démolie en 1806, sauf une tour que l'on put voir jusqu'en 1874. On construisit pour la remplacer, entre 1852 et 1856, une autre église, placée sous le même vocable, au 82 du boulevard de l'Hôpital ; c'est Saint-Marcel-de-la-Salpêtrière.

SAINT-MARTIN (boulevard). Construit en 1670, ce boulevard doit son nom au voisinage de la rue Saint-Martin.

SAINT-MARTIN (rue). Cette rue, qui sur son tracé actuel date de 1851, existait déjà, sur un parcours plus bref, depuis Philippe Auguste. Elle doit son nom à l'ancien prieuré Saint-Martin-des-Champs auquel elle menait. Il reste de ce prieuré, dont la première construction date de l'an 501, l'église désaffectée Saint-Martin-des-Champs (du XIIe siècle), actuellement un musée ; une autre église Saint-Martin-des-Champs, consacrée au culte, se trouve au 36 de la rue des Marais ; elle date de 1855. Le second vestige du prieuré est le réfectoire – aujourd'hui bibliothèque – qui fut bâti sous Saint Louis par Pierre de Montreuil. Le prieuré fut dédié à saint Martin car en 384, celui-ci avait guéri un lépreux, à cet endroit, en l'embrassant. Saint Martin (316-400), né à Sabaria (sur les bords du Danube), mort à Candes (Touraine), fut soldat dès l'âge de 15 ans avant de se consacrer au service de Dieu. Sa charité est proverbiale et chacun connaît l'anecdote qui le décrit donnant la moitié de son manteau à un pauvre. Il fut évêque de Tours et son tombeau, aux portes de cette ville, fut longtemps un lieu de pèlerinage. En 1562 les huguenots brûlèrent ses reliques dont on parvint cependant à sauver – horrible détail – une partie.

SAINT-MARTIN (rue du Faubourg). *Voir à Faubourg Saint-Martin.*

SAINT-MATHIEU Apôtre et évangéliste, saint Mathieu est né en Galilée et mort martyrisé en Éthiopie vers l'an 70. Il était publicain à Capharnaüm quand Jésus l'appela à ses côtés. Après l'ascension du Christ, il prêcha en Judée, puis en Éthiopie. C'est en l'an 40 qu'il rédigea son Évangile en syro-chaldaïque, sa langue maternelle. C'est le premier des Évangiles. Il semble avoir été écrit pour démontrer aux Juifs que Jésus est vraiment le Messie. Il contient, outre le « Sermon sur la montagne », les récits de l'Adoration des Mages, des principaux miracles du Christ, de sa mort et de sa Résurrection. La rue Saint-Mathieu fut baptisée en 1867.

SAINT-MAUR Depuis le XIIIe siècle, cette rue, qui menait de l'abbaye de Saint-Denis à celle de Saint-Maur-des-Fossés, porte le nom de cette dernière. L'abbaye de Saint-Maur, dont il ne reste rien, fut construite au début du VIe siècle; au moment des invasions normandes les reliques de saint Maur y furent déposées et jusqu'au XVIIIe siècle, elles attirèrent en pèlerinage un grand nombre de fidèles. La ville de Saint-Maur-des-Fossés fut bâtie autour de l'abbaye. Quant au saint lui-même, né en Italie en 510, mort à Glanfeuil (Anjou) en 584, il était le disciple préféré de saint Benoît; sur ordre de celui-ci, il quitta le Mont-Cassin pour aller fonder à Glanfeuil la première abbaye de son ordre, qui prospéra rapidement.

SAINT-MAURICE Cette avenue doit son nom à la commune de Saint-Maurice à laquelle elle conduit. Cette commune n'était au Moyen Âge qu'une dépendance de l'abbaye de Saint-Denis et était alors connue sous le nom de Petit-Charenton. L'hôpital psychiatrique que l'on dit « de Charenton » est en réalité situé sur la commune de Saint-Maurice. Le peintre Eugène Delacroix naquit ici. Saint Maurice fut martyrisé à Agaune (Valais suisse), devenue aujourd'hui Saint-Maurice (aucun rapport avec Saint-Moritz), vers l'an 300. Il était le chef de la « légion thébaine ou thébéenne », faite de soldats chrétiens recrutés en Thébaïde.

SAINT-MÉDARD Nommée « Neuve Saint-Médard » en 1589, cette rue porte son nom actuel depuis 1877. Elle fut ouverte en l'honneur de saint Médard et à cause de la proximité de l'église du même nom. Cette église, située à l'extrémité de la rue Mouffetard, date, pour son aspect actuel, des XVe et XVIe siècles. Le nom de cet édifice religieux est inséparable des convulsionnaires (jansénistes fanatiques du XVIIIe siècle auxquels l'exaltation religieuse causait des convulsions) et des prétendus miracles qu'ils obtenaient en se rendant sur la tombe du diacre Pâris (François de Pâris, né et mort à Paris : 1690-1727), dans le cimetière attenant à l'église. Quant à saint Médard (456 ou 480-557), c'était le frère jumeau de saint Gildard, évêque de Rouen. Médard fut évêque de Vermand en 530 et transporta son siège épiscopal à Noyon. C'est lui qui institua l'élection d'une rosière dans chaque village, en couronnant la première à Salency, en 525. D'autre part, mais on ignore pourquoi, saint Médard est réputé pour avoir une influence sur le temps, puisque « quand il pleut le jour de la Saint-Médard, pendant quarante jours faut prendre son riflard... » (chanson des Frères Jacques).

SAINT-MERRI Du XIIIe siècle, époque de sa création, à 1881, cette rue s'appelait « Neuve Saint-Merri ». Elle doit son nom à l'église proche située 78, rue Saint-Martin. L'église Saint-Merri que l'on peut voir actuellement fut construite entre 1515 et 1552; on la restaura quelque peu en 1855. Saint Merri, qui vécut au VIIe siècle, naquit à Autun et fut abbé dans un monastère de cette ville. Il vint à Paris quelque temps, puis s'enferma de longues années dans une simple cabane au cœur d'une forêt dont les arbres touchaient les murs de notre capitale; il s'agit donc, sans doute, de la forêt de Rouvray. L'église qui lui est dédiée fut construite à l'emplacement de son ermitage.

SAINT-MICHEL (boulevard). Ce boulevard fut baptisé, en 1867, du nom du pont où il commence. Saint Michel, archange, porte un prénom qui, en hébreu, signifie « Qui est comme Dieu ». Cité cinq fois dans la Bible, il est considéré comme le protecteur d'Israël, le chef de l'Armée du Bien contre celle du Mal et on le décrit souvent dans son combat contre le démon (le peintre Raphaël a fait un merveilleux « Saint Michel terrassant le démon »). Ce saint serait apparu deux fois sur terre : à Rome, au-dessus du môle d'Adrien qui reçut depuis le nom du château Saint-Ange, et en France, vers 706, sur la petite île où s'élève à présent l'abbaye du Mont-Saint-Michel.

SAINT-MICHEL (place). Née en 1840, cette place doit également son nom au pont Saint-Michel tout proche. Elle s'orne d'une fontaine dite aussi Saint-Michel, construite en 1860 par la Ville de Paris sur des plans de Davioud ; elle se compose d'un bassin recevant l'eau de quatre vasques superposées, au-dessus desquelles on peut voir un groupe en bronze représentant, toujours et encore, « Saint Michel terrassant le démon ».

SAINT-MICHEL (pont). De 1378 à 1387, construction d'un premier pont, dit « Petit-Pont ». En 1408, ce pont est emporté par les eaux. Triste fin. 1416-1424, construction d'un second pont baptisé Saint-Michel. Heurté par un bateau en 1547, ce second pont rend l'âme. 1549, troisième pont. 1616, une inondation le détruit. La même année, tenacement, on en construit un quatrième, en pierres cette fois. Enfin, 1857, construction, par Vaudrey, du pont que nous connaissons aujourd'hui. Nos petits-enfants en verront-ils un autre ?

SAINT-MICHEL (quai). Ce quai, construit entre 1812 et 1816, doit son nom au voisinage du pont du même nom.

SAINT-MICHEL (cité et villa). Ces deux voies doivent leur nom à l'église Saint-Michel-des-Batignolles, située au numéro 14 de la rue Saint-Jean, proche. Inaugurée, bien qu'inachevée, en 1925, elle fut réellement terminée en 1934. Elle remplace un premier édifice construit en 1857, mais démoli en 1910, car jugé trop petit.

SAINT-NICOLAS (cour). La cour Saint-Nicolas, créée en 1880, fut baptisée par un de ses premiers propriétaires riverains, négociant dans la rue Saint-Nicolas dont nous parlons plus bas.

SAINT-NICOLAS (rue). C'est à une ancienne enseigne représentant saint Nicolas que cette rue doit son nom, depuis 1672. Saint Nicolas, qui vécut au IVe siècle, fut évêque de Myre, en Lydie. C'était le patron de la « sainte Russie » ; c'est toujours celui des écoliers et des marins. Une légende raconte qu'il ressuscita trois enfants qui avaient été mis à mort par un boucher qui comptait vendre leur viande. Le bœuf était déjà hors de prix. Dans de nombreux pays, le 6 décembre, jour de la Saint-Nicolas, on distribue des cadeaux aux enfants. Nous avons dit que saint Nicolas était le patron des marins, mais nous n'en savons point la raison. Par contre, à cause des trois enfants qu'il ressuscita, on comprend qu'il soit le patron des écoliers, bien qu'il ne faille surtout pas assimiler les instituteurs à des bouchers pratiquant mille sévices sur le corps et l'esprit des enfants qui leur sont confiés..

SAINTONGE Pays de l'ancienne France limité au nord par le Poitou et l'Aunis, à l'ouest par l'Atlantique, au sud par la Guyenne et à l'est par l'Angoumois et le Périgord. On la divisait en deux parties : la haute Saintonge, capitale Saintes, et la basse Saintonge, capitale Saint-Jean-d'Angély. Toute la Saintonge revint à la couronne de France sous Charles V. La rue de Saintonge, sur son tracé actuel, date de 1851.

SAINT-OUEN L'avenue de Saint-Ouen, baptisée en 1863, est l'élargissement d'un chemin du VIIe siècle ; elle doit son nom à la commune où elle mène depuis 1884 ; il existe également une impasse Saint-Ouen appelée ainsi à cause du voisinage de l'avenue. Le village de Saint-Ouen posséda successivement une villa mérovingienne, un château médiéval puis un château construit en 1660 par le sieur Lepautre, puis acheté par Mme de Pompadour en 1745. Quant à saint Ouen lui-même, que l'on appela aussi Dadon ou Dodon, il naquit en 609 à Sancy et mourut en 683 à Clichy. Avant de devenir évêque de Rouen, il fit partie de la suite du roi Clotaire II et devint l'ami de saint Éloi ; sur les conseils de celui-ci, il fonda l'abbaye de Rebais. En 672 il rédigea, en latin, une « Vie de saint Éloi ». À sa mort, on transporta son corps à Rouen et l'abbaye qui contenait son tombeau devint célèbre sous son nom

SAINT-PAUL Cette rue doit son nom à l'ancienne église Saint-Paul-des-Champs, construite en 1107, sur l'emplacement d'une chapelle devenue trop petite. Située à hauteur du numéro 32 de la rue Saint-Paul, cette église, fermée par la Révolution, fut démolie en 1799. C'est alors qu'on accola son nom à celui de l'église Saint-Louis, édifiée depuis 1627 au 101 de la rue Saint-Antoine. C'est l'église Saint-Paul-Saint-Louis actuelle. La rue Saint-Paul existe depuis 1350, le passage depuis 1650 et l'impasse depuis 1877. Parlons maintenant de saint Paul : surnommé l'Apôtre des gentils, il naquit à Tarse au début de l'ère chrétienne et fut martyrisé à Rome en 67. Baptisé Saul à sa naissance, il vint à Jérusalem à l'âge de 13 ans, mais n'adhéra pas immédiatement aux thèses de Jésus. On sait même qu'en 37 il fut un des juges de saint Étienne dont il vota la mort. Il pourchassa ensuite activement les adeptes de la nouvelle religion et le sanhédrin lui confia même la mission de les rechercher dans toute la Syrie. C'est en partant pour cette mission que sur le chemin de Damas il entendit la voix de Jésus lui demandant : « Saul, pourquoi me persécutes-tu ? » En même temps il fut terrassé et chut de son cheval ; il se releva aveugle, mais éclairé par une lumière intérieure. C'est lui-même qui en fit le récit. Il se fit baptiser et, du coup, retrouva la vue, sans perdre sa lumière... Dès lors, il annonça à tous les Juifs, ses compatriotes, la résurrection de Jésus. Son revirement surprit... Il retourna à Jérusalem pour rencontrer Pierre, puis alla à Antioche où il prit le nom de Paul. Il commença à convertir un grand nombre d'hommes et de femmes et sa voix résonna dans une grande partie de l'Orient. En 66, il fut emprisonné à Rome, dans la prison Mamertine, en com pagnie de saint Pierre ; en 67, on lui trancha la tête sur la route d'Ostie. À l'endroit de son supplice, on éleva la basilique Saint-Paul-hors-les-murs. Il écrivit des Épitres célèbres. Il disait : « La parole apostolique est plus pénétrante qu'un glaive à deux tranchants. »

SAINT-PÉTERSBOURG Saint-Pétersbourg, ville russe fondée par Pierre le Grand en 1703, se développa surtout sous Anna Ivanovna (1730-1740). Le plan de la ville fut établi par un architecte français, Leblond, sur le modèle de Versailles. En 1905 et 1917, la ville servit de théâtre principal aux révolutions qui amenèrent le changement de régime en Russie. Leningrad, rebaptisée Saint-Pétersbourg depuis 1991, située à l'embouchure de la Neva, compte 4952000 habitants. Cette rue a suivi, dans sa dénomination, les tribulations mêmes de la ville : ouverte en 1826 sous le nom de Saint-Pétersbourg, elle prit celui de « Petrograd » de 1914 à 1945, de « Leningrad » de 1945 à 1991 et à nouveau Saint-Pétersbourg à cette dernière date.

SAINT-PHILIPPE Cette rue de 1718 doit son nom à une ancienne enseigne représentant ce saint au moment où la Vierge lui apparaît.

SAINT-PHILIPPE-DU-ROULE Créée en 1882, cette rue doit son nom au voisinage de l'église Saint-Philippe-du-Roule. Celle-ci remplaça une chapelle devenue trop petite pour les habitants du village du Roule, qui est connu depuis le XIIIe siècle. La construction de l'église actuelle fut décidée en 1769 et on en confia la réalisation à Chalgrin; la première pierre fut posée en 1774 et l'édifice inauguré en 1784; en 1845, Saint-Philippe-du-Roule fut agrandi; on récidiva en 1860, par l'entremise de Baltard. Le fronton de l'église est de François Duret; à l'intérieur le peintre Théodore Chassériau réalisa les fresques représentant le chemin de Croix. Le passage Saint-Philippe-du-Roule, lui, date de 1786. Saint Philippe, un des douze apôtres, naquit à Bethsaïde et mourut, martyrisé, en 87, à Hiérapolis. Il se maria et eut trois filles qui vouèrent leur virginité à Dieu; on ne sait si c'est à cause de cela, mais elles moururent très vieilles. Saint Philippe évangélisa toute la Scythie, au nord de la mer Noire, et la Phrygie, contrée du centre de l'Asie Mineure.

SAINT-PIERRE Cette place, ouverte en 1853, doit son nom à la proximité de l'église Saint-Pierre-de-Montmartre. Cette église, dont la plus grande partie date de 1147, est assurément la plus vieille de Paris. Elle bénéficia de nombreuses réparations : en 1461, on rénova son clocher; en 1686, on l'agrandit; en 1697, on lui donna un second clocher qui coexista avec le premier jusqu'en 1793, date à laquelle celui-ci fut démoli. En 1850, le second clocher fut lui-même abattu et celui que l'on peut voir aujourd'hui date de 1905. La façade actuelle date du règne de Louis XIV. Saint Pierre, le chef des douze apôtres, né à Béthaïde, fut martyrisé à Rome en 67. Pêcheur de profession, marié, il résidait à Capharnaüm; on l'appelait Simon. Puis Jésus vint qui lui demanda de le suivre; ce qu'il fit (que devint sa femme?). Le Messie dit à Simon : « Tu es Pierre, et sur cette pierre je bâtirai mon église. » La veille de la Passion, Pierre affirma à Jésus, qui lui annonçait la trahison des apôtres, qu'il ne l'abandonnerait pas. Effectivement, quand on arrêta son maître sur le mont des Oliviers, Pierre sortit son épée et blessa Malchus, un des serviteurs du grand prêtre. Mais, un peu plus tard, dans la cour de Caïphe, il renia trois fois le Christ; il pleura ce reniement toute sa vie. Après la Résurrection, Pierre commença son apostolat, d'abord à Jérusalem, puis en Judée et en Galilée. En 67, il fut emprisonné à Rome, dans la prison Mamertine, puis crucifié, la tête en bas, sur la colline Vaticane. Néron était alors empereur. L'église Saint-Pierre de Rome se dresse sur les lieux de la crucifixion du chef des apôtres.

SAINT-PIERRE-AMELOT Ce passage commence rue Amelot; cette dernière, jusqu'en 1868, se nommait « Saint-Pierre ». Au moment du nouveau baptême de la rue, le passage, précédemment « passage Saint-Pierre », conserva son ancien nom et y accola le nouveau. « Élémentaire, mon cher Watson. »

SAINT-PLACIDE Ouverte en 1664, cette rue le fut sur des terrains appartenant à un abbé de Saint-Germain-des-Prés nommé Roussel et prénommé Placide. D'où l'idée de donner à cette voie le nom de Saint-Placide, qui ne figurait sur la plaque d'aucune rue de Paris; d'autant qu'en 1664, les rues ne portaient pas de plaques... Si vous vous intéressez à saint Placide, sachez que ce fut un moine bénédictin, qu'il naquit à Rome en 515, qu'il mourut, massacré, en 541, par une horde de Barbares, le jour où ceux-ci envahirent le couvent qu'il avait fondé à Messine, en Sicile. Ce fut un disciple de saint Benoît. Ses restes reposent dans la crypte du monastère de l'église Saint-Jean-Baptiste de Messine.

SAINT-QUENTIN Ville du département de l'Aisne, au bord de la

Somme et à la bifurcation du canal de Saint-Quentin et du canal Crozat. C'est l'ancienne capitale des Véromanduens; elle s'appelait alors Augusta. En l'an 287, saint Quentin y fut décapité et quand saint Éloi, en 645, rénova la cité, il lui donna en souvenir de cette décapitation le nom que l'on connaît aujourd'hui. En 1557, Saint-Quentin, prospère surtout par sa fabrique de draps, subit l'assaut d'une armée espagnole; elle résista farouchement, avec Coligny à sa tête, mais les renforts du connétable de Montmorency n'arrivant pas, elle dut céder aux envahisseurs le 27 août. En 1870, Saint-Quentin, face aux Prussiens cette fois, mais après une résistance aussi énergique qu'en 1557, dut capituler à nouveau. À voir absolument dans cette cité : l'Hôtel de Ville, des XIVe et XVIe siècles, l'église collégiale, du XIIe au XVe siècle, dans la crypte de laquelle se trouve le tombeau de saint Quentin et le monument commémorant la défense de la ville, en 1557. Sur son tracé actuel, la rue existe depuis 1855.

SAINT-ROCH La rue, de 1879 et le passage, de 1749, doivent leur nom à l'église Saint-Roch, proche. La construction de celle-ci commença le 28 mars 1653, sur l'emplacement d'une chapelle, jugée trop petite et datant de 1521. L'édification de l'église se fit lentement, faute de moyens financiers, et ne fut terminée que le 10 juillet 1740, jour de sa consécration. Actuellement, l'église ne possède pas de clocher : en effet, il fut abattu en 1875 pour cause de vétusté. Les cloches qu'il abritait furent données à la basilique du Sacré-Cœur. Un mot sur Roch lui-même : né et mort à Montpellier (1293-1327), il voyagea, au temps de sa jeunesse, dans le Midi et en Italie, tout en soignant les pestiférés. Quand il rentra dans sa ville natale, on le prit, Dieu seul sait pourquoi, pour un espion, et on l'enferma dans un cachot où il mourut. Mais sa renommée courait déjà les régions qu'il avait parcourues, ainsi que l'Espagne, et on fit de lui le patron des malades atteints de la peste. Son corps repose à Venise dans une église qui porte son nom : San Rocco.

SAINT-ROMAIN Cette rue fut construite, en 1644, sur des terrains appartenant au prieur de l'abbaye Saint-Germain-des-Prés de l'époque, Romain Rodoyer. On profita de son prénom pour honorer saint Romain. À dire vrai, nous connaissons cinq Romain qui furent canonisés. Parlons du plus célèbre d'entre eux, celui qui sentait bon le sable chaud et fut martyrisé à Rome en 258 : légionnaire sous le règne de Valérien, il fut chargé de la garde de saint Laurent pendant le supplice de ce dernier; mais Romain se déclara alors chrétien et reçut le baptême. L'empereur Valérien n'apprécia pas et notre saint fut flagellé avant d'avoir la tête tranchée. Le square Saint-Romain date de 1930.

SAINT-RUSTIQUE Compagnon de saint Denis, saint Rustique fut martyrisé en sa compagnie, au IIIe siècle, non à Montmartre comme on le croit, mais à l'endroit où l'on fonda l'abbaye de Saint-Denis. La rue existe depuis 1867.

SAINT-SABIN Construite en 1777, cette rue porte le nom d'un échevin de Paris de l'époque, Charles Angelenne de Saint-Sabin. Nous n'avons pas trouvé trace d'un saint prénommé Sabin; par contre, les Sabins, habitants de la Sabine, eurent la douleur de perdre leurs femmes et leurs filles, enlevées par les Romains de Romulus.

SAINT-SAËNS (1835-1921). Camille Saint-Saëns, compositeur né à Paris. Enfant prodige, il donna son premier concert de piano à l'âge de 10 ans et fit exécuter sa première symphonie à 16 ans. En 1853, on lui confia les orgues de Saint-Merri et, en 1858, celles de la Madeleine. Citons, parmi ses œuvres écrites pour la scène : « Samson et Dalila », « Proserpine », « Phryné » et « Frédégonde ». Il écrivit aussi quatre symphonies, dont la dernière, en ut mineur, est particulièrement réussie; notons encore, parmi ses nombreuses compositions, quatre poèmes symphoniques (« Phaéton », « le Rouet d'Omphale », « la Danse macabre » et « la Jeunesse d'Hercule ») ainsi qu'une « Marche héroïque » et un « Requiem ». Saint-Saëns, qui collabora à différents journaux comme critique musical donna son nom à une rue en 1924.

SAINT-SAUVEUR Cette rue doit son nom à l'ancienne église Saint-Sauveur qu'elle longeait depuis 1285. Ce fut vers 1248 que Saint Louis – que de bienheureux! – édifia, à hauteur des numéros 2 et 4 actuels de la rue, une chapelle dédiée au saint Sauveur. En 1537, une église plus vaste remplaça la chapelle. En 1776, cette église, presque en ruine, faillit être reconstruite, mais la Révolution annula ce projet et finalement, à partir de 1800, elle disparut peu à peu. Nous savons, bien sûr, que le Sauveur n'est autre que le Christ, mais Saint Louis baptisa sa chapelle Saint-Sauveur pour établir une relation entre elle et l'abbaye Saint-Sauveur de Messine, fondée en 1157.

SAINT-SÉBASTIEN C'est une ancienne enseigne représentant saint Sébastien qui donna son nom à la rue en 1718. Quant à l'impasse, de 1779, et au passage, de 1854, ils furent baptisés en raison de leur voisinage avec la rue.
Sébastien naquit à Narbonne en 256 et mourut martyrisé, à Rome, en 288. Soldat de l'armée romaine sous l'empereur Carin, il devint chef de la première cohorte des prétoriens. Chrétien depuis son enfance, il reçut du pape Caïus le titre de « défenseur de l'Église ». Cette qualité ne plut guère à l'empereur qui le fit cribler de flèches; il n'en mourut point cependant et fut soigné par une brave veuve, nommée Lucine. Il recouvra la santé et, mauvaise idée, se plaça sur le passage de l'empereur pour lui faire reproche de sa cruauté. Arrêté à nouveau, il fut alors fustigé et périt sous les coups. Une partie de sa dépouille repose à Soissons, dans l'église Saint-Médard, depuis 828. Pas rancunier, il est le patron des archers et des confréries de tir à l'arc.

SAINT-SÉNOCH Nom d'une famille noble sur le terrain de laquelle cette rue fut construite en 1908.

SAINT-SÉVERIN Depuis la fin du XVIe siècle cette rue porte le nom de l'église toute proche. Celle-ci, dont une des deux parties remonte au XIIe siècle, fut bâtie sur l'emplacement d'une chapelle, déjà dédiée à saint Séverin. La seconde partie de l'église date du XVe siècle. Elle est, de ce fait, un mélange de deux styles : gothique d'abord, flamboyant ensuite. En 1793, elle servit à entreposer les poudres et salpêtres, puis du fourrage et, enfin, des cloches (celles provenant des autres églises fermées par la Révolution). On la rendit au culte en 1803 et elle fut restaurée en 1837. La façade principale date de cette restauration; elle est faite d'un portail provenant de l'église Saint-Pierre-aux-Bœufs, sise dans l'île de la Cité, qu'on venait de démolir. Saint Séverin, quant à lui, naquit en Bourgogne vers 430 et mourut à Château-Landon en 508. Il entra fort jeune dans la vie monastique et devint abbé du monastère d'Agaune, dans le Valais. Lors d'un séjour en Gaule, Clovis le reçut plus qu'honorablement. Il finit sa vie dans un ermitage.

SAINT-SIMON (1675-1755). Louis de Rouvroy, duc de Saint-Simon, historien, né et mort à Paris. En 1691, il entra dans la compagnie des mousquetaires gris (il y avait les mousquetaires noirs et les mousquetaires gris, ainsi nommés à cause de la robe – non, pas la leur, ils ne portaient que la cape, mais celle de leurs chevaux). En 1692, il participa au siège de Namur. L'an suivant, Louis XIV le chargea des gouvernements de Senlis, Blaye et Pont-Sainte-Maxence. En 1694, Saint- Simon, à la tête d'un régiment de cavalerie qu'il avait acheté – mais oui! –, fit campagne en Allemagne où il épousa la fille du maréchal de Lorges sous les ordres duquel il s'était placé. En 1702, jugeant son avancement trop peu rapide, il démissionna et vint vivre à la Cour, dans une demi-disgrâce. Il passa alors sa vie à étudier les intrigues dont il rendit compte dans ses ouvrages. En 1715, le duc d'Orléans le nomma membre du Conseil de régence. En 1721, on l'envoya à Madrid comme ambassadeur extraordinaire. Ses dernières années, passées en grande partie dans son château de La Ferté, près de Chartres, furent endeuillées par les morts de sa femme et de ses deux filles. Son œuvre capitale, c'est-à-dire ses « Mémoires », relate les faits concernant la fin du règne de Louis XIV (1695-1715) et la Régence (1715-1723). Saint-Simon disait : « À chacun selon sa capacité, à chaque capacité selon ses œuvres » et « L'âge d'or du genre humain n'est point derrière nous, il est au-devant ». La rue Saint-Simon existe depuis 1879.

SAINT-SIMONIENS Passage baptisé en 1829, à cause d'une maison habitée par des saint-simoniens et située au 145 de la rue de Ménilmontant proche. Les saint-simoniens sont ainsi dénommés car ils s'inspirent de la doctrine du comte Claude Henri de Saint-Simon (1760-1825), philosophe et économiste de la famille du duc qui précède. Cette doctrine, qui fut comme une première et véritable esquisse du socialisme – toutes proportions gardées... –, préconisait un régime dans lequel tout appartenait à l'aristocratie; c'est à la noblesse que devait revenir la direction centrale des affaires, par la création de conseils gérant l'administration de toutes les provinces et dirigeant le commandement des armées; cette doctrine prévoyait également des états généraux dont le rôle n'était, cependant, que consultatif. Le saint-simonisme, évoluant petit à petit, critiqua la propriété privée comme aboutissant à une organisation anarchique de la production et à l'exploitation de l'homme par l'homme. Devenue une véritable secte religieuse dont les membres étaient fort divisés, l'école saint-simonienne se dispersa en 1833. Cependant, après cette dispersion, d'anciens saint-simoniens, tels les frères Pereire et Enfantin, eurent une part active dans l'administration économique de la France.

SAINT-SPIRE Altération de Saint-Exupère. Cette rue dut son nom, en 1763, à une ancienne enseigne représentant ce saint, qui vivait au ve siècle et fut le premier évêque de Bayeux. En 850 ses cendres furent transportées, afin d'être préservées de l'invasion normande, dans la ville de Corbeil où elles se trouvent toujours, dans l'église Saint-Exupère. Avant la Révolution, ce saint était très populaire chez nous.

SAINT-SULPICE (place et rue). La place, ouverte en 1757 et agrandie en 1838, et la rue, créée en 1851, doivent leur nom à l'église Saint-Sulpice dont la première pierre fut posée en 1646 par Anne d'Autriche. Sa construction fut décidée pour remplacer une autre église, dédiée au même saint depuis son édification vers 1210, mais jugée trop petite. Les travaux durèrent 142 ans, puisqu'on ne la termina qu'en 1788. Elle est l'œuvre, au total, de six architectes : Le Vau, Gittard, Oppenordt, Servandoni, Maclaurin et Chalgrin. À l'intérieur se trouvent des statues de

Bouchardon, de Pigalle ; Delacroix décora de fresques la chapelle des Saints-Anges.

SAINT-THOMAS-D'AQUIN La place et la rue furent baptisées, en 1802, du nom de l'église qui s'ouvre sur la place. Cette église, commencée en 1682 sur des plans de l'architecte Bullet, ne fut terminée qu'en 1765. Elle ne prit le nom de Saint-Thomas-d'Aquin qu'en 1791 ; auparavant elle faisait partie du noviciat des Dominicains, supprimé en 1790. Saint Thomas d'Aquin, surnommé le « Docteur angélique », le plus grand des théologiens de l'Église, naquit en 1226 près de Naples, à Aquin et mourut en 1274 à Fossa-Nuova. À partir de l'âge de 5 ans il fut élevé au Mont-Cassin, par les moines de l'ordre de Saint-Benoît. Adolescent, il entra chez les Dominicains. Le « Grand Albert » fut un de ses maîtres. Thomas d'Aquin professa la théologie à Paris durant dix années, avant d'aller enseigner à Rome et à Bologne, puis de revenir à Paris. Invité régulièrement à la table de Saint Louis, il repoussa cependant toutes les dignités qu'on lui offrit. Il a écrit « Traité contre les erreurs des Grecs », « Commentaires sur Aristote », « Des vertus et des vices » et « Perfection de la vie spirituelle ». Il disait : « Je crains l'homme d'un seul livre. »

SAINT-VICTOR Cette rue, connue depuis le règne de Philippe Auguste, date, sur son tracé actuel, de 1855. Elle doit son nom à l'abbaye Saint-Victor, sise place Jussieu, à laquelle elle conduisait initialement. Cette abbaye, dont il ne demeure rien, existait déjà au XIIe siècle. Les Victorins l'habitèrent dès 1114 et leur réputation de piété et d'ascétisme s'établit rapidement. L'abbaye comprenait une église, un palais abbatial et des communs. Les évêques de Paris avaient à leur disposition, à Saint-Victor, un appartement dans lequel, chaque année, ils allaient faire retraite quelques semaines. Fermée par la Révolution en 1793, l'abbaye fut rasée entre 1811 et 1813, pour faire place à la Halle aux vins, qui laissa elle-même la place, au début des années 1970, à la Faculté des sciences. Signalons que le fameux Abélard et saint Bernard fréquentèrent l'abbaye Saint-Victor, qui avait été totalement reconstruite au XVIe siècle. Quant à saint Victor lui-même, soldat dans l'armée romaine, il fut décapité, en 303, sous le règne de Dioclétien.

SAINT-VINCENT (rue). Cette rue, connue sous l'appellation de « chemin des ruelles Saint-Vincent », depuis 1825, doit sa dénomination au prénom du sieur Compoint, qui y possédait une maison. Saint Vincent, patron des vignerons – quand on sait qu'il y eut de nombreux vignobles, et qu'il en existe encore, sur le territoire de l'ancienne commune de Montmartre où se trouve la rue qui nous intéresse, on comprend mieux pourquoi le nom de ce saint est apposé sur une plaque bleue –, né à Saragosse, mort à Valence en 304. Il fut victime des persécutions contre les chrétiens, décidées par l'empereur romain Dioclétien. Il est le patron des viticulteurs, à cause de la légende qui raconte qu'il cultivait la vigne dans sa prime jeunesse.

SAINT-VINCENT-DE-PAUL Cette rue, qui existe depuis 1847, doit son nom au célèbre saint et prêtre né à Pouy, près de Dax, mort à Paris (1576-1660). Après avoir gardé les troupeaux de son père, il commença ses études, à 12 ans, chez les Cordeliers. Ordonné en 1596, il fut, peu de temps après, lors d'un voyage entre Narbonne et Marseille, pris par des pirates barbaresques qui l'emmenèrent à Tunis. Vendu comme esclave, il convertit son maître au catholicisme et put rentrer en France. Il y devint aumônier de Marguerite de Valois, curé de Clichy et précepteur des enfants d'Emmanuel de Gondi, avant d'être nommé prêtre de Bresse. Partout où il passa, sa charité fit merveille. S'il s'intéressa particulièrement au sort des galériens, des enfants trouvés et des paysans pauvres et ignorants, on peut dire qu'il ouvrit son cœur à toutes les misères humaines. Surnommé, de son vivant, le « Père des enfants trouvés », il fonda l'ordre des Lazaristes et celui des sœurs de la Charité. Il assista Louis XIII sur son lit de mort, créa un refuge pour les péripatéticiennes et fonda la Salpêtrière. Patron des œuvres charitables, il fut canonisé en 1737. Saint Vincent de Paul disait : « Le bruit ne fait pas de bien et le bien ne fait pas de bruit. »

SAINT-VIVANT Ce passage a été ouvert en 2000 pour rappeler le nom d'un armagnac conservé par le dernier occupant des chais de Bercy.

SAINT-YVES Ouverte en 1863, cette rue fut baptisée par un de ses premiers propriétaires riverains. Saint Yves, évêque français né en Beauvaisis en 1040, mort à Chartres en 1116, dirigea l'abbaye de Saint-Quentin, à Beauvais, en 1078. En 1091, on le nomma évêque de Chartres. Il chercha à se faire élire pape sans l'assentiment du roi Philippe Ier, à qui cela ne plut guère; il fallut l'intervention d'Urbain II pour que saint Yves ne soit pas déposé. Mais notre évêque n'en avait pas fini avec Philippe Ier, puisque ayant désapprouvé sa répudiation de la reine Berthe de Hollande au profit de Bertrade de Montfort, il passa deux années en prison (on sait que Philippe Ier fut excommunié, plus tard, à cause de cette répudiation). Saint Yves, qui apporta beaucoup d'embellissement à la cathédrale de Chartres, a laissé des « Sermons ».

SAINTS-PÈRES (rue et port). Déformation de Saint-Pierre, du nom d'une chapelle dédiée à ce saint, servant d'église paroissiale au bourg de Saint-Germain-des-Prés jusqu'à la construction de la première église Saint-Sulpice, en 1211. En 1611, la chapelle Saint-Pierre fut affectée au service du culte de l'hôpital de la Charité. Reconstruite en 1613, puis en 1732, elle fut fermée par la Révolution, et affectée en partie à l'École de médecine clinique, ouverte en 1799. Depuis 1942, sa partie inférieure est devenue l'église catholique ukrainienne Saint-Vladimir-le-Grand. La rue, d'abord connue sous le nom de Saint-Pierre, devint des « Saints-Pères » en 1652. Quant au port, baptisé à cause de la proximité de la rue, il fut aménagé en promenade en 1942.

SALARNIER Créé en 1892, ce passage porte le nom d'un de ses premiers propriétaires résidents.

SALEMBRIÈRE Connue depuis 1239 sous le nom de « Vicus Salientis », patronyme d'un de ses habitants, cette impasse, par déformation, s'appela « Saille-en-Bien, Émilie Salembien, puis Salembrière ». Nous sommes peu de chose...

SALNEUVE Depuis 1850 cette rue porte le nom de l'un de ses habitants de l'époque.

SALOMON DE CAUS (1576-1626). Ingénieur et mécanicien né en Normandie, mort à Paris. En 1612 il vit à Londres et de 1614 à 1620 à Heidelberg, auprès du prince palatin. En 1624, il fait paraître un ouvrage à Paris, puis on perd sa trace jusqu'à sa mort. Dans son livre le plus important, intitulé « les Raisons des forces mouvantes, avec diverses machines tant utiles que plaisantes », on s'aperçoit qu'il est le véritable inventeur de la machine à vapeur, puisque non seulement il expose une théorie de l'expansion et de la condensation, mais, de plus, décrit parfaitement une véritable machine. Sa rue existe depuis 1864.

SALONIQUE Port de Grèce, en Macédoine, appelé aussi Thessalonique. De 1204 à 1224, ce fut la capitale d'un royaume latin. Au cours de la Première Guerre mondiale, de 1915 à 1918, ce port servit de base pour les opérations de l'armée alliée d'Orient. C'est en 1929, et en souvenir de son rôle lors de la Grande Guerre, que le port de Salonique eut l'honneur de voir son nom apposé sur une plaque parisienne.

SALPÊTRIÈRE Au début du XVIIe siècle, ce nom désignait un vaste enclos où l'on fabriquait du salpêtre. Par édit royal du 27 avril 1656, et sous l'impulsion de saint Vincent de Paul, cet enclos fut désigné pour la construction d'un hôpital destiné à donner asile aux mendiants de Paris. Peu après, il fut réservé aux hétaïres, criminelles et indigentes. C'est Le Vau qui fit construire les premiers bâtiments. La chapelle de l'hôpital, datant de 1669, est due à Libéral Bruant. De 1837 à 1887 l'hôpital prit le nom d'hospice de la Vieillesse-Femmes. Actuellement, la Salpêtrière demeure un hôpital et un hospice pour femmes. La rue de la Salpêtrière date de 1877.

SALVADOR ALLENDE Médecin, fondateur du Parti socialiste chilien en 1933, né à Valparaiso en 1908, mort à Santiago en 1973. Sénateur de 1945 à 1965, il devint président du Chili en 1970 et trouva la mort lors du putsch du 10 septembre 1973 qui conduisit le général Pinochet au pouvoir. On donna son nom à une place en 2003.

SAMBRE-ET-MEUSE Cette rue porte, depuis 1877, le nom de l'armée qui en 1793-1794 conquit la Belgique. Le nom de Sambre-et-Meuse fut également donné, de 1795 à 1814, à un département français composé de l'ancien comté de Namur et d'une partie du grand duché de Luxembourg.

SAMSON (1155 av. J.-C.-1117). Un des juges d'Israël né à Saraa, mort à Gaza. Doté d'une force fabuleuse, ses exploits furent nombreux. Il terrassa un lion; il tailla en pièces 1000 Philistins avec pour seule arme une mâchoire d'âne; fait prisonnier dans Gaza, il se sauva en emmenant avec lui les portes de la ville. Il fallait le faire... Malheureusement pour lui, Samson tomba amoureux d'une femme de Gaza, Dalila, à laquelle il révéla que sa force l'abandonnerait le jour où le fer ferait tomber sa chevelure. La traîtresse, tandis qu'il dormait, introduisit un barbier qui lui coupa les cheveux. Prévenus par l'amante perfide (!) les Philistins accoururent, firent prisonnier Samson, lui crevèrent les yeux et lui firent tourner la roue d'un moulin. Un jour, à l'occasion d'une fête donnée en l'honneur de leur dieu Dagon, ils amenèrent Samson dans leur temple pour se gausser de lui. Mais Samson, dont la chevelure avait dû repousser et qui avait surtout demandé l'aide du Seigneur, saisit les deux colonnes sur lesquelles tout l'édifice reposait et fit s'écrouler sur lui, les Philistins et leur roi le temple entier. La rue Samson, baptisée par un propriétaire épris de l'Écriture sainte, date de 1933.

SAMUEL DE CHAMPLAIN Jardin baptisé en 1979. Pour biographie, voir « Champlain ».

SAMUEL BECKETT Écrivain, poète et auteur dramatique irlandais né à Foxrock, près de Dublin, en 1906, mort à Paris en 1989. Vers 1932, il opta pour l'exil, abandonnant sa langue maternelle pour ne plus écrire qu'en français, et vint définitivement vivre en France à partir de 1937, année où il devint le secrétaire d'un compatriote, l'écrivain James Joyce (1882-1971). À partir de 1945, il donna naissance à des œuvres totalement nouvelles dans le fond et la forme, notamment pour le théâtre;

citons « En attendant Godot, Fin de partie », « Oh les beaux jours ». Prix Nobel de Littérature en 1969, il voyait la vie comme une suite de « Catastrophes et autres dramaticules », titre d'un de ses ouvrages écrit en 1982. Il a dit: « Je dis je en sachant que ce n'est pas moi », « Rien n'est plus drôle que le malheur; c'est la chose la plus comique du monde », et « N'importe quel imbécile peut fermer l'œil, mais qui sait ce que voit l'autruche dans le sable ». Une allée porte son nom depuis 1999.

SANDRIÉ Cette impasse, ouverte en 1775, porte le nom d'un de ses habitants de l'époque.

SANTÉ La rue, dont le tracé actuel date de 1863, et l'impasse, connue depuis la fin du XIXe siècle, doivent leur nom à une maison de la Santé construite en 1607 à la suite d'une épidémie de peste. Jugée trop petite, elle fut reconstruite en 1652 sous le marrainage d'Anne d'Autriche, et prit alors le nom d'hôpital Sainte-Anne; cet hôpital lui-même fut remplacé, en 1861 par un asile-clinique, communément appelé Sainte-Anne, situé entre les rues Cabanis, Broussais, de la Santé et d'Alésia. Signalons que la prison de la Santé, construite de 1861 à 1867, se trouve sur l'emplacement d'une première maison de la Santé édifiée vers 1280 par Marguerite de Provence, femme de Saint Louis; l'établissement hospitalier de 1607, puis 1652, fut construit plus au sud.

SANTERRE (1752-1809). Antoine Joseph Santerre, révolutionnaire et général né et mort à Paris. En 1772, il dirigea une brasserie, faubourg Saint-Antoine. Sa bienveillance et sa générosité vis-à-vis de ses ouvriers le firent surnommer « le Père du Faubourg ». Le 14 juillet 1789, il prit part à la prise de la Bastille (c'était tout près de sa brasserie...). En 1792, il reçut le commandement de la garde nationale parisienne; il protégea le roi et sa famille réfugiés aux Feuillants et les mena au Temple. Il fut alors chargé de la garde de tous les prisonniers de la prison du Temple et se montra très modéré dans son attitude envers eux. Après la mort de Louis XVI, il commanda une armée en Vendée. Arrêté en octobre 1793, on le relâcha le 15 thermidor an II. Il chercha alors à refaire sa fortune, dispersée; il n'y parvint pas et mourut pauvre et paralytique. La rue Santerre date de 1905.

SANTEUIL (1630-1697). Jean de Santeuil, poète latin né à Paris, mort à Dijon. Il étudia aux collèges Sainte-Barbe et Louis-le-Grand, puis entra à l'abbaye Saint-Victor où il devint sous-diacre et se consacra à la littérature latine. Il fut chargé de substituer aux hymnes anciennes du bréviaire des textes plus modernes et plus clairs; à cet effet, il écrivit « Recueil de nouvelles odes sacrées ». Comme ce livre eut du succès, Santeuil se crut génial et proclama partout qu'il était le plus grand poète du monde. Il hanta les salons à la mode aussi bien que la place Maubert en hurlant littéralement ses œuvres... Cela lui valut quelques amis de plus, mais lui attira surtout quantité d'ennemis. Il devint cependant commensal de la maison de Condé et cette promotion finit de dresser contre lui les gens du monde et les grands seigneurs. Le duc de Bourbon l'emmena à Dijon et versa lui-même dans un verre de vin, selon Saint-Simon, le poison qui tua notre poète. La rue Santeuil date de 1863.

SANTIAGO DU CHILI Capitale du Chili, sur un torrent andin, le Mapocho, à 110 km du Pacifique. Fondée en 1541 par un Espagnol, Pedro Valdivia, elle groupe actuellement 4 385 000 habitants, c'est-à-dire plus du quart de la population chilienne. Elle possède une fort belle cathédrale du XVIIIe siècle. La place de Santiago-du-Chili fut baptisée en 1955.

SANTOS-DUMONT (1873-1932). Alberto Santos-Dumont, aviateur brésilien né à Palmyra, devenue Santos-Dumont. Ingénieur, et doté d'une assez grande fortune, il vint en France au moment de l'éclosion de l'aéronautique. Passionné par cette science, il s'y adonna totalement et fut, dans notre pays, un des pionniers de la navigation aérienne. On donna son nom à une rue en 1933 et à une impasse en 1943.

SANZEL Cette cité porte le nom d'un de ses premiers propriétaires riverains.

SAÔNE Rivière qui prend sa source aux monts Faucilles, à 24 km d'Épinal, à une altitude de 396 mètres. Elle arrose principalement Gray, Auxonne, Chalon, Mâcon avant de se jeter dans le Rhône à Lyon. Son cours est de 482 km. La rue de la Saône existe depuis 1934 sur son tracé actuel.

SARASATE (1844-1908). Pablo Sarasate, violoniste espagnol né à Pampelune. À 11 ans, il fut admis au Conservatoire de musique de Paris et au bout seulement de dix-huit mois il obtint le premier prix de violon. Il commença alors à donner des concerts, en France, puis en Europe et en Amérique. Son style, d'une merveilleuse pureté, atteignait la perfection, au dire des spécialistes. On donna son nom à une rue en 1913.

SARRETTE (1765-1858). Bernard Sarrette, compositeur, né à Bordeaux, mort à Paris. Au début de la Révolution, il portait à Paris, où il était venu étudier la musique, le grade de capitaine d'état-major de la garde nationale. Après la prise de la Bastille, l'idée lui vint de réunir 45 musiciens appartenant aux gardes-françaises afin de fonder un corps de musique. Son initiative plut et en 1790 la Ville de Paris versa un traitement à ses musiciens dont le nombre fut porté à 70. L'école dans laquelle ils travaillaient, et qu'il avait créée, fut transformée, en 1793, en Institut national de la musique. En 1795, l'Institut reçut officiellement le nom de Conservatoire de la musique, dont Sarrette est, par conséquent, le père. Il en fut aussi le directeur, de 1797 à 1814, date à laquelle on le destitua. En 1830, on lui en reproposa la direction, mais il la refusa pour ne pas remplacer son ami Cherubini La rue Sarrette date de 1890.

SATAN Cherchez bien. Près de cette impasse, vous trouverez le passage Dieu (voir ce nom). C'est par facétie qu'un habitant de l'impasse lui donna, en 1907, son nom actuel. Devons-nous rappeler que Satan est le chef des démons et qu'il cherche à mener l'humanité à sa chute... Souvenez-vous que ce monstre, malin, prit l'apparence d'un serpent pour tenter Ève, au Paradis. Et n'oubliez surtout pas que, même de nos jours, il prend souvent les aspects les plus affriolants pour nous détacher du Seigneur... Aussi, tous ensemble, entonnons « Vade retro Satanas »

SAUFFROY Déformation de Saffroy, nom d'un des premiers propriétaires résidents de cette rue, ouverte et baptisée en 1843

SAULAIE Si, au moment de baptiser une voie, en l'occurrence une villa, vous vous apercevez qu'elle est plantée de saules, qu'est-ce que vous faites? Eh bien – et à moins d'avoir un esprit tortueux – vous la nommez « de la Saulaie ». Ce qui fut fait en 1998.

SAULES Rue baptisée en 1867. Auparavant, elle s'appelait « de la Saussaye », synonyme de saulaie :

lieu planté de saules. Le saule, plante dioïque à feuilles alternes, pousse en général dans les pays tempérés, mais on en trouve cependant jusque dans les régions glacées de l'hémisphère Nord. Le saule pleureur, merveilleux arbre d'ornement, près duquel et sous lequel vont rêver les jeunes filles en fleurs, croît, de préférence, au bord de l'eau. Les saules non pleureurs peuvent atteindre 25 mètres de haut.

SAULNIER Cette rue porte le nom de l'homme qui l'ouvrit en 1787.

SAUSSAIES (place et rue). La rue fut baptisée en 1715 et la place en 1902. D'abord planté de coudriers aux branches desquels les Parisiens cueillaient la noisette, le terrain, autour de la rue, fut, sous Mme de Pompadour, orné de saules, d'où le nom de Saussaies qu'il prit alors. Avant de prendre sa dénomination actuelle, la rue s'appelait « de la Couldraie », à cause des coudriers cités plus haut. Au numéro 9 de la rue se trouvent les bureaux de la Sûreté générale. Les anciens saules ont-ils servi à fabriquer les bois de justice?

SAUSSIER-LEROY Cette rue, depuis 1863, puis 1867 sur son tracé actuel, un peu plus long, porte le nom de l'un de ses premiers propriétaires riverains.

SAUSSURE (1740-1799). Honoré Bénédict de Saussure, naturaliste et physicien suisse, né et mort à Genève. Professeur de philosophie expérimentale à Genève dès l'âge de 22 ans, Saussure entreprit ensuite, et surtout dans les Alpes, des voyages au cours desquels il étudia la botanique et la géologie. En 1787, il fut d'ailleurs un des premiers à atteindre le sommet du mont Blanc (qui fut vaincu pour la première en 1786 par un guide de Chamonix, Jacques Balmat). Saussure fit de très intéressantes recherches sur les glaciers, découvrit de nombreux minéraux et inventa l'hygromètre à cheveu, dit de Saussure, ainsi que le cyanomètre et le diaphanomètre, deux instruments permettant de faire la comparaison entre la couleur du ciel et la transparence à diverses hauteurs. Saussure fut le pionnier de la météorologie rationnelle. Son principal ouvrage, « Voyage dans les Alpes », le fit surnommer « le peintre des Alpes ». Une rue reçut son nom en 1864.

SAUVAGEOT (1781-1860). Charles Sauvageot, violoniste et collectionneur, né et mort à Paris. Lauréat du Conservatoire, il fit partie de l'orchestre de l'Opéra. Puis, bizarrement, il entra dans l'administration des douanes... Dans ses nouvelles fonctions, il se prit de passion pour les objets anciens, notamment ceux de la Renaissance, et commença à collectionner tout ce qui lui semblait intéressant. En 1856, il fit don à l'État de ses « trésors » et le gouvernement, ému et reconnaissant, lui affecta alors un logement au Louvre (si vous êtes mal logé vous savez ce qu'il vous reste à faire...). La rue Sauvageot fut baptisée en 1875.

SAUVAL (1623-1676). Henri Sauval, historiographe, né et mort à Paris. D'abord avocat, il ne tarda pas à se consacrer à l'histoire de Paris. Il recueillit une somme considérable de notes et de copies de documents, puisées aux meilleures sources; mais la mort l'empêcha d'éditer lui-même l'ouvrage de sa vie, terminé par Claude-Bernard Rousseau : « Paris ancien et moderne ». La rue Sauval existe depuis 1865.

SAVART M. Savart était propriétaire du terrain sur lequel ce passage fut construit.

SAVIES Déformation de Savy, nom d'un ancien hôtel, dit aussi « ferme de Savy », propriété du prieuré de

Saint-Martin-des-Champs, située à hauteur du numéro 94 actuel de la rue de Belleville, proche. La « ferme de Savy », qui existait depuis le XIe siècle, disparut vers 1767. La rue de Savies fut baptisée en 1869.

SAVOIE Cette rue fut percée, en 1672, sur l'emplacement de l'hôtel de Savoie-Nemours, d'où son nom, reçu dès son ouverture. L'hôtel, dont quelques vestiges demeurent au numéro 6 de la rue Séguier où commence la rue de Savoie, fut construit au début du XIVe siècle et appartint, à partir de 1580, au duc de Savoie-Nemours. La Savoie, région du sud-est de la France, fut rattachée à notre pays en 1860. Le mont Blanc fait partie de ses massifs montagneux.

SAVORGNAN DE BRAZZA (1852-1905). Explorateur français d'origine italienne, né à Rome, naturalisé en 1874. En 1875, il entreprit sa première exploration qui le mena jusqu'aux sources de l'Alima. L'hostilité des indigènes le contraignit à regagner le Gabon. En 1879, il ouvrit deux stations scientifiques : l'une baptisée Franceville (aujourd'hui Moanda, au Gabon), l'autre nommée Brazzaville. Ces stations devaient servir d'appui pour ouvrir la route du Congo. En 1880, Brazza obtint du roi Makoko qu'il mette ses États sous la protection de la France. L'explorateur revint dans notre pays en 1882, mais il repartit en 1883 pour l'Afrique, avec le grade de lieutenant de vaisseau. Il entreprit alors d'ouvrir définitivement la route de la mer au Congo, par les fleuves Ogooué et Alima. En 1885 un traité, signé à Paris, délimita l'aire d'action de la France et de l'État libre du Congo. Commissaire général du gouvernement français dans l'Ouest africain, en 1886, Brazza rentra en France en 1897, non sans avoir consolidé la colonie qu'il avait acquise pacifiquement. La rue existe depuis 1907.

SAXE (1696-1750). Comte et maréchal Maurice de Saxe, né à Gozlar (Saxe), mort à Chambord. Dès l'âge de 12 ans il servit dans le corps auxiliaire polonais, au siège de Lille. En 1710, aux côtés de Pierre le Grand, il lutta contre Charles XII, roi de Suède. En 1720, il revint en France où le régent le fit maréchal de camp. En 1726, il tenta vainement de se faire élire duc de Courlande, province russe. Par la suite il participa, sur le Rhin, à la guerre de Succession de Pologne et fut nommé lieutenant général en 1734. En 1741, il conquit Prague. Maréchal de France en 1744, il s'empara d'une partie de la Flandre, vainquit à Fontenoy, soumit une partie de la Hollande et obtint en 1748, avec le titre de maréchal général des armées françaises, le gouvernement de l'Alsace et la propriété du domaine de Chambord. S'il fut un soldat fort brave, il n'en dédaigna pas pour autant le beau sexe et ses madrigaux demeurent célèbres... Il eut des liaisons retentissantes avec Anna Ivanovna avant qu'elle ne devienne impératrice de Russie, avec Adrienne Lecouvreur et avec la princesse de Conti. À sa mort, il fut enterré à Strasbourg, dans l'église Saint-Thomas où se trouve son mausolée, œuvre de Pigalle. L'avenue de Saxe date de 1780, la villa de 1816.

SAY (1767-1832). Jean-Baptiste Say, économiste né à Lyon, mort à Paris. Il débuta comme commis de banque en Angleterre, puis revint en France et collabora en 1789 au journal de Mirabeau, « le Courrier de Provence ». En 1794, avec l'aide de Chamfort et Ginguené, il fonda la « Décade philosophique, politique, littéraire ». En 1800 Bonaparte l'appela au Tribunat (une des deux assemblées instituées par la Constitution de l'an VIII ; supprimée en 1807). En 1804, Jean-Baptiste Say quitta ses fonctions politiques pour s'occuper d'une filature de coton, d'abord dans le Pas-de-Calais, puis dans l'Oise. Sous la Restauration, il revint à Paris et professa l'économie politique au Conservatoire des arts et métiers, puis au Collège de France (1830). Il a écrit « Catéchisme d'économie politique » et « Cours complet d'économie politique pratique ». On donna son nom à une rue en 1864.

SCARRON (1610-1660). Écrivain français né et mort à Paris, prénommé Paul. Atteint de paralysie alors qu'il était le secrétaire de l'évêque du Mans (1638), il s'adonna à l'écriture et produisit des ouvrages remarquables que l'on range dans la catégorie « burlesque » (« Virgile travesti », « le Typhon », « Roman comique » et « le Maître valet »). Il est connu – outre ses talents littéraires – pour avoir épousé la petite-fille du poète Agrippa d'Aubigné, future Mme de Maintenon qui, devenue veuve, convola secrètement avec notre bon roi Louis XIV. Scarron – considérant qu'on n'est jamais si bien servi que par soi-même – rédigea sa propre épitaphe (il paraît d'ailleurs qu'il le fit avant de mourir) dont voici le début :

Celui qui cy maintenant dort
Fit plus de pitié que d'envie
Et souffrit mille fois la mort
Avant que de perdre la vie.

Son nom fut attribué à une rue en 1979.

SCHEFFER (1795-1858). Ary Scheffer, peintre français, né à Dordrecht (Hollande), mort à Argenteuil. À 12 ans, le jeune Scheffer exposa à Amsterdam une toile qui attira l'attention de Louis Bonaparte; en compagnie de sa mère et de ses deux frères, Ary vint alors à Paris où il rencontra Delacroix et Géricault. Sa curiosité artistique le poussa à toucher à tous les genres, mais il fut avant tout le peintre de l'aurore du romantisme. Ary Scheffer, qui, à partir de 1821, fut désigné pour donner des leçons de peinture aux jeunes princes d'Orléans, nous a laissé « Dévouement des bourgeois de Calais », « la Famille du marin », « les Femmes souliotes », « le Christ consolateur », « Mignon » et « la Mort de Géricault ». La rue Scheffer existe depuis 1864.

SCHŒLCHER (1804-1893). Victor Schœlcher, homme politique né à Paris, mort à Houilles. Son souci principal fut la lutte contre l'esclavage qu'il fit abolir dans nos colonies par le décret du 27 avril 1848, alors qu'il était sous-secrétaire d'État aux colonies. Il démissionna de cette fonction le 12 mai, considérant sa mission accomplie. Il fut ensuite, et successivement, député de la Martinique et de la Guadeloupe avant d'être expulsé de France à l'arrivée au pouvoir de Napoléon III en 1852. Il vécut en Angleterre jusqu'en 1870. Élu alors à l'Assemblée nationale, il essaya d'éviter l'arrivée de la Commune, puis tenta en vain de la réconcilier avec Versailles. En 1857, on l'élut sénateur inamovible. La rue Schœlcher existe depuis 1894.

SCHOMBERG (1540-1599). Gaspard de Schomberg, capitaine d'origine allemande né en Saxe, mort à Paris. Il était élève à l'université d'Angers quand les catholiques lancèrent une attaque contre la ville en 1562; il combattit vaillamment à la tête des huguenots, puis rejoignit l'armée de Condé. Attiré ensuite par Charles IX, il changea de camp et lutta contre les protestants. Il obtint la nationalité française en 1570 et devint colonel de la cavalerie en 1575. Sous Henri III – si l'on peut dire – Schomberg fut très en faveur : ce fut un des « mignons ». À l'avènement de Henri IV, Schomberg fut nommé conseiller à l'administration des Finances et on dit, sur un autre plan, que c'est lui qui décida ce roi à embrasser le catholicisme. Il mourut subitement d'une crise d'asthme. La rue existe depuis 1866.

SCHUBERT (1797-1828). Franz Schubert, compositeur autrichien, né à Lichtental, mort à Vienne. À 14 ans, il composa ses premiers lieder (en 1816, il en avait composé 116). Bien qu'il mourût jeune, il laissa à sa mort plus de 1 200 compositions, dont 603 lieder. S'il fut fécond, il ne fut pas moins talentueux. Citons, parmi ses mélodies, « la Truite », « l'Apparition », « la Chanson de l'absent », et « la Belle Meunière ». Il écrivit aussi 7 symphonies, 6 messes, 20 quatuors pour instruments à cordes, 18 opéras, etc. Sa symphonie la plus célèbre est celle dite « inachevée ». L'auteur du « Roi des aulnes » donna son nom à une rue en 1934.

SCHUTZENBERGER (1829-1897). Paul Schutzenberger, chimiste français né à Strasbourg, mort à Mézy (ancienne Seine-et-Oise). Après des études qui firent de lui un docteur en médecine, il devint directeur adjoint du laboratoire de chimie de la Sorbonne, professeur de chimie minérale au Collège de France (1876) et directeur de l'École municipale de physique et de chimie (1882). En 1884 il fut reçu à l'Académie de médecine et en 1888 à celle des sciences. Il a écrit « les Fermentations » et « Traité des manières colorantes ». C'est lui qui découvrit les acétates de cellulose. La rue Schutzenberger existe depuis 1905.

SCIPION Cette rue doit son nom, depuis le XVIe siècle, à un hôtel situé au numéro 13, propriété depuis sa construction, en 1565, d'un nommé Scipion Sardini. Ce brave Scipion, Toscan venu en France dans les bagages de Catherine de Médicis, réussit parti de rien, comme on dit, à se faire une fortune considérable. Il devint le banquier du roi (à qui il prêta 600 000 écus), de la noblesse et du haut clergé. Il épousa, en 1567, Isabelle de Limeuil, femme plutôt volage, qui s'était rendue célèbre, le 25 mai 1564, en mettant brusquement au monde, au milieu d'une audience solennelle donnée à Dijon en l'hôtel de Saulx, un enfant que lui avait fait le prince de Condé. En l'épousant Scipion Sardini rendit jaloux bien des soupirants, dont Ronsard. Notre homme mourut en 1609. En 1614, son hôtel fut transformé en hôpital pour les pauvres (hôpital Sainte-Marthe); depuis 1675, il est devenu la boulangerie des hôpitaux de Paris. Architecturalement, seules demeurent, de la construction initiale, une partie de la façade et une galerie dotée de six arcades.

SCRIBE (1791-1861). Eugène Scribe, auteur dramatique né et mort à Paris. Délaissant les études de droit qu'on voulait lui faire faire le jeune Eugène donna dès 1810, aux Variétés, une pièce intitulée « L'occasion fait le larron ». Ce fut un four, mais cela ne le découragea point et il continua à écrire. Il subit d'autres échecs mais à partir de 1820 le succès lui sourit notamment avec « l'Ours et le pacha », « Mon oncle César » et « le Ménage de garçons ». Il rédigea aussi des livrets d'opéras et d'opéras-comiques parmi lesquels « Fra Diavolo », « la Juive », « les Huguenots », « Robert le Diable » et son chef-d'œuvre, « la Dame blanche », sans oublier « le Prophète » et « la Favorite ». La rue Scribe existe depuis 1864.

SÉBASTIEN BOTTIN (1764-1853). Administrateur et statisticien né à Grimonwiller (Meurthe-et-Moselle), mort à Paris. Entré au séminaire, il devint prêtre, mais fut relevé de ses vœux et, en 1794, devint secrétaire général de la préfecture du Bas-Rhin; ensuite il occupa les mêmes fonctions dans le Nord. En l'an VI du calendrier révolutionnaire, il publia l'Annuaire statistique du Bas-Rhin, premier volume de ce genre à paraître en France. Mais ce qui devait surtout le rendre célèbre, ce fut la publication de « l'Almanach du commerce de Paris ». Fondée en 1798 par J. de Latynna, cette publication fut poursuivie par Sébastien Bottin, de 1819 à sa mort. Le Bottin, énorme répertoire, existe toujours. C'est en 1929 que son nom fut donné à une rue de Paris.

SÉBASTIEN MERCIER (1740-1814). Littérateur, né et mort à Paris. Après avoir publié, dans notre capitale, à l'âge de 20 ans, un livre, « Héroïdes », qui n'eut aucun succès, il alla enseigner la rhétorique à Bordeaux. Revenu à Paris, il fit éditer, en 1773, « Essai sur l'art dramatique », violente diatribe contre l'art classique où l'auteur, plutôt que l'utilisation de sujets et procédés conventionnels, prône la représentation pure et simple de la société de son temps. Sous cette forme, il écrivit pour la Comédie-Italienne « l'Habitant de la Guadeloupe » et « la Brouette du vinaigrier ». Cette dernière pièce valut à Mercier une pension et l'appui de Marie-Antoinette. Les deux œuvres les plus marquantes de cet auteur furent « Tableau de Paris » (1790) et « le Nouveau Paris » (1800). Il peint, dans ces deux ouvrages, les mœurs et coutumes de la capitale. Mercier, qui siégea à la Convention, puis au Conseil des Cinq-Cents, devint membre de l'Institut et enseigna l'histoire à l'École centrale. C'est lui qui a dit « les extrêmes se touchent ». La rue date de 1907.

SÉBASTOPOL Ville d'Ukraine, à l'extrémité sud-ouest de la Crimée, sur la mer Noire. Elle fut rendue célèbre par le siège à l'issue duquel, en 1855, elle fut prise aux Russes par les troupes franco-anglaises. Commencé en juin 1854, ce siège ne fut couronné de succès que le 9 septembre de l'année suivante. La prise de Sébastopol marqua la fin de la guerre de Crimée. Signalons qu'en 1942, toujours à l'issue d'un siège sanglant, les Allemands enlevèrent la ville aux Russes. C'est bien entendu en souvenir de la victoire de 1855 que le boulevard de Sébastopol fut baptisé (1855).

SECRÉTAN C'est le baron Joseph Secrétan, blessé en 1815 dans le XIXe arrondissement lors de l'arrivée des coalisés, qui donna son nom à cette rue en 1880. Le baron, à la chute de Napoléon Ier, était colonel-major du 8e régiment de voltigeurs de la garde impériale.

SÉCURITÉ Ouvert dans la seconde moitié du XIXe siècle, ce passage fut baptisé par son créateur qui faisait du mot sécurité, et de la tranquillité d'esprit qu'il apporte, une de ses raisons de vivre.

SEDAINE (1719-1797). Michel Sedaine, auteur dramatique, né et mort à Paris. D'abord tailleur de pierre, il consacra ses loisirs à l'étude et débuta dans la littérature en écrivant des chansons, puis un vaudeville, « la Tentation de saint Antoine ». Il commença à se faire connaître, en 1745, avec « Épîtres à mon habit ». En 1756, avec le musicien Philidor, il fit « le Diable à quatre » et, avec Monsigny, « Rose et Colas », qui obtint un franc succès. Il écrivit ensuite pour la Comédie-Française, notamment « le Philosophe sans le savoir » et « la Gageure imprévue » (1765 et 1768). Il entra à l'Académie française en 1786. Ce spécialiste des drames bourgeois inventa l'adage « Qui perd gagne ». Sedaine donna son nom à une rue en 1840 et à une cour dix ans plus tard.

SÉDILLOT (1804-1883). Charles Emmanuel Sédillot, chirurgien né à Paris, mort à Sainte-Ménehould. Professeur au Val-de-Grâce en 1836, puis à la Faculté de Strasbourg en 1841, Sédillot devint ensuite directeur de l'École de médecine militaire. Admis à l'Académie des sciences en 1872, il écrivit « Traité de médecine opératoire » et « Contributions à la chirurgie ». Une rue porte son nom depuis 1897 et un square depuis 1935.

SÉGUIER (1588-1672). Pierre Séguier, chancelier de France, né à Paris, mort à Saint-Germain-en-Laye. Conseiller au parlement de Paris en 1612, garde des Sceaux en 1633 et chancelier en 1635, il alla en Normandie, en 1639, pour y réprimer la révolte dite « des va-nu-pieds ». À la mort de Louis XIII, Séguier contribua, en aidant à casser le testament royal, à faire d'Anne d'Autriche la régente. Celle-ci le récompensa, en 1650, en le faisant duc de Villemor et pair de France. La même année, il dut abandonner ses fonctions de garde des Sceaux, mais il les reprit en 1656, pour les conserver jusqu'à sa mort. À ce titre, il présida la commission chargée de juger le surintendant Foucquet contre lequel il réclama la peine la plus sévère. Il s'associa à la fondation de l'Académie française (1635) qui, de 1643 à sa mort, se réunit dans son hôtel. La rue Séguier date de 1864.

SÉGUR (1724-1801). Philippe Henri de Ségur, marquis et maréchal de France, né et mort à Paris. Ministre de la Guerre, entre 1781 et 1787, il attacha surtout son nom à une ordonnance qui réservait les emplois d'officier à ceux qui avaient quatre quartiers de noblesse (dans une famille noble, chaque quartier correspond à un degré de descendance). L'avenue de Ségur, sous son tracé actuel, date de 1867, mais sur un parcours moins long elle existait depuis le début du premier Empire.

SEINE Fleuve qui prend sa source au plateau de Langres, à 471 mètres d'altitude, et se jette dans la Manche. Elle arrose, entre autres, Châtillon-sur-Seine, Troyes, Melun, Paris, Les Andelys et Rouen où elle subit l'influence de la marée. La rue de Seine, qui doit son nom au fait qu'elle mène au fleuve, date de 1489 pour sa partie la plus ancienne. Quant au quai de Seine, il est de 1857.

SELVES (1848-1934). Justin Casimir de Selves, administrateur, né à Toulouse. D'abord avocat et bâtonnier à Montauban, il devint successivement préfet du Tarn-et-Garonne (1880), de l'Oise (1882), de Meurthe-et-Moselle (1885), de Gironde (1888). En 1890, on le nomma directeur général des Postes et Télégraphes; enfin, de 1896 à 1911, il fut préfet de la Seine. L'avenue de Selves existe depuis 1934.

SÉNÉGAL République d'Afrique occidentale. Capitale Dakar; 8 530 000 habitants pour 197 161 km². Les Français commencèrent la colonisation de ce pays en 1638, en fondant Saint-Louis-du-Sénégal. Abandonnée, la colonisation reprit de 1854 à 1865. République indépendante depuis 1958, le Sénégal possède un régime de type présidentiel. La rue du Sénégal date de 1877.

SENLIS Chef-lieu d'arrondissement de l'Oise, sur l'Aunette. Senlis possède d'admirables monuments : les églises Notre-Dame (XIIe et XIIIe siècles), Saint-Frambourg et Saint-Aignan, une ancienne abbaye dédiée à saint Vincent de Paul et un hôtel de ville du XVe siècle. En grande partie incendiée par les Allemands au début de la Première Guerre mondiale, Senlis servit de quartier général au maréchal Foch en 1918. On donna son nom à une rue de Paris en 1932.

SENTIER Le nom actuel de la rue est une déformation de chantier. En effet, au XVIe siècle elle se nommait « rue du Chantier » à cause d'un marchand de bois qui y était installé. Aujourd'hui, et depuis deux cents ans, cette voie est un des centres principaux du commerce des tissus et des fourrures à Paris.

SÉOUL Capitale de la Corée du Sud, sur le fleuve Han. Elle compte 10 612 600 habitants, c'est-à-dire plus de 20 % du total de la population coréenne du Sud. Fondée au XIe siècle, elle se nomma d'abord Gyeong Seong et devint capitale en 1392. Occupée par les Japonais entre 1910 et 1945, elle avait pris alors le nom de Keijô. Dévastée lors de la guerre de Corée (1950-51), elle a été reconstruite de façon très moderne. La place de Séoul existe depuis 1985.

SEPT-ARPENTS Annexée par Paris en 1930, cette ancienne rue du Pré-Saint-Gervais doit son nom à un ancien lieu-dit, d'une superficie de sept arpents cela va de soi. L'arpent de Paris, car la valeur de l'arpent variait selon les localités, équivalait à 34 ares et 19 centiares actuels.

SEPTIÈME ART Le Septième Art, c'est le cinéma et comme cette cour a été ouverte, en 1999, à l'emplacement de la S.F.P. (Société française de production) – à qui le cinéma doit pas mal –, il était logique de la baptiser ainsi

SERGE PROKOFIEV Compositeur russe, né à Sontsovka en 1891, mort à Moscou en 1953, à qui l'on doit, notamment, pour les ballets Diaghilev, entre 1920 et 1930, « Chout ou le bouffon », « le Pas d'acier » et « le Fils prodigue ». Toute son œuvre est empreinte d'une forte puissance rythmique et alterne entre l'influence des ouvrages occidentaux les plus avancés et la tradition russe la plus pure. Il est l'auteur de musique de films : « Ivan le Terrible » et « Alexandre Nevski » (réalisations d'Eiseinstein), d'un « Roméo et Juliette », de « Cendrillon » et d'un beau conte musical éducatif : « Pierre et le Loup ». Toute son œuvre n'est pas encore connue chez nous, en Occident, mais qui ne sait, de lui, « l'Amour des trois oranges »? Une rue porte son nom depuis 1988.

SERGENT BAUCHAT Sapeur-pompier, prénommé Gaston, qui périt dans un incendie qu'il combattait, rue de Reuilly à la fin du XIXe siècle. On donna son nom à une rue en 1894.

SERGENT HOFF (1836-1902). Militaire qui, lors de la guerre de 1870, s'illustra à la bataille de Champigny. Rue baptisée en 1910.

SERGENT MAGINOT (1877-1932). Homme politique, né à Paris. Il aimait à rappeler le grade de sergent qu'il avait eu dans l'armée. Il fut ministre de la Guerre, de 1922 à 1924, puis de 1929 à sa mort. Il laissa son nom à une ligne de fortifications, construite aux frontières françaises de l'Est, entre 1927 et 1936. On sait que ces fortifications, colossal réseau souterrain de défense, s'avérèrent inefficaces, car les Allemands les tournèrent tout simplement par la Belgique au début de la Seconde Guerre mondiale. Mais ils avaient, de leur côté, pour répondre à la ligne Maginot, construit la ligne Siegfried. D'après une chanson d'avant-guerre, nous devions aller y faire sécher notre linge. Cette rue date de 1933

SERMENT DE KOUFRA En mars 1941, le général Leclerc (1902-1947) prit aux Italiens le fort de Koufra. C'était la première victoire française depuis l'armistice de 1940. Il prononça alors son célèbre serment de ne cesser de se battre qu'après la victoire finale. Le square du « serment de Koufra » existe depuis 1981.

SERPENTE Quand elle fut ouverte en 1179, cette rue, tracée sans doute par quelqu'un qui avait du mal à tirer une ligne droite, serpentait tant et plus, d'où le nom qui lui fut donné. Pour être tout à fait exact, disons qu'originellement elle s'appela « du serpent », dénomination, à l'époque, de tout ce qui ondulait, comme le reptile. Elle ne prit son nom actuel qu'en 1295 et sur un parcours moins long que celui d'aujourd'hui, qui date de 1851, année où elle fusionna avec d'autres voies; la première rue Serpente commençait rue de la Harpe et finissait rue Hautefeuille.

SERPOLLET (1858-1907). Léon Serpollet, ingénieur. Il inventa une chaudière à vaporisation instantanée et, surtout, le premier tricycle à vapeur, en 1887. Les « Serpollet » font encore la joie des collectionneurs des premiers engins automobiles. La rue Serpollet date de 1933.

SERRET (1819-1885). Joseph Alfred Serret, mathématicien, né et mort à Paris. Élève de Polytechnique et sorti de cette école officier d'artillerie, il quitta l'armée pour poursuivre des études scientifiques. En 1861 il devint professeur de mécanique céleste au Collège de France et en 1863 il enseigna le calcul différentiel et intégral à la Faculté des sciences. Membre de l'Académie du même nom, il écrivit « Cours d'algèbre supérieure » et « Cours de calcul différentiel et intégral ». La rue Serret fut baptisée en 1902.

SÉRURIER (1742-1819). Jean Mathieu Philibert Sérurier, comte et maréchal de France, né à Laon, mort à Paris. Engagé dans l'armée dès 1760, il avait déjà vingt-neuf ans de service quand survint la Révolution, à laquelle il adhéra. Placé d'abord à la tête de l'armée du Var, il fut nommé général de division en 1795 et participa à la campagne d'Italie, où il devint gouverneur de Venise. La probité dont il fit preuve à ce poste lui valut le surnom de « Vierge d'Italie ». De retour en France, il soutint Bonaparte le 18-Brumaire. Il fut ensuite sénateur en 1800, gouverneur des Invalides en 1804 et commandant de la garde nationale de Paris en 1809. Au début de la première Restauration, il fit brûler, dans la cour des Invalides, les drapeaux et étendards qui lui avaient été confiés. Pourtant, pendant les Cent-Jours il se rallia à Napoléon, ce qui permit à la seconde Restauration de lui enlever son poste de gouverneur des Invalides. Le boulevard Sérurier existe depuis 1864.

SERVAN (1737-1807). Joseph Michel Antoine Servan, magistrat et publiciste né à Romans, mort à Rousset (Bouches-du-Rhône). En 1769, il était avocat général au parlement de Grenoble; il rédigea alors un ouvrage intitulé « l'Administration de la justice criminelle », dans lequel il s'élevait contre la torture trop souvent pratiquée sur les condamnés et certains suspects. Ami de Voltaire, Servan, épris d'une justice plus équitable, dut quitter son poste en 1772, submergé par ses ennemis partisans du statu quo en matière de répression criminelle. Il cessa alors toute activité, vivant quelques années en Suisse (1792 à 1802), puis rentrant en France où Bonaparte lui fit une place au Sénat La rue Servan date de 1864.

SERVANDONI (1695-1766). Jean Jérôme Servandoni, architecte et peintre italien, né à Florence, mort à Paris. Il étudia d'abord la pein ture, puis fut attiré par l'architec ture; il se montra particulièrement habile dans la perspective, ce qui lui valut, à Lisbonne et Paris, des réussites comme décorateur de théâtres et de fêtes publiques. En 1728, notre Opéra lui commanda des décors pour « Orion »; Servandoni triompha. En 1731, on l'admit à l'Académie de peinture et en 1732, devenu architecte du roi de France, il construisit le portail de l'église Saint-Sulpice. Il fut ensuite le responsable de l'église de Coulanges (Bourgogne), de l'autel des Chartreux, à Lyon, de l'autel de la cathédrale, à Sens. Au printemps de 1738, il exposa dans la salle des Machines des Tuileries une curieuse reproduction perspective, en trompe l'œil, de la basilique Saint-Pierre de Rome. À partir de 1739, il voyagea beaucoup, allant exercer ses talents un peu partout en Europe, mais particulièrement en Angleterre et en Allemagne. La rue Servandoni existe depuis 1806.

SEURAT (1859-1891). Georges Seurat, peintre né à Paris. Ce fut l'initiateur et, en même temps, le maître du divisionnisme, technique des peintres néo-impressionnistes, également appelés « pointillistes », qui juxtaposaient les couleurs sur la toile au lieu de les mélanger sur la palette. Le tableau le plus connu de Seurat est « le Cirque ». La villa est de 1926.

SÉVERINE (1855-1910). Caroline Rémy, épouse Guebhard, dite Séverine, femme de lettres, née à Paris. Ce fut une élève de Jules Vallès; elle collabora à deux ouvrages de son maître, « l'Insurgé » et « le Bachelier ». En 1886, elle devint directrice du journal « le Cri du peuple »; elle abandonna cette direction en 1888, continuant à écrire des rubriques politiques dans plusieurs journaux de l'époque, comme « l'Écho de Paris » et le « Gaulois ». Cette femme, dont les thèmes de prédilection concernaient la solidarité sociale, donna son nom à un square en 1932.

SÉVERO (1864-1902). Augusto Sévero de Albuquerque-Maranhao, aéronaute brésilien. Il prit place, à Paris, dans un dirigeable baptisé « Pax ». Il ne se doutait pas qu'il allait, de ce fait, bientôt connaître la paix éternelle... Tout commença pourtant bien, le survol de notre capitale était agréable, puis les choses se gâtèrent et le dirigeable « Pax » s'écrasa avenue du Maine, tuant Augusto Sévero dont on donna le nom à une rue en 1907.

SEVESTE Nom d'une famille dont la plupart des membres étaient directeurs de théâtre sous le second Empire. Lors de la guerre de 1870-1871, l'un des membres de cette famille fut tué à la bataille de Montretout, près de Saint-Cloud, le 19 janvier 1871. En son honneur on baptisa une rue en 1875.

SÉVIGNÉ (1626-1696). Marie de Rabutin-Chantal, marquise de Sévigné, née à Paris, morte au château de Grignan. Orpheline de père et de mère à 6 ans, elle fut élevée par son oncle maternel, Christophe de Coulanges, abbé de Livry. En 1644, à la tête d'une dot de 100 000 écus, elle épousa Henri de Sévigné, dont elle eut deux enfants : une fille et un fils. En 1651, son malheureux mari fut tué en duel; comme il ne l'avait guère rendue heureuse de son vivant, peut-être ne souffrit-elle pas trop de sa mort... Après la période de deuil, elle fréquenta la Cour où les soupirants ne lui firent point défaut : Turenne, le prince de Conti, Foucquet et même son cousin, Bussy-Rabutin, s'intéressèrent beaucoup à elle. Mais elle ne s'intéressa guère à eux... En 1669, la fille de la marquise de Sévigné, fille qualifiée de « plus jolie de France », épousa le comte de Grignan qui l'emmena, en 1671, en Provence. Le départ de sa fille en province fut pour la marquise très pénible. Pour atténuer la peine qu'elle ressentait, elle entreprit avec Mme de Grignan une correspondance qui dura plus de vingt-cinq ans. Édité sous le titre « Lettres à Mme de Grignan », cette correspondance, rédigée dans un style merveilleux, est, en quelque sorte, le journal des plus belles années du règne de Louis XIV. La marquise de Sévigné s'y révéla peintre, historien, moraliste et écrivain. Sur la fin de sa vie, elle utilisa une grande partie de sa fortune pour payer les dettes contractées par le ménage de sa fille. On parle peu de son fils, Charles (1648-1713), qui fut d'abord militaire et combattit en Crète en 1668. Il quitta l'uniforme en 1684, après avoir épousé Jeanne Marguerite de Bréhant-Mauron et ses 200 000 livres de dot... De son mariage à sa mort, il se considéra comme retraité. La marquise de Sévigné mourut au château de son beau-fils, à Grignan, dans la Drôme, emportée par la petite vérole à l'âge de 70 ans. La rue de Sévigné existe depuis 1867.

SÈVRES Cette rue, connue depuis le Moyen Âge comme simple chemin, doit son nom à la commune de Sèvres où elle menait. Cette commune remonte à l'époque mérovingienne; au XIIe siècle, elle forma une seigneurie rattachée au château de Montlléry. Mais c'est, bien entendu, la manufacture de porcelaine qui rendit célèbre le nom de Sèvres. Elle fut fondée en 1756 mais son succès ne date que de 1764, année où elle acquit le secret de la fabrication de la porcelaine à pâte dure, par l'emploi du kaolin. Sise dans le parc de Saint-Cloud, cette manufacture continue à produire des pièces rarissimes et d'une grande beauté.

SEXTIUS MICHEL (1825-1906). Poète né à Sénas (Bouches-du-Rhône). Venu à Paris en 1849, il y dirigea, quelques années plus tard, une institution de jeunes gens. En 1871, il fut élu maire du XVe arrondissement. Comme poète, il écrivit « le Deuil de Cornélie » et « le Long du Rhône à la mer ». Amoureux de la langue d'oc, il succéda à Paul Arène comme président du félibrige de Paris. On donna son nom à une rue en 1905.

SÈZE (1748-1828). Romain de Sèze, avocat et magistrat, né à Bordeaux, mort à Paris. Avocat dans sa ville natale de 1767 à 1776, il vint ensuite à Paris où son talent le rendit vite populaire; à tel point qu'au moment de l'affaire du collier, Marie-Antoinette le choisit comme conseil. En 1789, il parvint à faire acquitter le baron de Besenval, accusé d'avoir fait tirer sur le peuple la veille de la prise de la Bastille. Ce succès de De Sèze incita Louis XVI à le prendre pour défenseur, en compagnie de Tronchet et Malesherbes, lors de son procès. Notre avocat prononça alors un superbe plaidoyer qui, dit-on, émut les juges; pas suffisamment cependant pour que le roi soit sauvé. En octobre 1795, de Sèze fut emprisonné, mais on le libéra pour le 9-Thermidor. Quand Napoléon accéda au pouvoir, il fit de nombreuses avances à l'avocat bordelais, mais celui-ci, fidèle aux Bourbons, les repoussa toutes. Aussi, la Restauration ne manqua point de le récompenser en le nommant premier président de la Cour de cassation en janvier 1815, puis en lui octroyant le cordon de Saint-Michel et en le faisant pair de France. Enfin, en 1816, de Sèze entra à l'Académie française. Une rue porte son nom depuis 1824.

SFAX Ville tunisienne, sur la côte septentrionale du golfe de Gabès. En 1881, date à laquelle les Français décidèrent d'occuper la Tunisie, le général Garnault prit d'assaut cette ville après lui avoir fait subir un bombardement sévère. La rue de Sfax, baptisée en souvenir de ce fait d'armes, existe depuis 1886.

SIAM Ancien nom de la Thaïlande actuelle. Pays d'Asie méridionale, dans la partie occidentale de la péninsule indochinoise. 514000 km^2 pour 59410000 petits Thaïlandais. Langue : thaï. Capitale : Bangkok. Les Thaïs, qui ont donné leur nom au pays, l'envahirent au VIIe siècle. Du XIVe au XVIIIe, les Siamois (autre nom des Thaïs) furent en guerre contre le Cambodge. Dès le XVIIe siècle, le Siam eut des relations avec les pays d'au-delà ses mers et, en 1684, un échange d'ambassadeur eut lieu entre Louis XIV et le roi Phra-Narain. Malgré d'importants conflits aussi bien avec ses voisins qu'avec les Occidentaux, notamment entre 1893 et 1902, la Thaïlande conserva toujours son indépendance. Ce pays doit sa richesse principale non pas aux masseuses, mais au caoutchouc et à l'étain de sa partie péninsulaire. En 1884, l'ambassade du Siam s'installa dans la rue qui nous intéresse et celle-ci prit alors son nom actuel. Aujourd'hui, l'ambassade de Thaïlande a déménagé, et se trouve rue Greuze. Signalons que c'est en 1949 que le Siam prit définitivement le nom de Thaïlande.

SIBELLE Dans l'Antiquité, une sibylle était une femme chargée de transmettre aux humains les oracles des dieux et on la confondit jadis, près d'ici, dans un lieu-dit appelé « Fosse de la Sibelle », avec Cybèle, déesse phrygienne de la fertilité, dont le culte, comportant des cérémonies initiatiques, se répandit chez les Gréco-Romains au IIIe siècle av. J.-C. Quoi qu'il en soit, en référence à l'ex-lieu-dit, on donna le nom de Sibelle (mélange de sybille et Cybèle) à une avenue, en 2000.

SIBOUR (1792-1857). Marie Auguste Sibour, prélat né à Saint-Paul-Trois-Châteaux (Drôme), mort à Paris. Vicaire général de Nîmes en 1838, puis évêque de Digne en 1839, il manifesta, lors de la révolution de 1848, des sentiments hautement républicains; cela décida le ministre Cavaignac à le faire nommer au siège archiépiscopal de Paris au mois de juillet. En 1851, l'archevêque Sibour adhéra au coup d'État de Napoléon III et célébra, le 3 janvier 1852, un « Te Deum » fortement critiqué par Victor Hugo dans « les Châtiments ». Plus tard, Mgr Sibour entra au Sénat et assista, en 1854, à Rome, à la proclamation du dogme de l'Immaculée Conception. Il mourut à l'église Saint-Étienne-du-Mont, assassiné par un prêtre interdit, que l'on qualifia, à tort ou à raison, de dément. La rue Sibour existe depuis 1865.

SIBUET (1773-1813). Général du premier Empire qui donna son nom à une rue en 1868. Né à Belley (Ain) et destiné à la prêtrise, il s'engagea, en 1791, dans l'armée nationale. Il fut nommé général et fait baron, en 1812. Voici les circonstances de sa mort : en 1813, à la bataille de Jauer (Silésie), il tint tête pendant douze heures, avec seulement 5000 hommes, à 30000 Russes; se voyant perdu, il se jeta dans les eaux de la Bober où il périt, frappé de vingt balles.

SIDI-BRAHIM Ville d'Algérie, dans le département d'Oran. Les 23, 24 et 25 septembre 1845, 79 combattants français d'un régiment de chasseurs y livrèrent un combat acharné contre des troupes d'Abd el-Kader. C'est en souvenir de ce combat qu'une rue de Paris fut baptisée, en 1904, du nom de cette ville algérienne, connue aussi pour les vins rouges produits par ses vignobles.

SIGAUD Ce passage porte, depuis 1935, le nom d'un de ses premiers propriétaires résidents.

SIGNORET-MONTAND Cette promenade ouverte en 1998 rend hommage à deux des plus grands artistes français (comédienne pour l'une, chanteur et comédien pour l'autre) du XXe siècle qui se marièrent le 2 décembre 1951. Simone Signoret (1921-1985), de son vrai nom Simone Henriette Kaminker, née à Wiesbaden, morte à Autheuil-Authouillet, est dactylo au début de la Seconde Guerre mondiale et, pour « arrondir ses fins de mois », elle fait, au cinéma, de la figuration et prend goût à ce métier. Elle a un premier petit rôle en 1942, dans « le Prince charmant », puis, à la même période, dans « les Visiteurs du soir » et obtient son premier rôle important, en 1947, dans « Macadam ». Viennent, dans la foulée, « l'Impasse des deux anges », « Manèges », « la Ronde », puis ce sera l'énorme succès, en 1951, avec « Casque d'or » où sa beauté et ses qualités explosent. Son chemin, dès lors, n'est plus semé que de succès remportés grâce à son exceptionnel talent. Je citerai seulement, et au hasard : « Thérèse Raquin », « les Diaboliques », « les Chemins de la haute ville » (film qui lui vaut, en 1960, un Oscar à Hollywood), « Compartiment tueurs », « l'Aveu », « le Chat », « la Veuve Couderc », « l'Étoile du Nord ». En 1976 elle a écrit un roman best-seller, « La nostalgie n'est plus ce qu'elle était ». Yves Montand (1921-1991), de son vrai nom Yvo Livi, né à Monsumano (Italie) d'où sa famille arriva à Marseille pour fuir le mussolinisme, alors qu'il était tout jeune. Il aborde le music-hall dès avant la Seconde Guerre mondiale, mais c'est après la fin de celle-ci qu'avec l'aide d'Édith Piaf il commence à « faire son trou » avec des chansons comme « Dans les plaines du Far-West », « les Grands Boulevards ». Le temps passant il s'affirme de plus en plus, passe dans les plus grands music-halls et ne cessera toute sa vie, parallèlement à une carrière d'acteur, de mener celle d'interprète hors pair de la chanson française (« les Feuilles mortes », « Sanguine », « À Paris », « Quand un soldat », « Luna-Park », « À bicyclette », « le Cabaret de la dernière chance » (dernier titre qu'il enregistra). À côté de la chanson, donc, et dès 1945, le cinéma l'appelle avec « Étoile sans lumière ». Sa longue silhouette dégingandée, souple et son jeu original et sincère font vite merveille, et il triomphe rapidement avec « les Portes de la nuit », « le Salaire de la peur », « les Sorcières de Salem » (qu'il interprétera aussi au théâtre avec Simone Signoret présente également dans le film), « Z », « l'Aveu », « César et Rosalie », « Vincent, François, Paul et les autres », « Jean de Florette », etc. Il meurt presque à la fin du tournage du film de Jean-Jacques Beineix « IP5 ».

SILVESTRE DE SACY (1758-1838). Isaac Sylvestre de Sacy baron, orientaliste et homme d'État, né et mort à Paris. Fils d'un notaire janséniste, il devint, en 1781, conseiller à la cour des Monnaies et, en 1785, académicien libre aux Inscriptions et Belles-Lettres. Au début de la Révolution, il se retira sagement à la campagne; il revint à Paris sous la Convention au moment où cette Assemblée créa l'École des langues orientales (1795). Il y enseigna l'arabe jusqu'en 1806, date à laquelle on lui confia un poste de professeur de persan au Collège de France. À la chute de Napoléon, la Restauration, qu'il avait soutenue, le nomma recteur de l'Université de Paris (1815), administrateur du Collège de France (1823) et de l'École des langues orientales. Pair de France en 1832, puis secrétaire perpétuel de l'Académie des inscriptions et belles-lettres, il fut le véritable fondateur des études arabes en France; il écrivit « Mémoire sur les antiquités de la Perse », « Exposé de la religion des Druzes » et une « Grammaire arabe ». L'avenue Silvestre-de-Sacy existe depuis 1907.

SIMART (1806-1857). Pierre Charles Simart, statuaire né à Troyes, mort à Paris. Fils de menuisier, il vint à Paris en 1823 et travailla chez le statuaire Dupaty. À la mort de ce dernier, Simart entra, successivement, dans les ateliers de Cortot et Pradier. En 1833, il obtint le premier prix de Rome. En 1840, il exécuta pour l'Hôtel de Ville de notre capitale deux figures de haut-relief, « l'Architecture » et « la Sculpture ». La même année, il réalisa, pour la barrière du Trône, deux statues colossales, « la Justice » et « l'Abondance ». Simart, disciple fervent de l'antique, entra à l'Institut en 1852. On lui doit également « la Philosophie », « la Poésie épique » et – pourquoi pas? – « le Commerce et l'Industrie protégés ». Une rue porte son nom depuis 1882.

SIMON BOLIVAR (1783-1830). Simon Bolivar y Ponte, libérateur de l'Amérique (voir à « Bolivar »). L'avenue qui porte son nom existe depuis 1880.

SIMON DEREURE Cette rue de la butte Montmartre porte depuis 1915 le nom d'un homme politique qui fut adjoint au maire de Montmartre en 1870.

SIMONET Passage jusqu'en 1931, cette rue porte le nom du propriétaire du terrain sur lequel on l'ouvrit.

SIMONE WEIL Philosophe et écrivain français née à Paris en 1909, morte à Ashford, Kent, en 1943. Disciple du philosophe Alain, agrégée de philosophie en 1931, elle travailla, en qualité d'ouvrière, chez Renault, de 1934 à 1935, avant, en 1936, de combattre, en Espagne, aux côtés des républicains. Ouvrière agricole en 1941, elle quitta la France pour New York, puis Londres (1942) où elle œuvra dans les bureaux de la France combattante; désapprouvant certains aspects de l'organisation du général de Gaulle, elle démissionna de ses fonctions en juillet 1943 et mourut, le 24 août de la même année, de tuberculose. Son œuvre d'écrivain fut connue après sa mort; elle est marquée par une recherche passionnée de justice sociale et de salut individuel. Elle a écrit : « la Pesanteur et la Grâce », « la Connaissance surnaturelle », « l'Enracinement », « la Condition ouvrière », etc., tous ouvrages publiés à titre posthume. La rue Simone-Weil existe depuis 1982.

SIMON LE FRANC En 1227, cette rue portait le nom de Symon Franque, un de ses anciens habitants, mort vers 1211. Au fil des ans, Symon Franque se transforma en Simon Le Franc.

SIMPLON Passage des Alpes suisses, entre le Valais et le Piémont, à 2009 mètres d'altitude. Deux tunnels ferroviaires, longs chacun de 19 km, permettent facilement son franchissement qui se fait également par une route, construite de 1801 à 1807, grâce à Napoléon, lequel installa, au sommet, un hospice tenu par des religieux du Grand Saint-Bernard. La rue du Simplon fut baptisée en 1877.

SINGER (1778-1846). David Singer, industriel et philanthrope. Il acquit une grande fortune dans l'industrie cotonnière et consacra une grande partie de l'argent ainsi gagné à des œuvres charitables. La rue qui porte son nom fut ouverte, en 1830, sur des terrains lui appartenant. Le passage Singer doit son nom au voisinage de la rue. Ne pas confondre notre David Singer avec Isaac Merrit Singer, inventeur américain né à Pittstown, dans l'État de New York (1811-1875), qui perfectionna la machine à coudre.

SINGES Ce passage, ouvert en 1820, dut alors son nom au voisinage de la rue des Singes, fondue dans la rue des Guillemites en 1868. La rue des Singes devait sa dénomination, datant de 1310, à une enseigne visible jusqu'à la fin du XVe siècle. Quant au mot singe, je ne vous apprendrai sans doute rien en écrivant que c'est le nom sous lequel on englobe tous les mammifères de l'ordre des primates, l'homme excepté. Parmi ces charmantes petites bêtes dont le faciès possède une séduction que l'on n'est pas obligé d'apprécier, citons l'orang-outang, le chimpanzé, le gorille, le gibbon, le cercopithèque, le macaque, l'atèle, le ouistiti et le sajou.

SISLEY (1839-1899). Alfred Sisley, peintre anglais, mais de l'école française, né à Paris. Un des maîtres de l'impressionnisme. Ses paysages sont absolument magnifiques. Parmi eux, citons « le Remorqueur » et « l'Inondation ». Le nom « impressionnisme » vient, rappelons-le, d'un tableau de Monet intitulé « Impression, soleil levant » exposé en 1874. La rue Sisley date de 1932.

SIVEL (1834-1875). Henri Théodore Sivel, marin et aéronaute, né à Sauve, dans le Gard. D'abord capitaine au long cours, il quitta la navigation maritime pour s'intéresser à la navigation aérienne. Il inventa un guiderope (cordage qu'on laisse traîner sur le sol quand un ballon atterrit pour diminuer sa vitesse et faciliter la descente). Le guiderope de Sivel était à flotteurs et à arrêt progressif. Le 15 avril 1875, notre aéronaute, en compagnie de Crocé-Spinelli et Tissandier, prit place à bord du ballon « Zénith »; ils atteignirent l'altitude de 8 000 mètres, mais là-haut Sivel et Crocé-Spinelli périrent asphyxiés; seul Tissandier put rejoindre vivant le sol. La rue Sivel existe depuis 1896.

SIZERINS Les sizerins sont de gentils petits oiseaux proches des linottes et que l'on trouve – si on cherche – dans les forêts du nord de l'Europe et de l'Amérique. La villa des Sizerins existe depuis 1996.

SKANDERBEG (vers 1403-1468). De son vrai nom Georges Castriota, Skanderbeg fut un héroïque homme de guerre albanais dont son pays vénère toujours la mémoire. Son surnom lui fut donné par les Turcs qu'il combattait, à la tête de tous les princes d'Albanie, en 1443; durant vingt années, il fit reculer ses ennemis, sans parvenir toutefois à créer l'État albanais dont il rêvait. Après sa mort, les Turcs annexèrent sa patrie. Skanderbeg vient de « Iskander bey », signifiant « prince Alexandre ». La place Skanderbeg existe depuis 1978.

SMALA La smala était l'ensemble des équipages et de la maison d'un chef arabe, en Algérie et au Maroc. Certaines de ces smalas avaient l'importance d'une ville; c'était le cas de celle d'Abd el-Kader qui fut prise, en 1843, par la cavalerie du duc d'Aumale. C'est en souvenir de cette prise qu'une rue de Paris fut baptisée en 1877.

SŒUR CATHERINE-MARIE Petite sœur des pauvres, dépendant du Sacré-Cœur de Montmartre, elle se dévoua, quarante-six années durant, à la population parisienne. Elle méritait bien qu'en 1977 son nom fût attribué à une rue.

SŒUR ROSALIE (1787-1856). Jeanne Marie Rendu, en religion sœur Rosalie, religieuse de Saint-Vincent-de-Paul, née à Comfort (Ain), morte à Paris. Élevée dans un couvent des Ursulines, elle en sortit pour entrer, immédiatement, dans la communauté de Saint-Vincent-de-Paul. Sa vie fut exemplaire; elle aida les miséreux, ouvrit une crèche, abrita dans une maison sise rue Pascal de vieux ménages démunis. Cette maison fut d'ailleurs l'embryon de l'asile Saint-Rosalie, fondé en 1856. Sœur Rosalie, dont le dévouement avait été admirable lors de l'épidémie de choléra de 1832, était fort populaire à Paris. Avant sa mort, elle reçut la croix de la Légion d'honneur. On donna son nom à une rue en 1868.

SOFIA Capitale de la Bulgarie, au pied du Vitosa. Sous un autre nom, Serdica, elle fut la capitale de la Dacie, sous l'empereur romain Aurélien. En 441, les Huns prirent la ville; en 809, ce fut le tour des Bulgares; en 1382, celui des Turcs qui ne quittèrent Sofia qu'en 1878, à l'arrivée des Russes. C'est à cette dernière date que l'ancienne Serdica devint capitale du territoire bulgare. La rue de Sofia date de 1971.

SOISSONS Chef-lieu d'arrondissement de l'Aisne, ancienne cité gallo-romaine connue sous le nom d'Augusta Suessonium. En 486, Clovis y vainquit un général romain, Syagrius, et la fameuse histoire du vase, dans laquelle on raconte que Clovis tua un de ses soldats, rappelle le pillage de la ville par les guerriers francs : saint Remi, évêque de Reims, demanda bien poliment à Clovis un vase que ses soldats avaient pris dans une église de Soissons; au moment du partage du butin, le chef gaulois réclama derechef le vase à ses troupes, en plus de sa part; tous les hommes acceptèrent sauf un, qui dit : « Clovis, tu n'auras que ce que le sort t'attribuera. » Sur ce il brisa le vase. L'année suivante (487), passant ses troupes en revue, Clovis arriva devant ce soldat : « Personne ici n'a des armes aussi mal tenues que les tiennes », lui dit-il, en jetant à terre la francisque du guerrier. Celui-ci se baissa pour la ramasser; Clovis profita de ce mouvement pour lui fendre le crâne, en lançant : « Ainsi as-tu fait au vase de Soissons. » Pour en revenir à notre ville, disons qu'elle fut prise par les Alliés en 1814 et par les Prussiens en 1870. Il faut y voir la magnifique église Saint-Jean-des-Vignes et y déguster les haricots, dits « de Soissons ». La rue existe depuis 1839.

SOLEIL Ouverte en 1883, cette rue fut baptisée par ses premiers habitants, désireux de rendre poétiquement hommage à Phébus. Le soleil, astre considéré comme le centre de notre système planétaire, luit, paraît-il, pour tout le monde. Prendre un coup de soleil peut être douloureux, cependant chacun de nous recherche sa place au soleil, bien qu'il soit dit aussi qu'il n'y a rien de parfait sous le soleil... Alors? Faut-il, plagiant Diogène, dire aux autres « Otez-vous de mon soleil »? Non, bien sûr. Tâchons plutôt, bon an mal an, de placer un peu de bien au soleil, pour pouvoir réchauffer nos vieux jours...

SOLEIL D'OR Cette ruelle doit son nom à l'enseigne de l'auberge du Soleil d'Or qui était sise au 226 de la rue de Vaugirard, proche. Cette auberge n'était, avant 1789, qu'une maison de plaisance construite au début du XVIIIe siècle par un riche bourgeois. Vers 1830, l'auberge du Soleil d'Or devint une poterie.

SOLEILLET (1842-1886). Paul Soleillet, explorateur né à Nîmes, mort à Aden. Il commença ses explorations africaines en 1865 et pénétra, de 1873 à 1874, dans l'oasis d'In Salah. Il eut ensuite l'idée de relier l'Algérie au Sénégal par un chemin de fer transsaharien, puis il entreprit d'ouvrir le Choa, partie de l'ex-empire d'Éthiopie, au commerce avec la France. Il rédigea plusieurs récits de ses voyages, dont « Rapport sur le voyage de Saint Louis à l'Adrar » et « Voyages en Éthiopie ». La rue Soleillet existe depuis 1890.

SOLFÉRINO Le port, depuis 1905, et la rue, depuis 1866, doivent leur nom au pont, construit en 1858 et 1859 par La Galisserie et Savarin. Il porte les noms des principales victoires de la campagne italienne de 1859 : Melegnano, Magenta, Turbigo, Palestro, Montebello et, bien sûr, Solférino, qui est une commune de Lombardie, dans la province de Mantoue. Le 24 juin 1859, l'armée franco-piémontaise y vainquit une armée autrichienne, après une bataille sanglante qui fit 17000 morts de notre côté et 22000 chez nos ennemis d'alors. Rappelons que c'est pendant la bataille de Solférino, à laquelle il assistait, qu'Henri Dunant (1828-1910), ému par l'état des nombreux blessés mal secourus, eut l'idée de fonder la Croix-Rouge. Henri Dunant, Suisse né à Genève, obtint le prix Nobel en 1901.

SOLIDARITÉ Ouverte en 1889, cette rue fut immédiatement baptisée de son nom actuel par ses habitants qui devaient considérer l'obligation de s'entraider comme une vertu première.

SOLITAIRES Connue depuis 1730, cette rue s'appela, à l'origine, « des Deux Solitaires ». Sans doute fut-elle habitée quelque temps, à l'époque, par deux religieuses, membres des Solitaires déchaussées de l'ordre de Sainte-Claire, congrégation féminine dont les membres vivaient dans la retraite et le silence.

SOMME Fleuve de France, qui prend sa source dans l'Aisne et se jette dans la Manche à la baie de la Somme. Également département français, dont la préfecture est Amiens. Le boulevard fut baptisé en 1931, en souvenir de la fameuse bataille de la Somme, qui se déroula de part et d'autre du fleuve pendant la Première Guerre mondiale, précisément de juillet à novembre 1916. Notons qu'en juin 1940 d'autres combats se déroulèrent sur le fleuve.

SOMMEILLER (1815-1871). Ingénieur né et mort à Saint-Geoire-en-Faucigny (Haute-Savoie). C'est lui qui exécuta les plans pour le percement du tunnel du Mont-Cenis. Les débuts des travaux d'excavation furent entrepris au moyen d'une perforatrice dont il était l'inventeur. On eut sans doute raison de le choisir puisque les deux équipes qui creusaient de part et d'autre se rencontrèrent à l'endroit prévu.

SOMMET DES ALPES Ce n'est pas le mont Blanc qui est le parrain de cette rue. En effet, elle doit son nom à un fait militaire, de la campagne d'Italie de 1859, qui se déroula au moment du franchissement du massif alpin par l'armée de Napoléon III. Ce fait militaire semble d'ailleurs n'avoir été qu'une simple escarmouche, prélude aux victoires retentissantes qui suivirent, telles celles de Magenta et Solférino.

SONATINE Cette villa a été créée en 1997 dans le cadre du lotissement du « Parc des musiciens ». La sonatine, œuvre musicale en un et plusieurs mouvements pour soliste ou ensemble instrumental, a la même forme que sa grande sœur, la sonate, mais est plus courte et, en principe, plus facile à jouer que celle-ci.

SONTAY Ville de l'ancien Tonkin, Vietnam. C'est une ancienne forteresse qui fut prise, en 1883, par l'amiral Courbet. C'est en souvenir de cette victoire que la rue a été baptisée en 1886.

SOPHIE GERMAIN (1776-1831). Mathématicienne, née et morte à Paris. Après avoir lu l'histoire de la vie d'Archimède elle sentit naître en elle une vocation irrésistible pour les mathématiques. Sans doute devrait-on largement diffuser cet opuscule dans les lycées et collèges... Elle écrivit notamment, en 1815, un ouvrage couronné par l'Institut : « Mémoires sur les vibrations de lames élastiques ». On donna son nom à une rue en 1881.

SORBIER (1762-1827). Général du premier Empire dont on donna le nom à une rue en 1867. Né à Paris, mort à Saint-Sulpice (Nièvre), Jean Sorbier fut élève à l'École d'artillerie de Metz. Il adhéra à la Révolution et organisa, en 1791, une compagnie d'artillerie à cheval à Strasbourg. En 1793, après la bataille d'Arlon, il fut suspendu pour indiscipline par ses supérieurs, mais très peu de temps après, le Comité de salut public le réintégra. En avril 1797 il fut fait général de brigade par Hoche sur le champ de bataille de Neuwied. Nommé général de division en 1800, puis inspecteur général en 1813, il fut mis à la retraite, en 1818, avec une pension de 12000 francs, s'il vous plaît.

SORBONNE (passage, place et rue). La Sorbonne fut créée en 1257 par Robert de Sorbon, chapelain et confesseur de Louis IX. Primitivement connue sous le nom de Communauté des pauvres maîtres, étudiant en théologie (les temps ont bien changé), elle prit ensuite le nom de son fondateur. Elle reçut, tout d'abord gratuitement, des étudiants pauvres, auxquels vinrent bientôt s'ajouter des bacheliers boursiers et payants. Dès sa fondation, la Sorbonne se voulut gallicane et lutta contre les ordres mendiants, défenseurs de la papauté. En 1393, 54 de ses docteurs – et cela montre son importance – furent chargés de donner un avis sur les moyens de mettre un terme au schisme de l'époque ; ils conseillèrent l'organisation d'un concile général. En 1431, la Sorbonne se montra ouvertement opposée à Jeanne d'Arc, accusée d'hérésie. Au XVIe siècle, l'établissement fondé par Sorbon se montra fort hostile aux Jésuites et appuya la Ligue. Au XVIIe siècle, la Sorbonne prit part à la lutte entre jésuites et jansénistes, abritant d'abord Arnauld (un janséniste) avant de l'exclure en compagnie des docteurs qui l'avaient soutenu. Fortement divisée au XVIIIe siècle, elle ne comptait plus que 160 membres au début de la Révolution, qui la supprima le 18 août 1792. À cette date, les bâtiments primitifs n'existaient plus ; leur réfection complète avait été entreprise sous l'égide de Richelieu, prieur de la Sorbonne ; c'est de cette époque que date la chapelle construite précisément de 1635 à 1653 (elle abrite le tombeau de Richelieu, par Girardon). En 1808, la Sorbonne fut donnée à l'Université de Paris qui la rendit totalement à l'enseignement en 1821. De 1885 à 1900, tout l'édifice fut à nouveau remanié ou reconstruit, d'après des plans de l'architecte Nénot. Aujourd'hui, la Sorbonne est un établissement public d'enseignement supérieur, groupant les facultés des lettres et sciences humaines, la Faculté des sciences, l'École des chartes, en même temps que certains instituts rattachés aux facultés. En mai 1968 c'est autour de la Sorbonne que se déroulèrent les événements les plus spectaculaires de la révolte des étudiants. Le passage de la Sorbonne existe depuis 1853, la place depuis 1635 et la rue depuis la fondation de l'établissement de Robert de Sorbon (1257).

SOUCHET Cette villa porte le nom de l'un de ses premiers propriétaires résidents.

SOUCHIER Ouverte en 1874 cette villa porte le nom du propriétaire des terrains sur lesquels elle fut construite.

SOUDAN République africaine de la région du haut Nil. 2 506 000 km^2 et 27 400 000 habitants. Capitale Khartoum, langue arabe. En 1820 les Égyptiens l'occupèrent et en 1898 les Anglais, commandés par Kitchener, l'envahirent. En 1899, un condominium anglo-égyptien s'établit et en 1951 le roi Farouk se donna le titre de souverain du Soudan. C'est en 1956 que le pays devint une république indépendante. Il faut également dire qu'une partie du Soudan avait été conquise par les Français, à partir de 1880 ; c'était la portion comprenant la vallée du haut Sénégal et celle du Niger moyen. Connu sous le nom de Soudan français, ce pays pris le nom de Mali quand il accéda à l'indépendance en 1958 ; en 1959 il forma, avec le Sénégal, la Fédération du Mali qui éclata dès 1960. Seul l'ancien Soudan français garda le nom de Mali, devenu totalement indépendant l'année de sa séparation avec le Sénégal. La capitale du Mali est Bamako. La rue du Soudan, baptisée au moment de l'existence du Soudan français, date de 1935

SOUFFLOT (1709-1780). Architecte né à Irancy (Yonne), mort à Paris. Après des études classiques, il se rendit en Italie où il obtint le titre de pensionnaire de l'Académie de France. Il voyagea, par la suite, en Grèce et en Asie Mineure, avant de rentrer en France et d'être chargé, à Lyon, d'un certain nombre de constructions qui établirent le commencement de sa notoriété. Il dessina, entre autres, dans la cité rhodanienne, les plans d'une coupole pour le couvent des Chartreux, construisit l'Hôtel du change (1749) et éleva la façade de l'Hôtel-Dieu. On l'appela alors à Paris et on le nomma membre de l'Académie d'architecture. En 1750, il entreprit un nouveau voyage en Italie et en 1754 il retourna à Lyon pour y construire le Grand-Théâtre. L'œuvre la plus importante de Soufflot fut, incontestablement, la nouvelle église Sainte-Geneviève, futur Panthéon, construite de 1754 à 1780; il en mena l'exécution jusqu'à la naissance du dôme. Nommé intendant général des bâtiments en 1776, Soufflot ouvrit lui-même, en 1760, la rue qui porte son nom.

SOUHAITS Cette impasse porte son nom actuel depuis 1877. Auparavant elle s'appelait « de l'Espérance ». Généralement, il est plus logique de souhaiter quelque chose et d'espérer ensuite que le souhait se réalise, plutôt que d'adopter la démarche contraire, qui mena à la dénomination de notre impasse. Ses habitants – qui la baptisèrent eux-mêmes « des Souhaits » – voulurent peut-être remplacer le sens évasif et incertain du mot espérance par celui plus concret du nouveau nom. À moins, tout bonnement, que l'impasse, parcourue par les courants d'air, ait été la cause de nombreux éternuements, appelant d'incessants « À vos souhaits ». Qui sait...

SOUHAM (1760-1837). Militaire nommé général en 1793, il fut très remarqué pendant toutes les guerres menées par la Révolution, puis l'Empire. Il se distingua particulièrement à Tourcoing en 1794, en Espagne (1809-1810) et en Allemagne, notamment à Leipzig (1813). On attribua son nom à une place en 1978.

SOULT (1769-1851). Nicolas Jean de Dieu Soult, duc de Dalmatie, maréchal de France et homme d'État, né à Saint-Amans-la-Bastide (Tarn), mort à Soulzberg (Tarn). Fils de notaire, il entra tout jeune dans l'armée. Officier dans le Royal-Infanterie avant la Révolution, celle-ci l'envoya comme instructeur à l'armée du Rhin. Devenu ensuite combattant, il aida grandement à la victoire d'Altenkirchen. En 1799, envoyé à l'armée du Danube, il gagna ses galons de général de division. Il accueillit l'Empire avec enthousiasme et devint maréchal en 1804. Il commanda le 4e corps d'armée qui se distingua à Austerlitz, Eylau et Friedland. Fait duc de Dalmatie en 1807, puis chef d'état-major des armées françaises d'Espagne, il s'empara de l'Andalousie dont il fut nommé gouverneur. Ensuite, il se battit en Prusse, puis retourna en Espagne avant de défendre le Midi de la France contre Wellington. Il accueillit avec enthousiasme la venue de la première Restauration (l'enthousiasme semble avoir été le propre de Soult) et quand Napoléon s'évada de l'île d'Elbe, il cria à l'usurpateur. Pourtant il crut, un moment après, à la réussite de l'empereur et s'y rallia au début des Cent-Jours; cela lui valut d'être nommé pair de France et major général de l'armée. Après Waterloo, banni par la seconde Restauration, il se retira dans ses terres du Tarn, puis dans le duché de Berd (Prusse-Rhénane) où, hardi quinquagénaire, il se maria. Il revint en France en 1819 et retrouva la pairie. En 1830, il accepta avec enthousiasme – bien entendu – la monarchie de Juillet; il fut alors deux fois ministre de la Guerre (1834 et 1840) et une fois ministre des Affaires étrangères, en 1839. Enfin, car tout a une fin, il reçut le titre de maréchal général en 1847. Que voilà une bien belle carrière! Le boulevard Soult prit ce nom en 1864.

SOUPIRS Ce passage fut baptisé en 1835 par ses habitants. On ne sait pas pourquoi ils choisirent ce nom, peut-être parce que de nombreux amoureux soupiraient, la nuit, dans cette voie? Peut-être aussi dans l'espoir de concurrencer le pont des Soupirs de Venise qui, lui, retentissait des soupirs des condamnés? En tout cas, comme il n'existe point de cimetière proche, ce ne fut sans doute pas dans le but d'évoquer les derniers soupirs...

SOURCE Cette rue doit son nom au réservoir des « sources d'Auteuil » auquel elle conduisait. Ces sources, trois filets d'eau sulfureuse et ferrugineuse, découvertes en 1628, étaient rassemblées dans ce réservoir, situé à hauteur de la rue Jasmin actuelle. Les eaux d'Auteuil, moins courues que celles de Passy, étaient censées guérir l'anémie et les maladies de foie. Les sources se tarirent dans la seconde moitié du XIXe siècle. La rue de la Source fut baptisée en 1828.

SOURDIS Cette ruelle doit son nom à un ancien hôtel situé dans la rue Charlot, proche. Construit en 1614, il appartint, à partir de 1652, à Pierre d'Escoubleau, marquis de Sourdis, qui faisait partie de la même famille que deux ecclésiastiques : François d'Escoubleau, cardinal de Sourdis (1575-1628), et Henri d'Escoubleau de Sourdis, évêque et homme militaire (1593-1645), frère du précédent.

SOUTINE Peintre français d'origine lituanienne, prénommé Chaïm, né à Smilovitchi, près de Minsk en 1893, mort à Paris en 1943. Arrivé en 1913 à Paris, il se précipita dans le quartier du Montparnasse où tant de peintres vivaient alors. Il travailla d'abord à la Ruche, puis Cité Falguière où il côtoya notamment Amedeo Modigliani (1884-1920). Il entra ensuite aux Beaux-Arts, mais passa surtout beaucoup de temps au Louvre. Son œuvre, riche, violent, le situe dans le courant d'expressionniste, et présente des toiles intitulées, par exemple, « La nurse », « Maria Lani », « L'escalier rouge », « Colline à Céret », « Les pâtissiers », « Les enfants de chœur », « Fillette à la robe rose », « Jour de vent à Auxerre », etc. Une villa porte son nom depuis 2003.

SOUVENIR FRANÇAIS C'est le nom d'une association créée en 1887 et qui s'est fixé pour but d'entretenir le souvenir de ceux qui sont morts pour la France. Une esplanade à son nom existe depuis 1987.

SOUZY Cette cité porte le nom d'un de ses premiers propriétaires riverains.

SPINOZA (1632-1677). Philosophe hollandais prénommé Baruch – c'est comme je vous le dis – né à Amsterdam, mort à La Haye. Dans sa jeunesse, il apprit toutes les langues classiques et l'hébreu, et s'intéressa à l'histoire religieuse, politique et critique du judaïsme. Lui-même était issu d'une riche famille juive. Il émit des doutes sur les textes sacrés, ce qui lui ferma les portes des synagogues. La philosophie de Descartes le conquit et il se retira à La Haye pour méditer, gagnant sa vie dans le polissage des verres pour microscopes. En 1670, il publia « Tractatus theologico-politicus »; les attaques contre ce livre, qui prônait le libéralisme politique, furent si violentes que Spinoza renonça à publier tout autre ouvrage de son vivant. Après sa mort parut son « Éthique » dans lequel il a exposé l'essentiel de sa vision du monde. Spinoza était un panthéiste (système de ceux qui associent Dieu et le monde), mais il créa son propre système philosophique, nommé spinozisme, que Leibniz a défini comme étant un « cartésianisme immodéré ». Spinoza disait : « Comprendre est le commencement d'approuver », « L'extrême orgueil, comme l'extrême humilité, est une marque de l'extrême ignorance de soi-même » ; « La tristesse est le passage de l'homme d'une plus grande à une moins grande perfection » et « Dans la mesure où une chose convient à notre nature, elle est nécessairement bonne ». La rue Spinoza fut baptisée en 1885.

SPONTINI (1774-1851). Gaspare Spontini, compositeur italien, né et mort à Majolati. Après des études au Conservatoire de Naples, il fit représenter une douzaine d'ouvrages dans différentes villes italiennes avant de se rendre à Marseille, puis à Paris où il écrivit pour le Théâtre-Italien, puis l'Opéra-Comique. Ainsi chez nous, entre 1804 et 1809, il donna « la Finta Filosofa », « Julie », « la Vestale » et « Fernand Cortez ». En 1809, il obtint la direction du Théâtre-Italien et la conserva deux ans. Au début de la Restauration (1814), il écrivit pour l'Opéra « le Roi et la Paix ». En 1816, son œuvre « Olympie » n'ayant pas obtenu de succès, Spontini partit pour Berlin où il fut nommé directeur général de la musique au Théâtre-Royal. Il fit alors « Nurmahal » et « Alcindor ». Son mauvais caractère et sa fatuité lui valurent d'être mis d'office à la retraite, en 1842, après que le public, que ses manières excédaient, lui eut fait quitter son pupitre de chef d'orchestre lors d'une représentation de « Don Juan ». Le compositeur mourut sourd, ayant quasiment perdu la mémoire, touché par la sénilité. La rue Spontini date de 1865, la villa de 1884.

SQUARE Cette rue, située dans la villa Montmorency, mène à un square de cette villa, d'où son nom. Il n'existe pas de Square de la Rue.

STAËL (1766-1817). Anne Louise Germaine Necker, baronne de Staël-Holstein, dite Mme de Staël, femme de lettres née et morte à Paris. Fille de Necker, le ministre de Louis XVI, la jeune fille grandit entourée d'hommes célèbres : Marmontel, d'Alembert, Buffon, qui fréquentaient le salon de sa mère. Bernardin de Saint-Pierre lui donna même la primeur de son « Paul et Virginie ». À 11 ans, elle rédigea des « Éloges » et à 15 ans elle commenta, parfaitement, « l'Esprit des lois ». En 1786, elle épousa le baron de Staël-Holstein, attaché à l'ambassade de Suède à Paris. Dès lors elle se fit rapidement remarquer à la Cour et écrivit, en 1788, « Lettres sur le caractère et les écrits de J.-J. Rousseau ». Puis arriva la Révolution, pendant laquelle Mme de Staël chercha à sauver le couple royal en écrivant « Mémoire pour la défense de Marie-Antoinette » et « Épître au malheur ». Après le 9-Thermidor, elle entra de plain-pied dans la politique et devint l'âme du parti constitutionnel et libéral. Elle publia « Réflexions sur la paix » (1795) et « Essai sur les factions ». Les gouvernants ne tardèrent pas à la trouver gênante et elle se retira à Coppet (Suisse) de 1795 à 1797. Elle revint à Paris à cette date et constata alors que l'étoile de Bonaparte grimpait au firmament. Elle rêva de devenir l'égérie du pouvoir qui naissait. Mais après le 18-Brumaire, une animosité, qui ne cessera de croître, s'installa entre elle et le futur empereur ; commença alors, pour Mme de Staël, une suite de persécutions et d'exils qui ne cessèrent qu'à la chute de Napoléon. Après des années durant lesquelles le pouvoir napoléonien l'avait poursuivie partout (Allemagne, Suisse, Angleterre, Russie, Pologne et Suède), elle rentra enfin en France après les Cent-Jours. Riche encore de mille projets, elle ne put en mener aucun à bout, car fatiguée et malade elle ne tarda pas à s'éteindre. Outre les ouvrages déjà cités, notons : « Delphine », « Du caractère de M. Necker et de sa vie privée », « Corinne », « Dix Années d'exil » et « De l'Allemagne ». Mme de Staël a dit : « Comprendre, c'est pardonner », « Un homme doit savoir braver l'opinion, une femme s'y soumettre », « On cesse de s'aimer si quelqu'un ne nous aime », « Le génie, c'est le bon sens appliqué aux idées nouvelles » et « L'amour est un égoïsme à deux ». La rue de Staël date de 1885.

STALINGRAD Ville de Russie qui ne porta ce nom que de 1925 à 1961. Avant 1925, on l'appelait Tsaritsyne. Depuis 1961, elle se nomme Volgograd. Au cours de l'hiver 1942-1943, une armée allemande, commandée par le maréchal von Paulus, y fut encerclée et anéantie. Cette défaite marqua le début de la contre-offensive soviétique et fut un tournant important dans l'histoire de la Seconde Guerre mondiale. C'est en souvenir de la bataille de Stalingrad qu'une place de Paris fut ainsi baptisée en 1945.

STANISLAS Cette rue, baptisée en 1834, doit son nom au collège Stanislas, ainsi nommé à partir de 1822. Situé, au moment du baptême de la rue, au 54 de la rue Notre-Dame-des-Champs, il fut transféré en 1847 au 22 de la même rue ; il s'y trouve encore. Il reçut son nom en souvenir de Stanislas Ier Leczinski (1677-1766), né à Lemberg, mort à Lunéville, roi de Pologne en 1733. En 1735, le traité de Vienne entre l'Autriche et Louis XV le priva de son trône, contre lequel il reçut les duchés de Lorraine et de Bar. La ville de Nancy garde l'empreinte de son passage avec l'admirable place Stanislas et l'académie qu'il y créa en même temps que de nombreux collèges, hôpitaux et établissements philanthropiques. Les Lorrains l'avaient surnommé « le duc bienfaisant ».

STANISLAS MEUNIER (1832-1925). Géologue, né à Paris. Il réussit à reproduire, artificiellement, différents minéraux et fit connaître, après avoir étudié des météorites, la géologie comparée des astres de notre système solaire. D'autre part, dans différents ouvrages, tels que « Méthodes de synthèse en géologie » et « Nos terrains », il vulgarisa sa science. Professeur au Muséum à partir de 1892, il donna son nom à une rue en 1932.

STATION DE MÉNILMONTANT Ce passage conduit à l'ancienne station « Ménilmontant » du chemin de fer de ceinture.

STEINKERQUE Ville de Belgique, dans la province du Hainaut, sur la Senne. Le 3 août 1692, le maréchal français de Luxembourg y vainquit les troupes de Guillaume III, roi d'Angleterre, d'Écosse et d'Irlande. Le maréchal de Luxembourg perdit 7 000 hommes et le souverain anglais 11 000, dont 1 300 prisonniers. La rue de Steinkerque fut baptisée en 1877, en souvenir de cette victoire.

STEINLEN (1859-1923). Théophile Alexandre Steinlen, dessinateur et peintre français, né à Lausanne. Venu à Paris à l'âge de 19 ans, il commença à faire du dessin industriel, pour subsister. Vivant à Montmartre, il fréquenta le cabaret du Chat-Noir à partir de 1884. Il donna, dès lors, de très nombreux dessins aux revues de l'époque : « Chat-noir », « le Mirliton », « l'Assiette au beurre », etc. Il illustra, entre autres, « le Train de 8 h 47 », de Courteline, « Dans la rue », chansons de Bruant, et « Chansons de femmes », de Paul Delmet. Il dessina aussi un grand nombre d'affiches publicitaires très recherchées actuellement. Dans ses tableaux, par exemple « l'Absinthe », « le Beau Soir » et « 14 Juillet », Steinlen représenta parfaitement la vie ouvrière de son époque. La rue existe depuis 1933.

STEMLER Depuis son ouverture cette cité porte le nom d'un de ses premiers propriétaires riverains.

STENDHAL (1783-1842). Henri Beyle, dit Stendhal, littérateur né à Grenoble, mort à Paris. Il exerça divers métiers : militaire, administrateur, diplomate. Il voyagea beaucoup de ce fait et apprit, très vite, à connaître les hommes et la vie. Ce fut un des analystes les plus précis de son temps et un grand psychologue. Homme insolite, il prit pour pseudonyme le nom d'une petite ville allemande, près de laquelle il cantonna. Il considérait l'Italie, où il vécut longtemps, comme sa vraie patrie et avait une grande admiration pour Napoléon qu'il suivit, en qualité d'officier, en Italie, en Allemagne, en Autriche et même en Russie. Stendhal fut un adversaire du romantisme, tout autant que de la Restauration. Son temps ne lui rendit guère justice et ses lecteurs étaient fort peu nombreux... Dieu merci, le XXe siècle s'est aperçu que Beyle était un merveilleux auteur. Il a écrit « Armance », « la Chartreuse de Parme », « le Rouge et le Noir », « De l'amour », « Lucien Leuwen », « Mémoires d'un touriste » et « Racine et Shakespeare ». Stendhal disait : « La seule règle est d'être vrai », « On peut tout dire avec un regard », « La beauté n'est que la promesse du bonheur », « Plus on plaît généralement, moins on plaît profondément » et « La plupart des hommes ont un moment dans leur vie où ils peuvent faire de grandes choses, c'est celui où rien ne leur semble impossible ». La rue Stendhal date de 1875, le passage de 1877 et la villa de 1913.

STÉPHANE GRAPPELLI Violoniste de jazz, né à Paris en 1908, d'un père italien et d'une mère française, mort en 1997. Entré au Conservatoire à l'âge de quatorze ans, il apprit rapidement, outre le violon, le piano et même le saxophone. Très jeune, il fit son apprentissage du public dans les cours d'immeubles et dans les cinémas pour accompagner les films muets d'alors. C'est au milieu des années 20 qu'il découvrit vraiment le jazz qui l'amena, au début des années 30, à sa rencontre avec le guitariste Django Reinhardt (1910-1953), avec lequel il monta une formation à laquelle se joignirent trois autres instrumentistes: Joseph, frère de Django, Chaput et Vola; cela donna le quintette du Hot Club de France. La Seconde Guerre mondiale sépara le Hot Club; après la Libération, Grappelli et Django jouèrent à nouveau ensemble, mais moins systématiquement, tous deux donnant aussi des concerts avec d'autres musiciens. Jusqu'en 1975, la notoriété de Grappelli était essentiellement européenne, mais à partir de cette date le monde entier commença à lui tendre les bras. L'année de ses quatre-vingts ans, il dit: « J'ai encore une masse de projets car dans ma tête j'ai vingt ans. » La rue Stéphane-Grappelli existe depuis 2003.

STÉPHANE MALLARMÉ (1842-1898). Poète, né à Paris, mort à Valvins, près de Fontainebleau. Il appartint, d'abord, au mouvement parnassien, mais nous devons plutôt le considérer, avec Verlaine, comme un initiateur du symbolisme. De 1862 à 1892, il enseigna l'anglais dans diverses villes de France : Tournon, Avignon, Besançon, Paris (1873). Ses œuvres principales furent « l'Après-midi d'un faune » (1876), « Vers et proses » (1893). Il traduisit, fort bien, des poèmes d'Edgar Poe. Mallarmé disait : « Ce n'est point avec des idées que l'on fait des vers, c'est avec des sons », « La chair est triste, hélas! et j'ai lu tous les livres », « Un coup de dés jamais n'abolira le hasard » et « Le vierge, le vivace et le bel aujourd'hui ». L'avenue Stéphane-Mallarmé fut créée en 1926.

STÉPHEN PICHON (1857-1933). Publiciste et homme politique né à Arnay-le-Duc. En 1878 il écrivit dans « la Commune affranchie » et en 1880 dans « la Justice », deux journaux de l'époque. Conseiller municipal du XIIIe arrondissement de Paris en 1882, il fut élu député par le XIVe arrondissement en 1889 et siégea à l'extrême gauche. Il quitta la vie parlementaire en 1893 et devint ministre plénipotentiaire à Port-au-Prince ; en 1896 il fut nommé à Rio de Janeiro et en 1897 à Pékin. Dans cette capitale il subit, comme les autres délégations étrangères, un siège qui dura du 20 juin au 15 août 1900. Stéphen Pichon rentra en France en 1901 et fut aussitôt nommé résident général en Tunisie. On donna son nom à une rue en 1934.

STEPHENSON (1781-1848). George Stephenson, ingénieur anglais, né à Wylam près de Newcastle, mort à Tapton, près de Chesterfield. D'abord mécanicien dans une mine, il raccommoda des habits et répara des horloges, en dehors de ses heures de travail, pour acheter des livres. Surveillant dans une houillère, en 1810, il remit si bien en état une pompe d'épuisement qu'on lui facilita ses études et qu'en 1812 il devint ingénieur de la mine de Willington. Il y remplaça les rails en bois par des rails en fer, puis, trouvant peu rentable le fait de faire tirer les wagons par des chevaux, il les remplaça par une locomotive à vapeur de sa construction. Plus tard, il perfectionna sa machine en faisant aboutir le tuyau de la vapeur dans la cheminée même et en appliquant le principe du chauffage tubulaire inventé par Seguin. On baptisa la nouvelle locomotive « the Rocket », c'est-à-dire « la fusée ». Entre 1830 et 1840, Stephenson dirigea la construction de nombreuses lignes de chemin de fer anglaises. La rue qui porte son nom existe depuis 1867.

STHRAU Nom d'un jeune tambour de 15 ans qui mourut, après s'être conduit en héros, à la bataille de Wattignies, le 16 octobre 1793, face aux Autrichiens.

STINVILLE C'est le nom d'un des premiers propriétaires résidents de ce passage.

STOCKHOLM Capitale de la Suède, sur le lac Mälar et sur la rive occidentale de la mer Baltique. Cette ville fut fondée en 1260 par le roi Birger Jar ; elle ne devint capitale qu'au XVIIIe siècle, détrônant Uppsala célèbre pour son université. À voir, outre le magnifique musée Skansen, l'église des Chevaliers et le château royal. Aujourd'hui, Stockholm compte 674000 habitants ; en 1912, les jeux Olympiques s'y déroulèrent. La rue date de 1831.

STRASBOURG Chef-lieu du Bas-Rhin, sur le Rhin et sur l'Ill. Connue d'abord sous le nom d'Argentoratum Strasbourg devint une ville libre en 1201 ; en 1681, Louis XIV la réunit à la France ; elle fut allemande de 1870 à 1918 et de 1940 à 1944. Siège actuel du Conseil de l'Europe, la ville possède une magnifique cathédrale des XIe et XVIe siècles avec des vitraux des XIIe, XIIIe et XIVe. À voir aussi le palais de Rohan, du XVIIIe siècle. La ville de Strasbourg, hors agglomération, compte 256000 habitants. Le boulevard qui nous intéresse fut baptisé en 1852, la rue en 1854.

STRASBOURG En l'an 15 av. J.-C., Drusus, frère de Tibère, établit à Argentorum (premier nom de Strasbourg) un camp de légionnaires ; détruit par les Alamans et les Huns, c'est sur ses bases que naquit Stateburgum – Strasbourg – « la ville des routes ». Le camp de Drusus, qui avait la forme d'un quadrilatère, se devine encore de nos jours. Actuellement, il serait limité par les rues du Vieil-Hôpital, du Fossé-des-Tailleurs, le quai Lezay-Marnésia, la place du Château, le Marché Neuf, la rue des Veaux et une ligne partant de la statue de Lezay-Marnésia pour aller à la place du Temple-Neuf.

Le premier nom de Strasbourg, Argentoratum, venait d'un mot celtique signifiant « forteresse brillante comme de l'argent ».

L'Alsace, dont Strasbourg est la capitale, est, gastronomiquement, une des plus intéressantes et des plus favorisées des provinces françaises. Un gastronome éminent, Doppelmeyer, a dit : « De tout temps l'Alsace a été appelée la cave à vin, la grange à blé, le garde-manger des pays environnants; elle fut le jardin, le paradis, l'Éden des Goths, des Wisigoths et des Germains. »

Elle s'enorgueillit de 7 espèces de champignons locaux, 33 variétés de pommes, 87 de poires et 36 de pêches, 10 sortes d'abricots, 29 de prunes et 12 de cerises, sans oublier une armée de 129 crus de fort bon aloi.

Voici comment naquit le pâté de foie gras de Strasbourg : le maréchal de Contades, nommé en Alsace en 1762, amena avec lui son chef de cuisine, Clause (ou Close), qui était normand. C'est lui qui, pour plaire à son maître, eut l'idée d'envelopper un foie gras d'une douillette de beau haché et de le recouvrir d'une cuirasse de pâte dorée, puis de donner au tout une âme en y ajoutant la truffe du Périgord. Quand Contades quitta Strasbourg, en 1788, Clause y demeura, épousa la veuve d'un pâtissier et commercialisa ses pâtés.

STUART-MERRIL (1863-1915). Poète américain né à Long Island, dans l'État de New York. Il vint faire ses études à Paris, retourna aux États-Unis en 1886, où il prôna des idées socialistes, puis revint à Paris en 1889. Anatole France a dit de lui : « Sa magnificence est toute pour l'oreille, et elle se déploie selon le procédé des poètes décadents : l'allitération; à l'exemple de Verlaine, il tire ses effets de la répétition des sons. Il obtient des effets curieux qui ne sont pas toujours barbares. » Stuart Merril a écrit « les Gammes », « Pastels en prose » et « les Quatre Saisons ». La rue date de 1927.

SUCHET (1770-1826). Louis Suchet, duc d'Albufera, maréchal de France, né à Lyon, mort au château de Montredon, près de Marseille. Engagé volontaire en 1792, il devint chef de bataillon l'année suivante et général de brigade en 1798. Après avoir été nommé général de division en 1799, il reçut le commandement de l'armée d'Italie en 1800. Il se battit à Austerlitz et à Iéna, puis guerroya en Espagne de 1808 à 1814. En 1811, ayant prit Lerida, il reçut son bâton de maréchal et fut fait duc d'Albufera. La première Restauration lui fit bonne figure, mais sa participation aux Cent-Jours lui valut une disgrâce qui dura de 1815 à 1819, date à laquelle on le nomma pair de France. Le boulevard Suchet fut baptisé en 1864.

SUD Ce passage doit tout simplement son nom au fait qu'il se trouve au sud d'un groupe de constructions édifiées par une compagnie immobilière.

SUEZ Les travaux de percement de l'isthme de Suez commencèrent le 25 avril 1859 et se terminèrent par une inauguration solennelle, le 17 novembre 1869. Le canal ainsi créé, œuvre de Ferdinand de Lesseps, est long de 162 km. Il abrège de plus de 40 % le trajet entre Londres et Bombay. À la suite du conflit israélo-arabe de 1967, le canal de Suez fut fermé neuf ans à la navigation. La rue date de 1884 et l'impasse de 1889.

SUFFREN (1729-1788). Pierre André de Suffren de Saint-Tropez, parfois appelé « le bailli de Suffren ». Tout jeune, il entra à l'ordre de Malte. Enseigne de vaisseau en 1748, il fut fait prisonnier, la même année, par les Anglais, lors du combat de Belle-Ile; le traité d'Aix-la-Chapelle, toujours la même année, lui rendit la liberté. En 1754, après s'être battu jusque-là pour l'ordre de Malte, il rejoignit la marine royale. Fait à nouveau prisonnier un court temps, en 1759, il fut nommé capitaine de frégate en 1767 et de vaisseau en 1772. En 1781, à la tête d'une escadre de cinq vaisseaux et deux frégates, il partit pour les Indes; il battit alors une escadre anglaise au Cap-Vert, ravitailla la colonie hollandaise du cap de Bonne-Espérance et écrasa, près de Madras, la flotte anglaise de l'amiral Hugues. Il régna sur les mers de l'Inde jusqu'à la signature du traité de Versailles de 1783. Il fut submergé d'honneurs à son retour en France, mais mourut, relativement peu de temps après, au cours d'un duel. Il était bailli de l'ordre de Malte, d'où le nom sous lequel on le désignait parfois. L'avenue de Suffren date de 1770 et le port de 1905.

SUGER (1081-1151). Abbé de Saint-Denis et ministre de Louis VI le Gros, né à Saint-Denis ou à Argenteuil, mort à Saint-Denis. Louis VI, en 1124, l'appelait déjà « son familier et son fidèle conseiller », mais ce fut surtout dans la dernière partie du règne de ce roi (1130-1137) que l'action et l'influence de Suger devinrent prépondérantes. À la mort de Louis VI, il fit partie du conseil de Louis VII; en 1147, quand le nouveau roi partit pour les croisades, Suger assura la régence; utilisant alors le trésor de Saint-Denis, il parvint à suffire aussi bien aux dépenses du royaume qu'à celles de la croisade. Quand sa régence prit fin, en 1149, le roi lui donna le titre de « père de la Patrie ». Suger, comme le roi, tenait à la délivrance de la Terre sainte et s'apprêtait à organiser une autre croisade, à ses frais, quand la mort le surprit. Homme éminemment capable, il parvint, par sa gestion, à quadrupler les revenus de l'abbaye de Saint-Denis. D'autre part, il fonda de nombreuses villes, dont Vaucresson. La rue qui porte son nom existe depuis 1844.

SUISSES (passage et rue). Ces deux voies, jusqu'en 1877, étaient groupées sous le nom de « sentier des Suisses », appellation due au fait que le sentier menait à Bagneux, là où des gardes suisses étaient cantonnés au XVIIe siècle. Deux sortes de troupes d'origine helvétique faisaient partie de la maison du roi de France. D'une part, les « cent gardes-suisses ordinaires du roi », dont l'origine vient des six mille Suisses que Louis XI prit à sa solde, après la mort de Charles le Téméraire (Charles VIII réduisit ensuite leur nombre à cent; leur service consistait à faire le guet et à assurer, conjointement avec les gardes du corps, la garde du roi; supprimés par la Révolution et rétablis par la Restauration, les « cent-Suisses » furent définitivement supprimés en 1830). D'autre part, le régiment des gardes-suisses, créé par Louis XIII en 1616 (il marchait immédiatement derrière les gardes-françaises et était chargé de garder les avenues et rues des lieux où le roi était logé).

SULLY (1559-1641). Maximilien de Béthune, baron de Rosny, duc de Sully, ministre de Henri IV (pour la biographie de ce quidam, voir plus haut à « Béthune »). Les ponts de Sully – il y en a deux – furent construits entre 1874 et 1876 par les ingénieurs Vaudrey et Brosselin et inaugurés le 25 août 1877; ils reçurent leur nom dès 1875; le premier de ces deux ponts commence quai Henri-IV et finit quai d'Anjou; le second commence quai de Béthune et finit aux quais Saint-Bernard et de la Tournelle. Quant à la rue Sully, qui doit son nom à la proximité des ponts, elle date de 1807.

SULLY LOMBARD Le pasteur Sully Lombard, né en 1866 à Lunel, mort en 1951 à Paris, fut le cofondateur, en 1907, de la société coopérative La Campagne à Paris, qui facilita la construction, dans le XXe arrondissement, de pavillons destinés aux personnes à revenus modestes. Une place porte son nom depuis 2004.

SULLY-PRUDHOMME (1839-1907). Armand Sully Prudhomme, poète né à Paris. Ce fut en 1865 que sortit son premier ouvrage, « Stances et poèmes ». Ce parnassien, dont la philosophie se ramenait à l'éternel conflit de la raison et du sentiment, possédait une forte sensibilité qui s'exprimait dans une sorte de lyrisme analytique. Au-delà de la forme même, il tentait d'aller plus au fond des problèmes, se demandant : « Qu'est-ce que la Justice. Qu'est-ce que le Bonheur? » Ses œuvres essentielles sont « la Nature des choses », « la Justice », « le Bonheur », « la Révolte des fleurs ». Prix Nobel en 1901, il utilisa l'argent de ce prix pour fonder un prix de poésie. Il disait : « On appelle "s'oublier" reprendre son naturel » et « Je n'aime pas les maisons neuves, leur visage est indifférent ».

SURCOUF (1773-1827). Robert Surcouf, corsaire né et mort à Saint-Malo. Par sa mère, il était apparenté à la famille Duguay-Trouin. À 13 ans il monta à bord d'un bateau en partance pour les Indes; il voyagea ensuite du côté de Madagascar et de l'île de France (île Maurice), puis devint enseigne sur un navire de guerre qui faisait accessoirement la traite des nègres. C'est en 1795, prenant le commandement du navire « Émilie », qu'il commença sa carrière de corsaire; il réalisa très vite toute une série d'exploits qui le rendirent célèbre en France, mais moins en Angleterre, puisque ce pays mit sa tête à prix. Cela ne calma par l'ardeur de Surcouf, qui redoubla d'audace. Opérant principalement dans l'océan Indien, le moins que l'on puisse dire est qu'il causa au commerce anglais des pertes assez considérables. En 1800, à bord du troisième navire qu'il commanda, le « Kent » (les deux premiers furent l'« Émilie » et la « Clarisse »), il s'empara d'un vaisseau anglais de 400 hommes et 38 canons. Cela mit le comble à sa popularité chez nous. Il revint à Saint-Malo en 1801 à la tête d'une fortune gigantesque. En 1807 il reprit la mer à bord du « Revenant », captura plusieurs navires chargés de riz et les conduisit à l'île de France. Puis il rentra dans sa ville natale. Après la chute de Napoléon qui, contrairement à ce qu'il fut dit, ne le fit pas baron, il se livra à de vastes entreprises commerciales et maritimes et devint le plus riche armateur de notre pays. La rue Surcouf fut baptisée en 1867.

SURÈNE Cette rue, connue sous l'appellation de chemin en 1652, était empruntée, alors, par ceux qui se rendaient à Suresnes; d'où son nom, sous une orthographe un peu différente de celle de la ville. Celle-ci, située dans la banlieue parisienne, regarde couler la Seine et contemple le mont Valérien. Ce fut dans ses murs qu'en 1593 eurent lieu, entre catholiques et protestants, les conférences qui aboutirent à la conversion de Henri IV à la religion catholique.

SURMELIN C'est le nom d'un petit cours d'eau qui serpente dans la vallée de la Marne. Avec l'eau de la Dhuys, rivière de la région de Château-Thierry, comme lui, il alimente, en partie, les réservoirs de Ménilmontant qui se trouvent à hauteur du numéro 51 de la rue qui nous intéresse. Celle-ci fut baptisée en 1877, la même année que le passage.

SUZANNE LENGLEN (1899-1938). Joueuse de tennis française, la plus grande de son temps au niveau mondial. Elle remporta les championnats du monde de 1919 à 1923, en 1925 et 1926. À l'âge de 15 ans, en double mixte, elle était déjà la meilleure de toutes. L'actuel central de Wimbledon fut construit pour elle – tant elle attirait de spectateurs – en 1924. Elle ne perdit qu'un seul match et sur abandon ! Féministe, elle osa – suprême audace à l'époque – montrer ses bras et même ses cuisses, se promener nue dans les vestiaires et recevoir des journalistes en prenant son bain. Scandale, ma chère ! Ses faits et gestes alimentaient copieusement la presse britannique, mais – incontestablement – ses exploits sportifs ouvrirent la voie aux futurs mousquetaires français du tennis (Lacoste, Borotra, Cochet, Brugnon) ; l'un d'eux, Lacoste (surnommé « le crocodile », et c'est pour cela que les vêtements qu'il fabrique s'ornent tous d'un saurien), reconnaissait encore récemment que ce fut elle qui lui donna, par ses succès, goût au tennis. La rue Suzanne-Lenglen a été baptisée en 1979.

SUZANNE VALADON (1865-1938). Marie Clémentine, dite Suzanne Valadon, peintre née à Bessines-sur-Gartempe, ville où, actuellement, on extrait de l'uranium. Suzanne Valadon peignit principalement des nus, des natures mortes et des paysages d'un style puissant. Elle fut la mère du peintre Maurice Utrillo (voir ce nom). La rue fut baptisée en 1961

SYCOMORES Variété d'érable, appelée aussi « faux platane », nommé savamment Acer pseudoplatanus. Incluse dans la villa de Montmorency, l'avenue des Sycomores doit son nom aux arbres qui la bordent.

SYDNEY La place de Sydney, baptisée en 2000, commémore le pacte d'amitié qui unit, depuis 1998, la ville de Paris à celle de Sydney, la plus grande ville d'Australie, port sur le Pacifique et capitale de la Nouvelle-Galles du Sud. (Au Canada – Nouvelle-Écosse – un autre port porte ce nom.)

T

TACHERIE Cette rue porte son nom depuis la fin du XIIIe siècle. Il est une déformation d'« attacherie », mot dérivé d'« attachiers » qui désignait des fabricants d'agrafes, nombreux, au Moyen Âge, dans cette rue.

TACLET Officiellement baptisée en 1929, cette rue porte le nom de l'un de ses premiers propriétaires.

TAGE Fleuve de l'Espagne et du Portugal qui prend sa source dans l'État d'Aragon, exactement dans la sierra de Molina, à 1 593 mètres d'altitude. Il traverse Aranjuez, Tolède et Talavera, avant d'entrer au Portugal et d'y baigner Abrantès et Barquinha. Long de 1 006 km, il se jette dans l'Atlantique après avoir formé la « ria », ou baie, de Lisbonne. La rue du Tage fut baptisée en 1877

TAGORE (1861-1941). Rabindranâth Tagore ou Thakûr, poète indien né à Calcutta, mort à Santiniketan, au Bengale. Il a écrit plus de mille poèmes, mais aussi des romans, des pièces de théâtre et des chants qui influencèrent grandement la littérature de son pays. Parmi ses ouvrages : « le Génie de Valmiki », « Kacha et Devayani », « la Religion de l'homme », « la Maison et le Monde », etc. Il reçut le prix Nobel de littérature en 1913 et créa en 1921, dans la ville où il mourra, l'université internationale Visva Bhârati destinée à promouvoir les idéaux indiens de culture et de tolérance. Il a dit : « Il est aisé d'écraser, au nom de la liberté extérieure, la liberté intérieure de l'homme » et « La mort n'est pas l'ultime vérité. Elle nous paraît noire, de même que le ciel nous paraît bleu ». La rue Tagore (qui remplace le passage Raymond) existe depuis 1992.

TAILLADE (1826-1898). Félix Tailliade, dit Taillade, acteur né à Paris, mort à Bruxelles, Entré au Conservatoire en 1846, il débuta au Théâtre-Français en 1847. Il joua ensuite au théâtre de la Gaîté, puis au Cirque national où il triompha en jouant le rôle de Napoléon dans un drame à très grand spectacle Plus tard, à l'Odéon, il fit sa création la plus remarquable en interprétant « Macbeth » du regretté William Shakespeare. Taillade, grand spécialiste des drames, donna son nom à une avenue au début du XXe siècle.

TAILLANDIERS Baptisée en 1867, cette rue était alors habitée par un certain nombre de taillandiers, artisans qui fabriquaient des objets propres à tailler et particulièrement destinés aux charpentiers : haches, couperets, limes, fers de rabots, ciseaux, etc. Le passage des Taillandiers, qui doit son nom au voisinage de la rue, date de 1895.

TAILLEBOURG Commune de la Charente-Maritime, à 16 km de Saint-Jean-d'Angély. En 1242, Saint Louis y remporta sur Henry III d'Angleterre et le comte de la Marche une très brillante victoire. En souvenir de celle-ci, on baptisa une avenue de Paris en 1864.

TAINE (1828-1893). Hippolyte Taine, philosophe né à Vouziers (Ardennes), mort à Paris. Sorti de l'École normale, il enseigna tout d'abord à Nevers, Poitiers et Besançon; puis il se fit mettre en congé et vint à Paris, en 1852. Il commença à écrire, entre autres, au « Journal des débats ». En 1854, l'Académie française récompensa un de ses ouvrages, « Essai sur Tite-Live ». Taine se mit alors à voyager : Angleterre, Belgique et Allemagne. En mai 1871, il enseigna à Oxford; l'Académie française l'appela en 1878. De l'œuvre de Taine, très abondante et ouverte à tous les genres : roman, critique, poésie, histoire, on a surtout retenu sa philosophie de l'histoire, marquée par un déterminisme plus grand que celui de Montesquieu, et s'appuyant sur l'influence de la race, du milieu et du moment. Ses œuvres principales sont : « Histoire de la littérature anglaise » « Philosophie de l'art », « Origines de la France contemporaine » et « Du suffrage universel et de la manière de voter ». Taine disait : « On s'étudie trois semaines, on s'aime trois mois, on se dispute trois ans, on se tolère trente ans et les enfants recommencent », « Qui goûte de tout, se dégoûte de tout », « Quatre sortes de personnes dans le monde : les amoureux, les ambitieux, les observateurs et les imbéciles. Les plus heureux sont les imbéciles » et « Le moyen de s'ennuyer est de savoir où l'on va et par où l'on passe ».

TAITBOUT Connue sur son tracé actuel depuis 1853, cette rue doit son nom à Julien Taitbout, greffier du bureau de la Ville de Paris en 1775. Il appartenait à la famille de M. Taitbout qui, consul de France à Naples en 1750, contribua par ses « Lettres » à M. de Caylus, le célèbre archéologue (1692-1765), à faire connaître dans notre pays les antiquités d'Herculanum.

TAÏTI S'orthographie aussi Tahiti. Île principale de l'archipel de Taïti constituée par deux massifs montagneux volcaniques : Taïti-Nouï et Taïti-Iti. Périmètre de l'île : 192 km; superficie : 1 042 km^2. Découverte en 1605 par un nommé Quiros, puis visitée par Wallis en 1767, Bougainville en 1768 et Cook en 1769, Tahiti fut longtemps disputée entre Français et Anglais. C'est l'amiral Dupetit-Thouars qui, par son coup de force de 1842, amena la signature d'un traité de protectorat à notre profit, le 23 mars 1843. Le 20 juin 1880, le roi de l'île Pomaré V abdiqua et le 30 décembre de la même année Tahiti devint colonie française. Elle fait aujourd'hui partie de nos territoires d'outre-mer, au sein de la Polynésie française qui comprend les îles de la Société (avec Tahiti), les Marquises, les Tuamotu et les Gambier, ainsi que les îles Australes ou Tubaï. La rue de Taïti fut baptisée en 1884.

TALLEYRAND (1754-1838). Charles Maurice de Talleyrand-Périgord, prince de Bénévent, diplomate né et mort à Paris. Il fit ses premières études au collège d'Harcourt, puis entra au séminaire de Saint-Sulpice, étudia la théologie à la Sorbonne et termina l'étude de cette discipline auprès de son oncle, l'archevêque de Reims. En 1775, il devint abbé dans le diocèse rémois, fut nommé agent général du clergé de France en 1780 et évêque d'Autun en 1788. Député du clergé aux états généraux de 1789, il présida l'Assemblée nationale en 1790. C'est lui qui, le 14 juillet de cette année-là, célébra la messe de la fête de la Fédération, sur le Champ-de-Mars. Avant la célébration il dit aux officiants qui l'entouraient : « Ne me faites pas rire... » Après cette cérémonie, il prêta serment à la Constitution civile du clergé et se démit de son évêché d'Autun. Élu membre du Directoire en 1791, il prononça, le 10 septembre, un discours remarquable sur l'instruction publique. La Législative l'envoya à Londres pour obtenir, dans les guerres qui sévissaient, la neutralité de l'Angleterre; Talleyrand échoua. En février 1794, il partit aux États-Unis; il rentra en Europe après le 9-Thermidor et séjourna à Hambourg, puis à Amsterdam, avant de réintégrer le territoire français le 4 septembre 1795. Se mêlant à l'entourage de Barras, il obtint le poste de ministre des Affaires extérieures en juillet 1797. Dès cette date, il s'attacha à Bonaparte et prépara avec lui le 18-Brumaire, après quoi il fut ministre des Affaires étrangères. En 1807, il quitta ce ministère et devint vice-grand électeur; en 1808, Napoléon le nomma archichancelier d'État. Le 20 juin 1809, une légère disgrâce lui fit perdre la charge de grand chambellan qu'il avait acquise en 1804. En 1814, il présida le gouvernement provisoire et travailla à la restauration des Bourbons. Avant les Cent-Jours, Louis XVIII le nomma ministre des Affaires étrangères : envoyé au congrès de Vienne du 22 septembre 1814, il s'y montra admirable et obtint pour notre pays les meilleures conditions possibles, en parvenant à désunir quelque peu les Alliés. Durant les Cent-Jours, il se retira à Gand; après Waterloo il reprit son portefeuille des Affaires étrangères, mais seulement pour une période allant du 9 juillet au 22 septembre 1815. Redevenu grand chambellan et fait pair de France, il fut cependant, dès lors, écarté du pouvoir par la seconde Restauration. Il lui fallut attendre 1830 et Louis-Phillipe pour reprendre du « service » en étant nommé ambassadeur à Londres; il négocia alors la première « entente cordiale ». À tort ou à raison, on reprocha au « Diable boiteux » un manque absolu de valeurs morales; mais il fut, incontestablement, un des plus brillants diplomates que nous ayons jamais eus. Il s'était marié, en 1802, avec une demoiselle Grand, et divorça sous la seconde Restauration. Talleyrand eut des mots qui demeurent célèbres : « Agiter le peuple avant de s'en servir, sage maxime », « C'est un ami très cher et pourtant bon marché », « La parole a été donnée à l'homme pour déguiser sa pensée », « Ne suivez jamais votre premier mouvement, c'est le bon », « Si cela va sans dire, ça ira encore mieux en le disant » et « Il y a quelqu'un qui a plus d'esprit que Voltaire, c'est tout le monde ». La rue de Talleyrand fut créée en 1908, sur les jardins d'un hôtel situé au 67 de la rue Saint-Dominique et propriété du prince de Sagan, duc de Talleyrand-Périgord, arrière-petit-neveu du « Diable boiteux ».

TALMA (1763-1826). François-Joseph Talma, tragédien, né et mort à Paris. Sa famille le destinait à la profession de dentiste, mais le jeune Talma, aiguillonné par la passion du théâtre, prit des cours de déclamation et débuta à la Comédie-Française le 21 novembre 1787, dans « Mahomet ». Dès 1789, il devint sociétaire et créa alors « Charles IX » de Joseph Chénier; cette pièce provoqua de graves dissensions entre comédiens et Talma quitta la Comédie-Française pour aller créer, en compagnie de quelques camarades, dès 1791, le Théâtre-Français, au cœur du Palais-Royal. Concurrent de la Comédie-Française, ce théâtre se consacra d'abord essentiellement à la tragédie. Napoléon combla l'acteur de ses faveurs, l'accueillant près de lui et l'appréciant fort; il le fit même venir à Erfurt pour jouer devant ce que l'on a coutume d'appeler « un parterre de rois ». Il est à noter que Talma présentait quelque ressemblance physique avec l'empereur. Parmi les nombreuses pièces interprétées par notre tragédien, qui par un phrasé naturel réforma l'ancienne diction, très ampoulée et dérisoirement déclamatoire, citons « Othello », « Hamlet », « Henri VIII », « Marie Stuart », « l'École des vieillards » et « Sylla ». Il a écrit « Réflexions sur Lekain et l'art théâtral ». La rue Talma existe depuis 1864.

TALUS Baptisées en 1877, cette cité et cette impasse doivent leur nom à un talus fait lors de la construction du chemin de fer de ceinture.

TALUS DU COURS Connue depuis 1696, cette rue doit son nom aux talus du Cours de Vincennes, établis en remblais à partir de 1669.

TANDOU Depuis 1869, cette rue porte le nom d'un de ses premiers propriétaires résidents.

TANGER Port du Maroc sur le détroit de Gibraltar. Fondée par Antée, fils de Neptune et de la Terre, selon la légende, Tanger devint une manufacture phénicienne, puis, sous le nom de Tingis, une colonie romaine. La ville passa ensuite aux mains des musulmans, avant que les Portugais s'en emparent en 1471. En 1662, elle passa aux mains des Anglais; en 1844, les Français la bombardèrent sévèrement. Tanger s'intégra alors au royaume du Maroc, mais fut une ville internationale, lieu de prédilection des contrebandiers, de 1923 à 1956, date à laquelle elle réintégra totalement le giron marocain. Sa qualité de ville internationale lui avait été retirée durant l'occupation espagnole, de 1940 à 1945. Depuis 1962, Tanger est un port franc. La rue, baptisée en souvenir du bombardement français en 1844, existe depuis 1864.

TANNERIES Ce sont, bien entendu, des tanneries, établies sur la Bièvre non loin de cette rue, qui lui donnèrent son nom en 1877.

TAPISSERIES Il y eut, jadis, des tapissiers dans le secteur et un lieu-dit « des tapisseries » exista ici au XXe siècle. D'où l'idée – pas saugrenue – de créer, en 1989, une rue portant ce nom.

TARAS CHEVTCHENKO (1814-1861). Poète ukrainien, né à Morintsy. Il propagea, dans son pays, des idées démocratiques et doit être considéré comme le créateur de la littérature nationale ukrainienne. Le jardin, ou square, qui porte son nom, fut baptisé en 1960.

TARBÉ (1753-1806). Louis Tarbé, administrateur et homme d'État, né à Sens, mort à Paris. D'abord avocat dans la capitale, il entra bientôt au service de Le Fevbre d'Ormesson, contrôleur général des Finances. Ses capacités lui valurent un avancement rapide et, en 1791, Louis XVI le nomma ministre des Contributions; à ce poste il organisa la contribution foncière. En mars 1792, Tarbé démissionna et passa le reste de sa vie en retraite. On donna son nom à une rue en 1864.

TARDIEU C'est en 1868 que l'on donna à cette rue le nom d'une célèbre famille de graveurs. Ses membres principaux furent : Nicolas Henri (1674-1749) qui appartint à l'Académie française; Jacques Nicolas (1716-1791) qui fut également membre de l'Académie; Pierre François (1711-1774) qui grava des dessins illustrant les « Fables » de La Fontaine; Antoine François, dit « de l'Estrapade » (1757-1822), graveur géographe; Ambroise (1788-1841) qui grava, entre autres, « Colonne de la Grande Armée d'Austerlitz ».

TARN C'est en 1932 que l'on donna à ce square le nom de la rivière, affluent droit de la Garonne. Le Tarn prend sa source sur le versant occidental des Cévennes et baigne, principalement, Millau, Albi, Gaillac, Montauban et Moissac. Il mesure 375 km.

TATTEGRAIN Baptisée en 1955, cette place porte le patronyme des deux frères Tattegrain, Georges et Francis. Le premier (1845-1916) était sculpteur, le second (1852-1915) peintre. Ce dernier se consacra surtout à la peinture d'événements historiques : « Louis XIV aux dunes », « Entrée de Louis XI à Paris » et « Saint-Quentin pris d'assaut ».

TAYLOR (1789-1879). Isidore Justin Séverin Taylor, baron, auteur et protecteur des artistes, né à Bruxelles, mort à Paris. De parents anglais, il acquit tout jeune la nationalité française. Il étudia à Polytechnique puis se lança dans la littérature et ne tarda pas à devenir commissaire royal auprès du Théâtre-Français. Dans ces fonctions il favorisa grandement les romantiques et leurs œuvres. En 1838, on le nomma inspecteur des Beaux-Arts et il commença à fonder de nombreuses sociétés philanthropiques, favorables aux artistes. Taylor fut un des fondateurs de la Société des gens de lettres, sise actuellement au 38 de la rue du Faubourg-Saint-Jacques. En 1869, il entra au Sénat. Il écrivit : « Voyages pittoresques et romantiques de l'ancienne France » et « Pèlerinage à Jérusalem ». La rue Taylor fut baptisée en 1881.

TCHAÏKOVSKI (1840-1893) Prénom Petr Ilitch, nationalité russe, né à Votkinsk, mort à Saint-Pétersbourg. Il fut à la fois enseignant au Conservatoire de Moscou, chef d'orchestre et compositeur. Son œuvre, dont le contenu laisse transparaître des influences de l'art vocal italien et du romantisme allemand, comprend, notamment, des pièces pour piano, six symphonies, parmi lesquelles « la Pathétique », des fantaisies-ouvertures (« Roméo et Juliette »), des ballets (« le Lac des cygnes », « la Belle au Bois dormant », « Casse-Noisette ») et des opéras (« Eugène Onéguine », « la Dame de pique »). Il a sa rue depuis 1991.

TÉHÉRAN Capitale de l'Iran, située au pied de l'Elbourz. Détruite par les Afghans, Téhéran fut rebâtie au XVIIIe siècle par Khérim-khan et c'est à partir de cette reconstruction qu'elle devint capitale (1788). Elle fut la résidence du shah d'Iran. Elle possède de magnifiques jardins et une remarquable mosquée. Elle compte 6476000 habitants et est devenue une ville extrêmement dynamique. En 1943, Staline, Roosevelt et Churchill s'y réunirent. La rue de Téhéran fut baptisée en 1864.

TÉLÉGRAPHE Le point culminant de toute la région est de Paris, soit 128 mètres, est situé dans cette rue. En 1792, puis en juillet 1793, Claude Chappe y expérimenta son système télégraphique, d'où le nom donné à la rue qui nous intéresse, ainsi qu'au passage proche. Actuellement, ce point culminant se trouve à l'intérieur du cimetière de Belleville, sis au numéro 40 de la rue et créé en 1804.

TEMPLE L'ordre des Templiers, qui s'installa à Paris dans la seconde moitié du XIIe siècle, y bâtit alors un monastère auquel menaient deux voies, connues encore aujourd'hui sous le nom de rue Vieille-du-Temple et rue du Temple. Au XIVe siècle, Philippe le Bel chassa les Templiers et installa, à leur place, des hospitaliers de Saint-Jean-de-Jérusalem. Le monastère devint alors le grand prieuré de France de cet ordre et le demeura jusqu'à la Révolution. À l'intérieur de la construction des Templiers se dressait la fameuse tour du Temple, édifice carré formé d'épaisses murailles et flanqué de tourelles aux quatre angles. En 1567, on construisit le palais du grand prieuré. Autour de la tour et du palais s'étendait un vaste enclos, jouissant du droit d'asile; de nombreux artisans s'y établirent, en raison de la franchise dont ils bénéficiaient; y résidèrent aussi de nombreux débiteurs insolvables! La tour du Temple servit de prison à la famille royale, pendant la Révolution. On y enferma aussi Cadoudal et Pichegru, entre autres. Elle fut démolie en 1811. Sous Louis XVIII, le grand prieuré devint un couvent de bénédictins du Saint-Sacrement. Quant au marché du Temple, célèbre pour le commerce des fripiers, il fut ouvert en 1809; le second Empire construisit, pour ce marché, des halles semblables aux Halles centrales de Paris; le premier étage fut appelé le « carreau du Temple »; des marchands de vêtements y tinrent commerce. Revenons au grand prieuré, occupé par les bénédictins, pour signaler qu'on le désaffecta en 1848 et qu'il fut, de cette date à 1853, une caserne où se tenait l'état-major de la garde nationale. En 1854, on le démolit totalement; son emplacement est occupé aujourd'hui par le square du Temple, qui date de 1857. Sur son parcours actuel, la rue du Temple date de 1851, le boulevard de 1862. Sur un tracé plus court la rue datait de 1242 et sur un tracé plus long le boulevard existait depuis 1705.

TENAILLE M. Tenaille, homme qui devait avoir une poigne de fer, possédait une maison à l'intérieur de ce passage officiellement classé en 1937.

TENNIS Cette rue, baptisée en 1938, doit son nom à des courts de tennis qui la bordaient. Le jeu de tennis procède d'un vieux jeu français : la longue paume. Il fut réglementé en Angleterre, en 1874, par un officier anglais nommé Wingfield qui lui donna d'abord le nom, fort compliqué, de sphairistike.

TERNAUX (1763-1833). Guillaume Louis Ternaux, manufacturier, né à Sedan, mort à Saint-Ouen. Il quitta sa ville natale en 1792 pour se rendre en Allemagne et en Angleterre où il étudia les différentes méthodes de fabrication des étoffes. Rentré en France sous le Directoire, il ouvrit d'importantes fabriques textiles dans les Ardennes et créa des comptoirs à l'étranger. Pendant la Restauration, il devint député de l'Eure en 1818 et siégea au sein des libéraux. Il n'en poursuivit pas moins son œuvre de manufacturier et chercha à acclimater, en France, des chèvres du Tibet et se mit à fabriquer des châles, connus sous le nom de « cachemires de Ternaux ». On donna son nom à une rue en 1844.

TERNES Les Ternes, inclus aujourd'hui dans le XVIIe arrondissement, étaient un domaine qui se créa au XVIe siècle, autour d'une ferme baptisée « Externe » ou « Esterne ». Ternes est une altération de ce mot. L'avenue des Ternes que nous connaissons passait auprès de la ferme qui fut achetée par le poète Pierre Habert (1605-1637). Sur les terrains attenant à cette ferme, le poète édifia un château et acquit des droits de seigneurie. Au XVIIIe siècle, le château fut successivement la propriété de Mircy de Pomponne et du marquis Galiffet. Un parc magnifique, dont une partie est actuellement occupée par la villa des Ternes, entourait le château sur les dépendances duquel furent également ouvertes les rues Faraday, Torricelli et Saint-Senoch. L'édifice construit par le poète Habert et qui fut en partie rebâti par Mirey de Pomponne, trésorier-secrétaire de l'administration des Finances, ne laisse plus voir que sa façade, sous la forme du pavillon formant un passage voûté qu'emprunte la rue Bayen. La place des Ternes fut baptisée en 1893, l'avenue en 1860, la rue en 1889 et la villa en 1822.

TERRAGE C'est un ingénieur, Villiers du Terrage (1780-1855), qui donna son nom à cette rue en 1867. Le mot terrage désignait aussi, autrefois, le droit pour un seigneur de prélever le blé ou des légumes sur les produits de la terre.

TERRASSE La rue fut ouverte, en 1672, sur un terrain appelé « chantier de la Terrasse »; à l'époque, le village de Monceaux, dont la voie qui nous intéresse faisait partie, était principalement habité par des jardiniers et fermiers; l'un d'eux avait disposé son jardin en terrasse et c'est cette disposition qui, semble-t-il, donna son nom, d'abord à un chantier de bois installé là, puis à la rue et à l'impasse qui nous intéressent.

TERRE-NEUVE En anglais Newfoundland. Île de l'Atlantique d'une superficie de 110677 km². Découverte en l'an 1000 par les Scandinaves, puis redécouverte en 1496 par Sébastien Cabot, Terre-Neuve fut dès lors extrêmement fréquentée par les pêcheurs à cause des nombreux bans de morue qui peuplaient les eaux environnantes. En 1524, l'île devint possession française, mais en 1583 les Anglais s'en emparèrent « manu militari ». En 1701, nos braves soldats chassèrent les Anglais qui revinrent en 1713, après la signature du traité d'Utrecht; toutefois, une clause de ce traité nous conserva le monopole de la pêche, jusqu'en 1904, ainsi qu'un droit de débarquer sur les côtes nord-est et nord-ouest pour y faire sécher le poisson; ces côtes étaient alors nommées « french shore ». À partir de 1917, Terre-Neuve forma un dominion auquel on rattacha la côte nord-est du Labrador en 1927. Enfin, depuis 1949, l'île est devenue la dixième province du Canada. La rue fut baptisée en 1877.

TERRES AU CURÉ Connue depuis la fin du XVIIIe siècle, cette rue fut ouverte sur des terrains appartenant au curé de la paroisse de l'époque. Mais vous l'eussiez sans doute deviné vous-même. Certains visages ne dissimulent rien; il en est de même du nom de certaines rues...

TERROIRS DE FRANCE Cette avenue, créée en 1993, rappelle qu'elle se trouve à l'emplacement des anciens entrepôts de Bercy où l'activité vinicole concernait exclusivement, jusque dans les années 1970, tous les terroirs français où pousse la vigne... Cela en fait pas mal!

TERTRE Incontestablement, le nom de cette place provient de sa situation au sommet de la butte Montmartre et du monticule, ou tertre, sur lequel on la construisit dans la seconde moitié du XIVe siècle. En 1502, le receveur des biens de l'abbaye de Montmartre se nommait Guillaume Dutertre, mais la place était déjà baptisée depuis 131 ans exactement. La place du Tertre, fréquentée, de 1900 à 1914, par toute la bohème montmartroise, peintres, chansonniers, etc., est aujourd'hui une véritable mine d'or pour quelques peintres dont tous ne sont peut-être pas sans talent, et pour des croqueurs de portrait-minute. L'impasse du Tertre, qui doit son nom au voisinage de la place, fut baptisée en 1867.

TESSIER (1741-1837). Alexandre Tessier, agronome né à Angerville, mort à Paris. Il était docteur en médecine, mais il s'occupa surtout de sciences naturelles. En 1786, il s'intéressa à l'élevage et à l'acclimatation de moutons mérinos que le roi d'Espagne avait, gentiment, envoyés à Louis XVI. Tessier fit construire des bergeries dans différentes régions françaises et après 1789, la Convention le nomma inspecteur général des Bergeries nationales. Tessier, qui s'intéressa également à la culture comparée des diverses espèces de froment, français et étranger, entra à l'Académie des sciences, à l'Institut, à l'Académie de médecine et à la Société d'agriculture. Il a écrit « Mémoire sur l'ergot du seigle » et « Dictionnaire d'agriculture et d'économie rurale ». La rue Tessier date de 1868.

TESSON Construite en 1892, cette rue porte le nom d'un de ses premiers propriétaires résidents.

TEXEL Île de la mer du Nord, sur la côte septentrionale de la Hollande. Près de cette île, en 1794, les hussards du général français Pichegru s'emparèrent – à cheval, c'est un fait assez rare – d'une bonne partie de la flotte hollandaise bloquée par les glaces. C'est en souvenir de ce fait d'armes qu'on baptisa la rue qui nous intéresse en 1877.

THANN Chef-lieu d'arrondissement du Haut-Rhin, d'où était originaire le propriétaire des terrains sur lesquels cette rue fut ouverte en 1879. La ville de Thann possède une fort belle église des XIIIe et XVe siècles et est entourée de vignobles réputés.

THÉÂTRE Cette rue, datant de 1830, doit son nom au théâtre de Grenelle, situé 55, rue de la Croix-Nivert, auquel elle menait. Ce théâtre, construit en 1828, pouvait contenir 1 300 spectateurs; sa façade était décorée de statues représentant Euterpe et Apollon. C'est un membre de la fameuse famille de directeurs de théâtre, Seveste, qui l'administra tout d'abord. Aujourd'hui, feu le théâtre a fait place à deux immeubles d'habitations.

THÉÂTRE-FRANÇAIS Entre 1786 et 1790, Victor Louis, déjà constructeur du théâtre de Bordeaux, construisit près du Palais-Royal une salle de théâtre qui fut d'abord occupée par la troupe des Variétés amusantes, avant que des Comédiens-Français dissidents, conduits par Talma, n'y créent le Théâtre-Français, dont l'ouverture officielle eut lieu le 30 mai 1799, avec « le Cid » de Corneille. La salle fut restaurée en 1822, puis en 1900, à la suite d'un incendie survenu le 8 mars de cette année-là. En 1935, on procéda à nouveau à quelques aménagements; enfin, de 1975 à 1976, d'importants travaux intérieurs ont été faits. Aujourd'hui, cette salle est réservée à la Comédie-Française qui y présente des spectacles – créations ou reprises – en alternance. La galerie date de 1802; la place a été débaptisée (voir Malraux).

THÉNARD (1777-1857). Louis Thénard, baron et chimiste, né à La Loupière-Thénard (Aube), mort à Paris. Vauquelin, dans le laboratoire duquel il travailla d'abord, le fit nommer répétiteur de chimie à l'École polytechnique en 1798. En 1799, il découvrit le bleu outre-mer, appelé alors « bleu Thénard ». En 1802 il obtint une chaire au Collège de France et en 1810 il devint membre de l'Institut. Charles X, en 1825, le fit baron. En dehors du bleu outremer, Thénard découvrit aussi l'eau oxygénée; avec Gay-Lussac il trouva le bore et un procédé pour préparer le potassium et le sodium. Une rue porte son nom depuis 1858

THÉODORE DE BANVILLE (1823-1891). Poète né à Moulins, mort à Paris. Ses modèles furent Victor Hugo, Alfred de Musset et Théophile Gautier; comme eux ce fut un passionné de la forme, des couleurs et des images. Il écrivit beaucoup et dans tous les genres. Sa première œuvre parue fut « les Cariatides » en 1842. En 1846 il publia « Stalactiques ». De 1850 à 1852, il rédigea le feuilleton du journal « le Pouvoir ». Pour décrire Théodore de Banville, citons Sainte-Beuve : « Il était de ceux qui, venus tard, ont eu l'enthousiasme des commencements; qui ont gardé le scrupule de la forme; qui savent, pour l'avoir appris à forte école, le métier des vers ; qui les font de main d'ouvrier, c'est-à-dire de bonne main ; qui y donnent de la trempe, du ressort ; qui savent composer, ciseler, peindre. » Parmi ses autres ouvrages, citons « Odes funambulesques », « Idylles prussiennes », « Riquet à la houppe » et « Contes héroïques ». Théodore de Banville a dit : « Ceux qui ne font rien ne se trompent jamais. » Une rue porte son nom depuis 1893.

THÉODORE DECK (1823-1891). Artiste céramiste et industriel né à Guebwiller, mort à Sèvres. Il reproduisit magistralement les plus belles pièces de la Renaissance et créa un genre nouveau, apparenté aux faïences chinoises et persanes. Il trouva de nombreuses nuances, tel le bleu turquoise, dit aussi « bleu Deck ». Il résolut le problème de la transparence des émaux. Il fabriqua, particulièrement, de splendides vases rouges flammés en porcelaine dont seuls, avant lui, les Chinois avaient le secret. On le nomma d'abord membre du comité de perfectionnement de la manufacture de Sèvres, puis il dirigea cet établissement. Il a écrit « la Faïence ». La rue Théodore-Deck existe depuis 1893, la rue « Théodore-Deck prolongée » depuis 1900 et la villa depuis 1894.

THÉODORE-HAMONT MM. Théodore et Hamont étaient chacun propriétaires d'une maison dans cette rue quand on la baptisa de leurs noms en 1900. Il paraît qu'ils en furent très fiers ! Ils durent se faire photographier devant la plaque qui porte leurs noms !

THÉODORE JUDLIN Ce square porte le nom de l'architecte qui l'ouvrit à la fin du XIXe siècle.

THÉODORE RIVIÈRE (1857-1912). Sculpteur, ou plus précisément statuaire, dont on donna le nom à cette place en 1930. Ne pas confondre avec un autre sculpteur nommé Rivière, mais prénommé Joseph (1912-1961), auteur d'un « Monument aux démineurs du Ballon d'Alsace » (1952).

THÉODORE ROUSSEAU (1812-1867). Peintre paysagiste, né à Paris, mort à Barbizon. Ce fut un autodidacte ; sa première toile connue, « Lisière d'un bois coupé », date de 1834. Grand coloriste, il peignit admirablement la forêt de Fontainebleau. On le considère comme la principale personnalité de l'école de Barbizon. Citons « Terrains d'automne », « Allée des châtaigniers » et « le Village de Barbizon ». L'avenue Théodore-Rousseau fut créée en 1928.

THÉODULE RIBOT (1823-1891). Peintre et aquafortiste, né à Saint-Nicolas-d'Attez (Eure), mort à Colombes. Pauvre, il exerça d'abord différents métiers pour subvenir aux besoins de sa famille, puis il commença à étudier sérieusement la peinture et copia, pour l'Amérique, des tableaux de Watteau. En 1861, il présenta quatre créations personnelles : « Cuisinier comptable », « Cuisinier à l'heure du dîner », « Intérieur de cuisine » et « le Joyeux Cuisinier ». Pour un homme qui avait eu faim, c'était sans doute un excellent moyen de défoulement... Quoi qu'il en soit, ces tableaux obtinrent un grand succès et, dès lors, Théodule Ribot fut lancé. On rapprocha sa manière de celle de Ribera et Frans Hals. Citons encore de lui : « la Toilette du matin », « l'Huître et les Plaideurs » et « la Mère Morieu ». Il fut un des fondateurs du Salon de la société du Champ-de-Mars. Sa rue existe depuis 1893. Nous connaissons un autre Théodule Ribot, qui fut un philosophe, auteur d'études de psychologie expérimentale. Il naquit à Guingamp en 1839 et mourut en 1916.

THÉOPHILE GAUTIER (1811-1872). Écrivain et poète, né à Tarbes, mort à Neuilly-sur-Seine. Il se destina d'abord à la peinture, pour laquelle il manifestait des aptitudes et des goûts certains. Mais il fit la connaissance de Victor Hugo et de Gérard de Nerval et s'enthousiasma pour la littérature romantique. Il participa frénétiquement à la « bataille d'Hernani » (1830) et fut un des héros de cette mémorable journée. Il mena, toute sa vie, une existence ardente et un peu factice. Il se vêtait bizarrement; un de ses accoutrements favoris était composé d'un gilet rouge, d'un pantalon vert d'eau et d'un habit gris noisette. Cela ne le faisait pas passer inaperçu... Il possédait douze chats et vivait à l'intérieur d'un véritable musée exotique. Son œuvre littéraire comprend principalement des recueils de poésies (« Albertus », « Espana », « Émaux et camées »), des romans (« Mademoiselle de Maupin », « le Capitaine Fracasse »), des études de critiques (« les Grotesques ») et des feuilletons dramatiques parus dans « le Moniteur » et « la Presse ». Théophile Gautier proclama le premier la théorie de « l'art pour l'art », selon laquelle seules les choses inutiles sont vraiment belles... Il fut, en outre, le précurseur de l'école parnassienne. Baudelaire, son ami, disait de lui : « C'est un poète impeccable, parfait magicien ès lettres françaises. » Gautier prononça : « Le critique qui n'a rien produit est un lâche : c'est un abbé qui courtise la femme d'un laïc; celui-ci ne peut lui rendre la pareille et se battre avec lui. » L'avenue Théophile-Gautier fut baptisée en 1892 et le square en 1912.

THÉOPHILE ROUSSEL (1816-1903). Médecin et homme politique, né et mort à Saint-Chély (Lozère). Devenu docteur en médecine en 1845, puis député en 1849, il prit une grande part à l'élaboration des lois d'hygiène et d'assistance. Sous le second Empire, il s'occupa exclusivement de médecine, mais redevint député en 1871. Il fut alors un des principaux auteurs de la fameuse loi du 23 janvier 1873, sur la répression de l'ivresse. Il s'intéressa au premier âge et devint président de la Société protectrice de l'enfance. En 1889 il prépara la loi du 24 juillet, relative à la protection des enfants maltraités ou moralement abandonnés. Membre des Académies de médecine et des sciences morales et politiques, Théophile Roussel donna son nom à une rue en 1904.

THÉOPHRASTE RENAUDOT (1586-1653). Médecin et journaliste, né à Loudun, mort à Paris. En 1612, il reçut le titre de médecin du roi et en 1618, grâce à l'appui de Richelieu, il obtint l'office de commissaire général des pauvres. Il ouvrit alors un « bureau d'adresses », véritable centre d'information et de publicité; Renaudot commença ensuite à rédiger, à la main, des « nouvelles » qu'il distribuait lors de ses visites aux malades; bientôt, il les fit imprimer et c'est ainsi que naquit sa fameuse « Gazette de France ». En 1635, il ouvrit un cabinet de consultations médicales gratuites, puis fonda, dans un but uniquement philanthropique, un bureau de prêt sur gages. La Faculté de médecine, considérant que Renaudot lui portait préjudice en donnant des consultations gratuites, lui intenta un procès qu'elle gagna en 1644. Notre homme se consacra alors exclusivement à la rédaction de sa « Gazette ». Il mourut fort pauvre. Son nom a été donné, en 1925, à un prix fondé par un groupe d'informateurs littéraires et décerné, tous les ans, en même temps que le Goncourt, à l'auteur d'un roman ou d'un recueil de nouvelles. La rue Théophraste-Renaudot fut créée en 1932.

THÉRÈSE Sur son tracé actuel, cette rue existe depuis 1880; mais sur un tracé différent, plus court, elle était connue depuis 1692. Elle fut baptisée, à cette date, en souvenir de la reine Marie-Thérèse. Celle-ci, née à Madrid en 1638, morte à Versailles en 1683, était la fille de Philippe IV d'Espagne et d'Élisabeth de France. Le 3 juin 1660, à Fontarabie, en vertu du traité des Pyrénées de 1659, elle épousa son cousin germain, le roi de France Louis XIV. La jeune reine fit son entrée solennelle à Paris en septembre 1660. Les inconstances du roi ne tardèrent pas à lui causer mille chagrins, car il semble qu'elle l'aimait profondément; elle entra dans une vie de solitude et de grande piété, endeuillée par la mort de cinq de ses enfants. Cependant, vers la fin de sa vie, elle eut la joie de voir revenir vers elle son roi Louis, touché par ses vertus; mais son bonheur fut de courte durée, car une maladie l'emporta en quelques jours. Le roi dit alors : « C'est le premier chagrin qu'elle m'ait donné. » Le cœur de la reine fut porté au Val-de-Grâce et son corps déposé à Saint-Denis. Trente-cinq prédicateurs prononcèrent son oraison funèbre; parmi eux, Bossuet.

THERMOPYLES Mot signifiant « portes chaudes ». Défilé de la Grèce, sur la côte du golfe de Lamia. C'est un passage étranglé, entre la mer et la montagne, dont le nom provient de deux sources chaudes. Leurs dépôts calcaires exhaussèrent, petit à petit, ce passage. Les Thermopyles sont célèbres par le combat qui s'y déroula entre Léonidas et les Perses (pour la description de la bataille, voir à « Léonidas »). C'est le propriétaire du terrain sur lequel cette rue (d'abord passage) fut ouverte en 1920 qui lui donna son nom, en hommage, peut-être, aux vertus spartiates.

THÉRUIN Nom d'un des premiers propriétaires résidents de ce passage.

THIBAUD Depuis 1864, cette rue porte le nom de l'abbé Thibaud, saint prêtre de l'église Sainte-Geneviève, au début du XIIIe siècle.

THIBOUMERY M. Thiboumery, dont cette rue porte officiellement le nom depuis 1863, fut, au début du XIXe siècle, maire de l'ancienne commune de Vaugirard.

THIÉRÉ C'est depuis 1877 que ce passage porte le nom de l'un de ses propriétaires résidents de l'époque.

THIERRY DE MARTEL (1876-1940). Chirurgien né à Maxéville, mort à Paris. Il est connu comme auteur de travaux sur la gynécologie et la chirurgie du système nerveux. En 1940, il se suicida pour ne pas assister au spectacle des troupes allemandes entrant dans Paris. On donna son nom à une rue en 1946.

THIERS (1797-1877). Adolphe Thiers, homme d'État et historien, né à Marseille, mort à Saint-Germain-en-Laye. Il devint avocat en 1819 et monta à Paris en 1821. Il s'y lia rapidement avec Talleyrand et Laffitte, puis entra dans l'opposition et écrivit au « Constitutionnel ». Le 1er janvier 1830, il fonda « le National », favorable au duc d'Orléans. Cela lui permit, quand Louis-Philippe accéda au trône, de devenir un des personnages les plus importants du nouveau régime. Entre 1832 et 1836, il fut ministre de l'Intérieur et se signala alors par l'arrestation de la duchesse de Berry et la répression efficace des insurrections parisiennes et lyonnaises d'avril 1834. De février 1836 à octobre 1840, il fut, en même temps, président du Conseil et ministre des Affaires étrangères; il fit voter la translation des restes de Napoléon Ier et entreprit la construction de l'enceinte fortifiée, aux portes de Paris, qui porte son nom. De 1840 à 1848, Thiers devint un opposant au régime. De 1848 à décembre 1851, il dirigea, à la Constituante, le parti de l'ordre, luttant contre le socialisme, soutenant, puis combattant le prince Louis Bonaparte. Après le coup d'État de ce dernier, le 2 décembre 1851, Thiers fut banni de France ; il revint dès 1852, mais dut vivre, plusieurs années, sans avoir d'activité politique. En 1863, il devint député de Paris ; toujours hostile à Napoléon III, il réclama le rétablissement des « libertés nécessaires », selon son expression. À la veille de la guerre de 1870, il tenta de mettre en garde la majorité de la Chambre contre les dangers d'une guerre avec la Prusse. On ne l'écouta point, mais le temps lui ayant malheureusement donné raison, on considéra alors qu'il était le seul homme capable de réparer les désastres causés par le conflit qu'il avait appréhendé. En août 1871, il devint président de la République. À ce poste, il se conduisit, en quelque sorte, comme un dictateur moral de la France et dut réprimer – à quel prix ! – la Commune. Il accéléra la libération de notre territoire, reconstitua l'économie et remit sur pied une armée digne de ce nom. Mais une forte opposition à son pouvoir de forme conservatrice se dessina bientôt et Thiers démissionna de ses fonctions le 24 mai 1873, deux mois seulement après que l'Assemblée eut déclaré « qu'il avait bien mérité de la Patrie ». Devenu simple député de Paris, il mourut quatre années plus tard. Thiers écrivit un magnifique ouvrage en dix-neuf volumes, « Histoire du Consulat et de l'Empire ». Il disait : « Il faut tout prendre au sérieux, mais rien au tragique » et « La mort est l'espérance de qui n'en a plus ». Adolphe Thiers, qui appartint à l'Académie française, donna son nom à un square en 1909 et à une rue en 1910.

THIMERAIS Pays de l'ancienne France, compris aujourd'hui dans le département d'Eure-et-Loir où il forme la quasi-totalité du canton de Dreux. En 1932 on donna à un square le nom de cette contrée.

THIMONNIER (1793-1857). Barthélemy Thimonnier, un des inventeurs de la machine à coudre, né à L'Arbresle, mort à Amplepuis. Ce fut en 1830 qu'il fabriqua une machine avec laquelle il parvint à imiter le point de chaînette. Il vint à Paris pour exploiter son invention, mais elle ne fut pas tout de suite – loin de là – appréciée. Il lui fallut attendre l'année 1851 et l'Exposition de Londres pour commencer à tirer profit des brevets qu'il avait déposés en 1830, 1845 et 1848. La rue Thimonnier existe depuis 1896.

THIONVILLE Chef-lieu d'arrondissement de la Moselle, sur la rivière du même nom. La ville doit son nom à un chef franc du VIe siècle, Théodon. Les rois carolingiens y résidaient souvent et c'est de Thionville que Charlemagne adressa au clergé et au peuple quatre de ses capitulaires. Sa femme Hildegarde y mourut et en 806 l'empereur « à la barbe fleurie » y fit un partage de ses États que la mort prématurée de ses fils empêcha de devenir définitif. Au Moyen Âge, Thionville était une ville forte impériale. En 1558, le duc de Guise s'en empara, mais le traité de Cateau-Cambrésis (1559) donna la cité aux Espagnols Le Grand Condé reprit possession de la ville en 1643 et Louis XIV en fit refaire les fortifications. Par Vauban, bien entendu. En 1792, la cité mosellane résista aux Autrichiens et en 1814 le général Sigisbert Hugo, père de Victor Hugo, la défendit contre les Prussiens. Le 24 novembre 1870, elle tomba aux mains des Allemands. Aujourd'hui, Thionville possède une importante sidérurgie et compte 285 000 habitants répartis dans toute son agglomération. La rue de Thionville existe depuis 1829 et le passage depuis 1895.

THOLOZÉ (1781-1853). Henri Tholozé, lieutenant général qui, sous Louis-Philippe, se distingua lors de la campagne d'Algérie qui débuta en 1830. La rue fut baptisée en 1837.

THOMAS FRANCINE Intendant général des eaux et fontaines de Paris, Saint-Germain et Fontainebleau sous les règnes successifs de Henri IV (1553-1610), Maris de Médicis (1573-1642) et Louis XIII (1601-1643), Thomas Francini, dit Thomas Francine, naquit à Florence en 1571 et mourut en 1651.

THOMAS MANN (1875-1955). Écrivain allemand, né à Lübeck, mort à Zurich, qui reçut le prix Nobel de littérature en 1929. Parmi ses œuvres : « les Buddenbrook », « la Mort à Venise » (dont Lucchino Visconti fit le film « Mort à Venise » en 1971), « la Montagne magique », « le Docteur Faustus ». Il a dit : « Est vrai ce qui convient à l'homme. » Une rue porte son nom depuis 1995.

THOMIRE (1751-1843). Pierre Philippe Thomire, sculpteur, ciseleur et bronzier, né et mort à Paris. Il travailla dans les manufactures royales où il reproduisit des œuvres de Chaudet et Pigalle. L'excellence de ses fontes fit sa réputation. Sous l'Empire, il réalisa des surtouts (pièces d'orfèvrerie ou de poterie) pour les Tuileries, ainsi que le berceau du roi de Rome. La rue Thomire fut baptisée en 1933

THOMY-THIERRY (1823-1902). Collectionneur qui céda une grande partie de ses collections au musée du Louvre. On donna son nom à une rue – c'était la moindre des choses – en 1907

THOREL (1815-1884). Conseiller municipal du IIe arrondissement dont on donna le nom à une rue en 1885.

THORÉTON Impasse depuis l'année de son ouverture (1904) et villa depuis 1971, cette voie porte, depuis sa création, le nom de l'un de ses premiers propriétaires résidents.

THORIGNY Cette rue doit son nom à un ancien hôtel, sis au 78 de la rue Vieille-du-Temple, qui appartenait à Hervé de Mauny, seigneur de Thorigny-sur-Vire. Construit en 1407, cet hôtel disparut en 1578. Sur son tracé actuel, la rue date de 1868 et la place de 1838

THORINS C'est le nom d'un hameau de la commune de Romanèche-Thorins qui, en Bourgogne, produit un vin pas mauvais du tout. La rue de Thorins a été ouverte en 1993 à l'emplacement des anciens entrepôts viticoles de Bercy.

THOUIN (1746-1824). André Thouin était très versé dans la science des végétaux, ce qui revient à dire qu'il était botaniste. On donna son nom à une rue en 1865.

THURÉ On ne sait pas si cette cité porte le nom de l'un de ses premiers propriétaires résidents ou celui d'une commune de la Vienne, située à 7 km de Châtellerault.

THUREAU-DANGIN (1837-1913). Paul Thureau-Dangin, publiciste et historien, né à Paris. D'abord auditeur au Conseil d'État, il quitta sa fonction pour faire de la politique d'inspiration catholique et monarchiste libérale dans deux journaux, « le Correspondant » et « le Français ». Son œuvre principale, « Histoire de la monarchie de Juillet », lui ouvrit les portes de l'Académie française en 1893. La rue Thureau-Dangin date de 1932

TIBRE Fleuve italien qui prend sa source dans les Apennins étrusques, à 1 167 mètres d'altitude. Il arrose principalement Rome, où il encercle l'île Sacrée, et va se jeter dans la mer Tyrrhénienne. Il mesure 403 km. C'est en 1935 que l'on donna à une rue de Paris le nom de ce fleuve.

TILLEULS Située à l'intérieur de la villa de Montmorency, cette avenue doit évidemment son nom à une plantation de tilleuls qui la borde. Les tilleuls sont des arbres à feuilles alternes, cordiformes et acuminées. Ils produisent des fruits nommés akènes. Avec leurs fleurs, on fabrique des infusions sudorifiques, calmantes et antispasmodiques.

TILSITT Ville d'Allemagne (Prusse), sur le Memel, au confluent de la Tilse. Le 8 juillet 1807, Napoléon y signa un traité qui mit fin à la guerre de la quatrième coalition et amena la paix entre notre pays, la Russie et la Prusse. C'est en souvenir de ce traité que la rue de Paris fut baptisée en 1854.

TINO ROSSI (1907-1983). Chanteur français d'opérette et de variétés, né à Ajaccio. La légende dit qu'à l'âge de 6 ans, il endormait ses petites sœurs en leur chantant des berceuses. Célèbre à partir de 1934, il créa les chansons : « Oh Corse, île d'amour », « Marinella », « Tchi-Tchi », « Petit Papa Noël », etc.; joua dans les opérettes « Méditerranée », « Naples au baiser de feu », etc., et fut, au cinéma, comédien dans « Destins », « Fièvres » « le Gardian », « la Belle Meunière », etc. Un jardin porte son nom depuis 1984.

TIPHAINE M. Tiphaine prit une part importante dans la construction de la commune de Grenelle, décidée en 1823; de 1845 à 1848, il fut adjoint au maire de cette agglomération. La rue Tiphaine existe depuis 1840.

TIQUETONNE Déformation de Quiquetonne. Rogier de Quiquetonne, un riche boulanger, habita cette rue sous le règne de Philippe de Valois, c'est-à-dire entre 1328 et 1350. La rue prit son nom dès cette époque, puis fut déformée en Tiquetonne vers 1650.

TIRON Cette rue, qui sous un tracé un peu différent existait déjà en 1250, doit son nom à une maison qu'y possédaient les moines de l'abbaye de Tiron, lieu-dit situé dans une forêt du Perche, près de Nogent-le-Rotrou. La Congrégation de Tiron, de l'ordre de Saint-Benoît, fut fondée en 1109 par Bernard d'Abbeville; elle avait pour but de faire renaître l'esprit des premiers établissements de saint Benoît, spécialement dans l'obligation du travail manuel. Elle tomba en décadence au début du XVIIe siècle et fut rattachée, en 1629, à la Congrégation de Saint-Maur. La rue Tiron avait été réservée, par Saint Louis aux hétaïres, afin qu'elles y exercent, consciencieusement, leur beau métier. Saint Louis avait réservé neuf rues aux prostituées.

TISSERAND (1845-1896). Félix Tisserand, astronome né à Nuits (Côte-d'Or), mort à Paris. Docteur ès sciences en 1868, il entra cette année-là à l'Observatoire de Paris. En 1873, on le nomma directeur de l'Observatoire de Toulouse et professeur d'astronomie dans cette ville. En 1874, il fit partie d'une expédition envoyée au Japon pour observer le passage de Vénus. Agréable voyage. En 1878, il devint membre de l'Académie des sciences et du Bureau des longitudes. En 1882, désireux de revoir Vénus, il partit pour Saint-Domingue avec une mission chargée d'observer un second passage de cette planète. Il écrivit « Note sur l'interpolation » et « Traité de mécanique céleste ». La rue Tisserand existe depuis 1905

TITIEN (v. 1480-1576). Tiziano Vecellio, dit le Titien, peintre de l'école vénitienne, né à Pieve di Cadore (États vénitiens), mort à Venise. Il se forma dans l'atelier de Giovanni Bellini où il se lia d'amitié avec le jeune peintre Giorgione en compagnie duquel, en 1507, il décora la façade du comptoir des négociants allemands de Venise, le

Fondaco de Tedeschi. Puis Titien se rendit à Vicence et Padoue où il peignit « les Miracles du saint Padouan ». Il revint à Venise où le Sénat lui octroya une pension viagère, à condition qu'il exécute le portrait de chaque nouveau doge. De 1514 à 1517, notre peintre vécut à Ferrare, à la cour d'Alphonse d'Este. Le Titien rentra à Venise en 1518 et ne quitta plus cette ville, sauf en 1529, pour rencontrer Charles Quint à Bologne, et quelques mois en 1545 pour se rendre à Rome, sur les instances du pape Paul III. François Ier tenta, mais en vain, de l'attirer en France, et si le Titien peignit l'effigie du roi, ce ne fut que d'après des médailles et des documents qui lui furent envoyés. L'œuvre du Titien comprend des tableaux religieux, des sujets mythologiques et historiques, des paysages et de très nombreux portraits. À l'âge de 95 ans il peignait encore. Il mourut de la peste. Sans elle, il eût fini centenaire. Parmi ses tableaux, citons « David tranchant la tête de Goliath », « la Vénus au petit chien », « Portraits équestres de Charles Quint », « Vénus et Adonis », « l'Adoration des Mages », « le Martyre de saint Sébastien » et « Leçon de musique ». La rue Titien fut baptisée en 1864.

TITON Cette rue doit son nom à un hôtel, appelé « Folie Titon » et construit en 1670 par Maximilien Titon, directeur général des manufactures et magasins royaux d'armes, au 31 de la rue de Montreuil, proche. À partir de 1711, cette « folie » appartint à un fils de Maximilien, Evrard Titon du Tillet (1677-1762), écrivain qui, à 20 ans, quitta les armes pour acheter une charge de maître d'hôtel chez la duchesse de Bourgogne. Il recevait chez lui beaucoup d'artistes et secourut le neveu et la petite-nièce de Corneille auxquels l'argent était venu à manquer. Titon du Tillet écrivit principalement « le Parnasse français ». La « Folie Titon », qui devint une école sous le nom d'institution Leroux, à partir de 1805, fut démolie en 1880. La rue Titon fut classée officiellement en 1885.

TLEMCEN Ville d'Algérie dans le département d'Oran; important centre religieux de 108000 habitants. En 1836, lors de la conquête de l'Algérie, le général Clausel l'occupa, mais la ville ne fut conquise définitivement, sur Abd el-Kader, qu'en 1842. La rue fut baptisée en 1869, en souvenir des faits qui précèdent.

TOCCATA Cette villa a été créée en 1997 dans le cadre du lotissement du « Parc des musiciens ». Une toccata est une pièce de musique instrumentale (généralement pour claviers), libre ou contrapuntique (relative au contrepoint) ou obéissant à un mouvement perpétuel.

TOCQUEVILLE (1805-1859). Alexis Henri Maurice Clérel de Tocqueville, historien et homme politique, né à Verneuil, mort à Cannes. En 1827 il se lia d'amitié avec Gustave de Beaumont; on chargea les deux amis d'étudier la question pénitentiaire aux États-Unis (1831-1832). Tocqueville en profita pour étudier également les institutions et les mœurs politiques de ce pays. À son retour, après avoir publié, avec de Beaumont, « Du système pénitentiaire aux États-Unis et de son application en France », ouvrage couronné par l'Académie française, Tocqueville, qui était avocat, plaida quelques causes, puis voyagea en Angleterre et composa l'œuvre qui allait asseoir sa réputation : « De la démocratie en Amérique » (première partie en 1835). Au bord de la Tamise, il épousa miss Motley et revint en France où, en 1838, on l'élit membre de l'Académie des sciences morales et politiques. En 1839, il devint député de la Manche et en 1840, année où parut la seconde partie de la « Démocratie en Amérique », il fut élu à l'Académie française. Le 27 janvier 1848, il annonça, à l'Assemblée, l'imminence de la Révolution; celle-ci éclata en février et Tocqueville siégea à la Constituante, puis à la Législative (1849). Au 2 décembre 1851, il ne manqua pas d'audace, allant signer à la mairie du Xe arrondissement de Paris une demande de mise en accusation du prince-président. Celui-ci le fit incarcérer à Vincennes; Tocqueville y resta peu de temps et partit pour l'Italie, puis pour l'Allemagne où il fit paraître un livre qui obtint un succès considérable : « l'Ancien Régime et la Révolution » (1856). Malade, il se rendit à Cannes dans l'espoir de s'y rétablir, mais il n'y vécut que peu de temps, entouré, cependant, de l'estime de tous. Il a dit : « Il n'est rien de plus triste que les grandes vertus mal employées. » La rue de Tocqueville fut baptisée en 1877, le square en 1912.

TOKYO Capitale du Japon depuis 1868 (succédant à Kyoto), anciennement dite Edo ou Yedo, située au bord du Pacifique, Tokyo compte, intra-muros, 11 855 560 habitants, mais son agglomération, comprenant les villes satellites de Kanagawa et Yokohama, rassemble plus de 24 millions d'âmes. Fondée en 1453, elle devint le siège du gouvernement shogunal en 1603. En 1923, un terrible tremblement de terre, suivi d'incendies, la détruisit entièrement et elle fut reconstruite immédiatement sur des plans nouveaux et avec une architecture plus appropriée aux risques de séismes. À la fin de la Seconde Guerre mondiale, des bombardements américains l'endommagèrent à nouveau énormément. La place de Tokyo – proche du Palais de Tokyo – existe depuis 1997.

TOLAIN (1828-1897). Henri Tolain, homme politique, né et mort à Paris. Ouvrier ciseleur et autodidacte, il devint secrétaire adjoint de la commission ouvrière envoyée à l'Exposition de Londres (1851) pour y étudier les produits industriels étrangers. En 1864, il retourna dans la capitale anglaise et assista au meeting au cours duquel furent posées les bases de la Société internationale des travailleurs dont il devint secrétaire correspondant à Paris; il repoussa cependant les idées collectivistes de cette Société internationale. Adjoint au maire du XIe arrondissement en novembre 1870, Tolain fut élu député de la Seine en 1871, sénateur en 1876. La rue Tolain fut baptisée en 1900.

TOLBIAC Ancienne ville d'Allemagne, située près de Cologne et nommée aujourd'hui Zülpich. C'est à Tolbiac que Clovis, en 496, remporta sur les Alamans une victoire décisive et fit le vœu d'embrasser le christianisme. L'honnêteté nous oblige à dire que certains historiens situent la victoire de Clovis non pas à Tolbiac, mais sur un point mal déterminé du cours moyen du Rhin. Quoi qu'il en soit, la rue de Tolbiac fut baptisée en 1868, en souvenir de la défaite des Alamans. Le pont de Tolbiac, qui doit son nom au voisinage de la rue, fut construit une première fois en 1879; en janvier 1890 les glaces charriées par la Seine l'endommagèrent; on reconstruisit alors un autre pont, l'actuel, inauguré par Félix Faure le 13 juillet 1895. Le port de Tolbiac, qui doit également son nom à la proximité de la rue, a été baptisé en 1905.

TOLSTOÏ (1828-1910). Léon Nikolaïevitch Tolstoï, comte, romancier et moraliste russe, né à Iasnaïa-Poliana. Orphelin dès sa prime jeunesse, il eut alors un précepteur français nommé Saint-Thomas. Élevé dans la religion orthodoxe, il abandonna cette Église à l'âge de 19 ans. Son adolescence fut assez agitée, pleine de duels, d'orgies et de parties de cartes. En 1847, il quitta l'Université et décida de mener auprès des paysans une vie rustique. Il n'y parvint point et en 1851 il partit pour le Caucase comme sous-officier d'artillerie. Il commença alors à écrire et en 1852, sous les initiales L.T., parut dans la revue « Sovremennik » sa première œuvre, « Enfance ». Tolstoï participa à la guerre d'Orient et se distingua à Sébastopol où il fut nommé commandant de division. Il alla ensuite vivre à Saint-Pétersbourg jusqu'en 1858, date à laquelle il entreprit des voyages en Suisse, en France et en Allemagne. Rentré dans son pays, il fonda dans sa ville natale une école modèle pour paysans et se maria en 1862, en même temps qu'il devint juge de paix. Il vécut jusqu'en 1874 une calme vie de famille, puis des questions sur le sens de la vie vinrent l'agiter et en 1883, après avoir fait la connaissance de deux paysans, Soutaïev et Bondarev, fondateurs de deux sectes religieuses affirmant que « la rénovation du monde ne peut se faire que par le travail manuel et individuel », Tolstoï se mit à labourer la terre, à travailler uniquement de ses mains et renonça à tous ses biens. Il continua cependant à écrire. Le 24 février 1901, le Saint-Synode russe l'excommunia comme hérétique et athée. Parmi les nombreux livres de Tolstoï : « Deux Hussards », « les Cosaques », « Bon Sens intime », « la Guerre et la Paix » (1864-1869), « Anna Karénine » (1873-1876), « Maître et serviteur », « la Sonate à Kreutzer », « la Mort d'Ivan Ilitch » et « l'Église et l'État ». Tolstoï, dont on peut dire qu'il occupe dans la littérature russe la même place que Dante dans la littérature italienne et Goethe dans la littérature allemande, prôna, dans ses ouvrages, le pacifisme et condamna le patriotisme. Il disait : « Ne résiste pas au mal par le mal », « La richesse est la cause principale de la misère », « Qui a de l'argent met dans sa poche ceux qui n'en ont pas » et « Femmes, c'est vous qui tenez dans vos mains le salut du monde ». Pour ces fortes paroles, le square Tolstoï fut créé en 1934.

TOMBE-ISSOIRE Une belle légende entoure le nom de cette rue. En 1182, une chanson de geste racontait l'histoire du géant Ysoré (4,20 mètres de haut!) qui, venu à Paris, s'installa à Montmartre et défia, chaque matin, les Parisiens. Afin de se défaire de ce gaillard, le roi de France – on ne sait pas lequel – fit mander un autre fier-à-bras nommé Guillaume d'Orange et surnommé « Court Nez », qui résidait à Montpellier. Ce « Court Nez », malin, fit croire à sa mort, ce qui affligea grandement la population de Paris, et réjouit le grand Ysoré. Puis, tandis que le roi se désespérait, Guillaume d'Orange arriva aux portes de Paris et apprit qu'Ysoré venait chaque matin à un certain endroit lancer un défi que nul n'avait encore pu relever; bien sûr, « Court Nez » releva le défi; la lutte fut terrible, mais d'un puissant coup d'épée, notre Montpelliérain trancha la tête du géant que l'on enterra sur le lieu de sa mort, en bordure de la route d'Orléans. Vers 1212, on trouva un tumulus à cet endroit et l'on pensa que ce devait être la sépulture d'Ysoré; on la nomma « Sepulcrum Isoreti ». Petit à petit, par déformation, Isoreti devint Isoere, Isore, Isoire, puis Issoire. Ce dernier nom fut attribué à un fief de la commanderie de Saint-Jean-de-Latran. Ainsi naquit le mot « Tombe Issoire », dérivé de « tombeau d'Ysoré ». Le fief de la « Tombe-Issoire » était situé au 52 de la rue qui nous intéresse; il lui donna son nom dès le XVe siècle.

TOMBOUCTOU Ville du Mali (ex-Soudan français). Actuellement centre commercial assez important situé près du Niger, cette cité africaine compte 32 000 habitants. Visitée par René Caillié en 1828, elle fut occupée par les Français en 1894. La rue de Tombouctou date de 1900.

TORCY (1665-1746). Jean-Baptiste Colbert, marquis de Torcy, diplomate, neveu de Colbert, le grand ministre de Louis XIV. Né à Paris, le marquis de Torcy fut ambassadeur en Angleterre, au Danemark et au Portugal, puis devint secrétaire d'État aux Affaires étrangères, ministre d'État et grand trésorier. Il dirigea les négociations qui précédèrent la signature des traités d'Utrecht (1713-1715) et entra à l'Académie des sciences, comme membre honoraire, en 1718. La rue de Torcy fut baptisée en 1867.

TORRICELLI (1608-1647). Evangelista Torricelli, physicien et géomètre italien, né à Faenza, mort à Florence. Jusqu'à 20 ans il étudia chez les Jésuites de sa ville natale, puis se rendit à Rome où il côtoya Galilée. Torricelli commença dès lors à s'intéresser aux problèmes scientifiques et en 1643 il inventa le baromètre. (Voulez-vous en construire un? Prenez un tube de verre long de 90 cm, fermé à un bout; remplissez de mercure, bouchez avec un doigt et renversez sur une cuvette contenant également du mercure; ôtez votre doigt et vous verrez le mercure descendre un peu dans le tube, puis s'y stabiliser à une hauteur moyenne de 76 cm : c'est la hauteur barométrique; cette hauteur diminuera au fur et à mesure que vous vous élèverez au-dessus du niveau de la mer, parce que la pression atmosphérique deviendra moins forte; inversement, quand vous descendrez au-dessous du niveau de la mer, la hauteur du mercure, dans votre tube, augmentera.) Evangelista Torricelli publia l'ensemble de ses travaux, en 1644, dans un ouvrage intitulé « De motu gravitum naturaliter accelerato ». Il était aussi habile à imaginer des instruments qu'à les fabriquer lui-même; la ville de Florence en possède encore plusieurs. La rue Torricelli fut ouverte en 1867.

TOUL Chef-lieu d'arrondissement de la Meurthe-et-Moselle, sur la Moselle et sur les canaux de l'Est et de la Marne au Rhin. C'est en 1545 que cette ville, qui existait depuis les Gaulois, se plaça sous la protection du roi de France, François Ier, mais c'est le traité de Westphalie, en 1648, qui la donna définitivement à la France. À voir, dans cette ancienne place forte, la cathédrale du XVe siècle. La rue de Toul fut baptisée en 1893.

TOULLIER (1752-1835). Charles Toullier, jurisconsulte né à Dole, mort à Rennes. Devenu professeur agrégé de droit en 1778, il voyagea alors quelque temps en Angleterre. De retour en France quand éclata la Révolution, il s'y montra favorable; nommé administrateur du district de Rennes, mais accusé de tiédeur, il dut démissionner. Il attendit que fût passée la Terreur pour devenir juge au tribunal d'Ille-et-Vilaine. Après le 18-Brumaire, Bonaparte fit appel à lui pour siéger dans les commissions chargées de régler les procès concernant la confiscation des biens des émigrés. En 1806, Toullier devint professeur de droit civil à la Faculté de droit de Rennes et en 1811, il accéda au doyennat de cette Faculté. Révoqué par la Restauration, il retrouva cependant sa fonction de doyen, mais en 1830 seulement. Il est l'auteur du premier traité de droit civil français : quatorze volumes qui parurent de 1811 à 1831. La rue Toullier existe depuis 1882.

TOULOUSE Appelée autrefois Tolosa, chef-lieu du département de la Haute-Garonne, sur la Garonne. La fondation de Toulouse est antérieure à celle de Rome; sous l'Empire romain, la ville fut très prospère; saint Sernin l'évangélisa au IIIe siècle. En 419, les Wisigoths s'emparèrent de Toulouse et en firent leur capitale jusqu'en 508, date à laquelle Clovis, vainqueur d'Alaric, y pénétra. La ville fut alors gouvernée par des ducs et en 637, le roi Dagobert en fit la capitale d'un duché héréditaire d'Aquitaine, relevant de la couronne de France. Plus tard, Charlemagne en fit la capitale du royaume Aquitain qu'il avait créé. À la mort de l'empereur, le détenteur de ce royaume, Louis, devint à son tour empereur et remit l'Aquitaine à des comtes dont l'un, Tridelon, fut la souche des célèbres comtes de Toulouse qui tinrent un rôle très important dans le mouvement intellectuel du Midi et la croisade contre les albigeois (1209). Après cette croisade, Philippe le Hardi hérita du comté de Toulouse, en 1272; ensuite, Philippe le Bel y installa un parlement qu'il vint inaugurer. Durant la guerre de Cent Ans, Toulouse se fit remarquer par sa fidélité à la couronne de France. Aux XIVe et XVe siècles, une université florissante s'y développa et au XVIe y furent institués les fameux jeux Floraux, destinés à récompenser des ouvrages littéraires et poétiques. Toulouse, que les capitouls administrèrent fort bien, continua à demeurer fidèle au roi de France, même si de nombreux ligueurs y résidèrent. Il faut voir, dans la ville, le Capitole (hôtel de ville) et la place qui lui fait face, la cathédrale Saint-Étienne, l'église Saint-Sernin, l'église des Jacobins, de nombreux hôtels Renaissance, enfin le musée installé dans un ancien couvent d'Augustins. La rue de Toulouse fut baptisée en 1934.

TOULOUSE Savez-vous que l'expression « pays de cocagne » est née à Toulouse? En effet aux XVIe et XVIIe siècles cette ville connut une grande prospérité grâce à la fabrication du pastel. Cette couleur était obtenue à partir d'une plante que l'on broyait puis que l'on faisait sécher en l'agglutinant à de la glaise; pastel et glaise formaient une boule ou coque d'où dériva le mot cocagne. La richesse de Toulouse et des marchands de pastels – qui se firent construire les magnifiques hôtels particuliers que l'on peut encore admirer – était telle que l'expression pays de cocagne naquit pour symboliser un lieu d'opulence et de bien-vivre. Quand les bateaux venus des Indes commencèrent à apporter l'indigo, Toulouse cessa, petit à petit, de représenter ce symbole.

Il existe, dans la cité des Violettes, un quartier dit « des Demoiselles ». De quelles demoiselles s'agit-il? Ce sont celles qui, lorsque le baron Riquet commença la construction du canal du Midi, se donnaient rendez-vous, à l'endroit qui porte aujourd'hui leur nom, pour attendre les ouvriers en mal d'amour... Ces jeunes personnes au grand cœur méritaient bien de passer à la postérité.

À l'époque de la culture du pastel vivait à Toulouse une femme que les habitants de la ville, unanimes, appelaient « la belle Paule », tant sa beauté et son allure altière faisaient merveille. Or, il advint que la « belle Paule » se maria et que son mari, jaloux, la garda enfermée nuit et jour. Furieux qu'on leur dissimule tant de grâce, les Toulousains allèrent protester auprès du capitoul; celui-ci enjoignit alors au barbon de laisser chaque jour, pendant une heure, sa femme apparaître au balcon de sa maison; menacé de prison s'il n'obtempérait pas, le jaloux fut contraint d'accepter; ainsi, tous les après-midi, à cinq heures, la belle Paule, parée de tous ses atours, apparaissait à son balcon devant la foule – où les femmes étaient rares – qui acclamait et admirait. Il restait au mari vingt-trois heures de félicité journalière...

TOULOUSE-LAUTREC (1864-1901). Henri de Toulouse-Lautrec-Monfa, peintre né à Albi, mort au château de Malromé (Gironde). Il descendait des fameux comtes de Toulouse. Plusieurs chutes, dont une de cheval et une dans des escaliers, altérèrent le processus de croissance de ses jambes. Passionné de peinture, comme de nombreux membres de sa famille, il s'y adonna très jeune. Venu à Paris, où il mena une vie dans laquelle la boisson tint souvent une bien grande place, il fréquenta les endroits à la mode de l'époque, et notamment, on le sait, le Moulin-Rouge. Sa conduite le fit presque mettre au ban de sa famille; ses peintures ne furent pas admises d'emblée par les milieux artistiques. À ce propos, on raconte à Albi, ville où il résida, qu'un de ses ex-voisins vendit pour une bouchée de pain, vers 1925, une bonne dizaine de toiles qu'il avait retrouvées dans son grenier et auxquelles il n'attacha absolument aucune valeur; les descendants de ce voisin le maudissent encore... Toulouse-Lautrec, qui, incontestablement, fut fort malheureux tout au long de sa vie, aimait à se réfugier auprès de sa mère et c'est à ses côtés qu'il mourut. Une grande partie des œuvres du peintre est conservée au musée d'Albi qui ne porte son nom que depuis peu d'années. Principaux tableaux « Portrait de dame », « le Promenoir », « Danse de la Goulue et de Valentin le Désossé », « Jane Avril », « Moulin-Rouge », « Bruant » et « le Divan japonais ». La rue Toulouse-Lautrec date de 1932

TOUR La rue doit son nom à l'ancien château de la Tour, situé à l'emplacement du numéro 86 actuel. Bâti au XIIIe siècle, ce château appartint, en 1306, à l'échanson de Philippe le Bel. Plus tard, sa tour fut transformée en prison. Au début du XVIIIe siècle, elle fut surmontée d'un moulin, la rue qui nous intéresse fut d'ailleurs, au début du XIXe, appelée « du Moulin de la Tour ». En 1810, le moulin disparut et la rue devint « de la Tour ». Mal restaurée et dénaturée de ce fait, en 1813 et 1897, la tour existe toujours. La villa de la Tour existe, quant à elle, depuis 1874; elle doit son nom au voisinage de la rue.

TOUR DES DAMES Cette rue doit son nom à un moulin appartenant à l'abbaye des Dames de Montmartre; il était connu, dès sa construction, en 1320, sous l'appellation de moulin de la Tour des Dames (notre rue prit son nom en 1789). Il fut démoli en 1822, en même temps que la tour qu'il surmontait, et dans les murs épais de celle-ci on trouva alors une petite provision de vin, mis en bouteilles sous le règne de Henri IV; il était décomposé et les inventeurs de ce « trésor » ne purent en profiter...

TOUR DE VANVES Ce passage doit son appellation à un ancien moulin, surmontant une tour, et nommé « de la Tour de Vanves ». Moulin et tour ont disparu au cours du XIXe siècle.

TOURELLES C'est aux tourelles à pans coupés d'un pavillon situé à l'intérieur du parc du château de Ménilmontant que cette rue doit son nom. Ce château, entouré d'un vaste domaine, avait son entrée principale au 130 de la rue Pelleport actuelle. À partir de 1695, il fut la propriété des Le Pelletier, famille qui compta par mi ses membres un prévôt des mar chands de Paris, un intendant des Finances et un président à mortier du parlement de Paris. Château et domaine disparurent dans la première moitié du XIXe siècle. La rue des Tourelles fut baptisée en 1812 et le passage en 1880

TOURLAQUE Baptisée en 1863, cette rue porte le nom de l'un de ses propriétaires résidents de l'époque

TOURNEFORT (1656-1708). Joseph Pitton de Tournefort, botaniste né à Aix, mort à Paris. Ses parents désiraient faire de lui un ecclésiastique, aussi fut-il placé, très jeune, au séminaire d'Aix. Mais quand son père mourut, en 1677, Tournefort quitta son lieu d'études et se mit à parcourir Provence, Dauphiné et Savoie, en herborisant. Il se rendit ensuite à Montpellier pour étudier la médecine et l'anatomie, puis vint à Paris où, en 1688, on le nomma professeur de botanique au Jardin des Plantes. Cela ne l'empêcha point d'entreprendre de nombreux voyages studieux, en Espagne, au

Portugal, en Angleterre et en Hollande. Il parcourut également l'Asie Mineure. Tournefort devint membre de l'Académie des sciences, puis professeur de médecine au Collège de France, en 1702; dès lors, il ne quitta plus Paris. Il est, principalement, l'auteur d'une classification méthodique des plantes qui porte son nom depuis le règne de Louis XIV. La rue Tournefort fut baptisée en 1864.

TOURNELLE Le pont, le port et le quai de la Tournelle doivent leur nom à l'ancien château de la Tournelle qui était situé à hauteur de l'actuel numéro 1 du quai. Ce château, construit sous Charles VI, dut son nom à une tour ronde, semblable à la tour de Nesle, qui faisait partie de l'enceinte de Philippe Auguste qu'elle terminait sur la rive gauche de la Seine, côté amont, et que l'on appelait « la Tournelle », sans jeu de mots avec la Tour de Nesle, mais simplement parce qu'elle avait besoin d'un nom. Revenons au château pour signaler qu'il fut reconstruit en 1554, sous le règne d'Henri II; en 1632, saint Vincent de Paul obtint que les galériens, au lieu d'attendre à la Conciergerie leur départ, fussent placés au château de la Tournelle où des secours spirituels, mais aussi temporels, leur étaient affectés, grâce à un donateur anonyme d'une rente de 6000 livres. (Le départ des bagnards pour Brest, Rochefort, Marseille et Toulon s'effectuait deux fois par an : le 25 mai et le 10 septembre.) Le château fut démoli totalement en 1790; les bagnards allèrent alors attendre leur départ dans un proche couvent de Bernardins que l'on aménagea pour eux. Le quai de la Tournelle date de 1550 et le port fut baptisé en 1905. Quant au pont, c'est le cinquième du nom : le premier, en bois, fut construit en 1365; le deuxième fut inauguré en 1620 et le troisième en 1638. Le quatrième, construit entre 1654 et 1656, fut élargi en 1846. Enfin, le cinquième, celui qui existe actuellement, fut commencé en 1923 et terminé en 1928. Il est en béton armé recouvert de pierres.

TOURNELLES Le château des Tournelles, qui possédait une entrée sur la place des Vosges, donna son nom à cette rue, en 1400 d'abord, puis en 1839 pour son tracé actuel, plus long que le précédent. Le premier propriétaire connu du château des Tournelles – dont le nom vient des petites tours qui ornaient son mur d'enceinte – fut Pierre d'Orgemont, évêque de Paris et chancelier de France; il appartint ensuite au duc de Berri (1402), au duc d'Orléans (1404), puis aux rois de France qui, tels Charles VII et Louis XI, aimaient y habiter quand ils séjournaient à Paris. La démolition du château fut décidée en 1559 après que l'assassinat d'Henri II y eut lieu; sur son emplacement, longtemps resté terrain vague, on vit le duel sanglant qui opposa trois mignons de Henri III, Quélus, Mau giron et Livarot, à trois partisans du duc de Guise, d'Entragues, Ribérac et Georges de Schomberg, frère de Gaspard de Schomberg; les six protagonistes moururent de ce duel (27 avril 1578)

TOURNEUX Ruelle jusqu'en 1885, la rue porte le nom de l'un de ses premiers propriétaires résidents. Quant à l'impasse, baptisée en 1900, elle doit son nom au voisinage de la rue.

TOURNON (1489-1562). François de Tournon, cardinal et homme d'État, né à Tournon, mort à Paris. Son rôle fut considérable sous François Ier, dont il alla, d'ailleurs, négocier la libération, en 1526, à Madrid. Tournon prit part au traité de Cambrai (1529) et célébra le mariage de la sœur de Charles Quint, Éléonore, avec le roi. Fait cardinal en 1530, il aida, en 1536, Anne de Montmorency dans la défense de la Provence. Le rôle de notre cardinal au sein du gouvernement devint de plus en plus important; il sut protéger les gens de lettres, agrandit la bibliothèque royale et fonda le collège de Tournon, qu'il confia aux Jésuites. À l'avènement de Henri II, son crédit se perdit et on l'envoya à Rome comme ambassadeur. Il revint quelque temps en France, puis fut à nouveau envoyé à Rome afin de maintenir Paul IV dans l'alliance française; Pie V, le pape suivant, fit le cardinal de Tournon évêque d'Ostie et doyen du sacré collège. Rentré en France après la mort de Henri II (1559), Tournon prôna alors une attitude rigoureuse contre les hérétiques. À sa mort, il fut enterré dans le collège qu'il avait fondé. La rue qui nous intéresse fut baptisée en 1541

TOURNUS Cette rue ne porte pas le nom de la ville de Saône-et-Loire qui mérita, de Napoléon, la Légion d'honneur pour sa résistance face aux Autrichiens en 1814, mais celui de l'un de ses premiers propriétaires résidents, M. Tournus.

TOURTILLE Depuis 1730, cette rue porte le nom de l'un de ses habitants d'alors, M. Tourtille-Saugrain. Celui-ci obtint en 1769, conjointement avec son associé, Bourgeois de Château-Blanc, inventeur (en 1745) des réverbères, pourvus de réflecteurs, où l'huile remplaçait la chandelle, la concession de l'éclairage des rues de Paris pour une période de vingt ans.

TOURVILLE (1642-1701). Anne Hilarion de Cotentin, comte de Tourville, vice-amiral et maréchal de France, né à Tourville (Manche), mort à Paris. En 1656, il adhéra à l'ordre de Malte et embarqua sur les galères. Devenu capitaine de vaisseau, il combattit les Hollandais. En 1676, Tourville devint chef d'escadre; en 1683, il seconda Duquesne dans ses expéditions contre les Algériens et les Tripolitains et il débarrassa la Méditerranée de ces pirates. En 1688, on l'envoya s'occuper d'Alger qui nous posait quelques petits problèmes : il bombarda la ville et l'anéantit presque totalement... En récompense, Tourville fut nommé, en 1689, vice-amiral des mers du Levant. En 1690, revenu sur des mers plus proches de nous, il battit une flotte anglo-hollandaise près de l'île de Wight. Il réussit moins bien en 1692 quand, le 29 mai, il dut céder la victoire à 90 vaisseaux ennemis à la hauteur du cap de la Hougue. Il est vrai qu'il n'était à la tête que de 40 navires. Fait maréchal de France en 1693, Tourville se vengea bien, alors, de sa défaite de 1692, gagnant la bataille du cap Saint-Vincent et occasionnant aux Anglais et Hollandais des pertes énormes. Il prit sa retraite en 1697. L'avenue de Tourville existe depuis 1805

TOUSSAINT-FÉRON C'est depuis 1863 que cette rue porte le nom de l'un de ses propriétaires résidents de l'époque.

TOUSTAIN (1700-1754). Dom Charles Toustain, bénédictin qui fréquenta l'abbaye de Saint-Germain-des-Prés, proche. On donna son nom à une rue en 1805.

TOUZELIN Détaché de la ville de Levallois-Perret en 1930, ce passage porte le nom de l'un de ses premiers propriétaires riverains.

TOUZET Cette impasse porte le nom du propriétaire du terrain sur lequel elle fut ouverte.

TRACY (1754-1836). Antoine Louis Claude Destutt de Tracy, comte et philosophe français, d'origine écossaise, né à Paris. Quand la Révolution éclata, il était colonel du régiment de Penthièvre; il adhéra aux principes révolutionnaires et fut député de la noblesse aux états généraux. Il siégea à l'Assemblée constituante, puis se retira à Auteuil pour poursuivre des recherches philosophiques. Sous la Terreur on l'arrêta; la chute de Robespierre le sauva in extremis. En 1795, le Directoire le nomma membre du comité de l'instruction publique, en même temps qu'il devint membre de l'Institut. Sous le Consulat, Tracy siégea au Sénat, mais sous l'Empire, Napoléon, qui ne l'appréciait point, le tint à l'écart. En 1814, ce fut Destutt de Tracy qui proposa au Sénat la déchéance de l'empereur. Reconnaissante, la Restauration le fit pair de France. La rue de Tracy existe depuis 1780; elle a été construite sur des terrains appartenant à notre philosophe qui a exposé ses idées dans « Éléments d'idéologie ».

TRAËGER Cette cité, ouverte dans la seconde moitié du XIXe siècle, porte le nom de l'un de ses premiers propriétaires résidents.

TRAÎNÉE Cette impasse, ainsi nommée depuis 1792, doit son nom à la proximité de la rue Norvins qui, jusqu'en 1868, s'appela « Traînée ». On peut avancer pour ce nom l'explication suivante : il y avait encore des loups à cet endroit au XVe siècle ; pour les chasser, on répandait sur le sol des morceaux de charogne destinés à les attirer ; les traces laissées par ces charognes étaient appelées traînasses, ou traînées.

TRAKTIR Ville de Crimée, sur la Tchernaïa, où durant la guerre de Crimée nous remportâmes sur les Russes, le 16 août 1855, une brillante victoire en souvenir de laquelle on baptisa la rue qui nous intéresse en 1865.

TRANSVAAL Province de la République sud-africaine. 286053 km^2 pour 10000000 habitants. Capitale : Pretoria; ville la plus importante : Johannesburg. Le Transvaal fut fondé en 1835 par des colons hollandais du Cap fuyant les Anglais; en 1852, il était reconnu indépendant et en 1853 il devint la République sud-africaine. En 1877, le Natal l'annexa, mais en 1881 il reconquit son autonomie. En 1884, on découvrit de l'or au Transvaal; une immigration intense s'ensuivit. En 1899, une guerre féroce éclata contre les Anglais qui annexèrent le pays en 1902. En 1910, enfin, le Transvaal entra dans l'Union sud-africaine. La rue date de 1900.

TRAVERSIÈRE Cette rue ne traverse rien de particulier car son nom est une déformation de Traversier, patronyme d'un jardinier sur une partie des terrains duquel cette voie fut ouverte en 1672. La rue que nous connaissons aujourd'hui prit son visage actuel en 1806; auparavant son tracé était plus court.

TRÉBERT Jusqu'en 1930 ce passage faisait partie de la commune de Levallois-Perret; il porte le nom du propriétaire du terrain sur lequel il fut construit.

TREILHARD (1742-1810). Jean-Baptiste Treilhard, homme d'État né à Brive, mort à Paris. En 1789, il était avocat au Parlement et il fut élu député de Paris aux états généraux. Tant que dura la Législative, il présida le tribunal civil et le tribunal criminel de la Seine. En 1792, élu à la Convention, il présida cette Assemblée durant une partie du procès de Louis XVI et s'opposa fortement aux comités révolutionnaires. Le 7 avril 1793, il entra au Comité de salut public mais ceux de la Montagne l'en écartèrent bientôt; il réintégra ce Comité trois jours après la décapitation de Robespierre. Sous le Directoire, il fit partie du Conseil des Cinq-Cents puis devint successivement membre du tribunal de cassation, ministre plénipotentiaire à Naples et représentant de la France au Congrès de Rastadt, en 1798. Sous le Consulat, Bonaparte le fit entrer au Conseil d'État, où il présida la section de législation; à ce poste, il fut en grande partie le rédacteur des Codes criminel, de commerce, civil et de procédure. Sous l'Empire, Napoléon le fit ministre d'État et comte. La rue Treilhard existe depuis 1867.

TRÉSOR Quand on ouvrit cette rue en 1882, on découvrit 7 800 pièces d'or datant de Jean le Bon et de Charles V. Un véritable trésor... Le nom de la rue était tout trouvé.

TRÉTAIGNE Le baron Michel de Trétaigne fut, au XIXe siècle, maire de l'ancienne commune de Montmartre. C'est à ce titre qu'on donna son nom à une rue en 1903.

TRÉVISE (1768-1835). Maréchal Mortier, duc de Trévise, – ville italienne de Vénétie –, mort dans l'attentat perpétré par le conspirateur corse Fieschi contre Louis-Philippe en 1835 (voir, plus haut, à « Mor tier »). La rue de Trévise fut baptisée en 1836 et la cité en 1840

TRINITÉ (passage). Ouvert en 1817, ce passage doit son nom à l'ancien hôpital de la Trinité qui était situé à hauteur des numéros 142 à 164 de la rue Saint-Denis actuelle. Fondé en 1201 par Guillaume Estacuol et Jean Palée, cet hôpital donnait alors asile aux voyageurs et pèlerins qui ne pouvaient entrer dans Paris après le couvre-feu. En 1545, il prit le nom d'hospice des Enfants bleus; ces enfants, qualifiés de bleus à cause de la couleur de leur costume, étaient des orphelins, nés de parents pauvres et âgés d'au moins sept ans. Ils apprenaient là un métier. Au milieu du XVIIIe siècle, les terrains entourant cet hospice-école furent ouverts à des artisans qui pouvaient y acquérir la maîtrise à la condition d'enseigner leur profession aux enfants. La Révolution ferma cette institution dont les bâtiments et l'église furent démolis entre 1812 et 1818.

TRINITÉ (rue). Créée en 1864, cette rue doit son nom à l'église de la Trinité qu'elle borde. Construite par l'architecte Ballu cette église fut inaugurée en 1867. Son style est celui des églises florentines du XVIe siècle. Elle est surmontée d'un clocher haut de 65 mètres.

TRISTAN BERNARD (1866-1947). Paul Bernard, dit Tristan Bernard, romancier et auteur dramatique, né à Besançon. Il est autant connu par ses mots d'esprit que par ses livres et pièces de théâtre. Il possédait un humour corrosif, du style « pince-sans-rire ». Il a écrit « L'anglais tel qu'on le parle », « le Petit Café » et « Triplepatte » (ce dernier ouvrage avec Godfernaux). Il a dit : « Ce qui ressemble à l'amour est toujours de l'amour », « Les hommes sont toujours sincères ils changent de sincérité, voilà tout », « Il vaut mieux ne pas réfléchir du tout que ne pas réfléchir assez », « Ne compter que sur soi et encore... pas beaucoup », « Rien ne ressemble plus à un innocent qu'un coupable qui ne risque rien » et « L'amour c'est comme les champignons : on ne sait jamais à quelle espèce ils appartiennent. En tout cas, quand on le sait, c'est déjà trop tard ». Et puis citons cette anecdote : incarcéré pendant la Seconde Guerre mondiale, en sa qualité de juif, il reçut une lettre de Sacha Guitry s'enquérant de ce qu'il pouvait lui envoyer pour lui faire plaisir; et Tristan Bernard, en réponse, écrivit à l'auteur du « Mot de Cambronne » : « Envoyez-moi donc un cache-nez... » La place Tristan-Bernard fut baptisée en 1953.

TRISTAN TZARA (1896-1963). Poète français d'origine roumaine, de son vrai nom Samy Rosenstock, inventeur au cabaret Voltaire de Zurich en février 1916 du mouvement artistique et révolutionnaire dada dont il disait : « Dada naquit d'une révolte qui était commune à toutes les adolescences ». Le dadaïsme, contemporain du surréalisme, cultivait les techniques de la dérision et de la provocation pour dire son dégoût de l'art. Parmi les ouvrages de Tzara, citons : « la Première Aventure céleste de M. Antipyrine », « Mouchoir de nuages », « l'Homme approximatif », etc. Il a dit : « Dada ne signifie rien », « Liberté : Dada Dada Dada, hurlements des couleurs crispées, entrelacements des contraires et de toutes les contradictions, des inconséquences : la Vie » et « La mort serait un beau long voyage et les vacances illimitées de la chair des structures et des os ». La rue Tristan-Tzara existe depuis 1987.

TROCADÉRO La place du Trocadéro fut formée en 1869; elle était dédiée initialement – comme l'avenue Kléber – au roi de Rome. Elle prit son nom actuel en 1877, en souvenir d'un immense fort en carton édifié à cet endroit sous la Restau ration, en 1827, pour commémorer la prise par les Français, conduits par le duc d'Angoulême, de la place forte de Trocadéro, bourgade de l'Andalousie défendue par deux forts : le fort Luis et le fort Matagorda. Devant cette place on construisit, à l'occasion de l'Exposition universelle de 1878, un palais dit « du Trocadéro » qui fut remplacé en 1937 par un autre édifice : le palais de Chaillot. Ce bâtiment sépare la place des jardins du Trocadéro. Le square du Trocadéro, qui doit son nom au voisinage de la place, existe depuis le tout début du XXe siècle.

TROIS BORNES Connue depuis 1695, la rue doit son nom à trois bornes délimitant des propriétés particulières. La cité des Trois-Bornes, baptisée en 1892, doit son nom au voisinage de la rue.

TROIS COURONNES C'est depuis 1788 que cette rue porte son nom, provenant de l'ancienne enseigne d'un cabaret. En 1894 elle perdit sa partie comprise entre la rue Morant et le boulevard de Belleville; cette partie fut incorporée à la rue d'Angoulême d'alors, c'est-à-dire à la rue Jean-Pierre-Timbaud d'aujourd'hui. Il existe depuis 1992, dans un autre quartier que celui de la rue des Trois-Couronnes, une villa des Trois-Couronnes qui devrait s'écrire « 3 couronnes », mais qu'on a orthographiée en toutes lettres pour lui permettre d'entrer, alphabétiquement, dans la « Nomenclature officielle des rues de Paris »; son nom est aussi très certainement dû à une ancienne enseigne.

TROIS FRÈRES Cette cour fut construite en 1855 sur un terrain appartenant à M. Viguès; ce brave homme avait trois fils qui, incontestablement, étaient frères... M. Viguès tint à les réunir sur une plaque bleue

TROIS FRÈRES Les trois frères dont il s'agit là se nommaient Dufour et ils étaient tous trois propriétaires dans cette rue quand on l'ouvrit en 1842. En 1868, la rue des Trois-Frères s'agrandit en absorbant la rue Léonie qui datait de 1848 et portait le prénom de la femme d'un de ses propriétaires résidents.

TROIS PORTES Au début du XIVe siècle cette rue n'avait que trois maisons; comptons soigneusement : une porte par maison, cela nous fait trois portes... Et voilà!

TROIS SŒURS Au XVIIIe siècle il y avait un lavoir dans cette impasse; ce lavoir appartenait à trois charmantes femmes qui, vous l'avez deviné, étaient sœurs.

TROIS VISAGES Cette impasse doit son nom, de 1782, à une ancienne enseigne qui représentait trois têtes joliment sculptées.

TROLLEY DE PRÉVAUX (1888-1944). Jacques, Marie, Charles Trolley de Prévaux était contre-amiral. Durant la Seconde Guerre mondiale, sous le pseudonyme de « Vox », il brilla dans la Résistance, secondé par sa femme qui fit preuve d'autant de courage que lui. Les Allemands les arrêtèrent et les fusillèrent en 1944. Une rue lui est dédiée depuis 1994.

TRONCHET (1726-1806). François Denis Tronchet, jurisconsulte et avocat, né et mort à Paris. Il fit de brillantes études et devint rapidement avocat; il comptait se faire remarquer au barreau, mais il dut y renoncer et se contenter du rôle d'avocat consultant pour la raison suivante : sa voix, trop faible, ne portait pas. Mais François Denis Tronchet n'en mena pas moins une carrière, peut-être un peu différente de celle qu'il eût souhaitée, mais néanmoins brillante... En 1789, on le nomma bâtonnier et il siégea aux états généraux dans la droite constitutionnelle. Quand Louis XVI revint de Varennes, il fut chargé de recevoir ses déclarations et en 1793 il collabora à la défense du souverain. Nous n'irons pas jusqu'à insinuer que le roi fut condamné parce que Tronchet ne put se faire entendre... En 1795, il siégea au Conseil des Anciens; sous le Consulat, Bonaparte l'appela au sein de la commission chargée de préparer le Code civil; son rôle y fut important. En 1800 Tronchet devint conseiller, puis président de la Cour de cassation; enfin, sa carrière fut couronnée par un siège au Sénat, en 1801. La rue Tronchet date de 1824.

TRÔNE L'avenue et le passage doivent leur nom à la proximité de l'ex-place du Trône, aujourd'hui place de la Nation (voir ce dernier nom pour explications). L'avenue date de 1670 et le passage de la seconde moitié du XIXe siècle.

TRONSON DU COUDRAY (1750-1798). Alexandre de son prénom, avocat et homme politique, né à Reims, mort à Sinnamary. Ses parents voulaient en faire un homme d'Église, mais il préféra se lancer dans le commerce. Il n'y réussit pas et se dirigea alors vers le barreau. Devenu avocat du Parlement en 1778, il obtint de brillants succès dans des causes politiques. Désigné comme avocat d'office de Marie-Antoinette, il plaida le 12 octobre 1793 et fut, immédiatement après, arrêté par ordre de la Convention qui dut trouver sa plaidoirie trop brillante et trop pro-royaliste. Il recouvra assez rapidement la liberté, et prudemment – qui l'en blâmerait? – il s'éloigna de Paris... Le 27 vendémiaire an IV, il se fit élire député de Seine-et-Oise au Conseil des Anciens. Il se mit alors à combattre très violemment le Directoire. C'était courageux, mais dangereux. On le déporta en Guyane où il mourut. Il a écrit « Instructions rédigées pour mes enfants et mes concitoyens ». Sa rue date de 1867.

TROUSSEAU (1801-1867). Armand Trousseau, médecin né à Tours, mort à Paris. Il commença ses études médicales assez tard, après avoir été maître d'études au collège de Châteauroux. Reçu docteur en 1825, l'année suivante il devint agrégé de médecine. Médecin dans les hôpitaux, puis professeur de thérapeutique, son enseignement obtint beaucoup de succès, surtout à partir de 1832 quand il enseigna à l'Hôtel-Dieu. Trousseau vulgarisa l'opération de la trachéotomie. Il a écrit « Traité de thérapeutique ». Mort d'un cancer, il avait prédit sa mort avec la plus grande exactitude. En 1880 on donna son nom à un hôpital appelé auparavant « des Enfants malades », situé au 116 de la rue du Faubourg-Saint-Antoine. Démoli en 1902, cet hôpital fut remplacé toujours sous le nom de Trousseau par un autre établissement hospitalier construit rue du Général-Bizot. La rue Trousseau fut baptisée en 1894, le square en 1905.

TROYON (1810-1865). Constant Troyon, peintre paysagiste né à Sèvres, mort à Paris. Très jeune il travailla dans les ateliers de décoration de la manufacture de Sèvres; mais bientôt il entreprit des voyages au cours desquels il gagnait sa vie en peignant dans des fabriques vases et assiettes. Au cours de ses pérégrinations il se prit de passion pour la peinture des paysages; coloriste remarquable on le considère comme un des maîtres de l'école naturaliste dite « de 1830 ». À partir de 1847, influencé par le peintre hollandais Potter, il plaça dans ses paysages de nombreux animaux : bœufs, moutons ou chiens, et se révéla, dès lors, animalier de talent. Principaux tableaux : « Vue du château de Saint-Cloud », « Baigneuses », « Études de moutons », « Départ pour le marché » et « Vaches allant aux champs ». La rue Troyon existe depuis 1875.

TRUBERT-BELLIER Créé en 1904, ce passage porte le nom de deux de ses premiers propriétaires riverains, ainsi associés à jamais.

TRUDAINE (1660-1721). Charles Trudaine de Montigny fut prévôt des marchands de Paris, entre 1716 et 1720. À ce poste, il eut à lutter, en compagnie des autres « messieurs » de la ville, contre un incendie allumé dans des circonstances bizarres : dans les premiers jours d'avril 1718, une femme, croyant que son fils s'était noyé dans la Seine, plaça dans une sébile un pain et un cierge allumé; elle laissa la sébile dériver sur le fleuve; cela devait sauver l'âme de son fils... Mais en passant près d'un bateau, chargé de foin, amarré au quai de la Tournelle, le cierge y mit le feu. Des marchands de bois, craignant pour leur chantiers proches, coupèrent la corde reliant le bateau au quai. L'embarcation partit à la dérive, passa sous les deux petits ponts de l'Hôtel-Dieu, mais arrivé au Petit Pont, face au Petit-Châtelet, elle ne put passer dessous parce que les arches étaient encombrées de poutres. Le feu prit alors aux maisons qui se trouvaient sur le pont. L'incendie crût rapidement et toucha les rives. Il dura trois jours, brûla vingt-deux maisons et détruisit une grande quantité de marchandises. Ce fut un véritable enfer; tout cela parce qu'une brave femme voulut que l'âme de son fils aille droit au Paradis... L'avenue Trudaine fut baptisée en 1821 et le square en 1929. À part cela, tout va très bien, Madame la Marquise...

TRUFFAUT Créée en 1825, cette rue porte le nom du propriétaire du terrain sur lequel elle fut construite.

TRUILLOT C'est le nom de l'un des premiers propriétaires résidents de cette impasse.

TUILERIES La construction du palais des Tuileries fut décidée par Marie de Médicis, désireuse de remplacer le château des Tournelles qu'elle avait fait détruire à la suite de l'assassinat de Henri II (15 juillet 1559). La construction commença en 1564, sur les plans de Philibert Delorme qui dirigea les travaux jusqu'à sa mort en 1570. Jean Bullant lui succéda et termina l'édifice qui prit alors le nom de Tuileries, à cause d'une ancienne tuilerie sur l'emplacement de laquelle il se dressait. Plus tard Henri IV relia les Tuileries au Louvre par une grande galerie, dite « du bord de l'eau ». Sous la Régence, l'Opéra ayant brûlé, on utilisa une salle des Tuileries, dite des Machines, pour donner des représentations d'art lyrique. Sous la Révolution, Louis XVI et la famille royale séjournèrent aux

Tuileries en 1792 et au 10 août la foule, en colère, envahit le palais. En 1793 la Convention siégea dans la salle des Machines. Au XIXe siècle, les Tuileries furent le siège de la souveraineté aussi bien sous le règne de Napoléon que sous ceux de Louis XVIII, Charles X et Louis-Philippe, qui en fut chassé par la foule en 1848. Sous le second Empire Napoléon III fit des Tuileries sa résidence officielle. Le 24 mai 1871, le palais fut incendié par les insurgés de la Commune ; cet incendie le détruisit en grande partie et sa démolition complète fut décidée en 1882. Le quai des Tuileries date de 1731 et le port de 1905.

TULIPES Depuis 1954 cette rue porte le nom de ces fleurs de la famille des liliacées. Les tulipes sont des plantes bulbeuses, à feuilles oblongues, ovales ou lancéolées. Il en existe de multiples variétés, dont la Hollande est le grand producteur. Ce sont les habitants de la villa qui nous intéresse, poètes ou nostalgiques du temps où Paris était plus fleuri qu'aujourd'hui, qui lui donnèrent son nom actuel.

TUNIS Capitale de la Tunisie sur les bords d'une lagune peu profonde, la Bahira, ou baie de Tunis, qui la sépare du golfe de Carthage. Au XIe siècle, Tunis, dont la construction précéda celle de Carthage, était déjà réputée pour son activité industrielle ; au siècle suivant elle devint la capitale de la dynastie des Hafsides. Ensuite, et tour à tour, Tunis fut occupée par les Espagnols et les Turcs. Aux XVIIe et XVIIIe siècles elle souffrit des guerres qui opposèrent Tunisiens et Algériens. En 1881, le 12 mai exactement, les Français occupèrent Tunis, à la suite du traité du Bardo qui donnait à la France le protectorat de la Tunisie, laquelle acquit son indépendance en 1956. Aujourd'hui, Tunis compte 774 000 habitants. On donna son nom à une rue de Paris en 1867.

TUNISIE État d'Afrique du Nord, à l'est du Maghreb. Elle possède quelque 9 millions d'habitants sur une superficie de 164 150 km². Capitale : Tunis ; autres villes : Gabès, Bizerte, Kairouan, Sfax, Sousse, sans oublier Carthage. Les Romains la conquirent à partir de 146 avant J.-C. et donnèrent un grand essor au pays. Puis les Arabes la conquirent à leur tour, à partir du VIIe siècle et le christianisme, qui y était fortement implanté, céda la place à l'islamisme. Les Turcs, après d'autres péripéties historiques, s'y installèrent du XVIe au XIXe siècle. Ensuite, de 1881 à 1955, la Tunisie vécut sous protectorat français et le gouvernement de notre pays reconnut l'indépendance totale du pays en 1956. Bourguiba y instaura la république le 25 juillet 1957. L'avenue de la Tunisie existe depuis 1984.

TUNNEL (rue et cité). C'est un charmant petit tunnel du chemin de fer de ceinture qui est le parrain de ces deux voies (1867 pour la rue, 1877 pour la cité).

TURBIGO Ville d'Italie, en Lombardie, sur le Naviglio Grande et le Tessin. Les Français y remportèrent deux victoires sur les Autrichiens, le 31 mai 1800 et le 2 juin 1859. C'est en souvenir de la seconde bataille, dans laquelle les troupes françaises étaient menées par Mac-Mahon, qu'une rue de Paris prit le nom de cette ville italienne, en 1864.

TURENNE (1611-1675). Henri de La Tour d'Auvergne, vicomte de Turenne, maréchal de France, né à Sedan, mort à Salzbach. Il apprit à guerroyer en Hollande auprès de ses oncles Maurice et Henri de Nassau. En 1630, Richelieu le fit venir en France et le nomma colonel. Turenne s'empara de Landrecies en 1636 et défendit vaillamment Maubeuge en 1637. En 1640 il prit Turin, puis vint dans le Roussillon en 1642, année où il obtint le grade de lieutenant général. Après la mort de Louis XIII, on le fit maréchal et on le mit à la tête de l'armée d'Allemagne. En 1646, allié aux Suédois, il se battit glorieusement en Bavière. Quand la Fronde éclata, Mazarin fit des efforts pour gagner Turenne à la cause royale; pour cela il lui donna le gouvernement de l'Alsace et lui offrit en mariage une de ses nièces. Pas la plus laide... mais Turenne n'eut cure de tout cela et se laissa entraîner par une jolie dame dont il était amoureux, Mme de Longueville. Devenu « Frondeur », on le déclara coupable de lèse-majesté et il émigra en Hollande jusqu'en 1649. Il revint un moment à Paris, mais poussé par Condé et, toujours, Mme de Longueville, il gagna Stenay et signa en avril 1649 un traité avec l'Espagne; à la tête d'une armée franco-espagnole, il marcha alors sur Paris afin de délivrer les princes que Mazarin avait fait enfermer à Vincennes; ces princes ayant été transférés au Havre, Turenne repassa l'Aisne, mais à Rethel, en décembre 1650, il fut vaincu par les troupes royales du maréchal d'Hocquincourt. Cela le dégoûta de la guerre civile et, en 1651, il fit la paix avec la Cour et prit le commandement de l'armée royale. Après la Fronde, il dirigea les « guerres étrangères »; il força Condé à lever le siège d'Arras en 1654, en 1656 il occupa La Capelle et, surtout, en 1658, il remporta, encore sur Condé, la célèbre bataille des Dunes. La paix des Pyrénées fut une conséquence de cette victoire. Nommé maréchal général en 1660, Turenne se convertit au catholicisme en 1668, principalement grâce à Bossuet. En 1672, on le chargea de protéger l'Alsace et c'est alors qu'il atteignit l'apogée de sa gloire. En 1675, il franchit les Vosges et vainquit les Impériaux à Turckheim. Mais peu de temps après cette victoire, il fut tué par un boulet perdu, en reconnaissant la position d'une batterie. Un de ses adversaires, Montecuccoli, put alors dire : « Il est mort, cet homme qui faisait honneur à l'homme. » La rue de Turenne existe depuis 1865.

TURGOT (1727-1781). Anne Robert Jacques Turgot, baron de l'Aulne, économiste et contrôleur général des Finances, né et mort à Paris. Après des études à Louis-le-Grand et au collège du Plessis, il entra au séminaire de Saint-Sulpice d'où il passa à la Sorbonne, en qualité de prieur en 1749. Mais bientôt il quitta l'état ecclésiastique et en 1753 on le nomma maître des requêtes. La même année il écrivit « Lettres sur la tolérance », ouvrage qui eut un grand retentissement. En 1761, Turgot reçut la charge d'intendant de la généralité de Limoges; il l'assuma durant treize années avec beaucoup de compétence. En 1766 il publia « Réflexion sur la formation et la distribution des richesses ». Le contenu de ce livre permet de dire que Turgot fut le fondateur de l'économie politique. En 1774, appelé à Paris, il entra au ministère de la Marine, pour un temps très bref, puis devint contrôleur général. Il adressa alors à Louis XVI une lettre dans laquelle il résuma l'essentiel de son plan · « Point de banqueroute, point d'augmentations d'impôts, point d'emprunt. » Il établit la libre circulation des blés, mais la récolte s'étant avérée mauvaise, des troubles éclatèrent çà et là qui furent promptement et sévèrement réprimés; connue sous le nom de « guerre des farines », cette émeute entama quelque peu la popularité dont jouissait Turgot. En janvier 1776, il proposa la promulgation de six édits qui devaient supprimer : 1) la corvée; 2) la police de Paris sur les grains; 3) les offices sur les quais, halles et ports de Paris; 4) les jurandes et maîtrises; 5) la caisse de Poissy; 6) les droits imposés sur les suifs. Ces édits furent approuvés par le Parlement, mais Turgot n'eut pas le temps de les mettre en application. En effet, tous les privilégiés de la noblesse et du clergé se dressèrent contre lui. Le roi, qui l'avait d'abord soutenu avec fermeté, l'abandonna bientôt, poussé en cela par Marie-Antoinette, que Turgot mécontentait. Celui-ci, en mai 1776, fut contraint à donner sa démission. Il reprit, dès lors, après avoir été reçu à l'Académie des inscriptions, des études littéraires et scientifiques. Turgot a dit : « N'humilie pas qui veut » et « L'extrême exactitude est le sublime des sots ». Bizarrement, ce n'est pas lui, mais son père, Michel Étienne Turgot (1690-1751), le parrain de la rue qui nous intéresse. Ce papa fut conseiller au parlement de Paris (1711), président de la Chambre (1717), prévôt des marchands (1729-1740) et membre de l'Académie des inscriptions (1743). Il fit dresser un plan de Paris, que l'on consulte encore, et qui porte son nom. Papa Turgot est donc, en quelque sorte, aussi le parrain de notre dictionnaire. Notre rue fut, quant à elle, baptisée en 1833.

TURIN Torino en italien, ville du Piémont, sur le Pô. Primitivement, c'était la capitale des Taurini, peuplade gauloise alliée de Rome. Détruite par Hannibal en 218 av. J.-C., elle fut reconstruite et baptisée Augusta Torinorum par l'empereur Auguste. Un peu avant l'an 800, Charlemagne attribua Turin aux marquis de Suse. En 1405, y fut fondée une université. De 1531 à 1562 les Français l'occupèrent ; ils récidivèrent en 1690 après un siège meurtrier. Sous Napoléon, Turin devint le chef-lieu du département du Pô jusqu'en 1814. La cité piémontaise fut quelque temps la capitale du nouveau royaume d'Italie (de 1859 à 1864) avant de devenir, plus modestement, le chef-lieu de la province du Piémont. À voir : le palais Madama (XIIe et XIVe siècles) et la cathédrale (XVIe siècle) qui renferme le saint Suaire. Turin, important centre de constructions automobiles (Fiat), compte aujourd'hui 2 millions d'habitants. La rue de Turin date de 1847.

TURQUETIL C'est depuis 1902 que ce passage porte le nom de l'un de ses propriétaires riverains de l'époque.

U

ULM Ville d'Allemagne occidentale, dans le Bade-Wurtemberg, sur le Danube, riche de 115000 habitants. C'est dans cette ville que le 20 octobre 1805 l'armée autrichienne du général Mack capitula devant Napoléon Ier. Dès cette capitulation, le maréchal Ney envahit la ville, tandis que la Grande Armée se mettait en marche vers Vienne. La rue d'Ulm fut baptisé en 1807, en souvenir de la victoire française.

ULYSSE TRÉLAT Deux Ulysse Trélat, le père et le fils, sont les parrains de cette rue. Le père, né à Montargis en 1795, mort à Menton en 1879, fut chirurgien militaire en 1813 et participa activement, sous la Restauration, au mouvement libéral. Il agit de même sous la monarchie de Juillet et fut condamné, en 1834, à trois années de prison. Quand on le libéra, il reprit quelque temps ses activités politiques, collaborant notamment au journal « le National », puis il rentra dans la carrière médicale, comme médecin adjoint à la Salpêtrière. En 1848, il devint maire du XIIe arrondissement. Cela lui rendit le goût de la politique et il entra à l'Assemblée constituante avant de devenir ministre des Travaux publics du 12 mai au 18 juin 1848. Il n'eut sans doute pas le temps d'ouvrir beaucoup de chantiers... Non réélu à la Législative, il retourna vers les malades de la Salpêtrière. En 1871, il fut élu conseiller municipal de Paris, dans le quartier du Panthéon. Ulysse junior, né et mort à Paris (1828-1890), également chirurgien, professa la pathologie externe à la Faculté de médecine en 1872, entra à l'Académie de médecine en 1874 et devint professeur de clinique chirurgicale en 1890, cinq mois avant son décès. La rue Ulysse-Trélat existe depuis 1894.

UNION (passage et square). Ce furent les habitants de ces deux voies (en 1935 pour le passage, en 1937 pour le square) qui les placèrent sous le parrainage du mot union dont Descartes disait : « Concevoir l'union qui est entre deux choses, c'est les concevoir comme une seule. »

UNIVERSITÉ L'Université de Paris fut créée en 1180. Elle fut la deuxième à être constituée dans le monde; la première ayant été celle de Bologne, en 1100. En 1200, l'Université de Paris reçut de Philippe Auguste les privilèges d'une corporation ecclésiastique. Elle obtint alors le droit exclusif de conférer les grades de bachelier, de licencié et de docteur. Elle comprenait, à cette époque, quatre facultés : celle des arts libéraux, celle du droit canon, celle de médecine et celle de théologie. Elle connut son apogée du XIIIe au XVe siècle, sauf pour la faculté de théologie, autrement dit la Sorbonne, qui conserva une grande importance jusqu'au XVIIIe siècle. Au Moyen Âge, l'Université donna son nom à tout un quartier, qui s'étendait sur la rive gauche de la Seine, de la Tournelle à la tour de Nesle. La Révolution supprima l'Université, en 1790, mais Napoléon la réorganisa en 1808, en la plaçant sous la surveillance directe de l'État. Depuis 1968 – preuve que les « révolutions » peuvent être utiles – les universités françaises sont dotées d'une autonomie administrative, pédagogique et financière assez importante. La France compte, actuellement, 79 universités. La rue de l'Université fut ouverte, à partir de 1640, sur des terrains appartenant à l'Université; d'où son nom, reçu dès sa création. Jusqu'en 1880, elle s'arrêtait rue de La Bourdonnais; elle fut prolongée, à cette date, d'une trentaine de mètres, et se termine à présent en cul-de-sac (tout du moins pour les véhicules), donnant sur le Champ-de-Mars.

URFÉ (1567-1625). Honoré d'Urfé, romancier né à Marseille. Il étudia au collège de Tournon, puis adhéra à la Ligue; de ce fait, il fut emprisonné à Feurs (1598) et en profita pour écrire « Épîtres morales ». À sa sortie de prison, il épousa l'ex-femme de son frère qui avait fait annuler son mariage. L'heureuse épouse se nommait Diane de Châteaumorand et l'on peut assurer qu'elle possédait, en quelque sorte, l'esprit de famille. Honoré d'Urfé, que son appartenance à la Ligue contraignit à vivre dans les États de Savoie, passa alors la plus grande partie de son temps – dont il consacrait peu à sa femme, épousée surtout par intérêt – à rédiger un grand roman qui fut terminé, après sa mort, par son secrétaire Baro. Urfé n'en publia que les trois premiers volumes, composés de 1610 à 1619; le titre de l'ouvrage était le suivant (respirez profondément) : « Astrée... où par plusieurs histoires et sous personnes de bergers et d'autres sont déduits les divers effets de l'honnête amitié ». Cette œuvre de 5000 pages, écrite en prose mêlée de petits vers, mi-pastorale mi-chevaleresque, a donné le ton à la société et à la littérature du XVIIe siècle et son importance est donc très grande dans la littérature française. Certains la comparent, pour l'intention morale et pour la portée sociale, à la « Nouvelle Héloïse » de Rousseau, écrite cent cinquante ans plus tard. Le square Urfé date de 1932.

URSINS À la fin du XIVe siècle, la Ville de Paris fit construire, dans cette rue, un hôtel qu'elle appela « des Ursins » en hommage à une célèbre famille italienne, les Orsini, qu'on nommait également Ursins. L'hôtel fut donné en 1400 à Jean Jouvenel (1360-1431), qui prit alors « en douce » le nom de Jouvenel des Ursins, sans qu'aucune parenté ne le lie à la famille italienne, contrairement à ce que ses descendants voulurent faire accroire. Jean Jouvenel des Ursins fut prévôt de Paris et avocat du roi au Parlement. L'hôtel, qui avait été en partie reconstruit au début du XVIe siècle, fut démoli en 1637. La rue des Ursins, longtemps divisée en rue Haute des Ursins, rue du Milieu des Ursins et rue Basse des Ursins, fut regroupée en 1881 sous son nom actuel

URSULINES Cette rue doit son nom à l'ancien couvent des Ursulines, car elle fut ouverte sur son emplacement, en 1798. Ce couvent, dont l'entrée se trouvait au numéro 213 de la rue Saint-Jacques, proche, fut inauguré le 14 mars 1627; la première pierre en avait été posée par Anne d'Autriche en 1620. La Révolution le supprima et il fut démoli totalement lors de la construction de la rue qui nous intéresse, ainsi que celles d'Ulm et Gay-Lussac. Les Ursulines, religieuses de l'ordre de Sainte-Ursule, ont pour vocation le soin des malades, l'instruction et l'éducation des jeunes filles. Fondé en 1506 par sainte Angèle de Merici, de Brescia, cet ordre se répandit rapidement en Italie, puis dans le midi de la France. Ce fut Marie L'Huillier, comtesse de Sainte-Beuve, et Mme Acarie, qui, avec l'assentiment de Marie de Médicis, l'introduisirent à Paris, à l'époque de la minorité de Louis XIII, en 1612. Elles achetèrent alors une villa appartenant à un banquier nommé Favier-Bédini et firent édifier à sa place, huit années plus tard, le couvent dont nous avons parlé.

URUGUAY République de l'Amérique du Sud. 186 926 km^2, sur lesquels s'égayent 3 200 000 habitants. Capitale Montevideo, langue espagnole. Situé entre le Brésil, l'Atlantique et l'Argentine, l'Uruguay fut découvert, aux environs de 1516, par Diaz de Solis. Les Espagnols le conquirent et il dépendit d'abord de la vice-royauté de Lima, puis de Buenos Aires (1776). En 1814, le pays accéda à l'indépendance, mais en 1821 il passa sous la coupe du Brésil. Par la force des armes, l'Uruguay reconquit son indépendance, entre 1825 et 1827. La place de l'Uruguay fut baptisée en 1965.

UZÈS Cette rue doit son nom à l'ancien hôtel d'Uzès sur l'emplacement duquel elle fut ouverte en 1870. Situé au numéro 172 actuel de la rue Montmartre, cet hôtel fut bâti en 1767, sur des plans de l'architecte Ledoux. En 1795, il fut attribué aux Domaines, ensuite à l'administration des Douanes, puis servit de local à la banque Delessert, avant d'être démoli, pour motif spéculatif, en 1870 (lotissement des terrains qui l'entouraient avec ouverture de notre rue). L'hôtel d'Uzès portait le nom d'une célèbre famille française, originaire de l'Ardèche : les Crussol, dont un des membres, Jacques, capitaine des archers du roi, puis gouverneur du Dauphiné, épousa, au début du XVIe siècle, la vicomtesse Simone d'Uzès. Dès ce mariage, la vicomté d'Uzès fut transformée en duché-pairie en faveur de la famille Crussol. Quant à la ville d'Uzès, rappelons que c'est un chef-lieu d'arrondissement du Gard, sur l'Alzon. Il faut y voir le magnifique château des ducs et l'ancien palais épiscopal. Des luttes sanglantes se déroulèrent dans Uzès, au moment des guerres de Religion.

V

VACHERON Depuis sa création, en 1865, cette cité porte le nom de l'un de ses premiers propriétaires résidents.

VALADON Cette rue porte le nom de l'architecte qui la créa en 1843.

VAL-DE-GRÂCE Ouverte en 1797, cette rue doit son nom au voisinage de l'hôpital du Val-de-Grâce, sis au 277 bis de la rue Saint-Jacques, proche. À Bièvres, au XIe siècle, existait une abbaye de femmes, dite « du Val Profond », à cause de sa situation géographique ; à la fin du XVe siècle, elle reçut le nom de « Val-de-Grâce ». En 1621, ses religieuses obtinrent d'Anne d'Autriche la permission de venir se fixer à Paris. Elles s'installèrent rue Saint-Jacques ; la reine, généreuse, décida de doter leur nouveau couvent d'une église dont on posa la première pierre le 1er avril 1645 ; construite par Lemercier, Pierre Lemuret, Leduc et Duval, d'après des plans de François Mansart, elle fut achevée en 1665, mais ne fut consacrée qu'en 1710. La Révolution, évidemment, supprima le couvent dont un décret du 31 juillet 1793 fit un hôpital militaire, auquel on annexa bientôt une école clinique de médecine et de chirurgie militaires.

VALENCE Dans les années 1310 se dressait à hauteur des premiers numéros de cette rue un hôtel, dit de Valence. C'est lui qui, dès 1325, donna son nom à un passage que l'on transforma en rue en 1844. L'hôtel appartenait à une charmante jeune dame, Marie de Châtillon, qui épousa en justes noces, au printemps 1320, Aymar de Valence. Aucun vestige de la demeure où s'aimèrent les deux époux ne subsiste.

VALENCIENNES Chef-lieu d'arrondissement du Nord, au confluent de l'Escaut et de la Rhônelle. Valenciennes ne devint française qu'en 1677, date à laquelle elle se rendit à Louis XIV qui la fit fortifier par Vauban. (Qui travailla plus que Vauban au XVIIe siècle ?) En 1793, les Anglo-Autrichiens s'emparèrent de la ville que nous reprîmes l'an suivant. Aujourd'hui, cette cité nordiste, dans laquelle il faut aller visiter le musée des Beaux-Arts, compte, hors agglomération, 39 000 habitants. Elle possède des usines métallurgiques et textiles, ainsi qu'une importante raffinerie de pétrole. C'est la patrie de Froissart, Watteau et Carpeaux. La place et la rue de Valenciennes furent baptisées en 1845.

VALENTIN (villa). Depuis 1880, date de sa création, cette voie porte le nom de l'un de ses premiers propriétaires résidents.

VALENTIN ABEILLE (1907-1944). Valentin Abeille, dont on donna le nom à une allée en 1993, fut préfet et brillant résistant pendant la Seconde Guerre mondiale.

VALENTIN HAÜY (1745-1822). Fondateur de l'Institut des jeunes aveugles, né à Saint-Just (Oise). Il était simplement commis aux Affaires étrangères quand l'idée lui vint de se consacrer à l'instruction des jeunes aveugles, de la même manière que l'abbé de l'Épée s'occupait des sourds-muets. Haüy, après avoir mis au point une méthode d'impression des livres en relief, fonda son institut en 1784. Bonaparte, Premier consul, annexa cet institut à l'hôpital des Quinze-Vingts. En 1806 Haüy partit pour Saint-Pétersbourg où il fonda une école pour aveugles ; en chemin, il créa à Berlin une école similaire. Valentin Haüy, qui ne revint en France qu'en 1817, a écrit « Essai sur l'éducation des aveugles ». Une rue porte son nom depuis 1900.

VALÉRY LARBAUD (1881-1957). Poète, romancier, essayiste français né et mort à Vichy. Victime d'une congestion cérébrale, il passa les vingt dernières années de sa vie dans une immobilité hémiplégique, mais auparavant il avait donné un grand nombre d'œuvres à l'écriture précise et subtile où l'humour affleurait souvent. Parmi ses romans : « Fermina Marquez », « Beauté, mon beau souci », « Amants, heureux amants ». Sa poésie se trouve, notamment, dans « Poèmes par un riche armateur ou Œuvres françaises de M. Barnabooth ». Il a dit : « Je veux baiser le Mépris à pleines lèvres. Allez dire à la Honte que je meurs d'amour pour elle » et « Les liaisons commencent dans le champagne et finissent dans la camomille ». Il révéla aussi au public français des auteurs étrangers de son temps, tels James Joyce et Samuel Butler. Une rue porte son nom depuis 1993.

VALETTE (1805-1878). Claude Denis Auguste Valette, jurisconsulte et homme politique, né à Salins, mort à Paris. Professeur à l'École de droit de Paris en 1837, il y occupa la chaire de droit français jusqu'à la fin de sa vie, sauf entre 1848 et 1851, période au cours de laquelle il siégea aux Assemblées constituante, puis législative. Ayant protesté contre le coup d'État du 2 décembre 1851, il fut emprisonné un court laps de temps, puis retrouva sa chère chaire. En 1869, il entra à l'Académie des sciences morales et politiques. La rue Valette date de 1879.

VALHUBERT (1764-1805). Jean Mellon-Roger, dit Valhubert, général du premier Empire. Valeureux et intrépide, il trouva la mort sur le champ de bataille d'Austerlitz. La place Valhubert située face au pont d'Austerlitz, sur la rive gauche de la Seine, fut baptisée en 1806.

VALLÉE-DE-FÉCAMP Cette impasse, vestige de l'ancienne ruelle de la Vallée de Fécamp, dut son nom au XVIIe siècle à une petite agglomération située en 1500 au confluent de deux ruisseaux, dits « de Montreuil » et « des Orgueilleux » dans la rue de Charenton actuelle. La Vallée de Fécamp devait son nom au fait que des abbés fécampois demeurant rue Hautefeuille possédaient également une maison de campagne, dans l'agglomération qui nous intéresse (voir « rue de Fécamp »).

VALLÉES Jusqu'en 1929, ce chemin était situé sur le territoire de la commune de Saint-Mandé. Il porte le nom d'un lieu-dit où s'installèrent, au XVIIe siècle, des familles venant des vallées alpestres.

VALLET Depuis 1935 ce passage porte officiellement le nom de l'un de ses premiers propriétaires résidents.

VALMY (impasse). Cette voie de 1806 doit son nom au voisinage d'un hôtel, situé 244, boulevard Saint-Germain, dans lequel habita le duc de Valmy, plus connu sous le nom de Kellermann (voir ce nom).

VALMY (quai). Ville de la Marne, à 11 km de Sainte-Ménehould. Le 20 septembre 1792, les généraux Dumouriez et Kellermann y remportèrent une brillante victoire, la première de la Révolution, sur les Autrichiens et les Prussiens. Le poète Goethe, qui suivait la bataille, put dire à son issue : « En ce lieu et en ce jour, commence une nouvelle époque pour l'histoire du monde. » Le quai de Valmy fut construit en 1822. C'était le moins que l'on pût faire.

VALMY (passage de). Détachée en 1930 du passage de Valmy, de Levallois-Perret, cette voie doit également son nom à la victoire citée ci-dessus.

VALOIS Avenue, galerie, passage, péristyle, place et rue : toutes ces voies doivent leur nom au premier fils de Philippe Égalité et de Louise de Bourbon, le duc de Valois, qui devint ensuite duc de Chartres, puis roi des Français sous le nom de Louis-Philippe (voir ce nom). L'avenue de Valois, baptisée en 1785, se trouve à proximité du parc Monceau ex-Folie de Chartres, qui appartint à Philippe Égalité. Les autres voies, baptisées en 1784, sont situées près du Palais-Royal qui, à l'époque, appartenait également à Philippe Égalité.

VANDAL Cette impasse porte le nom du propriétaire du terrain sur lequel elle fut ouverte.

VANDAL Cette rue porte le nom de l'un de ses premiers propriétaires résidents. Ce Vandal était le frère du précédent. Signalons l'existence d'un écrivain nommé Robert Vandal né à Paris en 1853, qui écrivit des récits de voyages (« En carriole à travers la Suède et la Norvège ») et des ouvrages historiques (« l'Avènement de Bonaparte »). Il ne possède pas de lien de parenté avec les Vandal précités, du moins à notre connaissance.

VANDAMME (1770-1830). Dominique René Vandamme, comte d'Unebourg, né et mort à Cassel (Nord). Avant la Révolution, il servait dans un régiment colonial à la Martinique. Venu dans la métropole en 1790, il organisa, en 1792, la compagnie franche des chasseurs du Mont-Cassel. On le nomma général dès 1793 après la bataille de Hondschoote. Ensuite il fit successivement partie des armées du Rhin, de Sambre-et-Meuse, du Danube et d'Italie. Il s'illustra particulièrement à Austerlitz. En 1813 les Russes le firent prisonnier et Vandamme ne rentra en France qu'en 1814. Fidèle à Napoléon, il se battit à Waterloo et après la défaite il se retira, avec ce qui restait de notre armée, derrière la Loire. En 1816, la seconde Restauration le contraignit à quitter la France ; il gagna les États-Unis d'où il revint en 1819 ; il reprit alors du service jusqu'en 1824, date de sa mise à la retraite. La rue Vandamme fut baptisée en 1865.

VANDREZANNE La rue, baptisée en 1844, doit son nom à l'un de ses premiers propriétaires résidents. Le passage reçut son appellation actuelle en 1877, à cause du voisinage de la rue.

VAN DYCK (1599-1641). Antoine Van Dyck, peintre et graveur flamand, né à Anvers, mort à Blackfriars, près de Londres. Il étudia la peinture dès sa dixième année, d'abord avec Henri Van Balen, puis avec Rubens. Déjà en 1618, sa réputation, surtout pour ses portraits, était faite; début 1621, il partit pour l'Angleterre à la cour de Jacques Ier. En 1622, il se rendit en Italie; il y demeura jusqu'en 1626, année où il passa quelque temps à Marseille, Aix et Paris, avant de regagner sa ville natale. En 1632, il repartit pour l'Angleterre; là-bas, Charles Ier le nomma son premier peintre et le fit chevalier. En 1640 il revint passer quelques mois à Anvers, puis regagna Londres où il ne survécut pas longtemps à ses protecteurs, Charles Ier et le comte de Strafford. Van Dyck, après Rubens, est le plus grand peintre de l'école flamande, surtout par ses portraits des grandes dames et seigneurs anglais. Mais ces portraits ne constituent pas, loin de là, toute son œuvre et nous devons également citer « Extase de saint Augustin », « Élévation de la croix », « Christ en croix », « Sainte Famille », « Saint Antoine de Padoue », « l'Amour et Psyché », « Vierge aux donateurs » et « Descente de croix ». Il grava, en outre, quelques-uns des portraits qu'il avait peints. La rue date de 1869.

VANEAU Nom d'un très jeune polytechnicien tué le 29 juillet 1830 alors qu'il se trouvait à la tête des insurgés qui attaquaient la caserne de Babylone, défendue par les « suisses ». La rue Vaneau fut baptisée en octobre 1830 et la cité en 1888.

VAN GOGH (1853-1890). Prénom : Vincent. Surnom : l'homme à l'oreille coupée. Peintre né à Groot-Zundert (Hollande), mort à Auvers-sur-Oise. Mystique exalté (ces deux mots ne s'apparentent pas forcément...) dans sa jeunesse, Van Gogh enseigne, à 20 ans, dans un village de mineurs, en Angleterre, puis, en 1878, dans le Borinage (bassin houiller belge), la foi évangélique. En 1880, il commence à s'orienter vers la peinture, avec l'aide matérielle et morale de son frère Théo, peignant d'abord comme Millet, avant de devenir néo-impressionniste sous les influences conjuguées de Pissarro, Seurat, Gauguin et Toulouse-Lautrec. En 1888, installé à Arles, il abandonne ce néo-impressionnisme et choisit la couleur tonale. Gauguin, en bon camarade, le rejoint; mais il n'est bons camarades qui ne se querellent et le futur admirateur des rivages tahitiens est sérieusement « boxé »; Van Gogh, qui dans le fond n'est pas mauvais bougre, se coupe le lobe de l'oreille en guise d'autopunition. En 1889, on l'interne à l'asile de Saint-Rémy; il mourra peu de temps après – pour cause de suicide – chez le docteur et collectionneur Gachet, auprès de qui il avait trouvé gîte et couvert. À peu près inconnu de son vivant, Van Gogh ne connut la gloire posthume qu'à partir du Salon des Indépendants de 1891. Une rue porte son nom depuis 1978.

VAN LOO Cette rue porte le nom d'une famille célèbre de peintres. Le premier Van Loo connu se prénommait Jan et était hollandais; il naquit en 1585 et mourut vers 1630. Son fils, Jacques ou Jacob, né en 1614, se fit naturaliser français; dès lors, tous les Van Loo conservèrent cette nationalité. On ne compte pas moins de sept peintres de bonne réputation dans cette famille. Ils vécurent entre le XVIe et le XIXe siècle, le dernier étant César (1743-1821). Mais le plus connu de tous est Charles André, dit Carle Van Loo (1705-1765), né à Nice, mort à Paris. Une bonne fée avait dû se pencher sur son berceau car celui-ci, lors du siège de Nice de 1706, vola en pièces, touché par les éclats d'une bombe; mais le jeune Carle qui y dormait ne fut que réveillé par l'explosion et s'en tira sans une égratignure. En 1723, il vint à Paris où il obtint le grand prix de peinture l'année suivante. En 1727 il se rendit à Rome pour peindre « la Glorification de saint

Isidore », dans l'église du même nom. En 1734, il revint en France et y devint membre de l'Académie de peinture un an plus tard. En 1763, notre bien-aimé Louis XV le nomma son premier peintre. Carle Van Loo fut l'époux d'une fort belle cantatrice, Christine Somis. Parmi les toiles du peintre, citons « Apollon écorchant Marsyas », « Marie Leczinska », « Mariage de la Vierge », « Une halte de Chasse » et « Sacrifice d'Iphigénie ». La rue Van-Loo date de 1869.

VANVES Commune des Hauts-de-Seine qui compte 26000 habitants. Autrefois, on y pratiquait l'horticulture et la culture maraîchère. Aujourd'hui, les immeubles ont « mangé » le sol et les fleurs ne poussent plus guère que sur les balcons de quelques habitants poètes et dans les parterres dessinés par la municipalité. Notre passage, baptisé en 1877, dut son nom à la rue de Vanves dans laquelle il donnait. Cette rue, ainsi nommée parce qu'elle menait à la commune dont nous avons parlé, devint la rue Raymond-Losserand (voir ce nom) en 1945.

VAR Rivière de France qui bizarrement ne coule pas dans le département auquel elle a donné son nom et dont la préfecture est Draguignan. Notre jolie petite rivière prend sa source dans les Basses-Alpes, à quelque 3000 mètres d'altitude, et se jette, effrontément, dans les bras de la Méditerranée, à 7 km de Nice. Elle mesure 120 km. Le square du Var date de 1932.

VARENNE Ce mot est une forme ancienne de garenne; il désignait un terrain inculte et fertile en gibier. Il est, depuis 1605, à l'origine du nom de la rue qui nous intéresse. En effet, cette partie actuelle du VIIe arrondissement était, au XVIe siècle, un territoire de chasse réservé au roi et connu sous le nom de « varenne du Louvre ». Lors de la « fuite à Varennes », est-il utile de rappeler que c'est Louis XVI qui servait de gibier ?

VARET Connue depuis 1914, cette rue porte le nom du propriétaire du terrain sur lequel on la construisit.

VARIÉTÉS Cette galerie, adjacente au passage des Panoramas (voir ce nom), fut ouverte en 1934. Elle doit son nom au théâtre des Variétés dont l'entrée principale se trouve 7, boulevard Montmartre, mais dont l'entrée des artistes donne sur la galerie. Ce théâtre fut inauguré le 24 juin 1807; il avait été construit à l'instigation d'une société de cinq artistes : César, Crétu, Foignet, Amiel et Simon. Pendant près de soixante ans on y représenta uniquement des vaudevilles, puis, à partir de 1864, notre théâtre se consacra à l'opérette, ouvrant ses portes aux œuvres d'Offenbach, Meilhac et Halévy, qu'on ne peut dissocier. Aujourd'hui, le théâtre des Variétés, rénové intérieurement, abrite des pièces dites « de boulevard », après s'être laissé séduire, un certain temps, par le music-hall.

VARIZE Commune d'Eure-et-Loir, à 14 km de Châteaudun. Lors de la guerre de 1870-1871, elle servit de lieu de combat aux troupes bavaroises et françaises. C'est en souvenir de cet événement, au cours duquel nos soldats résistèrent vaillamment aux envahisseurs, que l'on donna le nom de Varize à une rue de Paris en 1875.

VARSOVIE En polonais Warszawa. Capitale de la Pologne, sur la Vistule. À partir de 1569, Varsovie devint la résidence de prédilection des rois de Pologne; Stanislas II Poniatowski, dernier roi polonais, (il régna entre 1764 et 1795), apporta beaucoup d'embellissements à la ville qui, de 1807 à 1814, fut la capitale d'un grand-duché créé par

Napoléon. De 1815 à 1915, Varsovie prit officiellement le titre de capitale de la Pologne, royaume dont le souverain était le tsar de Russie. Pendant les deux guerres mondiales, les Allemands l'occupèrent; en avril et mai 1943, ils s'y livrèrent à une extermination quasi systématique des juifs, assignés dans le ghetto. Reconstruite presque entièrement après la Seconde Guerre mondiale, Varsovie compte aujourd'hui 1 653 500 habitants. La place qui porte le nom de la capitale polonaise fut baptisée en 1928.

VASCO DE GAMA (1469-1524). Navigateur portugais né à Sines, mort à Cochin (Inde). En 1497, il partit à la tête d'une expédition dont le but consistait à rejoindre l'Inde en contournant l'extrémité méridionale de l'Afrique. Il relia le cap de Bonne-Espérance et arriva à Calicut, port de l'Inde sur le golfe d'Oman, en 1498. Vasco de Gama regagna le Portugal, où il arriva en 1499, après être passé par Zanzibar. En 1502, le roi du Portugal, Emmanuel le Fortuné, demanda au navigateur d'exploiter la découverte qu'il avait faite et Gama repartit avec le titre d'amiral des Indes. Avant d'arriver à Cochin (port de l'État du Kerala), où il fonda le premier comptoir portugais aux Indes, il créa, en cours de route, d'autres établissements au Mozambique et à Sofala. Revenu au Portugal en 1503, Vasco de Gama n'y trouva alors, sans raison apparente, qu'ingratitude; on le laissa vingt et un ans dans l'inaction la plus complète. Ce ne fut qu'en 1524 qu'il devint vice-roi des Indes, par la grâce de Jean III (roi du Portugal de 1521 à 1557). Malheureusement, il mourut fort peu de temps après son arrivée à Cochin; on ramena son corps en Europe en 1538. Sa rue à Paris existe depuis 1904.

VASSOU Cette impasse porte le nom de l'un de ses premiers propriétaires riverains.

VAUBAN (1633-1707). Sébastien Le Prestre, marquis de Vauban, ingénieur militaire et économiste, né à Saint-Léger-Vauban (Yonne), mort à Paris. Issu d'une famille noble, mais cependant pauvre, Vauban se retrouva orphelin à l'âge de 10 ans; le curé de son village natal lui donna les premiers rudiments d'instruction; en échange, le jeune garçon servait de domestique au curé... En 1651, Vauban suivit un gentilhomme de son village, officier dans l'armée de Condé; il fut bientôt attaché au service des fortifications. En 1653, les troupes royales le firent prisonnier et on l'amena devant Mazarin qui le convainquit de s'attacher à la cause du roi. Vauban travailla alors en collaboration avec le chevalier de Clermont, commissaire aux fortifications. En 1655, il reçut le brevet d'ingénieur du roi et prit, jusqu'en 1659, une part importante à la guerre de Flandre. En 1667, Vauban dirigea les sièges de Douai, Tournai, Lille et Dole; Louvois et Colbert le chargèrent, ensuite, de construire des places fortes. En 1676, notre homme obtint de Louvois la constitution du corps des ingénieurs. En 1678 il devint commissaire général des fortifications; après la paix de Nimègue (1679), il entoura la France, de Dunkerque aux Pyrénées-Orientales, d'une imposante ceinture de forteresses – il ne manquait plus que la ligne Maginot. En 1683, Vauban s'empara de Luxembourg et en fit une place absolument imprenable. En 1703, il reçut le bâton de maréchal; il appartenait à l'Académie des sciences depuis 1699. Vauban, au total, restaura et consolida 300 places anciennes, il en construisit 93 nouvelles et dirigea, victorieusement, 53 sièges. N'oublions pas non plus qu'il construisit le canal de Saint-Omer et les jetées d'Honfleur. Outre ses qualités d'ingénieur militaire – ce fut sûrement le meilleur que la France ait jamais eu – il s'intéressa, surtout sur la fin de sa vie, à l'économie;

c'est ainsi que frappé par la misère du peuple, il préconisa, dans un livre intitulé « Dîme royale », le remplacement des taxes arbitraires, comme la taille, par une contribution unique du dixième du revenu, payée par tous les sujets du roi. Ce livre, imprimé en 1707, fut condamné par le Parlement et valut à Vauban la disgrâce. La rue qui porte son nom existe depuis 1780.

VAUCANSON (1709-1782). Jacques de Vaucanson, mécanicien, né à Grenoble, mort à Paris. Il fabriqua des automates absolument remarquables, dont quelques-uns demeurent au Conservatoire des arts et métiers de Paris. C'est en 1735 que Vaucanson arriva dans notre capitale; il y étudia l'anatomie, la musique et la mécanique; en 1738 il présenta à l'Académie des sciences son célèbre « Joueur de flûte ». Il fabriqua ensuite un « Joueur de tambourin et de gaboulet » et un « Canard » barbotant et avalant du grain. Au théâtre, pour le « Cléopâtre » de Marmontel, il fit un aspic qui se précipitait en sifflant sur le sein de la reine d'Égypte. En 1741, on le nomma inspecteur des manufactures de soie et il perfectionna les machines utilisées dans cette industrie. L'Académie des sciences l'accueillit en 1748. La rue Vaucanson date de 1817.

VAUCLUSE Ce square doit son nom, depuis 1932, à la célèbre fontaine qui jaillit à 25 km d'Avignon, au village de Fontaine-de-Vaucluse. Elle donne naissance à la Sorgue en bondissant d'un gouffre, profond de 51 mètres, situé au pied d'un immense rocher blanc. Son débit est de 13 m^3 par seconde en moyenne. Pétrarque, qui vécut en Avignon, a immortalisé la fontaine dans des vers admirables où se mêlent son amour pour Laure sa bien-aimée et son admiration pour la beauté du paysage.

VAUCOULEURS Chef-lieu de canton de la Meuse, à 19 km de Commercy. Cette ville est surtout connue parce que ce fut à son gouverneur, sire Jean de Baudricourt, que la jeune Jeanne d'Arc fit d'abord part de son dessein de secourir Charles VII, et qu'elle obtint de lui son premier appui. Signalons aussi que Vaucouleurs est la patrie de Mme Du Barry. La rue fut baptisée en 1873.

VAUDREMER (1829-1914). Émile Vaudremer, architecte, né à Paris. Il obtint le prix de Rome en 1854 et demeura en Italie jusqu'en 1859. Rentré dans notre capitale, il fut nommé en 1860 architecte de la Ville de Paris. Il construisit alors la prison de la Santé, en même temps que l'église Saint-Pierre de Montrouge. Admis à l'Institut en 1879, il donna aussi le tombeau de Pierre Larousse au cimetière Montparnasse, l'église Notre-Dame d'Auteuil et le Monument commémoratif de la bataille de Champigny, dans la ville du même nom. C'est en 1934 qu'une rue de Paris prit le nom de Vaudremer.

VAUGELAS (1595-1650). Charles Favre, baron de Pérouges, seigneur de Vaugelas, grammairien né à Meximieux, mort à Paris. Il vint assez jeune à Paris où il devint chambellan de Gaston d'Orléans. En 1639, Richelieu demanda à Vaugelas, qui avait quitté son emploi, d'aider l'Académie française à venir à bout de son dictionnaire, moyennant une pension annuelle de 2000 livres. En 1647, il publia un ouvrage qui fit très longtemps autorité : « Remarques sur la langue française ». Toute sa vie, Vaugelas se débattit dans de grandes difficultés financières et ses créanciers obtinrent plusieurs fois la saisie de ses biens. Peu de temps avant sa mort, il s'était fait nommer gouverneur des deux princes de Carignan. Membre de l'Académie française, Vaugelas a dit : « Je vais ou je vas mourir, l'un et l'autre se dit ou se disent » et « Il y a une certaine maladresse qui a ses charmes, aussi bien que l'ordre ». La rue existe depuis 1865.

VAUGIRARD Ancienne localité de la banlieue parisienne, annexée par la capitale en 1860. Originellement, elle s'appelait Val-Boitron ou Vauboitron; Boitron étant vraisemblablement le nom d'un homme. La seigneurie du village appartenait à l'abbaye de Saint-Germain-des-Près; au milieu du XIIIe siècle, un abbé nommé Gérard, ou Girard, fit construire à Val-Boitron une maison de retraite pour religieux ainsi qu'une chapelle; Val-Boitron devint alors Val-Girard, puis Vaugirard. Au XIVe siècle, riche seulement de 400 habitants, Vaugirard mérita d'être citée à chaque fois que l'on voulait donner l'idée d'une commune de peu d'importance. Signalons que François Ier signait sa correspondance avec Charles Quint « roi de France, comte de Vaugirard ». D'autre part, on avait également coutume de dire à propos d'une personne gênée pour écrire qu'elle était « comme le greffier de Vaugirard », le bureau de ce greffier étant si exigu qu'on y était embarrassé pour tenir normalement une plume. Toujours à propos de la petitesse de la localité, il existe cette phrase superbe : « Les députés de Vaugirard, ils sont un. » En 1830, une partie du territoire de Vaugirard, la plaine de Grenelle, forma une commune particulière, et en 1860 les deux communes formèrent le XVe arrondissement de Paris. La rue de Vaugirard, qui est la plus longue artère parisienne, conduisait à la petite localité, d'où son nom, reçu dès 1355. Cependant, son parcours actuel ne date que de 1911. Quant au boulevard, il fut baptisé, en 1864, en raison de son voisinage avec l'ancienne localité.

VAUQUELIN (1763-1829). Louis Nicolas Vauquelin, chimiste, né et mort à Saint-André-des-Berteaux, près de Pont-l'Évêque. Reçu pharmacien en 1792, il professa ensuite, et successivement, à l'École des mines, à Polytechnique (1795), au Collège de France (1801). En 1803, il entra à l'Institut et dirigea l'École de pharmacie. En 1804, il enseigna au Muséum avant d'être nommé membre du Conseil des arts et manufactures. Ses opinions, jugées trop libérales, le firent tomber en disgrâce en 1822, mais en 1827 il fut élu député du Calvados. En compagnie de Fourcroy, Vauquelin publia plus de cinquante mémoires se rapportant à la composition de l'eau par la combustion du gaz hydrogène, à l'étude de l'urée, à l'analyse des calculs et concrétions animales et végétales, etc. Seul, il donna des ouvrages sur la respiration des insectes et animaux à sang blanc, sur l'analyse des cheveux et sur celle des substances composant le cerveau, la moelle épinière et les nerfs. Dans « César Birotteau », Balzac montre le parfumeur sollicitant la caution du chercheur pour son huile « miracle » pour les cheveux. La rue Vauquelin fut baptisée en 1864.

VAUVENARGUES (1715-1747). Luc de Clapiers, marquis de Vauvenargues, moraliste né à Aix-en-Provence, mort à Paris. D'abord militaire – il fit la campagne d'Italie (1733-1736) et celle de Bohême (1741-1743) – il dut renoncer à cette profession, alors qu'il était capitaine, après avoir eu les jambes gelées lors de la retraite de Prague (1743). Il tenta alors sa chance dans la diplomatie; malheureusement, il fut atteint de petite vérole; défiguré et presque aveugle, il se réfugia dans les lettres. Il se fixa à Paris en 1745; il y fréquenta Mirabeau, Voltaire et Marmontel, ce qui ne l'empêcha point de devoir vivre très pauvrement. En 1746, il publia ses « Maximes » qui contiennent « Introduction à la connaissance de l'esprit humain ». À la différence de ses devanciers, Vauvenargues croyait à la toute-puissance, à la valeur et à la vertu des passions. Il a dit : « La plus grande perfection de l'âme est d'être capable de plaisir », « Il est faux qu'on ait fait fortune, lorsque l'on ne sait pas en jouir », « L'art de plaire est l'art de tromper », « Les paresseux ont toujours envie de faire quelque chose », « Il faut entretenir la vigueur du corps pour garder celle de l'esprit » et « Le sentiment de nos forces les augmente ». La rue Vauvenargues fut baptisée en 1875 et la villa en 1934.

VAUVILLIERS (1737-1801). Jean-François Vauvilliers, helléniste né à Noyers-sur-Cher, mort à Saint-Pétersbourg. Professeur au Collège de France en 1766, membre de l'Académie des inscriptions en 1782, il fit partie de la municipalité de Paris en 1789; il contribua alors grandement à l'approvisionnement des Parisiens, menacés par la disette. Vauvilliers devint ensuite député au Conseil des Cinq-Cents, mais au 18-Fructidor, c'est-à-dire lors du coup d'État exécuté par le Directoire contre le Conseil des Anciens et celui des Cinq-Cents (4 septembre 1797), il fut placé sur la liste de déportation; il put franchir la frontière avant qu'on ne l'arrêtât et s'exila en Russie où il mourut. Comme helléniste, son ouvrage principal fut « Essais sur Pindare ». La rue Vauvilliers existe depuis 1864.

VAVIN (1792-1863). De son prénom Alexis, homme politique, né et mort à Paris. Notaire et propriétaire de nombreux immeubles dans l'ancien XIe arrondissement, dont une grande partie est devenue le VIe en 1860, Vavin commença à s'adonner à la politique en 1838. Élu député de son arrondissement en 1839, il siégea avec l'opposition libérale; bientôt il reçut du gouvernement provisoire la mission de liquider l'ancienne liste civile. En 1848, il fit partie de l'Assemblée constituante, puis de la législative, siégeant, cette fois, aux côtés de la majorité monarchiste. Totalement hostile au coup d'État du 2 décembre 1851, il quitta alors la vie politique. L'avenue Vavin fut créée par lui en 1825; c'est également lui qui ouvrit en 1831 la rue qui porte son nom. Charité bien ordonnée... Quant à l'impasse, elle doit son nom à la proximité de la rue.

VÉGA C'est le nom du navire à bord duquel le naturaliste et explorateur suédois Eric Nordenskjöld (1832-1901) longea les côtes septentrionales de l'Eurasie, de Göteborg au détroit de Behring et au Japon, entre 1878 et 1879, prouvant ainsi que le passage du Nord-Est était praticable. Ce voyage eut un retentissement mondial et en 1880 on donna à une rue de Paris le nom du navire de Nordenskjöld. Signalons que Véga est aussi le nom porté par une étoile de première grandeur qui fait partie de la constellation de la Lyre; c'est la plus brillante du ciel boréal.

VEISSIÈRE Cette cour porte le nom, depuis 1902, de l'un de ses propriétaires résidents de l'époque.

VÉLASQUEZ (1599-1660). Diego Rodriguez de Sylva y Vélasquez, peintre espagnol, né à Séville, mort à Madrid. Après avoir épousé, en 1621, dona Juana, fille du peintre Pacheco auprès duquel il avait pris des leçons, Vélasquez partit pour Madrid en 1622 afin d'y étudier les chefs-d'œuvre du Prado et de l'Escurial. L'année suivante, le souverain d'Espagne lui commanda son portrait équestre, après quoi l'artiste fut nommé peintre ordinaire du roi. Il exécuta alors différents autres portraits de Philippe IV, ainsi que ceux des princes et princesses de la Cour. Quand Rubens vint dans la capitale espagnole, en 1628, Vélasquez le fréquenta et en reçut des conseils. En 1629, il se rendit en Italie, dont il visita la plupart des villes importantes, puis revint à Madrid en 1631. En 1648 son roi le renvoya en Italie pour y acheter des œuvres d'art. À son retour dans son pays, en 1651, il reçut les fonctions de grand maréchal des logis du roi. C'est au titre de cette fonction qu'il prépara la célèbre entrevue entre Philippe IV et Louis XIV, dans l'île des Faisans, sur la Bidassoa. Il mourut l'année même de cette entrevue. Vélasquez eut quatre fils et deux filles. Principaux tableaux : « les Buveurs », « la Reddition de Breda », « les Fileuses », « le Christ en croix » et « la Forge de Vulcain », et quantité de portraits. L'avenue Vélasquez fut baptisée en 1869.

VELAY Province de l'ancienne France, dans la partie septentrionale du Languedoc, limité au nord par l'Auvergne, à l'est par le Forez, à l'ouest par le Gévaudan et au sud par le Vivarais. C'est l'ancien pays des Vellaves, Gaulois qui commerçaient avec les Arvernes. La capitale du Velay était Le Puy. C'est en 1932 que l'on donna à un square le nom de cet ancien pays de France.

VÉLODROME Ouverte en 1926, la rue du Vélodrome doit son appellation au voisinage du stade-vélodrome du Parc des Princes, construit en 1897 et refait, au début des années 1970, mais sans piste pour les cyclistes.

VELPEAU (1795-1867). Alfred Velpeau, chirurgien né à Brèches (Indre-et-Loire), mort à Paris. Fils d'un maréchal-ferrant, il vint à Paris et put y poursuivre ses études, grâce à des dons que lui adressèrent des médecins de Tours avec lesquels il avait commencé à étudier. Reçu docteur en 1823, il enseigna l'anatomie, la pathologie chirurgicale et la médecine opératoire. En 1830, on le nomma chirurgien à l'hôpital de la Pitié; en 1832, on l'admit à l'Académie de médecine et en 1835 il devint professeur de clinique chirurgicale. En 1842, enfin, il entra à l'Institut. On disait de lui qu'il avait « la main habile et ferme »; ce qui, toutes réflexions faites, est bien le moins pour un chirurgien... et un « chef de bande ». C'est Velpeau en effet qui mit au point la bande qui porte son nom. Il a écrit « Nouveaux Éléments de médecine opératoire » et « Traité des maladies du sein et de la région mammaire ». La rue Velpeau date de 1868.

VENDÔME (place et cour). Quand César de Bourbon, duc de Vendôme (1594-1665), fils naturel de Henri IV et de Gabrielle d'Estrées, épousa, sur les instances de son père, Françoise de Lorraine, fille du duc de Mercœur, celle-ci lui apporta en dot un hôtel qu'elle avait fait construire en 1603; cet hôtel devint « hôtel Vendôme ». Dans les dernières années du XVIIe siècle, Louis XIV s'avisa de l'intérêt qu'il y aurait à « faire dans l'espace qu'occupe l'hôtel de Vendôme une place qui serait d'un grand ornement à la ville de Paris et d'une grande commodité pour la circulation des rues qui en sont voisines avec la rue Saint-Honoré ». Il ordonna alors l'acquisition de l'hôtel susnommé et bientôt naquit la place qui prit d'abord le nom de « place Louis le Grand » (Louis XIV). En 1699 on y procéda à l'inauguration d'une statue monumentale du roi, œuvre de Girardon. Le 10 août 1792, le peuple renversa cette statue et la place reçut l'appellation de « place des Piques »; elle porta ce nom jusqu'en 1799, date à laquelle elle prit celui de l'hôtel qu'elle avait remplacé. En 1871, sous la Commune, elle s'appela quelque temps « Internationale ». En 1803, Napoléon fit ériger sur la place une colonne qui fut dite « d'Austerlitz » ou « de la Grande Armée », avant de prendre le nom de « colonne Vendôme ». Construite sur le modèle de la colonne de Trajan et haute de

44 mètres, elle fut d'abord surmontée d'une statue de Napoléon, représenté en empereur romain et tenant à la main une Victoire ailée. En 1814, on fondit cette statue (pour faire celle de Henri IV qui se dresse sur le Pont-Neuf) et en 1833, Louis-Philippe la remplaça par une autre représentation de Napoléon, mais en redingote et chapeau. Le second Empire enleva cette deuxième statue du « Petit Caporal » pour la transporter aux Invalides et en dressa une troisième, du même, mais à nouveau en empereur romain. En 1871, la Commune renversa la colonne. Le peintre Courbet était à la tête de la foule ; l'année précédente il avait déjà demandé son déboulonnage. Sa joie dut être de courte durée, car le 30 mai 1873 on remit l'œuvre en place et les frais de restauration et de reconstruction durent être payés par le peintre qui s'en sortit pour la bagatelle de 350000 francs... On ne replaça pas la statue de Napoléon au sommet ; après avoir été érigée à Courbevoie, elle se trouve aujourd'hui dans la cour d'honneur de l'hôtel des Invalides. La cour Vendôme, qui doit son nom à la proximité de la place, date de 1934.

VENDÔME (passage). Ce passage doit son nom au voisinage de l'ex-rue Vendôme, devenue rue Béranger en 1864. Philippe de Vendôme, dit « le Prieur de Vendôme » (1655 1727), né et mort à Paris, entra dans l'ordre de Malte en 1666, fit les cam pagnes de Hollande et d'Alsace, puis devint, successivement, grand prieur de France en 1678, maréchal de camp en 1691 et lieutenant général (grade correspondant à celui de général) en 1693. Il fit, jusqu'en 1705, les campagnes d'Italie et de Catalogne, mais fut disgracié en raison de sa passivité lors du combat de Cassano. Il vécut quelque temps à Rome, avant de se retirer, en France, au palais du Temple, dont il était le grand prieur depuis 1680. Il mena alors une véritable vie de débauche, à la fois fastueuse et scandaleuse. Ruiné (les turpitudes coûtent cher !), il vendit son prieuré en 1719 au chevalier d'Orléans, fils du Régent et de la comtesse d'Argenton. Il demeura cependant au Temple et y mourut. L'ex-rue Vendôme portait ce nom parce qu'elle avait été ouverte sur des terrains appartenant au prieuré du Temple, à la fin du XVIIe siècle, et nous avons vu qu'à cette époque Philippe de Vendôme était le grand prieur de ce palais. Le passage Vendôme fut baptisé en 1827

VENEZUELA République de l'Amérique du Sud comptant 22300000 habitants pour une superficie de 912050 km². Découvert en 1498 par Christophe Colomb lors de son second voyage, le Venezuela était alors peuplé d'Indiens caraïbes vivant dans des habitations construites sur pilotis ; c'est cela qui amena les explorateurs à baptiser leur découverte du nom actuel, Venezuela signifiant « petite Venise ». La capitale, Caracas, fut fondée en 1567 après que le pays eut été rattaché à la Couronne espagnole en 1556. Francisco Miranda (1750-1816), patriote vénézuélien, déclencha en 1810 les premiers mouvements d'indépendance qui secouèrent toute l'Amérique du Sud et aboutirent en 1821, à l'issue de la bataille de Cara bobo. Jusqu'en 1830, le Venezuela fit partie de la Grande-Colombie (Colombie, Équateur, Panama, Vene zuela). Les ressources pétrolières du pays, exploitées depuis 1922, sont immenses. Villes principales, outre la capitale : Maracaïbo, Valencia, San Cristobal, Cabimas. La place du Venezuela existe depuis 1976.

VENISE Au XVIe siècle vivait dans cette rue, alors appelée « Bertaut qui dort », un lombard. On désignait ainsi à l'époque les prêteurs sur gages – on les nommait aussi milan. Tout cela parce que initialement ces prêteurs venaient pour la plupart de

Lombardie. Mais le lombard qui nous intéresse venait de Vénétie et avait pour enseigne « À l'Écu de Venise »; c'est cette enseigne qui donna son appellation actuelle à notre rue. La ville de Venise doit son nom à une tribu de la Gaule cisalpine, les Vénètes. La cité, bâtie sur un groupe d'îlots, au milieu d'une lagune, fut, dès le Xe siècle, le centre d'une république aristocratique très prospère; on peut situer son apogée entre la prise de Constantinople en 1204 par les croisés et la prise de cette même ville par les Turcs en 1453. En 1797, Bonaparte supprima l'État vénitien au profit de l'empire d'Autriche. En 1848, une autre république vénitienne fut constituée, mais elle fut très éphémère. Enfin, en 1866 Venise se vit intégrer au royaume d'Italie. Les Vénitiens ont la chance d'habiter une des plus belles et des plus pittoresques villes du monde. Ils peuvent y admirer le palais des Doges, la basilique Saint-Marc, 90 églises, le pont du Rialto, de nombreux musées et le fameux pont des Soupirs, datant du XVIe siècle et qui reliait le palais des Doges aux prisons dites « des Plombs » et « des Puits ». Nul doute qu'en le franchissant, les prisonniers devaient beaucoup soupirer. Son nom inspira maints écrivains et poètes, et les soupirs évoqués ne furent bientôt plus que d'amour. Concluons en disant que, selon certains, un mariage non suivi d'un voyage de noces à Venise devrait être considéré comme blanc

VENTADOUR Cette rue doit son nom au fait qu'elle traversait, en 1673, date de son baptême, des terrains appartenant à Louis Charles de Lévis, duc de Ventadour, ville de Corrèze. La famille Lévis était originaire de Lévy-Saint-Nom; les ducs de Ventadour, d'abord barons de La Voûte-sur-Loire, forment une branche collatérale des Lévis. Ventadour fut élevé en duché, au XVIe siècle, au bénéfice des Lévis.

VÉRAN M. Véran, qui décéda en 1878, fut conseiller municipal du XXe arrondissement. C'est à ce titre que l'on donna son nom à une rue en 1879.

VERCINGÉTORIX (72-46 av. J.-C.). Général et homme d'État gaulois, né au pays des Arvernes, mort à Rome. Issu d'une famille puissante et fort riche, Vercingétorix retint, dès l'an 55 av. J.-C., l'attention de César qui lui attribua le titre d'« ami » afin de s'attirer ses bonnes grâces. Mais quand le chef romain quitta la Gaule, en 53 av. J.-C., Vercingétorix ne tarda pas, à la tête de sa contrée natale, à militer pour la cause nationale. En 52 il fut proclamé chef suprême de la confédération des peuples gaulois. Il envahit le pays des Bituriges (le Berry), mais César, de retour, ayant franchi les Cévennes, notre chef gaulois retourna en Auvergne. Bientôt, Avaricum (Bourges) ayant été prise par César, Vercingétorix s'enferma dans Gergovie (près de Clermont-Ferrand) où le Romain alla l'assiéger sans résultat. Fort de ce succès, le Gaulois commit la faute d'aller attaquer César près de Dijon; battu, il se réfugia dans Alésia (Alise-Sainte-Reine, en Côte-d'Or). Les autres troupes gauloises tentèrent en vain de le délivrer; vaincu, Vercingétorix, afin de sauver son peuple, se rendit aux Romains (52 av. J.-C.) qui l'emmenèrent à Rome où on l'exécuta après six années de captivité. Deux statues à son effigie ont été érigées : la première à Alise-Sainte-Reine, œuvre d'Aimé Millet; la seconde à Clermont-Ferrand, œuvre de Bartholdi. La rue Vercingétorix date de 1873. Sa descendance est bien assurée par ses arrière-petits-enfants Astérix, Obélix.

VERDEAU Ce passage fut ouvert, en 1846, par la Société du passage Jouffroy, qui lui donna le nom de l'un de ses membres de l'époque, M. Verdeau, créateur d'une entreprise de location de linge nécessaire à l'exploitation des hôtels et restaurants.

VERDERET Cette rue s'appelait primitivement, c'est-à-dire au début du XVIIIe siècle, Mérodée, du nom de l'un de ses habitants. Bientôt, Mérodée, par déformation, devint Merderée, puis Merderet et enfin – qui s'en plaindrait – Verderet.

VERDI (1813-1901). Giuseppe Verdi, compositeur italien, né à Roncole, mort à Milan. Son père était aubergiste. Le jeune Giuseppe commença à étudier la musique avec le vieil organiste de l'église de sa ville natale, puis il alla à Busseto où il travailla avec un maître de chapelle nommé Provesi. Plus tard, grâce à l'aide de protecteurs, il put parfaire son éducation musicale à Milan. Après avoir épousé la fille d'un de ses protecteurs de Busseto, Mlle Margherita Barezzi, il donna son premier ouvrage à la Scala de Milan, en 1839, « Oberto, conte di San Bonifacio ». L'accueil fut enthousiaste et on commanda au musicien un second ouvrage, « Un giorno di regno ». Mais cet opéra, composé en même temps que Verdi perdait sa femme et ses deux enfants, se ressentit de ce malheur et ce fut un fiasco total. Découragé, Verdi pensa arrêter là sa carrière. Dieu merci pour les mélomanes, il renonça à ce projet et, toujours à la Scala, il donna successivement « Nabuchodonosor » (1842) et « i Lombardi alla prima crociata » (1843), deux œuvres qui assirent sa notoriété. Dès lors, et jusqu'en 1871, le musicien ne cessa d'écrire. À cette date, il interrompit durant seize ans ses compositions et il fallut attendre 1887 pour applaudir « Otello », puis « Falstaff ». En 1861, Verdi avait été élu membre de la Chambre italienne des députés; en 1874, le roi Victor-Emmanuel l'avait fait sénateur. Outre les œuvres déjà nommées, citons « Giovanna d'Arco », « il Corsaro », « Rigoletto », « il Trovatore », « la Traviata », « les Vêpres siciliennes », « la Forza del destino », « Don Carlos » et « Aïda ». La rue Verdi fut baptisée en 1904.

VERDUN Chef-lieu d'arrondissement de la Meuse qui compte 23400 habitants. En 843, les trois fils de Louis le Pieux s'y partagèrent, par un traité, l'Empire carolingien. C'est en 1551, que Henri II la réunit à la couronne de France. Bien entendu, ce sont les violents combats qui s'y déroulèrent, lors de la Première Guerre mondiale, de février à décembre 1916, qui ont rendu Verdun tristement, mais glorieusement célèbre. Durant cette période, les forces françaises, dirigées par Pétain, repoussèrent de multiples et violentes offensives allemandes; le leitmotiv était alors « Ils ne passeront pas ». L'avenue de Verdun fut baptisée en 1929 en souvenir des combats sanglants de 1916, tout comme la rue (1929), la place (1929), l'impasse (1937) et le square (1937).

VÉREL Ancienne impasse, cette villa porte, depuis sa création, en 1902, le nom du propriétaire du terrain sur lequel on l'ouvrit.

VERGENNES (1717-1787). Charles Gravier, comte de Vergennes, homme politique né à Dijon, mort à Versailles. Après avoir accompagné son oncle Chavigny (1687-1771), un des meilleurs diplomates de son temps, au Portugal, de 1740 à 1749, Vergennes fut nommé ministre plénipotentiaire à Trèves, en 1750. En 1754, il reçut l'ambassade de Constantinople. Choiseul, qui ne l'aimait pas – on ne sait exactement pourquoi –, le disgracia en 1768 et Vergennes dut attendre la mort du ministre (1770) pour retrouver une ambassade, celle de Stockholm, en 1771. Le 21 juillet 1774, Louis XVI l'appela à la tête du ministère des Affaires étrangères. Il prépara alors les négociations qui amenèrent l'intervention française dans la guerre d'Indépendance américaine. Il fut également l'instigateur d'un important traité de commerce avec l'Angleterre en 1786. La rue Vergennes fut baptisée en 1927.

VERGERS Quoi de plus naturel que de s'appeler « des Vergers » quand on est une allée qui commence rue des Jardiniers ? Malheureusement, notre belle allée finit en impasse et ne débouche sur nulle cerisaie ou pommeraie. Eh oui ! À Paris, les vergers ne peuvent exister que sur une plaque bleue et blanche apposée contre un mur ; ils ne sont plus réalité ! Les enfants parisiens connaîtront au moins le mot, à travers cette allée... « Papa, qu'est-ce que c'est que des vergers ? » « Un lieu planté d'arbres fruitiers ! » « Ah ? C'était joli ? »... L'allée des Vergers date de 1979.

VERGNIAUD (1753-1793). Pierre Victurnien Vergniaud, homme politique né à Limoges, mort à Paris. Protégé de Turgot, il devint, en 1781, avocat au parlement de Bordeaux. Quand la Révolution survint, il en partagea les idées et siégea à l'Assemblée législative de 1791, comme député de la Gironde. Il s'y fit applaudir, en demandant la suppression des mots « Sire » et « Majesté ». Après quelques hésitations, il vota la mort de Louis XVI, sans appel ni sursis. Il se vit appliquer la même sentence puisque, arrêté le 2 juin 1793, il fut condamné à mort le 30 octobre et exécuté le lendemain. La rue Vergniaud date de 1893.

VERHAEREN (1855-1916). Émile Verhaeren, poète belge, né près d'Anvers. Il étudia à Bruxelles, Gand et Louvain. Son premier poème, « les Flamandes », parut en 1883 ; il y exaltait sa terre natale. Puis dans d'autres œuvres comme « les Campagnes hallucinées » et « les Villes tentaculaires », il évoqua parfaitement les rigueurs de l'ère industrielle naissante. Poète symboliste, Verhaeren a également écrit « les Forces tumultueuses », « la Multiple splendeur », « le Cloître » et « les Heures claires ». Longtemps, on apprit dans les écoles primaires son célèbre poème intitulé « Novembre ». Il a dit : « Mon cri dominera les plus longs cris d'alarme » et « La vie est à monter et non pas à descendre ». Une allée porte son nom depuis 1932.

VÉRITÉ À la fin du XVIIIe siècle, de nombreux marchands de gazettes, ou journaux, étaient installés dans ce passage qui reçut son nom actuel en 1796. En ce temps-là, les gazettes étaient censées ne refléter que la vérité et il parut convenable de baptiser de ce mot notre passage. Connaissez-vous cette « sortie » de George Bernard Shaw : « Ma façon de plaisanter est de dire la vérité. C'est la meilleure plaisanterie du monde. » Et cette autre de Mark Twain : « La vérité est la chose la plus précieuse que nous ayons. Économisons-la »... N'oublions pas non plus cette phrase, extraite d'« Électre » de Giraudoux : « Il est des vérités qui peuvent tuer un peuple. »

VERMANDOIS Pays de l'ancienne France, compris entre le Noyonnais, la Thiérache, le Hainaut et l'Artois. Au Xe siècle, les comtes de Vermandois étaient parmi les plus puissants de France. Ce pays fut rattaché à la couronne royale en 1191. Saint-Quentin fait partie du Vermandois, dont on donna le nom à un square de Paris en 1932.

VERMENOUZE (1850-1910). Arsène Vermenouze, poète, né près d'Aurillac. Doté d'un sens profond du pittoresque, ses premiers ouvrages furent rédigés en langue d'oc (« Flour de brousso »). Ce n'est qu'en 1900 qu'il commença à écrire des poèmes en français : « En plein vent » et « Mon Auvergne ». Le square Vermenouze date de 1933.

VERNET Nom d'une célèbre famille de peintres : Antoine (1689-1753). – Joseph (1714-1789) ; on raconte à son propos que se trouvant à bord d'un bateau au moment où une tempête éclata, il se fit attacher à un mât afin de pouvoir suivre les effets de la tourmente; son petit-fils, Horace, fit de cette anecdote le sujet d'un de ses tableaux. – Carle (1758-1835) peignit beaucoup de tableaux historiques tels « le Bombardement de Madrid », « Revue sur la place du Carrousel », « les Anglais à Paris » et « le Cosaque galant ». – Enfin, le plus connu sans doute, Horace (1789-1863), né et mort à Paris, qui commença par peindre des marines (1807-1814). Il fit ensuite des planches de modes et des caricatures avant que ses idées bonapartistes le poussent à exposer toute une série de tableaux à la gloire de son héros : « Batailles de Jemmapes », « Valmy », « Montmirail »... Nommé membre de l'Institut et directeur de l'Académie de France à Rome en 1829, il s'adonna alors à la peinture de sujets purement pittoresques ou anecdotiques : « Chasse dans les marais Pontins » et « la Confession du brigand ». Mais quand Louis-Philippe accéda au trône en 1830, Horace Vernet revint à son héros en peignant « Iéna », « Wagram », « Friedland ». En 1835, à la demande du roi, il exécuta pour le château de Versailles d'immenses peintures sur le siège de Constantine; cet ouvrage fut terminé en 1842. Ensuite, le peintre peignit encore « Joseph vendu par ses frères », « la Prise de la Smala », « Portrait équestre de Napoléon III » et « Épisode de la guerre de Crimée ». La rue Vernet date de 1864.

VERNEUIL Ouverte en 1640, cette rue porte, depuis cette date, le nom d'un abbé de Saint-Germain-des-Prés de l'époque, Henri de Bourbon, duc de Verneuil, fils naturel de Henri IV et Henriette d'Entragues. Celle-ci (1579-1633) devint la maîtresse du bon roi Henri en 1600, après une discussion d'affaires qui lui assura, contre l'octroi de ses faveurs, 100 000 écus payés comptant, le titre de marquise de Verneuil et une promesse de mariage si dans le délai d'un an elle accouchait d'un garçon; elle l'eut, et dans le délai prescrit, en la personne de Henri de Bourbon dont nous avons parlé, mais Henri IV n'en épousa pas moins Marie de Médicis. Ingratitude humaine...

VERNIER (1580-1637). Pierre Vernier, géomètre, né et mort à Ornans. Il fut directeur général des monnaies au comté de Bourgogne, mais il est surtout connu pour avoir inventé l'instrument qui porte son nom : une petite règle ou un petit arc de cercle comportant des divisions, que l'on joint à une plus grande règle ou arc de cercle, et dont on se sert pour mesurer des longueurs ou des arcs à un dixième de millimètre ou à un dixième de seconde près. La rue Vernier existe depuis 1864.

VERNIQUET (1727-1804). Edme Verniquet, architecte né à Châtillon-sur-Loire, mort à Paris. Avant de venir à Paris en 1774, il construisit, en Bourgogne, un grand nombre de ponts, usines, châteaux et églises. Dans notre capitale, et sous les directives de Buffon, il dota de nombreux bâtiments le Jardin du Roi, aujourd'hui Jardin des Plantes ou Muséum national d'histoire naturelle. Mais Verniquet est surtout l'auteur d'un magnifique Plan de Paris, en 72 feuilles grand atlas qui, terminé en 1799, lui demanda quelque vingt-huit années de travail. La rue qui porte son nom existe depuis 1875.

VÉRO-DODAT MM. Véro et Dodat étaient deux charcutiers. En 1826, l'idée leur vint d'ouvrir cette galerie afin d'y abriter leur commerce de salaisons. Aussitôt dit aussitôt fait, et la galerie, qui avait la particularité d'être une des premières voies à bénéficier d'un éclairage au gaz, fut baptisée à leurs noms. Elle s'ornait de quantité de marbres et de glaces, et fut très fréquentée jusqu'en 1865. Restaurée en 1980, elle abrite notamment un restaurateur de poupées et un luthier.

VÉRON C'est depuis 1863 que la rue et la cité portent le nom de M. Véron, maire de Montmartre entre 1809 et 1830. Il décéda en 1863. Ne pas confondre notre Véron avec deux autres : d'abord Louis Véron (1798-1867), publiciste connu sous le nom de « docteur Véron » qui fonda, en 1829, « la Revue de Paris ». Ce médecin suivit plusieurs voies puisque, après avoir rédigé des articles médicaux, il écrivit des articles politiques, dirigea deux ans l'Opéra, puis revint à la politique en ressuscitant, en 1839, un journal intitulé « le Constitutionnel ». Parlons ensuite de Pierre Véron (1833-1900), littérateur né et mort à Paris qui dirigea « le Charivari » à partir de 1865. Il écrivit « Paris s'amuse » et « Paris amoureux ».

VÉRONÈSE (1528-1588). Paolo Caliari, dit Paul Véronèse, peintre italien né à Vérone, mort à Venise. Fils d'un sculpteur, il réalisa ses premières œuvres à Mantoue avant de se rendre à Venise, Rome, Trévise, puis à nouveau Venise. Il se maria en 1566. À partir de 1578, il fut occupé à décorer le palais des Doges qui relevait d'un incendie. Il mourut brutalement, le 19 avril 1588, atteint d'une fluxion de poitrine. Toutes ses compositions foisonnent de mille détails tirés de la vie même et sont peuplées de personnages contemporains encadrés de magnifiques architectures dans lesquelles dominent les couleurs blonde et argentée. Ce maître de l'école vénitienne a peint « les Noces de Cana », « Couronnement de la Vierge », « Repas chez Simon le lépreux », « Vieillard avec une jeune fille », « les Disciples d'Emmaüs » et « Moïse sauvé des eaux ». La rue Véronèse existe depuis 1867; quant au vert, il est immortalisé.

VERRERIE Cette rue, baptisée en 1187, doit son nom à une verrerie qui y était installée à l'époque. Plus tard, la Communauté des peintres sur verre s'y établit; elle comprenait des émailleurs, des verriers et des patenôtriers (fabricants de chapelets et colliers). Les statuts de cette communauté furent déposés en 1467. La rue de la Verrerie resta longtemps une des plus importantes de la rive droite.

VERRIÈRES Le passage « des Verrières » – dont le nom dit tout – longe la rue Basse au niveau - 3 du secteur Forum central des Halles.

VERSAILLES Chef-lieu du département des Yvelines, riche de 91 000 habitants. La ville possède une École supérieure technique du génie et une École nationale d'horticulture. C'est à Versailles que commença la Révolution, puisque ce fut dans ses murs que, le 5 mai 1789, se tinrent les états généraux, réunis dans l'église Notre-Dame, mais siégeant au château, dans la salle des Menus-Plaisirs. (Et pourtant, Louis XVI n'allait pas être à la fête.) Au moment de la Commune de 1871, Thiers se retira à Versailles avant de marcher sur Paris. De 1871 à 1878, l'Assemblée, puis le Parlement national siégèrent dans la ville où, le 28 juin 1919, on signa le traité qui mit fin à la Première Guerre mondiale. Bien entendu, Versailles, c'est surtout le château... Louis XIII avait fait construire, à l'emplacement du château actuel, un vaste pavillon de chasse. Louis XIV, quand il fit entreprendre l'édification du palais grandiose dont il rêvait, exigea que ce pavillon fût intégré aux constructions futures. Les travaux du château proprement dit commencèrent en 1661 sous la direction de Le Vau; quand celui-ci mourut, en 1676, Mansard lui succéda. Louis XIV suivit de très près la construction et rien ne se fit sans son approbation. Afin de pouvoir tout diriger, le roi résida d'ailleurs jusqu'en 1672 au premier Trianon construit en 1660 et remplacé en 1687 par le Grand Trianon. À partir de juin 1672, il put occuper, dans son palais, ses appartements. Le parc du château fut dessiné par Le Nôtre qui réalisa là son chef-d'œuvre. L'avenue de Versailles, baptisée en 1877, doit son nom au fait qu'elle était le point de départ de la route menant au chef-lieu des Yvelines.

VERSAILLES On se perd en conjectures sur l'origine du nom de cette ville. Peut-être est-il dérivé de « déverser » ou « déversoir », à cause des nombreux ruisseaux qui y coulaient. Il se peut d'ailleurs qu'au mot « déverser » on ait ajouté le suffixe « ailles », venant de pierrailles, car, pour tenter d'assécher, plus ou moins vainement, le terrain marécageux sur lequel est construit Versailles, on déversa une grande quantité de pierres.
Dans les gares de chemin de fer de la région versaillaise, on emploie l'expression « aller à Versailles » pour prévenir un bagagiste que son chariot, trop plein, risque de verser. Prêtez l'oreille du côté de la gare de Versailles rive gauche ou de celle rive droite, vous entendrez sans doute dire : « Fais attention, Marcel ! Avec tes bagages, tu vas aller à Versailles... »

VERSIGNY Depuis 1863, date où elle fut officiellement baptisée, cette rue porte le nom de l'un de ses premiers propriétaires résidents.

VERTBOIS Ce sont les arbres entourant le prieuré de Saint-Martin-des-Champs, proche, qui sont à l'origine du nom de cette rue, baptisée au milieu du XVIIIe siècle, mais sur un parcours moins long que celui que nous connaissons, qui date de 1851. Certains pensent que le parrain de cette rue est Matthieu de Vertbois, qui possédait une maison à cet endroit en 1313 ; mais cette date paraît trop éloignée de celle du baptême de notre voie pour que ce parrainage puisse être pris en considération. Le passage du Vertbois, baptisé en 1863, doit son nom au voisinage de la rue.

VERTE Cette allée doit son nom au voisinage de la rue du Chemin-Vert, qui s'appela « rue Verte » jusqu'en 1868 ; son appellation était due aux cultures maraîchères qui la bordaient.

VERTUS Connue depuis 1548, cette rue était alors fréquentée par des femmes de « mauvaise vie » et on y côtoyait plus le vice que la vertu. C'est par dérision que ce dernier nom lui fut attribué. Cette explication paraît, incontestablement, la bonne, cependant il faut signaler que notre rue est orientée vers Aubervilliers, ville qui, sous Philippe Auguste, s'appelait Notre-Dame-des-Vertus. Mais cela semble avoir été sans incidence sur son appellation.

VERZY Située dans la villa des Ternes, cette avenue porte le nom d'un ex-propriétaire du château des Ternes qui fut, en outre, conseiller municipal de Neuilly-sur-Seine. (De la Révolution à 1860, le hameau des Ternes faisait partie de la commune de Neuilly.)

VÉSALE (1514-1564). André Vésale, anatomiste né à Bruxelles, mort à Zante, une des îles Ioniennes. Il étudia successivement à Louvain, Montpellier et Paris. Devenu médecin, il se livra à de nombreuses dissections anatomiques ; afin de trouver la « matière » propre à ses travaux, il passait la majeure partie de son temps dans les cimetières et auprès du gibet de Montfaucon. Parti pour l'Italie, il obtint en 1540 une chaire d'anatomie à Pavie ; en 1543, il se vit offrir la même chaire à Bologne, puis à Pise. En 1544, Charles Quint en fit son médecin attitré. Mais ses ouvrages, tel « Anatomicarum Gabrielis Faloopii observationum examen », lui valurent, en 1651, d'être frappé par les foudres de l'Inquisition qui le condamna à mort, pour avoir disséqué un homme vivant. Assertion mensongère. Le roi Philippe II d'Espagne, où Vésale se trouvait lors de sa condamnation, obtint que la peine fût commuée en un pèlerinage à Jérusalem. Notre anatomiste s'embarqua pour les Lieux saints où il parvint sans encombre. Là-bas il apprit que le Sénat de Venise lui avait attribué une chaire d'anatomie dans la cité des Doges. Il prit le chemin de l'Italie en 1563, mais son bateau, pris dans une violente tempête, fut jeté sur l'île de Zante où notre homme périt, vraisemblablement de faim. La rue Vésale date de 1867.

VEXIN Ancien pays de l'Ile-de-France, patrie des Véliocasses, peuple gallo-romain. Primitivement, il était divisé par la rivière Epte en Vexin français et Vexin normand. Ce dernier fut rattaché à la couronne de France dès Philippe Auguste.

VÉZELAY (1733-1810). Bouret de Vézelay, financier et spéculateur immobilier notoire. La rue qui nous intéresse fut construite, en 1863, sur l'emplacement d'un passage qu'il avait ouvert de son vivant. Au XVIIIe siècle, un autre Bouret (1710-1777), sans lien de parenté avec le précédent, semble-t-il, se rendit célèbre par l'étendue de sa fortune, mais aussi par ses prodigalités ; fermier général en 1743, puis administrateur des postes et directeur du personnel des fermes, on peut dire qu'une grande partie des revenus de l'État lui passait par les mains ; peut-être les referma-t-il, de temps en temps, au bénéfice de sa cassette personnelle... Il se fit construire de très nombreuses résidences, entre autres le château de Croix-Fontaine, en forêt de Sénart, où il reçut Louis XV d'une façon somptueuse. Victime de sa tendance à dépenser plus d'argent qu'il n'en gagnait – ou subtilisait... – il se suicida pour éviter le scandale d'une banqueroute.

VIALA (1780-1793). Joseph Agricol Viala, né à Avignon, mort sur les bords de la Durance. Bien que fort jeune, il s'enthousiasma pour les idées révolutionnaires et il s'engagea dans la « petite garde nationale ». En 1793, les royalistes montèrent de Marseille vers sa ville natale ; il fut décidé de couper les câbles qui retenaient les pontons à la rive droite de la Durance, près d'Avignon. Sans hésiter, le jeune garçon se précipita, seul, et entreprit de couper les câbles à coups de hache. Mais les royalistes arrivèrent aussitôt et tuèrent Viala avant qu'il ait pu achever son œuvre. Les troupes favorables au roi traversèrent alors la Durance, perçant de multiples coups de baïonnettes le corps de l'enfant déjà mort, avant de le jeter dans la rivière. L'acte héroïque de Viala fut raconté à la Convention par son oncle, Agricol Mureau ; les urnes funéraires de notre jeune héros et celles du non moins jeune Bara allaient être amenées au Panthéon, quand survint le 9-Thermidor qui empêcha la translation. La rue Viala fut baptisée en 1864.

VIALET Ce passage porte le nom de l'un de ses premiers propriétaires résidents.

VIARMES Ouverte en 1765, cette rue porte depuis cette date le nom de Jean-Baptiste Élie Camus de Pontcarré, chevalier et seigneur de Viarmes, Sengy, Belley et autres lieux, conseiller d'État et prévôt des marchands de Paris de 1758 à 1764. Excusez du peu ! La rue fut construite sur des terrains acquis en 1755 par la Ville de Paris qui, hormis notre rue, construisit sur ces terrains une halle au blé.

VICHY Chef-lieu de canton de l'Allier, au confluent de l'Allier et du Sichon. C'est une station thermale importante, qui possède une trentaine de sources aux eaux bicarbonatées sodiques, gazeuses ou bicarbonatées sodiques, ferrugineuses gazeuses. Onze sources, propriété de l'État, sont exploitées par une société fermière : la Grande Grille, le Puits Carré, le Puits Chomel, la source de l'Hôpital, la source Lucas, les trois sources des Célestins, la source Madame, la source du Parc et la source d'Hauterive. Les sept premières sont naturelles, les autres proviennent de forages. Les eaux de Vichy, connues depuis les Romains, soignent les affections de l'estomac, du foie, des reins, les lithiases biliaires et rénales et certaines chloroses et anémies. Vichy, qui compte aujourd'hui 24000 Vichyssois, fut le siège, de 1940 à 1944, du gouvernement de l'État français, dirigé par le maréchal Pétain. La rue, baptisée par ses propriétaires à cause de leur origine, date de 1906.

VICQ D'AZIR (1748-1794). Félix Vicq d'Azir, médecin et anatomiste, né à Valognes, mort à Paris. Membre de l'Académie des sciences en 1774, il fonda, en 1776, en compagnie de Lassone, la Société royale de médecine. Il entra à l'Académie française, au fauteuil de Buffon, en 1788. Il a écrit « Traité d'anatomie et de physiologie », « Médecine des bêtes à cornes » et « Système anatomique des quadrupèdes ». Une rue porte son nom depuis 1864.

VICTOIRE Après la bataille de Bouvines, on construisit près de Senlis un couvent qui fut dit « de la Victoire ». Dès 1223, les abbés et religieux de ce couvent possédaient un jardin, un marais et un vivier à l'emplacement actuel de la rue qui nous intéresse. Au milieu du XVIIe siècle, tous les marais de l'endroit furent dits « de la Victoire ». Au milieu du siècle suivant, l'architecte Ledoux construisit, sur un terrain ayant appartenu à un abbé du couvent de la Victoire, un hôtel qui prit le nom de l'établissement religieux; Ledoux l'avait édifié pour Condorcet, le célèbre mathématicien et philosophe; à la mort de ce dernier, l'hôtel revint à sa veuve, sœur du maréchal de Grouchy; elle le vendit à une jeune personne nommée Julie Carreau, qui, peu de temps après, épousa l'acteur Talma. Le couple laissa bientôt son hôtel à Joséphine de Beauharnais, moyennant une somme de 180000 francs. Notre chère Joséphine devint Mme Bonaparte. Le futur empereur résida dans cet hôtel jusqu'au 18-Brumaire, mais auparavant, le 8 nivôse an VI (28 décembre 1797), fut donné à la rue tout entière le nom de Victoire, plus à cause du laurier de Victoire qui auréolait le front du « petit caporal » que du nom de l'hôtel qu'il habitait. Le Premier consul fit cadeau de son hôtel au général Lefèvre-Desnouettes; à son retour de Sainte-Hélène, le général Bertrand l'habita à son tour. La Restauration débaptisa la rue qui devint Chantereine, de 1816 à 1833, année où Thiers lui rendit le nom qu'elle porte aujourd'hui.

VICTOIRES Cette place est l'œuvre d'un courtisan de Louis XIV, le maréchal de La Feuillade. Il fit ériger, au centre, une statue monumentale du roi, représenté recevant de la Victoire une couronne de laurier. La place reçut immédiatement son nom actuel, en l'honneur de toutes les victoires remportées par notre glorieuse armée, sous le règne du Roi-Soleil (les Dunes, Stromboli, Palerme, la Hollande, etc.). En 1790, la municipalité parisienne débaptisa la place, qui devint « de la Victoire nationale » et, après le 10 août 1792, la statue fut détruite. À sa place on éleva une pyramide en bois, en l'honneur des citoyens morts en combattant pour la liberté. En 1810, la pyramide disparut pour laisser la place à une statue représentant le général Desaix; le vainqueur de Marengo y était représenté tout nu, et l'œuvre du sculpteur Dejoux, jugée inconvenante, resta dissimulée par une palissade en bois. En 1816, Louis XVIII prescrivit le rétablissement d'une statue de Louis XIV; le sculpteur Bosio fut chargé du travail et il fit la statue équestre que l'on peut admirer de nos jours.

VICTOR (1766-1841). Claude Victor Perrin, dit Victor, duc de Bellune, maréchal de France, né à La Marche (Vosges), mort à Paris. Quand la Révolution éclata, il était commerçant à Valence; en 1792, il s'engagea dans le 3e bataillon de la Drôme. Il passa ensuite à l'armée d'Italie, participa au siège de Toulon et fut nommé adjudant général. Devenu général de brigade en 1793, on l'envoya à la IIe armée d'Italie où il était placé sous les ordres de Bonaparte. En 1800, il devint général en chef de l'armée gallo-batave. Ambassadeur de France au Danemark en 1805, il réintégra l'armée en 1806; il reçut son bâton de maréchal après Friedland et fut créé duc de Bellune en 1808. Il prit ensuite part aux campagnes de Russie, d'Allemagne et de France. Dès l'abdication de Fontainebleau, il rallia les Bourbons qui l'élevèrent à la prairie en 1815, en même temps qu'ils le nommaient major général de la Garde royale. La même année, Victor présida la commission chargée de juger les officiers qui avaient rejoint Napoléon au moment des Cent-Jours et il vota la mort pour le maréchal Ney. Enfin, il fut ministre de la Guerre en 1821, puis démissionna de toutes ses fonctions en 1823 afin de goûter une paisible retraite. Le boulevard Victor fut baptisé en 1864.

VICTOR BASCH Le 10 janvier 1944, Victor Basch, résistant et président de la Ligue des droits de l'homme, fut, en compagnie de sa femme, assassiné par des membres de la milice française, à Paris. C'est en 1944, après la libération de notre capitale, que l'on donna son nom à une place.

VICTOR CHEVREUIL Créée en 1887, cette rue porte le nom de l'un de ses premiers propriétaires résidents.

VICTOR CONSIDÉRANT (1808-1893). Économiste et homme politique, né à Salins (Jura), mort à Paris. Élève à Polytechnique, puis à l'École militaire de Metz, il entra en 1828 dans le corps du génie et y devint rapidement capitaine. Peu avant 1830, séduit par le fouriérisme, il y adhéra publiquement par un article paru dans le « Mercure de France », puis démissionna de l'armée pour devenir un véritable apôtre de la doctrine de Fourier (voir « Charles Fourier »). Avec l'appui financier de deux riches disciples, il tenta de former deux phalanstères; ses tentatives n'aboutirent point. Victor Considérant fut conseiller général de la Seine et conseiller municipal de Paris, avant de devenir, à la révolution de 1848, député de la Montagne à l'Assemblée constituante, puis à la Législative. Le 13 juin 1845, il participa à une tentative insurrectionnelle et fut, de ce fait, condamné par contumace à la déportation. Il s'était réfugié en Belgique d'où il put gagner les États-Unis; il fonda, au Texas, une « commune sociétaire » qui disparut, victime de la guerre de Sécession. Victor Considérant revint alors à Paris où on l'avait amnistié; il y vécut discrètement, modestement, à l'écart de la politique, jusqu'à sa mort. Une rue porte son nom depuis 1894.

VICTOR COUSIN (1792-1867). Philosophe né à Paris, mort à Cannes. Chef de l'« école éclectique », il préconisa « l'alliance des deux sœurs immortelles : la philosophie et la religion ». En 1815, il professa à la Faculté de lettres et commença à s'intéresser à la philosophie de Kant; il partit pour l'Allemagne où il fréquenta Hegel et consacra deux années de sa vie (1819-1820) à développer les idées kantiennes. En 1821, il devint précepteur du fils du duc de Montebello et durant huit années il se livra à des travaux d'érudition philosophique, ne publiant guère qu'une traduction de Platon. En 1824, s'étant rendu en Allemagne une nouvelle fois, il fut emprisonné six mois comme conspirateur et ne dut sa libération qu'à l'intervention d'Hegel. Après 1830, très en cour auprès de la monarchie de Juillet, il devint conseiller d'État, pair de France, membre de l'Académie française (1832) et du conseil royal de l'Instruction publique dans le cabinet de Thiers, en 1840 et pour huit mois. La république de 1848 le tint à l'écart et Victor Cousin prit sa retraite en 1851. Notre philosophe s'efforça de combiner les idées de Descartes, de l'école écossaise et de Kant, dans un système qu'il qualifia lui-même d'éclectique. La constitution de ce système date de 1816 et est contenue dans cette déclaration : « Ce serait un spectacle intéressant et instructif de montrer les vices des écoles modernes en les mettant aux prises l'une avec l'autre, et de réunir leurs divers mérites dans le centre d'un vaste éclectisme qui les contiendrait et les compléterait toutes. » Œuvres principales de Victor Cousin : « Cours d'histoire de la philosophie », « Du Vrai, du Beau, du Bien », « Leçons sur la philosophie de Kant » et « Études sur les femmes et la société du XVIIIe siècle ». Il a dit : « Nous créons toutes les fois que nous faisons un acte libre », « Il vaut mieux avoir de l'avenir que du passé » et « Il y a égalité où il y a liberté pour tous ». La rue Victor-Cousin date de 1864.

VICTOR DEJEANTE (1850-1927). M. Victor Dejeante, homme politique, fut élu député par le XXe arrondissement de Paris. Une rue reçut son nom en 1929.

VICTOR DURUY (1811-1894). Historien né et mort à Paris. Après avoir fréquenté l'École normale, il enseigna l'histoire à Reims, puis à Paris. En 1851, il devint inspecteur de l'Académie de Paris, puis, sur la demande expresse de Napoléon III qu'il avait aidé dans ses recherches pour son ouvrage sur « la Vie de César », il fut nommé inspecteur général et professeur à Polytechnique. Ensuite, de 1863 à 1869, Victor Duruy dirigea le ministère de l'Instruction publique. Il introduisit l'enseignement de l'histoire contemporaine, fonda, dans les bâtiments de l'abbaye de Cluny, une École normale d'enseignement spécial, créa un très grand nombre d'écoles primaires et donna une forte impulsion aux cours pour adultes. En 1873, il entra à l'Académie des inscriptions, en 1879 à celle des Sciences morales et en 1884 à l'Académie française. Il écrivit « Histoire du peuple romain » et « Histoire grecque ». La rue Victor-Duruy fut baptisée en 1897.

VICTOR ET HÉLÈNE BASCH Victor Guillaume Basch (1863-1944), né à Budapest, professeur à la Sorbonne et président de la Ligue des droits de l'homme, a été abattu, en même temps que sa femme, Hélène, le 10 janvier 1944, précisément à 20 h 30, à Crépieux-la-Pape, dans la banlieue lyonnaise, par deux miliciens que l'on exécuta à la Libération. La place Victor-et-Hélène-Basch existe depuis 1992. (Cette place remplace la place « Victor Basch ».)

VICTOR GALLAND (1822-1892). Peintre et décorateur né à Genève, de parents français, mort à Paris. En 1840, il entra à l'École des beaux-arts et pour subsister, pendant dix ans, il peignit des petits sujets chez les décorateurs en vogue de l'époque. En 1851, on l'appela à Constantinople pour y décorer le palais d'un prince arménien. Ensuite, et jusqu'à la fin de sa carrière, Victor Galland peignit quantité de plafonds, des panneaux et des dessus-de-porte dans de nombreux palais et hôtels de Paris, Madrid, Londres, Saint-Pétersbourg et New York. D'autre part, la Ville de Paris lui commanda, pour l'église Saint-Eustache, plusieurs figures d'anges. Enfin, l'État lui demanda, pour le Panthéon, une « Prédication de saint Denis », ainsi que des modèles de tapisseries destinées à l'Élysée et fabriquées aux Gobelins où Galland exerça d'ailleurs les fonctions de directeur des travaux d'art. Sa rue existe depuis 1932.

VICTOR GELEZ (1845-1914). Conseiller municipal du XIe arrondissement, Victor Gelez donna son nom à cette rue en 1932.

VICTOR HUGO (1802-1885). Poète né à Besançon, mort à Paris. Fils du général – alors capitaine – Sigisbert Hugo et de la fille d'un armateur nantais, Sophie Trébuchet, le jeune Victor suivit son père de garnison en garnison, et connut ainsi l'Espagne et l'Italie. En 1815 il entra en pension afin de préparer sérieusement Polytechnique; il écrivait déjà, notamment des odes, des épîtres et même une tragédie. À cette époque, les Jeux floraux de Toulouse le couronnèrent maintes fois. En 1823 paraît son premier roman : « Hans d'Islande ». En 1825, il donna « Bug-Jurgal » et en 1827 « Cromwell », dont la préface devint le manifeste du romantisme. En 1841 l'Académie française l'accueillit et il fut nommé pair de France en 1845. À partir de cette dernière année, et jusqu'en 1850, Victor Hugo s'adonna à la politique; d'abord « vendéen », il se montra de plus en plus libéral et devint, après février 1848, député à l'Assemblée constituante et le chef de file de la gauche démocratique; il fit campagne contre les desseins de Louis-Bonaparte et, de ce fait, après le 2 décembre, il se retrouva en tête de la liste de proscription. Il dut passer dix-huit ans en exil, à Bruxelles d'abord, puis à Jersey et Guernesey. C'est à Bruxelles qu'il rédigea « Napoléon le Petit », un pamphlet redoutable. Sitôt son retour en France (1870), le poète redevint un des chefs du parti républicain avancé. La mort de sa fille, noyée à Villequier, avait très profondément marqué le poète, on le sait. D'autre part, on ne saurait parler de Victor Hugo sans citer le nom de Juliette Drouet (1805-1883) avec laquelle il vécut très longtemps dans l'intimité; il la connut alors qu'actrice dans des rôles secondaires, elle interprétait la comtesse Négroni dans « Lucrèce Borgia », pièce dont il était l'auteur, au théâtre de la Porte-Saint-Martin; Juliette Drouet accompagna l'écrivain durant tout son exil; hors leurs ébats amoureux, elle servit de secrétaire à son amant et presque tous les manuscrits que celui-ci légua à la Bibliothèque nationale furent transcrits par elle. Victor Hugo, chef incontesté de l'école romantique, écrivit des poèmes, des romans, des drames, etc. Il fut le plus grand poète de langue française – « Hélas! » disait Paul Valéry... – et Émile Augier a pu l'appeler « le Père ». Citons quelques-unes de ses œuvres : « les Orientales » (1828), « Hernani » (1830) qui déclencha la fameuse « bataille » du même nom, « Marion Delorme » (1830). « Le roi s'amuse » (1832), « Ruy Blas » (1838), « les Burgraves » (1843), « Marie Tudor » (1833), « Notre-Dame de Paris » (1831), « les Châtiments » (1853), « les Contemplations » (1856), « la Légende des siècles » (premier volume en 1859), « les Misérables » (1862), « les Travailleurs de la mer » (1866), « L'homme qui rit », « Quatre-Vingt-Treize », « l'Art d'être grand-père », « Torquemada » (1882), « Mangeront-ils? », etc. Victor Hugo avait deux frères, Abel (1798-1855) et Eugène (1800-1837), qui s'adonnèrent tous deux aux lettres, mais avec moins de bonheur que leur cadet. Il eut aussi deux fils : Charles (1826-1871) et François (1828-1873); le premier fut secrétaire de Lamartine et, comme son frère, il collabora à « l'Événement », journal fondé par son père en 1848. Victor Hugo a dit « Ne nous lassons pas, nous les philosophes, de déclarer au monde la paix », « Je n'ai pas d'ennemis quand ils sont malheureux », « Créer, c'est se souvenir », « Le plus grand ennui c'est d'exister sans vivre » et « Si nous disions un peu son fait à Dieu ! ». La place Victor-Hugo date de 1885, l'avenue de 1881 et la villa de 1904.

VICTORIA (1819-1901). Victoria Ire, reine d'Angleterre, née à Londres, morte dans l'île de Wight. Couronnée en 1837, elle épousa trois ans plus tard son cousin germain (vous voyez que cela se fait), le prince Albert de Saxe-Cobourg. Celui-ci devint prince consort en 1842. En 1843, elle rendit visite à notre bon roi Louis-Philippe, au château d'Eu; ce fut le début d'une courte entente cordiale brisée par le mariage du duc de Montpensier, fils du souverain français, avec la sœur de la reine d'Espagne. Victoria Ire, qui avait de charmantes jeunes filles, considéra ces épousailles comme une injure à elle faite. Mais elle pardonna à Louis-Philippe puisqu'en 1848 elle lui accorda l'asile sur le territoire anglais. En 1851, la charmante reine inaugura l'Exposition universelle de Londres et se rapprocha à nouveau de la France; en 1855, Napoléon III fut reçu à Windsor. Au mois d'août de la même année, la souveraine vint à Paris et ce fut à cette date que l'avenue qui nous intéresse fut baptisée. En 1861, Victoria Ire perdit son époux et dès lors, profondément affectée, elle ne vécut qu'entourée de quelques serviteurs, fuyant de plus en plus Londres et préférant vivre aux châteaux Balmoral, Osborne ou Windsor. Au moment de la guerre franco-allemande de 1870, elle resta totalement hors des débats. En 1876, elle fut couronnée impératrice des Indes; cette distinction sembla ranimer son activité politique et elle eut avec Mac-Mahon une entrevue importante, puis tâcha de maintenir la paix entre la Russie et la Turquie. Malheureusement, d'autres deuils allaient la frapper. En effet, elle perdit, notamment, sa fille préférée, la princesse Alice, en 1877, et son fils, le duc d'Albany, en 1884. Elle mourut à l'époque où la guerre du Transvaal préoccupait l'Angleterre.

VICTOR LETALLE Depuis sa création en 1881, cette rue porte le nom de l'un de ses premiers propriétaires riverains.

VICTOR MARCHAND C'est depuis 1932 que ce passage porte le nom de l'un de ses propriétaires de l'époque.

VICTOR MASSÉ (1822-1884). Compositeur né à Lorient, mort à Paris. Après des études au Conservatoire de Paris, il obtint le prix de Rome en 1844. Sa première œuvre représentée en public fut « la Chanteuse voilée », un acte, à l'Opéra-Comique en 1850. Mais le véritable succès lui vint en 1852 avec « Galatée » et surtout en 1853 avec « les Noces de Jeannette ». En 1860, Massé fut nommé chef des chœurs de l'Opéra; à partir de 1866, il enseigna la composition au Conservatoire; en 1871, il entra à l'Académie des beaux-arts. Voici d'autres compositions du maître : « la Fiancée du diable », « la Fée Carabosse », « Paul et Virginie » et « Une nuit de Cléopâtre ». Une rue porte son nom depuis 1887.

VICTORIEN SARDOU (1831-1908). Auteur dramatique, né à Paris. Il fit d'abord des études de médecine, puis se mit à écrire afin de trouver de l'argent; il réussit d'abord assez mal, puisque sa première pièce, « la Taverne des étudiants », représentée en 1854 à l'Odéon, fut un sinistre « four ». Mais la vocation de médecin était oubliée... En 1858, il épousa une comédienne, Mlle de

Brécourt; que fait-on lorsqu'on est marié avec une actrice et que l'on pense avoir un joli brin de plume? On écrit pour elle des pièces de théâtre. C'est ce que fit Victorien Sardou en donnant « les Pattes de mouches ». Transcendé par l'amour, sans doute, notre auteur fit là une fort bonne comédie qui assit sa réputation. Continuant sur sa lancée, il s'avéra fécond et talentueux, parvenant à provoquer aussi bien le rire que l'émotion, l'intérêt et l'amusement. L'Académie française lui tendit les bras d'un fauteuil en 1877. Œuvres principales : « la Papillonne », « les Pommes du voisin », « la Famille Benoîton », « Ferréol », « Théodora », « la Tosca », « Belle-maman » et, surtout, son chef-d'œuvre, « Madame Sans-Gêne ». Victorien Sardou a dit : « L'émeute, c'est quand le peuple est battu, tous des vauriens... La révolution, c'est quand il est le plus fort, tous des héros ! » Une rue porte son nom depuis 1909, un square depuis 1927, une villa depuis 1920.

VICTOR SCHOELCHER *Voir Schoelcher.*

VICTOR SÉGALEN (1878-1919). Poète français dont le principal mérite est d'avoir ouvert à la poésie moderne les portes de l'Extrême-Orient et des brillances du langage. Médecin de marine, il se passionna toute sa vie pour la Chine et les poètes de l'Asie. Son recueil « Stèles » contient des merveilles comme celle-ci : « Rien d'immobile n'échappe aux dents affamées des âges. La durée n'est point le sort du solide. L'immuable n'habite pas vos murs, mais en vous, hommes lents, hommes continuels. » Il a sa rue depuis 1987.

VIDAL DE LA BLACHE (1845-1918). Paul Vidal de La Blache, professeur et géographe, né à Pézenas. Docteur ès lettres en 1871, il devint, en 1875, maître de conférences à l'École normale supérieure et en 1899, professeur de géographie à la Sorbonne. Il est l'auteur d'un superbe « Atlas général » et d'une « Étude sur la géographie de la France ». Il contribua à répandre, dans notre pays, le goût de la géographie scientifique (point suffisamment, cependant, puisque les Français demeurent assez peu réceptifs à cette discipline...). La rue Vidal-de-La-Blache existe depuis 1932.

VIDE-GOUSSET Appelée « Vieille-Doucet » en 1706, cette rue changea bientôt de nom en se transformant en « Vide-Gousset »; aucun doute, c'était une voie mal famée où il faisait mauvais s'attarder à la nuit tombée. Le poète Vergier, un ami de La Fontaine, fut tué, tout près d'ici, dans la nuit du 23 août 1720 par des bandits commandés par un certain Craqueur, connu comme lieutenant de Cartouche. Ce bon Craqueur fut supplicié le 10 juin 1722. Contons, pour l'anecdote, qu'au commencement du XIXe siècle la rue Vide-Gousset menait de la Bourse, qui se tenait alors dans l'église des Petits-Pères, à la Banque de France, établie au numéro 2 de la rue des Fossés-Montmartre (aujourd'hui rue d'Aboukir). À cette époque, le nom de notre rue prenait un côté fort ironique... Mais moins cependant que vers 1770, quand on lui substitua le patronyme du contrôleur des Finances d'alors, Terray. Nul n'aurait l'idée, aujourd'hui, de songer à un tel rapprochement...

VIEILLE-DU-TEMPLE Cette rue, connue, mais sur un tracé plus court, depuis 1270, s'appelait alors « vieille rue du Temple »; son nom actuel lui fut donné au début du XIXe siècle. Elle doit son appellation au premier domaine que possédèrent les Templiers, à Paris, à partir de 1146, avant qu'ils reçoivent l'autorisation d'aller s'établir dans la partie nord du Marais (voir « rue du Temple »). Ce premier domaine était situé au numéro 4 actuel de la rue Lobau et la voie qui nous intéresse commençait tout près de lui.

VIENNE Capitale de l'Autriche, sur le Danube (bleu, bien entendu). La ville se développa surtout après l'éloignement du péril ottoman, c'est-à-dire à partir de 1683; elle atteignit son apogée en 1814 en devenant le centre de la diplomatie européenne, par les fameux congrès de Vienne de 1814 et 1815. À la fin de la Seconde Guerre mondiale, le 13 avril 1945, les troupes soviétiques envahirent la capitale autrichienne et y demeurèrent jusqu'en 1955. Vienne compte 1 533 000 habitants; si vous y allez, vous pourrez admirer la cathédrale, des XIVe et XVe siècles, l'église Saint-Charles-Borromée (XVIIIe) et le château du Belvédère (XVIIIe); vous ne manquerez pas d'arpenter les promenades du Prater; vous irez sans doute boire un verre au « café Mozart », où l'écho de la cithare d'Anton Karas, mort en 1971, auteur de la musique du film « le Troisième Homme », parviendra peut-être encore à vos oreilles. La rue de Vienne date de 1826.

VIERGE Ce passage de 1820 doit son nom à l'ex-rue de la Vierge, absorbée par la construction de l'avenue Bosquet, en 1858. Cette rue devait son nom au voisinage d'une chapelle dite « de la Vierge » et de « Notre-Dame-de-Bonne-Espérance »; en 1822, cette chapelle, jugée trop petite, céda la place à l'église Saint-Pierre-du-Gros-Caillou (du nom de l'agglomération), sise 92, rue Saint-Dominique et construite sur des plans de l'architecte Godde.

VIÈTE (1540-1603). François Viète, mathématicien né à Fontenay-le-Comte, mort à Paris. D'abord avocat dans sa ville natale, il devint ensuite conseiller au parlement de Bretagne (1567), puis maître des requêtes de l'hôtel du roi (1580). Plus tard, Henri IV en fit un des membres de son conseil privé. Ce mathématicien transforma totalement l'algèbre; cette science lui doit l'usage des lettres pour représenter des quantités et l'invention des différentes transformations simples qu'on peut faire subir aux équations. En géométrie, Viète montra que les équations du troisième degré se ramènent à la duplication du cube ou à la trisection de l'angle. Henri IV chargea notre homme de découvrir la clef des caractères conventionnels dont se servaient les Espagnols pour correspondre entre eux pendant les guerres civiles en France. Viète y parvint facilement et trouva même le moyen de suivre le chiffre de la combinaison dans toutes ses variations possibles. Une telle trouvaille parut suspecte et le mathématicien, accusé de sorcellerie, fut traduit devant la cour de Rome. Sans suites graves pour lui, Dieu merci. La rue Viète existe depuis 1879.

VIEUX-COLOMBIER Cette rue doit sa dénomination à un colombier que l'abbaye de Saint-Germain-des-Prés fit construire, à proximité, au XIIIe siècle. D'abord dite « du Colombier », notre rue, après avoir connu différentes appellations (de Cassel, de la Maladrerie, Puys de Mauconseil, des Champs, de la Pelleterie), prit son nom actuel en 1640. Elle abrite au numéro 21 le théâtre du Vieux-Colombier. Connu en 1905 sous le nom d'« Athénée-Saint-Germain », il fut rebaptisé, en 1913, par Jacques Copeau. Toute une équipe de jeunes débutants, qui n'allaient pas tarder à se faire un nom, y travaillaient : Louis Jouvet, régisseur et directeur de la menuiserie, participa, avec Copeau, à la fabrication de la scène; Jules Romains donna des cours gratuits de comédie; Léon-Paul Fargue rédigea les adresses sur les cartons d'invitation; Roger Martin du Gard tint le vestiaire; Georges Duhamel devint le souffleur.

VIEUX PONT DE SÈVRES Cette rue a été détachée en 1925 de son autre partie qui se trouve toujours sur la commune de Boulogne-Billancourt. Méfiez-vous si vous l'empruntez jusqu'à la Seine, car elle ne se termine plus par un pont... En effet, démoli, il fut reconstruit 400 mètres plus loin ; le nouvel ouvrage comporte huit voies au total (quatre dans chaque sens), séparées par un terre-plein central.

VIGÉE-LEBRUN (1755-1842). Marie Anne Élisabeth Vigée, épouse Lebrun, dite Mme Vigée-Lebrun, portraitiste et paysagiste, née et morte à Paris. Son père était peintre et dans son atelier, seule, elle s'initia très jeune à la peinture. À 20 ans, elle connaissait déjà la célébrité grâce aux portraits qu'elle fit du comte Orloff, de la comtesse de Brionne et de la duchesse d'Orléans. Elle épousa M. Lebrun, homme dont il y a peu à dire, en 1776. Nous nous devons de révéler qu'elle ne fut pas toujours absolument fidèle. En effet, fort belle, on la courtisa beaucoup et ses amants, parmi lesquels des ministres – que diable ce sont aussi des hommes ! –, furent nombreux. Citons les noms de deux heureux élus, puisque la curiosité vous pique ; le ministre Calonne et le comte de Vaudreuil. En 1779 notre belle artiste fit un premier portrait de Marie-Antoinette (elle en fera par la suite plus de vingt autres). En 1783, l'Académie de peinture l'accueillit. Quand la Révolution éclata, Mme Vigée-Lebrun partit pour l'Italie, puis elle se rendit en Autriche, en Allemagne et en Russie. Partout, on lui fit un excellent accueil. Elle rentra en France en 1802 ; Bonaparte lui demanda de faire le portrait de sa sœur Caroline, épouse de Murat. Puis l'artiste partit rejoindre Mme de Staël, dont elle fit le portrait, à Coppet, en Suisse, et demeura auprès de son amie. La Restauration rendit à Mme Vigée-Lebrun toute sa gloire ; elle mourut fort âgée, dans l'admiration et le respect général. Elle avait eu la douleur (hum !) de perdre son mari en 1813 et demeura veuve. Sous le titre de « Mémoires » elle laissa des souvenirs non dénués d'intérêt. Nous lui devons, outre les portraits déjà cités, ceux de lord Byron, du prince de Galles et de lady Hamilton. Une rue porte son nom depuis 1890.

VIGNES Aux XVIIe et XVIIIe siècles, un vignoble assez important offrait, chaque automne, ses grappes brunes aux regards, sinon aux mains, des passants. Ce sont, bien entendu, ces vignes qui furent les marraines de notre rue, connue sous le nom de chemin en 1730. Elle prit du galon et devint rue en 1875, en recevant alors, et pour deux petites années, le nom du statuaire Houdon (voir ce nom) qui possède aujourd'hui sa rue dans le XVIIIe arrondissement. En 1877, elle reçut son appellation actuelle.

VIGNOLES Baptisée en 1873, la rue doit son nom à un lieu-dit datant du milieu du XVe siècle dont l'appellation était, sans nul doute, une déformation de vignobles. Le passage fut baptisé en 1877 à cause, bien évidemment, du voisinage de la rue.

VIGNON (1763-1828). Pierre Vignon, architecte, né et mort à Paris. Napoléon Ier ouvrit, en 1806, un concours pour la transformation de l'église de la Madeleine en temple de la Gloire. Le projet de Vignon ne fut classé que troisième, mais l'empereur le choisit cependant, puis en ordonna l'exécution. Quand vint la Restauration, l'architecte modifia très légèrement ses plans afin que le temple prévu devienne l'église que nous connaissons (voir « Madeleine »). La rue Vignon date de 1881.

VIGUÈS Cette cour porte le nom d'un de ses habitants, Jacques Viguès, commerçant qui s'y établit en 1825.

VILIN Depuis son ouverture, en 1846, la rue porte le nom du propriétaire du terrain sur lequel on la construisit. M. Vilin, architecte, fut en outre maire de Belleville en 1848. Le passage, baptisé à cause de la proximité de la rue, date de 1877.

VILLA DE LA RÉUNION (grande avenue de la). Ce fut la voie principale de la Villa de la Réunion, ensemble créé en 1804 et démoli en 1899. De nombreuses congrégations religieuses féminines (sœurs de la Providence, sœurs de l'Adoration perpétuelle, Servantes de Marie, Carmélites) s'établirent dans cette villa qui dut son appellation pompeuse à cette réunion, semble-t-il.

VILLA DE LOURCINE Nom donné en 1995 à une villa en souvenir d'une ancienne rue de Lourcine qui elle-même devait son appellation à un ex-fief datant de 1182, dérivé, pour sa part, de « locus cinerum », c'est-à-dire « lieu de cendres ». C'est pas gai!

VILLAFRANCA Ville d'Italie, dans la province de Vérone. Le 8 juillet 1859, à la suite de la victoire française de Solférino, un armistice fut signé à Villafranca entre les empereurs Napoléon III et François-Joseph; le 12 juillet suivant, les préliminaires de la paix, mettant fin à la campagne d'Italie, furent discutés et fixés dans cette ville dont une rue de Paris prit le nom en 1860.

VILLAGE SUISSE Ce square se trouve sur l'emplacement du « Village suisse », attraction de l'Exposition universelle de 1900. Construit par la Confédération helvétique, ce village, où l'on peut voir les places de Zurich, de Lausanne et de Genève, est entièrement occupé, aujourd'hui, par des antiquaires. Dans le cadre de l'Exposition universelle, ouverte le 14 avril 1900, de nombreuses nations étrangères construisirent des pavillons ou des mini- villages, représentatifs de l'architecture de leur pays.

VILLARET DE JOYEUSE (1750-1812). Louis Thomas Villaret de Joyeuse, amiral né à Auch, mort à Venise. Il était gendarme du roi quand, à la suite d'un duel, il dut démissionner. En 1766, il s'enrôla dans la marine militaire et, en 1782, en qualité de commandant de frégate, il lutta vaillamment et efficacement contre les Anglais, aux Indes. La Révolution le fit capitaine de vaisseau et le chargea de convoyer plusieurs bateaux chargés de grain, en provenance de l'Amérique; le 29 mai 1793, lors de ce convoiement, il se heurta à l'amiral anglais Howe; le combat dura plus de trois semaines, mais finalement Villaret de Joyeuse rejoignit Brest le 22 juin, ayant sauvegardé le chargement de grains, mais déplorant la perte de plusieurs navires de sa flotte de protection. En 1797, il devint député du Morbihan; au 18-Brumaire, il se joignit à Bonaparte et en 1801, il commanda les forces levées contre Saint-Domingue. Nommé gouverneur de la Martinique, il ne put empêcher les Anglais de s'emparer de cette île; il subit alors une courte disgrâce, levée en 1811, et il mourut gouverneur de Venise. La rue date de 1902 et le square de 1910.

VILLARS (1653-1734). Hector de Villars, duc et maréchal de France, né à Moulins, mort à Turin. Jeune militaire, il fut remarqué par Condé à la bataille de Senef (Belgique) en 1674. Nommé alors maître de camp de cavalerie, il servit en Flandre, puis en Alsace, jusqu'en 1683, année où on le nomma ambassadeur à Vienne. En 1688 il retourna se battre en Flandre et devint lieutenant général en 1693. Après la paix de Ryswick, en 1697, il retourna à Vienne jusqu'en 1701 avant d'aller combattre à nouveau, cette fois en Lombardie, puis à l'armée du Rhin. À Friendlingen, en 1802, il écrasa le prince Louis de Bade et ses soldats le proclamèrent maréchal sur les lieux mêmes de la bataille. Louis XIV ratifia ce titre.

En 1704, Villars eut à se battre contre les camisards ; vainqueur, il devint duc. En 1705, on le chargea de défendre les frontières de l'est ; il réussit au-delà de toute espérance, semant la terreur jusque dans le haut Danube et rentrant en France, en 1707, avec un riche butin. En 1708 il commanda l'armée des Alpes et en 1709 celle du Nord, livrant alors à Marlborough la bataille de Malplaquet au cours de laquelle il fut grièvement blessé. Louis XIV en personne le fit soigner à Versailles et, pour panser ses blessures, lui donna d'abord le titre de pair et, à sa guérison, le poste de gouverneur de Metz, en 1710. En 1712, Villars remporta la décisive victoire de Denain qui contribua grandement à la signature des traités d'Utrecht. En récompense de cette victoire, il reçut le gouvernement de la Provence et le collier de la Toison d'or. Puis, l'Autriche ne respectant pas les clauses des traités précités, notre maréchal reprit les armes contre elle et lui imposa la paix de Rastadt. Villars entra alors à l'Académie française, fut ministre d'État en 1723 et se vit nommer « grand d'Espagne ». En 1734, malgré son grand âge, il partit se battre dans le Milanais où il fit de brillantes conquêtes, puis alla mourir à Turin. L'avenue de Villars fut baptisée en 1805.

VILLEBOIS-MAREUIL (1847-1900). Victor de Villebois-Mareuil, colonel français tué au Transvaal, du côté des Boers, pendant la guerre que ceux-ci livrèrent aux Anglais (Utlanders) de 1899 à 1902. On donna son nom à une rue en 1905.

VILLEDO (1580-1650). Michel Villedo est un bon exemple de promotion personnelle. Né à Limoges, mort à Paris, il arriva dans notre capitale simple maçon. Un biographe de l'époque dit de lui : « Il fut dans sa jeunesse un de ces petits Limousins qui servent les maçons à Paris et portent "l'oiseau" (récipient où l'on met le mortier) dans les ateliers ; mais, comme il avait beaucoup d'esprit et qu'il considérait tout avec bien de l'attention, il devint un fort habile et riche architecte. » En 1639, Richelieu fit de Villedo le général des œuvres de maçonnerie ; notre homme construisit alors, sur l'emplacement de la tour de Nesle démolie et de ses dépendances, tout un quartier qu'on jeta malheureusement à bas peu d'années après sa construction afin d'édifier le palais Mazarin (l'Institut). Villedo construisit aussi le marché aux chevaux du boulevard de l'Hôpital (démoli aujourd'hui) et quantité de maisons dans la rue Richelieu. Enfin, s'étant rendu acquéreur de terrains, près de cette dernière rue, il y édifia de nombreux immeubles et ouvrit lui-même la voie qui nous intéresse et qui porte son nom depuis 1650. Michel Villedo ne fut pas grisé par sa réussite puisque le biographe déjà cité plus haut, Vigneul-Marville, a encore dit de lui : « Il n'avait pas oublié sa première condition et avait coutume de dire aux petits Limousins : Courage, enfants ! J'ai été pauvre comme vous, devenez riches comme moi. »

VILLEGRANGES Détachée en 1930 de la rue du même nom située sur le territoire de la commune des Lilas, cette voie doit son appellation à un lieu-dit du XVIIe siècle où la municipalité des Lilas entreposait les grains et le foin dans des granges.

VILLEHARDOUIN Né entre 1150 et 1164, mort en 1212. Geoffroi de Villehardouin, chroniqueur venu au monde au château dont il porte le nom, dans l'Aube, décédé en Thrace (Europe orientale). Maréchal de Champagne en 1191, il tint un rôle politique important, à partir de 1199, auprès de Thibaut de Champagne et Louis de Blois quand ceux-ci décidèrent de partir en croisade. Villehardouin fut choisi par le premier pour aller négocier, avec les Vénitiens, les conditions du transport de l'armée en Terre sainte (février 1201). Il entreprit ensuite de convaincre Boniface de Montferrat, successeur de Thibaut de Champagne, que les propositions concernant Constantinople du jeune Alexis Comnène, descendant d'une famille byzantine qui compta six empereurs d'Orient et futur fondateur, en 1204, de l'empire grec de Trébizonde, étaient acceptables. Mais les négociations – byzantines – traînèrent et, en 1204, abandonnant toute solution pacifique, les croisés prirent militairement Constantinople et y fondèrent un empire. Villehardouin reçut alors le fief de Messinople et le titre de duc de Roumanie. Il quitta la scène politique en 1207 et mourut sans revoir le beau pays de France. On donna son nom à une rue en 1865.

VILLE-L'ÉVÊQUE Dès le VIe siècle, l'évêque de Paris posséda, sur ces lieux, un fief important qui, au XIIIe siècle, s'étendait du Palais-Royal au Roule. Au cours de ce siècle, les évêques commencèrent d'ailleurs à inféoder certaines portions de leur territoire et quelques-uns de leurs droits locaux, moyennant une redevance seigneuriale. Dès lors, de nombreux paysans et artisans vinrent s'établirent là et formèrent une agglomération qui prit le nom de Ville-l'Évêque. Son église était la Madeleine (l'ancienne) et sa rue principale, quoique légèrement plus longue qu'aujourd'hui, celle à laquelle nous nous intéressons. En 1722, le bourg de Ville-l'Évêque devint un faubourg de Paris, englobé à l'intérieur de notre capitale en 1787, lors de la construction du mur des Fermiers généraux.

VILLEMAIN (1790-1870). Abel François Villemain, professeur, écrivain et homme politique, né et mort à Paris. Après de brillantes études à Louis-le-Grand, il fut nommé maître de conférences de littérature française et de versification latine à l'École normale. De 1816 à 1830, il occupa à la Sorbonne la chaire de littérature française. Élu à l'Académie française en 1821, donc fort jeune, il en devint en 1832 le secrétaire perpétuel. Député d'Évreux peu avant 1830, il fut, après la révolution de cette année-là, et l'avènement de Louis-Philippe, vice-président du conseil de l'Instruction publique. Ministre de cette même Instruction publique, entre 1840 et 1844, il avait été fait pair de France en 1832. En quittant le ministère, Villemain se consacra exclusivement à la littérature; à la création du second Empire il se montra discrètement, mais incorruptiblement, hostile à Napoléon III. Il a écrit « Histoire de Cromwell », « Tableau de l'éloquence chrétienne du IVe siècle », « la Tribune moderne » et « Essais sur le génie de Pindare ». C'est Villemain qui a dit : « La littérature mène à tout à condition d'en sortir. » Une rue porte son nom depuis 1875.

VILLE-NEUVE Cette rue fut primitivement ouverte, en 1540, sur la butte aux Gravois, appelée auparavant Mons Superbus (XIIIe siècle) et Mont Orgueil (XVe siècle). Cette butte était formé d'amas d'immondices divers, entassés là du Xe au XVIe siècle. En 1540, on y éleva quelques maisons et des moulins; on détruisit le tout, en 1593, afin de dégager un axe de tir pour défendre Paris; les débris issus de la démolition exhaussèrent encore la butte. En 1623, on rebâtit maisons et moulins; cette fois, l'ensemble reçut un nom : Ville-Neuve-sur-Gravois. Notre rue, quant à elle, qui ne possédait pas de nom jusque-là, en eut successivement trois : Neuve-Saint-Étienne-de-Bonne-Nouvelle, Saint-Étienne-à-la-Ville-Neuve et, enfin, de la Ville-Neuve en 1867. (Un autel était dédié à saint Étienne dans l'ancienne église Notre-Dame-de-Bonne-Nouvelle, construite en 1551 et sise rue de la Lune. L'église actuelle, qui se trouve au même endroit, date de 1830.)

VILLERSEXEL Chef-lieu de canton de la Haute-Saône au confluent de l'Ognon et du Scey. Le 9 janvier 1871, le général français Bourbaki (1816-1897) y remporta sur les Allemands du général Werder une victoire qui, malheureusement, ne changea point le destin final de la guerre 1870-1871. En souvenir de cette victoire, on donna cependant à une rue de Paris, en 1883, le nom de cette ville de l'est de la France.

VILLETTE La Villette est une ancienne commune de la banlieue parisienne, annexée par Paris en 1860. Elle fut longtemps célèbre pour son marché aux bestiaux et ses abattoirs. L'abattoir construit à la fin des années 1960, qui s'avéra mal conçu et pratiquement inutilisable, causa un joli petit scandale financier; aujourd'hui à son emplacement se trouvent le parc de la Villette qui accueille des spectacles de toutes sortes et la « Cité de la Musique » (Conservatoire national de musique, salle de concerts, musée, etc.). Rappelons, sur un tout autre plan, que c'est à La Villette que se trouvent, à la fois, le bassin qui reçoit les eaux du canal de l'Ourcq pour l'alimentation du canal Saint-Martin, et le parc des Buttes-Chaumont. Le boulevard, baptisé en 1864, doit son nom au fait qu'il longeait, en partie, la commune de La Villette. La rue, de 1730, menait de Belleville à La Villette.

VILLIERS Cette avenue doit son nom, du XVIIIe siècle, au fait qu'elle conduisait à l'ancien village de Villiers-la-Garenne qu'absorba, au milieu du XIXe siècle, la ville de Levallois-Perret. Signalons qu'entre 1858 et 1873 cette voie prit le nom d'avenue de Neuilly.

VILLIERS DE L'ISLE-ADAM (1838-1889). Auguste Villiers de l'Isle-Adam, écrivain né à Saint-Brieuc, mort à Paris. Ses premiers vers furent édités à Lyon en 1859. Peu de temps après il abandonna la versification pour se consacrer à la prose. Ses œuvres forment un curieux mélange de symbolisme et de fantastique. Bien qu'issu d'une des plus anciennes familles de France, il vécut pauvrement, sans se départir d'une fierté dédaigneuse, et demeura à peu près totalement incompris des hommes de son époque. Parmi ses ouvrages, citons « Contes cruels », « Tribulat Bonhomet », « Histoires insolites », « Axel » (un drame), « l'Ève future » (roman d'anticipation) et « l'Amour suprême ». Il a dit : « J'ai trop pensé pour daigner agir », « Comprendre, c'est le reflet de créer », « Nous sommes le blé de Dieu » et « Tout s'efforce autour de nous ». La rue et l'impasse qui nous intéressent furent baptisées en 1907.

VILLIOT Depuis 1806, cette rue porte le nom du propriétaire d'un chantier de bois du quartier.

VIMOUTIERS Chef-lieu de canton de l'Orne. Ses habitants (environ 4 800) s'appellent tout simplement des Vimonastériens, ils peuvent se promener au bord de la Vie (rivière qui arrose leur ville) et manger autant de camembert qu'ils veulent puisque la commune de Camembert, berceau du fromage que la terre entière nous envie, n'est qu'à 14 km de Vimoutiers. La rue fut baptisée en 1987.

VINAIGRIERS Baptisée en 1728, cette rue doit son nom à un lieu-dit auquel elle aboutissait et où des vinaigriers exerçaient leur louable métier. La corporation des vinaigriers (appelés aussi buffetiers parce qu'au Moyen Âge le vinaigre s'appelait vin de buffet), une des plus importantes de toutes celles de Paris avant la Révolution, possédait des statuts depuis 1394.

VINCENNES Ville du Val-de-Marne, connue pour son château et le bois qui portent son nom. Le château primitif fut construit par Louis VII ou Philippe Auguste et servit de résidence royale à Saint Louis quand celui-ci se plaisait à aller rendre la justice sous un chêne avoisinant. Le château que l'on peut voir aujourd'hui fut construit de 1337 à 1370. Charles V, qui y vit le jour, l'acheva. On peut considérer cet ouvrage comme un bon exemple de l'architecture militaire du XIVe siècle. À partir du règne de Louis XI, et jusqu'en 1784, le château devint une prison d'État. En 1804, le duc d'Enghien y fut emprisonné, jugé, fusillé dans les fossés (qui en virent bien d'autres avant et après...) et enterré au bas du pavillon dit « de la Reine ».
Le bois de Vincennes, qui compte environ un millier d'hectares, fut aménagé sous le règne de Napoléon III. Longtemps, l'armée le mutila en y installant un polygone de tir, un champ de manœuvres, des ateliers de pyrotechnie et d'artillerie, un quartier de cavalerie. La IIIe République y fonda, pour sa part, une école supérieure d'éducation physique (l'Institut national des sports), un jardin colonial (1899), un parc zoologique célèbre et un musée de la France d'outre-mer (1931). De nos jours, l'armée est beaucoup moins présente dans le bois de Vincennes et une partie de ses installations est remplacée par le parc floral. Au mois de mai de chaque année, la foire du Trône, chassée de la Nation, trouve asile dans le bois, sur la pelouse de Reuilly. D'autre part, rappelons aux amoureux qu'ils peuvent embarquer pour Cythère en grimpant à bord de barques vertes qui s'en vont glissant sur les eaux des lacs Daumesnil ou des Minimes. Le cours de Vincennes, qui mène à la ville dont nous avons parlé, existe depuis 1860.

VINCENT Jusqu'en 1863 cette rue s'appelait Saint-Vincent (voir ce nom), sans doute à cause de quelques vignes locales, puisque l'on sait que ce saint est le patron des vignerons.

VINCENT AURIOL (1884-1966). Homme politique né à Revel, mort à Muret. Député socialiste avant la Seconde Guerre mondiale, il devint, après celle-ci, le premier président de la IVe République. Il fut d'ailleurs le seul de cette République à accomplir totalement son mandat de sept ans (1947-1954). Vincent Auriol fut, en outre, maire de la ville de Muret (Haute-Garonne) où un groupe scolaire porte son nom. Sa fille, Jacqueline, aviatrice, détient de nombreux records mondiaux féminins d'aviation. Le boulevard Vincent-Auriol fut baptisé en 1976.

VINCENT COMPOINT Depuis le début du XIXe siècle, cette rue porte le nom du propriétaire du terrain sur lequel elle fut construite.

VINCENT D'INDY (1851-1931). Compositeur né à Paris. Après des études au Conservatoire de la capitale, il devint organiste à l'église de Saint-Leu, puis dirigea les chœurs aux concerts du Châtelet. Parmi ses œuvres qui, toutes, valent sans doute mieux par leur richesse harmonique que par leur originalité, citons « Wallenstein », « la Forêt enchantée », « Deus Israël », « Cantate Domino », « Fervaal » et « Attendez-moi sous l'orme ». Vincent d'Indy est un des créateurs, avec Bordes et Guilmant, de la Schola Cantorum, école de musique ouverte en 1894. (En 1935, à la suite d'une scission, les amis de Vincent d'Indy se regroupèrent dans une école César Franck.) La rue qui nous intéresse fut baptisée en 1938.

VINCENT SCOTTO (1876-1952). Compositeur de chansons né à Marseille, mort à Paris. Entre le début du XIXe siècle et sa mort, il a composé près de 4000 mélodies, dont celles de « la Petite Tonkinoise », « J'ai deux amours », « Marinella », « Tchi-Tchi », « le Plus Beau Tango du monde », « la Java bleue », « Sous les ponts de Paris », etc. Une rue porte son nom depuis 1987

VINDÉ (1759-1842). Charles Gilbert Terray, vicomte Morel de Vindé, littérateur et agronome, né et mort à Paris. En 1778, il était conseiller au parlement de Paris; au début de la Révolution, en 1790, il présida un des six tribunaux de la capitale, mais donna sa démission après l'arrestation de Louis XVI à Varennes. Il se fit oublier un certain temps, puis en 1808 on le nomma membre correspondant de l'Institut. En 1815, insensible à la chute de Napoléon, il accéda à la pairie; en 1824, l'Académie des sciences lui ouvrit ses portes. Il a écrit « Morale de l'enfance », « Collection de quatrains moraux », « Essai sur les mœurs de la fin du XVIIIe » et de nombreux mémoires d'agronomie. La rue Vindé fut ouverte en 1844 sur des terrains ayant appartenu à notre agronome, d'où son nom.

VINEUSE Connue depuis 1730, cette rue était alors bordée par un vignoble, appartenant au couvent des Bonshommes de Chaillot, dont Louis XIII, quand il revenait de la chasse aux loups en forêt de Rouvres (Boulogne), aimait boire le vin. Notre rue doit bien entendu son nom à la plantation de vignes précitées.

VINGT-CINQ AOÛT 1944 C'est le jour où les Forces françaises, avec à leur tête le général Leclerc, entrèrent dans Paris délivré. La place fut baptisée en 1946.

VINGT-NEUF JUILLET Troisième journée de la révolution de 1830 qui renversa Charles X au bénéfice de Louis-Philippe, proclamé roi le 7 août. Charles X avait soulevé la colère du peuple en signant des ordonnances qui supprimaient la liberté de la presse, dissolvaient la Chambre nouvellement élue, remaniaient la loi électorale et rappelaient au Conseil d'État des ultraroyalistes. La rue date de 1830.

VINS DE FRANCE Cette place, baptisée en 1993, doit son nom au fait qu'elle se trouve sur l'ancien site des entrepôts de Bercy qui furent, jusqu'au milieu des années 1970, consacrés à des activités exclusivement vinicoles.

VINTIMILLE La famille Vintimille du Luc, à qui appartenait le terrain sur lequel cette rue fut ouverte en 1844, compta beaucoup de membres célèbres. Parlons de Charles François, comte et diplomate (1653-1740) qui servit dans les mousquetaires, perdit un bras à Cassel et entra alors dans la marine. Parlons aussi de son frère, Charles Gaspard (1642-1746), archevêque de Paris; c'est lui qui fit fermer le cimetière Saint-Médard où les convulsionnaires venaient en pèlerinage sur le tombeau du diacre Pâris. Citons enfin Pauline Félicité (1712-1741), favorite de Louis XV en 1738, qui mourut des suites de ses couches. Elle était fort laide, mais avait beaucoup d'esprit; voici la preuve que Louis XV n'était pas seulement amateur de biches aux abois... Les Vintimille du Luc étaient issus du Luc, commune voisine de Draguignan. Et non de la ville frontière franco-italienne.

VIOLET Cette rue porte le nom du lotisseur du terrain sur lequel elle fut ouverte en 1824. M. Violet était, en outre, à l'époque, conseiller municipal de Vaugirard. La villa date de 1914.

VIOLLET-LE-DUC (1814-1879). Eugène Emmanuel Viollet-le-Duc, architecte et écrivain, né à Paris, mort à Lausanne. À sa sortie des « écoles », il commença par beaucoup voyager, d'abord en Italie (1836-1837), puis en France (1838-

1839). En 1840, il participa aux travaux de restauration de la Sainte-Chapelle, à Paris. Aussitôt, commença sa fabuleuse carrière de restaurateur d'œuvres médiévales. En 1845, par concours, il obtenait qu'on lui confie la restauration de Notre-Dame de Paris; en 1846, il fut l'architecte de la basilique Saint-Denis. En 1849, il s'occupa de la cité de Carcassonne, de la cathédrale d'Amiens et de la salle synodale de Sens. En 1853, on le nomma inspecteur général des édifices diocésains et il eut, dès cette date, la haute main sur tous les travaux d'architecture historique. En 1863, il se vit confier une chaire d'esthétique et d'histoire de l'art à l'École des beaux-arts; il démissionna assez rapidement, poussé en cela par les critiques les plus vives portées sur son enseignement du développement de l'art en France au Moyen Âge. En 1870-1871, Viollet-le-Duc fut lieutenant-colonel de la légion auxiliaire du génie; juste après la guerre, il construisit le château d'Arragory (Pyrénées-Atlantiques) et entreprit l'édification de la cathédrale de Lausanne, qui l'occupa jusqu'à sa mort. En 1874, il devint député radical de Montmartre et montra une vive opposition à Thiers. Il a écrit « Monographie de Notre-Dame de Paris », « la Cité de Carcassonne » et « les Églises de Paris ». Il restaura également les églises de Vézelay et de Montréal (Yonne), l'hôtel de ville de Narbonne et l'église de Semur (Côte-d'Or). La rue Viollet-le-Duc date de 1880.

VION-WHITCOMB Cette avenue porte le nom du propriétaire du terrain sur lequel elle fut ouverte.

VIRGINIE Créée en 1926, cette villa porte le prénom de la fille de l'un de ses premiers propriétaires résidents.

VIROFLAY Chef-lieu de canton des Yvelines, riche de 14700 Viroflaysiens. Autrefois, on y trouvait une importante manufacture de cierges et bougies.

VISCONTI (1791-1853). Ludovico Tullio Gioacchino Visconti, architecte né à Rome, mort à Paris. Venu très jeune dans notre pays, il obtint la nationalité française dès 1801. Nous lui devons la fontaine Gaillon, située sur la place du même nom, et celle de la place Saint-Sulpice, construite en 1842. La même année, il commença la réalisation du tombeau de Napoléon Ier qui se trouve aux Invalides et qui ne fut officiellement inauguré que le 2 décembre 1861. En 1852, Visconti fut chargé de réaliser la réunion du Louvre aux Tuileries, mais il mourut avant d'avoir pu achever ce travail, terminé par Lefuel. La rue fut baptisée en 1864. Signalons qu'une petite confusion règne sur l'identité exacte du parrain de cette rue; certains pensent qu'il s'agit d'Ennio Quirino Visconti (1751-1818), archéologue et antiquaire italien né à Rome, mort à Paris. Conservateur du Capitole à partir de 1784, il devint en 1798, et par la grâce du général Berthier, un des cinq consuls de la République romaine. Venu en France en 1799, il y fut nommé conservateur des antiques, au Louvre, et entra à l'Institut en 1803. À la demande de l'empereur, il rédigea un grand recueil d'iconographie ancienne. Ennio Quirino Visconti était le père de l'architecte dont nous avons parlé. Afin de réconcilier tout le monde et d'unir le père et le fils Visconti pour l'éternité, disons qu'ils sont tous deux parrains de la rue.

VISITATION Ce passage fut ouvert, à la fin du XVIIIe siècle, sur l'emplacement d'un couvent des Dames de la Visitation, situé au 68 de la rue du Bac, proche; construit en 1673, cet établissement religieux fut fermé en 1790 et démoli en 1796. En liturgie, on appelle Visitation la visite que la Vierge Marie fit à sa cousine

Élisabeth, au sixième mois de la conception de saint Jean-Baptiste, pour la féliciter de cet événement. Les religieuses de la Visitation font partie d'un ordre créé par saint François de Sales et par la baronne de Chantal, à Annecy, en 1610. Elles se consacrent à l'éducation des jeunes filles ainsi qu'au secours des pauvres. Elles portent un costume noir, avec une guimpe blanche et une croix d'argent sur la poitrine.

VISTULE Fleuve de Pologne, qui prend sa source en Silésie, baigne Cracovie, Ivangorod, Varsovie et finit dans la mer Baltique près de Dantzig. Son cours mesure 1 070 km. La rue de la Vistule fut baptisée en 1877, sans doute pour marquer le souvenir du passage de ce fleuve par les armées françaises, allant s'emparer de Dantzig, en 1807.

VITAL Ouverte en 1839, cette rue fusionna avec une partie de la rue des Carrières, en 1868, pour former son parcours actuel. Elle porte le nom d'Hugues Vital, adjoint au maire de Passy, qui en fit construire, à ses frais, la première partie (1839).

VITRUVE (88-26 av. J.-C.). Marcus Vitruve, architecte romain, né à Formies (aujourd'hui Formia, dans le Latium), mort à Rome. Jules César l'employa à la construction de machines de guerre. Plus pacifiquement, il fut l'auteur des plans de la basilique de Fano (Italie). Il écrivit « De architectura », dix volumes qui traitent des qualités et devoirs d'un constructeur. La rue Vitruve date de 1864, le square de 1973.

VIVALDI (1678-1741). Antonio Vivaldi, dit le « prêtre roux » (il prete rosso), compositeur italien né à Venise, mort à Vienne et qui, bien qu'ordonné prêtre, exerça peu son ministère et se consacra presque exclusivement à la musique. Maître de violon à l'Ospedale della Pietà de Venise, il composa à l'intention des orphelines recueillies par cette institution. Virtuose du violon, il renouvela l'écriture pour cet instrument. Il fixa aussi la forme du concerto en trois parties (système totalement visible dans ses fameuses « Quatre Saisons »). La rue Vivaldi existe depuis 1991.

VIVARAIS Pays de l'ancienne France, dépendant de la province du Languedoc. Il forme le département de l'Ardèche et une partie de la Haute-Loire. Sa capitale était Viviers. Le square du Vivarais date de 1932.

VIVIENNE La rue et la galerie doivent leur nom – comme la rue Saint-Marc – à la famille Vivien, dont les membres étaient seigneurs de Saint-Marc-sous-Dammartin. Le premier Vivien dont on se souvienne était notaire et secrétaire du roi Louis XII. Il eut un fils, Pierre, qui devint procureur général en la Cour des aides. Pierre eut lui-même un fils, René, conseiller du roi et général des monnaies, qui mourut en avril 1630, laissant un héritier, Pierre II, que l'on trouve échevin de Paris en 1634, année du percement de la rue dans laquelle les Vivien possédèrent tout de suite une maison, au numéro 14. On considérait, au XVIIe siècle, qu'une rue devait porter un nom féminin et ce fut pour cette raison qu'on transforma Vivien en Vivienne l'année même de son ouverture. La galerie Vivienne, ouverte en 1823 par un notaire nommé Marcoux, porta le nom de ce dernier jusqu'en 1825; elle reçut alors son appellation actuelle, à cause du voisinage de la rue.

VOLGA Fleuve de Russie qui prend sa source sur le plateau Valdaï, à 249 mètres d'altitude seulement. Elle arrose Iaroslavl, Gorki, Kazan, Saratov, Volgograd et Astrakhan, avant de se jeter dans la mer Caspienne après un parcours de 3 700 km. Importante voie navigable, ce fleuve est relié à la mer Blanche et à la Baltique par le canal Volga-

Baltique, à la mer d'Azov et à la mer Noire par le canal Volga-Don. La rue fut baptisée en 1877, sans doute parce qu'à cette époque elle servait de débouché à une impasse Caspienne, aujourd'hui supprimée. L'impasse du Volga (ce n'est que dans la langue russe que Volga est féminin) date également de 1877.

VOLNEY (1757-1820). Constantin François de Chassebœuf, comte de Volney, philosophe né à Craon, mort à Paris. Il fit d'abord des études de droit et de médecine, puis se prit de passion pour les langues anciennes et les voyages. Il se rendit au Liban où, dans un couvent copte, il apprit l'arabe en huit mois, puis visita l'Égypte et la Syrie. Rentré dans notre pays, il rédigea ses impressions de voyage qui parurent sous le titre « Voyage en Égypte et en Syrie », en 1787. En 1789, Volney représenta le tiers état de la sénéchaussée aux états généraux et devint secrétaire de l'Assemblée en 1790. Après la Terreur, sous laquelle on l'incarcéra, il entra dans les conseils de l'Instruction publique. En 1794, on ouvrit pour lui une chaire d'histoire à l'École normale. Volney refusa les propositions de Bonaparte qui voulait l'associer au Consulat, puis le faire ministre de l'Intérieur. Il entra au Sénat où, durant tout l'Empire, il afficha son penchant pour les idées de liberté. Sous la Restauration, Louis XVIII le fit pair. Volney a écrit « Chronologie d'Hérodote », « Recherches nouvelles sur l'histoire ancienne » et « Discours sur l'étude philosophique des langues ». Membre de l'Académie française, Volney donna son nom à une rue en 1879.

VOLONTAIRES C'est pour rendre hommage aux soldats volontaires de l'an II que l'on baptisa cette rue en 1884. Ces braves soldats de l'an II (1793) sauvèrent la France de l'invasion et leur courage est demeuré légendaire. Ils se distinguèrent particulièrement à Mayence, et Wissembourg; un de leurs chefs les plus glorieux fut Hoche. Notons qu'avant 1884 notre rue s'appelait « ruelle Volontaire » tout simplement parce qu'en 1822, alors qu'elle n'était encore qu'une impasse, des propriétaires de terrains voisins la prolongèrent « volontairement », sacrifiant une partie de leurs terres, afin qu'elle relie la rue Falguière à la rue de Vaugirard. En 1882 on lui donna son tracé actuel, plus long que celui de 1822.

VOLONTAIRES PROLONGÉE Reliquat de la ruelle Volontaire dont il est parlé ci-dessus, cette rue reçut son nom actuel en 1884, comme la voie précédente et pour les mêmes raisons.

VOLTA (1745-1827). Alessandro Volta, physicien italien, né et mort à Côme. Il était professeur à l'école de physique de sa ville natale quand il commença à s'intéresser à l'électricité et imagina l'électrophore (appareil à l'aide duquel on condense l'électricité) et le condensateur. En 1776, il eut l'idée de l'eudiomètre (instrument pour la synthèse ou l'analyse des corps gazeux) et du pistolet électrique. En 1777, il rendit visite à Haller à Berne et à Voltaire à Ferney; la même année, preuve qu'il s'intéressait à tout, il apporta la pomme de terre à ses concitoyens. De 1779 à 1819, il occupa la chaire de physique de Pavie. Venu en France de 1780 à 1782, il découvrit, en compagnie de Lavoisier et Laplace, les causes de l'électricité atmosphérique. C'est en 1800 qu'il inventa la pile qui porte son nom. En 1801, Bonaparte le fit venir en France, le pensionna et le nomma comte-sénateur du royaume d'Italie. À partir de 1819, il interrompit toutes ses relations avec le monde des savants et vécut, tranquillement, dans la ville qui l'avait vu naître. En électricité, le volt, qui lui doit son nom, est une unité de force électromotrice. La rue Volta date de 1851.

VOLTAIRE (1694-1778). François Marie Arouet, dit Voltaire, écrivain né et mort à Paris. Il fit ses premières études avec les jésuites, à Louis-le-Grand, puis fréquenta les gens du Temple. Il fut embastillé en 1717 pour une satire dont il n'était point l'auteur. Il en profita pour commencer un ouvrage intitulé « l'Henriade » et y termina une tragédie, « Œdipe » (1718). En 1725, le chevalier de Rohan, mécontent d'une épigramme, le fit bastonner, puis Voltaire retourna à la Bastille d'où il ne sortit que pour aller en Angleterre; il demeura là-bas trois ans et revint en France en 1729. Il écrivit alors plusieurs tragédies (« Brutus », « Zaïre », « la Mort de César ») et publia « Histoire de Charles XII » (roi de Suède), « Remarques sur les pensées de Pascal » et « Lettres anglaises » ou « Lettres philosophiques ». Ces « lettres », dont la hardiesse de pensée fit peur, furent brûlées par un arrêt du Parlement et faillirent, à nouveau, coûter la liberté à Voltaire. Il se retira alors prudemment chez Mme Du Châtelet, à Cirey (Meurthe-et-Moselle) où il s'adonna à des travaux de mathématiques et de physique tout en poursuivant son œuvre littéraire. Il revint à Paris en 1745 et entra à l'Académie française l'année suivante. En 1747, il se fixa à Sceaux (près de Paris) chez la duchesse du Maine. En 1750, il partit pour Berlin où Frédéric II l'appelait depuis déjà longtemps; dans cette ville, en 1751, il fit paraître « le Siècle de Louis XIV ». Bientôt, Frédéric et Voltaire se brouillèrent; sentant alors sa sécurité compromise, l'écrivain acheta le château de Ferney (Ain), ville appelée aujourd'hui Ferney-Voltaire. Il y demeura vingt-trois ans, écrivant, entre autres, « Dictionnaire philosophique », « Candide » (1759), « l'Ingénu », « la Princesse de Babylone », « Tancrède » et « Epître à Horace », ainsi qu'un très grand nombre de pamphlets. En 1778, il vint à Paris pour assister à la représentation d'une de ses tragédies, « Irène ». On le reçut triomphalement et son buste fut couronné sur scène au milieu des vivats. Il mourut peu de temps après; ses restes furent d'abord inhumés à l'abbaye de Sallières avant d'être solennellement portés au Panthéon en 1791, sauf son cœur qui se trouve à Ferney. Voltaire lutta contre l'intolérance religieuse, prôna la liberté individuelle et appela le progrès; son influence, sur tous les hommes de son temps, fut incalculable. Il a dit : « Au fait! est ma devise », « Dieu me garde de mes amis! Quant à mes ennemis, je m'en charge », « Le paradis terrestre est où je suis », « Malheur aux détails », « Aime la vérité, mais pardonne à l'erreur », « Dire le secret d'autrui est une trahison, dire le sien est une sottise », « Il n'y a rien de plus ridicule qu'un médecin qui ne meurt pas de vieillesse », « Les infiniment petits ont un orgueil infiniment grand » et « Plus les hommes seront éclairés et plus ils seront libres ». Le boulevard Voltaire date de 1870, la rue de 1883, la cité de 1871, l'impasse de 1840 et le quai de 1791, année où il fut détaché du quai Malaquais afin qu'on se souvienne que c'est dans l'une de ses maisons que notre auteur mourut (cette maison se trouve au numéro 27).

VOLUBILIS Créée en 1928, cette rue appartient à un groupe de rues auxquelles furent attribués des noms de fleurs par des propriétaires poètes.

VOSGES Cette place doit son nom actuel au fait que c'est le département dont elle porte le nom qui, le premier, acquitta la totalité de ses contributions en 1800. Créée par Henri IV en 1604, elle s'appela d'abord place Royale (1605), puis des Fédérés (1792), de l'Indivisibilité (1793), des Vosges (1800), à nouveau

Royale (1814), des Vosges (1831), encore Royale (1852), enfin des Vosges (1870). Ouverte sur l'emplacement du château des Tournelles, elle est carrée, entourée de maisons construites en briques et pierre de taille; sous le premier étage de ces maisons se trouve une galerie continue, percée d'arcades. Le centre de la place est occupé par un square au milieu duquel on peut voir une statue équestre de Louis XIII (l'actuelle date de 1819; la première, érigée en 1639, avait été détruite sous la Révolution). De nombreuses personnalités résidèrent place des Vosges; ne citons que Richelieu, Marion Delorme, Victor Hugo et Théophile Gautier. Mme de Sévigné y naquit.

VOUILLÉ Chef-lieu de canton de la Vienne. En 507, Clovis y remporta sur Alaric II, roi des Wisigoths, une brillante victoire qui assura la domination des Mérovingiens sur l'Aquitaine. À cette époque, notre ville s'appelait Vocladis. C'est en souvenir de cette victoire que la rue fut baptisée en 1868.

VOULZIE Rivière de Seine-et-Marne, issue de fort jolies fontaines; elle baigne Provins et se jette dans la Seine, près de Bray, après un parcours de 60 km. La beauté de son site, surtout au début de son cours, lui valut de figurer sur une plaque bleue de Paris, à partir de 1885.

VOÛTE En 1658 cette rue s'appelait « de la Voûte du Cours »; elle prit son nom actuel en 1873. Sa première dénomination tenait au fait qu'elle traversait le cours de Vincennes par un passage voûté. Le passage de la Voûte, ouvert en 1887, doit son nom à la proximité de la rue.

VULPIAN (1826-1887). Prénommé Alfred, médecin et physiologiste, né et mort à Paris. Il fut successivement professeur au Muséum, agrégé à la Faculté de médecine, médecin à la Salpêtrière, avant d'entrer à l'Académie de médecine en 1866. En 1867, il devint professeur de pathologie à l'École de médecine et médecin à l'hôpital de la Charité, malgré les attaques de Mgr Maret qui l'accusait de matérialisme, attitude mal vue des autorités ecclésiastiques de l'époque. Une pétition fut même adressée au Sénat, afin que celui-ci agisse contre Vulpian, mais notre homme conserva toute la sympathie du monde savant et devint doyen de la Faculté de médecine avant d'entrer à l'Académie des sciences en 1876. Il en fut, plus tard, le secrétaire perpétuel. Ses travaux portèrent essentiellement sur la physiologie du système nerveux; il écrivit « Leçons sur l'appareil vasomoteur », « Maladies du système nerveux » et « Leçons sur la physiologie générale et comparée du système nerveux ». La rue date de 1895.

W

WAGRAM 1809, Napoléon Ier y remporta une brillante victoire sur l'armée autrichienne de l'archiduc Charles. Nous perdîmes 20000 hommes, nos ennemis 22000. Na! Wagram est située suffisamment près de la capitale autrichienne pour que du haut des belvédères de Vienne, l'empereur d'Autriche et les habitants de la ville assistassent à la défaite de leur armée; ils ne payèrent pas leurs places au spectacle, mais la victoire napoléonienne leur coûta cependant assez cher. L'avenue de Wagram date de 1864, la place de 1868.

WAGRAM-SAINT-HONORÉ Cette villa, baptisée en 1927, doit son nom au voisinage de l'avenue de Wagram et de la rue du Faubourg-Saint-Honoré, et probablement à l'hésitation de ses habitants.

WALDECK-ROUSSEAU (1846-1904). Homme politique qui vit le jour à Nantes. Avocat dans sa ville natale, puis député de Rennes en 1879, il adhéra alors à l'Union républicaine et se fit remarquer lors de discussions relatives à la réforme de la magistrature (déjà!). De 1881 à 1885, il fut ministre de l'Intérieur dans des gouvernements présidés successivement par Gambetta et Jules Ferry. Durant ces années, Waldeck-Rousseau fit voter une loi sur les syndicats professionnels, sur l'organisation municipale et sur la relégation des récidivistes. En 1889, il se prononça pour les poursuites contre le général Boulanger. Depuis 1886 il avait repris ses activités d'avocat et eut à plaider, notamment, en faveur d'Eiffel, impliqué dans le scandale financier du canal de Panama (1893). En 1894 Waldeck-Rousseau devint sénateur; il intervint de nombreuses fois contre le collectivisme. En 1899, couronnement de sa carrière, il accéda à la présidence du Conseil; il poursuivit alors la révision du procès Dreyfus (celui-ci, condamné une seconde fois par le conseil de guerre de Rennes, fut gracié en 1899, puis réhabilité en 1906). En 1900, Waldeck-Rousseau traduisit devant le Sénat, érigé en Haute Cour de justice, les chefs de l'opposition nationaliste qui furent condamnés au bannissement. Puis il s'attaqua au parti clérical, dont certains membres étaient coupables, à ses yeux, d'avoir adhéré aux thèses nationalistes, et fit voter la loi du 1er juillet 1901 sur les congrégations. En politique extérieure il entreprit l'expédition de Chine (1900) et reçut les souverains russes (1901). En 1902, il apporta au président de la République la démission de son gouvernement. Il mourut peu de temps après. On donna son nom à une rue en 1906.

WALLONS Habitants de la partie sud et sud-est de la Belgique. Ils sont considérés comme issus à la fois des Gaulois et des Celtes. Les plus importantes cités wallonnes sont

Mons, Liège et Namur. C'est par amitié pour nos voisins, sur le dos desquels courent bien des histoires qui ne les vexent pas, car ils considèrent qu'elles concernent les Flamands (...) qu'on baptisa cette rue en 1912.

WASHINGTON (1732-1799). George Washington, un des fondateurs et le premier président des États-Unis, né dans le comté de Westmoreland (Virginie), mort à Mount Vernon (Virginie). Son père était un riche planteur; lui-même débuta dans la vie comme arpenteur public. En 1751, il prit le commandement d'un district militaire de son État natal et en 1753 il reçut pour mission d'aller transmettre à des Français établis sur l'Ohio l'ordre de se retirer; cet ordre n'ayant pas été totalement suivi d'exécution, Washington retourna sur les bords de l'Ohio en 1754 et y extermina une troupe française, commandée par un nommé Jumonville. Après d'autres succès remportés sur nos compatriotes, il quitta le service en 1758, se maria en 1759 avec une veuve, fort riche, et devint membre de l'Assemblée de Virginie. Bientôt de graves mésententes naquirent avec l'Angleterre. Washington, qui se prononça alors fermement pour la résistance aux exigences de la métropole, fut nommé général en chef des troupes américaines. Il contraignit d'abord les Anglais à évacuer Boston; ce succès incita sans doute fort les participants du fameux Congrès de Philadelphie à proclamer l'indépendance des États-Unis, le 4 juillet 1776. Washington continua à se battre, avec plus ou moins de bonheur : victoires de Trenton et de Princeton; défaites de New York et de Philadelphie. Mais bientôt, et grâce, en partie, à des secours venus de France, il reprit Philadelphie au général Howe (1777) et finit par obtenir la capitulation de Cornwallis, en 1781, à Yorktown. Les Anglais durent définitivement reconnaître l'indépendance des États-Unis en 1783, par la paix de Versailles. Washington se retira alors à Mount Vernon afin de s'y consacrer à l'agriculture; mais on le rappela en 1787 pour présider l'Assemblée constituante formée cette année-là. On voulut lui offrir la couronne royale; il la refusa fermement et fit voter la Constitution fédérale qui est encore en vigueur. En 1789, il devint président des États-Unis; son mandat fut renouvelé en 1793, mais il en refusa un troisième en 1797 et alla vivre à Mount Vernon. En 1798, à la suite de vagues menaces de guerre entre la France et son pays, il accepta la lieutenance générale des armées et organisa, préventivement, la défense; il mourut peu de temps après que ces menaces se furent dissipées. Il fut inhumé fort modestement, mais ses concitoyens portèrent le deuil pendant un mois et la capitale fédérale des États-Unis prit alors son nom (cette capitale, dont la construction avait commencé en 1791, fut occupée par le gouvernement américain à partir de 1800). La rue Washington fut baptisée en 1879.

WASSILI KANDINSKY (1866-1944). Peintre russe (naturalisé allemand, 1928, puis français) né à Moscou, mort à Neuilly-sur-Seine. Après des études de droit dans sa ville natale, puis à Munich, il se consacre à la peinture. Il crée en 1902 le groupe Die Phalanx et en 1909 la Nouvelle Association d'artistes. En 1919, il dirige, à Moscou, le musée de Culture picturale. De retour en Allemagne, il en est ensuite chassé par le nazisme, comme « artiste dégénéré ». Son art subit diverses évolutions : de l'impressionnisme naturaliste il passe à l'art abstrait en 1910, puis entre dans différentes périodes dites, dans l'ordre, « dramatique » (1910-1914), « architecturale » (1920-1924), « des cercles » (1926-1928),

« concrète » ou « romantique » (1928-1935), de « la grande synthèse » (c'est sa dernière période). Il est le père de l'expressionnisme abstrait, basé sur le caractère spirituel et lyrique de l'expression artistique, et fonda le groupe du « Blaue Reiter » (« le Cavalier bleu »). Nom de quelques-uns de ses tableaux : « Ligne angulaire », « Improvisations », « Impressions ». Il écrivit plusieurs ouvrages sur son art, notamment « Du spirituel dans l'art » (rédigé en 1910, publié en 1911) et « Point et ligne par rapport à la surface » (1926). La place Wassili-Kandinsky fut baptisée en 1976.

WATERLOO Commune de Belgique, dans la province de Brabant et l'arrondissement de Nivelles. Le 18 juin 1815, les Anglais et les Prussiens y vainquirent Napoléon, sonnant ainsi définitivement le glas de l'Empire français. L'armée française, forte de 72000 hommes, eut à combattre contre 156000 ennemis; l'issue de la bataille fut longtemps indécise et, plus tard, Napoléon attribua notre défaite à l'inaction du maréchal Grouchy. Le passage de Waterloo fut baptisé en souvenir de la magnifique défense de la garde impériale qui seule, alors que les autres troupes françaises avaient fui le champ de bataille, résista jusqu'à la mort de tous ses membres, formant un carré autour de Napoléon, Ney et Cambronne. Vous connaissez sans doute ces vers de Victor Hugo, extraits des « Châtiments » :

Waterloo! Waterloo! Waterloo! Morne plaine!
Comme une onde qui bout dans une urne trop pleine,
Dans ton cirque de bois, de coteaux, de vallons,
La pâle mort mêlait les sombres bataillons.

L'auteur des « Misérables » a également écrit, dans « les Chants du crépuscule » :

Demain c'est Waterloo! Demain c'est Sainte-Hélène!
Demain c'est le tombeau!

Paris n'a attribué à Waterloo qu'un passage, mais allez donc chercher Austerlitz Street à Londres...

WATT (1736-1819). James Watt, ingénieur écossais, né à Greenock (Écosse), mort à Heathfield. En 1755, il vint à Londres travailler chez un constructeur d'instruments de mathématiques et dès l'année suivante, totalement initié aux secrets de ce métier, il partit s'établir à son compte à Glasgow. Il devint alors ingénieur dans l'université de cette ville et commença à rechercher les perfectionnements à introduire dans la fabrication de la machine à vapeur. Après diverses améliorations, Watt put faire fonctionner sa première machine à vapeur en 1767; en 1776, il imagina une machine à double effet, destinée à donner à un arbre un mouvement continu de rotation. Notre brillant ingénieur inventa aussi la presse à copier, ainsi que le chauffage à vapeur et un régulateur à boules. Le watt, unité pratique de puissance électrique, fut proposé en 1882 à Londres, par Siemens, et adopté, peu de temps après, par le Congrès international d'électricité. La rue Watt fut baptisée en 1867.

WATTEAU (1684-1721). Jean Antoine Watteau, peintre, né à Valenciennes, mort à Nogent-sur-Marne. Épris de peinture, il vint, tout jeune, à Paris où il commença, pour subsister, à faire des copies de tableaux qu'il vendait à des marchands installés sur le pont Notre-Dame. En 1708, il entra à l'atelier de Claude Audran, peintre d'arabesques et conservateur du palais du Luxembourg. En 1709, il retourna, pour quelque temps, dans sa ville natale. En 1712, l'Académie royale de peinture l'admit dans ses rangs en qualité d'agréé. La même année, pour le financier

Crozat, il peignit quatre panneaux, intitulés « Saisons », et en 1717 il devint membre définitif de l'Académie dont il n'était, jusqu'alors, qu'agréé. En 1719, Watteau, atteint de tuberculose depuis son plus jeune âge, se rendit à Londres afin d'y consulter un médecin nommé Richard Mead; mais le climat anglais ne lui réussit guère et il rentra en France, en 1720, plus malade qu'à son départ. Cependant, sa capacité de production n'était pas amoindrie et avant de mourir dans la maison de campagne de Lefebvre, intendant des Menus du roi, il put encore exécuter de nombreuses toiles. Citons « Marche de soldats », « l'Embarquement pour Cythère », « Enseigne » et « l'Indifférent ». Dessinateur et coloriste de premier ordre, Watteau donna son nom à une rue en 1867.

WATTIAUX Ce passage porte le nom du propriétaire du terrain sur lequel il fut construit.

WATTIGNIES Commune du Nord, connue aussi sous le nom de Wattignies-la-Victoire. Le 16 octobre 1793, les troupes françaises, commandées par Carnot et Jourdan, y remportèrent une brillante victoire sur les Autrichiens de Clairfayt et Cobourg. Cela marqua la fin des revers subis, jusque-là, par les armées républicaines. C'est en souvenir de cette victoire que l'on baptisa la rue en 1875.

WAUXHALL Au XVIIIe siècle, un entrepreneur anglais nommé Vauxhall, ou Wauxhall, fit construire sur la rive droite de la Tamise, près de Londres, dans le quartier de Kensington, un jardin public pourvu de nombreuses attractions, dont un bal; ce jardin connut une grande vogue et fut fréquenté par toute la société élégante londonienne. En 1764, un artificier italien nommé Torré ouvrit à Paris, à hauteur du numéro 48 de la rue René-Boulanger actuelle, un Wauxhall d'été où il créa des spectacles de feux d'artifice et d'illuminations; à la même époque, un autre artificier italien, Ruggieri, ouvrit un Wauxhall d'hiver, dans le cadre de la foire Saint-Germain. En 1777, l'établissement de Ruggieri fut laissé à l'abandon et celui de Torré fut démoli. Torré entreprit la construction, en 1785, d'un autre Wauxhall d'été, situé, celui-là, dans l'ex-rue Samson, devenue rue de la Douane. En 1841, le second établissement de Torré disparut et sur son emplacement on ouvrit notre cité Wauxhall.

WEBER (1786-1826). Carl Weber, baron et compositeur allemand, né à Eutin, mort à Londres. Avant de s'adonner à la composition musicale, il fit du dessin et de la peinture. Mais bientôt sa passion pour la musique fut la plus forte et dès 1804 il devint le chef d'orchestre du théâtre de Breslau. En 1806, le prince Eugène de Wurtemberg le nomma son intendant de la musique; la même année, Louis de Wurtemberg en fit son secrétaire et le professeur de ses fils. De 1813 à 1816 il occupa, à Prague, le poste de directeur de l'opéra allemand. Puis, il fut appelé à Dresde pour y diriger l'orchestre de l'Opéra; Weber put y déployer tout son talent de compositeur. En 1821, il donna, à Berlin, « Freischütz », œuvre qui connut un succès éclatant. En 1826, il se rendit à Londres pour y diriger un opéra qu'on lui avait commandé, « Obéron »; miné par la phtisie, il mourut dans les brumes anglaises après avoir néanmoins pu créer son opéra. Grand compositeur de l'école romantique, Weber, outre les œuvres déjà citées, a écrit « Preciosa », « Euryanthe » (deux opéras); deux symphonies, des cantates, des messes, etc. La rue qui porte son nom existe depuis 1886.

WERQUIN Depuis son ouverture, à la fin du XIXe siècle, cette impasse porte le nom de l'un de ses premiers propriétaires résidents.

WESTERMANN (1751-1794). François Joseph Westermann, général français né à Molsheim, mort à Paris. Il servit d'abord dans un régiment de cavalerie, avant de devenir greffier au sein de la municipalité d'Haguenau. Enthousiasmé par les idées révolutionnaires, il vint à Paris en 1790 où il se lia avec Danton. Il avait repris, bien entendu, du service, et le 10 août 1792 il entra aux Tuileries à la tête des fédérés. Il partit ensuite avec l'armée des Ardennes, puis reçut un commandement dans l'armée du Nord, en Belgique. Il faillit être emporté par la disgrâce de Dumouriez, mais la preuve ayant été apportée qu'il n'avait commis aucune trahison, il fut nommé général de brigade et envoyé en Vendée; il combattit là-bas avec audace, mais surtout avec violence, détruisant Bressuire, Thouars, Tiffauges et tuant beaucoup... Après la bataille de Savenay, on le rappela à Paris où il fut arrêté en même temps que son ami Danton. Accusé de lâcheté, il se défendit en faisant cette réponse admirable : « De ma vie je n'ai reçu qu'une blessure par-derrière : celle de mon acte d'accusation! » Il fut cependant condamné et guillotiné, le 5 avril 1794. On donna son nom à une rue en 1885.

WILFRID LAURIER (1841-1919). Homme d'État canadien, né à Saint-Lin, province du Québec. Chef du parti libéral, il occupa le poste de Premier ministre de son pays, de 1896 à 1911. On donna son nom à une rue de Paris en 1929.

WILHEM (1781-1842). Louis Bocquillon, dit Wilhem, compositeur, né et mort à Paris. D'abord professeur de musique à l'École de Saint-Cyr, il organisa, en 1819, l'enseignement musical dans les écoles primaires. En 1833, il fonda à Auteuil l'Orphéon, qui réunissait des élèves de classes primaires. Wilhem fut ensuite nommé directeur de l'enseignement du chant dans l'Université. Il a écrit de nombreux ouvrages de théorie musicale et mit en musique des poèmes de Béranger, ainsi que des psaumes. On donna son nom à une rue en 1864.

WILLETTE (1857-1926). Adolphe Willette, peintre et dessinateur, né à Châlons-sur-Marne. Fils d'un colonel qui fut aide de camp de Bazaine, il entra, tout jeune, à l'École des beaux-arts et devint l'élève de Cabanel. Après avoir peint quelques toiles, il ne tarda pas à se consacrer uniquement au dessin; il collabora à un grand nombre de journaux de l'époque, entre autres « le Chat noir », « le Courrier français », et « le Rire ». Lui-même fonda deux revues, « Pierrot » et « Pied-de-nez ». Il représenta particulièrement Pierrot et Colombine. D'un style à la fois satirique et tendre, ses dessins, et surtout ses affiches, continuent à être très recherchés. Le square Willette date de 1932.

WINSTON CHURCHILL (1874-1965). Sir Winston Leonard Spencer Churchill, homme d'État anglais et écrivain, né à Blenheim Palace (Oxfordshire), mort à Londres. Après des études assez peu brillantes, il entra dans l'armée en 1895. Il devint, en même temps, le correspondant de guerre de nombreux journaux londoniens. En 1899, les Boers le firent prisonnier au Transvaal et il réussit une évasion audacieuse. En 1900, il fut élu député conservateur, parti qu'il quitta bientôt pour entrer au parti libéral. De 1905 à 1908, Churchill fut sous-secrétaire d'État aux Colonies, de 1908 à 1910 ministre du Commerce. Prévoyant le déclenchement de la Première Guerre mondiale, il prôna fermement le soutien de la France et en août 1914 il se trouvait à Anvers avec la flotte anglaise qui défendait la ville. En 1915, il engagea les troupes anglaises dans les Dardanelles; quand ce détroit fut pris, il axa les efforts de son armée sur Constantinople. En 1917, on le nomma ministre des Munitions et de 1918 à 1921 on le plaça à la tête du ministère de la Guerre et de l'Air. En 1922, il quitta à la fois le pouvoir et le parti libéral, puis réintégra le parti conservateur en 1924. De cette dernière date à 1929, il dirigea les Finances de son pays. En 1939, au début de la Seconde Guerre mondiale, il devint premier lord de l'Amirauté; le 10 mai 1940, il remplaça Chamberlain comme Premier ministre. En septembre 1946, il prononça à Zurich un très important discours d'où sortit le Conseil de l'Europe. Il avait quitté le gouvernement en 1945, le parti travailliste ayant remporté les élections de cette année-là, mais en 1951, les élections s'étant montrées, cette fois, favorables aux conservateurs, il retrouva son poste de Premier ministre. En 1955, il se retira définitivement de la politique active, en remettant ses fonctions à sir Anthony Eden, un de ses neveux par alliance. Winston Churchill avait reçu en 1953 le prix Nobel de littérature. Ses deux livres les plus importants sont « Crise mondiale » et « Mémoires de guerre ». Cet homme souvent représenté en train de fumer un cigare (une marque connue a d'ailleurs donné son nom à un de ses modèles) a dit : « La dictature – dévotion fétiche pour un homme – est une chose éphémère. Un état de société où l'on ne peut pas exprimer ses pensées, où des enfants dénoncent leurs parents à la police, un tel état ne peut pas durer longtemps » et « Les hommes trébuchent parfois sur la vérité, mais la plupart se redressent et passent vite leur chemin comme si rien ne leur était arrivé ». Citons aussi cette anecdote qui reflète parfaitement son sens de l'humour et de la repartie : en vacances sur la Côte d'Azur, il fut invité dans un salon et se retrouva le seul homme, au milieu de nombreuses femmes. Il ne se montra pas très agréable et la maîtresse de maison finit par lui dire : « Sir, si j'étais votre épouse, je mettrais du poison dans votre thé ! » Et Churchill répondit, du tac au tac : « Madame, si vous étiez ma femme, je le boirais... » L'avenue Winston-Churchill fut baptisée en 1966.

WURTZ (1817-1884). Adolphe Wurtz, chimiste français, né à Strasbourg, mort à Paris. Il devint docteur en médecine en 1843 et fut nommé aussitôt chef des travaux chimiques de la Faculté de médecine de Strasbourg; en 1844, il occupa la même fonction à la Faculté de Paris. En 1852 il obtint la chaire de chimie organique et en 1853 celle de chimie médicale. En 1856 il devint membre de l'Académie de médecine et en 1867 de celle des Sciences. Élu sénateur inamovible à partir de 1881, Wurtz fut un des créateurs de la théorie atomique et découvrit les amines et le glycol. Il a écrit « Théorie des atomes dans la conception générale du monde » et « la Théorie atomique ». Une rue porte son nom depuis 1893.

XYZ

XAINTRAILLES (1390-1461). Jean Poton, seigneur de Xaintrailles ou Saintrailles, maréchal de France, mort à Bordeaux. Ce gentilhomme gascon combattit, à la fin du règne de Charles VI et au début de celui de Charles VII, les Anglo-Bourguignons en Picardie et dans le Vermandois. En 1422, on le fit « capitaine de Guise »; pas toujours heureux dans les combats – il fut souvent battu ou fait prisonnier – il garda cependant la confiance de Charles VII qui, en 1429, le nomma son grand écuyer. À la prise d'Orléans et de Patay, Xaintrailles combattit au côté de Jeanne d'Arc. En 1437 – six ans après la mort de la Pucelle – il tenta en vain, en compagnie de La Hire, un coup de main sur Rouen. En 1440, il occupa Louviers et en 1450 il obtint la capitulation de Falaise, puis conquit la Guyenne. Le roi lui donna alors le titre de bailli de Bourges, puis le fit maréchal de France en 1451. La rue Xaintrailles date de 1864.

XAVIER PRIVAS (1863-1927). Chansonnier, né à Lyon, mort à Paris. Venu dans la capitale en 1892, il y participa bientôt aux « soirées de la Plume », avant de fonder lui-même les « soirées Procope ». En même temps, il parut au cabaret du « Chat-Noir », puis créa le cabaret des « Noctambules ». À partir de 1903, il eut pour collaboratrice celle qui allait devenir sa femme : Francine Lorée. Idéaliste avant tout, Xavier Privas écrivit un grand nombre de chansons; citons parmi elles : « les Thuriféraires », « le Coffret » et « les Chimères ». Une rue porte son nom depuis 1929.

YONNE Rivière longue de 298 km qui prend sa source dans le Morvan, traverse les villes d'Auxerre et Sens puis se jette dans la Seine, sur sa rive gauche, à Montereau. On donna son nom à un passage en 2000.

YORKTOWN Ville des États-Unis (Virginie) où Washington, en compagnie de Rochambeau, contraignit Cornwallis à la capitulation, le 19 octobre 1781. Le square de Yorktown, baptisé en souvenir de cette date importante dans l'histoire des États-Unis, date du début du XXe siècle.

YSER Fleuve côtier belge qui prend sa source en France et se jette dans la mer du Nord. En octobre et novembre 1914, les troupes belges, anglaises et françaises livrèrent, sur ses rives, une bataille sanglante aux Allemands qu'ils stoppèrent, maintenant ainsi, durant toute la Première Guerre mondiale, une Belgique libre en face de la Belgique envahie. Le boulevard de l'Yser fut baptisé en 1931.

YVART (1763-1831). Jean Augustin Victor Yvart, agronome né à Boulogne-sur-Mer, mort à Seine-Port, près de Melun. Il occupa longtemps une chaire d'économie rurale à l'école vétérinaire d'Alfort (Alfortville). Succédant à Parmentier, il entra à l'Académie des sciences et fut un des fondateurs de la Société d'agriculture. Il a écrit : « Coup d'œil sur le sol, le climat et l'agriculture de la France comparée avec des pays qui l'avoisinent, et particulièrement l'Angleterre » (à considérer la longueur du titre, ce serait plutôt un long regard qu'un simple coup d'œil). La rue Yvart date de 1864.

YVES DU MANOIR (1904-1928). Yves Le Pelley du Manoir, aviateur et sportif; né à Vaucresson, mort à Reuilly (Indre). Issu d'une vieille famille normande, il eut, parmi ses ancêtres, des marins et des corsaires. Il fit ses premières études au lycée Saint-Louis, puis entra à Polytechnique; il y fut un élève brillant, mais n'en sortit cependant point premier, comme on le dit parfois. Yves du Manoir pratiqua de nombreux sports (gymnastique, judo, course à pied, motocyclisme, tennis, etc.), mais c'est, bien entendu, dans le rugby qu'il se distingua particulièrement. Huit fois sélectionné dans le « Quinze » de France, sa place de prédilection était celle de demi d'ouverture. Sportif accompli, ne se départant jamais d'une grande courtoisie, il eut, sur toute sa génération, un profond rayonnement. Sa mort fut, en tous points, extraordinaire : le 2 janvier 1928, l'équipe de France de rugby rencontrait l'Écosse; quand les joueurs français pénétrèrent sur le terrain, la foule scanda le nom d'Yves du Manoir qui n'avait pas été sélectionné pour ce match, au grand désappointement des sportifs. Mais en réclamant, sur l'air des lampions, la présence de son joueur préféré, la foule ignorait encore que quelques heures plus tôt celui-ci s'était tué aux commandes d'un avion avec lequel il effectuait un vol afin d'obtenir son brevet de pilote militaire; un brouillard épais couvrait la région qu'Yves du Manoir survolait et afin de se repérer il s'approcha, à basse altitude, d'une gare, afin d'en lire le nom; c'était celle de Reuilly (Indre, mais il n'eut sans doute pas le temps de le savoir, car la béquille de son appareil accrocha la cime d'un peuplier), l'avion capota et Yves du Manoir fut tué. Il avait fait toute sa carrière sportive au Racing-Club de France; son nom fut donné au stade de Colombes qui vit se dérouler tant de matches de rugby avant d'être supplanté par le Parc des Princes. L'avenue Yves-du-Manoir, comprise dans la villa des Ternes, fut baptisée en 1929.

YVES TOUDIC (1901-1944). Syndicaliste et résistant qui fut tué à Paris, par les Allemands, peu de temps avant la libération de notre capitale, le 14 juillet 1944. On donna son nom à une rue en 1946.

YVETTE Rivière d'Ile-de-France, affluent de l'Orge. Longue de 44 km, elle arrose Chevreuse. La rue fut baptisée, en 1877, par ses habitants, admirateurs des méandres de cette petite rivière de la vallée de Chevreuse.

YVON ET CLAIRE MORANDAT Yvon Morandat (1913-1972) rallia la France libre du général de Gaulle dès les débuts de la Seconde Guerre mondiale et eut, au sein de la Résistance, une activité déterminante. La paix revenue, il présida, très efficacement, aux destinées des Charbonnages de France. Sa femme Claire, décédée en 1985, lui fut étroitement associée dans l'action et les combats de la Résistance et dans la libération de Paris. Une place porte leur nom depuis 1978.

YVONNE LE TAC (1882-1957). Institutrice et résistante, née à Paris. Après avoir enseigné dans l'école de la rue Antoinette (qui porte son nom aujourd'hui), elle en devint la directrice puis se retira en Bretagne. C'est dans cette province qu'une nuit de mars 1941 son fils Joël, parti pour l'Angleterre dès le début de la Seconde Guerre mondiale, vient frapper au volet de sa maison. Avec lui, et sans hésitation, elle entreprend le repérage des principales positions allemandes de la côte. Par la suite, en compagnie de son second fils, Yves, demeuré en France, elle participe activement à un réseau de résistance. Un jour, des parachutistes canadiens sont recueillis en mer par des pêcheurs bretons ; sur la plage, un commando allemand va les capturer ; Yvonne Le Tac crie à l'adresse des paras : « Vivent les braves »... Cette exclamation lui vaut de passer quinze jours dans une cellule de la prison maritime Pontaniou, de Brest. Le 30 octobre 1941, son fils Joël débarque à nouveau d'Angleterre, en compagnie d'un radio ; Yvonne Le Tac et son mari, André, partent chercher, sur un îlot rocheux, les précieux bagages que son fils et son compagnon avaient dissimulés ; le transport s'effectue sur une brouette... La maison de l'institutrice devient alors une base d'accueil pour l'embarquement d'agents de la Résistance ou de soldats anglais et un centre de ravitaillement en cartes d'alimentation et en papiers divers. En décembre 1941, depuis la plage, elle regarde ses deux fils partir pour la Grande-Bretagne ; en février 1942, elle les voit revenir en compagnie du chef d'un réseau de l'Intelligence Service : André Peullevay ; elle les abrite, puis son fils Joël part pour Rennes où il sera arrêté, tandis qu'Yves se dirige vers Paris où on l'arrêtera également. Yvonne Le Tac est emmenée à la Santé, son mari à Fresnes. Les interrogatoires commencent, mais l'ex-institutrice, que ses compagnes de cellule appellent « Noir-Orange », ancien mot de passe, ne dévoile rien. En 1943, en compagnie de sa belle-fille, elle est envoyée à Ravensbruck. Elle échappe à plusieurs « sélections » avant de se retrouver à Auschwitz-Birkenau. Les Russes arrivent et délivrent les prisonniers et prisonnières et les dirigent en wagon à bestiaux sur Odessa ; de là, c'est enfin l'embarquement sur un navire anglais qui fera route vers Marseille. La rue Yvonne-Le-Tac fut inaugurée le 8 juin 1968, en présence de Joël Le Tac, député de Paris.

YVON VILLARCEAU (1813-1889). Astronome né à Vendôme, mort à Paris. Il suivit quelque temps l'enseignement du Conservatoire de musique de la capitale, puis, en 1833, il partit pour l'Égypte, en compagnie d'amis, parmi lesquels Félicien David (voir ce nom). Au cours de ce voyage, il rencontra des scientifiques français chargés d'étudier la question du percement de l'isthme de Suez et il lui vint le goût des mathématiques. À son retour à Paris, en 1837, il entra à l'École centrale ; il en sortit, en 1840, avec le diplôme d'ingénieur mécanicien. En 1844, il adressa à l'Académie des sciences un mémoire sur les comètes. Nommé astronome en titre de l'Observatoire de Paris en 1854, puis membre du bureau des longitudes en 1855, il entra à l'Académie des sciences en 1866. Il construisit plusieurs instruments, dont un grand équatorial (appareil servant à observer le mouvement des astres) et un chercheur parallactique ; par Breguet, il fit construire un régulateur isochrone (les mouvements isochrones sont des mouvements qui se font en temps égaux, tel le pendule). Villarceau publia, avec Magnac, « Traité de navigation » et « Nouvelle Navigation astronomique ». Une rue porte son nom depuis 1855.

ZADKINE (1890-1967) Sculpteur, dessinateur et graveur français d'origine russe, prénommé Ossip, né à Smolensk, mort à Neuilly-sur-Seine. On peut définir son œuvre en disant qu'elle est cubiste avec des tendances baroques et décoratives ou expressionniste. Parmi ses œuvres : « Prométhée », « Orphée », « Saint Sébastien », « Hommage à Rimbaud », « Monument à la ville détruite de Rotterdam ». Une rue porte son nom depuis 1994.

Achevé d'imprimer
en janvier 2005
sur les presses de l'imprimerie
Nuova Stampa Mondadori, Italie.

Dépôt légal : février 2005